PAULO ROBERTO DE FIGUEIREDO DANTAS

CURSO DE DIREITO CONSTITUCIONAL

SEXTA EDIÇÃO

REVISTA E ATUALIZADA ATÉ A
EC Nº 108, DE 2020

2021 © Editora Foco
Autor: Paulo Roberto de Figueiredo Dantas
Diretor Acadêmico: Leonardo Pereira
Editor: Roberta Densa
Assistente Editorial: Paula Morishita
Revisora Sênior: Georgia Renata Dias
Capa Criação: Leonardo Hermano
Diagramação: Ladislau Lima
Impressão miolo e capa: PlenaPrint

Dados Internacionais de Catalogação na Publicação (CIP) (Câmara Brasileira do Livro, SP, Brasil)

D192c   Dantas, Paulo Roberto de Figueiredo
 Curso de direito constitucional / Paulo Roberto de Figueiredo Dantas. - 6. ed. - Indaiatuba, SP : Editora Foco, 2021.
 880 p. ; 17cm x 24cm.
 Inclui bibliografia e índice.
 ISBN: 978-65-5515-210-4
 1. Direito. 2. Direito constitucional. I. Título.

2021-23   CDD 342   CDU 342

Elaborado por Vagner Rodolfo da Silva – CRB-8/9410

Índices para Catálogo Sistemático:

1. Direito Constitucional 342   2. Direito Constitucional 342

DIREITOS AUTORAIS: É proibida a reprodução parcial ou total desta publicação, por qualquer forma ou meio, sem a prévia autorização da Editora FOCO, com exceção do teor das questões de concursos públicos que, por serem atos oficiais, não são protegidas como Direitos Autorais, na forma do Artigo 8º, IV, da Lei 9.610/1998. Referida vedação se estende às características gráficas da obra e sua editoração. A punição para a violação dos Direitos Autorais é crime previsto no Artigo 184 do Código Penal e as sanções civis às violações dos Direitos Autorais estão previstas nos Artigos 101 a 110 da Lei 9.610/1998. Os comentários das questões são de responsabilidade dos autores.

NOTAS DA EDITORA:

Atualizações e erratas: A presente obra é vendida como está, atualizada até a data do seu fechamento, informação que consta na página II do livro. Havendo a publicação de legislação de suma relevância, a editora, de forma discricionária, se empenhará em disponibilizar atualização futura.

Erratas: A Editora se compromete a disponibilizar no site www.editorafoco.com.br, na seção Atualizações, eventuais erratas por razões de erros técnicos ou de conteúdo. Solicitamos, outrossim, que o leitor faça a gentileza de colaborar com a perfeição da obra, comunicando eventual erro encontrado por meio de mensagem para contato@editorafoco.com.br. O acesso será disponibilizado durante a vigência da edição da obra.

Impresso no Brasil (01.2021) – Data de Fechamento (01.2021)

2021
Todos os direitos reservados à
Editora Foco Jurídico Ltda.
Rua Nove de Julho, 1779 – Vila Areal
CEP 13333-070 – Indaiatuba – SP
E-mail: contato@editorafoco.com.br
www.editorafoco.com.br

Dedico esta edição do livro à minha mãe,
Ana Ieda de Figueiredo Dantas.

SUMÁRIO

INTRODUÇÃO XIX
DICAS PARA PROVAS E CONCURSOS XXIII

1. DIREITO CONSTITUCIONAL E CONSTITUIÇÃO 1
1.1 Direito constitucional como ciência jurídica 1
1.2 Direito constitucional como ramo do direito positivo 2
1.3 Constituição: conceito 5
1.4 Antecedentes da constituição 8
1.5 Constitucionalismo e suas diversas fases 10
1.6 Classificações das constituições 14
1.7 Constituições quanto à origem 14
1.8 Constituições quanto ao conteúdo 15
1.9 Constituições quanto à forma 18
1.10 Constituições quanto ao modo de elaboração 20
1.11 Constituições quanto à estabilidade 21
1.12 Constituições quanto à extensão 23
1.13 Outras classificações 23
1.14 Classificação da Constituição Federal de 1988 24
1.15 Elementos da constituição 25
1.16 Estrutura da Constituição de 1988 27
1.17 Rigidez e supremacia da constituição 29
1.18 Breve histórico das constituições brasileiras 31
1.19 Constituição de 1824 (Império) 31
1.20 Constituição de 1891 (primeira republicana) 32
1.21 Constituição de 1934 34
1.22 Constituição de 1937 35
1.23 Constituição de 1946 36
1.24 Constituição de 1967 37
1.25 Constituição de 1969 (Emenda Constitucional 1, de 1969) 38
1.26 Constituição de 1988 39

2. PODER CONSTITUINTE 43
2.1 Esclarecimentos iniciais 43
2.2 Poder constituinte: origem da ideia 43
2.3 Poder constituinte originário 44
2.4 Natureza do poder constituinte originário 45
2.5 Revolução como veículo de expressão do poder constituinte originário 46
2.6 Titularidade, exercício e formas de expressão do poder constituinte originário 48

2.7 Características do poder constituinte originário 50
2.8 Poder constituinte derivado 51
2.9 Características do poder constituinte derivado 52
2.10 Poder constituinte reformador (ou poder de emenda) 53
2.11 Limitações explícitas ao poder reformador na Constituição de 1988 54
2.12 Limitações implícitas do poder reformador na Constituição de 1988 56
2.13 Iniciativa popular e as emendas constitucionais 57
2.14 Análise da possibilidade de alteração de cláusulas pétreas por meio de plebiscito 58
2.15 Diferença entre reforma constitucional e mutação constitucional 60
2.16 Poder constituinte decorrente 61
2.17 Distrito Federal, Municípios e poder constituinte decorrente 62
2.18 Poder constituinte derivado de revisão 64
2.19 Poder constituinte difuso 65
2.20 Princípio da simetria 66
2.21 Recepção, repristinação e desconstitucionalização de normas 67

3. APLICABILIDADE E INTERPRETAÇÃO DAS NORMAS CONSTITUCIONAIS 71

3.1 Aplicabilidade das normas constitucionais: notas introdutórias 71
3.2 Eficácia jurídica x eficácia social 72
3.3 Classificação da doutrina clássica 73
3.4 Classificação de José Afonso da Silva 76
3.5 Classificação de Uadi Lammêgo Bulos 81
3.6 Interpretação das normas constitucionais 83
3.7 Métodos clássicos de interpretação das normas 85
3.8 Princípios específicos de interpretação constitucional 87
3.9 Métodos de interpretação constitucional 93
3.10 Súmulas vinculantes e a interpretação das normas 94

4. PRINCÍPIO FUNDAMENTAIS 97

4.1 Normas constitucionais quanto à espécie: princípios e regras 97
4.2 Princípios constitucionais fundamentais: conceito 101
4.3 Princípio republicano 103
4.4 Princípio federativo 104
4.5 Princípio do Estado Democrático de Direito e a soberania popular 106
4.6 Fundamentos da República Federativa do Brasil 108
4.7 Princípio da separação de poderes 111
4.8 Objetivos fundamentais da República Federativa do Brasil 114
4.9 Princípios nas relações internacionais 115

5. CONTROLE DE CONSTITUCIONALIDADE 117

5.1 Esclarecimentos iniciais 117
5.2 Conceito e pressupostos do controle de constitucionalidade 118
5.3 Objeto do controle de constitucionalidade 120
5.4 Análise de normas específicas sujeitas ao controle de constitucionalidade 121

5.5	Normas não sujeitas ao controle de constitucionalidade	124
5.6	Parâmetro de controle ou paradigma constitucional	126
5.7	As diversas espécies de inconstitucionalidade	128
5.8	Inconstitucionalidade material e inconstitucionalidade formal	128
5.9	Inconstitucionalidade por ação e inconstitucionalidade por omissão	130
5.10	Modalidades de controle quanto ao momento da realização e quanto ao órgão que o realiza	131
5.11	Modalidades de controle quanto à via utilizada: modelo americano e austríaco	132
5.12	Visão geral do controle de constitucionalidade no Brasil	134
5.13	Controle político	134
5.14	Controle judicial	137
5.15	Maiores detalhes sobre o controle judicial repressivo no Brasil	140
5.16	Controle difuso	140
5.17	Normais efeitos da declaração de inconstitucionalidade no controle difuso	141
5.18	Cláusula de reserva de plenário	142
5.19	Procedimento fixado pelo Código de Processo Civil para os tribunais de segundo grau	144
5.20	A abstrativização dos efeitos da decisão do Supremo Tribunal Federal em sede de controle difuso de constitucionalidade	145
5.21	O recurso extraordinário	148
5.22	Necessidade de demonstração da repercussão geral perante o Supremo Tribunal Federal	149
5.23	Principais regras procedimentais do recurso extraordinário	151
5.24	A repercussão geral no caso de multiplicidade de recursos extraordinários, fundamentados em idêntica questão de direito	152
5.25	As súmulas vinculantes	154
5.26	Controle difuso em ação civil pública	156
5.27	Controle concentrado	158
5.28	Efeitos da decisão no controle concentrado	160
5.29	Espécies de controle concentrado na Constituição de 1988	161
5.30	Ação direta de inconstitucionalidade genérica (ADI ou ADIn)	162
5.31	Hipóteses específicas em que não cabe ação direta de inconstitucionalidade genérica	163
5.32	Legitimados para a ação direta de inconstitucionalidade genérica	165
5.33	Concessão de medida cautelar em ação direta de inconstitucionalidade genérica	167
5.34	O efeito vinculante da ação direta de inconstitucionalidade e sua exclusão em relação ao Poder Legislativo	169
5.35	Princípio da "parcelaridade"	170
5.36	Inconstitucionalidade por "arrastamento" ou "por atração"	171
5.37	Alteração do parâmetro de controle após a propositura da ação direta de inconstitucionalidade genérica	172
5.38	O *amicus curiae* na ação direta de inconstitucionalidade genérica	173
5.39	Principais regras procedimentais sobre a ação direta de inconstitucionalidade genérica	174

5.40 Ação declaratória de constitucionalidade (ADC ou ADECON)........................ 176
5.41 Legitimados para a ação declaratória de constitucionalidade 178
5.42 Medida cautelar em ação declaratória de constitucionalidade......................... 179
5.43 O *amicus curiae* na ação declaratória de constitucionalidade 179
5.44 Principais regras procedimentais sobre a ação declaratória de constitucionalidade... 180
5.45 Ação direta de inconstitucionalidade por omissão.. 182
5.46 Legitimados para a ação direta de inconstitucionalidade por omissão 184
5.47 O *amicus curiae* na ação direta de inconstitucionalidade por omissão 184
5.48 Concessão de medida cautelar em ação direta de inconstitucionalidade por omissão.. 186
5.49 Principais regras procedimentais sobre a ação direta de inconstitucionalidade por omissão 186
5.50 Arguição de descumprimento de preceito fundamental (ADPF)..................... 189
5.51 Parâmetro de controle da arguição de descumprimento de preceito fundamental 190
5.52 Objeto da arguição de descumprimento de preceito fundamental.................... 192
5.53 Legitimados ativos para a arguição de descumprimento de preceito fundamental 194
5.54 A potencial inconstitucionalidade da arguição de descumprimento de preceito fundamental por equiparação 196
5.55 Caráter subsidiário da ação de descumprimento de preceito fundamental 197
5.56 Principais regras procedimentais da arguição de descumprimento de preceito fundamental 200
5.57 Ação direta de inconstitucionalidade interventiva... 203
5.58 Único legitimado para a ação direta de inconstitucionalidade interventiva 206
5.59 Principais regras procedimentais da ação direta de inconstitucionalidade interventiva.. 207
5.60 Controle concentrado perante os Tribunais de Justiça 209
5.61 Possibilidade de recurso extraordinário em face de decisões proferidas pelo Tribunal de Justiça 211
5.62 Ação direta de inconstitucionalidade de norma do Distrito Federal em face de sua Lei Orgânica... 213
5.63 Da interpretação conforme a Constituição 214
5.64 Declaração parcial de inconstitucionalidade sem redução de texto.................. 216

6. DIREITOS E GARANTIAS FUNDAMENTAIS: NOÇÕES GERAIS 219

6.1 Esclarecimentos iniciais 219
6.2 Direitos fundamentais: conceito e características 219
6.3 Evolução histórica dos direitos e garantias fundamentais 223
6.4 Gerações de direitos fundamentais 226
6.5 Destinatários dos direitos e garantias fundamentais 229
6.6 Eficácia horizontal dos direitos e garantias fundamentais 231
6.7 Caráter relativo dos direitos e garantias fundamentais 233
6.8 Aplicação imediata e caráter não taxativo do rol de direitos e garantias fundamentais... 235

6.9	Distinção entre direitos, garantias e remédios constitucionais	237
6.10	Tratados e convenções internacionais sobre direitos humanos e o artigo 5º, § 3º, da Constituição Federal	238
6.11	Submissão do Brasil à jurisdição de Tribunal Penal Internacional	240

7. DIREITOS E DEVERES INDIVIDUAIS E COLETIVOS 245

7.1	Esclarecimentos iniciais	245
7.2	Direito à vida	245
7.3	Direito à vida e a pesquisa com células-tronco embrionárias humanas	248
7.4	Direito à vida e aborto	251
7.5	Direito à vida e eutanásia	253
7.6	Princípio da igualdade	255
7.7	Princípio da igualdade e o processo	257
7.8	Princípio da legalidade	259
7.9	Princípio da irretroatividade da norma	261
7.10	Proteção constitucional contra a tortura e o tratamento desumano ou degradante	263
7.11	Liberdade de manifestação do pensamento, vedado o anonimato, e os direitos de resposta e de indenização por danos	264
7.12	Liberdade de crença, convicção filosófica ou política e a objeção de consciência	268
7.13	Liberdade de expressão da atividade artística, científica e de comunicação, independentemente de censura ou licença	270
7.14	Inviolabilidade da intimidade, da vida privada, da honra e da imagem e a garantia da indenização pelo dano decorrente de sua violação	271
7.15	Inviolabilidade do domicílio	273
7.16	Inviolabilidade do sigilo da correspondência	275
7.17	Inviolabilidade do sigilo das comunicações telegráficas, de dados e das comunicações telefônicas	277
7.18	Interceptação telefônica: conceito e distinções necessárias	278
7.19	Regras específicas sobre a interceptação telefônica	280
7.20	Sigilo bancário e fiscal	283
7.21	Liberdade de exercício de qualquer trabalho, ofício ou profissão	286
7.22	Garantia do acesso à informação e o resguardo do sigilo da fonte	287
7.23	Liberdade de locomoção	288
7.24	Direito de reunião	290
7.25	Liberdade de expressão e de reunião e a "marcha da maconha"	291
7.26	Direito de associação	293
7.27	Direito de propriedade e sua função social	294
7.28	Propriedade intelectual	298
7.29	Direito de herança	300
7.30	Proteção do consumidor	301
7.31	Direito de receber informações de órgãos públicos e a Lei de Acesso à Informação	303
7.32	O direito de petição ao poder público	305
7.33	Direito de certidão	306

7.34	Princípio da inafastabilidade da jurisdição	307
7.35	Princípio da segurança jurídica e a proteção constitucional ao direito adquirido, ao ato jurídico perfeito e à coisa julgada	309
7.36	Princípio do juiz natural	312
7.37	Tribunal do júri	314
7.38	Direitos e garantias do réu na seara do direito penal e do processo penal	317
7.39	Princípios da legalidade penal	319
7.40	Princípio da irretroatividade da norma penal mais severa ou da retroatividade da norma penal mais benéfica	320
7.41	Princípio da presunção de inocência	320
7.42	Normas constitucionais sobre a pena	322
7.43	Normas constitucionais sobre a prisão	323
7.44	Crimes previstos na Constituição Federal	323
7.45	Extradição	326
7.46	Princípio do devido processo legal	330
7.47	Princípios do contraditório e da ampla defesa	332
7.48	Inadmissibilidade das provas obtidas por meios ilícitos	334
7.49	Princípio da necessidade de motivação das sentenças e demais decisões judiciais	335
7.50	Princípio da publicidade dos atos processuais	337
7.51	Princípio do duplo grau de jurisdição	339
7.52	Prisão civil por dívida	340
7.53	Assistência judiciária prestada pelo Estado	341
7.54	Princípio da celeridade na tramitação dos processos	342

8. DIREITOS SOCIAIS, DIREITOS DE NACIONALIDADE, DIREITOS POLÍTICOS E PARTIDOS POLÍTICOS 347

8.1	Esclarecimentos iniciais	347
8.2	Direitos sociais	347
8.3	Direitos individuais dos trabalhadores urbanos e rurais	351
8.4	Direitos trabalhistas em espécie	353
8.5	Empregados domésticos e seus direitos trabalhistas	357
8.6	Liberdade de associação profissional ou sindical	361
8.7	Direito de greve e demais direitos coletivos do trabalho citados pela Lei Maior	363
8.8	Direitos relacionados à nacionalidade	365
8.9	Modalidades de nacionalidade	366
8.10	As hipóteses em que a própria Constituição Federal determina a distinção entre brasileiro nato e naturalizado	367
8.11	Perda e reaquisição da nacionalidade	368
8.12	Direitos políticos: conceito e suas espécies	369
8.13	Soberania popular e o sufrágio universal	370
8.14	Plebiscito, referendo e iniciativa popular (instrumentos de democracia direta)	371
8.15	Direito ao voto na Constituição de 1988 e suas principais características	372
8.16	As principais modalidades de votos	374

8.17	Condições de elegibilidade	377
8.18	Inelegibilidades e a denominada "Lei da Ficha Limpa"	377
8.19	Demais direitos de participação popular	379
8.20	Perda e suspensão dos Direitos políticos	380
8.21	Partidos políticos	381

9. REMÉDIOS CONSTITUCIONAIS 385

9.1	Esclarecimentos iniciais	385
9.2	Elenco dos remédios constitucionais	385
9.3	*Habeas corpus*	387
9.4	Hipóteses de cabimento do *habeas corpus*	389
9.5	Hipóteses em que não cabe o *habeas corpus*	392
9.6	Modalidades de *habeas corpus*	393
9.7	Legitimação ativa e passiva do *habeas corpus*	393
9.8	Competência em matéria de *habeas corpus*	395
9.9	Principais regras procedimentais do *habeas corpus*	397
9.10	Principais súmulas do Supremo Tribunal Federal sobre o *habeas corpus*	399
9.11	Mandado de segurança individual	400
9.12	Hipóteses de cabimento do mandado de segurança individual	401
9.13	Hipóteses em que não cabe o mandado de segurança individual	403
9.14	Legitimação ativa e passiva do mandado de segurança individual	404
9.15	Competência em sede de mandado de segurança individual	407
9.16	Da possibilidade de liminar em mandado de segurança individual	409
9.17	Da suspensão da liminar e da suspensão da segurança	412
9.18	O insucesso do mandado de segurança individual e a possibilidade de posterior ação de conhecimento	413
9.19	Principais regras procedimentais sobre o mandado de segurança individual	414
9.20	Principais súmulas do Supremo Tribunal Federal sobre o mandado de segurança individual	418
9.21	Mandado de injunção individual	418
9.22	Hipóteses de cabimento do mandado de injunção individual	419
9.23	Hipóteses em que não cabe o mandado de injunção individual	421
9.24	Legitimação ativa e passiva do mandado de injunção individual	422
9.25	Competência em sede de injunção individual	423
9.26	Natureza e eficácia da decisão que concede a injunção individual	424
9.27	Renovação de pedido não concedido e revisão de injunção já concedida	428
9.28	A edição superveniente de norma regulamentadora e os efeitos em relação à injunção individual anteriormente concedida	429
9.29	A impossibilidade de concessão de liminar em sede de mandado de injunção individual	430
9.30	Distinção entre mandado de injunção individual e ação direta de inconstitucionalidade por omissão	430
9.31	Principais regras procedimentais sobre o mandado de injunção individual	432
9.32	*Habeas data*	434
9.33	Hipóteses de cabimento do *habeas data*	435
9.34	Legitimação ativa e passiva do *habeas data*	437

9.35	Competência em sede de *habeas data*...	439
9.36	Principais regras procedimentais do *habeas data*	439
9.37	Mandado de segurança coletivo	442
9.38	Hipóteses de cabimento do mandado de segurança coletivo	443
9.39	Hipóteses em que não cabe o mandado de segurança coletivo	444
9.40	Legitimação ativa e passiva do mandado de segurança coletivo	446
9.41	Legitimação ativa do mandado de segurança coletivo e o Ministério Público	449
9.42	Os direitos protegidos pelo mandado de segurança coletivo e quem pode se beneficiar de sua impetração	450
9.43	Competência em sede de mandado de segurança coletivo	451
9.44	Concessão de liminar em mandado de segurança coletivo	452
9.45	Da suspensão da liminar e da suspensão da segurança coletiva	454
9.46	Principais regras procedimentais sobre o mandado de segurança coletivo......	455
9.47	Principais súmulas do Supremo Tribunal Federal sobre o mandado de segurança coletivo	458
9.48	Mandado de injunção coletivo	459
9.49	Hipóteses de cabimento do mandado de injunção coletivo	459
9.50	Hipóteses em que não cabe o mandado de injunção coletivo	461
9.51	Legitimação ativa e passiva do mandado de injunção coletivo	462
9.52	As espécies de direitos protegidos pelo mandado de injunção coletivo e os destinatários de sua impetração	465
9.53	Competência em relação ao mandado de injunção coletivo	466
9.54	Renovação de pedido não concedido e revisão de injunção coletiva já concedida...	466
9.55	A edição superveniente de norma regulamentadora e os efeitos em relação à injunção coletiva anteriormente concedida	468
9.56	A impossibilidade de concessão de liminar em sede de mandado de injunção coletivo...	468
9.57	Principais regras procedimentais sobre o mandado de injunção coletivo......	469
9.58	Ação popular	471
9.59	Hipóteses de cabimento da ação popular	472
9.60	Legitimação ativa e passiva da ação popular	475
9.61	Competências em sede de ação popular	478
9.62	Concessão de liminar em ação popular	479
9.63	Principais regras procedimentais da ação popular	479
9.64	Súmula sobre a ação popular	482
9.65	Ação civil pública	482
9.66	Hipóteses de cabimento da ação civil pública	484
9.67	Hipóteses em que não cabe a propositura de ação civil pública	486
9.68	Legitimação ativa e passiva da ação civil pública	487
9.69	Competência em sede de ação civil pública	492
9.70	A possibilidade de concessão de liminar em ação civil pública	493
9.71	Da suspensão da liminar e da suspensão da sentença em ação civil pública ...	495
9.72	Inquérito civil..	496
9.73	Termo de ajustamento de conduta	499
9.74	Fundo de reparação de danos	501

9.75	Ação civil pública e coisa julgada segundo a natureza do interesse tutelado...	501
9.76	Demais regras procedimentais da ação civil pública	504
9.77	Súmula do Supremo Tribunal Federal sobre a ação civil pública	507

10. ORGANIZAÇÃO DO ESTADO BRASILEIRO 509

10.1	Esclarecimentos iniciais	509
10.2	Estado: conceito e seus elementos constitutivos	510
10.3	Estado federal: conceito e principais características	511
10.4	Estado federal: distinção em relação a outras formas de Estado	515
10.5	Federação e suas classificações	517
10.6	Federação brasileira e suas particularidades	518
10.7	União	521
10.8	Bens da União	522
10.9	Diferença entre competência material e competência legislativa	523
10.10	Competências materiais e legislativas da União	524
10.11	Competência comum da União, dos Estados, do Distrito Federal e dos Municípios	526
10.12	Competência legislativa concorrente da União, Estados e Distrito Federal	527
10.13	Estados Federados	527
10.14	Municípios	531
10.15	Responsabilidade criminal e política do Prefeito	535
10.16	Distrito Federal	536
10.17	Territórios	539
10.18	Intervenção	541
10.19	Intervenção da União nos Estados e no Distrito Federal	543
10.20	Intervenção dos Estados nos Municípios	544
10.21	Administração Pública	545
10.22	Princípios da Administração Pública	550
10.23	Improbidade administrativa	553
10.24	Regras procedimentais da ação de improbidade	554
10.25	Responsabilidade civil do Estado	555
10.26	Licitação pública: conceito	558
10.27	Licitação pública: hipóteses de dispensa e de inexigibilidade	561
10.28	A Constituição Federal e as diversas espécies de agentes públicos	562
10.29	Regime jurídico dos servidores públicos	566
10.30	Condições para ingresso no serviço público	567
10.31	Associação sindical e direito de greve dos servidores públicos	569
10.32	Remuneração dos agentes públicos	571
10.33	Teto remuneratório no serviço público	572
10.34	Acumulação remunerada de cargos, empregos e funções	573
10.35	Estabilidade do servidor público	573
10.36	Diferença entre estabilidade e vitaliciedade	575
10.37	Exercício de mandato eletivo	575
10.38	Regime de previdência dos servidores públicos	576
10.39	Modalidades de aposentadoria dos servidores públicos	577
10.40	Regime de previdência complementar	579

10.41 Militares dos Estados, do Distrito Federal e dos Territórios 581
10.42 Regiões 582

11. ORGANIZAÇÃO DOS PODERES 585

11.1 A denominada "separação de poderes" 585
11.2 Poder Legislativo: notas introdutórias 587
11.3 Das atribuições do Congresso Nacional 589
11.4 Câmara dos Deputados 591
11.5 Senado Federal 592
11.6 Imunidades dos deputados e senadores 594
11.7 Outras prerrogativas conferidas aos deputados federais e aos senadores 596
11.8 Impedimentos e incompatibilidades de deputados federais e senadores e perda do mandato parlamentar 598
11.9 A organização do Poder Legislativo dos Estados, do Distrito Federal e dos Municípios em comparação com o Poder Legislativo da União 599
11.10 Sessões legislativas ordinárias e convocações extraordinárias do Congresso Nacional 601
11.11 As Comissões Parlamentares 602
11.12 As Comissões Parlamentares de Inquérito (CPIs) 604
11.13 A fiscalização do Poder Executivo e o Tribunal de Contas da União 606
11.14 Os Tribunais de Contas dos Estados e do Distrito Federal e os Tribunais ou Conselhos de Contas dos Municípios 609
11.15 Poder Executivo 609
11.16 Presidente e vice-presidente da República 612
11.17 O presidente da República e os crimes de responsabilidade 614
11.18 Regras procedimentais do crime de responsabilidade 617
11.19 O Presidente da República e as infrações comuns 621
11.20 Ministros de Estado 622
11.21 Conselho da República 623
11.22 Conselho de Defesa Nacional 624
11.23 Poder Judiciário: notas introdutórias 625
11.24 Organização do Poder Judiciário 626
11.25 Previsão do quinto constitucional 629
11.26 Garantias funcionais dos juízes 630
11.27 Vedações impostas aos juízes 631
11.28 Proibição de nepotismo no Poder Judiciário 632
11.29 Autonomia administrativa e financeira do Poder Judiciário 633
11.30 Pagamentos devidos pela Fazenda Pública 633
11.31 Supremo Tribunal Federal e suas competências originárias 636
11.32 Competências recursais do Supremo Tribunal Federal 638
11.33 Conselho Nacional de Justiça 639
11.34 Superior Tribunal de Justiça 640
11.35 Competências originárias do Superior Tribunal de Justiça 641
11.36 Competências recursais do Superior Tribunal de Justiça 642
11.37 Tribunais Regionais Federais 643
11.38 Juízes federais 644

11.39	Regras constitucionais sobre competência territorial no âmbito da Justiça Federal	645
11.40	Tribunais e juízes do trabalho	646
11.41	Emenda Constitucional 34/2004 e a ampliação da competência da Justiça do Trabalho	647
11.42	Tribunais e juízes eleitorais	648
11.43	Tribunais e juízes militares	649
11.44	Tribunais e juízes dos Estados	650
11.45	Funções essenciais à Justiça	651
11.46	Ministério Público	652
11.47	Princípios que regem o Ministério Público	654
11.48	Autonomia funcional, administrativa e financeira do Ministério Público	655
11.49	Garantias e vedações do Ministério Público	655
11.50	Funções institucionais do Ministério Público	657
11.51	Conselho Nacional do Ministério Público	658
11.52	Advocacia Pública	658
11.53	Advocacia-Geral da União	660
11.54	Procuradoria-Geral da Fazenda Nacional	662
11.55	Procuradorias dos Estados e do Distrito Federal	663
11.56	Advocacia	664
11.57	Defensoria Pública	666
12. PROCESSO LEGISLATIVO		**669**
12.1	Conceito de processo legislativo	669
12.2	Principais finalidades do processo legislativo	670
12.3	Análise sobre a existência de hierarquia entre as espécies normativas previstas na Constituição Federal	673
12.4	Processo legislativo e seus diferentes ritos ou procedimentos	675
12.5	Procedimento legislativo comum e as leis ordinárias e complementares	676
12.6	Fase introdutória (ou de iniciativa)	679
12.7	Algumas informações importantes sobre a iniciativa exclusiva	682
12.8	Iniciativa popular	685
12.9	Iniciativa de leis sobre o Ministério Público	688
12.10	Iniciativa para a edição de leis tributárias	689
12.11	Iniciativa por proposta da maioria absoluta dos membros de quaisquer das Casas do Congresso Nacional	690
12.12	Fase constitutiva e a deliberação parlamentar	691
12.13	Emendas ao projeto de lei	694
12.14	Fase constitutiva e a deliberação executiva (sanção ou veto)	696
12.15	Fase complementar	700
12.16	Procedimento legislativo sumário (regime de urgência)	701
12.17	Procedimentos especiais: notas introdutórias	704
12.18	Emenda à Constituição	704
12.19	Limites à elaboração das emendas constitucionais	705
12.20	Procedimento legislativo das emendas à Constituição	707
12.21	Medida provisória	709

12.22 Possibilidade de edição de medidas provisórias por Estados, Distrito Federal e Municípios.. 710
12.23 Análise sobre a legitimidade das medidas provisórias 712
12.24 Principais diferenças entre medida provisória e decreto-lei..................... 713
12.25 Matérias que não podem ser regulamentadas por medida provisória (limitações materiais)... 714
12.26 Medida provisória e controle de constitucionalidade 717
12.27 Procedimento legislativo da medida provisória 718
12.28 Medidas provisórias publicadas antes da Emenda Constitucional 32/2001 719
12.29 Lei delegada... 720
12.30 Natureza jurídica da lei delegada... 722
12.31 Espécies de delegação.. 723
12.32 Matérias que não podem ser regulamentadas por lei delegada (limitações materiais)... 723
12.33 Possibilidade de posterior controle de constitucionalidade da lei delegada ... 724
12.34 Procedimento legislativo da lei delegada 725
12.35 Decreto legislativo... 727
12.36 Resolução... 729
12.37 Leis orçamentárias... 730
12.38 Tratados internacionais 731
12.39 Tratado internacional: norma constitucional, norma supralegal ou norma infraconstitucional?.. 733
12.40 Procedimento legislativo do tratado internacional 735

13. DEFESA DO ESTADO E DAS INSTITUIÇÕES DEMOCRÁTICAS 737

13.1 O sistema constitucional para solução de crises e a defesa do País e da sociedade... 737
13.2 Estado de defesa 739
13.3 Estado de sítio 742
13.4 Forças armadas.. 744
13.5 Segurança pública 746

14. TRIBUTAÇÃO E ORÇAMENTO 749

14.1 Esclarecimentos preliminares.. 749
14.2 Definição de tributo 749
14.3 Elementos que compõem a relação jurídica tributária........................... 750
14.4 Espécies de tributos... 752
14.5 Limitações constitucionais ao poder de tributar.................................... 755
14.6 Competências tributárias da União 757
14.7 Competências tributárias dos Estados e do Distrito Federal 761
14.8 Competências tributárias dos Municípios 763
14.9 Repartição das receitas tributárias... 765
14.10 Finanças públicas e suas normas gerais 767
14.11 Banco Central.. 767
14.12 Orçamentos.. 768
14.13 Regras sobre despesas com pessoal da Administração Pública 770

15. ORDEM ECONÔMICA E FINANCEIRA 773

- 15.1 Estado liberal.. 773
- 15.2 Estado social.. 775
- 15.3 Estado neoliberal (ou estado social liberal) 777
- 15.4 Princípios gerais da atividade econômica 779
- 15.5 Soberania nacional 779
- 15.6 Propriedade privada 780
- 15.7 Função social da propriedade 782
- 15.8 Livre concorrência... 783
- 15.9 Defesa do consumidor... 784
- 15.10 Defesa do meio ambiente 789
- 15.11 Redução das desigualdades regionais e sociais e a busca do pleno emprego ... 790
- 15.12 Tratamento favorecido às empresas de pequeno porte constituídas sob as leis brasileiras e que tenham sua sede e administração no País 791
- 15.13 O Estado como explorador de atividade econômica........................... 792
- 15.14 A Constituição Federal e o estatuto da empresa pública, da sociedade de economia mista e de suas subsidiárias.. 793
- 15.15 O Estado como agente normativo e regulador da atividade econômica 796
- 15.16 O Estado e a prestação de serviços públicos 797
- 15.17 Política urbana 799
- 15.18 Usucapião constitucional urbano... 801
- 15.19 Usucapião constitucional rural 802
- 15.20 A função social da propriedade e as diversas modalidades de desapropriação 803
- 15.21 Desapropriação por necessidade e utilidade pública........................... 804
- 15.22 Desapropriação por interesse social 806
- 15.23 Desapropriação por interesse social, para fins de reforma agrária 806
- 15.24 Sistema financeiro nacional.. 809

16. ORDEM SOCIAL 811

- 16.1 Esclarecimentos iniciais 811
- 16.2 Seguridade social... 812
- 16.3 Saúde 813
- 16.4 Previdência social: organização do Regime Geral de Previdência Social (RGPS) 815
- 16.5 Regras para aposentadoria no Regime Geral de Previdência Social 816
- 16.6 Regime de Previdência Privada 817
- 16.7 Assistência social... 818
- 16.8 Educação 820
- 16.9 Universidades federais e instituições federais de ensino técnico e a política de cotas 822
- 16.10 Cultura 823
- 16.11 Desporto.. 825
- 16.12 Ciência e tecnologia 826
- 16.13 Comunicação social 826
- 16.14 Meio ambiente... 828

16.15 Competências em matéria ambiental 830
16.16 Família 831
16.17 O Supremo Tribunal Federal e o reconhecimento da denominada união homoafetiva 832
16.18 Jovens 833
16.19 Crianças e adolescentes 835
16.20 Idosos 837
16.21 Índios 840
16.22 Pessoas com deficiência 841

REFERÊNCIAS BIBLIOGRÁFICAS 845

INTRODUÇÃO

A despeito de a independência do Brasil poder ser considerada ainda recente, não chegando a contar sequer 200 (duzentos) anos, já tivemos um número expressivo e mesmo demasiado de constituições, algumas democráticas, como o foram, por exemplo, as Constituições de 1891, de 1934, de 1946, bem como a atual, promulgada em 1988, e outras tantas outorgadas, de feição marcadamente autoritária, como se deu com as Constituições de 1824, 1937, 1967 e de 1969 (Emenda Constitucional nº 1/1969).

Esse fato, de certa forma, pode revelar alguma imaturidade da sociedade brasileira, além de um inequívoco descompasso entre a realidade nacional e os textos constitucionais produzidos. Desde sua primeira constituição, outorgada em 1824, o Brasil já contabiliza 8 (oito) diplomas constitucionais (considerando que a Emenda nº 1/1969, editada na vigência da Constituição de 1967, é, ela própria, uma nova constituição, por ter alterado substancialmente o texto do qual decorreu).

Nossa Constituição atual foi promulgada em 5 de outubro de 1988. A Assembleia Nacional Constituinte de 1987, responsável pela promulgação do texto atual, instalou-se exatamente em cumprimento à constituição anterior. Com efeito, foi a própria Emenda Constitucional nº 1/1969, por meio de sua Emenda nº 26, de 27 de novembro de 1985, artigo 1º, que determinou que fosse instalada uma Assembleia Nacional Constituinte, no dia 1º de fevereiro de 1987, livre e soberana, para a elaboração de um novo texto constitucional.

Tendo sido promulgada logo após um longo e penoso período de ditadura militar, em que alguns direitos e garantias fundamentais foram severamente restringidos pela ordem constitucional então vigente, a assembleia nacional constituinte responsável por sua elaboração preferiu incluir em seu texto uma longa e minuciosa lista de princípios e regras de proteção ao cidadão. Conforme seus críticos, algumas dessas normas encontrariam melhor lugar em leis infraconstitucionais...

Assim, foram incluídas no corpo da Constituição de 1988 normas gerais, bem como diversas normas específicas, relativas ao direito civil, penal, do trabalho, administrativo, tributário, financeiro, econômico, previdenciário e até mesmo de processo civil e processo penal, resultando em um texto longo, atualmente com mais de 250 (duzentos e cinquenta) artigos, sem contarmos, na data da edição desta edição, com 114 (cento e quatorze) artigos dos Atos das Disposições Constitucionais Transitórias – ADCT.

No tocante à estrutura, a Carta Magna de 1988 pode ser dividida em 3 (três) partes, a saber: preâmbulo, parte dogmática e disposições transitórias. O preâmbulo é a parte que antecede a Constituição Federal propriamente dita, que vem antes do conjunto de normas constitucionais. Muito embora não seja obrigatória sua existência, costuma estar presente na maioria das constituições, sendo habitualmente definido, pela doutrina, como o documento de intenções do texto constitucional, revelador dos princípios e objetivos que serão buscados pelo novo Estado.

Na parte dogmática, por sua vez, estão as normas constitucionais de caráter permanente, que se iniciam no artigo 1º e terminam no artigo 250. Inseridas em 9 (nove) Títulos, tratam dos Princípios Fundamentais (Título I), dos Direitos e Garantias Fundamentais (Título II), da Organização do Estado (Título III) e da Organização dos Poderes (Título IV). Tratam, ainda, da Defesa do Estado e das Instituições Democráticas (Título V), da Tributação e do Orçamento (Título VI), da Ordem Econômica e Financeira (Título VII), da Ordem Social (Título VIII) e, ainda, das Disposições Constitucionais Gerais (Título IX).

Por fim, as disposições transitórias, consubstanciadas no Ato das Disposições Constitucionais Transitórias – ADCT, atualmente, como mencionado, com mais de 100 (cem) artigos (114, ao todo), e que têm por escopo precípuo regulamentar a transição da realidade preexistente para a nova ordem constitucional. Trata-se, em sua grande maioria, de dispositivos com vigência temporária, uma vez que, após cumprirem aqueles objetivos supramencionados, perdem sua eficácia.

Nossa atual Constituição Federal restabeleceu o pacto federativo, voltando os Estados-membros a gozarem de considerável autonomia, com capacidade de auto-organização, autogoverno e autoadministração, além de contarem com receitas tributárias próprias. Nossa Carta Magna, aliás, também concedeu autonomia ao Distrito Federal e aos Municípios, conferindo a estes últimos, portanto, o status de entes da federação. O caráter indissolúvel da União também está expressamente previsto no novo texto constitucional.

A Lei Maior vigente adotou a tradicional separação funcional do poder (habitualmente denominada tripartição de poderes), restabelecendo a independência e a harmonia entre as funções estatais. O Poder Executivo, no âmbito da União, é chefiado pelo presidente da República, auxiliado pelos ministros de Estado, eleito pelo sufrágio universal, periódico, secreto e direto, atualmente para um mandato de 4 (quatro) anos, podendo ser reeleito para um único período subsequente, também de 4 (quatro) anos. Nossa Carta Magna também prevê eleição para governadores dos Estados e do Distrito Federal, bem como para os prefeitos dos Municípios.

O Poder Legislativo, na seara federal, é composto por 2 (duas) Casas: Câmara dos Deputados, composta por representantes do povo, eleitos em cada Estado-membro e no Distrito Federal, por meio de eleição proporcional; e Senado Federal, composto por 3 (três) representantes de cada Estado-membro e do Distrito Federal, escolhidos em eleição majoritária. O mandato dos deputados federais é de 4 (quatro) anos; o dos senadores, de 8 (oito) anos. A Constituição Federal também prevê a existência casas legislativas nos Estados, no Distrito Federal e nos Municípios.

O Poder Judiciário, tanto da União como dos Estados e do Distrito Federal, voltou a exercer, com plenitude, todas as suas funções típicas e atípicas comuns em regimes democráticos, inclusive podendo controlar, mediante provocação, os atos e omissões do poder público. Referido Poder é composto por juízes, desembargadores e ministros (de tribunais superiores e também do Supremo Tribunal Federal), que gozam das garantias da vitaliciedade, da inamovibilidade e da irredutibilidade de subsídios. Mesmo sendo autênticas unidades da federação brasileira, o fato é que nossa Carta Magna de 1988 não previu a existência de um Poder Judiciário dos Municípios.

A Constituição da República em vigor ampliou consideravelmente os poderes conferidos ao ministério público, tanto da União como dos Estados-membros e do Distrito

Federal e Territórios. Nos termos do artigo 127, da Carta Magna, referido órgão tornou-se instituição permanente, essencial à função jurisdicional do Estado (sem, contudo, pertencer ao Poder Judiciário), incumbindo-lhe a defesa da ordem jurídica, do regime democrático e dos interesses sociais e individuais indisponíveis. Nossa Lei Maior também não previu a existência de um ministério público junto aos Municípios, que só faria sentido se houvesse uma jurisdição municipal, o que não existe.

Deixou o ministério público, como se dava anteriormente, de exercer a representação judicial e a consultoria jurídica das respectivas entidades da federação a que estavam vinculados, passando a defender tão somente o interesse público primário, e não mais o interesse público secundário (interesse da Administração Pública). Tais funções, nós o veremos no Capítulo deste livro relativo à Organização dos Poderes, passaram a ser exercidas exclusivamente pela denominada advocacia pública.

Com efeito, também inserida no Capítulo relativo às denominadas funções essenciais à justiça, a advocacia pública é composta pela Advocacia-Geral da União e pelos órgãos a ela vinculados (Procuradoria-Geral da Fazenda Nacional e Procuradoria-Geral Federal) e pelas Procuradorias dos Estados e do Distrito Federal. De maneira semelhante ao ministério público, referidos órgãos têm a relevante função de defesa da ordem jurídica e do Estado Democrático de Direito, só que exclusivamente através das atividades que lhes cabem, ou seja, da representação judicial e extrajudicial das entidades que tutelam, além da atividade consultiva e de assessoramento jurídico do respectivo Poder Executivo.

A Constituição de 1988 também incluiu a advocacia entre as chamadas funções essenciais à justiça. Nos expressos termos do artigo 133 de nossa Lei Magna, além de *indispensável* à administração da justiça, o advogado é *inviolável* por seus atos e manifestações no exercício da profissão, nos limites da lei. O dispositivo constitucional em comento explicita, portanto, 2 (dois) princípios constitucionais que regem o exercício da advocacia, a saber: princípio da indispensabilidade e princípio da inviolabilidade.

Nossa Lei Maior atual incluiu entre as funções essenciais à justiça, por fim, a defensoria pública, tanto da União como dos Estados e do Distrito Federal. Nos termos do artigo 134, da Constituição Federal, trata-se de instituição permanente, essencial à função jurisdicional do Estado, incumbindo-lhe, como expressão e instrumento do regime democrático, fundamentalmente, a orientação jurídica, a promoção dos direitos humanos e a defesa judicial e extrajudicial, em todos os graus, dos direitos individuais e coletivos, de forma integral e gratuita, aos necessitados.

Trata-se a Carta Magna de 1988 de uma constituição do tipo rígida, que somente permite alterações de seu texto por meio das denominadas Emendas à Constituição, caso sejam rigorosamente observados os limites e condicionamentos fixados em seu artigo 60, e que são indubitavelmente muito mais rígidos e severos que os impostos à edição e alteração das normas infraconstitucionais previstas no rol do artigo 59, da Constituição Federal, a saber: leis complementares, leis ordinárias, leis delegadas, medidas provisórias, decretos legislativos e resoluções.

Os direitos e garantias fundamentais foram consideravelmente ampliados. Nossa vigente Constituição da República prevê, por exemplo, o direito ao voto direto, secreto, universal e periódico como cláusula pétrea (a obrigatoriedade do voto, estabelecida pela Lei Maior, não é matéria petrificada). Estendeu o direito de voto, em caráter facultativo, para os analfabetos e aos maiores de 16 (dezesseis) e menores de 18 (dezoito) anos. Previu também 3 (três) novos remédios constitucionais: habeas data, mandado de segurança coletivo e mandado de injunção.

Mesmo com a posterior edição de algumas emendas constitucionais de cunho mais liberal, destinadas a diminuir o tamanho do Estado e ao controle exercido por este na seara econômica, ainda predomina em seu texto uma inequívoca feição de Estado social, intervencionista, com um conjunto expressivo de direitos de cunho social, cultural e econômico, tanto para a redução das desigualdades sociais, como também para incentivar o desenvolvimento nacional. Na ordem econômica, nós o veremos em Capítulo específico, tenta conciliar valores liberais e sociais.

Este Curso de Direito Constitucional, com linguagem simples e direta, porém sem abrir mão do rigor científico, tem por principal objetivo justamente analisar o conjunto das normas (princípios e regras) constitucionais vigentes, existentes na Constituição de 1988. Portanto, destina-se precipuamente ao estudo do direito constitucional positivo. Para tal mister, o livro tratará dos temas, tanto quanto possível, em ordem semelhante àquela adotada pelo constituinte, quando fixou a estrutura da chamada Constituição cidadã.

Mas não se limitará aos temas de direito constitucional positivo. Também analisará outros assuntos indispensáveis ao curso de direito constitucional, como, por exemplo, a própria definição de direito constitucional, os diversos conceitos e classificações de constituição, a definição e a classificação das normas constitucionais quanto à eficácia e à aplicabilidade, bem como os métodos e princípios de interpretação constitucional. Sempre que necessário, fará também um estudo de direito constitucional comparado.

Para a realização deste trabalho, o curso valer-se-á de ampla pesquisa doutrinária e jurisprudencial, apontando, sempre que possível, a posição do Supremo Tribunal Federal sobre o tema, trazendo ou sugerindo a leitura de ementas de acórdãos importantes e também os enunciados de Súmulas do Pretório Excelso, inclusive das denominadas súmulas vinculantes. Procurará também apontar as eventuais divergências doutrinárias sobre os institutos, sem deixar, contudo, de declinar o próprio entendimento e posição do autor sobre os temas.

Destinado principalmente aos alunos do curso de graduação em direito constitucional, para os quais, aliás, foram elaborados diversos quadros esquemáticos, para facilitação do aprendizado e memorização da matéria, como também aos diversos operadores do direito que atuam nesta seara, este livro também poderá ser utilizado pelos bravos e valorosos candidatos a concursos públicos e ao exames da Ordem dos Advogados do Brasil (OAB), já que trata dos temas costumeiramente exigidos nesses certames, da maneira mais atualizada possível.

O Autor

Dicas para provas e concursos

Na introdução, mencionamos que este livro, a despeito de ser destinado precipuamente aos estudantes de graduação, também poderia ser utilizado pelos diversos operadores do direito, bem como pelos candidatos a concursos públicos e exames da Ordem dos Advogados do Brasil (OAB), por conter os principais temas exigidos nessas provas. Por essa razão, consideramos oportuno trazer ao estimado leitor, nesta oportunidade, algumas poucas dicas que, espero, poderão auxiliá-lo em sua jornada rumo à tão esperada aprovação nos certames.

Referidas sugestões, baseadas em nossa própria experiência na participação em concursos públicos, foram originariamente fornecidas em outro trabalho de nossa autoria, publicado pela Editora Atlas1, e especialmente destinado aos exames da OAB e concursos públicos. Esperamos que tais dicas possam ser-lhes úteis, da mesma maneira que o foram para este autor, rumo à tão esperada e gratificante aprovação em concursos públicos. Vamos a elas:

Em primeiro lugar, leia com grande atenção, e o maior número de vezes possível, a Constituição Federal. Esta sugestão não se destina, é importante esclarecer, apenas ao estudo do direito constitucional, como possa parecer a princípio, mas sim a praticamente todos os ramos do direito que costumam ser exigidos nos editais dos principais concursos públicos.

Com efeito, conforme veremos melhor em Capítulo próprio deste livro, a Constituição de 1988 é do tipo analítica (também conhecida como prolixa). Ao contrário das constituições sintéticas (que tratam apenas das normas gerais de regência do Estado e dos direitos e garantias fundamentais), nossa Lei Maior optou por trazer, para o seu corpo, diversos assuntos que não podem ser considerados essencialmente constitucionais.

Tendo sido promulgada logo após um longo e penoso período de ditadura militar, em que diversos dos direitos e garantias fundamentais foram severamente restringidos pela ordem então vigente, a assembleia nacional constituinte, responsável por sua elaboração, preferiu incluir em seu texto uma longa e minuciosa lista de direitos e regras de proteção ao cidadão, que encontrariam melhor lugar em leis infraconstitucionais.

Ademais, seguindo a tendência verificada no direito constitucional comparado, sobretudo após o surgimento do denominado Estado Social (Welfare State), notabilizado com a Constituição de Weimar de 1919, de sensível ampliação do conteúdo das constituições estatais, o constituinte buscou trazer para o corpo da Constituição de 1988 alguns temas que, à época do constitucionalismo clássico, não figuravam no texto constitucional.

Foi assim que restou incluído, no corpo de nossa vigente Constituição da República, um conjunto de normas de ordem social e econômica, tanto para a redução das desigualdades sociais, como também para incentivar o desenvolvimento nacional, além de

---

1. DANTAS, Paulo Roberto de Figueiredo. Direito constitucional (Série Leituras Jurídicas: provas e concursos); volume 1.

um grande número de normas gerais, e até mesmo diversas normas específicas, relativas ao direito civil, penal, do trabalho, administrativo, tributário, financeiro, econômico, previdenciário e até mesmo de processo civil e processo penal.

Assim, da simples leitura (atenta) da Lei Magna, notadamente naqueles certames que possuem uma prova preliminar do tipo objetiva, de múltipla escolha, e sem direito à consulta, o candidato já poderá acertar a resposta de uma infinidade de questões, não só de direito constitucional, como também de todos aqueles outros ramos acima mencionados. E não podemos esquecer que, em concursos mais concorridos, com milhares de candidatos, uma única questão correta a mais pode fazer a diferença entre a classificação ou a desclassificação de um candidato.

O mesmo conselho relativo à necessidade de leitura vale também para os principais diplomas normativos dos diversos ramos do direito. Não há como enfrentar um concurso público de expressão, na área jurídica (aqui se inclui os exames da OAB), sem que o candidato tenha lido, com afinco e dedicação, as principais leis de cada matéria a ser enfrentada no exame. Deverá o estudante, portanto, ler atentamente o texto do Código Civil, Código Penal, Código de Processo Civil, Código de Processo Penal, Lei de Execuções Penais, Código Tributário Nacional e diplomas do gênero.

Leia com grande atenção, igualmente, as regras fixadas pelo edital do concurso. Este, além de fixar as condições para participação no certame e de descrever e delimitar as matérias que serão exigidas no concurso, também esclarece aos candidatos o número de fases em que o concurso está dividido, informa as características de cada prova (tipo, número de questões, duração), relaciona os examinadores e também fornece os critérios de aprovação, classificação e elaboração de recursos dos candidatos.

Outra dica importante: sempre que for editada, pouco antes da publicação do edital do concurso, alguma emenda constitucional, ou mesmo lei infraconstitucional importante, o prezado leitor poderá ter a certeza de que, se não tiverem sido expressamente excluídas do edital, referidas normas serão muito exploradas pelo concurso. Os examinadores gostam muito de verificar se o candidato está atualizado com a ordem jurídica em vigor.

Na segunda fase do certame, em que são formuladas questões discursivas, e, sobretudo, na fase de exames orais, é importantíssimo que o candidato conheça, de antemão, qual o posicionamento dos examinadores acerca dos principais temas das matérias que estão sob os cuidados daqueles. Isso porque, tão importante quanto conhecer as diferentes interpretações doutrinárias e jurisprudenciais relativas a um dado instituto jurídico, é conhecer a do próprio examinador, uma vez que será esta, provavelmente, a considerada mais correta, para fins de aprovação no concurso.

Daí ser indispensável a leitura dos textos produzidos por cada examinador acerca da matéria pela qual é responsável. Não basta, aqui, o estudo dos livros mais famosos eventualmente publicados. É importante verificar-se, igualmente, artigos publicados em revistas especializadas, pareceres produzidos, acórdãos relatados (para o caso de o examinador ser magistrado), e, até mesmo, entrevistas publicadas na imprensa. Para tal pesquisa, sugerimos, dentre outras ferramentas, a utilização de sites de busca da internet. Ou, como costumeiramente se fala, "dá um Google!"

Outra circunstância que o leitor deve levar em conta é a carreira para a qual o concurso está sendo realizado. Em se tratando de exame de ingresso em carreiras do ministério público, por exemplo, o candidato deverá sempre ter em mente, na solução das questões propostas, que referido órgão tem por missão a defesa da ordem jurídica, do regime democrático e dos interesses sociais e individuais indisponíveis (conforme previsto no artigo 127, da Carta Magna).

Assim, prefira oferecer respostas, nas questões propostas, que garantam a efetividade das funções institucionais conferidas ao ministério público, pelo artigo 129, da Constituição Federal, como, exemplificativamente, a promoção da ação penal pública (inciso I), do inquérito civil e da ação civil pública (inciso III), o controle externo da atividade policial e a requisição de investigações e instauração de inquéritos policiais (incisos VII e VIII). É de todo conveniente, aqui, a observância das posições adotadas pelo órgão superior de cada ministério público.

Já no que respeita aos exames para ingresso em carreiras da advocacia pública (Advocacia da União, Procuradorias dos Estados e do Distrito Federal e Procuradorias dos Municípios), o candidato nunca poderá deixar de ter em vista, seja na resposta das questões objetivas e discursivas, seja na elaboração de peças processuais, a defesa "intransigente" da Administração Pública, tendo em vista os princípios da supremacia do interesse público sobre o privado e da indisponibilidade do interesse público.

Para os exames da Ordem dos Advogados do Brasil (OAB), a mesma combatividade deve ser demonstrada, só que não pela defesa dos interesses da Administração Pública, mas sim do hipotético cliente. É assim que, na seara do direito penal, por exemplo, deve buscar soluções, inclusive na peça processual a ser produzida, que garantam efetiva proteção ao réu. Nas questões de direito tributário, deve-se dar prevalência ao contribuinte, e não ao Fisco. Semelhante raciocínio vale para os demais ramos do direito.

Por fim, quando se tratar de concurso público para ingresso nas diversas magistraturas, o estimado leitor não poderá deixar de observar o entendimento jurisprudencial predominante no tribunal de segundo grau responsável pela realização do certame. Não poderá deixar de examinar, ainda, o posicionamento dos tribunais superiores e do Supremo Tribunal Federal sobre cada tema da prova, inclusive enunciados de súmulas produzidos por aquelas cortes, sobretudo os mais recentes.

Aliás, particularmente no que se refere à leitura atenta das súmulas dos tribunais superiores e do Pretório Excelso, tal prática é imprescindível não só para os candidatos que pretendem ser juízes, mas também para os que desejam ingressar nas demais carreiras jurídicas, sobretudo agora, diante da previsão da edição de súmulas vinculantes pelo Supremo Tribunal Federal, conforme previsto no artigo 103-A, da Carta Magna.

Gostaríamos de lembrá-los, por outro lado, que os estudos para aprovação em concursos públicos, cada vez mais concorridos e, por este motivo, com níveis crescentes de dificuldade nas questões propostas aos candidatos, consistem num projeto de médio ou longo prazo. Por essa razão, é importante que o estudante não se deixe dominar pela ansiedade, pelo nervosismo, pela cobrança, ainda que velada, dos familiares e amigos, e, sobretudo, pela implacável cobrança pessoal.

É bem verdade que muita dedicação aos estudos é necessária para se ter sucesso em concursos. Contudo, não se pode deixar de levar em conta as particularidades de cada candidato, como disponibilidade de tempo e capacidade de assimilação da matéria. Por isso, não imponha a si próprio exigências demasiadamente penosas, como longas jornadas de estudos, sem direito a momentos de lazer e descanso, tudo para que suas energias não se esgotem prematuramente.

Para encerrar, gostaríamos de pedir ao estimado leitor que não desista de seu sonho jamais, mesmo que alguns insucessos eventualmente ocorram no transcorrer da jornada. A verdade é que não existem pessoas, mesmo aquelas que estão nas carreiras jurídicas mais prestigiadas, que não experimentaram algumas reprovações em concursos públicos, antes de alcançarem a tão desejada aprovação. Só deixam de ter sucesso nessa laboriosa, porém gratificante jornada, aqueles que desistem da luta no meio do caminho. Portanto, caríssimos amigos, mãos à obra e muito sucesso a vocês, tanto na aprovação em concursos públicos, como no exercício da futura carreira!

O Autor.

1
DIREITO CONSTITUCIONAL E CONSTITUIÇÃO

1.1 DIREITO CONSTITUCIONAL COMO CIÊNCIA JURÍDICA

O direito constitucional, em uma de suas acepções, é encarado como *ciência* – ciência jurídica. E, sendo ciência, consiste forçosamente em um "conhecimento sistematizado sobre determinado objeto", como nos lembra José Afonso da Silva.[1] No caso específico do direito constitucional, seu objeto é o estudo sistematizado da constituição, ou seja, da norma fundamental de regência do Estado.

Na lição de Manoel Gonçalves Ferreira Filho,[2] o direito constitucional, como ciência jurídica, "é o conhecimento sistematizado da organização jurídica fundamental do Estado, das regras jurídicas relativas à forma de Estado, à forma de governo, ao modo de aquisição e exercício do poder, ao estabelecimento de seus órgãos e aos limites de sua ação".

Em conformidade com o objeto (conteúdo) específico do estudo que se pretende realizar, a ciência constitucional pode ser dividida em 3 (três) disciplinas distintas. São elas: direito constitucional particular ou positivo; direito constitucional comparado; e direito constitucional geral, também conhecido por teoria geral do direito constitucional.

O *direito constitucional particular*, também conhecido como *direito constitucional positivo*, tem por objeto o estudo sistematizado dos princípios e regras da constituição de um Estado específico. Busca, em outras palavras, interpretar, sistematizar e também criticar a organização jurídica fundamental daquele Estado em particular. É também denominado de *direito constitucional positivo* por se referir ao estudo da constituição vigente, positivada, daquele ente estatal específico.

Estaremos diante do *direito constitucional particular ou positivo*, por exemplo, quando estudarmos, de maneira sistematizada e crítica, os princípios e regras existentes na vigente Constituição Federal brasileira (promulgada em 1988), que tratam da particular maneira de ser de nosso Estado. O mesmo vale também para o estudo sistematizado das normas constitucionais vigentes de outros Estados.

O *direito constitucional comparado*, como o próprio nome já nos aponta, diz respeito ao estudo, por comparação, de normas constitucionais positivadas (contudo, não necessariamente vigentes) de dois ou mais Estados. Essa disciplina, que consiste mais em uma técnica do que propriamente em uma ciência específica, *busca realizar a comparação entre diferentes ordens estatais, para lhes extrair semelhanças e diferenças.*

Será *direito constitucional comparado*, por exemplo, quando realizarmos um estudo, por comparação, dos direitos fundamentais consagrados em diversas ordens constitucionais

---
1. *Curso de direito constitucional positivo*. 33. ed. Malheiros, 2010, p. 34.
2. *Curso de direito constitucional*. 35. ed. Saraiva, 2009, p. 16.

vigentes. Contudo, por não se referir, como mencionamos, ao estudo apenas de normas constitucionais em vigor, também será direito constitucional comparado o estudo comparativo de normas constitucionais vigentes e revogadas, bem como de normas constitucionais revogadas de constituições de épocas diferentes, seja de um mesmo Estado, seja de Estados diversos.

Por fim, o *direito constitucional geral*, também conhecido por *teoria geral do direito constitucional*, tem por objeto o estudo dos princípios e institutos comuns à generalidade das ordens constitucionais vigentes. Com efeito, do estudo comparado das normas constitucionais dos diversos Estados soberanos podemos extrair o que há de comum a todas elas, sistematizando, assim, uma *teoria geral do direito constitucional*.

Estaremos frente ao *direito constitucional geral*, por exemplo, quando estudarmos a teoria da constituição – conceitos de constituição, suas diversas classificações, elementos constitutivos etc. –, interpretação e eficácia das normas constitucionais, teoria do poder constituinte, e, naturalmente, a própria definição de direito constitucional, delimitando o seu objeto como ciência jurídica e como ramo do direito positivo.

DIREITO CONSTITUCIONAL COMO CIÊNCIA JURÍDICA

Direito constitucional particular ou positivo	– Estudo sistematizado dos princípios e regras da constituição de um Estado específico.
Direito constitucional comparado	– Estudo, por comparação, de normas constitucionais positivadas (contudo, não necessariamente vigentes) de dois ou mais Estados.
Direito constitucional geral (ou teoria geral do direito constitucional)	– Estudo dos princípios e institutos comuns à generalidade das ordens constitucionais vigentes, extraindo o que há de comum a todas elas.

1.2 DIREITO CONSTITUCIONAL COMO RAMO DO DIREITO POSITIVO

Realizado aquele breve estudo do direito constitucional como ciência, passemos a denominá-lo, nesta seção, como *ramo do direito positivo*. E, nessa acepção, devo enfatizar, ele não estuda coisa alguma. Tem por conteúdo, isto sim, o conjunto de normas (princípios e regras) constitucionais vigentes, instituídas pelo Estado, dotadas de generalidade e abstração, e que disciplinam as relações jurídicas por ele tuteladas.

O direito constitucional, nessa segunda acepção, é *ramo do direito público*. Em que pese alguns doutrinadores defenderem não mais existir razão para a dicotomia entre direito público e direito privado, fundamentando seu entendimento, sobretudo, na ampliação do conteúdo das constituições (e, portanto, do próprio direito constitucional), que passaram a conter, em seu corpo, normas referentes a todos os ramos do direito, consideramos que tal distinção ainda existe.

Com efeito, à época do direito romano, a distinção entre direito público e direito privado era bem pronunciada. Ulpiano, no *Digesto* (Livro I, título I, § 2º), a sintetizou na seguinte sentença: *ius publicum est quod ad statum rei romanae spectat; privatum, quod ad singulorum utilitatem* (em tradução livre, direito público é o que corresponde às coisas do Estado; direito privado, o que pertence à utilidade das pessoas). *O direito público, portanto, era o direito do Estado; o direito privado, o dos cidadãos romanos.*

A despeito de referida distinção ter sido consideravelmente mitigada na Idade Média, por força da influência germânica, a separação entre direito público e direito privado voltou a ser bem marcada no período de plena vigência do liberalismo clássico. Voltou à carga a antiga distinção: ao *direito público* cabia disciplinar apenas as relações jurídicas em que o Estado figurava como uma das partes, atuando com fundamento na supremacia do interesse público; ao *direito privado*, tocava a regulação das relações entre particulares.

No modelo de Estado liberal, as constituições tinham por objeto apenas as normas essenciais de regência do Estado, sobretudo aquelas que tratavam da sua estrutura, forma de Estado e de governo, regime político, modo de aquisição e exercício do poder. Em relação aos particulares, limitavam-se a disciplinar os direitos e garantias fundamentais de primeira geração (direitos individuais e políticos), para a proteção dos indivíduos contra eventuais arbitrariedades praticadas pelo Estado, no exercício do seu poder de império.

À época do liberalismo clássico, portanto, as constituições não tinham por objeto disciplinar as relações jurídicas celebradas entre particulares. Em relação aos indivíduos, tratavam apenas dos vínculos que eles mantinham com o Estado, quando este atuava com seu poder de império. As normas relativas às relações privadas, estas ficavam a cargo do Código Civil, fundamentado na liberdade e igualdade formais, dando suporte à propriedade privada e à liberdade contratual (os pilares do liberalismo econômico), e que, por tal razão, era tido como a "constituição da vida privada".

Contudo, graças aos movimentos sociais do final do século XIX e da primeira metade do século XX, as constituições passaram a prever, de maneira progressiva e cada vez mais intensa, diversas hipóteses de intervenção estatal na vida privada. Ao invés de conter apenas regras de regência do Estado e de proteção dos indivíduos em face do poder estatal, passaram também a conter um conjunto de normas de ordem social, cultural e econômica, tanto para a redução das desigualdades sociais, como também para incentivar o desenvolvimento nacional.

Com efeito, somadas às denominadas *liberdades negativas*, ou seja, ao conjunto de direitos conferidos aos cidadãos que os protegiam contra possíveis arbitrariedades do poder estatal, impedindo que este atuasse de maneira a inviabilizar a liberdade de propriedade, de contratação, de manifestação do pensamento etc., passaram a figurar nos textos constitucionais também as denominadas *liberdades positivas*, ou seja, o conjunto de direitos fundamentais que impunham ao Estado a prática de diversas *ações*, visando à obtenção da igualdade substancial (não mais apenas formal) entre os indivíduos.

E, como consequência, os ordenamentos jurídicos passaram a apresentar, na seara infraconstitucional, um número expressivo de normas de ordem pública, imperativas, que não podiam ser derrogadas pela vontade das partes, e que tinham por objetivo intervir nas relações jurídicas privadas, para que estas atendessem não só aos exclusivos interesses particulares das partes, mas também ao interesse coletivo, com vistas à proteção dos economicamente mais fracos. Deu-se, a partir de então, o fenômeno conhecido como *publicização do direito privado*.

A partir daquela realidade, matérias inteiras deixaram de ser regidas pelo Código Civil. Algumas delas, aliás, chegaram a se tornar disciplinas autônomas, como se deu, por exemplo, com o direito do trabalho e com o direito agrário. No caso do Brasil, ainda durante a vigência do revogado Código Civil de 1916, vimos serem editadas diversas leis extravagantes, com o objetivo de regularem contratos com fortes efeitos sociais, como foi o caso da Lei 8.245/1991 (a Lei do Inquilinato) e da Lei 8.078/1990 (o Código de Defesa do Consumidor).

Ademais, além da edição crescente daquelas normas infraconstitucionais, dotadas de forte conteúdo intervencionista, tornou-se igualmente comum constar do próprio texto constitucional um grande conjunto de princípios e regras disciplinadores especificamente das relações privadas. Passou a ser habitual, portanto, que as cartas magnas passassem a conter normas de todos os ramos do direito, até mesmo do direito privado (direito civil e direito empresarial).

Aliás, esse quadro, no qual podemos notar a existência de diversas normas de direito privado inseridas nas constituições, fez com que alguns autores passassem a afirmar que o que existe, na atualidade, *não é o fenômeno da publicização do direito privado, mas* sim *o da privatização do direito público.*

Deu-se, portanto, uma ampliação do campo de incidência do direito constitucional, o qual não mais ficou adstrito à regência exclusiva das relações jurídicas de direito público, passando a tutelar igualmente as relações de direito privado, campo que outrora era reservado apenas ao Código Civil. A constituição passou a ser não só fonte de interpretação, como também fonte normativa, por meio de seus princípios e regras, de aplicação direta a todos os ramos do direito, inclusive às relações privadas.

Isso não significa, contudo, que deixou de haver distinção entre direito público e direito privado. Tal dicotomia ainda existe. Com efeito, em se tratando de normas que disciplinem relações jurídicas celebradas entre Estados, ou entre determinado Estado e seus habitantes, quando o ente estatal atuar com seu poder de império, *visando ao interesse público, não restam dúvidas de que estaremos diante de uma típica relação de direito público.*

Quando, ao contrário, estivermos diante de uma relação entre particulares, ou mesmo entre um Estado e um particular, *em que não esteja presente o interesse público, não se valendo o ente estatal do seu poder de império (atuando, portanto, como se fosse um particular), teremos uma relação de direito privado.* Esse entendimento, por exemplo, é defendido por Caio Mário da Silva Pereira,[3] em lição que, em razão de sua grande clareza e poder de síntese, considero oportuno transcrever:

> *"Em face destas dificuldades, nem é de se negar a distinção entre direito público e direito privado, como faz peremptoriamente Duguit, nem de renunciar à sua formulação, nem concluir pela impossibilidade de se determinar a distinção entre direito público e o privado. Parece conseguir resultado satisfatório Ruggiero, com a associação do fator objetivo ao elemento subjetivo: público é o direito que tem por finalidade regular as relações do Estado com outro Estado, ou as do Estado com seus súditos, quando procede em razão do poder soberano, e atua na tutela do bem coletivo; direito privado é o que disciplina as relações entre pessoas singulares, nas quais predomina imediatamente o interesse de ordem particular".*

Assim, devo insistir, *o direito constitucional, encarado como ramo do direito positivo, pertence, inequivocamente, ao ramo do direito público.* É de direito público como também o são, por exemplo, o direito administrativo, o direito agrário, o direito econômico, o direito financeiro, o direito tributário, o direito penal e o direito processual, posto que são ramos em que o Estado atua com poder de império, com fundamento na supremacia do interesse público sobre o privado. São ramos de direito privado, por outro lado, o direito civil e o direito empresarial (outrora denominado direito comercial), em que não está presente, como regra geral, o Estado atuando com poder de império.

O direito constitucional tem por objeto específico – o que o diferencia dos demais ramos do direito público – *o conjunto de normas (princípios e regras) que tratam da organização fundamental do Estado*, notadamente as relativas à sua estrutura, forma de Estado e

---

3. *Instituições de direito civil.* Forense, 2004, v. I, p. 17-18.

de governo, regime político, sistema de governo, modo de aquisição e exercício do poder, estabelecimento de seus órgãos e fixação de suas competências, direitos e garantias individuais e coletivos, além dos direitos sociais, culturais e econômicos.

José Afonso da Silva[4] o define como o "direito público fundamental", por se referir diretamente à organização e funcionamento do Estado, à articulação dos elementos primários deste e ao estabelecimento das bases da estrutura política. Em termos semelhantes, Manoel Gonçalves Ferreira Filho[5] afirma que o direito constitucional "é o próprio cerne do Direito Público interno, já que seu objeto é a própria organização básica do Estado, e, mais que isso, o alicerce sobre o qual se ergue o próprio Direito Privado".

DIREITO CONSTITUCIONAL COMO RAMO DO DIREITO POSITIVO

– É o ramo do direito público que tem por objeto o conjunto de princípios e regras que tratam da organização fundamental do Estado, notadamente as relativas à sua estrutura, forma de Estado e de governo, regime político, modo de aquisição e exercício do poder, estabelecimento de seus órgãos e fixação de suas competências, além dos direitos e garantias fundamentais.

1.3 CONSTITUIÇÃO: CONCEITO

O direito constitucional, nós já o mencionamos, tem por objeto o conjunto de princípios e regras que tratam da organização fundamental do Estado. Esse complexo de normas que estabelecem a particular maneira de ser de um ente estatal forma é o que denominamos *constituição*[6], esteja ou não consubstanciada em um documento único. Assim, nesta seção, buscaremos estudar a constituição, fornecendo seu conceito, objeto e elementos.

O termo *constituição* tem muitos significados. Em sentido comum, diz respeito à essência, à maneira como algo se organiza. Nesse sentido, que não diz respeito apenas ao direito constitucional, refere-se ao particular modo de ser de alguma coisa, à sua organização intrínseca, que pode referir-se a objetos inanimados ou seres vivos, ou mesmo a entidades abstratas, como é o caso, por exemplo, de um Estado.

Em *sentido sociológico*, por sua vez, conforme lição de Ferdinand Lassalle,[7] constituição é *a soma dos fatores reais do poder que formam e regem um determinado Estado*. Para ele, só estaremos frente a uma verdadeira constituição quando o documento produzido efetivamente representar o somatório das forças sociais formadoras do poder estatal. Caso isso não se dê, estaremos diante de uma simples *folha de papel*.

Outros, contudo, emprestam à constituição um *sentido político*. É o caso, por exemplo, do sempre citado jurista *Carl Schmitt*, que a definiu como *a decisão política fundamental*, ou seja, aquela que advém do poder soberano, e que define o particular modo de ser do Estado, fixando-lhe as normas essenciais de formação e regência.

A despeito de ser um renomado constitucionalista alemão, e costumeiramente citado nas obras de direito constitucional, quando estas estudam o chamado *sentido político* de constituição, não posso deixar de mencionar, a título de curiosidade histórica, que referido

---

4. *Op. cit.*, p. 34.
5. *Op. cit.*, p. 18.
6. Sempre que nos referirmos à palavra *constituição*, genericamente considerada, nós a grafaremos com "c" minúsculo; quando, ao contrário, quisermos tratar de uma lei magna em particular, como, por exemplo, a Constituição brasileira de 1988, ou a Constituição norte-americana de 1787, nós utilizaremos o "C" maiúsculo. Esse critério é também utilizado por alguns outros autores, como, por exemplo, Uadi Lamêgo Bullos. *Curso de direito constitucional*. 5. ed. Saraiva, 2010.
7. *A essência da constituição*. 9. ed. Lumen Juris, 2009.

jurista foi um entusiasta do regime nazista, e chegou mesmo a defender expressamente o extermínio dos judeus, justificando seu entendimento com a seguinte frase: "Nem todo ser com cara de humano é humano".

Referido autor faz *distinção entre constituição e leis constitucionais*. Reporta-se à primeira, como vimos, quando faz menção à decisão política fundamental, que institui e estrutura o Estado. Refere-se às leis constitucionais, a seu turno, quando trata das demais normas inseridas no texto constitucional que não se refiram àquela decisão política fundamental. Essa distinção, nós veremos logo mais, muito se aproxima da existente entre normas materialmente constitucionais e normas formalmente constitucionais.

Em *sentido jurídico*, entretanto, o termo *constituição* tem um significado próprio, específico. Diz respeito, nessa acepção, como nos lembra Manoel Gonçalves Ferreira Filho,[8] "à organização jurídica fundamental" do Estado. Trata-se, em outras palavras, do conjunto de princípios e regras que tratam da organização fundamental de um Estado, do qual as demais normas que compõem o ordenamento jurídico estatal extraem sua validade.

José Afonso da Silva,[9] após considerá-la a *lei fundamental do Estado*, que organiza os elementos essenciais deste, define constituição como "um sistema de normas jurídicas, escritas ou costumeiras, que regula a forma do Estado, a forma de seu governo, o modo de aquisição e o exercício do poder, o estabelecimento de seus órgãos, os limites de sua ação, os direitos fundamentais do homem e as respectivas garantias".

Em síntese, podemos definir constituição, *em sentido jurídico*, como a norma jurídica fundamental, quer esteja ela consubstanciada em um documento único, formal e solene – chamado constituição escrita –, quer seja formada pela reunião de leis esparsas e também pelos costumes e decisões jurisprudenciais – dita constituição não escrita –, que disciplina a organização fundamental do Estado, e que condiciona a edição, interpretação e validade das normais infraconstitucionais.

A constituição, portanto, tem por *conteúdo* o conjunto de normas (princípios e regras) que fornecem a organização fundamental do Estado, notadamente as relativas à sua estrutura, forma de Estado e de governo, regime político, modo de aquisição e exercício do poder, estabelecimento de seus órgãos e fixação de suas competências, além dos direitos e garantias fundamentais (direitos individuais e coletivos, direitos políticos, direitos sociais etc.).

Alguns doutrinadores afirmam haver *diferença entre constituição e carta constitucional*, ponderando que esta última seria produzida por meio de um ato arbitrário, de inspiração autoritária, que imporia à sociedade o novo diploma normativo, ao passo que a primeira seria de gênese democrática.

Nesta obra, contudo, tomamos aquelas expressões por sinônimas, sendo certo que, para nos referirmos à constituição, seja as de natureza democrática, seja as de natureza autoritária, também poderemos nos valer de outras expressões costumeiramente utilizadas para denominá-la, como, por exemplo, lei magna, lei maior, lei das leis, carta magna ou mesmo carta política.

O sentido *jurídico* de constituição tem por principal idealizador Hans Kelsen,[10] o famoso doutrinador austríaco que se recusava a conferir ao instituto qualquer fundamentação filosófica, sociológica ou política, objeto de estudo de outras ciências sociais que não a jurídica,

---

8. *Op. cit.*, p. 11.
9. *Op. cit.*, p. 37-38.
10. *Teoria pura do direito*. 7. ed. Martins Fontes, 2006.

preferindo encará-lo como *norma pura*, como puro *dever-ser*. Para Kelsen, a constituição pode ser entendida em dois sentidos: *lógico-jurídico* e *jurídico-positivo*.

No *sentido lógico-jurídico*, a constituição é a *norma hipotética fundamental*, ou seja, o fundamento lógico que antecede a própria edição da constituição positiva. Trata-se, portanto, da norma fundamental não positivada, não editada (hipotética, portanto), que fundamenta a constituição jurídico-positiva, que lhe concede validade.

No *sentido jurídico-positivo*, é a lei fundamental do Estado, a norma positiva (direito posto, portanto) que condiciona a edição das normas infraconstitucionais. Trata-se da norma superior do sistema, que empresta validade para as demais normas do ordenamento jurídico estatal, consistindo, portanto, no fundamento destas.

A constituição *jurídico-positiva*, por sua vez, ainda na lição do ilustre doutrinador austríaco, encontra seu fundamento de validade na chamada *norma hipotética fundamental*. Com efeito, como não aceitava fundamentar a constituição em qualquer fator filosófico, social ou político, Kelsen preferiu conceber uma norma hipotética, idealizada, que imporia a obediência a tudo o que for editado pelo poder constituinte originário.

Kelsen trouxe-nos a ideia da existência de um *escalonamento de normas*, ou seja, de uma verdadeira hierarquia entre as normas que compõem a ordem jurídica de um Estado, na qual as normas de hierarquia inferior extraem seu fundamento de validade das normas superiores, até chegarmos à constituição jurídico-positiva, que se encontra no ápice da pirâmide normativa estatal, e que é o fundamento de validade de todas as demais normas.

Ainda sobre o conceito de constituição, consideramos oportuno mencionar que alguns doutrinadores acham inadequado defini-la levando em conta apenas algum dos sentidos acima mencionados. Ponderam que é mais adequado buscar uma definição que inclua todos aqueles aspectos – político, social e jurídico –, ou, nas palavras de José Afonso da Silva,[11] "que revele conexão de suas normas com a totalidade da vida coletiva". Temos, aqui, o denominado *conceito total* de constituição.

DIFERENTES SENTIDOS DE CONSTITUIÇÃO

Sentido comum	– Não se refere apenas ao direito constitucional; diz respeito à essência, à maneira como algo se organiza, ao particular modo de ser de alguma coisa, à sua organização intrínseca.
Sentido sociológico (Ferdinan Lassale)	– É a soma dos fatores reais do poder que formam e regem um determinado Estado.
Sentido político (Carl Schmitt)	– É a decisão política fundamental, que define o particular modo de ser do Estado.
Sentido jurídico (Hans Kelsen)	– Sentido lógico-jurídico – é a norma hipotética fundamental, ou seja, o fundamento lógico que antecede a própria edição da constituição positiva.
	– Sentido jurídico-positivo – é a lei fundamental do Estado, a norma positiva que condiciona a edição das normas infraconstitucionais.

---

11. *Op. cit.*, p. 39.

1.4 ANTECEDENTES DA CONSTITUIÇÃO

Na seção anterior, tratamos da constituição, buscando defini-la em suas diversas *acepções. Vimos, naquela oportunidade, que a lei magna, em sentido jurídico, é a norma* jurídica fundamental que cria e disciplina a organização do Estado, e que condiciona a edição, interpretação e validade das normas infraconstitucionais. Nesta seção, por sua vez, cabe-nos mostrar que a constituição, como documento escrito que cria o ente estatal, não surgiu de maneira repentina, idealizada por algum doutrinador.

Na realidade, como nos lembra Manoel Gonçalves Ferreira Filho,[12] a constituição "é uma criação coletiva apoiada em precedentes históricos e doutrinários". A ideia de constituição escrita, portanto, pode ser atribuída a um longo processo histórico e doutrinário, que culminou no movimento denominado *constitucionalismo*. É justamente sobre esse processo que trataremos nesta seção.

A doutrina costuma apontar, como fenômenos antecedentes da constituição escrita, *os pactos, os forais ou cartas de franquia e os contratos de colonização*. Alguns também citam, nesta mesma seara, *as leis fundamentais do reino e as doutrinas do pacto social*. É justamente nestes documentos e doutrinas que o constitucionalismo foi abeberar-se, para conceber a constituição como o documento escrito que cria o Estado e fixa normas de proteção do indivíduo em face do poder estatal.

Pactos foram os acordos, consubstanciados em documentos formais (escritos), celebrados entre monarcas e seus súditos, que tinham por objeto a fixação de limites à atuação daqueles, sobretudo concedendo a estes um conjunto de direitos individuais, para protegê-los de eventuais arbitrariedades estatais. Surgidos na Idade Média, oriundos da tradição inglesa, os pactos tinham por fundamento um *acordo de vontades*, ainda que os reis buscassem conferir-lhes a aparência de uma outorga de direitos.

O mais famoso pacto foi a *Magna Charta Libertatum*, ou, simplesmente *Magna Carta*, um acordo celebrado em 1215, entre o Rei João Sem Terra e seus súditos rebelados, tendo por objeto justamente a concessão, pelo monarca, de diversos direitos àqueles, limitando o poder deste último. Dentre os direitos previstos naquele pacto, podemos citar, por exemplo, a previsão do mandado de segurança, as garantias de inviolabilidade do domicílio, do juiz natural, do devido processo legal, do tribunal do júri, e até mesmo do princípio da anterioridade tributária. Tamanha é a importância de referidos direitos e garantias, que se encontram todos previstos na Constituição de 1988.

Outro importante pacto foi o *Petition of Rights*, de 1628, celebrado entre o Rei Carlos I e seus súditos, que lhes garantiu o respeito aos chamados direitos de tempos imemoriais, e que afastou a possibilidade de qualquer imposição de doações, empréstimos, taxas ou impostos, sem que houvesse o prévio e expresso consentimento de todos, manifestado por ato do Parlamento. Dispôs, igualmente, que ninguém seria chamado a responder ou prestar juramento, ou a executar algum serviço, ser encarcerado, ou de qualquer forma molestado ou inquietado, por causa daqueles tributos ou da recusa em pagá-los.

Podemos citar, ainda, o famoso *Bill of Rights*, celebrado em 1689, e que alguns apontam como *a primeira constituição escrita da história*. Referido acordo, que concebe a ideia de um governo representativo, mesmo que ainda com a participação apenas das camadas superiores do povo, como uma garantia indispensável às liberdades civis, garantiu, por exemplo,

---
12. *Op. cit.*, p. 4.

a liberdade nas eleições e a imunidade parlamentar, além de regulamentar o lançamento de impostos.

Os *forais ou cartas de franquia*, de maneira semelhante aos pactos, também consistiam em documentos escritos, formalizados na Idade Média, que tinham por objeto a concessão, aos súditos de determinado monarca, de um conjunto de direitos individuais, com vistas à proteção daqueles contra as eventuais arbitrariedades estatais.

Entretanto, como nos esclarece Manoel Gonçalves Ferreira Filho,[13] os forais ou cartas de franquia diferiam dos pactos por estarem fundamentados não em um acordo de vontades, mas sim em uma *outorga*, mesmo que nem sempre espontânea, bem como por preverem a *participação dos súditos no governo local*, o que lhes conferia um elemento político, normalmente inexistente nos pactos.

Com efeito, inicialmente submetida, por completo, à autoridade dos senhores feudais, a classe burguesa, graças ao fortalecimento que conquistou com o incremento do comércio, passou a obter cartas de franquia que lhe asseguravam autonomia política e administrativa. Referidas cartas também foram outorgadas aos habitantes de diversos senhorios, para regulamentar os costumes locais, protegendo os servos contra arbitrariedades praticadas pelo senhor feudal, notadamente no tocante à cobrança de tributos e serviços.

Os *contratos de colonização*, por sua vez, são documentos escritos surgidos na formação das Colônias da América do Norte, consistentes em pactos (acordos de vontade) celebrados entre os colonos, porém ainda geralmente submetidos à sanção da Metrópole (do monarca inglês), com vistas ao estabelecimento das regras de governo a que se sujeitariam.

Segundo Manoel Gonçalves Ferreira Filho,[14] os peregrinos que chegavam à América, mormente os puritanos, imbuídos do sentimento de igualdade, e não encontrando na terra um poder estabelecido, decidiam fixar, por mútuo consentimento, e através de documentos escritos, as regras pelas quais haveriam de se governar. Ainda segundo referido autor, já se pode notar, neste tipo de documento, "a ideia de estabelecimento e organização do governo pelos próprios governados, que é outro dos pilares da ideia de constituição".

Como nos revela a História, ainda na viagem que faziam para a América do Norte, em 1620, os chefes de família (costumeiramente conhecidos como *Founding Fathers of the United States*, ou "Pais Fundadores", em português) celebraram, a bordo do navio *Mayflower*, o célebre documento denominado *Compact*, estabelecendo as regras de governo que os vincularia, na nova terra.

As *leis fundamentais do reino*, ao seu turno, consistiam no conjunto de normas relativas a aquisição, exercício e transmissão do poder, consideradas superiores às normas editadas pelo Poder Legislativo, dotadas de considerável estabilidade, e que tinham por objetivo a proteção da Coroa contra eventuais fraquezas ou instabilidades do próprio rei.

Como nos lembra Manoel Gonçalves Ferreira Filho,[15] as leis fundamentais do reino, *originárias da doutrina francesa*, e posteriormente adotadas também na Inglaterra, podem ser consideradas "a fonte da superioridade e da intocabilidade das regras concernentes ao poder, que se empresta às constituições escritas".

---

13. *Op. cit.*, p. 4.
14. *Op. cit.*, p. 5.
15. *Op. cit.*, p. 5.

As *doutrinas do pacto social* também são apontadas como antecedentes da ideia de constituição escrita. Referidas doutrinas, em que pese não guardarem perfeita identidade entre si, tinham por traço semelhante a concepção de que a sociedade estava fundamentada em *um acordo ou pacto social,* ainda que apenas tácito, e que se impunha aos governantes, estabelecendo as regras para exercício do poder.

Dentre referidas doutrinas, podemos destacar as seguintes: Thomas Hobbes (1599-1679), em seu *Leviatã,* que defendia que o contrato social tinha por único objetivo assegurar a paz social; John Locke (1632-1704), no *Segundo tratado do governo civil,* o qual afirmava que o pacto social tinha por principal objetivo assegurar os direitos naturais do homem; e, finalmente, Jean-Jacques Rousseau (1712-1778), em *O contrato social,* já às vésperas da Revolução Francesa, e que, de maneira semelhante à Locke, apontava como objetivo principal do pacto social assegurar que os governantes respeitassem os direitos naturais dos governados.

ANTECEDENTES DA CONSTITUIÇÃO

Pactos	– Documentos escritos, na Idade Média, celebrados entre monarcas e seus súditos, para a fixação de limites à atuação daqueles, sobretudo concedendo a estes um conjunto de direitos individuais. Exemplos: *Magna Carta, Petition of Rights* e *Bill of Rights.*
Forais ou cartas de franquia	– Diferiam dos pactos por estarem fundamentados não em um acordo de vontades, mas sim em uma outorga, mesmo que nem sempre espontânea e também por preverem a participação dos súditos no governo local, o que lhes conferia um elemento político, normalmente inexistente nos pactos.
Contratos de colonização	– Documentos escritos surgidos na formação das Colônias da América do Norte, consistentes em pactos (acordos de vontade) celebrados entre os colonos, porém geralmente ainda submetidos à sanção do monarca, com vistas ao estabelecimento das regras de governo a que se sujeitariam.
Leis fundamentais do reino	– Originárias da doutrina francesa, e posteriormente adotadas também na Inglaterra, consistiam no conjunto de normas relativas à aquisição, exercício e transmissão do poder, consideradas superiores às normas editadas pelo Poder Legislativo, dotadas de considerável estabilidade, e que tinham por objetivo a proteção da Coroa contra eventuais fraquezas ou instabilidades do próprio rei.
Doutrinas do pacto social	– Em que pese não guardarem perfeita identidade entre si, tinham por traço semelhante a concepção de que a sociedade tinha por fundamento um acordo ou pacto social, ainda que apenas tácito, e que se impunha aos governantes, estabelecendo as regras para exercício do poder.

1.5 CONSTITUCIONALISMO E SUAS DIVERSAS FASES

Todos os documentos e doutrinas mencionados na seção anterior contribuíram sobremaneira, já sob a égide do pensamento iluminista, para o surgimento do denominado *constitucionalismo,* movimento que forjou a ideia da edição de *constituições escritas,* como mecanismo necessário não só à formalização do Estado, como também à fixação de limitações ao poder estatal.

Com efeito, graças ao triunfo do liberalismo, movimento filosófico, político e econômico surgido no século XVIII, de inspiração iluminista, defendeu-se uma substancial alteração das feições do Estado, em oposição ao modelo absolutista até então existente. Na seara econômica, passou-se a preconizar a não intervenção do Estado (*laissez-faire*), e, no campo político, a encará-lo como um mal necessário, devendo o poder ser limitado e repartido de maneira que fossem evitados quaisquer abusos em seu exercício.

Foi justamente para atender aos ideais liberais, notadamente o de limitação do poder estatal, que surgiu o denominado constitucionalismo clássico. Esse pode ser definido como o movimento político e jurídico, desencadeado pelas chamadas *revoluções liberais burguesas*, destinado a estabelecer Estados constitucionais, com a fixação de mecanismos de limitação e repartição do poder estatal, sobretudo para a proteção do indivíduo contra possíveis arbitrariedades estatais, através da edição de constituições escritas.

Na lição de Ricardo Cunha Chimenti, Fernando Capez, Márcio F. Elias Rosa e Marisa F. Santos,[16] o constitucionalismo "é o movimento político e jurídico que visa estabelecer regimes constitucionais, ou seja, um sistema no qual o governo tem seus limites traçados em Constituições escritas". Ainda segundo referidos autores, "é a antítese do absolutismo, do despotismo, nos quais prevalece a vontade do governante".

A Revolução Francesa pode ser considerada como um marco no surgimento do constitucionalismo, e, consequentemente, das constituições escritas, ao defender, de maneira expressa, que o Estado deveria ser formalizado por um documento escrito que previsse a separação do poder estatal (a famosa tripartição de poderes de Montesquieu), e que também contivesse uma declaração de direitos do homem.

De fato, em oposição ao antigo regime absolutista (*Ancien Regime*), a famosa Declaração dos Direitos do Homem e do Cidadão de 1789 expressamente defendeu a criação de um governo limitado em seu poder, defensor das liberdades individuais, através de sua submissão a uma constituição escrita, ao dispor, em seu artigo 16, que "toda sociedade na qual não está assegurada a garantia dos direitos nem determinada a separação dos poderes, não tem constituição".

É importante ressaltar, contudo, que a primeira constituição escrita é anterior à Revolução Francesa. Trata-se da Constituição do Estado da Virgínia (uma das treze colônias norte-americanas), promulgada em 1776. Contudo, as mais famosas, também editadas àquela época, foram, sem dúvida alguma, as constituições dos Estados Unidos da América, de 1787, e da França, de 1791.

O *constitucionalismo clássico*, como se pode notar facilmente, além de estabelecer a necessidade de edição de constituições escritas, que prevejam a repartição do poder estatal, está estreitamente relacionado com os chamados direitos e garantias fundamentais de primeira geração, também denominados de liberdades clássicas, negativas ou formais, destinados à proteção do indivíduo contra eventuais arbitrariedades praticadas pelo Estado.

A partir do século XX, contudo, o constitucionalismo deixou de guardar aquela estreita vinculação com a ideologia liberal. Muito esclarecedores, a respeito desse fenômeno de mutação do caráter do constitucionalismo, são os ensinamentos de Manoel Gonçalves Ferreira Filho,[17] como podemos verificar no trecho a seguir transcrito:

> *"Por um lado, o após-guerra, ao mesmo tempo que gerava novos Estados que, todos, adotaram Constituições escritas, o dissocia do liberalismo. Os partidos socialistas e cristãos, cujo peso se faz então acentuadamente sentir, impõem às novas Constituições uma preocupação com o econômico e com o social. Isso repercute especialmente nas declarações constitucionais de direitos que combinam, de modo às vezes indigesto, as franquias liberais e os chamados direitos econômicos e sociais".*

Efetivamente, a história tem demonstrado que diversos Estados – o Brasil nesse rol incluído – têm ampliado consideravelmente o conteúdo de suas constituições, buscando trazer, para o corpo destas, alguns temas que, à época do liberalismo clássico, não figuravam

---

16. *Curso de direito constitucional*. 7. ed. Saraiva, 2010, p. 39.
17. *Op. cit.*, p. 8.

naqueles diplomas. Esse fenômeno coincidiu, vale dizer, com o surgimento do denominado Estado social (*Welfare State*), iniciado com a Constituição Mexicana de 1917, porém notabilizado com a Constituição de Weimar de 1919.

Como já mencionamos anteriormente, as constituições passaram a prever, de maneira progressiva e cada vez mais intensa, diversas hipóteses de intervenção estatal na vida privada. Ao invés de conter apenas regras de regência do Estado e de proteção dos indivíduos em face do poder estatal, passaram também a conter um conjunto de normas de ordem social e econômica, tanto para a redução das desigualdades sociais, como também para incentivar o desenvolvimento nacional.

Somadas às denominadas *liberdades negativas*, ou seja, ao conjunto de direitos conferidos aos cidadãos que os protegiam contra potenciais abusos do poder estatal, passaram também a integrar as diversas constituições as denominadas *liberdades positivas*, o conjunto de direitos fundamentais que impunham ao Estado a prática de diversas ações, visando à obtenção da igualdade substancial (não mais apenas formal) entre os indivíduos.

Como nos lembra Marcelo Novelino,[18] "com a consagração dos direitos sociais, econômicos e culturais nos textos das Constituições, surge a *segunda* dimensão dos direitos fundamentais, ligados à igualdade material". Nesta fase, segue explicando o ilustre doutrinador, "o Estado abandona sua postura abstencionista para assumir um papel decisivo nas fases de produção e distribuição de bens, passando a intervir nas relações sociais, econômicas e laborais". Afirma ainda, em conclusão, que "a busca da superação faz surgir a noção de *Estado social*".

A partir de então, grande parte dos países do mundo, notadamente os da Europa Ocidental e da América Latina, passou a incluir, em suas respectivas cartas políticas, não só as tradicionais regras de organização do Estado, com a divisão funcional do poder e proteção do homem contra arbitrariedades estatais, como também um conjunto de direitos sociais, econômicos e culturais. Surgiu, a partir desse fenômeno, o chamado *constitucionalismo moderno*.

Atualmente, alguns autores afirmam que o constitucionalismo já se encontra em uma nova fase, denominada *neoconstitucionalismo*, ou, ainda, *constitucionalismo pós-moderno*. Seus principais traços característicos são: a adoção do pós-positivismo; a concessão de primazia ao princípio da dignidade da pessoa humana; o reconhecimento definitivo da força normativa da constituição; e a ampliação da jurisdição constitucional.

A denominada doutrina *pós-positivista* é aquela que, em termos sintéticos, concede inequívoca força cogente aos princípios jurídicos, de maneira semelhante (porém não idêntica) àquela conferida às demais normas positivas. A partir de então, abandonou-se a antiga dicotomia entre princípios e normas, passando-se a adotar a distinção entre princípios e regras, ambas como espécies do gênero norma jurídica.

E tendo em vista que a constituição pode ser definida como a *norma jurídica fundamental*, a qual, em síntese, disciplina a organização fundamental do Estado e estabelece os direitos e garantias fundamentais, não resta dúvida de que ela contém em seu corpo aquelas duas espécies de normas (princípios e regras constitucionais), ambas com inequívoca força normativa, e que devem ser obedecidas tanto pelo Estado, como pelo conjunto da sociedade.

A dignidade da pessoa humana, por sua vez, é apontada pela doutrina como a fonte primordial de todo o ordenamento jurídico, e, sobretudo, dos direitos e garantias fundamentais. Trata-se, em outras palavras, de um princípio fundamental que exige que o indivíduo

---

18. *Direito constitucional*. 4. ed. Método, 2010, p. 59.

seja tratado como um fim em si mesmo, que seja encarado como *a razão de ser do próprio ordenamento*, impondo não só ao Estado, como também aos particulares, que o respeitem integralmente, evitando qualquer conduta que degrade sua condição humana.

O reconhecimento definitivo da força normativa da constituição, ao seu turno, tem estreita relação com a ampliação do campo de incidência do direito constitucional, o qual não mais ficou adstrito à regência exclusiva das relações jurídicas de direito público, passando a tutelar igualmente as relações de direito privado, campo que outrora era reservado apenas ao Código Civil, que era tido, por esta razão, como a *"constituição da vida privada"*. Diz respeito, igualmente, à superação da antiga visão de que o texto constitucional se tratava essencialmente de um documento político, que apenas indicava o modo de proceder do poder público, sem, contudo, compeli-lo a tanto.

A constituição, portanto, passou a ser não só fonte de interpretação, como também inequívoca fonte normativa (aliás, a norma jurídica fundamental), cujos princípios e regras devem ser rigorosamente observados não só pelo Estado, como também por todos os particulares que estejam no território daquele ente estatal, afastando-se, devemos insistir, a antiga ideia de que a carta magna se tratava essencialmente de um documento de natureza política.

A denominada jurisdição constitucional diz respeito à atividade jurisdicional do Estado que tem por objeto não só a tutela das liberdades públicas, consubstanciada nos chamados remédios constitucionais, como também o controle de constitucionalidade das leis e atos normativos instituídos pelo poder público, tudo para que sejam observados, de maneira rigorosa, os preceitos constitucionais vigentes.

A jurisdição constitucional, é importante que se diga, vem sendo ampliada consideravelmente nos últimos tempos, notadamente no que se refere ao controle de constitucionalidade das leis e demais normas produzidas pelo Estado, para a garantia da própria higidez do texto constitucional. Nessa nova realidade, em que ganha relevo o princípio da supremacia formal da constituição, o Poder Judiciário passou a ter papel importantíssimo, inclusive mitigando ou mesmo descaracterizando a antiga supremacia que se conferia ao Legislativo, cujas leis eram consideradas intangíveis, por refletirem a vontade da maioria da população.

Esse fenômeno está presente, por exemplo, na Constituição Federal de 1988. Com efeito, da simples leitura do texto constitucional, podemos perceber facilmente que este contém diversos mecanismos de controle de constitucionalidade das leis e demais atos normativos produzidos pelo Estado, tanto de controle difuso como de controle concentrado, sendo certo, inclusive, que referidos mecanismos vêm sendo ampliados e aperfeiçoados, por meio de edição de ulteriores emendas constitucionais.

CONSTITUCIONALISMO E SUAS DIVERSAS FASES

– **Constitucionalismo clássico**: movimento político e jurídico, desencadeado pelas chamadas revoluções liberais burguesas, destinado a estabelecer Estados constitucionais, com a fixação de mecanismos de limitação e repartição do poder estatal, sobretudo para a proteção do indivíduo contra eventuais arbitrariedades estatais, através da edição de constituições escritas.

– **Constitucionalismo moderno**: ao invés de conter apenas regras de regência do Estado e de proteção dos indivíduos em face do poder estatal, as constituições passaram também a conter um conjunto de normas de ordem social e econômica, tanto para a redução das desigualdades sociais, como também para incentivar o desenvolvimento nacional.

– **Constitucionalismo pós-moderno (ou neoconstitucionalismo)**: tem como principais traços característicos: a adoção do pós--positivismo, que confere força normativa não só às regras como também aos princípios jurídicos; a concessão de primazia ao princípio da dignidade da pessoa; o reconhecimento definitivo da força normativa da constituição; e a ampliação da jurisdição constitucional.

1.6 CLASSIFICAÇÕES DAS CONSTITUIÇÕES

Já vimos que a constituição tem por conteúdo o conjunto de princípios e regras que estabelecem a organização fundamental do Estado, notadamente as relativas à sua estrutura, forma de Estado e de governo, regime político, modo de aquisição e exercício do poder, estabelecimento de seus órgãos e fixação de suas competências, além dos direitos e garantias fundamentais.

Trata-se, portanto, da norma jurídica fundamental, quer esteja ela consubstanciada em documento formal e solene – chamada constituição escrita –, quer seja formada pela reunião de leis esparsas e também pelos costumes e decisões jurisprudenciais – denominada constituição não escrita –, que disciplina a organização do Estado, e que condiciona a edição, interpretação e validade das normas infraconstitucionais.

Aquele conceito, por si só, já nos revela que a constituição, dependendo do Estado que a instituiu, pode se manifestar por formas diversas, conforme seja escrita ou não escrita. É lógico e intuitivo, ademais, que outras características da constituição, como, por exemplo, sua origem (democrática ou autoritária), seu conteúdo, sua estabilidade e sua extensão, podem variar de acordo com o particular modo de ser de cada ente estatal.

Essa circunstância revela-nos ser necessário estudarmos as diferentes classificações das constituições, não só para compreender os diversos modelos de constituição adotados pelos Estados estrangeiros como também para fornecermos as principais características da Constituição brasileira de 1988, a depender do enfoque que se queira dar ao estudo.

Em que pese os doutrinadores não oferecerem classificações idênticas, podemos afirmar, sem qualquer hesitação, que algumas delas são costumeiramente encontradas na maioria das obras publicadas. Neste livro, procuraremos tratar das principais classificações das constituições, analisando-as, por exemplo, em conformidade com sua origem, conteúdo, forma, modo de elaboração, estabilidade, e, por fim, sua extensão.

1.7 CONSTITUIÇÕES QUANTO À ORIGEM

Quanto à *origem*, as constituições podem ser de 3 (três) espécies: *promulgadas*, *outorgadas*, ou, ainda, *cesaristas*. *Constituição promulgada* (também denominada *democrática*, *popular*, ou, ainda, *votada*) é aquela produzida por uma assembleia constituinte, composta por representantes eleitos pelo povo, e criada exatamente para esse fim: a elaboração do texto constitucional.

Como é fácil intuir, a assembleia constituinte, e, por consequência, a constituição promulgada, é típica dos movimentos democráticos, em que a vontade do povo (que é, como veremos no Capítulo 2, o titular do poder constituinte) é levada em consideração para a elaboração do texto constitucional. No caso específico do Brasil, foram promulgadas as Constituições de 1891, 1934, 1946 e a atual, de 1988.

Ainda sobre as constituições promulgadas – produzidas por uma assembleia constituinte, com representantes do povo eleitos exatamente para esse fim – vale mencionar que, em alguns casos, o texto discutido e votado pelos constituintes também é posteriormente submetido à votação do povo, por meio de referendo. Temos, nessa hipótese, o que a doutrina costuma chamar de *constituição referendatária*.

Constituição outorgada, por sua vez, é aquela produzida não por uma assembleia constituinte, refletindo a vontade popular, mas sim pela imposição do agente revolucionário, ou seja, do governante singular ou do grupo de governantes que detêm o poder, à época de sua instituição[19]. Esta modalidade de constituição é típica dos movimentos ditatoriais, autoritários, como foram as Constituições brasileiras de 1824, 1937, 1967 e de 1969 (Emenda Constitucional 1/1969). Aqui, a aceitação popular costuma dar-se *tacitamente*, quando as normas constitucionais acabam sendo obedecidas pelo povo.

Constituição cesarista ou *bonapartista* (é também assim chamada por ter sido utilizada por Napoleão Bonaparte) é aquela em que o agente revolucionário (geralmente um ditador) solicita prévio consentimento do povo (verdadeiro titular do poder constituinte) para elaborar um texto constitucional. Por se submeter à consulta popular prévia, é também conhecida como *constituição plebiscitária*. Contudo, referida modalidade de constituição nada tem de democrática (promulgada) [20], uma vez que tal consulta destina-se apenas a conceder legitimidade à vontade do detentor do poder.

CONSTITUIÇÕES QUANTO À ORIGEM

Promulgada	– Produzida por uma assembleia constituinte, composta por representantes eleitos pelo povo, e criada exatamente para esse fim (a elaboração do texto constitucional).
Outorgada	– Produzida por imposição do agente revolucionário, ou seja, do governante singular ou do grupo de governantes que detêm o poder, à época de sua instituição.
Cesarista (ou Bonapartista)	– É aquela em que o agente revolucionário (geralmente um ditador) solicita prévio consentimento do povo para elaborar um texto constitucional.

1.8 CONSTITUIÇÕES QUANTO AO CONTEÚDO

Quanto ao seu conteúdo, as constituições podem ser classificadas em *materiais* (também denominadas *substanciais*) ou *formais*. *Constituição material* é aquela composta por normas essenciais à caracterização do Estado, quer estejam consubstanciadas em um documento formal e solene, denominado constituição escrita, quer sejam formadas por normas esparsas, somadas aos costumes e à jurisprudência (decisões proferidas pelo Judiciário), no que se denomina constituição não escrita.

A *constituição material*, em outras palavras, é aquela composta exclusivamente pelo conjunto de *princípios e regras materialmente constitucionais*, que tratam da organização fundamental do Estado, notadamente as relativas à sua estrutura, forma de Estado e de governo, regime político, modo de aquisição e exercício do poder, estabelecimento de seus órgãos e fixação de suas competências, além dos direitos e garantias fundamentais.

Constituição formal, por outro lado, é aquela consubstanciada, necessariamente, em um documento solene, instituído pelo poder constituinte originário, e que pode conter em seu corpo (e geralmente contém) normas outras que não substancialmente (materialmente) constitucionais. Essas normas, que não guardam relação com matéria essencialmente constitucional, são incluídas no texto da constituição apenas porque o constituinte desejou realçar a importância dos temas nelas disciplinados, ou para fazê-las gozar de maior estabilidade

---

19. Alguns doutrinadores, nós já mencionamos, usam o termo *carta constitucional* exclusivamente quando querem se referir a essa espécie de constituição.
20. Nesse sentido, por exemplo, é a lição de José Afonso da Silva. *Op. cit.*, p. 42.

(caso se trate de uma constituição rígida), ao exigir processos mais difíceis de alteração do que os previstos para a legislação infraconstitucional.

Tal realidade, aliás, permite que a doutrina faça distinção entre *normas materialmente constitucionais e normas formalmente constitucionais*. As primeiras são aquelas que disciplinam temas essencialmente constitucionais, relativos à própria existência do Estado. As segundas, por sua vez, são consideradas constitucionais apenas por figurarem no corpo de uma constituição escrita, não guardando efetiva correspondência com as normas essenciais à existência do Estado.

As *normas materialmente constitucionais*, portanto, são aquelas que tratam da organização fundamental do Estado, notadamente as relativas à sua estrutura, forma de Estado e de governo, regime político, modo de aquisição e exercício do poder, estabelecimento de seus órgãos e fixação de suas competências, além dos direitos e garantias fundamentais.

Como nos lembra Pedro Lenza,[21] do ponto de vista material, "o que vai importar para definirmos se uma norma tem caráter constitucional ou não será o seu *conteúdo*, pouco importando a forma através da qual foi aquela norma introduzida no ordenamento jurídico". Nesse sentido, seria possível falar-se em normas materialmente constitucionais até mesmo fora do corpo da constituição.

É por essa razão que Manoel Gonçalves Ferreira Filho,[22] ao tratar das normas materialmente constitucionais, e após ponderar que as constituições escritas devem ser breves, deixando ao legislador ordinário a tarefa de completá-las, afirma que existiriam leis ordinárias de matéria constitucional (portanto, normas materialmente constitucionais fora da constituição), citando, como exemplo, a lei eleitoral.

Aliás, a verdade é que parte da doutrina sempre defendeu que a Constituição de 1988, desde sua promulgação, já permitia expressamente a existência de normas materialmente constitucionais, fora de seu corpo, em razão do que preconiza seu artigo 5º, § 2º. Referido dispositivo constitucional enuncia que os direitos e garantias expressamente albergados em seu texto não excluem outros, inclusive aqueles decorrentes dos tratados internacionais de que o Brasil seja parte.[23]

O Supremo Tribunal Federal, entretanto, não acolhia a tese, preferindo entender que são normas constitucionais somente aquelas existentes no corpo da Constituição de 1988, quer tenham sido produzidas pelo poder constituinte originário, quer tenham sido introduzidas posteriormente, por atuação do poder constituinte derivado, através do processo legislativo mais rigoroso fixado para a edição das emendas constitucionais.

Entretanto, a existência de normas materialmente constitucionais, fora do texto da vigente Constituição brasileira, parece-nos agora inquestionável, tendo em vista o que determina expressamente o § 3º, acrescentado ao artigo 5º, da Constituição Federal, por força da Emenda Constitucional 45, de 8 de dezembro de 2004, que passou a permitir que tratados e convenções internacionais, observadas as formalidades ali previstas, possam ampliar o rol dos direitos e garantias relativos a direitos humanos.

Com efeito, nos termos daquele dispositivo constitucional, os tratados e convenções internacionais sobre direitos humanos, quando aprovados em cada uma das Casas do Congresso Nacional, em 2 (dois) turnos, por 3/5 (três quintos) dos votos dos respectivos

---

21. Direito constitucional esquematizado. 14. ed. Saraiva, 2010, p. 66.
22. Op. cit., p. 12.
23. Art. 5º, § 2º: "Os direitos e garantias expressos nesta Constituição não excluem outros decorrentes do regime e dos princípios por ela adotados, ou dos tratados internacionais em que a República Federativa do Brasil seja parte".

membros, serão equivalentes às emendas constitucionais. Com essa nova realidade, insistimos, *tornou-se inequivocamente possível falar em existência de normas – materialmente constitucionais – fora do corpo da Constituição.*

Contudo, para que sejam equivalentes às emendas constitucionais e possam, portanto, ingressar no ordenamento pátrio com força de norma constitucional, referidos tratados e convenções internacionais deverão obrigatoriamente submeter-se ao rito fixado por aquele artigo 5º, § 3º, da Lei Maior. Caso não o sejam, o que, a nosso entender, poderá perfeitamente ocorrer, serão incorporados ao direito brasileiro como simples normas infraconstitucionais.

Como exemplo de tratado que tem por objeto direitos humanos, e que foi aprovado nos termos do artigo 5º, § 3º, da nossa Lei Maior, conquistando, por consequência, *status* de norma constitucional, podemos citar a Convenção sobre os Direitos das Pessoas com Deficiência e seu Protocolo Facultativo, ratificados pelo Congresso Nacional por meio do Decreto Legislativo 186, de 9 de julho de 2008, e promulgados pelo Decreto 6.949, de 25 de agosto de 2009, data de início de sua vigência no plano interno.

As *normas formalmente constitucionais*, ao seu turno, e que não guardam relação com matéria essencialmente constitucional, são incluídas no texto da constituição apenas porque o constituinte desejou realçar a importância dos temas nelas disciplinados, ou, caso se trate de uma constituição rígida, para fazê-las gozar de maior estabilidade, ao exigir processos mais difíceis de alteração do que os previstos para a legislação infraconstitucional.

A distinção entre normas material e formalmente constitucionais, também já mencionamos anteriormente, remete-nos à distinção entre *constituição e leis constitucionais*, formulada por Carl Schmitt. Vimos, naquela oportunidade, que referido autor se referia à primeira quando fazia menção à decisão política fundamental, que institui e estrutura o Estado; às segundas, quando tratava das demais normas inseridas no texto constitucional que não dissessem respeito àquela decisão política fundamental.

A Constituição brasileira de 1824 (a Constituição imperial) de certa forma trazia essa distinção entre normas material e formalmente constitucionais, ao definir como constitucional, em seu artigo 178, somente o que se referisse aos limites e atribuições respectivas dos poderes políticos, aos direitos políticos e aos direitos individuais dos cidadãos, não possuindo tal característica todas as demais normas que figurassem no texto constitucional.

Exemplos de normas materialmente constitucionais, nós os temos nos artigos da Constituição Federal de 1988 que tratam dos direitos e garantias fundamentais, da organização do Estado e dos Poderes. De norma formalmente constitucional, não há como deixar de mencionar a regra fixada pelo artigo 242, § 2º, da Carta Magna, que determina que "o Colégio Pedro II, localizado na cidade do Rio de Janeiro, será mantido na órbita federal".

Devemos enfatizar, contudo, que a distinção entre normas material e formalmente constitucionais, e, portanto, entre constituição material e constituição formal, vem perdendo, cada vez mais, sua importância e razão de ser. Como já mencionamos anteriormente, o conteúdo das constituições ampliou-se consideravelmente, desde o surgimento da ideia de constituição escrita, à época do liberalismo clássico, até os dias atuais.

De fato, a história tem demonstrado que, sobretudo após o surgimento do denominado Estado Social (*Welfare State*), iniciado com a Constituição mexicana de 1917, e notabilizado com a Constituição de Weimar de 1919, diversos Estados, o Brasil neste rol incluído, têm ampliado sensivelmente o conteúdo de suas constituições, buscando trazer para o corpo delas alguns temas que, antigamente, não figuravam naqueles diplomas.

A partir daquela nova fase, os Estados internacionais passaram a incluir, em suas cartas políticas, não só as tradicionais regras de organização estatal e de proteção do homem contra eventuais arbitrariedades do poder público, como também um conjunto de direitos sociais e econômicos.

Essa ampliação do conteúdo das constituições, com a inclusão, em seus textos, não só dos direitos sociais, como também de um amplo espectro de normas de intervenção do Estado na ordem econômica e financeira, teve por objetivo tanto a redução das desigualdades sociais, com vistas à obtenção de uma efetiva igualdade material entre os cidadãos, como também permitir e incentivar o adequado desenvolvimento nacional, coibindo as práticas econômicas desleais e que atentassem contra o desenvolvimento nacional.

As constituições, portanto, deixaram de conter apenas as normas essenciais de regência do Estado e de proteção do indivíduo em face do poder estatal, para também passar a abrigar um conjunto de normas de cunho social e de intervenção econômica. Dessa forma, muito embora ainda se possa fazer distinção, sobretudo para fins didáticos, entre normas material e formalmente constitucionais, a verdade é que a ampliação do conteúdo das constituições tornou tal tarefa mais difícil, ou mesmo desnecessária, para efeitos práticos.

Nessa mesma toada, Michel Temer[24] também aponta a pouca importância da distinção entre normas material e formalmente constitucionais, notadamente no que se refere à Constituição de 1988, lembrando que nossa Lei Maior, ao tratar da possibilidade da edição de emendas à Constituição, não faz qualquer diferenciação entre suas normas, já que todas estão sujeitas à mesma possibilidade de alteração, com exceção das chamadas cláusulas pétreas. Eis as suas palavras:

"Finalmente, ressalvada a questão da identificação dos princípios, que examinaremos a seguir, anotamos que não é relevante, juridicamente, a identificação de uma matéria constitucional e de outra que, embora na Constituição, não seria constitucional. Isto porque o critério de modificação, gerador de preceitos de porte constitucional, é o mesmo para todas as normas (com exceção daquelas que examinaremos nos próximos tópicos em que ocorre a impossibilidade de produção de norma constitucional sobre aquelas matérias)".

Dessa forma, devemos insistir, a distinção entre normas material e formalmente constitucionais, e, portanto, entre constituição material e constituição formal, vem perdendo, cada vez mais, sua importância prática. No campo teórico, contudo, referida distinção ainda subsiste, sendo certo, inclusive, que é matéria costumeiramente enfrentada em concursos públicos e Exames da Ordem dos Advogados do Brasil (OAB).

CONSTITUIÇÕES QUANTO AO CONTEÚDO

Material	– Composta exclusivamente pelo conjunto de princípios e regras materialmente constitucionais, que tratam da organização fundamental do Estado, além e dos direitos e garantias fundamentais.
Formal	– Consubstanciada em um documento formal e solene, instituído pelo poder constituinte originário, e que pode conter em seu corpo normas outras que não materialmente constitucionais.

1.9 CONSTITUIÇÕES QUANTO À FORMA

Quanto à forma, as constituições são classificadas em *escritas* (ou *instrumentais*) ou *não escritas*. Constituição escrita é aquela consubstanciada em um documento formal e solene, elaborado de uma só vez, por um órgão constituinte, e que contém todas as normas

---

24. *Elementos de direito constitucional*. Malheiros, 2004, p. 22.

consideradas essenciais à formação e regência do Estado. É o caso da Constituição Federal de 1988 e de todas as constituições brasileiras anteriores.

Constituição não escrita, ao contrário, é aquela não consubstanciada em um único documento, formal e solene, mas sim em um conjunto de normas esparsas, somadas aos costumes e à jurisprudência (decisões proferidas pelo Judiciário), largamente utilizada no sistema da *common law*, do direito anglo-saxão. O exemplo costumeiramente citado é o da Constituição do Reino Unido da Grã-Bretanha e Irlanda do Norte[25].

Ricardo Cunha Chimenti, Fernando Capez, Márcio F. Elias Rosa e Marisa F. Santos,[26] contudo, ao citarem a constituição britânica como exemplo de constituição não escrita, baseada precipuamente em costumes e decisões jurisprudenciais, lembram-nos que mesmo o Reino Unido, nos dias atuais, "assenta princípios constitucionais em textos escritos, em que pesem os costumes formarem relevantes valores constitucionais".

Muito embora a maioria expressiva das constituições vigentes seja escrita, graças, como vimos, à força que o movimento do constitucionalismo deu a essa espécie de constituição, a verdade é que há uma diminuta parcela de constituições não escritas, lideradas pela Constituição do Reino Unido. Essa realidade, a toda evidência, permite-nos concluir que há *normas constitucionais escritas e normas constitucionais não escritas*.

De fato, da simples definição de constituições não escritas, podemos constatar que estas são formadas não só por normas esparsas (escritas), mas também por decisões jurisprudenciais e pelos costumes. Estes, como se sabe, são necessariamente normas não escritas, respeitadas pela generalidade das pessoas, com a convicção de que são preceitos obrigatórios. É certo, ademais, que mesmo os Estados que adotaram constituições escritas (a maioria) também costumam consagrar a existência de normas não escritas, com a função de complementação ou interpretação das primeiras.

É o caso, por exemplo, da própria Constituição brasileira vigente. Com efeito, a despeito de se tratar de uma constituição escrita, nossa Lei Magna expressamente admite, em seu artigo 5º, § 2º, a existência de normas constitucionais não escritas, ao determinar que o Brasil também observe direitos fundamentais *implícitos*, "decorrentes do regime e dos princípios por ela adotados".

São exemplos de normas dessa espécie (não escritas), existentes na Constituição de 1988, as que consagram o mandado de injunção coletivo (cuja existência, aliás, já foi expressamente reconhecida pela Lei 13.300, de 23 de junho de 2016, que regulamenta o processo e o julgamento deste remédio constitucional), o princípio do *non bis in idem* (que proíbe duplo gravame, dupla punição, em razão de um mesmo fato) e também o princípio do *nemo tenetur se detegere* (privilégio contra a autoincriminação, ou direito ao silêncio do acusado solto).

Cabe-nos ressaltar, mais uma vez, que, a despeito de se tratar de uma constituição escrita, e que, por essa razão, deveria ter suas normas constitucionais todas contidas em um único documento escrito, a Constituição brasileira de 1988 acabou por prever a existência de normas constitucionais fora de seu corpo, ao permitir expressamente que tratados e convenções internacionais sobre direitos humanos sejam admitidos em nosso ordenamento com força de emenda constitucional (Emenda Constitucional 45, de 2004).

---

25. Reino Unido, ou *United Kingdom*, é formado pela união de Inglaterra, Escócia, País de Gales e Irlanda do Norte (ou Eire).
26. *Op. cit.*, p. 44.

CONSTITUIÇÕES QUANTO À FORMA

Escrita	– Consubstanciada em um documento formal e solene, elaborado por um órgão constituinte, e que contém todas as normas consideradas essenciais à formação e regência do Estado.
Não escrita	– Formada por um conjunto de normas esparsas, somadas aos costumes e à jurisprudência (decisões proferidas pelo Judiciário), é largamente utilizada no sistema da *common law*.

1.10 CONSTITUIÇÕES QUANTO AO MODO DE ELABORAÇÃO

Quanto ao modo de elaboração, as constituições podem ser *dogmáticas* ou *históricas* (estas também denominadas *costumeiras*). Conforme José Afonso da Silva,[27] o conceito de constituição dogmática é conexo com o de constituição escrita, da mesma *forma que o de constituição histórica o é com o de constituição não escrita*. Tamanha a conexão entre referidos conceitos, que alguns chegam a tê-los por sinônimos, como se dá, por exemplo, com Luiz Alberto David Araújo e Vidal Serrano Nunes Júnior.[28]

Constituição dogmática, sempre escrita, é aquela caracterizada por ser um documento único e solene, *produzido de uma só vez por um órgão constituinte*, e que espelha os dogmas, os princípios fundamentais adotados pelo Estado, no momento em que sua constituição foi produzida.

Constituição histórica ou *costumeira*, a toda evidência, é justamente o contrário da constituição dogmática. Ao invés de se caracterizar por ser um documento produzido de uma vez só, *trata-se do produto da lenta e contínua formação histórica de um povo*, cuja reunião de textos legais, costumes e jurisprudência formam a lei fundamental de organização estatal. É o caso da Constituição britânica.

Da simples leitura das definições trazidas acima, percebe-se facilmente que o conceito de constituição dogmática é de todo semelhante ao de constituição escrita, da mesma forma que o de constituição histórica nos remete ao de constituição não escrita, revelando-nos, efetivamente, a estreita conexão de conceitos afirmada por José Afonso da Silva.

Contudo, consideramos que a manutenção das duas classificações justifica-se, uma vez que têm em conta diferentes aspectos do mesmo instituto. A primeira classificação, que divide as constituições em escritas e não escritas, leva em consideração exclusivamente o *aspecto formal* destas, ou seja, o modo como se exteriorizam; a segunda, por sua vez, tem em vista o *aspecto* temporal, o processo de formação do texto constitucional.

Com efeito, ao analisarmos se uma constituição é escrita ou não escrita, preocupa-nos saber se ela constitui um único documento, formal e solene, elaborado por um órgão constituinte, ou se está consubstanciada em um conjunto de normas esparsas, somadas aos costumes e à jurisprudência. Ao perquirirmos, por outro lado, se uma constituição é dogmática ou histórica, interessa-nos saber se ela foi criada de um jato, espelhando os dogmas adotados pelo Estado, à época de sua edição, ou se, ao contrário, foi fruto de lenta e contínua formação histórica.

---

27. *Op. cit.*, p. 41.
28. *Curso de direito constitucional.* 14. ed. Saraiva, 2010, p. 25.

CONSTITUIÇÕES QUANTO AO MODO DE ELABORAÇÃO

Dogmática	– *Sempre escrita*, é caracterizada por ser um documento único e solene, produzido de uma só vez por um órgão constituinte, e que espelha os dogmas, os princípios fundamentais adotados pelo Estado.
Histórica	– É produto da lenta e contínua formação histórica de um povo, cuja reunião de textos legais, costumes e jurisprudência formam a lei fundamental de organização estatal.

1.11 CONSTITUIÇÕES QUANTO À ESTABILIDADE

No que respeita à estabilidade, que alguns também denominam alterabilidade, mutabilidade, ou, ainda, consistência, e que se refere, como é intuitivo, à possibilidade ou não de alteração de seu texto, as constituições podem ser classificadas em *imutáveis*, *rígidas*, *semirrígidas* (também chamadas de *semiflexíveis*) ou, ainda, *flexíveis*.

Por *constituição imutável* devemos entender aquela que não pode sofrer qualquer espécie de alteração. Atualmente, é espécie muito rara de constituição, podendo ser mencionadas, a título de exemplo, as cartas políticas de alguns países islâmicos, em razão da forte vinculação do Estado à religião (teocracia).

Ao tratar dessa modalidade de constituição, Alexandre de Moraes[29] lembra-nos que a imutabilidade pode ser relativa, quando o texto constitucional prevê limitações temporais à reforma de seu texto. Cita como exemplo a Constituição brasileira imperial (de 1824), a qual, muito embora do tipo *semirrígida*, proibiu qualquer alteração de seu texto, nos primeiros 4 (quatro) anos de sua vigência (artigo 174).

Constituição rígida, por sua vez, é a modalidade de carta magna, sempre escrita, que permite alterações de texto, contanto que observadas as regras condicionadoras fixadas em seu próprio corpo, e que necessariamente são mais rígidas e severas que as impostas às demais normas que compõem o ordenamento jurídico daquele Estado. Em razão da maior dificuldade para modificação de suas normas, quando em comparação com as regras fixadas para a alteração de normas infraconstitucionais, a constituição rígida é considerada a lei suprema do país, localizada no ápice da pirâmide normativa do Estado.

É importante ressaltar, nesta oportunidade, que o conceito de constituição rígida não se confunde com o de constituição escrita. Com efeito, *a despeito de as constituições escritas serem costumeiramente rígidas, elas eventualmente podem não ser*, bastando que o texto não preveja regras mais severas para sua alteração que as fixadas para a edição de leis infraconstitucionais. *Já as constituições rígidas, estas sim, sempre são escritas*.

Podemos citar, como exemplo de constituição dessa espécie (rígida), a própria Constituição Federal de 1988, que expressamente fixou, ao tratar das chamadas emendas à Constituição, em seu artigo 60, um conjunto expressivo de regras para a alteração de seu texto, manifestamente mais severas, mais rígidas que as previstas para a edição da legislação ordinária (infraconstitucional).

Vale mencionar, ainda, que a possibilidade de os tratados e convenções internacionais sobre direitos humanos serem recebidos, pelo ordenamento brasileiro, como se fossem emendas à Constituição (com natureza de norma constitucional, portanto), conforme artigo 5º, § 3º, acrescentado pela Emenda 45/2004, não afasta o caráter rígido da Constituição de 1988.

---

29. *Op. cit.*, p. 10.

Com efeito, como já citamos, referidos tratados e convenções internacionais, para conquistarem o *status* de emenda constitucional, têm de passar por rito semelhante ao fixado para esta última, necessitando ser aprovados em 2 (dois) turnos, por 3/5 (três quintos) dos votos dos membros de cada uma das Casas do Congresso Nacional.

Constituição semirrígida (ou *semiflexível*) é a espécie de lei magna que permite alterações em seu texto, algumas sujeitas ao atendimento de regras mais solenes e difíceis, como se dá com as constituições rígidas, e outras passíveis de alteração através da simples observância do processo legislativo ordinário, comum às normas infraconstitucionais.

Exemplo dessa modalidade foi a nossa Constituição brasileira imperial (outorgada em 1824), a qual, em seu artigo 178, dispunha expressamente que todas as normas que não tratassem das atribuições e limites dos poderes políticos e dos direitos individuais e políticos dos cidadãos (normas materialmente constitucionais) poderiam ser alteradas pelo processo legislativo ordinário.

Constituição flexível, por fim, é a modalidade de carta política, normalmente não escrita, porém excepcionalmente escrita, que permite a livre alteração de seu texto, por meio do processo legislativo ordinário. Essa modalidade, ao contrário da constituição rígida, não impõe exigências mais severas, mais difíceis que as previstas para a alteração da legislação infraconstitucional, para a alteração de seu texto.

Ainda sobre a estabilidade das constituições, vale mencionarmos que Alexandre de Moraes[30] afirma que a Constituição Federal de 1988 pode ser considerada uma *constituição super-rígida*, por conter em seu corpo, ao mesmo tempo, dispositivos que não são passíveis de alteração, e outros que, muito embora possam sofrer mudanças, estão condicionados à observância de regras mais severas que as impostas às demais espécies.

Uadi Lammêgo Bulos[31], contudo, afirma que esse entendimento é equivocado, asseverando que a existência de cláusulas pétreas e um processo legislativo diferenciado para sua reforma não chegam a imprimir um grau de super-rigidez à Constituição de 1988. Prefere entender que a Constituição brasileira vigente tem um nível de rigidez apenas médio.

Para referido autor, as constituições super-rígidas são aquelas cujo grau de rigidez é máximo, que "apresentam uma rigidez que excede o comum, mediante a consagração de freios de elevado teor proibitório de revisões ou emendas constitucionais". Cita, como exemplo de constituição dessa espécie, a Constituição dos Estados Unidos da América, de 1787.

CONSTITUIÇÕES QUANTO À ESTABILIDADE

Imutável	– Espécie rara de constituição, não pode sofrer qualquer espécie de alteração.
Rígida	– Sempre escrita, permite alterações de texto, contanto que observadas as regras condicionadoras fixadas em seu próprio corpo, mais rígidas que as impostas às normas infraconstitucionais.
Semirrígida (ou semiflexível)	– Permite alterações em seu texto, algumas sujeitas à observância de regras mais solenes e difíceis, como se dá com as constituições rígidas, e outras passíveis de alteração através da simples observância do processo legislativo ordinário, comum às normas infraconstitucionais.
Flexível	– Normalmente não escrita, porém excepcionalmente escrita, permite a livre alteração de seu texto, por meio do processo legislativo ordinário.

---

30. *Op. cit.*, p. 10.
31. *Curso de direito constitucional*. 5. ed. Saraiva, 2010, p. 125.

1.12 CONSTITUIÇÕES QUANTO À EXTENSÃO

Quanto à extensão, as constituições podem ser *sintéticas* (também denominadas *concisas, sumárias* ou *breves*) ou *analíticas* (também conhecidas como *prolixas, amplas* ou *extensas*). *Constituição sintética* é aquela que contém apenas as normas (princípios e regras) fundamentais de formação e caracterização do Estado, bem como de limitação do poder estatal, por meio da previsão de direitos e garantias fundamentais.

Como nos lembra Pedro Lenza,[32] as constituições sintéticas, por serem mais enxutas, "não descem às minúcias, motivo pelo qual são mais duradouras, na medida em que os seus princípios estruturais são interpretados e adequados aos novos anseios pela atividade da Suprema Corte".

Refere-se, como é fácil perceber, ao *modelo clássico de constituição*, cujo texto é composto apenas por normas relativas à estrutura do Estado, forma de governo, modo de aquisição e exercício do poder, limites de atuação estatal e fixação dos direitos e garantias fundamentais. O exemplo mais citado é a Constituição dos Estados Unidos da América, promulgada em 1787, com seus singelos 7 (sete) artigos e 27 (vinte e sete) emendas.

Constituição analítica, ao contrário, é aquela que não contém apenas normas gerais de regência do Estado e de fixação dos direitos e garantias fundamentais, mas que também disciplina, em seu corpo, diversos outros assuntos que o constituinte julgou que deveriam figurar no texto constitucional. E é justamente por conterem um número de normas muitíssimo mais expressivo que o contigo nas constituições sintéticas, que também são conhecidas como constituições *prolixas, amplas* ou *extensas*

Esse é o caso da Constituição brasileira de 1988, a qual, em seus mais de 250 (duzentos e cinquenta) artigos – sem incluir os mais de 100 (cem) dos Atos das Disposições Constitucionais Transitórias (ADCT) –, possui diversas normas relativas especificamente ao direito civil, penal, do trabalho, administrativo, tributário, financeiro, econômico, previdenciário e até mesmo de processo civil e processo penal.

CONSTITUIÇÕES QUANTO À EXTENSÃO

Sintética	– Contém apenas as normas (princípios e regras) fundamentais de formação e caracterização do Estado e também de limitação do poder estatal, por meio da previsão de direitos e garantias fundamentais.
Analítica (ou prolixa)	– Além das normas gerais de regência do Estado e de fixação dos direitos e garantias fundamentais, disciplina também diversos outros assuntos que o constituinte entendeu que deveriam figurar no texto constitucional.

1.13 OUTRAS CLASSIFICAÇÕES

Explicitadas, nas seções anteriores, as principais classificações das constituições, costumeiramente apontadas pela grande maioria dos doutrinadores que enfrentaram o tema, vale citarmos, nesta seção, algumas outras classificações, não tão mencionadas, mas que merecem ser aqui citadas, pelo inestimável valor didático de que são dotadas.

Manoel Gonçalves Ferreira Filho,[33] por exemplo, lembra-nos da distinção entre constituição-garantia, constituição-balanço e constituição-dirigente. *Constituição-garantia*, o

---

32. *Direito constitucional esquematizado*. 14. ed. Saraiva, 2010, p. 79.
33. *Op. cit.*, p. 14-15.

ilustre autor nos lembra, é o tipo clássico de constituição, "que visa a garantir a liberdade, limitando o poder". Destina-se, precipuamente, a instituir os direitos e garantias fundamentais, para a proteção do homem em face do poder estatal.

Constituição-balanço, ainda na lição do ilustre professor das Arcadas, é a que, concebida pela doutrina soviética, em contraposição ao modelo clássico de constituição, "descreve e registra a organização política estabelecida", registrando determinado estágio na marcha para o socialismo.

Constituição-dirigente, por fim, é aquela "que estabeleceria um plano para dirigir uma evolução política", por meio de diversas normas chamadas programáticas. Conforme nos esclarece o doutrinador, aquele modelo difere da constituição-balanço "por anunciar um ideal a ser concretizado", ao contrário desta, que refletiria o estágio presente.

Luiz Alberto David Araújo e Vidal Serrano Nunes Júnior,[34] ao seu turno, classificam as constituições, no tocante à ideologia que abraçam, em *ortodoxas* ou *ecléticas*. As *constituições ortodoxas* são aquelas formadas por uma única ideologia, e que têm nas constituições da antiga União Soviética um ótimo exemplo; as constituições ecléticas, ainda na lição dos doutrinadores, são aquelas informadas por diversas ideologias conciliatórias, como se dá, por exemplo, com a Constituição brasileira de 1988, que une, em seu texto, princípios liberais e sociais.

CONSTITUIÇÕES QUANTO À FINALIDADE

Constituição-garantia	– "Visa a garantir a liberdade, limitando o poder". Destina-se, precipuamente, a instituir os direitos e garantias fundamentais, para a proteção do homem em face do poder estatal.
Constituição-balanço	– Concebida pela doutrina soviética, em contraposição ao modelo clássico de constituição, "descreve e registra a organização política estabelecida", registrando um determinado estágio na marcha para o socialismo.
Constituição-dirigente	– Estabelece "um plano para dirigir uma evolução política", por meio de diversas normas chamadas programáticas. Difere da constituição-balanço "por anunciar um ideal a ser concretizado", ao contrário desta, que refletiria o estágio presente.

CONSTITUIÇÕES QUANTO À IDEOLOGIA

Ortodoxas	– São formadas por uma única ideologia, e que têm nas constituições soviéticas um ótimo exemplo.
Ecléticas	– São aquelas informadas por diversas ideologias conciliatórias, como se dá, por exemplo, com a Constituição brasileira de 1988.

1.14 CLASSIFICAÇÃO DA CONSTITUIÇÃO FEDERAL DE 1988

Após explicitarmos as diferentes formas pelas quais se pode classificar uma constituição, estamos prontos para realizar, nesta seção, a classificação da vigente Constituição brasileira (promulgada em 1988), levando em conta os diversos critérios classificatórios analisados anteriormente.

Quanto à origem, a Constituição de 1988 é *promulgada* (ou *democrática*), por ter sido produzida por uma assembleia constituinte, composta por representantes eleitos do povo, e

---

34. *Op. cit.*, p. 27.

criada exatamente para a elaboração do texto constitucional. Quanto ao conteúdo, trata-se, inequivocamente, de uma constituição *formal*. Como vimos, constituição formal é aquela caracterizada por ser um documento formal e solene, instituído pelo poder constituinte originário, e que pode conter em seu corpo (e geralmente contém) normas outras que não substancialmente (materialmente) constitucionais.

Quanto à forma, é uma constituição *escrita*, por estar consubstanciada em um documento formal e solene, elaborado por um órgão constituinte, que contém todas as normas fundamentais consideradas essenciais à formação e regência do Estado. Quanto ao modo de elaboração, é *dogmática*. Com efeito, constituição dogmática, sempre escrita, é aquela caracterizada por ser um documento solene, *produzido de uma só vez por um órgão constituinte*, e que espelha os dogmas, os princípios fundamentais adotados pelo Estado, no momento em que a constituição foi produzida.

Quanto à estabilidade, é *rígida*, por se tratar de uma constituição escrita que permite alterações de seu texto, contanto que observadas as regras condicionadoras fixadas em seu próprio corpo, e que necessariamente são mais rígidas e severas que as impostas às demais normas que compõem o ordenamento jurídico estatal.

Por fim, quanto à extensão, a Constituição brasileira de 1988 é *analítica* (também chamada de *prolixa*). Com efeito, como tivemos a oportunidade de verificar, a constituição analítica é aquela que contém, em seu corpo, diversas outras normas que não apenas as gerais de regência do Estado e de fixação dos direitos e garantias fundamentais, mas que o constituinte considerou importante que figurassem no texto constitucional.

CLASSIFICAÇÃO DA CONSTITUIÇÃO BRASILEIRA

Quanto à origem	– Promulgada
Quanto ao conteúdo	– Formal
Quanto à forma	– Escrita
Quanto ao modo de elaboração	– Dogmática
Quanto à estabilidade	– Rígida
Quanto à extensão	– Analítica ou prolixa

1.15 ELEMENTOS DA CONSTITUIÇÃO

A constituição, nós já vimos, é composta por um conjunto de princípios e regras que fornecem não só a organização fundamental do Estado, como também relacionam os direitos e garantias fundamentais, destinados à proteção dos indivíduos em face do poder estatal, além de fixar um conjunto de direitos sociais e econômicos, com vistas à redução das desigualdades sociais e também ao desenvolvimento nacional.

Vimos, outrossim, que o conteúdo das constituições sofreu considerável incremento com o passar do tempo, deixando de conter apenas as normas essenciais de regência do Estado e de proteção do indivíduo contra eventuais arbitrariedades do poder público, como se dava à época do liberalismo clássico, passando a conter também um extenso rol de princípios e regras de direito social e econômico, além de disciplinar praticamente todos os ramos do direito.

Dessa forma, não restam dúvidas de que a generalidade das constituições, sobretudo em sua feição atual, contemporânea, possui normas de conteúdo e finalidade diversos e específicos, destinados a reger diferentes aspectos do Estado e da vida de seus cidadãos. Esse fato permite-nos separar as normas constitucionais em grupos, originando o tema a que a doutrina costumeiramente denomina de *elementos da constituição*.

A primeira informação importante sobre esse tema é que não há unanimidade, entre os doutrinadores que o examinaram, em relação ao número e à caracterização dos diferentes elementos da constituição. A mais conhecida e completa classificação sobre o tema, contudo, é indubitavelmente a de José Afonso da Silva,[35] que divide os elementos da constituição em 5 (cinco) categorias distintas. São eles: elementos orgânicos, elementos limitativos, elementos socioideológicos, elementos de estabilização constitucional e elementos formais de aplicabilidade.

Elementos orgânicos, na definição do ilustre professor, são aqueles que "contêm as normas que regulam a estrutura do Estado e do poder", e que, na Constituição de 1988, estão predominantemente concentrados nos Títulos III (Da Organização do Estado), IV (Da Organização dos Poderes) e VI (Da Tributação e do Orçamento).

Os *elementos limitativos*, por sua vez, são aqueles "que se manifestam nas normas que consubstanciam o elenco dos direitos e garantias fundamentais: direitos individuais e suas garantias, direitos de nacionalidade e direitos políticos e democráticos". São chamados de elementos limitativos, ele o esclarece, justamente porque limitam a ação do Estado, e estão inscritos no Título II da Constituição – que trata dos direitos e garantias fundamentais –, com exceção dos direitos sociais, que pertencem a outra categoria.

É entre esses elementos que se encontram, por exemplo, os chamados *remédios constitucionais*, que serão objeto de estudo neste livro, e que têm por função conferir efetividade aos direitos e garantias fundamentais, em determinado caso concreto, quando o poder público ou algum particular (no exercício de atribuições do Estado) os desrespeitar, ameaçando ou inviabilizando o exercício dos mesmos.

Elementos socioideológicos, ao seu turno, são os que "revelam o caráter de compromisso das constituições modernas entre o Estado individualista e o Estado Social, intervencionista". São, em síntese, os que definem o perfil ideológico do Estado, em conformidade com o tipo de normas que sobressaem, de natureza mais individual – típica de um Estado liberal –, ou intervencionista –, típica de um Estado social.

Na Constituição de 1988, as normas deste jaez estão concentradas no Capítulo II do Título II, que trata dos direitos sociais, no Título VII, que disciplina a Ordem Econômica e Financeira, bem como no Título VIII, que trata da Ordem Social. Em que pese diversas emendas constitucionais terem trazido ao texto constitucional normas de conteúdo liberal, podemos afirmar que a vigente constituição contém um expressivo número de normas de cunho intervencionista, que conferem ao Estado brasileiro uma feição de Estado social.

Elementos de estabilização constitucional, na lição do doutrinador, estão "consagrados nas normas destinadas a assegurar a solução de conflitos constitucionais, a defesa da constituição, do Estado e das instituições democráticas, premunindo os meios e técnicas contra sua alteração e vigência". São, portanto, aqueles destinados à garantia da normalidade do

---

35. *Op. cit.*, p. 44-45.

Estado, da paz social e das instituições democráticas, além da defesa e estabilidade da própria constituição.

Na vigente Constituição Federal brasileira, estão dispostos, por exemplo, no Capítulo VI do Título III, que trata da intervenção; no artigo 60, quando trata dos limites à edição de emendas à Constituição; e, também, no Título V, ao tratar da defesa do Estado e das instituições democráticas.

Também constituem elementos de estabilização constitucional as normas constitucionais que tratam do chamado controle de constitucionalidade, como, por exemplo, as constantes do artigo 102, inciso I, alínea "a" e também do artigo 103, que trazem regras sobre a ação direta de inconstitucionalidade e ação declaratória de constitucionalidade, que serão objeto de estudo neste livro.

Elementos formais de aplicabilidade, por fim, "são os que se acham consubstanciados nas normas que estatuem regras de aplicação das constituições". Referem-se, portanto, às normas que disciplinam o modo de aplicação das constituições. São exemplos de normas desta espécie, na Constituição de 1988, o Ato das Disposições Constitucionais Transitórias – ADCT, bem como a regra constante do artigo 5º, § 1º, de nossa Lei Maior[36].

ELEMENTOS DA CONSTITUIÇÃO

Elementos orgânicos	– "Contêm as normas que regulam a estrutura do Estado e do poder".
Elementos limitativos	– "Que se manifestam nas normas que consubstanciam o elenco dos direitos e garantias fundamentais: direitos individuais e suas garantias, direitos de nacionalidade e direitos políticos e democráticos".
Elementos socioideológicos	– "Revelam o caráter de compromisso das constituições modernas entre o Estado individualista e o Estado Social, intervencionista".
Elementos de estabilização constitucional	– "Consagrados nas normas destinadas a assegurar a solução de conflitos constitucionais, a defesa da constituição, do Estado e das instituições democráticas, premunindo os meios e técnicas contra sua alteração e vigência".
Elementos formais de aplicabilidade	– "São os que se acham consubstanciados nas normas que estatuem regras de aplicação das constituições".

1.16 ESTRUTURA DA CONSTITUIÇÃO DE 1988

No tocante à estrutura, a Constituição Federal de 1988 pode ser dividida em (três) partes, a saber: *preâmbulo, parte dogmática* e *disposições transitórias*. O *preâmbulo* é a parte que antecede a carta magna propriamente dita, que vem antes do conjunto de normas constitucionais. Muito embora não seja obrigatória sua existência, costuma estar presente na maioria das constituições. É costumeiramente definido, pela doutrina, como o *documento de intenções* do texto constitucional, revelador dos princípios e objetivos que serão buscados pelo novo Estado.

Existe controvérsia acerca da natureza normativa do preâmbulo de uma constituição. Com efeito, alguns defendem sua força normativa, como se o preâmbulo se tratasse de

---

36. Constituição Federal, artigo 5º, § 1º: "As normas definidoras dos direitos e garantias fundamentais têm aplicação imediata".

uma norma constitucional como as demais. Outros, por sua vez, negam-lhe tal qualidade, porém lhe reconhecendo força interpretativa. Outros, ainda, chegam mesmo a atribuir-lhe a condição de *irrelevância jurídica*.

O entendimento que prevalece, tanto na doutrina quanto na jurisprudência, é o de que *o preâmbulo de uma constituição não tem força normativa*, não sendo possível, portanto, a declaração de inconstitucionalidade de leis infraconstitucionais que, de alguma maneira, desrespeitem preceitos constantes apenas do preâmbulo constitucional. Pela mesma razão, não poderá o preâmbulo prevalecer sobre o texto da própria constituição.

Nesse sentido, aliás, já se decidiu o Supremo Tribunal Federal, no julgamento de ação direta de inconstitucionalidade que tinha por objeto a análise de alegada inconstitucionalidade por omissão da Constituição do estado do Acre, que não repetiu a expressão "sob a proteção de Deus", constante do preâmbulo da Constituição Federal de 1988.

Naquele julgado (Ação Direta de Inconstitucionalidade 2.076/AC, relatada pelo ministro Carlos Mário da Silva Velloso), o Pretório Excelso expressamente negou força normativa ao preâmbulo da Constituição Federal, declarando que ele apenas refletia a posição ideológica do constituinte. Como consequência disso, julgou improcedente a ação, asseverando que a Constituição do Acre não violou qualquer norma da Lei Maior, ao não repetir a expressão constante do preâmbulo desta última.

Contudo, a despeito de não ter força normativa, os doutrinadores costumam atribuir ao preâmbulo constitucional o caráter de *fonte essencial de interpretação e de integração das normas constantes do corpo da constituição*, tanto de sua parte dogmática, como também das disposições transitórias. Esse entendimento, por exemplo, é defendido por Alexandre de Moraes,[37] que expressamente afirma que o preâmbulo, "por traçar as diretrizes políticas, filosóficas e ideológicas da Constituição, será uma de suas linhas mestras interpretativas".

Na *parte dogmática*, por sua vez, estão as normas constitucionais de caráter permanente, que se iniciam no artigo 1º, e terminam no artigo 250. Inseridas em nove Títulos, tratam dos Princípios Fundamentais (Título I), dos Direitos e Garantias Fundamentais (Título II), da Organização do Estado (Título III) e da Organização dos Poderes (Título IV). Tratam, ainda, da Defesa do Estado e das Instituições Democráticas (Título V), da Tributação e do Orçamento (Título VI), da Ordem Econômica e Financeira (Título VII), da Ordem Social (Título VIII) e, ainda, das Disposições Constitucionais Gerais (Título IX).

Por fim, as *disposições transitórias*, consubstanciadas no Ato das Disposições Constitucionais Transitórias – ADCT, têm por escopo regulamentar a transição da realidade preexistente para a nova ordem constitucional. Trata-se, em sua grande maioria, de dispositivos com vigência temporária (daí o nome Ato das Disposições Constitucionais Transitórias), uma vez que, após cumprirem aqueles objetivos supramencionados, perdem sua eficácia.

Contudo, como nos lembram Ricardo Cunha Chimenti, Fernando Capez, Márcio F. Elias Rosa e Marisa F. Santos,[38] as disposições transitórias podem, vez por outra, excepcionar as normas do corpo geral da constituição (da parte dogmática), "podendo mesmo prevalecer sobre as regras permanentes quando houver regra expressa nesse sentido".

Citam, como exemplo dessa hipótese, o artigo 34, *caput*, do Ato das Disposições Constitucionais Transitórias – ADCT, da Constituição Federal vigente, o qual determina

---

37. *Op. cit.*, p. 20.
38. *Op. cit.*, p. 66.

que "o sistema tributário nacional entrará em vigor a partir do primeiro dia do quinto mês seguinte ao da promulgação da Constituição, *mantido, até então, o da Constituição de 1967, com a redação dada pela Emenda 1, de 1969, e pelas posteriores*" (grifou-se).

As disposições constantes do Ato das Disposições Constitucionais Transitórias – ADCT, por também se tratarem, inequivocamente, de normas de caráter constitucional, só podem ser alteradas por meio de emenda constitucional, nos termos do artigo 60, da Constituição da República, de maneira idêntica ao que se exige das demais normas constitucionais.

ESTRUTURA DA CONSTITUIÇÃO DE 1988

Preâmbulo	– É a parte que antecede a constituição propriamente dita, que vem antes do conjunto de normas constitucionais.
	– Prevalece o entendimento, na doutrina e na jurisprudência, de que não tem força normativa.
	– Costumam atribuir-lhe, entretanto, caráter de fonte de interpretação e de integração das normas do corpo da constituição.
Parte dogmática	– Contém as normas constitucionais de caráter permanente, inseridas em 9 (nove) Títulos, iniciando-se no artigo 1º e terminando no artigo 250.
	– Dotadas de inequívoca força normativa.
Disposições transitórias	– Consubstanciadas nos Atos das Disposições Constitucionais Transitórias (ADCT), têm por escopo regulamentar a transição da realidade preexistente para a nova ordem constitucional.
	– Podem, vez por outra, excepcionar as normas do corpo permanente da constituição (da parte dogmática), quando houver regra expressa nesse sentido.
	– Só podem ser alteradas por meio de emenda constitucional, nos termos do artigo 60 da Constituição, por também se tratar, inequivocamente, de normas de caráter constitucional.

1.17 RIGIDEZ E SUPREMACIA DA CONSTITUIÇÃO

Ao estudarmos a classificação das constituições quanto à sua estabilidade, vimos que a *constituição rígida* é a modalidade (sempre escrita) que permite alterações de seu texto, mas somente quando observadas as regras condicionadoras fixadas em seu próprio corpo, necessariamente mais rígidas e severas que as impostas às demais normas (infraconstitucionais) que compõem o ordenamento jurídico do Estado. A constituição flexível, ao contrário, permite a livre alteração de seu texto, por meio do processo legislativo ordinário.

Em razão da maior dificuldade para modificação de suas normas, que não podem ser alteradas pela simples edição de leis infraconstitucionais, *a constituição rígida é considerada a norma suprema do país*, a denominada *lex legum* (a lei das leis), localizada no ápice da pirâmide normativa do Estado, da qual todas as demais leis e atos normativos necessariamente extraem seu fundamento de validade. Aliás, para sermos mais precisos, não só atos normativos, como todos os demais atos do poder público (administrativos e jurisdicionais), além dos atos particulares (contratos, por exemplo).

É o que nos ensina, por exemplo, Uadi Lammêgo Bulos,[39] quando afirma que "tanto os atos legislativos, administrativos e jurisdicionais como os atos praticados por particulares

---
39. *Op. cit.*, p. 127.

submetem-se à supremacia da Constituição brasileira, que esparge sua força normativa em todos os segmentos do ordenamento jurídico".

Essa realidade permite-nos concluir, sem qualquer dificuldade, que *o princípio da supremacia constitucional, ao menos do ponto de vista estritamente jurídico, decorre inequivocamente da rigidez constitucional*,[40] uma vez que somente serão consideradas válidas as normas infraconstitucionais que se revelarem compatíveis com os princípios e regras albergados pela constituição, que não podem, por sua vez, ser revogados pela simples edição de legislação infraconstitucional.

É importante ressaltar, contudo, que a doutrina costuma fazer *distinção entre supremacia material e supremacia formal* da constituição. Somente esta última – *supremacia formal, também denominada supremacia jurídica* –, que se refere à superioridade hierárquica das normas (princípios e regras) inseridas no texto de uma constituição rígida em relação às demais normas que compõem o ordenamento jurídico estatal, é que decorre da rigidez constitucional.

Há, entretanto, outra espécie de supremacia constitucional que não guarda qualquer relação com o fenômeno da rigidez constitucional. Trata-se da chamada *supremacia material ou substancial da constituição*, que diz respeito à sujeição, tanto por parte do Estado quanto dos particulares, aos ditames constitucionais, por saberem que estes consistem nas normas fundamentais de regência do Estado.

Ao contrário da supremacia formal, que é uma supremacia do ponto de vista jurídico, a supremacia material somente o é do ponto de vista sociológico. No tocante à supremacia material, a sujeição às normas constitucionais dá-se pela simples consciência de sua importância, sem qualquer necessidade de que estejam inseridas em uma constituição rígida, que lhes confira superioridade hierárquica em relação às demais normas estatais.

Em suma, *a supremacia formal está presente apenas nas constituições rígidas*, em que seus princípios e regras são dotados de inequívoca superioridade hierárquica em relação às demais normas que compõem o ordenamento jurídico do Estado, por não poderem ser alteradas pela simples edição de leis ordinárias. Já *a supremacia material, esta está presente até mesmo nas constituições flexíveis*, em razão da consciência de que seus preceitos são as normas fundamentais do Estado.

SUPREMACIA FORMAL E SUPREMACIA MATERIAL

Supremacia formal	– Está presente apenas nas constituições rígidas (decorre da rigidez constitucional).
	– É uma supremacia jurídica.
	– Refere-se à superioridade hierárquica das normas constitucionais inseridas em uma constituição rígida, que está no ápice da pirâmide normativa do Estado, e que concede fundamento de validade às demais normas (infraconstitucionais) que compõem o ordenamento jurídico estatal.
Supremacia material	– Está presente até mesmo nas constituições flexíveis.
	– É uma supremacia sociológica, e não jurídica.
	– A sujeição aos preceitos constitucionais dá-se pela consciência de que são as normas fundamentais do Estado, sem necessidade de que estejam inseridas em uma constituição rígida, que lhes confira superioridade hierárquica em relação às demais normas estatais.

---

40. Nesses termos, por exemplo, é a lição de José Afonso da Silva, quando afirma expressamente que: "Da rigidez emana, como primordial consequência, o *princípio da supremacia da constituição*". Op. cit., p. 45.

1.18 BREVE HISTÓRICO DAS CONSTITUIÇÕES BRASILEIRAS

Já fornecidos os diversos conceitos de constituição, bem como as diversas maneiras pelas quais as constituições podem ser classificadas, podemos encerrar este Capítulo fornecendo ao estimado leitor um breve histórico de todas as constituições que o Brasil já editou, apontando as principais características de cada uma delas.

Esse breve relato também será útil para demonstrarmos que, a despeito de a independência do Brasil poder ser considerada ainda recente, não chegando a contar sequer 200 (duzentos) anos, já tivemos um número expressivo e mesmo demasiado de constituições, algumas delas promulgadas (democráticas), outras tantas outorgadas, de feição inequivocamente autoritária.

Esse fato, de certa forma, pode revelar alguma imaturidade social, jurídica e política da sociedade brasileira, além de um inequívoco descompasso entre a realidade nacional e os textos constitucionais produzidos, notadamente quando em comparação com algumas das maiores democracias ocidentais.

Um exemplo emblemático dessa discrepância, nós o temos quando comparamos a história constitucional brasileira com a dos Estados Unidos da América. A Constituição norte-americana, nós já mencionamos, foi promulgada em 1787, e se mantém em vigor desde então, contando com apenas 27 (vinte e sete) emendas, desde a sua edição.

O Brasil, ao contrário, desde sua primeira constituição, outorgada em 1824, já contabiliza 8 (oito) diplomas constitucionais – considerando-se que a Emenda 1/69, editada na vigência da Constituição de 1967, é ela própria uma nova constituição –, sendo certo que, só a Constituição Federal vigente (1988) já conta com o impressionante número de mais de 100 (cem) emendas constitucionais promulgadas, até a data de fechamento desta edição.

1.19 CONSTITUIÇÃO DE 1824 (IMPÉRIO)

A primeira Constituição brasileira foi a do Império, outorgada em 25 de março de 1824, pouco depois da declaração de independência. Como nos lembram Ricardo Cunha Chimenti, Fernando Capez, Márcio F. Elias Rosa e Marisa F. Santos,[41] a despeito de ter sido posteriormente submetida à manifestação de algumas das então denominadas Câmaras de Vila, tal circunstância não retirou daquela constituição seu caráter unilateral, sua origem outorgada.

A Constituição imperial instituiu uma monarquia hereditária, do tipo constitucional. Não adotou, entretanto, a chamada *tripartição do poder*, que se tornara a regra com o advento do constitucionalismo. Preferiu acrescentar um quarto poder, chamado de Poder Moderador, ao lado dos tradicionais Poderes Executivo, Legislativo e Judiciário.

O Poder Executivo era exercido, nos termos daquela Constituição, pelos ministros de Estado, estes subordinados ao próprio Imperador. O Poder Legislativo, por sua vez, era exercido por uma Assembleia Geral, composta por 2 (duas) Câmaras: a dos deputados e a dos senadores. A primeira, composta por membros eleitos para um mandato temporário; a segunda, por membros vitalícios, nomeados pelo Imperador.

---

41. *Op. cit.*, p. 40.

O Poder Judiciário era exercido pelos juízes. O Poder Moderador, por fim, era exercido exclusivamente pelo próprio Imperador. No exercício deste quarto poder, o monarca podia livremente destituir e nomear ministros de Estado, dissolver a Câmara dos Deputados e adiar a escolha e convocação de senadores, além de suspender os juízes.

Como já mencionamos, a Constituição do Império foi uma carta magna do tipo *semi-rígida* (ou *semiflexível*), uma vez que seu artigo 178 dispunha, expressamente, que todas as normas que não tratassem das atribuições e limites dos poderes políticos e dos direitos individuais e políticos dos cidadãos (normas materialmente constitucionais) poderiam ser alteradas pelo processo legislativo ordinário.

Já consagrava, em seu texto, um conjunto de direitos e garantias individuais. Previa eleições, porém indiretas e censitárias. Adotava oficialmente a religião católica. Era marcadamente centralizadora, tanto no aspecto político quanto administrativo. *Foi a constituição de duração mais longa da história brasileira*, tendo durado até 1891, quando foi editada a primeira constituição republicana.

CONSTITUIÇÃO DE 1824 (IMPERIAL)

– Outorgada em 25 de março de 1824.

– Instituiu uma monarquia hereditária, do tipo constitucional.

– Não adotou a tripartição do poder, preferindo acrescentar um quarto poder, chamado de Poder Moderador.

– Foi uma constituição do tipo *semirrígida* (ou *semiflexível*),

– Já consagrava, em seu texto, um conjunto de direitos e garantias individuais.

– Previa eleições, porém indiretas e censitárias.

– Adotava oficialmente a religião católica.

– Foi a constituição de duração mais longa da história brasileira.

1.20 CONSTITUIÇÃO DE 1891 (PRIMEIRA REPUBLICANA)

Em 15 de novembro de 1889, deu-se a proclamação da República. Naquela mesma data, foi editado o Decreto 1 que, além de servir de regra de transição, funcionando como uma espécie de *constituição provisória*, instituiu oficialmente a República, previu a forma federativa de Estado, o sistema de governo presidencialista e também convocou a assembleia constituinte encarregada de elaborar uma nova constituição.

Inequivocamente *inspirada na Constituição norte-americana*, nossa primeira lei maior republicana foi promulgada em 24 de fevereiro de 1891. Como mencionamos, adotou um Estado do tipo Federal, passando os Estados-membros (em substituição às antigas províncias) a gozarem de considerável autonomia, com competências legislativas próprias e capacidade de autogoverno e autoadministração.

A Constituição de 1891, primeira republicana e federalista, *foi também a primeira a consagrar o caráter indissolúvel da Federação brasileira*. Como nos lembram Luiz Alberto David Araujo e Vidal Serrano Nunes Júnior,[42] este fato refletia o inequívoco risco de secessão (separação) que havia logo depois do fim do Império, com a proclamação da República.

---

42. *Op. cit.*, p. 112.

Adotou a tradicional tripartição de poderes, abandonando o chamado Poder Moderador, uma criação genuinamente brasileira. O Poder Executivo era chefiado pelo presidente da República, eleito pelo sufrágio direto (porém ainda não universal, já que o voto feminino só foi permitido mais tarde), para um mandato de 4 (quatro) anos.

De maneira semelhante ao modelo instituído pela Constituição dos Estados Unidos da América, o Poder Legislativo era formado por 2 (duas) Casas: Câmara dos Deputados, formada por representantes do povo, eleitos em cada Estado-membro da Federação, por meio de eleição proporcional; e Senado Federal, composto por 3 (três) representantes de cada Estado-membro, através de eleição majoritária.

O Poder Judiciário era formado por juízes, *que passaram a contar com as garantias da vitaliciedade e da irredutibilidade de vencimentos*, que não existiam à época do Brasil imperial. Deu-se, portanto, um inequívoco fortalecimento do Poder Judiciário, que também recebeu a competência para controlar os atos do Poder Executivo e do Poder Legislativo. Foi criada a Justiça Federal.

Ao contrário da Constituição de 1824, que era, como vimos, semirrígida (ou semiflexível), já que permitia que parte de suas normas fossem alteradas pelo processo legislativo ordinário, a primeira Constituição republicana adotou a rigidez constitucional, estabelecendo regras mais difíceis que aquelas fixadas para as normas infraconstitucionais, para alteração de seu texto.

O rol de direitos e garantias fundamentais foi aperfeiçoado quando em comparação com o estabelecido pela Constituição do Império. Com efeito, como mencionamos, a Constituição de 1891 substituiu o voto censitário pelo sufrágio direto. Extinguiu as penas de morte, de banimento e de galés. Trouxe, para o seu corpo, o instituto do *habeas corpus*, que era previsto apenas na legislação infraconstitucional.

Instituiu o chamado *Estado laico ou leigo*, abandonando, como o fazia a Constituição imperial, a adoção de uma religião oficial. Pretendendo afastar-se completamente, nesta seara, do que fizera a Constituição de 1824, enfatizando o repúdio da vinculação do Estado à religião católica, proibiu o ensino religioso nas escolas públicas, e negou efeitos civis ao casamento religioso.

CONSTITUIÇÃO DE 1891 (PRIMEIRA REPUBLICANA)

– Promulgada em 24 de fevereiro de 1891.

– Foi a primeira republicana e também a primeira a consagrar o caráter indissolúvel da Federação.

– Adotou a tradicional tripartição de poderes, abandonando o chamado Poder Moderador.

– Foi uma constituição do tipo rígida.

– O rol de direitos e garantias fundamentais foi aperfeiçoado quando em comparação com a Constituição do Império.

– Substituiu o voto censitário pelo sufrágio direto.

– Extinguiu as penas de morte, de banimento e de galés.

– Trouxe, para o seu corpo, o instituto do *habeas corpus*.

– Instituiu o chamado Estado *laico* ou *leigo*.

1.21 CONSTITUIÇÃO DE 1934

De maneira semelhante ao que se deu com a proclamação da República, logo após a Revolução de 1930, que pôs fim à chamada República Velha, e depôs o então presidente Washington Luís, fazendo ascender Getúlio Vargas ao poder, foi editado um decreto que serviu como uma espécie de constituição provisória, até que fosse editado um novo diploma constitucional, em substituição à Constituição de 1891 (Decreto 19.398, de 11 de novembro de 1930).

Finalmente, em 16 de julho de 1934, foi editada a terceira constituição brasileira, segunda do período republicano. Tratou-se de uma lei magna promulgada (democrática, portanto). Da mesma forma que a Constituição de 1891, adotou a forma federativa de Estado, inclusive conferindo aos Estados-membros da Federação competência tributária para lhes garantir uma boa dose de autonomia. Contudo, ampliou consideravelmente as competências da União.

Adotou, igualmente, o sistema presidencialista de governo e a separação funcional do poder estatal (a denominada "tripartição de poderes"). O Poder Executivo era chefiado pelo presidente da República, eleito pelo sufrágio direto e universal. Pela primeira vez na história brasileira, assegurou-se o direito de voto às mulheres.

Particularmente no que se refere ao Poder Legislativo, entretanto, discrepou um pouco do modelo norte-americano, copiado por nossa primeira constituição republicana, passando a atribuir especificamente à Câmara dos Deputados a competência legislativa, transformando o Senado, como nos lembram Luiz Alberto David Araújo e Vidal Serrano Nunes Júnior,[43] em mero "órgão de colaboração" daquela outra Casa.

O Poder Judiciário era composto por juízes, que continuaram contando com as garantias da vitaliciedade e da irredutibilidade de vencimentos, cabendo-lhes também a função de fiscalização dos atos dos Poderes Executivo e Legislativo, que não existiam à época do Brasil imperial. *Criou-se a Justiça Eleitoral*, como órgão do Poder Judiciário. Manteve-se a Justiça Federal.

A Constituição de 1934, é importante que se diga, representou um marco no direito constitucional brasileiro, *ao incluir, ao lado dos direitos e garantias individuais e dos direitos políticos, um conjunto de direitos sociais e econômicos*, destinados não só à redução das desigualdades sociais, como também a incentivar o desenvolvimento nacional.

Com efeito, inspirada no modelo de Estado Social (*Welfare State*), este notabilizado com a Constituição da República de Weimar[44] (atual Alemanha) de 1919, continha não só as chamadas *liberdades negativas*, ou seja, o conjunto de direitos conferidos aos cidadãos que os protegiam contra possíveis arbitrariedades do poder estatal, mas também as denominadas *liberdades positivas*, um conjunto de direitos sociais e econômicos que impunham ao Estado a prática de diversas ações, visando à obtenção da igualdade material entre os indivíduos, bem como o desenvolvimento econômico do país.

Foi assim que a Constituição de 1934 previu, em seu corpo, um título destinado à ordem econômica e social, contendo inclusive normas relativas à família, à educação e à cultura. Instituiu também o mandado de segurança, para proteção do indivíduo contra atos arbitrários praticados por agentes do poder público, bem como a ação popular, para evitar ou reparar lesões ao patrimônio público.

---

43. *Op. cit.*, p. 113.
44. A primeira constituição nestes moldes, contudo, foi a Constituição mexicana de 1917.

CONSTITUIÇÃO DE 1934

– Promulgada em 16 de julho de 1934.

– Adotou a forma federativa de Estado, conferindo aos Estados-membros inclusive competência tributária. Adotou o sistema presidencialista de governo e a tripartição de poderes.

– Criou a Justiça Eleitoral.

– Atribuiu especificamente à Câmara dos Deputados a competência legislativa, transformando o Senado em mero "órgão de colaboração" daquela outra Casa.

– Representou um marco no direito constitucional brasileiro, ao incluir, ao lado dos direitos individuais e dos direitos políticos, um conjunto de direitos sociais e econômicos, destinados não só à redução das desigualdades sociais, como também para incentivar o desenvolvimento nacional.

1.22 CONSTITUIÇÃO DE 1937

Após dissolver a Câmara dos Deputados e o Senado Federal, e revogar a Constituição de 1934, instituindo o chamado *Estado Novo*, alegadamente para a proteção do Brasil contra a crescente influência tanto do fascismo como do comunismo, que supostamente exigia o fortalecimento do poder central (em detrimento da Federação), o presidente Getúlio Vargas nos impôs uma nova constituição (outorgada, portanto), em 10 de novembro de 1937.

Referida constituição, pejorativamente denominada de *polaca*, em razão da semelhança que guardava com a Constituição polonesa vigente àquela época, de feição inequivocamente fascista, autoritária, com forte concentração do poder nas mãos do presidente da República, *prometia a convocação de um referendo popular para aprovação de seu texto, o que nunca foi feito*.

Ao contrário da constituição que lhe antecedeu (a de 1934), reduziu sobremaneira a autonomia dos Estados-membros, chegando mesmo a destituir governadores, para colocar em seus lugares interventores por ele designados. Em suma, descaracterizou completamente a essência de um Estado do tipo Federal, hipertrofiando demasiadamente o poder central.

Manteve o sistema de governo presidencialista. A constituição previu, ao menos formalmente, a tripartição de poderes. Na prática, contudo, os Poderes Legislativo e Judiciário sofreram considerável enfraquecimento, de maneira oposta ao que se deu com o Poder Executivo, que passou a concentrar grande parte do poder estatal, na figura do presidente da República.

O Poder Legislativo, por exemplo, poderia ser posto em recesso, pelo presidente da República, que passava então a exercer também as funções legislativas. Como houve um considerável enfraquecimento do federalismo, abandonou-se o tradicional bicameralismo, *com o Senado dando lugar ao denominado Conselho Federal*.

O Poder Judiciário, por sua vez, ficou impossibilitado de julgar a legalidade de atos praticados pelo Poder Executivo, quando fosse decretado estado de emergência. O Poder Judiciário, ademais, poderia ter suas decisões sobre constitucionalidade de lei ou ato normativo afastadas por decisão do Poder Legislativo.

Por ter sido uma constituição autoritária, os direitos e garantias fundamentais sofreram inequívoco retrocesso. Deixou de prever, por exemplo, como o fazia a Constituição de 1934, os institutos do mandado de segurança e da ação popular. O direito de manifestação do pensamento foi seriamente restringido, mediante o estabelecimento de censura. Mais grave ainda, estabeleceu a pena de morte, dentre outros delitos, para os crimes políticos.

CONSTITUIÇÃO DE 1937 ("POLACA")

– Outorgada em 10 de novembro de 1937.

– Foi pejorativamente denominada de "polaca", em razão da semelhança que guardava com a então vigente Constituição polonesa, de feição inequivocamente fascista, autoritária.

– Reduziu sobremaneira a autonomia dos Estados-membros, chegando mesmo a destituir governadores, para colocar em seus lugares interventores por ele designados.

– A Constituição previu, ao menos formalmente, a tripartição de poderes. Na prática, contudo, os Poderes Legislativo e Judiciário sofreram considerável enfraquecimento.

– Deixou de prever os institutos do mandado de segurança e da ação popular.

– O direito de manifestação do pensamento foi seriamente restringido, mediante censura.

– Mais grave ainda, estabeleceu a pena de morte, dentre outros delitos, para os crimes políticos.

1.23 CONSTITUIÇÃO DE 1946

Inequivocamente influenciado pela queda de muitos dos regimes autoritários e centralizadores, no fim da Segunda Grande Guerra, o Brasil decidiu repudiar o modelo de Estado autoritário imposto pela Constituição de 1937, retomando os ideais democráticos e federalistas consagrados nas Constituições de 1891 e 1934, com a promulgação de uma nova constituição, em 18 de setembro de 1946.

Restabeleceu-se a autêntica tripartição do poder estatal, com a existência de poderes independentes e harmônicos entre si. O Poder Executivo era chefiado pelo presidente da República, eleito pelo sufrágio direto e universal (com voto feminino), para um mandato de 5 (cinco) anos. *O vice-presidente da República acumulava esta função com a de presidente do Senado Federal.*

Aliás, em razão da retomada do pacto federativo, com uma efetiva autonomia dos Estados-membros que compunham a Federação, *o Poder Legislativo voltou a ser genuinamente bicameral*, com uma Câmara dos Deputados composta por representantes do povo, e um Senado Federal, composto por representantes de cada Estado-membro.

O Poder Judiciário recuperou sua força integral, voltando a exercer todas as suas funções típicas e atípicas, inclusive o controle judicial dos atos do Poder Executivo e do Poder Legislativo. O texto constitucional, aliás, assegurou expressamente a inafastabilidade da tutela jurisdicional a todos que dela necessitassem. O controle de constitucionalidade de leis e atos normativos retomou sua feição tradicional, não mais podendo ser afastado por decisões do Poder Legislativo, como se deu durante a vigência da "polaca" (Constituição de 1937).

No tocante aos direitos e garantias fundamentais, a Constituição de 1946 restabeleceu o mandado de segurança e a ação popular. Afastou as penas de morte, de caráter perpétuo, de banimento e de confisco. *Os partidos políticos, pela primeira vez, tiveram previsão constitucional*, consagrando, a partir daí, a chamada "democracia de partidos". O direito de greve também passou a constar do texto da constituição.

Retomou o modelo de democracia social adotado pela Constituição de 1934, relacionando, ao lado dos direitos individuais e políticos, um conjunto de direitos sociais e econômicos, destinados à redução das desigualdades sociais e também ao desenvolvimento nacional.

Procurou explicitar, contudo, a necessidade de equilíbrio entre a justiça social e o princípio da livre iniciativa.

Essa constituição gozou de notável estabilidade, uma vez que, até a renúncia do presidente Jânio Quadros, ocorrida em 1961, seu texto havia sofrido apenas 3 (três) emendas constitucionais. Este fato é ainda mais emblemático quando lembramos que a Constituição Federal vigente, promulgada em 5 de outubro de 1988, há menos de 30 (trinta) anos, portanto, já conta com mais de 100 (cem) emendas constitucionais.

Contudo, a partir da renúncia do presidente Jânio Quadros, sucedido pelo então vice-presidente João Goulart (apelidado de Jango), o País começou a vivenciar diversas crises institucionais. Para enfraquecer o mandato deste último, foi editada, em 2 de setembro de 1961, *a Emenda à Constituição 4, instituindo o sistema parlamentarista de governo*, depois alterado pela Emenda 6, de 23 de janeiro de 1963.

A crescente convulsão política interna culminou com um golpe militar, em 31 de março de 1964, que depôs o presidente Jango com o objetivo declarado de restabelecer a ordem e a segurança nacional. Nos termos do Ato Institucional 1 (AI-1), de 11 de abril de 1964, a Constituição de 1946 foi mantida, ao menos formalmente, até 1967, quando foi editada uma nova carta constitucional.

CONSTITUIÇÃO DE 1946

– Promulgada em 18 de setembro de 1946.

– Restabeleceu-se a autêntica tripartição do poder estatal, com a existência de poderes independentes e harmônicos entre si.

– Em razão da retomada do pacto federativo, deu-se uma efetiva autonomia dos Estados-membros que compunham a Federação.

– O Poder Legislativo voltou a ser genuinamente bicameral.

– Restabeleceu o mandado de segurança e a ação popular.

– Os partidos políticos, pela primeira vez, tiveram previsão constitucional.

– O direito de greve também passou a constar do texto da constituição.

– Retomou o modelo de democracia social adotado pela Constituição de 1934.

1.24 CONSTITUIÇÃO DE 1967

Conforme determinação constante do Ato Institucional 4 (AI-4), o Congresso Nacional foi convocado extraordinariamente para apreciar, no período de 12 de dezembro de 1966 e 24 de janeiro de 1967, um novo texto constitucional produzido pelos militares, destinado a substituir o de 1946, que ainda permanecia em vigor, nos termos do já mencionado Ato Institucional 1/1964 e alterações posteriores.

Muito embora o Congresso Nacional, ao menos formalmente, tenha aprovado e promulgado a nova constituição, em 24 de janeiro de 1967, prevalece na doutrina a opinião de que se tratou, na realidade, de uma *constituição outorgada*, uma vez que não foi dado aos congressistas poder efetivo para alterar substancialmente o documento apresentado, caso o desejassem.

O novo texto constitucional, de maneira semelhante ao que se deu com a Constituição de 1937 (a *polaca*), mais uma vez enfraqueceu o pacto federativo, ao concentrar o poder no governo central, diminuindo as competências estaduais e municipais. Houve, mais uma vez, considerável incremento das funções do Poder Executivo – que passou a legislar por meio de decretos-lei – e redução das competências dos demais Poderes.

Como é comum acontecer em períodos autoritários, sob o pretexto de garantir a segurança nacional, os direitos fundamentais foram severamente restringidos. *Não havia, por exemplo, eleição direta para presidente da República.* Na seara econômica, a Constituição de 1967 tinha uma feição mais liberal, fazendo prevalecer os valores da livre iniciativa e da livre concorrência. Previu, entretanto, a possibilidade de perda da propriedade privada, para fins de reforma agrária, com indenização em títulos da dívida pública.

CONSTITUIÇÃO DE 1967

– Formalmente, foi promulgada pelo Congresso Nacional em 24 de janeiro de 1967 (prevalece na doutrina a opinião de que se tratou, na realidade, de uma constituição outorgada).

– Como é comum acontecer em períodos autoritários, porém sob o pretexto de garantir a segurança nacional, os direitos fundamentais foram severamente restringidos. Não havia, por exemplo, eleição direta para presidente da República.

– Enfraqueceu o pacto federativo, ao concentrar o poder no governo central, diminuindo as competências estaduais e municipais. Houve, mais uma vez, considerável incremento das funções do Poder Executivo – que passou a legislar por meio de decretos-lei – e redução das competências dos demais Poderes

1.25 CONSTITUIÇÃO DE 1969 (EMENDA CONSTITUCIONAL 1, DE 1969)

Graças às crescentes convulsões sociais (inclusive atos de guerrilha) e também às manifestações populares de oposição ao regime, notadamente de estudantes universitários e parlamentares, o então presidente Artur da Costa e Silva editou, em *13 de dezembro de 1968, o grave Ato Institucional 5 (AI-5)*, composto por um impressionante conjunto de medidas, recrudescendo ainda mais as medidas autoritárias até então vigentes.

Dentre as medidas, previu a possibilidade de o presidente da República fechar, sem necessidade de submissão do caso ao Poder Judiciário, o Congresso Nacional, as Assembleias Legislativas dos Estados-membros e também as Câmaras de Vereadores dos municípios, com o Poder Executivo passando a exercer as funções do Poder Legislativo[45].

Previu, igualmente, a possibilidade de suspensão dos direitos políticos de opositores, por 10 (dez) anos, bem como a cassação de mandatos parlamentares. Suspendeu o direito de reunião, as manifestações populares foram banidas, e houve o incremento da censura, estendida à música, ao teatro e ao cinema.

Retirou do Poder Judiciário a competência para julgar atos fundamentados no Ato Institucional 5 (AI-5). Proibiu a concessão de *habeas corpus* em face de crimes políticos contra a segurança nacional. Suspendeu, ainda, as garantias da magistratura (dos juízes), bem como a estabilidade dos servidores públicos.

Sob aquela nova e grave realidade, *foi editada a famosa Emenda Constitucional 1, de 17 de outubro de 1969*, que entrou em vigor em 30 de outubro daquele mesmo ano. Em razão da profunda alteração da ordem estatal até então vigente, sem qualquer observância, aliás, aos limites e condicionamentos fixados pela Constituição de 1967, alguns doutrinadores

---

45. E, naquele mesmo dia, foi efetivamente decretado o recesso do Congresso Nacional, o qual somente foi reaberto em outubro de 1969, para referendar a escolha do general Emílio Garrastazu Médici para a Presidência da República.

(dentro os quais eu me incluo) chegam mesmo a considerar que referida emenda se tratou de nova constituição, outorgada por manifestação do poder constituinte originário.

É o caso, por exemplo, José Afonso da Silva.[46] Conforme entendimento deste ilustre doutrinador, a Emenda Constitucional 1/1969 teria servido apenas "como mecanismo de outorga" de uma nova constituição, uma vez que, em sua opinião, o que se deu, na realidade, foi a edição de "texto integralmente reformulado, a começar pela denominação que se lhe deu: *Constituição da República Federativa do Brasil*, enquanto a de 1967 se chamava apenas *Constituição do Brasil*".

Outros, contudo, entendem que não se tratava de uma nova constituição, decorrente da completa ruptura da ordem estatal até então vigente. O que tivemos foi, isso sim, foi o recrudescimento de uma realidade jurídica autoritária já existente, através da manifestação do poder constituinte derivado, por meio de emenda constitucional. Compartilham desse entendimento, por exemplo, Ricardo Cunha Chimenti, Fernando Capez, Márcio F. Elias Rosa e Marisa F. Santos.[47]

Referidos autores, aliás, afirmam que essa conclusão pode ser extraída da própria Constituição de 1988, que, nos termos do artigo 34 do Ato das Disposições Constitucionais Transitórias (ADCT), expressamente faz menção à Constituição de 1967 (e não à Emenda 1/1969) como a constituição anterior.

Em junho de 1978, o governo do então presidente Ernesto Geisel editou o denominado *Pacote de Junho*, revogando o Ato Institucional 5, suspendendo, por exemplo, as medidas que cassaram os direitos políticos de opositores do regime (deu-se a chamada anistia) e também restaurando a impossibilidade de suspensão do Congresso Nacional pelo presidente da República.

Em 1982, deram-se as primeiras eleições diretas para governadores dos Estados. Em 1985, por meio de eleições indiretas, um civil – Tancredo Neves – foi conduzido à Presidência da República. Faleceu, contudo, sem tomar posse, tendo sido sucedido por José Sarney, que encaminhou ao Congresso Nacional a proposta que deu origem à edição da Constituição de 1988.

CONSTITUIÇÃO DE 1969 (EMENDA CONSTITUCIONAL 1/1969)

– Graças às crescentes convulsões sociais, o então presidente Artur da Costa e Silva editou, em 13 de dezembro de 1968, o grave Ato Institucional 5 (AI-5), composto por um impressionante conjunto de medidas, recrudescendo ainda mais as medidas autoritárias até então vigentes.

– Sob aquela nova e grave realidade, foi editada a famosa Emenda Constitucional 1, de 17 de outubro de 1969, que entrou em vigor em 30 de outubro daquele mesmo ano.

– Em razão da profunda alteração da ordem estatal até então vigente, sem qualquer observância, aliás, aos limites e condicionamentos fixados pela Constituição de 1967, entende-se que referida emenda se tratou de nova constituição, a Constituição de 1969.

1.26 CONSTITUIÇÃO DE 1988

A Assembleia Nacional Constituinte de 1987, responsável pela promulgação do texto atual, instalou-se exatamente em cumprimento à constituição anterior. Com efeito, foi a

---

46. *Op. cit.*, p. 87.
47. *Op. cit.*, p. 42.

própria Constituição de 1969, por meio de sua Emenda 26, de 27 de novembro de 1985, artigo 1º, quem determinou que fosse instalada uma Assembleia Nacional Constituinte, no dia 1º de fevereiro de 1987, livre e soberana, para a elaboração de um novo texto constitucional.

Como veremos melhor no Capítulo 2 deste livro, esta circunstância fez com que doutrinadores de expressão afirmassem que, na realidade, não houve, ali, verdadeira manifestação do poder constituinte originário, com a ruptura revolucionária da ordem estatal anterior, mas sim uma simplificação do procedimento para alteração do texto constitucional, inclusive eliminando, quando fez referência à *liberdade e soberania*, às limitações materiais, fixadas pela Constituição de 1969.

A expressiva maioria dos autores, entretanto, não concorda com aquele entendimento, asseverando que o novo texto constitucional é um documento completamente diverso daquele até então vigente, outorgado pela ditadura militar. Ponderam que a convocação da Assembleia Nacional Constituinte, pela supramencionada Emenda 26/1985, teve natureza de ato político, que pretendia substituir a antiga constituição, e não mantê-la, como é típico nas emendas constitucionais.

Tendo sido promulgada logo após um longo e penoso período de ditadura militar, em que alguns direitos e garantias fundamentais haviam sido severamente restringidos pela ordem até então vigente, a Assembleia Nacional Constituinte responsável por sua elaboração preferiu incluir em seu texto uma longa e minuciosa lista de normas de proteção ao cidadão. Conforme seus críticos, algumas delas encontrariam melhor lugar em leis infraconstitucionais.

Foi assim que foram incluídas, no corpo da Constituição de 1988, normas gerais, e até diversas normas específicas, relativas ao direito civil, penal, do trabalho, administrativo, tributário, financeiro, econômico, previdenciário e até mesmo de processo civil e processo penal, resultando em um texto longo, à época já com mais de 250 (duzentos e cinquenta) artigos, sem contarmos os mais de 100 (cem) dos Atos das Disposições Constitucionais Transitórias – ADCT.

Restabeleceu-se o pacto federativo, voltando os Estados-membros a gozarem de considerável autonomia, com competências legislativas próprias (inclusive tributárias), capacidade de autogoverno e autoadministração. Aliás, também reconheceu autonomia ao Distrito Federal e aos Municípios, conferindo a estes últimos, portanto, o *status* de entes da Federação. O caráter indissolúvel do Estado Federal também está expressamente previsto no novo texto constitucional.

Adotou a tradicional "tripartição de poderes", restabelecendo a independência e a harmonia entre as funções estatais. O Poder Executivo é chefiado pelo presidente da República, auxiliado pelos ministros de Estado, eleito pelo sufrágio universal e direto, atualmente para um mandato de 4 (quatro) anos, podendo ser reeleito para um único período subsequente.

O Poder Legislativo é formado por 2 (duas) Casas: Câmara dos Deputados, composta por representantes do povo, eleitos em cada Estado-membro e no Distrito Federal, por meio de eleição proporcional; e Senado Federal, composto por 3 (três) representantes de cada Estado-membro e do Distrito Federal, escolhidos em eleição majoritária. O mandato dos deputados federais é de 4 (quatro) anos; o dos senadores, de 8 (oito) anos.

O Poder Judiciário voltou a exercer, com plenitude, todas as suas funções típicas e atípicas, inclusive podendo controlar, mediante provocação, os atos e omissões do poder público. Referido Poder é composto por juízes e desembargadores, que gozam das garantias da vitaliciedade, da inamovibilidade e da irredutibilidade de subsídios.

Trata-se de uma constituição do tipo rígida, que só permite alterações de seu texto, por meio de emendas constitucionais, se forem observados os limites e condicionamentos fixados em seu artigo 60, e que são inequivocamente mais rígidos e severos que os impostos às normas infraconstitucionais. Há inclusive a previsão das chamadas *cláusulas pétreas*, ou seja, de matérias que sequer podem sofrer alteração.

Os direitos e garantias fundamentais foram consideravelmente ampliados. Prevê, por exemplo, o voto direto, secreto, universal e periódico como cláusula pétrea. Estendeu o direito de voto, em caráter facultativo, para os analfabetos e para os maiores de 16 (dezesseis) e menores de 18 (dezoito) anos de idade. Previu 3 (três) novos remédios constitucionais: *habeas data*, mandado de segurança coletivo e mandado de injunção.

Mesmo com a edição de algumas emendas constitucionais de cunho mais liberal, ainda predomina em seu texto uma inequívoca feição de Estado social, intervencionista, com um conjunto expressivo de direitos de cunho social, cultural e econômico, tanto para a redução das desigualdades sociais, como também para incentivar o desenvolvimento nacional. Na ordem econômica, tenta conciliar valores liberais e sociais.

CONSTITUIÇÃO DE 1988

– Promulgada em 5 de outubro de 1988, logo após um longo e penoso período de ditadura militar; foi incluída em seu texto uma longa e minuciosa lista de normas de proteção ao cidadão.

– Restabeleceu-se o pacto federativo, voltando os Estados-membros a gozarem de considerável autonomia. Também concedeu ao Distrito Federal e aos Municípios o *status* de entes da Federação.

– Adotou a tradicional tripartição de poderes, restabelecendo a independência e a harmonia entre os Poderes Executivo, Legislativo e Judiciário.

– Trata-se de uma constituição do tipo rígida, que só permite alterações de seu texto, por meio de emendas constitucionais. Há, contudo, matérias que não podem ser alteradas (cláusulas pétreas).

– Os direitos e garantias fundamentais foram consideravelmente ampliados. Prevê, por exemplo, o voto direto, secreto, universal e periódico como cláusula pétrea.

– Previu 3 (três) novos remédios constitucionais: *habeas data*, mandado de segurança coletivo e mandado de injunção.

2
PODER CONSTITUINTE

2.1 ESCLARECIMENTOS INICIAIS

No Capítulo 1, vimos que a constituição pode ser definida, ao menos em seu sentido jurídico, que é o que nos interessa mais especificamente nesta obra, como a norma jurídica fundamental, a lei suprema do Estado, que contém, em seu corpo, as regras essenciais de formação e organização daquele ente estatal, da qual todas as demais normas (infraconstitucionais) extraem sua validade.

Neste Capítulo, por sua vez, estudaremos o poder que produz a constituição, que institui uma nova ordem jurídica estatal. Este poder, já o adiantamos, é o denominado *poder constituinte*. Analisaremos aqui, dentre outros temas, sua origem, sua natureza, sua titularidade, seu exercício e formas de expressão, suas diversas espécies e suas características e limites.

Analisaremos também, em sua parte final, um tema que, muito embora não seja propriamente relativo ao poder constituinte, guarda com este tema inequívoca relação. Trata-se da análise da repercussão da edição de um novo texto constitucional, por vontade do poder constituinte, sobre a vigência das normas infraconstitucionais (e até mesmo constitucionais) editadas ainda sob o amparo da constituição anterior. Estudaremos, naquele momento, os fenômenos da *recepção*, da *repristinação*, bem como da *desconstitucionalização*.

2.2 PODER CONSTITUINTE: ORIGEM DA IDEIA

Os doutrinadores costumam apontar que a ideia de um poder constituinte, responsável pela criação de uma nova constituição, e diverso, portanto, dos poderes que estabelece (os denominados *poderes constituídos*), foi manifestada pela primeira vez num panfleto produzido à época da Revolução Francesa, denominado *Qu'est-ce que le tiers État?* (que é o terceiro Estado?), de autoria de *Emmanuel Joseph Sieyès*.

Naquele panfleto, sustentou-se que a formação da sociedade política poderia ser separada em 3 (três) estágios distintos: no primeiro estágio, os indivíduos viviam isolados; no segundo, ao seu turno, deliberavam sobre assuntos de interesse comum em reuniões, numa espécie de democracia direta; no terceiro, por fim, as deliberações passaram a ser delegadas a representantes da coletividade.

Sieyès defendeu a ideia de que, para a representação das aspirações da sociedade, naquela terceira fase da evolução política e social, tornou-se indispensável a criação de uma constituição, um documento escrito, que fixasse a estruturação de órgãos estatais, permitindo, dessa forma, a viabilização daquela representação social. Concebeu-se, portanto, *a distinção entre poder constituinte e poderes constituídos*.

Concebeu-se, igualmente, a ideia da constituição como o documento que faz surgir um novo Estado, que cria uma nova ordem jurídica estatal. A partir daí, portanto, *surgiu a ideia da constituição escrita*, um documento formal e solene, instituidor de um novo Estado, e com normas formalmente distintas das demais que compõem o ordenamento jurídico estatal.

Por ser o poder que inaugura a nova ordem jurídica, com a edição de uma nova constituição, Sieyès atribuiu ao poder constituinte a característica de não sofrer quaisquer limites, senão as do direito natural. Quem sofre limitações, estes sim, são os poderes e órgãos criados por aquele, e que, por isso, são denominados de poderes constituídos.

PODER CONSTITUINTE E SUAS DIVERSAS ESPÉCIES

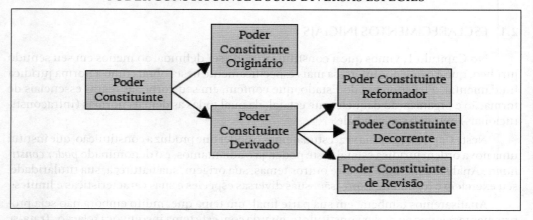

2.3 PODER CONSTITUINTE ORIGINÁRIO

O poder constituinte, como verificamos da ideia que o concebeu, é aquele poder inaugural, distinto dos poderes por ele constituídos, e que cria uma nova ordem estatal, por meio de uma constituição escrita, um documento que estabelece a organização do novo Estado. Vê-se, portanto, que *a ideia de poder constituinte está estreitamente relacionada à concepção das constituições escritas*.

Por ser o poder inaugural, ou seja, aquele que cria um novo Estado, estabelecendo uma nova ordem jurídica estatal, o poder constituinte também é conhecido como *poder constituinte originário*. Também é costumeiramente denominado de poder constituinte *de primeiro grau*, ou, ainda, *genuíno*, para distingui-lo do *poder constituinte derivado*.

Já o *poder constituinte derivado*, também chamado de poder constituinte *de segundo grau* ou *secundário*, e que será tratado melhor daqui a pouco, é o poder que, amparado na própria vontade do poder constituinte originário, permite que o texto constitucional sofra revisões em determinadas hipóteses, ou que as entidades autônomas de um Estado do tipo federal instituam suas próprias constituições.

Doutrinariamente, há quem subdivida o poder constituinte originário em 2 (duas) subespécies, denominando-o *histórico* quando se refere àquele poder que efetivamente cria, pela primeira vez, um Estado; e *revolucionário*, quando faz menção ao poder que se manifesta todas as vezes em que, posteriormente à primeira instituição do Estado, edita-se uma nova constituição, com integral ruptura da ordem jurídica anterior.

Consideramos, contudo, que referida subdivisão não tem razão de ser, uma vez que, seja na edição de uma primeira constituição, seja na edição de novas constituições, sempre estaremos diante do mesmo poder constituinte originário, com seu caráter ilimitado, distinto dos poderes por ele constituídos, e que cria um novo ente estatal.

Em síntese, entendemos que, a cada nova manifestação do poder constituinte originário, em que se dá a completa ruptura com a ordem jurídica estatal anterior, com a edição de uma nova constituição, estar-se-á diante de um novo Estado, efetivamente diverso daquele criado pela constituição anterior.

Por ser anterior e também inequivocamente superior, aos chamados poderes constituídos, não há dúvida de que o poder constituinte originário está estreitamente relacionado às ideias de rigidez constitucional, e, por consequência, de supremacia (formal) da carta magna em relação às demais normas que compõem o ordenamento estatal.

De fato, não haveria tanto sentido falar-se em poder constituinte se fosse possível aos poderes constituídos – aqueles instituídos pelo poder constituinte, e inseridos no texto constitucional – alterarem facilmente a constituição, sem quaisquer limites ou condicionamentos. *Daí o poder constituinte estar sobremaneira vinculado às constituições rígidas.*

Ademais, tendo em vista que a rigidez constitucional está estreitamente ligada ao princípio da supremacia formal (jurídica) da constituição (vide Capítulo 1), a ideia de poder constituinte também perderia parte do sentido e importância caso a constituição não fosse considerada o ápice da pirâmide normativa do Estado, da qual todas as demais normas (infraconstitucionais) extraem sua validade.

Manoel Gonçalves Ferreira Filho,[1] muito embora mencionando que seja possível, ao menos em tese, falar-se de poder constituinte em relação a uma constituição flexível, reconhece que a distinção entre poder constituinte e poderes constituídos só tem verdadeiro interesse relativamente às constituições rígidas.

Com efeito, conforme ressalta o ilustre doutrinador, nas constituições flexíveis, tanto as normas constitucionais como as infraconstitucionais são produzidas pelo mesmo poder, mitigando ou mesmo confundindo as funções do poder constituinte e do poder legislativo ordinário. Reconhece, portanto, que somente no caso das constituições rígidas é que se mostra possível distinguir-se, perfeitamente, a existência de um poder inicial, anterior aos poderes por ele criados.

PODER CONSTITUINTE ORIGINÁRIO

– Por ser o poder inaugural, que cria um novo Estado, o poder constituinte também é conhecido como poder constituinte *originário, de primeiro grau*, ou, ainda, *genuíno*. Referidas designações têm por finalidade distingui-lo do *poder constituinte derivado*.

– Doutrinariamente, há quem subdivida o poder constituinte originário em 2 (duas) modalidades, denominando-o *histórico* quando se referem àquele poder que efetivamente cria, pela primeira vez, um Estado; e *revolucionário*, quando fazem menção ao poder que se manifesta todas as vezes que, posteriormente à primeira instituição do Estado, edita-se uma nova constituição, com integral ruptura da ordem jurídica anterior.

– Por fixar os poderes constituídos, que estabelecem as diversas modalidades de normas infraconstitucionais, o poder constituinte originário está estreitamente vinculado às ideias de supremacia da constituição e de rigidez constitucional.

2.4 NATUREZA DO PODER CONSTITUINTE ORIGINÁRIO

Há divergências sobre a natureza do poder constituinte originário. Com efeito, alguns o definem como um *poder de direito*, oriundo de um direito anterior ao direito positivo, e que concederia ao homem a faculdade de se organizar socialmente. Referida corrente, portanto,

---

1. *Curso de direito constitucional*. 35. ed. Saraiva, 2009, p. 22.

fundamenta o poder constituinte no direito natural. Este entendimento foi defendido, como vimos, pelo próprio idealizador do poder constituinte, Emmanuel Sieyès.

Dentre os modernos, podemos citar Manoel Gonçalves Ferreira Filho,[2] o qual, na defesa de que o poder constituinte originário é um poder de direito, pondera que o direito não se resume ao direito positivo, existindo um direito natural, anterior ao direito estatal (instituído pelo Estado), que é superior a este último, e que confere ao homem a liberdade de estabelecer as instituições pelas quais há de ser governado.

Outros, contudo, encaram o poder constituinte originário como um *poder de fato*, que se impõe como tal, sem necessidade de qualquer amparo ou submissão ao chamado direito natural. Esta corrente é defendida, como podemos intuir facilmente, pelos chamados *positivistas*, que só consideram como tal o direito posto, positivado. Adotam este entendimento, por exemplo, Luiz Alberto David Araújo e Vidal Serrano Nunes Júnior.[3]

Na mesma toada, Pedro Lenza[4] afirma que o Brasil adotou a corrente positivista, conferindo ao poder constituinte originário um caráter ilimitado, de natureza *pré-jurídica*. Pondera o doutrinador que a ordem jurídica inicia-se com ele (o poder constituinte), e não antes dele, não estando limitado, portanto, pelo direito natural.

Em nossa opinião, e o afirmamos com grande pesar, o poder constituinte é poder de fato, e não de direito. Compartilhamos do entendimento dos que consideram que referido poder não sofre qualquer limitação do direito natural, podendo dispor sobre qualquer tema que repute necessário, e que deva figurar na constituição. Este entendimento, aliás, encontra amparo na própria realidade fática.

Com efeito, basta que verifiquemos que alguns Estados, inclusive nos dias atuais, sobretudo aqueles com feições inequivocamente autoritárias (mas não só eles), contêm em seus textos constitucionais normas que mitigam, ou mesmo negam existência, a alguns dos chamados direitos inerentes ao homem, tidos como direitos naturais, como, por exemplo, o direito à liberdade e até mesmo o direito à vida.

NATUREZA DO PODER CONSTITUINTE ORIGINÁRIO

– Alguns doutrinadores definem o poder constituinte originário como um *poder de direito*, advindo de um direito anterior ao direito positivo, e que concederia ao homem a faculdade de se organizar socialmente. Referida corrente, portanto, fundamenta o poder constituinte no direito natural.

– Outros, contudo, o encaram como um *poder de fato*, que se impõe como tal, sem necessidade de qualquer amparo ou submissão ao chamado direito natural. Esta corrente é defendida pelos chamados *positivistas*, que só consideram como direito o direito que é posto, positivado.

2.5 REVOLUÇÃO COMO VEÍCULO DE EXPRESSÃO DO PODER CONSTITUINTE ORIGINÁRIO

O poder constituinte, como vimos, é aquele poder inaugural, distinto dos poderes por ele constituídos, e que cria uma nova ordem estatal, por meio de uma constituição escrita, um documento que estabelece a organização jurídica do novo Estado. Vimos, ademais, que

---

2. *Op. cit.*, p. 23.
3. *Curso de direito constitucional*. 14. ed. Saraiva, 2010, p. 30.
4. *Direito constitucional esquematizado*. 14. ed. Saraiva, 2010, p. 155.

se estará diante do poder constituinte originário, tanto na edição de uma primeira lei maior, quando ainda não havia um Estado, como também na edição de novas constituições.

Na realidade prática, entretanto, é realmente difícil encontrarmos a manifestação do poder constituinte originário onde não havia um Estado anteriormente constituído. O que vemos, a rigor, é a criação de um novo Estado, de uma nova ordem jurídica estatal, com a completa perda de eficácia da constituição anteriormente vigente.

Graças a essa realidade, é possível afirmarmos que uma constituição tem por veículo de expressão, costumeiramente, uma *revolução*. Não devemos atribuir a este termo, contudo, o sentido vulgar que lhe é habitualmente conferido, de luta, de convulsão social. Devemos atribuir-lhe, isto sim, *seu sentido estritamente jurídico, de completa ruptura com a antiga ordem estatal, de revogação da constituição até então vigente*.

Apenas raramente uma nova carta magna deixa de surgir por força da completa ruptura com a antiga ordem constitucional. Normalmente citada, como exemplo desta exceção à regra, é a Constituição francesa de 1958, que consistiu, na realidade, em simples reforma da constituição anterior, conforme normas por ela própria estabelecidas. Contudo, em razão da profunda alteração do texto original, é costumeiramente considerada uma nova constituição.

Citam-se também como exemplos de constituições que não foram precedidas de um movimento revolucionário, que não surgiram em decorrência da completa ruptura com a ordem estatal até então vigente, os textos constitucionais concedidos por Estados colonizadores às suas antigas colônias, como se deu, em larga escala, com as colônias britânicas.

Por fim, valendo-nos da lição de Manoel Gonçalves Ferreira Filho,[5] não podemos deixar de mencionar o caso emblemático da Constituição brasileira de 1988. Como nos lembra referido doutrinador, a Assembleia Nacional Constituinte de 1987 (responsável pela promulgação do texto atual) instalou-se exatamente em cumprimento à vontade da Constituição de 1969 (Emenda Constitucional 1, de 1969).

Com efeito, foi a própria Constituição àquela época vigente quem determinou, por meio de sua Emenda 26, de 27 de novembro de 1985, artigo 1º, que fosse instalada uma Assembleia Nacional Constituinte, no dia 1º de fevereiro de 1987, *livre e soberana*, composta por deputados e senadores, unicameralmente, na sede do Congresso Nacional, para a elaboração de um novo texto constitucional.

Pondera o ilustre doutrinador que, na realidade, não se deu, naquela ocasião, verdadeira manifestação do poder constituinte originário, com a ruptura revolucionária da ordem estatal anterior. O que ocorreu, isto sim, foi uma simplificação do procedimento para alteração do texto constitucional, inclusive eliminando, quando fez referência à *liberdade e à soberania*, às limitações materiais, fixadas pela constituição então vigente.

De fato, a Emenda Constitucional 26/1985 suprimiu a antiga exigência, existente na constituição anterior, de aprovação das alterações por 2/3 (dois terços) dos membros de cada Casa do Congresso Nacional, em 2 (dois) turnos de votação, passando a exigir, então, apenas a maioria absoluta dos congressistas, também em 2 (dois) turnos, só que em sessão conjunta.

Referida emenda à Constituição eliminou, ademais, a impossibilidade de alteração do texto constitucional relativamente à abolição da República e da Federação, além da antiga vedação à edição de emendas na vigência de intervenção federal, estado de emergência e estado de sítio. Nas palavras do ilustre professor das Arcadas:

---

5. *Op. cit.*, p. 31-32.

"A ordem constitucional vigente no País é, portanto, resultado de reforma da lei magna anterior, estabelecida com restrita obediência às regras então vigentes, mas que, por resultar num texto totalmente refeito e profundamente alterado, deu origem a uma nova Constituição".[6]

A maioria dos autores, contudo, pensa de forma diferente, asseverando que o novo texto constitucional é um documento completamente diverso daquele até então vigente, outorgado pela ditadura militar. É o caso, por exemplo, de José Afonso da Silva,[7] o qual pondera que a Constituição de 1988 não pode ser vista como mera emenda à Constituição anterior, uma vez que a convocação da Assembleia Nacional Constituinte, pela mencionada Emenda 26, de 27 de novembro de 1985, teve inequívoca natureza de ato político, que pretendia substituir a antiga constituição, e não mantê-la, como é típico nas emendas constitucionais.

REVOLUÇÃO COMO VEÍCULO DE EXPRESSÃO DO PODER CONSTITUINTE

– Na realidade prática é difícil encontrarmos a manifestação do poder constituinte originário onde não havia um Estado anteriormente constituído. O que vemos, a rigor, é a criação de um novo Estado, de uma nova ordem jurídica estatal, com a completa perda de eficácia da constituição anteriormente vigente.

– Graças a essa realidade, é possível afirmarmos que uma constituição tem por veículo de expressão, costumeiramente, uma *revolução*, esta compreendida em seu sentido jurídico, ou seja, como a completa ruptura com a antiga ordem estatal, com a constituição até então vigente.

– Apenas raramente uma nova constituição deixa de surgir por força da completa ruptura com a antiga ordem constitucional. Muito citada, como exemplo desta exceção à regra, é a Constituição francesa de 1958, que consistiu, na realidade, em simples reforma da lei maior anterior, conforme normas por ela própria estabelecidas, mas que, em razão da profunda alteração do texto original, é tida como uma nova constituição.

2.6 TITULARIDADE, EXERCÍCIO E FORMAS DE EXPRESSÃO DO PODER CONSTITUINTE ORIGINÁRIO

Em que pese seu idealizador – Emmanuel Sieyès – ter apontado como titular do poder constituinte a *nação*, modernamente prevalece o entendimento de que *referido poder tem por titular o povo*. No caso específico da Constituição de 1988, aliás, essa ideia está explicitada em seu artigo 1º, parágrafo único, quando declara que "*todo o poder emana do povo*, que o exerce por meio de representantes eleitos, ou diretamente, nos termos desta Constituição".

Contudo, *quem o exerce não é o próprio titular (povo), mas sim aqueles que efetivamente criam o novo Estado, por meio da edição de uma nova constituição*. Vê-se, portanto, que não se deve confundir a titularidade do poder constituinte, modernamente atribuída ao povo, *com o seu exercício, este último a cargo de um agente (indivíduo ou grupo de indivíduos) que edita a constituição*, o novo ordenamento jurídico estatal.

A legitimidade da constituição, produzida pelo agente do poder constituinte originário, dar-se-á sempre que houver correspondência entre a vontade do titular do poder (o povo) e o documento produzido. Na hipótese de a lei maior ter sido elaborada por uma assembleia constituinte, entende-se que a aceitação popular é presumida. Caso não o seja, referida aceitação poderá ocorrer posteriormente, seja expressamente, por meio de referendo popular, seja tacitamente, caso produza efeitos, graças à observância de suas normas, pelo povo.

É importante ressaltarmos, entretanto, que o exercício do poder constituinte originário, em alguns casos, pode mesmo afastar-se da vontade popular, quando seu agente editar a

---
6. *Op. cit.*, p. 32.
7. *Curso de direito constitucional positivo*. 33. ed. Malheiros, 2010, p. 87.

constituição com inequívoca feição autoritária. Esse fato acaba por gerar o reconhecimento, por parte da doutrina, de 2 (dois) modos de exercício (ou formas de expressão) do poder constituinte: a *outorga*, na qual o agente *impõe* ao povo uma nova constituição; e a *assembleia constituinte ou convenção*, que edita um novo texto constitucional *por meio de representantes eleitos* pelo titular do poder constituinte originário.

A *outorga* é a maneira mais singela de criação de uma constituição[8]. Nessa forma de expressão, o agente do poder constituinte originário organiza o novo Estado, a nova ordem jurídica estatal, sem, contudo, qualquer consulta ao titular do poder. Aqui, a aceitação popular costuma dar-se *tacitamente*, quando as normas constitucionais acabam sendo cumpridas, obedecidas pelo povo.

Vê-se, portanto, que *as constituições editadas por meio de outorga (e por isso denominadas constituições outorgadas) não refletem a vontade popular*, uma vez que nascem da imposição do agente revolucionário. São típicas, portanto, de movimentos autoritários, como o foram, por exemplo, as Constituições brasileiras de 1824, 1937, 1967 e 1969 (Emenda Constitucional 1/1969).

Já a *assembleia constituinte* ou *convenção* é a forma de expressão do poder constituinte originário em que seu agente atua revolucionariamente apenas para romper com a ordem jurídica anterior, com vistas à edição de uma nova lei maior. Para a elaboração do novo texto constitucional, convoca-se uma assembleia constituinte, composta por membros eleitos pelo povo, justamente para tal fim.

Como é fácil intuir-se, *a assembleia constituinte é típica dos movimentos democráticos, em que a vontade do povo, do titular do poder constituinte, é levada em consideração para a elaboração do texto constitucional*. Como vimos no Capítulo 1 deste livro, dessa forma de expressão do poder constituinte originário nascem as denominadas constituições promulgadas, como o foram as Constituições brasileiras de 1891, 1934, 1946 e 1988.

Aliás, em se tratando dessa última forma de expressão do poder constituinte originário – convenção ou assembleia constituinte – vimos que, em alguns casos, o texto discutido e votado pelos constituintes também é posteriormente submetido à votação do povo, por meio de referendo. É a modalidade de carta magna a que a doutrina costuma denominar de *constituição referendatária*.

TITULARIDADE, EXERCÍCIO E FORMAS DE EXPRESSÃO DO PODER CONSTITUINTE ORIGINÁRIO

– Em que pese seu idealizador – Emmanuel Sieyès – ter apontado como titular do poder constituinte a *nação*, modernamente prevalece o entendimento de que referido poder tem por titular o povo. No caso específico da Constituição Federal de 1988, essa ideia está explicitada em seu artigo 1º, parágrafo único, quando declara que *"todo o poder emana do povo, ..."*.

– Contudo, quem o exerce nunca é o próprio titular (povo), mas sim seus agentes, ou seja, aqueles que efetivamente criam o novo Estado, através da edição de uma nova constituição. Não se deve confundir, portanto, a titularidade do poder constituinte com o seu exercício, este último a cargo de um agente (indivíduo ou grupo de indivíduos) que edita a constituição.

– A doutrina aponta 2 (dois) modos de exercício do poder constituinte: a *outorga*, na qual o agente *impõe* ao povo uma nova constituição; e a *assembleia constituinte* ou *convenção*, que edita um novo texto constitucional por meio de representantes eleitos pelo titular do poder constituinte originário.

---

8. Conforme definição de Alexandre de Moraes, outorga "é o estabelecimento da constituição por declaração unilateral do agente revolucionário, que autolimita seu poder (Exemplos: Constituições de 1824, 1937, e Ato Institucional 1, de 9-4-1964)". *Direito constitucional*. 26. ed. Atlas, 2010, p. 28.

2.7 CARACTERÍSTICAS DO PODER CONSTITUINTE ORIGINÁRIO

O poder constituinte, nunca é demais lembrar, é aquele poder inaugural, distinto dos poderes por ele constituídos, e que cria uma nova ordem estatal, através da edição de uma constituição. E, por ser o poder inaugural, ou seja, que concretiza, que institui o novo Estado, costumeiramente são atribuídas a ele as seguintes características: *inicial, ilimitado* e *incondicionado*.

Diz-se que é *inicial* justamente porque é ele quem cria o novo Estado, estabelecendo os chamados poderes constituídos. Na lição de Luiz Alberto David Araújo e Vidal Serrano Nunes Júnior,[9] ele inaugura uma nova ordem jurídica, revogando a constituição anterior e os dispositivos infraconstitucionais anteriormente produzidos, e que sejam incompatíveis com a nova carta magna.

O poder constituinte originário é *ilimitado*, por sua vez, porque não encontra limites no ordenamento estatal anterior (na constituição até então vigente), podendo dispor sobre qualquer tema, qualquer *matéria* que repute necessária, e que deva figurar no texto constitucional, mesmo que contrariamente ao que dispunha a constituição pretérita, anterior.

Conforme Manoel Gonçalves Ferreira Filho,[10] o caráter ilimitado do poder constituinte originário é diversamente denominado, conforme a corrente doutrinária que o analisa. Para os *positivistas*, que só encaram como direito o direito posto, tal característica concede ao poder constituinte o adjetivo de *soberano*, por não estar sujeito a qualquer limitação de direito.

Já para os *jusnaturalistas*, ainda na lição do eminente jurista, essa característica do poder constituinte originário recebe o adjetivo de *autônomo*, buscando enfatizar, com essa nomenclatura, que, a despeito de não sofrer limitações do direito positivo, da constituição anterior, sofre a sujeição do chamado direito natural.

O poder constituinte originário também é tido por *incondicionado* por não estar sujeito a quaisquer regras, a quaisquer condicionamentos preexistentes, fixados pela ordem estatal até então vigente (pela constituição revogada), para a edição do novo texto constitucional. O poder constituinte, em síntese, não se sujeita a qualquer *procedimento* fixado pela ordem jurídica anterior, para elaboração da nova carta magna.

Alguns doutrinadores, escudados na lição de Sieyès, citam ainda, como característica do poder constituinte originário, seu caráter *permanente*, querendo enfatizar, com isso, que ele não cessa quando a constituição é finalmente editada, quando o novo Estado é formado, permanecendo vivo em seu titular (o povo), que poderá, a qualquer tempo, fazer valer seu desejo, através da edição de uma nova carta magna. Ressalta essa característica, por exemplo, Alexandre de Moraes.[11]

---

9. *Op. cit.*, p. 30.
10. *Op. cit.*, p. 27.
11. *Op. cit.*, p. 28.

CARACTERÍSTICAS DO PODER CONSTITUINTE ORIGINÁRIO

– **Inicial** – é ele quem cria o novo Estado, quem inicia o novo ordenamento jurídico estatal, estabelecendo os chamados poderes constituídos.

– **Ilimitado*** – não encontra limites na ordem jurídica anterior (na constituição até então vigente), podendo dispor sobre qualquer matéria, qualquer tema que repute necessário, e que devam figurar no texto constitucional, mesmo que contrário ao que previa a constituição anterior.

– **Incondicionado** – não está sujeito a quaisquer regras procedimentais, a quaisquer condicionamentos preexistentes, fixados pela ordem estatal até então vigente (pela constituição anterior), para a edição do novo texto constitucional.

– **Permanente** – ele não cessa quando a constituição é finalmente editada, quando o novo Estado é formado, permanecendo vivo em seu titular (o povo), que poderá, a qualquer tempo, fazer valer seu desejo, através da edição de nova constituição.

* Na lição de Manoel Gonçalves Ferreira Filho, o caráter ilimitado do poder constituinte originário é diversamente denominado, conforme a corrente doutrinária. Para os *positivistas*, que só encaram como direito o direito posto, o poder constituinte é chamado de *soberano*, por não estar sujeito a qualquer limitação de direito. Para os *jusnaturalistas*, ele é *autônomo*, uma vez que, a despeito de não sofrer limitações do direito positivo, sujeita-se ao direito natural.

2.8 PODER CONSTITUINTE DERIVADO

O *poder constituinte derivado*, também denominado poder constituinte de *segundo grau*, *secundário*, *instituído*, ou, ainda, *constituído*, é o poder que, amparado na própria vontade do poder constituinte originário, permite que a lei magna vigente sofra modificações, nos termos expressamente fixados no texto constitucional, ou que os membros de uma Federação instituam suas próprias constituições.

Na primeira hipótese, quando nos referimos ao poder de alterar a constituição vigente, estamos diante do *poder constituinte reformador*, também denominado *poder de emenda*, ou, ainda, *poder de revisão*. Na segunda, quando tratamos do poder conferido aos membros de uma Federação de criar seus próprios textos constitucionais, estamos diante do chamado *poder constituinte decorrente*. As diversas espécies de poder constituinte derivado serão tratadas logo em seguida.

Como é fácil perceber, a denominação de poder constituinte somente lhe é conferida porque sua força advém (deriva) do próprio poder constituinte originário, o qual, em razão do caráter permanente que lhe é peculiar, permite e mesmo exige constante manifestação, diante da inequívoca necessidade de aperfeiçoamento, por meio de alterações ou complementações, das normas por ele inicialmente fixadas.

Alguns autores, entretanto, ao invés de denominá-lo poder constituinte derivado, preferem chamá-lo de *competência reformadora*, utilizando-se do termo *poder constituinte* apenas para se referir àquele poder inaugural, ilimitado e incondicionado, que implica a ruptura da ordem jurídico-constitucional anterior, com a edição de uma nova constituição, graças à vontade manifestada por seu titular (o povo). É o caso, por exemplo, de Michel Temer,[12] como se pode verificar de sua lição, a seguir transcrita:

> "Parece-nos mais conveniente reservar a expressão Poder Constituinte para o caso de emanação normativa direta da soberania popular. O mais é fixação de competências: a reformadora (capaz de modificar a constituição); a ordinária (capaz de editar a normatividade infraconstitucional)".

---

12. *Elementos de direito constitucional*. Malheiros, 2004, p. 35.

Ao contrário do poder constituinte originário, que é considerado, pelos positivistas, um poder de fato, que se impõe como tal, sem necessidade de qualquer amparo ou submissão ao chamado direito natural, *o poder constituinte derivado é inequivocamente um poder de direito*, cujas normas são previamente estabelecidas pelo originário, e constam expressamente do texto constitucional.

Vale mencionar, para encerrarmos esta seção, que o poder constituinte derivado é também denominado *instituído* ou *constituído* porque, tanto a competência para modificação ou complementação do texto constitucional, como para a edição das constituições dos entes autônomos do Estado Federal, são exercidas por poderes instituídos pelo constituinte originário (poderes constituídos, portanto).

PODER CONSTITUINTE DERIVADO

– O poder constituinte *derivado*, também denominado de poder constituinte de *segundo grau*, *secundário*, *instituído*, ou, ainda, *constituído*, é o poder que, amparado na própria vontade do poder constituinte originário, permite que a constituição vigente sofra modificações, nos termos expressamente fixados por este último, no próprio texto constitucional, ou que os membros de uma federação instituam suas próprias constituições.

– Na primeira hipótese, quando nos referimos ao poder de alterar a constituição vigente, estamos diante do *poder constituinte reformador*, também denominado de *poder de emenda*. Na segunda, quando tratamos do poder conferido aos membros de um Estado do tipo Federal de criar seus próprios textos constitucionais, estamos diante do *poder constituinte decorrente*.

2.9 CARACTERÍSTICAS DO PODER CONSTITUINTE DERIVADO

Em oposição ao poder constituinte originário, que é habitualmente tido por inicial, ilimitado (soberano para os positivistas; autônomo para os jusnaturalistas) e incondicionado, ao poder constituinte derivado são costumeiramente atribuídas as seguintes características: é um poder *derivado*, *subordinado* e também *condicionado*.

Trata-se de um poder *derivado*, como é fácil intuir, justamente porque deriva do poder constituinte originário, surge da vontade deste último, que o prevê de maneira expressa, no próprio texto constitucional, com vistas ao permanente aperfeiçoamento e adaptação das normas constitucionais às aspirações e necessidades atuais do povo, o titular do poder constituinte.

Trata-se, por outro lado, de um poder *subordinado* (ou *limitado*), porque está em posição hierarquicamente inferior ao poder constituinte originário, não podendo desrespeitar os limites impostos por este último, que fixa, inclusive, matérias que não podem ser objeto de alteração.

No caso específico do poder constituinte derivado reformador (aquele que permite a alteração do texto constitucional, através de emendas à constituição), o artigo 60, § 4º, da Constituição Federal vigente, traz as chamadas *cláusulas pétreas*, ou seja, as normas constitucionais produzidas pelo poder constituinte de primeiro grau, que não podem ser objeto de emenda constitucional.

Em relação ao poder constituinte decorrente (aquele que confere aos entes da Federação a competência para editar suas próprias constituições), o caráter limitado resta evidenciado, por exemplo, na parte final do artigo 25, da Constituição de 1988, que exige que as constituições editadas pelos diversos Estados-Membros observem os princípios fixados pela Constituição Federal.

Por fim, o poder constituinte derivado é considerado um poder *condicionado*, por estar submetido às regras, aos condicionamentos fixados pelo constituinte originário, para que possa se manifestar. Deve, em outras palavras, *submeter-se às regras procedimentais, às exigências formais* expressamente fixadas na constituição, seja para a reforma do texto constitucional, seja para a edição das constituições das entidades autônomas.

No caso específico da Constituição Federal brasileira de 1988, o caráter condicionado do poder constituinte derivado reformador é revelado pelas normas inseridas no artigo 60, e parágrafos, daquela Carta Magna, que impõem diversas regras procedimentais indispensáveis à edição das chamadas emendas constitucionais. Com efeito, para a edição de uma emenda à Constituição exige-se, por exemplo, que a norma seja discutida e votada em cada Casa do Congresso Nacional, em 2 (dois) turnos, e somente será aprovada ser obtiver, em ambos os turnos, 3/5 (três quintos) dos votos dos respectivos membros (artigo 60, § 2º).

É importante ressaltarmos, neste ponto, que o desrespeito, pelo poder constituinte derivado, aos limites e regras procedimentais fixados pelo constituinte originário implica manifesta inconstitucionalidade das normas produzidas pelo poder constituinte de segundo grau, sujeitando-o ao controle de constitucionalidade,

CARACTERÍSTICAS DO PODER CONSTITUINTE DERIVADO

– **Derivado** – porque deriva do poder constituinte originário, surge da vontade deste último, que o prevê de maneira expressa, no próprio texto constitucional, com vistas ao permanente aperfeiçoamento e adaptação das normas constitucionais às aspirações e necessidades atuais do povo, o titular do poder constituinte.

– **Subordinado** – está em posição hierarquicamente inferior ao poder constituinte originário, não podendo desrespeitar as limitações impostas por este último, que fixa, inclusive, matérias que não podem ser objeto de alteração.

– **Condicionado** – está submetido às regras, aos condicionamentos fixados pelo poder constituinte originário. Deve, em outras palavras, submeter-se às regras procedimentais, às exigências formais expressamente fixadas na constituição, para a reforma do texto constitucional.

2.10 PODER CONSTITUINTE REFORMADOR (OU PODER DE EMENDA)

Como vimos anteriormente, o poder constituinte reformador, também denominado poder de emenda, é aquele que, amparado na própria vontade do poder constituinte originário, permite que a constituição sofra modificações, nos termos expressamente fixados no texto constitucional. Por se tratar de espécie do gênero poder constituinte derivado, possui as mesmas características deste último: é derivado, subordinado (ou limitado) e condicionado.

Trata-se, evidentemente, de um poder *derivado*, porque decorre, deriva da vontade do poder constituinte originário, que o prevê de maneira expressa, no próprio texto constitucional, com vistas ao permanente aperfeiçoamento e adaptação das normas constitucionais às aspirações e necessidades atuais do povo, o titular do poder constituinte.

É, igualmente, um poder *subordinado* porque está em posição hierarquicamente inferior ao poder constituinte originário, não podendo desrespeitar os limites impostos por este último. É, ainda, um poder *condicionado*, por estar submetido às regras fixadas pelo constituinte originário, para a reforma do texto constitucional.

No caso da Constituição de 1988, o poder constituinte *reformador* está consubstanciado em seu artigo 60, e parágrafos, que trata das denominadas emendas constitucionais. Temos, ali, um conjunto de normas que estabelecem não só as matérias que não podem ser objeto de reforma (as denominadas cláusulas pétreas), como também as regras e condicionamentos relativos às matérias que o podem.

No primeiro caso, ao relacionar as matérias que não podem ser objeto de emenda constitucional, estabeleceu os denominados *limites materiais* do poder constituinte derivado. E, ao fixar um conjunto de regras para a edição de emendas constitucionais, tratou das chamadas *limitações formais, circunstanciais* e *temporais* à edição de emendas, pelo poder constituinte derivado reformador.

Como veremos melhor ao estudarmos o controle de constitucionalidade, caso uma emenda à Constituição não observe aqueles limites materiais e formais fixados pela Carta Magna vigente, restará caracterizada, respectivamente, uma inconstitucionalidade material ou formal. É por esse motivo que não podemos deixar de trazer, em seguida, algumas informações sobre cada uma daquelas hipóteses de limitações ao poder de reforma do texto constitucional, tanto os explícitos como os implícitos, estabelecidos na Constituição de 1988.

2.11 LIMITAÇÕES EXPLÍCITAS AO PODER REFORMADOR NA CONSTITUIÇÃO DE 1988

As *limitações materiais* ao poder constituinte derivado reformador, ou, simplesmente, poder reformador, estão previstas no artigo 60, § 4º, da Constituição Federal. Temos, naquele dispositivo constitucional, as chamadas *cláusulas pétreas*, ou seja, as matérias que, trazidas ao corpo da Lei Maior vigente pelo poder constituinte originário ou de primeiro grau, não podem, de maneira alguma, ser objeto de emenda constitucional.

Nos termos daquele dispositivo constitucional, não será objeto de deliberação a proposta de emenda *tendente* a abolir (basta a potencialidade, não havendo necessidade de que efetivamente ocorra a hipótese): a forma federativa de Estado (inciso I); o voto direto, secreto, universal e periódico (inciso II); a separação dos Poderes (inciso III); e os direitos e garantias individuais (inciso IV).

A primeira limitação de caráter *formal*, nós a temos no próprio *caput* do artigo 60 da Lei Magna. Segundo o dispositivo, a Constituição de 1988 somente poderá ser emendada mediante proposta: de 1/3 (um terço), no mínimo, dos membros da Câmara dos Deputados ou do Senado Federal (inciso I); do presidente da República (inciso II); ou de mais da metade das Assembleias Legislativas das unidades da Federação (Estados e Distrito Federal), manifestando-se, cada uma delas, pela maioria relativa de seus membros (inciso III).

Temos, naquele dispositivo constitucional, os únicos legitimados para a propositura de emendas à Constituição. José Afonso da Silva[13], entretanto, defende que as emendas constitucionais também poderiam ser propostas por iniciativa popular, mesmo que tal hipótese não conste expressamente do rol do supramencionado artigo 60, *caput*, da Constituição Federal.

Segundo referido doutrinador, a previsão de iniciativa e referendo populares em matéria de emenda constitucional foi excluída, pelos conservadores, do texto aprovado em Plenário, a despeito de ter constado expressamente do artigo 74, § 2º, do Projeto aprovado na Comissão de Sistematização. Contudo, mesmo com aquela supressão, considera ser possível a utilização da iniciativa popular para a propositura de emendas constitucionais.

Invoca, para fundamentar seu entendimento, normas gerais e princípios fundamentais da Constituição de 1988. Cita, nesse diapasão, o artigo 1º, parágrafo único, que estabelece que o poder também tem a possibilidade de ser exercido diretamente pelo povo; o artigo 14, incisos I e II, que dispõem que a soberania popular será exercida por plebiscito e referendo;

---

13. *Op. cit.*, p. 64.

e o artigo 49, inciso XV, que confere ao Congresso Nacional a competência para autorizar o referendo facultativo.

O entendimento defendido pelo insigne jurista, contudo, não nos parece o mais acertado. Consideramos que os legitimados para a proposta de emendas à Constituição são apenas aqueles expressamente consignados no artigo 60, da Carta Magna. Mesmo que inicialmente houvesse tal previsão, a verdade é que a vontade expressa pelo constituinte originário, a final de contas, foi pela não inclusão, na norma constitucional que disciplinou a matéria, da possibilidade de proposta de emendas constitucionais por meio de iniciativa popular e referendos.

A segunda limitação de ordem *formal* está consignada no § 2º, do mesmo artigo 60 da Lei Magna. Segundo determinação dele constante, a proposta de emenda à Constituição deverá ser discutida e votada, em cada uma das Casas do Congresso Nacional, em 2 (dois) turnos, e somente será aprovada se obtiver, em ambos os turnos, 3/5 (três quintos) dos votos dos respectivos membros.

No artigo 60, § 1º, por sua vez, foi fixada uma limitação de caráter *circunstancial*. É que, de acordo com a vontade do poder constituinte originário, a Constituição de 1988 não poderá sofrer modificações (emendas) na vigência de intervenção federal, de estado de defesa ou de estado de sítio.

O móvel do constituinte, ao fixar essa limitação circunstancial à reforma do texto constitucional, foi evitar que as emendas constitucionais fossem aprovadas em momentos de instabilidade política, sem possibilidade de ampla discussão e fiscalização popular sobre o tema da reforma, em razão de possível mitigação de direitos fundamentais, por imposição do Estado, como forma de debelar as crises internas.

A última limitação expressa à reforma do texto constitucional é de caráter *temporal*, e está prevista no artigo 60, § 5º, da Constituição Federal. Segundo referida norma constitucional, a matéria constante de proposta de emenda rejeitada ou havida por prejudicada não pode ser objeto de nova proposta na mesma sessão legislativa.

É importante ressaltar, contudo, que há autores que afirmam, em suas obras, que a limitação fixada pelo § 5º do artigo 60, da Carta Magna, não configuraria uma limitação temporal, e que a Constituição de 1988, portanto, não conteria qualquer hipótese de limitação desta espécie. É o caso, por exemplo, de Alexandre de Moraes[14], que pondera que "as limitações circunstanciais não se confundem com as chamadas *limitações temporais*, não consagradas por nossa Constituição Federal e consistentes na vedação, por determinado lapso temporal, de alterabilidade das normas constitucionais".

Consideramos, contudo, que a norma do artigo 60, § 5º, da Constituição Federal efetivamente estabelece uma limitação temporal ao poder constituinte reformador, uma vez que proíbe, de maneira peremptória, a apresentação de nova emenda à Constituição, na mesma sessão legislativa, quando a primeira tiver sido rejeitada ou tiver restado prejudicada. E a sessão legislativa, como se sabe, é um lapso temporal, estabelecido pelo artigo 57, da Carta Magna,[15] que se inicia no dia 2 de fevereiro de um determinado ano, e termina no dia 22 de dezembro daquele mesmo ano.

---

14. *Op. cit.*, p. 674.
15. Constituição Federal, artigo 57: "O Congresso Nacional reunir-se-á, anualmente, na Capital Federal, de 2 de fevereiro a 17 de julho e de 1º de agosto a 22 de dezembro".

LIMITAÇÕES EXPLÍCITAS AO PODER CONSTITUINTE REFORMADOR

Material	– Diz respeito às chamadas cláusulas pétreas. Não será objeto de deliberação a proposta de emenda tendente a abolir: a forma federativa de Estado (inciso I); o voto direto, secreto, universal e periódico (inciso II); a separação dos Poderes (inciso III); e os direitos e garantias individuais (inciso IV) – CF, art. 60, § 4º.
Formais	– A Constituição somente poderá ser emendada mediante proposta de: um terço, no mínimo, dos membros da Câmara dos Deputados ou do Senado Federal (inciso I); do presidente da República (inciso II); ou de mais da metade das Assembleias Legislativas das unidades da Federação, manifestando-se, cada uma delas, pela maioria relativa de seus membros (inciso III).
	– A proposta de emenda à Constituição deverá ser discutida e votada, em cada uma das Casas do Congresso Nacional, em 2 (dois) turnos, e somente será aprovada se obtiver, em ambos os turnos, 3/5 (três quintos) dos votos dos respectivos membros.
Circunstancial	– A Constituição não poderá sofrer modificações (emendas) na vigência de intervenção federal, de estado de defesa ou de estado de sítio – CF, art. 60, § 1º.
Temporal	– A matéria constante de proposta de emenda rejeitada ou havida por prejudicada não pode ser objeto de nova proposta na mesma sessão legislativa.

2.12 LIMITAÇÕES IMPLÍCITAS DO PODER REFORMADOR NA CONSTITUIÇÃO DE 1988

Além daquelas matérias expressamente consignadas na Constituição Federal que não podem ser objeto de reforma, e que, por isso mesmo, são denominadas *limitações explícitas*, existem outras matérias que, muito embora não sejam claramente enunciadas pela Lei Maior, também não podem ser alteradas, por força dos princípios e do próprio sistema constitucional em vigor. São, por isso, denominadas de *limitações implícitas*.

É nesse diapasão, por exemplo, que também não podem sofrer emendas as normas existentes na Carta Magna relativas: (a) à organização do Estado, notadamente as concernentes à fixação das competências dos entes que compõem a Federação; (b) à titularidade e ao exercício do poder constituinte; e (c) aos princípios fundamentais, constantes do Título I, da Constituição Federal de 1988.

Não podem ser objeto de emenda à Constituição, da mesma forma, as regras procedimentais mais rígidas para a alteração do texto constitucional, fixadas no artigo 60, da Constituição vigente. Com efeito, caso fossem alteradas as regras procedimentais ali estabelecidas, estar-se-ia permitindo que o poder de reforma do texto constitucional fosse exercido de maneira diversa (e, eventualmente, até mais fácil) daquela concebida pela vontade popular, e manifestada por meio da assembleia constituinte.

O mesmo raciocínio, aliás, vale também para o próprio rol das cláusulas pétreas, declinado no artigo 60, § 4º, da Carta Magna. Com efeito, não é possível a supressão, por meio de emenda constitucional, de alguma das matérias ali relacionadas (caso, por exemplo, do voto secreto), para, em seguida, por meio de outra emenda, dispor sobre a matéria de maneira diferente (exigindo, ao contrário, que o voto passe a ser declarado).

Caso esse fenômeno, que é costumeiramente denominado de *dupla revisão*, fosse permitido, o que não se pode aceitar, o poder constituinte reformador poderia ignorar a vontade manifestada pelo constituinte originário, no sentido de que as matérias relacionadas naquele dispositivo constitucional não podem sofrer qualquer tipo de alteração.

Consideramos, ademais, não ser possível ao poder constituinte derivado reformador inserir cláusulas pétreas no rol do artigo 60, § 4º, da Carta Magna, uma vez que tal ocorrência implicaria manifesto desrespeito, por parte de um poder constituído, à vontade do poder constituinte originário, expressamente consignada no texto constitucional, de relacionar como cláusulas pétreas apenas aquelas hipóteses ali relacionadas.

Por fim, escudados na lição de Ricardo Cunha Chimenti, Fernando Capez, Márcio F. Elias Rosa e Marisa F. Santos,[16] parece-nos perfeitamente possível a inclusão de direitos e garantias individuais na Constituição de 1988, por meio de emenda constitucional, para que estes passem a figurar, portanto, como cláusulas pétreas.

Ainda acompanhando o entendimento daqueles doutrinadores, consideramos que os novos direitos e garantias individuais, inseridos na Constituição Federal pelo poder reformador, podem ser suprimidos do texto constitucional, por meio de nova emenda, já que não foram incluídos na Lei Maior pelo poder constituinte originário.

Referidos autores citam, a título de exemplo, a inclusão do inciso LXXVIII ao rol do artigo 5º da Constituição, por força da Emenda Constitucional 45/2004, que passou a assegurar a todos, no âmbito judicial e administrativo, a razoável duração do processo e os meios que garantam a celeridade de sua tramitação.

**LIMITAÇÕES IMPLÍCITAS AO PODER
CONSTITUINTE REFORMADOR**

– Não podem sofrer emendas as normas existentes na Carta Magna relativas à organização do Estado, notadamente as relativas à fixação das competências dos entes que compõem a Federação, à titularidade e ao exercício do poder constituinte.

– Também não podem sofrer emendas os princípios fundamentais, constantes do Título I da Constituição de 1988.

– Não podem ser alteradas, ainda, as regras procedimentais mais rígidas para a alteração do texto constitucional, fixadas no artigo 60 da Constituição vigente.

– Não pode ser emendado, igualmente, o próprio rol das cláusulas pétreas, declinado no artigo 60, § 4º, da Carta Magna.

– Não é possível, por fim, a inserção de cláusulas pétreas no rol do artigo 60, § 4º, da Constituição.

2.13 INICIATIVA POPULAR E AS EMENDAS CONSTITUCIONAIS

Como já mencionamos anteriormente, a Carta Magna explicita, no *caput* de seu artigo 60, o rol dos legitimados a propor emendas constitucionais. Nos termos daquele dispositivo, a Carta Magna somente poderá ser emendada mediante proposta: (a) de 1/3 (um terço), no mínimo, dos membros da Câmara dos Deputados ou do Senado Federal; (b) do presidente da República; ou (c) de mais da metade das Assembleias Legislativas dos Estados, manifestando-se, cada uma delas, pela maioria relativa de seus membros.

Como se pode notar facilmente, a Constituição Federal não fez constar, naquele rol de legitimados para a propositura de emendas constitucionais, o povo. Em outras palavras, não previu a possibilidade de o povo iniciar o processo legislativo referente à edição de emendas à Constituição. Contudo, mesmo assim, uma pequena parcela da doutrina pátria defende que a iniciativa popular também poderia ser usada para a edição de emendas constitucionais.

---

16. *Curso de direito constitucional*. 7. ed. Saraiva, 2010, p. 53.

Referidos autores fundamentam seu entendimento, em apertada síntese, no princípio do Estado Democrático de Direito e também no princípio da soberania popular. Com efeito, lembram que o Brasil é um Estado Democrático de Direito, conforme explicitado no artigo 1º, *caput*, da Constituição Federal. Que tem no povo, portanto, o titular do poder constituinte originário, como é reconhecido, aliás, pelo parágrafo único do mesmo artigo, que também permite àquele (ao povo) exercer diretamente referido poder. Ressaltam, ademais, que o artigo 14, do texto constitucional, expressamente confere ao povo o exercício direto da soberania popular, por meio do plebiscito, do referendo e da iniciativa popular.

Ainda segundo ponderações formuladas por José Afonso da Silva,[17] a previsão de iniciativa popular em matéria de emenda constitucional teria sido excluída, pelos conservadores, do texto constitucional aprovado em Plenário, a despeito de ter constado expressamente do artigo 74, § 2º, do Projeto aprovado na Comissão de Sistematização. Contudo, mesmo com aquela supressão, referido autor considera ser possível a utilização da iniciativa popular para a propositura de emendas constitucionais.

Em termos semelhantes, e a despeito de reconhecer que o sistema brasileiro não admitiu expressamente a iniciativa popular para propostas de emendas à Constituição, Pedro Lenza[18] considera perfeitamente possível a sua utilização para tal fim, com fundamento nos mesmos dispositivos constitucionais mencionados supra (artigo 1º, parágrafo único, e artigo 14, inciso III, todos da Carta Magna de 1988). Lembra-nos, ademais, que 16 (dezesseis) dos Estados da Federação previram, de forma declarada e expressa, a possibilidade de utilização da iniciativa popular para o encaminhamento de projeto de emenda constitucional.

Contudo, a maior parcela da doutrina, na qual o autor desta obra se inclui, considera que a iniciativa popular para a edição de emendas constitucionais não é possível. E a razão parece-nos bem simples: a iniciativa popular não constou expressamente do rol de legitimados para a propositura de emendas à Constituição. Se o constituinte originário efetivamente tivesse desejado incluir o povo dentre aqueles legitimados, seguramente o teria incluído, de maneira explícita e inequívoca, dentre aqueles legitimados.

2.14 ANÁLISE DA POSSIBILIDADE DE ALTERAÇÃO DE CLÁUSULAS PÉTREAS POR MEIO DE PLEBISCITO

Como vimos antes, nós temos, no artigo 60, § 4º, da Constituição Federal, as denominadas *cláusulas pétreas*, ou seja, as matérias que, trazidas ao corpo da Carta Magna pelo poder constituinte originário, não podem, de maneira alguma, ser objeto de emenda constitucional. As matérias petrificadas são estas: (a) a forma federativa de Estado; (b) o voto direto, secreto, universal e periódico; (c) a separação dos Poderes; e d) os direitos e garantias individuais.

Contudo, a despeito daquela expressa vedação constitucional, há quem defenda a possibilidade da promulgação de emendas à Constituição, para a alteração das matérias ali relacionadas, quando elas forem submetidas à prévia consulta popular, por meio de plebiscito. Defendem, por exemplo, ao menos em tese, a possibilidade da fixação da pena de morte no Brasil, a despeito de esta ter sido expressamente vedada pelo artigo 5º, inciso XLVI, alínea *a*, de nossa Lei Maior, desde que isso se dê com a promulgação de uma emenda constitucional precedida de plebiscito.

---

17. *Op. cit.*, p. 63.
18. *Op. cit.*, p. 451-454.

Os defensores da possibilidade de alteração de cláusulas pétreas, por meio de emendas constitucionais antecedidas de consulta popular (de plebiscito), costumam fundamentar seu entendimento *no princípio democrático e na soberania popular*, invocando, para tanto, o artigo 1º, e seu parágrafo único, bem como o artigo 14, inciso I, todos da Constituição Federal.

Com efeito, lembram que o Brasil é um Estado Democrático de Direito, conforme explicitado no artigo 1º, *caput*, da Constituição Federal. Que tem no povo, portanto, o titular do poder constituinte originário, como é reconhecido, aliás, pelo parágrafo único do mesmo artigo, que também permite àquele (ao povo) exercer diretamente referido poder.

Ressaltam, ademais, que o artigo 14 do texto constitucional expressamente confere ao povo o exercício direto da soberania popular, por meio do plebiscito, do referendo e da iniciativa popular. Lembram, ademais, que o poder constituinte originário também tem por característica a *permanência*, não cessando quando a constituição é finalmente editada, já que permanece vivo em seu titular (o povo).

A maior parte dos doutrinadores, contudo, são contrários àquela possibilidade. Fundamentam seu entendimento nos termos do artigo 60, § 4º, da Constituição Federal, que é expresso e categórico em vedar qualquer proposta de emenda constitucional sequer tendente a abolir as matérias petrificadas ali relacionadas, não havendo qualquer possibilidade de exceção.

A doutrina majoritária costuma asseverar que possibilidade do exercício do poder originário, por meio de emendas precedidas de plebiscito, geraria riscos de casuísmos incompatíveis com uma sociedade democrática, razão pela qual conclui que as matérias transformadas em cláusulas pétreas somente devem ser alteradas após amplo debate nacional sobre todo o sistema constitucional, em típico exercício do poder constituinte originário.

Defendem essa posição, por exemplo, Ricardo Cunha Chimenti, Fernando Capez, Márcio Fernando Elias Rosa e Maria F. Santos,[19] os quais ressaltam que "as cláusulas pétreas só podem ser alteradas no exercício pleno do Poder Constituinte Originário, pois dão sustentação a todo um conjunto sistematicamente organizado que seria violado com a alteração isolada de uma das suas pilastras".

Esse também é o nosso entendimento. Com efeito, foi o próprio titular do poder constituinte originário (o povo, conforme artigo 1º, parágrafo único, da Constituição Federal) quem decidiu, à época da promulgação da Carta Magna de 1988, que as matérias ali relacionadas, tamanha a sua importância, não deveriam sofrer qualquer espécie de alteração, por meio de emenda constitucional.

Consideramos, portanto, não ser possível ao poder constituinte reformador, mesmo que com prévia consulta popular, alterar as matérias que o próprio constituinte originário decidiu petrificar. Solução diversa, em nosso entender, implicaria verdadeiro desrespeito à expressa vontade popular, manifestada por meio da Assembleia Nacional Constituinte, cujos representantes foram eleitos pelo próprio titular do poder constituinte originário.

Ademais, ainda segundo nossa opinião, alterações no rol das chamadas cláusulas pétreas, mesmo que com aquiescência popular prévia, ao invés de conferir efetividade ao princípio democrático, como afirmam alguns doutrinadores, poderia, isso sim, colocá-lo em risco, por permitirem até mesmo a completa desfiguração da Constituição Federal, a depender do carisma do governante, desnaturando inteiramente a vontade popular, manifestada por meio do poder constituinte originário.

---

19. *Op. cit.*, p. 53.

ANÁLISE DA POSSIBILIDADE DE ALTERAÇÃO DE CLÁUSULAS PÉTREAS POR MEIO DE PLEBISCITO

– Há quem defenda a possibilidade de alteração das cláusulas pétreas, através da promulgação de emendas à Constituição, quando estas forem submetidas à prévia consulta popular, por meio de plebiscito. Fundamentam seu entendimento no princípio democrático e na soberania popular, invocando o artigo 1º, e seu parágrafo único, bem como o artigo 14, e seu inciso I, todos da Constituição Federal.

– A maior parte dos doutrinadores, contudo, é contrária àquela possibilidade. Fundamenta seu entendimento no artigo 60, § 4º, da Constituição Federal, que é expresso em vedar qualquer proposta de emenda constitucional sequer tendente a abolir as matérias petrificadas ali relacionadas, não havendo qualquer possibilidade de exceção.

2.15 DIFERENÇA ENTRE REFORMA CONSTITUCIONAL E MUTAÇÃO CONSTITUCIONAL

Antes de prosseguirmos com o estudo das demais espécies de poder constituinte derivado – poder constituinte decorrente e poder constituinte de revisão –, consideramos oportuno realizar uma breve distinção entre *reforma constitucional* e *mutação constitucional*, para demonstrar que referidos institutos, a despeito de possuírem nomes semelhantes, na realidade têm significados diversos.

Reforma constitucional diz respeito à alteração da constituição, por meio da promulgação das chamadas emendas constitucionais, nas hipóteses permitidas pelo constituinte originário. Guarda relação, portanto, com as efetivas modificações do texto constitucional, através de alteração, supressão ou acréscimo de normas constitucionais, nos termos expressamente fixados pela carta magna. Trata-se, portanto, de inequívoca manifestação do poder constituinte reformador.

A *mutação constitucional*, ao contrário, não diz respeito à efetiva alteração – material, física – do texto da constituição, por meio de emendas constitucionais. Não tem relação, portanto, com a atuação do poder constituinte reformador. *As mutações constitucionais dizem respeito, isto sim, a alterações na interpretação do texto da constituição.*

Na Lição de Uadi Lammêgo Bulos,[20] a mutação constitucional "é o fenômeno pelo qual os textos constitucionais são alterados sem revisões ou emendas". Trata-se, ainda nas palavras do ilustre doutrinador, do "processo informal de mudança das constituições que atribui novos sentidos aos seus preceitos, significados e conteúdos dantes não contemplados".

J. J. Gomes Canotilho,[21] por sua vez, define a mutação constitucional, também denominada *transição constitucional*, nos seguintes termos: "considerar-se-á como transição constitucional ou mutação constitucional a revisão informal do compromisso político formalmente plasmado na constituição sem alteração do texto constitucional. Em termos incisivos: muda o sentido sem mudar o texto".

Assim, devemos insistir, a mutação constitucional não diz respeito a qualquer modificação efetiva (material) do texto da constituição, mas sim à alteração na forma de interpretá-lo. Trata-se de um processo informal, conforme ressaltam as definições doutrinárias acima transcritas, justamente porque não encontra, no texto constitucional, qualquer previsão

---

20. *Curso de direito constitucional*. 5. ed. Saraiva, 2010, p. 422.
21. *Direito constitucional e teoria da constituição*. Almedina, 2003, p. 1228.

expressa. Por essa mesma razão, costumeiramente se diz que *a mutação constitucional tem natureza fática (e não jurídica)*.

Um ótimo exemplo para demonstrar a diferença entre reforma e mutação constitucional, nós o temos na análise da Constituição dos Estados Unidos da América. Em outras oportunidades, já mencionamos que referida lei magna, a despeito de ter sido promulgada em 1787, conta com apenas 27 (vinte e sete) emendas constitucionais. Seu texto, portanto, sofreu pouquíssimas reformas constitucionais.

Por outro lado, no transcorrer de sua história, e em decorrência da natural necessidade que todos os Estados têm de se adequar às constantes evoluções sociais, políticas e econômicas por que passam, as normas daquela constituição foram reinterpretadas diversas vezes, sem que houvesse, contudo, efetivas alterações materiais de seu texto. Assim, em que pese ter sofrido poucas reformas constitucionais, a Constituição norte-americana foi objeto de inúmeras mutações constitucionais, de constantes mudanças interpretativas de seus princípios e regras.

DIFERENÇA ENTRE REFORMA CONSTITUCIONAL E MUTAÇÃO CONSTITUCIONAL

Reforma constitucional	– Reforma constitucional diz respeito à alteração da constituição, por meio da promulgação das chamadas emendas constitucionais, nas hipóteses permitidas pelo poder constituinte originário. – Diz respeito às efetivas modificações do texto constitucional, através de alteração, supressão ou acréscimo de normas constitucionais, nos termos expressamente fixados pelo texto constitucional.
Mutação constitucional	– A mutação constitucional não diz respeito a qualquer modificação efetiva (material) do texto da constituição, mas sim à alteração na forma de interpretá-lo. – Trata-se de um processo informal porque não encontra, no texto constitucional, qualquer previsão expressa. Por essa mesma razão, costumeiramente se diz que a mutação constitucional tem natureza fática (e não jurídica).

2.16 PODER CONSTITUINTE DECORRENTE

O *poder constituinte decorrente* também deriva da vontade do poder constituinte originário (é um poder constituinte derivado, portanto), e está expressamente previsto na constituição. Entretanto, ao contrário do poder reformador, que se destina a alterar o texto constitucional, tem por escopo conferir aos membros de um Estado do tipo Federal o poder de criar seus próprios textos constitucionais.

Diferentemente do poder constituinte originário, que pode ser considerado um poder de fato, que se impõe como tal, sem qualquer submissão a direito preexistente, o poder constituinte decorrente, da mesma forma que o reformador (ambos são espécies do gênero poder constituinte derivado), é um *poder de direito*, cujas normas são estabelecidas pelo originário, e constam expressamente do texto constitucional.

Aliás, por também ser um poder derivado ou de segundo grau, apresenta as mesmas características deste. Trata-se, portanto, de um poder *subordinado* ao poder constituinte originário, não podendo, portanto, desrespeitar os limites (explícitos e implícitos) fixados pela Constituição, bem como de um poder *condicionado*, devendo submeter-se às regras preestabelecidas no texto constitucional.

Na lição de Luiz Alberto David Araújo e Vidal Serrano Nunes Júnior,[22] o poder constituinte decorrente "nasce do pacto federativo, que apresenta como uma de suas peculiaridades a capacidade de auto-organização – por Constituições próprias – das unidades federadas".

O poder constituinte decorrente relativo ao poder dos Estados-membros de editarem suas próprias constituições tem previsão constitucional no artigo 25, *caput*, da Carta Magna de 1988. Esse artigo dispõe que "os Estados organizam-se e regem-se *pelas Constituições* e leis que adotarem, observados os princípios desta Constituição" (grifo nosso).

O dispositivo constitucional em comento, aliás, é inequívoco em explicitar o caráter subordinado e condicionado do poder constituinte decorrente, ao exigir que as constituições dos Estados-membros respeitem os princípios da Constituição Federal. Dentre os princípios que devem ser observados, temos os que a doutrina costuma chamar de *princípios constitucionais estabelecidos* (também denominados *organizatórios* ou *centrais*), e que formam o núcleo de nossa Lei Maior[23].

Outro limite que as constituições dos Estados-membros devem observar são os fixados pelos denominados *princípios constitucionais sensíveis*, fixados pelo artigo 34, inciso VII, da Constituição Federal, cuja inobservância pode resultar na intervenção da União no Estado ou no Distrito Federal.

Vale mencionar, ainda, que o exercício do poder constituinte decorrente, relativo aos Estados-membros, também foi submetido a uma limitação de ordem temporal, fixada pelo artigo 11 do Ato das Disposições Constitucionais Transitórias – ADCT, que exigiu que as constituições estaduais fossem elaboradas pelas respectivas Assembleias Legislativas, no prazo de 1 (um) ano a contar da promulgação da Constituição de 1988.

Caso algum Estado não observe os limites que lhe foram impostos pelo constituinte originário, conforme mencionamos supra, estar-se-á diante de manifesta inconstitucionalidade da norma inserida na constituição do Estado, que deverá ser combatida por meio do controle de constitucionalidade das normas em face da Constituição Federal.

PODER CONSTITUINTE DECORRENTE

– O poder constituinte decorrente também deriva da vontade do poder constituinte originário (é um poder constituinte derivado, portanto), e está expressamente previsto na Constituição Federal. Entretanto, ao contrário do poder reformador, que se destina a alterar o texto constitucional, tem por escopo conferir aos membros de um Estado do tipo Federal o poder de criar seus próprios textos constitucionais.

– O poder constituinte decorrente, concernente aos Estados-membros e ao Distrito Federal, tem previsão constitucional no artigo 25, *caput*, da Carta Magna. Esse dispositivo dispõe que "os Estados organizam-se e regem-se pelas Constituições e leis que adotarem, observados os princípios desta Constituição".

2.17 DISTRITO FEDERAL, MUNICÍPIOS E PODER CONSTITUINTE DECORRENTE

Já em seu artigo 1º, *caput*, a Constituição Federal de 1988 deixa claro que o Brasil é um Estado do tipo Federal, ao dispor que a República Federativa do Brasil (o nome oficial de nosso Estado) é formada pela união indissolúvel dos Estados, Municípios e do Distrito Federal. Tal realidade é confirmada no artigo 18, da Lei Magna, quando esta trata da organização político-administrativa do País.

---

22. *Op. cit.*, p. 33.
23. São aqueles que tratam, por exemplo, da repartição de competências, da organização e exercício dos poderes.

Como veremos melhor no Capítulo 10, quando formos tratar das diferentes formas de Estado, Federação é a união *permanente* (não há que se falar, aqui, em direito de secessão) de dois ou mais Estados, os quais, conservando sua autonomia político-administrativa, abrem mão da soberania, em favor do Estado Federal.

Cada um dos entes que compõem o Estado Federal passa a se sujeitar aos termos da constituição, não havendo, contudo, qualquer hierarquia entre a União e os demais membros daquele ente estatal, uma vez que a carta magna fixa expressamente as competências de uns e outros, inclusive assegurando uma boa dose de autonomia a cada um deles.

O caráter *autônomo* dos Estados, do Distrito Federal e dos Municípios, conforme mencionado no artigo 18, *caput*, da Constituição de 1988, é evidenciado pelo conjunto de prerrogativas, fixadas pela própria Lei Maior, que confere àqueles entes a capacidade de instituírem e manterem a organização, o governo e a administração deles próprios. Podem aqueles entes da Federação, portanto, instituir suas próprias constituições (ou leis orgânicas).

Dessa forma, tendo em vista que o Distrito Federal também faz parte da Federação brasileira, não há dúvidas de que as mesmas ponderações da seção anterior, relativas ao poder constituinte derivado decorrente, conferido aos diversos Estados-membros, de editarem suas constituições, também se aplicam a este ente da Federação.

A única diferença é que, no caso específico do Distrito Federal, o poder de auto-organização não se dá por meio da promulgação de uma constituição, mas sim da edição da denominada *lei orgânica* (conforme dispõe o artigo 32, da Carta Magna), ato normativo que se assemelha às constituições estaduais, editadas pelos diversos Estados-membros.

A existência de poder constituinte decorrente em relação ao Distrito Federal, aliás, tem inequívoco amparo doutrinário[24] e jurisprudencial, sendo certo que o próprio Supremo Tribunal Federal já declarou, de maneira expressa e inequívoca, que a lei orgânica do Distrito Federal equivale às constituições promulgadas pelos diversos Estados. Sobre este tema, vide *RDA* 197/215.

As regras para a edição da Lei Orgânica do Distrito Federal estão expressamente consignadas no supramencionado artigo 32, da Lei Maior. Nos termos deste dispositivo constitucional, "o Distrito Federal, vedada sua divisão em Municípios, reger-se-á por lei orgânica, votada em dois turnos com interstício mínimo de dez dias, e aprovada por dois terços da Câmara Legislativa, que a promulgará, atendidos os princípios estabelecidos nesta Constituição".

É de se notar que aquele artigo 32, de nossa Lei Maior, da mesma forma que o faz o artigo 25, da Carta Magna (este último, relativo à edição das constituições dos Estados-membros), refere-se expressamente à necessidade de observância dos princípios estabelecidos na Constituição Federal, o que, a nosso entender, reforça que se trata efetivamente de espécie de poder constituinte decorrente, com seu caráter derivado, subordinado e condicionado.

Já em relação à existência ou não de manifestação do poder constituinte derivado decorrente nos Municípios, não são muitos os autores que tratam do tema. E os que o fazem

---

24. Apenas a título de informação, Pedro Lenza, nas edições mais antigas de seu livro, não reconhecia a existência de manifestação do poder constituinte decorrente nem mesmo em relação ao Distrito Federal. Fundamentava seu entendimento no critério por ele chamado de *jurídico-formal*, ressaltando que apenas os Estados-membros elaborariam constituições, sendo que o Distrito Federal e os Municípios regem-se por leis orgânicas, as quais, no entender do autor, nada teriam de parecido (do ponto de vista formal) com a constituição de um Estado. Nas edições mais atuais, contudo, ele passou a defender que há poder constituinte derivado decorrente em relação ao Distrito Federal, mantendo o entendimento anterior apenas em relação aos Municípios. *Op. cit.*, p. 161-162.

costumam afirmar, em conclusão, que a Constituição Federal não conferiu tal poder àqueles entes da Federação, como o fez em relação aos Estados-membros e ao Distrito Federal.

É o que defendem, por exemplo, Luiz Alberto David Araújo e Vidal Serrano Nunes Júnior.[25] Estes autores afirmam, em síntese, que a simples leitura do artigo 29, da Lei Maior, permitiria afastar a existência de poder constituinte decorrente em relação aos Municípios, seja porque estes não são regidos por constituições, e sim por leis orgânicas, seja porque estas devem submissão não só à Constituição Federal, mas também à constituição do Estado. Eis a conclusão dos autores sobre o tema:

> *"Enquanto aos Estados foi conferida organização por Constituições, aos Municípios cogitou-se de leis orgânicas, as quais, de sua vez, deveriam guardar fidelidade não só à Constituição da República, mas também à respectiva Constituição do Estado, revelando-se assim que o mais alto documento normativo municipal não adviria de um Poder Constituinte, mas de mero órgão legislativo: a Câmara dos Vereadores".*

Na mesma toada é a lição de Uadi Lammêgo Bulos,[26] o qual, a despeito de reconhecer a autonomia dos Municípios, conforme consagrado pela Constituição Federal de 1988, afirma expressamente que lhe parece ser um exagero falar em poder constituinte municipal. Cita, inclusive, um julgado do Supremo Tribunal Federal, que afasta a existência de um poder constituinte municipal (Supremo Tribunal Federal, Suspensão de Segurança 2.247/PA, relator ministro Maurício Correa, j. em 6.8.2003, *DJ* de 18-8-2003, p. 25).

2.18 PODER CONSTITUINTE DERIVADO DE REVISÃO

A alteração do texto constitucional dá-se, já o vimos, por meio da promulgação de emendas à Constituição, conforme regras fixadas no artigo 60, da Constituição Federal. Temos, ali, a exteriorização do poder constituinte derivado reformador, ou seja, daquele que, fixado pelo próprio poder constituinte originário, permite que a Lei Magna seja modificada sempre que se fizer necessário, com vistas ao constante aperfeiçoamento de seu texto.

Contudo, além dessa forma habitual (ordinária) de modificação constitucional, por meio de emendas à Constituição, a Carta Magna de 1988 também previu outra modalidade de alteração de seu texto, que deveria ser realizada uma única vez (e que, por isso, pode ser denominada de *extraordinária*), com regras mais simplificadas, se comparadas às fixadas para as emendas constitucionais.

Com efeito, conforme norma constante do artigo 3º do Ato das Disposições Constitucionais Transitórias – ADCT, foi prevista uma revisão do texto constitucional, que deveria ser realizada após 5 (cinco) anos, contados da promulgação da Constituição de 1988, pelo voto da maioria absoluta dos membros do Congresso Nacional, em sessão unicameral. Temos, ali, a manifestação do que se convencionou denominar-se *poder constituinte derivado de revisão*.

A despeito de também se tratar de uma manifestação do poder constituinte derivado, da simples leitura do dispositivo constitucional supramencionado é possível percebermos algumas diferenças entre aquela forma extraordinária de revisão constitucional e a maneira habitual, realizada por meio de promulgação de emendas à Constituição.

A primeira delas, e talvez a mais evidente, é que a revisão constitucional *somente poderia ocorrer uma única vez*, após 5 (cinco) anos de promulgação da Carta Magna de 1988. Já a alteração por meio de emendas constitucionais, esta pode ocorrer sempre que se fizer

---

25. *Op. cit.*, p. 34.
26. *Op. cit.*, p. 386.

necessária, desde que respeitadas, evidentemente, as regras fixadas pelo artigo 60, da Constituição Federal.

Outra diferença diz respeito ao *quórum* para aprovação. Enquanto para as emendas exige-se aprovação por 3/5 (três quintos) dos votos de cada uma das Casas do Congresso Nacional, reunidas em 2 (dois) turnos de discussão e votação, o supramencionado artigo 3º do Ato das Disposições Constitucionais Transitórias – ADCT exigiu apenas aprovação por *maioria absoluta* dos congressistas, reunidos em *sessão unicameral*.

Como as emendas constitucionais de revisão deveriam ser discutidas e aprovadas pelo Congresso Nacional em sessão unicameral, não há dúvidas de que elas deveriam ser promulgadas não pelas Mesas da Câmara dos Deputados e do Senado Federal, como se dá com as emendas constitucionais (artigo 60, § 3º), mas sim pela *Mesa do Congresso Nacional*. Esta é a última diferença em relação ao poder constituinte reformador.

Antes de o Congresso realizar a revisão do texto constitucional, houve discussões acerca dos limites que deveriam ser impostos ao poder constituinte de revisão. Houve, àquela época, quem defendesse até mesmo a ausência total de limites para tal revisão. Prevaleceu, contudo, *a fixação dos mesmos limites materiais explicitados no artigo 60, § 4º, da Constituição, ao poder de emenda*.

Encerramos esta seção informando que a revisão extraordinária da Lei Maior, naqueles termos mais simples fixados pelo constituinte originário, já foi efetuada pelo Congresso Nacional, com encerramento dos trabalhos em 1994. Com efeito, em cumprimento ao quanto determinado pelo artigo 3º, do Ato das Disposições Constitucionais Transitórias – ADCT, foram promulgadas pela Mesa do Congresso Nacional 6 (seis) emendas constitucionais de revisão. Esta forma de revisão constitucional, portanto, já se encontra exaurida, como demonstramos supra.

PODER CONSTITUINTE DERIVADO DE REVISÃO

– Além da forma habitual (ordinária) de modificação constitucional, por meio de emendas à Constituição, a Carta Magna de 1988 também previu outra modalidade de alteração de seu texto, que deveria ser realizada uma única vez, com regras mais simplificadas, se comparadas às fixadas para as emendas constitucionais. Trata-se do denominado *poder constituinte derivado de revisão*.

– Conforme determinado no artigo 3º, do Ato das Disposições Constitucionais Transitórias (ADCT), foi prevista uma revisão do texto constitucional, que deveria ser realizada após 5 (cinco) anos, contados da promulgação da Constituição de 1988, pelo voto da maioria absoluta dos membros do Congresso Nacional, em sessão unicameral.

– A revisão extraordinária da Lei Magna, naqueles termos mais simples fixados pelo constituinte originário, já foi efetuada pelo Congresso Nacional. Com efeito, foram promulgadas pela Mesa do Congresso Nacional 6 (seis) emendas constitucionais de revisão.

2.19 PODER CONSTITUINTE DIFUSO

Estudados o conceito e as principais características do poder constituinte originário e também do poder constituinte derivado, em todas as suas subespécies – reformador, decorrente e de revisão –, não podemos deixar de analisar, mesmo que de maneira breve, a ideia de *poder constituinte difuso*. Na lição de Uadi Lammêgo Bulos,[27] referido poder, que é chamado de difuso justamente porque não vem formalizado nas constituições, "é aquele que atua na etapa da mutação constitucional".

---

27. *Op. cit.*, p. 421.

Com efeito, como explicamos supra, mutação constitucional é a alteração na interpretação da constituição, sem que haja uma efetiva alteração material, física, do texto constitucional, por meio de emendas à constituição. Trata-se, como vimos, de um processo informal, de natureza fática (e não jurídica), que não encontra, no texto constitucional, qualquer previsão expressa.

Assim, ao contrário do poder constituinte derivado reformador, que importa em efetiva alteração do texto constitucional, por meio de emendas à constituição, o poder constituinte difuso, um poder de fato, sem qualquer previsão expressa na constituição, *é aquele que se manifesta toda vez que houver mudança na interpretação de normas constitucionais*, sem que tenha havido qualquer alteração efetiva de seu texto. Nesses termos, por exemplo, é a lição de Pedro Lenza:[28]

> "Trata-se de mais um mecanismo de modificação da Constituição. Se por um lado a mudança implementada pelo poder constituinte derivado reformador se verifica de modo formal, palpável, por intermédio de emendas à Constituição, a modificação produzida pelo poder constituinte difuso se instrumentaliza de modo informal e espontâneo como verdadeiro poder de fato e que decorre dos fatores sociais, políticos e econômicos, encontrando-se em estado de latência. Trata-se de processo informal de mudança da Constituição".

O poder constituinte difuso, portanto, pode ser definido, em apertada síntese, como o poder de fato, sem previsão expressa na constituição, *que é responsável pelas mutações constitucionais*. Referido poder tem por características, conforme nos ensina Uadi Lammêgo Bulos, a *latência*, a *permanência*, a *informalidade* e a *continuidade*.

O poder constituinte é *latente* porque é um poder *invisível*, que somente aparece quando se mostra necessária a alteração na interpretação do texto constitucional. É *permanente*, o próprio nome já o indica, porque é perene, permanecendo vivo, mesmo que não consagrado expressamente, para ser utilizado sempre que houver necessidade de ocorrer uma mutação constitucional.

É *informal* justamente porque não está expressamente previsto na constituição, porque não existem regras formais, fixadas pelo texto constitucional, a serem seguidas, para a alteração da interpretação das normas constitucionais. O caráter de *continuidade*, por fim, revela-se na tarefa de complementar a obra do poder constituinte originário e do derivado, no caso dos vazios normativos existentes.

PODER CONSTITUINTE DIFUSO

– O poder constituinte difuso, um poder de fato, sem qualquer previsão expressa na constituição, é aquele que se manifesta toda vez que houver mudança na interpretação de normas constitucionais, sem que tenha havido qualquer alteração efetiva de seu texto.

– Trata-se, em síntese, do poder responsável pelas mutações constitucionais, e que tem por características a latência, a permanência, a informalidade e a continuidade.

2.20 PRINCÍPIO DA SIMETRIA

Muito embora o *princípio da simetria*, também conhecido por *princípio do paralelismo*, não diga respeito propriamente ao poder constituinte, guarda com este uma inequívoca relação, notadamente no que respeita ao poder constituinte derivado decorrente, ou seja, aquele que confere aos diversos entes de um Estado do tipo Federal a competência para editarem suas constituições ou leis orgânicas.

---

28. *Op. cit.*, p. 164.

Princípio da simetria é aquele que exige que os Estados, o Distrito Federal e os Municípios adotem, tanto quanto possível, em suas respectivas constituições e leis orgânicas, os princípios fundamentais e as regras de organização estatal (notadamente relativas à sua estrutura, forma de aquisição e exercício do poder, estabelecimento de seus órgãos e limites de atuação) existentes na Constituição Federal.

Conforme lição de Ricardo Cunha Chimenti, Fernando Capez, Márcio F. Elias Rosa e Marisa F. Santos,[29] "pelo princípio da simetria, as regras previstas nas leis orgânicas municipais não podem desatender ao comando previsto na Constituição Estadual para hipótese similar, bem como a Constituição Estadual deve seguir os comandos da Constituição Federal".

É nesse diapasão, por exemplo, que as constituições dos Estados e as leis orgânicas do Distrito Federal e dos Municípios deverão respeitar o princípio da separação de poderes, expressamente consagrado no artigo 2º, da Constituição Federal de 1988. Deverão, igualmente, naquilo que for possível, adotar regras semelhantes – simétricas – às existentes na Lei Maior, relativas ao poder de iniciativa de leis no processo legislativo. É por essa razão que a iniciativa de leis, no âmbito estadual e municipal, para aumentos dos servidores públicos, deverá ser de competência do chefe do Poder Executivo, de maneira simétrica ao que se dá na Carta Magna (artigo 61, § 1º, II, *a*).

Os Estados e os Municípios, por outro lado, não poderão observar as regras fixadas pela Constituição Federal, em seu artigo 65 e parágrafo único, relativas à competência revisional dos projetos de lei ordinária, justamente porque, nessa hipótese, referida simetria não se mostra possível. Com efeito, os Legislativos dos Estados, do Distrito Federal e dos Municípios são *unicamerais* (compostos por uma única Casa), ao contrário do Federal, que é *bicameral* (formado pela Câmara dos Deputados e pelo Senado Federal).

PRINCÍPIO DA SIMETRIA

– Princípio da simetria é aquele que exige que os Estados, o Distrito Federal e os Municípios adotem tanto quanto for possível, em suas respectivas constituições e leis orgânicas, os princípios fundamentais e as regras de organização do Estado (notadamente relativas à sua estrutura, forma de aquisição e exercício do poder, estabelecimento de seus órgãos e limites de atuação) existentes na Constituição Federal.

– É nesse diapasão, por exemplo, que as constituições dos Estados e as leis orgânicas do Distrito Federal e dos Municípios deverão respeitar o princípio da separação de poderes, expressamente consagrado no artigo 2º da Constituição de 1988.

2.21 RECEPÇÃO, REPRISTINAÇÃO E DESCONSTITUCIONALIZAÇÃO DE NORMAS

Após estudarmos o poder que cria os chamados poderes constituídos, que estabelece a nova ordem estatal, cabe-nos realizar, para encerrar o Capítulo, uma breve análise da vigência das normas infraconstitucionais (e até mesmo constitucionais) editadas ainda sob o amparo da constituição anterior, após a edição do novo texto constitucional. Nesse diapasão, estudaremos, nesta última seção, os fenômenos da *recepção*, da *repristinação*, bem como da *desconstitucionalização*.

Como vimos neste Capítulo, a edição de uma nova lei magna, normalmente, implica a integral perda de eficácia da constituição anterior, a qual é inteiramente revogada (ab-rogada, portanto) pelo novo diploma constitucional. Dissemos normalmente porque é possível, ao

---

29. *Op. cit.*, p. 56.

menos em tese, que a nova lei das leis disponha, de maneira expressa, que normas da constituição anterior continuem vigorando, mesmo que apenas por algum tempo.

Foi o que se deu, por exemplo, com a própria Constituição de 1988, como se pode verificar em seu artigo 34, *caput*, do Ato das Disposições Constitucionais Transitórias – ADCT. Nos termos daquele dispositivo, o sistema tributário nacional entraria em vigor a partir do primeiro dia do quinto mês da promulgação da Carta Magna de 1988, permanecendo vigente, até então, o sistema da Constituição de 1967, com a redação que lhe conferiu a Emenda 1, de 1969.

Assim, repita-se, com a edição da nova constituição, salvo ressalvas constantes expressamente do novo texto constitucional, dá-se integral e automática revogação da constituição anterior. Mas, e as leis infraconstitucionais até então vigentes? Também são todas automaticamente revogadas? A resposta, nesse caso, é negativa, por força do fenômeno da *recepção*.

Com efeito, para que não haja um hiato legislativo, uma completa ausência momentânea de legislação, fato que importaria em nefasta insegurança jurídica, dá-se a chamada recepção de algumas normas infraconstitucionais. *Com esse fenômeno, todas as normas que forem materialmente compatíveis com a nova constituição serão recepcionadas, recebidas pela nova ordem constitucional.* Já as normas infraconstitucionais que não forem compatíveis, estas sim são automaticamente revogadas.

Nessa última hipótese, é importante ressaltar, não há que se falar em inconstitucionalidade da lei ou ato normativo incompatível com o novo texto constitucional. O que ocorre, isto sim, é a sua *não recepção*, uma vez que a mesma foi automaticamente revogada, com a vigência da nova carta magna. Como consequência disso, não deve haver, ao menos como regra[30], o controle de constitucionalidade de normas infraconstitucionais anteriores à constituição.

Nosso sistema constitucional não ampara, portanto, a chamada *inconstitucionalidade superveniente* de norma infraconstitucional, por força da edição de nova constituição com ela incompatível. Somente existirá tal fenômeno, é importante ressaltar, quando uma dada norma infraconstitucional, inicialmente compatível com a constituição em vigor (constitucional, portanto), deixar de sê-lo por força de emenda à Constituição. Nesse sentido, por exemplo, é a lição de Celso Ribeiro Bastos.[31]

Geralmente, a recepção de uma norma infraconstitucional pela nova ordem constitucional dá-se de maneira *tácita*. Havendo compatibilidade do conteúdo (da matéria) daquela norma com a nova constituição, ocorre sua recepção, passando automaticamente a integrar a nova ordem jurídica estatal. Contudo, mesmo sendo mais raro, pode eventualmente ocorrer de uma norma infraconstitucional ser expressamente acolhida pela nova lei maior, por expressa manifestação do poder constituinte originário. Nesse caso, ter-se-á uma hipótese de *recepção expressa* da norma infraconstitucional, pelo texto da nova constituição.[32]

---

30. A única exceção àquela regra – do não cabimento de controle de constitucionalidade de normas infraconstitucionais editadas antes da edição da nova constituição – é a possibilidade de impetração da chamada arguição de descumprimento de preceito fundamental por equiparação (artigo 1º, parágrafo único, da Lei 9.882, de 3 de dezembro de 1999), cuja constitucionalidade, contudo, está sendo questionada no Supremo Tribunal Federal, por meio de ação direta de inconstitucionalidade, cujo mérito ainda não foi julgado.
31. *Curso de direito constitucional*. Saraiva, 1990, p. 116.
32. Como exemplo dessa hipótese, mais uma vez citamos a Constituição de 1988, conforme regra constante do artigo 34, § 5º, do Ato das Disposições Constitucionais Transitórias, que assegurou a aplicação da legislação tributária anterior, mesmo após a vigência do novo sistema tributário nacional, naquilo que fosse com este compatível.

Encerramos essa breve análise do instituto da recepção informando que, em alguns casos, a norma infraconstitucional materialmente compatível com a nova ordem constitucional passa a ostentar natureza diversa daquela que lhe foi conferida, à época de sua edição. Exemplo desse fenômeno, nós o temos no Código Tributário Nacional, o qual, em seu nascedouro, tratava-se de simples lei ordinária, e que, por força do artigo 146, da Constituição de 1988, foi recepcionado como lei complementar (estas exigem maioria qualificada para aprovação).[33]

Vê-se, portanto, que a recepção de uma norma infraconstitucional pela nova constituição *exige apenas sua compatibilidade material* com a nova ordem constitucional. Não se faz necessária, por conseguinte, também sua compatibilidade *formal*, uma vez que a lei ou ato normativo será recepcionado como se fosse efetivamente da espécie normativa determinada pelo novo texto magno.

Feitos esses breves comentários sobre o instituto da recepção, passemos a analisar a chamada *repristinação*. Na seara do direito constitucional, esse fenômeno diz respeito à restauração da vigência de norma infraconstitucional, revogada pela lei magna anterior, por ser referida norma materialmente compatível com a nova constituição editada.

Apenas para esclarecimento, é possível falar-se, ao menos em tese, em repristinação também no âmbito da legislação infraconstitucional. Refere-se, nesse caso, à restauração da lei revogada por ter perdido vigência a lei revogadora. No caso do direito pátrio, contudo, tal hipótese é expressamente vedada pelo artigo 2º, § 3º, da Lei de Introdução às Normas do Direito Brasileiro, o qual determina que "salvo disposição em contrário, a lei revogada não se restaura por ter a lei revogadora perdido a vigência".

No âmbito federal, muito embora não haja qualquer norma expressa, constante da Constituição Federal, que trate do assunto, a doutrina e a jurisprudência pátrias são pacíficas em afirmar não ser possível a repristinação de normas infraconstitucionais, revogadas pela lei magna anterior, mas que sejam materialmente compatíveis com a nova constituição. Esse entendimento, aliás, já está consolidado há muito tempo.

Encerramos a seção, e, portanto, o Capítulo, falando sobre a *desconstitucionalização*. Referido fenômeno, que também só tem interesse teórico, doutrinário, uma vez que sem amparo no ordenamento constitucional vigente,[34] pode ser definido como a recepção, pela nova constituição, de norma inserida no texto constitucional anterior, porém como se fosse uma norma infraconstitucional.

Na lição de Pedro Lenza,[35] a desconstitucionalização é o "fenômeno pelo qual as normas da Constituição anterior, desde que compatíveis com a nova ordem, permanecem em vigor, mas com o *status* de lei infraconstitucional". Uadi Lammêgo Bulos,[36] por sua vez, nos ensina que, "ao adquirir o *status* de lei, a norma, outrora constitucional, não mais integra o articulado da constituição; muda de roupagem e continua em vigor".

Trata-se, em síntese, da perda de hierarquia de uma norma que, inicialmente vigente como norma constitucional, passa a ostentar a natureza de norma infraconstitucional, em

---

33. Podemos ainda citar o Código Penal vigente, que foi editado como um decreto-lei, e que foi recepcionado pela nova constituição como uma lei ordinária.
34. Como nos lembram Luiz Alberto David Araujo e Vidal Serrano Nunes Júnior, a desconstitucionalização não é possível no nosso sistema constitucional, uma vez que "o primeiro e mais forte efeito de uma nova Constituição é revogar a anterior, revogação que ocorre de forma integral". *Op. cit.*, p. 38.
35. *Op. cit.*, p. 168.
36. *Op. cit.*, p. 476.

razão de seu conteúdo ser compatível com os princípios e as regras fixados pela nova constituição. Contudo, referido fenômeno, devemos insistir, não encontra guarida na ordem constitucional brasileira.

RECEPÇÃO, REPRISTINAÇÃO E DESCONSTITUCIONALIZAÇÃO DE NORMAS

– A edição de uma nova Constituição, normalmente, implica a integral perda de eficácia da constituição anterior, a qual é inteiramente revogada (ab-rogada) pelo novo diploma constitucional. Dissemos normalmente porque é possível, ao menos em tese, que a nova lei maior disponha, de maneira expressa, que normas da anterior continuem vigorando, mesmo que apenas por algum tempo.

– **Recepção** – para que não haja um hiato legislativo, uma completa ausência momentânea de legislação, fato que importaria em nefasta insegurança jurídica, todas as normas infraconstitucionais que forem materialmente compatíveis com a nova constituição serão recepcionadas pela nova ordem constitucional.

– **Repristinação** – na seara constitucional, diz respeito à restauração da vigência de norma infraconstitucional, revogada pela constituição anterior, por ser aquela lei materialmente compatível com o novo texto constitucional editado. A doutrina e a jurisprudência pátrias, contudo, são pacíficas em afirmar não ser possível tal fenômeno no direito brasileiro.

– **Desconstitucionalização** – apenas com interesse teórico, uma vez que sem amparo no ordenamento constitucional vigente, pode ser definida como a recepção, pela nova lei magna, de norma inserida no texto constitucional anterior, porém como se fosse uma norma infraconstitucional.

3
APLICABILIDADE E INTERPRETAÇÃO DAS NORMAS CONSTITUCIONAIS

3.1 APLICABILIDADE DAS NORMAS CONSTITUCIONAIS: NOTAS INTRODUTÓRIAS

José Afonso da Silva,[1] em seu conhecido trabalho sobre a aplicabilidade das normas constitucionais, esclarece que aplicabilidade "significa qualidade do que é aplicável", e que, no sentido jurídico, "diz-se da norma que tem possibilidade de ser aplicada, isto é, da norma que tem capacidade de produzir efeitos jurídicos". Podemos notar, nessa definição, que *a aplicabilidade refere-se à aptidão, à potencialidade da norma de produzir os efeitos jurídicos nela previstos*.

A aplicabilidade das normas constitucionais, portanto, diz respeito à aptidão das normas de uma constituição de produzirem, imediatamente ou não, os efeitos jurídicos pretendidos pelo constituinte, e nelas fixados. Com efeito, algumas normas constitucionais não dependem da edição de qualquer outro diploma normativo para produzirem imediatamente os efeitos jurídicos por elas preconizados. Outras, contudo, têm aplicação diferida, necessitando de complementação legislativa, para produzirem todos os seus efeitos.

Essa distinção é facilmente verificável, por exemplo, quando comparamos algumas normas inseridas na própria Constituição de 1988. Com efeito, no caso específico das normas definidoras dos direitos e garantias fundamentais, estas produzem os efeitos jurídicos por elas preconizados imediatamente, independentemente da necessidade da edição de normas infraconstitucionais, como, aliás, determina expressamente o artigo 5º, § 1º, de nossa Carta Magna[2].

Outras normas constitucionais inseridas na vigente Constituição Federal, entretanto, não são dotadas daquela mesma aplicabilidade. É o caso, por exemplo, da norma fixada pelo artigo 37, inciso I, da Carta Magna, que prevê a possibilidade do acesso a cargos, empregos e funções públicas, por estrangeiros, *na forma da lei*. No tocante a essa norma constitucional, fez-se necessária a edição de uma norma infraconstitucional para que a mesma pudesse produzir os regulares efeitos jurídicos ali previstos.

Outro exemplo de norma dessa última espécie está presente na regra fixada pelo artigo 25, § 3º, da Constituição da República, que permite aos Estados instituir regiões metropolitanas, aglomerações urbanas e microrregiões, mediante a edição de lei complementar. Podemos citar, ainda, a norma do artigo 33, da Lei Maior, que determina que "a lei disporá sobre a organização administrativa e judiciária dos Territórios".

---

1. *Aplicabilidade das normas constitucionais*. Malheiros, 2007, p. 13.
2. Art. 5º, § 1º: "As normas definidoras dos direitos e garantias fundamentais têm aplicação imediata".

Essa diferença entre as normas constitucionais, algumas aptas a produzirem imediatamente os efeitos jurídicos pretendidos pelo constituinte, sem necessidade da edição de qualquer norma infraconstitucional que a complemente, e outras não apresentando tal característica, permitiu à doutrina classificá-las em relação à sua aplicabilidade.

É exatamente sobre as diferentes formas de classificar as normas constitucionais, quanto à aplicabilidade, que nos deteremos em seguida. Trataremos, nas próximas seções, da classificação da doutrina clássica, bem como da famosa classificação elaborada por José Afonso da Silva, além da classificação concebida por Uadi Lammêgo Bulos, que acrescenta ao tema o conceito de *normas constitucionais de eficácia exaurida e aplicabilidade esgotada, como veremos melhor um pouco mais abaixo.*

3.2 EFICÁCIA JURÍDICA × EFICÁCIA SOCIAL

Na seção anterior, introduzimos o tema da aplicabilidade das normas constitucionais, lembrando que algumas normas estão aptas a produzirem imediatamente os efeitos jurídicos por elas fixados, e que outras não o estão, e que, por isso, necessitam ser complementadas pela legislação infraconstitucional, para alcançarem os objetivos desejados pelo constituinte.

Antes, contudo, de prosseguirmos no estudo da aplicabilidade das normas constitucionais, trazendo as diferentes formas pelas quais referidas normas podem ser classificadas no tocante a esse tema, consideramos oportuno realizar uma breve distinção entre *eficácia jurídica* e *eficácia social* das normas constitucionais.

A *eficácia jurídica* da norma constitucional, nós já vimos, diz respeito à sua aptidão, à sua capacidade de produzir os efeitos jurídicos nela previstos. No tocante a esse tema, não se questiona se a norma *efetivamente* está produzindo os efeitos nela preconizados, se ela está sendo concretamente aplicada pela sociedade. Cuida a eficácia jurídica tão somente da *potencialidade* da norma de produzir os efeitos desejados pelo legislador constituinte.

Já a *eficácia social*, também denominada *efetividade*, esta sim tem por objetivo saber se a norma constitucional *efetivamente* está produzindo os resultados pretendidos pela norma. Diz respeito, portanto, à aplicação *concreta (efetiva)* da norma, pelo corpo social. Na lição de Luiz Alberto David Araújo e Vidal Serrano Nunes Júnior,[3] a efetividade "designa o fenômeno da concreta observância da norma no meio social que pretende regular".

Portanto, em conclusão, a eficácia jurídica diz respeito à capacidade, à aptidão, à *potencialidade* da norma constitucional de produzir, desde logo, os efeitos jurídicos por ela preconizados. A eficácia social, por sua vez, guarda relação com a *efetiva aplicação* da norma, pela sociedade. Valendo-nos de uma expressão popular costumeiramente utilizada, podemos dizer que *o campo da efetividade (eficácia social) procura indagar se a norma constitucional "pegou".*

Contudo, é importante esclarecer que, nesta obra, quando falarmos em aplicabilidade das normas constitucionais, estaremos nos referindo especificamente à sua eficácia jurídica, à aptidão de produzirem, de maneira imediata ou não, os efeitos por elas previstos. O campo da eficácia social, este interessa mais propriamente a outro ramo científico – a sociologia jurídica –, e não à ciência do direito constitucional, que é a que nos dedicamos neste livro.

---

3. *Curso de direito constitucional*. 14. ed. Saraiva, 2010, p. 38.

EFICÁCIA JURÍDICA × EFICÁCIA SOCIAL

Eficácia jurídica	– Diz respeito à aptidão, à capacidade da norma de produzir os efeitos jurídicos nela previstos. – Não se questiona se a norma efetivamente está produzindo os efeitos nela preconizados, se está sendo concretamente aplicada pela sociedade. Cuida a eficácia jurídica tão somente da *potencialidade* da norma de produzir os efeitos desejados pelo legislador constituinte.
Eficácia social	– A eficácia social, também denominada efetividade, tem por objetivo saber se a norma constitucional *efetivamente* está produzindo os resultados pretendidos pela norma. – Diz respeito, portanto, à aplicação concreta – efetiva – da norma pelo corpo social.

3.3 CLASSIFICAÇÃO DA DOUTRINA CLÁSSICA

A doutrina clássica, oriunda dos constitucionalistas norte-americanos, ensinada por Rui Barbosa, e que, entre os doutrinadores contemporâneos, continua sendo lecionada e defendida, por exemplo, por Manoel Gonçalves Ferreira Filho,[4] distingue as normas constitucionais, quanto à aplicabilidade, em normas *autoexecutáveis* (também denominadas *autoaplicáveis* ou *self-executing*) e normas *não autoexecutáveis* (igualmente conhecidas como *não autoaplicáveis*, ou *not self-executing*).

As *normas constitucionais autoexecutáveis*, a própria denominação já o indica, são aquelas que podem ser aplicadas imediatamente, não necessitando de qualquer complementação, ou seja, da edição de outro diploma normativo, infraconstitucional, para que produzam os efeitos por elas pretendidos. São normas, portanto, dotadas de *aplicabilidade imediata*.

Como exemplo de norma constitucional dessa espécie existente na Constituição de 1988, podemos citar o artigo 37, *caput*, que impõe à Administração Pública direta e indireta (autarquias, fundações públicas e privadas, empresas públicas, sociedades de economia mista e consórcios públicos) da União, dos Estados, do Distrito Federal e dos Municípios a observância dos princípios da legalidade, impessoalidade, moralidade, publicidade e eficiência.

Outro exemplo é a norma fixada pelo inciso III, do mesmo artigo 37, da Carta de 1988, que determina que o prazo de validade do concurso público será de até 2 (dois) anos, prorrogável uma vez, por igual período. Ambas as normas aqui mencionadas, como é fácil perceber, independem da edição de qualquer complementação, por meio da edição de norma infraconstitucional, para que sejam imediatamente aplicadas.

Já mencionamos que a Constituição Federal vigente determina que as normas definidoras dos direitos e garantias fundamentais têm aplicação imediata (artigo 5º, § 1º). Da leitura atenta do rol de direitos e garantias fundamentais, podemos notar que alguns deles são normas completas, e outros não. Como exemplo da primeira hipótese, podemos citar o direito fixado pelo artigo 5º, inciso III, que determina que "ninguém será submetido a tortura nem a tratamento desumano ou degradante".

Exemplo de norma incompleta, ao seu turno, é a constante do inciso LXXI, do mesmo artigo 5º, da Carta Magna, que prevê a concessão de mandado de injunção, "sempre que a falta de norma regulamentadora torne inviável o exercício dos direitos e liberdades constitucionais e das prerrogativas inerentes à nacionalidade, à soberania e à cidadania". Nessa

---

4. *Op. cit.*, p. 389-390.

hipótese, nossa Lei Maior não definiu, por exemplo, o procedimento para impetração do mandado de injunção, nem os efeitos de sua concessão.

Contudo, por expressa determinação da Constituição Federal (artigo 5º, § 1º), a norma que disciplina o mandado de injunção tem aplicação imediata. Dessa forma, por expressa determinação constitucional, não depende da edição de qualquer norma infraconstitucional para que seja autoexecutável, mesmo não tendo o constituinte definido o instituto, de maneira suficientemente completa.

Aliás, o Supremo Tribunal Federal já se manifestara, no passado, no sentido da possibilidade da propositura do mandado de injunção mesmo quando ainda não havia norma infraconstitucional regulamentando especificamente a matéria. Agora, nunca é demais lembrar, essa questão está ultrapassada, posto que já foi editada a lei que regulamenta o processo e o julgamento deste remédio constitucional (Lei 13.300, de 23 de junho de 2016).

Normas constitucionais não autoexecutáveis, ao contrário, são aquelas que não podem ser aplicadas de pronto, necessitando de complementação, por meio da edição de norma infraconstitucional, ou de atuação do poder público, para que produzam os efeitos jurídicos por elas preconizados. Essa espécie de norma, portanto, exige que a lei complemente o que não está completamente definido, para que possam ser aplicadas. São normas, portanto, com *aplicabilidade diferida*.

Exemplos de normas dessa espécie são as chamadas *normas programáticas*, ou seja, as que fixam as denominadas políticas públicas, que preveem a implantação de programas estatais destinados à concretização dos fins sociais do Estado, definidos pelo constituinte. Na Constituição Federal vigente, elas estão predominantemente inseridas no Título VIII, da Ordem Social, podendo ser citada, a título de exemplo, aquela que disciplina o direito à educação (artigo 205).

São também espécies de normas não autoexecutáveis, como nos lembra Manoel Gonçalves Ferreira Filho,[5] aquelas por ele denominadas de *normas de estruturação*, "que instituem entes ou órgãos, deixando ao direito infraconstitucional a definição de sua organização (embora às vezes a predeterminem parcialmente)". É o caso, por exemplo, do artigo 33, da Lei Maior de 1988, que determina que "a lei disporá sobre a organização administrativa e judiciária dos Territórios".

São normas não autoexecutáveis, por fim, todas as demais normas constitucionais, não compreendidas nas hipóteses anteriormente mencionadas (normas programáticas e normas de estruturação), que expressamente exijam a edição de uma norma infraconstitucional, para que possam produzir os efeitos pretendidos pelo constituinte.

Em síntese, são normas que poderiam ser autoexecutáveis, mas que não o são porque *a própria constituição preferiu condicionar a produção de seus efeitos à edição de uma norma complementar*. Nessas hipóteses, o constituinte decidiu-se por delegar ao legislador infraconstitucional a decisão acerca do momento conveniente e oportuno para editar o complemento à norma constitucional.

Na Constituição Federal de 1988, norma constitucional dessa última espécie está presente, por exemplo, na regra fixada pelo artigo 37, inciso IX, que transfere à lei a fixação dos casos de contratação por tempo determinado para atender à necessidade temporária

---

5. *Op. cit.*, p. 390.

de excepcional interesse público[6]. Outro exemplo, este citado por diversos doutrinadores, é a regra que havia no artigo 192, § 2º, da Carta Magna, atualmente revogada pela Emenda 40/2003.[7]

Para encerrarmos esta seção, não podemos deixar de mencionar que a ideia de normas constitucionais não autoexecutáveis, ou seja, de normas que não estão aptas a produzirem imediatamente os efeitos pretendidos pelo constituinte, sofre algumas importantes críticas de alguns doutrinadores pátrios.

A primeira delas é a de que a simples edição de uma norma constitucional (quer tenha sido editada pelo poder constituinte originário, quer pelo poder constituinte reformador), mesmo que ainda não tenha produzido os efeitos por ela pretendidos, já é suficiente, ao menos, para retirar a eficácia da legislação anterior, com ela incompatível.

Com efeito, a edição de uma nova constituição importa na revogação de toda a legislação anterior com ela conflitante (dá-se o fenômeno da *não recepção*). Na mesma toada, quando o poder constituinte reformador altera dispositivo da constituição vigente, por meio da promulgação de uma emenda constitucional, toda a legislação infraconstitucional incompatível com os termos daquela nova norma constitucional é automaticamente revogada.

Essa circunstância é apontada, por exemplo, por Michel Temer,[8] quando realiza um cotejo entre eficácia social e eficácia jurídica. Quando se refere à eficácia jurídica das normas, referido autor pondera que a simples edição de uma norma constitucional resulta na revogação de todas as normas anteriores que com ela conflitam. Arremata com as seguintes palavras: "Embora não aplicada a casos concretos, é aplicável juridicamente no sentido negativo antes apontado. Isto é: retira a eficácia da normatividade anterior".

José Afonso da Silva,[9] por sua vez, em sua difundida obra sobre a aplicabilidade das normas constitucionais, ao tratar das normas programáticas (espécie do gênero por ele denominado de *normas de eficácia limitada*), também formula importantes críticas à doutrina de tradição norte-americana, ponderando que essas normas sempre produzem alguns efeitos jurídicos. Com efeito, em suas conclusões sobre as normas programáticas, referido doutrinador afirma que as normas constitucionais de eficácia limitada são dotadas, ao menos, de um mínimo de eficácia, notadamente para vincular a atividade do legislador infraconstitucional. Afirma, em síntese, que tais normas têm eficácia jurídica imediata, direta e vinculante, uma vez que:

> " I – estabelecem um dever para o legislador ordinário; II – condicionam a legislação futura, com a consequência de serem inconstitucionais as leis ou atos que as ferirem; III – informam a concepção do Estado e da sociedade e inspiram sua ordenação jurídica, mediante a atribuição de fins sociais, proteção dos valores da justiça social e revelação dos componentes do bem-comum; IV – constituem sentido teleológico para a interpretação, integração e aplicação das normas jurídicas; V – condicionam a atividade discricionária da Administração e do Judiciário; e VI – criam situações jurídicas subjetivas, de vantagem ou de desvantagem".

Muito embora os autores estejam corretos em apontar que todas as normas constitucionais produzem um mínimo de efeitos jurídicos, notadamente o de revogar a legislação

---

6. Constituição Federal, artigo 37, 7, inciso IX: "a lei estabelecerá os casos de contratação por tempo determinado para atender a necessidade temporária de excepcional interesse público".
7. Constituição Federal, artigo 192, § 3º: "As taxas de juros reais, nelas incluídas comissões e quaisquer outras remunerações direta ou indiretamente referidas à concessão de crédito, não poderão ser superiores a doze por cento ao ano; a cobrança acima deste limite será conceituada como crime de usura, punido, em todas as suas modalidades, nos termos que a lei determinar".
8. *Elementos de direito constitucional*. 19. ed. Malheiros, 2004, p. 23.
9. *Op. cit.*, p. 164.

anterior com ela incompatível, bem como o de vincular a atividade do legislador infraconstitucional, tal fato, por si só, não afasta a pertinência da distinção das normas constitucionais, quanto à sua aplicabilidade, em autoexecutáveis e não autoexecutáveis.

De fato, o que caracteriza uma norma constitucional como não autoexecutável não é o fato de referida norma não vincular a atividade do legislador infraconstitucional, ou de não revogar a legislação anterior com ela incompatível, traços, aliás, comuns a qualquer norma constitucional. O que as distingue das normas autoexecutáveis, isto sim, é o fato de não estarem aptas, ainda, a produzirem os efeitos concretos (específicos) por elas pretendidos. E, nesse diapasão, mostra-se perfeitamente possível falar-se em normas constitucionais que dependem da edição de legislação infraconstitucional para poderem ser aplicadas.

O próprio José Afonso da Silva,[10] aliás, quando buscou fornecer um conceito à eficácia das normas constitucionais, foi expresso ao reconhecer que referida eficácia diz respeito à aptidão para a produção dos efeitos *especificamente* previstos pela norma. Eis as suas palavras:

> "Eficácia é a capacidade de atingir objetivos previamente fixados como metas. Tratando-se de normas jurídicas, a eficácia consiste na capacidade de atingir os objetivos nela traduzidos, que vêm a ser, em última análise, realizar os ditames objetivados pelo legislador".

Dessa forma, insista-se, o que caracteriza uma norma como não autoexecutável é justamente a circunstância de referida norma não se apresentar apta a produzir, imediatamente, os efeitos pretendidos pelo constituinte, e nela especificados, necessitando da edição de norma infraconstitucional, ou de atuação do Estado (através da implantação de políticas públicas), para alcançar tal fim. E, em sendo assim, é perfeitamente possível distinguirem-se as normas constitucionais, quanto à sua aplicabilidade, em normas autoexecutáveis e normas não autoexecutáveis.

NORMAS CONSTITUCIONAIS QUANTO À APLICABILIDADE (DOUTRINA CLÁSSICA)

Normas constitucionais autoexecutáveis	– Podem ser aplicadas imediatamente, não necessitando de qualquer complementação, ou seja, da edição de outro diploma normativo, infraconstitucional, para que produzam os efeitos por elas pretendidos. – São normas, portanto, dotadas de aplicabilidade imediata.
Normas constitucionais não autoexecutáveis	– Não podem ser aplicadas de pronto, necessitando de complementação, por meio da edição de norma infraconstitucional, ou de ato do Estado, para que possam produzir os efeitos jurídicos por elas preconizados. – Essa espécie de norma, portanto, exige que a lei complemente o que não está completamente definido.

3.4 CLASSIFICAÇÃO DE JOSÉ AFONSO DA SILVA

No Brasil, a mais difundida classificação das normas constitucionais, no tocante à sua aplicabilidade, é de autoria de José Afonso da Silva. Tamanha, aliás, a sua aceitação, que outros autores chegam mesmo a adotá-la expressamente em suas obras.[11] A jurisprudência, inclusive do Supremo Tribunal Federal, também a vem adotando. Referida classificação di-

---

10. *Op. cit.*, p. 66.
11. É o caso, por exemplo, de Ricardo Cunha Chimenti, Fernando Capez, Márcio F. Elias Rosa e Marisa F. Santos. *Curso de direito constitucional*. 7. ed. Saraiva, 2010, p. 62-64.

vide as normas constitucionais em normas de *eficácia plena*, de *eficácia contida* e de *eficácia limitada ou reduzida*.

Normas constitucionais de eficácia plena, nas palavras do autor dessa conhecida classificação, são aquelas que, "desde a entrada em vigor da constituição, produzem todos os seus efeitos essenciais (ou têm a possibilidade de produzi-los), todos os objetivos visados pelo legislador constituinte, porque este criou, desde logo, uma normatividade para isso suficiente, incidindo direta e imediatamente a matéria que lhes constitui objeto".[12]

As normas constitucionais de eficácia plena, como é fácil perceber, são de todo semelhantes às chamadas normas autoexecutáveis (*self-executing*), da doutrina clássica. Trata-se, em outras palavras, de normas que podem ser aplicadas de pronto, não dependendo da edição de qualquer complementação, por meio de diploma infraconstitucional, ou mesmo de atuação do Estado, para produzirem imediatamente os efeitos por ela previstos.

José Afonso da Silva afirma que a norma de eficácia plena tem *aplicabilidade direta, imediata e integral*. Menciona, ademais, que essas normas situam-se predominantemente entre os elementos orgânicos da constituição, que não necessitam de providência ulterior para sua aplicação, e que criam situações subjetivas de vantagem ou de vínculo, sendo desde logo exigíveis.[13] Cita, por exemplo, como norma dessa espécie, o artigo 44, da Constituição Federal.[14]

Normas constitucionais de eficácia contida, por sua vez, ainda na definição de seu idealizador, "são aquelas em que o legislador constituinte regulou suficientemente os interesses relativos à determinada matéria, mas deixou margem à atuação restritiva por parte da competência discricionária do poder público, nos termos que a lei estabelecer ou nos termos dos conceitos gerais nelas enunciados".[15]

As normas constitucionais de eficácia contida, portanto, são aquelas que podem ser aplicadas imediatamente, que estão aptas a produzirem, prontamente, os efeitos por elas preconizados, não necessitando de qualquer complementação para tal desiderato, mas que podem, no futuro, ter referidos efeitos restringidos (contidos), por atuação do Estado (sobretudo do legislador, mas também do administrador), nas hipóteses permitidas pelo próprio texto constitucional.

Levando em conta a classificação da doutrina clássica, que divide as normas constitucionais, no tocante à aplicabilidade, em normas autoexecutáveis e normas não autoexecutáveis, podemos afirmar que a definição de norma constitucional de eficácia contida (da mesma forma que se dá com as normas de eficácia plena) coincide perfeitamente com a das normas constitucionais autoexecutáveis, ou *self-executing*.

Com efeito, tratando-se de uma norma que já pode ser aplicada imediatamente, não dependendo de qualquer complementação infraconstitucional, a norma constitucional de eficácia contida guarda perfeita identidade com as denominadas normas autoexecutáveis, da doutrina clássica. O fato de poderem ter sua eficácia restringida posteriormente não retira das normas, em quaisquer das duas classificações, sua característica de estarem aptas a produzir, imediatamente, os efeitos por elas previstos.

---

12. *Op. cit.*, p. 82.
13. *Op. cit.*, p. 262.
14. "Constituição Federal, artigo 44: "O Poder Legislativo é exercido pelo Congresso Nacional, que se compõe da Câmara dos Deputados e do Senado Federal".
15. *Op. cit.*, p. 116.

A concretização da restrição (contenção) à plena eficácia da norma constitucional, na maioria dos casos, dá-se por meio da edição de lei (de norma infraconstitucional), expressamente autorizada pela constituição. Um exemplo costumeiramente citado é o da norma do artigo 5º, inciso XIII, da Lei Maior, que reconhece o direito ao livre exercício de qualquer trabalho, ofício ou profissão, "atendidas as qualificações profissionais que a lei estabelecer".

De fato, caso não exista um diploma infraconstitucional restringindo especificamente algum labor, devemos entender que tal direito poderá ser exercido imediatamente, e de forma plena. A posterior edição de uma lei, entretanto, poderá restringir (conter) o direito previsto na norma constitucional. É o que se deu, por exemplo, com a advocacia, cujo exercício foi condicionado à aprovação no Exame da Ordem, conforme determinado pelo artigo 8º, inciso IV, da Lei 8.906, de 4 de julho de 1994 (o Estatuto da Advocacia e da Ordem dos Advogados do Brasil).[16]

A restrição à plena eficácia da norma da constituição, contudo, não se dá apenas pela edição de normas infraconstitucionais. Referida contenção poderá ocorrer também, como vimos ao reproduzir a definição de José Afonso da Silva, quando a norma constitucional contiver o que ele denomina de "conceitos gerais", tais como "ordem pública, segurança pública, defesa nacional e integridade nacional", e que permitam a atuação restritiva do poder público.[17]

A concretização da restrição da norma constitucional poderá ocorrer, ainda, em cumprimento a comandos inseridos em outras normas constitucionais, no caso de ocorrência das situações extraordinárias nestas tipificadas. É o que nos lembra Pedro Lenza,[18] citando, como exemplo, a restrição a alguns direitos fundamentais, fixada pelos artigos 136, § 1º, e 139, da Constituição Federal, nas hipóteses da decretação, respectivamente, do estado de defesa e do estado de sítio.

Passemos, por fim, à análise das chamadas *normas constitucionais de eficácia limitada ou reduzida*. Segundo o criador dessa classificação, referidas normas "são todas as que não produzem, com a simples entrada em vigor, todos os seus efeitos essenciais, porque o legislador constituinte, por qualquer motivo, não estabeleceu, sobre a matéria, uma normatividade para isso bastante, deixando essa tarefa ao legislador ordinário ou a outro órgão".[19]

Em termos semelhantes, Luiz Alberto David Araújo e Vidal Serrano Nunes Júnior,[20] as definem como "aquelas que não produzem todos os seus efeitos de imediato, necessitando de um comportamento legislativo infraconstitucional ou da ação dos administradores para seu integral cumprimento".

As normas constitucionais de eficácia limitada, portanto, são as que possuem *aplicabilidade diferida, mediata*, que não estão prontas para serem aplicadas imediatamente, necessitando de complementação, através da edição de lei (de norma infraconstitucional), ou da atuação do Estado (através da implementação de alguma política pública), para que possam produzir os efeitos jurídicos por elas previstos. Referido conceito, é fácil perceber, coincide com o das normas não autoaplicáveis, da doutrina clássica.

---

16. Lei 8.906/1994, artigo 8º: "Para inscrição como advogado é necessário: IV – aprovação em Exame de Ordem".
17. *Op. cit.*, p. 116.
18. *Op. cit.*, p. 178-179.
19. *Op. cit.*, p. 82.
20. *Op. cit.*, p. 40.

Em outros Capítulos deste livro, veremos que a Constituição de 1988 prevê, em seu corpo, dois instrumentos distintos, para garantir efetividade às normas constitucionais de eficácia limitada, quando houver injustificada omissão do legislador ou do poder público na tarefa de complementar aquela espécie normativa. São eles: ação direta de inconstitucionalidade por omissão e mandado de injunção. As semelhanças e diferenças desses dois institutos, nós as veremos quando estudarmos o controle de constitucionalidade e também os remédios constitucionais.

Geralmente, as chamadas normas constitucionais de eficácia limitada, para enfatizarem a necessidade de complementação por legislação infraconstitucional, utilizam expressões como "na forma da lei", "na forma que a lei estabelecer", "nos termos da lei", "a lei regulará", "a lei disporá", e outras do gênero. É o caso, por exemplo, da norma fixada pelo artigo 5º, inciso XII, da Constituição, que prevê a possibilidade de interceptação telefônica "nas hipóteses e na forma que a lei estabelecer".

Precisamos enfatizar, contudo, que nem sempre aquele tipo de expressão implica a existência de uma norma constitucional de eficácia limitada. Em alguns casos, pode revelar uma norma de eficácia contida, como se dá, por exemplo, com o já citado artigo 5º, inciso XIII, da Carta Magna, que reconhece o direito ao livre exercício de qualquer trabalho, ofício ou profissão, "atendidas as qualificações profissionais que a lei estabelecer".

Vale lembrar, como já o fizemos ao tratar das normas constitucionais não autoexecutáveis, que José Afonso da Silva[21] é enfático em ressaltar que mesmo as normas constitucionais de eficácia limitada são dotadas de um mínimo de eficácia jurídica, notadamente por vincular a atividade do legislador infraconstitucional, condicionando a legislação futura, informando a concepção de Estado, fornecendo um parâmetro de interpretação, integração e aplicação das normas jurídicas, além de criar situações jurídicas subjetivas de vantagem ou de desvantagem.

Ainda conforme seu idealizador, as normas constitucionais de eficácia limitada ou reduzida podem ser divididas em 2 (duas) categorias distintas: normas constitucionais de *princípio institutivo* e normas constitucionais de *princípio programático*. As primeiras, ele as define com as que "contêm esquemas gerais, um como que início de estruturação de instituições, órgãos ou entidades, pelo que também poderiam chamar-se normas de princípio orgânico ou organizativo".[22]

Um pouco mais à frente esclarece, em complemento, que as *normas constitucionais de princípio institutivo* são "aquelas através das quais o legislador constituinte traça esquemas gerais de estruturação e atribuições de órgãos, entidades ou institutos, para que o legislador ordinário os estruture em definitivo, mediante lei".[23] Exemplo de norma dessa espécie está no artigo 113 da Constituição de 1988, que determina que "a lei disporá sobre a constituição, investidura, jurisdição, competência, garantias e condições de exercício dos órgãos da Justiça do Trabalho".

Normas constitucionais de princípio programático, também na lição do idealizador dessa classificação, "são normas constitucionais através das quais o constituinte, em vez de regular, direta e imediatamente, determinados interesses, limitou-se a traçar-lhes os

---

21. *Op. cit.*, p. 164.
22. *Op. cit.*, p. 123.
23. *Op. cit.*, p. 126.

princípios para serem cumpridos pelos seus órgãos (legislativos, executivos, jurisdicionais e administrativos), como programas das respectivas atividades, visando à realização dos fins sociais do Estado".[24]

Normas constitucionais de princípio programático, ou simplesmente normas constitucionais programáticas, nós já mencionamos quando tratamos das chamadas normas não autoexecutáveis (conforme classificação da doutrina clássica), são aquelas que fixam as políticas públicas, que preveem a implementação de programas estatais destinados à concretização dos fins sociais do Estado, definidos pelo constituinte. Podemos citar, como exemplo de norma desse jaez, o artigo 215, da Lei Magna vigente, que trata do direito à cultura.[25]

Não poderíamos encerrar esta seção, em que tratamos da difundida classificação de José Afonso da Silva sobre a aplicabilidade das normas constitucionais, sem mencionarmos que também essa classificação, da mesma forma que se dá com a classificação dualista da doutrina clássica, não está livre de críticas. Quem as faz, e, em nosso entender, de maneira acertada, é Manoel Gonçalves Ferreira Filho.[26] Eis os seus ensinamentos a respeito do tema:

> "Como é fácil apreender, a trilogia, quando limitada à questão da aplicabilidade, se reduz ao dualismo clássico. Realmente, as normas de eficácia plena e as normas de eficácia 'contida' são normas exequíveis por si mesmas, enquanto a última espécie – as normas de eficácia limitada – corresponde às normas não exequíveis por si mesmas. Ora, manda a lógica que duas espécies (a primeira e a segunda) não sejam separadas quanto à aplicabilidade, quando, no que toca a esta, são iguais. A diferença entre normas de eficácia plena e normas de eficácia contida não está na aplicabilidade, portanto, e sim na possibilidade ou não de ser restringido o seu alcance pelo legislador infraconstitucional, o que nada tem que ver com aplicabilidade das normas enquanto constitucionais".

Com efeito, conforme pondera o renomado doutrinador, a distinção entre normas constitucionais de eficácia plena e de eficácia contida, conforme definição de José Afonso da Silva, não diz respeito, verdadeiramente, à aplicabilidade das normas constitucionais – uma vez que ambas podem ser imediatamente aplicadas –, mas sim à possibilidade ou não de posterior restrição de seus efeitos, pelo legislador infraconstitucional.

E, se assim é, não há razão para distingui-las, ao menos quando o critério de classificação for justamente a *aplicabilidade* das normas constitucionais. Manoel Gonçalves Ferreira Filho, portanto, afirma que as normas de eficácia plena e de eficácia contida, no que tange ao campo da aplicabilidade, são normas da mesma espécie, ou seja, normas autoexecutáveis, por ele também denominadas *normas exequíveis por si só*.

NORMAS CONSTITUCIONAIS QUANTO À APLICABILIDADE
(JOSÉ AFONSO DA SILVA)

Normas constitucionais de eficácia plena	– Podem ser aplicadas imediatamente, não dependendo da edição de qualquer complementação, por meio de diploma infraconstitucional, ou de ato do poder público, para que possam produzir imediatamente os efeitos por ela previstos.
Normas constitucionais de eficácia contida	– Podem ser aplicadas imediatamente, não necessitando de qualquer complementação para tal desiderato, mas podendo, no futuro, ter referidos efeitos restringidos (contidos), por atuação do Estado (sobretudo do legislador, mas também do administrador), nas hipóteses permitidas pelo ordenamento jurídico.

---

24. *Op. cit.*, p. 138.
25. "Art. 215. O Estado garantirá a todos o pleno exercício dos direitos culturais e acesso às fontes da cultura nacional, e apoiará e incentivará a valorização e a difusão das manifestações culturais".
26. *Op. cit.*, p. 391.

Normas constitucionais de eficácia limitada	– Possuem aplicabilidade diferida, mediata, não estando prontas para serem aplicadas imediatamente, necessitando de complementação, através da edição de lei (de norma infraconstitucional), ou da atuação do poder público, para que possam produzir os efeitos jurídicos por elas previstos.

ESPÉCIES DE NORMAS DE EFICÁCIA LIMITADA

Normas constitucionais de princípio institutivo	– "Contêm esquemas gerais, um como que início de estruturação de instituições, órgãos ou entidades, pelo que também poderiam chamar-se normas de princípio orgânico ou organizativo". Ex.: art. 113, CF.
Normas constitucionais de princípio programático	– "São normas constitucionais através das quais o constituinte, em vez de regular, direta e imediatamente, determinados interesses, limitou-se a traçar-lhes os princípios para serem cumpridos pelos seus órgãos (legislativos, executivos, jurisdicionais e administrativos), como programas das respectivas atividades, visando à realização dos fins sociais do Estado". Ex.: art. 215, CF.

3.5 CLASSIFICAÇÃO DE UADI LAMMÊGO BULOS

Encerramos o tema da eficácia e aplicabilidade das normas constitucionais trazendo a classificação de Uadi Lammêgo Bulos. Para este ilustre doutrinador, as normas constitucionais podem ser classificadas, no tocante à sua aplicabilidade, em cinco categorias distintas: *normas de eficácia absoluta e aplicabilidade imediata; de eficácia plena e aplicabilidade imediata; de eficácia contida e aplicabilidade imediata; de eficácia limitada e aplicabilidade diferida; e de eficácia exaurida e aplicabilidade esgotada.*[27]

As *normas constitucionais de eficácia absoluta e aplicabilidade imediata* são, nas palavras de seu idealizador, aquelas que "possuem uma supereficácia paralisante de toda a atividade reformadora que venha, expressa ou implicitamente, contrariá-las". O autor também as denomina de *normas de eficácia total* para realçar que elas produzem efeitos paralisantes em relação a toda e qualquer manifestação legislativa, inclusive normas constitucionais produzidas pelo poder constituinte derivado, que não podem alterar seus termos.

Em outras palavras, são normas constitucionais de aplicabilidade imediata, que não dependem da edição de qualquer legislação infraconstitucional para produzirem, de plano, todos os efeitos jurídicos por elas previstos, e que têm como principal característica a impossibilidade de poderem ser alteradas até mesmo por outras normas constitucionais, produzidas pelo poder constituinte reformador ou de revisão. *Trata-se, portanto, das denominadas cláusulas pétreas.*

Sobre a crítica que costumeiramente se faz à categorização das chamadas normas de eficácia absoluta (ou supereficazes), que mistura o tema da aplicabilidade com o da intangibilidade das normas constitucionais, Lammêgo Bulos tenta afastá-la, afirmando que tal tipologia se justifica, sob pena de se admitir, indevidamente, que os preceitos relativos à reforma constitucional sejam destituídos de efeitos.[28]

As *normas constitucionais de eficácia plena e aplicabilidade imediata*, na lição de seu idealizador, são as que "não precisam de providência legislativa para ser utilizadas, já que possuem todos os elementos necessários à sua executoriedade direta e integral". São, em outras palavras, as normas constitucionais que podem ser imediatamente aplicadas, que

---

27. *Curso de direito constitucional.* 5. ed. Saraiva, 2010, p. 466-473.
28. *Op. cit.*, p. 466.

estão aptas a produzirem todos os efeitos jurídicos por elas preconizados, sem necessidade de edição de normas infraconstitucionais, ou de qualquer atuação do poder público[29].

As *normas constitucionais de eficácia contida e aplicabilidade imediata*, ao seu turno, correspondem às normas de eficácia contida, idealizadas por José Afonso da Silva. São, em síntese, as normas de aplicação imediata, mas que podem ter seus efeitos restringidos por meio da edição de diplomas infraconstitucionais. Nas palavras de seu autor, "são as que podem ser restringidas ou suspensas pelo legislador ordinário".

Normas constitucionais de eficácia limitada e aplicação diferida, nas palavras de Lammêgo Bulos, são "as que dependem de lei para regulamentá-las". Em que pese produzirem alguns efeitos jurídicos, notadamente o de vincular a atividade do legislador, não estão aptas a produzirem todos os efeitos jurídicos por elas desejados, não podendo ser aplicadas aos casos concretos antes de serem completadas pela legislação infraconstitucional.

Correspondem, como é fácil perceber, às normas constitucionais de eficácia limitada, da classificação de José Afonso da Silva. Em relação à doutrina clássica, por sua vez, nada mais são que normas constitucionais não autoexecutáveis, que dependem de complementação legislativa infraconstitucional, ou de atuação do poder público, para serem aplicadas.

De maneira semelhante às outras classificações, divide as normas constitucionais de eficácia limitada e aplicação diferida em *normas limitadas por princípio institutivo* e *normas limitadas por princípio programático*. As primeiras "são as que dependem de lei para dar corpo a institutos, instituições, pessoas, órgãos ou entidades constitucionais"; as segundas, as "que estatuem programas a ser desenvolvidos pelo Estado".

A verdadeira inovação de Uadi Lammêgo Bulos, em relação à aplicabilidade das normas constitucionais, foi introduzir, em sua classificação, o conceito de *normas constitucionais de eficácia exaurida e aplicabilidade esgotada*. Na lição de seu idealizador, referidas normas são aquelas "que já extinguiram a produção de seus efeitos", e que, "por isso, encontram-se dissipadas ou desvanecidas, esgotando, assim, sua aplicabilidade".[30]

Também denominadas *normas constitucionais de eficácia esvaída*, dizem respeito às normas constitucionais transitórias, as quais, depois de desempenharem a tarefa ou encargo para o qual foram concebidas, esgotando os efeitos desejados pelo constituinte, deixam de ser aplicadas. Exemplos de normas dessa espécie, nós os encontramos à exaustão no Ato das Disposições Constitucionais Transitórias – ADCT.

É importante ressaltarmos, contudo, para encerrar esta seção, que nem todas as normas constitucionais transitórias já cumpriram, em sua integralidade, os objetivos desejados pelo constituinte, continuando a produzir, portanto, os efeitos por elas previstos. É o caso, por exemplo, da norma fixada pelo artigo 10, inciso I, do Ato das Disposições Constitucionais Transitórias – ADCT[31].

---

29. Correspondem, como se pode notar, às normas constitucionais autoexecutáveis, da doutrina clássica, e às normas de eficácia plena, da classificação de José Afonso da Silva.
30. *Op. cit.*, p. 472.
31. Referida norma fixa em 40% (quarenta por cento) o percentual incidente sobre os depósitos do FGTS, a título de indenização compensatória em face da despedida sem justa causa do empregado, até que seja promulgada lei complementar (ainda não editada), que venha a regular o artigo 7º, inciso I, da Constituição de 1988. Nesse caso, a toda evidência, referida regra não pode ser classificada como uma norma constitucional de eficácia exaurida.

NORMAS CONSTITUCIONAIS QUANTO À APLICABILIDADE
(UADI LAMMÊGO BULOS)

Normas constitucionais de eficácia absoluta e aplicabilidade imediata	– Não dependem da edição de legislação infraconstitucional para que produzam de plano todos os efeitos jurídicos por elas previstos, e que têm como principal característica a impossibilidade de poderem ser alteradas até mesmo pelo poder constituinte derivado. São as cláusulas pétreas.
Normas constitucionais de eficácia plena e aplicabilidade imediata	– São as normas constitucionais que podem ser imediatamente aplicadas, que estão aptas a produzirem todos os efeitos jurídicos por elas preconizados sem necessidade de edição de normas infraconstitucionais ou de atuação do poder público.
Normas constitucionais de eficácia contida e aplicabilidade imediata	– São normas de aplicação imediata, mas que podem ter seus efeitos restringidos por meio da edição de diplomas infraconstitucionais.
Normas constitucionais de eficácia limitada e aplicabilidade diferida	– Em que pese produzirem alguns efeitos jurídicos, notadamente o de vincular a atividade do legislador, não estão aptas a produzirem todos os efeitos jurídicos por elas desejados, não podendo ser aplicadas aos casos concretos antes de serem completadas pela legislação infraconstitucional.
Normas de eficácia exaurida e aplicabilidade esgotada	– Dizem respeito às normas constitucionais transitórias, as quais, depois de desempenharem a tarefa ou encargo para o qual foram concebidas, esgotando os efeitos desejados pelo constituinte, deixam de ser aplicadas. Ex.: normas da ADCT.

3.6 INTERPRETAÇÃO DAS NORMAS CONSTITUCIONAIS

Interpretar, conforme definição do *Novo Dicionário Aurélio*, é "explicar, explanar ou aclarar o sentido de (palavra, texto, lei etc.)". Logo, interpretar um diploma normativo é justamente buscar a compreensão de seu conteúdo, ou, como se costuma dizer, aclarar o sentido e o alcance da norma. Como nos esclarece Manoel Gonçalves Ferreira Filho,[32] "por meio da interpretação é que o aplicador da norma, ou o destinatário desta, procura o sentido dela no exame do enunciado normativo".

Antigamente, afirmava-se com alguma frequência que uma norma, quando redigida de maneira clara, sem qualquer ambiguidade, imprecisão ou obscuridade, não necessitava ser interpretada. Cunhou-se, em razão daquele entendimento, o famoso brocardo jurídico *in claris cessat interpretatio*.

Modernamente, contudo, esse entendimento está superado. Com efeito, os doutrinadores são enfáticos em afirmar que nenhuma norma prescinde de interpretação, nem que seja por meio da análise literal de seus termos, uma vez que até mesmo a simples leitura do dispositivo normativo já implica uma forma de interpretá-lo. É o que nos ensina, por exemplo, Caio Mário da Silva Pereira:[33]

"Toda lei está sujeita a interpretação. Toda norma jurídica tem de ser interpretada, porque o direito objetivo, qualquer que seja a sua roupagem exterior, exige seja entendido para ser aplicado, e neste entendimento vem consignada a sua interpretação. Inexato é, portanto, sustentar que somente os preceitos obscuros, ambíguos ou confusos exigem interpretação, e que a clareza do dispositivo a dispensa, como se repete na velha parêmia in claris cessat interpretatio".

Há quem utilize a palavra *hermenêutica* como sinônimo de interpretação. Tal entendimento, contudo, é equivocado. Com efeito, como nos esclarece Hugo de Brito Machado,

---
32. *Op. cit.*, p. 380.
33. *Instituições de direito civil. Introdução ao direito civil*: teoria geral de direito civil. Forense, 2004, v. I, p. 188.

"enquanto a interpretação tem por objeto as expressões do Direito, das quais busca determinar o sentido e o alcance, a hermenêutica tem por objeto o estudo e a sistematização dos métodos, processos ou elementos utilizados na interpretação".[34] Carlos Maximiniano, por sua vez, em excelente síntese, define hermenêutica como "a teoria científica da arte de interpretar".[35]

Podemos concluir, portanto, que hermenêutica é a ciência que estuda a interpretação das normas jurídicas. Na lição de Uadi Lammêgo Bulos, essa ciência tem por objeto "sistematizar critérios, métodos, regras, princípios científicos que possibilitem a descoberta do conteúdo, sentido, alcance e significado das normas jurídicas".[36] Foi justamente a hermenêutica quem instituiu os diversos critérios classificatórios de interpretação normativa, e que serão analisados logo em seguida.

A constituição, nunca é demais repetir, também é norma. Aliás, em decorrência da rigidez constitucional e do princípio da supremacia jurídica da constituição, a carta magna é considerada a *lei das leis*, localizada no ápice da pirâmide normativa, da qual todas as demais normas que compõem o ordenamento jurídico estatal extraem a validade. Como consequência disso, a constituição também pode – e deve – ser interpretada.

E, por se tratar de um diploma normativo, devemos nos valer dos mesmos métodos de interpretação, destinados à generalidade das espécies normativas. Mas não apenas destes. Com efeito, tendo em vista que contém em seu corpo, como nos lembra Manoel Gonçalves Ferreira Filho,[37] "os valores mais caros à comunidade, que os manifesta pelo Poder Constituinte", também temos de observar alguns princípios próprios de interpretação, concebidos em atenção às especificidades desse ramo do direito.

Em que pese não ser pacífico na doutrina, uma vez que há autores que não aceitam a existência de uma exegese constitucional específica,[38] o entendimento francamente majoritário é aquele mencionado no parágrafo anterior, que reconhece a existência de princípios próprios de hermenêutica constitucional, somados aos do direito geral. É o caso, por exemplo, de Luiz Alberto David Araújo e Vidal Serrano Nunes Júnior, Manoel Gonçalves Ferreira Filho e J. J. Gomes Canotilho. Na mesma toada, Luís Roberto Barroso[39] nos ensina que:

> "A interpretação constitucional serve-se de alguns princípios próprios e apresenta especificidades e complexidades que lhe são inerentes. Mas isso não a retira do âmbito da interpretação geral do direito, de cuja natureza e características partilha. Nem poderia ser diferente, à vista do princípio da unidade da ordem jurídica e do consequente caráter único de sua interpretação. Ademais, existe uma conexão inafastável entre a interpretação constitucional e a interpretação das leis, de vez que a jurisdição constitucional se realiza, em grande parte, pela verificação de compatibilidade entre a lei ordinária e as normas da Constituição".

Por compartilharmos daquele entendimento majoritário, que defende que o intérprete deverá utilizar-se, para a interpretação das normas constitucionais, tanto dos métodos de hermenêutica destinados ao Direito Geral, como também de princípios específicos, consideramos oportuno tratar de uns e outros, neste livro. É por essa razão que serão examinados, na próxima seção, os métodos de interpretação relativos à generalidade das espécies normativas, e, na seção seguinte, os princípios específicos de hermenêutica constitucional. É o que faremos em seguida.

---

34. *Introdução ao estudo do direito*. Atlas, 2004, p. 188.
35. *Hermenêutica e aplicação do direito*. Forense, 1996, p. 1.
36. *Op. cit.*, p. 433.
37. *Op. cit.*, p. 385.
38. Caso de Uadi Lammêgo Bulos, em seu *Curso de direito constitucional*. 5. ed. Saraiva, 2010, p. 436-437.
39. *Interpretação e aplicação da constituição*, p. 98.

3.7 MÉTODOS CLÁSSICOS DE INTERPRETAÇÃO DAS NORMAS

A interpretação das normas pode ser classificada levando em conta 3 (três) critérios específicos: quanto ao sujeito ou agente que a realiza; quanto ao método ou meio de interpretação utilizado; e quanto à extensão ou resultado obtido. Quanto ao sujeito, a interpretação poderá ser *autêntica, doutrinária* ou *jurisprudencial*. Quanto aos métodos utilizados, *gramatical, lógico-sistemática, histórica* ou *teleológica*. Por fim, quanto ao resultado, *declarativa, extensiva* ou *restritiva*.

Interpretação quanto ao sujeito que a realiza:

1. *Interpretação autêntica*: é aquela realizada pelo próprio legislador, que aclara, no próprio texto editado, ou em outro diploma normativo posterior, o sentido e alcance de determinada norma. Trata-se, a toda evidência, de uma interpretação que vincula, que é obrigatória para todos os destinatários da norma, que devem interpretá-la nos exatos termos fixados pelo legislador.

Como exemplo de interpretação autêntica, podemos citar aquela prevista no artigo 150, § 4º, do Código Penal brasileiro,[40] que esclarece o que se deve entender por "casa", para fins de caracterização do crime de violação de domicílio, tipificado no *caput* daquele artigo. Da mesma forma, o § 5º do mesmo artigo 150, do Código Penal, especifica alguns estabelecimentos que não podem ser considerados como casa.

Na Constituição de 1988, também temos exemplos de interpretação autêntica. É o caso, por exemplo, do artigo 186,[41] que enumera os requisitos necessários para que uma propriedade rural atenda à sua função social, evitando, assim, que possa ser desapropriada por interesse social, para fins de reforma agrária, conforme previsto no artigo 184, da Carta Magna.

2. *Interpretação doutrinária*: é aquela realizada pelos doutos, pelos doutrinadores, nas obras ou pareceres que publicam, ao estudarem uma determinada norma. Apesar de se tratar, inequivocamente, de fonte inestimável de interpretação, notadamente quanto mais expressiva for a bagagem cultural e técnica de seu autor, não se trata de uma interpretação obrigatória, que vincule os demais intérpretes e aplicadores da lei.

3. *Interpretação jurisprudencial*: é a realizada pelos juízes e tribunais, ao exercer a prestação jurisdicional que lhes cabe, ou, em outras palavras, ao decidir os casos concretos que lhe são submetidos a julgamento. Da mesma forma que a interpretação doutrinária, na generalidade dos casos não vincula os demais operadores do direito, nem mesmo quando houver súmula de jurisprudência, que serve apenas como paradigma de julgamento para os juízes administrativamente subordinados ao tribunal que a editou.

Exceção à regra, contudo, são as chamadas súmulas vinculantes, cujos comandos terão efeito vinculante em relação aos demais órgãos do Poder Judiciário e à Administração Pública direta e indireta, nas esferas federal, estadual e municipal, conforme expressamente determinado pelo artigo 103-A, da Constituição Federal, acrescentado ao texto constitucional pela Emenda Constitucional 45/2004.

---

40. Código Penal, artigo 150, § 4º: "A expressão *casa* compreende: I – qualquer compartimento habitado; II – aposento ocupado de habitação coletiva; III – compartimento não aberto ao público, onde alguém exerce profissão ou atividade".
41. Constituição Federal, artigo 186: "A função social é cumprida quando a propriedade rural atende, simultaneamente, segundo critérios e graus de exigência estabelecidos em lei, aos seguintes requisitos: I – aproveitamento racional e adequado; II – utilização adequada dos recursos naturais disponíveis e preservação do meio ambiente; III – observância das disposições que regulam as relações de trabalho; IV – exploração que favoreça o bem-estar dos proprietários e dos trabalhadores".

Interpretação quanto ao método utilizado:

1. Interpretação gramatical: é aquela que busca o sentido literal (daí também ser conhecida por *interpretação literal*) das palavras e expressões constantes do enunciado normativo. Como nos lembra Manoel Gonçalves Ferreira Filho,[42] referido método chama-se *gramatical* porque, para a interpretação da norma, o intérprete pode se valer, inclusive, do dicionário ou da gramática.

Na lição do saudoso Sílvio Rodrigues,[43] a interpretação gramatical "consiste em proceder a meticuloso exame do texto, para dele extrair a precisa vontade do legislador; procura-se o sentido exato de cada vocábulo, examina-se a pontuação, tentando estabelecer o que efetivamente a regra determina".

É importante ressaltar, contudo, que o método gramatical normalmente não é suficiente, ou mesmo adequado, para a correta interpretação do preceito normativo, uma vez que o legislador pode não ter utilizado as palavras mais apropriadas para criar a norma, ou esta poderá conter expressões que comportem mais de um significado. Daí ser necessária a utilização de outros métodos de interpretação, que serão enunciados a seguir.

2. Interpretação histórica: é aquela que busca nos fatos históricos que marcaram a elaboração da norma as explicações para sua edição e seu alcance. Trata-se, portanto, de um método de interpretação que se dirige à origem histórica da lei, analisando todo o processo de sua criação, tais como a justificativa para o projeto, a tramitação no legislativo, os debates que se sucederam, as eventuais razões de veto parcial etc.

Na lição de Luiz Alberto David Araújo e Vidal Serrano Nunes Júnior,[44] com a interpretação histórica "busca-se a contextualização histórica da norma jurídica, quer com relação a suas origens mais antigas (por exemplo, institutos de onde tenham derivado), quer com relação ao momento histórico específico em que foi editada, resgatando-se aspectos como os valores sociais da época, fatos contemporâneos, finalidade que se pretendia momentaneamente atingir etc.".

3. Interpretação lógico-sistemática: é aquela que determina que a norma seja encarada como pertencente a um sistema jurídico, e não como um preceito normativo isolado. Em outras palavras, esse método de interpretação parte do pressuposto de que a norma não existe sozinha, e que, por essa razão, não pode ser interpretada isoladamente.

A interpretação lógico-sistemática exige, portanto, que a norma interpretada leve em conta não só as demais normas existentes no diploma normativo em que se encontra inserida, como também as demais normas pertencentes à integralidade do ordenamento jurídico, do qual a constituição é a norma fundamental. Vale transcrever, nesta oportunidade, a lição de Luís Roberto Barroso,[45] ao tratar da interpretação sistemática das normas constitucionais:

"Uma norma constitucional, vista isoladamente, pode fazer pouco sentido ou mesmo estar em contradição com outra. Não é possível compreender integralmente alguma coisa – seja um texto legal, uma história ou uma composição – sem entender suas partes, assim como não é possível entender as partes de alguma coisa sem a compreensão do todo. A visão estrutural, a perspectiva de todo o sistema, é vital."

4. Interpretação teleológica: é aquela que busca o fim (*telos*) da norma, a finalidade buscada pelo preceito normativo. Tem por objetivo, em outras palavras, alcançar a inten-

---

42. *Op. cit.*, p. 382.
43. *Direito Civil*: parte geral. Saraiva, 1998, v. 1, p. 26.
44. *Op. cit.*, p. 96.
45. *Op. cit.*, p. 136.

ção, a vontade da lei.[46] Na lição de Luís Roberto Barroso,[47] é "o método interpretativo que procura revelar o fim da norma, o valor ou bem jurídico visado pelo ordenamento com a edição de dado preceito".

Como nos lembra Manoel Gonçalves Ferreira Filho,[48] a interpretação teleológica esforça-se, essencialmente, por descobrir o valor que inspira a norma, e não o motivo de sua edição, que até mesmo pode, n'alguns casos, ter sido irrelevante ou mesmo mesquinho. Ele cita, como exemplo desta última hipótese, uma lei que tenha sido editada com o objetivo verdadeiro de criar embaraços desnecessários ao governo.

Interpretação quanto ao resultado obtido:

1. *Interpretação declarativa*: também conhecida como *interpretação especificadora*, é aquela que não amplia nem restringe o alcance da norma. **2.** *Interpretação ampliativa*, o nome já o indica, é aquela que acaba por ampliar o sentido original da norma interpretada. **3.** *Interpretação restritiva*, por fim, é a que restringe o alcance da norma, dizendo menos que a norma pretendeu dizer.

MÉTODOS CLÁSSICOS DE INTERPRETAÇÃO DAS NORMAS

Quanto ao sujeito ou agente que a realiza	– **Interpretação autêntica** é realizada pelo próprio legislador, que aclara, no próprio texto editado, ou em outro diploma normativo posterior, o sentido e alcance de determinada norma.
	– **Interpretação doutrinária** é realizada pelos doutos, pelos doutrinadores, nas obras ou pareceres que publicam, ao estudar uma determinada norma.
	– **Interpretação jurisprudencial** é a realizada pelos juízes e tribunais, ao decidir os casos concretos que lhes são submetidos a julgamento.
Quanto ao método ou meio de interpretação utilizado	– **Interpretação gramatical** é aquela que busca o sentido literal (daí também ser conhecida por **interpretação literal**) das palavras e expressões constantes do enunciado normativo.
	– **Interpretação histórica** é aquela que busca nos fatos históricos que marcaram a elaboração da norma as explicações para sua edição e seu alcance.
	– **Interpretação lógico-sistemática** é aquela que determina que a norma seja encarada como pertencente a um sistema jurídico, e não como um preceito normativo isolado.
	– **Interpretação teleológica** é aquela que busca o fim da norma, a finalidade buscada pelo preceito normativo. Tem por objetivo, em outras palavras, alcançar a intenção, a vontade da lei.
Quanto à extensão ou resultado obtido	– **Interpretação declarativa**, também conhecida por **interpretação especificadora**, é aquela que não amplia nem restringe o alcance da norma.
	– **Interpretação ampliativa**, o nome já o indica, é aquela que acaba por ampliar o sentido original da norma interpretada.
	– **Interpretação restritiva** é aquela que restringe o alcance da norma, dizendo menos que a norma pretendeu dizer.

3.8 PRINCÍPIOS ESPECÍFICOS DE INTERPRETAÇÃO CONSTITUCIONAL

Vistos os métodos clássicos de interpretação normativa, passemos a analisar, nesta seção, os princípios específicos de interpretação das normas constitucionais. Estes

---

46. Busca-se a chamada *voluntas legis* (a vontade da lei), que não se confunde, é importante que se diga, com a *voluntas legislatoris* (a vontade do legislador).
47. *Op. cit.*, p. 138.
48. *Op. cit.*, p. 382.

são, em síntese, os princípios mais citados pelos diferentes doutrinadores: princípio da supremacia da constituição; da unidade da constituição; da força normativa da constituição; da máxima efetividade; da presunção de constitucionalidade das leis e atos do poder público; da interpretação conforme a constituição; da conformidade funcional; da concordância prática ou da harmonização; e da razoabilidade/proporcionalidade.

1. *Princípio da supremacia da constituição*, nós já vimos anteriormente, refere-se à superioridade hierárquica das normas (princípios e regras) inseridas no texto de uma constituição rígida em relação às demais normas que compõem o ordenamento jurídico estatal, fazendo com que as normas constitucionais estejam no ápice da pirâmide normativa do Estado.

Como nos ensina Luís Roberto Barroso,[49] "toda interpretação constitucional se assenta no pressuposto da superioridade jurídica da Constituição sobre os demais atos normativos no âmbito do Estado. Por força da supremacia constitucional, nenhum ato jurídico, nenhuma manifestação de vontade pode subsistir validamente se incompatível com a Lei Fundamental".

Em decorrência desse princípio, torna-se inequívoca a impossibilidade de interpretação da constituição com fundamento em normais infraconstitucionais. Com efeito, por força do princípio da supremacia da constituição, *o correto é interpretar-se um diploma infraconstitucional à luz da constituição, e não o contrário.*

2. *Princípio da unidade da constituição*, por sua vez, determina que as normas constitucionais, da mesma forma que se dá com todas as demais normas que compõem o ordenamento jurídico vigente de um determinado Estado, sejam consideradas como integrantes de um único e harmonioso sistema, e não como um conjunto de normas isoladas.

Com efeito, como se sabe, a despeito de poder ser dividida em vários ramos, notadamente para fins didáticos, a ordem jurídica é uma só. E a constituição, como fundamento de validade de todo o ordenamento, é que lhe imprime unidade e caráter sistemático. E, em sendo assim, *deverá também ser interpretada como um único e harmonioso sistema, notadamente para conciliar a pluralidade de valores, muitas vezes aparentemente antagônicos, que consagra.* Tratando do tema, Jorge Miranda[50] nos ensina que:

> "A Constituição deve ser tomada, a qualquer instante, como um todo, na busca de uma unidade e harmonia de sentido. O apelo ao elemento sistemático consiste aqui em procurar recíprocas implicações de preceitos e princípios em que aqueles fins se traduzem em situá-los e defini-los na sua interrelacionação e em tentar, assim, chegar a uma idônea síntese globalizante, credível e dotada de energia normativa".

Em sentido semelhante ao que foi aqui mencionado, vale ainda citar a lição do eminente Luís Roberto Barroso:[51]

> "É precisamente por existir pluralidade de concepções que se torna imprescindível a unidade na interpretação. Afinal, a Constituição não é um conjunto de normas justapostas, mas um sistema normativo fundado em determinadas ideias que configuram um núcleo irredutível, condicionante da inteligência de qualquer de suas partes. O princípio da unidade é uma especificação da interpretação sistemática, e impõe ao intérprete o dever de harmonizar as tensões e contradições entre normas".

Busca-se, por meio do princípio da unidade da constituição, *evitar a existência de antinomias, de conflitos de normas constitucionais.* Em outras palavras, referido princípio exige que a constituição seja interpretada harmonicamente, encarada como um todo unitário, de

---

49. *Op. cit.*, p. 161.
50. *Manual de direito constitucional*, t. 2, p. 228.
51. *Op. cit.*, p. 196.

maneira que, da interpretação de suas normas, não resulte comandos antagônicos, inconciliáveis entre si.

A própria Constituição Federal de 1988 contém em seu corpo diversas normas aparentemente contraditórias, e que exigem uma interpretação unitária, de modo a harmonizar sua interpretação. É o caso, por exemplo, das normas que consagram, respectivamente, o direito à propriedade privada (artigo 5º, XXII) e a que determina que esta última atenda à sua função social (artigo 5º, XXIII).

É por força do princípio da unidade da constituição que o direito constitucional pátrio não admite, no Brasil, a denominada teoria das normas constitucionais inconstitucionais,[52] vedando, de maneira peremptória, a possibilidade de declaração de inconstitucionalidade de normas constitucionais, quando estas tiverem sido editadas pelo poder constituinte originário.

De fato, as normas editadas pelo constituinte originário, cuja titularidade é do próprio povo, são elaboradas por um poder que tem por uma de suas características justamente ser *ilimitado*, não encontrando limites no ordenamento estatal anterior (na constituição até então vigente), podendo dispor sobre qualquer tema, qualquer *matéria* que repute necessária.

E se assim é, todas as decisões tomadas pelo poder constituinte originário, todas as normas por ele editadas devem ser consideradas constitucionais, não havendo que se falar em qualquer relação hierárquica entre elas, as quais deverão ser interpretadas como um todo harmônico, em consonância com o que preconiza o princípio da unidade da constituição.

3. *Princípio da força normativa da constituição*, ao seu turno, determina que, na interpretação da constituição, deve-se buscar a promoção de uma constante atualização de suas normas, levando-se em conta não só os aspectos históricos de sua edição, mas também a realidade social atual, tudo para que se alcance a maior otimização possível dos preceitos constitucionais.

4. *Princípio da máxima efetividade*, inequivocamente ligado ao supramencionado princípio da força normativa da constituição, determina que as normas constitucionais sejam interpretadas de maneira a lhes conferir a maior eficácia, a maior aplicabilidade possível. Também denominado de *princípio da eficiência*, é muito utilizado na aplicação dos direitos e garantias fundamentais, sobretudo quando em colisão com outros valores da Constituição Federal.

Na lição de Luiz Alberto David Araújo e Vidal Serrano Nunes Júnior,[53] referido princípio específico de interpretação constitucional também ganha especial importância quando aplicado às denominadas normas constitucionais programáticas. Com efeito, como nos lembram os ilustres doutrinadores, muito embora não tenham aplicação integral no momento de sua edição, por ausência de norma infraconstitucional que as regulamente, é indispensável que o intérprete lhe extraia a maior eficácia possível. Reforçando essa ideia, Luís Roberto Barroso[54] ressalta que

---

52. Como nos lembra Leo van Holthe, o direito alemão, inspirado nos ideais jusnaturalistas, admite que uma norma constitucional originária seja declarada inconstitucional com base em outra norma da mesma constituição que se coloque mais próxima dos chamados "direitos naturais do homem". *Op. cit.*, p. 74.
53. *Op. cit.*, p. 107-108.
54. *Op. cit.*, p. 374.

"o intérprete constitucional deve ter compromisso com a efetividade da Constituição: entre interpretações alternativas e plausíveis, deverá prestigiar aquela que permita a atuação da vontade constitucional, evitando, no limite do possível, soluções que se refugiem no argumento da não autoaplicabilidade da norma ou na ocorrência de omissão do legislador".

5. Princípio da justeza, correção ou conformidade funcional determina que as normas constitucionais sejam interpretadas de modo a não alterar a repartição de competências estabelecida pela própria constituição, inclusive no que se refere à separação funcional dos Poderes constituídos – Legislativo, Executivo e Judiciário.

É por força desse princípio específico de interpretação constitucional, por exemplo, que o Poder Judiciário é impedido, no controle de constitucionalidade de leis e atos normativos editados pelo poder público, de proferir decisões flagrantemente contrárias ao sentido da lei, que acabem por torná-lo um legislador positivo, invadindo a função típica do Poder Legislativo.

O mesmo vale para as normas constitucionais propriamente ditas. Com efeito, é vedado ao Supremo Tribunal Federal, o chamado "Guardião da Constituição Federal", conferir às regras constitucionais, no julgamento dos casos que lhe forem submetidos a julgamento, sentido manifestamente contrário ao expressamente previsto na norma, sob pena de a Corte Suprema tomar para si a função legislativa, tarefa que a Carta Magna de 1988 conferiu ao Congresso Nacional.

6. Princípio da presunção de constitucionalidade das leis e demais atos normativos do poder público, por sua vez, determina que as leis e demais atos normativos editados pelo Estado sejam considerados constitucionais, e, por consequência, devidamente cumpridos, ao menos até que sobrevenha decisão judicial declarando sua inconstitucionalidade.

Trata-se referido princípio de um corolário do princípio da separação de poderes, que exige, tanto quanto possível, que um Poder (no caso, o Judiciário) não invada a esfera de competência de outros Poderes – do Legislativo, no caso de edição das leis e demais atos normativos; e do Executivo, nos atos de governo – *declarando a nulidade de atos do poder público apenas quando for manifesta sua inconstitucionalidade.*[55]

É importante ressaltar que a presunção de constitucionalidade dos atos normativos, a toda evidência, não é absoluta. Trata-se, ao contrário, de uma presunção *iuris tantum* (relativa), que poderá ser infirmada, contrariada, por declaração em sentido contrário do Poder Judiciário, no controle de constitucionalidade judicial, e até mesmo pelos outros Poderes, no exercício excepcional desse controle, como veremos melhor oportunamente.

Por força da aplicação desse princípio, duas imposições são dirigidas ao intérprete das leis e demais atos editados pelo Estado: em primeiro lugar, surge o dever de abster-se de declarar a inconstitucionalidade do ato normativo quando não for evidente a inconstitucionalidade, ou seja, quando houver a possibilidade de uma interpretação razoável considerar a norma como válida.

Em segundo lugar, havendo alguma interpretação razoável da norma, que possa garantir a sua subsistência como uma norma válida, constitucional, quando houver uma ou mais interpretações outras que a inquinem de manifesta e insanável inconstitucionalidade, deverá o intérprete e o aplicador da lei optar pela interpretação que garanta sua constitucionalidade.

---

55. Em termos semelhantes, Luís Roberto Barroso afirma que "o princípio da presunção de constitucionalidade dos atos do Estado, notadamente das leis, é uma decorrência do princípio geral da separação dos Poderes e funciona como fator de autolimitação da atividade do Judiciário, que, em reverência à atuação dos demais Poderes, somente deve invadir-lhes os atos diante de caso de inconstitucionalidade flagrante e incontestável". *Op. cit.*, p. 188.

7. Princípio da interpretação conforme a constituição, inequivocamente relacionado com o princípio da presunção de constitucionalidade das leis e atos do poder público, determina que o aplicador do direito opte pela interpretação que garanta a constitucionalidade da norma, mesmo que não seja a mais evidente, sempre que esta tiver outra interpretação – ou outras – que possa ser considerada inconstitucional.

É imperioso esclarecer, nesta oportunidade, que a interpretação conforme a constituição não se trata de simples escolha de uma interpretação que se coadune com o texto constitucional. Caso fosse assim, não haveria qualquer diferença com o já estudado princípio da presunção de constitucionalidade das leis e demais atos do Estado.

Mais que isso, como nos ensina o insigne Luís Roberto Barroso,[56] o princípio da interpretação em conformidade com a constituição exige: (a) a necessidade de buscar uma interpretação que não seja a que decorre da leitura mais óbvia do dispositivo; e (b) que sejam expressamente excluídas a interpretação ou as interpretações que contrariem as normas – princípio e regras – consagradas pelo texto constitucional.

Portanto, mais que uma interpretação das normas em consonância com a constituição – corolário da presunção de constitucionalidade das normas –, o princípio da interpretação conforme a constituição exige que tenhamos uma norma com mais de um significado (norma polissêmica), que a interpretação não seja a que decorra da leitura mais óbvia, e que sejam expressamente excluídas interpretações que contrariem a carta magna.

Justamente em razão de se prestar à exclusão expressa de interpretações inquinadas de inconstitucionalidade, a interpretação conforme a constituição *não é encarada como mero princípio de interpretação constitucional, mas também como autêntico mecanismo de controle de constitucionalidade,*[57] largamente utilizado, aliás, pelo Supremo Tribunal Federal.

No controle de constitucionalidade da lei ou ato normativo, ao se valer da interpretação conforme a constituição, o órgão judicial, ao se deparar com uma norma que apresenta mais de uma interpretação possível, algumas delas contrárias ao texto constitucional, escolhe aquela que se revele compatível com a vontade da lei maior, inclusive mantendo o texto íntegro, apesar de restringir sua aplicação àquela declarada pelo órgão julgador – a chamada interpretação conforme a constituição sem redução de texto.[58]

Cabe ressaltar, contudo, que o julgador, ao proferir decisão com base na interpretação em conformidade com a constituição, não poderá conferir ao dispositivo legal uma exegese que, de maneira clara e induvidosa, contrarie frontalmente o fim pretendido pelo legislador, *sob pena de o tribunal tornar-se um legislador positivo, o que é vedado*. Caso não seja possível conciliar a norma com a vontade do legislador, não há como deixar de declarar-se a inconstitucionalidade da lei ou ato normativo.

8. Princípio da concordância prática ou da harmonização determina que, na ocorrência de conflito entre bens jurídicos fixados por normas constitucionais diversas, deve-se buscar

---

56. *Op. cit.*, p. 189.
57. Luís Roberto Barroso: "Porque assim é, a interpretação conforme a Constituição funciona também como um mecanismo de controle de constitucionalidade. Como bem perceberam os publicistas alemães e, especialmente, o Tribunal Constitucional Federal, quando o Judiciário condiciona a validade da lei a uma determinada interpretação ou declara que certas aplicações não são compatíveis com a Constituição está, em verdade, declarando a inconstitucionalidade de outras possibilidades de interpretação (*Auslegungsmöglichkeiten*) ou de outras possíveis aplicações (*Anwendungsfälle*)". *Op. cit.*, p. 191.
58. A título de informação, vale mencionar que o Supremo Tribunal Federal, na ação direta de inconstitucionalidade, ao se utilizar da interpretação conforme a constituição, julga referida ação procedente em parte, e não improcedente.

uma interpretação que melhor os harmonize, de maneira a conceder a cada um dos direitos a maior amplitude possível, sem que um deles imponha a supressão do outro.

Por força desse princípio, muito utilizado no confronto entre direitos e garantias fundamentais, busca-se encontrar um ponto de coexistência entre referidos direitos, de forma que ambos cedam reciprocamente, para que possam conviver harmoniosamente. É por esse motivo, aliás, que referido princípio também é conhecido como *princípio da cedência recíproca*.

Exemplo de aplicação desse princípio, nós o temos na necessidade de conciliar, em um dado caso concreto, a liberdade de expressão da atividade de comunicação, independentemente de censura ou licença (artigo 5º, inciso IX, da Lei Maior), e a inviolabilidade da intimidade, da vida privada, da honra e da imagem das pessoas (artigo 5º, inciso X, da Carta Magna), quando algum órgão de imprensa resolve publicar uma notícia que, a despeito de ser de inequívoco interesse público, também ofende a privacidade ou a honra subjetiva de alguém.

9. *Princípios da razoabilidade e da proporcionalidade* determinam que as normas constitucionais sejam interpretadas de maneira razoável e proporcional, de modo que os meios utilizados sejam adequados aos fins perseguidos pela norma, devendo o intérprete buscar conceder aos bens jurídicos por elas tutelados a aplicação mais justa e equânime possível. Como nos lembra Luís Roberto Barroso, referidos princípios são

> *"um valioso instrumento de proteção dos direitos fundamentais e do interesse público, por permitir o controle da discricionariedade dos atos do poder público e por funcionar como a medida com que a norma deve ser interpretada no caso concreto para a melhor realização do fim constitucional nela embutido ou decorrente do sistema".*

É graças à aplicação desses princípios que o Poder Judiciário poderá, num dado caso concreto, invalidar leis ou atos normativos, bem como atos de governo e administrativos, quando houver inadequação entre o fim perseguido pela norma ou ato e os meios empregados para atingir tal fim, ou quando houver meio alternativo menos gravoso para se chegar ao mesmo resultado.

Também em decorrência da aplicação dos princípios da razoabilidade-proporcionalidade é que *os direitos e garantias fundamentais não são considerados absolutos*. Com efeito, justamente por força daqueles princípios específicos de interpretação constitucional, não é possível a alguém invocar um direito ou garantia constitucional para eximir-se, por exemplo, de ter seu sigilo bancário quebrado, para fins de aplicação da lei penal.

PRINCÍPIOS ESPECÍFICOS DE INTERPRETAÇÃO CONSTITUCIONAL

– **Princípio da supremacia da constituição**: refere-se à superioridade hierárquica das normas (princípios e regras) inseridas no texto de uma constituição rígida em relação às demais normas que compõem o ordenamento jurídico. Como consequência disso, o certo é interpretar as leis à luz da constituição, e não o contrário.

– **Princípio da unidade da constituição**: determina que as normas constitucionais sejam consideradas como integrantes de um único e harmonioso sistema, e não como um conjunto de normas isoladas. Busca-se, por meio do princípio da unidade da constituição, evitar a existência de antinomias, de conflitos de normas constitucionais.

– **Princípio da força normativa da constituição**: determina que, na interpretação da constituição, busque-se a promoção de uma constante atualização de suas normas, levando-se em conta não só os aspectos históricos de sua edição, mas também a realidade social atual, tudo para que se alcance a maior otimização possível dos preceitos constitucionais.

– **Princípio da máxima efetividade**: ligado ao princípio da força normativa da constituição, determina que as normas constitucionais sejam interpretadas de maneira a lhes conferir a maior eficácia, a maior aplicabilidade possível.

– **Princípio da justeza, correção ou conformidade funcional**: determina que as normas constitucionais sejam interpretadas de modo a não alterar a repartição de competências estabelecida pela própria constituição, inclusive no que se refere à separação funcional dos Poderes constituídos – Legislativo, Executivo e Judiciário.

– **Princípio da presunção de constitucionalidade das leis e atos do poder público**: determina que as leis e demais atos editados pelo Estado sejam considerados constitucionais, e devidamente cumpridos, ao menos até que sobrevenha decisão judicial declarando sua inconstitucionalidade.

– **Princípio da interpretação conforme a constituição**: determina que o aplicador do direito opte pela interpretação que garanta a constitucionalidade da norma, mesmo que não seja a mais evidente, sempre que esta tiver outras interpretações que possam ser consideradas inconstitucionais.

– **Princípio da concordância prática ou da harmonização**: determina que, na ocorrência de conflito entre bens jurídicos fixados por normas constitucionais diversas, deve-se buscar uma interpretação que melhor os harmonize, de maneira a conceder a cada um dos direitos a maior amplitude possível, sem que um deles imponha a supressão do outro.

– **Princípios da razoabilidade e da proporcionalidade**: determinam que as normas constitucionais sejam interpretadas da maneira razoável e proporcional, de modo que os meios utilizados sejam adequados aos fins perseguidos pela norma, devendo o intérprete buscar conceder aos bens jurídicos por elas tutelados a aplicação mais justa e equânime possível.

3.9 MÉTODOS DE INTERPRETAÇÃO CONSTITUCIONAL

Nas seções precedentes, tratamos dos chamados métodos clássicos de interpretação das normas e dos princípios específicos de interpretação constitucional. A utilização daqueles métodos e princípios específicos, todos *jurídicos*, parte do pressuposto de que a constituição não deixa de ser uma lei – aliás, a lei das leis, ou a norma jurídica fundamental –, devendo ser interpretada, portanto, como devem sê-lo as demais normas jurídicas.

Amparada, contudo, na lição de J. J. Gomes Canotilho, a doutrina pátria também costuma enumerar alguns outros métodos de interpretação constitucional, que não o exclusivamente jurídico (também conhecido como *método clássico*). Nesta seção, cuidaremos justamente de analisar, mesmo que de forma breve, referidos métodos alternativos. É o que faremos em seguida.

O *Método tópico*, também conhecido como *tópico-problemático*, determina que o intérprete, levando em conta que a constituição é um sistema normativo aberto que admite diversos significados possíveis, parta de um problema – de um determinado caso concreto, e não da norma em abstrato – para encontrar a melhor solução para referido caso, analisando todos os pontos de vista possíveis.

Paulo Bonavides,[59] salientando que a constituição, além de sua feição jurídica, possui também inequívoca natureza política, salienta ser a carta magna o objeto ideal para a utilização do método tópico-problemático, em razão de sua estrutura aberta, com valores pluralistas, e com um expressivo grau de indeterminação. Eis os seus ensinamentos sobre o tema:

> "A Constituição representa pois o campo ideal de intervenção ou aplicação do método tópico em virtude de constituir na sociedade dinâmica uma 'estrutura aberta' e tomar, pelos seus valores pluralistas, um certo teor de indeterminação. Dificilmente uma Constituição preenche aquela função de ordem e unidade, que faz possível o sistema se revelar compatível com o dedutivismo medotológico".

O *método hermenêutico-concretizador*, de maneira diametralmente oposta ao método tópico, parte da pré-compreensão do intérprete acerca do conteúdo do texto normativo – portanto, da norma em abstrato, e não do problema – para encontrar a melhor solução para

---

59. *Curso de direito constitucional*. 18. ed. Método, p. 495.

um dado caso concreto, levando em consideração a realidade social e o contexto histórico que se apresentam.

O *método normativo-estruturante*, por sua vez, partindo da premissa de que não existe identidade entre o "programa normativo" (os preceitos normativos propriamente ditos) e o "âmbito normativo" (a realidade que eles pretendem normatizar), determina que a interpretação das normas constitucionais não se limite ao estudo da literalidade do texto normativo, levando em conta a realidade social que o texto constitucional pretende regular.

O *método científico-espiritual*, ao seu turno, partindo da premissa de que a constituição seria um instrumento de integração social e política, impõe ao intérprete da norma que este leve em conta o chamado "espírito da Constituição", os princípios e regras que formam sua essência, não se fixando apenas na literalidade da norma, mas levando em conta as constantes modificações sociais.

O *método da comparação constitucional*, por fim, diz respeito ao estudo, por comparação, de normas constitucionais positivas (contudo, não necessariamente vigentes) de dois ou mais Estados. Referido método de interpretação constitucional, em síntese, busca realizar a comparação entre diferentes ordens estatais, para lhes extrair semelhanças e diferenças.

MÉTODOS DE INTERPRETAÇÃO CONSTITUCIONAL

– **Método jurídico ou clássico**: parte do pressuposto de que a Constituição não deixa de ser uma lei – aliás, a lei das leis, ou a norma jurídica fundamental –, devendo ser interpretada, portanto, como devem sê-lo as demais normas jurídicas.

– **Método tópico ou tópico-problemático**: determina que o intérprete, levando em conta que a Constituição é um sistema normativo aberto que admite diversos significados possíveis, parta de um problema – de um determinado caso concreto, e não da norma em abstrato – para encontrar a melhor solução para referido caso, analisando todos os pontos de vista possíveis.

– **Método hermenêutico-concretizador**: ao contrário do método tópico, parte da pré-compreensão do intérprete acerca do conteúdo do texto normativo – portanto, da norma em abstrato, e não do problema – para encontrar a melhor solução para um dado caso concreto, levando em consideração a realidade social e o contexto histórico que se apresentam.

– **Método normativo-estruturante**: partindo da premissa de que não existe identidade entre o "programa normativo" (os preceitos normativos propriamente ditos) e o "âmbito normativo" (a realidade que eles pretendem normatizar), determina que a interpretação das normas constitucionais não se limite ao estudo da literalidade do texto normativo, levando em conta a realidade social que o texto constitucional pretende regular.

– **Método científico-espiritual**: partindo da premissa de que a Constituição seria um instrumento de integração social e política, impõe ao intérprete da norma que este leve em conta o chamado "espírito da Constituição", o princípios e regras que formam sua essência, não se fixando apenas na literalidade da norma, mas levando em conta as constantes modificações sociais.

– **Método da comparação constitucional**: diz respeito ao estudo, por comparação, de normas constitucionais positivas (contudo, não necessariamente vigentes) de dois ou mais Estados.

3.10 SÚMULAS VINCULANTES E A INTERPRETAÇÃO DAS NORMAS

A Emenda Constitucional 45/2004 trouxe ao corpo da Constituição de 1988 uma novidade: as denominadas *súmulas vinculantes*. Com efeito, nos termos do novo artigo 103-A, da Carta Magna, "o Supremo Tribunal Federal poderá, de ofício ou por provocação, mediante decisão de dois terços dos seus membros, após reiteradas decisões sobre matéria constitucional, aprovar súmula que, a partir de sua publicação na imprensa oficial, terá efeito vinculante em relação aos demais órgãos do Poder Judiciário e à Administração Pública direta e indireta, nas esferas federal, estadual e municipal, bem como proceder à sua revisão ou cancelamento, na forma estabelecida na lei".

Ao se referir expressamente a "reiteradas decisões sobre matéria constitucional", o dispositivo constitucional em comento deixa claro que *a edição de súmulas vinculantes está estreitamente relacionada a anteriores decisões, proferidas no controle difuso de constitucionalidade*, uma vez que referidas súmulas são editadas sempre que o Supremo Tribunal Federal se depara com decisões repetitivas sobre determinada matéria constitucional, o que não ocorreria no caso de controle concentrado de constitucionalidade.

Os enunciados das súmulas vinculantes terão por objeto, conforme especificado no artigo 103-A, § 1º, da Constituição Federal, bem como artigo 2º, § 1º, da lei que regulamentou o dispositivo constitucional em comento (Lei 11.417, de 19 de dezembro de 2006), a validade, a interpretação e a eficácia de normas acerca das quais haja controvérsia atual entre órgãos judiciários ou entre estes e a Administração Pública que acarrete grave insegurança jurídica e relevante multiplicação de processos sobre questão idêntica.

Vê-se, portanto, que o Supremo Tribunal Federal poderá editar súmulas de jurisprudência, nos termos do permissivo constitucional suprarreferido, que vincularão os demais órgãos do Poder Judiciário, bem como da Administração Pública, no tocante à interpretação das normas infraconstitucionais. Assim, enquanto vigente uma súmula vinculante, todos os membros do Poder Judiciário, como também da Administração Pública, deverão interpretar a norma nos estritos termos fixados pelo Supremo Tribunal Federal.

As súmulas vinculantes são inspiradas, não restam dúvidas, no *stare decisis* do direito constitucional norte-americano, que acaba por pautar o entendimento dos juízes e tribunais inferiores daquele país com base nos entendimentos firmados pelos tribunais superiores, e, por consequência, nas decisões da Suprema Corte dos Estados Unidos da América. Maiores informações sobre as súmulas vinculantes serão fornecidas ao caro leitor no Capítulo 5 deste livro, quando estudarmos o controle de constitucionalidade das leis e demais atos normativos editados pelo poder público.

SÚMULAS VINCULANTES E A INTERPRETAÇÃO DAS NORMAS

– O Supremo Tribunal Federal poderá, de ofício ou por provocação, mediante decisão de dois terços dos seus membros, após reiteradas decisões sobre matéria constitucional, aprovar súmula que, a partir de sua publicação na imprensa oficial, terá efeito vinculante em relação aos demais órgãos do Poder Judiciário e à Administração Pública direta e indireta, nas esferas federal, estadual e municipal, bem como proceder à sua revisão ou cancelamento, na forma estabelecida na lei.

– Os enunciados das súmulas vinculantes terão por objeto a validade, a interpretação e a eficácia de normas acerca das quais haja controvérsia atual entre órgãos judiciários ou entre estes e a Administração Pública que acarrete grave insegurança jurídica e relevante multiplicação de processos sobre questão idêntica. Assim, enquanto vigente uma súmula vinculante, todos os membros do Judiciário, como também da Administração Pública, deverão interpretar a norma nos estritos termos fixados pelo Supremo Tribunal Federal.

4
Princípio fundamentais

4.1 NORMAS CONSTITUCIONAIS QUANTO À ESPÉCIE: PRINCÍPIOS E REGRAS

Durante um longo período, considerou-se que os princípios não serviam para a imposição de deveres e obrigações a terceiros, *não possuindo, portanto, qualquer força normativa*. Entendia-se que eles consistiam em simples proposições de valor, de conteúdo meramente programático, destinados a inspirar, nos diversos operadores do direito, os ideais de justiça. Estava-se no período a que Paulo Bonavides[1] denomina de *fase jusnaturalista*.

Num segundo momento, já sob a égide do *positivismo jurídico*, passou-se a reconhecer alguma força normativa (jurídica) aos princípios, mas apenas em *caráter subsidiário*, ou seja, quando não houvesse norma expressa (positivada) disciplinando uma determinada relação jurídica. Nessa fase, os códigos passaram a prever, em seus textos, a possibilidade de aplicação subsidiária dos princípios gerais de direito, na hipótese de omissão legislativa.

Foi nesse diapasão, por exemplo, que a Lei de Introdução às Normas do Direito Brasileiro (Decreto-lei 4.657, de 4 de setembro de 1942), dispôs expressamente, em seu artigo 4º, que, "quando a lei for omissa, o juiz decidirá o caso de acordo com a analogia, os costumes e *os princípios gerais de direito*". Vê-se expressamente, nessa norma de sobredireito, que o magistrado somente poderia valer-se dos princípios gerais de direito quando houvesse omissão legislativa, asseverando o caráter subsidiário dos princípios.

Até aquele momento, portanto, os princípios não eram considerados propriamente normas jurídicas. Tratava-se de uma categoria à parte, justamente por ser destituída de efetiva força normativa. Durante tal período, como é fácil perceber, princípios e normas pertenciam a categorias distintas: estas consubstanciadas em imposições legais, vinculando a todos os que se encontrassem nas hipóteses nelas tipificadas; aqueles, sem tal conteúdo impositivo.

Modernamente, contudo, já não se nega mais a força normativa aos princípios. Com efeito, na fase atual, a que a doutrina denomina de *pós-positivista*, passou-se a reconhecer aos princípios força cogente, obrigatória, de maneira semelhante (porém não idêntica) àquela conferida às demais normas positivas. A partir dessa nova realidade, *abandonou-se a antiga dicotomia entre princípios e normas, passando-se a adotar a distinção entre princípios e regras, ambas como espécies do gênero norma jurídica.*[2]

Transpondo o tema para o direito constitucional, vimos, no Capítulo 1 deste livro, que a constituição pode ser definida como a *norma jurídica fundamental*, a qual, em síntese,

---

1. Eis as palavras do ilustre doutrinador: "A primeira – a mais antiga e tradicional – é a fase jusnaturalista; aqui, os princípios habitam ainda a esfera por inteiro abstrata e sua normatividade, basicamente nula e duvidosa, contrasta com o reconhecimento de sua dimensão ético-valorativa de ideia que inspira os postulados de justiça". *Curso de direito constitucional*. 18. ed. Malheiros, p. 259.
2. Alguns doutrinadores, ao invés de distinguir as duas espécies de normas denominando-as de princípios e regras, preferem chamá-las, respectivamente, de *normas-princípio* e *normas-disposição*.

disciplina a organização fundamental do Estado, bem como estabelece os direitos e garantias fundamentais. E, por se tratar de norma jurídica (a norma fundamental), é inequívoco que a constituição contém em seu corpo aquelas 2 (duas) espécies de normas: princípios e regras constitucionais.

A despeito de a moderna doutrina estar praticamente pacificada no que tange ao reconhecimento dos princípios e regras constitucionais como espécies do gênero norma jurídica constitucional, a mesma homogeneidade de entendimento não se apresenta, contudo, no tocante à definição daquelas duas espécies normativas, ou seja, à adequada distinção entre princípios e regras constitucionais.

Com efeito, como nos lembra Manoel Gonçalves Ferreira Filho,[3] a distinção tradicional apoia-se num *critério formal*, que encara os princípios como normas generalíssimas, e as regras como espécie de norma com um grau muito menor de generalidade, em que se pode notar uma predefinição tanto das condutas que se pretende regular, como das consequências jurídicas advindas daqueles comportamentos tipificados. O critério formal, portanto, distingue princípios e regras em razão do *grau de generalidade* de cada uma daquelas espécies normativas.

A despeito de permitir distinguir princípios e regras quando estamos diante de casos extremos – normas dotadas de grande generalidade (princípios) e normas com um grau mínimo de generalidade (regras) –, é fácil percebermos que o critério formal não se presta a tal distinção quando estamos em face de normas jurídicas cujo grau de generalidade é intermediário.

De fato, há normas dotadas de considerável grau de generalidade, não se destinando a regular um fato específico, e que permitem extrair de seus termos um incontável número de interpretações e comandos, e que, por isso, são facilmente identificadas como princípios. É o caso, por exemplo, do princípio da dignidade da pessoa humana, previsto no artigo 1º, inciso III, da Constituição Federal, e do princípio democrático, consagrado pelo artigo 1º, parágrafo único, da mesma Carta Magna.

Outras normas, ao contrário, são dotadas de um grau muito menor de generalidade, nas quais os fatos e também as consequências jurídicas por elas regulamentadas estão amplamente definidos em seu texto, e que, por essa razão, são facilmente identificáveis como regras jurídicas. É o caso, por exemplo, das normas que tipificam os diversos delitos penais. Na Carta Magna vigente, podemos citar, exemplificativamente, a regra que estabelece a necessidade de concurso público para investidura em cargo ou emprego público (artigo 37, inciso II).

Contudo, além das hipóteses mencionadas supra, há ainda um grupo de normas jurídicas, mais expressivo que os anteriores, que se situa no que Manoel Gonçalves Ferreira Filho chama de *zona cinzenta*,[4] em que o grau de generalização não é tão evidente – nem tão elevado nem tão diminuto – a ponto de permitir sua fácil definição como princípio ou regra jurídica. Para tais normas, a toda evidência, a distinção baseada tão somente em um critério formal não é suficiente para a distinção entre aquelas duas categorias de normas.

Foi assim que surgiu uma nova parcela de doutrinadores que enxergam entre princípios e regras uma diferença de caráter substancial, e não apenas formal. Trata-se da denominada

---

3. *Curso de direito constitucional*. 35. ed. Saraiva, 2009, p. 394.
4. Nas palavras do ilustre doutrinador: "Claro está que há um *continuum* entre os dois extremos – a generalidade máxima (de alguns princípios) e a generalidade mínima (de algumas regras) –, de modo que, separando o que é notoriamente um princípio do que é visivelmente uma regra, há uma zona cinzenta, onde cabem hesitações". *Op. cit.*, p. 394.

doutrina *substancialista*. A despeito de algumas diferenças em relação aos critérios utilizados para distinguir as duas espécies normativas, podemos dizer, em síntese, que referida doutrina diferencia princípios de regras pelos traços de *otimização* e de *flexibilização* atribuídos aos primeiros, e inexistentes nas segundas.

A característica da *otimização*, atribuída aos princípios, é de autoria de Robert Alexy. Na lição deste doutrinador, os princípios – por ele denominados de *mandamentos de otimização* – são normas jurídicas que determinam que os preceitos nelas albergados sejam observados na maior medida possível, levando em conta as circunstâncias do caso concreto.

Já o traço da *flexibilização*, este é apontado por Ronald Dworkin. Para o ilustre doutrinador norte-americano, as duas espécies normativas podem ser diferenciadas em razão do caráter flexível, presente nos princípios, e ausente nas regras. Em outras palavras, preconiza que as regras são aplicadas atentando-se apenas para o aspecto de sua *validade*, ao passo que os princípios levam em conta também a dimensão de *peso*, permitindo uma *gradação em sua aplicação*, diante das circunstâncias do caso concreto.

Com efeito, em relação às regras jurídicas, caso estejam em perfeita consonância com a ordem legal vigente, sendo, portanto, *válidas*, deverão ser integralmente aplicadas aos casos concretos, nos exatos termos nelas consignados. Caso não o estejam, tratar-se-á de normas *inválidas*, não podendo, portanto, ser aplicadas. Por isso se diz que as regras são aplicadas levando em conta apenas a *dimensão de sua validade*.

Como consequência disso, nunca será possível a aplicação de duas ou mais regras jurídicas, que forneçam soluções opostas, para um mesmo caso concreto. Nessa hipótese de potencial conflito de normas (antinomia), apenas uma das regras poderá ser considerada válida, para efeito de aplicação, através da utilização dos conhecidos *critérios hierárquico*, *cronológico* e de *especialização* das normas jurídicas.

Pelo critério *hierárquico*, *a norma superior revoga a inferior* (*lex superior derogat inferior*). Com efeito, na hipótese de divergência entre regras jurídicas que se situam em patamares hierárquicos diferentes, será a norma superior que deverá prevalecer. Como consequência, regras inseridas em um decreto executivo não poderão prevalecer quando divergirem das regras fixadas pela lei ordinária a que estão subordinadas. E tendo em vista que a constituição está no ápice da pirâmide normativa do Estado, como já mencionamos anteriormente, não resta dúvida de que os comandos inseridos em suas normas devem prevalecer sobre quaisquer outras regras jurídicas que conflitem com seus termos.

O critério *cronológico*, por sua vez, determina que *a norma posterior derroga a anterior* (*lex posterior derogat priori*). De fato, na hipótese de duas regras jurídicas, de igual hierarquia, divergirem em relação a determinado tema, só poderá ser aplicada ao caso concreto a norma posterior, devendo a anterior ser considerada revogada,[5] mesmo que a posterior não o diga expressamente.[6]

Por fim, pelo critério da *especialização*, *a norma especial prevalece sobre a geral* (*lex specialis derogat generali*). Com efeito, havendo aparente conflito, em um dado caso concreto, entre uma norma especial e uma norma geral, deverá ser aplicada a primeira, quando as circunstâncias fáticas se enquadrarem nas hipóteses excepcionais reguladas pela lei especial.

---

5. "Não se destinando à vigência temporária, a lei terá vigor até que outra a modifique ou revogue". Lei de Introdução às Normas do Direito Brasileiro, artigo 2º, *caput*.

6. "A lei posterior revoga a anterior quando expressamente o declare, quando seja com ela incompatível ou quando regule inteiramente a matéria de que tratava a lei anterior". Lei de Introdução às Normas do Direito Brasileiro, artigo 2º, § 1º.

Como exemplo dessa hipótese, podemos citar as normas penais que tipificam os crimes de homicídio e de infanticídio. Matar alguém é crime tipificado no artigo 121, do Código Penal em vigor. Contudo, caso se trate de uma mãe, que mate o próprio filho, durante o parto ou logo após, e sob a influência do chamado estado puerperal, afastar-se-á aplicação daquela norma geral, para incidir a regra especial tipificada no artigo 123, do mesmo diploma legal.

Nesse ponto, é imperioso frisar que, na hipótese de aparente conflito entre regra geral e regra especial, a aplicação da norma especial, em razão das particularidades do caso concreto, não implica a revogação da geral, que continua plenamente vigente, aplicando-se perfeitamente aos demais casos que se enquadrem na hipótese geral por ela regulada.[7]

Já os princípios, estes não seguem a mesma lógica acima mencionada. Com efeito, é perfeitamente possível, e, aliás, ocorre com muita frequência, que dois princípios incidam sobre um mesmo caso concreto. Ao contrário das regras, que são aplicadas no que Leo van Holthe[8] chama de *lógica do tudo ou nada, os princípios admitem uma gradação em sua aplicação*, a depender do peso que apresentam, num dado caso concreto.

Exemplo típico é a divulgação, pela imprensa, de fotografias ou fatos desabonadores imputados a uma determinada pessoa. Sobre esse mesmo fato incidirão o princípio da liberdade da atividade de comunicação, independentemente de censura ou licença, prevista no artigo 5º, inciso IX, da Constituição de 1988, e o princípio da inviolabilidade do direito à intimidade, à vida privada, à honra e à imagem das pessoas, consagrado no mesmo artigo 5º, da Carta Magna, só que em seu inciso X.

Chamado a solucionar conflito entre dois princípios constitucionais, o magistrado poderá decidir-se pela prevalência de um ou de outro, a depender das circunstâncias do caso concreto. Caso se trate, por exemplo, de um conhecido agente político, o direito à informação poderá prevalecer sobre o direito à inviolabilidade da vida privada daquele.

Tratando-se, ao contrário, da divulgação de imagens e/ou fatos menos nobres, sem qualquer interesse público naquela divulgação, relativos a uma pessoa que não está costumeiramente na mídia, muito provavelmente o Poder Judiciário fará prevalecer o direito à vida privada e à imagem da pessoa, mitigando o direito à informação.

Deve-se frisar, contudo, que o princípio cuja aplicação não prevaleceu, num dado caso concreto, não deixou de ter validade, não deixou de estar amparado pela Carta Magna. Apenas não teve peso suficiente para ser aplicado naquele caso específico. Em outras circunstâncias fáticas, contudo, poderá prevalecer frente ao outro princípio.

CRITÉRIOS PARA A DISTINÇÃO ENTRE PRINCÍPIOS E REGRAS CONSTITUCIONAIS

Critério Formal	– Os princípios seriam as normas dotadas de generalidade extrema, não se destinando a regular um fato específico, e que permitem extrair de seus termos um incontável número de interpretações e comandos.
	– As regras são dotadas de um grau mínimo de generalidade, nas quais os fatos e também as consequências jurídicas por elas regulamentadas estão amplamente definidos em seu texto.

---

7. "A lei nova, que estabeleça disposições gerais ou especiais a par das já existentes, não revoga nem modifica a lei anterior". Lei de Introdução às Normas do Direito Brasileiro, artigo 2º, § 2º.
8. Eis a excelente síntese do autor, sobre o tema: "Enquanto as regras submetem-se à lógica do 'tudo ou nada' pela qual, diante da ocorrência da situação fática descrita na norma, ou a regra é válida e se aplica integralmente ou não é válida e não se aplica; a incidência dos princípios admite uma gradação, devendo ser aplicada na 'medida do possível', a partir da ponderação dos interesses em jogo no caso concreto". *Direito constitucional*. 6. ed. Jus Podivm, 2010, p. 59.

Critério substancial	– **Otimização** – os princípios (*mandamentos de otimização*) são normas jurídicas que determinam que os preceitos nelas albergados sejam observados na maior medida possível, levando em conta as circunstâncias do caso concreto (Robert Alexy).
	– **Flexibilização** – as duas espécies normativas podem ser diferenciadas em razão do caráter flexível, presente nos princípios, e ausente nas regras. Em outras palavras, as regras são aplicadas atentando-se apenas para o aspecto de sua *validade*, ao passo que os princípios levam em conta também a dimensão de *peso*, permitindo uma gradação em sua aplicação, diante das circunstâncias do caso concreto (Ronald Dworkin).

4.2 PRINCÍPIOS CONSTITUCIONAIS FUNDAMENTAIS: CONCEITO

Na seção anterior, vimos que, por um longo tempo, considerou-se que os princípios não serviam para a imposição de deveres e obrigações a terceiros, *não possuindo, portanto, qualquer força normativa*. Entendia-se que eles consistiam em simples proposições de valor, de conteúdo meramente programático, destinados a inspirar, nos diversos operadores do direito, os ideais de justiça.

Vimos ainda que, em um segundo momento, já sob a égide do denominado *positivismo jurídico*, passou-se a reconhecer alguma força normativa (jurídica) aos princípios, mas apenas em *caráter subsidiário*, ou seja, quando não houvesse norma expressa (positivada) disciplinando uma determinada relação jurídica. Nessa fase, os códigos passaram a prever, em seus textos, a possibilidade de aplicação subsidiária dos princípios gerais de direito, na hipótese de omissão legislativa.

Também vimos que, na atualidade, já se encontra praticamente pacificada a ideia de que os princípios jurídicos, considerados espécie do gênero norma jurídica, são também dotados de força normativa, de maneira semelhante (porém não idêntica) àquela conferida às demais normas jurídicas. Nesta seção, buscaremos trazer a definição de alguns princípios constitucionais que, tamanha a sua relevância, o constituinte de 1988 entendeu por bem denominá-los de *princípios fundamentais*.

Com efeito, da simples leitura da Constituição Federal vigente, podemos notar que os denominados princípios fundamentais foram consignados já no Título I de nossa Carta Magna, antes mesmo da enumeração dos direitos e garantias fundamentais, cujo rol foi elencado no Título II do texto constitucional. Referido Título I, que trata dos princípios fundamentais albergados por nossa Lei Maior, é composto por 4 (quatro) artigos, cujo teor será examinado logo em seguida.

Conforme ressaltam Gomes Canotilho e Vital Moreira,[9] referidos princípios fundamentais, em síntese, "visam essencialmente definir e caracterizar a colectividade política e o Estado e enumerar as principais opções político-constitucionais", sendo certo, ainda, que os artigos que os consagram "constituem por assim dizer a síntese ou matriz de todas as restantes normas constitucionais".

Na lição de Uadi Lammêgo Bulos,[10] os princípios em estudo são qualificados de *fundamentais* porque "constituem o alicerce, a base, o suporte, a pedra de toque do suntuoso edifício constitucional". São princípios que "possuem força expansiva, agregando, em torno de si, direitos inalienáveis, básicos e imprescritíveis, como a dignidade humana, a cidadania, o pluralismo político etc.".

---

9. *Fundamentos da constituição*. Coimbra: Coimbra Editora, 1991, p. 66.
10. *Curso de direito constitucional*. 5. ed. Saraiva, 2010, p. 493.

Em arremate às suas ponderações sobre os princípios fundamentais, aquele ilustre doutrinador pátrio assevera que eles têm por escopo "garantir a unidade da Constituição brasileira; orientar a ação do intérprete, balizando a tomada de decisões, tanto dos particulares como dos órgãos legislativo, executivo e judiciário; e preservar o Estado Democrático de Direito".

José Afonso da Silva,[11] por sua vez, após analisar os artigos que tratam dos princípios fundamentais na Constituição de 1988, afirma que podem ser encontrados, naquele rol: princípios relativos à existência, forma, estrutura e tipo de Estado (artigo 1º); princípios relativos à forma de governo e à organização dos poderes (artigos 1º e 2º); princípios relativos à organização da sociedade (artigo 3º, I); princípios relativos ao regime político (artigo 1º, parágrafo único); princípios relativos à prestação positiva do Estado (artigo 3º, II, III e IV); e princípios relativos à comunidade internacional (artigo 4º).

Da leitura das lições dos ilustres constitucionalistas acima mencionados, bem como do conteúdo dos dispositivos que os consagram, elencados na Constituição Federal, podemos afirmar que os princípios fundamentais são aqueles que *revelam a essência do Estado brasileiro e dos valores mais caros ao seu povo,* fornecendo aos destinatários de suas normas as diretrizes para a produção e a interpretação de todas as demais normas (constitucionais e infraconstitucionais) que compõem o ordenamento jurídico, garantindo a unidade destas e também a manutenção do Estado Democrático de Direito.

Com efeito, naqueles princípios fundamentais podemos encontrar a chamada essência de nosso Estado, ou seja, as principais feições que o caracterizam. Referidas normas revelam, por exemplo, que o Brasil é uma República, e do tipo Federal. Revelam, igualmente, que o País adotou a separação funcional do poder, tradicionalmente conhecida como "tripartição de poderes", ou, ainda, "separação de poderes", e que abraçou, ademais, um regime de governo democrático, fundado na soberania da vontade popular.

Ademais, todas as demais normas da Constituição Federal deverão ser interpretadas levando em conta os princípios fundamentais ali consignados, não podendo admitir-se, por exemplo, uma interpretação que desrespeite a separação funcional do poder, expressamente prevista no artigo 2º, da Carta Magna. Na mesma toada, não poderão ser editadas emendas constitucionais, bem como normas infraconstitucionais, que não respeitem o modelo de Estado Federal adotado pelo Brasil, notadamente seu caráter indissolúvel e as competências fixadas para cada uma das unidades federadas.

As demais normas jurídicas deverão ser produzidas e interpretadas, ainda, observando rigorosamente o regime democrático adotado pelo Brasil, materializado no denominado *princípio da soberania popular*, conforme expressa redação do artigo 1º, parágrafo único, da Lei Maior, o qual dispõe que "todo o poder emana do povo, que o exerce por meio de representantes eleitos ou diretamente, nos termos desta Constituição".

Para encerrar estes breves apontamentos sobre os princípios fundamentais da Constituição Federal, vale mencionar que, nos termos do artigo 60, § 4º, da Carta Magna, parte deles é expressamente relacionada como cláusulas pétreas de nossa Constituição da República, ou seja, como matérias que não podem, de maneira alguma, ser objeto de alteração, através de emendas constitucionais. São elas: a forma federativa de Estado e a denominada separação de poderes.

---

11. *Curso de direito constitucional*. 33. ed. Malheiros, 2010, p. 94-95.

Contudo, não podemos deixar de lembrar que, a despeito de não estarem expressamente relacionados como cláusulas pétreas, todos os demais princípios fundamentais da vigente Constituição Federal têm a mesma característica. Com efeito, como vimos no Capítulo 2, referidos princípios fundamentais estão entre as normas constitucionais que fazem parte das denominadas limitações implícitas do poder reformador na Constituição de 1988.[12]

Ultimados essas breves notas introdutórias sobre o tema, passaremos sem mais delongas à análise propriamente dita dos denominados princípios fundamentais consagrados pela Constituição Federal de 1988, e explicitados nos 4 (quatro) primeiros artigos do texto constitucional vigente. É o que faremos a partir de agora.

PRINCÍPIOS CONSTITUCIONAIS FUNDAMENTAIS: CONCEITO

– São aqueles que revelam a essência do Estado brasileiro e dos valores mais caros ao seu povo, fornecendo aos destinatários de suas normas as diretrizes para a produção e a interpretação de todas as demais normas (constitucionais e infraconstitucionais) que compõem o ordenamento jurídico, garantindo a unidade destas e também a manutenção do Estado Democrático de Direito

– Nos princípios fundamentais podemos encontrar a chamada essência de nosso Estado, ou seja, as principais feições que o caracterizam. Referidas normas revelam, por exemplo, que o Brasil é uma República, do tipo Federal; que o País adotou a tradicional "tripartição de poderes"; e que abraçou o regime democrático, fundado na soberania da vontade popular.

– Todas as demais normas da Constituição Federal deverão ser interpretadas levando em conta os princípios fundamentais ali consignados. As demais normas jurídicas deverão ser produzidas e interpretadas, ainda, observando rigorosamente o regime democrático adotado pelo Brasil, materializado no denominado *princípio da soberania popular*.

4.3 PRINCÍPIO REPUBLICANO

Conforme tradicional classificação produzida por Maquiavel, existem 2 (duas) *formas de governo*: monarquia e república. *Monarquia* é a forma de governo em que o rei ou monarca é investido na qualidade de Chefe de Estado, com caráter de vitaliciedade, ou seja, até que advenha sua morte. No *sistema de governo do tipo parlamentarista*, que é o mais comum nas monarquias constitucionais do Ocidente, o rei exerce apenas a função de Chefe de Estado, ficando a cargo do primeiro-ministro a função de Chefe de Governo.

Ordinariamente, *a investidura do rei dá-se por hereditariedade*, recebendo o título de monarca por se tratar do herdeiro do falecido rei, dentro da linha de sucessão dinástica, que pode inclusive estar prevista na constituição do Estado. Contudo, por exceção, é possível a investidura por livre-escolha do monarca sucedido, mesmo que fora do vínculo de parentesco. Trata-se da chamada *cooptação*, largamente utilizada pelos Antoninos[13], no Império Romano, e que também foi usada por Maria Pia de Bragança, na qualidade de filha bastarda legitimada pelo Rei Carlos I, de Portugal.

É possível fazer uma divisão da monarquia em 2 (duas) espécies: *monarquia absoluta* e *monarquia constitucional ou limitada*. Na monarquia absoluta, o monarca concentra em suas mãos todo o poder, exercendo-o sem qualquer limitação. Na monarquia constitucional, ao contrário, o poder monárquico tem limites, estes expressamente fixados pela Constituição do Estado.

---

12. Nós vimos, naquela oportunidade, que também não podem sofrer emendas as normas existentes na Carta Magna relativas à organização do Estado, notadamente as relativas à fixação das competências dos entes que compõem a Federação, à titularidade e ao exercício do poder constituinte, bem como os princípios fundamentais, constantes do Título I, da Constituição de 1988.
13. Os Antoninos foram 4 (quatro) Imperadores romanos, que governaram entre os anos de 138 e 192 depois de Cristo. São eles: Antonio Pio, Marco Aurélio, Lúcio Vero e Cômodo.

Já a *República* (*res* + *publica* – coisa pública) é a forma de governo em que a investidura dá-se por *eleição*, para exercício da função em *caráter temporário*. Esta é a forma de governo adotada por nosso País, como se pode verificar da simples leitura do artigo 1º, *caput*, da Constituição Federal, que declara expressamente que o Brasil ostenta a forma de governo republicana, cujo nome oficial é República Federativa do Brasil.

Na lição de Uadi Lammêgo Bulos,[14] o princípio republicano, que estabelece a forma de governo do Brasil, "consagra a ideia de que representantes eleitos pelo povo devem decidir em seu nome, à luz da *responsabilidade* (penhor da idoneidade da representação popular), da *eletividade* (meio de exercício da representação) e da *temporariedade* (fidelidade do mandato e alternância no poder)".

Portanto, podemos dizer que, ao contrário do que ocorre no regime monárquico, caracterizado pela *vitaliciedade* e pela *hereditariedade*, o modelo republicano baseia-se na *eletividade* e na *temporariedade*. Quer isso dizer, em outras palavras, que, nesta forma de governo, o exercício do poder dá-se por meio de representantes eleitos, e que tal exercício deve ser temporário, através de mandatos fixos, em que seja assegurada a chamada *alternância de poder*.

Outra característica do governo republicano é a imposição de *responsabilidade* aos agentes públicos. Com efeito, tendo em vista que atuam em nome do povo, através de mandatos fixos e periódicos, justamente para gerir a denominada coisa pública (que, por definição, é de todos, e não um patrimônio particular dos governantes), referidos agentes devem responder por todos os atos que digam respeito à condução do governo que exercem.

É por força dessa característica que os diversos agentes públicos estão sujeitos, por exemplo, à prestação de contas. Também podem sofrer eventual instauração de processo para apuração de prática de crime de responsabilidade. Sujeitam-se também à propositura de ações populares para anular atos lesivos ao patrimônio público, à moralidade administrativa, ao meio ambiente e ao patrimônio histórico e cultural. Sujeitam-se, ainda, à propositura de ações civis públicas e ações de improbidade administrativa.

PRINCÍPIO REPUBLICANO

– República é a forma de governo em que a investidura se dá por eleição, para exercício da função em caráter temporário. Esta é a forma de governo adotada pelo País, conforme artigo 1º, *caput*, da Constituição, que declara expressamente que o Brasil é um governo do tipo republicano, cujo nome oficial é República Federativa do Brasil.

– O modelo republicano baseia-se na *eletividade* e na *temporariedade*. Quer isso dizer que o exercício do poder de dá por meio de representantes eleitos, e que tal exercício deve ser temporário, através de mandatos fixos, em que seja assegurada a chamada alternância de poder.

– Outra característica do governo republicano é a imposição de *responsabilidade* aos agentes públicos. Com efeito, tendo em vista que atuam em nome do povo, através de mandatos fixos e periódicos, justamente para gerir a denominada coisa pública, referidos agentes devem responder por todos os atos que digam respeito à condução do governo que exercem.

4.4 PRINCÍPIO FEDERATIVO

Os Estados, quanto a sua forma, podem ser *simples* (também denominados *unitários*) ou *compostos* (também conhecidos como *complexos*). O Estado *simples ou unitário*, geralmente adotado por países de pequena extensão territorial, é aquele formado por um único

---

14. *Op. cit.*, p. 494-495.

ente estatal, com centralização do poder político. Mesmo que haja alguma descentralização (política ou meramente administrativa), referida descentralização sempre estará condicionada à expressa concordância do poder central.

Aliás, justamente em razão desta possibilidade de parcial descentralização, os Estados unitários comportam uma subdivisão: Estados *unitários centralizados*, em que há um único centro de exercício do poder político; e Estados *unitários descentralizados*, em que é possível alguma descentralização, porém submetida ao poder central.

O Estado *composto ou complexo*, de outro lado, é aquele formado por mais de um ente estatal com alguns ou vários poderes políticos internos funcionando ao mesmo tempo. Esta forma de Estado também comporta algumas subespécies, a saber: *união real, união pessoal, confederação e federação*. *União real* é a espécie de Estado composto, em que 2 (dois) ou mais Estados igualmente soberanos se unem, perdendo, cada um daqueles entes estatais, a soberania que possuíam, em favor do novo Estado criado. O exemplo costumeiramente mencionado é a união da Alemanha e da Áustria, construída por Adolf Hitler.

União pessoal, por sua vez, uma *modalidade exclusiva de governos monárquicos*, é a união momentânea de 2 (dois) ou mais Estados, em torno de um mesmo monarca, preservando cada um daqueles entes estatais a sua soberania. Exemplo também costumeiramente citado é a união de Portugal e Espanha, entre 1580 e 1640, na denominada União Ibérica, quando o Rei Espanhol Felipe II se tornou herdeiro das 2 (duas) Coroas.

Confederação, de outro lado, é a união de 2 (dois) ou mais Estados soberanos, com vistas ao atendimento de objetivos comuns, como, por exemplo, a defesa externa dos Estados confederados. Celebrada por meio de acordos, tratados ou convenções (e não por meio de uma constituição), implica parcial mitigação da autonomia dos Estados participantes, sem qualquer prejuízo, contudo, para a soberania destes. Nessa modalidade, é possível aos Estados-membros retirarem-se da confederação a qualquer tempo, desde que o considerem conveniente e oportuno. Trata-se do denominado *direito de secessão*.

O exemplo mais recente desta espécie de Estado composto é a Comunidade dos Estados Independentes (CEI), formada por países que pertenciam à extinta União Soviética. O exemplo mais citado, contudo, é o da confederação formada pelas 13 (treze) colônias norte-americanas, logo após libertarem-se do domínio britânico, e até a promulgação da Constituição dos Estados Unidos da América, em 1787, quando foi criada a Federação Norte-Americana.

Federação, por fim, é a união *permanente* (não há que se falar, aqui, em direito de secessão) de 2 (dois) ou mais Estados, os quais, conservando sua autonomia político-administrativa, abrem mão de sua soberania, em favor do Estado Federal. Neste modelo, criado pelos norte-americanos (na Constituição dos Estados Unidos da América, promulgada em 1787), cada um dos entes que a compõe passa a se sujeitar aos termos de uma Constituição Federal.

Aqui, na generalidade dos casos, não há hierarquia entre a União e cada uma das entidades que formam o Estado Federal, uma vez que a constituição que institui referido Estado fixa expressamente as competências de uns e outros. E o nosso País, conforme expressamente fixado pelo Constituição de 1988, é justamente uma Federação. Com efeito, já em seu artigo 1º, *caput*, nossa Carta Magna deixa claro que o Brasil é um Estado Federal, ao dispor que a República Federativa do Brasil (o nome oficial de nosso Estado) é formada pela união indissolúvel dos Estados, Municípios e do Distrito Federal.

E, ao tratar da organização político-administrativa, nossa Lei Maior mais uma vez ressalta que o Brasil é um Estado Federal, ao dispor que "a organização político-administrativa do Brasil compreende a União, os Estados, o Distrito Federal e os Municípios, todos autônomos, nos termos desta Constituição". Maiores informações sobre o tema, inclusive sobre as particularidades da Federação brasileira, nós as veremos no Capítulo 10 deste livro, quando tratarmos da Organização do Estado brasileiro.

PRINCÍPIO FEDERATIVO

– Federação é a união *permanente* de dois ou mais Estados, os quais, conservando sua autonomia político-administrativa, abrem mão de sua soberania, em favor do Estado Federal. Neste modelo, cada um dos entes que a compõe passa a se sujeitar aos termos de uma Constituição Federal.

– Aqui, na generalidade dos casos, não há que se falar em hierarquia entre a União e cada um dos entes que formam o Estado Federal, uma vez que a Constituição Federal, que institui referido Estado, fixa expressamente as competências de uns e outros.

– Nosso País, conforme expressamente fixado pelo artigo 1º, *caput*, da Constituição de 1988, é um Estado do tipo Federal. Ali está disposto que a República Federativa do Brasil (o nome oficial de nosso Estado) é formada pela união indissolúvel dos Estados, Municípios e do Distrito Federal.

4.5 PRINCÍPIO DO ESTADO DEMOCRÁTICO DE DIREITO E A SOBERANIA POPULAR

Conforme expressamente assentado no artigo 1º, *caput*, da Constituição de 1988, "a República Federativa do Brasil, formada pela união indissolúvel dos Estados e Municípios e do Distrito Federal, constitui-se em Estado Democrático de Direito". Além de tratar dos já estudados princípios republicano e federativo, referido dispositivo constitucional, como se pode notar, também aponta, como um dos princípios fundamentais de nossa Constituição Federal, o denominado princípio do Estado Democrático de Direito, por alguns também chamado de Estado de Direito Democrático.

Estado de Direito pode ser conceituado, de maneira sintética, como aquele submetido ao chamado *império das leis*. Com efeito, como vimos anteriormente, com o surgimento do liberalismo, e em oposição ao modelo absolutista até então existente, os Estados passaram a ser criados por meio de constituições escritas, com a fixação de mecanismos de limitação e repartição do poder estatal, sobretudo para a proteção do indivíduo contra eventuais arbitrariedades estatais.[15]

A partir dali, passou a ser comum aos diversos Estados modernos editarem normas, fixadas tanto pela constituição, como pelos diplomas infraconstitucionais, não só para reger as relações entre os particulares, mas também para vincular a própria atuação dos agentes estatais, inclusive com a previsão de mecanismos para evitar lesões aos indivíduos, e de regras de responsabilização dos governantes, caso houvesse, ainda assim, danos aos particulares.

O Estado de Direito, portanto, é aquele em que existe uma constituição, secundada por um conjunto de normas infraconstitucionais, que fornece a organização fundamental da entidade estatal, criando seus órgãos e fixando suas competências, instituindo regras para a divisão funcional do poder, bem como fixando um rol de direitos e garantias fundamentais, para a proteção do indivíduo contra potenciais abusos praticados pelo ente estatal.

O *regime democrático*, por outro lado, é aquele em que as decisões políticas são tomadas em estreita vinculação com a vontade popular. Trata-se, em síntese, do "governo do povo, pelo

---

15. Nesses termos, por exemplo, é a lição do eminente José Joaquim Gomes Canotilho: "o Estado de Direito é um Estado constitucional. Pressupõe a existência de uma constituição que sirva – valendo e vigorando – de ordem jurídico-normativa fundamental vinculativa de todos os poderes públicos". *Direito constitucional.* 6. ed. Coimbra: Almedina, 1996, p. 360.

povo e para o povo", conforme clássica definição de Abraham Lincoln. Conforme o maior ou menor grau de efetiva participação popular no governo, o regime democrático comporta 3 (três) modalidades, a saber: *democracia direta, democracia indireta e democracia semidireta*.

A *democracia direta* é aquela em que as decisões são tomadas pelo próprio povo, reunido em assembleias especialmente destinadas a este fim. Trata-se do modelo de democracia que existiu na Grécia antiga, em que os cidadãos (com exclusão das mulheres, crianças, escravos e estrangeiros) reuniam-se em assembleia, em praça pública, para decidir os assuntos de interesse da *Polis*.

Essa modalidade de regime democrático não se mostra viável em Estados que possuem grandes populações, diante da inequívoca impossibilidade material de se reunir o povo numa assembleia para deliberação de assuntos de governo. Conforme afirma Manoel Gonçalves Ferreira Filho,[16] nos dias de hoje, nenhum Estado pode adotá-la, uma vez que é impossível reunir milhões de cidadãos, sobretudo com a frequência necessária, para resolverem os problemas comuns. Cita, ainda, a incapacidade do povo de compreender os problemas técnicos e complexos do Estado.

A *democracia indireta*, por sua vez, é aquela em que as decisões políticas são tomadas não pelo povo, de maneira direta, mas sim por meio de representantes deste, eleitos especialmente para tal mister. Também conforme lição de Manoel Gonçalves Ferreira Filho,[17] o modelo clássico de democracia indireta é a chamada *democracia representativa*, que apresenta 2 (dois) subsistemas: o puro, ou tradicional; e a democracia pelos partidos.

A *democracia semidireta*, por fim, é aquela que possui características das duas modalidades anteriormente mencionadas. Com efeito, além da eleição de representantes, através do voto (democracia representativa), são também adotados, nesta modalidade, mecanismos de participação popular direta, tais como o plebiscito, o referendo e a iniciativa popular.

Esse último (democracia semidireta) é o modelo de democracia adotado pelo Brasil, que dispõe, no artigo 1º, parágrafo único, da Constituição Federal, que "todo o poder emana do povo, que o exerce por meio de representantes eleitos ou diretamente, nos termos desta Constituição". Temos, aí, a consagração constitucional à denominada *soberania popular*, que também está expressamente mencionada no artigo 14, de nossa Lei Maior.[18]

O *Estado Democrático de Direito*, a toda evidência, é a conjugação do Estado de Direito com o regime democrático. Trata-se, portanto, do Estado submetido ao império da lei, ou seja, a um conjunto de normas que criam seus órgãos e estabelecem suas competências, que preveem a separação de poderes, e que também fixam direitos e garantias fundamentais para a proteção do indivíduo contra eventuais arbitrariedades estatais, e no qual também se garante o respeito à denominada soberania popular, permitindo que o povo (o titular do poder) participe das decisões políticas do Estado, seja por meio de representantes eleitos, seja por meio de mecanismos de democracia direta.[19]

---

16. *Op. cit.*, p. 83.
17. *Op. cit.*, p. 85.
18. Constituição Federal, artigo 14: "A soberania popular será exercida pelo sufrágio universal e pelo voto direto e secreto, com valor igual para todos, e, nos termos da lei, mediante: I – plebiscito; II – referendo; III – iniciativa popular".
19. Este também é o entendimento, por exemplo, de Alexandre de Moraes, conforme se pode verificar do trecho aqui transcrito: "O Estado Democrático de Direito, que significa a exigência de reger-se por normas democráticas, com eleições livres, periódicas e pelo povo, bem como o respeito das autoridades públicas aos direitos e garantias fundamentais, proclamado no *caput* do artigo, adotou, igualmente, no seu parágrafo único, o denominado *princípio democrático*, ao afirmar que 'todo o poder emana do povo, que o exerce por meio de representantes eleitos ou diretamente, nos termos desta Constituição'". *Direito constitucional*. 26. ed. Saraiva, 2010, p. 22.

Para encerrarmos esta seção, vale mencionar, a título de informação, que diversos autores pátrios afirmam que o Brasil não é apenas um Estado Democrático de Direito, conforme expressamente disposto no supramencionado artigo 1º, *caput*, da Constituição Federal vigente. Mais do que isso, referidos autores lembram que pode ser extraída, do conjunto de princípios e regras contidos em nossa Carta Magna, a ideia de que o País é um *Estado Democrático e Social de Direito*.

Com efeito, referidos constitucionalistas lembram que nossa Lei Maior prevê, além das tradicionais regras de proteção do indivíduo contra possíveis arbitrariedades estatais (as chamadas liberdades públicas), e dos direitos relativos à participação política (as denominadas liberdades-participação), também um conjunto de direitos sociais e econômicos, que impõe ao Estado um conjunto de prestações positivas, visando à redução das desigualdades sociais e econômicas. E é justamente este conjunto de direitos sociais que daria ao Brasil a qualidade de Estado Democrático e Social de Direito.

PRINCÍPIO DO ESTADO DEMOCRÁTICO DE DIREITO

– O Estado Democrático de Direito é aquele não só submetido ao império da lei, ou seja, a um conjunto de normas que criam seus órgãos e estabelecem suas competências, que preveem a separação de poderes, e que também fixam direitos e garantias fundamentais para a proteção do indivíduo contra eventuais arbitrariedades estatais, mas que também garante o respeito à denominada soberania popular, permitindo que o povo (o titular do poder) participe das decisões políticas do Estado, seja por meio de representantes eleitos, seja por meio de mecanismos de democracia direta.

4.6 FUNDAMENTOS DA REPÚBLICA FEDERATIVA DO BRASIL

Nos termos do artigo 1º, da Constituição Federal, são fundamentos da República Federativa do Brasil: a soberania, a cidadania, a dignidade da pessoa humana, os valores sociais do trabalho e da livre iniciativa, e o pluralismo político. Vejamos, em seguida, os conceitos de cada um daqueles fundamentos adotados pelo País.

1. *Soberania* – conforme lição de Alexandre de Moraes,[20] "é a capacidade de editar suas próprias normas, sua própria ordem jurídica (a começar pela Lei Magna), de tal modo que qualquer regra heterônoma só possa valer nos casos e nos termos admitidos pela própria Constituição". Leo van Holthe,[21] por sua vez, nos ensina que "a soberania denota que o Estado brasileiro não está subjugado por nenhum outro poder, quer na ordem interna, quer na ordem internacional estando em situação de igualdade para com os outros Estados soberanos".

Trata-se a soberania, em outras palavras, do poder estatal, dotado de supremacia na ordem interna, não podendo sofrer qualquer limitação por outros poderes daquele mesmo Estado, e de independência na ordem externa, não estando sujeito a imposições de quaisquer outros Estados estrangeiros ou Organismos Internacionais. Deste fundamento decorrem quase todos os princípios adotados pelo Brasil no tocante às relações internacionais, e expressamente relacionados no artigo 4º, de nossa Lei Maior.

2. *Cidadania* – em sentido técnico-restrito, diz respeito à participação do indivíduo, como um nacional do País, do processo político do Estado, através do direito de votar e de ser votado, de se manifestar nos plebiscitos e referendos, bem como de atuar nos demais meios de participação popular, tais como na propositura de ação popular e na impugnação de

---
20. *Op. cit.*, p. 21.
21. *Op. cit.*, p. 88.

mandato parlamentar.[22] Portanto, a cidadania, neste contexto, está estreitamente relacionada com a *soberania popular* (artigo 1°, parágrafo único, da Constituição Federal).

É imperioso ressaltar, contudo, que também se costuma conceder ao termo cidadania um sentido mais amplo. Com efeito, neste último sentido, e que certamente foi o empregado pelo artigo 1°, inciso II, de nossa Carta Magna vigente, cidadania diz respeito à participação ampla do cidadão nas coisas do Estado, não só no tocante aos direitos políticos, como também no exercício dos demais direitos e garantias fundamentais, tais como os direitos individuais e coletivos, direitos sociais, econômicos e culturais, como também direitos difusos e coletivos.

Nesse sentido, por exemplo, é a excelente lição de Francisco Gérson Marques de Lima,[23] o qual nos esclarece que "os chamados direitos de cidadania passaram a ser todos aqueles relativos à dignidade do cidadão, como sujeito de prestações estatais, e à participação ativa na vida social, política e econômica do Estado". Referido autor ressalta, na mesma oportunidade, que não se pode mais conceber a democracia, no estágio atual, como o simples direito de votar e de ser votado, porquanto a participação de homens e mulheres, na vida política de um Estado, não se restringe ao aspecto eleitoral.

Deve-se frisar, por fim, que a cidadania não se refere apenas ao exercício do conjunto de direitos e garantias, por parte dos cidadãos. Em um Estado Democrático de Direito, mais do que isso, importa também no cumprimento dos deveres e obrigações impostos a todos, pelo ordenamento jurídico estatal, para a convivência ordeira e harmônica da sociedade. É o que podemos extrair, por exemplo, dos ensinamentos de Elias Farah:[24]

> "É de extrema relevância o aperfeiçoamento dos meios e instrumentos visando ao justo e profícuo relacionamento entre Estado e cidadão. A pessoa natural se relaciona com a sociedade política, que chamamos Estado. Cidadania, por isso, pode ser definida como o estatuto que rege, de um lado, o respeito e a obediência que o cidadão deve ao Estado e, de outro, a proteção e os serviços que o Estado deve dispensar, pelos meios possíveis, ao cidadão".

Dessa forma, devemos insistir, o termo cidadania, quando empregado como um dos fundamentos da República Federativa do Brasil, não deve ser entendido em sua acepção mais restrita, de simples atuação do indivíduo, como um nacional do País, no processo político-eleitoral do Estado, mas sim em seu sentido amplo, de efetiva participação ativa em toda a vida da sociedade, não só exigindo que o Estado respeite todos os seus direitos individuais, sociais, econômicos e culturais (e não apenas os eleitorais), como também cumprindo todos os deveres que o convívio social lhe impõe.

3. *Dignidade da pessoa humana* – apontado pela doutrina como a fonte primordial de todo o ordenamento jurídico, e, sobretudo, dos direitos e garantias fundamentais, este princípio fundamental exige que o indivíduo seja tratado como um fim em si mesmo, que seja encarado como *a razão de ser do próprio ordenamento*, impondo não só ao Estado, como também aos particulares, que o respeitem integralmente, evitando qualquer conduta que degrade sua condição humana.

Ricardo Cunha Chimenti, Fernando Capez, Márcio F. Elias Rosa e Marisa F. Santos[25] nos esclarecem que a dignidade da pessoa humana "é uma referência constitucional unifi-

---

22. Esse também é o entendimento, por exemplo, de Uadi Lammêgo Bulos, que define o princípio da cidadania como o "*status* das pessoas físicas que estão no pleno gozo de seus direitos políticos ativos (capacidade de votar) e passivos (capacidade de ser votado e, também, de ser eleito)". *Op. cit.*, p. 498.
23. *Fundamentos constitucionais do processo*: sob a perspectiva da eficácia dos direitos e garantias fundamentais. Malheiros, 2002, p. 97.
24. *Cidadania*. Juarez de Oliveira, 2001, p. 1.
25. *Curso de direito constitucional*. 7. ed. Saraiva, 2010, p. 68.

cadora dos direitos fundamentais inerentes à espécie humana, ou seja, daqueles direitos que visam garantir o conforto existencial das pessoas, protegendo-as de sofrimentos evitáveis na esfera social".

Na excelente lição de Leo van Holthe,[26] "a proteção da dignidade da pessoa humana parte do pressuposto de que o homem, em virtude tão somente de sua condição humana e independentemente de qualquer outra circunstância, é titular de direitos que devem ser reconhecidos e respeitados por seus semelhantes e pelo Estado". Logo em seguida afirma que, em razão deste princípio, "o ser humano jamais poderá ser tratado como 'coisa', objeto ou mero instrumento, de forma a negar sua condição humana".

4. *Valores sociais do trabalho e da livre iniciativa* – este fundamento do Estado brasileiro, que também está expressamente consagrado no *caput* do artigo 170, de nossa Carta Magna (que dispõe sobre os princípios gerais da atividade econômica), tem por escopo esclarecer que a ordem econômica nacional, muito embora do tipo capitalista, com garantia da livre iniciativa, deve respeitar também os valores sociais do trabalho, de maneira a assegurar, a todos, uma existência digna, conforme os ditames da justiça social.

Com efeito, ao consagrar expressamente um princípio básico do capitalismo (a livre iniciativa), a ordem constitucional vigente adota, inequivocamente, uma economia de mercado, não sendo possível falar-se, portanto, em instituição de uma economia planificada, nos moldes socialistas. A garantia da livre iniciativa, aliás, é reforçada pelo parágrafo único do supramencionado artigo 170, da Lei Maior, o qual assegura a todos o livre exercício de qualquer atividade econômica, independentemente de autorização de órgãos públicos, salvo nos casos previstos em lei.

Contudo, além de abraçar a economia capitalista, com expressa valorização da livre iniciativa, a Constituição Federal também concede inequívoca proteção aos valores sociais do trabalho humano, com o objetivo de assegurar, a todos, uma existência digna, conforme os ditames da justiça social. Quer isso dizer, em outras palavras, que a razão de ser da economia de mercado é justamente garantir a concretização dos valores sociais do trabalho humano, de modo que todos conquistem uma existência digna, com acesso aos bens e serviços essenciais à vida moderna.

5. *Pluralismo político* – decorrência lógica do regime democrático adotado pelo Brasil, referido fundamento diz respeito à necessidade de respeito e tolerância, por toda a sociedade brasileira, notadamente por meio de suas inúmeras entidades de representação (tais como partidos políticos, sindicatos, associações, instituições religiosas) à multiplicidade de opiniões, de ideologias, acerca de assuntos econômicos, políticos, sociais, culturais, filosóficos, religiosos etc.

Na lição de Uadi Lammêgo Bulos,[27] pluralismo significa participação plural na sociedade, envolvendo partidos políticos, sindicatos, associações, entidades de classe, igrejas, universidades, escolas, empresas e organizações em geral. Em conclusão, pondera que "admitir uma sociedade pluralista significa aceitar a diversidade de opiniões, muitas vezes conflitivas e tensas entre si".

No caso específico dos partidos políticos, as entidades que, por excelência, representam as diversas correntes políticas, muitas vezes antagônicas, adotadas pelo conjunto da sociedade, nossa Lei Maior lhes confere ampla liberdade de criação, fusão, incorporação

---

26. *Op. cit.*, p. 90.
27. *Op. cit.*, p. 502.

e extinção, apenas asseverando, em seu artigo 17, que referidos partidos políticos devem respeitar a soberania nacional, o regime democrático, o pluripartidarismo e os direitos fundamentais da pessoa humana.

O mesmo artigo 17, da Constituição Federal vigente, determina, ainda, que os partidos políticos tenham caráter nacional; que não recebam recursos financeiros de entidade ou governo estrangeiros e que não se subordinem a estes; que prestem contas à Justiça Eleitoral; que funcionem de acordo com a lei; e que não se utilizem de organizações paramilitares.

FUNDAMENTOS DA REPÚBLICA FEDERATIVA DO BRASIL

– **Soberania:** poder estatal dotado de supremacia na ordem interna, não podendo sofrer qualquer limitação por outros poderes daquele mesmo Estado, e de independência na ordem externa, não estando sujeito a imposições de quaisquer outros Estados estrangeiros ou Organismos Internacionais.

– **Cidadania**: aqui, deve ser compreendida em seu sentido amplo, de efetiva participação do cidadão em toda a vida da sociedade, não só exigindo que o Estado respeite todos os seus direitos individuais, sociais, econômicos e culturais (e não apenas os eleitorais), como também cumprindo todos os deveres que a mesma sociedade lhe impõe.

– **Dignidade da pessoa humana:** exige que o indivíduo seja tratado como um fim em si mesmo, que seja encarado como a razão de ser do próprio ordenamento, impondo a todos que não pratiquem qualquer conduta de degrade sua condição humana.

– **Valores sociais do trabalho e da livre iniciativa**: tem por escopo esclarecer que a ordem econômica nacional, muito embora do tipo capitalista, deve respeitar os valores sociais do trabalho, de maneira a assegurar, a todos, uma existência digna, conforme os ditames da justiça social.

– **Pluralismo político**: diz respeito à necessidade de respeito e tolerância, por toda a sociedade brasileira, notadamente por meio de suas inúmeras entidades de representação, à multiplicidade de opiniões, de ideologias, acerca de assuntos econômicos, políticos, sociais, culturais, filosóficos, religiosos etc.

4.7 PRINCÍPIO DA SEPARAÇÃO DE PODERES

O artigo 2º, da Constituição Federal dispõe que "são Poderes da União, independentes e harmônicos entre si, o Legislativo, o Executivo e o Judiciário". Nossa Carta Magna de 1988 adotou, portanto, a tradicional *separação de poderes*, ou seja, a repartição do poder estatal (que, na verdade, é uno) em 3 (três) funções distintas, todas com independência, prerrogativas e imunidades próprias, indispensáveis ao bom cumprimento de seus misteres.

Em outras palavras, conferiu àquelas funções do Estado, exercidas por três órgãos distintos, os conhecidos Poderes Legislativo, Executivo e Judiciário, parcelas da soberania estatal, garantindo considerável independência, a cada um deles, em relação aos demais, como mecanismo assecuratório do respeito aos direitos e garantias fundamentais da pessoa, e, sobretudo, da manutenção do Estado Democrático de Direito.

Conforme excelente lição de José Afonso da Silva,[28] a chamada separação de poderes, também conhecida por *divisão de poderes*, está fundamentada em 2 (dois) elementos essenciais: o primeiro é a *especialização funcional*, significando que cada órgão é especializado em uma função estatal específica; o segundo, a *independência orgânica*, que exige que cada um daqueles órgãos possa exercer sua função especializada de forma verdadeiramente independente, sem subordinação aos demais.

Com efeito, por força da *especialização funcional* que lhes é peculiar, o ordenamento jurídico do Estado, cujas normas principais estão na própria Carta Magna, confere a cada

---

28. *Op. cit.*, p. 109.

um daqueles poderes estatais uma função precípua, a que a doutrina costuma denominar de *função típica*. Assim, caberá ao Poder Executivo, precipuamente, a função executiva; ao Poder Legislativo, a função legislativa e também de fiscalização do Poder Executivo; e ao Poder Judiciário, a função jurisdicional.

Já em razão da *independência orgânica*, cada um daqueles poderes do Estado deverá exercer sua função estatal sem qualquer subordinação aos demais poderes constituídos, não havendo necessidade, por exemplo, de consultar ou solicitar autorização dos outros poderes para realizar suas atribuições típicas, cujas balizas são fixadas apenas pelo ordenamento jurídico, notadamente a Carta Magna.

É por força da independência orgânica, por exemplo, que os membros do Poder Legislativo gozam das chamadas *imunidades parlamentares*, ou seja, de um conjunto de prerrogativas que lhes permitem atuar com liberdade e independência, podendo, por exemplo, exercer a função típica de fiscalizar os atos do Poder Executivo sem receios de sofrerem intimidações ou cerceamentos por parte dos membros deste outro poder.

Na mesma toada, os membros do Poder Judiciário gozam de algumas garantias constitucionais, tais como a vitaliciedade, a inamovibilidade e a irredutibilidade de subsídios, as quais têm por escopo justamente assegurar o livre desempenho de suas funções jurisdicionais, sem qualquer risco de sofrer pressões indevidas de outrem, inclusive dos outros Poderes da República, que possam comprometer sua indispensável imparcialidade.

Ao Poder Judiciário, ademais, é também garantida a chamada autonomia administrativa e financeira, permitindo-lhe exercer as atividades administrativas necessárias ao pleno cumprimento de sua missão institucional, bem como gerir suas próprias contas, em consonância com as propostas orçamentárias por ele elaboradas, sem sofrer quaisquer ingerências dos demais poderes, que possam inibir sua atuação.

É importante ressaltarmos, contudo, que tanto a especialização funcional, quanto a independência orgânica, típicas da separação ou divisão de poderes, não podem ser encaradas como absolutas. Com efeito, conforme ressalta o próprio artigo 2º da Carta Magna, muito embora independentes, os Poderes Executivo, Legislativo e Judiciário são também *harmônicos entre si*.

Por *harmonia entre os poderes* devemos entender não só a exigência de que haja tratamento cortês entre os três poderes, e que sejam reciprocamente respeitadas as prerrogativas que lhe são atribuídas, como também a necessidade de que cada um dos órgãos que detém parcela do poder estatal possa praticar atos típicos dos outros poderes e também exercer algum controle sobre os demais. Este mecanismo é denominado como *sistema de freios e contrapesos*, também conhecido como *checks e balances*, em sua versão norte-americana.[29]

Com efeito, no que se refere à chamada especialização funcional, a verdade é que não há, como possa parecer a princípio, exercício exclusivo de cada uma daquelas funções estatais, pelos diferentes poderes. Isso porque, além das funções predominantes, denominadas de *funções típicas* (justamente em razão deste caráter de predominância), o próprio texto

---

29. Nesse sentido é a lição de José Afonso da Silva: "A *harmonia* entre os poderes verifica-se primeiramente pelas normas de cortesia no trato recíproco e no respeito às prerrogativas e faculdades a que mutuamente todos têm direito. De outro lado, cabe assinalar que nem a divisão de funções entre órgãos do poder nem sua independência são absolutas. Há interferências, que visam ao estabelecimento de um sistema de freios e contrapesos, à busca do equilíbrio necessário à realização do bem da coletividade e indispensável para evitar o arbítrio e o desmando de um em detrimento do outro e especialmente dos governados". *Op. cit.*, p. 110.

constitucional confere àqueles poderes outras funções, não predominantes, denominadas *funções atípicas*.

É nesse diapasão, por exemplo, que, ao mesmo tempo em que o Judiciário realiza sua função típica exercendo a *atividade jurisdicional*, solucionando as lides que lhe são propostas, necessita também exercer a função atípica de *editar atos administrativos*, destinados aos seus servidores, com vistas ao adequado e célere cumprimento de sua função típica. O Poder Judiciário detém, ademais, o poder de iniciativa nos projetos de *lei* para criação de seus cargos subordinados, bem como para aumento da remuneração destes.

Igual raciocínio vale para o Poder Executivo. Além da função de *instituir as políticas públicas*, com base no texto constitucional, e de *atender aos comandos legais* (na seara administrativa), pratica o Executivo também funções atípicas, como, por exemplo, a de editar medidas provisórias e leis delegadas (função legislativa) e a de julgar os processos administrativos instaurados (função julgadora).

O mesmo se aplica, por fim, ao Poder Legislativo. De fato, além de suas funções típicas de *legislar* e de *fiscalizar* o Poder Executivo, cabe àquele poder as funções atípicas de *administrar* (de maneira semelhante ao que mencionamos sobre o Poder Judiciário) e também de *julgar*, como se dá, por exemplo, na hipótese de crime de responsabilidade praticado pelo presidente da República (artigo 52, inciso I, da Carta Magna).

Por fim, no que se refere à independência orgânica, o ordenamento jurídico também prevê diversos mecanismos de *interferência de um poder em outro*, de maneira que a atuação conjunta daí resultante possa assegurar não só a observância dos direitos e garantias fundamentais, como também a manutenção do Estado Democrático de Direito, sem que um poder possa hipertrofiar-se, mitigando ou mesmo excluindo a importância das demais funções estatais.

É por essa razão, por exemplo, que a Constituição de 1988 confere ao Poder Legislativo a função de editar a maioria das espécies normativas previstas em seu artigo 59, tais como as emendas constitucionais, as leis complementares e as leis ordinárias. Contudo, a mesma Lei Maior prevê importantíssima atuação do Poder Executivo no processo legislativo, seja conferindo-lhe poder de iniciativa de leis (em alguns casos, até mesmo de forma exclusiva), seja dotando-o de poder de veto, quando considerar o projeto de lei inconstitucional ou contrário ao interesse público.

Por outro lado, a mesma Constituição Federal prevê a possibilidade de o Congresso Nacional, por quaisquer de suas Casas, não só modificar os projetos de lei de iniciativa do presidente da República, através da apresentação de emendas, como também de rejeitá-lo por completo. Prevê, ademais, a possibilidade de o Poder Legislativo derrubar o veto presidencial, por maioria absoluta de seus membros.

A Constituição Federal também prevê que o Poder Judiciário examine a constitucionalidade das leis e atos normativos votados pelo Poder Legislativo e sancionados pelo Poder Executivo, afastando sua aplicação quando os considerar incompatíveis com o texto constitucional vigente. Contudo, quando referido controle for realizado apenas de maneira incidental, no chamado controle difuso, a eficácia *erga omnes* daquela decisão ficará condicionada à decisão do Senado Federal.

Como se pode intuir facilmente, os exemplos dessa atuação conjunta dos poderes, e que exteriorizam o mecanismo dos freios e contrapesos, são incontáveis. No transcorrer deste livro, muitos outros exemplos serão fornecidos. Esclarecemos, ademais, que voltaremos a tratar do tema da chamada separação de poderes, no Capítulo 11 deste livro.

PRINCÍPIO DA SEPARAÇÃO DE PODERES

– A separação de poderes está fundamentada em 2 (dois) elementos essenciais: a *especialização funcional* (o Estado confere a cada um daqueles poderes uma função típica) e a *independência orgânica* (cada um dos poderes deverá exercer sua função sem subordinação aos demais).

– É importante ressaltarmos, contudo, que tanto a especialização funcional quanto a independência orgânica não são absolutas, uma vez que os poderes, além de independentes entre si, são também harmônicos entre si (artigo 2º, da Constituição Federal).

– Por harmonia entre os poderes devemos entender não só a exigência de que haja tratamento cortês entre os três poderes, bem como que sejam reciprocamente respeitadas as prerrogativas que lhe são atribuídas, como também a necessidade de que cada um dos órgãos que as exercem possa praticar algum controle sobre os demais. Este mecanismo é conhecido como *sistema de freios e contrapesos* (*check and balances*).

4.8 OBJETIVOS FUNDAMENTAIS DA REPÚBLICA FEDERATIVA DO BRASIL

O artigo 3º, de nossa Constituição Federal, trata dos objetivos fundamentais da República Federativa do Brasil. Como nos lembra José Afonso da Silva,[30] é a primeira vez que uma constituição assinala, especificamente, os objetivos do Estado brasileiro. Ressalta, ademais, que alguns dos objetivos ali relacionados "valem como base das prestações positivas que venham a concretizar a democracia econômica, social e cultural, a fim de efetivar na prática a dignidade da pessoa humana".

Eis os objetivos fundamentais ali relacionados: 1) *construir uma sociedade livre, justa e solidária*; 2) *garantir o desenvolvimento nacional*; 3) *erradicar a pobreza e a marginalização e reduzir as desigualdades sociais e regionais*; 4) *promover o bem de todos, sem preconceitos de origem, raça, sexo, cor, idade e quaisquer outras formas de discriminação*.

Aquele rol de objetivos fundamentais de nosso Estado seguiu o modelo adotado pelo artigo 9º, da Constituição portuguesa vigente, optando por elencar um rol exemplificativo (não taxativo, portanto) de metas a serem observadas pelo País, para se alcançar uma sociedade livre, justa e solidária, com erradicação da pobreza e das desigualdades sociais e regionais, com a promoção do bem de todos, sem quaisquer discriminações.

Referidos objetivos fundamentais, que não se exaurem, portanto, naquela relação contida no supramencionado artigo 3º, da Carta Magna de 1988, mas que contém ali sua essência, têm por principal objetivo fazer com que o Brasil alcance, tão logo possível, as metas ali fixadas. Referidos objetivos, a toda evidência, devem ser interpretados em consonância com todos os demais princípios fundamentais adotados pelo País, e expressamente relacionados nos demais artigos do Título I, da Constituição Federal.

OBJETIVOS FUNDAMENTAIS

– Construir uma sociedade livre, justa e solidária.

– Garantir o desenvolvimento nacional.

– Erradicar a pobreza e a marginalização e reduzir as desigualdades sociais e regionais.

– Promover o bem de todos, sem preconceitos de origem, raça, sexo, cor, idade e quaisquer outras formas de discriminação.

---

30. *Op. cit.*, p. 105-106.

4.9 PRINCÍPIOS NAS RELAÇÕES INTERNACIONAIS

O Título I, da Constituição de 1988, que trata dos Princípios Fundamentais do Estado brasileiro, encerra-se com o artigo 4º, que disciplina especificamente os princípios que devem reger o Brasil no âmbito de suas relações internacionais. A redação deste artigo, e do rol de princípios ali consignados, teve por inspiração inequívoca o artigo 7º, da Constituição portuguesa.

Eis os princípios ali fixados: 1) *independência nacional*; 2) *prevalência dos direitos humanos*; 3) *autodeterminação dos povos*; 4) *não intervenção*; 5) *igualdade entre os Estados*; 6) *defesa da paz*; 7) *solução pacífica dos conflitos*; 8) *repúdio ao terrorismo e ao racismo*; 9) *cooperação entre os povos para o progresso da humanidade*; e 10) *concessão de asilo político*.

Como é fácil perceber, diversos daqueles princípios, tais como independência nacional, autodeterminação dos povos, não intervenção, igualdade entre os Estados, têm por pressuposto justamente o respeito à soberania dos Estados internacionais. O respeito à soberania, aliás, é um dos fundamentos da República Federativa do Brasil, conforme expressamente previsto no artigo 1º, de nossa Constituição Federal.

Alguns outros daqueles princípios que regem o Brasil relativamente às relações internacionais, por sua vez, estão amparados no princípio da dignidade humana, outro dos fundamentos de nosso Estado. Estão nesta categoria, por exemplo, a prevalência dos direitos humanos, o repúdio ao terrorismo e ao racismo, a cooperação entre os povos para o progresso da humanidade; e a concessão de asilo político.

Vale mencionar, por fim, que o parágrafo único, do artigo 4º, da Constituição Federal, dispõe expressamente que a República Federativa do Brasil buscará a integração econômica, política, social e cultural dos povos da América Latina, visando à formação de uma comunidade latino-americana de nações. Para concretização deste objetivo, o Brasil celebrou com a Argentina, o Paraguai e o Uruguai, o Tratado de Assunção, assinado no dia 26 de março de 1991, que instituiu o denominado Mercado Comum do Sul, popularmente conhecido como MERCOSUL.

PRINCÍPIOS NAS RELAÇÕES INTERNACIONAIS

- Independência nacional
- Prevalência dos direitos humanos
- Autodeterminação dos povos
- Não intervenção
- Igualdade entre os Estados
- Defesa da paz
- Solução pacífica dos conflitos
- Repúdio ao terrorismo e ao racismo
- Cooperação entre os povos para o progresso da humanidade
- Concessão de asilo político

5
CONTROLE DE CONSTITUCIONALIDADE

5.1 ESCLARECIMENTOS INICIAIS

Já vimos que a constituição rígida – caso da nossa Constituição Federal de 1988 – é considerada a lei das leis, inserida no ápice da pirâmide normativa estatal, compelindo todas as demais normas produzidas pelo poder público a observar os princípios e regras nela albergados. Neste Capítulo, por sua vez, estudaremos os mecanismos de fiscalização destinados a garantir que os demais diplomas normativos efetivamente sejam editados em consonância com as normas constitucionais.

E a fiscalização da compatibilidade (adequação) das leis e demais atos normativos produzidos pelo Estado com os princípios e regras consagradas em uma constituição rígida, nós demonstraremos aqui, dá-se por meio do chamado controle de constitucionalidade das normas. Assim, o Capítulo que ora se inicia terá por objeto justamente o estudo deste tema.

Trataremos, aqui, das noções gerais sobre o sistema de controle de constitucionalidade adotado no Brasil. Analisaremos, em síntese, os pressupostos e o conceito do controle de constitucionalidade; o seu objeto; o chamado parâmetro de controle; as espécies de inconstitucionalidade; bem como as diversas modalidades de controle, adotados no direito comparado.

Estudaremos também, de maneira um pouco mais detalhada, as principais características do controle difuso de constitucionalidade, tratando das principais normas que disciplinam sua aplicação, inclusive das ainda recentes regras que disciplinam a necessidade de demonstração da chamada repercussão geral, além de alguns temas específicos sobre essa espécie de controle, como, por exemplo, a análise do ainda incipiente princípio da transcendência dos motivos determinantes e a denominada *abstrativização* dos efeitos da decisão proferida pelo Supremo Tribunal Federal em sede de controle difuso de constitucionalidade.

Estudaremos, ademais, as diversas espécies de controle concentrado de constitucionalidade, adotadas pelo Brasil. Trataremos não só das modalidades trazidas pelo constituinte originário, como também das novas, concebidas por meio de emendas à Constituição. Analisaremos, naquela oportunidade, a ação direta de inconstitucionalidade genérica, a ação declaratória de constitucionalidade, a ação direta de inconstitucionalidade por omissão, a arguição de descumprimento de preceito fundamental e a ação direta de inconstitucionalidade interventiva.

Em seguida, trataremos do controle concentrado de constitucionalidade perante os Tribunais de Justiça dos Estados e também analisaremos a possibilidade de instituição de controle concentrado de constitucionalidade de leis distritais em face da Lei Orgânica do Distrito Federal, mesmo diante da ausência de norma constitucional expressa que trate do tema, encerrando o estudo do controle concentrado de constitucionalidade no Brasil estudando a denominada interpretação conforme a Constituição, bem como a declaração parcial de inconstitucionalidade sem redução de texto.

5.2 CONCEITO E PRESSUPOSTOS DO CONTROLE DE CONSTITUCIONALIDADE

Vimos, no Capítulo 1, que Hans Kelsen[1] nos trouxe a ideia da existência de um escalonamento de leis, de uma verdadeira hierarquia entre as normas que compõem a ordem jurídica de um Estado, na qual as de hierarquia inferior extraem seu fundamento de validade das normas superiores, até chegarmos à constituição jurídico-positiva, que se encontra no ápice da pirâmide normativa estatal. Temos, nessa ideia, a exteriorização do denominado *princípio da compatibilidade vertical das normas*.

Vimos, ainda, ao estudar a diferença entre constituição rígida e constituição flexível, que a primeira é a modalidade de carta constitucional que, a despeito de permitir alterações de seu texto, somente o faz quando observadas as regras condicionadoras fixadas em seu próprio texto, necessariamente mais rígidas e severas que as impostas às demais normas – infraconstitucionais – que compõem o ordenamento jurídico do Estado.

Verificamos, ademais, que a constituição rígida, em razão da maior dificuldade para modificação de suas normas, que não podem ser alteradas pela simples edição de diplomas infraconstitucionais, é considerada a norma suprema do país, a denominada *lex legum* (a lei das leis), da qual todas as demais espécies normativas necessariamente extraem seu fundamento de validade.

Com efeito, caso fosse possível ao legislador ordinário alterar as normas constitucionais com a simples edição de uma norma infraconstitucional, como se dá com as constituições flexíveis, não haveria sentido falar-se em supremacia jurídica da constituição em face das demais normas estatais, uma vez que, nessa hipótese, todas as normas produzidas pelo poder público estariam no mesmo patamar hierárquico.

Concluímos, com base naquelas assertivas, que o princípio da supremacia da constituição, ao menos do ponto de vista estritamente *jurídico*, decorre inequivocamente da rigidez constitucional, uma vez que somente podem ser consideradas válidas as normas – tanto aquelas produzidas pelo poder constituinte derivado, quanto as infraconstitucionais – que se revelarem compatíveis com os princípios e regras instituídos pelo constituinte originário na lei magna, que não podem, por sua vez, ser revogados pela simples edição de legislação infraconstitucional.

E justamente em razão da supremacia jurídica da constituição, decorrente da necessidade, existente nas constituições rígidas, de que os diplomas normativos sejam compatíveis com os comandos constitucionais, é que se pode pensar em controle de constitucionalidade das normas, já que não haveria sentido falar-se em referido controle caso a constituição pudesse ser alterada pela simples edição de uma lei infraconstitucional, caso não houvesse uma hierarquia entre normas constitucionais e infraconstitucionais.

Logo, é fácil concluir que *o controle de constitucionalidade pressupõe a existência de rigidez constitucional, e, por consequência, de supremacia jurídica da constituição* em face das demais espécies normativas que compõem o ordenamento jurídico estatal.[2] Ademais, o

---

1. *Teoria pura do direito*. 7. ed. Martins Fontes, 2006.
2. Alguns doutrinadores, é importante que se diga, também incluem, entre os pressupostos do controle de constitucionalidade, a atribuição de competência a um ou mais órgãos, variando em conformidade com o sistema de controle adotado pelo Estado em particular, para realizar a análise da constitucionalidade das leis e demais atos normativos em face dos preceitos constitucionais. Com o devido respeito, esse entendimento não nos parece correto, já que a necessidade de se atribuir competência a um ou mais órgãos, para exercer tal mister, é muito mais uma decorrência lógica (uma consequência) da previsão do controle de constitucionalidade, do que propriamente um pressuposto para sua criação.

inverso também é verdadeiro. Caso não existam mecanismos de controle da adequação das normas aos ditames fixados pela constituição, não se pode falar em rigidez constitucional e supremacia jurídica da carta magna.

Como nos lembra Manoel Gonçalves Ferreira Filho,[3] *quando um Estado não prever o controle de constitucionalidade das normas, a constituição será necessariamente flexível*, por mais que esta se queira rígida, já que o poder constituinte perdurará ilimitado nas mãos do legislador infraconstitucional, que poderá modificar as normas constitucionais livremente, caso não haja um órgão destinado a resguardar a superioridade destas em face das leis ordinárias.

Com base nas afirmações acima formuladas, podemos concluir, em apertada síntese introdutória, que o controle de constitucionalidade consiste justamente na fiscalização da adequação (da *compatibilidade vertical*) das leis e demais atos normativos editados pelo Estado com os princípios e regras existentes em uma constituição rígida, para que se garanta que referidos diplomas normativos respeitem, tanto no que se refere ao seu conteúdo, quanto à forma como foram produzidos, os preceitos hierarquicamente superiores ditados pela carta magna.

Dito em outras palavras, trata-se da verificação da adequação da norma aos princípios (explícitos e implícitos) e regras existentes na constituição, tanto no que se refere ao seu conteúdo daquela, como à forma como foi produzida. Tem por objetivo, normalmente, declarar a nulidade do preceito normativo, quer alijando-o em definitivo do ordenamento jurídico, no controle abstrato, quer afastando sua aplicação num dado caso particular, no chamado controle concreto.

O controle de constitucionalidade, como demonstraremos melhor no transcorrer deste Capítulo, pode ser realizado por um ou mais órgãos distintos, em conformidade com o modelo de controle de constitucionalidade adotado pelo Estado. Pode, ademais, ser prévio à edição da lei ou ato normativo, quando é chamado controle de constitucionalidade preventivo ou *a priori*, ou posterior à sua edição, no que se costuma chamar de controle repressivo ou *a posteriori*.

Referido controle, conforme nos aponta a doutrina, surgiu em um país cuja constituição sequer o previa expressamente: os Estados Unidos da América. De fato, em famosa decisão proferida no caso Marbury *versus* Madison, o então presidente da Suprema Corte Norte-Americana (denominado *Chief of Justice*), o juiz John Marshall, concluiu que as normas infraconstitucionais deveriam adequar-se aos ditames constitucionais, sob pena de serem consideradas nulas. Concluiu, igualmente, que o controle daquela adequação deveria ser feito pelo Poder Judiciário.

De fato, conforme entendimento externado por aquele eminente magistrado, tratando-se a constituição norte-americana da lei suprema daquele país, que não podia (e ainda não pode) ser alterada pela simples edição de legislação ordinária, qualquer diploma infraconstitucional que não observasse os preceitos constitucionais não poderia ser considerado verdadeiramente uma lei, devendo, portanto, ser declarado *nulo*, sem qualquer força cogente.

E como a função de dizer o direito (*jurisdictio*), inclusive para solucionar eventual conflito de normas, é conferida ao Poder Judiciário, Marshall defendeu que a competência para verificar se uma lei ordinária observa ou não os ditames constitucionais, deveria ser

---

3. *Curso de direito constitucional*. 35. ed. Saraiva, 2009, p. 34.

exercida por *todos os magistrados*, no exame dos casos concretos que lhes fossem submetidos a julgamento. Nascia, assim, o controle jurisdicional de constitucionalidade, do tipo difuso.

CONCEITO E PRESSUPOSTOS DO CONTROLE DE CONSTITUCIONALIDADE

– É a fiscalização da adequação (da *compatibilidade vertical*) das leis e demais atos normativos editados pelo poder público com os princípios e regras existentes em uma constituição rígida, para que se garanta que referidos diplomas normativos respeitem, tanto no que se refere ao seu conteúdo, quanto à forma como foram produzidos, os preceitos hierarquicamente superiores da Carta Magna.

– O controle de constitucionalidade tem por pressupostos a *rigidez constitucional* e a *supremacia jurídica da constituição*, já que não haveria sentido falar-se em referido controle caso a constituição pudesse ser alterada pela simples edição de uma lei infraconstitucional, caso não houvesse uma hierarquia entre normas constitucionais e infraconstitucionais.

5.3 OBJETO DO CONTROLE DE CONSTITUCIONALIDADE

Examinados os pressupostos e o conceito de controle de constitucionalidade, passemos agora a analisar, um pouco mais detalhadamente, o objeto do controle de constitucionalidade. Com efeito, visto que referido controle consiste na verificação da adequação das leis e demais atos normativos produzidos pelo Estado com os princípios e regras constitucionais, precisamos esclarecer, nesta seção, o que são leis e atos normativos, para fins daquele controle.

Nos termos da própria Constituição Federal, como se pode depreender da simples leitura de seu artigo 102, inciso I, alínea *a*, que trata do controle de constitucionalidade concentrado (por meio da ação direta de inconstitucionalidade e da ação declaratória de constitucionalidade), referido controle tem por objeto a análise da adequação, aos preceitos constitucionais, *de lei ou ato normativo*. Eis os termos do dispositivo constitucional acima citado:

"Art. 102. Compete ao Supremo Tribunal Federal, precipuamente, a guarda da Constituição, cabendo-lhe: I – processar e julgar, originariamente: (a) a ação direta de inconstitucionalidade de lei ou ato normativo federal ou estadual e a ação declaratória de constitucionalidade de lei ou ato normativo federal".

Devemos entender por *lei*, em sentido amplo, todo preceito escrito, emanado do poder competente de cada uma das pessoas políticas (União, Estados, Distrito Federal e Municípios), dotado de imperatividade e coerção estatal, e que, para fins de controle de constitucionalidade, deve ter por características a *abstração*, a *generalidade* e a *autonomia*. Vejamos, mesmo que de maneira breve, cada uma das características citadas nesta definição.

Por *abstração* devemos entender a exigência de que a lei trate de situações hipotéticas, não devendo disciplinar casos concretos. A *generalidade*, ao seu turno, diz respeito à necessidade de que a lei alcance, indistintamente, a todos que se enquadrem na hipótese por ela disciplinada, não se destinando à disciplina de casos individuais, particulares.

Para que seja possível o controle de constitucionalidade, é necessário, ainda, que a lei seja dotada de *autonomia*. Esta última pode ser definida como a ausência de subordinação da lei a qualquer outra lei ou diploma normativo, mas apenas à própria constituição. As normas autônomas, também denominadas de normas *primárias*, são as que, em síntese, podem inovar a ordem jurídica, com amparo na carta magna[4].

---

4. Ao contrário das normas autônomas ou primárias, as normas *secundárias* são aquelas subordinadas a outras normas infraconstitucionais, e que têm por objetivo justamente regulamentar, dar efetividade aos preceitos disciplinados por estas, como é o caso, por exemplo, dos chamados decretos de execução, editados pelo Chefe do Poder Executivo.

Conforme ressaltam os doutrinados, são leis, para fins de controle de constitucionalidade, as diversas espécies normativas explicitadas no artigo 59, da Carta Magna. São elas: emendas à Constituição, leis complementares, leis ordinárias, leis delegadas, medidas provisórias, decretos legislativos e resoluções. Estão sujeitas ao controle todas as leis e atos normativos federais, estaduais, distritais e municipais.

Atos normativos, por sua vez, são todos os demais atos editados pelo Estado, revestidos de indiscutível conteúdo normativo, e com as mesmas características anteriormente citadas, ou seja, abstração, generalidade e autonomia. Cite-se, a título de exemplo, os regimentos internos dos Tribunais, que têm fundamento no próprio texto constitucional, conforme redação do artigo 96, inciso I, alínea *a*, de nossa Lei Maior.

Outro exemplo de ato normativo, não relacionado expressamente no rol do artigo 59, da Carta Magna de 1988, nós o temos nos tratados internacionais, conforme previsão do artigo 49, inciso I, da Constituição Federal, e que são inseridos no ordenamento jurídico pátrio com força de lei ordinária. Já os tratados sobre direitos humanos, editados nos termos do artigo 5º, § 3º, da Lei Maior, serão equivalentes às emendas constitucionais.

Feitos esses breves esclarecimentos gerais acerca do objeto do controle de constitucionalidade, consideramos oportuno trazer alguns comentários sobre algumas espécies normativas específicas, sujeitas àquele controle. Assim, trataremos, em seguida, das emendas constitucionais, dos decretos, dos tratados internacionais e das medidas provisórias.

Logo na sequência, analisaremos algumas outras espécies de normas em que referido controle não é admitido. Dentre estas, trataremos, por exemplo, das normas constitucionais editadas pelo poder constituinte originário, das normas infraconstitucionais anteriores à constituição, dos atos normativos secundários e das súmulas dos tribunais.

OBJETO DO CONTROLE DE CONSTITUCIONALIDADE

– Lei, em sentido amplo, é todo preceito escrito, emanado do poder competente de cada uma das pessoas políticas, dotado de imperatividade e coerção estatal, e que, para fins de controle de constitucionalidade, deve ter por características a *abstração*, a *generalidade* e a *autonomia*.

– São leis, para fins de controle de constitucionalidade, as diversas espécies normativas explicitadas no artigo 59 da Carta Magna (emendas à Constituição, leis complementares, leis ordinárias, leis delegadas, medidas provisórias, decretos legislativos e resoluções).

– Atos normativos são todos os demais atos editados pelo poder público, revestidos de indiscutível conteúdo normativo (dotados de abstração, generalidade e autonomia).

– Exemplos de atos normativos: regimentos internos dos Tribunais, os quais têm fundamento no próprio texto constitucional, conforme redação do artigo 96, inciso I, alínea *a*, da Carta Magna.

5.4 ANÁLISE DE NORMAS ESPECÍFICAS SUJEITAS AO CONTROLE DE CONSTITUCIONALIDADE

Como já mencionamos anteriormente, as *emendas à Constituição*, com previsão no artigo 60, e parágrafos, da Carta Magna, são manifestações do poder constituinte derivado (reformador), que permitem a alteração do texto constitucional vigente, *nos termos e limites fixados pelo próprio constituinte originário*.

Caso desrespeite os limites e condicionamentos impostos pelo artigo 60, e parágrafos, da Constituição Federal, a emenda constitucional estará eivada de manifesta e irreparável inconstitucionalidade, devendo, portanto, sujeitar-se ao controle de constitucionalidade, para a sua indispensável retirada do ordenamento jurídico nacional.

Podemos concluir, portanto, que é possível falar-se em inconstitucionalidade de normas constitucionais. Mas tal inconstitucionalidade só existe, é imperioso que se diga, em relação a *normas inseridas na constituição pelo poder constituinte reformador*, por meio da edição de emendas constitucionais que desrespeitem os limites fixados pelo constituinte originário.

No tocante às normas constitucionais instituídas pelo constituinte originário, estas não poderão ser declaradas inconstitucionais em hipótese alguma. Com efeito, não existe hierarquia entre normas constitucionais originárias, razão pela qual não é possível falar-se em controle de constitucionalidade de umas em face de outras, quando editadas pelo mesmo constituinte originário.

Falemos, em seguida, dos *decretos*. Na lição de Maria Sylvia Zanella Di Pietro,[5] "decreto é a forma de que se revestem os atos individuais ou gerais, emanados do Chefe do Poder Executivo (presidente da República, governador e prefeito)". Ainda segundo nos ensina aquela eminente jurista, referido ato normativo pode ser *geral* (decreto geral), quando se revestir, de maneira semelhante à lei, de generalidade e abstração, dirigindo-se a todas as pessoas que se encontram na mesma situação prevista pelo decreto; ou *individual* (decreto individual), quando se destinar a pessoa ou pessoas determinadas.

A doutrina costuma fazer distinção, ainda, entre decretos *regulamentares* (ou de *execução*) e decretos *independentes* (ou *autônomos*), sendo os primeiros expedidos para dar fiel execução a uma lei, nos termos do artigo 84, inciso IV, da Constituição Federal, e os segundos, para suprir a omissão legislativa, dispondo sobre matéria ainda não especificada em lei.

Até recentemente, a quase unanimidade dos doutrinadores nacionais defendia o entendimento de que o ordenamento jurídico pátrio não se coadunava com a existência de decretos autônomos. Pensamos, contudo, que aquela opinião tende a se alterar, tendo em vista o que dispõe o artigo 84, inciso VI, da Carta Magna, com a redação que lhe deu a Emenda Constitucional 32/2001, ao conferir ao Presidente da República o poder de dispor, mediante decreto, em caráter privativo, sobre organização e funcionamento da Administração Pública Federal, e sobre a extinção de funções ou cargos públicos, quando vagos.

Dessa forma, na hipótese da edição de *decreto independente ou autônomo*, editado com amparo no dispositivo constitucional supramencionado (artigo 84, inciso VI, de nossa Lei Maior), será perfeitamente possível o controle de sua constitucionalidade, diante de seu inequívoco caráter normativo, dotado de abstração, generalidade e autonomia, em tudo semelhante a uma lei.

Tal exame se mostrará viável, da mesma forma, quando for editado um decreto, sem amparo no artigo 84, inciso VI, da Carta Magna, e este, ao invés de apenas regulamentar uma norma infraconstitucional, acabe criando direitos e obrigações, em direto (e não reflexo) confronto com o texto constitucional (Ação Direta de Inconstitucionalidade 1.396, *RT* 689/281 e *RTJ* 142/718, Supremo Tribunal Federal).

Em se tratando, ao contrário, de decreto executivo (ou de regulamentação) que tenha contrariado, ou mesmo apenas excedido, os termos da lei que deveria regulamentar, estaremos diante de um simples caso de ilegalidade – a chamada *crise de ilegalidade* –, e não

---

5. *Direito administrativo*. 23. ed. Atlas, 2010, p. 233.

de inconstitucionalidade, não sendo possível, portanto, qualquer espécie de controle de constitucionalidade (*RT* 683/201).

Ademais, caso um decreto regulamentar (executivo), editado em perfeita consonância com a lei a que está subordinado, desrespeite os ditames constitucionais, também não será o caso de declarar a inconstitucionalidade daquele decreto, mas sim da própria lei, já que aquele foi editado justamente para regulamentar esta última, a única efetivamente dotada de autonomia.

Quanto aos *tratados e acordos internacionais*, quer o Brasil tenha sido um de seus signatários, quer tenha apenas aderido a seus termos, não podemos olvidar que referidos diplomas, geralmente, necessitam de posterior referendo do Congresso Nacional, por meio de decreto legislativo, conforme disposto no artigo 49, inciso I, da Constituição Federal, para poderem ingressar no ordenamento jurídico pátrio.

Assim, prevalece o entendimento, inclusive do próprio Supremo Tribunal Federal (*Habeas Corpus* 72.131, j. 23.11.1995), de que referidos atos normativos, após a edição do decreto legislativo, tornam-se normas infraconstitucionais, com força de lei ordinária. E se assim é, não resta dúvida de que devem ser submetidos a controle de constitucionalidade.

É importante insistirmos, contudo, que a Emenda Constitucional 45, promulgada em 8 de dezembro de 2004, criou uma hipótese expressa em que os tratados e as convenções internacionais passam a viger, no ordenamento jurídico pátrio, com força de norma constitucional. Com efeito, o artigo 5º, § 3º, da Constituição de 1988, determina que os tratados e as convenções internacionais *sobre direitos humanos* que forem aprovados em cada Casa do Congresso Nacional, em 2 (dois) turnos, por 3/5 (três quintos) dos votos dos respectivos membros, terão a mesma natureza das emendas à Constituição.

Portanto, desde que tenham por objeto *direitos humanos* e que se submetam ao rito legislativo fixado no artigo 60, da Carta Magna, os tratados e as convenções internacionais serão equivalentes às emendas constitucionais. Nessa hipótese, serão passíveis de controle de constitucionalidade, da mesma forma que as emendas constitucionais o são.

Analisemos, por fim, as medidas provisórias. Trata-se de uma espécie normativa editada pelo presidente da República, em caso de *relevância* e *urgência*, que deve ser submetida ao Congresso Nacional, para conversão em lei no prazo de 60 (sessenta) dias, prorrogáveis por mais 60 (sessenta), sob pena de perda de sua eficácia, conforme determina o artigo 62, da Constituição Federal.

Enquanto vigente, a medida provisória tem inequívoca força de lei, estando inclusive relacionada no rol do artigo 59, da Lei Maior. Assim sendo, a medida provisória está sujeita ao controle de constitucionalidade, tanto no que respeita ao seu conteúdo (constitucionalidade material), quanto à iniciativa e ao rito (constitucionalidade formal).

Já no tocante aos requisitos exigidos para a edição da medida provisória (*relevância e urgência*), o posicionamento do Supremo Tribunal Federal é no sentido de que não cabe controle de constitucionalidade destes, uma vez que tal controle implicaria indesejável invasão na competência de outros Poderes.

De fato, a análise da relevância e urgência deve ser feita, inicialmente, pelo próprio presidente da República, a quem cabe a edição da medida provisória, e, depois, por cada uma das Casas do Congresso Nacional (Câmara dos Deputados e Senado Federal), separadamente, sob pena de não conversão da medida provisória em lei.

Contudo, é imperioso ressaltar que o Supremo Tribunal Federal admite *excepcionalmente* o controle de constitucionalidade das medidas provisórias, no que se refere àqueles requisitos, quando restar configurada a hipótese de *desvio de finalidade ou abuso de poder de legislar*, por manifesta inocorrência de relevância e urgência.

5.5 NORMAS NÃO SUJEITAS AO CONTROLE DE CONSTITUCIONALIDADE

Vistos alguns casos específicos em que o controle de constitucionalidade pode ser realizado, encerraremos o estudo do objeto do controle de constitucionalidade analisando algumas hipóteses em que referido controle, ao contrário, não é possível. E a primeira delas, nós adiantamos na seção anterior, refere-se às *normas constitucionais editadas pelo poder constituinte originário*.

Como já vimos no Capítulo 3 deste livro, em decorrência do chamado *princípio da unidade da constituição*, importante princípio de hermenêutica constitucional, as normas da carta magna devem ser interpretadas como um conjunto harmonioso, pertencentes a um mesmo sistema, e não de maneira isolada, tudo para que não ocorram indesejáveis conflitos entre normas constitucionais (a chamada antinomia).

Em respeito àquele princípio, *o Supremo Tribunal Federal não admite, no ordenamento pátrio, a existência de hierarquia entre normas constitucionais produzidas pelo constituinte originário*. E, se não existe hierarquia entre normas constitucionais daquela espécie, é evidente que não se pode declarar a inconstitucionalidade de uma norma em face de outra, quando ambas forem normas constitucionais originárias.

O Pretório Excelso, portanto, afasta a possibilidade de controle de constitucionalidade de normas constitucionais instituídas pelo poder constituinte originário. Repele, assim, a denominada "teoria das normas constitucionais inconstitucionais", da doutrina alemã. Sobre o assunto, vide Ação Direta de Inconstitucionalidade 815-3/DF, relator ministro Moreira Alves, julgada em 28.3.1996, *DJ* 10.5.1996, p. 15131.

Também não há que se falar em controle de constitucionalidade de *normas infraconstitucionais anteriores à constituição*. Com efeito, como demonstramos anteriormente, todas as normas infraconstitucionais materialmente compatíveis com o novo texto magno são recepcionadas, recebidas pela nova ordem constitucional, tudo para que não ocorra um hiato legislativo, que acabaria por ocasionar indesejável insegurança jurídica.

Já em relação às leis infraconstitucionais materialmente incompatíveis com a nova constituição, estas não devem ser submetidas a controle de constitucionalidade, uma vez que são automaticamente revogadas pela nova ordem jurídica estabelecida. O que se dá, em outras palavras, é a *não recepção* das normas infraconstitucionais incompatíveis com o novo texto constitucional.

A única exceção àquela regra – do não cabimento de controle de constitucionalidade de normas infraconstitucionais editadas antes da edição da nova constituição – é a possibilidade de impetração da chamada arguição de descumprimento de preceito fundamental por equiparação (artigo 1º, parágrafo único, da Lei 9.882, de 3 de dezembro de 1999), cuja constitucionalidade, contudo, está sendo questionada no Supremo Tribunal Federal, por meio de ação direta de inconstitucionalidade, cujo mérito ainda não foi julgado (vide Ação Direta de Inconstitucionalidade 2231/DF).

Também não são submetidas a controle de constitucionalidade as chamadas *normas secundárias*. De fato, para que seja possível tal controle, já mencionamos, é preciso que a norma seja dotada de *autonomia*. Esta última, nós a definimos como a ausência de subordinação a qualquer outra lei ou diploma normativo, mas apenas à própria constituição. As *normas autônomas*, também denominadas de *normas primárias*, são as que, em síntese, podem inovar a ordem jurídica, com amparo no próprio texto constitucional.

As leis destituídas de autonomia, também chamadas de normas *secundárias*, são aquelas subordinadas a outras normas infraconstitucionais, e que têm por objetivo justamente regulamentar, dar efetividade aos preceitos disciplinados por estas. É o caso, por exemplo, dos chamados decretos de execução, editados pelo Chefe do Poder Executivo exatamente em cumprimento a normas infraconstitucionais (geralmente uma lei ordinária), para dar-lhes adequada aplicabilidade, através da especificação das situações por elas genericamente previstas.

No caso de normas destituídas de autonomia (atos normativos secundários), como se dá com os citados decretos de execução e também com as portarias ministeriais, mesmo que elas, ao contrariar as normas primárias a que estão subordinadas, ou ao se exceder na função de regulamentá-las, acabem ferindo algum princípio ou norma constitucional, *não o farão de forma direta, mas sim reflexa*.

Com efeito, naquela hipótese, como nos lembram Ricardo Cunha Chimenti, Fernando Capez, Márcio F. Elias Rosa e Marisa F. Santos,[6] o que temos não é propriamente um caso de inconstitucionalidade, mas sim de ilegalidade – a chamada *crise de legalidade* –, por insubordinação do ato normativo secundário aos limites que lhe são impostos pela norma primária (autônoma).

Também não estão sujeitas ao controle de constitucionalidade as *súmulas dos tribunais*. Editadas para fins de uniformização de jurisprudência, referidas súmulas não são dotadas de *imperatividade*, já que podem deixar de ser observadas pelos juízes de instâncias inferiores, nos casos que lhe são submetidos a julgamento. Os enunciados de súmulas, portanto, não têm força normativa.

Aliás, conforme nos lembra Pedro Lenza,[7] nem mesmo as chamadas *súmulas vinculantes*, editadas pelo Supremo Tribunal Federal, nos termos do artigo 103-A, da Carta Magna de 1988, acrescentado ao texto constitucional pela Emenda à Constituição 45/2004, estão sujeitas ao controle de constitucionalidade. Em relação a estas, o que poderá ocorrer, isto sim, é *a sua revisão ou cancelamento, de ofício ou por provocação dos legitimados*.

Não estão sujeitos a controle de constitucionalidade, ainda, os *atos estatais não revestidos de abstração e generalidade*. É o caso, por exemplo, dos diversos atos normativos de efeitos concretos e individuais. Nessa hipótese, referidos atos devem ser impugnados, conforme o caso, por ação popular ou mandado de segurança. Nesse sentido, vide *RTJ* 119/65 e *RTJ* 154/432.

Não estão sujeitas ao controle de constitucionalidade, ademais, as *leis revogadas*. De fato, se a lei foi revogada, não há qualquer interesse na declaração de sua inconstitucionalidade, já que ela não mais existe no mundo jurídico. O Poder Judiciário, como é sabido, somente exerce a prestação jurisdicional quando houver efetivo interesse jurídico, não podendo funcionar como mero órgão de consulta histórica.

---

6. *Curso de direito constitucional*. 7. ed. Saraiva, 2010, p. 424.
7. *Direito constitucional esquematizado*. 14. ed. Saraiva, 2010, p. 239.

Encerramos esta seção esclarecendo que há outras hipóteses em que não cabe o controle de constitucionalidade. Contudo, por se tratar de casos muito específicos, cuja impossibilidade de controle só se aplica a uma ou poucas modalidades de controle de constitucionalidade, nós somente os estudaremos no momento oportuno. Podemos citar, a título de exemplo, a impossibilidade específica de controle concentrado, por meio de ação declaratória de constitucionalidade (ADC ou ADECON), das leis estaduais. Referida hipótese, portanto, somente será analisada quando estudarmos aquela modalidade de controle.

NORMAS NÃO SUJEITAS AO CONTROLE DE CONSTITUCIONALIDADE

– **Normas constitucionais editadas pelo constituinte originário**: o STF afasta a possibilidade de controle de constitucionalidade de normas constitucionais instituídas pelo constituinte originário, repelindo, assim, a denominada "teoria das normas constitucionais inconstitucionais".

– **Normas infraconstitucionais anteriores à Constituição**: estas são automaticamente revogadas pela nova ordem jurídica estabelecida, ocorrendo a denominada *não recepção* das normas infraconstitucionais incompatíveis com o novo texto constitucional.

– **Normas secundárias**: são subordinadas a outras normas infraconstitucionais, e se ferirem a Constituição Federal, o farão de forma reflexa, e não direta (aqui é caso da chamada crise de ilegalidade, e não de inconstitucionalidade).

– **Súmulas dos tribunais**: editadas para fins de uniformização de jurisprudência, não são dotadas de *imperatividade*, já que podem deixar de ser observadas pelos juízes de instâncias inferiores, nos casos que lhe são submetidos a julgamento (não têm, portanto, força normativa).

– **Atos estatais não revestidos de abstração e generalidade**: é o caso, por exemplo, dos diversos atos normativos de efeitos concretos e individuais, que devem ser impugnados, conforme o caso, por ação popular ou mandado de segurança.

– **Normas revogadas**: o Poder Judiciário somente exerce a prestação jurisdicional quando houver efetivo interesse jurídico, não podendo funcionar como mero órgão de consulta histórica em relação a uma lei que já não esteja mais no ordenamento jurídico vigente.

5.6 PARÂMETRO DE CONTROLE OU PARADIGMA CONSTITUCIONAL

Ultimados os necessários comentários sobre o objeto do controle de constitucionalidade, passemos agora a analisar o chamado *parâmetro de controle*. Este último, também conhecido como *paradigma constitucional*, ou, ainda, *bloco de constitucionalidade*, refere-se à norma ou ao conjunto de normas da constituição que são utilizados como paradigma, como referência, para a análise da adequação de algum diploma normativo ou ato do Estado aos preceitos constitucionais.

Na lição de Leo van Holthe,[8] o parâmetro de controle ou paradigma constitucional "consiste na norma ou conjunto de normas da Constituição que se toma como referência para a declaração de inconstitucionalidade de uma lei ou ato normativo do Poder Público". Trata-se, em outras palavras, da norma ou grupo de normas da constituição que se diz possam ter sido violadas.

Com efeito, quando se realiza o controle de constitucionalidade de uma norma editada pelo Estado, ou uma conduta (comissiva ou omissiva) praticada pelo Estado, o que se faz é justamente verificar a sua adequação (a sua compatibilidade vertical) com uma ou mais normas constitucionais (princípios e/ou regras), que poderiam estar sendo contrariados por aquele diploma normativo ou ato do Estado.

---

8. *Direito constitucional*. 6. ed. Jus Podivm, 2010, p. 153.

Quando, por exemplo, se faz a análise da inconstitucionalidade de uma lei que, hipoteticamente, permitiu a contratação de servidores sem prévia aprovação em concurso público, o parâmetro ou paradigma de controle será, inequivocamente, a norma fixada pelo artigo 37, inciso II, da Carta Magna, que determina que a investidura em cargo ou emprego público depende de aprovação prévia em concurso público de provas ou de provas e títulos.

E quais são as normas constitucionais que podem ser utilizadas como paradigma constitucional, para fins de controle de constitucionalidade? Uma corrente, que podemos chamar de *ampliativa*, defende a utilização não só das normas (princípios e regras) formalmente constitucionais, como também de valores de caráter suprapositivo, amparados no denominado direito natural.

Naquele sentido, o ministro Celso de Mello, em conhecido pronunciamento sobre a questão (Informativo 258/STF), asseverou que, para efeitos de controle de constitucionalidade, devem ser levados em conta não só os preceitos de índole positiva, proclamados em um texto formal, como também, "em face de sua transcendência mesma, os valores de caráter suprapositivo, os princípios cujas raízes mergulham no direito natural e o próprio espírito que informa e dá sentido à Lei Fundamental do Estado".

Outra corrente, denominada *restritiva*, e que é *amplamente majoritária na jurisprudência do Supremo Tribunal Federal*, defende que só podem ser utilizados como parâmetro de controle os princípios e regras, ainda que não expressos, extraídos do texto constitucional. Essa corrente, portanto, somente aceita a utilização, como paradigma constitucional ou bloco de constitucionalidade, *de norma ou conjunto de normas inseridas na constituição* (ou seja, *normas formalmente constitucionais*).

No caso da Constituição Federal brasileira, portanto, podem ser utilizados como parâmetro de controle todos os princípios e regras inseridos no texto constitucional, mesmo que implícitos, porém inequivocamente decorrentes das normas existentes na Carta Magna. Estão nessa categoria, portanto, todas as normas da parte dogmática (artigo 1º ao artigo 250) e das disposições constitucionais transitórias (Ato das Disposições Constitucionais Transitórias – ADCT).

Também poderão ser utilizados como paradigma constitucional, ademais, os tratados e convenções internacionais sobre direitos humanos, desde que editados nos termos do artigo 5º, § 3º, da Lei Maior. Com efeito, como já mencionamos anteriormente, desde que aprovados em cada Casa do Congresso Nacional, e 2 (dois) turnos, por 3/5 (três quintos) dos votos dos respectivos membros, aqueles tratados e convenções internacionais serão equivalentes às emendas constitucionais.

É importante ressaltarmos, por fim, que *o preâmbulo da Constituição de 1988 não poderá ser utilizado como paradigma constitucional*. De fato, como demonstramos no Capítulo 1, a doutrina majoritária entende que o preâmbulo da Constituição Federal, a despeito de se tratar de inequívoca fonte de interpretação e integração das demais normas constitucionais, não possui força normativa.

Demonstramos naquela oportunidade, inclusive, que o próprio Supremo Tribunal Federal já se pronunciou sobre o caso, negando-lhe força normativa, quando julgou a Ação Direta de Inconstitucionalidade 2.076/AC, relatada pelo ministro Carlos Mário da Silva Velloso. E se não tem força normativa, evidentemente não poderá ser utilizado como parâmetro de controle ou paradigma constitucional.

PARÂMETRO DE CONTROLE OU PARADIGMA CONSTITUCIONAL

– Parâmetro de controle, também conhecido como *paradigma constitucional*, ou, ainda, *bloco de constitucionalidade*, refere-se à norma ou ao conjunto de normas da constituição que são utilizados como referência para a análise da adequação de algum diploma normativo aos preceitos constitucionais. Trata-se, em outras palavras, da norma ou grupo de normas da constituição que se dizem violadas.

– No caso da Constituição Federal brasileira, podem ser utilizados como parâmetro de controle ou paradigma constitucional todos os princípios e regras inseridos no texto constitucional, mesmo que implícitos, porém inequivocamente decorrentes das normas existentes na Carta Magna.

– Estão nessa categoria todas as normas da parte dogmática (artigo 1º ao artigo 250) e das disposições transitórias (ADCT). Também poderão ser utilizados como paradigma constitucional os tratados e convenções internacionais sobre direitos humanos, desde que editados nos termos do artigo 5º, § 3º, da Constituição.

– O preâmbulo da Carta Magna não poderá ser utilizado como parâmetro de controle ou paradigma constitucional, a despeito de se tratar de inequívoca fonte de interpretação e de integração das demais normas constitucionais, por não ter força normativa.

5.7 AS DIVERSAS ESPÉCIES DE INCONSTITUCIONALIDADE

Uma vez definido o que seja controle de constitucionalidade, qual o seu objeto e também quais as normas da Constituição Federal podem ser utilizadas para realizar tal controle, nosso próximo passo será explicitar as diferentes formas pelas quais as normas infraconstitucionais, bem como as normas constitucionais editadas pelo constituinte reformador, podem contrariar os preceitos constitucionais. Em outras palavras, procuraremos analisar, nas seções seguintes, as diversas espécies de inconstitucionalidade.

Iniciaremos nossos breves estudos sobre o tema analisando a distinção entre inconstitucionalidade material e inconstitucionalidade formal. Procuraremos, ali, fornecer os conceitos dessas duas espécies de inconstitucionalidade, inclusive explicitando as diferentes subespécies de inconstitucionalidade formal, conforme ensinamentos da doutrina pátria e estrangeira. Em seguida, cuidaremos de realizar a distinção entre inconstitucionalidade por ação e inconstitucionalidade por omissão, esta última incorporada ao sistema brasileiro de controle de constitucionalidade mais recentemente, por inspiração da Constituição portuguesa.

5.8 INCONSTITUCIONALIDADE MATERIAL E INCONSTITUCIONALIDADE FORMAL

A *inconstitucionalidade material ou vício material* é a incompatibilidade do conteúdo (da matéria) de uma lei ou ato normativo editado pelo Estado – seja uma norma infraconstitucional, seja uma emenda constitucional – com os preceitos constitucionais. Em outras palavras, trata-se do desrespeito, no tocante ao conteúdo da norma editada pelo poder competente do Estado, aos comandos extraídos dos princípios e regras existentes em uma constituição rígida.

Podemos citar, como exemplo de ocorrência de inconstitucionalidade material, a edição de uma lei que instituísse pena de caráter perpétuo para crimes mais graves, mesmo que sob o pretexto de atender ao clamor público, em razão de aumento da violência no Brasil. Mesmo que respeitasse as regras procedimentais de edição de diplomas normativos, o conteúdo (essência, matéria) de referida norma, a toda evidência, desrespeitaria os expressos termos do artigo 5º, inciso XLVII, alínea b, da Constituição Federal, que veda a instituição desse tipo de pena.

Vê-se, portanto, que a inconstitucionalidade material diz respeito tão somente ao *conteúdo* das leis e atos normativos editados pelo Estado – que não podem contrariar os comandos constitucionais –, pouco importando o procedimento adotado para sua elaboração. A inobservância das regras fixadas pela constituição, relativas ao procedimento para elaboração de leis e atos normativos editados pelo poder público, esta diz respeito à outra espécie de inconstitucionalidade – a denominada inconstitucionalidade formal.

Com efeito, a *inconstitucionalidade formal ou vício formal* é o desrespeito, na elaboração da lei ou ato normativo, às normas constitucionais relativas ao processo legislativo, ou seja, às regras procedimentais, fixadas pela constituição, para a edição das diversas espécies normativas. Dito em outras palavras, trata-se do desrespeito à forma, estabelecida pela constituição, para a elaboração das demais espécies normativas.

A inconstitucionalidade formal, é importante que se diga, poderá ser de 2 (duas) subespécies: *inconstitucionalidade formal orgânica* e *inconstitucionalidade formal propriamente dita*. A primeira ocorrerá quando o *órgão legislativo* que elaborar a lei ou ato normativo não tiver competência constitucional para fazê-lo.

Seria hipótese de ocorrência de *inconstitucionalidade formal orgânica*, por exemplo, caso uma Assembleia Legislativa de um determinado Estado da Federação editasse uma lei para tratar de serviço postal, tema que, nos expressos termos do artigo 22, inciso V, da Constituição Federal vigente, é de competência exclusiva da União (e, portanto, do Congresso Nacional).

A *inconstitucionalidade formal propriamente dita*, por sua vez, refere-se à edição de uma lei ou ato normativo sem observância das normas constitucionais relativas ao processo legislativo, sejam as relativas à *capacidade de iniciativa* (aspecto subjetivo), sejam as relativas ao *rito de tramitação* (aspecto objetivo) dos atos normativos.

Estar-se-ia diante de um caso de *inconstitucionalidade formal subjetiva ou por vício de iniciativa* se, por exemplo, um deputado federal ou um senador apresentasse um projeto de lei que fixasse ou modificasse os efetivos das Forças Armadas, o qual, nos expressos termos do artigo 61, § 1º, da Carta Magna, é de iniciativa privativa do Presidente da República.

Vale mencionar que, na hipótese de ocorrência de inconstitucionalidade formal subjetiva, ou por vício de iniciativa, a sanção do Chefe do Poder Executivo não tem o poder de sanar referido vício, estando a norma, portanto, eivada de irreparável inconstitucionalidade. Não mais subsiste, portanto, a Súmula 5 do Supremo Tribunal Federal[9], como já decidiu o próprio Pretório Excelso, no julgamento da Ação Direta de Inconstitucionalidade 1963.

Por outro lado, estar-se-ia frente a uma hipótese de *inconstitucionalidade formal objetiva ou por vício de rito ou procedimento*, por exemplo, caso uma norma, cuja matéria exigisse, nos termos da Constituição, a regulamentação por lei complementar, fosse aprovada por meio de simples lei ordinária, sem a observância do quórum qualificado (maioria absoluta), exigido pelo artigo 69, da Lei Maior.

Ainda no que se refere à inconstitucionalidade formal, é importante mencionar que parte da doutrina, escudada na lição de José Joaquim Gomes Canotilho, cita a existência de uma terceira subespécie dessa categoria: a denominada inconstitucionalidade formal *por violação a pressupostos objetivos do ato*.

---

9. Revogada Súmula 5, do Supremo Tribunal Federal: "A sanção do projeto supre a falta de iniciativa do Poder Executivo".

Valendo-nos da lição de Clèmerson Merlin Clève,[10] podemos citar, como exemplo da ocorrência dessa modalidade de inconstitucionalidade formal, a edição de medida provisória sem a observância dos pressupostos de *relevância e urgência*, exigidos pelo artigo 62, da Constituição de 1988, para a elaboração daquela espécie normativa.

Cabe mencionar, para encerrarmos esse tema, que uma norma editada pelo poder público, num dado caso concreto, poderá apresentar apenas a chamada inconstitucionalidade material, quando seu único vício disser respeito à inadequação de seu conteúdo com os ditames constitucionais, conforme demonstrado supra.

Poderá, por outro lado, revelar apenas uma inconstitucionalidade formal, quando seu único vício for dessa natureza, ou seja, quando desrespeitar as normas procedimentais, fixadas pela carta magna, para a elaboração das diversas espécies normativas, quer as relativas ao órgão legislativo que deve editá-la, quer as referentes à capacidade de iniciativa, quer, ainda, as relativas ao rito de tramitação.

Poderá, por fim, estar concomitantemente eivada de inconstitucionalidade material e formal, quando, a um só tempo, desrespeitar a essência do texto magno (vício material) e também as regras procedimentais de elaboração das normas (vício formal). Um exemplo, extraído da realidade, é a edição de leis municipais (editadas por câmaras municipais, portanto) que conferem aos respectivos municípios o direito de conceder outorgas do serviço de radiodifusão comunitária.

Nos termos da Constituição Federal, o serviço de radiodifusão sonora, inclusive o relativo às chamadas rádios comunitárias, é de titularidade exclusiva da União, o que evidencia uma inconstitucionalidade material daquelas leis municipais, já que tal serviço não pode ser delegado a terceiros por Municípios, sendo certo, ademais, que as leis sobre o assunto só podem ser editadas pelo Congresso Nacional, fato que revela um vício formal (inconstitucionalidade formal orgânica) das leis municipais que disciplinarem tal assunto.

INCONSTITUCIONALIDADE MATERIAL X INCONSTITUCIONALIDADE FORMAL	
Inconstitucionalidade material	– É a incompatibilidade do conteúdo (da matéria) de uma lei ou ato normativo editado pelo Estado com os preceitos constitucionais.
Inconstitucionalidade formal	– É o desrespeito, na elaboração da lei ou ato normativo, às normas constitucionais relativas ao processo legislativo, ou seja, às regras procedimentais, fixadas pela constituição, para a edição das diversas espécies normativas.

5.9 INCONSTITUCIONALIDADE POR AÇÃO E INCONSTITUCIONALIDADE POR OMISSÃO

Na seção anterior, vimos que a inconstitucionalidade da lei ou ato normativo pode ocorrer tanto na hipótese de seu conteúdo contrariar os princípios e regras constitucionais, como também quando sua elaboração deixar de observar as regras procedimentais fixadas pela carta magna. Em ambas as hipóteses, estamos diante de um ato positivo praticado pelo Estado – a edição de uma lei ou ato normativo – que é incompatível com a constituição. E sempre que a inconstitucionalidade surgir em decorrência de um ato comissivo do poder público, estar-se-á frente a um caso de inconstitucionalidade por ação.

---

10. *A fiscalização abstrata da constitucionalidade no direito brasileiro.* 2. ed. Local: Revista dos Tribunais, 2000, p. 41.

Assim, podemos definir a *inconstitucionalidade por ação*, também conhecida por *inconstitucionalidade positiva*, como aquela decorrente da ação do Estado, que pratica algum ato ou edita uma lei ou ato normativo de alguma maneira (material ou formalmente) incompatível com os preceitos albergados pela constituição. Já a *inconstitucionalidade por omissão*, o próprio nome já indica, ocorre quando estivermos diante de uma omissão estatal, quando houver injustificada inércia do Estado em praticar algum ato ou em editar leis ou atos normativos indispensáveis à aplicabilidade de normas constitucionais que dependam de complementação legislativa.

Com efeito, ao estudarmos as normas constitucionais não autoexecutáveis – ou de eficácia limitada, conforme famosa classificação de José Afonso da Silva –, vimos que referidas normas são as que necessitam de alguma conduta do poder público, ou da edição de diplomas infraconstitucionais, para que possam produzir todos os efeitos pretendidos pelo constituinte. E a inconstitucionalidade por omissão decorre justamente da omissão estatal no dever de praticar algum ato ou de editar leis ou atos normativos infraconstitucionais indispensáveis à concessão de aplicabilidade a normas constitucionais não autoexecutáveis, como o são, por exemplo, as normas programáticas.

Exemplo de inconstitucionalidade por omissão, nós o temos na inequívoca omissão estatal, aliás já expressamente reconhecida pelo Supremo Tribunal Federal, no dever de editar lei específica para regulamentar o exercício de direito de greve dos servidores públicos, conforme determinado pelo artigo 37, inciso VII, da Constituição Federal.

Como mencionamos anteriormente, a inconstitucionalidade por omissão, de inspiração no direito constitucional português, foi incorporada ao direito brasileiro ainda recentemente, com a promulgação da Constituição de 1988. Nossa Carta Magna possui, em seu corpo, 2 (dois) mecanismos para sanar essa espécie de inconstitucionalidade, e que serão estudados oportunamente. São eles: mandado de injunção, previsto no artigo 5º, inciso LXXI, e ação direta de inconstitucionalidade por omissão, tipificada em seu artigo 103, § 2º.

INCONSTITUCIONALIDADE POR AÇÃO X INCONSTITUCIONALIDADE POR OMISSÃO

Inconstitucionalidade por ação	– É a decorrente da *ação* do Estado, que pratica algum ato ou edita uma lei ou ato normativo de alguma maneira (material ou formalmente) incompatível com os preceitos albergados pela constituição.
Inconstitucionalidade por omissão	– É a decorrente de *omissão* do Estado, que deixa de praticar algum ato ou de editar leis ou atos normativos indispensáveis à aplicabilidade de normas constitucionais que dependam de complementação legislativa.

5.10 MODALIDADES DE CONTROLE QUANTO AO MOMENTO DA REALIZAÇÃO E QUANTO AO ÓRGÃO QUE O REALIZA

Quanto ao *momento da realização* do controle de constitucionalidade, este poderá ser *preventivo* ou *repressivo*. Será *preventivo* quando realizado antes que as propostas de emenda constitucional ou os projetos de lei ou ato normativo sejam editados. Tem por escopo evitar que a norma eivada de inconstitucionalidade ingresse no ordenamento jurídico pátrio.

Será *repressivo*, ao contrário, quando o controle for realizado depois da edição da emenda à constituição ou da norma infraconstitucional. Esta última modalidade de controle, também denominada de *controle superveniente*, tem por objetivo, como é lógico e intuitivo, afastar a aplicação de norma inconstitucional já editada.

Conforme entendimento já consolidado, para que seja possível falar-se em controle repressivo de constitucionalidade, *basta que a lei ou ato normativo seja promulgado e publicado, não havendo necessidade, portanto, que entre em vigor*. Nesses termos, aliás, já decidiu o Supremo Tribunal Federal, na Ação Direta de Inconstitucionalidade 466, publicada no *DJU* de 10.5.1991.

Quanto ao *órgão que o realiza*, o controle de constitucionalidade poderá ser *político*, *jurisdicional (judicial)*, ou, ainda, *misto*. Será *político* quando realizado por órgão não integrante do Poder Judiciário. Poderá ser exercido pelo Poder Executivo, pelo Legislativo, ou, ainda, por uma Corte Constitucional, não pertencente a qualquer dos outros Poderes, e dotada de ampla independência[11]. O controle de constitucionalidade será *jurisdicional* (também denominado *judicial*), quando realizado exclusivamente pelo Poder Judiciário. Será *misto*, por fim, quando a constituição atribuir tal controle, concomitantemente, ao Judiciário e a outros Poderes.

É importante mencionar que aqueles modelos de controle de constitucionalidade (controles preventivo e repressivo; controles político, judicial e misto) podem apresentar-se conjugados, em um mesmo Estado. Tal conjugação, que resulta em modelos híbridos, com a existência, a um só tempo, de controles de constitucionalidade do tipo político (tanto preventivo como repressivo) e do tipo jurisdicional (igualmente preventivo e repressivo), tem por objetivo dotar determinado Estado dos meios mais eficazes possíveis à garantia da observância da supremacia da constituição. É o caso, por exemplo, do Brasil.

MODALIDADES DE CONTROLE QUANTO AO MOMENTO DA REALIZAÇÃO E QUANTO AO ÓRGÃO QUE O REALIZA

Quanto ao momento da realização	Preventivo	– Realizado antes de a lei ou o ato normativo ser promulgado e publicado.
	Repressivo	– Realizado após a lei ou o ato normativo ser promulgado e publicado.
Quanto ao órgão que o realiza	Político	– Realizado por órgão distinto do Poder Judiciário.
	Jurisdicional (ou Judicial)	– Realizado exclusivamente pelo Poder Judiciário.
	Misto	– Realizado, concomitantemente, pelo Judiciário e outros Poderes.

5.11 MODALIDADES DE CONTROLE QUANTO À VIA UTILIZADA: MODELO AMERICANO E AUSTRÍACO

Particularmente no que respeita ao controle repressivo de constitucionalidade, do tipo judicial ou jurisdicional (ou seja, realizado pelo Poder Judiciário, e após a norma infraconstitucional ter ingressado no ordenamento jurídico), é importante esclarecer que existem 2 (dois) modelos mais conhecidos, que costumam ser usados pelos diversos países: *o controle difuso* (ou aberto) e o *controle concentrado* (ou fechado).

---

11. Exemplo costumeiramente citado de órgão especial criado para tal finalidade, não pertencente aos demais Poderes, é o Conselho Constitucional francês, composto por membros com mandato fixo, e que realiza um controle preventivo do ato normativo editado pelo Poder Legislativo daquele país.

O *controle difuso*, também conhecido como *controle por via de exceção ou defesa*, já o mencionamos anteriormente, foi criado nos Estados Unidos da América (daí também ser denominado de *modelo norte-americano*) e aplicado pela primeira vez no caso *Marbury vs. Madison*, em 1803, decidido pelo então presidente da Suprema Corte dos Estados Unidos da América (cargo denominado *Chief of* Justice), o juiz John Marshall.

Referido modelo de controle permite a qualquer juiz ou tribunal realizar – esse o motivo de ser denominado difuso –, no julgamento de um caso concreto, a análise incidental da constitucionalidade de uma lei ou ato normativo. No controle difuso, portanto, a análise da constitucionalidade do dispositivo não é o objeto principal da ação, sendo apreciada apenas em caráter incidental.

Com efeito, o juiz do processo decidirá acerca da eventual inconstitucionalidade da norma em caráter *incidenter tantum* (como uma questão incidente) para, só então, com base naquele entendimento, julgar o mérito propriamente dito da ação. A análise da constitucionalidade da norma, portanto, antecede o exame do mérito da demanda.

Os tipos de ação em que se pode realizar o controle difuso de constitucionalidade são os mais diversos possíveis, como mandados de segurança, ações de rito ordinário, embargos à execução, exceções de pré-executividade etc. Um exemplo comum é a oposição de embargos em sede de execução tributária, em que o embargante alega, incidentalmente, para tentar afastar a cobrança do tributo, a inconstitucionalidade da norma que instituiu a obrigação tributária.

Muito embora possa ser verificada pelo juiz ou tribunal, independentemente de provocação (de ofício, portanto), a inconstitucionalidade da norma costuma ser invocada por uma das partes em litígio, como fundamento para viabilizar sua pretensão principal (a procedência do pedido, no caso do autor; a improcedência, no caso do réu). Daí ser conhecido também como controle por via de exceção ou defesa.

É importante ressaltarmos que, a despeito de ser também denominado de controle por via de exceção ou de defesa, isso não quer dizer que a inconstitucionalidade só possa ser invocada por quem estiver no polo passivo da demanda (pelo réu). Poderá alegá-la, igualmente, o autor da ação. É o caso, por exemplo, de mandado de segurança impetrado contra ato do poder público exige pagamento de um determinado imposto, em que o impetrante (autor) invoca como fundamento de sua pretensão (a dispensa daquele pagamento) justamente a inconstitucionalidade da norma que instituiu referido tributo.

Vê-se, portanto, que *a expressão "via de defesa ou exceção" não guarda qualquer relação com a posição que a parte ocupa no processo*. Refere-se, isto sim, à invocação da inconstitucionalidade da norma para se proteger (para se defender) dos efeitos negativos que sua aplicação ocasionaria, caso fosse aplicada, na solução do caso concreto submetido à apreciação jurisdicional. Nesse sentido, por exemplo, é a lição de Luiz Alberto David Araújo e Vidal Serrano Nunes Júnior:[12]

> "O interessado que pede a prestação jurisdicional não precisa estar no polo passivo da lide, podendo ser o autor da ação. Por tal razão, a expressão 'via de defesa' significa que o interessado está defendendo-se dos efeitos de uma norma inconstitucional e não, obrigatoriamente, ocupando o polo passivo da ação. Defende direito seu (ou de seu grupo), que vem postado em uma norma inconstitucional".

---

12. *Curso de direito constitucional*. 14. ed. Saraiva, 2010, p. 48-49.

Nessa espécie de controle de constitucionalidade, como regra geral, a decisão que declara a inconstitucionalidade da norma tem eficácia apenas para o caso em litígio, entre as partes litigantes (*eficácia inter partes*), permanecendo referida norma perfeitamente válida e eficaz em relação ao restante da população.

O *controle concentrado*, por sua vez, foi concebido pela Constituição austríaca de 1920 (por isso costumeiramente chamado de *modelo austríaco*), ao instituir uma Corte Constitucional para exercer, em caráter de exclusividade, o controle de constitucionalidade das normas. Referido controle, também conhecido como *controle por via de ação direta*, é aquele realizado exclusivamente por um determinado órgão[13], e que tem por objeto a análise da constitucionalidade ou da inconstitucionalidade de lei ou ato normativo, em tese, independentemente da existência de casos concretos em que a constitucionalidade esteja sendo discutida.

Trata-se, portanto, de um *processo de natureza objetiva*, uma vez que nenhum interesse subjetivo de particulares está sendo apreciado na demanda. Aqui, o exame da constitucionalidade da norma é o objeto mesmo da ação, realizado por uma Corte especialmente designada para tal mister, que produz eficácia em relação a todos (eficácia *erga omnes*).

MODALIDADES DE CONTROLE QUANTO À VIA UTILIZADA

– O **controle difuso (ou por via de exceção ou defesa)**, criado pelos norte-americanos, permite a qualquer juiz ou tribunal realizar – este o motivo de ser denominado difuso –, no julgamento de um caso concreto, a análise incidental da constitucionalidade de uma lei ou ato normativo. No controle difuso, portanto, a análise da constitucionalidade do dispositivo não é o objeto principal da ação, sendo apreciada apenas em caráter incidental.

– O **controle concentrado (ou por via de ação direta)**, criado pela Constituição austríaca, é aquele realizado exclusivamente por um determinado órgão, e que tem por objeto a obtenção da declaração de inconstitucionalidade de lei ou ato normativo, em tese, independentemente da existência de casos concretos em que a constitucionalidade esteja sendo discutida.

5.12 VISÃO GERAL DO CONTROLE DE CONSTITUCIONALIDADE NO BRASIL

O Brasil, como já mencionamos brevemente em outra oportunidade, adota um sistema de controle de constitucionalidade do tipo *híbrido* ou *misto*, prevendo, ao mesmo tempo, tanto o controle político, como o controle judicial (ou jurisdicional). Adota, igualmente, a um só tempo, os controles de constitucionalidade do tipo preventivo e repressivo, tanto pelo Poder Judiciário, como pelos demais Poderes do Estado.

Buscou o constituinte pátrio, com tal medida, dotar o Estado brasileiro de todos os meios possíveis para a garantia plena e eficaz da supremacia tanto da Constituição Federal, como das Constituições dos Estados e das Lei Orgânica do Distrito Federal (no âmbito das respectivas unidades da Federação), em relação ao ordenamento infraconstitucional. Vejamos, em seguida, um pouco mais detidamente, cada uma das modalidades de controle de constitucionalidade existentes no Brasil.

5.13 CONTROLE POLÍTICO

1. *Controle político preventivo pelo Poder Executivo* – Ao Presidente da República é dado o poder de realizar o controle político preventivo, por meio do *veto jurídico* (artigo 66, § 1º,

---

13. Num Estado do tipo Federal, como é o caso da República Federativa do Brasil, geralmente se atribui a competência para exercer o controle concentrado de constitucionalidade, relativamente à Constituição Federal, a uma Corte Suprema (no caso do Brasil, denominada Supremo Tribunal Federal), e, no âmbito das Constituições dos Estados-Membros, aos respectivos Tribunais de Justiça, que são as cortes máximas destas unidades da Federação.

da Carta Magna[14]). Este será cabível quando o Chefe do Poder Executivo Federal entender que algum dispositivo da lei aprovada pelo Parlamento é inconstitucional.

Em razão do princípio da simetria, que exige semelhante tratamento, no que se mostrar possível, aos diversos entes que compõem a Federação, o mesmo poder de veto poderá também ser conferido aos governadores dos Estados e do Distrito Federal, bem como aos prefeitos (Chefes dos respectivos Poderes Executivos), no que respeita às leis aprovadas pelos Parlamentos daquelas unidades da Federação, em face da Constituição Federal, e das respectivas constituições dos Estados, Lei Orgânica do Distrito Federal e leis orgânicas dos Municípios.

2. Controle político repressivo pelo Executivo – Conforme entendimento já firmado pelo Supremo Tribunal Federal (*RTJ* 151/331), pode o Chefe do Poder Executivo (e somente este) realizar também o controle político de constitucionalidade, do tipo repressivo, quando se deparar com uma norma manifestamente inconstitucional, até que a Corte Suprema se manifeste sobre a questão.

Fundamenta-se tal possibilidade no dever que cabe à Administração Pública de observar, de maneira rigorosa, os princípios da supremacia da constituição e também o da legalidade. Assim, tem o Poder Executivo, exclusivamente na figura de seu Chefe (Presidente da República, governadores dos Estados, do Distrito Federal e prefeitos), o dever de não observar o cumprimento de uma lei manifestamente inconstitucional.

Portanto, ao se deparar com uma lei ou ato normativo manifestamente inconstitucional, deverá o Presidente da República, o governador do Estado, o governador do Distrito Federal, ou o prefeito, editar um ato administrativo (ato normativo) determinando que referida norma não seja observada por seus subordinados, até que o caso seja decidido pelo Poder Judiciário (vide *RTJ* 151/331).

É importante ressaltarmos, contudo, que esse entendimento não está completamente pacificado, a despeito de ser francamente majoritário. Com efeito, há quem defenda que o controle repressivo de constitucionalidade, realizado pelo Chefe do Poder Executivo, não poderia ser realizado, para se evitar a ocorrência de indesejável insegurança jurídica, tendo em vista o *princípio da presunção de constitucionalidade das leis e atos normativos* editados pelo Estado.

Como nos lembra Luís Roberto Barroso,[15] após o advento da Constituição de 1988, muitos também passaram a questionar a manutenção de tal faculdade, em razão da expressa concessão, pela Carta Magna, ao presidente da República, governadores e prefeitos, de legitimidade ativa para a propositura de ação direta de inconstitucionalidade. Contudo, como ressaltado no parágrafo anterior, a doutrina e a jurisprudência francamente predominantes acolhem tal possibilidade.

3. Controle político preventivo pelo Poder Legislativo – O Poder Legislativo, de maneira semelhante ao Poder Executivo, também pode realizar controle político de constitucionalidade, tanto preventivo como repressivo. O controle preventivo é o realizado pela *Comissão de Constituição, Justiça e de Cidadania (CCJ)*, pertencente à Câmara dos Deputados, bem

---

14. Constituição Federal, artigo 66, § 1º: "Se o Presidente da República considerar o projeto, no todo ou em parte, inconstitucional ou contrário ao interesse público, vetá-lo-á total ou parcialmente, no prazo de quinze dias úteis, contados da data do recebimento, e comunicará, dentro de quarenta e oito horas, ao Presidente do Senado Federal os motivos do veto".
15. *Interpretação e aplicabilidade das normas constitucionais*, p. 184.

como pela *Comissão de Constituição, Justiça e Cidadania (CCJ)*, esta última do Senado Federal, antes de o projeto de lei ser votado pelas Casas do Congresso Nacional.

No caso específico de um projeto ser considerado inconstitucional pela Comissão de Constituição, Justiça e de Cidadania da Câmara dos Deputados, o artigo 54, inciso I, do Regimento Interno dessa Casa Legislativa afirma que referido parecer é terminativo. Contudo, é possível a interposição de recurso em face daquela decisão, para o plenário da Câmara, nos termos dos artigos 132, § 2º, 137, § 2º, e 164, § 2º, todos de seu Regimento Interno.

Algo semelhante ocorre no Senado Federal. O artigo 101, § 1º, do Regimento Interno desta Casa é expresso e inequívoco em determinar que o parecer pela inconstitucionalidade, emitido pela denominada Comissão de Constituição, Justiça e Cidadania implicará a rejeição e o arquivamento definitivo da proposição, por despacho do Presidente do Senado Federal.

Contudo, há igualmente previsão de recurso para o plenário da Casa, nos termos do artigo 254, do Regimento Interno do Senado Federal, desde que o parecer pela inconstitucionalidade ou injuridicidade não tenha sido unânime, e que o recurso manifestando opinião favorável ao projeto tenha sido subscrito por 1/10 (um décimo) dos senadores da República.

Além da análise prévia da constitucionalidade da lei ou ato normativo, pelas respectivas Comissões de Constituição e Justiça da Câmara dos Deputados e do Senado Federal, o controle preventivo também poderá ser realizado pelo *Plenário* de ambas as Casas, quando os projetos de lei e demais atos normativos forem submetidos à votação propriamente dita, e os respectivos parlamentares o considerarem inconstitucional, deixando, por consequência, de aprová-lo.

4. Controle político repressivo pelo Poder Legislativo – O controle repressivo, a seu turno, deve ser realizado em 2 (duas) situações: no caso dos atos do Poder Executivo que exorbitem de seu poder regulamentar ou extrapolem os limites de delegação legislativa (artigo 49, inciso V, da Constituição Federal); e na análise das medidas provisórias, as quais, uma vez editadas, já são atos normativos com força de lei, independentemente de seu caráter de temporariedade.

Com efeito, é de competência exclusiva do Presidente da República, nos termos do artigo 84, inciso IV, da Carta Magna, "expedir decretos e regulamentos para sua fiel execução". Temos, nesse dispositivo constitucional, a explicitação do chamado poder normativo ou regulamentar do Poder Executivo, que edita seus decretos e demais regulamentos para proporcionar aplicabilidade plena às leis.

Caso o Presidente da República, ao editar um decreto, ao invés de apenas dar fiel execução à lei, como preconiza a Constituição Federal, acabe extrapolando aquele limite, imiscuindo-se na função legislativa, inovando a ordem jurídica, pode e deve sofrer controle, pelo Poder Legislativo, por meio de decreto legislativo.

Hipótese semelhante dá-se no caso de o Presidente da República exorbitar dos limites da delegação legislativa. Com efeito, o artigo 68, da Constituição Federal vigente[16], confere ao presidente da República a competência para editar as chamadas leis delegadas, através de delegação concedida pelo Congresso Nacional, por meio de resolução.

Dessa forma, caso a lei delegada, editada pelo presidente da República, exorbite os termos da delegação conferida pelo Congresso Nacional, e explicitadas na resolução para tal

---

16. Constituição Federal, artigo 68: "As leis delegadas serão elaboradas pelo Presidente da República, que deverá solicitar a delegação ao Congresso Nacional".

fim editada, poderá o Poder Legislativo, por meio de decreto legislativo, efetuar o controle daquela lei, sustando referido diploma normativo.

Por fim, como vimos anteriormente, a medida provisória tem inequívoca natureza de lei, estando inclusive relacionada no rol do artigo 59, da Carta Magna. Assim sendo, a medida provisória estará sujeita ao controle político de constitucionalidade, a cargo do Congresso Nacional, inclusive no tocante à observância dos requisitos da *relevância e urgência*, exigidos pelo artigo 62, de nossa Lei Maior.

Ricardo Cunha Chimenti, Fernando Capez, Márcio F. Elias Rosa e Marisa F. Santos,[17] em sua obra, lembram-nos que os Tribunais de Contas (da União e dos Estados), órgãos auxiliares do Poder Legislativo, podem, em casos concretos, deixar de aplicar leis e atos normativos que reputem inconstitucionais, conforme preceitua a Súmula 347, do Supremo Tribunal Federal, que dispõe que "o Tribunal de Contas, no exercício de suas atribuições, pode apreciar a constitucionalidade das leis e dos atos do poder público".

CONTROLE DE CONSTITUCIONALIDADE POLÍTICO NO BRASIL

Controle Político pelo Executivo	Preventivo	– Através do veto jurídico (artigo 66, § 1º, CF).
	Repressivo	– Somente o Chefe do Poder Executivo, quando se deparar com lei manifestamente inconstitucional.
Controle Político pelo Legislativo	Preventivo	– Através das Comissões de Constituição, Justiça e Cidadania da Câmara dos Deputados e do Senado Federal, ou do Plenário de ambas as Casas, antes de o projeto ser votado.
	Repressivo	– Atos do Poder Executivo que exorbitem seu poder normativo ou delegação legislativa. – Análise de medidas provisórias.

5.14 CONTROLE JUDICIAL

1. *A única hipótese de controle judicial preventivo* – O controle de constitucionalidade do tipo judicial ou jurisdicional, como já mencionado, é aquele conferido ao Poder Judiciário. Nos termos da Constituição brasileira vigente, referido Poder tem a atribuição de realizar tanto o controle repressivo de constitucionalidade, como o controle preventivo, *este em uma única hipótese*: no caso de *impetração de mandado de segurança, por parlamentar, perante o Supremo Tribunal Federal, contra ato que tenha importado em ofensa às normas constitucionais do processo legislativo*.

Com efeito, os parlamentares têm o poder-dever de participar de um processo legislativo correto, o denominado devido processo legislativo, no qual sejam rigorosamente observadas as normas constitucionais relativas à edição das diversas espécies normativas relacionadas no artigo 59, da Carta Magna. Na hipótese de um projeto de lei ou proposta de emenda constitucional não respeitar as normas constitucionais, surge, para o deputado federal ou senador, o direito de se valer de mandado de segurança, para garantir a higidez do processo legislativo.

Trata-se, aqui, de hipótese de *controle concreto de constitucionalidade*, em que a inconstitucionalidade formal da norma é apreciada incidentalmente, já que o pedido do parlamentar,

---

17. *Op. cit.*, p. 428.

dirigido ao Supremo Tribunal Federal (artigo 102, inciso I, da Constituição Federal), por meio do mandado de segurança, é o de que lhe seja garantido o direito líquido e certo ao devido processo legislativo.

O Pretório Excelso já consolidou também seu entendimento no sentido de que *somente os parlamentares podem manejar mandado de segurança para garantia do devido processo legislativo*, não sendo possível a terceiros, que não ostentem a condição de membro do Congresso Nacional, valer-se daquela ação constitucional, mesmo que invoquem a condição de futuro destinatário da norma ou da emenda constitucional. Sobre o tema, vide Mandado de Segurança 21.747-DF, Mandado de Segurança 23.087-SP e Mandado de Segurança 23.328-DF.

No que respeita a essa espécie de controle de constitucionalidade, prevalece no Supremo Tribunal Federal o entendimento de que ele somente poderá ter por objeto infração às *normas constitucionais* do processo legislativo. Entende-se que as normas regimentais, por tratarem de assuntos internos das Casas Legislativas, não podem ser objeto dessa modalidade de controle de constitucionalidade.

É certo, ademais, que a Corte Suprema também já decidiu expressamente que, se houver a aprovação do projeto de lei ou da proposta de emenda à Constituição, após a impetração do mandado de segurança pelo parlamentar, dar-se-á a perda de legitimidade ativa dos membros do Congresso Nacional para o prosseguimento da ação mandamental, *que não pode ser utilizada como sucedâneo da ação direta de inconstitucionalidade* (Mandado de Segurança 22.487-DF, relator ministro Celso de Mello, 14.8.2001).

Para finalizar o tema do controle de constitucionalidade judicial, do tipo preventivo, é importante mencionar que, com fundamento no *princípio da simetria*, os parlamentares dos Estados-membros, do Distrito Federal e dos Municípios tem inequívoca competência para impetrar *mandado de segurança, perante o respectivo tribunal de segundo grau, para que lhe seja garantido o devido processo legislativo*.

2. *Controle judicial de constitucionalidade do tipo repressivo* – No tocante ao controle judicial de constitucionalidade, do tipo repressivo, a Constituição Federal de 1988 conferiu ao Poder Judiciário a competência para realizar tanto o *controle difuso de constitucionalidade* (também conhecido como controle por via de exceção ou defesa, como também o *controle concentrado* (ou por via de ação direta).

O controle de constitucionalidade judicial do tipo difuso encontra amparo constitucional no artigo 102, inciso III, alíneas *a, b, c* e *d*, que trata do recurso extraordinário, bem como no artigo 97, da Carta Magna, que faz menção expressa ao *princípio da reserva de plenário* (no âmbito de todos os Tribunais), para análise de constitucionalidade de uma norma, num caso concreto.

O controle judicial repressivo de constitucionalidade do tipo concentrado, por sua vez, está previsto em diversos dispositivos da Constituição Federal. Com efeito, o artigo 102, inciso I, alínea *a*, parte inicial, de nossa Lei Maior, trata da *ação direta de inconstitucionalidade genérica*. O artigo 103, § 2°, por sua vez, refere-se à *ação direta de inconstitucionalidade por omissão*. Já o artigo 36, inciso III, trata da *ação direta de inconstitucionalidade interventiva*.

O artigo 102, inciso I, alínea *a*, parte final, de nossa Carta Magna, dispõe sobre a *ação declaratória de constitucionalidade*, inovação trazida ao texto constitucional pela Emenda Constitucional 3/1993. E o artigo 102, § 1°, por fim, trata da arguição de descumprimento de preceito fundamental, também trazida para o corpo da Constituição pela Emenda Constitucional 3/1993.

Relativamente ao controle de constitucionalidade concentrado, no âmbito dos Estados-membros, a Constituição Federal, em seu artigo 125, § 2º, dispõe expressamente que "cabe aos Estados a instituição de representação de inconstitucionalidade de leis ou atos normativos estaduais ou municipais em face da Constituição Estadual, vedada a atribuição da legitimação para agir a um único órgão".

A Carta Magna de 1988, portanto, prevê expressamente a possibilidade de os Estados-membros instituírem o controle concentrado de constitucionalidade de lei ou ato normativo estadual ou municipal, em face de suas respectivas constituições. O dispositivo constitucional, entretanto, não entra em minúcias acerca do processamento daquela espécie de controle, que poderá variar de Estado para Estado, em conformidade com o que dispuser a respectiva constituição estadual.

Algumas regras, contudo, foram explicitadas pela Constituição Federal, e devem ser aqui mencionadas, mesmo que de maneira breve. A primeira delas é de que *a competência para julgamento desses processos é do Tribunal de Justiça do Estado*, conforme se pode depreender do artigo 35, inciso IV, da Lei Maior, quando trata da ação direta de inconstitucionalidade interventiva para assegurar a observância dos princípios indicados na Constituição Estadual.

O objeto do controle concentrado de constitucionalidade em face das constituições estaduais também restou perfeitamente delimitado pelo artigo 125, § 2º, da Constituição de 1988: *apenas as leis e os atos normativos estaduais e municipais*. Não poderão ser objeto de controle de constitucionalidade, portanto, as normas federais, que somente poderão ser submetidas a controle concentrado de constitucionalidade em face da Constituição Federal.

No tocante à legitimidade para a propositura da ação no controle concentrado de constitucionalidade de normas estaduais e municipais em face da constituição do Estado, a Constituição Federal não explicitou quem seriam os legitimados, apenas ressaltando que não poderia ser conferida a apenas um único órgão. Dessa forma, *cabe à respectiva constituição estadual fornecer o rol de legitimados*.

No caso específico da ação direta de inconstitucionalidade interventiva estadual, contudo, conforme previsto no artigo 35, inciso IV, da Constituição Federal, *a legitimidade para a propositura da ação em questão será necessariamente do* chefe do Ministério Público estadual, tudo em conformidade com o que preconiza o artigo 129, inciso IV, da Carta Magna de 1988.

CONTROLE DE CONSTITUCIONALIDADE JUDICIAL NO BRASIL

Controle judicial preventivo	– **Em uma única hipótese**: caso de impetração de mandado de segurança, por parlamentar, perante o Supremo Tribunal Federal, contra ato que tenha importado em ofensa às normas constitucionais do processo legislativo.
Controle judicial repressivo	– **Controle difuso (ou por via de exceção ou defesa)**: permite a qualquer juiz ou tribunal realizar, no julgamento de um caso concreto, a análise incidental da constitucionalidade de uma lei ou ato normativo. – **Controle concentrado (ou por via de ação direta)**: realizado por um único Tribunal, em caráter exclusivo, e que tem por objeto a análise da constitucionalidade ou da inconstitucionalidade de lei ou ato normativo, em tese, independentemente da existência de casos concretos em que a constitucionalidade esteja sendo discutida.

5.15 MAIORES DETALHES SOBRE O CONTROLE JUDICIAL REPRESSIVO NO BRASIL

Nas seções anteriores, fornecemos ao caro leitor os contornos do controle de constitucionalidade brasileiro, procurando demonstrar que o poder constituinte – tanto o originário como posteriormente o derivado – dotou o Estado brasileiro do maior número possível de mecanismos de controle de constitucionalidade, com vistas à garantia da observância da supremacia constitucional. Fornecida aquela visão genérica de nosso modelo de controle de constitucionalidade, passaremos a analisar agora, de maneira um pouco mais detida, as diversas modalidades de controle de constitucionalidade judicial (do tipo repressivo) utilizadas pelo Brasil. Vejamos.

5.16 CONTROLE DIFUSO

O *controle difuso*, também conhecido como *controle por via de exceção ou defesa*, que existe em nosso País desde a primeira constituição republicana, e inequivocamente inspirado no modelo norteamericano (Estados Unidos da América), permite *a qualquer juiz ou tribunal* realizar, no julgamento de um caso concreto, de ofício ou mediante provocação de alguma das partes do processo, a análise incidental da constitucionalidade de uma lei ou ato normativo federal, estadual, distrital ou municipal.

Como já mencionamos, referido controle surgiu em um país cuja constituição sequer o previa expressamente: os Estados Unidos da América. De fato, em famosa decisão proferida no caso Marbury *versus* Madison, o então presidente da Suprema Corte Norte-Americana (denominado *Chief of Justice*), o juiz John Marshall, concluiu que as normas infraconstitucionais deveriam adequar-se aos ditames constitucionais, sob pena de serem consideradas nulas, e que o controle daquela adequação deveria ser feito pelo Poder Judiciário.

Com efeito, conforme entendimento manifestado por aquele magistrado, tratando-se a Constituição dos Estados Unidos da América da lei suprema daquele país, que não pode ser alterada pela simples edição de legislação ordinária, qualquer diploma infraconstitucional que não observasse os preceitos constitucionais não poderia ser considerado verdadeiramente uma lei, devendo, portanto, ser tido por nulo, sem qualquer força cogente.

E como a função de dizer o direito, inclusive para solucionar eventual conflito de normas, é conferida ao Poder Judiciário, Marshall defendeu que a competência para verificar se uma lei ordinária observa os ditames constitucionais deveria ser exercida por todos os magistrados, no exame dos casos concretos que lhe fossem submetidos a julgamento. Nascia, assim, o controle judicial de constitucionalidade, do tipo difuso, ou por via de exceção.

Referido modelo de controle de constitucionalidade, deve-se insistir, permite a qualquer juiz ou tribunal realizar – esse o motivo de ser denominado difuso –, no julgamento de um caso concreto, a análise incidental da constitucionalidade de uma lei ou ato normativo. No controle difuso, portanto, *a análise da constitucionalidade do dispositivo não é o objeto principal da ação, sendo apreciada apenas em caráter incidental*. Dito de outo modo, o juiz do processo decidirá acerca da eventual inconstitucionalidade da norma em caráter *incidenter tantum* para, só então, com base naquele entendimento, julgar o mérito propriamente dito da ação.

A análise da constitucionalidade da norma, portanto, antecede o exame do mérito da demanda. Muito embora o juiz do feito possa, ou, mais que isso, deva realizar de ofício tal controle, é mais comum que as partes em litígio invoquem tal inconstitucionalidade, de forma incidental, como forma de garantir o sucesso de seu pleito principal (daí também ser denominado de controle por via de exceção ou defesa).

No caso brasileiro, além da previsão constitucional (artigo 102, inciso III, de nossa Lei Magna de 1988) que trata do julgamento, pelo Supremo Tribunal Federal, da questão da inconstitucionalidade invocada num dado caso concreto, através de recurso extraordinário, o Código de Processo Civil também cuida do tema em 2 (duas) oportunidades.

A primeira, quando disciplina o chamado *incidente de arguição de inconstitucionalidade*, perante os tribunais de segundo grau (Tribunais de Justiça dos Estados, Tribunal de Justiça do Distrito Federal e Territórios e Tribunais Regionais Federais), a partir de seu artigo 948. A segunda, quando trata das regras de interposição e admissão do recurso extraordinário, a partir do artigo 1.029.

5.17 NORMAIS EFEITOS DA DECLARAÇÃO DE INCONSTITUCIONALIDADE NO CONTROLE DIFUSO

Como regra geral[18], a declaração de inconstitucionalidade de lei ou ato normativo, proferida num caso de controle difuso de constitucionalidade, *produz eficácia apenas entre as partes litigantes*, fazendo com que a lei deixe de ser aplicada tão somente em relação àqueles que figuraram no processo, permanecendo válida, contudo, em relação às demais pessoas.

Quer isso dizer, em outras palavras, que a decisão que declarou a inconstitucionalidade da lei ou ato normativo, em princípio, somente tem *eficácia inter partes*. A norma, portanto, não é retirada do ordenamento jurídico, permanecendo válida e eficaz em relação a todas as demais pessoas, que não foram partes do processo.

Ademais, tendo em vista que, em relação às partes litigantes (e somente em relação a estas, insista-se), a lei é considerada nula de pleno direito, por ter sido declarada inconstitucional, *os efeitos da sentença são "ex tunc", ou seja, retroativos à data da edição do diploma normativo, fulminando de nulidade todos os atos praticados pelas partes litigantes, sob a égide daquela norma tida por inconstitucional*.

Dessa forma, em apertada síntese, a decisão que declara a inconstitucionalidade da lei ou ato normativo (essa sentença tem, como regra geral, *natureza declaratória*), proferida por um juiz ou tribunal, em um caso de controle difuso de constitucionalidade ou por via de defesa, como regra geral produz eficácia apenas entre as partes litigantes (*inter partes*), com efeitos *ex tunc*, ou seja, retroativos à data da edição do diploma normativo. Para o restante da população, a norma continua plenamente eficaz, posto que referida decisão, nunca é demais insistir, tem eficácia apenas *inter partes*.

Contudo, no caso específico das decisões proferidas pelo Pretório Excelso, em sede de controle difuso de constitucionalidade (ao julgar os recursos extraordinários), é impor-

---

18. Afirmamos que isso ocorre como "regra geral" porque, como veremos melhor mais à frente, a adoção da teoria da transcendência dos motivos determinantes e da consequente *abstrativização* dos efeitos da decisão proferida pelo Supremo Tribunal Federal, em sede de controle difuso de constitucionalidade (recurso extraordinário), permite que tais decisões tenham força cogente em face de todos (eficácia *erga omnes*).

tante ressaltar que a vigente legislação, editada com base em jurisprudência que vinha se firmando na própria Corte Suprema, passou a determinar *que referidas decisões (proferidas em sede de recurso extraordinário, insista-se) tenham eficácia erga omnes, o que acaba imprimindo características objetivas ao controle difuso*, fenômeno que tem recebido o nome de *"abstrativização dos efeitos das decisões do Supremo Tribunal Federal em sede de controle difuso de constitucionalidade"*.

NORMAIS EFEITOS DA DECLARAÇÃO DE INCONSTITUCIONALIDADE NO CONTROLE DIFUSO

– Como regra geral, a decisão que declara a inconstitucionalidade da lei ou ato normativo, proferida em sede de controle difuso de constitucionalidade, produz eficácia apenas entre as partes litigantes (*inter partes*), com efeitos *ex tunc*, ou seja, retroativos à data da edição do diploma normativo.

– Já em decisões proferidas pelo Supremo Tribunal Federal, em sede de controle difuso de constitucionalidade (ao julgar um recurso extraordinário), a vigente legislação, editada com base em jurisprudência que vinha se firmando na própria Corte Suprema, passou a determinar *que referidas decisões (proferidas em sede de recurso extraordinário) tenham eficácia erga omnes*,

5.18 CLÁUSULA DE RESERVA DE PLENÁRIO

O controle difuso, como vimos anteriormente, permite a qualquer juiz ou tribunal realizar, no julgamento de um caso concreto, a análise incidental da constitucionalidade de uma lei ou ato normativo federal, estadual, distrital ou municipal. A análise da inconstitucionalidade da norma, portanto, poderá ser feita tanto pelo juiz singular, como pelos tribunais, inclusive pelo Supremo Tribunal Federal, este último no julgamento dos recursos extraordinários.

No tocante aos órgãos jurisdicionais colegiados (tribunais), há uma regra constitucional, fixada pelo artigo 97, da Carta Magna,[19] que determina que os tribunais, inclusive o Pretório Excelso, só poderão declarar a inconstitucionalidade de lei ou ato normativo pela maioria absoluta de seus membros ou dos membros de órgão especial[20] para tal fim instituído. Temos, aqui, a chamada *cláusula de reserva de plenário*.

Dessa forma, quando a inconstitucionalidade da lei ou ato normativo for arguida perante um tribunal, como questão incidente (no controle difuso de constitucionalidade, portanto), os juízes da turma ou câmara recursal, a quem competir o julgamento do processo, caso decidam-se pela inconstitucionalidade da norma, deverão submeter referida questão ao plenário ou ao órgão especial, para julgamento definitivo da questão.

É importante esclarecer, por outro lado, que a cláusula de reserva de plenário não diz respeito apenas ao controle difuso de constitucionalidade, tratando-se, na realidade, de uma regra geral, aplicável também às diversas modalidades de controle concentrado de constitucionalidade, julgados perante o Supremo Tribunal Federal e também perante os Tribunais

---

19. Constituição Federal, artigo 97: "Somente pelo voto da maioria absoluta de seus membros ou dos membros do respectivo órgão especial poderão os tribunais declarar a inconstitucionalidade de lei ou ato normativo do poder público".
20. Constituição Federal, artigo 93, XI: "Nos tribunais com número superior a vinte e cinco julgadores, poderá ser constituído órgão especial, com o mínimo de onze e o máximo de vinte e cinco membros, para exercício das atribuições administrativas e jurisdicionais delegadas da competência do tribunal pleno, provendo-se metade das vagas por antiguidade e a outra metade por eleição pelo tribunal pleno".

de Justiça dos Estados e do Distrito Federal e Territórios. Nesses termos, por exemplo, é a lição de Luiz Alberto David Araujo e Vidal Serrano Nunes Júnior:[21]

> *"Convém destacar, a propósito, que o art. 97 da Constituição da República consolida regra geral, válida tanto para a via difusa como para a concentrada, pela qual os tribunais só podem declarar a inconstitucionalidade de uma lei ou de outro ato normativo pelo voto da maioria absoluta de seus membros ou do respectivo órgão especial. É o chamado princípio da reserva de plenário".*

É imperioso esclarecer, ademais, que a submissão ao plenário ou ao órgão especial, no caso do controle difuso perante os tribunais de segundo grau[22] somente ocorrerá caso o órgão fracionário do tribunal (turma ou câmara recursal) julgue a lei ou ato normativo inconstitucional. Caso decida-se por sua constitucionalidade, prosseguirá no julgamento da matéria principal, conforme determina o artigo 949, do Código de Processo Civil.

Assim, em síntese, percebe-se facilmente que a cláusula de reserva de plenário, *no controle difuso, só deverá ser aplicada caso o órgão fracionário do tribunal declare a inconstitucionalidade da norma*, não havendo que se falar em julgamento pelo pleno ou órgão especial quando a turma ou câmara decidir-se, incidentalmente, pela constitucionalidade da lei ou ato normativo.

Conforme lição de Ricardo Cunha Chimenti, Fernando Capez, Márcio F. Elias Rosa e Marisa F. Santos,[23] "os órgãos recursais de 2º grau dos juizados especiais (denominadas turmas recursais) não estão equiparados aos tribunais nem sujeitos à cláusula de reserva de plenário para o reconhecimento da inconstitucionalidade de uma lei pelo sistema difuso".

Por outro lado, será caso de violação da cláusula de reserva de plenário, nos termos fixados pelo artigo 97, da Constituição Federal, quando estivermos diante de uma decisão de órgão fracionário (turma ou câmara) de tribunal que, *a despeito de não declarar expressamente a inconstitucionalidade da lei ou ato normativo, afaste sua incidência, no todo ou em parte*. Isso foi o que determinou a recente súmula vinculante 10, editada pelo Pretório Excelso.

Com efeito, um expediente que vinha se mostrando comum em alguns tribunais, nos julgamentos submetidos a seus órgãos fracionários – tanto que resultou na edição daquela súmula vinculante, para combater tal conduta –, era a edição de acórdãos que, na prática, afastavam a incidência de algum dispositivo legal ou normativo, mas sem declará-lo expressamente inconstitucional. Esse estratagema acaba por permitir que a turma ou câmara deixe de submeter o julgamento da inconstitucionalidade ao plenário ou órgão especial instituído para tal finalidade.

Para encerrarmos esta seção, é importante mencionar que tem sido admitida a mitigação da cláusula de reserva de plenário quando, nos termos do artigo 949, parágrafo único, do Código de Processo Civil, já houver pronunciamento, do plenário ou órgão especial do tribunal, ou mesmo do plenário do Supremo Tribunal Federal, acerca da alegada inconstitucionalidade.

Trata-se, inequivocamente, de norma que tem por objetivo a obtenção de economia processual, evitando-se gastos desnecessários de tempo e recursos públicos, com uma questão que já foi definitivamente decidida, seja pelo plenário ou órgão especial do próprio tribunal que está julgando o caso, seja, mais importante ainda, pelo plenário do Supremo Tribunal Federal.

---

21. *Op. cit.*, p. 48.
22. No caso do Supremo Tribunal Federal, o recurso extraordinário será sempre julgado pelo Plenário da Corte.
23. *Curso de direito constitucional*. 7. ed. Saraiva, 2010, p. 435.

CLÁUSULA DE RESERVA DE PLENÁRIO

– No tocante aos órgãos jurisdicionais colegiados (tribunais), há uma regra constitucional, fixada pelo artigo 97 da Carta Magna, que determina que os tribunais, inclusive o Pretório Excelso, só poderão declarar a inconstitucionalidade de lei ou ato normativo pela maioria absoluta de seus membros ou dos membros de órgão especial para tal fim instituído. Temos, aqui, a chamada *cláusula de reserva de plenário*.

– Contudo, a submissão ao plenário ou ao órgão especial somente ocorrerá caso o órgão fracionário do tribunal (turma ou câmara recursal) julgue a norma inconstitucional. Caso decida-se por sua constitucionalidade, prosseguirá no julgamento da matéria principal, conforme determina o artigo 949, *caput*, do Código de Processo Civil.

– Tem sido admitida a mitigação da cláusula de reserva de plenário quando, nos termos do artigo 949, parágrafo único, do Código de Processo Civil, já houver pronunciamento, do plenário ou órgão especial do Tribunal, ou mesmo do plenário do Supremo Tribunal Federal, acerca da alegada inconstitucionalidade. Trata-se da chamada *mitigação da cláusula de reserva de plenário*.

5.19 PROCEDIMENTO FIXADO PELO CÓDIGO DE PROCESSO CIVIL PARA OS TRIBUNAIS DE SEGUNDO GRAU

O Código de Processo Civil também trata, a partir de seu artigo 948, do controle de constitucionalidade do tipo difuso, particularmente no que se refere aos tribunais de segundo grau, ou seja, Tribunais de Justiça dos Estados, Tribunal de Justiça do Distrito Federal e Territórios e Tribunais Regionais Federais (os Tribunais de Alçada foram extintos, por força do que determina o artigo 4º da Emenda Constitucional 45/2004).

Nos termos do artigo 948, do Código de Processo Civil (CPC), "arguida, em controle difuso, a inconstitucionalidade de lei ou de ato normativo do poder público, o relator, após ouvir o Ministério Público e as partes, submeterá a questão à turma ou à câmara à qual competir o conhecimento do processo". Caso a turma não acolha a alegação de inconstitucionalidade, a questão não será remetida ao pleno ou órgão especial (artigo 949, inciso I), devendo a parte, assim, interpor recurso extraordinário em face da decisão da turma ou órgão fracionário.

Por sua vez, o artigo 949, inciso II, daquele diploma processual, determina que, acolhida a arguição de inconstitucionalidade pela turma (ou outro órgão fracionário) do tribunal, ela será submetida ao plenário do tribunal ou ao seu órgão especial, onde houver. O parágrafo único daquele mesmo artigo, ao seu turno, dispõe que os órgãos fracionários dos tribunais não submeterão a questão ao plenário ou ao órgão especial se houver pronunciamento, do plenário ou órgão especial do tribunal, ou mesmo do plenário do Supremo Tribunal Federal, acerca da alegada inconstitucionalidade.

No julgamento pelo plenário ou órgão especial, poderão manifestar-se as pessoas jurídicas de direito público responsáveis pela edição do ato normativo questionado, se assim o requererem, observados os prazos e as condições previstos no regimento interno do tribunal (artigo 950, § 1º). Poderão manifestar-se, igualmente, acerca da constitucionalidade da norma, inclusive com o direito de apresentação de memoriais e de juntada de documentos, os legitimados ativos da ação direta de inconstitucionalidade, fixados pelo artigo 103, da Constituição Federal[24].

---

24. Constituição Federal, artigo 103: "Podem propor a ação direta de inconstitucionalidade e a ação declaratória de constitucionalidade: I – o Presidente da República; II – a Mesa do Senado Federal; III – a Mesa da Câmara dos Deputados; IV – a Mesa de Assembleia Legislativa ou da Câmara Legislativa do Distrito Federal; V – o Governador de Estado ou do Distrito Federal; VI – o Procurador-Geral da República; VII – o Conselho Federal da Ordem dos Advogados do Brasil; VIII – partido político com representação no Congresso Nacional; IX – confederação sindical ou entidade de classe de âmbito nacional".

Ademais, nos termos do artigo 950, § 3º, do Código de Processo Civil em vigor, o relator poderá admitir, por despacho irrecorrível, a manifestação de outros órgãos ou entidades, de acordo com a relevância da matéria, e a representatividade dos postulantes. Após o julgamento relativo à constitucionalidade da norma, realizado pelo plenário ou órgão especial do tribunal, os autos são novamente encaminhados à turma ou órgão fracionário de origem, para julgamento do objeto principal da ação.

5.20 A ABSTRATIVIZAÇÃO DOS EFEITOS DA DECISÃO DO SUPREMO TRIBUNAL FEDERAL EM SEDE DE CONTROLE DIFUSO DE CONSTITUCIONALIDADE

Como vimos anteriormente, a declaração de inconstitucionalidade de lei ou ato normativo federal, estadual, distrital ou municipal, proferida num caso de controle difuso de constitucionalidade, produz, como regra, eficácia apenas entre as partes litigantes (*inter partes*), fazendo com que a lei deixe de ser aplicada em relação àqueles que figuraram no processo, permanecendo válida, entretanto, em relação às demais pessoas.

Vimos igualmente que, em se tratando de controle difuso, *a análise da constitucionalidade do dispositivo legal não é o objeto principal da ação, sendo apreciada apenas em caráter incidental*. O juiz do processo decidirá acerca da eventual inconstitucionalidade da norma em caráter *incidenter tantum* para, só então, com base naquele entendimento, julgar o mérito (o pedido) propriamente dito da ação. A análise da constitucionalidade da norma, portanto, antecede o exame do mérito da demanda.

Trata-se de um corolário da doutrina processual clássica que determina que, salvo disposição de lei em contrário, a sentença somente faz coisa julgada entre as partes litigantes[25] (limites subjetivos da coisa julgada), sendo certo que os motivos (os fundamentos), ainda que importantes para determinar o alcance da parte dispositiva da sentença, bem como apreciação de questões judiciais, decididas incidentalmente no processo, não fazem coisa julgada[26] (limites objetivos da coisa julgada).

Assim, devemos insistir, no controle difuso de constitucionalidade, não há dúvida de que a decisão acerca da inconstitucionalidade da norma, ao menos como regra geral, não fará coisa julgada material, uma vez que não constou da parte dispositiva da sentença (ou do acórdão de segundo grau), tendo sido apreciada apenas em caráter incidental, como questão prejudicial ao exame do mérito propriamente dito.

Como consequência disso, a questão acerca da alegada inconstitucionalidade da lei ou ato normativo poderá ser novamente apreciada em outro processo, até mesmo entre as mesmas partes (desde que o mérito não coincida com o anteriormente julgado), estando sujeita, ademais, a controle concentrado de constitucionalidade, para aí, sim, fazer coisa julgada material em relação a todos (eficácia *erga omnes*).

Ocorre que, mais recentemente, parte da doutrina e até mesmo julgados do Pretório Excelso, vinham defendendo a possibilidade de que também os motivos determinantes da decisão (a *ratio decidendi*) proferida pelo Supremo Tribunal Federal, em sede de controle difuso de constitucionalidade (no julgamento dos recursos extraordinários, portanto),

---

25. Nesse sentido é o artigo 506, do Código de Processo Civil: "A sentença faz coisa julgada às partes entre as quais é dada, não prejudicando terceiros".
26. É o que preconiza, por exemplo, o artigo 504, do Código de Processo Civil vigente: "Não fazem coisa julgada: I – os motivos, ainda que importantes para determinar o alcance da parte dispositiva da sentença; II – a verdade dos fatos, estabelecida como fundamento da sentença".

passassem a produzir eficácia *erga omnes*. Trata-se da chamada *teoria da transcendência dos motivos determinantes*.

Busca-se, com essa nova interpretação dos efeitos da declaração de inconstitucionalidade, *especificamente no julgamento de recursos extraordinários*, dar-se características objetivas ao controle difuso, ampliando os efeitos da declaração de inconstitucionalidade de modo a torná-los semelhantes aos efeitos obtidos no controle concentrado de constitucionalidade. É o que já está convencionando chamar de *abstrativização dos efeitos da decisão proferida pelo Supremo Tribunal Federal em sede de controle difuso de constitucionalidade*.

O primeiro caso em que se viu essa tendência foi no julgamento do Recurso Extraordinário 197.917-SP, em que o plenário do Supremo Tribunal Federal declarou a inconstitucionalidade do artigo 6º da Lei Orgânica do Município de Mira Estrela, no Estado de São Paulo, reduzindo o número de parlamentares, daquela municipalidade, de 11 (onze) para 9 (nove) vereadores.

Com efeito, além de determinar que referida decisão só produziria efeitos *pro futuro* (para os novos casos que pudessem surgir depois daquela decisão), restou estabelecido, pelo Supremo Tribunal Federal, naquela oportunidade, *que os motivos determinantes daquela decisão também se prestavam a vincular o Tribunal Superior Eleitoral, que deveria respeitar os termos da decisão proferida naquele recurso extraordinário, em casos análogos*.

Isso significa, em outras palavras, que os fundamentos daquela decisão (motivos determinantes) proferida pelo Pretório Excelso, ao julgar um recurso extraordinário, deveriam gerar eficácia *erga omnes* e vinculantes, de maneira semelhante ao que se dá no controle concentrado de constitucionalidade, uma vez que o Pretório Excelso determinou que aquela interpretação fosse aplicada, pelo Tribunal Superior Eleitoral, para todos os casos semelhantes.

Outro caso importante em que nossa Corte Suprema determinou, em caráter expresso, a aplicação da teoria da transcendência dos motivos determinantes, e a consequente abstrativização dos efeitos da decisão por ela proferida, em sede de controle difuso de constitucionalidade, deu-se em 2006, no julgamento do *Habeas Corpus* 82.959/SP, em que o paciente invocava a inconstitucionalidade do artigo 2º, § 1º, da Lei 8.072, de 25 de julho de 1990, o qual, em sua antiga redação[27], previa o cumprimento da pena, no caso de crimes hediondos, em regime integralmente fechado, sem direito à progressão de regime.

O próprio Supremo Tribunal Federal, em decisões anteriores, já havia se manifestado pela constitucionalidade daquele dispositivo legal. A partir do julgamento daquele *habeas corpus*, contudo, o entendimento da Corte modificou-se radicalmente. Com efeito, com fundamento em ofensa aos princípios da dignidade da pessoa humana e da individualização da pena, aquela Corte permitiu a todos os juízes de execução penal (com eficácia *erga omnes*, portanto) afastar a proibição, em abstrato, da impossibilidade de progressão de regime de cumprimento de pena em caso de prática de crimes hediondos.

Como é fácil perceber, a teoria da transcendência dos motivos determinantes da decisão, e a consequente abstrativização dos efeitos das decisões proferidas pelo Supremo Tribunal Federal, em sede de controle difuso de constitucionalidade, implica verdadeira alteração na

---

27. Em sua atual redação, conferida pela Lei 11.464/2007, o artigo 2º, da Lei 8.072/1990 não mais prevê a impossibilidade de progressão de regime para os chamados crimes hediondos, uma vez que referido artigo agora dispõe expressamente que a pena será cumprida inicialmente em regime fechado (§ 1º), e que a progressão dar-se-á após o cumprimento de 2/5 (dois quintos) da pena, se o apenado for primário, e de 3/5 (três quintos), se reincidente (§ 2º).

interpretação do artigo 52, inciso X, da Constituição Federal[28], de maneira que a suspensão da norma não mais necessite passar pelo crivo do Senado Federal.

No entendimento deste autor, nossa Lei Maior, ao menos nos termos atuais, não permite a aplicação da teoria da transcendência dos motivos determinantes, e a consequente **abstrativização dos efeitos da decisão do Supremo Tribunal Federal em sede de controle difuso de constitucionalidade (no julgamento dos recursos extraordinários)**. Para que isso fosse possível, seria necessária alteração do texto constitucional (reforma constitucional), notadamente no tocante ao artigo 102, § 2º, bem como ao artigo 52, inciso X.

Com efeito, nos termos do artigo 102, § 2º, da Carta Magna vigente, as decisões proferidas em sede de ação direta de inconstitucionalidade e nas declaratórias de constitucionalidade produzirão eficácia contra todos e efeito vinculante. A eficácia *erga omnes* e efeitos vinculantes, portanto, somente se aplicam no controle concentrado de constitucionalidade, e não no controle difuso, como é o caso dos julgamentos dos recursos extraordinários, pelo Supremo Tribunal Federal.

Além disso, segundo artigo 52, inciso X, da Constituição Federal, a declaração de inconstitucionalidade da lei ou ato normativo, em sede de recurso extraordinário, deveria ser encaminhada pelo Supremo Tribunal Federal ao Senado Federal, que suspenderia a norma apenas se considerasse conveniente assim proceder, posto que se trata de ato discricionário daquela Casa Legislativa.

De todo modo, o fato é que a atual legislação relativa ao julgamento do recurso extraordinário, sem levar em consideração as normas constitucionais supramencionadas, passou a determinar, de forma expressa, que as decisão proferidas pela Corte Suprema, naqueles recursos, produzam eficácia *erga omnes* (às vezes até mesmo com modulação temporal dos efeitos), a partir do reconhecimento da repercussão geral do tema submetido à Corte, o que mostra que o fenômeno da abstrativização dos efeitos de suas decisões, proferidas em sede de controle difuso de constitucionalidade, parece ser algo já consumado.

ABSTRATIVIZAÇÃO DOS EFEITOS DA DECISÃO DO STF EM SEDE DE CONTROLE DIFUSO DE CONSTITUCIONALIDADE

– Para a doutrina processual clássica, salvo disposição de lei em contrário, a sentença somente faz coisa julgada para as partes litigantes, sendo certo que os motivos, ainda que importantes para determinar o alcance da parte dispositiva da sentença, e a apreciação de questão prejudicial, decidida incidentalmente no processo, não fazem coisa julgada.

– Ocorre que, mais recentemente, parte da doutrina e até mesmo julgados mais recentes do Pretório Excelso, vêm defendendo a possibilidade de que também os *motivos determinantes* da decisão proferida pelo STF, em sede de controle difuso de constitucionalidade (no julgamento dos recursos extraordinários), passem a produzir efeitos *erga omnes*.

– Essa novidade, que busca conferir características objetivas ao controle difuso de constitucionalidade perante a Corte Suprema, *vem sendo chamada de teoria da transcendência dos motivos determinantes, que resulta na abstrativização dos efeitos da decisão da Corte Suprema em sede de controle difuso de constitucionalidade*

---

28. Constituição Federal, artigo 52: "Compete privativamente ao Senado Federal: X – suspender a execução, no todo ou em parte, de lei declarada inconstitucional por decisão definitiva do Supremo Tribunal Federal".

5.21 O RECURSO EXTRAORDINÁRIO

O controle difuso de constitucionalidade, nós já vimos, pode chegar ao Supremo Tribunal Federal, por meio de julgamento de recurso extraordinário.[29] O artigo 102, inciso III, da Constituição Federal, enumera as hipóteses em que nossa Corte Suprema julga aquele recurso. Nos termos desse dispositivo, compete ao Supremo Tribunal Federal julgar, mediante recurso extraordinário, as causas decididas em única ou última instância, quando a decisão recorrida:

(a) contrariar dispositivo da Constituição Federal;
(b) declarar a inconstitucionalidade de tratado ou lei federal;
(c) julgar válida lei ou ato de governo local contestado em face da Carta Magna; e
(d) julgar válida lei local contestada em face de lei federal (alínea acrescentada pela Emenda Constitucional 45/2004).

Referido recurso, como se pode perceber, tem por objetivo a garantia da supremacia da Constituição Federal sobre as demais normas que compõem o ordenamento jurídico estatal, bem como do respeito ao princípio federativo. Conforme expressa redação do supramencionado artigo 102, inciso III, ao dispor que o recurso extraordinário será cabível em face das *causas decididas em única ou última instância*, sem exigir que se trate de decisões de mérito, a Constituição Federal acabou por permitir a interposição desse recurso até mesmo contra *decisões interlocutórias*, desde que atendidas as demais exigências constitucionais.

Ademais, por não exigir que a decisão recorrida tenha sido proferida por algum tribunal (como o faz, por exemplo, para a interposição de recurso especial, perante o Superior Tribunal de Justiça), nossa Lei Maior permitiu que também haja interposição desse recurso em face de decisões de juízes de primeira instância, na hipótese de recurso contra decisão das turmas recursais, perante os juizados especiais (estaduais e federais).

Antes da edição do vigente Código de Processo Civil, o recurso extraordinário era regulado pela Lei 8.038, de 28 de maio de 1990, que traz as normas procedimentais para algumas ações que tramitam perante o Superior Tribunal de Justiça e o Supremo Tribunal Federal, como é o caso, por exemplo, do rito da ação penal para os crimes julgados originariamente por aquelas cortes. Era regulado, ademais, pelos artigos 543-A e 543-B, do revogado Código de Processo Civil de 1973. No atual diploma processual civil, o recurso encontra-se disciplinado nos artigos 1.029 e seguintes.

Conforme expressa redação do supramencionado artigo 102, inciso III, ao dispor que o recurso extraordinário será cabível em face das *causas decididas em única ou última instância*, sem exigir que se trate de decisões de mérito, a Constituição Federal acabou por permitir a interposição desse recurso até mesmo contra *decisões interlocutórias*, desde que atendidas as demais exigências constitucionais.

Por não exigir que a decisão recorrida tenha sido proferida por algum tribunal (como o faz, por exemplo, para a interposição de recurso especial, perante o Superior Tribunal de Justiça), nossa Lei Maior permitiu que também haja interposição desse recurso em face de decisões de juízes de primeira instância, na hipótese de recurso contra decisão das Turmas Recursais, perante os Juizados Especiais.

---

29. A rigor, o Supremo Tribunal Federal também poderá exercer o controle difuso de constitucionalidade, incidentalmente à análise da questão principal em ação de sua competência originária, ou mesmo recursal ordinária, quando esta não tiver por objeto específico a declaração abstrata de inconstitucionalidade de lei ou ato normativo. Contudo, a forma mais usual é por meio de análise de recurso extraordinário, conforme afirmado supra.

Para encerrarmos esta seção, não podemos deixar de mencionar que o Supremo Tribunal Federal instituiu, por meio da edição de súmulas, diversas hipóteses em que o recurso extraordinário não se mostra cabível. Referidas súmulas foram editadas, é importante esclarecer, para se tentar conter o excessivo número de recursos extraordinários que eram submetidos a julgamento perante a Suprema Corte. Eis as principais:

> Súmula 279: "Para simples reexame de prova não cabe recurso extraordinário".
>
> Súmula 280: "Por ofensa a direito local não cabe recurso extraordinário".
>
> Súmula 281: "É inadmissível o recurso extraordinário, quando couber na justiça de origem, recurso ordinário da decisão impugnada".
>
> Súmula 282: "É inadmissível o recurso extraordinário, quando não ventilada, na decisão recorrida, a questão federal suscitada".
>
> Súmula 283: "É inadmissível o recurso extraordinário, quando a decisão recorrida assenta em mais de um fundamento suficiente e o recurso não abrange todos eles".
>
> Súmula 284: "É inadmissível o recurso extraordinário, quando a deficiência na sua fundamentação não permitir a exata compreensão da controvérsia".
>
> Súmula 286: "Não se conhece do recurso extraordinário fundado em divergência jurisprudencial, quando a orientação do plenário do Supremo Tribunal Federal já se firmou no mesmo sentido da decisão recorrida".
>
> Súmula 356: "O ponto omisso da decisão, sobre o qual não foram opostos embargos

HIPÓTESES DE CABIMENTO DO RECURSO EXTRAORDINÁRIO

– Cabe recurso extraordinário, para o Supremo Tribunal Federal, em relação às causas decididas em única ou última instância, quando a decisão recorrida:

(a) contrariar dispositivo da Constituição Federal;

(b) declarar a inconstitucionalidade de tratado ou lei federal;

(c) julgar válida lei ou ato de governo local contestado em face da Carta Magna; e

(d) julgar válida lei local contestada em face de lei federal (alínea acrescentada pela Emenda Constitucional 45/2004).

5.22 NECESSIDADE DE DEMONSTRAÇÃO DA REPERCUSSÃO GERAL PERANTE O SUPREMO TRIBUNAL FEDERAL

A Emenda Constitucional 45/2004 acrescentou um § 3º ao artigo 102, da Carta Magna, passando a exigir que o recorrente demonstre, no recurso extraordinário interposto, a existência de *repercussão geral das questões constitucionais discutidas* naquele recurso, como condição para a admissão da peça recursal. Eis os termos do dispositivo constitucional em comento:

> "No recurso extraordinário o recorrente deverá demonstrar a repercussão geral das questões constitucionais discutidas no caso, nos termos da lei, a fim de que o Tribunal examine a admissão do recurso, somente podendo recusá-lo pela manifestação de dois terços de seus membros".

Juntamente com o artigo 103-A, da Constituição Federal, acrescentado pela Emenda Constitucional 45/2004, que instituiu a possibilidade de edição das *chamadas súmulas vinculantes*, o dispositivo constitucional ora em análise tem como um de seus principais objetivos reduzir, de maneira substancial, o grande volume de processos que chegam ao Supremo Tribunal Federal, e, por consequência, também acelerar a prestação jurisdicional.

Também tem por escopo, inequivocamente, permitir que o Pretório Excelso, como guardião maior da Carta Magna, restrinja sua prestação jurisdicional, nessa área, às questões de maior repercussão e importância, evitando que sejam levadas àquela Corte Suprema, a pretexto de se julgarem eventuais ofensas à Constituição Federal, casos concretos singelos, que só interessam às partes litigantes. Pretende, ademais, conferir segurança jurídica na seara constitucional.

Com efeito, como vimos no Capítulo 1 deste livro, a Carta Magna de 1988 é uma constituição do tipo *analítica*, ou seja, que não contém apenas normas gerais de regência do Estado e de fixação dos direitos e garantias fundamentais, mas que também disciplina, em seu corpo, diversos outros assuntos que, muito embora sem natureza materialmente constitucional, o constituinte julgou que deveriam figurar no texto da Constituição Federal.

Nossa Carta Magna vigente, com seus mais de 250 artigos, muito provavelmente trata de todas as espécies de relações jurídicas, inclusive aquelas de interesse restrito a particulares. Por essa razão, era comum chegarem ao Pretório Excelso, por meio de recurso extraordinário, questões de interesse restrito, como de locação de imóveis, por exemplo. A repercussão geral veio para corrigir essa anomalia.

O artigo 102, § 3º, da Lei Maior, foi regulamentado inicialmente pela Lei 11.418, de 19 de dezembro de 2006, acrescentando ao revogado Código de Processo Civil de 1973, na parte em que este tratava dos recursos extraordinários, os artigos 543-A e 543-B. No diploma processual civil atualmente em vigor, o instituto encontra-se disciplinado nos artigos 1.035 e seguintes, do Código de Processo Civil de 2015.

Conforme expressamente fixado pelo § 3º do artigo 1.035, do vigente Código de Processo Civil, por repercussão geral devemos entender *as questões relevantes do ponto de vista econômico, político, social ou jurídico, que ultrapassem os interesses subjetivos da causa.* Ainda segundo aquele artigo 1.035 (§ 4º), a repercussão geral estará caracterizada quando o recurso extraordinário impugnar acórdão que:

(a) contrarie súmula ou jurisprudência dominante do Supremo Tribunal Federal;

(b) tenha sido proferido em julgamento de casos repetitivos; ou

(c) tenha reconhecido a inconstitucionalidade de tratado ou de lei federal, nos termos do artigo 97, da Constituição Federal.

Como se vê, foi a própria lei quem definiu as hipóteses de ocorrência da repercussão geral. Conforme leciona André Ramos Tavares,[30] "parece que foi intenção da Reforma não deixar com o próprio STF a definição e esclarecimento do que deva entender por 'repercussão geral', retirando-lhe essa competência para abrigá-la na *liberdade de conformação do legislador*".

Nos termos do dispositivo constitucional supramencionado (artigo 102, § 3º, da Constituição Federal), para a admissão do recurso extraordinário, o recorrente deverá demonstrar a repercussão geral das questões constitucionais discutidas no caso. O artigo 1.035, § 2º, do Código de Processo Civil, por sua vez, esclarece que *tal demonstração deverá constar expressamente do recurso*[31], *e que sua apreciação será exclusiva do Supremo Tribunal Federal.*

---

30. *Reforma do judiciário, analisada e comentada*. Método, 2005, p. 215-217.
31. A redação do artigo 543-A, § 2º, do revogado Código de Processo Civil de 1973, exigia que a existência da repercussão geral fosse demonstrada *em preliminar do recurso*, o que não foi repetido no Código de Processo Civil de 2015. Contudo, tal exigência ainda consta do artigo 327, do Regimento Interno do Supremo Tribunal Federal, razão pela qual ainda prevalece a necessidade de que a existência da repercussão geral seja demonstrada em preliminar do recurso.

REPERCUSSÃO GERAL

– A Emenda Constitucional 45/2004 acrescentou um § 3º ao artigo 102, da Carta Magna, passando a exigir que o recorrente demonstre a existência de *repercussão geral das questões constitucionais discutidas* no recurso extraordinário, como condição para a admissão da peça recursal.

– O dispositivo constitucional tem por principal objetivo restringir sua prestação jurisdicional, nessa área, às questões de maior repercussão e importância, e consequentemente reduzir, de maneira substancial, o grande volume de processos que chegam ao Supremo Tribunal Federal, acelerando a prestação jurisdicional.

– Por repercussão geral, devemos entender as questões relevantes do ponto de vista econômico, político, social ou jurídico, e que ultrapassem os interesses subjetivos da causa. Segundo a lei, estará também caracterizada a repercussão geral quando o recurso extraordinário impugnar acórdão que: (a) contrarie súmula ou jurisprudência dominante do STF; (b) tenha sido proferido em julgamento de casos repetitivos; (c) tenha reconhecido a inconstitucionalidade de tratado ou de lei federal, nos termos do artigo 97, da Constituição Federal.

5.23 PRINCIPAIS REGRAS PROCEDIMENTAIS DO RECURSO EXTRAORDINÁRIO

Nos expressos termos do artigo 1.029, do novo Código de Processo Civil, o recurso extraordinário deverá ser interposto perante o presidente ou o vice-presidente do tribunal recorrido, e conterá: a exposição do fato e do direito; a demonstração do cabimento do recurso interposto; e as razões do pedido de reforma ou de invalidação da decisão recorrida. Mesmo que haja algum vício formal, o Supremo Tribunal Federal poderá desconsiderá-lo, ou determinar sua correção, desde que referido vício não seja grave, e que o recurso seja tempestivo (§ 3º).

O vigente Código de Processo Civil prevê, em caráter expresso, a possibilidade de pedido de concessão de efeito suspensivo ao recurso extraordinário (artigo 1.029, § 5º). O pedido deverá ser formulado por requerimento, devendo ser dirigido:

(a) ao ministro relator do recurso extraordinário, quando já tiver sido distribuído o recurso perante o Supremo Tribunal Federal;

(b) ao tribunal superior respectivo, no período compreendido entre a publicação da decisão de admissão do recurso e sua distribuição, ficando o relator designado para seu exame prevento para julgá-lo; e

(c) ao presidente ou ao vice-presidente do tribunal recorrido, no período compreendido entre a interposição do recurso e a publicação da decisão de admissão do recurso, assim como no caso de o recurso ter sido sobrestado.

Recebida a petição do recurso extraordinário, pela secretaria do tribunal *a quo* (tribunal de segundo grau ou mesmo tribunal superior), o recorrido será intimado para apresentar contrarrazões, no prazo de 15 (quinze) dias. Encerrado aquele prazo, os autos serão conclusos ao presidente ou ao vice-presidente do tribunal recorrido, que deverá *negar seguimento*

a recurso extraordinário que discuta questão constitucional à qual a Corte Suprema não tenha reconhecido a existência de repercussão geral ou a recurso extraordinário interposto contra acórdão que esteja em conformidade com entendimento do Supremo Tribunal Federal exarado no regime de repercussão geral; ou

a recurso extraordinário contra acórdão que esteja em conformidade com entendimento do Supremo Tribunal Federal, exarado no regime de julgamento de recursos repetitivos;

O presidente ou vice-presidente do tribunal recorrido poderá, por outro lado, *encaminhar o processo ao órgão julgador (tribunal recorrido), para realização de juízo de retratação*, se o acórdão recorrido divergir do entendimento do Supremo Tribunal Federal exarado sobre o tema, nos regimes de repercussão geral ou de recursos repetitivos. Poderá, ainda, *sobrestar o recurso que versar sobre controvérsia de caráter repetitivo*, exarado no chamado *regime de repercussão geral*.

Caso o juízo de admissibilidade feito pelo tribunal recorrido (tribunal de segundo grau ou tribunal superior) seja positivo, o recurso extraordinário deverá ser encaminhado ao Supremo Tribunal Federal, desde que: (a) o recurso ainda não tenha sido submetido ao regime de repercussão geral ou de julgamento de recursos repetitivos; (b) o recurso tenha sido selecionado como representativo da controvérsia; ou (c) o tribunal recorrido tenha refutado o juízo de retratação.

Admitido o recurso extraordinário, agora perante o Supremo Tribunal Federal, ele será julgado, *desde que admitida a existência de repercussão geral*. Reconhecida a repercussão geral, o ministro relator poderá admitir, nos termos do Regimento Interno da Corte Suprema, a manifestação de terceiros, subscrita por procurador habilitado (artigo 1.035, § 4º, do Código de Processo Civil). Para tanto, referido ministro relator deverá levar em conta a efetiva representatividade do terceiro (órgão ou entidade) que pretende se manifestar, como o faz, por exemplo, no procedimento da ação direta de inconstitucionalidade (artigo 7º, § 2º, da Lei 9.868/1999).[32]

Temos, nessa norma do Código de Processo Civil, a previsão expressa da possibilidade de oitiva do denominado *amicus curiae*, ou *amigo da corte*, figura também existente na ação direta de inconstitucionalidade e na ação declaratória de constitucionalidade, o que só reforça a atual tendência à *chamada abstrativização dos efeitos das decisões do Supremo Tribunal Federal, proferidas em sede de controle difuso de constitucionalidade*.

Conforme expressa redação do novo Código de Processo Civil (§ 5º do artigo 1.035), *reconhecida a repercussão geral, o ministro relator determinará a suspensão do processamento de todos os processos pendentes, individuais ou coletivos, que versem sobre a questão, e que tramitem no território nacional. O recurso que tiver a repercussão geral reconhecida deverá ser julgado no prazo de 1 (um) ano e terá preferência sobre os demais feitos, ressalvados os que envolvam réu preso e os pedidos de habeas corpus*[33].

Por outro lado, o interessado (recorrido) poderá requerer, ao presidente ou ao vice-presidente do tribunal de origem, que inadmita o recurso extraordinário que tenha sido interposto intempestivamente (afastando, portanto, o sobrestamento determinado pelo Pretório Excelso), tendo o recorrente o prazo de 5 (cinco) dias para manifestar-se sobre esse requerimento. Da decisão que indeferir aquele requerimento do recorrido caberá agravo interno (artigo 1.035, § 7º).

Por fim, é importante ressaltar que, conforme norma expressa constante do artigo 1.035, § 8º, do Código de Processo Civil, negada a repercussão geral, o presidente ou o vice-presidente do tribunal de origem (tribunal de segundo grau ou tribunal superior) negará seguimento aos recursos extraordinários sobrestados na origem que versem sobre matéria idêntica.

5.24 A REPERCUSSÃO GERAL NO CASO DE MULTIPLICIDADE DE RECURSOS EXTRAORDINÁRIOS, FUNDAMENTADOS EM IDÊNTICA QUESTÃO DE DIREITO

O Código de Processo Civil trata da análise da repercussão geral, pelo Supremo Tribunal Federal, *quando houver multiplicidade de recursos extraordinários, fundamentados em idêntica*

---

32. "O relator, considerando a relevância da matéria e a representatividade dos postulantes, poderá, por despacho irrecorrível, admitir, observado o prazo fixado no parágrafo anterior, a manifestação de outros órgãos ou entidades".
33. Temos, aqui, mais uma vez, norma infraconstitucional que confere inequívoca força à denominada abstrativização dos efeitos das decisões do Supremo Tribunal Federal, proferidas em sede de controle difuso de constitucionalidade.

questão de direito, a partir de seu artigo 1.036. Conforme disposto no § 1º deste artigo, o presidente ou o vice-presidente do tribunal de segundo grau selecionará 2 (dois) ou mais recursos representativos da controvérsia, que serão encaminhados ao Pretório Excelso, *para fins de afetação*, determinando a suspensão do trâmite de todos os processos pendentes, individuais ou coletivos, que tramitem no Estado ou na região, conforme o caso. Somente podem ser selecionados recursos admissíveis que contenham abrangente argumentação e discussão a respeito da questão a ser decidida.

Aqui também o interessado (recorrido) poderá requerer, ao presidente ou ao vice-presidente do tribunal de origem (tribunal de justiça ou tribunal regional federal), que inadmita o recurso extraordinário que tenha sido interposto intempestivamente (afastando, portanto, o sobrestamento determinado pelo Pretório Excelso), tendo o recorrente o prazo de 5 (cinco) dias para manifestar-se sobre esse requerimento. Da decisão que indeferir aquele requerimento do recorrido caberá agravo interno.

É importante ressaltar que a escolha feita pelo presidente ou vice-presidente do tribunal de segundo grau não vinculará o ministro relator, na Corte Suprema, que poderá selecionar outros recursos representativos da controvérsia. É importante ressaltar, ademais, que o ministro relator do Supremo Tribunal Federal também poderá selecionar 2 (dois) ou mais recursos representativos da controvérsia para julgamento da questão de direito, independentemente da iniciativa do presidente ou do vice-presidente do tribunal de origem.

Selecionados os recursos, pelo ministro relator junto ao Supremo Tribunal Federal, e constatado que efetivamente existe multiplicidade de recursos extraordinários, fundamentados em idêntica questão de direito, referido ministro relator proferirá *decisão de afetação*, na qual:

(a) identificará com precisão a questão a ser submetida a julgamento;

(b) determinará a suspensão do processamento de todos os processos pendentes, individuais ou coletivos, que versem sobre a questão e tramitem no território nacional;

(c) poderá requisitar aos presidentes ou aos vice-presidentes dos Tribunais de Justiça ou dos Tribunais Regionais Federais a remessa de um recurso representativo da controvérsia.

Como já vimos, os recursos afetados deverão ser julgados no prazo de 1 (um) ano e terão preferência sobre os demais feitos, ressalvados os que envolvam réu preso e os pedidos de *habeas corpus*. Não ocorrendo o julgamento naquele prazo, contado da publicação da decisão que identifica, com precisão, a questão a ser submetida a julgamento, cessam automaticamente, em todo o território nacional, a afetação e a suspensão dos processos, que retomarão seu curso normal. Neste caso, é permitido a outro ministro relator, no Supremo Tribunal Federal, afetar 2 (dois) ou mais recursos representativos da controvérsia, na forma do art. 1.036, do Código de Processo Civil.

Conforme artigo 1.038, do Código de Processo Civil, o ministro relator poderá solicitar ou admitir manifestação de pessoas, órgãos ou entidades com interesse na controvérsia (*amicus curiae*), considerando a relevância da matéria e consoante dispuser o regimento interno. Poderá, ainda, fixar data para, em audiência pública, ouvir depoimentos de pessoas com experiência e conhecimento na matéria, com a finalidade de instruir o procedimento. Poderá, ademais, requisitar informações aos tribunais inferiores a respeito da controvérsia, no prazo de 15 (quinze) dias, e, cumprida a diligência, deverá intimar o Ministério Público para se manifestar, no mesmo prazo[34].

---

34. Não há que se falar aqui no benefício da contagem em dobro do prazo para o Ministério Público (artigo 180, do Código de Processo Civil), uma vez que a lei estipulou prazo próprio ao *Parquet*, devendo incidir, no caso, a exceção prevista no § 2º, daquele mesmo artigo 180, do Código de Processo Civil.

Transcorrido o prazo para o Ministério Público (procurador-geral da República) e remetida cópia do relatório aos demais Ministros do Supremo Tribunal Federal, haverá inclusão em pauta, devendo ocorrer o julgamento com preferência sobre os demais feitos, ressalvados os que envolvam réu preso e os pedidos de *habeas corpus*. O conteúdo do acórdão abrangerá a análise de todos os fundamentos da tese jurídica discutida, favoráveis ou contrários.

Decididos os recursos afetados, os órgãos colegiados declararão prejudicados os demais recursos versando sobre idêntica controvérsia ou os decidirão aplicando a tese firmada. Negada a existência de repercussão geral no recurso extraordinário afetado, serão considerados automaticamente inadmitidos os recursos extraordinários cujo processamento tenha sido sobrestado.

Julgado o mérito do recurso extraordinário paradigma, pelo Supremo Tribunal Federal, e publicado o acórdão, o presidente ou o vice-presidente do tribunal de origem negará seguimento aos recursos extraordinários sobrestados na origem, se o acórdão recorrido coincidir com a orientação do Supremo Tribunal Federal. Na mesma toada, o órgão que proferiu o acórdão recorrido, na origem, reexaminará o processo de competência originária, a remessa necessária ou o recurso anteriormente julgado, se o acórdão recorrido contrariar a orientação do Supremo Tribunal Federal.

Também após a publicação do acórdão paradigma, os processos suspensos em primeiro e segundo graus de jurisdição retomarão o curso para julgamento e aplicação da tese firmada pelo Supremo Tribunal Federal. Ademais, se os recursos versarem sobre questão relativa à prestação de serviço público objeto de concessão, permissão ou autorização, o resultado do julgamento será comunicado ao órgão, ao ente ou à agência reguladora competente para fiscalização da efetiva aplicação, por parte dos entes sujeitos à regulação, da tese adotada.

5.25 AS SÚMULAS VINCULANTES

Nos termos do novo artigo 103-A, da Carta Magna, acrescentado ao corpo da Constituição também pela Emenda Constitucional 45, de 2003, "o Supremo Tribunal Federal poderá, de ofício ou por provocação, mediante decisão de dois terços dos seus membros, após reiteradas decisões sobre matéria constitucional, aprovar súmula que, a partir de sua publicação na imprensa oficial, terá efeito vinculante em relação aos demais órgãos do Poder Judiciário e à Administração Pública direta e indireta, nas esferas federal, estadual e municipal, bem como proceder à sua revisão ou cancelamento, na forma estabelecida em lei".

Ao se referir expressamente a "reiteradas decisões sobre matéria constitucional", o dispositivo constitucional em comento deixa claro que *a edição de súmulas vinculantes está estreitamente relacionada a anteriores decisões, proferidas no controle difuso de constitucionalidade*, uma vez que referidas súmulas são editadas sempre que o Supremo Tribunal Federal se depara com decisões repetitivas sobre determinada matéria constitucional, o que não ocorreria no caso de controle concentrado de constitucionalidade.

Os enunciados das súmulas vinculantes terão por objeto, conforme especificado no artigo 103-A, § 1º, da Constituição Federal, a validade, a interpretação e a eficácia de normas acerca das quais haja controvérsia atual entre órgãos judiciários ou entre estes e a Administração Pública que acarrete grave insegurança jurídica e relevante multiplicação de processos sobre questão idêntica. Vê-se, portanto, que a edição das chamadas súmulas vinculantes está condicionada à presença simultânea dos seguintes requisitos:

(a) existência de controvérsia atual entre órgãos judiciários ou entre estes e a Administração Pública acerca da validade, interpretação e a eficácia de normas determinadas;
(b) que referida controvérsia acarrete grave insegurança jurídica e também e
(c) relevante multiplicação de processos sobre idêntica questão.

As súmulas com efeitos vinculantes podem ser editadas pelo Supremo Tribunal Federal, *de ofício, ou por provocação de terceiros*. Particularmente no que se refere a esta última hipótese, o artigo 103-A, § 2°, da Constituição Federal, nos esclarece que a aprovação, revisão ou cancelamento dessas súmulas poderão ser provocados pelos legitimados da ação direta de inconstitucionalidade, *sem prejuízo do que vier a ser estabelecido na lei*.

Com fundamento naquele permissivo constitucional, a Lei 11.417, de 19 de dezembro de 2006, que regulamentou o instituto da súmula vinculante, em seu artigo 3°, conferiu legitimidade para propor a edição, a revisão ou o cancelamento de enunciado de súmula vinculante *não só aos legitimados da ação direta de inconstitucionalidade* (e, consequentemente, da ação declaratória de constitucionalidade), como também a alguns outros, ali relacionados.

Com efeito, além dos legitimados do artigo 103, de nossa Carta Magna (caso, por exemplo, do presidente da República e das Mesas do Senado Federal, da Câmara dos Deputados, de Assembleia Legislativa ou da Câmara Legislativa do Distrito Federal), o dispositivo legal em comento também conferiu legitimidade ao *Defensor Público-Geral da União, bem como aos Tribunais Superiores, Tribunais de Justiça, Tribunais Regionais Federais, do Trabalho, Eleitorais e Militares*.

Mas não é só: nos termos do § 1° do mesmo artigo 3°, o *Município também poderá propor a edição, a revisão ou o cancelamento de súmula vinculante*. Mas sua legitimidade, em comparação com os demais, é inequivocamente limitada, já que somente poderá fazê-lo incidentalmente, no curso de processo em que seja parte, sendo certo, ademais, que seu pleito não autorizará a suspensão do processo.

Conforme previsão constante do § 2° do mesmo artigo, o ministro relator poderá admitir, nos termos do Regimento Interno do Supremo Tribunal Federal, e por decisão irrecorrível, a manifestação de terceiros acerca do pedido de edição, revisão ou cancelamento de enunciado de súmula vinculante. Temos, aqui, a possibilidade de oitiva do denominado *amicus curiae*, ou amigo da corte, figura também existente na ação direta de inconstitucionalidade e na ação declaratória de constitucionalidade, e, como vimos anteriormente, também no recurso extraordinário, conforme previsão contida no artigo 1.035, § 4°, do Código de Processo Civil).

O procurador-geral da República deverá manifestar-se previamente à edição, revisão ou cancelamento do enunciado de súmula vinculante, sempre que não tiver sido o autor da proposta (artigo 2°, § 2°, da Lei 11.417, de 19 de dezembro de 2006).

A edição, a revisão e o cancelamento de enunciado de súmula com efeito vinculante somente poderá ocorrer em *sessão plenária*, e por meio de decisão de, pelo menos, 2/3 (dois terços) dos Ministros do Supremo Tribunal Federal, ou seja, 8 (*oito*) *Ministros*. É o que determina o artigo 2°, § 3°, da Lei 11.417/2006. A Corte Suprema fará publicar, no prazo de 10 (dez) dias após a sessão em que editar, rever ou cancelar a súmula com efeito vinculante, em seção especial do Diário da Justiça e do Diário Oficial da União, o respectivo enunciado (artigo 2°, § 4°).

Nos termos do artigo 4° da Lei 11.417/2006, a súmula vinculante tem eficácia imediata. Contudo, por decisão de ao menos 2/3 (dois terços) dos membros do Supremo Tribunal Federal (oito Ministros), poderá ter seus efeitos restringidos, ou ter sua eficácia a partir de outro momento, tendo em vista razões de segurança jurídica ou de excepcional interesse público.

Referida norma, vale ressaltar, assemelha-se muito com a fixada pelo artigo 27, da Lei 9.868/1999, que regulamenta o processo e julgamento das ações diretas de inconstitucionalidade e das ações declaratórias de constitucionalidade, e que permite que a Corte Suprema, também por maioria de 2/3 (dois terços), restrinja os efeitos da declaração de inconstitucionalidade (afastando a eficácia *erga omnes*), ou fixe outro momento para início de sua eficácia, por razões de segurança jurídica ou excepcional interesse social (*ex nunc* ou mesmo *pro futuro*). Trata-se da denominada modulação dos efeitos da decisão proferida em sede de controle concentrado de constitucionalidade.

Revogada ou modificada a lei em que se fundou a edição do enunciado de súmula com efeito vinculante, o Supremo Tribunal Federal procederá à sua revisão ou cancelamento, conforme o caso, de ofício ou mediante provocação de um dos legitimados supramencionados (artigo 5°, da Lei 11.417/2006).

No caso de decisão judicial ou ato administrativo contrariar enunciado de súmula vinculante, negar-lhe vigência ou aplicá-lo indevidamente, caberá *reclamação* ao Supremo Tribunal Federal, sem prejuízo dos recursos ou outros meios admissíveis de impugnação. Especificamente contra omissão ou ato da Administração Pública, entretanto, a Lei 11.417/2006 (artigo 7°, § 1°) condiciona o uso da reclamação ao esgotamento das vias administrativas. Ao julgar procedente a reclamação, o Tribunal Excelso anulará o ato administrativo ou cassará a decisão judicial impugnada, determinando que outra seja proferida com ou sem aplicação da súmula, conforme o caso (artigo 7°, § 2°, da Lei 11.417/2006).

Mencionemos, por fim, que as atuais súmulas do Supremo Tribunal Federal somente produzirão efeito vinculante, nos termos acima explicitados, caso a Corte Suprema assim o decida, por voto de 2/3 (dois terços) de seus membros, e após publicação na imprensa oficial (artigo 9° da Emenda Constitucional 45/2004).

SÚMULAS VINCULANTES

– "O Supremo Tribunal Federal poderá, de ofício ou por provocação, mediante decisão de dois terços dos seus membros, após reiteradas decisões sobre matéria constitucional, aprovar súmula que, a partir de sua publicação na imprensa oficial, terá efeito vinculante em relação aos demais órgãos do Poder Judiciário e à Administração Pública direta e indireta, nas esferas federal, estadual e municipal, bem como proceder à sua revisão ou cancelamento, na forma estabelecida em lei" (artigo 103-A, da Carta Magna).

– A edição das súmulas vinculantes está condicionada à presença simultânea dos seguintes requisitos: (I) existência de controvérsia atual entre órgãos judiciários ou entre estes e a Administração Pública acerca da validade, interpretação e a eficácia de normas determinadas; (II) que referida controvérsia acarrete grave insegurança jurídica e também (III) relevante multiplicação de processos sobre idêntica questão.

5.26 CONTROLE DIFUSO EM AÇÃO CIVIL PÚBLICA

O controle difuso de constitucionalidade, nunca é demais repetir, permite a qualquer juiz ou tribunal realizar, no julgamento de um caso concreto, a análise incidental da constitucionalidade de lei ou ato normativo. No controle difuso, portanto, a análise da constitucionalidade do dispositivo não é o objeto principal da ação, sendo apreciada apenas em caráter incidental.

Com efeito, nessa modalidade de controle, o juiz do feito decidirá acerca da eventual inconstitucionalidade da norma em caráter *incidenter tantum* (incidental) para, só então, com base naquele entendimento, julgar o mérito propriamente dito da ação. A análise da constitucionalidade da norma, portanto, antecede o exame do mérito (do pedido) propriamente dito.

A declaração de inconstitucionalidade de lei ou ato normativo federal, estadual, distrital ou municipal, proferida num caso de controle difuso de constitucionalidade, como regra[35], produz eficácia apenas entre as partes litigantes, fazendo com que a lei deixe de ser aplicada somente em relação àquelas partes que figuraram no processo, permanecendo válida, contudo, em relação às demais pessoas. Quer isso dizer, em outras palavras, que a sentença que declarou a inconstitucionalidade da lei ou ato normativo, a princípio, somente tem *eficácia inter partes*.

A ação civil pública, por sua vez, não se destina à tutela de direitos de um indivíduo em particular, devendo ser utilizada tão somente para a tutela dos direitos coletivos em sentido lato, ou seja, daqueles interesses e direitos que, a despeito de também serem individuais, não se limitam ao indivíduo, afetando uma coletividade determinada ou indeterminada de pessoas.

E justamente em razão das particularidades tanto do controle difuso de constitucionalidade quanto da ação civil pública, há quem afirme não ser possível aquela modalidade de controle de constitucionalidade em sede desta espécie de ação constitucional, uma vez que a decisão do juiz ou tribunal acabaria por gerar efeitos *erga omnes*, típico do controle concentrado, usurpando, assim, a competência do Supremo Tribunal Federal.

Para a Corte Suprema, contudo, é possível sim haver tal controle, *desde que a análise da inconstitucionalidade seja julgada incidentalmente* (que não seja o objeto principal da ação) *e que a eficácia da decisão não seja erga omnes*, tudo para que a ação civil pública não seja utilizada como substituto da ação direta de inconstitucionalidade, com a consequente e indevida usurpação de competência do Supremo Tribunal Federal. Nesses termos, por exemplo, é a lição da Alexandre de Moraes,[36] conforme podemos verificar de suas conclusões sobre o tema, a seguir transcritas:

> *"Em conclusão, o que se pretende vedar é a utilização da ação civil pública como sucedâneo da ação direta de inconstitucionalidade, de forma a retirar do Supremo Tribunal Federal o controle concentrado da constitucionalidade das leis e atos normativos federais e estaduais em face da Constituição Federal. Essa vedação aplica-se quando os efeitos da decisão da ação civil pública forem erga omnes, independentemente de tratar-se de direitos difusos, coletivos ou individuais homogêneos. Por outro lado, não haverá qualquer vedação à declaração incidental de inconstitucionalidade (controle difuso) em sede de ação civil pública, quando, conforme salientado pelo próprio Pretório Excelso, 'tratar-se de ação ajuizada, entre partes contratantes, na persecução de bem jurídico concreto, individual e perfeitamente definido, de ordem patrimonial, objeto que jamais poderia ser alcançado pelo reclamado em sede de controle in abstracto de ato normativo', ou seja, nessas hipóteses será plenamente admissível a ação civil pública como instrumento de fiscalização incidental de constitucionalidade."*

Dessa forma, devemos insistir, é perfeitamente possível o controle de constitucionalidade difuso em sede de ação civil pública, mas desde que a análise da inconstitucionalidade não seja o objeto principal da ação, e que a eficácia da decisão não seja *erga omnes*, tudo para que não se assemelhe a um controle concentrado de constitucionalidade, em indevida substituição à ação direta de inconstitucionalidade, e com indesejável usurpação de competência do Pretório Excelso.

---

35. Disse "como regra", nunca é demais lembrar, porque o Pretório Excelso vem conferindo eficácia *erga omnes* a algumas decisões por ele proferidas, em sede de controle difuso de constitucionalidade (no julgamento dos recursos extraordinários, portanto), com fundamento na chamada teoria da transcendência dos motivos determinantes.
36. *Direito constitucional*. 26. ed. Atlas, 2010, p. 730-731.

CONTROLE DIFUSO EM AÇÃO CIVIL PÚBLICA

– A declaração de inconstitucionalidade de lei ou ato normativo federal, estadual, distrital ou municipal, proferida num caso de controle difuso de constitucionalidade, como regra tem eficácia apenas entre as partes litigantes, fazendo com que a lei deixe de ser aplicada somente em relação àquelas partes que figuraram no processo, permanecendo válida, contudo, em relação às demais pessoas.
– Justamente em razão das particularidades dessa modalidade de controle de constitucionalidade, há quem afirme não ser possível o controle difuso de constitucionalidade de lei ou ato normativo em sede de ação civil pública, uma vez que a decisão do juiz ou tribunal acabaria por gerar efeito *erga omnes*, típico do controle concentrado, usurpando, assim, a competência do Supremo Tribunal Federal.
– Para a Corte Suprema, contudo, é possível sim haver tal controle, desde que a análise da inconstitucionalidade seja julgada incidentalmente (que não seja o objeto principal da ação), e que a eficácia da decisão não seja *erga omnes*, tudo para que a ação civil pública não seja utilizada como substituto da ação direta de inconstitucionalidade, com a consequente e indevida usurpação de competência do Supremo Tribunal Federal.

5.27 CONTROLE CONCENTRADO

O controle concentrado, como já mencionado, foi usado pela primeira vez na Constituição austríaca de 1920 (por isso costumeiramente denominado *modelo austríaco*), ao instituir uma Corte Constitucional para exercer, em caráter de exclusividade, o controle de constitucionalidade das normas. Também conhecido como controle por via de ação direta, referido controle é aquele realizado em caráter exclusivo por um determinado tribunal, e que tem por objeto a obtenção da declaração de inconstitucionalidade (ou da constitucionalidade) de lei ou ato normativo, *em tese*, independentemente da existência de casos concretos em que a constitucionalidade da norma esteja sendo discutida.

Trata-se, portanto, de um *processo de natureza objetiva*, uma vez que nenhum interesse subjetivo de particulares está sendo apreciado na demanda. Aqui, o exame da constitucionalidade da norma é o objeto mesmo da ação, realizado por uma Corte especialmente designada para tal fim, que produz eficácia em relação a todos (eficácia *erga omnes*).

Na lição de Luiz Alberto David Araujo e Vidal Serrano Nunes Júnior,[37] o caráter objetivo dessa ação decorre de sua própria razão de ser, que não cumpre a finalidade de analisar relações jurídicas concretas, mas sim o conflito abstrato entre a lei ou o ato normativo e a Constituição. Concluem, com base em tais assertivas, que o objeto dessa ação "é resguardar a harmonia do ordenamento jurídico, motivo pelo qual se pode afirmar que o controle concentrado tem por finalidade declarar a nulidade da lei violadora da Constituição".

No Brasil, o controle concentrado, também conhecido como controle por via de ação direta, é aquele realizado exclusivamente pelo Supremo Tribunal Federal, quando tiver por objeto a análise, em tese, da inconstitucionalidade de lei ou ato normativo federal ou estadual, confrontado em face da Constituição Federal e também pelos Tribunais de Justiça dos Estados e do Distrito Federal, quando a inconstitucionalidade disser respeito à lei estadual, municipal ou distrital em face da constituição do respectivo Estado ou da Lei Orgânica do Distrito Federal.

O controle concentrado de constitucionalidade, no âmbito do Supremo Tribunal Federal, está previsto em diversos dispositivos constitucionais. Com efeito, o artigo 102, inciso I, alínea *a*, de nossa Lei Maior, trata da ação direta de inconstitucionalidade genérica. O artigo 103, § 2º, da CF, por sua vez, refere-se à ação direta de inconstitucionalidade por omissão. Já o artigo 36, inciso III, trata da ação direta de inconstitucionalidade interventiva.

---

37. *Curso de direito constitucional*. 14. ed. Saraiva, 2010, p. 58.

O artigo 102, inciso I, alínea *a*, parte final, dispõe sobre a ação declaratória de constitucionalidade, inovação trazida ao texto da Constituição Federal pela Emenda Constitucional 3/1993. E o artigo 102, § 1º, por fim, trata da arguição de descumprimento de preceito fundamental, também trazida para o corpo da Carta Magna de 1988 pela Emenda Constitucional 3/1993.

No âmbito dos Tribunais de Justiça dos Estados, o artigo 125, § 2º, da Constituição Federal, dispõe expressamente que "cabe aos Estados a instituição de representação de inconstitucionalidade de leis ou atos normativos estaduais ou municipais em face da Constituição Estadual, vedada a atribuição da legitimação para agir a um único órgão".

A Carta Magna de 1988, portanto, prevê expressamente a possibilidade de os Estados-membros instituírem o controle concentrado de constitucionalidade de lei ou ato normativo estadual ou municipal, em face de suas respectivas constituições. O dispositivo constitucional, entretanto, não entra em minúcias acerca do processamento daquela espécie de controle, que poderá variar de Estado para Estado, em conformidade com o que dispuser a respectiva constituição estadual.

Algumas regras, contudo, foram explicitadas pela Constituição Federal, e devem ser aqui destacadas, mesmo que de maneira breve (já que o assunto será tratado com mais vagar em seção específica deste Capítulo). A primeira delas é de que *a competência para julgamento desses processos é do Tribunal de Justiça do Estado*, conforme se pode depreender do artigo 35, inciso IV, da Lei Maior, quando trata da ação direta de inconstitucionalidade interventiva para assegurar a observância dos princípios indicados na constituição estadual.

O objeto do controle concentrado de constitucionalidade em face das constituições estaduais também restou perfeitamente delimitado pelo artigo 125, § 2º, da Constituição de 1988: *apenas as leis e os atos normativos estaduais e municipais*. Não poderão ser objeto de controle de constitucionalidade, portanto, as normas federais, que somente poderão ser submetidas a controle concentrado de constitucionalidade em face da Constituição Federal.

No tocante à legitimidade para a propositura do controle concentrado perante os Tribunais de Justiça dos Estados, a Lei Maior, em seu artigo 125, § 2º, *veda expressamente a atribuição de legitimidade a um único órgão*. No caso específico da ação direta de inconstitucionalidade interventiva estadual, contudo, conforme previsto no artigo 35, inciso IV, da Constituição Federal, *a legitimidade para a propositura da ação em questão será necessariamente do procurador-geral de Justiça*, o chefe do Ministério Público estadual, tudo em conformidade com o que preconiza o artigo 129, inciso IV, do texto constitucional.

Na seara infraconstitucional, a ação direta de inconstitucionalidade e a ação declaratória de constitucionalidade foram regulamentadas pela Lei 9.868, de 10 de novembro de 1999. A ação direta de inconstitucionalidade por omissão, por sua vez, foi regulamentada pela Lei 12.063, de 27 de outubro de 2009, que acrescentou um Capítulo (Capítulo II-A) à supramencionada Lei 9.868/1999.

Já a ação direta de inconstitucionalidade interventiva, conforme previsão expressa do artigo 36, inciso III, da Constituição Federal de 1988, esta foi regulamentada pela Lei 12.562, de 23 de dezembro de 2011. A arguição de descumprimento de preceito fundamental, por fim, foi regulamentada pela Lei 9.882, de 3 de dezembro de 1999.

5.28 EFEITOS DA DECISÃO NO CONTROLE CONCENTRADO

Como já vimos anteriormente, no *controle difuso* a declaração de inconstitucionalidade da lei ou ato normativo, como regra geral[38], *produz eficácia apenas entre as partes litigantes*, fazendo com que a lei deixe de ser aplicada tão somente em relação àqueles que figuraram no processo, permanecendo válida, contudo, em relação às demais pessoas.

Em outras palavras, a decisão que declarou a inconstitucionalidade da lei ou ato normativo, no controle difuso, somente tem *eficácia inter partes*. A norma, contudo, não é retirada do ordenamento jurídico, permanecendo válida e eficaz em relação a todas as demais pessoas, que não foram partes do processo.

Para que isso possa ocorrer, é preciso que o Senado Federal, nos termos do artigo 52, inciso X, da Constituição Federal, suspenda a execução daquela lei ou ato normativo, no todo ou em parte, com eficácia *erga omnes* (em face de todos) e efeitos *ex nunc* (a partir da suspensão), através de resolução senatorial.

O Senado Federal, portanto, poderá ampliar os efeitos da declaração de inconstitucionalidade, obtida em decisão definitiva proferida pelo Supremo Tribunal Federal, no julgamento de recurso extraordinário, fazendo com que a norma propriamente dita deixe de ser aplicada em face de todos, e, normalmente, a partir daquela suspensão.

Já no controle concentrado de constitucionalidade, a decisão que reconhece a inconstitucionalidade (ou a constitucionalidade) de uma lei ou ato normativo, como regra geral, terá eficácia *erga omnes* (em face de todos) e efeitos *ex tunc* (retroativos à data da edição do diploma normativo). Inexiste aqui, portanto, a necessidade de o Senado Federal suspender a eficácia da norma, nos termos daquele artigo 52, inciso X, da Constituição Federal.

Por essa razão, levando-se em conta aqueles normais efeitos da sentença que declara a inconstitucionalidade da norma no controle concentrado de constitucionalidade – eficácia *erga omnes* e efeitos *ex tunc* –, referida norma é considerada *nula*, como se nunca tivesse existido no ordenamento jurídico. Ademais, geralmente ocorre a *repristinação da norma que havia sido revogada* pela lei ou ato normativo editado posteriormente, eivado de inconstitucionalidade.

Contudo, o Supremo Tribunal Federal poderá, tendo em vista razões de segurança jurídica ou excepcional interesse social, e por maioria de 2/3 (dois terços) de seus membros, restringir os efeitos daquela decisão, ou decidir que ela só tenha eficácia a partir de seu trânsito em julgado ou em algum outro momento que venha a ser fixado. É o que preconizam o já citado artigo 27, da Lei 9.868/1999, que trata da ação direta de inconstitucionalidade e da ação declaratória de constitucionalidade, bem como o artigo 11, da Lei 9.882/1999, que regulamenta a arguição de descumprimento de preceito fundamental.

Quer isso dizer que, por voto de pelo menos 2/3 (dois terços) de seus membros (oito Ministros), poderá o Pretório Excelso restringir os efeitos da decisão que declarou a inconstitucionalidade da norma, proferida no controle concentrado de constitucionalidade, seja afastando sua eficácia *erga omnes*, seja concedendo-lhe efeitos *ex nunc* ou mesmo *pro*

---

38. Afirmamos que isso ocorre como "regra geral" porque, como já vimos anteriormente, a adoção da teoria da transcendência dos motivos determinantes e a consequente *abstrativização* dos efeitos das decisões proferidas pelo Supremo Tribunal Federal, em sede de controle difuso de constitucionalidade, permite que tais decisões tenham força cogente em face de todos (eficácia *erga omnes*).

futuro. Temos aqui, como vimos anteriormente, a chamada *modulação dos efeitos no controle de constitucionalidade*.

Trata-se, contudo, de medida excepcional, que somente poderá ser tomada para *garantia da segurança jurídica* ou por *razões de excepcional interesse público*, conforme expressamente exigido pelos dispositivos legais suprarreferidos. Como regra geral, entretanto, as decisões, no controle concentrado de constitucionalidade, produzem eficácia *erga omnes* (em face de todos) e efeitos *ex tunc* (retroativos).

Na hipótese de o Supremo Tribunal Federal restringir os efeitos da decisão, ou decidir que ela só tenha eficácia a partir de determinado momento (sem efeitos retroativos, portanto), não resta dúvida de que a lei ou ato normativo *não poderá ser considerado nulo, conforme doutrina tradicional*, uma vez que produziu efeitos, para garantia da segurança jurídica ou por razões de excepcional interesse público.

Por fim, vale mencionar que, no caso de concessão de medida cautelar, em sede de controle concentrado de constitucionalidade. Referida decisão terá eficácia contra todos, só que com produção de efeitos *ex nunc* – e não retroativos, como se dá com a decisão definitiva –, salvo se o Supremo Tribunal Federal entender que deva conceder-lhe eficácia *ex tunc*. É o que preconiza o artigo 11, § 1º, da Lei 9.868/1999.

EFEITOS DA SENTENÇA NO CONTROLE CONCENTRADO

– No controle concentrado, a decisão que reconhece a inconstitucionalidade de uma lei ou ato normativo, como regra geral, terá eficácia *erga omnes* (em face de todos) e efeitos *ex tunc* (retroativos à data da edição do diploma normativo). Inexiste aqui, portanto, a necessidade de o Senado Federal suspender a eficácia da norma, nos termos do artigo 52, inciso X, da Constituição Federal.

– Por tal razão, levando-se em conta aqueles normais efeitos da sentença que declara a inconstitucionalidade da norma no controle concentrado de constitucionalidade – eficácia *erga omnes* e efeitos *ex tunc* –, geralmente ocorre a repristinação da norma que havia sido revogada pela lei ou ato normativo eivado de inconstitucionalidade.

– Contudo, o Supremo Tribunal Federal poderá, tendo em vista razões de segurança jurídica ou excepcional interesse público, e por maioria de dois terços de seus membros, restringir os efeitos daquela decisão, ou decidir que ela só tenha eficácia a partir de seu trânsito em julgado ou em algum outro momento que venha a ser fixado.

– No caso de concessão de medida cautelar, esta terá eficácia contra todos, só que produzirá efeitos *ex nunc* (e não *ex tunc*, como se dá com a decisão definitiva), salvo se o Supremo Tribunal Federal entender que deva conceder-lhe eficácia retroativa (*ex tunc*), tudo como preconiza o artigo 11, § 1º, da Lei 9.868/1999.

5.29 ESPÉCIES DE CONTROLE CONCENTRADO NA CONSTITUIÇÃO DE 1988

Conforme mencionamos anteriormente, o poder constituinte instituiu, em nosso País, diversas espécies de controle de constitucionalidade do tipo concentrado, buscando obter, com tal medida, a maior efetividade possível na importante missão de extirpar do ordenamento jurídico pátrio as normas – tanto as infraconstitucionais, como até mesmo as normas constitucionais editadas pelo constituinte reformador – em desarmonia com o texto constitucional.

Foi assim que a Carta Magna previu a *ação direta de inconstitucionalidade genérica* (artigo 102, I, *a*), a *ação declaratória de constitucionalidade* (artigo 102, I, *a*, parte final), a *ação direta de inconstitucionalidade por omissão* (artigo 103, § 2º), a *ação direta de inconstitucionalidade interventiva* (artigo 36, inciso III) e a *arguição de descumprimento de preceito fundamental* (artigo 102, § 1º).

No âmbito dos Estados-membros, como vimos, nossa Constituição Federal também previu, no artigo 125, § 2º, a *ação direta de inconstitucionalidade genérica* de leis ou atos normativos estaduais e municipais em face da constituição estadual, vedada a atribuição de legitimação para agir a um único órgão.

Previu, igualmente, no artigo 35, inciso IV, a possibilidade de ação direta de inconstitucionalidade interventiva estadual, ao dispor expressamente que será cabível a intervenção de Estado em Município quando o Tribunal de Justiça der provimento à representação para assegurar a observância de princípios indicados na constituição do respectivo Estado – os chamados princípios constitucionais sensíveis.

Vejamos agora, de maneira um pouco mais detida, cada uma daquelas espécies de controle concentrado, trazendo ao leitor, sobretudo, as hipóteses de cabimento de cada uma delas, os respectivos legitimados e as demais regras processuais que lhe forem correlatas. Passemos então, sem mais delongas, ao estudo das diversas espécies de controle concentrado de constitucionalidade, previstas no texto da Constituição Federal.

5.30 AÇÃO DIRETA DE INCONSTITUCIONALIDADE GENÉRICA (ADI OU ADIN)

Ação direta de inconstitucionalidade genérica (ADI ou ADIn), prevista no artigo 102, inciso I, alínea *a*, primeira parte, da Constituição Federal, foi regulamentada pela Lei 9.868, de 10 de novembro de 1999. Nos termos daquele dispositivo constitucional, a ação direta de inconstitucionalidade genérica, processada perante o Supremo Tribunal Federal, tem por objeto o julgamento de *lei ou ato normativo federal ou estadual*.

Como vimos, trata-se de um *processo de natureza objetiva*, já que nenhum interesse subjetivo de particulares está sendo apreciado na demanda. Aqui, o exame da constitucionalidade da norma é o objeto mesmo da ação, realizado por uma Corte especialmente designada para tal fim, e que produz eficácia em relação a todos (eficácia *erga omnes*).

Devemos entender por *lei*, no caso específico da ação direta de inconstitucionalidade genérica, os preceitos escritos, emanados do poder competente da União, dos Estados, e, em alguns casos, do Distrito Federal, dotados de imperatividade e coerção estatal, e que, para fins de controle de constitucionalidade, devem ter por características a *abstração*, a *generalidade* e a *autonomia*.

Atos normativos, por sua vez, são todos os demais atos editados por aquelas pessoas políticas, revestidos de indiscutível conteúdo normativo, e com as mesmas características anteriormente citadas, ou seja, abstração, generalidade e autonomia. Citem-se, a título de exemplo, os regimentos internos dos Tribunais, que têm fundamento no próprio texto constitucional, conforme redação do artigo 96, inciso I, alínea *a*, da Carta Magna.

Como mencionamos acima, a ação direta de inconstitucionalidade genérica tem por objeto o julgamento de lei ou ato normativo *federal ou estadual*. E por julgar normas estaduais, o Supremo Tribunal Federal considera cabível a utilização desta ação constitucional para examinar alegada inconstitucionalidade de *lei distrital* em face da Constituição Federal, desde que se trate de uma norma, editada pela Câmara Legislativa do Distrito Federal, decorrente do exercício de sua competência estadual (Súmula 642, do Supremo Tribunal Federal).

É igualmente possível o controle concentrado de constitucionalidade, por meio de ação direta de inconstitucionalidade genérica, de tratados e convenções internacionais. Com efeito, referidos atos normativos, após a edição do decreto legislativo, tornam-se normas infraconstitucionais, com força de lei ordinária. E se assim é, não resta dúvida de que devem ser submetidos a controle de constitucionalidade, podendo ser utilizada a ação constitucional ora em estudo para tal finalidade.

E mesmo que se tratem de tratados e convenções internacionais *sobre direitos humanos, aprovados* em cada Casa do Congresso Nacional, em 2 (dois) turnos, por 3/5 (três quintos) dos votos dos respectivos membros, serão semelhantes, portanto, às emendas à Constituição, e, portanto, também passíveis de controle de constitucionalidade, por via de ação direta de inconstitucionalidade, da mesma forma que as emendas constitucionais o são.

Se estiverem tramitando, ao mesmo tempo, 2 (duas) ações diretas de inconstitucionalidade contra lei ou ato normativo estadual, uma perante o Tribunal de Justiça (controle de constitucionalidade em face da Constituição Estadual) e outra perante o Supremo Tribunal Federal (controle em face da Constituição Federal), aquela ficará suspensa até o julgamento final desta.

5.31 HIPÓTESES ESPECÍFICAS EM QUE NÃO CABE AÇÃO DIRETA DE INCONSTITUCIONALIDADE GENÉRICA

Estudadas a definição e as hipóteses de cabimento da ação direta de inconstitucionalidade genérica, explicitaremos, nesta seção, os casos em que referido controle, ao contrário, não se mostra possível. Algumas das hipóteses aqui explicitadas são comuns a todas as modalidades de controle de constitucionalidade. Outras, contudo, são específicas da ação direta de inconstitucionalidade genérica.

A primeira delas refere-se às *normas constitucionais editadas pelo constituinte originário*. Com efeito, como já vimos em outra oportunidade, em decorrência do chamado *princípio da unidade da constituição*, as normas da carta magna devem ser interpretadas como um conjunto harmonioso, e não de maneira isolada, tudo para que não ocorram indesejáveis conflitos entre normas inseridas no mesmo texto constitucional (a chamada antinomia).

Em respeito àquele princípio, o Supremo Tribunal Federal não admite, no ordenamento pátrio, a existência de hierarquia entre normas constitucionais produzidas pelo constituinte *originário*. E, se não existe hierarquia entre normas constitucionais daquela espécie, é evidente que não se pode declarar a inconstitucionalidade de uma norma em face de outra, quando ambas forem normas constitucionais originárias.

O Pretório Excelso, portanto, afasta a possibilidade de controle de constitucionalidade, por meio de ação direta de inconstitucionalidade genérica, de normas constitucionais instituídas pelo constituinte originário. *Repele, assim, a denominada "teoria das normas constitucionais inconstitucionais", da doutrina alemã.*

Também não há que se falar em ação direta de inconstitucionalidade genérica, ao menos como regra geral[39], em relação às *normas infraconstitucionais anteriores à Constituição*. Com efeito, referidas normas não devem ser submetidas à ação direta de inconstitucionalidade porque são automaticamente revogadas pela nova ordem jurídica estabelecida. O que se dá, em outras palavras, é a *não recepção* das normas infraconstitucionais incompatíveis com o novo texto constitucional.

---

39. Como já mencionamos anteriormente, a única exceção àquela regra – do não cabimento de controle de constitucionalidade de normas infraconstitucionais editadas antes da edição da nova constituição – é a possibilidade de impetração da chamada arguição de descumprimento de preceito fundamental por equiparação (artigo 1º, parágrafo único, da Lei 9.882/1999), cuja constitucionalidade, contudo, está sendo questionada no Supremo Tribunal Federal, por meio de ação direta de inconstitucionalidade, cujo mérito ainda não foi julgado (vide Ação Direta de Inconstitucionalidade 2231/DF).

Do mesmo modo não são submetidas à ação direta de inconstitucionalidade genérica as chamadas *normas secundárias*. De fato, para que seja possível tal controle, já mencionamos, é preciso que a norma seja dotada de autonomia, que se trate de uma norma primária. Esta última, nós a definimos como aquela que não está subordinada a qualquer outra lei ou diploma normativo, mas apenas à própria constituição.

As leis destituídas de autonomia, também chamadas de normas secundárias, são aquelas subordinadas a outras normas infraconstitucionais, e que têm por escopo justamente regulamentar, dar efetividade aos preceitos disciplinados por estas. É o caso, por exemplo, dos chamados decretos de execução, editados pelo Chefe do Poder Executivo justamente em cumprimento a normas infraconstitucionais (geralmente uma lei ordinária).

No caso de normas destituídas de autonomia (atos normativos secundários), como se dá com os citados decretos de execução e também com as portarias ministeriais, mesmo que elas, ao contrariar as normas primárias a que estão subordinadas, ou ao se exceder na função de regulamentá-las, ofendam algum princípio ou norma constitucional, não o farão de forma direta, mas sim reflexa.[40]

Não estão sujeitas ao controle de constitucionalidade, por meio de ação direta de inconstitucionalidade, ainda, as *súmulas dos tribunais*. Editadas para fins de uniformização de jurisprudência, referidas súmulas não são dotadas de *imperatividade*, já que podem deixar de ser observadas pelos juízes de instâncias inferiores, nos casos em que lhes são submetidos a julgamento. Os enunciados de súmulas, portanto, não têm força normativa, e, assim, não podem ser objeto de ação direta de inconstitucionalidade.

Não estão submetidos à ação direta de inconstitucionalidade, ainda, os *atos estatais não revestidos de abstração e generalidade*. É o caso, por exemplo, dos diversos atos normativos de efeitos concretos e individuais. Nessa hipótese, já o mencionamos, referidos atos devem ser impugnados, conforme o caso, por ação popular ou mandado de segurança, e jamais por controle concentrado de constitucionalidade.

A ação direta de inconstitucionalidade também não se aplica às *leis já revogadas*, mesmo que haja relações jurídicas celebradas à época de sua vigência. Nesses termos, já decidiu o Pretório Excelso que, "revogada a lei arguida de inconstitucional, a ação direta a ela relativa perde o seu objeto, independentemente da ocorrência de efeitos concretos que dela hajam decorrido" (Ação Direta de Inconstitucionalidade 221, relator ministro Moreira Alves, j. 29.3.1990).

Com efeito, se a lei foi revogada, não há qualquer interesse na declaração de sua inconstitucionalidade, já que ela não mais existe no mundo jurídico, não podendo o Poder Judiciário ser transformado em mero órgão de consulta histórica ou mesmo acadêmica, somente devendo exercer a prestação jurisdicional quando houver efetivo interesse jurídico a justificar a sua atuação.

A ação direta de inconstitucionalidade, como mencionado na seção anterior, somente tem por objeto o exame da constitucionalidade de lei ou ato normativo federal ou estadual. Não é possível, portanto, a propositura de ação direta de inconstitucionalidade genérica para combater *lei ou ato normativo municipal em face da Constituição Federal*, seja perante

---

40. "Regulamentos subordinados ou de execução supõe, para efeito de sua edição, pelo poder público, a existência de lei a que se achem vinculados. Falece-lhes, desse modo, a necessária autonomia jurídica para se qualificarem como atos normativos suscetíveis de controle abstrato da constitucionalidade" (Ação Direta de Inconstitucionalidade 129, relator ministro Celso de Mello, j. 28.8.1992).

o Supremo Tribunal Federal, seja perante o Tribunal de Justiça, somente sendo possível falar-se em controle de constitucionalidade de lei municipal em face da Constituição Federal *por via de exceção* (*controle difuso*), no julgamento de um caso concreto em que aquela inconstitucionalidade seja invocada incidentalmente.

Nos termos da Súmula 642 do Supremo Tribunal Federal, *também não cabe ação direta de inconstitucionalidade genérica de lei do Distrito Federal derivada da sua competência legislativa municipal*, em face da Constituição Federal. Somente caberá tal ação quando se tratar de lei derivada de sua competência estadual.

Na hipótese, contudo, de lei ou ato normativo municipal contrariar, ao mesmo tempo, dispositivos da Constituição Federal e da constituição estadual, de repetição obrigatória e redação idêntica, será possível o controle de constitucionalidade de lei municipal em face da constituição estadual, nos termos do artigo 125, § 2º, da Constituição Federal.

HIPÓTESES ESPECÍFICAS EM QUE NÃO CABE AÇÃO DIRETA DE INCONSTITUCIONALIDADE GENÉRICA

– Não é possível o controle de constitucionalidade concentrado de lei ou ato normativo municipal em face da Constituição Federal, somente sendo possível falar-se em tal controle por via de exceção (controle difuso), no julgamento de um caso concreto em que aquela inconstitucionalidade seja invocada incidentalmente.

– Não cabe ação direta de inconstitucionalidade de lei do Distrito Federal derivada da sua competência legislativa municipal, somente sendo cabível tal ação quando se tratar de lei derivada de sua competência estadual (Súmula 642, do Supremo Tribunal Federal).

5.32 LEGITIMADOS PARA A AÇÃO DIRETA DE INCONSTITUCIONALIDADE GENÉRICA

Os legitimados para a propositura da ação direta de inconstitucionalidade estão relacionados no artigo 103, da Constituição Federal. Alguns deles têm a chamada *legitimidade ou legitimação universal*. São eles: (a) presidência da República; (b) Mesas da Câmara dos Deputados e do Senado Federal; (c) procurador-geral da República; (d) Conselho Federal da Ordem dos Advogados do Brasil (OAB); e (e) partidos políticos com representação no Congresso Nacional. Referidos legitimados, é importante esclarecer, têm *interesse de agir presumido*, uma vez que possuem, dentre suas atribuições, o dever de defesa da ordem constitucional. Podem, portanto, propor ação direta de inconstitucionalidade genérica sobre qualquer matéria.

Os demais legitimados, previstos no artigo 103, de nossa Lei Maior, têm apenas a denominada *legitimidade ou legitimação especial*. São eles: (a) Mesa de Assembleia Legislativa de algum Estado da Federação ou da Câmara Legislativa do Distrito Federal; (b) governador de Estado ou do Distrito Federal; e (d) confederação sindical ou entidade de classe de âmbito nacional. Estes legitimados especiais, devemos também explicar, necessitam demonstrar *pertinência temática*, também denominada *representatividade adequada*, para poderem propor a ação constitucional ora em estudo.

Por pertinência temática ou representatividade adequada devemos entender a necessidade de demonstração, por parte dos legitimados especiais, também denominados *legitimados temáticos*, de que o tema por eles deduzido em juízo guarda direta relação com os seus objetivos institucionais. É o caso, por exemplo, de entidade de classe de âmbito nacional, que somente pode propor ação direta para impugnar matéria que diga respeito aos interesses de seus associados.

Lei ordinária não pode ampliar nem restringir o rol dos legitimados para a ação direta de inconstitucionalidade genérica. *Trata-se, portanto, de um rol taxativo*. Entretanto, acompanhando o entendimento que o próprio Supremo Tribunal Federal tinha a respeito do caso, o artigo 3º da Lei 9.868/1999 acrescentou 2 (dois) outros legitimados para a propositura da ação direta de inconstitucionalidade. São eles: o governador do Distrito Federal e a Mesa da Câmara Legislativa do Distrito Federal.

Agora, contudo, esses legitimados passaram também a figurar expressamente no rol do artigo 103, da Carta Magna. É que a Emenda Constitucional 45/2004 acrescentou ao dispositivo constitucional em comento os incisos IV e V, conferindo legitimidade para a ação "à Mesa de Assembleia Legislativa ou à Câmara Legislativa do Distrito Federal" e "ao governador de Estado ou do Distrito Federal".

Quanto aos partidos políticos, basta que haja *um único parlamentar no Congresso Nacional, seja na Câmara dos Deputados, seja no Senado Federal*, para que referidas agremiações tenham legitimidade universal para a propositura da ação direta de inconstitucionalidade. *Se o partido deixar de possuir tal representação, durante a tramitação da ação direta de inconstitucionalidade, a ação prosseguirá*[41].

As *entidades de classe* são as que representam as categorias profissionais e econômicas. Referidas entidades têm que ser de âmbito nacional. Confederação sindical, ao seu turno, é entidade sindical de terceiro grau. Precisa reunir pelo menos 3 (três) Federações, cada uma destas compostas de, no mínimo, 5 (cinco) sindicatos. As Federações, por si sós, não têm legitimidade para a propositura da ação, mesmo que de âmbito nacional.

Particularmente no que se refere às chamadas centrais sindicais ou de trabalhadores (caso, por exemplo, da Central Única dos Trabalhadores – CUT, da Força Sindical, da Central Geral dos Trabalhadores – CGT e da União Geral dos Trabalhadores – UGT), o Supremo Tribunal Federal já decidiu, por meio da Ação Direta de Inconstitucionalidade (ADI) 928, que referidas entidades *não têm legitimidade* ativa para a ação direta de inconstitucionalidade, uma vez que não congregam federações sindicais.

Mudando anterior posicionamento sobre o tema, o Pretório Excelso atualmente reconhece legitimidade ativa *ad causam* às chamadas "*associações de associações*", ou seja, às entidades de âmbito nacional que possuam pessoas jurídicas dentro de seus quadros sociais. Exige, contudo, que referidas entidades sejam representativas de toda uma categoria profissional ou econômica. Sobre o tema, vide Ação Direta de Inconstitucionalidade 3.153, relator ministro Sepúlveda Pertence, j. 12.8.2004.

Segundo Ricardo Cunha Chimenti, Fernando Capez, Márcio Fernando Elias Rosa e Marisa F. Santos,[42] os chamados Conselhos Profissionais (caso, por exemplo, do Conselho Federal de Medicina) seriam espécies do gênero autarquia, não tendo, portanto, legitimidade para propor ação direta de inconstitucionalidade, mesmo que guardassem relação com os seus objetivos institucionais, já que não considerados entidades de classe de âmbito nacional.

---

41. Com efeito, o Supremo Tribunal Federal não mais entende, como se dava antigamente, que ocorria a perda superveniente de legitimidade. Sobre o tema, sugerimos a leitura da Ação Direta de Inconstitucionalidade 2159/DF, relator ministro Gilmar Ferreira Mendes, j. 12.8.2004 – *Informativo* 356 do STF.
42. *Curso de direito constitucional*. 7. ed. Saraiva, 2010, p. 436.

Também entendemos que as Ordens e Conselhos Profissionais não têm legitimidade para propor ação direta de inconstitucionalidade genérica *porque efetivamente não são entidades de classe de âmbito nacional*. Mas, com o devido respeito, não concordamos que referidas Ordens e Conselhos, também conhecidos como "autarquias corporativas", sejam de fato espécie do gênero autarquia. Em nosso entender, tais entidades são, na verdade, uma modalidade de entidade paraestatal (pertencente ao chamado "terceiro setor"), ou seja, uma pessoa jurídica de direito privado que atua ao lado do Estado, na consecução de interesses públicos, sem, contudo, fazer parte deste.

Com efeito, as autarquias são pessoas jurídicas criadas por lei, com personalidade jurídica de direito público (submetida ao regime jurídico administrativo, portanto), com patrimônio próprio e poder de autoadministração (autonomia financeira e administrativa), destinadas à prestação de serviços públicos, e dotadas de especialização funcional, sendo-lhes vedado exercer fins ou atividades diversas daquelas para as quais foram instituídas.

Já as ordens e conselhos profissionais, a despeito de prestam atividades típicas de Estado, exercendo poder de polícia e disciplinar sobre as categorias profissionais que regulam, inclusive com capacidade tributária ativa (podendo cobrar tributos para sua manutenção), e submetidas à fiscalização dos Tribunais de Contas, são pessoas jurídicas de direito privado, não sujeitas a qualquer vinculação hierárquica com os órgãos estatais.

São denominadas *autarquias corporativas*, é importante que se esclareça, porque têm criação autorizada por lei, com autonomia administrativa e financeira, desempenhando atividade tipicamente pública. Mas usam o qualificativo de "em situação especial", o que ressalta o fato de que não fazem parte da estrutura da Administração Pública (do chamado "primeiro setor"). Exemplos de ordens e conselhos profissionais: Conselho Federal de Medicina e Conselho Federal de Engenharia, Arquitetura e Agronomia.

Devemos mencionar, por fim, que a *Mesa do Congresso Nacional não tem legitimidade para a propositura da ação direta de inconstitucionalidade genérica*. Somente possuem tal legitimidade, nos expressos termos do artigo 103, incisos II e III, da Constituição Federal, as Mesas do Senado Federal e da Câmara dos Deputados, respectivamente.

LEGITIMADOS PARA A AÇÃO DIRETA DE INCONSTITUCIONALIDADE

– **Legitimados universais**: presidente da República, Mesa da Câmara dos Deputados, Mesa do Senado Federal, procurador-geral da República, Conselho Federal da OAB e partidos políticos com representação no Congresso Nacional.

– **Legitimados especiais ou temáticos**: Mesas das Assembleias Legislativas dos Estados, Mesa da Câmara Legislativa do Distrito Federal, governadores dos Estados, governador do Distrito Federal e confederação sindical ou entidades de classe de âmbito nacional.

– Os legitimados universais têm interesse de agir presumido, uma vez que possuem, dentre suas atribuições, o dever de defesa da ordem constitucional. Já os legitimados especiais necessitam demonstrar pertinência temática, também denominada representatividade adequada.

5.33 CONCESSÃO DE MEDIDA CAUTELAR EM AÇÃO DIRETA DE INCONSTITUCIONALIDADE GENÉRICA

Como vimos no Capítulo 3 deste livro, ao estudarmos os princípios específicos de interpretação constitucional, o princípio da presunção de constitucionalidade das leis e atos do Estado determina que as leis e demais atos editados pelo Estado sejam considerados constitucionais, ao menos até que sobrevenha decisão judicial declarando sua inconstitucionalidade.

Contudo, a despeito da presunção de constitucionalidade das leis e atos normativos, é perfeitamente possível a concessão de cautelar (liminar) em ação direta de inconstitucionalidade genérica, salvo em período de recesso, por decisão da *maioria absoluta dos membros do Tribunal (6 ou mais Ministros, portanto)*, e após a oitiva dos órgãos ou autoridades dos quais emanou a lei ou ato normativo impugnado, no prazo de 5 (cinco) dias, tudo conforme disposto no artigo 10, *caput*, da Lei 9.868/1999.

Ademais, nos expressos termos do § 3º daquele artigo, é possível ao Pretório Excelso deferir medida cautelar, *sem a audiência dos responsáveis pela edição da lei ou ato normativo impugnado*, desde que em caso de *excepcional urgência*, reconhecida pelo órgão jurisdicional. Ainda segundo artigo (§ 1º), o ministro relator poderá ouvir o advogado-geral da União e o procurador-geral da República, no prazo de 3 (três) dias, caso julgue indispensável tal medida[43]. Poderá, igualmente, facultar a sustentação oral aos representantes judiciais do requerente e das autoridades ou órgãos responsáveis pela expedição do ato, na forma estabelecida no Regimento do Tribunal (§ 2º).

O artigo 11, § 1º, da supramencionada Lei 9.868/1999, por sua vez, nos esclarece que a medida cautelar que declarar a inconstitucionalidade da norma terá eficácia *erga omnes (em face de todos)* e efeitos *ex nunc (não retroativos, ou seja, a partir da decisão)*, salvo se o Supremo Tribunal Federal entender que deva conceder-lhe efeitos *ex tunc (retroativa)*.

Dessa forma, ao contrário da decisão definitiva proferida em sede de ação direta de inconstitucionalidade genérica, cujos efeitos, em regra, são retroativos (*ex tunc*), na decisão da medida cautelar, a regra é que os efeitos sejam *ex nunc* (a partir da decisão), a não ser que o Supremo Tribunal Federal decida conceder-lhe efeitos retroativos, por relevantes razões jurídicas.

O § 2º, do mesmo artigo 11, dispõe que a concessão da medida cautelar torna aplicável a legislação anterior eventualmente existente, salvo expressa manifestação, em sentido contrário, do Supremo Tribunal Federal. Trata-se de expresso reconhecimento, pelo dispositivo normativo, do efeito repristinatório da decisão proferida em sede de cautelar.

Por fim, mencione-se que, no caso de concessão de medida cautelar em ação direta de inconstitucionalidade genérica, o Supremo Tribunal Federal fará publicar a parte dispositiva da decisão, no prazo de 10 (dez) dias, devendo solicitar as informações às autoridades das quais tiver emanado o ato.

CONCESSÃO DE MEDIDA CAUTELAR EM AÇÃO DIRETA DE INCONSTITUCIONALIDADE GENÉRICA

– É perfeitamente possível a concessão de cautelar (liminar) em ação direta de inconstitucionalidade genérica, salvo em período de recesso, por decisão da maioria absoluta dos membros do Tribunal, e após a oitiva dos órgãos ou autoridades dos quais emanou a lei ou ato normativo impugnado, no prazo de 5 (cinco) dias.

– A medida cautelar que declarar a inconstitucionalidade da norma terá eficácia *erga omnes (em face de todos)* e efeitos *ex nunc (a partir da decisão)*, salvo se o Supremo Tribunal Federal entender que deva conceder-lhe eficácia retroativa (artigo 11, § 1º, da Lei 9.868/1999).

– Dessa forma, ao contrário da decisão definitiva proferida em sede de ação direta de inconstitucionalidade genérica, cujos efeitos, em regra, são retroativos (*ex tunc*), na decisão da medida cautelar, a regra é que os efeitos são *ex nunc* (a partir da decisão).

---

43. Referido prazo, a toda evidência, é singelo. Não se aplica o benefício da contagem em dobro para o Ministério Público e para os membros da Advocacia Pública quando a lei estabelecer, de forma expressa, prazo próprio para a realização do ato. É o que dispõe, em caráter expresso e inequívoco, o Código de Processo Civil, respectivamente, nos artigos 180, § 2º e 183, § 2º.

5.34 O EFEITO VINCULANTE DA AÇÃO DIRETA DE INCONSTITUCIONALIDADE E SUA EXCLUSÃO EM RELAÇÃO AO PODER LEGISLATIVO

A Emenda Constitucional 45, de 8 de dezembro de 2004, conferiu nova redação ao artigo 102, § 2º, da Constituição de 1988. Agora, o texto constitucional deixa claro que também as decisões definitivas de mérito, proferidas pelo Supremo Tribunal Federal, nas *ações diretas de inconstitucionalidade*, produzirão eficácia contra todos e *efeito vinculante*, relativamente aos demais órgãos do Poder Judiciário e à Administração Pública direta e indireta[44].

Como consequência do expresso efeito vinculante da decisão proferida em ação direta de inconstitucionalidade, qualquer interessado poderá oferecer *reclamação* perante o Supremo Tribunal Federal, nos termos do artigo 102, inciso I, alínea *l*, da Carta Magna, para garantia da autoridade das decisões da Corte Suprema, quando órgãos do Judiciário ou da Administração Pública não observarem o quanto restou decidido naquela ação.

O efeito vinculante atinge todos os órgãos do Poder Judiciário, bem como a Administração Pública direta e indireta da União, dos Estados, do Distrito Federal e dos Municípios. *Não vincula, entretanto, o Poder Legislativo.* Com efeito, é pacífico que este Poder não está impedido de elaborar nova lei, em conformidade com as regras do processo legislativo, ainda que contrariamente à decisão proferida em sede de controle concentrado de constitucionalidade.

Conforme ressaltou o Ministro Cezar Peluso, ao tratar do tema, a possibilidade de vinculação do Poder Legislativo às decisões proferidas no controle concentrado de constitucionalidade acabaria por comprometer "a relação de equilíbrio entre o tribunal constitucional e o legislador, reduzindo este a papel subalterno perante o poder incontrolável daquele, com evidente prejuízo do espaço democrático-representativo da legitimidade política do órgão legislativo" (Reclamação 2.167, *Informativo* 386/STF).

Dessa forma, devemos insistir, o Poder Legislativo poderá editar leis ou atos normativos em sentido contrário à decisão do Supremo Tribunal Federal, proferida no controle concentrado de constitucionalidade. Pensar de modo diverso, contrariando, aliás, os termos da própria Carta Magna, que somente fala em efeito vinculante para o Poder Judiciário e para o Poder Executivo, acabaria por implicar "inconcebível fenômeno da fossilização da Constituição", como ressalta o Ministro Peluso.

O EFEITO VINCULANTE DA ADI E SUA EXCLUSÃO EM RELAÇÃO AO PODER LEGISLATIVO

– As decisões proferidas em sede de ação direta de inconstitucionalidade genérica não vinculam o Poder Legislativo, mas apenas o Poder Judiciário e o Poder Executivo, conforme artigo 102, § 2º, da Constituição de 1988.

– Dito de outro modo, o Poder Legislativo não está impedido de elaborar nova lei, em conformidade com as regras do processo legislativo, ainda que contrariamente ao que restou decidido em controle concentrado de constitucionalidade.

---

44. Antes da promulgação daquela emenda constitucional, o dispositivo constitucional em comento (artigo 102, § 2º) somente fazia menção expressa à *ação declaratória de constitucionalidade*, no que respeita ao efeito vinculante em relação aos demais órgãos do Poder Judiciário e da Administração Pública.

5.35 PRINCÍPIO DA "PARCELARIDADE"

No Capítulo 12, quando tratarmos do chamado *processo legislativo*, estudaremos o *veto*, que tem previsão constitucional no artigo 66, § 1º, da Constituição Federal[45]. Veremos, naquela oportunidade, que ele se trata de verdadeira recusa à sanção, ou seja, de expressa discordância, manifestada pelo Chefe do Poder Executivo, ao projeto de lei aprovado pelo Poder Legislativo. Ele busca evitar, portanto, que o projeto transforme-se em lei.

Uma das características do veto, portanto, é tentar inviabilizar, *total ou parcialmente*, o projeto de lei. É o que se pode depreender facilmente da leitura do supramencionado artigo 66, § 1º, da Carta Magna, que dispõe que o presidente da República poderá vetar o projeto, total ou parcialmente.

Quanto ao veto parcial, existem limites ao seu uso. Com efeito, nos termos do § 2º, do mesmo artigo 66, da Constituição de 1988, o veto parcial somente poderá abranger texto integral de artigo, de parágrafo, de inciso ou de alínea. Portanto, o item (que subdivide a alínea) não poderá ser objeto de veto. *Não poderá, igualmente, haver veto de apenas expressões ou palavras constantes da norma.*

Já em relação ao controle concentrado de constitucionalidade, referida limitação não ocorre. Com efeito, por força do chamado *princípio da parcelaridade*, o Supremo Tribunal Federal, ao julgar inconstitucional uma lei ou ato normativo, não necessitará fazê-lo em relação ao texto *integral* de artigo, parágrafo, inciso ou alínea.

Diferentemente do que se dá com o veto presidencial, o Pretório Excelso, no julgamento do controle concentrado de constitucionalidade (caso, por exemplo, da ação direta de inconstitucionalidade genérica), ao julgar uma norma inconstitucional, poderá anular a norma apenas *parcialmente*, extirpando de seu texto somente uma expressão ou mesmo uma única palavra.

Um caso emblemático, que explica perfeitamente essa realidade, deu-se no julgamento da Ação Direta de Inconstitucionalidade (ADI) 1.227-8, que tinha por objeto a análise de alegada inconstitucionalidade do artigo 7º, § 2º, da Lei 8.906, de 4 de julho de 1994 (o denominado Estatuto da Advocacia), que buscava afastar a caracterização de injúria, difamação ou desacato em relação a qualquer manifestação de advogado no exercício de sua atividade. Naquele julgamento, declarou-se a inconstitucionalidade apenas da expressão "ou desacato", constante da norma.

É imperioso esclarecer, para encerrarmos esse tema, que o Supremo Tribunal Federal, ao se valer do princípio da parcelaridade, não poderá alterar completamente o sentido da lei ou ato normativo editado pelo Estado, a ponto de se tornar, ele próprio, uma espécie de legislador positivo, usurpando, com essa prática, uma das funções típicas do Poder Legislativo.

Com efeito, conforme ressalta a unanimidade dos doutrinadores e também a própria jurisprudência do Pretório Excelso, o Poder Judiciário somente pode atuar, no controle de constitucionalidade, como um legislador negativo, sendo-lhe vedado criar normas jurídicas, no exercício de sua atividade jurisdicional. Em outras palavras, *não pode o Poder Judiciário transformar-se em um legislador positivo, o que é vedado pela ordem constitucional vigente, por afronta ao princípio da separação de Poderes.*

---

45. Constituição Federal, artigo 66, § 1º: "Se o Presidente da República considerar o projeto, no todo ou em parte, inconstitucional ou contrário ao interesse público, vetá-lo-á total ou parcialmente, no prazo de quinze dias úteis, contados da data do recebimento, e comunicará, dentro de quarenta e oito horas, ao Presidente do Senado Federal os motivos do veto".

PRINCÍPIO DA PARCELARIDADE

– Diferentemente do que se dá com o veto presidencial, o Pretório Excelso, no julgamento do controle concentrado de constitucionalidade, ao julgar uma norma inconstitucional, poderá anular a norma apenas parcialmente, extirpando de seu texto somente uma expressão ou mesmo uma única palavra.

– Contudo, ao se valer do princípio da parcelaridade, o Supremo Tribunal Federal não poderá alterar completamente o sentido da lei ou ato normativo editado pelo Estado, a ponto de se tornar, ele próprio, um *legislador positivo*, o que é vedado pelo ordenamento jurídico pátrio.

5.36 INCONSTITUCIONALIDADE POR "ARRASTAMENTO" OU "POR ATRAÇÃO"

Em respeito aos limites objetivos da coisa julgada, o órgão jurisdicional, ao fornecer sua prestação jurisdicional, deverá ater-se estritamente ao pedido formulado na petição inicial, não podendo proferir decisão de natureza diversa da pedida, nem condenar o réu em quantidade superior ou em objeto diverso do que lhe foi demandado. Essa regra, explicitada no artigo 492, do Código de Processo Civil,[46] exterioriza o chamado *princípio da congruência* ou da *adstrição ao pedido,* ou simplesmente *princípio do pedido.*

Dessa forma, *como regra*, ao proferir julgamento no controle concentrado de constitucionalidade, o Supremo Tribunal Federal também deverá limitar-se a apreciar os dispositivos da lei ou ato normativo que foram apontados como inconstitucionais, não devendo, em observância ao princípio do pedido, julgar a constitucionalidade de outros dispositivos, por mais que lhe pareçam igualmente incompatíveis com os princípios e regras constitucionais.

Contudo, *em caráter excepcional*, o Pretório Excelso tem admitido a declaração de inconstitucionalidade de outros dispositivos, que não foram expressamente citados na petição inicial da ação direta de inconstitucionalidade, quando reconhecer que existe uma inequívoca *conexão ou dependência entre eles*, de maneira que uns não possam ser mantidos no ordenamento jurídico, quando for declarada a inconstitucionalidade dos outros.

Vê-se, portanto, que não é a simples constatação de que outros dispositivos da lei ou ato normativo são inconstitucionais que permite ao Supremo Tribunal Federal também declará-los como tais, "por arrastamento" ou "por atração". Para que isso possa ocorrer, é preciso que referidas normas não possam subsistir, no corpo da lei ou ato normativo, após a declaração de inconstitucionalidade do dispositivo normativo que foi efetivamente objeto da ação direta de inconstitucionalidade. Sobre o tema, sugerimos a leitura da Ação Direta de Inconstitucionalidade 2.895/AL, relator ministro Carlos Velloso, j. 2.2.2005, *DJ* 20.5.2005, p. 5.

INCONSTITUCIONALIDADE "POR ARRASTAMENTO" OU "POR ATRAÇÃO"

– Como regra, ao proferir julgamento no controle concentrado de constitucionalidade, o Supremo Tribunal Federal deverá limitar-se a apreciar os dispositivos da lei ou ato normativo que foram apontados como inconstitucionais, não devendo, em observância ao princípio da adstrição ao pedido, julgar a constitucionalidade de outros dispositivos, por mais que lhe pareçam igualmente incompatíveis com os princípios e regras constitucionais.

– Contudo, em caráter excepcional, o Pretório Excelso tem admitido a declaração de inconstitucionalidade de outros dispositivos, que não foram expressamente citados na petição inicial da ação direta de inconstitucionalidade, quando reconhecer que existe uma inequívoca conexão ou dependência entre eles, de maneira que uns não possam ser mantidos no ordenamento jurídico, quando for declarada a inconstitucionalidade dos outros. Trata-se da inconstitucionalidade "por arrastamento" ou "por atração".

---

46. Código de Processo Civil, artigo 492: "É vedado ao juiz proferir decisão de natureza diversa da pedida, bem como condenar a parte em quantidade superior ou em objeto diverso do que lhe foi demandado".

5.37 ALTERAÇÃO DO PARÂMETRO DE CONTROLE APÓS A PROPOSITURA DA AÇÃO DIRETA DE INCONSTITUCIONALIDADE GENÉRICA

Em seção precedente deste Capítulo, estudamos o chamado parâmetro de controle de constitucionalidade, também denominado paradigma constitucional. Vimos, naquela oportunidade, que ele se refere à norma ou ao conjunto de normas constitucionais que são utilizados como paradigma, como referência, para a análise da adequação de algum diploma normativo aos preceitos constitucionais. Refere-se, em outras palavras, à norma constitucional que se diz que foi violada.

Por outro lado, como é de amplo conhecimento público, nossa Constituição Federal tem sido constantemente emendada, já possuindo, em menos de 30 (trinta) anos de existência (foi promulgada em 5 de outubro de 1988), a impressionante marca de mais de uma centena de emendas constitucionais, que alteraram substancialmente diversas de suas normas.

E, diante dessa nossa realidade peculiar, não há dúvidas de que é perfeitamente possível, e até mesmo previsível que, em alguns casos, após a propositura de uma ação direta de inconstitucionalidade, o parâmetro de controle invocado como paradigma para controle de constitucionalidade de uma lei ou ato normativo acabe sendo modificado, ou mesmo revogado, por meio da edição de uma emenda constitucional.

Nessas hipóteses, o Supremo Tribunal Federal tem entendido que, com a alteração do parâmetro de controle ou paradigma constitucional, após a propositura da ação direta de inconstitucionalidade, *esta deverá ser julgada extinta, sem resolução de mérito, por perda superveniente de seu objeto*.

Pedimos vênia para transcrever, em razão de seu caráter inequivocamente didático, a ementa de uma ação direta de inconstitucionalidade que foi julgada prejudicada, em razão de substancial alteração, por meio da Emenda Constitucional 41/2003, da primitiva redação do artigo 40, *caput*, da Constituição Federal, permitindo agora a taxação dos inativos. Eis os seus termos:

> *"Ação direta de inconstitucionalidade. Lei Estadual 3.310/99. Cobrança de contribuição previdenciária de inativos e pensionistas. EC 41/2003. Alteração substancial do Sistema Público de Previdência. Prejudicalidade. 1. Contribuição previdenciária incidente sobre os proventos dos servidores inativos e dos pensionistas do Estado do Rio de Janeiro. Norma editada em data posterior ao advento da EC 20/98. Inconstitucionalidade de lei estadual em face da norma constitucional vigente à época da propositura da ação. 2. Superveniência da Emenda Constitucional 41/2003, que alterou o sistema previdenciário. Prejudicalidade da ação direta quando se verifica inovação substancial no parâmetro constitucional de aferição da regra legal impugnada. Precedentes. Ação direta de inconstitucionalidade julgada prejudicada"* (Ação Direta de Inconstitucionalidade 2.197/RJ, relator ministro Maurício Corrêa, *DJ* 2.4.2004, p. 8).

Portanto, devemos insistir, na hipótese de modificação do parâmetro de controle invocado como paradigma para controle de constitucionalidade de uma lei ou ato normativo, por força da edição de uma emenda constitucional, após a propositura de uma ação direta de inconstitucionalidade, esta última deverá ser extinta, sem resolução de mérito, por perda superveniente de seu objeto, conforme entendimento pacificado no Pretório Excelso.

ALTERAÇÃO DO PARÂMETRO DE CONTROLE APÓS A PROPOSITURA DA ADI

– É perfeitamente possível que, em alguns casos, após a propositura de uma ação direta de inconstitucionalidade, o parâmetro de controle invocado como paradigma para controle de constitucionalidade de uma lei ou ato normativo acabe sendo modificado, ou mesmo revogado, por meio da edição de uma emenda constitucional.

– O Supremo Tribunal Federal tem entendido que, com a alteração do paradigma constitucional, após a propositura da ação direta de inconstitucionalidade, esta deverá ser extinta, sem resolução de mérito, por perda superveniente de seu objeto.

5.38 O *AMICUS CURIAE* NA AÇÃO DIRETA DE INCONSTITUCIONALIDADE GENÉRICA

O artigo 7º, da Lei 9.868/1999, proíbe expressamente a intervenção de terceiros na ação direta de inconstitucionalidade. Com efeito, em se tratando de um processo do tipo objetivo, em que não há discussão de interesses particulares, não há sentido em qualquer participação de terceiros, invocando eventual violação de direitos subjetivos de que seriam titulares.

O § 2º do mesmo artigo, contudo, permite que o ministro relator, considerando a relevância da matéria e a representatividade dos postulantes, admita, por despacho irrecorrível, a manifestação de outros órgãos ou entidades, no prazo de 30 (trinta) dias. Temos, nessa hipótese, a figura do denominado *amicus curiae*, ou "amigo da corte".

Como nos lembra Leo van Holthe,[47] o *amicus curiae* não representa propriamente um terceiro interveniente que ingressa na ação direta de inconstitucionalidade para pleitear interesses específicos seus, mas sim um *auxiliar do juízo*, que pode fornecer aos Ministros do Supremo Tribunal Federal conhecimentos necessários para o adequado julgamento da causa, notadamente nos processos que envolvam matérias técnicas específicas ou de alta relevância política.

A figura do *amicus curiae* agora também se encontra expressamente prevista no Código de Processo Civil, em seu artigo 138. Nos termos deste dispositivo legal, "o juiz ou o relator, considerando a relevância da matéria, a especificidade do tema objeto da demanda ou a repercussão social da controvérsia, poderá, por decisão irrecorrível, de ofício ou a requerimento das partes ou de quem pretenda manifestar-se, solicitar ou admitir a participação de pessoa natural ou jurídica, órgão ou entidade especializada, com representatividade adequada, no prazo de 15 (quinze) dias de sua intimação".

Em termos semelhantes ao disposto no Código de Processo Civil, o artigo 7º, § 2º, da Lei 9.868/1999, dispõe que a admissão do *amicus curiae, na ação direta de inconstitucionalidade genérica,* depende de aquiescência do ministro relator, que examinará a relevância da matéria e a representatividade dos postulantes. É imperioso ressaltar, contudo, que essa decisão do relator deverá ser referendada pelo Tribunal, que poderá afastar a intervenção do amigo da corte. Sobre o tema, leiam o acórdão da Ação Direta de Inconstitucionalidade 2.238-DF, relator ministro Ilmar Galvão, publicada no *DJ* de 9 de maio de 2002.

Como consequência disso, percebe-se facilmente que não há um direito subjetivo a ser admitido como *amicus curiae*, devendo o postulante demonstrar, de maneira induvidosa, não só sua representatividade adequada, como também a relevância da matéria a ser discutida, além, naturalmente, de que ingressará no feito *para auxiliar o juízo na perfeita compreensão da matéria submetida a julgamento, e não para defender interesses subjetivos próprios.*

Ainda graças à leitura daquele artigo 7º, § 2º, da Lei 9.868/1999, percebe-se que a decisão interlocutória que permitir ou recusar o ingresso de *amicus curiae é irrecorrível*, não sendo possível, portanto, a interposição de agravo. Busca-se, com tal medida, evitar que um instituto que visa justamente auxiliar no julgamento do feito acabe por resultar no efeito contrário, qual seja, o tumulto processual.

Conforme entendimento do Supremo Tribunal Federal, a atuação do amigo da corte (*amicus curiae*) não se restringe à prestação de informações ou oferecimento de memoriais,

---
47. *Direito constitucional*. 6. ed. Jus Podivm, 2010, p. 190.

podendo atuar no feito de maneira plena, inclusive com a oportunidade de sustentação oral, na sessão de julgamento.

Para encerrar essa breve exposição sobre a figura do *amicus curiae* na ação direta de inconstitucionalidade genérica, gostaríamos de lembrar ao leitor que, por força da constante e crescente aproximação que se nota, atualmente, entre as modalidades de controle concentrado e difuso de constitucionalidade, o Código de Processo Civil também prevê a possibilidade de participação do amigo da corte no controle difuso de constitucionalidade perante os Tribunais de Segundo Grau, conforme expressa previsão do artigo 949, § 3º, daquele diploma legal[48].

5.39 PRINCIPAIS REGRAS PROCEDIMENTAIS SOBRE A AÇÃO DIRETA DE INCONSTITUCIONALIDADE GENÉRICA

Nos termos do artigo 3º, da Lei 9.868, de 10 de novembro de 1999, a petição inicial indicará: o dispositivo da lei ou do ato normativo impugnado e os fundamentos jurídicos do pedido em relação a cada uma das impugnações; e o pedido, com suas especificações. Por se tratar de uma ação de natureza objetiva, em que não há interesses subjetivos em jogo, *não há pedido de citação de réus nessa ação.*

A petição inicial, acompanhada de instrumento de mandato (procuração), quando subscrita por advogado, será apresentada em 2 (duas) vias, devendo conter cópia da lei ou do ato normativo impugnado e dos documentos necessários para comprovar a impugnação (artigo 3º, parágrafo único, da Lei). Particularmente no que se refere à assinatura da petição inicial por advogado, é imperioso esclarecer que somente as petições formuladas por partidos políticos com representação no Congresso Nacional, bem como por confederações sindicais ou entidades de classe de âmbito nacional, é que necessitam de patrocínio por causídico.

Os demais legitimados da ação direta de inconstitucionalidade genérica, constantes do artigo 103, da Carta Magna (presidente da República, Mesa do Senado Federal, Mesa da Câmara dos Deputados, Mesa de Assembleia Legislativa ou da Câmara Legislativa do Distrito Federal, governador de Estado ou do Distrito Federal, procurador-geral da República e Conselho Federal da Ordem dos Advogados do Brasil), podem propor referida ação e também praticar todos os demais atos que exigem capacidade postulatória, independentemente do patrocínio de advogado. Sobre esse tema, sugerimos a leitura do acórdão prolatado na Ação Direta de Inconstitucionalidade 127-2/AL, relator ministro Celso de Mello, j. 20.11.1989, DJ 04.12.1992.

O artigo 4º da Lei 9.868/1999, ao seu turno, determina que a petição inicial inepta, não fundamentada, bem como a que for manifestamente improcedente, seja liminarmente indeferida pelo ministro relator da ação direta de inconstitucionalidade. Nos termos do parágrafo único do dispositivo legal em comento, da decisão que indeferir a petição inicial caberá agravo interno[49]. Vale aqui a regra geral do Código de Processo Civil, cujo prazo de interposição é de 15 (quinze) dias[50].

---

48. Código de Processo Civil, artigo 949, § 3º: "Considerando a relevância da matéria e a representatividade dos postulantes, o relator poderá admitir, por despacho irrecorrível, a manifestação de outros órgãos ou entidades";
49. Código de Processo Civil, artigo 1.021: "Contra decisão proferida pelo relator caberá agravo interno para o respectivo órgão colegiado, observadas, quanto ao processamento, as regras do regimento interno do tribunal".
50. Código de Processo Civil, artigo 1.003, § 5º: "Excetuados os embargos de declaração, o prazo para interpor os recursos e para responder-lhes é de 15 (quinze) dias".

Nos termos do artigo 5º da lei, não é possível a desistência da ação direta de inconstitucionalidade, após a sua propositura. O artigo 6º e seu parágrafo único, por sua vez, dispõe que o relator pedirá informações aos órgãos ou às autoridades das quais emanou a lei ou o ato normativo impugnado, as quais serão prestadas no prazo de 30 (trinta) dias, contados do recebimento do pedido.

Conforme artigo 8º, da Lei 9.868/1999, o advogado-geral da União deverá manifestar-se, no prazo de 15 (quinze) dias[51], logo após o prazo concedido para prestação de informações, pelos órgãos ou autoridades que editaram a lei ou ato normativo impugnado. O advogado-geral da União não poderá manifestar-se contra a constitucionalidade da lei, uma vez que *a Constituição apenas lhe permite defender o ato impugnado*, conforme disposição expressa do artigo 103, § 3º, da Carta Magna.

De acordo com a norma inserida no artigo 103, § 1º, da Constituição Federal de 1988, o procurador-geral da República deverá ser previamente ouvido nas ações de inconstitucionalidade e em todos os processos de competência do Supremo Tribunal Federal. E, no caso da ação direta de inconstitucionalidade, deverá ser ouvido logo após o advogado-geral da União, também no prazo (sucessivo) de 15 (quinze) dias[52], conforme regra expressa do supramencionado artigo 8º, da Lei 9.868/1999.

Tendo em vista que o Supremo Tribunal Federal não está adstrito aos fundamentos invocados na ação direta de inconstitucionalidade genérica, não ficando, portanto, limitado pela causa de pedir, *não poderá haver a propositura de nova ação direta de inconstitucionalidade, com o mesmo objeto e novos fundamentos*.

Ademais, conforme norma expressa constante do artigo 26, da Lei 9.868/1999, a decisão que declara a constitucionalidade ou a inconstitucionalidade da lei ou do ato normativo em ação direta ou em ação declaratória *é irrecorrível, ressalvada a interposição de embargos declaratórios, não podendo, igualmente, ser objeto de ação rescisória*.

É possível a utilização de reclamação, junto ao Supremo Tribunal Federal, para garantia do cumprimento das decisões da Corte Suprema, proferidas em sede de controle concentrado de constitucionalidade, o que inclui, naturalmente, a ação direta de inconstitucionalidade. O instituto da reclamação, é importante ressaltar, encontra-se atualmente regulamentado pelo Código de Processo Civil[53], a partir de seu artigo 988.

Nos expressos termos do artigo 988, § 2º, daquela lei processual civil, a reclamação deverá ser instruída com prova documental da alegada ofensa à decisão do Pretório Excelso, proferida em sede de ação direta de inconstitucionalidade genérica, e dirigida ao presidente do Supremo Tribunal Federal, que a distribuirá ao ministro relator do processo principal, sempre que possível.

Ao despachar a reclamação, o ministro relator: (a) requisitará informações da autoridade a quem for imputada a prática do ato impugnado (que desrespeitou a decisão proferida

---

51. Não se aplica o benefício da contagem em dobro para os membros da Advocacia Pública quando a lei estabelecer, de forma expressa, prazo próprio para a realização do ato (Código de Processo Civil, artigo 183, § 2º).
52. Não se aplica o benefício da contagem em dobro para o Ministério Público quando a lei estabelecer, de forma expressa, prazo próprio para a realização do ato (Código de Processo Civil, artigo 180, § 2º).
53. Código de Processo Civil, artigo 988: "Caberá reclamação da parte interessada ou do Ministério Público para: I – preservar a competência do tribunal; II – garantir a autoridade das decisões do tribunal; III – *garantir a observância de decisão do Supremo Tribunal Federal em controle concentrado de constitucionalidade*; IV – garantir a observância de enunciado de súmula vinculante e de precedente proferido em julgamento de casos repetitivos ou em incidente de assunção de competência". (grifou-se)

pelo Pretório Excelso, em sede de controle concentrado de constitucionalidade), que as prestará no prazo de 10 (dez) dias; (b) se necessário, ordenará a suspensão do processo ou do ato impugnado para evitar dano irreparável; e (c) determinará a citação do beneficiário da decisão impugnada, que terá prazo de 15 (quinze) dias para apresentar a sua contestação.

Qualquer interessado poderá impugnar o pedido do reclamante. Na reclamação que não houver formulado, o Ministério Público terá vista do processo por 5 (cinco) dias, após o decurso do prazo para informações e para o oferecimento da contestação pelo beneficiário do ato impugnado. Julgando procedente a reclamação, o Supremo Tribunal Federal cassará a decisão exorbitante de seu julgado ou determinará medida adequada à solução da controvérsia.

É importante esclarecer, para encerrarmos o tema da reclamação, que o Código de Processo Civil agora torna expresso o que antes era apenas uma construção jurisprudencial[54]. Com efeito, referido diploma legal agora torna clara e inequívoca a inadmissibilidade de propositura de reclamação após o trânsito em julgada da decisão que contrariou a decisão do Pretório Excelso, proferida em sede de controle concentrado de constitucionalidade (artigo 988, § 5º). Neste caso, deverá propor ação rescisória do julgado em que houve o desrespeito à decisão do Pretório Excelso.

5.40 AÇÃO DECLARATÓRIA DE CONSTITUCIONALIDADE (ADC OU ADECON)

A ação declaratória de constitucionalidade (ADC) não foi instituída pelo constituinte originário, mas sim pelo derivado, por meio da Emenda Constitucional 3/1993, a qual, modificando a redação original do artigo 102, inciso I, alínea *a*, da Carta Magna, acrescentou a esse dispositivo, em sua parte final, a competência originária do Supremo Tribunal Federal para processar e julgar "a ação declaratória de constitucionalidade de lei ou ato normativo federal".

Como já mencionamos, a ação declaratória de constitucionalidade, da mesma forma que a ação direta de inconstitucionalidade genérica, foi regulamentada pela Lei 9.868, de 10 de novembro de 1999. Nos termos do já mencionado artigo 102, inciso I, alínea *a*, parte final, da Constituição Federal, a ação declaratória de constitucionalidade será cabível apenas para análise da constitucionalidade de *lei ou ato normativo federal, e nunca de normas estaduais ou municipais*.

Conforme artigo 102, § 2º, da Lei Maior, as decisões definitivas de mérito, proferidas pelo Supremo Tribunal Federal, nas ações declaratórias de constitucionalidade (e agora também nas ações diretas de inconstitucionalidade), produzirão *eficácia contra todos e efeito vinculante*, relativamente aos demais órgãos do Poder Judiciário e à Administração Pública direta e indireta, nas esferas federal, estadual e municipal.

Como se vê, referida ação (já reconhecida sua constitucionalidade pelo próprio Supremo Tribunal Federal) tem por finalidade trazer maior segurança jurídica, evitando que os órgãos do Poder Judiciário e do Poder Executivo deixem de conceder efetividade a uma norma expressamente declarada constitucional, pela Corte Suprema, graças ao denominado *efeito vinculante*, que é peculiar à decisão proferida naquela ação.

---

54. Súmula 734, do Supremo Tribunal Federal: "Não cabe reclamação quando já houver transitado em julgado o ato judicial que se alega tenha desrespeitado decisão do Supremo Tribunal Federal".

No início, muitos consideravam que a ação declaratória de constitucionalidade era potencialmente inconstitucional, não só porque supostamente tornava o Supremo Tribunal Federal um mero órgão de consulta, como também porque não permitia o contraditório, além de instituir uma hierarquia no âmbito do Poder Judiciário (em razão de seu efeito vinculante).

Outros, contudo, defendiam-na com veemência, por considerarem a ação declaratória de constitucionalidade um inequívoco mecanismo de aperfeiçoamento do controle de constitucionalidade brasileiro. Essa, aliás, foi a conclusão a que chegou o próprio Supremo Tribunal Federal, ao examinar a constitucionalidade dessa nova modalidade de controle concentrado, instituída por emenda constitucional.

Com efeito, segundo a Corte Suprema do Brasil, a ação declaratória de constitucionalidade não transforma o Supremo Tribunal Federal, como diziam alguns, em simples órgão de consulta, ante a necessidade de demonstração, para admissão da ação, de *controvérsia judicial relevante*, ou seja, de diversas ações nas quais a constitucionalidade da norma seja objeto de julgamento, por meio de controle incidental, pelo Poder Judiciário.

Asseverou o Supremo Tribunal Federal, ademais, que não haveria quebra do princípio do contraditório, uma vez que o autor é obrigado a juntar, com a petição inicial da ação declaratória de constitucionalidade, cópias de diversas outras demandas, em que são apresentados fundamentos contrários àqueles defendidos na ação declaratória, ou seja, que propugnem pela inconstitucionalidade da norma.

Por fim, ponderou que tal ação não implicaria criação de hierarquia no Poder Judiciário, porque haveria cisão de competência, passando o Supremo Tribunal Federal a ser o órgão competente para apreciar a questão da constitucionalidade da lei, e apenas esta, relativamente a todos os processos em andamento em que referida questão necessita ser enfrentada.

É por essa razão, aliás, que Ricardo Cunha Chimenti, Fernando Capez, Márcio F. Elias Rosa e Marisa F. Santos[55] nos lembram que, muitas vezes, a ação declaratória de constitucionalidade é comparada a uma *avocatória parcial*, uma vez que, "ao decidir o pedido o C. Supremo Tribunal Federal chama para si o julgamento da matéria constitucional (e não de todo o processo), em debate perante qualquer juiz ou tribunal, e profere decisão vinculante quanto ao tema constitucional".

Deve-se mencionar, contudo, que a decisão do Supremo Tribunal Federal, relativa a uma ação declaratória de constitucionalidade, *não pode, de maneira alguma, modificar decisão de outro processo relativo ao mesmo tema, já transitado em julgado*. Nesse caso, deve ser proposta ação rescisória, em razão da soberania da coisa julgada material.

AÇÃO DECLARATÓRIA DE CONSTITUCIONALIDADE (ADC)

– Foi instituída pelo constituinte derivado, através da edição da Emenda Constitucional 3/1993, e posteriormente regulamentada pela Lei 9.868, de 10 de novembro de 1999.

– Será cabível apenas para análise da constitucionalidade de lei ou ato normativo federal, e nunca de normas estaduais ou municipais.

– Produz eficácia contra todos e efeito vinculante, relativamente aos demais órgãos do Poder Judiciário e à Administração Pública direta e indireta, nas esferas federal, estadual e municipal.

---

55. *Op. cit.*, p. 446.

5.41 LEGITIMADOS PARA A AÇÃO DECLARATÓRIA DE CONSTITUCIONALIDADE

Antes do advento da Emenda Constitucional 45/2004, eram apenas 4 (quatro) os legitimados da ação declaratória de constitucionalidade: o presidente da República, as Mesas da Câmara dos Deputados e do Senado Federal e, por fim, o procurador-geral da República, conforme dispunha o revogado § 4º da Carta Magna de 1988. Agora, com a nova redação do artigo 103, *caput*, da Constituição Federal, os legitimados para referida ação passaram a ser os mesmos da ação direta de inconstitucionalidade genérica.

São legitimados para a ação declaratória de constitucionalidade, portanto, o presidente da República, as Mesas da Câmara dos Deputados e do Senado Federal, as Mesas das Assembleias Legislativas dos Estados ou da Câmara Legislativa do Distrito Federal, o governador de Estado ou do Distrito Federal, o procurador-geral da República, o Conselho Federal da Ordem dos Advogados do Brasil, partido político com representação no Congresso Nacional e confederação sindical ou entidade de classe de âmbito nacional.

Valem, em relação aos legitimados para a ação declaratória de constitucionalidade, as mesmas ponderações formuladas, quando estudamos a ação direta de inconstitucionalidade genérica. Alguns deles têm *legitimidade ou legitimação universal*, e outros apenas a chamada *legitimidade ou legitimação especial*. Dentre os primeiros, temos o presidente da República, as Mesas da Câmara dos Deputados e do Senado Federal, o procurador-geral da República, o Conselho Federal da Ordem dos Advogados do Brasil (OAB) e os partidos políticos com representação no Congresso Nacional.

Por sua vez, têm legitimidade especial, também chamada de *legitimação temática*, as demais entidades previstas no artigo 103, da Constituição Federal, a saber: Mesas das Assembleias Legislativas dos Estados ou da Câmara Legislativa do Distrito Federal, governador de Estado ou do Distrito Federal e confederação sindical ou entidades de classe de âmbito nacional.

Como mencionamos, os legitimados universais têm *interesse de agir presumido*, uma vez que possuem, dentre suas atribuições, o dever de defesa da ordem constitucional. Podem, portanto, propor ação declaratória de constitucionalidade sobre qualquer matéria. Já os legitimados especiais necessitam demonstrar *pertinência temática*, também denominada *representatividade adequada*.

Por pertinência temática ou representatividade adequada, nunca é demais repetir, devemos entender a necessidade de demonstração, por parte dos legitimados especiais, de que o tema por eles deduzido em juízo guarda direta relação com os seus objetivos institucionais. É o caso, por exemplo, do governador de Estado, que somente poderá propor ação declaratória de constitucionalidade quando pretender ver declarada, pelo Pretório Excelso, a constitucionalidade de norma federal que produza efeitos relativamente ao seu próprio Estado.

Para maiores informações sobre cada um dos legitimados da ação declaratória de constitucionalidade, remetemos o estimado leitor à seção 5.33, quando tratamos mais detidamente sobre o tema, ao estudarmos a ação direta de inconstitucionalidade genérica.

LEGITIMADOS PARA A AÇÃO DECLARATÓRIA DE CONSTITUCIONALIDADE

– **Legitimados universais**: presidente da República, Mesa da Câmara, Mesa do Senado Federal, procurador-geral da República, Conselho Federal da OAB e partidos políticos com representação no Congresso Nacional.

– **Legitimados especiais ou temáticos**: Mesa de Assembleia Legislativa ou da Câmara Legislativa do Distrito Federal, governador de Estado ou do Distrito Federal e confederação sindical ou entidade de classe de âmbito nacional.

5.42 MEDIDA CAUTELAR EM AÇÃO DECLARATÓRIA DE CONSTITUCIONALIDADE

Nos termos do artigo 21, da Lei 9.868/1999, é possível a concessão de medida cautelar, pela *maioria absoluta dos membros do Supremo Tribunal Federal* (pelo menos seis Ministros), consistente na determinação de que os juízes e os tribunais suspendam o julgamento (e apenas este) dos processos que envolvam a aplicação da lei ou do ato normativo, até julgamento definitivo da ação declaratória de constitucionalidade.

O parágrafo único do supracitado artigo 21, da Lei 9.868/1999, por sua vez, dispõe que a suspensão do julgamento dos processos que envolvam a aplicação da norma federal, em decorrência da concessão da medida cautelar, perdurará por apenas 180 (cento e oitenta) dias, prazo que o Supremo Tribunal Federal tem para julgamento da ação declaratória de constitucionalidade, sob pena de perda da eficácia da liminar.

Muito embora não explicitado pela lei, como se dá com a ação direta de inconstitucionalidade (artigo 11, § 1º), a jurisprudência do Supremo Tribunal Federal já decidiu que a concessão de medida cautelar em ação declaratória de constitucionalidade, de maneira semelhante ao que ocorre na ação direta de inconstitucionalidade, *tem eficácia erga omnes e efeitos vinculantes, além de efeitos ex nunc (não retroativos)*.

Esse entendimento, aliás, restou pacificado no julgamento da Ação Declaratória de Constitucionalidade 4, que fundamentou a possibilidade de concessão de eficácia *erga omnes* e efeitos vinculantes no poder geral de cautela do Poder Judiciário, asseverando, inclusive, sobre a possibilidade de utilização de reclamação, nos termos do artigo 102, inciso I, alínea *l*, da Carta Magna, para garantia da autoridade das decisões do Pretório Excelso.

MEDIDA CAUTELAR EM AÇÃO DECLARATÓRIA DE CONSTITUCIONALIDADE

– É possível a concessão de medida cautelar, pela maioria absoluta dos membros do Supremo Tribunal Federal, consistente na determinação de que os juízes e os tribunais suspendam o julgamento (e apenas este) dos processos que envolvam a aplicação da lei ou do ato normativo, até julgamento definitivo da ação.

– A suspensão do julgamento dos processos que envolvam a aplicação da norma federal, em decorrência da concessão da medida cautelar, perdurará por apenas 180 dias, prazo que o STF tem para julgamento da Ação Declaratória de Constitucionalidade (ADC), sob pena de perda da eficácia da liminar.

– A jurisprudência do Pretório Excelso já decidiu que a concessão de medida cautelar em ADC, de maneira semelhante ao que ocorre na ação direta de inconstitucionalidade, tem eficácia *erga omnes* e efeitos vinculantes, além de efeitos *ex nunc* (não retroativos).

5.43 O *AMICUS CURIAE* NA AÇÃO DECLARATÓRIA DE CONSTITUCIONALIDADE

Ao estudarmos a ação direta de inconstitucionalidade genérica, vimos que o artigo 7º, § 2º, da Lei 9.868/1999, prevê a possibilidade de o Supremo Tribunal Federal, através do ministro relator, admitir, por meio de despacho irrecorrível, a manifestação do chamado *amicus curiae*, levando em conta a relevância da matéria e a representatividade do postulante.

Vimos, naquela oportunidade, que o *amicus curiae*, ou "amigo da corte", é um *auxiliar do juízo*, um *colaborador informal* que pode fornecer aos Ministros do Pretório Excelso os conhecimentos necessários para o adequado julgamento da causa, notadamente nos processos que envolvam matérias técnicas específicas ou de alta relevância política.

No caso específico da ação declaratória de constitucionalidade, entretanto, não há regra semelhante, sendo certo, aliás, que o dispositivo legal que o previa expressamente (artigo 18, § 2º) *foi objeto de veto presidencial*. Daí ser inevitável a indagação: é possível a figura do *amicus curiae* na ação declaratória de constitucionalidade, através da aplicação analógica do artigo 7º, § 2º, da Lei 9.868/1999?

Nos termos do artigo 24 da Lei 9.868/1999, "proclamada a constitucionalidade, julgar-se-á improcedente a ação direta ou procedente eventual ação declaratória; e, proclamada a inconstitucionalidade, julgar-se-á procedente a ação direta ou improcedente eventual ação declaratória".

Referido dispositivo legal explicita, de maneira induvidosa, o chamado *caráter dúplice* ou *ambivalente* da ação declaratória de constitucionalidade e da ação direta de inconstitucionalidade, que seriam ações com fins semelhantes, apenas com sinais trocados: a improcedência da ação direta de inconstitucionalidade corresponde à procedência da ação declaratória de constitucionalidade; a improcedência desta, à procedência daquela.

Dessa forma, parece-nos perfeitamente possível falar-se em utilização da figura do *amicus curiae* na ação declaratória de constitucionalidade, mesmo que não haja dispositivo expresso a esse respeito, utilizando-se, para tanto, por analogia, do artigo 7º, § 2º, da Lei 9.868/1999, que confere tal possibilidade na ação direta de inconstitucionalidade.

Esse entendimento, aliás, ficou evidenciado nas próprias razões de veto do artigo 18, § 2º, da lei em comento (Mensagem 1.674/1999), quando ficou consignado que "resta assegurada, todavia, a possibilidade de o Supremo Tribunal Federal, por meio de interpretação sistemática, admitir no processo da ação declaratória a abertura processual prevista para a ação direta no § 2º do art. 7º".

Demais disso, como vimos ao estudar a ação direta de inconstitucionalidade genérica, a figura do *amicus curiae* agora também se encontra expressamente prevista no artigo 138, do Código de Processo Civil[56]. Portanto, seja pela aplicação analógica do supramencionado artigo 7º, § 2º, da Lei 9.868/1999, seja pela aplicação direta do Código de Processo Civil ao caso, parece-nos induvidosa a possibilidade de o ministro relator permitir a participação de auxiliares do juízo na ação declaratória de constitucionalidade.

5.44 PRINCIPAIS REGRAS PROCEDIMENTAIS SOBRE A AÇÃO DECLARATÓRIA DE CONSTITUCIONALIDADE

Nos termos do artigo 14, da Lei 9.868/1999, a petição inicial da ação declaratória de constitucionalidade deverá indicar: o dispositivo da lei ou do ato normativo questionado e os fundamentos jurídicos do pedido; o pedido, com suas especificações; e a existência de controvérsia judicial relevante sobre a aplicação da disposição objeto da ação declaratória. Da mesma forma que se dá com a ação direta de inconstitucionalidade genérica, por se tratar de uma ação de natureza objetiva, em que não há interesses subjetivos em jogo, *não há pedido de citação de réus nesta ação*.

---

56. Código de Processo Civil, artigo 138: "O juiz ou o relator, considerando a relevância da matéria, a especificidade do tema objeto da demanda ou a repercussão social da controvérsia, poderá, por decisão irrecorrível, de ofício ou a requerimento das partes ou de quem pretenda manifestar-se, solicitar ou admitir a participação de pessoa natural ou jurídica, órgão ou entidade especializada, com representatividade adequada, no prazo de 15 (quinze) dias de sua intimação".

A petição inicial, acompanhada de instrumento de mandato (procuração), quando subscrita por advogado, será apresentada em 2 (duas) vias, devendo conter cópia da lei ou do ato normativo impugnado e dos documentos necessários para comprovar a impugnação (artigo 14, parágrafo único, da Lei 9.868/1999).

Particularmente no que se refere à assinatura da petição inicial por advogado, valem as mesmas ponderações formuladas quando do estudo da ação direta de inconstitucionalidade genérica (ADI): somente as petições iniciais elaboradas por partidos políticos com representação no Congresso Nacional e pelas confederações sindicais ou entidades de classe de âmbito nacional é que necessitam de patrocínio por advogado.

Os demais legitimados da ação direta de inconstitucionalidade genérica, constantes do artigo 103, da Carta Magna (presidente da República, Mesa do Senado Federal, Mesa da Câmara dos Deputados, Mesa de Assembleia Legislativa ou da Câmara Legislativa do Distrito Federal, governador de Estado ou do Distrito Federal, procurador-geral da República e Conselho Federal da Ordem dos Advogados do Brasil), podem propor referida ação, bem como praticar todos os demais atos que exigem capacidade postulatória, independentemente do patrocínio por advogado.

O artigo 15 da Lei 9.868/1999 determina que a petição inicial inepta, não fundamentada, bem como a que for manifestamente improcedente, seja liminarmente indeferida pelo ministro relator da ação declaratória de constitucionalidade. Nos termos do parágrafo único do dispositivo legal em comento, da decisão que indeferir a petição inicial caberá agravo interno[57].

Da mesma forma que se dá com a ação direta de inconstitucionalidade genérica, após a propositura da ação declaratória de constitucionalidade, não será mais possível sua desistência (artigo 16 da Lei 9.868/1999), nem qualquer espécie de intervenção de terceiros (artigo 18, do mesmo diploma legal).

O procurador-geral da República será sempre ouvido, mesmo naquelas ações que não propôs, tudo em consonância com o que determina o artigo 103, § 1º, da Constituição Federal de 1988, bem como o artigo 19 da Lei 9.868/1999, que confere àquele um prazo de 15 (quinze) dias para se manifestar. Referido prazo, a toda evidência, não poderá ser contado em dobro, como prevê o artigo 180, do Código de Processo Civil, por se tratar de prazo próprio[58].

Nessa espécie de ação, *o advogado-geral da União não precisa ser ouvido*, uma vez que, nos termos do artigo 103, § 5º, da Carta Magna, àquele somente foi conferida a função de curador da norma atacada, o que não ocorre na ação declaratória de constitucionalidade, que tem por objeto justamente obter uma declaração expressa, por parte do Pretório Excelso, de que a lei ou ato normativo está em consonância com a Lei Maior.

Da mesma forma que se dá com a ação direta de inconstitucionalidade genérica, *não poderá haver a propositura de nova ação declaratória de constitucionalidade sobre o tema, com novos fundamentos*. Com efeito, não estando a Corte Suprema adstrita aos fundamentos invocados na ação, podendo valer-se até mesmo de outros, não invocados pelo autor da ação, não há razão para o Supremo ser novamente provocado sobre o mesmo tema, cujo exame da matéria foi esgotado no julgamento do caso.

---

57. Código de Processo Civil, artigo 1.021: "Contra decisão proferida pelo relator caberá agravo interno para o respectivo órgão colegiado, observadas, quanto ao processamento, as regras do regimento interno do tribunal".
58. Código de Processo Civil, artigo 180, § 2º: "Não se aplica o benefício da contagem em dobro quando a lei estabelecer, de forma expressa, prazo próprio para o Ministério Público".

A decisão que declara a constitucionalidade da lei ou do ato normativo ação declaratória de constitucionalidade é irrecorrível, ressalvada a interposição de embargos declaratórios, não podendo, igualmente, ser objeto de ação rescisória (Lei 9.868/1999, artigo 26).

Também de forma semelhante ao que vimos ao estudar a ação direta de inconstitucionalidade genérica, é possível a utilização de reclamação, junto ao Supremo Tribunal Federal, para garantia do cumprimento das decisões da Corte Suprema, proferidas em sede de ação declaratória de constitucionalidade, tudo conforme previsto no Código de Processo Civil, a partir de seu artigo 988.

Ao despachar a reclamação, o ministro relator: (a) requisitará informações da autoridade a quem for imputada a prática do ato impugnado (que desrespeitou a decisão proferida pelo Pretório Excelso, em sede de controle concentrado de constitucionalidade), que as prestará no prazo de 10 (dez) dias; (b) se necessário, ordenará a suspensão do processo ou do ato impugnado para evitar dano irreparável; e (c) determinará a citação do beneficiário da decisão impugnada, que terá prazo de 15 (quinze) dias para apresentar a sua contestação.

Qualquer interessado poderá impugnar o pedido do reclamante. Na reclamação que não houver formulado, o Ministério Público terá vista do processo por 5 (cinco) dias, após o decurso do prazo para informações e para o oferecimento da contestação pelo beneficiário do ato impugnado. Julgando procedente a reclamação, o Supremo Tribunal Federal cassará a decisão exorbitante de seu julgado ou determinará medida adequada à solução da controvérsia.

Não podemos olvidar, por fim, que o Código de Processo Civil agora torna inequívoca a inadmissibilidade de propositura de reclamação após o trânsito em julgada da decisão que contrariou a decisão do Pretório Excelso, proferida em sede de controle concentrado de constitucionalidade (artigo 988, § 5º). Neste caso, deverá propor ação rescisória do julgado em que houve o desrespeito à decisão do Pretório Excelso.

5.45 AÇÃO DIRETA DE INCONSTITUCIONALIDADE POR OMISSÃO

A ação direta de inconstitucionalidade por omissão é uma novidade instituída pela Constituição de 1988, com franca inspiração no artigo 283º, da Constituição portuguesa vigente[59]. Como ressalta a generalidade dos doutrinadores, referida ação tem por escopo combater a chamada *síndrome de inefetividade das normas constitucionais*.

Referida ação está expressamente prevista no artigo 103, § 2º, da Constituição Federal, nos seguintes termos: "Declarada a inconstitucionalidade por omissão de medida para tornar efetiva norma constitucional, será dada ciência ao Poder competente para a adoção das providências necessárias e, em se tratando de órgão administrativo, para fazê-lo em trinta dias".

No Capítulo 3, vimos que algumas normas constitucionais não têm aplicabilidade imediata, dependendo da edição de normas infraconstitucionais, ou da atuação do poder público, para que possam produzir todos os efeitos nelas preconizados, e desejados pelo legislador constituinte. São as normas constitucionais a que a doutrina tradicional chama de *normas constitucionais não autoexecutáveis*, e que, no direito pátrio, são amplamente conhecidas como *normas constitucionais de eficácia limitada*, conforme lição de José Afonso da Silva.

---

59. Constituição portuguesa, artigo 283º: "1. A requerimento do Presidente da República, do Provedor de Justiça ou, com fundamento em violação de direitos das regiões autónomas, dos presidentes das Assembleias Legislativas das regiões autónomas, o Tribunal Constitucional aprecia e verifica o não cumprimento da Constituição por omissão das medidas legislativas necessárias para tornar exequíveis as normas constitucionais. 2. Quando o Tribunal Constitucional verificar a existência de inconstitucionalidade por omissão, dará disso conhecimento ao órgão legislativo competente.

A ação direta de inconstitucionalidade por omissão tem por objeto, portanto, *conceder plena eficácia às normas constitucionais que dependam de complementação legislativa ou de atuação do Estado*. Caberá referida ação, em outras palavras, quando houver omissão do poder público em relação às normas constitucionais de eficácia limitada (não autoexecutáveis), que dependam de edição de normas regulamentadoras (infraconstitucionais), ou de atuação do Estado, para garantia de sua aplicabilidade.

Por norma regulamentadora devemos entender não só as normas legais, como também as demais normas regulamentares (que regulamentam os diplomas infraconstitucionais, conferindo-lhes aplicabilidade), que deveriam ter sido editadas, mas não o foram, por órgãos e pessoas jurídicas pertencentes à União, aos Estados, ao Distrito Federal e aos Municípios, inclusive suas respectivas entidades da Administração indireta.

A sentença que reconhece a existência de omissão, *de natureza declaratória*, tem por único objetivo dar ciência ao Poder competente da existência daquela omissão, exortando-o a supri-la. Quer isso dizer que tanto o Poder Legislativo quanto o Poder Executivo não são obrigados a suprir referida omissão, através da imediata edição da norma regulamentadora ou de atuação estatal.

O Poder competente, portanto, mantém sua independência para decidir o momento conveniente e oportuno para sanar a omissão relativamente à edição da norma. Sobre o tema, sugerimos a leitura dos acórdãos das Ações Diretas de Inconstitucionalidade 529 e 2.061. Apenas quando se tratar de órgão administrativo, é que o Supremo Tribunal Federal poderá determinar que a omissão seja suprida no prazo de 30 (trinta) dias, sob pena de responsabilidade.

Para encerrarmos esta seção, vale esclarecer que as regras procedimentais desta ação constitucional estão agora expressamente consignadas no Capítulo II-A, da Lei 9.868/1999, acrescentado ao texto deste diploma legal graças à edição da Lei 12.063, de 27 de outubro de 2009, que teve por objeto justamente estabelecer a disciplina processual da ação direta de inconstitucionalidade por omissão.

Antes da edição da supramencionada Lei 12.063/2009, o Pretório Excelso aplicava à ação direta de inconstitucionalidade por omissão, tanto quanto possível, as regras procedimentais estabelecidas para a ação direta de inconstitucionalidade genérica. Agora, aquela ação constitucional passou a ter regras procedimentais próprias, em que são estabelecidos, por exemplo, os legitimados ativos para a propositura da ação e os requisitos da petição inicial.

Contudo, é importante ressaltar que, por força do que determina o novo artigo 12-E, da Lei 9.868/1999, as normas procedimentais da ação direta de inconstitucionalidade genérica devem ser aplicadas, no que couber, ao rito da ação direta de inconstitucionalidade por omissão. É o caso, por exemplo, da regra do artigo 6º, da Lei 9.868/1999, que, adaptada ao objeto da ação ora em estudo, exige que o ministro relator conceda prazo para informações aos órgãos ou às autoridades a que se imputa a omissão legislativa ou governamental.

AÇÃO DIRETA DE INCONSTITUCIONALIDADE POR OMISSÃO

– É uma novidade instituída pela Constituição de 1988, com franca inspiração no artigo 283, da Constituição portuguesa. Busca combater a chamada *síndrome de inefetividade das normas constitucionais*, tendo por objeto conceder plena eficácia às normas constitucionais que dependam de complementação legislativa ou de atuação do Estado.

– A sentença que reconhece a existência de omissão, de natureza declaratória, tem por único objetivo dar ciência ao Poder competente da existência daquela omissão, exortando-o a supri-la. Apenas quando se tratar de órgão administrativo, é que o Supremo Tribunal Federal poderá determinar que a omissão seja suprida no prazo de 30 (trinta) dias, sob pena de responsabilidade.

5.46 LEGITIMADOS PARA A AÇÃO DIRETA DE INCONSTITUCIONALIDADE POR OMISSÃO

Os legitimados para a ação direta de inconstitucionalidade por omissão são os mesmos da ação direta de inconstitucionalidade genérica e também da ação declaratória de constitucionalidade, conforme rol fixado pelo artigo 103, *caput*, da Constituição Federal e também relacionados no artigo 2º da Lei 9.868/1999. Essa realidade é agora também explicitada pelo novo artigo 12-A, da Lei 9.868/1999, o qual dispõe que "podem propor a ação direta de inconstitucionalidade por omissão os legitimados à propositura da ação direta de inconstitucionalidade e da ação declaratória de constitucionalidade".

São estes os legitimados: presidente da República; Mesa do Senado Federal; Mesa da Câmara dos Deputados; Mesas das Assembleias Legislativas dos Estados ou da Câmara Legislativa do Distrito Federal; governador do Estado ou do Distrito Federal; procurador-geral da República; Conselho Federal da Ordem dos Advogados do Brasil; partido político com representação no Congresso Nacional; e confederação sindical ou entidade de classe de âmbito nacional.

Em relação aos legitimados para a ação direta de inconstitucionalidade por omissão, valem as mesmas afirmações que formulamos, quando estudamos a ação direta de inconstitucionalidade genérica e a ação declaratória de constitucionalidade. Com efeito, alguns daqueles legitimados possuem a denominada *legitimidade ou legitimação universal* (com interesse de agir presumido), podendo propor ação direta de inconstitucionalidade por omissão sobre qualquer tema, já que detêm, entre suas atribuições, o dever de defesa da ordem constitucional.

São estes os legitimados universais: presidente da República, Mesas da Câmara dos Deputados e do Senado Federal, procurador-geral da República, Conselho Federal da Ordem dos Advogados do Brasil (OAB) e partidos políticos com representação no Congresso Nacional.

Outros, contudo, têm apenas a denominada *legitimidade ou legitimação especial*, necessitando demonstrar que o tema por eles deduzido em juízo guarda direta relação com os seus objetivos institucionais, a denominada *pertinência temática*, também conhecida por *representatividade adequada*. São eles: Mesas das Assembleias Legislativas dos Estados ou da Câmara Legislativa do Distrito Federal, governador de Estado ou do Distrito Federal e confederação sindical ou entidade de classe de âmbito nacional.

**LEGITIMADOS DA AÇÃO DIRETA
DE INCONSTITUCIONALIDADE POR OMISSÃO**

– **Legitimados universais**: presidente da República, Mesa da Câmara dos Deputados, Mesa do Senado Federal, procurador-geral da República, Conselho Federal da OAB e partidos políticos com representação no Congresso Nacional.

– **Legitimados especiais ou temáticos**: Mesa de Assembleia Legislativa ou da Câmara Legislativa do Distrito Federal, governador de Estado ou do Distrito Federal e confederação sindical ou entidade de classe de âmbito nacional.

5.47 O *AMICUS CURIAE* NA AÇÃO DIRETA DE INCONSTITUCIONALIDADE POR OMISSÃO

Quando estudamos a ação direta de inconstitucionalidade genérica, vimos que o *amicus curiae*, ou "amigo da corte", é um *auxiliar do Pretório Excelso*, um *colaborador informal* que pode fornecer aos Ministros daquele Tribunal os conhecimentos necessários para o adequado julgamento da causa, notadamente nos processos que envolvam matérias técnicas específicas ou de alta relevância política, social, econômica ou jurídica.

No caso da ação direta de inconstitucionalidade genérica, referida figura encontra-se explicitada no artigo 7º, § 2º, da Lei 9.868/1999, que prevê a possibilidade de o ministro relator admitir, por meio de despacho irrecorrível, a manifestação de terceiros, levando em conta a relevância da matéria e a representatividade do postulante, no mesmo prazo conferido ao órgão ou autoridade da qual emanou a lei ou ato normativo impugnado.

Graças à edição da Lei 12.063/2009, que acrescentou um novo Capítulo à Lei 9.868/1999 (Capítulo II-A), destinado especificamente, como vimos, a estabelecer a disciplina processual da ação direta de inconstitucionalidade por omissão, referida ação constitucional também passou a admitir, de maneira expressa, a figura do *amicus curiae* para auxiliar o Pretório Excelso no julgamento das ações diretas de inconstitucionalidade por omissão.

Com efeito, nos termos do novo artigo 12-E, § 1º, da Lei 9.868/1999, os demais titulares da ação direta de inconstitucionalidade por omissão poderão manifestar-se, por escrito, sobre o objeto da ação e pedir a juntada de documentos reputados úteis para o exame da matéria, no prazo para informações, além de apresentar memoriais, antes do julgamento.

Comparando a redação daquele artigo 12-E, § 1º, da Lei 9.868/1999, com a do artigo 7º, § 2º, da mesma lei (que trata do *amicus curiae* na ação direta de inconstitucionalidade genérica), podemos perceber que o novo dispositivo fala somente dos demais legitimados da ação, e não de "outros órgãos ou entidades", como faz o dispositivo legal que trata do amigo da corte na ação direta de inconstitucionalidade genérica.

Podemos perceber, ainda, que a participação dos demais legitimados da ação direta de inconstitucionalidade por omissão, conforme disposto no supramencionado artigo 12-E, § 1º, não está expressamente condicionada à admissão do ministro relator, como se dá com a ação direta de inconstitucionalidade genérica, conforme redação do artigo 7º, § 2º, da Lei 9.868/1999.

Contudo, mesmo não havendo exigência expressa, acreditamos que o ingresso dos demais legitimados estará condicionado à admissão do ministro relator, que deverá examinar não só a representatividade dos postulantes, como também o verdadeiro intuito destes de auxiliar o juízo, ao invés de tentar apenas defender interesses subjetivos próprios. Forçosa, neste caso, a aplicação conjunta dos artigos 7º, § 2º e 12-E, § 1º, como determina o artigo 12-E, *caput*, do mesmo diploma legal.[60]

Acreditamos, ademais, com fundamento na mesma interpretação mencionada no parágrafo anterior, que outros órgãos ou entidades (que não sejam os legitimados da ação) também poderão participar da ação direta de inconstitucionalidade por omissão, como *amicus curiae*, mesmo não havendo previsão expressa no supramencionado § 1º, do artigo 12-E, da Lei 9.868/1999, desde que o ministro relator se convença de que estão presentes a representatividade adequada e o efetivo interesse em auxiliar o juízo.

Acreditamos, por fim, que o despacho do ministro relator, que permitir ou recusar o ingresso de *amicus curiae*, na ação direta de inconstitucionalidade por omissão, é *irrecorrível*, não sendo possível, portanto, a interposição de agravo. Tal conclusão decorre da necessária aplicação do supramencionado artigo 7º, § 2º, da Lei 9.868/1999, por força do que determina o artigo 12-E, *caput*, do mesmo diploma legal.

---

60. Lei 9.868/1999, artigo 12-E: "Aplicam-se ao procedimento da ação direta de inconstitucionalidade por omissão, no que couber, as disposições constantes da Seção I do Capítulo II desta Lei".

5.48 CONCESSÃO DE MEDIDA CAUTELAR EM AÇÃO DIRETA DE INCONSTITUCIONALIDADE POR OMISSÃO

Conforme prevê o artigo 12-F, acrescentado ao texto da Lei 9.868/1999 pela Lei 12.063, de 27 de outubro de 2009, o Supremo Tribunal Federal poderá conceder medida cautelar, em sede de ação direta de inconstitucionalidade por omissão, desde que atendidas as exigências ali fixadas.

Com efeito, nos termos do dispositivo legal em comento, a medida cautelar será concedida apenas em casos de excepcional urgência, e quando a matéria for relevante. Ademais, referida decisão só poderá ser tomada pela *maioria absoluta dos membros do Tribunal* (no mínimo 6 Ministros), caso estejam presentes pelo menos 8 (oito) deles à seção, e após a oitiva dos órgãos ou autoridades responsáveis pela alegada omissão inconstitucional, que deverão se pronunciar no prazo de 5 (cinco) dias.

O § 1º, do artigo 12-F, por sua vez, esclarece que a medida cautelar poderá consistir na suspensão da aplicação da lei ou do ato normativo questionado, no caso de omissão parcial, bem como na suspensão de processos judiciais ou de procedimentos administrativos, ou ainda em outra providência a ser fixada pelo Supremo Tribunal Federal.

Nos termos do § 2º, do mesmo artigo, caso julgue indispensável, o ministro relator da ação direta de inconstitucionalidade poderá ouvir previamente o Chefe do Ministério Público da União, o procurador-geral da República, no prazo de 3 (três) dias. Não será o caso de oitiva, em sede de cautelar, do advogado-geral da União, conforme expressamente previsto no artigo 10, § 1º, da Lei 9.868/1999, por não haver previsão, no rito da ação ora em estudo, de aplicação subsidiária do procedimento cautelar fixado para ação direta de inconstitucionalidade genérica.

No julgamento do pedido da medida cautelar, será facultada sustentação oral aos representantes judiciais do requerente e das autoridades ou órgãos responsáveis pela alegada omissão inconstitucional, na forma estabelecida no Regimento do Supremo Tribunal Federal, tudo consoante expressa permissão do § 3º, do supramencionado artigo 12-F, da lei de regência.

Conforme dispõe o artigo 12-G, da Lei 9.868/1999, caso seja concedida a medida cautelar, o Pretório Excelso fará publicar, em seção especial do *Diário Oficial da União* e do *Diário da Justiça da União*, a parte dispositiva da decisão, no prazo de 10 (dez) dias, devendo solicitar as informações à autoridade ou ao órgão responsável pela omissão inconstitucional, observando-se, no que couber, o procedimento estabelecido na Seção I, do Capítulo II, da Lei 12.063/2009.

A referência expressa à aplicação da seção que trata da admissibilidade e do procedimento da ação direta de inconstitucionalidade por omissão esclarece que, a partir daí, devem ser seguidas, no que couber, as regras procedimentais desta ação, como, por exemplo, a que prevê a concessão de prazo para que os órgãos ou autoridades apontados como omissos apresentem informações, e as que conferem prazo para que o advogado-geral da União e o procurador-geral da República se manifestem, antes do julgamento da ação.

5.49 PRINCIPAIS REGRAS PROCEDIMENTAIS SOBRE A AÇÃO DIRETA DE INCONSTITUCIONALIDADE POR OMISSÃO

Como já mencionado, antes da edição da Lei 12.063/2009, eram aplicadas à ação direta de inconstitucionalidade por omissão, com adaptações, as regras procedimentais estabelecidas para a ação direta de inconstitucionalidade genérica. Atualmente, contudo, o Capítulo II-A da Lei 9.868/1999 contém um conjunto de regras próprias para a ação constitucional ora em estudo, explicitando, entretanto, em seu artigo 12-E, que as normas procedimentais da ação direta de inconstitucionalidade genérica serão aplicadas, no que couber.

Nos termos do novo artigo 12-B, da Lei 9.868/1999, a petição inicial da ação direta de inconstitucionalidade por omissão indicará: a omissão constitucional total ou parcial quanto ao cumprimento do dever constitucional de legislar ou quanto à adoção da providência de índole administrativa; e o pedido, com suas especificações.

Ademais, a peça inaugural, acompanhada de instrumento de mandato (procuração), quando subscrita por advogado, será apresentada em 2 (duas) vias, devendo conter cópias dos documentos necessários para comprovar a alegação de omissão. É o que determina expressamente o artigo 12-B, parágrafo único, da Lei 9.868/1999.

Cabe aqui a mesma afirmação que fizemos, quando estudamos a ação direta de inconstitucionalidade genérica e também a ação declaratória de constitucionalidade: por se tratar de uma ação de natureza objetiva, em que não há interesses subjetivos em jogo, *não há pedido de citação de réus na ação direta de inconstitucionalidade por omissão*.

Particularmente no que se refere à assinatura da petição inicial por advogado, somente as peças inaugurais formuladas por partidos políticos com representação no Congresso Nacional, bem como por confederações sindicais ou entidades de classe de âmbito nacional, é que necessitam de patrocínio por causídico.

Os demais legitimados da ação direta de inconstitucionalidade por omissão, constantes do artigo 103, da Carta Magna (presidente da República, Mesa do Senado Federal, Mesa da Câmara dos Deputados, Mesa de Assembleia Legislativa ou da Câmara Legislativa do Distrito Federal, governador de Estado ou do Distrito Federal, procurador-geral da República e Conselho Federal da Ordem dos Advogados do Brasil), podem propor referida ação, bem como praticar todos os demais atos que exigem capacidade postulatória, independentemente do patrocínio de advogado. Sobre esse tema, mais uma vez sugerimos a leitura da Ação Direta de Inconstitucionalidade 127-2/AL, relator ministro Celso de Mello, j. 20.11.1989, p. 04.12.1992.

O artigo 12-C, da Lei 9.868/1999, ao seu turno, dispõe que a petição inicial inepta, não fundamentada e também a que for manifestamente improcedente, será liminarmente indeferida pelo ministro relator da ação. Nos termos do parágrafo único do dispositivo legal em comento, da decisão que indeferir a petição inicial caberá agravo (agora determino *agravo interno*, pelo Código de Processo Civil)[61]. Vale aqui, naturalmente, a regra geral do Código de Processo Civil, de que o prazo deste recurso é de 15 (quinze) dias[62].

Da mesma forma que se dá com a ação direta de inconstitucionalidade genérica, após a propositura da ação direta de inconstitucionalidade por omissão, não será mais possível sua desistência. Tal proibição, que antes se dava pela aplicação do artigo 5º, da Lei 9.868/1999, dirigido especificamente à ação direta de inconstitucionalidade genérica, agora está expressamente consignada no artigo 12-D, do mesmo diploma legal.

Muito embora não seja possível a intervenção de terceiros, nos termos do artigo 7º, da Lei 9.868/1999 (que se aplica à ação em comento em razão do que determina o artigo 12-E, da mesma lei), os demais titulares da ação direta de inconstitucionalidade por omissão,

---

61. Código de Processo Civil, artigo 1.021: "Contra decisão proferida pelo relator caberá agravo interno para o respectivo órgão colegiado, observadas, quanto ao processamento, as regras do regimento interno do tribunal".
62. Código de Processo Civil, artigo 1.003, § 5º: "Excetuados os embargos de declaração, o prazo para interpor os recursos e para responder-lhes é de 15 (quinze) dias".

como vimos, poderão manifestar-se, por escrito, sobre o objeto da ação e pedir a juntada de documentos reputados úteis para o exame da matéria, além de apresentar memoriais, tudo conforme disposto no § 1º daquele mesmo artigo 12-E.

O procurador-geral da República também será ouvido nessa ação, mesmo que não a tenha proposto, em conformidade com o que determina o artigo 103, § 1º, da Carta Magna e também em cumprimento à regra agora expressa, no mesmo sentido, constante do artigo 12-E, § 2º, da Lei 9.868/1999, que confere ao Chefe do Ministério Público da União um prazo de 15 (quinze) dias, para se manifestar, após o decurso do prazo para informações[63].

Diferentemente do que determina o artigo 8º, da Lei 9.868/1999, que prevê, para o rito da ação direta de inconstitucionalidade genérica, a oitiva obrigatória do advogado-geral da União, o artigo 12-E, § 2º, da mesma lei, ao tratar especificamente da ação direta de inconstitucionalidade por omissão, não faz igual exigência, dispondo que o ministro relator *poderá* solicitar a manifestação daquele, no prazo de 15 (quinze) dias[64].

A inexistência da obrigatoriedade daquela oitiva é perfeitamente justificável. Com efeito, nos expressos termos do artigo 103, § 3º, da Carta Magna, o advogado-geral da União deve ser citado especificamente para *defender* o ato ou texto impugnado. E, no caso específico de ação fundamentada em omissão legislativa, inexiste lei ou ato normativo a ser defendido, não havendo motivo, portanto, para a atuação daquele, a não ser que se trate de omissão imputada ao Estado.

A atuação do Chefe da Advocacia-Geral da União, em nosso entender, somente se justifica na hipótese de ação fundamentada em alegada omissão, por parte de órgãos e pessoas jurídicas ligadas aos Três Poderes, em adotar providências de índole administrativa, para fiel cumprimento de lei ou ato normativo. Ele atuará, nesta hipótese, na defesa da Administração Pública, acusada de omissão injustificada.

Nos termos do artigo 12-H, da Lei 9.868/1999, deverão estar presentes, na sessão de julgamento da ação direta de inconstitucionalidade por omissão, ao menos 8 (oito) Ministros. Referido dispositivo legal também determina que, declarada a inconstitucionalidade por omissão, será dada ciência ao Poder competente para a adoção das providências necessárias.

No caso de a omissão ser imputável a órgão administrativo, as providências deverão ser adotadas no prazo de 30 (trinta) dias, ou em prazo razoável a ser estipulado excepcionalmente pelo Supremo Tribunal Federal, tendo em vista as circunstâncias específicas do caso e o interesse público envolvido. É o que dispõe o § 1º, do mesmo artigo 12-H, da lei de regência.

A decisão que declara a existência de omissão inconstitucional, proferida pelo Pretório Excelso, é irrecorrível (com exceção de embargos de declaração), não podendo, igualmente, ser objeto de ação rescisória. Aplica-se, à espécie, a regra do artigo 26, da Lei 9.868/1999, conforme permissivo legal constante do artigo 12-H, § 2º, do mesmo diploma legal.[65]

---

63. Não se aplica o benefício da contagem em dobro para o Ministério Público quando a lei estabelecer, de forma expressa, prazo próprio para a realização do ato (Código de Processo Civil, artigos 180, § 2).
64. Aquele prazo, a toda evidência, é singelo, não havendo em que se falar em prazo em dobro, tudo conforme dispõe o artigo 183, § 2º, do Código de Processo Civil: "Não se aplica o benefício da contagem em dobro quando a lei estabelecer, de forma expressa, prazo próprio para o ente público".
65. Lei 9.868/1999, artigo 12-H, § 2º: "Aplica-se à decisão da ação direta de inconstitucionalidade por omissão, no que couber, o disposto no Capítulo IV desta Lei".

5.50 ARGUIÇÃO DE DESCUMPRIMENTO DE PRECEITO FUNDAMENTAL (ADPF)

A arguição de descumprimento de preceito fundamental, inicialmente prevista no artigo 102, parágrafo único, da Constituição Federal de 1988, passou a figurar no § 1º do mesmo artigo, por força da edição da Emenda Constitucional 3/1993, mantendo, contudo, a sua redação original. Eis os termos da norma constitucional em comento: "a arguição de descumprimento de preceito fundamental decorrente desta Constituição será apreciada pelo Supremo Tribunal Federal, na forma da lei".

Conforme já se manifestou expressamente o Supremo Tribunal Federal, em mais de uma oportunidade, referido dispositivo constitucional é uma norma de eficácia limitada (ou norma constitucional não autoaplicável), ou seja, que dependia da edição de norma infraconstitucional, que fixasse a forma pela qual seria apreciada a arguição de descumprimento de preceito fundamental, para que o Pretório Excelso pudesse efetivamente utilizar este instrumento de controle de constitucionalidade.

A lei em questão já foi editada pelo Poder Legislativo. Trata-se da Lei 9.882, de 3 de dezembro de 1999, a qual, em seu artigo 1º, *caput*,[66] dispõe que a arguição de descumprimento de preceito fundamental será proposta perante o Supremo Tribunal Federal e terá por objeto evitar ou reparar lesão a preceito fundamental, resultante de ato do Estado.

O mesmo artigo 1º, em seu parágrafo único, inciso I, por sua vez, esclarece que também caberá arguição de descumprimento de preceito fundamental "quando for relevante o fundamento da controvérsia constitucional sobre lei ou ato normativo federal, estadual ou municipal, incluídos os anteriores à Constituição".

Vê-se, portanto, que a arguição de descumprimento de preceito fundamental, nos termos da lei que regulamentou o instituto, é cabível em 3 (três) hipóteses: (a) para evitar lesão a preceito fundamental por ato do poder público; (b) para reparar lesão a preceito fundamental resultante de ato do Estado; e (c) quando houver relevante controvérsia constitucional sobre lei ou ato normativo federal, estadual ou municipal, incluídos os anteriores à Constituição Federal.

Temos, na hipótese do *caput* do artigo 1º da lei, a denominada arguição de descumprimento de preceito fundamental *autônoma*, que poderá ser *preventiva* ou *repressiva*, conforme se destine, respectivamente, a *evitar* ou *reparar* lesão a preceito fundamental, resultante de ato do Estado. Na segunda hipótese, temos a denominada arguição de descumprimento de preceito fundamental *por equiparação*, também denominada *incidental*.

A despeito de a Carta Magna ter-se utilizado da expressão *arguição*, para se referir ao instituto ora em estudo, trata-se a arguição de descumprimento de preceito fundamental, inequivocamente, de uma *ação constitucional* [67] integrante do sistema brasileiro de *controle concentrado de constitucionalidade*, do qual também fazem parte a ação direta de inconstitucionalidade genérica, a ação declaratória de constitucionalidade, a ação direta de inconstitucionalidade por omissão e a ação direta de inconstitucionalidade interventiva.

---

66. "Art. 1º A arguição prevista no § 1º do art. 102 da Constituição Federal será proposta perante o Supremo Tribunal Federal, e terá por objeto evitar ou reparar lesão a preceito fundamental, resultante de ato do poder público".
67. Nesses termos, por exemplo, é a lição de Roberto Mendes Mandelli Junior: "Já no art. 102, § 1º, da mesma Constituição, o vocábulo polissêmico arguição foi utilizado como verdadeira ação, ou seja, meio, instrumento colocado à disposição para o exercício do controle concentrado de constitucionalidade, para denunciar uma violação a um preceito fundamental da Constituição". *Arguição de descumprimento de preceito fundamental*. Revista dos Tribunais, 2003, p. 102.

Como nos ensina Paulo Hamilton Siqueira Júnior,[68] a arguição de descumprimento de preceito fundamental tem por finalidade "a defesa da integridade e preservação da Constituição, no que se refere aos preceitos fundamentais, evitando ou reparando lesões a princípios, direitos e garantias fundamentais previstos e consagrados no texto constitucional".

Referida ação constitucional, portanto, não se destina à proteção de toda e qualquer norma constitucional, mas apenas daquelas que podem ser consideradas como *preceitos fundamentais*. O estudo do que vem a ser um preceito fundamental – ou seja, o parâmetro de controle, para fins de utilização da arguição de descumprimento de preceito fundamental – nós o faremos na próxima seção.

AÇÃO DE DESCUMPRIMENTO DE PRECEITO FUNDAMENTAL (ADPF)

– A arguição de descumprimento de preceito fundamental, nos termos da Lei 9.882/1999, é cabível em 3 (três) hipóteses: (a) para evitar lesão a preceito fundamental por ato do poder público; (b) para reparar lesão a preceito fundamental resultante de ato do Estado; e (c) quando houver relevante controvérsia constitucional sobre lei ou ato normativo federal, estadual ou municipal, incluídos os anteriores à Constituição.

– Temos, na hipótese do *caput* do artigo 1º da lei, a denominada arguição de descumprimento de preceito fundamental autônoma, que poderá ser preventiva ou repressiva, conforme se destine, respectivamente, a evitar ou reparar lesão a preceito fundamental, resultante de ato do poder público. Na segunda hipótese, temos a denominada arguição de descumprimento de preceito fundamental por equiparação, também denominada incidental.

– Trata-se a arguição de descumprimento de preceito fundamental de uma ação constitucional integrante do sistema brasileiro de controle concentrado de constitucionalidade. Não se destina, contudo, à proteção de toda e qualquer norma constitucional, mas apenas daquelas que podem ser consideradas como preceitos fundamentais.

5.51 PARÂMETRO DE CONTROLE DA ARGUIÇÃO DE DESCUMPRIMENTO DE PRECEITO FUNDAMENTAL

Parâmetro de controle ou paradigma constitucional refere-se, como já vimos anteriormente, à norma ou ao conjunto de normas constitucionais que são utilizados como referência para a análise da adequação de algum diploma normativo, ou ato do poder público, aos preceitos constitucionais. Refere-se, em síntese, à norma da constituição que se diz que foi violada. No caso específico da arguição de descumprimento de preceito fundamental, o próprio nome da ação constitucional já nos revela, o parâmetro de controle é algum *preceito fundamental* alegadamente não observado, descumprido.

Contudo, como é fácil verificarmos, tanto a Constituição Federal, como a citada Lei 9.882/1999, que dispõe sobre o processo e o julgamento da ação em análise, não definiram o que vem a ser, afinal de contas, preceito fundamental. Referida tarefa, portanto, foi transferida à doutrina, e, sobretudo, ao próprio Supremo Tribunal Federal, no julgamento dos casos que lhe forem submetidos a julgamento.

Ocorre que, no julgamento das arguições de descumprimento de preceito fundamental já propostas, o Pretório Excelso jamais se preocupou em fornecer uma definição de preceito fundamental. Limitou-se a analisar, *caso a caso, se havia ou não ofensa a um preceito constitucional daquela natureza*. Esse, ao que parece, será o comportamento do Supremo Tribunal Federal, relativamente a todos os processos dessa natureza que tiver de julgar.

---

68. *Direito processual constitucional*. Saraiva, 2006, p. 262.

Até o presente momento, são os doutrinadores, estes sim, que vêm procurando definir o sentido e alcance do que se pode entender por preceito fundamental da Constituição. Uadi Lammêgo Bulos,[69] por exemplo, ensina que se qualificam de *fundamentais* "os grandes preceitos que informam o sistema constitucional, que estabelecem comandos basilares e imprescindíveis à defesa dos pilares da manifestação constituinte originária". Ricardo Cunha Chimenti, Fernando Capez, Márcio F. Elias Rosa e Marisa F. Santos,[70] ao seu turno, afirmam que devem ser entendidos por preceito fundamental

"os princípios constitucionais (inclusive os princípios constitucionais sensíveis arrolados no inciso VII do art. 34 da CF), os objetivos, direitos e garantias fundamentais previstos nos arts. 1º e 5º da CF, as cláusulas pétreas, os princípios da Administração Pública e outras disposições constitucionais que se mostrem fundamentais para a preservação dos valores mais relevantes protegidos pela Constituição Federal".

Leo van Holthe,[71] com fundamento nas decisões já produzidas pelo Supremo Tribunal Federal, considera como preceitos fundamentais da Constituição de 1988: "os direitos e garantias fundamentais, as cláusulas pétreas, os princípios constitucionais sensíveis, os princípios fundamentais do Estado brasileiro, além das normas fundamentais de organização e estruturação do Estado e da sociedade (federalismo, separação de poderes, princípios norteadores do Estado e da ordem econômica e social etc.)".

Da análise das definições trazidas supra, podemos concluir, sem grande dificuldade, que preceitos fundamentais são *normas constitucionais*, as quais, consoante moderna doutrina (vide Capítulo 3), constituem gênero do qual são espécies os princípios e as regras.[72] Contudo, no caso específico da arguição de descumprimento de preceito fundamental, não é qualquer norma constitucional que pode ser utilizada como paradigma de controle, mas apenas aquelas que podem ser tidas como *fundamentais*.

E quais são as normas que podem ser consideradas fundamentais? Em nossa opinião, são os princípios e regras da Constituição Federal que tratam da *organização fundamental do Estado e dos direitos e garantias fundamentais*. Conforme já estudamos anteriormente, referidas normas são aquelas que podem ser denominadas de *normas materialmente constitucionais*, que disciplinam temas essencialmente constitucionais.

Assim sendo, podemos definir como *preceitos fundamentais* os princípios e regras da Constituição indispensáveis à caracterização e existência do Estado, notadamente os relativos aos seus princípios fundamentais, à sua estrutura, forma de Estado e de governo, regime político, modo de aquisição e exercício do poder, estabelecimento de seus órgãos e fixação de suas competências, cláusulas pétreas, além dos direitos e garantias fundamentais.

Compartilham do nosso entendimento, por exemplo, Luiz Alberto David Araujo e Vidal Serrano Júnior,[73] que definem os preceitos fundamentais como aqueles preceitos considerados "indispensáveis à configuração de uma Constituição enquanto tal, ou seja, as normais materialmente constitucionais". Enumera-os, em seguida: (a) as que identificam a forma e estrutura do Estado; o sistema de governo; a divisão e funcionamento dos poderes; os princípios fundamentais; os direitos fundamentais; a ordem econômica; e a ordem social.

---

69. *Curso de direito constitucional*. 5. ed. Saraiva, 2010, p. 324.
70. *Curso de direito constitucional*. 7. ed. Saraiva, 2010, p. 453.
71. *Direito constitucional*. 6. ed. JusPodivm, 2010, p. 202.
72. Esse entendimento é explicitado, por exemplo, por Paulo Hamilton Siqueira Júnior: "O vocábulo *preceito* pode ser tomado como sinônimo de norma, visto que se verificam duas espécies de normas: regras e princípios". *Op. cit.*, p. 260.
73. *Curso de direito constitucional*. 14. ed. Saraiva, 2010, p. 77.

Como se vê, o parâmetro de controle da arguição de descumprimento de preceito fundamental é menos amplo que o da ação direta de inconstitucionalidade genérica e também da ação declaratória de constitucionalidade. Com efeito, enquanto nestas ações podem ser utilizadas como paradigma quaisquer normas constitucionais alegadamente violadas, na arguição de descumprimento de preceito fundamental só pode ser analisado eventual descumprimento de normas especiais, denominadas preceitos fundamentais.

É mais amplo, porém, que o parâmetro de controle (ou paradigma constitucional) da ação direta de inconstitucionalidade por omissão, bem como da ação direta de inconstitucionalidade interventiva, uma vez que essas ações têm por paradigma de controle, respectivamente, apenas as normas constitucionais não autoaplicáveis (normas constitucionais de eficácia limitada) e os princípios constitucionais sensíveis.

Feita essa breve análise sobre o parâmetro ou paradigma de controle da arguição de descumprimento de preceito fundamental, cabe-nos analisar, na próxima seção, qual o objeto dessa ação constitucional. Estudaremos, em outras palavras, quais as espécies de normas ou atos do Estado que podem, em tese, descumprir um preceito fundamental, estando sujeitas, portanto, a essa espécie de controle concentrado de constitucionalidade.

PARÂMETRO DE CONTROLE DA ADPF

– Parâmetro de controle refere-se à norma da constituição que se diz que foi violada. No caso específico da Arguição de Descumprimento de Preceito Fundamental, o parâmetro de controle é algum preceito fundamental alegadamente não observado, descumprido. Contudo, tanto a Constituição Federal, como a Lei 9.882/1999, não definiram o que vem a ser preceito fundamental. Referida tarefa foi transferida à doutrina, e, sobretudo, ao próprio Supremo Tribunal Federal, no julgamento dos casos que lhe forem submetidos a julgamento.

– Preceitos fundamentais são os princípios e regras da Constituição que tratam da organização fundamental do Estado, e que podem ser denominadas de normas materialmente constitucionais, que disciplinam temas essencialmente constitucionais.

– Podem ser definidos, portanto, como os princípios e regras da Constituição Federal indispensáveis à caracterização e existência do Estado, notadamente as relativas aos seus princípios fundamentais, à sua estrutura, forma de Estado e de governo, regime político, modo de aquisição e exercício do poder, estabelecimento de seus órgãos e fixação de suas competências, cláusulas pétreas, além dos direitos e garantias fundamentais.

5.52 OBJETO DA ARGUIÇÃO DE DESCUMPRIMENTO DE PRECEITO FUNDAMENTAL

Como já vimos anteriormente, a arguição de descumprimento de preceito fundamental autônoma, proposta perante o Supremo Tribunal Federal, é cabível, nos termos do artigo 1º, *caput*, da Lei 9.882/1999, para evitar ou reparar lesão a preceito fundamental da Constituição Federal, resultante de *ato do poder público*.

Um dos objetos dessa ação constitucional, portanto, é o combate aos atos do Estado, quando potencialmente lesivos aos preceitos fundamentais da Carta Magna. Mas o que devemos entender por atos daquela natureza? Serão apenas as leis e atos normativos, como se dá com a generalidade das ações de controle de constitucionalidade? Ou também abrangerá outras espécies de comportamentos estatais?

No caso específico da arguição de descumprimento fundamental, a segunda hipótese é a correta. Com efeito, referida ação tem por escopo combater não só as diversas espécies normativas, *como também todos os demais atos praticados pelo poder público*, ou por quem lhe faça as vezes, no exercício de prerrogativas públicas, que tenham a potencialidade de violar preceitos fundamentais da Lei Maior.

Portanto, podem ser considerados atos do Estado, para fins de cabimento da arguição de descumprimento de preceito fundamental autônoma, *todos os atos da Administração Pública em que esta se valha de seu poder de império*, atuando sob o pretexto de observância do princípio da supremacia do interesse público sobre o privado. Estão nessa categoria, por exemplo, os atos administrativos, as licitações públicas e os contratos administrativos, bem como as decisões proferidas pelos diversos tribunais de contas.

Também podem ser considerados atos do poder público, e, portanto, suscetíveis de controle por meio de arguição de descumprimento de preceito fundamental, *os atos de terceiros que agem por delegação do Estado* (pessoas que atuam em nome do Estado), como se dá, por exemplo, com os diversos delegatários (concessionários e permissionários) de serviços públicos e também diretores de instituições de ensino.

Igualmente são considerados atos do poder público, viabilizando a propositura da ação constitucional ora em estudo, *as decisões judiciais que não observarem preceitos fundamentais da Constituição Federal, quando não houver outro meio processual adequado para combatê-las*. Nesse sentido, por exemplo, é a lição de Uadi Lammêgo Bulos,[74] *in verbis*:

> "O mesmo se diga quanto à lesão de preceito decorrente de mera interpretação judicial ou sentença proferida com base em preceito revogado. Nesses casos excepcionalíssimos, nos quais os mecanismos processuais clássicos não funcionam, torna-se viável a ADPF, porquanto todos eles caracterizam-se como atos do Poder Público, nos termos da Lei 9.882/99 (art. 1º)".

Também será cabível a arguição de descumprimento de preceito fundamental quando estivermos diante dos denominados *atos normativos secundários* (como já vimos, atos não dotados do atributo da autonomia, já que editados para dar perfeito cumprimento a outra norma infraconstitucional). Por não ser possível a propositura de ação direta de inconstitucionalidade nessa hipótese, o Supremo Tribunal Federal tem considerado subsidiariamente cabível a arguição de descumprimento de preceito fundamental. Vide Arguição de Descumprimento de Preceito Fundamental 41-6, Relator Ministro Gilmar Ferreira Mendes, decisão de 24.4.2003.

Conforme estudamos, a Lei 9.882/1999 também instituiu, em seu artigo 1º, parágrafo único, inciso I, a denominada arguição de descumprimento de preceito fundamental *por equiparação*, ou arguição *incidental*, a qual será cabível "quando for relevante o fundamento da controvérsia constitucional sobre lei ou ato normativo federal, estadual ou municipal, incluídos os anteriores à Constituição". Dessa forma, essa ação constitucional terá por objeto não só o combate a atos normativos federais e estaduais, como também a leis e atos normativos municipais, além das normas (de todos os entes federativos) anteriores à Constituição vigente.

Trata-se, como se pode perceber, de uma exceção à regra já explicitada anteriormente, no sentido de que não cabe o controle concentrado de constitucionalidade, em face da Constituição Federal, de leis e atos normativos municipais (que, como regra geral, só podem submeter-se a controle difuso de constitucionalidade) e também de normas infraconstitucionais anteriores à promulgação da Constituição (as quais, como regra, são recepcionadas ou revogadas pela nova Carta Magna).

Aliás, como veremos um pouco mais abaixo, essa particularidade da arguição de descumprimento de preceito fundamental por equiparação, que ampliou as hipóteses de cabimento do controle concentrado de constitucionalidade, não por expressa vontade da

---

74. *Op. cit.*, p. 320.

Constituição Federal, mas sim da lei infraconstitucional que a regulamentou, gerou (e ainda gera) calorosa discussão acerca da constitucionalidade do artigo 1º, parágrafo único, inciso I, da Lei 9.882/1999.

Por outro lado, não podem ser objeto de arguição de descumprimento de preceito fundamental os chamados *negócios jurídicos*, ou seja, as declarações unilaterais e bilaterais de vontade, emitidas por particulares, com o fim de criar, manter, alterar ou extinguir direitos de ordem patrimonial, uma vez que não se trata, a toda evidência, de atos do Estado em que está presente a supremacia do interesse público sobre o privado. Nesse sentido, vide a Ação Direta de Inconstitucionalidade 2.231-MC/DF, relator ministro Néri da Silveira, decisão de 5.12.2001 (Informativo STF 253, de 3 a 7 de dezembro de 2001).

Também não podem ser objeto de arguição de descumprimento de preceito fundamental os *atos políticos*. Com efeito, como nos lembra Uadi Lammêgo Bulos,[75] "não é toda e qualquer conduta pública, contrária a preceitos fundamentais, que enseja o uso da arguição", citando, como exemplo de ato que não comporta a propositura dessa ação constitucional, por se tratar de ato daquela natureza, o veto político a projeto de lei aprovado pelo Poder Legislativo, mesmo que imotivado.

OBJETO DA ADPF

> – Referida ação tem por escopo combater não só as diversas espécies normativas, como também todos os demais *atos praticados pelo poder público*, ou por quem lhe faça as vezes, que tenham a potencialidade de violar preceitos fundamentais da Lei Maior.
>
> – Podem ser considerados atos do Estado, para fins de cabimento dessa ação, todos *os atos da Administração Pública* em que esta se valha de seu poder de império, atuando com fundamento no princípio da supremacia do interesse público sobre o privado.
>
> – Também podem ser considerados atos do poder público todos os *atos de terceiros que agem por delegação do Estado* (pessoas que atuam em nome do Estado), como se dá, por exemplo, com os diversos concessionários de serviços públicos, bem como diretores de instituições de ensino.
>
> – Igualmente são considerados atos do poder público as decisões judiciais que não observem preceitos fundamentais da Constituição Federal, quando não houver outro meio processual adequado para combatê-las.
>
> – A ADPF por equiparação terá por objeto não só o combate a atos normativos federais e estaduais, como *também as leis e atos normativos municipais, além das normas* (*de todos os entes federativos*) *anteriores à Constituição vigente*, quando houver controvérsia constitucional relevante.
>
> – Por outro lado, não podem ser objeto de arguição de descumprimento de preceito fundamental os chamados *negócios jurídicos*, uma vez que não se trata de atos do Estado, em que está presente a supremacia do interesse público sobre o privado, bem como os *atos políticos*.

5.53 LEGITIMADOS ATIVOS PARA A ARGUIÇÃO DE DESCUMPRIMENTO DE PRECEITO FUNDAMENTAL

Nos termos do artigo 2º, inciso I, da Lei 9.882/1999, podem se valer da arguição de descumprimento de preceito fundamental todos os legitimados para propor a ação direta de inconstitucionalidade genérica. Logo, têm legitimidade ativa *ad causam* para propor a ação constitucional ora em estudo os mesmos legitimados fixados pelo artigo 103, *caput*, da Constituição Federal.

São eles: presidente da República; Mesa do Senado Federal; Mesa da Câmara dos Deputados; Mesas das Assembleias Legislativas dos Estados ou da Câmara Legislativa do Dis-

---

75. *Op. cit.*, p. 321.

trito Federal; governador de Estado ou do Distrito Federal; procurador-geral da República; Conselho Federal da Ordem dos Advogados do Brasil; partido político com representação no Congresso Nacional; e confederação sindical ou entidade de classe de âmbito nacional.

Evidentemente, em relação aos legitimados ativos *ad causam* da arguição de descumprimento de preceito fundamental, valem as mesmas ponderações que formulamos, quando estudamos a ação direta de inconstitucionalidade genérica, no tocante às diferentes espécies de legitimidade.

Com efeito, também aqui, alguns daqueles legitimados possuem a denominada *legitimidade ou legitimação universal* (com interesse de agir presumido), podendo propor a ação em comento para combater o descumprimento de qualquer preceito fundamental, já que detêm, entre suas atribuições, o dever de defesa da ordem constitucional. São eles: presidente da República, Mesas da Câmara e do Senado, procurador-geral da República, Conselho Federal da Ordem dos Advogados do Brasil (OAB) e partidos políticos com representação no Congresso Nacional.

Outros legitimados, contudo, têm apenas a denominada *legitimidade ou legitimação especial*, necessitando demonstrar que o preceito fundamental descumprido ou ameaçado de descumprimento guarda direta relação com os seus objetivos institucionais. Devem, portanto, demonstrar a denominada *pertinência temática*. São eles: Mesas das Assembleias Legislativas dos Estados ou da Câmara Legislativa do Distrito Federal, governador de Estado ou do Distrito Federal e confederação sindical ou entidade de classe de âmbito nacional.

Vale ressaltar, ademais, que o mesmo artigo 2º da Lei 9.882/1999, só que em seu inciso II, conferia legitimidade para a propositura da arguição de descumprimento de preceito fundamental, perante o Supremo Tribunal Federal, *a qualquer pessoa lesada*. Referido dispositivo legal, contudo, foi vetado pelo presidente da República, por considerá-lo incompatível com um mecanismo de controle de constitucionalidade concentrado, como é o caso da ação constitucional ora em estudo.

Muitos autores argumentam que, com o veto à possibilidade de propositura da arguição de descumprimento de preceito fundamental por qualquer pessoa lesada, tornou-se completamente esvaziado o instituto da arguição de descumprimento de preceito fundamental por equiparação ou incidental, já que retira das partes, quando não se tratar de um daqueles legitimados elencados no inciso I do mesmo artigo, a possibilidade de levarem diretamente ao Supremo Tribunal Federal a solução de uma controvérsia constitucional relevante. É o que leciona, por exemplo, Leo van Holthe:[76]

"Com o veto presidencial, o Pretório Excelso tem entendido de forma reiterada que apenas os legitimados do art. 103 da CF/88 podem propor a ADPF (tanto a autônoma, quanto a incidental). Considerando-se que a ADPF autônoma não exige a comprovação da 'relevância' da controvérsia constitucional suscitada, concluiu-se que os legitimados do art. 103 certamente preferirão ingressar com esta modalidade de ADPF, restando à modalidade incidental o papel quase que de 'figura decorativa'".

Contudo, é imperioso ressaltar que, a despeito de aquele inciso II ter sido vetado, o § 1º do mesmo artigo 2º da Lei 9.882/1999 autoriza que qualquer interessado (logo, qualquer lesado) solicite, mediante representação dirigida especificamente ao procurador-geral da República, a propositura da arguição de descumprimento de preceito fundamental. Caso este último decida-se pelo acolhimento da representação, proporá referida ação constitucional.

---

76. *Op. cit.*, p. 202.

LEGITIMADOS PARA A ADPF

– Podem se valer da Arguição de Descumprimento de Preceito Fundamental (ADPF) todos os legitimados da ação direta de inconstitucionalidade genérica. Logo, têm legitimidade ativa *ad causam* para propor essa ação constitucional os mesmos legitimados fixados pelo artigo 103, *caput*, da Constituição Federal.

– São eles: presidência da República; Mesa do Senado Federal; Mesa da Câmara dos Deputados; Mesa de Assembleia Legislativa ou da Câmara Legislativa do Distrito Federal; governador de Estado ou do Distrito Federal; procurador-geral da República; Conselho Federal da Ordem dos Advogados do Brasil; partido político com representação no Congresso Nacional; e confederação sindical ou entidade de classe de âmbito nacional.

– O artigo 2º, inciso II, da Lei 9.882/1999, também conferia legitimidade para a propositura da arguição de descumprimento de preceito fundamental a *qualquer pessoa lesada*. Referido dispositivo legal, contudo, foi vetado pelo presidente da República. Entretanto, a despeito do veto àquele dispositivo legal, o § 1º do mesmo artigo 2º da Lei 9.882/1999 autoriza que qualquer interessado solicite a propositura de ADPF, *mediante representação dirigida ao procurador-geral da República*.

5.54 A POTENCIAL INCONSTITUCIONALIDADE DA ARGUIÇÃO DE DESCUMPRIMENTO DE PRECEITO FUNDAMENTAL POR EQUIPARAÇÃO

Como vimos nas notas introdutórias acerca da arguição de descumprimento de preceito fundamental, a Lei 9.882/1999 instituiu, em seu artigo 1º, parágrafo único, inciso I, a arguição de descumprimento de preceito fundamental incidental ou por equiparação, prevendo a possibilidade de sua propositura quando houver "controvérsia constitucional relevante sobre lei ou ato federal, estadual ou municipal, mesmo que anteriores à Constituição".

Trata-se aqui de hipótese de ampliação, por meio de lei infraconstitucional, da competência do Supremo Tribunal Federal, fato que, em nosso entender, importa em manifesta inconstitucionalidade dessa hipótese, ao menos até que sobrevenha alteração do texto constitucional, que confira ao Pretório Excelso competência para julgar a inconstitucionalidade de leis ou atos normativos municipais ou anteriores à Constituição Federal.

Com efeito, a Carta Magna, em seu artigo 102, § 1º, apenas previu que a arguição de descumprimento de preceito fundamental da Constituição seria apreciada pelo Supremo Tribunal Federal, na forma da lei. O dispositivo constitucional, portanto, apenas previu que a lei fixaria *a forma* pela qual seria apreciada a arguição de descumprimento de preceito fundamental, não permitindo, de maneira alguma, que o diploma infraconstitucional ampliasse as competências do Pretório Excelso.

E, conforme expressamente determinado pelo artigo 102, inciso I, alínea *a*, da Carta de 1988, o Supremo Tribunal Federal somente tem competência originária para julgar ações diretas de inconstitucionalidade de lei ou ato normativo federal ou estadual e a ação declaratória de constitucionalidade de lei ou ato normativo federal, não havendo qualquer permissão para que o Pretório julgue também a inconstitucionalidade de leis ou atos normativos municipais ou anteriores à Constituição vigente.

Assim, devemos insistir, ao menos até que seja promulgada uma emenda à Constituição que amplie a competência do Supremo Tribunal Federal, conferindo ao Pretório Excelso a competência para julgar, em sede de controle concentrado, também a inconstitucionalidade de leis ou atos normativos municipais ou anteriores à Constituição Federal, o supramencionado artigo 1º, parágrafo único, inciso I, da Lei 9.882/1999, é de duvidosa constitucionalidade. Nesses termos, por exemplo, também é a lição de Pedro Lenza:[77]

---

77. *Direito constitucional esquematizado*. 14. ed. Saraiva, 2010, p. 303.

> *"Portanto, ao que se percebe, a lei utilizou-se de manobra para levar ao STF matéria que o Constituinte Originário não estabeleceu. Entendemos, então, que deveria haver alteração, por emenda, ao art. 102, I, a, da CF, para se permitir a chamada arguição por equiparação. Não se discute a sua utilidade, mas entendemos que deveria haver uma correção do texto, sob pena de o legislador infraconstitucional estar atribuindo competência ao STF, não prevista na CF/88".*

Na mesma toada, Alexandre de Moraes[78] é categórico em afirmar que a hipótese que instituiu a chamada arguição de descumprimento de preceito fundamental por equiparação distanciou-se da vontade da Constituição Federal. O renomado constitucionalista justifica sua afirmação ponderando que o texto constitucional é muito claro quando autoriza à lei o estabelecimento exclusivamente da forma pela qual o descumprimento de preceito fundamental poderá ser arguido perante o Supremo Tribunal Federal, asseverando não haver qualquer autorização constitucional para uma ampliação das competências do Pretório Excelso.[79]

É importante ressaltar, contudo, que diversos outros doutrinadores pátrios não pensam da mesma maneira, relativamente à questão ora em estudo. É o caso, por exemplo, de Ricardo Cunha Chimenti, Fernando Capez, Márcio F. Elias Rosa e Marisa F. Santos,[80] que assim lecionam:

> *"Em nosso entendimento, ao regulamentar que a ADPF pode ter por finalidade dirimir relevante controvérsia constitucional sobre lei ou ato normativo federal, estadual ou municipal, incluídos os anteriores à Constituição vigente à época de sua propositura, o inciso I do parágrafo único do art. 1º da Lei 9.882/1999 apenas explicita hipótese de proteção ao preceito fundamental da segurança previsto no caput do art. 5º da CF, disposição genérica que inclui a segurança das relações jurídicas. Com absoluto respeito às posições em sentido contrário, não vemos no dispositivo qualquer ampliação da competência do C. STF por lei ordinária".*

No mesmo sentido, Leo van Holthe[81] considera não haver qualquer inconstitucionalidade na instituição da arguição de descumprimento de preceito fundamental incidental ou por equiparação, ponderando que a "ampliação da competência do STF em sede de controle abstrato de constitucionalidade, promovida pela Lei 9.882/99, deveu-se à redação do art. 102, § 1º, da CF, de 1988 que previu de maneira ampla a Arguição de Descumprimento de Preceito Fundamental, delegando a tarefa de delimitar a sua abrangência à legislação ordinária".

Para encerrarmos a seção, consideramos importantíssimo ressaltar que, a despeito de considerarmos o supramencionado artigo 1º, parágrafo único, inciso I, da Lei 9.882/1999, potencialmente inconstitucional, não podemos deixar de lembrar ao leitor que o próprio Supremo Tribunal Federal, considerado o "Guardião da Constituição", já se manifestou expressamente pela possibilidade de julgamento de leis anteriores à promulgação da Carta Magna de 1988, ao julgar a Arguição de Descumprimento de Preceito Fundamental 54 e também pela possibilidade de julgamento de leis já revogadas, ao julgar a ADPF 84.

5.55 CARÁTER SUBSIDIÁRIO DA AÇÃO DE DESCUMPRIMENTO DE PRECEITO FUNDAMENTAL

Nos termos do artigo 4º, § 1º, da Lei 9.882/1999, "não se admitirá arguição de descumprimento de preceito fundamental quando houver outro meio eficaz de sanar a lesividade".

---

78. *Direito constitucional*. 26. ed. Atlas, p. 793.
79. Aliás, a inconstitucionalidade do artigo 1º, parágrafo único, inciso I, da Lei 9.882/1999, também foi invocada na Ação Direta de Inconstitucionalidade (ADI) 2.231/DF, que tem por objeto o texto integral daquela lei, proposta pelo Conselho Federal da Ordem dos Advogados do Brasil, relatada pelo ministro Néri da Silveira, porém ainda não julgada em definitivo pelo Pretório Excelso.
80. *Op. cit.*, p. 454.
81. *Op. cit.*, p. 201.

A norma em questão nos revela, de maneira inequívoca, o caráter *subsidiário* dessa ação constitucional, que somente será cabível, nos expressos termos da norma, quando não houver outro meio eficaz de sanar a potencial ou a efetiva lesão ao preceito fundamental.

E o que devemos entender por outro meio eficaz de sanar a lesividade? Particularmente no que se refere a esse tema, podemos notar alguma divergência na doutrina. Com efeito, para alguns doutrinadores, não será cabível a arguição de descumprimento de preceito fundamental quando houver *qualquer outro meio jurídico idôneo* para evitar ou reparar a lesão ao preceito fundamental. É o caso, por exemplo, de Uadi Lammêgo Bulos,[82] que assim afirma:

> "Resultado: a ADPF não substitui o agravo regimental, a reclamação, os recursos ordinários e extraordinários, o habeas corpus, o mandado de segurança individual e coletivo, o mandado de injunção, a ação popular e a ação civil pública. Também não pode ser ajuizada no lugar da ação direta de inconstitucionalidade por ação ou omissão, da ação interventiva ou da ação declaratória de constitucionalidade".

Na mesma toada é a lição de Alexandre de Moraes,[83] que afirma, em sua conhecida obra, que a arguição de descumprimento de preceito fundamental "não substitui as demais previsões constitucionais que tenham semelhante finalidade, tais como o *habeas corpus*, *habeas data*; mandado de segurança individual e coletivo; mandado de injunção; ação popular; ações diretas de inconstitucionalidade genérica, interventiva e por omissão e ação declaratória de constitucionalidade".

Esse entendimento, é importante que se diga, encontra perfeito amparo em decisões do Supremo Tribunal Federal, a despeito de mais antigas, como se pode notar da ementa a seguir transcrita:

> "O ajuizamento da ação constitucional de arguição de descumprimento de preceito fundamental rege-se pelo princípio da subsidiariedade (Lei 9.882/99, art. 4°, § 1°), a significar que não será ela admitida, sempre que houver qualquer outro meio juridicamente idôneo apto a sanar, com efetividade real, o estado de lesividade emergente do ato impugnado. Precedentes: ADPF 3/CE, ADPF 12/DF e ADPF 13/SP" (Supremo Tribunal Federal, Pleno, Arguição de Descumprimento de Preceito Fundamental 17-AgRg/AP, Relator Ministro Celso de Mello, v.u., j. 5.6.2002, DJ de 14.2.2003, p. 48).

Entretanto, outra parte da doutrina, esta última já embasada na jurisprudência mais recente do Pretório Excelso, assevera que o caráter subsidiário da arguição de descumprimento de preceito fundamental deve levar em conta apenas os demais processos de natureza objetiva, ou seja, as ações que compõem o sistema de controle concentrado de constitucionalidade brasileiro, do qual também faz parte a ação constitucional ora em estudo.

Assim, para essa corrente doutrinária, somente será cabível a utilização da arguição de descumprimento de preceito fundamental quando não houver, nos termos do artigo 4°, § 1°, da lei de regência, outro meio eficaz de combater a lesão, dentre as ações constitucionais que compõem o controle concentrado, a saber: ação direta de inconstitucionalidade genérica, ação declaratória de constitucionalidade, ação direta de inconstitucionalidade interventiva e ação direta de inconstitucionalidade por omissão.

Após transcrever trecho de ementa de acórdão proferido pelo Supremo Tribunal Federal (Arguição de Descumprimento de Preceito Fundamental 33/MC/PA, Relator Ministro Gilmar Mendes, j. 29.10.2003, DJ 6.8.2004, p. 20), Leo van Holthe,[84] no sentido ora exposto, expõe seu próprio entendimento, em excelente síntese sobre o tema, nos seguintes termos:

---

82. *Op. cit.*, p. 322.
83. *Op. cit.*, p. 789.
84. *Op. cit.*, p. 203-204.

> *"Assim, o Pretório Excelso atenuou o princípio da subsidiariedade, apenas deixando de conhecer uma ADPF quando houver outro meio eficaz capaz de sanar a lesão, dentre os processos objetivos de controle de constitucionalidade. A mera possibilidade de ajuizamento de processos subjetivos de controle (mandado de segurança, habeas corpus, ação ordinária etc.) não impede a utilização da ADPF, até porque, se o princípio da subsidiariedade fosse entendido dessa forma ampliada, nenhuma ADPF sequer chegaria a ser conhecida (considerando que sempre é cabível o ajuizamento de um MS ou de uma ação ordinária)".*

Quer isso dizer, em termos exemplificativos, que a simples possibilidade de impetração, por qualquer pessoa, de mandado de segurança para proteger um direito líquido e certo seu, em razão de um ato do poder público que também ofenda a um preceito fundamental da Carta Magna, não inviabiliza a propositura da arguição de descumprimento de preceito fundamental, por um dos legitimados do artigo 103, da Carta Magna, para submeter a lesão àquele preceito fundamental ao controle concentrado de constitucionalidade.

Caso, contudo, seja possível a propositura de quaisquer das outras ações constitucionais que compõem o controle concentrado de constitucionalidade (ação direta de inconstitucionalidade genérica, ação declaratória de constitucionalidade, ação direta de inconstitucionalidade por omissão ou ação direta de inconstitucionalidade interventiva), de maneira eficaz a sanar a lesão ao preceito fundamental da Constituição, a arguição de descumprimento de preceito fundamental não será cabível, diante do seu caráter subsidiário.

Aliás, justamente em razão do princípio da subsidiariedade a que está submetida a ação constitucional ora em estudo, o Supremo Tribunal Federal já admitiu, em recente julgamento, que uma arguição de descumprimento de preceito fundamental fosse conhecida como ação direta de inconstitucionalidade genérica, por ser este o meio eficaz para impugnação da norma, e por também terem sido observados os demais requisitos necessários à propositura da ação direta. Eis a ementa do acórdão:

> *"Tendo em conta o caráter subsidiário da arguição de descumprimento de preceito fundamental – ADPF, consubstanciado no § 1º do art. 4º da Lei 9.882/1999, o Tribunal resolveu questão de ordem no sentido de conhecer, como ação direta de inconstitucionalidade – ADI, a ADPF ajuizada pelo Governador do Estado do Maranhão, em que se impugna a Portaria 156/2005, editada pela Secretaria Executiva de Estado da Fazenda do Pará, que estabeleceu, para fins de arrecadação do ICMS, novo boletim de preços mínimos de mercado para os produtos que elenca em seu anexo único. Entendeu-se demonstrada a impossibilidade de se conhecer da ação como ADPF, em razão da existência de outro meio eficaz para impugnação da norma, qual seja a ADI, porquanto o objeto do pedido principal é a declaração de inconstitucionalidade de preceito autônomo por ofensa a dispositivos constitucionais, restando observados os demais requisitos necessários à propositura da ação direta. Precedente citado: ADI 349 MC/DF (DJU de 24.9.1990)"*. (Supremo Tribunal Federal, Pleno, Arguição de Descumprimento de Preceito Fundamental 72, Relatora Ministra Ellen Gracie, j. 1º.6.2005, *DJ* 2.12.2005, p. 2).

Por outro lado, caso não haja nenhum outro processo de natureza objetiva apto a sanar a lesividade de preceito fundamental da Constituição Federal, certamente os legitimados ativos da arguição de descumprimento de preceito fundamental, fixados pelo artigo 103, *caput*, da Constituição Federal e artigo 2º, inciso I, da Lei 9.882/1999, poderão valer-se dessa ação constitucional para submeter o caso ao Supremo Tribunal Federal.

Seria o caso, por exemplo, de uma arguição de descumprimento de preceito fundamental proposta pelo procurador-geral da República para impugnar uma lei municipal ou uma norma anterior à promulgação da Carta Magna de 1988, supostamente violadora de algum preceito fundamental da Constituição, já que, nessa hipótese, não seria cabível qualquer outra das modalidades de controle concentrado de constitucionalidade.

De qualquer forma, como vimos na seção anterior, essa hipótese somente permanecerá viável caso a arguição de descumprimento de preceito fundamental incidental ou por equiparação, prevista pelo artigo 1º, parágrafo único, inciso I, da Lei 9.882/1999, não seja julgada inconstitucional, pelo Supremo Tribunal Federal, no julgamento da Ação Direta de Inconstitucionalidade (ADI) 2.231/DF.

CARÁTER SUBSIDIÁRIO DA ADPF

– Não se admitirá ADPF quando houver outro meio eficaz de sanar a lesividade (artigo 4º, § 1º). A norma em questão nos revela o caráter *subsidiário* dessa ação constitucional. E o que devemos entender por outro meio eficaz de sanar a lesividade?

– Para alguns doutrinadores, não será cabível a Arguição de Descumprimento de Preceito Fundamental (ADPF) quando houver *qualquer outro meio jurídico idôneo* para evitar ou reparar a lesão ao preceito fundamental, tais como *habeas corpus, habeas data*; mandado de segurança individual e coletivo; mandado de injunção; ação popular; e ações do controle concentrado de constitucionalidade.

– Outra parte da doutrina, esta última já embasada na jurisprudência mais recente do Pretório Excelso, assevera que o caráter subsidiário da ADPF deve levar em conta apenas os demais processos de natureza objetiva, ou seja, as ações que compõem o sistema de controle concentrado de constitucionalidade brasileiro.

5.56 PRINCIPAIS REGRAS PROCEDIMENTAIS DA ARGUIÇÃO DE DESCUMPRIMENTO DE PRECEITO FUNDAMENTAL

Nos termos do artigo 3º, da Lei 9.882/1999, a petição inicial da arguição de descumprimento de preceito fundamental deverá indicar: a indicação do preceito fundamental que se considera violado; a indicação do ato questionado; a prova da violação do preceito fundamental; o pedido, com suas especificações; e, se for o caso, a comprovação da existência de controvérsia judicial relevante sobre a aplicação do preceito fundamental que se considera violado.

Da mesma forma que se dá com a ação direta de inconstitucionalidade genérica e a ação declaratória de constitucionalidade, por se tratar de uma ação de natureza objetiva, em que não há interesses subjetivos em jogo, não há pedido de citação de réus na arguição de descumprimento de preceito fundamental.

A petição inicial, acompanhada de instrumento de mandato (procuração), quando subscrita por advogado, será apresentada em 2 (duas) vias, devendo conter cópias do ato questionado e dos documentos necessários para comprovar a impugnação (artigo 3º, parágrafo único, da Lei 9.882/1999).

Particularmente no que toca à assinatura da petição inicial por advogado, valem as mesmas ponderações formuladas quando do estudo das outras ações de controle concentrado de constitucionalidade: *somente as petições formuladas por partidos políticos com representação no Congresso Nacional e por confederações sindicais ou entidades de classe de âmbito nacional é que necessitam de patrocínio por advogado*. Os demais legitimados da arguição de descumprimento de preceito fundamental podem propor referida ação e também praticar todos os demais atos que exigem capacidade postulatória, independentemente do patrocínio de advogado.

O artigo 4º, da Lei 9.882/1999 dispõe que a petição inicial será indeferida liminarmente, pelo ministro relator, quando não for o caso de arguição de descumprimento de preceito fundamental, quando faltar algum dos requisitos prescritos na lei que regulamenta esta ação, ou quando referida peça exordial for inepta.

Como vimos anteriormente, não será admitida a arguição de descumprimento de preceito fundamental quando houver qualquer outro meio eficaz de sanar a lesividade. Não poderá ser proposta esta ação constitucional, portanto, quando for cabível, na espécie, a propositura de ação direta de inconstitucionalidade genérica, ação declaratória de constitucionalidade, ação direta de inconstitucionalidade por omissão e ação direta de inconstitucionalidade interventiva. É o que preconiza o artigo 4º, § 1º, da Lei 9.882/1999. O § 2º do dispositivo legal em comento, por sua vez, dispõe que, da decisão que indeferir a petição inicial, caberá agravo (agora chamado de *agravo interno*, pelo Código de Processo Civil)[85].

Nessa ação, o Supremo Tribunal Federal também poderá deferir pedido de medida liminar, desde que por maioria absoluta de seus membros (artigo 5º, *caput*, da Lei 9.882/1999). Ademais, nos termos do § 1º do mesmo artigo 5º, referida liminar poderá ser deferida pelo próprio ministro relator (sem necessidade de maioria absoluta), em caso de extrema urgência ou perigo de lesão grave ou em período de recesso. Nesse caso, contudo, a liminar deverá ser referendada, posteriormente, pelo Tribunal Pleno.

Antes de decidir-se pela concessão ou não da liminar, o ministro relator poderá ouvir os órgãos ou autoridades responsáveis pelo ato questionado, bem como o advogado-geral da União ou o procurador-geral da República, no prazo comum de 5 (cinco) dias[86]. Essa é a norma fixada pelo § 2º do artigo 4º da lei que regulamenta a arguição de descumprimento de preceito fundamental.

Como esclarece o mesmo artigo 4º, em seu § 3º, "a liminar poderá consistir na determinação de que juízes e tribunais suspendam o andamento de processo ou os efeitos de decisões judiciais, ou de qualquer outra medida que apresente relação com a matéria objeto da arguição de descumprimento de preceito fundamental, salvo se decorrentes de coisa julgada".

Vale ressaltar que o Ministro Néri da Silveira, em decisão proferida em 5 de dezembro de 2001, no julgamento da Ação Direta de Inconstitucionalidade n.231-DF, concedeu liminar *suspendendo a eficácia do supramencionado § 3º do artigo 4º da Lei 9.882/1999*, em razão do mesmo estar relacionado com a arguição de descumprimento de preceito fundamental incidental ou por equiparação.

Pedro Lenza[87] nos lembra, contudo, que o Supremo Tribunal Federal vem aplicando em sua integralidade, nos julgados atuais, referido dispositivo legal, razão pela qual, em termos práticos, resta completamente superado o posicionamento adotado pelo Ministro Néri da Silveira, no julgamento noticiado no parágrafo anterior.

Após a apreciação do pedido de liminar, o ministro relator solicitará as informações às autoridades responsáveis pela prática do ato questionado, no prazo de 10 (dez) dias. O ministro relator também poderá autorizar, conforme previsto no § 2º do artigo em comento, sustentação oral e juntada de memoriais (alegações finais escritas), por requerimento dos interessados no processo.

O § 2º daquele artigo, por sua vez, dispõe que o ministro relator poderá, caso entenda necessário, ouvir as partes nos processos que ensejaram a arguição, requisitar informações adicionais, designar perito ou comissão de peritos para que emita parecer sobre a questão, ou, ainda, fixar data para declarações, em audiência pública, de pessoas com experiência e autoridade na matéria.

Nos termos do artigo 7º, *caput*, da Lei 9.882/1999, "decorrido o prazo das informações, o relator lançará o relatório, com cópia a todos os ministros, e pedirá dia para julgamento". O parágrafo único do mesmo artigo, a seu turno, esclarece que o Ministério Público (no

---

85. Código de Processo Civil, artigo 1.021: "Contra decisão proferida pelo relator caberá agravo interno para o respectivo órgão colegiado, observadas, quanto ao processamento, as regras do regimento interno do tribunal".
86. Referido prazo, a toda evidência, é singelo. Não se aplica o benefício da contagem em dobro para o Ministério Público e para os membros da Advocacia Pública quando a lei estabelecer, de forma expressa, prazo próprio para a realização do ato. É o que dispõe, em caráter expresso e inequívoco, o Código de Processo Civil, respectivamente, nos artigos 180, § 2º e 183, § 2º.
87. *Op. cit.*, p. 305.

caso, o procurador-geral da República), desde que não tenha proposto a ação, será ouvido, no prazo de 5 (cinco) dias[88], após o decurso de prazo para informações pela autoridade responsável pelo ato impugnado.

De maneira semelhante ao que preconiza o artigo 22 da lei que disciplina o processo e julgamento da ação direta de inconstitucionalidade e da ação declaratória de constitucionalidade, a Lei 9.882/1999, em seu artigo 8º, determina que a decisão sobre a arguição de descumprimento de preceito fundamental somente seja tomada se presentes na sessão no mínimo 2/3 (dois terços) dos Ministros, ou seja, pelo menos 8 (oito) Magistrados.

Conforme artigo 10 da Lei 9.882/1999, julgada a ação, far-se-á comunicação às autoridades ou órgãos responsáveis pela prática dos atos questionados, fixando-se as condições e o modo de interpretação e aplicação do preceito fundamental. O presidente do Supremo Tribunal Federal determinará o imediato cumprimento da decisão, lavrando-se o acórdão posteriormente (§ 1º). E, dentro do prazo de 10 (dez) dias contado a partir do trânsito em julgado da decisão, sua parte dispositiva será publicada no *Diário Oficial* (§ 2º).

De maneira semelhante ao que determina a Carta Magna, no artigo 102, § 2º, relativamente à ação declaratória de constitucionalidade e à ação direta de inconstitucionalidade, o artigo 10, § 3º, da Lei 9.882/1999 prevê expressamente que a sentença que julga a arguição de descumprimento de preceito fundamental terá eficácia contra todos (*erga omnes*) e efeito vinculante, relativamente aos demais órgãos do poder público.

Referido dispositivo constitucional, entretanto, é de discutível constitucionalidade. Com efeito, como nos lembram Ricardo Cunha Chimenti, Fernando Capez, Márcio F. Elias Rosa e Marisa F. Santos,[89] "a Constituição só garante esse efeito às decisões definitivas de mérito proferidas pelo STF em ações declaratórias de constitucionalidade e nas ações diretas de inconstitucionalidade (art. 102, § 2º, da CF)".

O artigo 11, da Lei 9.882/1999, por sua vez, dispõe que o Supremo Tribunal Federal poderá, por maioria de 2/3 (dois terços) de seus membros, restringir os efeitos daquela decisão, ou decidir que ela só tenha eficácia a partir de seu trânsito em julgado, ou em outro momento que entender oportuno. Portanto, de maneira semelhante ao que ocorre na ação direta de inconstitucionalidade genérica e na ação declaratória de constitucionalidade, é possível ocorrer a denominada *modulação de efeitos* na arguição de descumprimento de preceito fundamental.

Como determina expressamente o artigo 12, da lei de regência, *a sentença que julgar procedente ou improcedente o pedido em arguição de descumprimento de preceito fundamental é irrecorrível, ressalvada a interposição de embargos declaratórios, não podendo, igualmente, ser objeto de ação rescisória*. Trata-se de regra de todo semelhante àquela fixada pela lei para a ação direta de inconstitucionalidade e para a ação declaratória de constitucionalidade.

Por fim, o artigo 13, da Lei 9.882/1999, dispõe que caberá reclamação contra o descumprimento da decisão proferida pelo Supremo Tribunal Federal, no julgamento da arguição de descumprimento de preceito fundamental, na forma do Regimento Interno daquela Corte Suprema. Também neste caso, a semelhança com o que dispõe a Lei 9.868/1999, que regulamenta a ação direta de inconstitucionalidade (genérica e por omissão) e a ação declaratória de constitucionalidade, é inequívoca.

---

88. Não se aplica o benefício da contagem em dobro para o Ministério Público quando a lei estabelecer, de forma expressa, prazo próprio para a realização do ato (Código de Processo Civil, artigo 180, § 2º).
89. *Op. cit.*, p. 457.

A reclamação, como já mencionamos anteriormente, encontra-se atualmente regulamentado pelo Código de Processo Civil, a partir de seu artigo 988. Nos expressos termos do § 2º, daquele artigo 988, a reclamação deverá ser instruída com prova documental da alegada ofensa à decisão do Pretório Excelso, e dirigida ao presidente do Supremo Tribunal Federal, que a distribuirá ao ministro relator do processo principal, sempre que possível.

Ao despachar a reclamação, o ministro relator: (a) requisitará informações da autoridade a quem for imputada a prática do ato impugnado (que desrespeitou a decisão proferida pela Corte Suprema, em sede de controle concentrado de constitucionalidade), que as prestará no prazo de 10 (dez) dias; (b) se necessário, ordenará a suspensão do processo ou do ato impugnado para evitar dano irreparável; e (c) determinará a citação do beneficiário da decisão impugnada, que terá prazo de 15 (quinze) dias para apresentar a sua contestação.

Qualquer interessado poderá impugnar o pedido do reclamante. Na reclamação que não houver formulado, o Ministério Público terá vista do processo por 5 (cinco) dias, após o decurso do prazo para informações e para o oferecimento da contestação pelo beneficiário do ato impugnado. Julgando procedente a reclamação, o Supremo Tribunal Federal cassará a decisão exorbitante de seu julgado ou determinará medida adequada à solução da controvérsia.

É importante esclarecer, para encerrarmos o tema da reclamação, que o Código de Processo Civil agora torna expresso o que antes era apenas uma construção jurisprudencial[90]. Com efeito, referido diploma legal agora torna clara a inadmissibilidade de propositura de reclamação após o trânsito em julgada da decisão que contrariou a decisão do Pretório Excelso, proferida em sede de controle concentrado de constitucionalidade (artigo 988, § 5º). Neste caso, deverá propor ação rescisória do julgado em que houve o desrespeito à decisão do Pretório Excelso.

5.57 AÇÃO DIRETA DE INCONSTITUCIONALIDADE INTERVENTIVA

A Constituição Federal de 1988, já em seu artigo 1º, *caput*, deixa claro que o Brasil é um Estado do tipo Federal, ao esclarecer que a República Federativa do Brasil (o nome oficial de nosso País) é formada pela união indissolúvel dos Estados, Municípios e do Distrito Federal.

E ao tratar da organização político-administrativa, a Carta Magna mais uma vez ressalta que o Brasil é um Estado do tipo Federal, ao dispor que "a organização político-administrativa da República Federativa do Brasil compreende a União, os Estados, o Distrito Federal e os Municípios, todos autônomos, nos termos desta Constituição".

Os supramencionados artigos 1º e 18, da Constituição de 1988, explicitam, de maneira clara e induvidosa, 2 (duas) das características comuns a toda e qualquer Federação, a saber: *a indissolubilidade do vínculo* que une os entes que a compõem, como também a *autonomia* que lhes é conferida.

O caráter *autônomo* dos Estados, Distrito Federal e Municípios, conforme mencionado no artigo 18, *caput*, da Lei Magna vigente, é evidenciado pelo conjunto de prerrogativas, fixadas pela própria Constituição Federal, que confere àquelas pessoas políticas a capacidade de instituírem e manterem a organização, o governo e a administração deles próprios,

---

90. Súmula 734, do Supremo Tribunal Federal: "Não cabe reclamação quando já houver transitado em julgado o ato judicial que se alega tenha desrespeitado decisão do Supremo Tribunal Federal".

além da possibilidade de arrecadarem receitas próprias, para a própria subsistência como entidades autônomas.

Justamente em razão dessa autonomia, expressamente conferida aos Estados, ao Distrito Federal e aos Municípios, não será possível a qualquer daquelas entidades intervir nas demais, sob pena de quebra da garantia da autonomia, conferida pela Carta Magna, em decorrência do modelo de Estado federal adotado pelo Brasil. Contudo, em hipóteses *excepcionais*, fixadas nos artigos 34 e 35 da Carta Magna, a própria Constituição permite a intervenção da União nos Estados e no Distrito Federal, bem como a intervenção dos Estados nos Municípios neles localizados.

Tratando especificamente da intervenção federal, o rol (taxativo) de hipóteses em que referida intervenção se mostra possível encontra-se tipificado no artigo 34 da Constituição de 1988. E dentre referidas hipóteses, a constante do inciso VII prevê a intervenção da União nos Estados e no Distrito Federal, para que seja assegurada a observância dos chamados *princípios constitucionais sensíveis*.

Referidos princípios, relacionados nas alíneas do artigo 34, inciso VII, da Carta Magna, são os seguintes: (a) forma republicana, sistema representativo e regime democrático; (b) direitos da pessoa humana; (c) autonomia municipal; (d) prestação de contas da administração pública, direta e indireta; (e) aplicação do mínimo exigido da receita resultante de impostos estaduais, compreendida a proveniente de transferências, na manutenção e desenvolvimento do ensino e nas ações e serviços públicos de saúde.

Na lição de Alexandre de Moraes,[91] tais princípios são denominados *sensíveis* porque, na hipótese de os Estados-membros ou o Distrito Federal deixarem de observá-los, no exercício de suas competências legislativas, administrativas ou tributárias, podem acabar sofrendo a sanção política mais grave existente em um Estado do tipo federal, ou seja, a intervenção em sua autonomia política.

Contudo, é importante esclarecer que, para que seja possível a intervenção federal em determinado Estado-membro ou no Distrito Federal, quando estes editarem uma lei ou ato normativo, ou mesmo ato de governo que acabe por ferir alguns daqueles denominados princípios constitucionais sensíveis, mostra-se indispensável que, primeiramente, haja o prévio ajuizamento e procedência da denominada *ação direta de inconstitucionalidade interventiva, também conhecida por representação interventiva*.

A primeira constituição brasileira a tratar da ação direta de inconstitucionalidade interventiva foi a Constituição de 1934, que, de maneira semelhante à Carta Magna de 1988, previu a competência originária do Supremo Tribunal Federal para julgar a representação do procurador-geral da República, nos casos de violação aos chamados "princípios constitucionais sensíveis".

Como já mencionado em outras oportunidades, na Constituição de 1988 a ação direta de inconstitucionalidade interventiva tem previsão em seu artigo 36, inciso III, o qual dispõe que a decretação da intervenção federal, tanto para assegurar a observância dos princípios constitucionais sensíveis (artigo 34, inciso VII), como também no caso de recusa à execução de lei federal,[92] dependerá de provimento, pelo Supremo Tribunal Federal, de representação do procurador-geral da República.

---

91. *Direito constitucional*. 26. ed. Atlas, 2010, p. 773.
92. Esta hipótese foi acrescentada ao dispositivo constitucional em comento pela Emenda Constitucional 45, de 2004.

Há alguns anos, foi editada a Lei 12.562, de 23 de dezembro de 2011, tendo por objetivo justamente regulamentar a ação direta de inconstitucionalidade interventiva. Nos expressos termos do artigo 2º daquele diploma legal, "a representação será proposta pelo procurador-geral da República, em caso de violação aos princípios referidos no inciso VII do artigo 34 da Constituição Federal, ou de recusa, por parte de Estado-Membro, à execução de lei federal".

A ação direta de inconstitucionalidade interventiva, ou, simplesmente, representação interventiva, é uma modalidade de controle concentrado de constitucionalidade, em que se busca a obtenção de um provimento jurisdicional que declare, *incidentalmente*, ou a inconstitucionalidade de ato (normativo ou mesmo administrativo) estadual ou distrital que contrarie aqueles princípios constitucionais sensíveis, ou a recusa de cumprimento a uma lei federal, para que, em seguida, possa ser efetivada a intervenção federal no Estado-membro ou no Distrito Federal.

Trata-se de uma modalidade de controle concentrado de constitucionalidade porque referida ação – a despeito de ser denominada pelo artigo 36, inciso III, da Carta Magna, de simples "representação" do Chefe do Ministério Público da União – *é julgada exclusivamente pelo Supremo Tribunal Federal*, o qual, julgando-a procedente, *requisita* (determina) ao presidente da República a decretação da intervenção federal.

Por outro lado, a despeito de ser uma ação julgada exclusivamente pelo Pretório Excelso – e por esse motivo ser apontada como uma modalidade de controle concentrado de constitucionalidade –, realiza um *controle concreto* de eventuais violações aos princípios constitucionais sensíveis, ou de recusa à execução de lei federal, perpetradas por Estados-membros ou pelo Distrito Federal. É por essa razão que costumeiramente se diz que a ação interventiva é um *mecanismo de controle abstrato, para fins concretos.*[93]

A ação direta de inconstitucionalidade interventiva, portanto, possui uma *dupla finalidade*: a primeira, de *ordem jurídica*, é a declaração incidental de inconstitucionalidade de ato estadual ou distrital (no exercício de sua competência estadual) que fira algum dos princípios constitucionais sensíveis, ou da recusa, por aqueles entes, à execução de lei federal; a segunda, de *ordem política*, a decretação da intervenção no Estado-membro ou no Distrito Federal.

Quer isso dizer, em outras palavras, que o objeto principal da ação direta de inconstitucionalidade interventiva, também denominada, como vimos, de "representação interventiva", não é a simples declaração de inconstitucionalidade de ato estadual ou distrital que desrespeite os princípios constitucionais sensíveis, ou da recusa de cumprimento de uma lei federal, mas sim a solução de um caso concreto, através da requisição (determinação) de que o presidente da República intervenha naquele ente da Federação.

É importante esclarecer que a decisão do Supremo Tribunal Federal *não declara a nulidade da lei ou ato normativo estadual ou distrital*, como se dá nas demais modalidades de controle concentrado de constitucionalidade, já que se limita a julgar procedente ou improcedente a representação de inconstitucionalidade, como etapa prévia para a futura intervenção federal.[94] *É o decreto do presidente da República, este sim, que o anula.*

---

93. Clèmerson Merlin Cléve. *A fiscalização abstrata de constitucionalidade no direito brasileiro*. 2. ed. Revista dos Tribunais, 2000, p. 125.
94. Nesse sentido, por exemplo, é a lição de Uadi Lammêgo Bulos: "A sentença final não nulifica a lei, como ocorre no controle abstrato de normas, e o Supremo apenas decide o conflito confederativo, provendo, ou não, a representação". *Curso de direito constitucional*. 5. ed. Saraiva, 2010, p. 236.

Essa conclusão pode ser confirmada pela simples leitura do artigo 36, § 3°, da Constituição Federal vigente, o qual, de maneira clara e induvidosa, dispõe que "o decreto limitar-se-á a suspender a execução do ato impugnado, se essa medida bastar ao restabelecimento da normalidade". Ora, se a decisão do Pretório Excelso declarasse a nulidade do ato estadual ou distrital que ofendeu ao princípio constitucional sensível, ou que recusou cumprimento à execução de lei federal, não haveria necessidade do decreto do presidente da República para tal desiderato.

AÇÃO DIRETA DE INCONSTITUCIONALIDADE INTERVENTIVA

– A ação direta de inconstitucionalidade interventiva tem previsão no artigo 36, inciso III, da Constituição Federal, o qual dispõe que a decretação da intervenção federal, tanto para assegurar a observância dos princípios constitucionais sensíveis (artigo 34, inciso VII), como também no caso de recusa à execução de lei federal, dependerá de provimento, pelo Supremo Tribunal Federal, de representação do procurador-geral da República.

– Trata-se de uma modalidade de controle concentrado de constitucionalidade, em que se busca a obtenção de um provimento jurisdicional que declare, incidentalmente, a inconstitucionalidade de ato estadual ou distrital ou a recusa, por aqueles entes políticos, de cumprimento a uma lei federal, que contrarie aqueles princípios constitucionais sensíveis, para que, em seguida, possa ser efetivada a intervenção federal no Estado-membro ou no Distrito Federal.

– É uma modalidade de controle concentrado de constitucionalidade referida ação – a despeito de ser denominada pelo artigo 36, inciso III, da Carta Magna, de simples "representação" do Chefe do Ministério Público da União – é julgada exclusivamente pelo Supremo Tribunal Federal, o qual, julgando-a procedente, *requisita* (determina) ao presidente da República a decretação da intervenção federal.

– Por outro lado, a despeito de ser uma ação julgada exclusivamente pelo Pretório Excelso, realiza um controle concreto de eventuais violações aos princípios constitucionais sensíveis, perpetradas por Estados-membros ou pelo Distrito Federal, ou de recusa, pelos mesmos entes, à execução de uma lei federal. É por essa razão que costumeiramente se diz que a ação interventiva é um mecanismo de controle abstrato, para fins concretos.

– A ação direta de inconstitucionalidade interventiva, portanto, possui uma *dupla finalidade*: a primeira, de ordem jurídica, é a declaração incidental de inconstitucionalidade de ato estadual ou distrital (no exercício de sua competência estadual) ou de recusa à execução de lei federal; a segunda, de ordem política, a decretação da intervenção no Estado-membro ou no Distrito Federal.

5.58 ÚNICO LEGITIMADO PARA A AÇÃO DIRETA DE INCONSTITUCIONALIDADE INTERVENTIVA

A ação direta de inconstitucionalidade interventiva, nos termos do artigo 36, inciso III, da Carta Magna, *somente poderá ser proposta pelo Chefe do Ministério Público da União*, ou seja, pelo procurador-geral da República, no caso de ofensa àqueles princípios constitucionais sensíveis, ou de recusa ao cumprimento de lei federal. Trata-se, portanto, de hipótese de *legitimação exclusiva*.

É imperioso esclarecermos, por outro lado, que o procurador-geral da República não está obrigado a propor referida ação, tratando-se de ato discricionário de sua parte. Com efeito, como nos lembra Alexandre de Moraes,[95] graças ao princípio da independência funcional, que rege a atividade do Ministério Público, o Chefe da instituição não poderá ser compelido a ajuizar, perante o Supremo Tribunal Federal, a ação direta de inconstitucionalidade interventiva.

Com efeito, como veremos melhor no Capítulo 11 deste livro, quando tratarmos da atuação do Ministério Público, *o princípio da independência funcional* ressalta que os membros

---

95. *Op. cit.*, p. 774.

daquele órgão não se subordinam a convicções jurídicas de outrem, podendo atuar da maneira que considerar mais adequada, desde que fundamentada na lei e na Constituição Federal.

Assim, ao receber uma representação solicitando que tome providências relativamente a algum conflito federativo entre a União e um Estado-membro ou Distrito Federal, por suposta ofensa a algum dos denominados princípios constitucionais sensíveis, ou recusa de cumprimento à lei federal, poderá determinar o procurador-geral da República o arquivamento daquela representação, caso considere que não houve, no caso concreto, efetiva ofensa a um daqueles princípios, ou recusa de cumprimento a uma lei federal. Sobre o tema, sugerimos a leitura das *RTJ* 98/3, 48/156 e 100/954.

ÚNICO LEGITIMADO PARA A REPRESENTAÇÃO INTERVENTIVA

– A ação direta de inconstitucionalidade interventiva, nos termos do artigo 36, inciso III, da Carta Magna, somente poderá ser proposta pelo Chefe do Ministério Público da União, ou seja, pelo procurador-geral da República, na hipótese de ofensa àqueles princípios constitucionais sensíveis ou de recusa de cumprimento à lei federal. Trata-se, portanto, de hipótese de legitimação exclusiva.

5.59 PRINCIPAIS REGRAS PROCEDIMENTAIS DA AÇÃO DIRETA DE INCONSTITUCIONALIDADE INTERVENTIVA

Como vimos supra, no caso de ofensa, por parte de um Estado-membro ou do Distrito Federal, a um ou mais princípios constitucionais sensíveis, relacionados no artigo 34, inciso VII, da Constituição, ou de recusa, por aqueles mesmos entes políticos, à execução de lei federal, poderá o procurador-geral da República propor ação direta de inconstitucionalidade interventiva, também denominada de "representação interventiva", perante o Supremo Tribunal Federal, como ato preparatório da intervenção federal.

Segundo determina o artigo 36, inciso III, da Carta Magna vigente, a intervenção federal, nesses casos, dependerá de provimento, pela Corte Suprema, da representação do Chefe do Ministério Público da União. Quer isso dizer que, como condição prévia para a grave sanção política da intervenção federal, é preciso que a ação direta de inconstitucionalidade interventiva seja julgada procedente pelo Pretório Excelso.

Nos termos do artigo 3º, da Lei 12.562/2011, a petição inicial da ação direta de inconstitucionalidade interventiva deverá conter: a indicação do princípio constitucional que se considera violado ou, se for o caso de recusa à aplicação de lei federal, das disposições questionadas; a indicação do ato normativo, do ato administrativo, do ato concreto ou da omissão questionados; a prova da violação do princípio constitucional ou da recusa de execução de lei federal; e o pedido, com suas especificações.

Conforme expressa determinação constante do parágrafo único daquele mesmo artigo 3º, a petição inicial deverá ser apresentada em 2 (duas) vias, devendo conter, se for o caso, cópia do ato questionado e dos documentos necessários para comprovar a impugnação. O artigo 4º da Lei 12.562/2011, por sua vez, esclarece que a petição inicial será indeferida liminarmente pelo ministro relator quando não for o caso de representação interventiva, faltar algum dos requisitos estabelecidos naquele diploma legal ou quando for inepta. Dessa decisão de indeferimento da petição inicial caberá agravo interno[96], no prazo de 5 (cinco) dias (artigo 4º, parágrafo único).

---

96. Código de Processo Civil, artigo 1.021: "Contra decisão proferida pelo relator caberá agravo interno para o respectivo órgão colegiado, observadas, quanto ao processamento, as regras do regimento interno do tribunal".

O Pretório Excelso, por decisão da maioria absoluta de seus membros (pelo menos seis ministros), poderá deferir pedido de medida liminar na representação interventiva. É o que prevê expressamente o artigo 5º, *caput*, da lei que regulamenta a representação interventiva. Antes de conceder a liminar, o ministro relator poderá ouvir os órgãos ou autoridades responsáveis pelo ato questionado, bem como o advogado-geral da União ou o procurador-geral da República, no prazo comum de 5 (cinco) dias[97].

Como nos esclarece o § 2º do supramencionado artigo 5º, da Lei 12.562/2011, a liminar poderá consistir na determinação de que se suspenda o andamento do processo ou os efeitos de decisões judiciais ou administrativas ou de qualquer outra medida que apresente relação com a matéria objeto da representação interventiva.

Apreciado o pedido de liminar, ou logo após recebida a petição inicial, se não houver pedido de liminar, o relator solicitará informações às autoridades responsáveis pela prática do ato questionado, que as prestarão em até 10 (dez) dias. Decorrido o prazo para prestação das informações, serão ouvidos, sucessivamente, o advogado-geral da União e o procurador-geral da República, que deverão manifestar-se, cada qual, também no prazo de 10 (dez) dias.[98]

Se entender necessário, o ministro relator poderá requisitar informações adicionais, designar perito ou comissão de peritos para que elabore laudo sobre a questão ou, ainda, fixar data para declarações, em audiência pública, de pessoas com experiência e autoridade na matéria (artigo 7º). Também poderão ser autorizadas, a critério do ministro relator, a manifestação e a juntada de documentos por parte de interessados no processo.

Vencidos os prazos previstos no artigo 6º da Lei 12.562/2011, ou, se for o caso, realizadas as diligências de que trata o artigo 7º, do mesmo diploma legal, o ministro relator lançará o relatório, com cópia para todos os Ministros, e pedirá dia para julgamento. A decisão sobre a representação interventiva somente será tomada se presentes na sessão pelo menos 8 (oito) Ministros.

Realizado o julgamento, proclamar-se-á a procedência ou a improcedência do pedido formulado na representação interventiva, se num ou noutro sentido se tiverem manifestado pelo menos 6 (seis) Ministros. Estando ausentes Ministros em número que possa influir na decisão sobre a representação interventiva, o julgamento será suspenso, a fim de se aguardar o comparecimento dos Ministros ausentes, até que se atinja o número necessário para a prolação da decisão.

Conforme disposto no artigo 11 da lei que regulamenta a representação interventiva, julgada a ação, far-se-á a comunicação às autoridades ou aos órgãos responsáveis pela prática dos atos questionados, e, se a decisão final for pela procedência do pedido formulado na representação interventiva, o presidente do Supremo Tribunal Federal, publicado o acórdão, levá-lo-á ao conhecimento do presidente da República para, no prazo improrrogável de até 15 (quinze) dias, para dar cumprimento aos §§ 1º e 3º do artigo 36, da Constituição Federal.

Ainda sobre a regulamentação da ação direta de inconstitucionalidade interventiva, é importante mencionar que o artigo 12, da Lei 12.562/2011, dispõe expressamente que a decisão que julgar procedente ou improcedente o pedido da representação interventiva é

---

97. Referido prazo é singelo. Não se aplica o benefício da contagem em dobro para o Ministério Público e para os membros da Advocacia Pública quando a lei estabelecer, de forma expressa, prazo próprio para a realização do ato. É o que dispõe, em caráter expresso e inequívoco, o Código de Processo Civil, respectivamente, nos artigos 180, § 2 º e 183, § 2º.
98. Segundo expressa disposição do artigo 6º, § 2º, da lei que regulamenta a representação interventiva, recebida a inicial, o ministro relator deverá tentar dirimir o conflito que dá causa ao pedido, utilizando-se dos meios que julgar necessários, na forma do regimento interno.

irrecorrível, salvo a oposição de embargos de declaração, sendo insuscetível de impugnação por ação rescisória.

Conforme preceitua o artigo 84, inciso X, da Constituição de 1988, compete privativamente ao presidente da República "decretar e executar a intervenção federal". No caso específico da intervenção para assegurar a observância dos princípios constitucionais sensíveis ou a execução de lei federal, contudo, dependerá de prévia *requisição* do Supremo Tribunal Federal.

Entenda-se por *requisição* uma ordem proferida pelo Pretório Excelso, *não cabendo ao chefe do Poder Executivo decidir se editará ou não o decreto*. Trata-se, portanto, de ato vinculado. É importante ressaltar, entretanto, que referido decreto poderá limitar-se a suspender a execução do ato impugnado, caso essa medida se mostre suficiente para restabelecimento da normalidade (artigo 36, § 3º, da Constituição Federal).

Conforme também prevê o mesmo artigo 36, § 3º, da Lei Maior, o decreto de intervenção, na hipótese de ofensa a princípios constitucionais sensíveis ou de recusa à execução de lei federal, não será submetido a controle político, pelo Congresso Nacional. O controle político, vale esclarecer, só é previsto para as hipóteses em que a intervenção federal é de iniciativa do próprio presidente da República, o que não ocorre nesse caso, já que decorre de requisição da Corte Suprema.

Vale mencionar, por fim, que a duração e os limites da intervenção federal, na hipótese do artigo 34, inciso VII, da Carta Magna, serão fixados pelo decreto de presidente da República, até que seja restabelecida a normalidade do pacto federativo. Cessados os motivos da intervenção, as autoridades eventualmente afastadas de seus cargos a estes retornarão, salvo impedimento legal (artigo 36, § 4º).

5.60 CONTROLE CONCENTRADO PERANTE OS TRIBUNAIS DE JUSTIÇA

Nos termos do artigo 125, § 2º, da Constituição Federal, "cabe aos Estados a instituição de representação de inconstitucionalidade de leis ou atos normativos estaduais ou municipais em face da Constituição Estadual, vedada a atribuição da legitimação para agir a um único órgão". A Carta Magna de 1988, portanto, prevê expressamente a possibilidade de os Estados-membros instituírem o controle concentrado de constitucionalidade de lei ou ato normativo estadual ou municipal, em face de suas respectivas constituições.

O dispositivo constitucional, entretanto, não entra em minúcias acerca do processamento daquela espécie de controle, que poderá variar de Estado-Membro para Estado-Membro, em conformidade com o que dispuser a respectiva constituição estadual. Algumas regras, contudo, foram explicitadas pela Constituição Federal, e devem ser aqui destacadas.

A primeira delas é de que *a competência para julgamento desses processos é do Tribunal de Justiça do Estado*, conforme se pode depreender do artigo 35, inciso IV, da Lei Maior, quando trata da ação direta de inconstitucionalidade interventiva para assegurar a observância dos princípios indicados na Constituição Estadual.

O Tribunal de Justiça, aliás, é a mais alta corte da Justiça estadual, sendo, portanto, o juízo natural para processar e julgar o controle concentrado de constitucionalidade de normas municipais e estaduais em face da Constituição do respectivo Estado, da mesma maneira que o Supremo Tribunal Federal o é em relação à Constituição Federal. *Trata-se, portanto, de um corolário do princípio da simetria* (para maiores detalhes sobre o tema, vide Capítulo 2).

Ademais, não resta dúvida de que, também no controle concentrado de constitucionalidade de leis e atos normativos estaduais e municipais em face da constituição do Estado-membro, o respectivo Tribunal de Justiça deverá observar a regra cogente do artigo 97 da Constituição de 1988, que prevê a *cláusula de reserva de plenário*, para julgamento da inconstitucionalidade de leis e atos normativos editados pelo poder público[99].

O objeto do controle concentrado de constitucionalidade em face das constituições estaduais também restou perfeitamente delimitado pelo artigo 125, § 2º, da Constituição de 1988: *apenas as leis e os atos normativos estaduais e municipais*. Não poderão ser objeto de controle concentrado de constitucionalidade, portanto, as normas federais, que somente poderão ser submetidas a esta modalidade de controle de constitucionalidade em face da Constituição Federal.

O parâmetro de controle de constitucionalidade também é evidente: *apenas as normas (princípios e regras) formais, tanto as explícitas como as implícitas, inseridas no texto da constituição do Estado-membro*, é que poderão ser utilizadas como paradigmas constitucionais para a análise das leis e dos atos normativos estaduais e municipais supostamente inquinados de inconstitucionalidade em face da constituição do Estado.

Aliás, o próprio Supremo Tribunal Federal já se manifestou expressamente, em mais de uma oportunidade, ser inadmissível que as constituições estaduais instituam, perante o respectivo Tribunal de Justiça, o controle concentrado de lei municipal em face da Constituição Federal, por considerar que a função de guardião desta última é de competência exclusiva do Pretório Excelso.

No tocante à legitimidade para a propositura da ação no controle concentrado de constitucionalidade de normas estaduais e municipais em face da constituição do Estado, a Constituição Federal não explicitou quem seriam os legitimados, apenas ressaltando que não poderia ser conferida a apenas um único órgão. Dessa forma, *cabe à respectiva constituição estadual fornecer o rol de legitimados*.

E, nessa seara, valendo-se do já mencionado princípio da simetria, é perfeitamente possível que a constituição do Estado-membro, com base no artigo 103, da Carta Magna, fixe como legitimados, para controle de leis estaduais, por exemplo, o governador do Estado, a Mesa da Assembleia Legislativa, o procurador-geral de Justiça, o Conselho Seccional (Estadual) da Ordem dos Advogados do Brasil (OAB), partido político com representação na respectiva Assembleia Legislativa, federação sindical e entidade de classe de âmbito regional (estadual).

Para controle de leis municipais, por sua vez, também levando em conta o princípio da simetria, a constituição estadual poderá conferir legitimidade para o Prefeito, para a Mesa da Câmara Municipal, ao procurador-geral do Município, a partido político com representação na Câmara Municipal, a sindicato ou a entidade de classe de âmbito local (municipal).

Ademais, devemos ressaltar que, ao menos em tese, é perfeitamente possível que a constituição do Estado confira tal legitimidade não só aos legitimados citados nos parágrafos anteriores, mas também a outros que repute que devam exercer tal função, como, por exemplo, aos deputados estaduais, e até mesmo ao cidadão.

---

99. Constituição Federal, artigo 97: "Somente pelo voto da maioria absoluta de seus membros ou dos membros do respectivo órgão especial poderão os tribunais declarar a inconstitucionalidade de lei ou ato normativo do poder público".

O que a Constituição Federal, em seu artigo 125, § 2º, *veda expressamente é a atribuição de legitimidade a um único órgão*, não havendo qualquer proibição de que o Estado-membro, em decorrência do poder constituinte decorrente que lhe é garantido, fixe, em sua respectiva constituição estadual, alguns outros legitimados que não guardem simetria com aqueles fixados pelo artigo 103, da Carta Magna de 1988.

Nesse sentido, aliás, já se decidiu expressamente o Pretório Excelso, ao julgar o artigo 162 da Constituição do Estado do Rio de Janeiro, que conferiu legitimidade a diversos legitimados, que não guardavam simetria com os do artigo 103, da Constituição Federal, inclusive a deputados estaduais, ao procurador-geral do Estado e ao Defensor-Geral do Estado. Sobre o tema, vide Ação Direta de Inconstitucionalidade 558-9 MC, relator ministro Sepúlveda Pertence, *DJ* 26.3.93, e Recurso Extraordinário 261.677, Relator Ministro Sepúlveda Pertence, j. 6.4.2006, *DJ* 15.9.2006.

No caso específico da ação direta de inconstitucionalidade interventiva estadual, contudo, conforme previsto no artigo 35, inciso IV, da Constituição Federal, *a legitimidade para a propositura da ação em questão será necessariamente do procurador-geral de Justiça*, o Chefe do Ministério Público estadual, tudo em conformidade com o que preconiza o artigo 129, inciso IV, da Carta Magna de 1988.[100]

Ainda com fundamento no princípio da simetria, é perfeitamente possível que a constituição de um Estado-membro institua, a despeito de não estar explicitado no artigo 125, § 2º, da Constituição Federal, a ação direta de inconstitucionalidade por omissão, a ação declaratória de constitucionalidade, bem como a arguição de descumprimento de preceito fundamental da Constituição do Estado-membro, tudo para perfeito controle das leis e atos normativos estaduais e municipais em face da respectiva constituição estadual.

CONTROLE CONCENTRADO PERANTE OS TRIBUNAIS DE JUSTIÇA

– A Carta Magna de 1988 prevê a possibilidade de os Estados-membros instituírem o controle concentrado de constitucionalidade de lei ou ato normativo estadual ou municipal, em face da respectiva constituição estadual (art. 125, § 2º, da Constituição Federal).

– A competência para julgamento desses processos é do Tribunal de Justiça, que é a mais alta corte da Justiça estadual, sendo, portanto, o juízo natural para processar e julgar o controle concentrado de constitucionalidade de normas municipais e estaduais em face da constituição do respectivo Estado.

– O objeto do controle concentrado de constitucionalidade em face das constituições estaduais é *apenas leis e atos normativos estaduais e municipais*. O parâmetro do controle são as normas (princípios e regras) formais, tanto as explícitas como as implícitas, inseridas no texto da constituição do Estado-membro.

– No tocante à legitimidade para a propositura da ação no controle concentrado de constitucionalidade de normas estaduais e municipais em face da constituição do Estado, a Carta Magna não explicitou quem seriam os legitimados, apenas ressaltando que não poderia ser conferida a apenas um único legitimado. Dessa forma, cabe à respectiva constituição estadual fornecer o rol de legitimados.

5.61 POSSIBILIDADE DE RECURSO EXTRAORDINÁRIO EM FACE DE DECISÕES PROFERIDAS PELO TRIBUNAL DE JUSTIÇA

Como vimos anteriormente, as decisões proferidas no controle concentrado de constitucionalidade são dotadas de *definitividade*, uma vez que são irrecorríveis, cabendo, no

---

100. Constituição Federal, artigo 129: "São funções institucionais do Ministério Público: IV – promover a ação de inconstitucionalidade ou representação para fins de intervenção da União e dos Estados, nos casos previstos nesta Constituição".

máximo, embargos declaratórios para o próprio Pretório Excelso, na hipótese de omissão, contradição ou obscuridade no julgado.

Assim, como regra geral, também no controle concentrado de constitucionalidade de lei ou ato normativo estadual ou municipal em face de uma constituição estadual, a decisão do Tribunal de Justiça, que é o órgão com competência originária para tal julgamento, terá caráter definitivo, não comportando recurso para qualquer outro tribunal, mas apenas embargos de declaração para a própria Corte Estadual.

Essa regra geral, contudo, comporta uma única exceção. Conforme jurisprudência do Supremo Tribunal Federal, na hipótese de lei estadual ou municipal impugnada em face de *norma da constituição estadual que reproduza dispositivo da Constituição Federal de observância obrigatória pelos Estados-membros* (a chamada *norma de reprodução obrigatória*), torna-se possível a interposição de recurso extraordinário para o Pretório Excelso.

Com efeito, naquela hipótese específica, a violação da constituição do Estado também pode representar, inequivocamente, uma violação à própria Constituição Federal. E como o Tribunal de Justiça não tem competência para o julgamento de inconstitucionalidade de normas em face da Constituição Federal, abre-se a possibilidade de interposição de recurso extraordinário ao Supremo Tribunal Federal, para que este realize tal controle.

Busca-se, com isso, evitar que o Tribunal de Justiça, que só tem competência para o julgamento da inconstitucionalidade de lei ou ato normativo estadual ou municipal em face da constituição do Estado, acabe usurpando competência do Pretório Excelso, que é o intérprete máximo da Carta Magna. O fundamento para essa possibilidade, portanto, é a preservação da competência do Supremo Tribunal Federal para julgar a constitucionalidade de normas em face da Constituição Federal.

Dessa forma, a lei ou ato normativo estadual ou municipal potencialmente violador de norma da Constituição estadual de reprodução obrigatória poderá ter sua constitucionalidade examinada e julgada pelo Supremo Tribunal Federal, o guardião maior da Constituição Federal, por meio de recurso extraordinário. O primeiro caso em que se decidiu dessa forma foi na Reclamação 383-3/SP, cujo relator foi o Ministro Moreira Alves, julgada em 11 de junho de 1992, publicada no *DJU* de 21 de maio de 1993, p. 9765, conforme ementa a seguir transcrita:

> *"Reclamação com fundamento na preservação da competência do Supremo Tribunal Federal. Ação direta de inconstitucionalidade proposta perante o Tribunal de Justiça na qual se impugna Lei Municipal sob alegação de ofensa a dispositivos constitucionais estaduais que reproduzem dispositivos constitucionais federais de observância obrigatória pelos Estados. Eficácia jurídica desses dispositivos constitucionais estaduais. Jurisdição constitucional dos Estados-membros. Admissão da propositura da ação direta de inconstitucionalidade perante o Tribunal de Justiça local, com possibilidade de recurso extraordinário se a interpretação da norma constitucional estadual, que reproduz a norma constitucional federal de observância obrigatória pelos Estados, contrariar o sentido e alcance desta. Reclamação conhecida, mas julgada improcedente".*

É imperioso ressaltar que, nessa hipótese específica de recurso extraordinário, *a decisão do Supremo Tribunal Federal terá a natureza de uma autêntica decisão proferida em controle concentrado de constitucionalidade*, já que prolatada em decorrência da inicial interposição de uma ação direta de inconstitucionalidade de lei estadual ou municipal em face da constituição estadual.

O recurso extraordinário, portanto, *terá eficácia em face de todos (erga omnes) e efeitos retroativos (ex tunc)*, a não ser que o Supremo Tribunal Federal, nos termos do artigo 27, da Lei 9.868/1999, por voto de 2/3 (dois terços) de seus Ministros, restrinja os efeitos da decisão, seja afastando sua eficácia *erga omnes*, seja concedendo-lhe efeitos *ex nunc* ou mesmo *pro futuro*. Inaplicável, portanto, o artigo 52, inciso X, da Constituição Federal[101].

POSSIBILIDADE DE RECURSO EXTRAORDINÁRIO EM FACE DE DECISÕES PROFERIDAS PELO TRIBUNAL DE JUSTIÇA

> – Como regra geral, no controle concentrado de constitucionalidade de lei ou ato normativo estadual ou municipal em face de constituição estadual, a decisão do Tribunal de Justiça, que é o órgão com competência originária para tal julgamento, terá caráter definitivo, não comportando recurso para qualquer outro tribunal.
>
> – Por exceção, conforme jurisprudência do Supremo Tribunal Federal, na hipótese de norma estadual ou municipal impugnada em face de norma da constituição estadual que reproduza dispositivo da Constituição Federal de observância obrigatória pelos Estados-membros (norma de reprodução obrigatória), torna-se possível a interposição de recurso extraordinário para o Pretório Excelso.
>
> – Nessa hipótese, o recurso extraordinário terá eficácia em face de todos (*erga omnes*) e efeitos retroativos (*ex tunc*), a não ser que o Supremo Tribunal Federal, nos termos do artigo 27, da Lei 9.868/1999, restrinja os efeitos da decisão, seja afastando sua eficácia *erga omnes*, seja concedendo-lhe efeitos *ex nunc* ou mesmo *pro futuro*. Inaplicável, portanto, o artigo 52, inciso X, da Carta Magna.

5.62 AÇÃO DIRETA DE INCONSTITUCIONALIDADE DE NORMA DO DISTRITO FEDERAL EM FACE DE SUA LEI ORGÂNICA

O artigo 125, § 2º, da Constituição Federal, já o mencionamos, prevê a possibilidade de os Estados instituírem representação de inconstitucionalidade de leis ou atos normativos estaduais e municipais em face da respectiva constituição estadual, vedada a atribuição da legitimação para agir a um único órgão.

Não há qualquer menção, na Carta Magna, à possibilidade de representação de inconstitucionalidade de leis ou atos normativos distritais em face de sua Lei Orgânica.[102] Daí ser inevitável indagarmos se é possível instituir-se o controle concentrado de constitucionalidade de leis distritais em face da Lei Orgânica do Distrito Federal, mesmo diante da ausência de norma constitucional expressa que trate do tema.

Nossa resposta é no sentido de que tal controle é efetivamente possível. Com efeito, a já conhecida Lei 9.868/1999, em seu artigo 30, alterou a Lei 8.185/1991 (a Lei de Organização Judiciária do Distrito Federal), passando expressamente a atribuir competência ao Tribunal de Justiça do Distrito Federal e Territórios para processar e julgar, originariamente, a ação direta de inconstitucionalidade de lei ou ato normativo do Distrito Federal em face de sua Lei Orgânica.

Fixou como legitimados para a propositura de referida ação o governador do Distrito Federal, a Mesa da Câmara Legislativa do Distrito Federal, o procurador-geral de Justiça, a Ordem dos Advogados do Brasil – Seção do Distrito Federal, as entidades sindicais ou de classe de atuação no Distrito Federal (desde que demonstrada pertinência temática) e os partidos políticos com representação na Câmara Legislativa do Distrito Federal.

---

101. Constituição Federal, artigo 52, inciso X: "Compete privativamente ao Senado Federal suspender a execução, no todo ou em parte, de lei declarada inconstitucional por decisão definitiva do Supremo Tribunal Federal".

102. Como já vimos oportunamente, nos termos do artigo 32 da Constituição, o Distrito Federal não é regido por uma Constituição estadual, mas sim por uma Lei Orgânica. Eis os termos do dispositivo constitucional em comento: "O Distrito Federal, vedada sua divisão em Municípios, reger-se-á por lei orgânica, votada em dois turnos com interstício mínimo de dez dias, e aprovada por dois terços da Câmara Legislativa, que a promulgará, atendidos os princípios estabelecidos nesta Constituição".

Previu, ainda, a possibilidade de interposição de ação direta de inconstitucionalidade por omissão de medida para tornar efetiva norma da Lei Orgânica do Distrito Federal (norma de eficácia limitada, naturalmente), compelindo o Poder Competente a adotar as providências necessárias, e, em se tratando de órgão administrativo, para que o faça no prazo de 30 (trinta) dias.

Estabeleceu a necessidade de o procurador-geral de Justiça ser ouvido em todas as ações diretas de inconstitucionalidade, bem como garantiu a observância da cláusula de reserva de plenário, ao dispor que somente pelo voto da maioria absoluta de seus membros ou de seu órgão especial poderá o Tribunal de Justiça do Distrito Federal declarar a inconstitucionalidade de lei ou de ato normativo do Distrito Federal, ou suspender a sua vigência, por meio de medida cautelar.

AÇÃO DIRETA DE INCONSTITUCIONALIDADE DE NORMA DO DISTRITO FEDERAL EM FACE DE SUA LEI ORGÂNICA

– Não há qualquer menção, na Carta Magna de 1988, à possibilidade de representação de inconstitucionalidade de leis ou atos normativos distritais em face da Lei Orgânica do Distrito Federal. Contudo, a Lei 9.868/1999, em seu artigo 30, alterou a Lei de Organização Judiciária do DF, passando a atribuir competência ao Tribunal de Justiça do DF e Territórios para processar e julgar, originariamente, a ação direta de inconstitucionalidade de lei ou ato normativo do Distrito Federal em face de sua Lei Orgânica.

– Previu, ainda, a possibilidade de interposição de ação direta de inconstitucionalidade por omissão de medida para tornar efetiva norma da Lei Orgânica do Distrito Federal, compelindo o Poder Competente a adotar as providências necessárias, e, em se tratando de órgão administrativo, para que o faça no prazo de 30 (trinta) dias.

5.63 DA INTERPRETAÇÃO CONFORME A CONSTITUIÇÃO

Como tivemos a oportunidade de verificar anteriormente, sobretudo quando estudamos os princípios de interpretação constitucional (Capítulo 3), o *princípio da supremacia da Constituição* diante das demais normas que compõem o ordenamento jurídico pátrio exige que normas tidas por inconstitucionais sejam submetidas ao controle de constitucionalidade, e que tenham sua aplicabilidade afastada.

Devemos asseverar, contudo, que referido controle de constitucionalidade também deve observar outro princípio, igualmente importante. Trata-se da *presunção de constitucionalidade das leis e atos normativos produzidos pelo poder público*, que determina que as leis e demais atos editados pelo Estado sejam considerados constitucionais, e, por consequência, devidamente cumpridos, ao menos até que sobrevenha decisão judicial declarando sua inconstitucionalidade.

Fortemente relacionado com o princípio da presunção de constitucionalidade das leis e atos do poder público, temos o denominado *princípio da interpretação conforme a constituição*, que determina que o aplicador do direito opte pela interpretação que garanta a constitucionalidade da norma (mesmo que não a mais evidente), sempre que esta tiver uma ou mais interpretações que possam ser consideradas inconstitucionais.

É importante apontar, como já mencionamos ao tratar dos princípios de interpretação constitucional, que *a interpretação conforme a constituição não se trata de simples escolha de uma interpretação que se coaduna com a carta magna*. Caso fosse assim, não haveria qualquer diferença com o já estudado princípio da presunção de constitucionalidade das leis e demais atos do Estado.

Mais que isso, o princípio da interpretação em conformidade com a constituição exige: (a) a necessidade de buscar uma interpretação que não seja a que decorre da leitura mais óbvia do dispositivo; e (b) que sejam expressamente excluídas a interpretação ou as interpretações que contrariem as normas consagradas pelo texto constitucional.

Portanto, mais que uma interpretação das normas em consonância com a constituição – corolário da presunção de constitucionalidade das normas –, *o princípio da interpretação conforme a constituição exige que tenhamos uma norma com mais de um significado (norma polissêmica)*, em que a interpretação obtida não seja a que decorra da leitura mais óbvia, e que sejam expressamente excluídas interpretações que contrariem o texto constitucional.

Justamente em razão de se prestar à exclusão expressa de interpretações consideradas inconstitucionais, *a interpretação conforme a constituição não é encarada como mero princípio de interpretação constitucional, mas também como autêntico mecanismo de controle de constitucionalidade*, largamente utilizado, aliás, pelo Supremo Tribunal Federal.

A interpretação conforme a constituição, como disposto expressamente no artigo 28, parágrafo único, da Lei 9.868, de 10 de novembro de 1999, tem eficácia contra todos e efeito vinculante em relação aos órgãos do Poder Judiciário e à Administração Pública direta e indireta da União, dos Estados, do Distrito Federal e dos Municípios.

No controle de constitucionalidade da lei ou ato normativo, ao se valer da interpretação conforme a constituição, o órgão judicial, deparando-se com uma norma que apresenta mais de uma interpretação possível, algumas delas contrárias ao texto constitucional, escolhe aquela que se revele compatível com a vontade da lei maior, inclusive mantendo íntegro o texto da norma, apesar de restringir sua aplicação àquela interpretação considerada constitucional pelo órgão julgador – a chamada interpretação conforme a constituição.

É imperioso ressaltar, contudo, que o Supremo Tribunal Federal, ao proferir decisão com base na interpretação conforme a constituição, *não poderá conferir ao dispositivo legal uma exegese que, de maneira clara e induvidosa, contrarie frontalmente o fim pretendido pelo legislador*[103], sob pena de o tribunal tornar-se um legislador positivo, o que lhe é vedado. Caso não seja possível conciliar a norma com a vontade do legislador, não há como deixar de declarar-se a inconstitucionalidade da lei ou ato normativo.

INTERPRETAÇÃO CONFORME A CONSTITUIÇÃO

– Princípio da interpretação conforme a constituição: determina que o aplicador do direito opte pela interpretação que garanta a constitucionalidade da norma, sempre que esta tiver uma ou mais interpretações que possam ser consideradas inconstitucionais.

– O princípio da interpretação conforme a constituição exige: (a) a necessidade de buscar uma interpretação que não seja a que decorre da leitura mais óbvia do dispositivo; e (b) que sejam expressamente excluídas a interpretação ou as interpretações que contrariem as normas consagradas pelo texto constitucional.

– A interpretação conforme a constituição não é encarada como mero princípio de interpretação constitucional, mas também como autêntico mecanismo de controle de constitucionalidade, largamente utilizado pelo Supremo Tribunal Federal.

– A interpretação conforme a constituição não poderá conferir ao dispositivo legal uma exegese que, de maneira clara e induvidosa, contrarie frontalmente o fim pretendido pelo legislador, sob pena de o tribunal tornar-se um legislador positivo, o que é vedado.

---

103. Sob pena de ofensa ao princípio da separação de poderes (artigo 2º de nossa Lei Maior), posto que editar leis é função típica do Poder Legislativo, e não do Judiciário.

5.64 DECLARAÇÃO PARCIAL DE INCONSTITUCIONALIDADE SEM REDUÇÃO DE TEXTO

A *declaração parcial de inconstitucionalidade sem redução de texto*, também denominada *declaração de nulidade sem redução de texto*, está prevista no artigo 28, parágrafo único, da Lei 9.868/1999, com eficácia contra todos e efeito vinculante em relação aos demais órgãos do Poder Judiciário e à Administração Pública direta e indireta da União, Estados, Distrito Federal e Municípios.

Trata-se de uma decisão proferida pelo Supremo Tribunal Federal, no controle concentrado de constitucionalidade, da mesma forma que se dá com a interpretação conforme a constituição. Entretanto, diferente desta última, não é propriamente uma técnica de interpretação, mas sim uma autêntica forma de decisão judicial.

Ao julgar a ação, o Pretório Excelso, diferentemente do que faz na interpretação conforme a constituição, *efetivamente declara a norma parcialmente inconstitucional*. Contudo, não reduz o seu texto, mantendo-o intacto; apenas assevera a sua inconstitucionalidade em determinadas hipóteses de aplicação. Consegue-se, com isso, a manutenção da norma no ordenamento jurídico.

Sobre a diferença entre a interpretação conforme a constituição e a declaração parcial de inconstitucionalidade sem redução de texto, consideramos oportuno transcrever a lição de Gilmar Ferreira Mendes,[104] que consegue, de maneira clara e sintética, realçar a distinção entre os dois institutos. Eis as suas palavras:

> *"Ainda que não se possa negar a semelhança dessas categorias e a proximidade do resultado prático de sua utilização, é certo que, enquanto na interpretação conforme à Constituição se tem, dogmaticamente, a declaração de que uma lei é constitucional com a interpretação que lhe é conferida pelo órgão judicial, constata-se, na declaração de nulidade sem redução de texto, a expressa exclusão, por inconstitucionalidade, de determinadas hipóteses de aplicação (Anwendungsfälle) do programa normativo sem que se produza alteração expressa do texto legal".*

Por fim, para encerrar esta seção, não podemos deixar de mencionar que, para uma parcela da doutrina pátria, escudada inclusive em decisões jurisprudenciais do Pretório Excelso, a distinção entre a declaração de nulidade sem redução de texto e a interpretação conforme a constituição não é tão pronunciada, preferindo entender que, na realidade, *a primeira seria gênero da qual a segunda seria uma de suas espécies.*[105]

Essa parcela da doutrina considera que, tanto na declaração de inconstitucionalidade sem redução de texto como na interpretação conforme a constituição, o Supremo Tribunal Federal, ao realizar o controle concentrado de constitucionalidade da norma, *declara a nulidade parcial da lei*, mantendo intacto o seu texto original. A distinção entre os dois institutos, para essa corrente, estaria apenas no fato de que, na declaração de nulidade sem redução de texto, dar-se-ia a redução na aplicação da norma, ao passo que, na interpretação conforme a constituição, a redução seria apenas na interpretação do dispositivo normativo.

---

104. *Jurisdição constitucional: o controle abstrato de normas no Brasil e na Alemanha.* 4. ed. Saraiva, 2004, p. 234.
105. É o que afirma, de maneira explícita, Leo van Holthe: "Nessa linha de raciocínio, podemos afirmar que a 'declaração parcial de nulidade sem redução de texto' é o gênero, sendo a 'interpretação conforme a Constituição' uma de suas espécies". *Op. cit.*, p. 206.

DECLARAÇÃO PARCIAL DE INCONSTITUCIONALIDADE SEM REDUÇÃO DE TEXTO

– Na declaração de inconstitucionalidade sem redução de texto, ao julgar a ação, o Pretório Excelso, diferentemente do que faz na interpretação conforme a constituição, efetivamente declara a norma parcialmente inconstitucional. Contudo, não reduz o seu texto, mantendo-o intacto; apenas assevera a sua inconstitucionalidade em determinadas hipóteses de aplicação.

– Contudo, para uma parcela da doutrina pátria, a distinção entre a declaração de nulidade sem redução de texto e a interpretação conforme a constituição não é tão pronunciada, preferindo entender que, na realidade, a primeira seria gênero da qual a segunda seria uma de suas espécies.

6
DIREITOS E GARANTIAS FUNDAMENTAIS: NOÇÕES GERAIS

6.1 ESCLARECIMENTOS INICIAIS

No Capítulo 1, vimos que a constituição, em seu sentido jurídico, é a norma jurídica fundamental. Vimos também, naquela mesma oportunidade, que a constituição tem por conteúdo o conjunto de normas (princípios e regras) que fornecem a organização fundamental do Estado, notadamente as relativas à sua estrutura, forma de Estado e de governo, regime político, modo de aquisição e exercício do poder, estabelecimento de seus órgãos e fixação de suas competências, além de prever um rol de direitos e garantias fundamentais.

Particularmente no tocante à organização do Estado brasileiro e também à denominada organização dos Poderes, temas que também foram amplamente disciplinados por nossa Constituição de 1988, nós os estudaremos um pouco mais à frente, em Capítulos específicos desta mesma obra. O Capítulo que ora se inicia, por sua vez, terá por objeto o estudo das noções gerais dos chamados direitos e garantias fundamentais.

Procuraremos aqui tratar, dentre outros temas, de seu conceito e de suas principais características, de sua evolução histórica, suas diferentes categorias, beneficiários, e outros temas inerentes ao que podemos denominar de teoria geral dos direitos fundamentais. Quanto à análise detida das diversas categorias de direitos e garantias fundamentais disciplinadas em nossa Constituição Federal, em seu Título II, ela será feita nos próximos Capítulos deste livro.

6.2 DIREITOS FUNDAMENTAIS: CONCEITO E CARACTERÍSTICAS

Os *direitos fundamentais*[1] surgiram da necessidade de proteger o homem do poder estatal, a partir dos ideais advindos do Iluminismo, no século XVIII, mais particularmente com o surgimento das constituições escritas. É imperioso ressaltar, contudo, que os direitos e garantias fundamentais não se restringem àquela função de limitar a atuação estatal, de modo a proteger o homem de possíveis arbitrariedades cometidas pelo poder público, hipótese em que são conhecidos como *liberdades negativas*.

Com efeito, a verdade é que os direitos fundamentais também têm por função permitir que o indivíduo possa participar, de maneira efetiva, do processo político do Estado a que esteja vinculado, não só por meio do exercício do voto e dos demais mecanismos de participação popular, como também se candidatando a ser um representante do povo na condução daquele mesmo Estado. Temos aí os chamados *direitos políticos*, também conhecidos como *liberdades-participação*.

---

1. Na seara do direito privado, os direitos fundamentais são costumeiramente denominados de *direitos civis*, ou, ainda, direitos da personalidade.

Por outro lado, nós também já vimos, em outras oportunidades, que os Estados têm ampliado consideravelmente o conteúdo de suas constituições, buscando trazer para o corpo delas alguns temas que, à época do liberalismo clássico, não figuravam naqueles diplomas normativos. Esse fenômeno coincidiu com o surgimento do denominado Estado social (*Welfare State*), iniciado com a Constituição Mexicana de 1917, porém notabilizado com a Constituição de Weimar (atual Alemanha) de 1919.

Portanto, as cartas magnas dos muitos Estados internacionais passaram a prever, de maneira cada vez mais intensa, diversas hipóteses de intervenção estatal na vida privada. Ao invés de conter apenas regras de regência do Estado e de proteção dos indivíduos contra o poder estatal, passaram também a conter um conjunto de normas de ordem social, cultural e econômica, tanto para a redução das desigualdades sociais, como também para incentivar o desenvolvimento nacional.

Assim, somadas às chamadas *liberdades negativas*, ou seja, ao conjunto de direitos conferidos aos indivíduos que os protegiam contra eventuais arbitrariedades do poder estatal, passaram também a integrar as diversas constituições, as denominadas *liberdades positivas*, o conjunto de direitos que, amparados no princípio da dignidade humana, impõe ao Estado a prática de diversas *ações*, visando à obtenção da igualdade substancial (não mais apenas formal) entre as pessoas.

Como veremos melhor daqui a pouco, com o passar do tempo, outros direitos e garantias fundamentais foram sendo somados àqueles mencionados nos parágrafos anteriores, podendo ser citados, a título de exemplo, os chamados direitos e garantias fundamentais de terceira geração, baseados no princípio da solidariedade, e que tem no direito a um meio ambiente ecologicamente equilibrado um de seus exemplos mais citados pela doutrina e pela jurisprudência.

Conforme lição de George Marmelstein,[2] direitos fundamentais "são normas jurídicas, intimamente ligadas à ideia de dignidade da pessoa humana e de limitação do poder, positivadas no plano constitucional de determinado Estado Democrático de Direito, que, por sua importância axiológica, fundamentam e legitimam todo o ordenamento jurídico".

Luiz Alberto David Araújo e Vidal Serrano Nunes Júnior,[3] ao seu turno, nos ensinam que os direitos fundamentais "constituem uma categoria jurídica, constitucionalmente erigida e vocacionada à proteção da dignidade humana em todas as dimensões". Esclarecem, ademais, que eles "possuem natureza poliédrica, prestando-se ao resguardo do ser humano na sua liberdade (direitos e garantias individuais), nas suas necessidades (direitos econômicos, sociais e culturais) e na sua preservação (direitos à fraternidade e à solidariedade)".

Da leitura das definições acima transcritas, podemos perceber que *os direitos e garantias fundamentais devem necessariamente figurar no corpo de uma constituição, ou, ao menos, serem considerados normas materialmente constitucionais*.[4] Não podem ser criados, portanto, por simples normas infraconstitucionais. Estas últimas podem, no máximo, regulamentar os direitos fundamentais editados pela Carta Magna, conferindo-lhes plena aplicabilidade.

---

2. *Curso de direitos fundamentais*, Atlas, 2008, p. 20.
3. *Curso de direito constitucional*, 14. ed., Saraiva, 2010, p. 132-133.
4. Como já estudamos em outras oportunidades, o § 3º do artigo 5º da Constituição de 1988, acrescentado pela emenda constitucional 45/2004, prevê a possibilidade de aprovação, pelo Congresso Nacional, de tratados e convenções internacionais sobre direitos humanos, com a observância dos requisitos exigidos para a aprovação das emendas constitucionais. Nesta hipótese, tais diplomas terão inequívoca força de normas materialmente constitucionais, mesmo não estando inseridas no corpo da Constituição, podendo, assim, ampliar o rol de direitos e garantias fundamentais.

Podemos perceber, ainda, que os direitos e garantias fundamentais *estão diretamente relacionados com o denominado Estado Democrático de Direito*, ou seja, com aquele modelo de ente estatal não só submetido ao império da lei, como também à denominada soberania popular, que permite ao povo participar das decisões políticas do Estado, seja por meio de representantes eleitos, seja por meio de mecanismos de democracia direta.

Podemos constatar, ademais, que os direitos e garantias fundamentais, em razão de sua importância, *devem todos estar fundamentados (ou, ao menos, deveriam)*[5] *no chamado princípio da dignidade humana*, apontado pela doutrina como a fonte primordial de todo o ordenamento jurídico, e, sobretudo, dos direitos e garantias fundamentais. Referido princípio, em apertada síntese, exige que o indivíduo seja tratado como um fim em si mesmo, que seja encarado como a razão de ser do próprio ordenamento, impondo não só ao Estado, como também aos particulares, que o respeitem integralmente, evitando qualquer conduta que degrade sua condição humana.

Podemos notar, por fim, que os direitos e garantias fundamentais abrangem diversas esferas (os doutrinadores costumam chamá-las de *dimensões*) de interesses essenciais ao gênero humano, destinando-se à tutela não só dos direitos individuais (para a proteção do homem contra as arbitrariedades estatais), como também dos direitos políticos (para a participação do indivíduo na ordem democrática), dos direitos sociais, culturais e econômicos (para a garantia da igualdade material), além dos direitos à fraternidade e à solidariedade (destinados à própria sobrevivência da espécie humana).

Baseando-nos nessas ponderações, podemos afirmar, em apertada síntese, que os direitos e garantias fundamentais são aqueles que, fundamentados no princípio da dignidade humana e diretamente relacionados com o Estado Democrático de Direito, dizem respeito às esferas de interesses essenciais ao gênero humano, destinando-se não só à tutela dos direitos individuais, como também dos direitos políticos, dos direitos sociais, culturais e econômicos, além dos direitos de fraternidade e de solidariedade.

Com algumas pequenas diferenças entre os doutrinadores, costuma-se conceder aos direitos fundamentais as seguintes características: historicidade, universalidade, relatividade, cumulatividade, extrapatrimonialidade, irrenunciabilidade, intransmissibilidade, imprescritibilidade e indisponibilidade.

Os direitos fundamentais são considerados *históricos* por decorrerem de um longo processo evolutivo, surgindo (e também se modificando) em conformidade com o momento histórico vivido pela humanidade, e com as necessidades daí advindas.[6] São *universais* (ou *genéricos*) por serem garantidos a todos os homens, sem possibilidade de exclusão injustificada de parcelas da sociedade.

A *relatividade* dos direitos fundamentais, por sua vez, decorre do fato de que eles, como regra geral, não podem ser considerados absolutos, ilimitados. Com efeito, como veremos

---

5. George Marmelstein nos lembra, contudo, que nem todos os direitos e garantias fundamentais existentes na Constituição de 1988, em razão do extenso rol ali fixado, possuem uma ligação tão forte com a dignidade da pessoa humana, ou mesmo com a limitação do poder estatal. Eis a excelente lição do autor sobre esta realidade de nossa Carta Magna: "Nesse extenso rol, há direitos que não possuem uma ligação tão forte com a dignidade da pessoa humana nem com a limitação do poder. Pode-se mencionar, por exemplo, o direito de marca, o direito ao lazer (art. 6º) ou mesmo o direito dos trabalhadores à participação nos lucros das empresas, entre outros semelhantes. São direitos importantes, mas talvez não tão essenciais. Poderiam perfeitamente estar fora do Título II ou até mesmo fora da Constituição". *Op. cit.*, p. 22.
6. Nas palavras de Luiz Alberto David Araujo e Vidal Serrano Nunes Júnior, o caráter histórico dos direitos fundamentais decorre do fato de que eles "não surgiram do nada, mas foram resultado de um processo de conquistas de alforrias humanitárias, em que a proteção da dignidade humana prosseguia ganhando, a cada momento, tintas mais fortes". *Op. cit.*, p. 142.

melhor pouco mais à frente, os direitos e garantias fundamentais podem sofrer limitações, por exemplo, para a garantia da aplicação da lei penal, bem como colidirem com outros direitos e garantias fundamentais.

Já o caráter *cumulativo* (ou concorrente) decorre do fato de que seu titular pode exercitar, ao mesmo tempo, mais de um direito ou garantia fundamental. Dito em outras palavras, os direitos fundamentais podem ser exercitados ao mesmo tempo, de maneira cumulativa. Um bom exemplo desta característica, nós o temos no exercício concorrente, por parte dos jornalistas, do direito de informar[7] e de opinar[8] sobre os fatos que noticia.

Os direitos e garantias fundamentais são *extrapatrimoniais* por não terem natureza econômica imediata.[9] São *irrenunciáveis*, o próprio nome já indica, em razão de seu titular não poder renunciá-los de maneira alguma, mesmo que, eventualmente, deixe de exercê-los. São, ainda, *intransmissíveis*, por não se transmitirem com a morte do titular. São tidos, ademais, por *imprescritíveis*, em razão de não haver prazo para o seu exercício (não há que se falar em perda de tais direitos pelo não uso). São, por fim, *indisponíveis*, uma vez que, em regra, não podem ser alienados.

Não podemos encerrar esta seção sem mencionar que a doutrina ainda não é pacífica no tocante à própria denominação dos direitos fundamentais. Com efeito, muitos são os nomes utilizados, pelos diferentes autores que tratam do tema, para definir esses direitos: direitos fundamentais, liberdades públicas, direitos humanos, direitos do homem, ou, ainda, a combinação daquelas denominações, tais como direitos fundamentais do homem, direitos humanos fundamentais e liberdades fundamentais.

Preferimos denominá-los simplesmente de *direitos e garantias fundamentais*. E tal preferência decorre de uma questão eminentemente prática, de puro respeito ao direito positivado em nosso País: é que a própria Constituição Federal de 1988 assim os denominou, em seu Título II, dividindo-os em cinco categorias específicas: direitos individuais e coletivos (Capítulo I), direitos sociais (Capítulo II), direitos da nacionalidade (Capítulo III), direitos políticos (Capítulo IV), e direitos relacionados aos partidos políticos (Capítulo V).

Mas também consideramos perfeitamente aceitável a denominação sugerida por Uadi Lammêgo Bulos:[10] *liberdades públicas em sentido amplo*. Com efeito, como vimos no início desta seção, os direitos fundamentais abrangem: *liberdades negativas*, relativas ao conjunto de limitações impostas ao Estado, para que este não viole direitos dos indivíduos; *liberdades-participação*, referentes ao conjunto de prerrogativas conferidas ao povo para participar das decisões políticas da entidade estatal; e *liberdades positivas*, ou seja, o conjunto de prestações devidas pelo Estado para garantir a igualdade material dos indivíduos.

Não consideramos correto, por outro lado, denominá-los de *direitos humanos*, por entendermos que esta tem um sentido específico, não coincidente com o de direitos e garantias fundamentais. Em nosso entender, estes últimos são os existentes na constituição de um determinado Estado, dizendo respeito, portanto, ao direito interno de um país; aqueles, por

---

7. Constituição Federal, artigo 5º, IX: "é livre a expressão da atividade intelectual, artística, científica e de comunicação, independentemente de censura ou licença".
8. Constituição Federal, artigo 5º, IV: "é livre a manifestação do pensamento, sendo vedado o anonimato".
9. Em alguns casos, contudo, eles podem ter conteúdo econômico reflexo. É o caso, por exemplo, do direito de autor, expressamente previsto no artigo 5º, inciso XXVII, da Carta Magna. Como se sabe, o autor de uma obra literária pode ceder a terceiros (geralmente uma editora) o direito de publicar e, consequentemente, explorar economicamente o texto que concebeu.
10. *Curso de direito constitucional*. 5. ed. Saraiva, 2010, p. 513.

sua vez, são apenas os positivados no âmbito do direito internacional. Neste sentido também é a excelente lição de George Marmelstein,[11] *in verbis*:

> *"Quando se estiver diante de um tratado ou pacto internacional, deve-se preferir a utilização da expressão direitos humanos ao invés de direitos fundamentais. Falar em tratado internacional de direitos fundamentais não soa bem aos ouvidos. Do mesmo modo, à luz dessa classificação, não é tecnicamente correto falar em direitos humanos positivados na Constituição".*

Essa distinção de conceitos, aliás, é encontrada na própria Constituição de 1988, a qual *utiliza especificamente a expressão "direitos humanos" sempre que se refere à seara do direito internacional*, como podemos verificar da simples leitura do seu artigo 4º, inciso II,[12] artigo 5º, § 3º,[13] ou mesmo de seu artigo 109, § 5º.[14] Já o termo *direitos e garantias fundamentais*, este é utilizado para tratar daqueles direitos por ela própria instituídos, notadamente aqueles inseridos em seu Título II.

Também não consideramos acertada, por fim, a utilização da expressão *direitos do homem* para se referir aos direitos fundamentais. É que estes, como vimos, dizem respeito àqueles direitos expressamente positivados em uma constituição. Já os direitos do homem, estes são direitos ainda não positivados, que funcionam como fundamento para a futura positivação dos direitos fundamentais.[15]

DIREITOS FUNDAMENTAIS: CONCEITO E CARACTERÍSTICAS

– Os direitos fundamentais devem necessariamente figurar no corpo de uma constituição, ou, ao menos, serem considerados normas materialmente constitucionais. Não podem ser criados, portanto, por simples normas infraconstitucionais.

– Eles estão diretamente relacionados com o denominado Estado Democrático de Direito, ou seja, com aquele modelo de ente estatal não só submetido ao império da lei, como também à denominada soberania popular, que permite ao povo participar das decisões políticas do Estado, seja por meio de representantes eleitos, seja por meio de mecanismos de democracia direta.

– Os direitos e garantias fundamentais, em razão de sua importância, devem todos estar fundamentados (ou ao menos deveriam) no chamado princípio da dignidade humana, apontado pela doutrina como a fonte primordial de todo o ordenamento jurídico, e, sobretudo, dos direitos e garantias fundamentais.

– Eles abrangem diversas esferas de interesses essenciais ao gênero humano, destinando-se não só à tutela dos direitos individuais, como também dos direitos políticos, dos direitos sociais, culturais e econômicos, além dos direitos de fraternidade e de solidariedade.

6.3 EVOLUÇÃO HISTÓRICA DOS DIREITOS E GARANTIAS FUNDAMENTAIS

Como vimos na seção anterior, os direitos e garantias fundamentais, também conhecidos como *liberdades públicas*, surgiram com a necessidade de proteger o homem do poder

---

11. *Op. cit.*, p. 26.
12. Constituição Federal, artigo 4º: "A República Federativa do Brasil rege-se *nas suas relações internacionais* pelos seguintes princípios: II – prevalência dos direitos humanos"; (grifou-se).
13. Constituição Federal, artigo 5º, § 3º: "*Os tratados e convenções internacionais sobre direitos humanos* que forem aprovados, em cada Casa do Congresso Nacional, em dois turnos, por três quintos dos votos dos respectivos membros, serão equivalentes às emendas constitucionais" (destaques inexistentes no original).
14. Constituição Federal, artigo 109, § 5º: "Nas hipóteses de grave violação de direitos humanos, o Procurador-Geral da República, com a finalidade de assegurar o cumprimento de obrigações decorrentes de *tratados internacionais de direitos humanos* dos quais o Brasil seja parte, poderá suscitar, perante o Superior Tribunal de Justiça, em qualquer fase do inquérito ou processo, incidente de deslocamento de competência para a Justiça Federal" (destacou-se).
15. Neste sentido é a excelente lição de George Marmelstein: "Para ser mais claro, os direitos do homem possuem um conteúdo bastante semelhante aos do direito natural. Não seriam propriamente **direitos**, mas algo que surge antes deles e como fundamento deles. Eles (os direitos do homem) são a matéria-prima dos direitos fundamentais, ou melhor, os direitos fundamentais são os direitos do homem positivados". *Op. cit.*, p. 26.

estatal, a partir dos ideais advindos do Iluminismo, mais particularmente com a concepção das constituições escritas. Contudo, a verdade é que muito antes do surgimento das constituições escritas já havia documentos que se preocupavam com este tema.

Com efeito, muitos afirmam que o primeiro diploma legal que conferiu um extenso rol de direitos à generalidade dos homens foi o famoso *Código de Hammurabi*, editado em 1690 antes de Cristo. Naquela codificação já estavam disciplinados, por exemplo, direitos relativos à vida, à honra, à família e à propriedade. Consagrava, inclusive, o princípio da legalidade, graças à previsão expressa da supremacia da lei em face dos governantes.

A Grécia antiga, lar das grandes escolas de filosofia clássica, foi um grande celeiro para o surgimento e difusão de ideias e valores relativos aos direitos fundamentais. Foi àquela época e naquele local, por exemplo, que o mundo conheceu a ideia (ainda incipiente) de democracia, de governo da *polis* pelos (e para) os cidadãos. Muitos afirmam que também foi àquela época que surgiu a concepção do direito natural, de normas não escritas e imutáveis, anteriores ao direito escrito, e que são o fundamento deste último.

O direito romano também é considerado como preciosa fonte desse tema. A famosa *Lei das Doze Tábuas*, por exemplo, é tida por muitos como um importante conjunto de leis que consagravam, de maneira expressa, o direito de propriedade e também o de proteção do cidadão contra as possíveis arbitrariedades praticadas pelo Estado romano.

Também vem do direito romano, por exemplo, a consagração da ideia de que as dívidas de uma pessoa só podem ser pagas com o seu patrimônio, e não com o seu próprio corpo. Com efeito, na Antiguidade, era comum que a pessoa se tornasse escrava de seu credor, caso não pagasse uma dívida. Foi somente com a edição da *Lex Poetelia Papiria*, em Roma, no ano de 428 a.C., que a lei passou a consagrar a impossibilidade da execução direta de uma dívida na pessoa de seu devedor, devendo a mesma projetar-se apenas sobre o seu patrimônio.

Como tivemos a oportunidade de verificar no Capítulo 1 desta obra, os chamados *antecedentes da constituição* já continham normas, em maior ou menor extensão, que tinham por objetivo justamente conferir maior proteção ao indivíduo em face do poder estatal, não só estabelecendo regras de limitação do exercício do poder, por parte do soberano, como também expressamente conferindo a seus súditos um rol de direitos para proteção em relação àquele. É o caso, por exemplo, da famosa *Magna Charta Libertatum* (de 1215), da *Petition of Rights* (de 1628), e, ainda, do *Bill of Rights* (de 1689).

A Revolução Norte-Americana também contribuiu, de maneira decisiva, para o desenvolvimento dos direitos fundamentais. A famosa *Declaração de Independência dos Estados Unidos da América*, assinada em 4 de julho de 1776 e atribuída a Thomas Jefferson, por exemplo, é um documento que já previa, de maneira ostensiva e preponderante, a limitação do poder do Estado.

Ademais, a importantíssima Constituição daquele país, promulgada em 1787 e ainda vigente, já previa, desde a sua edição, a chamada separação de poderes, bem como albergava, de maneira expressa, diversos direitos e garantias fundamentais, tais como o do devido processo legal, da ampla defesa, do julgamento pelo Tribunal do Júri, da impossibilidade de aplicação de penas cruéis, da inviolabilidade do domicílio, e da ampla liberdade religiosa, como corolário de um Estado concebido para ser laico, ou seja, sem qualquer vinculação entre religião e Estado.

Não podemos deixar de mencionar, ainda, a consagrada *Revolução Francesa*, a qual, para muitos, representou o marco para a normatização dos direitos fundamentais, com a promulgação, pela Assembleia Nacional daquele país, em 26 de agosto de 1789, da famosíssima *Declaração dos Direitos do Homem e do Cidadão*. Referido documento, com 17 (dezessete) artigos, relacionava diversos dos direitos e garantias fundamentais que são hoje encontrados nas constituições atuais.

Dentre os direitos e garantias fundamentais expressamente consagrados naquele emblemático documento, podemos citar, a título de exemplo, o direito de liberdade (inclusive religiosa), de igualdade, de propriedade, de associação política e de livre manifestação do pensamento. Podemos citar, ainda, a expressa previsão dos princípios da legalidade, da presunção de inocência, da reserva legal e da anterioridade em matéria penal. A Constituição francesa de 1791, e depois a de 1793, também consagravam, em caráter ostensivo, a limitação do poder estatal e a previsão de direitos e garantias fundamentais.

A partir do século XX, notadamente após as duas Grandes Guerras, os direitos e garantias fundamentais foram consideravelmente incrementados, passando os diversos Estados internacionais a também prever, em suas Constituições, um conjunto de normas de ordem social, econômica e cultural, tanto para a redução das desigualdades sociais, como igualmente para incentivar o desenvolvimento nacional. Surgia o denominado Estado social (*Welfare State*), iniciado com a Constituição Mexicana, promulgada em 31 de janeiro de 1917, porém notabilizado com a Constituição de Weimar,[16] de 11 de agosto de 1919.

Como nos ensina Manoel Gonçalves Ferreira Filho, essa evolução se inicia com a crítica feita pelos socializantes ou socialistas ao caráter formal das liberdades consagradas nos direitos individuais. Segue explicando o renomado professor:

> "*Essas liberdades seriam iguais para todos, é certo; para a maioria, porém, seriam sem sentido porque a ela faltariam os meios de exercê-las. De que adianta a liberdade de imprensa para todos aqueles que não têm os meios para fundar, imprimir e distribuir um jornal? – perguntavam esses críticos. Assim, esses direitos seriam negados pela organização social ao mesmo tempo que, proforma, seriam consagrados nas declarações*".[17]

A Constituição mexicana tratou, por exemplo, do direito à educação, em seu artigo 3º, prevendo não só a obrigatoriedade da educação primária, como também a gratuidade daquela prestada pelo Estado. Também continha regra sobre direitos trabalhistas, em seu artigo 5º, nos seguintes termos:

> "*O contrato de trabalho obrigará somente a prestar o serviço convencionado pelo tempo fixado por lei, sem poder exceder um ano em prejuízo do trabalhador, e não poderá compreender, em caso algum, a renúncia, perda ou diminuição dos direitos políticos ou civis. A falta de cumprimento do contrato, pelo trabalhador, só o obrigará à correspondente responsabilidade civil, sem que, em nenhum caso, se possa exercer coação sobre sua pessoa*".

A Constituição de Weimar (atual Alemanha), em uma seção destinada à disciplina dos direitos relativos à vida econômica (Seção v, da Parte II, relativa aos direitos e deveres fundamentais do povo alemão), previa, por exemplo, a especial proteção do indivíduo em relação ao trabalho (artigo 157), a liberdade de associação para defesa e melhoria das condições de trabalho e de vida (artigo 159), bem como um sistema de seguridade social para a conservação da saúde e da capacidade de trabalho, proteção da maternidade e prevenção dos riscos da idade, da invalidez e das vicissitudes da vida (artigo 161).

---

16. A primeira constituição brasileira a conter em seu texto, de maneira expressa, direitos fundamentais dessa nova espécie, foi a Carta Magna de 1934, sendo certo que, a partir daí todas as constituições nacionais que lhe sucederam também passaram a albergar direitos fundamentais de segunda geração.
17. *Curso de direito constitucional*. 35. ed. Saraiva, 2009, p. 291.

Portanto, a partir de então, somadas às denominadas *liberdades negativas* (conjunto de direitos conferidos aos cidadãos que os protegiam contra eventuais arbitrariedades do poder estatal) e também às *liberdades-participação* (conjunto de direitos políticos), passaram também a integrar as diversas constituições as denominadas *liberdades positivas*, o conjunto de direitos que impunham ao Estado a prática de diversas ações, visando à obtenção da igualdade substancial (não mais apenas formal) entre os indivíduos.

Atualmente, nós veremos melhor na próxima seção, já se tem por consolidada a ideia da existência de uma nova geração de direitos fundamentais, destinada à proteção do homem não mais como indivíduo, ou mesmo como categoria social a ser amparada pelo Estado, por meio de um conjunto de ações. Esses novos direitos fundamentais buscam proteger *todo o gênero humano*, como é o caso dos direitos ao meio ambiente equilibrado, ao patrimônio histórico e cultural da humanidade e à paz.

6.4 GERAÇÕES DE DIREITOS FUNDAMENTAIS

A doutrina mais tradicional costuma dividir os direitos fundamentais em 3 (três) categorias: direitos fundamentais de primeira, segunda e terceira gerações. Referida classificação, como ressalta boa parte dos doutrinadores pátrios, tem em conta a ordem histórico-cronológica em que tais direitos fundamentais passaram a receber expresso amparo das constituições.

Os *direitos fundamentais de primeira geração* são os direitos individuais e os direitos políticos. Os direitos individuais, também denominados de *liberdades clássicas*, ou, ainda, *liberdades negativas*, surgiram com a necessidade de proteger o homem do poder estatal. Fundamentados precipuamente no princípio da *liberdade*, impõem ao Estado[18] um conjunto de *prestações negativas*, o dever de se abster de desrespeitar direitos fundamentais da pessoa encarada como indivíduo, tais como o direito à vida, à liberdade, à propriedade e a outros do gênero.

Como vimos supra, além das liberdades negativas, os direitos fundamentais de primeira geração também abrangem os *direitos políticos*. Estes últimos, também denominados de *liberdades-participação*, têm por missão justamente permitir que o indivíduo participe, efetivamente, do processo político do Estado a que esteja vinculado, não só por meio do exercício do voto e dos demais mecanismos de participação popular, como também se candidatando a ser um representante do povo na condução daquele mesmo Estado.

Os *direitos fundamentais de segunda geração*, também denominados de *liberdades concretas, positivas ou reais*, são os direitos sociais, econômicos e culturais. Referidos direitos, fundamentados no princípio da *igualdade*, impõem ao Estado um dever de agir, visando à obtenção da igualdade substancial, e não apenas formal, entre os indivíduos, através da redução das desigualdades socioeconômicas. Por se tratar de ações (prestações positivas) que devem ser prestadas pelo Estado, esses direitos são também chamados de *direitos de promoção* ou *direitos prestacionais*.

Com efeito, o simples reconhecimento de direitos fundamentais nem sempre se mostra suficiente para que os indivíduos possam efetivamente gozá-los, tamanha a desigualdade que ainda existe no meio social. O direito de propriedade nada significa, por exemplo, para quem ainda sequer consegue alimentar-se ou se vestir adequadamente. É

---

18. Na realidade, como veremos melhor logo em seguida, os direitos fundamentais devem ser observados não só pelo Estado, como também, em alguns casos, pelos próprios particulares, no trato com os demais indivíduos.

indispensável, portanto, que o Estado consagre um conjunto de direitos fundamentais destinados justamente à obtenção, tanto quanto possível, da desejada igualdade material entre as pessoas. Estão incluídos nessa categoria de direitos fundamentais, por exemplo, os direitos relacionados ao trabalho, à saúde, à previdência social e à proteção à velhice.

Sobre essa nova etapa na proteção dos direitos fundamentais, Luiz Alberto David Araujo e Vidal Serrano Nunes Júnior[19] nos ensinam, com a costumeira clareza, que "o homem, liberto do jugo do poder público, reclama agora uma nova forma de proteção da sua dignidade, como seja, a satisfação das necessidades mínimas para que se tenha dignidade e sentido na vida humana".

Os *direitos fundamentais de terceira geração* são os direitos ou interesses transindividuais ou metaindividuais, também conhecidos como direitos coletivos em sentido amplo. Fundamentados no princípio da *fraternidade* (ou da *solidariedade*), referidos direitos impõem o dever de respeito aos direitos fundamentais da pessoa encarada como espécie, e não mais como indivíduo ou categoria social a ser amparada. Em outras palavras, *são direitos cuja titularidade é difusa*, de toda a sociedade humana ou de uma parcela expressiva desta. Nesta categoria estão, por exemplo, o direito a um meio ambiente ecologicamente equilibrado e a proteção às relações de consumo.[20]

Como vimos supra, os direitos fundamentais de primeira geração encontram fundamento na *liberdade*. Os de segunda geração, por sua vez, estão fundamentados na *igualdade*. Já os direitos fundamentais de terceira geração, estes estão embasados na *fraternidade*. É por essa razão que já se tornou célebre a relação que Manoel Gonçalves Ferreira Filho fez entre aquelas três gerações de direitos e garantias fundamentais e o lema da Revolução Francesa. Segundo esse renomado autor, os de primeira geração seriam os relativos à *liberdade*; os de segunda, os relacionados à *igualdade*; e os de terceira, à *fraternidade*.

Ainda sobre esse tema, consideramos oportuno fornecer ao caro leitor a transcrição de excelente ementa de acórdão da lavra do ministro Celso de Mello, do Supremo Tribunal Federal, em sede de mandado de segurança, que consegue sintetizar, com grande maestria, não só os conceitos como os principais traços distintivos dessas 3 (três) diferentes gerações de direitos fundamentais. Eis a ementa, *in verbis*:

> *"Enquanto os direitos de primeira geração (direitos civis e políticos) – que compreendem as liberdades clássicas, negativas ou formais – realçam o princípio da liberdade e os direitos de segunda geração (direitos econômicos, sociais e culturais) – que se identifica com as liberdades positivas, reais ou concretas – acentuam o princípio da igualdade, os direitos de terceira geração, que materializam poderes de titularidade coletiva atribuídos genericamente a todas as formações sociais, consagram o princípio da solidariedade e constituem um momento importante no processo de desenvolvimento, expansão e reconhecimento dos direitos humanos, caracterizados, enquanto valores fundamentais indisponíveis, nota de uma essencial inexauribilidade"* (Supremo Tribunal Federal, Tribunal Pleno, Mandado de Segurança 22.164/SP, Relator Ministro Celso de Mello, julgamento em 30.10.95, *DJ* de 17.11.95, p. 39206).

---

19. *Op. cit.*, p. 139.
20. Em termos semelhantes é a lição de Luiz Alberto David Araujo e Vidal Serrano Nunes Júnior: "Depois de preocupações em torno da liberdade e das necessidades humanas, surge uma nova convergência de direitos, volvida à essência do ser humano, sua razão de existir, ao destino da humanidade, pensando o ser humano enquanto gênero e não adstrito ao indivíduo ou mesmo a uma coletividade determinada. A essência desses direitos se encontra em sentimentos como a solidariedade e a fraternidade, constituindo mais uma conquista da humanidade no sentido de ampliar os horizontes de proteção e emancipação dos cidadãos". *Op. cit.*, p. 139.

Não podemos deixar de mencionar, contudo, que alguns autores fazem menção à existência de novas gerações de direitos fundamentais.[21] Paulo Bonavides,[22] por exemplo, fala na existência de *direitos fundamentais de quarta geração*, que seriam aqueles relativos à democracia, à informação e ao pluralismo. Segundo o autor, "deles depende a concretização da sociedade aberta do futuro, em sua dimensão de máxima universalidade, para a qual parece o mundo inclinar-se no plano de todas as relações de convivência.

Não devemos deixar de mencionar, ainda, que alguns doutrinadores também criticam a utilização do termo *geração*, para definir as diversas categorias de direitos fundamentais. De fato, parte deles prefere utilizar o termo *dimensões*, asseverando que um só direito fundamental pode alcançar diversas esferas de incidência, mesmo que, originariamente, tenha surgido em um determinado período. Seria o caso, por exemplo, do direito de propriedade, que surgiu como um direito individual, mas que, atualmente, repercute inclusive na seara do direito ambiental.

De nossa parte, a despeito de não vermos grandes problemas na utilização do termo *dimensões* de direitos fundamentais, preferimos manter a tradicional expressão *geração de direitos fundamentais*, uma vez que esta apenas revela a ordem histórico-cronológica em que referidos direitos fundamentais passaram a receber expresso amparo das constituições, sem afastar, de maneira alguma, o reconhecimento de que os direitos fundamentais podem efetivamente alcançar diversas dimensões, diversos âmbitos de incidência.

De todo modo, para encerrar esta seção, devemos enfatizar que a Constituição de 1988, ao tratar dos direitos e garantias fundamentais em seu Título II, ao invés de dividi-los em 3 (três) gerações (ou mesmo dimensões), preferiu dividi-los em 5 (cinco) categorias distintas, a saber: direitos e deveres individuais e coletivos (Capítulo I), direitos sociais (Capítulo II), direitos da nacionalidade (Capítulo III), direitos políticos (Capítulo IV), e direitos relacionados aos partidos políticos (Capítulo V).

GERAÇÕES DE DIREITOS FUNDAMENTAIS

Primeira geração	– São os *direitos individuais* e *políticos*.
	– Os direitos individuais são também denominados, pela doutrina, *liberdades clássicas, negativas* ou *formais*.
	– Os direitos políticos, por sua vez, são também conhecidos como *liberdades-participação*.
Segunda geração	– São os *direitos sociais, econômicos* e *culturais*. Parte da doutrina também os denomina *liberdades concretas, positivas* ou *reais*.
	– Consistem em prestações positivas, por parte do Estado, tendo por escopo diminuir as desigualdades socioeconômicas, notadamente proporcionando proteção aos mais fracos.
	– Estão incluídos nessa categoria, por exemplo, os direitos relacionados ao trabalho, à saúde, à previdência social e à proteção à velhice.

---

21. Uadi Lammêgo Bulos, por exemplo, fala na existência de direitos fundamentais de *quarta geração*, relativos a saúde, informática, *softwares*, biociências, eutanásia, alimentos transgênicos, sucessão de filhos gerados por inseminação artificial, clonagens, dentre outros acontecimentos ligados à engenharia genética; de *quinta geração*, referentes ao direito à paz; e de *sexta geração*, referentes à democracia, à liberdade de informação, ao direito de informação e ao pluralismo. *Op. cit.*, p. 516-517.
22. *Curso de direito constitucional*. 18. ed. Malheiros, 2006, p. 571.

Terceira geração	– São os *direitos ou interesses transindividuais* ou *metaindividuais*, também conhecidos como *direitos coletivos em sentido amplo*. – Fundamentados no princípio da *fraternidade*, impõem o dever de respeito aos direitos fundamentais da pessoa encarada não mais como indivíduo ou categoria social a ser amparada, mas sim como gênero humano. – Em outras palavras, são direitos cuja titularidade é difusa, de toda a sociedade humana. Nesta categoria está, por exemplo, o direito a um meio ambiente ecologicamente equilibrado.

Obs.: É possível que estejam conjugados, em um único dispositivo constitucional, um direito e uma garantia fundamental. É o caso, por exemplo, do artigo 5º, inciso X, da Constituição Federal. A primeira parte ("são invioláveis a intimidade, a vida privada, a honra e a imagem das pessoas") enuncia alguns direitos; a segunda ("assegurado o direito a indenização pelo dano material ou moral decorrente de sua violação") garante o exercício daqueles direitos, ao prever uma indenização, caso sejam violados.

6.5 DESTINATÁRIOS DOS DIREITOS E GARANTIAS FUNDAMENTAIS

O *caput* do artigo 5º, da Constituição Federal, que inicia o Título II da Carta Magna, relativo aos direitos e garantias fundamentais, dispõe expressamente que todos são iguais perante a lei, sem distinção de qualquer natureza, *garantindo-se aos brasileiros e aos estrangeiros residentes no País* a inviolabilidade do direito à vida, à liberdade, à igualdade, à segurança e à propriedade, nos termos especificados nos incisos daquele mesmo artigo.

Uma leitura apressada daquele dispositivo constitucional pode nos conduzir a uma interpretação de que somente os brasileiros e os estrangeiros residentes no Brasil é que são destinatários dos direitos e garantias fundamentais consagrados no texto constitucional. Por essa interpretação, de natureza inequivocamente literal, tanto as pessoas jurídicas, como também os estrangeiros que não residam no Brasil, além dos apátridas, todos estes estariam fora da proteção conferida pela Constituição Federal.

Tal interpretação, a toda evidência, mostra-se equivocada, não tendo sido essa a vontade do legislador constituinte. *Os direitos e garantias fundamentais, como já vimos, destinam-se à proteção de todo o gênero humano*. Dessa forma, valendo-nos de uma interpretação lógico--sistemática, e, sobretudo, teleológica (finalística) do texto constitucional, não há dúvidas de que referidos direitos e garantias fundamentais têm por destinatários (beneficiários ou titulares) não só os brasileiros como também os estrangeiros, e até mesmo os apátridas (aqueles que não tenham uma nacionalidade definida), se encontrem em território nacional.

O próprio artigo 5º, da Carta Magna, em sua parte inicial, é expresso e inequívoco em declarar que "todos são iguais perante a lei, *sem distinção de qualquer natureza*", o que evidencia que os direitos e garantias fundamentais devem ser conferidos a todos que estejam no território nacional, sem que se possa fazer qualquer distinção entre brasileiros natos ou naturalizados, estrangeiros residentes ou não no País, em situação regular ou irregular, ou mesmo apátridas.[23]

Esse, aliás, também é o entendimento do próprio Supremo Tribunal Federal, que reconhece como beneficiários dos direitos e garantias fundamentais albergados por nossa Constituição Federal não só os brasileiros e os estrangeiros residentes no País, como também

---

23. Em termos semelhantes são os ensinamentos de Luiz Alberto David Araujo e Vidal Serrano Nunes Júnior: "Os direitos fundamentais têm um forte sentido de proteção do ser humano, e mesmo o próprio *caput* do art. 5º faz advertência de que essa proteção realiza-se 'sem distinção de qualquer natureza'. Logo, a interpretação sistemática e finalística do texto constitucional não deixa dúvidas de que os direitos fundamentais destinam-se a todos os indivíduos independentemente de sua nacionalidade ou situação no Brasil". *Op. cit.*, p. 150.

os estrangeiros de passagem pelo Brasil (caso, por exemplo, dos turistas), os apátridas (os que, por algum motivo, não tenham uma nacionalidade), e até mesmo as pessoas jurídicas. Sobre o tema, sugerimos a leitura do *Habeas Corpus* 74.051-3, Supremo Tribunal Federal, relator ministro Marco Aurélio de Mello, *DJ* de 20.9.1996.

Nada mais justo, sobretudo tendo em vista o caráter universal dos direitos e garantias fundamentais. Seria um absurdo, por exemplo, se um turista estrangeiro não pudesse impetrar um *habeas corpus*, no Brasil, para fazer cessar eventual coação ilegal no seu direito de locomoção, ou um mandado de segurança, caso alguma autoridade brasileira lhe negasse uma certidão indispensável ao exercício de um seu direito. Também seria um absurdo, exemplificativamente, se não lhe fosse reconhecido o direito de propriedade relativamente aos bens lícitos que lhe pertencem, ou que não lhe fosse garantido o devido processo legal, com irrestrita observância dos princípios do contraditório e da ampla defesa, caso fosse processado no País.

O mesmo se diga em relação às pessoas jurídicas. Como se sabe, o ordenamento jurídico brasileiro lhes confere personalidade jurídica. Portanto, são titulares de direitos e deveres, de maneira semelhante às pessoas naturais. Como consequência disso, revela-se induvidoso que as pessoas jurídicas também podem ser destinatárias de direitos fundamentais, desde que compatíveis com sua natureza, como é o caso, por exemplo, do direito de propriedade (em relação a seus bens, às suas marcas e patentes) e até mesmo o direito à imagem, importantíssimo para os fornecedores no mercado de consumo.

Até mesmo as pessoas jurídicas estrangeiras, desde que constituídas em conformidade com as leis brasileiras, com sede e administração no País, podem ser destinatárias dos direitos e garantias fundamentais previstos em nossa Carta Magna,[24] tais como, por exemplo, o direito de propriedade, o direito de imagem e a garantia do direito de indenização pelo dano material ou moral decorrente de sua violação, o direito de peticionar ao Estado e de obter certidões necessárias ao exercício de direitos, e até mesmo de alguns remédios constitucionais, tais como o mandado de segurança, o mandado de injunção e o *habeas data*.

Ademais, também são titulares (beneficiários) dos direitos e garantias fundamentais previstos em nossa Constituição Federal alguns órgãos públicos (como, por exemplo, o Ministério Público da União e os Ministérios Públicos dos Estados e do Distrito Federal e Territórios), além de outros entes despersonalizados com capacidade processual, como é o caso do espólio e da massa falida. São os entes a que a doutrina costuma denominar de *quase pessoas* jurídicas.

Particularmente no que toca aos órgãos públicos, como se sabe, estes não têm personalidade jurídica. Quem a possui é a pessoa jurídica de direito público a que estão vinculados. Contudo, a doutrina e a jurisprudência nacionais já se encontram pacificadas no sentido de que referidos órgãos públicos, quando dotados de capacidade processual, poderão impetrar o mandado de segurança. É o caso, por exemplo, das Mesas da Câmara dos Deputados e do Senado Federal.

Por outro lado, é importante ressaltar que, em razão de especificidades que os caracterizam, alguns direitos fundamentais previstos em nossa Carta Magna não se estendem aos estrangeiros. É o caso, por exemplo, da ação popular, que só pode ser proposta pelo nacional

---

24. Nesses termos também a lição de Uadi Lammêgo Bulos. *Op. cit.*, p. 524.

eleitor (cidadão), conforme determina expressamente o artigo 5º, LXXIII, da Constituição Federal.[25]

Da mesma forma, não goza o estrangeiro do direito conferido aos brasileiros natos, de não serem extraditados de maneira alguma, e aos naturalizados, de somente o serem em caso de crime comum, praticado antes da naturalização, ou de comprovado envolvimento em tráfico ilícito de entorpecentes e drogas afins, conforme expressa previsão do artigo 5º, inciso LI, de nossa Lei Maior.

Algo parecido se dá com às pessoas jurídicas. Com efeito, também nessa hipótese, alguns dos direitos e garantias fundamentais previstos na Constituição brasileira, em razão de suas especificidades, não podem beneficiar as pessoas jurídicas. O exemplo mais citado pela doutrina, por ser emblemático, é o *habeas corpus*, que só pode ter por paciente o ser humano, o único que pode ter o seu direito de ir e vir ameaçado.

DESTINATÁRIOS DOS DIREITOS E GARANTIAS FUNDAMENTAIS

– Uma leitura apressada da Constituição Federal pode nos conduzir a uma interpretação de que somente os brasileiros e os estrangeiros residentes no Brasil é que são destinatários dos direitos e garantias fundamentais.

– Todavia, a verdade é que os direitos e garantias fundamentais têm por destinatários não só os brasileiros, como também os estrangeiros, e até mesmo os apátridas, caso se encontrem no território nacional.

– O mesmo se diga em relação às pessoas jurídicas, já que o ordenamento lhes confere a titularidade de direitos e deveres, inclusive direitos fundamentais, de maneira semelhante às pessoas naturais.

– Até mesmo pessoas jurídicas estrangeiras, desde que constituídas em conformidade com as leis brasileiras, com sede e administração no País, podem ser titulares de direitos e garantias fundamentais.

– Também são destinatários dos direitos e garantias fundamentais alguns órgãos públicos, além de outros entes despersonalizados com capacidade processual, como é o caso do espólio e da massa falida.

6.6 EFICÁCIA HORIZONTAL DOS DIREITOS E GARANTIAS FUNDAMENTAIS

Como já vimos anteriormente, a doutrina mais tradicional costuma dividir os direitos e garantias fundamentais em 3 (três) categorias: direitos de primeira, de segunda e de terceira gerações. Referida divisão, também o vimos naquela oportunidade, leva em conta a ordem histórico-cronológica em que tais direitos fundamentais passaram a receber expresso amparo das constituições.

Os direitos fundamentais de primeira geração são os direitos individuais e os direitos políticos. Os direitos individuais impõem ao Estado (ou ao particular que atua em nome deste) o dever de se abster de desrespeitar direitos fundamentais da pessoa encarada como indivíduo. Já os direitos políticos, estes têm por missão permitir que o indivíduo participe, efetivamente, do processo político do Estado a que esteja vinculado.

Por sua vez, os direitos fundamentais de segunda geração, também denominados de liberdades positivas, são os direitos sociais, econômicos e culturais, os quais impõem ao Estado (ou a quem lhe faça as vezes) um dever de agir, visando à diminuição das desigual-

---

25. Constituição Federal, artigo 5º, LXXIII: "qualquer cidadão é parte legítima para propor ação popular que vise a anular ato lesivo ao patrimônio público ou de entidade de que o Estado participe, à moralidade administrativa, ao meio ambiente e ao patrimônio histórico e cultural, ficando o autor, salvo comprovada má-fé, isento de custas judiciais e do ônus da sucumbência".

dades socioeconômicas, sobretudo com a instituição de mecanismos de proteção mínima aos mais fracos.

Por fim, os *direitos fundamentais de terceira geração*, também chamados de *direitos ou interesses coletivos em sentido amplo* são aqueles que impõem o dever de respeito, pelo Estado ou por quem atue em nome ou por conta deste, aos direitos da pessoa encarada como espécie ou ao menos como uma coletividade definida ou indefinida de pessoas, e não mais como indivíduo a ser amparado.

Como é fácil perceber, o traço que une todas aquelas categorias de direitos fundamentais é o fato de que são *relações jurídicas verticais*, em que uma das partes é o Estado, ou seja, o ente que tem o dever de observar os preceitos, expressa ou implicitamente fixados pela Constituição, e a outra parte é o particular, seja uma pessoa natural encarada como indivíduo ou como membro de uma coletiva, seja uma pessoa jurídica, que figure como o beneficiário daqueles direitos.

Atualmente, contudo, fundamentados no *princípio da máxima efetividade*[26], parte expressiva da doutrina e da jurisprudência, tanto pátria como estrangeira, vem defendendo que a observância dos direitos e garantias fundamentais não deve ser imposta apenas ao poder público, devendo sua aplicabilidade ser estendida às *relações horizontais* (entre particulares), de maneira que também as pessoas naturais e jurídicas sejam compelidas a respeitar os direitos fundamentais de outrem.

Alguns doutrinadores, aliás, com fundamento na norma explicitada no artigo 5º, § 1º, de nossa Carta Magna, a qual dispõe que "as normas definidoras dos direitos e garantias fundamentais têm aplicação imediata", chegam mesmo a afirmar *que a generalidade dos direitos e garantias fundamentais consagrados no texto constitucional deve ser direta e imediatamente aplicada às relações horizontais entre particulares, independentemente da edição de diplomas infraconstitucionais*, para regulamentação daquelas relações jurídicas. Os defensores deste entendimento são costumeiramente denominados de *corrente imediata ou direta*.

Outra parcela expressiva da doutrina, entretanto, defende que a aplicabilidade dos direitos e garantias fundamentais às relações horizontais, ou seja, celebradas entre particulares, *depende necessariamente ou da edição de normas infraconstitucionais, ou da utilização das chamadas cláusulas gerais (tais como boa-fé objetiva, função social do contrato, justiça contratual, ordem pública etc.), inseridas em normas de direito privado*. Referida corrente doutrinária, vale mencionar, é costumeiramente denominada de *corrente mediata ou indireta*.

É bem verdade que alguns dos direitos e garantias fundamentais, expressamente consagrados pela Constituição de 1988, são exigíveis apenas do Estado, não podendo, portanto, ser aplicados às relações entre particulares. É o caso, por exemplo, do direito de receber dos *órgãos públicos* informações de interesse particular, ou de interesse coletivo ou geral, ressalvadas aquelas cujo sigilo seja imprescindível à segurança da sociedade e do Estado (artigo 5º, XXIII)[27].

Contudo, em relação a uma parcela expressiva dos direitos e garantias fundamentais, não há dúvida de que referidos direitos podem (e devem) ser aplicados direta e imediatamente

---

26. Como vimos no Capítulo 3, princípio da máxima efetividade é aquele que, em apertada síntese, determina que as normas constitucionais sejam interpretadas de maneira a lhes conferir a maior eficácia possível
27. Na mesma toada, o direito de petição *aos poderes públicos* em defesa de direitos ou contra ilegalidade ou abuso de poder (artigo 5º, XXXIV, *a*), além do direito de obtenção de certidões em *repartições públicas*, para defesa de direitos e esclarecimento de situações de interesse pessoal (artigo 5º, XXXIV, *b*).

às relações jurídicas horizontais. É o caso, por exemplo, da liberdade de manifestação do pensamento, que deverá ser exercitada, por toda e qualquer pessoa, de modo a não violar outros direitos fundamentais, tais como, por exemplo, os direitos à intimidade, à vida privada, à honra e à imagem das pessoas, previstos no artigo 5º, inciso X, de nossa Lei Maior.

O próprio Supremo Tribunal Federal, em mais de uma oportunidade, já reconheceu a possibilidade de aplicação direta e imediata dos direitos e garantias fundamentais às relações horizontais. Com efeito, ao julgar um recurso extraordinário, o Pretório Excelso considerou que a expulsão de associados de uma cooperativa, sem a observância das regras estatutárias, consistiu em violação à garantia constitucional da ampla defesa (Recurso Extraordinário 158.215/RS, Relator Ministro Marco Aurélio, j. 30.4.1996).

Em outro julgamento, que envolvia a exclusão de um sócio dos quadros de uma sociedade civil – a União Brasileira dos Compositores –, a mesma Corte Suprema determinou a reintegração do associado excluído, sob o fundamento de que os direitos fundamentais assegurados pela Constituição Federal vinculam diretamente não só os poderes públicos, como também os particulares (Recurso Extraordinário 201.819/RJ, Relator Ministro Gilmar Mendes, j. 11.10.2005).

EFICÁCIA HORIZONTAL DOS DIREITOS E GARANTIAS FUNDAMENTAIS

– O traço que une todas as categorias de direitos fundamentais é o fato de que são relações jurídicas *verticais*, em que uma das partes é o Estado (ou quem lhe faça as vezes), que tem o dever de observar os preceitos fixados pela Constituição, e a outra é o particular, que figura como o beneficiário daqueles direitos.

– Atualmente, contudo, fundamentados no *princípio da máxima efetividade*, parte expressiva da doutrina e da jurisprudência vem defendendo que a observância dos direitos e garantias fundamentais deve ter sua aplicabilidade estendida às relações *horizontais*, entre particulares.

– Alguns chegam a afirmar que os direitos e garantias fundamentais consagrados no texto constitucional devem ser *direta e imediatamente* aplicados às relações horizontais entre particulares, independentemente da edição de diplomas infraconstitucionais (*corrente imediata ou direta*).

– Outra parcela defende que a aplicabilidade dos direitos e garantias fundamentais às relações horizontais depende necessariamente ou da edição de normas infraconstitucionais, ou da utilização das chamadas cláusulas gerais inseridas em normas de direito privado (*corrente mediata ou indireta*).

6.7 CARÁTER RELATIVO DOS DIREITOS E GARANTIAS FUNDAMENTAIS

Quando estudamos os princípios de interpretação constitucional (Capítulo 3), vimos que, em razão dos princípios da *razoabilidade e da proporcionalidade*, as normas da nossa Constituição devem ser interpretadas de modo que os meios utilizados sejam adequados aos fins perseguidos por elas, devendo o intérprete buscar conceder aos bens jurídicos por elas tutelados a aplicação mais justa e equânime possível.

Justamente em decorrência da aplicação daqueles princípios, *os direitos e garantias fundamentais não são considerados absolutos*, não sendo possível a alguém invocar um direito ou garantia constitucional para acobertar um comportamento ilícito, tentando afastar, com tal argumento, a indispensável aplicação da lei penal. É por força destes princípios que o indivíduo poderá, por exemplo, ter seu sigilo bancário quebrado, para fins de aplicação da lei penal.

Nesse sentido, por exemplo, é o acórdão proferido pelo Supremo Tribunal Federal, em memorável julgamento realizado no Mandado de Segurança 23.542, relatado pelo Ministro

Celso de Mello, e julgado em 16 de setembro de 1999 (publicado no *DJ* do dia 12.5.2000), *in verbis*:

> "Os direitos e garantias individuais não têm caráter absoluto. Não há, no sistema constitucional brasileiro, direitos ou garantias que se revistam de caráter absoluto, mesmo porque razões de relevante interesse público ou exigências derivadas do princípio de convivência das liberdades legitimam, ainda que excepcionalmente, a adoção, por parte dos órgãos estatais, de medidas restritivas das prerrogativas individuais ou coletivas, desde que respeitados os termos estabelecidos pela própria Constituição. O estatuto constitucional das liberdades públicas, ao delinear o regime jurídico a que estas estão sujeitas – e considerado o substrato ético que as informa – permite que sobre elas incidam limitações de ordem jurídica, destinadas, de um lado, a proteger a integridade do interesse social e, de outro, a assegurar a coexistência harmoniosa das liberdades, pois nenhum direito ou garantia pode ser exercido em detrimento da ordem pública ou com desrespeito aos direitos e garantias de terceiros".

Por outro lado, por força do que determina o denominado *princípio da concordância prática ou da harmonização*, outro importantíssimo princípio específico de interpretação constitucional (Capítulo 3), sabemos que, na ocorrência de conflito entre bens jurídicos garantidos por normas constitucionais diversas, deve-se buscar uma interpretação que melhor os harmonize, de maneira a conceder a cada um dos direitos a maior amplitude possível, sem que um deles imponha a supressão do outro.

Dessa forma, referido princípio (também denominado de *princípio da cedência recíproca*) também revela, de maneira clara e induvidosa, o caráter não absoluto dos direitos e garantias fundamentais, uma vez que, sempre que houver algum confronto entre direitos desta categoria, num dado caso particular, dever-se-á alcançar um ponto de coexistência entre eles, de forma que ambos cedam reciprocamente, para que possam conviver harmoniosamente.

Assim, sempre que houver alguma possível colisão entre dois direitos e/ou garantias fundamentais, não será possível conceder plena aplicação a ambos, havendo necessidade de *mitigação de um deles, ou mesmo dos dois*, para que prevaleça, no caso concreto, a solução que melhor se harmonize com o sistema constitucional.

Colisão de direitos fundamentais, nós a temos, por exemplo, no conflito que pode surgir, em um determinado episódio, entre a liberdade de expressão da atividade de comunicação, independentemente de censura ou licença (artigo 5º, inciso IX, da Carta Magna), e a inviolabilidade da intimidade, da vida privada, da honra e da imagem das pessoas (artigo 5º, inciso X, de nossa Lei Maior), quando a imprensa publica notícias que, a despeito de serem de interesse público, acabem invadindo a esfera privada de alguém.

Aliás, particularmente no que se refere à colisão entre o direito de a imprensa informar e o direito da pessoa à intimidade e à vida privada, muitas vezes o Poder Judiciário é chamado a solucionar tal conflito. Nesses casos, o magistrado deverá avaliar qual o interesse deve prevalecer naquele caso, ou seja, se é o interesse público na divulgação da informação, ou se é o direito da pessoa à preservação de sua intimidade, vida privada, honra ou imagem.

CARÁTER RELATIVO DOS DIREITOS E GARANTIAS FUNDAMENTAIS

– Graças ao princípio da *razoabilidade/proporcionalidade*, os direitos e garantias fundamentais não são considerados absolutos, não sendo possível a alguém invocá-los para acobertar um comportamento ilícito. É por força desse princípio que o indivíduo poderá, por exemplo, ter seu sigilo bancário quebrado, para fins de aplicação da lei penal.

– Em razão do *princípio da concordância prática ou da harmonização*, sempre que houver algum confronto entre direitos fundamentais, num caso concreto, dever-se-á alcançar um ponto de coexistência entre eles, de forma que ambos cedam reciprocamente, para que possam conviver harmoniosamente.

– É o caso, por exemplo, do conflito entre a liberdade de expressão da atividade de comunicação, independentemente de censura ou licença (artigo 5º, IX, da Carta Magna), e a inviolabilidade da intimidade, da vida privada, da honra e da imagem das pessoas (artigo 5º, X, da Lei Maior).

6.8 APLICAÇÃO IMEDIATA E CARÁTER NÃO TAXATIVO DO ROL DE DIREITOS E GARANTIAS FUNDAMENTAIS

Nos termos do artigo 5º, § 1º, de nossa Carta Magna, "as normas definidoras dos direitos e garantias fundamentais têm aplicação imediata". Este comando constitucional pontifica que as normas constitucionais que imprimam existência a direitos fundamentais, ou que garantam sua aplicação, são normas autoexecutáveis, ou de eficácia plena, não dependendo da edição de qualquer lei infraconstitucional, ou de atuação do Estado, para se tornarem autoaplicáveis.

É imperioso ressaltar, contudo, que a regra da aplicabilidade imediata dos direitos e garantias fundamentais comporta exceções, quando o próprio texto constitucional assim o determinar. Com efeito, como vimos ao estudar o tema da aplicabilidade das normas constitucionais (Capítulo 3), há casos em que nossa própria Carta Magna condiciona a produção de seus efeitos à edição de norma regulamentadora.

No caso específico dos direitos e garantias fundamentais, podemos citar, por exemplo, a regra do artigo 5º, inciso XXVII, de nossa Lei Maior, que concede ao autor o direito exclusivo de utilização, publicação ou reprodução de suas obras, o qual será transmissível aos seus herdeiros, *pelo tempo que a lei* fixar.

É por essa razão, aliás, que Uadi Lammêgo Bulos[28] nos ensina, com a costumeira percuciência, que o supramencionado § 1º do artigo 5º de nossa Lei Maior, que prevê a aplicabilidade imediata dos direitos e garantias fundamentais, "deve ser interpretado *cum granun salis*, porque as liberdades têm aplicação imediata se, e somente se, a Constituição Federal não exigir a feitura de leis para implementá-las".

Assim, podemos afirmar, em conclusão, que as normas definidoras dos direitos e garantias fundamentais são dotadas, *regra geral*, de aplicabilidade imediata, como, aliás, determina expressamente o artigo 5º, § 1º, de nossa Lei Maior. Contudo, será possível, *por exceção*, a existência de direitos e garantias fundamentais que dependam da edição de lei regulamentadora (infraconstitucional) para que possam ser efetivamente aplicados, desde que o próprio texto constitucional assim o determine.

O caráter não taxativo do rol dos direitos e garantias fundamentais, por sua vez, está explicitado no artigo 5º, § 2º, da Constituição Federal. Com efeito, nos termos do dispositivo constitucional em questão, "os direitos e garantias expressos nesta Constituição não excluem outros decorrentes do regime e dos princípios por ela adotados, ou dos tratados internacionais em que a República Federativa do Brasil seja parte".

Vê-se, portanto, que nossa Carta Magna não reconhece e confere legitimidade apenas a direitos e garantias inseridos em seu corpo, mas também a outros, fora de seu texto, desde que guardem conformidade com os princípios por ela adotados, ou com os tratados internacionais de que o Brasil seja signatário.

Aliás, no tocante especificamente aos tratados e convenções internacionais, a Emenda Constitucional 45/2004 acrescentou ao artigo 5º, da Constituição Federal, o § 3º, determinando expressamente que aqueles diplomas normativos, quando tiverem por objeto direitos humanos, quando forem aprovados, em cada Casa do Congresso Nacional, em 2 (dois) turnos, por 3/5 (três quintos) dos votos dos respectivos membros, serão equivalentes às emendas constitucionais".

---

28. *Op. cit.*, p. 526.

Portanto, desde que tenham por objeto *direitos humanos* e que se submetam ao rito legislativo fixado por aquela norma constitucional, os tratados e convenções internacionais serão considerados autênticas normas constitucionais. É o caso, por exemplo, da Convenção sobre os Direitos das Pessoas com Deficiência e seu Protocolo Facultativo, ratificados pelo Congresso Nacional por meio do Decreto Legislativo n186, de 9 de julho de 2008, e promulgados pelo Decreto 6.949, de 25 de agosto de 2009, data de início de sua vigência no plano interno.

O supramencionado artigo 5º, § 2º, de nossa Lei Maior, também nos permite perceber que, além dos direitos e garantias fundamentais *expressos*, a ordem constitucional vigente confere existência a outros, *implícitos*, desde que consentâneos com o sistema constitucional. Como nos lembra Manoel Gonçalves Ferreira Filho,[29] a Carta Magna vigente é minuciosa ao enunciar direitos fundamentais, o que torna difícil apontar exemplos de direitos fundamentais implícitos. O renomado constitucionalista cita, como um possível exemplo de direito fundamental implícito, o direito ao sigilo, que estaria subjacente ao artigo 5º inciso X (proteção à intimidade) e inciso XII (comunicações telegráficas etc.).

Também podemos citar, como exemplos de direitos fundamentais implícitos, a efetiva existência do mandado de injunção coletivo (cuja existência, nunca é demais lembrar, já foi expressamente reconhecida pela Lei 13.300/2016, que regulamenta o processo e o julgamento deste remédio constitucional), o princípio do *non bis in idem* (que proíbe duplo gravame, dupla punição em razão de um mesmo fato) e o princípio do *nemo tenetur se detegere* (privilégio contra a autoincriminação, ou direito ao silêncio do acusado).

Não podemos deixar de mencionar, por fim, que o rol dos direitos e garantias fundamentais inseridos no próprio texto constitucional não se esgota na enumeração contida em seu Título II, relativo aos direitos e garantias fundamentais. É o caso dos direitos que limitam o poder de tributar do Estado, contidos nos artigos 150 e seguintes, da Constituição Federal. Dentre estes, temos, por exemplo, a vedação à União, Estados, Distrito Federal e Municípios de exigir ou aumentar tributo sem lei que o estabeleça (princípio da legalidade tributária) e de cobrar tributos em relação a fatos geradores ocorridos antes do início da vigência da lei que os houver instituído ou aumentado (princípio da irretroatividade tributária).

APLICAÇÃO IMEDIATA E CARÁTER NÃO TAXATIVO DO ROL DE DIREITOS FUNDAMENTAIS

– As normas definidoras dos direitos e garantias fundamentais são dotadas, como *regra geral*, de aplicabilidade imediata, como determina expressamente o artigo 5º, § 1º, de nossa Lei Maior.

– Será possível, *por exceção*, a existência de direitos e garantias fundamentais que dependam da edição de lei regulamentadora, desde que a própria Constituição Federal assim o determine.

– A Carta Magna também reconhece legitimidade a direitos e garantias fundamentais fora de seu texto, desde que guardem conformidade com os princípios por ela adotados, ou com os tratados internacionais de que o Brasil seja signatário.

– Além dos direitos e garantias fundamentais *expressos*, a ordem constitucional vigente confere existência a outros, *implícitos*, desde que consentâneos com o sistema constitucional.

– O rol dos direitos e garantias fundamentais inseridos em nossa Lei Maior não se esgota na enumeração contida em seu Título II, relativo aos direitos e garantias fundamentais. Ex.: direitos que limitam o poder de tributar do Estado.

---

29. *Op. cit.*, p. 296.

6.9 DISTINÇÃO ENTRE DIREITOS, GARANTIAS E REMÉDIOS CONSTITUCIONAIS

Vimos, anteriormente, que os direitos e garantias fundamentais são aqueles que, fundamentados no princípio da dignidade humana e diretamente relacionados com o Estado Democrático de Direito, dizem respeito às esferas de interesses essenciais ao gênero humano, destinando-se não só à tutela dos direitos individuais, como também dos direitos políticos, dos direitos sociais, culturais e econômicos, além dos direitos de fraternidade e de solidariedade. Nesta seção, por sua vez, cabe-nos fazer uma breve distinção entre direitos e garantias fundamentais e remédios constitucionais.

Como nos lembram Ricardo Cunha Chimenti, Marisa Ferreira dos Santos, Márcio Fernando Elias Rosa e Fernando Capez,[30] "em Direito Constitucional, 'direitos' são dispositivos declaratórios que imprimem existência ao direito reconhecido". Já as garantias, segundo aqueles mesmos autores, "podem ser compreendidas como elementos assecuratórios, ou seja, são os dispositivos que asseguram o exercício dos direitos, e, ao mesmo tempo, limitam os poderes do Estado".

Conforme se pode depreender daquela lição, a qual, aliás, vem sendo repetida, em termos semelhantes, por todos os doutrinadores pátrios desde Rui Barbosa, a distinção entre direito e garantia fundamental consiste no fato de que o primeiro tem caráter *declaratório*, que imprime existência; e o segundo, ao seu turno, traz disposições *assecuratórias*. Vejamos um exemplo de cada instituto, extraído do próprio texto constitucional, para que a distinção fique mais clara.

Exemplo de direito fundamental nós o temos no artigo 5º, inciso IV, da Constituição Federal, que *declara* que "*é livre a manifestação do pensamento, sendo vedado o anonimato*". Percebemos, no dispositivo constitucional em comento, seu inequívoco caráter declaratório, imprimindo existência a determinado direito, no caso o direito constitucional à livre manifestação do pensamento.

Como exemplo de garantia constitucional, podemos mencionar aquela existente no mesmo artigo 5º, inciso V, da Carta Magna, que *assegura* "o direito de resposta, proporcional ao agravo, além da indenização por dano material, moral ou à imagem". Como se pode perceber, referida norma garante (assegura) uma prerrogativa a quem sofreu, indevidamente, algum dano patrimonial ou mesmo extrapatrimonial, em decorrência da manifestação do pensamento.

Não podemos deixar de mencionar, contudo, que é perfeitamente possível que, em um único dispositivo constitucional, estejam conjugados, a um só tempo, um direito e uma garantia fundamental. É o caso, por exemplo, do artigo 5º, inciso X, da Lei Maior. Com efeito, a primeira parte do dispositivo constitucional em comento ("são invioláveis a intimidade, a vida privada, a honra e a imagem das pessoas") enuncia alguns direitos fundamentais, ao passo que a segunda ("assegurado o direito a indenização pelo dano material ou moral decorrente de sua violação") garante o exercício daqueles direitos, ao prever uma indenização, caso sejam violados.

Por outro lado, se a garantia não se mostrar capaz de assegurar o direito, em dado caso concreto, o cidadão tem à sua disposição um meio processual próprio para torná-lo efetivo, o chamado *remédio constitucional*, que alguns doutrinadores denominam *garantia instru-*

---

30. *Curso de direito constitucional*. 7. ed., 2010, p. 94.

mental ou *formal*. É por essa razão, aliás, que Manoel Gonçalves Ferreira Filho[31] afirma que os remédios constitucionais são "a garantia das garantias".

Na lição de Maria Sylvia Zanella Di Pietro,[32] os remédios constitucionais são assim denominados porque "têm a natureza de garantias dos direitos fundamentais", e têm por objetivo "provocar a intervenção de autoridades, em geral a judiciária, para corrigir os atos da Administração lesivos de direitos individuais e coletivos". Pedro Lenza,[33] por sua vez, lembra-nos de que os remédios constitucionais "são espécie do gênero garantia".

Portanto, os remédios constitucionais, também conhecidos como *garantias instrumentais ou formais*, ou, ainda, *ações constitucionais*, têm por função conferir *efetividade* aos direitos e garantias fundamentais, em um determinado caso concreto, quando o Estado ou algum particular, no exercício de atribuições do Estado (no uso de prerrogativas públicas, portanto) os desrespeitar, ameaçando ou inviabilizando o exercício daqueles direitos e garantias fundamentais.

DISTINÇÃO ENTRE DIREITO, GARANTIA E REMÉDIO CONSTITUCIONAL

Direito Fundamental	– Tem caráter declaratório; imprime existência.
	– Exemplo: artigo 5º, IV, da Constituição Federal: "é livre a manifestação do pensamento, sendo vedado o anonimato".
Garantia fundamental	– Traz disposições *assecuratórias*.
	– Exemplo: artigo 5º, V, da Carta Magna: "é assegurado o direito de resposta, proporcional ao agravo, além da indenização por dano material, moral ou à imagem".
Remédio constitucional	– Tem por função conferir efetividade aos direitos e garantias fundamentais, em determinado caso concreto, quando o Estado ou algum particular (no exercício de atribuições do Estado) os desrespeitar.
	– Exemplo: mandado de injunção (artigo 5º, LXXI, da Lei Maior).

Obs.: É possível que estejam conjugados, em um único dispositivo constitucional, um direito e uma garantia fundamental. É o caso, por exemplo, do artigo 5º, inciso X, da Constituição Federal. A primeira parte ("são invioláveis a intimidade, a vida privada, a honra e a imagem das pessoas") enuncia alguns direitos; a segunda ("assegurado o direito a indenização pelo dano material ou moral decorrente de sua violação") garante o exercício daqueles direitos, ao prever uma indenização, caso sejam violados.

6.10 TRATADOS E CONVENÇÕES INTERNACIONAIS SOBRE DIREITOS HUMANOS E O ARTIGO 5º, § 3º, DA CONSTITUIÇÃO FEDERAL

Como vimos anteriormente, a Emenda Constitucional 45, de 8 de dezembro de 2004, acrescentou ao artigo 5º da Constituição Federal o § 3º, determinando expressamente que "os tratados e convenções internacionais sobre direitos humanos que forem aprovados, em cada Casa do Congresso Nacional, em 2 (dois) turnos, por 3/5 (três quintos) dos votos dos respectivos membros, serão equivalentes às emendas constitucionais".

Portanto, desde que tenham por objeto *direitos humanos* e que se submetam ao rito legislativo fixado por aquela norma constitucional, os tratados e convenções internacionais serão considerados autênticas normas constitucionais. É o caso, como já mencionamos em outras oportunidades, da Convenção sobre os Direitos das Pessoas com Deficiência e seu

---
31. *Op. cit.*, p. 292.
32. *Direito administrativo*. 19. ed. Saraiva, 2006, p. 720.
33. *Direito constitucional* esquematizado. 14. ed. Saraiva, 2010, p. 741.

Protocolo Facultativo, ratificados pelo Congresso Nacional por meio do Decreto Legislativo 186, de 9 de julho de 2008.

E se não seguirem o procedimento legislativo fixado naquele § 3º do artigo 5º, da Constituição Federal? Em decisões mais antigas do Pretório Excelso, mesmo que fossem relativos a direitos humanos, considerava-se que os tratados internacionais ingressavam no ordenamento jurídico nacional como simples leis ordinárias. Sob a égide da Constituição de 1988, esse entendimento foi externado, pela primeira vez, quando o Pretório Excelso foi chamado a analisar a constitucionalidade da possibilidade de prisão civil do depositário infiel, em razão da vedação a esse tipo de prisão, existente na Convenção Americana sobre Direitos Humanos, da qual o Brasil é um dos signatários.

Com efeito, o denominado *Pacto de San José da Costa Rica*, em seu artigo 7º, item 7, somente autoriza a prisão civil por inadimplemento de obrigação alimentícia, afastando, portanto, a possibilidade de prisão civil por dívida do depositário infiel. O Supremo Tribunal Federal, a princípio, preferia entender que tratados internacionais, ainda que versassem sobre direitos humanos, como é o caso da Convenção Americana sobre Direitos Humanos, eram incorporados ao direito pátrio com força de simples lei ordinária.

Atualmente, contudo, o entendimento do Supremo Tribunal Federal sobre o assunto mudou. Em julgamentos mais recentes, aquela Corte Excelsa passou a entender que tratados internacionais, quando dispuserem especificamente sobre direitos humanos, e caso não sejam incorporados ao ordenamento nacional na forma prevista no supramencionado artigo 5º, § 3º, da Lei Maior, serão considerados *normas supralegais*, paralisando a eficácia de toda a legislação infraconstitucional com ele conflitante.

De fato, ao julgar 2 (dois) recursos extraordinários (Recurso Extraordinário 466.343 e Recurso Extraordinário 349.703), que tinham por objeto a análise da constitucionalidade da prisão civil do devedor em contratos de alienação fiduciária em garantia,[34] o Pretório Excelso, por maioria de votos, passou a adotar a tese de que os tratados internacionais sobre direitos humanos não editados na forma fixada pelo artigo 5º, § 3º, da Constituição Federal, a despeito de continuarem se tratando de normas infraconstitucionais, estariam em um patamar hierárquico superior ao da legislação ordinária, devendo portanto prevalecer sobre esta última.

Assim, a partir daqueles julgamentos citados no parágrafo anterior, o Supremo Tribunal Federal passou a considerar que os tratados internacionais sobre direitos humanos, quando não aprovados no rito legislativo mais rigoroso, fixado pelo supramencionado artigo 5º, § 3º, de nossa Lei Maior, apesar de estarem hierarquicamente abaixo das normas constitucionais (não podendo, portanto, revogar normas da Constituição Federal), têm o condão de paralisar a eficácia da legislação ordinária com eles conflitante.

Como consequência disso, nossa Corte Suprema passou a entender que o artigo 5º, inciso LXVII, da Carta Magna, que prevê a possibilidade de prisão civil do depositário infiel, em que pese não ter sido revogado pelo artigo 7º, item 7, da Convenção Americana sobre Direitos Humanos (Pacto de San José da Costa Rica), deixou de ter aplicabilidade diante do efeito paralisante que referido tratado impôs à legislação ordinária com ele conflitante.

---

34. Decreto-lei 911/1969, artigo 4º: "Se o bem alienado fiduciariamente não for encontrado ou não se achar na posse do devedor, o credor poderá requerer a conversão do pedido de busca e apreensão, nos mesmos autos, em ação de depósito, na forma prevista no Capítulo II, do Título I, do Livro IV, do Código de Processo Civil".

Tanto assim, que editou a súmula vinculante 25/2009, a qual dispõe expressamente que "é ilícita a prisão civil do depositário infiel, qualquer que seja a modalidade de depósito".

Com o devido respeito, tal entendimento, que foge completamente à tradição da doutrina e da jurisprudência nacionais, acabará gerando, como se dá no caso específico da prisão civil do depositário infiel, alguma perplexidade aos estudiosos e profissionais do Direito. Com efeito, como é possível falar-se em paralisação da eficácia de uma norma infraconstitucional que prevê a possibilidade daquela modalidade de prisão civil, quando tal norma está em consonância com o próprio texto constitucional?

De todo modo, para efeitos práticos, de acordo com o atual entendimento do Pretório Excelso, os tratados internacionais poderão ingressar no ordenamento jurídico pátrio em 3 (três) categorias distintas. Caso tenham por objeto *direitos humanos*, e se submetam ao rito legislativo fixado pelo artigo 5º, § 3º, da Carta Magna, serão equivalentes às emendas constitucionais, e, portanto, terão caráter de *norma constitucional* (norma materialmente constitucional, mesmo que fora do corpo da Constituição Federal).

Caso tenham por objeto *direitos humanos*, mas não sejam aprovados com observância do rito estabelecido pelo supramencionado § 3º do artigo 5º da Constituição Federal, ingressarão no ordenamento pátrio com a força de *norma supralegal*, paralisando a eficácia de quaisquer normas infraconstitucionais que sejam incompatíveis com os seus termos. Por fim, se não tiverem por objeto a tutela de direitos humanos, ingressarão no ordenamento pátrio com força de simples *lei ordinária*.

**TRATADOS E CONVENÇÕES INTERNACIONAIS
SOBRE DIREITOS HUMANOS**

– Para efeitos práticos, de acordo com o atual entendimento do Pretório Excelso, os tratados internacionais poderão ingressar no ordenamento jurídico pátrio em 3 (três) categorias distintas.

– Caso tenham por objeto direitos humanos, e se submetam ao rito legislativo fixado pelo artigo 5º, § 3º, da Carta Magna, serão equivalentes às emendas constitucionais, e, portanto, terão caráter de *norma constitucional*.

– Caso tenham por objeto direitos humanos, mas não sejam aprovados em conformidade com o rito estabelecido pelo § 3º do artigo 5º de nossa Lei Maior, ingressarão no ordenamento pátrio com a força de *norma supralegal*.

– Por fim, caso não tenham por objeto a tutela de direitos humanos, os tratados internacionais ingressarão no ordenamento pátrio com força de simples *lei ordinária*.

6.11 SUBMISSÃO DO BRASIL À JURISDIÇÃO DE TRIBUNAL PENAL INTERNACIONAL

Nos termos do artigo 5º, § 4º, acrescentado à Carta Magna pela Emenda Constitucional 45, de 2004, "o Brasil se submete à jurisdição de Tribunal Penal Internacional a cuja criação tenha manifestado adesão". Tal norma, aliás, apenas ratificou o desejo que o constituinte originário já havia manifestado no artigo 7º, do Ato das Disposições Constitucionais Transitórias – ADCT, o qual dispõe que "o Brasil propugnará pela formação de um tribunal internacional dos direitos humanos".

Tanto assim que o Brasil assinou, em 7 de fevereiro de 2000, o denominado Estatuto de Roma, que instituiu o Tribunal Penal Internacional. Em 6 de junho de 2002, o Congresso Nacional brasileiro aprovou referido estatuto, por meio do Decreto Legislativo 112, de 6 de junho de 2002, o qual foi promulgado, em seguida, pelo Decreto Presidencial 4.388, de 26 de setembro de 2002.

Nas palavras de Luiz Alberto David Araujo e Vidal Serrano Nunes Júnior,[35] a submissão do Brasil à jurisdição de um Tribunal Penal Internacional a cuja criação tenha manifestado adesão enunciaria que a Constituição Federal teria encampado a concepção dos direitos humanos como direitos de caráter supraconstitucional, que sobrepujariam, inclusive, a soberania dos países.

Contudo, conforme mencionado na seção anterior, tendo em vista que referido tratado sobre direitos humanos não foi aprovado em consonância com o rito estabelecido pelo artigo 5º, § 3º, de nossa Carta Magna, *tem caráter de norma supralegal*, o que importa dizer que está acima das normas infraconstitucionais, porém abaixo da Constituição Federal, podendo ser alterado (ou até mesmo suprimido) pelo poder constituinte reformador, por meio de emenda constitucional.

Conforme disposto no artigo 1º, do Estatuto de Roma, o Tribunal Penal Internacional será uma instituição permanente, com jurisdição sobre as pessoas responsáveis pelos crimes de maior gravidade com alcance internacional. Referido tribunal, com sede em Haia (artigo 3º), tem competência para julgar crimes de genocídio, crimes contra a humanidade, crimes de guerra e crimes de agressão (artigo 5º). A tipificação de cada uma dessas modalidades de crime encontra-se no corpo daquele tratado.

O Tribunal Penal Internacional rege-se pelo *princípio da complementaridade*, o que quer dizer que somente poderá atuar, conforme expressamente previsto no artigo 1º, do Estatuto de Roma, quando os diversos Estados pactuantes, que detêm a competência originária para processar e julgar os crimes cometidos por seus respectivos nacionais, se revelarem incapazes ou omissos em julgar e punir os crimes praticados em seus próprios territórios.

Outro princípio a que se submete aquela Corte Internacional é o *princípio da anterioridade*, significando com isso que somente podem ser processados os crimes praticados após a entrada em vigor do Estatuto de Roma.[36] A criação do Tribunal Penal Internacional, portanto, revela-se um inequívoco avanço em relação aos tribunais penais internacionais que eram instituídos no passado, uma vez que respeita o *princípio do juiz natural*, seja porque instituído por meio de norma formal, seja porque destinado apenas ao julgamento de crimes praticados após a sua criação.

O Tribunal Penal Internacional deve também observar o *princípio da responsabilidade penal individual*. Nos termos do artigo 25, do Estatuto de Roma, aquela Corte será competente para processar apenas pessoas naturais (não podendo, portanto, julgar pessoas jurídicas, tais como Estados estrangeiros, pessoas jurídicas de direito público interno ou pessoas jurídicas de direito privado), sendo certo, ademais, que, mesmo na hipótese de crime praticado por várias pessoas, cada um dos autores será considerado individualmente, para fins de responsabilização criminal.

O Estatuto de Roma traz algumas normas potencialmente conflitantes com nossa Constituição Federal. A primeira delas encontra-se em seu artigo 29. Com efeito, referida norma dispõe que os crimes de competência do Tribunal Penal Internacional não prescrevem, sendo que nossa Carta Magna confere o caráter de imprescritibilidade apenas ao

---

35. *Op. cit.*, p. 152.
36. Tratado de Roma, artigo 11: "Competência *Ratione Temporis*. 1. O Tribunal só terá competência relativamente aos crimes cometidos após a entrada em vigor do presente Estatuto. 2. Se um Estado se tornar Parte no presente Estatuto depois da sua entrada em vigor, o Tribunal só poderá exercer a sua competência em relação a crimes cometidos depois da entrada em vigor do presente Estatuto relativamente a esse Estado, a menos que este tenha feito uma declaração nos termos do parágrafo 3º do artigo 12".

crime de racismo (artigo 5°, XLII) e à ação de grupos armados, civis ou militares, contra a ordem constitucional e o Estado Democrático (artigo 5°, XLIV), garantindo, aos autores de quaisquer outros delitos, o direito de verem prescrita a pretensão punitiva do Estado, caso este seja omisso no exercício da persecução penal.

Há quem defenda a aplicabilidade daquele artigo 29 do Estatuto de Roma, sob o fundamento de que a vedação constitucional, como regra geral, à imprescritibilidade dos crimes, somente vincularia o legislador infraconstitucional pátrio, podendo ser imposta ao Brasil no âmbito do direito internacional. Não nos parece, contudo, uma ideia acertada, tendo em vista que o próprio Pretório Excelso já firmou o entendimento de que tratados internacionais, mesmo que relativos a direitos humanos, quando não submetidos ao rito estabelecido pelo § 3° do artigo 5° da Constituição Federal, ingressam no ordenamento jurídico nacional com força de norma infraconstitucional, não podendo, portanto, contrariar os expressos termos da Carta Magna.

Outra regra controversa encontra-se no artigo 77, 1, *b*, do Estatuto de Roma, que relaciona, entre as penas a que está sujeito o autor do crime, "a prisão perpétua, se o elevado grau de ilicitude do fato e as condições pessoais do condenado o justificarem". Tal norma, a toda evidência, choca-se frontalmente com o artigo 5°, inciso XLVII, alínea *b*, de nossa Lei Maior, que veda expressamente as penas de caráter perpétuo.

Também aqui, os que defendem a perfeita aplicação do Estatuto de Roma, nessa parte, o fazem sob o fundamento de que a vedação constitucional somente vincularia o legislador interno, não impedindo que o Brasil e seus nacionais se submetam, no âmbito do direito internacional, à aplicação daquela pena de caráter perpétuo. Com a devida vênia, tal entendimento não encontra qualquer amparo na tradição do direito brasileiro.

Com efeito, nunca é demais insistir, por não ter sido aprovado com o rito estabelecido pelo artigo 5°, § 3°, da Constituição Federal (até porque o foi em data anterior à edição da Emenda Constitucional 45/2004), o Estatuto de Roma ingressou no ordenamento jurídico nacional com força de norma infraconstitucional. E mesmo que fosse equivalente à uma emenda constitucional (o que é aqui mencionado apenas para argumentar), *não poderia revogar uma cláusula pétrea produzida pelo poder constituinte originário, tudo conforme vedação constante do artigo 60, § 4°, IV, da Constituição Federal.*

Aliás, não podemos olvidar que o Supremo Tribunal Federal, quando examina pedido de extradição formulado por algum Estado estrangeiro, somente o defere caso referido país assuma o compromisso de substituir a pena de prisão perpétua aplicada ao condenado por alguma outra pena, que não seja vedada por nossa Carta Magna, e que observe a duração máxima da pena, fixada pela legislação nacional (que, atualmente, é de trinta anos). Sobre o tema, sugerimos a leitura do Processo de Extradição 855, que teve por Relator o Ministro Celso de Mello, publicado no *Diário Oficial* do dia 1°.7.2005.

Por fim, o artigo 89, do Estatuto de Roma, prevê o instituto da *entrega de pessoas ao Tribunal Penal Internacional*, dispondo, em seu item 1, que o "Tribunal poderá dirigir um pedido de detenção e entrega de uma pessoa, instruído com os documentos comprovativos referidos no artigo 91, a qualquer Estado em cujo território essa pessoa se possa encontrar, e solicitar a cooperação desse Estado na detenção e entrega da pessoa em causa".

Ocorre que a Constituição de 1988, em seu artigo 5°, inciso LI, veda a extradição de brasileiro nato, em qualquer hipótese, bem como a de brasileiros naturalizados, salvo em caso de crime comum praticado antes da naturalização, ou de comprovado envolvimento em tráfico ilícito de entorpecentes e drogas afins, na forma da lei, o que poderia parecer, em uma leitura apressada, que o instituto da entrega, previsto no Estatuto de Roma, estaria em confronto com aquele direito fundamental consagrado em nosso texto constitucional.

Contudo, é importante que se diga, aqui não existe qualquer antinomia entre nossa Constituição Federal e o tratado. Com efeito, o próprio Estatuto de Roma cuida de fazer a distinção, em seu artigo 102, entre entrega e extradição, para fins de aplicação do pacto, esclarecendo que a primeira deve ser entendida como "a entrega de uma pessoa por um Estado ao Tribunal", ao passo que a segunda seria "a entrega de uma pessoa por um Estado a outro Estado, conforme previsto em um tratado, em uma convenção ou no direito interno".

O legislador constituinte, ao estabelecer a vedação à extradição de nacionais, certamente o fez para evitar que um nacional seja julgado por um Estado estrangeiro, sob as leis deste, e sem as garantias concedidas por nossa Carta Magna. No caso do instituto da entrega ao Tribunal Penal Internacional, não há que se falar naquela possibilidade, já que se trata de uma jurisdição internacional a que o Brasil expressamente aderiu, e da qual faz parte, sendo certo, inclusive, que existe até mesmo a possibilidade de a execução penal ocorrer no próprio Estado que fez a entrega, o que é impossível em se tratando de extradição.

SUBMISSÃO DO BRASIL À JURISDIÇÃO DE TRIBUNAL PENAL INTERNACIONAL

– O Brasil assinou o denominado Estatuto de Roma, que instituiu o Tribunal Penal Internacional, tendo sido aprovado pelo Congresso Nacional pelo Decreto Legislativo 112/2002, e promulgado pelo Decreto Presidencial 4.388/2002.

– Tendo em vista que não foi aprovado em consonância com o rito estabelecido pelo artigo 5º, § 3º, de nossa Carta Magna, tem caráter de norma supralegal, o que importa dizer que está acima das normas infraconstitucionais, porém abaixo da Constituição Federal.

– O Tribunal Penal Internacional é uma instituição permanente, com jurisdição sobre as pessoas responsáveis pelos crimes de maior gravidade, que afetem a comunidade internacional em seu conjunto.

– Com sede em Haia, o Tribunal Penal Internacional tem competência para julgar crimes de genocídio, crimes contra a humanidade, crimes de guerra e crimes de agressão, atuando apenas em caráter complementar, quando houver incapacidade ou omissão do Estado em punir o crime.

7
DIREITOS E DEVERES INDIVIDUAIS E COLETIVOS

7.1 ESCLARECIMENTOS INICIAIS

Estudamos, no Capítulo 6, as noções gerais dos direitos e garantias fundamentais, tratando, dentre outros temas, de seu conceito e de suas principais características, de sua evolução histórica, suas diferentes categorias, beneficiários, e outros temas inerentes ao que podemos denominar de teoria geral dos direitos fundamentais.

No tocante especificamente às espécies de direitos fundamentais, vimos que a doutrina mais tradicional costuma dividi-los em 3 (três) categorias: direitos fundamentais de primeira, segunda e terceira gerações. Referida classificação, como ressalta boa parte dos doutrinadores pátrios, tem em conta a ordem histórico-cronológica em que tais direitos fundamentais passaram a receber expresso amparo das constituições.

Vimos também, naquela mesma oportunidade, que a Constituição Federal de 1988, ao tratar dos direitos e garantias fundamentais em seu Título II, ao invés de dividi-los em 3 (três) gerações (ou mesmo dimensões), preferiu dividi-los em 5 (cinco) categorias distintas, a saber: direitos e deveres individuais e coletivos (Capítulo I), direitos sociais (Capítulo II), direitos da nacionalidade (Capítulo III), direitos políticos (Capítulo IV) e direitos relacionados aos partidos políticos (Capítulo V).

No Capítulo que ora se inicia cabe-nos examinar os denominados direitos e deveres individuais e coletivos, disciplinados em nossa Constituição Federal (em seu Título II, Capítulo I), mais especificamente em seu artigo 5º. Os demais direitos e garantias fundamentais em espécie (direitos sociais; direitos relacionados à nacionalidade; direitos políticos; e direitos que envolvem a criação e funcionamento de partidos políticos) serão tratados no Capítulo seguinte deste livro.

Por outro lado, devemos esclarecer que, mesmo tendo sido expressamente relacionados naquele artigo 5º da Carta Magna, também deixaremos de estudar, no presente Capítulo, os remédios constitucionais. Com efeito, por se tratar de meios processuais próprios, destinados a tornar efetivos os demais direitos e garantias fundamentais, caso estes não sejam devidamente respeitados (e, justamente por isso, são também chamados de *garantias das garantias*), entendemos que os remédios constitucionais merecem um estudo mais aprofundado, em Capítulo próprio, notadamente em razão da crescente importância que tem assumido, em nosso País, a denominada jurisdição constitucional.

7.2 DIREITO À VIDA

Como vimos no Capítulo 4 deste livro, ao tratar dos princípios fundamentais da Constituição de 1988, o direito à vida, da mesma forma que os demais direitos e garantias fundamentais, decorre inequivocamente do princípio da dignidade da pessoa humana, expressamente previsto no artigo 1º, inciso III, do texto constitucional, ali apontado como um dos fundamentos da República Federativa do Brasil.

A Constituição Federal de 1988 reconhece a primazia do direito à vida, relacionando-o já no *caput* do artigo 5º, em primeiro lugar, antes do direito à liberdade, à igualdade, à segurança e à propriedade. A Carta Magna, ainda no Capítulo relativo aos direitos e garantias fundamentais, volta a tutelar o direito à vida, ao determinar, no artigo 5º, inciso XLVII, alínea *a*, a proibição da pena de morte, salvo em caso de guerra declarada.

É justamente em razão daquela preeminência do direito à vida sobre os demais direitos fundamentais que Maria Helena Diniz[1] aponta a existência *do princípio do primado do direito à vida* e explica que, no caso de conflito entre dois direitos da pessoa, deverá sempre prevalecer o direito à vida, não havendo qualquer ilicitude, por exemplo, na amputação de membro de alguém, mesmo que não consentida, para salvar-lhe a vida.

O direito à vida, conforme nos lembra Alexandre de Moraes,[2] "é o mais fundamental de todos os direitos, já que se constitui em pré-requisito à existência e exercício de todos os demais direitos". Uadi Lammêgo Bulos,[3] por sua vez, pondera que o significado do direito à vida é amplo, "porque ele se conecta com outros, a exemplo dos direitos à liberdade, à igualdade, à dignidade, à segurança, à propriedade, à alimentação, ao vestuário, ao lazer, à educação, à saúde, à habitação, à cidadania, aos valores sociais do trabalho e da livre iniciativa".

Consideramos que o direito à vida abrange não só o aspecto biológico, conferindo ao seu titular, como veremos melhor no transcorrer deste estudo, tanto o direito de nascer[4] como o de permanecer vivo, como também o aspecto psicossocial do ser humano, referente ao direito deste último de viver com dignidade.[5] É por isso, por exemplo, que nosso ordenamento jurídico proíbe não só o aborto, o homicídio e a pena de morte, para a garantia da vida, como também a tortura e as penas perpétuas, de trabalhos forçados, de banimento e cruéis, para assegurar à pessoa uma vida digna.

Por estar inserido no *caput* do artigo 5º da Constituição de 1988, sendo, portanto, um direito individual, trata-se o direito à vida, inequivocamente, de uma *cláusula pétrea*, não podendo sofrer qualquer tipo de emenda sequer tendente a suprimi-lo, conforme disposto no artigo 60, § 4º, inciso IV, de nossa Lei Maior. E, em sendo assim, é vedada qualquer proposta de emenda constitucional que tenha por objeto suprimir, ou mesmo restringir, minimamente que seja, o direito à vida.

Em razão da supremacia formal (jurídica) da nossa Constituição Federal em face das demais normas editadas pelo poder público, não há qualquer dúvida de que o Poder Legislativo (e também o Poder Executivo, em sua função atípica de editar diplomas normativos) não poderá jamais produzir uma norma infraconstitucional, a não ser que autorizado por uma nova constituição, que legitime atos que atentem contra a vida. Da mesma forma, o

---

1. *Estado atual do biodireito*. Saraiva, 2002, p. 21.
2. *Direito constitucional*. 26. ed. Atlas, 2010, p. 35.
3. *Op. cit.*, p. 529.
4. Sobre a proteção à vida intrauterina, vide a lição de Uadi Lammêgo Bulos: "Assim, tanto a expectativa de vida exterior (vida intrauterina) como a sua consumação efetiva (vida extrauterina), constituem um direito fundamental. Sem ele nenhum outro se realiza. Cabe ao Estado assegurar o direito à vida sob duplo aspecto: direito de nascer e direito de subsistir ou sobreviver". *Op. cit.*, p. 530.
5. Em termos semelhantes é a lição de Pedro Lenza: "O direito à vida, previsto de forma genérica no art. 5º, *caput*, abrange tanto o direito de não ser morto, privado da vida, portanto, o direito de continuar vivo, como também o direito de ter uma vida digna". *Op. cit.*, p. 748.

Poder Judiciário não poderá jamais conferir uma interpretação às normas jurídicas vigentes, no julgamento dos casos que lhe sejam submetidos, que violem o direito à vida.

A despeito de reconhecer o primado do direito à vida, a Constituição de 1988 não explicita, em contrapartida, quem seria o titular daquele direito. Tal tarefa, portanto, cabe à doutrina e, sobretudo, à jurisprudência pátrias, através da análise das normas constitucionais e infraconstitucionais que compõem o nosso ordenamento jurídico. E a resposta a essa indagação, a nosso ver, é até simples: o titular do direito à vida é o *homem*, aqui entendido como o gênero humano, a espécie humana (*homo sapiens*).

Com efeito, como é amplamente sabido, a cada direito subjetivo corresponde pelo menos um titular. Este titular é o chamado sujeito de direito, destinatário da norma jurídica que assegura àquele a faculdade de agir (*facultas agendi*), e que só pode ser o homem, conforme conhecido brocardo jurídico que dispõe que *hominum causa omne ius constitum est*.

Como nos lembra Caio Mário da Silva Pereira,[6] somente o homem é sujeito de direitos, e mesmo que a norma, aparentemente, contemple direito a coisas ou a animais (caso da proteção à fauna e à flora, por exemplo), ela o faz tendo em vista o bem-estar da espécie humana. Portanto, o titular do direito à vida, mesmo não estando explicitado na Constituição Federal, é facilmente definível: o gênero humano.

Nossa Lei Maior também não explicita o momento em que a vida termina, fazendo cessar, para o ser humano, a titularidade de direitos e deveres.[7] De todo modo, a legislação infraconstitucional, com fundamento na medicina moderna, aponta a denominada *morte encefálica* como o evento que revela, de forma inequívoca, a morte da pessoa, permitindo, inclusive, que seja realizada a retirada de tecidos, órgãos ou partes do corpo do falecido para doação a terceiros.[8]

De tudo o que examinamos até aqui, podemos perceber, sem maiores dificuldades, que, a despeito de não haver explicitação no texto constitucional, seja em relação ao titular do direito à vida (o ser humano), seja no tocante ao momento em que a vida cessa (a morte encefálica), estes são facilmente identificáveis. *Maior dificuldade, contudo, nós encontramos ao tentar precisar em que momento começa a vida.*

Dito em outras palavras, ainda há grande divergência, não só no campo religioso ou filosófico, mas até mesmo no científico, e, por consequência, na seara jurídica, sobre o evento que faz iniciar a vida humana, para que se possa dizer, com segurança, que alguém passou a ser titular da proteção estatal relativamente àquele direito.

Em que pese os aspectos filosóficos e religiosos serem inequivocamente importantes e respeitáveis, e, portanto, de legítima análise pelo corpo social, notadamente em uma sociedade eminentemente cristã, não podemos olvidar que este é um livro técnico-jurídico, que tem por objeto o estudo do direito constitucional positivo de um Estado considerado laico (muito embora não refratário às diferentes religiões, que aliás são protegidas pela Lei Maior). Por essa razão, buscaremos analisar o tema apenas em seu aspecto científico, e a repercussão que tal estudo inevitavelmente provoca na seara do direito.

---

6. *Instituições de direito civil*. Volume I. Introdução ao direito civil. Teoria geral de direito civil. 20. ed. Forense, 2004, p. 41.
7. Sobre o fim da personalidade jurídica, o artigo 6º do Código Civil dispõe o seguinte: "A existência da pessoa natural termina com a morte; presume-se esta, quanto aos ausentes, nos casos em que a lei autoriza a abertura de sucessão definitiva".
8. Lei 9.434, de 4 de fevereiro de 1997, a denominada Lei de Transplantes: "Art. 3º A retirada *post mortem* de tecidos, órgãos ou partes do corpo humano destinados a transplante ou tratamento deverá ser precedida de diagnóstico de **morte encefálica**, constatada e registrada por dois médicos não participantes das equipes de remoção e transplante, mediante a utilização de critérios clínicos e tecnológicos definidos por resolução do Conselho Federal de Medicina" (grifou-se).

Devemos insistir, contudo, que mesmo entre os cientistas a definição do exato momento em que se inicia a vida não é um tema pacífico. Com efeito, há diversos pesquisadores que afirmam que *a vida começa já com a concepção*, ou seja, com a fecundação do óvulo pelo espermatozoide, quer ela aconteça dentro do corpo da mulher (a denominada fecundação intrauterina), quer ela se dê fora do útero (fecundação extrauterina), como se dá, por exemplo, na chamada fecundação *in vitro*.

Outros cientistas, por sua vez, afirmam que a vida começa não com a fecundação do óvulo pelo espermatozoide, mas sim com a fixação deste na parede uterina, fenômeno denominado *nidação*. Para estes pesquisadores, portanto, só há que se falar em começo da vida quando o ovo ou zigoto (estágio inicial do embrião) estiver devidamente fixado na parede uterina, o que permitirá a sua divisão celular, e, consequentemente, a formação do feto.

Há também quem afirme que a vida começa somente *a partir do 14º (décimo quarto) dia* de gestação, quando começa a se formar, no embrião, o chamado *córtex cerebral*, o conjunto de células do sistema nervoso central, responsáveis, inclusive, pela potencialidade de o embrião sentir dor. Para este grupo de cientistas, portanto, a vida só começa efetivamente quando surge, no indivíduo, um incipiente sistema nervoso, que lhe permita sentir sensações físicas.

Há pesquisadores, por fim, que afirmam que a vida humana só começa efetivamente quando o feto assume, em definitivo, a forma humana. Isto se dá, conforme o entendimento da medicina, quando a gravidez alcança a 12ª (décima segunda) semana de gestação, oportunidade em que o nascituro deixa de ser um embrião, e torna-se efetivamente um feto.

Tendo em vista que a própria ciência tem dificuldade em precisar o momento do começo da vida humana, não há dúvidas de que tal dificuldade é transferida à ciência jurídica, a quem cabe a normatização daquela realidade. Tal dificuldade verificou-se até mesmo quando o assunto chegou ao Supremo Tribunal Federal, quando este foi chamado a analisar a constitucionalidade de norma infraconstitucional que dispõe sobre a pesquisa e a terapia com células-tronco de embriões humanos. É o que veremos na próxima seção.

DIREITO À VIDA

– O direito à vida abrange não só o aspecto biológico, conferindo ao seu titular o direito de nascer e de permanecer vivo (ou seja, de não lhe ser tirada a vida), como também o âmbito psicossocial do ser humano, referente ao direito deste último de viver com dignidade.

– Por estar inserido no *caput* do artigo 5º, da Constituição de 1988, sendo, portanto, um direito individual, trata-se o direito à vida de uma *cláusula pétrea*, não podendo sofrer qualquer tipo de emenda sequer tendente a suprimi-lo (artigo 60, § 4º, inciso IV, da Constituição Federal).

– Em sendo assim, é vedada qualquer proposta de emenda constitucional que tenha por objeto restringir, mesmo que minimamente, o direito à vida humana, não podendo se falar, por exemplo, em permissão constitucional ao aborto ou à instituição da pena de morte.

– O Poder Legislativo não poderá jamais (a não ser que autorizado por uma nova constituição) editar uma norma infraconstitucional, subordinada à Constituição Federal ora vigente, que legitime atos que atentem contra a vida humana.

7.3 DIREITO À VIDA E A PESQUISA COM CÉLULAS-TRONCO EMBRIONÁRIAS HUMANAS

Em termos infraconstitucionais, o revogado Código Civil de 1916, em seu artigo 4º, era claro em dispor que a personalidade civil do homem começava com o seu nascimento com vida, porém resguardando, desde a concepção, os direitos do nascituro. A nosso ver, apesar de conferir personalidade civil ao homem somente a partir de seu nascimento com vida (momento em que ele passa a ser titular de direitos e obrigações na ordem civil), esta norma já protegia a vida desde a concepção, conforme expressa redação do artigo.

O dispositivo legal supracitado, contudo, foi expressamente revogado quando o Congresso Nacional brasileiro, por meio do Decreto Legislativo 27, de 26 de maio de 1992, aprovou a Convenção Americana sobre Direitos Humanos, assinada em 22 de novembro de 1969, e popularmente conhecida como Pacto de San José da Costa Rica.

A incorporação daquela Convenção ao ordenamento jurídico pátrio, como já vimos anteriormente, neste mesmo Capítulo, encontra perfeito amparo em nosso texto constitucional, mais precisamente em seu artigo 5º, § 2º, o qual determina que "os direitos e garantias expressos nesta Constituição não excluem outros decorrentes do regime e dos princípios por ela adotados, ou dos tratados internacionais em que a República Federativa do Brasil seja parte".

A partir da edição do Decreto Legislativo 27, de 26 de maio de 1992, o Pacto de San José da Costa Rica passou a viger, no Brasil, como uma norma infraconstitucional, em tudo semelhante a uma lei federal. E referido diploma legal, em seu artigo 4º, inciso I, é expresso e inequívoco em determinar o seguinte: "Toda pessoa tem o direito de que se respeite sua vida. Esse direito deve ser protegido por lei e, em geral, desde o momento da concepção. Ninguém pode ser privado da vida arbitrariamente".

A norma constante daquele dispositivo da Convenção Americana sobre Direitos Humanos, como se pode perceber, está em consonância com a parcela da ciência que considera que, desde a concepção, surge um ser humano autônomo, com código genético próprio, e distinto daquele encontrado, separadamente, no óvulo e no espermatozoide que formaram o embrião. Referida norma, portanto, protege a vida desde a concepção, sem fazer qualquer distinção entre fecundação uterina ou extrauterina.

Por fim, o novo Código Civil (Lei 10.406, de 10 de janeiro de 2002), em seu artigo 2º, em termos semelhantes ao que previa o revogado Código Civil de 1916, passou a dispor que "a personalidade civil da pessoa começa do nascimento com vida; mas a lei põe a salvo, desde a concepção, os direitos do nascituro". Dessa forma, parece-nos que o ordenamento jurídico nacional, mesmo após a edição deste novo diploma infraconstitucional, *continuou protegendo a vida desde a concepção, mesmo que a personalidade civil da pessoa só surja posteriormente, com o nascimento com vida.*

É importante ressaltar que parte da doutrina defende que a vida humana começa no ato da fecundação do óvulo pelo espermatozoide, mesmo que tal fecundação tenha se dado fora do útero materno. Defende, portanto, que, desde a concepção, mesmo que extrauterina, surge a proteção do direito à vida. Neste sentido, por exemplo, é a lição de Maria Helena Diniz,[9] a qual afirma que "a fetologia e as modernas técnicas de medicina comprovam que a vida inicia-se no ato da concepção, ou seja, da fecundação do óvulo pelo espermatozoide, dentro ou fora do útero".

Contudo, ao que tudo indica, a tese que irá prosperar é a de que a vida, e, portanto, a proteção jurídica, só começa efetivamente com o surgimento do córtex cerebral, o qual, por sua vez, somente se forma quando o embrião tiver sido introduzido no útero materno. Dito em outras palavras, muito provavelmente, a tese que prevalecerá é a que o direito à vida,

---
9. Op. cit., p. 27.

consagrado pela Constituição Federal, *inicia-se com a vida uterina, a partir do surgimento do cérebro*, não se aplicando, portanto, aos embriões fecundados *in vitro*.

Esse entendimento, é importante esclarecer, surgiu quando o Supremo Tribunal Federal foi chamado a julgar a constitucionalidade do artigo 5º, da Lei 11.105, de 24 de março de 2005, a denominada Lei de Biossegurança, que permite a utilização de células-tronco embrionárias, obtidas de embriões humanos produzidos por fertilização *in vitro*, para pesquisa e terapia, desde que se trate de embriões inviáveis ou congelados há 3 (três) anos ou mais.[10]

De fato, por considerar que a vida humana iniciar-se-ia com a *fecundação* (pouco importando se esta tenha ocorrido dentro ou fora do útero materno), o então procurador-geral da República, Cláudio Fonteles, propôs uma Ação Direta de Inconstitucionalidade (ADI) em face daquele artigo da Lei de Biossegurança, sob o fundamento de que referido dispositivo seria inconstitucional, por violar o direito à vida e o princípio da dignidade da pessoa humana.

Naquela ação (Ação Direta de Inconstitucionalidade 3.510), julgada em 29 de maio de 2008, o Pretório Excelso decidiu, por 6 (seis) votos a 5 (cinco), o que, mais uma vez, evidencia o caráter polêmico do tema, que é perfeitamente constitucional a pesquisa com células-tronco embrionárias, nos termos fixados pelo supramencionado artigo 5º da Lei de Biossegurança, não havendo que se falar, no caso, em violação ao princípio da dignidade da pessoa humana ou ao direito à vida.

Com efeito, segundo o entendimento que prevaleceu naquele julgamento, desde que sejam células-tronco embrionárias fertilizadas *in vitro*, de embriões humanos inviáveis ou congelados há pelo menos 3 (três) anos, com expresso consentimento dos genitores, sob o controle de um comitê de ética em pesquisa, e que também não sejam comercializadas, a pesquisa e a terapia com embriões humanos não fere o direito à vida, consagrado pela Constituição Federal.

O entendimento vencedor, e que pode ser sintetizado nas ponderações do relator da ação, ministro Carlos Ayres Britto, foi no sentido de que a vida humana apenas começaria com o surgimento do cérebro, o qual, por sua vez, somente teria condições de se formar após a introdução do embrião no útero materno. Dito em outras palavras, *enquanto o embrião humano não estiver no útero da mãe não terá cérebro, e, portanto, não poderá ser considerado vivo*.[11]

Apenas a título de informação, vale mencionar que alguns outros argumentos também foram utilizados pelos Ministros do Supremo Tribunal Federal, para permitir a utilização de células-tronco humanas embrionárias, fertilizadas *in vitro*, desde que atendidos os condicionamentos ali fixados, para pesquisa e terapia. Dentre eles, destacam-se o princípio da dignidade humana e da paternidade responsável (este último consagrado no artigo 226, § 7º, de nossa Lei Maior), o direito à saúde (artigos 196 e seguintes, da Constituição Federal) e o incentivo ao desenvolvimento e à pesquisa científica (artigos 218 e 219, da Carta Magna).

---

10. Lei 11.105/2005, artigo 5º: "É permitida, para fins de pesquisa e terapia, a utilização de células-tronco embrionárias obtidas de embriões humanos produzidos por fertilização in vitro e não utilizados no respectivo procedimento, atendidas as seguintes condições: I – sejam embriões inviáveis; ou II – sejam embriões congelados há 3 (três) anos ou mais, na data da publicação desta Lei, ou que, já congelados na data da publicação desta Lei, depois de completarem 3 (três) anos, contados a partir da data de congelamento".

11. Não há como deixar de notar, neste ponto, que a decisão do Supremo Tribunal Federal está, de certa forma, em consonância com os termos do artigo 3º, da Lei de Transplantes, que fixa a morte encefálica como o evento que permite a doação de órgãos, e que, portanto, nos permite concluir que é a existência de atividade cerebral que evidencia a existência da vida humana.

DIREITO À VIDA E PESQUISA COM CÉLULAS TRONCO-EMBRIONÁRIAS HUMANAS

– Parte da doutrina defende que a vida humana começa no ato da *fecundação do óvulo pelo espermatozoide*, mesmo que tal fecundação tenha se dado fora do útero materno (portanto, defende que, desde a concepção, mesmo que extrauterina, surge a proteção do direito à vida).

– Contudo, ao que tudo indica, a tese que irá prosperar é a de que o direito à vida, consagrado pela Constituição Federal, *inicia-se com a vida uterina, a partir do surgimento do cérebro*, não se aplicando, portanto, aos embriões fertilizados *in vitro*.

– Ao julgar a Ação Direta de Inconstitucionalidade 3.510, o Pretório Excelso decidiu, por seis votos a cinco, que é constitucional a pesquisa com células-tronco humanas embrionárias, nos termos fixados pelo artigo 5º da Lei de Biossegurança, não havendo que se falar, no caso, em violação ao princípio da dignidade humana ou ao direito à vida.

– O entendimento vencedor, e que pode ser sintetizado nas ponderações do Ministro Carlos Ayres Britto (Relator), foi no sentido de que a vida humana apenas começa com o surgimento do cérebro, o qual, por sua vez, somente teria condições de se formar após a introdução do embrião no útero materno.

7.4 DIREITO À VIDA E ABORTO

Como visto anteriormente, a Constituição Federal de 1988 reconhece a primazia do direito à vida, relacionando-o já no *caput* do artigo 5º, em primeiro lugar, antes do direito à liberdade, à igualdade, à segurança e à propriedade. E por estar inserido no *caput* daquele artigo 5º, o direito à vida é uma *cláusula pétrea*, não podendo sofrer qualquer tipo de emenda sequer tendente a suprimi-lo, conforme disposto no artigo 60, § 4º, inciso IV, da Lei Maior.

Também já vimos que o direito à vida, em seu aspecto biológico, refere-se não só ao direito de *permanecer vivo*, ou seja, de não ter a vida injustamente eliminada por outrem, como também o próprio *direito de nascer*. Como consequência da proteção constitucional do direito à vida, nosso ordenamento jurídico veda não só a eliminação da vida do ser humano já nascido, como também a do chamado nascituro. Dito em outros termos, nossa Carta Magna também proíbe o aborto.

Como consequência disso, é proibida qualquer proposta de emenda constitucional que tenha por objeto permitir o aborto no Brasil, já que tal permissão resultaria, sem qualquer dúvida, em verdadeira diminuição do direito à vida. Não será possível, da mesma forma, a edição de qualquer norma infraconstitucional, a não ser que autorizado por uma nova Constituição Federal, que legitime atos que atentem contra a vida humana intrauterina.

Para alguns, existe uma diferença entre aborto e parto prematuro. O aborto é a interrupção da gestação até o sexto mês de gravidez, período em que há inviabilidade de o feto viver fora do útero materno. Já o parto prematuro, este ocorre a partir do sexto mês, quando o produto da concepção já poderia continuar vivo, por ter todos os órgãos vitais maduros o suficiente para garantir a sobrevivência do neonato.

Em termos jurídicos, entretanto, prevalece o entendimento de que o aborto é a interrupção da gravidez antes de seu termo normal, seja espontânea ou provocada, tenha ou não havido a expulsão do feto, que poderá ser absorvido ou mesmo conservado pelo organismo materno. O conceito jurídico, como se percebe, não leva em conta o tempo de gestação, configurando-se desde a concepção e até o início do parto.

Para fins didáticos, o aborto comporta várias classificações. Quanto ao objeto, ele poderá ser: *ovular*, se o aborto ocorrer até a oitava semana de gestação; *embrionário*, se ocorrer após aquele primeiro período e até o terceiro mês de vida; e *fetal*, quando o aborto acontecer após a décima quinta semana.

Já quanto à finalidade, o aborto pode ser: *terapêutico*, para preservar a vida ou a integridade da gestante; *sentimental*, quando a gravidez tiver decorrido de estupro; *eugênico*, para evitar o nascimento de fetos com suspeitas de deformidades físicas ou mentais; e *econômico*, quando os pais não tiverem condições financeiras para prover a subsistência do rebento. Por fim, quanto à legalidade, ele será: *legal*, nas hipóteses em que a lei penal extingue a punibilidade; e *ilegal*, quando se der qualquer outra forma de eliminação da vida humana intrauterina.

Vale mencionar, nesta oportunidade, que existem pelo menos 3 (três) teorias que tentam legitimar o aborto. O abortismo *ideológico* entende que o feto não merece qualquer amparo porque seria apenas uma parte do corpo da mulher (*pars viscerum matris*), a qual teria livre disposição de seu corpo. O abortismo *socioeconômico*, por sua vez, defende o direito ao aborto para evitar o risco da superpopulação, da falta de comida e da baixa renda das mães.

O abortismo *privado*, por fim, tenta legitimar tal prática por questões de foro íntimo da gestante, como, por exemplo, perturbações psíquicas decorrentes de estupro ou incesto, questões financeiras (impossibilidade econômica, por parte da mãe, de manter a subsistência do filho e dela própria) ou possibilidade de deficiências físicas ou mentais do futuro ser.

Contudo, em decorrência do princípio do primado do direito à vida, inequivocamente albergado por nosso ordenamento jurídico, nenhuma daquelas teorias pode ser defendida, e muito menos aplicada, no Brasil. E essa realidade torna-se ainda mais evidente quando analisamos o Código Penal brasileiro, que considera o aborto um fato típico penal, quer ele tenha sido provocado pela própria gestante (artigo 124), quer tenha sido cometido por terceiros, com ou sem o consentimento da gestante (artigos 125 e 126).

O mesmo Código Penal, contudo, em seu artigo 128, também prevê 2 (duas) hipóteses em que o aborto, muito embora ainda sendo considerado um fato típico e ilícito, *deixa de ser punido*, por razões de política criminal. Isso ocorre quando estivermos diante de um caso de *aborto necessário*, ou seja, quando não houver outro meio de salvar a vida da gestante; ou de um *aborto sentimental*, quando a gravidez resultou de estupro e o aborto é precedido do consentimento da gestante ou de seu representante legal.

É importante ressaltar que os casos acima mencionados não legitimam o aborto no Brasil. O aborto é efetivamente vedado pela Constituição Federal. As condutas do artigo 128, do Código Penal, portanto, não deixam de configurar ilícitos penais. Trata-se apenas de hipóteses em que o legislador infraconstitucional *deixa de aplicar pena* ao infrator, tendo em vista que a conduta destina-se efetivamente à manutenção da vida da gestante, no primeiro caso, ou da vida digna da mãe, no segundo, justamente os fins buscados pelo texto constitucional.[12]

Outra questão importante refere-se ao aborto de *anencéfalos*, ou seja, de fetos que apresentam ausência, total ou parcial, do sistema nervoso central. Em recente Arguição de Descumprimento de Preceito Fundamental (ADPF 54), proposta pela Confederação Nacional dos Trabalhadores na Saúde (CNTS), referida entidade pleiteou fosse dada aos artigos 124 a 128, do Código Penal, uma interpretação conforme à Constituição, de modo que os profissionais da saúde pudessem interromper a gravidez, no caso de fetos anencéfalos, sem necessidade de apresentação prévia de ordem judicial, desde que a anomalia seja certificada por médico habilitado.

---

12. Nesses termos também é a opinião de Uadi Lammêgo Bulos: "Por isso, as exceções à regra da criminalização do aborto justificam-se, sem que o Texto Maior seja vulnerado. É o caso do art. 128, I e II, do Código Penal. Ora, não há qualquer inconstitucionalidade em não punir o médico pelo aborto praticado para salvar a vida da gestante (aborto necessário) ou se a gravidez resultar de estupro, atentando contra a liberdade sexual da mulher (aborto sentimental). A preservação da vida prevalece". *Op. cit.*, p. 531.

Inicialmente, o Pretório Excelso, por meio de decisão monocrática do relator do feito, Ministro Marco Aurélio de Mello, concedeu liminar, reconhecendo o direito constitucional da gestante de realizar o aborto do anencéfalo, a partir de laudo médico que atestasse a deformidade, sem necessidade de qualquer providência judicial prévia. Segundo o Eminente Relator, "a vida é um bem a ser preservado a qualquer custo, mas, quando a vida se torna inviável, não é justo condenar a mãe a meses de sofrimento, de angústia e de desespero". Vide Arguição de Descumprimento de Preceito Fundamental 54-MC/DF, Relator Ministro Marco Aurélio, j. 1.7.2004, *DJU* 2.9.2004.

Ao julgar o mérito daquela ação constitucional, entretanto, a Corte Suprema, por maioria de votos (8 X 2), manteve a lógica que seguiu no julgamento sobre a constitucionalidade da pesquisa com células-tronco embrionárias humanas, para fins de pesquisa ou terapia, *decidindo-se expressamente pela possibilidade de aborto de feto anencéfalo, desde que comprovada tal circunstância por laudo médico*. O Supremo Tribunal Federal, portanto, seguiu seu entendimento de que a vida humana só tem a proteção constitucional a partir do momento em que surge um cérebro no embrião, deixando de punir a realização de aborto em anencéfalos.

DIREITO À VIDA E ABORTO

– É proibida qualquer proposta de emenda constitucional que tenha por objeto permitir o aborto, já que tal permissão resultaria, sem qualquer dúvida, em verdadeira diminuição do direito à vida. Não será possível, da mesma forma, a edição de qualquer norma infraconstitucional, a não ser que autorizado por uma nova Constituição, que legitime atos que atentem contra a vida humana intrauterina.

– O Código Penal (art. 128) prevê 2 (duas) hipóteses em que o aborto deixa de ser punido: *aborto necessário* (quando não há outro meio de salvar a vida da gestante) e *aborto sentimental* (quando a gravidez resultou de estupro e o aborto é precedido do consentimento da gestante ou de seu representante legal).

– É importante ressaltar que os casos acima mencionados não legitimam o aborto no Brasil. O aborto é efetivamente vedado pela Constituição Federal. As condutas do artigo 128 do Código Penal, portanto, não deixam de configurar ilícitos penais.

– Trata-se apenas de hipóteses em que o legislador infraconstitucional deixa de aplicar pena ao infrator, tendo em vista que a conduta destina-se efetivamente à manutenção da vida da gestante, ou de sua dignidade, justamente os fins buscados pelo texto constitucional.

7.5 DIREITO À VIDA E EUTANÁSIA

Na excelente definição de Leo van Holthe,[13] a eutanásia "consiste na interrupção não natural (não espontânea) da vida biológica de pessoa submetida a intenso sofrimento físico ou mental, motivada por sentimentos humanitários, com ou sem o consentimento do doente terminal". Doutrinariamente, a eutanásia (palavra que vem do grego *eu thanos*, e que significa "boa morte") pode ser dividida em 2 (duas) modalidades: eutanásia ativa e eutanásia passiva.

A *eutanásia ativa*, também conhecida como *benemortásia*, ou, ainda, *sanicídio*, é a supressão da vida, por piedade, do doente irreversível ou terminal, a pedido deste ou de seus familiares. Já a *eutanásia passiva*, também conhecida como *ortotanásia*, é a eutanásia por omissão, em que são suspensos os medicamentos ou medidas que possam prolongar a vida de um paciente em quadro clínico irreversível, para que ele possa finalmente perecer.

Há quem defenda a utilização da eutanásia, em quaisquer das modalidades acima mencionadas, como uma maneira de permitir a morte digna ao paciente, e, portanto, garantir o respeito do princípio da dignidade da pessoa humana, insculpido no artigo 4º, inciso

---

13. *Direito constitucional*. 6. ed. Jus Podivm, 2010, p. 363.

III, da Constituição Federal. Outros, contudo, defendem a ausência de ilicitude apenas na eutanásia passiva (ortotanásia), ponderando que a manutenção da vida de um paciente em estado terminal apenas prolonga, desnecessariamente, o seu sofrimento. É o que defende, por exemplo, Leo van Hothe:

> *"Diferentemente da eutanásia, entendemos não haver ilicitude na prática da ortotanásia. O direito não pode ficar alheio à realidade dos avanços da biotecnologia que possibilitaram um prolongamento quase interminável do morrer. As Unidades de Terapia Intensiva, as 'modernas catedrais do sofrimento humano', postergam indefinidamente a vida dos que podem bancar os seus altos custos, não sendo descabido afirmar que nelas se torna quase impossível morrer sem anuência do médico".*

Outra parte da doutrina, contudo, considera que a eutanásia, em quaisquer de suas modalidades (inclusive a ortotanásia, portanto), fere o direito à vida, e, por essa razão, não encontra amparo na Carta Magna de 1988. Nesses termos, por exemplo, é a lição de Uadi Lammêgo Bulos, como se pode verificar no trecho a seguir transcrito:[14]

> *"Mas, se da ótica factual do problema deparamo-nos com a variação de opiniões sobre o tema, do ângulo estritamente jurídico os posicionamentos não podem gerar dubiedade, sob pena de se violar o primado constitucional que tutela o direito à vida. Pela Carta de 1988, não é dado a ninguém dispor de sua vida no sentido de fulminá-la, razão pela qual a eutanásia ativa e a eutanásia passiva (ortotanásia) são flagrantemente inconstitucionais".*

E a nossa legislação infraconstitucional, ao que tudo indica, segue este último entendimento. Com efeito, o Código de Ética Médica, em seu artigo 66, veda ao médico, em caráter expresso e peremptório, e em qualquer caso, a utilização de meios destinados a abreviar a vida do paciente, ainda que a pedido deste ou de seu responsável legal. Ademais, tal conduta tipifica o crime de homicídio, prevista no artigo 121, do Código Penal brasileiro, podendo-se apenas cogitar da ocorrência de homicídio privilegiado, conhecido como homicídio piedoso, por motivo de relevante valor moral ou social, com redução da pena de 1/6 (um sexto) a 1/3 (um terço).[15]

Ademais, em se tratando especificamente de eutanásia (mesmo que por omissão) imputada a profissional da saúde, que tinha o dever de garantir a vida do paciente, estaremos inequivocamente diante de uma hipótese de homicídio doloso, com aplicação da hipótese prevista no artigo 13, § 2º, alínea *a*, do Código Penal vigente, em razão da relevância da omissão de quem devia e podia agir para evitar o resultado.[16]

DIREITO À VIDA E EUTANÁSIA

– A *eutanásia ativa*, também conhecida como *benemortásia*, ou, ainda, *sanicídio*, é a supressão da vida, por piedade, do doente irreversível ou terminal, a pedido deste ou de seus familiares.

– A *eutanásia passiva*, ou *ortotanásia*, é a eutanásia por omissão, em que são suspensos os medicamentos ou medidas que possam prolongar a vida de um paciente em coma irreversível.

– Muitos são os que defendem a utilização da eutanásia como uma maneira de permitir a morte digna ao paciente, e, portanto, garantir o respeito do princípio da dignidade da pessoa humana.

– A princípio, a eutanásia fere o direito à vida, e, portanto, não encontra amparo na Carta Magna, que abraçou, de maneira inequívoca, o princípio do primado do direito à vida.

---

14. *Op. cit.*, p. 532.
15. Código Penal, artigo 121, § 1º: "Se o agente comete o crime impelido por motivo de relevante valor social ou moral, ou sob o domínio de violenta emoção, logo em seguida a injusta provocação da vítima, o juiz pode reduzir a pena de um sexto a um terço".
16. Código Penal, artigo 13, § 2º, a: "A omissão é penalmente relevante quando o omitente devia e podia agir para evitar o resultado. O dever de agir incumbe a quem: a) tenha por lei obrigação de cuidado, proteção ou vigilância".

7.6 PRINCÍPIO DA IGUALDADE

A Constituição Federal de 1988 garante expressamente, já no início do *caput* do artigo 5º, o direito à igualdade. O dispositivo constitucional em comento dispõe, de maneira expressa, que "todos são iguais perante a lei, sem distinção de qualquer natureza[17], garantindo-se aos brasileiros e aos estrangeiros residentes no País a inviolabilidade do direito à vida, à liberdade, à igualdade, à segurança e à propriedade". É importante ressaltar, entretanto, que diversas outras normas da Constituição Federal consagram o princípio da igualdade.

É o caso, por exemplo, do artigo 4º, inciso V, de nossa Lei Maior, que fixa a igualdade entre os Estados como um dos princípios que regem o Brasil, no âmbito das relações internacionais. Na mesma toada, o artigo 5º, inciso I, que prevê que homens e mulheres são iguais em direitos e obrigações, nos termos fixados pela Carta Magna; e inciso XLI, que determina a punição, pela lei, de qualquer discriminação atentatória dos direitos e liberdades fundamentais.

O *princípio da igualdade* dirige-se, devemos frisar, não só ao legislador, como também ao aplicador do direito e ao particular. Quanto ao legislador – aqui também incluído o Poder Executivo, no exercício de seu poder normativo –, o princípio em análise o compele a editar normas não discriminatórias, que não estabeleçam diferenciações relativas à idade, raça, condição social, sexo, religião e outras do gênero, a não ser que haja permissão constitucional expressa, ou um fundamento legítimo para tal diferenciação.

Já em relação ao aplicador do direito, notadamente o poder público, o princípio da igualdade o obriga a cumprir sua função sem cometer quaisquer diferenciações ilegítimas, que não estejam amparadas ou no texto constitucional, ou em algum motivo legitimador de tal diferenciação. Não poderá a Administração Pública, portanto, criar favorecimentos ou perseguições indevidas.[18]

É por esse motivo, por exemplo, que o poder público não poderá impor limitação de idade para o acesso dos candidatos às diversas carreiras públicas civis, por meio de concurso público, a não ser que haja um motivo legitimador para tal limitação, em razão da natureza das atribuições do cargo a ser preenchido, sob pena de violação ao princípio da igualdade, bem como à norma do artigo 7º, inciso XXX, da Constituição Federal,[19] que proíbe a adoção de critério de admissão por motivo de idade.

---

17. Declaração Universal de Direitos Humanos, artigo VII: "Todos são iguais perante a lei e têm direito, sem qualquer distinção, a igual proteção da lei. Todos têm direito a igual proteção contra qualquer discriminação que viole a presente Declaração e contra qualquer incitamento a tal discriminação".
18. Nesse sentido, por exemplo, é o seguinte acórdão do Supremo Tribunal Federal: "O princípio da isonomia, que se reveste de autoaplicabilidade, não é – enquanto postulado fundamental de nossa ordem político-jurídica – suscetível de regulamentação ou de complementação normativa. Esse princípio – cuja observância vincula, incondicionalmente, todas as manifestações do Estado – deve ser considerado, em sua precípua função de obstar discriminações e de extinguir privilégios (RDA 55/114), sob duplo aspecto: (a) o da igualdade na lei e (b) o da igualdade perante a lei. A igualdade na lei – que opera numa fase de generalidade puramente abstrata – constitui exigência destinada ao legislador que, no processo de sua formação, nela não poderá incluir fatores de discriminação, responsáveis pela ruptura da ordem isonômica. A igualdade perante a lei, contudo, pressupondo lei já elaborada, traduz imposição destinada aos demais poderes estatais, que, na aplicação da norma legal, não poderão subordiná-la a critérios que ensejem tratamento seletivo ou discriminatório. A eventual inobservância desse postulado pelo legislador imporá ao ato estatal por ele elaborado e produzido a eiva de inconstitucionalidade" (Mandado de Injunção 58, relator p/ o acórdão ministro Celso de Mello, julgamento em 14.12.1990, DJ de 19.4.1991).
19. Constituição Federal, artigo 7º: "São direitos dos trabalhadores urbanos e rurais, além de outros que visem à melhoria de sua condição social: XXX – proibição de diferença de salários, de exercício de funções e de critério de admissão por motivo de sexo, idade, cor ou estado civil".

Esse entendimento, aliás, já se encontra consolidado na jurisprudência pátria, inclusive do Supremo Tribunal Federal, que editou, sobre o tema, a Súmula 683, nos seguintes termos: "O limite de idade para inscrição em concurso público só se legitima em face do art. 7º, III, da Constituição, quando possa ser justificado pela natureza das atribuições do cargo a ser preenchido".

Ainda sobre o tema, Alexandre de Moraes[20] lembra-nos que o Conselho Nacional de Justiça (CNJ) já decidiu ser incabível a fixação de idade máxima de 45 (quarenta e cinco) anos, como requisito para o ingresso na Magistratura, uma vez que tal imposição não se justifica pela natureza das atribuições do cargo de magistrado, cujo texto constitucional permite, para ingresso no Supremo Tribunal Federal e nos Tribunais Superiores, a idade limite de 65 (sessenta e cinco) anos. Vide Conselho Nacional de Justiça (CNJ), Plenário, PCA 347, Relatora Conselheira Ruth Carvalho, decisão em 28.11.2006.

Por fim, no que se refere ao particular,[21] este não poderá tratar os demais de maneira discriminatória, ferindo direitos fundamentais da pessoa por meio de condutas preconceituosas ou racistas, sob pena de responsabilização civil e até mesmo criminal, quando o ato for tipificado como crime. Não poderá o particular, por exemplo, adotar qualquer critério discriminatório em relação ao sexo, idade, origem, raça, cor, religião ou estado civil, para contratação de empregados.[22]

Por outro lado, com amparo na excelente lição de Marcelo Novelino,[23] não podemos deixar de ressaltar que a aplicação do princípio da igualdade, no tocante aos particulares, não pode se dar "com a mesma intensidade que ocorre em relação aos poderes públicos, em respeito à *autonomia da vontade*, princípio basilar nas relações interprivadas". Com efeito, o que se veda ao particular é o comportamento preconceituoso ou discriminatório, não sendo legítimo retirar-lhe, por exemplo, o direito a tentar obter lucros em uma atividade negocial, em detrimento da outra parte contratante.

Segundo famoso estudo de autoria de Celso Antônio Bandeira de Mello,[24] para se verificar se um determinado tratamento diferenciado ofende ou não o princípio da igualdade, basta examinar se existe um *pressuposto lógico* que autorize aquela diferenciação. Em outras palavras, o tratamento diferenciado será juridicamente legítimo caso exista uma *finalidade razoável* que justifique, racionalmente, a desequiparação operada pela lei ou pelo ato normativo.

---

20. *Op. cit.*, p. 39.
21. A necessidade de observância da isonomia, pelos particulares, é também denominada de eficácia horizontal do princípio da igualdade.
22. Aliás, a Lei 9.029, de 13 de abril de 1995, é expressa e inequívoca em vedar a adoção de qualquer critério discriminatório para a contratação de empregados, vedando inclusive a exigência de atestados de gravidez ou esterilização, para admissão ou permanência no emprego, sob pena de responsabilização criminal.
23. *Direito constitucional*. 4. ed. Método, 2010, p. 398.
24. Eis a síntese da lição do autor sobre o tema: "Então, no que atina ao ponto central da matéria abordada procede afirmar: é agredida a igualdade quando o fator diferencial adotado para qualificar os atingidos pela regra não guarda relação de pertinência lógica com a inclusão ou exclusão no benefício deferido ou com a inserção ou arredamento do gravame imposto. Cabe, por isso mesmo, quanto a este aspecto, concluir: o critério especificador escolhido pela lei, a fim de circunscrever os atingidos por uma situação jurídica – a dizer: o fator de discriminação – pode ser qualquer elemento radicado neles; todavia, necessita, inarredavelmente, guardar relação de pertinência lógica com a diferenciação que dele resulta. Em outras palavras: a discriminação não pode ser gratuita ou fortuita. Impende que exista uma adequação racional entre o tratamento diferenciado construído e a razão diferencial que lhe serviu de supedâneo. Segue-se que, se o fator diferencial não guardar conexão lógica com a disparidade de tratamentos jurídicos dispensados, a distinção estabelecida afronta o princípio da isonomia". *Conteúdo jurídico do princípio da igualdade*. 3. ed. Malheiros, 2009, p. 38-39.

Analisemos um caso hipotético para verificarmos se há ou não respeito ao princípio da igualdade, à luz daquele estudo. Caso, por exemplo, o governo de algum ente da Federação exija, no edital de um concurso público para preenchimento de vagas de procurador do Estado, que os candidatos sejam exclusivamente do sexo feminino, estaremos inequivocamente diante de um caso de violação daquele princípio, uma vez que o fator de discriminação adotado (o sexo exigido no certame) não guarda qualquer relação de pertinência lógica com o fim que se busca (a contratação de procuradores do Estado).

Por outro lado, caso aquele mesmo governo pretenda contratar mais agentes para trabalhar exclusivamente em penitenciárias femininas, aí sim a exigência de que os candidatos do concurso público sejam do sexo feminino atende perfeitamente a uma finalidade razoável, uma vez que se mostra de todo conveniente (e até mesmo necessário) que as agentes sejam mulheres, para observância do princípio da dignidade da pessoa humana, tendo em vista as atividades que devem ser desenvolvidas, tais como a revista corporal de presas e outras do gênero.

Ademais, uma norma infraconstitucional também observará o princípio da isonomia quando a diferenciação por ela instituída estiver amparada em *expressa disposição constitucional*, uma vez que, nesse caso, foi o próprio constituinte quem fez o juízo de valor. É o que podemos depreender, por exemplo, da regra fixada pelo artigo 5º, inciso II, de nossa Carta Magna vigente, que confere igualdade entre homens e mulheres, *nos termos da Constituição*.

Com efeito, a Lei Maior traz em seu corpo diversas normas que tratam homens e mulheres de maneira não isonômica, muito provavelmente por considerar que uma suposta fragilidade do gênero feminino autorizaria um tratamento diferenciado, e mais benevolente a esta última, como se dá, por exemplo, com a licença à gestante (artigo 7º, XVIII), muito maior que a licença paternidade, e com a diferença de idade e de tempo de contribuição para aposentadoria dos servidores públicos (artigo 40, § 1º, alíneas *a* e *b*).

PRINCÍPIO DA IGUALDADE

– O princípio da igualdade dirige-se não só ao legislador, como também ao aplicador do direito, e, ainda, ao particular. Quanto ao legislador, este deve editar normas não discriminatórias, que não estabeleçam diferenciações relativas à idade, raça, condição social, sexo, religião e outras do gênero, a não ser que haja permissão constitucional expressa, ou um fundamento legítimo para tal diferenciação.

– No tocante ao aplicador do direito, notadamente o Poder Público, o princípio da igualdade o obriga a cumprir sua função sem cometer quaisquer diferenciações ilegítimas, que não estejam amparadas ou no texto constitucional, ou em algum motivo legitimador de tal diferenciação.

– Por fim, em relação ao particular, este não poderá tratar os demais de maneira discriminatória, ferindo direitos fundamentais da pessoa por meio de condutas preconceituosas ou racistas, sob pena de responsabilização civil e até mesmo criminal.

7.7 PRINCÍPIO DA IGUALDADE E O PROCESSO

O princípio da igualdade também deve incidir sobre a edição e aplicação das normas processuais. E como nos lembra Marcus Vinícius Rios Gonçalves,[25] referida paridade não pode ser apenas formal, uma vez que nem todos têm as mesmas condições econômicas, sociais ou técnicas. Deve-se buscar, na medida do possível, a denominada *igualdade material* entre as partes, através da aplicação da antiga fórmula: "tratar os iguais igualmente, e os desiguais desigualmente, na medida de sua desigualdade".

---

25. *Op. cit.*, p. 27.

O princípio da isonomia, dirigido expressamente ao juiz, na seara do direito processual, está explicitado, por exemplo, no artigo 7º, do Código de Processo Civil vigente, o qual assegura às partes, em caráter expresso, a "paridade de tratamento em relação ao exercício de direitos e faculdades processuais, aos meios de defesa, aos ônus, aos deveres e à aplicação de sanções processuais". Reforçando essa igualdade, o artigo 139, inciso I, do mesmo diploma processual, impõe ao juiz o dever de dirigir o processo assegurando às partes igualdade de tratamento.

Por força daqueles dispositivos processuais, o juiz deverá exercer sua atividade jurisdicional, durante toda a condução do processo e até a prolação da sentença, de maneira a garantir, tanto quanto possível, a igualdade entre as partes litigantes, conferindo-lhes, por exemplo, as mesmas oportunidades de manifestação, inclusive para falar sobre as alegações e documentos produzidos pela outra parte (o chamado contraditório).

Por outro lado, diversas normas de direito processual buscam, de alguma forma, conceder a uma das partes do processo algum favorecimento ou privilégio, justamente para tentar alcançar a chamada igualdade material entre as partes litigantes. É o caso, por exemplo, dos prazos privilegiados conferidos ao Ministério Público[26], à União, aos Estados, ao Distrito Federal, aos Municípios, e suas respectivas autarquias e fundações públicas[27] e também à Defensoria Pública[28], conforme normas fixadas, respectivamente, pelos artigos 180, 183 e 186, do Código de Processo Civil.

Referidas normas, já existentes na legislação processual anterior (em termos semelhantes, porém até mais favoráveis que as atuais), são perfeitamente constitucionais, mesmo fixando prazos privilegiados às pessoas e aos órgãos mencionados no parágrafo anterior. Isso porque existe um fundamento (um pressuposto lógico) a justificar aquele tratamento não isonômico, qual seja, a existência de grande número de processos em que referidos entes atuam, bem como a necessidade de observância dos princípios da supremacia do interesse público sobre o privado e da indisponibilidade do interesse público.

Na mesma toada, podemos também citar a norma do artigo 496, I e II, do Código de Processo Civil, que determina a observância do *duplo grau de jurisdição*, não produzindo efeito senão depois de confirmada pelo tribunal (o chamado *reexame necessário*) a sentença produzida contra a União, os Estados, o Distrito Federal, os Municípios e suas respectivas autarquias e fundações de direito público, ou que julgar procedentes, no todo ou em parte, os embargos à execução fiscal.

PRINCÍPIO DA IGUALDADE E O PROCESSO

– O princípio da igualdade também deve incidir sobre a edição e aplicação das normas processuais. Dirigido expressamente ao juiz, está previsto no artigo 139, inciso I, do Código de Processo Civil, o qual dispõe expressamente que o juiz dirigirá o processo conforme as disposições daquele Código, competindo-lhe "assegurar às partes igualdade de tratamento".

– Por força daquele artigo, o juiz deverá exercer sua atividade jurisdicional, durante toda a condução do processo e até a prolação da sentença, de maneira a garantir, tanto quanto possível, a igualdade entre as partes litigantes, conferindo-lhes, por exemplo, as mesmas oportunidades de manifestação, inclusive para falar sobre as alegações e documentos produzidos pela outra parte.

---

26. Código de Processo Civil, artigo 180: "O Ministério Público gozará de prazo em dobro para manifestar-se nos autos, que terá início a partir de sua intimação pessoal, nos termos do art. 183, § 1º".
27. Código de Processo Civil, artigo 183: "A União, os Estados, o Distrito Federal, os Municípios e suas respectivas autarquias e fundações de direito público gozarão de prazo em dobro para todas as suas manifestações processuais, cuja contagem terá início a partir da intimação pessoal".
28. Código de Processo Civil, artigo 186: "A Defensoria Pública gozará de prazo em dobro para todas as suas manifestações processuais".

7.8 PRINCÍPIO DA LEGALIDADE

O artigo 5º, inciso II, da Constituição Federal de 1988 é expresso ao determinar que "ninguém será obrigado a fazer ou deixar de fazer alguma coisa, senão em virtude de lei". A expressão "lei", a toda evidência, refere-se não só à lei formal, conforme espécies normativas relacionadas expressamente no artigo 59, da Carta Magna, como também a todo e qualquer ato normativo, ou seja, com força de lei.[29]

O princípio da legalidade é, sem dúvida alguma, o fundamento maior do chamado Estado de Direito. Como vimos no Capítulo 4, o Estado de Direito pode ser conceituado, de maneira sintética, como aquele submetido ao chamado *império das leis*. Só a lei pode validamente criar obrigações ou restringir direitos.

Com efeito, a partir do modelo de Estado liberal (em oposição ao Estado absolutista), os diversos Estados modernos passaram a editar seus diplomas normativos não só para reger as relações entre os particulares, mas, sobretudo, para vincular a própria atuação dos agentes estatais, inclusive com a previsão de mecanismos para evitar lesões aos indivíduos, e de regras de responsabilização dos governantes, caso houvesse, ainda assim, danos aos particulares.

O Estado de Direito, portanto, é aquele em que existe um conjunto de normas que fornecem a organização fundamental do Estado, criando seus órgãos e fixando suas competências, instituindo regras para a divisão funcional do poder e também fixando um rol de direitos e garantias fundamentais, para a proteção do indivíduo contra eventuais arbitrariedades praticadas pelo ente estatal.

O princípio da legalidade encontra fundamento na presunção de que a *lei é a expressão da vontade da maioria*. Exceção a esta regra, contudo, nós a temos na medida provisória (artigo 62, da Constituição Federal),[30] a qual tem força de lei (nem que apenas temporária, caso não seja aprovada pelo Congresso Nacional), mas que não está amparada na decisão da maioria, e sim na vontade do presidente da República, bem como nas chamadas leis delegadas (artigo 68, da Carta Magna[31]), em que o Chefe do Poder Executivo pede autorização do Poder Legislativo correlato para editar uma lei sobre determinado assunto.

Referido princípio dirige-se não só ao Estado, em suas atividades legislativas e administrativas, como também ao particular. Contudo, enquanto ao particular, nos termos do supramencionado artigo 5º, inciso II, da Constituição de 1988, é permitido fazer tudo o que não for expressamente proibido por lei, à Administração Pública, ao contrário, exige-se que seus agentes atuem sempre em conformidade com a lei, não se lhes permitindo deixar de atuar quando a lei o determinar (ato administrativo vinculado), e somente lhes autorizando a atuar quando houver previsão legal expressa (ato discricionário).

Conforme veremos melhor oportunamente (Capítulo 14 deste livro), o princípio da legalidade também se aplica à seara do direito tributário. Com efeito, tendo em vista que o tributo é uma obrigação *ex lege*, ou seja, que decorre da lei, as entidades tributantes não

---

29. Em termos semelhantes é a lição, por exemplo, de Ricardo Cunha Chimenti, Marisa Ferreira dos Santos, Márcio Fernando Elias Rosa e Fernando Capez: "O conceito de lei, a que se refere a Constituição, envolve todo ato normativo ordinariamente editado pelo Poder Legislativo, ou excepcionalmente pelo Poder Executivo, como nos casos das leis delegadas (art. 68), das medidas provisórias (art. 62) e dos decretos autônomos (art. 84, VI), no desempenho de suas competências constitucionais". *Op. cit.*, p. 106.
30. Constituição Federal, artigo 62: "Em caso de relevância e urgência, o Presidente da República poderá adotar medidas provisórias, com força de lei, devendo submetê-las de imediato ao Congresso Nacional".
31. Constituição Federal, artigo 68, *caput*: "As leis delegadas serão elaboradas pelo Presidente da República, que deverá solicitar a delegação ao Congresso Nacional".

poderão exigir ou aumentar tributo sem lei que o estabeleça, tudo conforme previsão expressamente do artigo 150, inciso I, da Carta Magna.

Também se aplica, a toda evidência, à seara do direito processual. De fato, o processo é o meio ou instrumento instituído pelo Estado para viabilizar o exercício de sua função jurisdicional, para a solução dos litígios que lhe forem submetidos a julgamento. E o processo, é importante frisar, deve ter suas regras instituídas por lei, para que validamente possa criar direitos, deveres e ônus processuais, trazendo, assim, segurança jurídica à prestação jurisdicional.

Diversas normas processuais estão consignadas no próprio texto constitucional. É a Carta Magna, por exemplo, quem estabelece as diversas competências do Supremo Tribunal Federal e dos Tribunais Superiores. É na Lei Maior que se encontram, igualmente, diversas normas relativas à jurisdição constitucional, com fixação das regras-matrizes dos chamados remédios constitucionais e das diversas ações do controle concentrado de constitucionalidade.

Nos termos do artigo 22, inciso I, da Constituição Federal, a competência para legislar sobre direito processual é privativa da União. Já no que se refere aos procedimentos – diversas formas pelas quais os processos se desenvolvem – a competência para legislar é concorrente (artigo 24, inciso XI), cabendo à União estabelecer normas gerais, que podem ser suplementadas por leis editadas pelos Estados e pelo Distrito Federal.

Na seara infraconstitucional, temos importantes diplomas que regulamentam a formação e o desenvolvimento regular do processo. É o caso do Código de Processo Civil, que contém normas, por exemplo, que estabelecem os requisitos da petição inicial, que preveem os diversos tipos de procedimentos, que fixam a forma como o réu deve ser citado (sob pena de nulidade), que normatizam a produção de provas, que tratam da sentença e das diversas espécies de recursos.

Já no campo específico do direito penal, como nos lembram Ricardo Cunha Chimenti, Marisa Ferreira dos Santos, Márcio Fernando Elias Rosa e Fernando Capez,[32] o princípio da legalidade "protege o indivíduo, evitando que seja surpreendido com qualquer incriminação, uma vez que não há crime sem lei anterior que o defina, nem pena sem prévia cominação legal (art. 5º, XXXIX) e também porque a lei penal não retroagirá para prejudicar o acusado (art. 5º, XL)".

Para finalizar este breve estudo sobre o tema, vale mencionar que legalidade e reserva de lei são conceitos que não se confundem. Como vimos, o princípio da legalidade é aquele que, amparado pelo artigo 5º, inciso II, da Constituição Federal, dispõe que somente a lei pode, legitimamente, criar obrigações ou restringir direitos. Já o *princípio da reserva legal*, também conhecido como *princípio da legalidade específica*, decorre de cláusula constitucional que indica as matérias que, pela sua natureza, só podem ser tratadas por lei formal (ou ato normativo equiparado), e não por um ato infralegal.

A reserva será *absoluta* quando a disciplina da matéria é reservada à lei, com a exclusão de qualquer fonte infralegal (ou seja, vedada a ingerência normativa do Poder Executivo). Citemos como exemplo a norma fixada pelo artigo 7º, inciso XIX, da Carta Magna, que concede o direito à licença paternidade, *nos termos fixados em lei*. Será *relativa*, por outro lado, quando a matéria, muito embora reservada à lei, permite a ingerência normativa do

---

32. *Op. cit.*, p. 107.

Poder Executivo, na forma e nas condições fixadas pela própria lei. É importante ressaltar que somente caberá reserva relativa quando houver expressa autorização legal.

Esclareçamos, ainda, que a Constituição Federal sempre explicita, de maneira induvidosa, qual a espécie normativa que deve regulamentar a matéria. Quando, por exemplo, for exigida a edição de lei complementar (que exige maioria absoluta dos parlamentares para aprovação), ela o dirá expressamente. Quando, de outro lado, a Lei Magna exige que determinada matéria seja regulamentada por "lei", sem adjetivá-la, devemos entender que se refere à lei ordinária, de caráter federal. Lei específica, por fim, é uma lei ordinária federal que trata *especificamente* de um determinado assunto, e somente deste.

PRINCÍPIO DA LEGALIDADE

– O princípio da legalidade é o fundamento maior do Estado de Direito, ou seja, daquele submetido ao chamado *império das leis*.

– Só a lei, aqui entendida não apenas a lei formal como também qualquer ato com força de lei, pode validamente criar deveres ou restringir direitos.

– O princípio da legalidade dirige-se não só ao Estado, em suas atividades legislativas e administrativas, como também ao particular.

7.9 PRINCÍPIO DA IRRETROATIVIDADE DA NORMA

Estreitamente relacionado ao princípio da legalidade temos o *princípio da irretroatividade da norma*, ambos consistindo em pilares do Estado de Direito. Referido princípio traduz-se na impossibilidade de a lei ou ato normativo ser aplicado a fatos ocorridos antes do início de sua vigência. A irretroatividade da norma está amparada na ideia de que a lei é destinada a reger fatos futuros, e não pretéritos, de modo a garantir segurança as relações jurídicas.

A Constituição Federal vigente, ao contrário das Cartas Políticas de 1824 e 1891, não prevê qualquer vedação expressa à retroatividade da lei. Diz apenas, no artigo 5º, inciso XXXVI, que "a lei não prejudicará o direito adquirido, o ato jurídico perfeito e a coisa julgada", fazendo parecer, a princípio, que a irretroatividade somente seria vedada quando ofendesse quaisquer daquelas hipóteses relacionadas no dispositivo constitucional em comento.

É por tal razão, aliás, que alguns poucos doutrinadores defendem que o princípio da irretroatividade da norma não encontra amparo no ordenamento brasileiro, asseverando, inclusive, que o artigo 6º da vigente Lei de Introdução às Normas do Direito Brasileiro, ao determinar expressamente que "a lei em vigor terá efeito imediato e geral, respeitados o ato jurídico perfeito, o direito adquirido e a coisa julgada", afastaria referido princípio. É o caso, por exemplo, do ilustre Sílvio Rodrigues,[33] como se pode verificar do trecho transcrito a seguir:

> "Muitos espíritos liberais combatem, genericamente, a possibilidade de a lei retroagir, mas não me parece evidente a sua razão. Colin e Capitant, argumentando na defesa da lei retroativa, sustentam que, como a lei nova se supõe melhor do que a anterior, e por isso mesmo é que se inovou, deve ela aplicar-se desde logo. Tal argumento, a meu ver, é irrespondível. De resto, a nova lei atende, em geral, a um maior interesse social, devendo, por conseguinte, retroagir".[34]

A grande maioria dos autores, contudo, pensa de maneira diversa. Caio Mário da Silva Pereira,[35] aliás, afirma que a vedação à retroatividade da norma, mais que princípio destinado

---

33. *Direito civil*. Parte geral. Saraiva, v. 1, p. 28-29.
34. Em conclusão, o saudoso jurista afirma que, "entre nós, a lei é retroativa, e a supressão do preceito constitucional que, de maneira ampla, proibia leis retroativas constitui um progresso técnico. A lei retroage, apenas não se permite que ela recaia sobre o ato jurídico perfeito, sobre o direito adquirido e sobre a coisa julgada".
35. *Instituições de direito civil*. 11. ed. Forense, 2004, v. I, p. 144.

apenas aos aplicadores da lei, é destinado ao próprio legislador, não podendo sequer haver a edição de uma lei retroativa, para que não se contrarie a Constituição Federal. Eis os seus ensinamentos sobre o tema:

> *"Outras vezes, o princípio da não retroatividade é assentado com caráter mais rijo do que uma simples medida de política legislativa, pois assume o sentido de uma norma de natureza constitucional. Com uma tal valência, reflete muito maior extensão e, especialmente, mais profunda intensidade. Não é apenas uma regra imposta ao juiz, a quem é vedado atribuir à lei efeito retro-operante. Mais longe do que isto, é uma norma cogente para o legislador, à sua vez proibido de ditar leis retroativas. Diferentemente daqueles sistemas que admitem possa o legislador manifestar claramente o propósito de impor às disposições legais efeito retroativo, aqui esta liberdade lhe é negada. Assim, a lei que tenha um tal efeito vem maculada da eiva de inconstitucionalidade, cabendo ao Poder Judiciário declará-lo e recusar-lhe aplicação, pela maioria absoluta dos tribunais (Constituição Federal, art. 97). O sistema brasileiro inscreve-se nesta corrente".*

A única seara em que o princípio da irretroatividade da norma é expressamente afastado pela Constituição Federal, é a do direito penal. Com efeito, nos termos do artigo 5º, inciso XL, da Constituição Federal, "a lei penal não retroagirá, salvo para beneficiar o réu". Neste dispositivo, o texto constitucional consagrou o *princípio da irretroatividade da norma penal mais severa ou da retroatividade da norma penal mais benéfica*, que permite que, no âmbito do direito penal, a norma retroaja, mas apenas para beneficiar o réu (ou mesmo o já definitivamente condenado), não podendo, ao contrário, piorar sua situação.

Portanto, no campo do direito penal a própria Carta Magna[36] prevê a possibilidade de a norma penal retroagir, desde que para beneficiar o réu, podendo até mesmo excluir a antijuridicidade do fato anteriormente tipificado como crime, como, aliás, determina expressamente o artigo 2º do Código Penal, o qual dispõe que "ninguém pode ser punido por fato que lei posterior deixa de considerar crime, cessando em virtude dela a execução e os efeitos penais da sentença condenatória".

No caso específico do processo civil e do processo penal, por outro lado, a aplicação do princípio da irretroatividade da norma é incontroversa. Ao contrário do direito penal (direito material), que permite, como vimos, a retroatividade de uma norma para beneficiar o réu, no processo civil e no processo penal vale a máxima *tempus regit actum*, ou seja, os atos processuais devem ser praticados em conformidade com a lei que vigia à época em que começou o prazo para a sua realização.

O vigente Código de Processo Civil, aliás, tornou inequívoca a impossibilidade de retroação da norma processual, ao dispor, em caráter expresso, que "a norma processual não retroagirá e será aplicável imediatamente aos processos em curso, respeitos os atos processuais praticados e as situações jurídicas consolidadas sob a vigência da norma revogada" (artigo 14).

Como consequência disso, caso sobrevenha uma lei, por exemplo, que aumente ou mesmo diminua prazo para recorrer, após a intimação da parte acerca da sentença, o prazo recursal permanecerá sendo o antigo, que era o que vigia à época da intimação. Contudo, caso a nova lei seja editada antes da intimação para oferecimento de contrarrazões de recurso, e apenas neste caso, a lei não deverá ser aplicada, devendo permanecer o prazo o anterior, tudo para que seja garantida a aplicação do princípio da isonomia, estudado anteriormente.

---

36. Norma semelhante é encontrada no artigo 9º, do Pacto de San Jose da Costa Rica, nos seguintes termos: "Ninguém poderá ser condenado por atos ou omissões que, no momento em que foram cometidos, não constituam delito, de acordo com o direito aplicável. Tampouco poder-se-á impor pena mais grave do que a aplicável no momento da ocorrência do delito. Se, depois de perpetrado o delito, a lei estipular a imposição de pena mais leve, o delinquente deverá dela beneficiar-se".

Por fim, na seara tributária, o princípio da irretroatividade da norma também é inequívoco, tendo sido explicitado no artigo 150, inciso III, alínea "a", que proíbe a União, os Estados, o Distrito Federal e os Municípios de cobrar tributos "em relação a fatos geradores ocorridos antes do início da vigência da lei que os houver instituído ou aumentado". Este assunto, como já mencionamos anteriormente, será melhor tratado no Capítulo 14 desta obra.

PRINCÍPIO DA IRRETROATIVIDADE DA NORMA

– Estreitamente relacionado ao princípio da legalidade está o *princípio da irretroatividade da norma*, ambos consistindo em pilares do Estado de Direito. Traduz-se na impossibilidade de a lei ou ato normativo ser aplicado a fatos ocorridos antes do início de sua vigência. A irretroatividade da norma está amparada na ideia de que a lei é destinada a reger fatos futuros, e não pretéritos.

– Ao contrário do direito penal (direito material), que permite a retroatividade de uma norma para beneficiar o réu, no processo civil vale a máxima *tempus regit actum*, ou seja, os atos processuais devem ser praticados em conformidade com a lei que vigia à época em que começou o prazo para a sua realização.

7.10 PROTEÇÃO CONSTITUCIONAL CONTRA A TORTURA E O TRATAMENTO DESUMANO OU DEGRADANTE

A Constituição Federal de 1988 dispõe sobre a tortura em 2 (dois) dispositivos, ambos do artigo 5º. No inciso III, determina que "ninguém será submetido a tortura nem a tratamento desumano ou degradante". No inciso XLIII, por sua vez, ao tratar dos crimes hediondos e assemelhados, dispõe expressamente que a lei considerará a prática da tortura, dentre outras condutas delituosas, como crime inafiançável e insuscetível de graça ou anistia, respondendo por ele os mandantes, os executores e os que, podendo evitá-lo, se omitirem.

Em que pese o direito à integridade pessoal constar expressamente da Convenção Americana de Direitos Humanos (o famoso Pacto de Jan José da Costa Rica)[37] e também da Declaração Universal de Direitos Humanos[38], a proteção contra a tortura, em nosso País, somente transformou-se em crime, com a necessária tipificação legal, após a edição da Lei 9.455, de 7 de abril de 1997, a qual, dentre outros temas, define as condutas que tipificam o delito.

Com efeito, nos termos do artigo 1º, daquele diploma legal, constitui crime de tortura: (1) constranger alguém com emprego de violência ou grave ameaça, causando-lhe sofrimento físico ou mental: (a) com o fim de obter informação, declaração ou confissão da vítima ou de terceira pessoa, (b) para provocar ação ou omissão de natureza criminosa, ou (c) em razão de discriminação racial ou religiosa; ou (2) submeter alguém, sob sua guarda, poder ou autoridade, com emprego de violência ou grave ameaça, a intenso sofrimento físico ou mental, como forma de aplicar castigo pessoal ou medida de caráter preventivo.

A vedação constitucional à tortura, prevista expressamente nos supramencionados dispositivos da Constituição Federal, é uma decorrência lógica do princípio da dignidade da pessoa humana, expressamente incluído entre os fundamentos da República Federativa do Brasil (artigo 1º, III, de nossa Lei Maior), tendo também por substrato o próprio direito à vida, o qual, nós o vimos anteriormente, neste mesmo Capítulo, refere-se não só ao aspecto

---

37. Pacto de San José da Costa Rica, artigo 5º, item 2: "Ninguém deve ser submetido a torturas, nem a penas ou tratos cruéis, desumanos ou degradantes. Toda pessoa privada de liberdade deve ser tratada com o respeito devido à dignidade inerente ao ser humano".
38. Declaração Universal de Direitos Humanos, artigo V: "Ninguém será submetido à tortura nem a tratamento ou castigo cruel, desumano ou degradante".

biológico, como também ao psicossocial, concernente ao direito da pessoa de viver com dignidade.

As mesmas ponderações que fizemos em relação ao direito à vida, valem também em relação à vedação constitucional à tortura e ao tratamento desumano ou degradante. Com efeito, por estar inserida no artigo 5º, da Carta Magna, sendo, portanto, um direito individual, trata-se também de uma *cláusula pétrea*, não podendo sofrer qualquer tipo de emenda sequer tendente a suprimi-la, conforme previsto no artigo 60, § 4º, inciso IV, de nossa Lei Maior.

Ademais, por força do já estudado princípio da supremacia formal da Constituição Federal em relação às demais normas editadas pelo Poder Público, não será possível a edição de qualquer diploma infraconstitucional que legitime a prática da tortura, mesmo que sob o pretexto de se alcançar fins nobres, como seria o caso, por exemplo, de obter informações que pudessem evitar a prática de outros crimes, mesmo que hediondos ou mesmo de terrorismo.

Assunto estreitamente relacionado com a vedação à tortura é o uso de algemas, pelo Poder Público, para a condução de presos. Sobre o tema, o Supremo Tribunal Federal editou a súmula vinculante 11, nos seguintes termos: "Só é lícito o uso de algemas em casos de resistência e de fundado receio de fuga ou de perigo à integridade física própria ou alheia, por parte do preso ou de terceiros, justificada a excepcionalidade por escrito, sob pena de responsabilidade disciplinar, civil e penal do agente ou da autoridade e de nulidade da prisão ou do ato processual a que se refere, sem prejuízo da responsabilidade civil do Estado."

PROTEÇÃO CONSTITUCIONAL CONTRA A TORTURA

– A vedação constitucional à tortura é uma decorrência lógica do princípio da dignidade da pessoa humana, tendo também por substrato o próprio direito à vida, o qual se refere não só ao aspecto biológico, como também ao psicossocial, relativo ao direito da pessoa de viver com dignidade.

– A vedação constitucional à tortura, por estar inserida no artigo 5º, da Constituição Federal, é uma *cláusula pétrea*, não podendo sofrer qualquer tipo de emenda sequer tendente a suprimi-la, conforme previsto no artigo 60, § 4º, inciso IV, de nossa Lei Maior.

– Não será possível a edição de qualquer diploma infraconstitucional que legitime a prática da tortura, mesmo que sob o pretexto de se alcançar fins nobres, como seria o caso, por exemplo, de obter informações que pudessem evitar a prática de outros crimes.

7.11 LIBERDADE DE MANIFESTAÇÃO DO PENSAMENTO, VEDADO O ANONIMATO, E OS DIREITOS DE RESPOSTA E DE INDENIZAÇÃO POR DANOS

A Constituição de 1988, no artigo 5º, inciso IV, reconhece liberdade de manifestação do pensamento, vedando, contudo, o anonimato. Vê-se, portanto, que a liberdade de manifestação do pensamento conquistou foro constitucional, não sendo, portanto, possível à legislação infraconstitucional restringir tal direito, a não ser para a garantia de outros direitos constitucionais igualmente relevantes[39].

O *direito à livre manifestação do pensamento*, o próprio nome já o indica, diz respeito à faculdade, conferida a pessoa natural ou a pessoa jurídica (por meio de seus representantes legais) de exprimir, e mesmo de divulgar, o conteúdo de seu pensamento. Referido direito, conforme expressamente previsto artigo 13, item 1, do Pacto de San José da Costa Rica,

---

39. Referido direito também conta com expresso amparo da Convenção Americana de Direitos Humanos: "Artigo 13 – Liberdade de pensamento e de expressão: 1. Toda pessoa tem o direito à liberdade de pensamento e de expressão. Esse direito inclui a liberdade de procurar, receber e difundir informações e ideias de qualquer natureza, sem considerações de fronteiras, verbalmente ou por escrito, ou em forma impressa ou artística, ou por qualquer meio de sua escolha".

inclui a liberdade de procurar, receber e difundir informações e ideias de qualquer natureza, por quaisquer de suas formas, sem considerações de fronteiras.

A liberdade de manifestação do pensamento, contudo, não é ilimitada. Como todo direito fundamental, está submetida a limites e condicionamentos, seja nas hipóteses expressamente mencionadas na Constituição Federal, seja quando entrar em conflito com outros direitos fundamentais, igualmente amparados pelo texto constitucional.

É nesse diapasão que a liberdade de manifestação do pensamento, nos termos da própria Constituição de 1988, *não poderá escudar-se no anonimato*. O principal motivo para a vedação ao anonimato, não há dúvida, é evitar que este direito constitucional seja exercitado de maneira abusiva, de modo a violar, injustificadamente, o direito à intimidade, à vida privada, à honra e à imagem de terceiros.

Aliás, tanto é certo que o direito à manifestação do pensamento não pode ser exercitado abusivamente, que o próprio texto constitucional, em seu artigo 5°, inciso V, é expresso e inequívoco em permitir o *direito de resposta do injustamente ofendido*, proporcional ao agravo, além de indenização pelos danos patrimoniais e morais sofridos.

Ainda sobre a vedação ao anonimato, a jurisprudência pátria já se consolidou no sentido de que não é possível a instauração de inquérito policial escudado unicamente em denúncia anônima. Por outro lado, a mesma jurisprudência permite que o Poder Público, provocado pela chamada *delação anônima*, adote medidas preliminares, com prudência e discrição, destinadas à apuração da veracidade das informações, podendo instaurar o inquérito policial caso tal denúncia revele-se verdadeira. Sobre o tema, sugerimos a leitura do Inquérito 1.957/PR, Supremo Tribunal Federal, Pleno, Relator Ministro Carlos Velloso, j. 11.5.2005, *DJ* 11.11.2005, p. 7.

Além daquela limitação prevista, de maneira expressa, no próprio texto constitucional (a vedação ao anonimato), a liberdade de manifestação do pensamento também poderá sofrer mitigações quando ferir, de maneira injustificada, outros direitos fundamentais igualmente amparados pela Constituição Federal, tudo para que seja respeitado o já estudado *princípio da concordância prática ou da harmonização*, também conhecido como *princípio da cedência recíproca*.

Com efeito, como vimos no Capítulo 3, referido princípio específico de interpretação constitucional, muito utilizado no confronto entre direitos e garantias fundamentais, busca encontrar um ponto de coexistência entre referidos direitos, de forma que ambos cedam reciprocamente, para que possam conviver harmoniosamente.

Assim, a liberdade de manifestação do pensamento deverá ser exercitada de modo a não violar outros direitos e garantias fundamentais, tais como, por exemplo, os já mencionados direitos à intimidade, à vida privada, à honra e à imagem das pessoas, previstos no artigo 5°, inciso X, de nossa Lei Maior. Caso tais direitos sejam violados, a vítima fará jus à indenização pelos danos materiais e/ou morais sofridos.

O dano material pode ser definido como a lesão, provocada pelo ato reputado lesivo, a interesses patrimoniais de alguém (pessoa natural ou jurídica, ou mesmo uma coletividade de pessoas), ao passo que o dano moral, ao contrário, é aquele que fere interesses não patrimoniais da vítima, independentemente de eventuais reflexos patrimoniais que também possam advir do mesmo evento.

A Constituição Federal de 1988, vencendo de vez a resistência que parte da doutrina e da jurisprudência pátrias ainda tinha sobre o tema, elevou ao patamar constitucional a possibilidade de indenização dos danos morais, inclusive permitindo expressamente a cumulação daqueles danos com os danos materiais também sofridos pela vítima do evento danoso, conforme expressamente reconhecido pelo Superior Tribunal de Justiça, em sua Súmula 37: "são cumuláveis as indenizações por dano material e dano moral oriundos do mesmo fato".

No caso específico da manifestação do pensamento, os danos materiais a ser indenizados corresponderão às perdas pecuniárias sofridas pela vítima em razão da manifestação abusiva, não só as já consumadas (danos emergentes) como também as perdas futuras dela decorrentes (lucros cessantes). Os danos morais, por sua vez, devem ser arbitrados pelo Poder Judiciário levando em conta a profundidade e a extensão do sofrimento imposto à vítima.

Como vimos anteriormente, além de conferir o direito de indenização do ofendido, pelos danos patrimoniais e/ou morais sofridos, o artigo 5º, inciso V, de nossa Lei Maior, também prevê o *direito de resposta do injustamente ofendido, proporcional ao agravo*. Dessa forma, além de eventual indenização, o ofendido também terá direito de se valer do mesmo meio utilizado pelo ofensor para rebater as ofensas que lhe foram feitas.

O *direito de resposta*, também conhecido como *direito de réplica*, poderá ser exercitado para rebater qualquer tipo de ofensa, e não apenas aquelas que configurarem ilícitos criminais. Naturalmente, a resposta também não poderá conter ofensas, tudo para que não haja desnaturação do instituto, transformando o desagravo em nova ofensa, agora do ofendido contra o ofensor.[40]

Conforme lição de Luiz Alberto David Araujo e Vidal Serrano Nunes Júnior,[41] o direito de resposta, inserido em uma norma constitucional de eficácia plena, que independe, portanto, de legislação infraconstitucional para ter aplicação imediata, "implica, a um só tempo, o direito de retificação de notícias incorretas e simultaneamente uma espécie de direito de réplica, em cujo seio se concretiza um contraditório na informação social".

Segundo expressamente determinado pela Constituição Federal, *o direito de resposta deverá ser proporcional à ofensa sofrida*. Quer isso dizer que o ofendido terá direito de veicular sua resposta no mesmo meio de divulgação utilizado pelo ofensor, com o mesmo tamanho, duração e destaque concedidos à manifestação ofensiva. Ressalte-se, ademais, que a responsabilidade pela publicação da resposta é do veículo de comunicação que publicou a ofensa, e não do ofensor.

Quando a ofensa for praticada em matéria divulgada, publicada ou transmitida por veículo de comunicação social, o direito de resposta do ofendido, ou de retificação de seu conteúdo, está agora regulamentado pela Lei 13.188, de 11 de novembro de 2015, que assegura ao ofendido que tal direito seja gratuito e proporcional ao agravo (artigo 2º). V*eículo de comunicação social*, em apertada síntese, é todo instrumento ou aparato utilizado para transmitir imagens, áudios ou mesmo textos para um conjunto indeterminado de pessoas, tais como livros, jornais, revistas, televisão, rádio e internet.

Ainda nos termos daquele diploma legal, considera-se *matéria* qualquer reportagem, nota ou notícia divulgada por veículo de comunicação social, independentemente do meio ou da plataforma de distribuição, publicação ou transmissão que utilize, cujo conteúdo

---

40. É o que nos ensina Alexandre de Moraes: "Ressalte-se que o conteúdo do exercício do direito de resposta não poderá acobertar atividades ilícitas, ou seja, ser utilizado para que o ofendido passe a ser o ofensor, proferindo, em vez de seu desagravo, manifestação caluniosa, difamante, injuriosa". *Op. cit.*, p. 51.
41. *Op. cit.*, p. 171.

atente, ainda que por equívoco de informação, contra a honra, a intimidade, a reputação, o conceito, o nome, a marca ou a imagem de pessoa natural ou jurídica identificada ou passível de identificação.

É importante ressaltar, por outro lado, que devem ser excluídos da definição de matéria os comentários realizados por usuários da *internet* nas páginas eletrônicas dos veículos de comunicação social. Mister ressaltar, ademais, que *a retratação ou retificação espontânea*, ainda que a elas sejam conferidos os mesmos destaque, publicidade, periodicidade e dimensão do agravo, não impedem o exercício do direito de resposta pelo ofendido nem prejudicam a ação de reparação por dano moral.

Nos expressos termos do artigo 3º, da supramencionada Lei 13.188/2015, o direito de resposta ou de retificação da informação deve ser exercido no prazo decadencial[42] de 60 (sessenta) dias, contado da data de cada divulgação, publicação ou transmissão da matéria ofensiva, mediante correspondência com aviso de recebimento encaminhada diretamente ao veículo de comunicação social ou, inexistindo pessoa jurídica constituída, a quem por ele responda, independentemente de quem seja o responsável intelectual pelo agravo.

Praticado o agravo (ato ofensivo), a resposta ou a retificação deverá ter o mesmo destaque, a mesma publicidade, a mesma periodicidade e: (a) *a mesma dimensão da matéria* que a ensejou (em se tratando de mídia escrita ou internet); (b) *a mesma duração da matéria* (no caso de mídia televisiva); e (c) *a mesma duração da matéria* (quando se tratar de mídia radiofônica). O ofendido poderá requerer que a resposta ou retificação seja divulgada, publicada ou transmitida nos mesmos espaço, dia da semana e horário do agravo.

Se, contudo, o veículo de comunicação social ou quem por ele responda não divulgar, publicar ou transmitir a resposta ou retificação, no prazo de 7 (sete) dias, contado do recebimento do respectivo pedido, restará caracterizado o interesse jurídico para a propositura de ação judicial. Vê-se, portanto, que eventual ação judicial, com pedido de concessão de direito de resposta ou de retificação, só poderá ser proposta após pedido realizado diretamente ao órgão de comunicação popular, e por este não atendido no prazo legal.

Tanto é assim que o artigo 5º, § 2º, da Lei 13.188/2015, é expresso e inequívoco em dispor que a ação em questão, que seguirá um rito especial[43], será instruída com as provas do agravo e do pedido de resposta ou retificação não atendido, bem como com o texto da resposta ou retificação a ser divulgado, publicado ou transmitido, sob pena de inépcia da petição inicial.

A ação judicial deverá ser processada no prazo máximo de 30 (trinta) dias, sendo competente para processar e julgar o feito o juízo do domicílio do ofendido ou, se este assim o preferir, aquele do lugar onde o agravo tenha apresentado maior repercussão. Conforme expressamente disposto na lei de regência, nesta demanda não serão admitidos: (a) a cumulação de pedidos (não poderá, portanto, ser cumulado com pedido de indenização); (b) a reconvenção; e (c) o litisconsórcio, a assistência e a intervenção de terceiros.

Segundo o artigo 6º, da lei de regência, caso o magistrado receba o pedido de resposta ou retificação, mandará citar o responsável pelo veículo de comunicação social para que, no prazo de 24 (vinte e quatro) horas, apresentar as razões pelas quais não o divulgou, publicou

---

42. Por se tratar de prazo de natureza decadencial, não se admite suspensão ou interrupção do prazo, como ocorre com os prazos de natureza prescricional.
43. Conforme artigo 9º, parágrafo único, da Lei 13.188/2015, as ações judiciais destinadas a garantir a efetividade do direito de resposta ou retificação previsto processam-se durante as férias forenses e não se suspendem pela superveniência delas.

ou transmitiu o pedido de resposta ou retificação que lhe foi feito pelo agravado, bem como para que ofereça contestação, caso queira, no prazo de 3 (três) dias. A lei também esclarece que, na hipótese de injúria, o réu não poderá se valer da exceção da verdade.

O juiz prolatará a sentença no prazo máximo de 30 (trinta) dias, contado do ajuizamento da ação, salvo na hipótese de conversão do pedido em reparação por perdas e danos. Contudo, antes mesmo da sentença, havendo prova capaz de convencê-lo sobre a verossimilhança da alegação ou justificado receio de ineficácia do provimento final, poderá o juiz do feito, em antecipação de tutela, fixar desde logo as condições e a data para a veiculação, em prazo não superior a 10 (dez) dias, da resposta ou retificação.

Aquela concessão de tutela de urgência, de natureza antecipatória, naturalmente poderá ser reconsiderada ou modificada a qualquer momento, em decisão fundamentada. O juiz do feito também poderá, a qualquer tempo, impor multa diária ao réu, independentemente de pedido do autor, bem como lhe modificar o valor ou a periodicidade, caso verifique que se tornou insuficiente ou excessiva.

LIBERDADE DE MANIFESTAÇÃO DO PENSAMENTO E OS DIREITOS DE RESPOSTA E DE INDENIZAÇÃO POR DANOS

– A liberdade de manifestação do pensamento não poderá, nos termos da própria Constituição Federal, escudar-se no anonimato, para não ser exercitado abusivamente, de maneira a violar, injustificadamente, o direito à honra e à imagem de terceiros.

– Tanto é certo que o direito à manifestação do pensamento não pode ser exercitado abusivamente, que nossa própria Lei Maior permite o direito de resposta do injustamente ofendido, proporcional ao agravo, além de indenização pelos danos patrimoniais e morais sofridos (artigo 5º, inciso V).

7.12 LIBERDADE DE CRENÇA, CONVICÇÃO FILOSÓFICA OU POLÍTICA E A OBJEÇÃO DE CONSCIÊNCIA

A Constituição Federal de 1988, em seu artigo 5º, inciso VI, declara a inviolabilidade da liberdade de consciência e de crença, assegurando o livre exercício de cultos religiosos, bem como a proteção aos locais de culto e suas liturgias. O inciso VII do mesmo artigo 5º, por sua vez, assegura a prestação de assistência religiosa nas entidades civis e militares de internação coletiva, tais como presídios e quartéis, nos termos da lei. Referidos dispositivos constitucionais evidenciam o *caráter laico do Estado brasileiro, inexistindo uma religião oficial*, que possa ser imposta aos seus habitantes.

A liberdade religiosa somente será mitigada, num dado caso concreto, quando estiver em conflito com outros direitos ou garantias fundamentais, ou quando contrariar a lei, o sossego público, ou a moral e os bons costumes.[44] Portanto, não há dúvida de que a liberdade religiosa não se coaduna, por exemplo, com a prática do curandeirismo ou outros fatos tipificados no Código Penal[45].

O artigo 5º, inciso VIII, por sua vez, é expresso em determinar que "ninguém será privado de direitos por motivo de crença religiosa ou de convicção filosófica ou política,

---

44. Como nos lembra Manoel Gonçalves Ferreira Filho, em que pese a Constituição atual não dispor que a liberdade religiosa está submetida à ordem pública e aos bons costumes, como o fazia expressamente a ordem constitucional anterior (artigo 153, § 5º, da EC 1/1969), não se pode concluir que os cultos religiosos estejam autorizados a desrespeitar a ordem pública, "pois sua manutenção deriva do próprio sistema jurídico como subjacente a ele". *Op. cit.*, p. 300.
45. Em termos semelhantes, é o que está previsto no artigo 12, item 3, do Pacto de San Jose da Costa Rica: "A liberdade de manifestar a própria religião e as próprias crenças está sujeita apenas às limitações previstas em lei e que se façam necessárias para proteger a segurança, a ordem, a saúde ou a moral públicas ou os direitos e as liberdades das demais pessoas".

salvo se as invocar para eximir-se de obrigação legal a todos imposta e recusar-se a cumprir prestação alternativa, fixada em lei". Esse último dispositivo constitucional é mais amplo que o primeiro, uma vez que assegura não só a liberdade religiosa, como também a de convicção filosófica ou política.

Permite, ademais, que a pessoa invoque uma objeção de consciência (de cunho religioso, filosófico ou político) para deixar de cumprir uma obrigação legal, que seria exigível da pessoa. Contudo, para se eximir da obrigação legal a todos imposta, invocando a escusa de consciência, deverá aquele que a invocou, nos termos do suprarreferido artigo 5°, inciso VIII, da Constituição Federal, *cumprir uma obrigação alternativa, fixada em lei, sob pena de perda dos direitos políticos*.

Particularmente no que respeita à escusa de consciência para não prestação do serviço militar obrigatório, foi a Lei 8.239, de 4 de outubro de 1991 que fixou as regras relativas ao serviço alternativo. Se a pessoa, *após alegar o imperativo de consciência, recusar-se também a prestar serviço alternativo, perderá seus direitos políticos*, nos termos do artigo 15, inciso IV, de nossa Lei Magna. É importante ressaltar, contudo, que não é somente ao serviço militar obrigatório que se aplica a objeção ou escusa de consciência.

Tal objeção pode abranger quaisquer obrigações legais (previstas em lei) que conflitem com convicções religiosas, filosóficas ou políticas de alguém. É o caso, por exemplo, da função de jurado. Com efeito, nos termos do artigo 438, do Código de Processo Penal, os jurados podem recusar-se a servir no conselho de sentença, alegando objeção de consciência, devendo, contudo, prestar serviço alternativo, sob pena de suspensão dos direitos políticos, enquanto não prestar o serviço imposto[46].

Para encerrar, não podemos deixar de mencionar que a objeção de consciência, prevista no supramencionado artigo 438, do Código de Processo Penal, abrange somente o jurado, e não a testemunha. Esta última não pode, de maneira alguma, recusar-se a depor, declinando objeção de consciência. Se assim o fizer, cometerá o crime de falso testemunho, tipificado no artigo 342, do Código Penal[47], por calar a verdade.

LIBERDADE DE CRENÇA, CONVICÇÃO FILOSÓFICA OU POLÍTICA E A OBJEÇÃO DE CONSCIÊNCIA

– A Constituição Federal declara a inviolabilidade da liberdade de consciência e de crença, assegurando o livre exercício de cultos religiosos, bem como a proteção aos locais de culto e suas liturgias, o que evidencia o caráter laico do Estado brasileiro, inexistindo uma religião oficial.

– A mesma Constituição Federal dispõe que ninguém será privado de direitos por motivo de crença religiosa ou de convicção filosófica ou política, salvo se as invocar para eximir-se de obrigação legal a todos imposta e recusar-se a cumprir prestação alternativa, fixada em lei.

– A Lei Maior, portanto, assegura não só a liberdade religiosa, como também a de convicção filosófica ou política, permitindo que a pessoa invoque uma objeção de consciência (até mesmo filosófica ou política) para se livrar de cumprir uma obrigação legal.

---

46. Código de Processo Penal, artigo 438: "A recusa ao serviço do júri fundada em convicção religiosa, filosófica ou política importará no dever de prestar serviço alternativo, sob pena de suspensão dos direitos políticos, enquanto não prestar o serviço imposto" (conforme redação que lhe deu a Lei 11.689/2008).
47. Código Penal, artigo 342: "Fazer afirmação falsa, ou negar ou calar a verdade como testemunha, perito, contador, tradutor ou intérprete em processo judicial, ou administrativo, inquérito policial, ou em juízo arbitral: Pena – reclusão, de 2 (dois) a 4 (quatro) anos, e multa".

7.13 LIBERDADE DE EXPRESSÃO DA ATIVIDADE ARTÍSTICA, CIENTÍFICA E DE COMUNICAÇÃO, INDEPENDENTEMENTE DE CENSURA OU LICENÇA

Conforme disposto no artigo 5º, inciso IX, de nossa Lei Maior, "é livre a expressão da atividade intelectual, artística, científica e de comunicação, independentemente de censura ou licença". No mesmo diapasão, o artigo 220, da Constituição Federal, inserido no Capítulo relativo à comunicação social, declara que "a manifestação do pensamento, a criação, a expressão e a informação, sob qualquer forma, processo ou veículo não sofrerão qualquer restrição, observado o disposto nesta Constituição".

O § 2º do mesmo artigo 220 de nossa Lei Maior, por sua vez, *veda toda e qualquer censura de natureza política, ideológica e artística. Censura*, esclareçamos, é a verificação, *anterior* à publicação, da compatibilidade entre um pensamento que se quer exprimir e o ordenamento jurídico vigente.[48]

Contudo, nos termos da própria Carta Magna (artigo 220, § 3º), será possível ao poder público regular as diversões e os espetáculos públicos, através da edição de lei federal, fornecendo informações sobre a natureza destes, as faixas etárias a que não se recomendem, bem como sobre locais e horários em que sua apresentação se mostre inadequada. Ademais, consoante expressamente disposto no artigo 221, inciso IV, da Constituição Federal, a produção e a programação das emissoras de rádio e televisão deverão respeitar os valores éticos e sociais da pessoa e da família[49].

Como já asseveramos anteriormente, quando tratamos da liberdade de manifestação do pensamento, também aqui estamos diante de um direito que pode sofrer limitações. A liberdade de expressão não será plenamente exercitável, por exemplo, quando ferir indevidamente os direitos à intimidade, à vida privada, à honra e à imagem das pessoas, previsto no artigo 5º, inciso X, da Constituição Federal.

Se ocorrer, em um dado caso concreto, conflito entre a liberdade de expressão e o direito à intimidade, à vida privada, à honra ou à imagem de alguém, o Poder Judiciário poderá ser chamado a solucionar o conflito entre tais liberdades constitucionais, não havendo que se falar, nesta hipótese, em censura realizada pelo juiz, caso ele limite a liberdade de expressão em prol da intimidade. O que teremos aqui, isto sim, é uma autêntica prestação jurisdicional, decidindo o magistrado sobre um conflito entre direitos igualmente fundamentais.

Portanto, será perfeitamente possível a alguém, sabedor de que seu direito à intimidade ou à vida privada está na iminência de ser grave e injustamente ferido por órgão de imprensa, valer-se do Poder Judiciário para que a matéria ofensiva não seja publicada, caso o magistrado entenda que ela apenas provocaria desnecessários danos à dignidade da pessoa, sem ter por verdadeiro objetivo prestar informações de interesse público.

---

48. Na excelente lição de Alexandre de Moraes, "A censura prévia significa o controle, o exame, a necessidade de permissão a que se submete, previamente e com caráter vinculativo, qualquer texto ou programa que pretende ser exibido ao público em geral. O caráter preventivo e vinculante é traço marcante da censura prévia, sendo a restrição à livre manifestação de pensamento sua finalidade antidemocrática". Op. cit., p. 52.
49. Norma semelhante é encontrada no Pacto de Jose da Costa Rica, em seu artigo 13, item 4: "A lei pode submeter os espetáculos públicos a censura prévia, com o objetivo exclusivo de regular o acesso a eles, para proteção moral da infância e da adolescência, sem prejuízo do disposto no inciso 2".

LIBERDADE DE EXPRESSÃO DA ATIVIDADE ARTÍSTICA, CIENTÍFICA E DE COMUNICAÇÃO

– A Constituição Federal prevê a liberdade de expressão da atividade intelectual, artística, científica e de comunicação, independentemente de censura ou licença.

– *Censura* é a verificação, *anterior* à publicação, da compatibilidade entre um pensamento que se quer exprimir e o ordenamento jurídico vigente.

7.14 INVIOLABILIDADE DA INTIMIDADE, DA VIDA PRIVADA, DA HONRA E DA IMAGEM E A GARANTIA DA INDENIZAÇÃO PELO DANO DECORRENTE DE SUA VIOLAÇÃO

Nos termos do artigo 5º, inciso X, da Constituição Federal, "são invioláveis a intimidade, a vida privada, a honra e a imagem das pessoas, assegurado o direito à indenização pelo dano material ou moral decorrente de sua violação". A inviolabilidade da intimidade, da vida privada, da honra e da imagem, consagrada pela Lei Maior, tem por titulares não só as pessoas naturais, como também as pessoas jurídicas, as quais, por terem personalidade jurídica reconhecida pelo ordenamento jurídico vigente (artigo 45, do Código Civil[50]), são dotadas de *honra objetiva*, como reconhecem nossos tribunais.

Embora muito próximos, os conceitos de intimidade e de vida privada não são coincidentes. A *intimidade* é mais restrita, dizendo respeito àquilo que é íntimo à própria pessoa, como seus desejos, suas aversões, seus segredos e mesmo suas afinidades afetivo-sexuais. A *vida privada*, ao seu turno, também inclui os relacionamentos daquela pessoa com os que lhe são próximos, como os membros da família e amigos íntimos.[51]

É importante ressaltar, contudo, que há autores que, muito embora reconhecendo que vida privada e intimidade não se confundem, conferem aos institutos definições diferentes daquelas fornecidas no parágrafo anterior. É o caso, por exemplo, de Alexandre de Moraes,[52] o qual afirma que intimidade diz respeito "às relações subjetivas e de trato íntimo da pessoa, suas relações familiares e de amizade", ao passo que vida privada "envolve todos os demais relacionamentos humanos, inclusive os objetivos, tais como relações comerciais, de trabalho, de estudo etc.".[53]

Honra, por sua vez, é um atributo da personalidade, que pode significar a própria autoestima, o julgamento que a pessoa tem de si própria, hipótese em que é denominada *honra subjetiva*, como também a reputação que referida pessoa goza diante da sociedade, modalidade chamada de *honra objetiva*.

---

50. Código Civil, artigo 45: "Começa a existência legal das pessoas jurídicas de direito privado com a inscrição do ato constitutivo no respectivo registro, precedida, quando necessário, de autorização ou aprovação do Poder Executivo, averbando-se no registro todas as alterações por que passar o ato constitutivo".
51. Em termos semelhantes é a lição de Luiz Alberto David Araujo e Vidal Serrano Nunes Júnior: "Podemos vislumbrar, assim, dois diferentes conceitos. Um, de privacidade, onde se fixa a noção das relações interindividuais que, como as nucleadas na família, devem permanecer ocultas ao público. Outro, de intimidade, onde se fixa uma divisão linear entre o 'eu' e os 'outros', de forma a criar um espaço que o titular deseja manter impenetrável mesmo aos mais próximos. Assim, o direito de intimidade tem importância e significação jurídica na proteção do indivíduo exatamente para defendê-lo de lesões a direitos dentre da interpessoalidade da vida privada". *Op. cit.*, p. 174.
52. *Op. cit.*, p. 53.
53. Entendimento parecido é encontrado na lição de Uadi Lammêgo Bulos, para quem intimidade diz respeito "às relações íntimas e pessoais do indivíduo, seus amigos, familiares, companheiros que participam de sua vida pessoal", enquanto vida privada "envolve todos os relacionamentos do indivíduo, tais como suas relações comerciais, de trabalho, de estudo, de convívio diário". *Op. cit.*, p. 549.

Imagem, por fim, também pode comportar 2 (dois) sentidos: num primeiro, refere-se à *imagem física da pessoa*, que pode ser fotografada e filmada (imagem material); num segundo sentido, diz respeito *aos atributos daquela mesma pessoa*, ao conjunto de atributos morais que o meio social lhe confere (a imagem social).

Em alguns momentos, os direitos à intimidade, à vida privada, à honra e à imagem poderão estar em confronto com outros direitos e garantias fundamentais igualmente tutelados pela Carta Magna, como os direitos à livre expressão da atividade de comunicação (artigo 5º, inciso IX), ao acesso à informação (artigo 5º, inciso XIV) e com a vedação à censura (artigo 220, § 2º).

Nessa hipótese, como vimos anteriormente, não há dúvidas de que o direito de informação não pode ser utilizado de modo a provocar desnecessários e nefastos danos à imagem e à dignidade das pessoas, devendo aquele direito limitar-se às informações objetivas que atendam ao interesse público, sob pena de indenização pelos danos materiais e morais sofridos, além do direito de resposta.

Contudo, é importante ressaltarmos que, no caso específico dos políticos e dos artistas, o direito constitucional à intimidade, à vida privada, à honra e à imagem, muito embora perfeitamente aplicável, notadamente para se evitar abusos contra eles, deve, por outro lado, ter uma interpretação um pouco mais restrita, já que, como se sabe, os primeiros têm seus atos sujeitos à permanente fiscalização da sociedade em geral e da imprensa em particular, e os segundos estão em constante exposição pública, justamente por força das atividades que exercem.

Da mesma forma que os demais direitos e garantias fundamentais, os direitos à intimidade, à vida privada, à honra e à imagem não são absolutos. Por esse motivo, com fundamento nos princípios da razoabilidade/proporcionalidade, será possível, por exemplo, a utilização, como prova em um processo criminal, de imagens gravadas por uma câmera de segurança, para comprovar que alguém foi autor de um crime. Neste caso, o criminoso não poderá invocar o direito constitucional à imagem para tentar fugir à aplicação da lei penal.

Para encerrar esta seção, devemos ressaltar que, tamanha é a importância conferida por nosso ordenamento jurídico à inviolabilidade da intimidade, da vida privada, da honra e da imagem da pessoa, que o Código Penal vigente tipifica como ilícitos criminais, em sua Parte Especial, no Capítulo denominado "dos crimes contra a honra", a prática da calúnia (imputar falsamente a alguém fato definido como crime – artigo 138), da difamação (imputar a alguém fato ofensivo a sua reputação – artigo 139) e da injúria (injuriar alguém, ofendendo-lhe a dignidade ou o decoro – artigo 140).

INVIOLABILIDADE DA INTIMIDADE, DA VIDA PRIVADA, DA HONRA E DA IMAGEM E A GARANTIA DA INDENIZAÇÃO POR SUA VIOLAÇÃO

– A Constituição Federal dispõe que "são invioláveis a intimidade, a vida privada, a honra e a imagem das pessoas, assegurado o direito à indenização pelo dano material ou moral decorrente de sua violação" (artigo 5º, X).

– A *intimidade* diz respeito àquilo que é íntimo à própria pessoa (como seus desejos, suas aversões, seus segredos e mesmo suas afinidades afetivo-sexuais).

– A *vida privada*, por sua vez, também inclui os relacionamentos daquela pessoa com os demais, que lhe são próximos, como membros da família e amigos íntimos.

– *Honra* é um atributo da personalidade, que pode significar a própria autoestima, o julgamento que a pessoa tem de si própria (*honra subjetiva*) como também a reputação que referida pessoa goza diante da sociedade (*honra objetiva*).

– *Imagem* também pode comportar 2 (dois) sentidos: refere-se à imagem física da pessoa, que pode ser fotografada e filmada; ou ao conjunto de atributos morais que o meio social lhe confere.

7.15 INVIOLABILIDADE DO DOMICÍLIO

Segundo o artigo 5º, inciso XI, da Constituição Federal, "a casa é asilo inviolável do indivíduo, ninguém nela podendo penetrar sem consentimento do morador, salvo em caso de flagrante delito ou desastre, ou para prestar socorro, ou, durante o dia, por determinação judicial".

Segundo excelente lição de Ricardo Cunha Chimenti, Marisa Ferreira dos Santos, Márcio Fernando Elias Rosa e Fernando Capez,[54] a inviolabilidade do domicílio tem por objetivo proteger não propriamente o direito de propriedade, mas sim "a intimidade do homem, assegurando-lhe um espaço reservado, proibindo as intromissões dos outros homens e do próprio Estado".

O conceito de *casa*, para fins constitucionais, é inequivocamente mais amplo que o encontrado no direito privado. Com efeito, como nos lembra Uadi Lammêgo Bulos,[55] na seara constitucional, casa "não é apenas a residência, a habitação com intenção definitiva de estabelecimento, mas todo local, determinado e separado, que alguém ocupa com exclusividade, a qualquer título, inclusive profissionalmente".

Da leitura daquela definição podemos perceber, sem grandes dificuldades, que o conceito de casa, para fins constitucionais, é de todo semelhante ao estabelecido para o mesmo instituto, no artigo 150, § 4º, do Código Penal. Nos termos deste dispositivo infraconstitucional, casa significa "qualquer compartimento habitado", "aposento ocupado de habitação coletiva" e, ainda, "compartimento não aberto ao público, onde alguém exerce profissão ou atividade".

Portanto, devemos insistir, na seara constitucional, casa significa não apenas o local em que alguém estabelece sua residência com ânimo definitivo, mas também qualquer compartimento habitado com exclusividade, mesmo que em habitação coletiva, e, ainda, área não aberta ao público de um local de trabalho. Estão sob a proteção constitucional da inviolabilidade do domicílio, por exemplo, quarto de hotel ou pousada ocupado por alguém, casas de veraneio, *trailers*, casas flutuantes, bem como as partes não abertas ao público de consultórios e escritórios em geral.

Nos termos de nossa Constituição Federal, ninguém poderá adentrar na casa de alguém sem o expresso consentimento do morador, salvo se houver flagrante delito, desastre, necessidade de se prestar socorro, ou, ainda, ordem judicial (esta, somente durante o dia). Portanto, como regra geral, só será possível entrar na casa com o consentimento do morador. A Lei Maior, contudo, permite o ingresso não autorizado na residência, por exceção, quando estiver presente alguma das hipóteses explicitadas no texto constitucional.

Particularmente no que se refere ao conceito de *flagrante delito*, este se encontra perfeitamente definido no artigo 302, do Código de Processo Penal. Referido dispositivo legal deixa claro que o flagrante delito está diretamente relacionado com o cometimento de infração penal.[56] Esta última, vale esclarecer, é gênero do qual são espécies o crime e a contravenção. Logo, *há flagrante delito tanto nos crimes como nas contravenções penais*.

---

54. *Op. cit.*, p. 116.
55. *Op. cit.*, p. 559.
56. Código de Processo Penal: "Art. 302. Considera-se em flagrante delito quem: I – está cometendo a infração penal; II – acaba de cometê-la; III – é perseguido, logo após, pela autoridade, pelo ofendido ou por qualquer pessoa, em situação que faça presumir ser autor da infração; IV – é encontrado, logo depois, com instrumentos, armas, objetos ou papéis que façam presumir ser ele autor da infração".

Entretanto, é importante ressaltar que não poderá haver invasão da casa, para prisão em flagrante, baseada em mera denúncia anônima, feita por telefone ou outro meio similar. Para que a violação do domicílio seja legítima, com fundamento em flagrante delito, é indispensável que haja fundadas razões de suspeita do cometimento de um ou mais crimes na residência.

Ressalvados os casos de flagrante delito[57], desastre, ou a prestação de socorro, a invasão de domicílio somente poderá ser feita mediante ordem judicial, e durante o dia, como expressamente determinado na parte final do dispositivo constitucional em comento. Trata-se aqui de uma *cláusula de reserva jurisdicional*, não sendo possível a qualquer outro órgão do poder público determinar a violação de domicílio, nem mesmo às Comissões Parlamentares de Inquérito (CPIs), que têm poderes de investigação próprios das autoridades judiciais.

Quanto à definição do que seja *dia*, para fins de cumprimento de ordem judicial para invasão domiciliar, alguns doutrinadores adotam o critério cronológico, preferindo entender que dia seria o período compreendido entre 6 (seis) da manhã e 6 (seis) da tarde (6 às 18 horas).[58] Outros autores, por sua vez, abraçam o denominado critério físico-astronômico, considerando dia o período entre o nascer e o pôr do Sol (quando há luz solar), sem levar em conta a questão do horário.[59]

Alexandre de Moraes,[60] por sua vez, defende a aplicação conjunta daqueles dois critérios, asseverando que tal medida (a aplicação conjunta) consegue alcançar "a finalidade constitucional de maior proteção ao domicílio durante a noite, resguardando-se a possibilidade de invasão domiciliar com autorização judicial, mesmo após as 18 horas, desde que ainda não seja noite (por exemplo: horário de verão)".

Tendo em vista que a norma constitucional busca garantir ao indivíduo a efetiva inviolabilidade de seu domicílio, sobretudo no período noturno, consideramos que o melhor critério para a definição do que seja dia é de fato o físico-astronômico, não se permitindo o cumprimento de mandado judicial quando não houver luz solar, mesmo que este período seja inferior a doze horas (seis às dezoito), como é comum nos períodos de outono e inverno.

INVIOLABILIDADE DO DOMICÍLIO

– "A casa é asilo inviolável do indivíduo, ninguém nela podendo penetrar sem consentimento do morador, salvo em caso de flagrante delito ou desastre, ou para prestar socorro, ou, durante o dia, por determinação judicial" (artigo 5º, inciso XI, da Constituição Federal).

– Na seara constitucional, casa significa não apenas o local em que alguém estabelece sua residência com ânimo definitivo, como também qualquer compartimento habitado com exclusividade, mesmo que em habitação coletiva, e, ainda, área não aberta ao público de um local de trabalho.

– Como regra geral, só será possível entrar na casa de alguém com o consentimento do morador. A Lei Maior, contudo, permite o ingresso não autorizado na casa, por exceção, quando estiver presente alguma das hipóteses explicitadas no artigo 5º, inciso XI, de nossa Lei Maior.

---

57. Sobre a dispensa de mandado judicial para ingresso forçado em residência, em caso de flagrante delito, sugere-se a leitura do Recurso Extraordinário 603.616, relator ministro Gilmar Mendes, Supremo Tribunal Federal, Pleno, j. 05/11/2015).
58. É o que nos ensina José Afonso da Silva: "Importa o conceito de dia. O princípio é que, para fins judiciais, o dia se estende de 6 às 18 horas". *Op. cit.*, p. 437. No mesmo sentido é a lição de Uadi Lammêgo Bulos: "Dia é o período que vai das 6 às 18 horas, seja no horário normal, seja no horário brasileiro de verão". *Op. cit.*, p. 561.
59. Este é o entendimento, por exemplo, de Luiz Alberto David Araujo e Vidal Serrano Nunes Júnior: "A dúvida que remanesce diz respeito ao conceito do que seja dia e noite. Ao lado das situações de penumbra, parece certo que o critério da iluminação solar é o melhor desfecho para a questão. Enquanto houver iluminação solar, é dia, independentemente do horário. Sem esta, teremos noite". *Op. cit.*, p. 179-180.
60. *Op. cit.*, p. 56.

7.16 INVIOLABILIDADE DO SIGILO DA CORRESPONDÊNCIA

O artigo 5º, inciso XII, da Constituição Federal, dispõe ser "inviolável o sigilo da correspondência e das comunicações telegráficas, de dados e das comunicações telefônicas, salvo, no último caso, por ordem judicial, nas hipóteses e na forma que a lei estabelecer para fins de investigação criminal ou instrução processual penal".

A inviolabilidade do sigilo da correspondência guarda inequívoca relação com o direito à livre manifestação do pensamento, que neste caso ocorrerá de forma sigilosa. Guarda relação, ademais, com a inviolabilidade da intimidade, da vida privada, da honra e da imagem das pessoas, prevista no artigo 5º, inciso X, de nossa Lei Maior.

Segundo lição de Manoel Gonçalves Ferreira Filho,[61] a despeito de ser comum considerar-se a expressão correspondência como sinônima de carta, a verdade é que "a técnica deu ao homem outros meios de corresponder-se com os demais, que se devem enquadrar no mesmo regime". É o caso, por exemplo, do amplamente difundido correio eletrônico (*e-mail*), cuja facilidade de utilização e rapidez no envio até mesmo coloca em dúvida a longevidade da correspondência epistolar.

Conforme entendimento do Pretório Excelso, em decisão proferida na Arguição de Descumprimento de Preceito Fundamental (ADPF) 47, que entendeu que a Lei 6.538, de 22 de junho de 1978 (a denominada Lei Postal) foi efetivamente recepcionada pela Constituição Federal, restou estabelecido que o conceito de carta é aquele fixado pelo artigo 47 da lei, abrangendo as correspondências, com ou sem envoltório, sob a forma de comunicação escrita, de natureza administrativa, social, comercial, ou qualquer outra, que contenha informação de interesse específico do destinatário[62].

A inviolabilidade do sigilo da correspondência tem por destinatários não só as pessoas naturais (brasileiros, estrangeiros residentes ou não no Brasil e até apátridas), como também as pessoas jurídicas, tanto nacionais como estrangeiras (desde que constituídas em conformidade com as leis brasileiras, com sede a administração no País), uma vez que estas também têm direito à proteção de sua imagem e do sigilo de seus negócios.

Na lição de Ricardo Cunha Chimenti, Maria Ferreira dos Santos, Márcio Fernando Elias Rosa e Fernando Capez,[63] a carta pertence ao remetente, sendo que referida propriedade "estende-se até o momento em que chegar às mãos do destinatário". A partir do momento em que o destinatário recebê-la, este último poderá utilizá-la como prova judicial de declarações (manifestações do pensamento) feitas pelo remetente. Para publicação de seu conteúdo, é indispensável a concordância de remetente e destinatário.

Da mesma forma que os demais direitos e garantias fundamentais, a inviolabilidade do sigilo da correspondência não tem caráter absoluto, podendo sofrer limitações. Aliás, o próprio texto constitucional prevê expressamente a possibilidade de restrição ao direito do sigilo de correspondência, *quando houver decretação de estado de defesa (artigo 136, § 1º, b) e de estado de sítio (artigo 139, III)*.

A legislação infraconstitucional também poderá prever limitações à inviolabilidade do sigilo da correspondência sem que reste caracterizada uma ofensa à Constituição Federal.

---
61. *Op. cit.*, p. 300.
62. Como nos lembra Uadi Lammêgo Bulos, "a amplitude do segredo epistolar, e sua respectiva inviolabilidade, engloba as cartas enviadas pelas instituições bancárias (extratos, saldos, contas a pagar, comprovantes de depósitos, minutas de empréstimos etc.) e os dados fiscais das pessoas físicas ou jurídicas (avisos de restituição de imposto de renda ou comunicados de saldo devedor ao Fisco)". *Op. cit.*, p. 565.
63. *Op. cit.*, p. 116.

Para tanto, tal mitigação deverá ter por finalidade garantir a aplicação da lei penal, quando referida liberdade estiver sendo invocada para tentar acobertar atos ilícitos. Dito em outras palavras, uma norma infraconstitucional poderá prever limitação à inviolabilidade da correspondência quando observar os princípios da razoabilidade e da proporcionalidade.

Foi justamente com base nesse fundamento que o Supremo Tribunal Federal já se manifestou expressamente sobre a constitucionalidade da regra prevista no artigo 41, inciso XV e parágrafo único, da Lei 7.210, de 11 de julho de 1984 (Lei das Execuções Penais), que permite a abertura prévia das cartas dos detentos, quando tiver por escopo evitar práticas ilícitas. Sobre o tema, sugerimos a leitura do seguinte acórdão: Supremo Tribunal Federal, 1ª Turma, *Habeas Corpus* 70.814-5/SP, Relator Ministro Celso de Mello, *DJ* de 24.6.1994, Seção I, p. 16.650.

Segundo lição de Luiz Alberto David Araujo e Vidal Serrano Nunes Júnior,[64] o mesmo fundamento poderá ser utilizado para que os pais devassem as correspondências dos filhos menores de idade, mesmo sendo inequívoco que estes também têm direito à proteção de sua intimidade e vida privada, caso "tenham suspeita firme de que a correspondência vem servindo de meio para colocar a criança em risco", devendo atuar no sentido do comando do artigo 227, da Constituição Federal, protegendo o menor.

Esse mesmo raciocínio, aliás, vale também para a abertura da correspondência dirigida ao falido, cujo assunto seja do interesse da massa, conforme determina expressamente o artigo 22, inciso III, *d*, da Lei 11.101, de 9 de fevereiro de 2005, que regula a recuperação judicial, a extrajudicial e a falência do empresário e da sociedade empresária.[65] Referido ato não constitui ofensa ao sigilo da correspondência, uma vez que se mostra indispensável ao perfeito desempenho dos deveres que a lei conferiu ao administrador judicial da massa falida.

Para encerrar esta seção, não podemos deixar de mencionar que o Código Penal brasileiro, inequivocamente recepcionado pela Constituição de 1988, contém uma seção denominada "dos crimes contra a inviolabilidade da correspondência", prevendo como crimes não só a prática de devassar indevidamente o conteúdo de correspondência fechada, dirigida a outrem (artigo 151), como a de se apossar indevidamente de correspondência alheia, embora não fechada e, no todo ou em parte, a sonegar ou destruir (artigo 151, § 1º, I), além da conduta de "abusar da condição de sócio ou empregado de estabelecimento comercial ou industrial para, no todo ou em parte, desviar, sonegar, subtrair ou suprimir correspondência, ou revelar a estranho seu conteúdo" (artigo 152).

INVIOLABILIDADE DO SIGILO DA CORRESPONDÊNCIA

– A inviolabilidade do sigilo da correspondência guarda inequívoca relação com o direito à livre manifestação do pensamento, que neste caso ocorrerá de forma sigilosa. Guarda relação, ademais, com a inviolabilidade da intimidade, vida privada, honra e imagem das pessoas (artigo 5º, inciso X, da Constituição Federal).

– A própria Carta Magna prevê expressamente a possibilidade de restrição ao direito do sigilo de correspondência, quando houver decretação de estado de defesa (artigo 136, § 1º, *b*) e de estado de sítio (artigo 139, III).

– A legislação infraconstitucional também poderá prever limitações à inviolabilidade da correspondência quando referida liberdade estiver sendo invocada para tentar acobertar atos ilícitos, como se dá, por exemplo, com a Lei das Execuções Penais (artigo 41, XV e parágrafo único, Lei 7.210/1984).

---

64. *Op. cit.*, p. 183.
65. Nos termos daquele dispositivo legal, é dever do administrador judicial, na falência, "receber e abrir a correspondência dirigida ao devedor, entregando a ele o que não for assunto de interesse da massa".

7.17 INVIOLABILIDADE DO SIGILO DAS COMUNICAÇÕES TELEGRÁFICAS, DE DADOS E DAS COMUNICAÇÕES TELEFÔNICAS

Além da já estudada inviolabilidade da correspondência, o artigo 5º, inciso XII, da Constituição Federal também dispõe sobre a inviolabilidade do sigilo das comunicações telegráficas, de dados e das comunicações telefônicas, prevendo, neste último caso, a possibilidade de sua violação, "caso haja ordem judicial, nas hipóteses e na forma que a lei estabelecer para fins de investigação criminal ou instrução processual penal".

A primeira coisa que devemos mencionar, para perfeito esclarecimento do efetivo bem jurídico que esta norma constitucional pretende proteger, é que a inviolabilidade do *sigilo das comunicações* diz respeito exclusivamente ao conteúdo destas, *e não aos dados eventualmente registrados relativos a elas*, tais como números telefônicos acessados, dias e durações das chamadas etc.

Dito em outras palavras, o que a Lei Maior pretende proteger, no artigo 5º, inciso XII, é o *sigilo do conteúdo das comunicações (do que foi dito ou transmitido)*. Outras informações decorrentes das comunicações de alguém, tais como pessoas com quem ela entrou em contato, dias em que tais eventos ocorreram, duração das conversas, e outros dados costumeiramente registrados por prestadores destes tipos de serviço, são matérias que dizem respeito à vida privada da pessoa, e que já estão protegidas pelo inciso X do mesmo artigo 5º, da Carta Magna.[66]

Da mesma forma que a inviolabilidade do sigilo da correspondência, o sigilo das comunicações telegráficas, de dados e das comunicações telefônicas não pode ser considerado absoluto, podendo sofrer limitações quando aquelas liberdades públicas forem usadas para acobertar práticas ilícitas. Portanto, a despeito de ser inviolável como regra geral, referido direito ao sigilo pode sofrer restrições, por exceção, em atenção aos princípios da razoabilidade/proporcionalidade.

Aliás, na hipótese específica das comunicações telefônicas, a própria Constituição Federal prevê a possibilidade de sua violação, caso sejam atendidos os condicionamentos ali fixados. A nossa Lei Maior, portanto, permite a chamada *interceptação telefônica*, desde que tenha sido determinada por ordem judicial, para fins de investigação criminal ou instrução processual penal, e nos termos fixados em lei federal, editada para tal desiderato.

Isso não quer dizer, por outro lado, que somente o sigilo das comunicações telefônicas pode ser devassado, não ocorrendo o mesmo com as comunicações telegráficas e de dados. Com efeito, o artigo 1º da Lei 9.296, de 24.07.1996, que regula a matéria, estendeu expressamente *a possibilidade de interceptação também ao fluxo de comunicações em sistemas de informática e telemática* (de dados).

Por ampliar os termos da Constituição Federal, que só fazia menção à interceptação de comunicações *telefônicas*, houve quem propugnasse por sua inconstitucionalidade. A Corte Suprema, contudo, já se manifestou expressamente pela constitucionalidade do dispositivo legal em comento, asseverando, naquela oportunidade, que não é preciso haver *cláusula*

---

66. Essa também é a lição, por exemplo, de Luiz Alberto David Araujo e Vidal Serrano Nunes Júnior: "O sigilo das comunicações só envolve o teor destas, ou seja, o diálogo, a troca de informações. Os demais aspectos, como os dados registrados do telefone (ex.: com que a pessoa conversou na semana anterior), de fluxo da comunicação etc. são matérias que se situam na órbita da proteção da privacidade e não propriamente no sigilo das comunicações". *Op. cit.*, p. 181.

expressa de redutibilidade para a limitação de direitos fundamentais, notadamente quando se busca coibir atos ilícitos[67].

Portanto, devemos insistir, não apenas a quebra do sigilo das comunicações telefônicas (a denominada interceptação telefônica) tem amparo constitucional. O direito à inviolabilidade do sigilo das comunicações telegráficas e de dados, da mesma forma que os demais direitos e garantias fundamentais, também não pode ser tomado como absoluto, podendo sofrer restrições quando for invocado para acobertar comportamentos ilícitos.

Tanto isso é certo, que o próprio texto constitucional, ao disciplinar a denominada "Defesa do Estado e das Instituições Democráticas" (Título V), prevê expressamente, como um dos mecanismos para a manutenção da paz social e da estabilidade das instituições, a possibilidade de restrição ao direito de sigilo das comunicações (em sentido amplo, e não apenas das telefônicas), enquanto vigente estado de defesa (artigo 136, § 1º, *c*) ou estado de sítio (artigo 139, III).

Contudo, é importante insistirmos, mesmo não se tratando de alguma daquelas hipóteses expressamente previstas no próprio texto constitucional (ocorrência de estado de defesa ou de estado de sítio), será possível a quebra do sigilo das comunicações telegráficas e de dados, em um dado caso concreto, quando referida quebra for indispensável à produção de provas contra alguém, não podendo este último valer-se daquele direito fundamental (sigilo das comunicações) para acobertar práticas ilícitas.

INVIOLABILIDADE DO SIGILO DAS COMUNICAÇÕES TELEGRÁFICAS, DE DADOS E DAS COMUNICAÇÕES TELEFÔNICAS

– A inviolabilidade do sigilo das comunicações pessoais diz respeito exclusivamente ao conteúdo das conversas ou mensagens, e não aos dados eventualmente registrados relativos a elas, tais como números telefônicos acessados, dias e durações das chamadas etc.

– Da mesma forma que a inviolabilidade de correspondência, o sigilo das comunicações telegráficas, de dados e das comunicações telefônicas não pode ser considerado absoluto, podendo sofrer limitações quando aquelas liberdades públicas forem usadas para acobertar práticas ilícitas.

7.18 INTERCEPTAÇÃO TELEFÔNICA: CONCEITO E DISTINÇÕES NECESSÁRIAS

A primeira questão que devemos esclarecer, ao tratar da interceptação telefônica, é que ela não se confunde com a chamada *quebra do sigilo telefônico*. Esta última, como nos lembram Luiz Alberto David Araujo e Vidal Serrano Nunes Júnior,[68] "revela a diligência em que se requisita informações sobre eventuais contatos telefônicos mantidos por determinada pessoa". Neste caso, seguem esclarecendo os autores, "não há invasão da comunicação propriamente dita (o conteúdo da conversa), mas da privacidade alheia, o que torna mais elásticas as possibilidades de sua determinação".

Tanto isso é certo, que a interceptação telefônica (do conteúdo das conversas), nos expressos termos do artigo 5º, inciso XII, de nossa Lei Maior, só pode ser feita nos termos da lei de regência e mediante autorização judicial, o que significa dizer que se trata de matéria sujeita à reserva jurisdicional. Já a chamada quebra do sigilo telefônico (da relação de ligações feitas por alguém) diz respeito mais propriamente ao direito de privacidade, conforme previsto no

---

67. Ação Direta de Inconstitucionalidade 1.488-9/DF, med. liminar – relator ministro Néri da Silveira – Pleno, *Diário da Justiça*, Seção I, 26.11.1999, p. 63.
68. *Op. cit.*, p. 183.

inciso X do artigo 5º da Constituição Federal, podendo ser restringido, quando houver fundadas razões, por outros órgãos do Estado, tais como Comissões Parlamentares de Inquérito.

A interceptação telefônica também não se confunde com a chamada *gravação clandestina*. Com efeito, a interceptação telefônica refere-se à captação da conversa (sempre telefônica) por uma terceira pessoa, em nome do Poder Público. Já a gravação clandestina diz respeito à captação da conversa (que pode ser telefônica ou ambiental) por um dos próprios interlocutores,[69] sem o conhecimento do outro. Vê-se, portanto, que o principal traço distintivo entre elas é que, na primeira, a captação da conversa é feita por terceira pessoa, ao passo que, na segunda, a gravação é feita por um dos interlocutores.[70]

A interceptação telefônica, é importante que se diga, comporta uma subdivisão: *interceptação telefônica propriamente dita* (ou *interceptação em sentido estrito*) e *escuta telefônica*. A primeira ocorre quando a captação da conversa telefônica (sempre feita por um terceiro, agindo em nome do Estado) é feita sem o conhecimento de ambos os interlocutores. Já a escuta telefônica é feita por um terceiro, em nome do poder público, mas com o conhecimento (e, portanto, consentimento) de um dos partícipes da conversa telefônica.

Particularmente no que se refere à gravação clandestina, esta modalidade de captação eletrônica da voz não fere propriamente o direito ao sigilo das comunicações pessoais, previsto no inciso XII do artigo 5º, da Lei Maior. Na verdade, conforme entendimento unânime da doutrina e da jurisprudência pátrias, inclusive da Corte Suprema, a gravação clandestina constitui uma violação dos direitos à intimidade ou à privacidade, protegidos pelo inciso X do mesmo artigo 5º, da Constituição Federal

Como regra geral, a gravação clandestina não poderá ser utilizada com prova em um processo. Contudo, como nos lembram Luiz Alberto David Araujo e Vidal Serrano Nunes Júnior,[71] a gravação clandestina não será inconstitucional quando, no caso concreto, revelar-se "o único meio adequado à demonstração da existência material de um crime que tivesse como vítima o agente da gravação", citando, como exemplo dessa situação, a gravação de uma ameaça ou de uma extorsão, concretizada pelo telefone. Segundo o correto entendimento dos autores, "a preservação da posição subjetiva da vítima de um desses crimes deve, no caso, sobrepor-se ao direito à intimidade do agente do delito, legitimando, assim a gravação".

Marcelo Novelino,[72] por sua vez, lembra-nos de que a gravação clandestina também poderá ser utilizada, em um dado caso concreto, quando "houver uma colisão entre a privacidade e outros princípios constitucionalmente consagrados". Como exemplo de sua afirmação, cita a utilização pelo réu, em um processo criminal, de uma gravação clandestina destinada à prova de sua inocência. Neste exemplo, o direito à privacidade deve ceder lugar ao direito à liberdade e à ampla defesa, ambos garantidos pela Constituição Federal.

---

69. É o que também ensinam Ricardo Cunha Chimenti, Marisa Ferreira dos Santos, Márcio Fernandes Elias Rosa e Fernando Capez: "Entende-se por interceptação telefônica a captação da conversa por um terceiro sem o conhecimento dos dois interlocutores ou com o conhecimento de um só deles. Se um dos interlocutores grava a sua própria conversa, tem-se a gravação clandestina". *Op. cit.*, p. 115.
70. Para alguns doutrinadores, contudo, a distinção entre a interceptação telefônica e a gravação clandestina dá-se em razão do conhecimento ou não, por algum dos interlocutores, de que está sendo realizada a captação da prova. Com efeito, para esses autores, se a captação de prova for feita por um terceiro, que não os interlocutores da comunicação telefônica, sem o conhecimento destes, estaremos diante de uma interceptação telefônica. Se, ao contrário, for justamente um dos interlocutores, ou alguém por ele autorizado, quem realizar a colheita da prova, aí será o caso de uma gravação clandestina. Nestes termos, por exemplo, é a lição de Alexandre de Moraes. *Op. cit.*, p. 58-70.
71. *Op. cit.*, p. 182.
72. *Op. cit.*, p. 414.

Portanto, com fundamento nos princípios da razoabilidade e da proporcionalidade, será possível a alguém utilizar a gravação de uma conversa telefônica que manteve com outrem, para provar que este último cometeu (ou ameaça cometer) um ilícito criminal contra aquele. Neste caso, o autor do ato ilícito não poderá invocar a proteção constitucional à intimidade ou à vida privada, para afastar aquela prova, uma vez que, conforme já mencionado, não é dado a ninguém valer-se das liberdades públicas para fugir à aplicação da lei penal.

Ademais, com fundamento no princípio da concordância prática ou da harmonização (vide Capítulo 3), o qual determina que, na ocorrência de conflito entre bens jurídicos fixados por normas constitucionais diversas, deve-se buscar uma interpretação que melhor os harmonize, de maneira a conceder a cada um dos direitos a maior amplitude possível, será possível alguém se valer da gravação clandestina, em um dado caso concreto, quando o direito à privacidade deva ceder lugar a outro direito ou garantia fundamental com ele conflitante.

INTERCEPTAÇÃO TELEFÔNICA: CONCEITO E DISTINÇÕES NECESSÁRIAS

– A interceptação telefônica não se confunde com a *quebra do sigilo telefônico*, já que esta diz respeito à relação das ligações feitas por uma certa pessoa, ao passo que aquela se refere à captação do conteúdo das conversas telefônicas de alguém.

– A interceptação telefônica também não se confunde com a *gravação clandestina*, uma vez que esta diz respeito à captação da conversa (que pode ser telefônica ou ambiental) por um dos próprios interlocutores, sem o conhecimento do outro, enquanto aquela se refere à captação da conversa (sempre telefônica) por uma terceira pessoa, em nome do Poder Público.

– Vê-se, portanto, que o principal traço distintivo entre elas é que, na interceptação telefônica, a captação da conversa é feita por terceira pessoa, agindo em nome do Estado, ao passo que, na gravação clandestina, a gravação é feita por um dos próprios interlocutores.

– A interceptação telefônica comporta uma subdivisão: *interceptação telefônica em sentido estrito* e *escuta telefônica*. Na primeira, a captação da conversa telefônica é feita sem o conhecimento de ambos os interlocutores; na segunda, ela é feita por um terceiro, mas com o conhecimento de um dos partícipes da conversa.

7.19 REGRAS ESPECÍFICAS SOBRE A INTERCEPTAÇÃO TELEFÔNICA

A Constituição Federal, em seu artigo 5º, inciso XII, parte final, prevê expressamente a possibilidade de quebra do sigilo das *comunicações* telefônicas (a denominada interceptação telefônica), desde que atendidos os requisitos ali relacionados, a saber: (a) autorização judicial prévia; (b) existência de lei que fixe as hipóteses e formas em que a interceptação é permitida; e (c) fins de investigação criminal ou instrução processual penal.

Como vimos no parágrafo anterior, o primeiro requisito estabelecido pela Carta Magna é a *autorização judicial*. Referida norma constitucional torna claro e inequívoco, portanto, que a interceptação telefônica é matéria de reserva jurisdicional, o que quer dizer que somente pode ser determinada por um juiz, não se permitindo que a mesma seja feita por quaisquer outros agentes do Poder Público, nem mesmo as Comissões Parlamentares de Inquérito[73].

Nos expressos termos da Constituição Federal, a interceptação telefônica *deve ser disciplinada em lei*. Aliás, justamente em razão da exigência da edição de uma lei específica para sua regulamentação, o Supremo Tribunal Federal sempre entendeu que referido dispositivo da Constituição de 1988 se tratava de uma norma constitucional não autoexecutável (norma de eficácia limitada, na conhecida classificação de José Afonso da Silva), que não poderia

---

73. Reforçando a questão da reserva jurisdicional, o artigo 3º da Lei 9.296/1996, é expressa em dispor que a interceptação das comunicações telefônicas poderá ser determinada *pelo juiz*, de ofício ou a requerimento da autoridade policial, na investigação criminal, ou do representante do Ministério Público, na investigação criminal e na instrução processual penal.

ser aplicada em casos concretos até que surgisse uma lei que regulamentasse as hipóteses e formas daquela interceptação.

Com base naquele entendimento, o Pretório Excelso costumava julgar que a prova obtida por meio de interceptação telefônica, mesmo quando autorizada previamente por um membro do Poder Judiciário, era nula, por inexistir a lei exigida pela Carta Magna. Contudo, como vimos anteriormente, hoje em dia referida norma constitucional já se encontra regulamentada pela Lei 9.296, de 24 de julho de 1996, não havendo mais que se falar em ilicitude de prova produzida em interceptação telefônica, desde que observados os limites e condicionamentos impostos por aquela lei.

O último requisito estabelecido pela Constituição Federal é que a interceptação seja feita *para fins de investigação criminal ou instrução processual penal*. Essa exigência, aliás, também consta expressamente do artigo 1º da Lei 9.296/1996. A investigação criminal refere-se à colheita, antes da propositura da ação penal propriamente dita, de indícios e provas sobre a autoria e a materialidade de infração penal. A instrução processual penal, por sua vez, diz respeito à produção de provas depois de iniciada a ação penal, com o recebimento da denúncia pelo juiz do feito.

Segundo entendimento já externado pelo Supremo Tribunal Federal, não há necessidade de instauração do inquérito policial (já que este, como se sabe, não é peça indispensável para que haja o oferecimento da denúncia) para que o magistrado autorize a interceptação telefônica, bastando que o órgão do Ministério Público considere necessária referida prova para a formação de seu convencimento, durante o procedimento de investigação preliminar. Sobre o tema, sugerimos a leitura do seguinte acórdão: Supremo Tribunal Federal, 2ª Turma, RR-ED 449.206/PR, Relator Ministro Carlos Velloso, *DJ* 25.11.2005, Seção I, p. 33.

Tendo em vista que a interceptação telefônica só pode ser realizada para fins de investigação criminal ou instrução processual penal, *ela não será admitida, mesmo que determinada por um juiz, para a produção de provas em processos que não sejam de natureza penal*, como, por exemplo, os relativos às ações de família (divórcio, alimentos etc.), os cíveis e os processos administrativos, ainda que de natureza disciplinar (destinados à apuração de faltas disciplinares de servidores públicos).

Ademais, como nos lembra Leo van Holthe,[74] a jurisprudência brasileira não admite a interceptação telefônica entre o acusado e seu defensor, em razão do *dever de sigilo profissional do advogado*, que consiste em uma garantia do devido processo legal. Referido autor também nos informa, por outro lado, que a interceptação telefônica será permita, naqueles casos, quando o advogado estiver envolvido na atividade ilícita, uma vez que, neste caso, "não estará mais na condição de defensor, mas sim de partícipe da organização criminosa (Supremo Tribunal Federal, Inquérito 2.424/RJ)".

Conforme artigo 1º da Lei 9.296/1996, a interceptação das comunicações telefônicas dependerá de ordem do juiz competente da ação principal, sob segredo de justiça. Além de prever que a interceptação telefônica deva ser feita sob segredo de justiça (o que afasta neste caso, portanto, a publicidade dos atos processuais), referido dispositivo consagra também o princípio do juiz natural, dispondo que ela deve ser determinada pelo juiz competente para a ação principal.

Contudo, como nos lembra Alexandre de Moraes,[75] é possível a relativização daquela norma infraconstitucional constante do artigo 1º, da Lei 9.296/1996, sendo cabível, em um

---
74. *Op. cit.*, p. 376.
75. *Op. cit.*, p. 60.

dado caso concreto, que a autorização da interceptação telefônica seja feita por juiz diverso do competente para a ação principal, "*tanto na hipótese de tratar-se de medida cautelar, quanto na hipótese de alteração futura por declinação de competência*".

Como vimos anteriormente, o artigo 1º, parágrafo único, da Lei 9.296/1996 estendeu a possibilidade de interceptação também ao fluxo de comunicações em sistemas de informática e telemática (de dados), sendo certo que a Corte Suprema já se manifestou por sua constitucionalidade, lembrando que não é preciso haver *cláusula expressa de redutibilidade* para a limitação de direitos fundamentais, notadamente quando se busca coibir atos ilícitos.

Segundo determina o artigo 2º, da Lei 9.296/1996, a interceptação telefônica não será admitida quando: não houver indícios razoáveis de autoria ou participação em infração penal (inciso I); a prova puder ser feita por outros meios disponíveis (inciso II); e o fato investigado constituir infração penal punida, no máximo, com pena de detenção (inciso III).

Ademais, o parágrafo único daquele mesmo artigo 2º da lei nos esclarece que o pedido de autorização judicial para a interceptação telefônica deverá descrever, com clareza, a situação objeto da investigação, inclusive com a indicação e a qualificação dos investigados, salvo impossibilidade manifesta, devidamente justificada.

Referidas restrições, fixadas pela legislação infraconstitucional, reforçam o caráter excepcional do uso da interceptação telefônica, deixando claro que o direito constitucional à inviolabilidade do sigilo das comunicações telefônicas só pode ser quebrado para a apuração de crimes mais graves (apenas os punidos com reclusão), e quando não houver como produzir outras provas que comprovem a autoria da infração penal[76].

Nos termos do artigo 4º, da Lei 9.296/1996, o pedido de interceptação de comunicação telefônica conterá a demonstração de que a sua realização é necessária à apuração de infração penal, com indicação dos meios a serem empregados. Referida norma reforça, mais uma vez, o caráter excepcional da medida, tendo em vista que impõe a comprovação de que a produção desse meio de prova é efetivamente necessária à apuração da infração penal.

Ao decidir-se pela interceptação telefônica, o magistrado deverá fundamentá-la adequadamente, sob pena de nulidade, indicando também a forma de execução da diligência, que *não poderá exceder o prazo de 15 (quinze) dias, renovável por igual tempo*, uma vez comprovada a indispensabilidade do meio de prova. Conforme doutrina e jurisprudência já consolidada sobre o tema, o juiz poderá conceder outras prorrogações do prazo, desde que sejam devidamente fundamentadas e necessárias.

Os procedimentos de interceptação telefônica, conforme expressa previsão do artigo 6º da Lei 9.296/1996, serão conduzidos pela autoridade policial, a qual deverá dar ciência prévia ao órgão do Ministério Público, que poderá acompanhar a sua realização. A autoridade policial poderá se valer do auxílio das prestadoras do serviço de telefonia, requisitando apoio técnico especializado para a interceptação. No caso de a diligência possibilitar a gravação da comunicação interceptada, determinar-se-á a sua transcrição (§ 1º). Cumprida a diligência, a autoridade policial encaminhará o resultado da interceptação ao juiz, acompanhado de auto circunstanciado, que deverá conter o resumo das operações realizadas (§ 2º).

---

76. É imperioso ressaltar, contudo, que a jurisprudência do Supremo Tribunal Federal já considerou perfeitamente legítima a utilização de provas obtidas por meio de interceptação telefônica, autorizada para apurar a ocorrência de crime sancionado com a pena de reclusão, para também fundamentar o oferecimento de denúncia relativamente à prática de crimes punidos apenas com detenção, *desde que conexos com aquele delito mais grave*. Sobre o tema, sugerimos a leitura do seguinte acórdão: Supremo Tribunal Federal, Pleno, *Habeas Corpus* 83.515/RS, relator ministro Nelson Jobim, *Informativo STF* n. 361, p. 2.

A gravação da interceptação telefônica que não interessar à prova será inutilizada por decisão judicial, durante o inquérito, durante a instrução processual ou após esta, em virtude de requerimento do Ministério Público ou da parte interessada. É o que determina expressamente o artigo 9°, da Lei 9.296/1996. O incidente de inutilização da gravação, nos termos do parágrafo único daquele artigo, será assistido pelo Ministério Público, sendo facultada a presença do acusado ou de seu representante legal.

REGRAS ESPECÍFICAS SOBRE A INTERCEPTAÇÃO TELEFÔNICA

– Para o caso específico da interceptação telefônica, a Constituição Federal impõe 3 (três) requisitos para que ela possa ser realizada: (a) autorização judicial prévia; (b) fins de investigação criminal ou instrução processual penal; e (c) existência de lei que a regulamente.

– A interceptação telefônica é matéria de reserva jurisdicional, o que quer dizer que somente pode ser determinada por um juiz, não se permitindo que seja feita por quaisquer outros agentes do Poder Público, nem mesmo as Comissões Parlamentares de Inquérito.

– Nos termos da própria Lei Maior, a interceptação telefônica deve ser disciplinada em lei, exigindo-se, portanto, a edição de uma lei específica para que pudesse ser aplicada aos casos concretos. Para tal desiderato, foi editada a Lei 9.296, de 24 de julho de 1996.

– Tendo em vista que a interceptação telefônica só pode ser realizada para fins de investigação criminal ou instrução processual penal, ela não será admitida para a produção de provas em processos que não sejam de natureza penal, como, por exemplo, os relativos às ações de família (divórcio, alimentos etc.), os cíveis e os processos administrativos.

7.20 SIGILO BANCÁRIO E FISCAL

Os sigilos bancário e fiscal não foram tutelados, de maneira expressa, por norma específica da Constituição de 1988. Contudo, como é fácil notar, trata-se de um assunto estreitamente vinculado à inviolabilidade da comunicação de dados (artigo 5°, inciso XII) e também ao direito à inviolabilidade da vida privada (artigo 5°, inciso X), tendo por principal objetivo, a toda evidência, resguardar a privacidade do indivíduo em face de terceiros (notadamente do próprio Estado), de maneira que ele não sofra constrangimentos e perseguições injustificadas.

O *sigilo bancário* diz respeito à necessidade de proteção, pelas diversas instituições financeiras, da privacidade das informações (dados) relativas a uma determinada pessoa, nas relações que mantém com aquelas entidades. Estão abrangidos pelo sigilo bancário, por exemplo, informações sobre valores depositados pelo cliente em conta corrente e fundos de investimento, dívidas relativas a contratos de financiamento, além de movimentações financeiras de toda ordem, tais como depósitos, saques e transferências. O *sigilo fiscal*, por sua vez, refere-se a toda e qualquer informação relativa ao contribuinte, existente nos bancos de dados das Receitas Federal, Estaduais, Distrital e Municipais.

Da mesma forma que se dá com os demais direitos e garantias fundamentais, o direito ao sigilo bancário e fiscal não é absoluto, podendo ser mitigado, com fundamento nos princípios da razoabilidade/proporcionalidade, sempre que for invocado por seu titular como uma forma de tentar fugir à aplicação da lei. Para que se permita a violação daquele sigilo, é imperioso existirem fundadas suspeitas, evidenciadas por fortes indícios de autoria e materialidade, de que seu titular praticou ilícitos que podem ser constatados através daquela quebra.

É importante mencionar, ademais, que as informações obtidas por meio de quebra de sigilo bancário ou fiscal só podem ser usadas para a investigação que lhes deu causa, devendo ser mantidas fora do alcance de terceiros, tudo para que reste garantido, tanto quanto possível, o direito à privacidade do indivíduo que teve o sigilo devassado. Sobre o tema, sugerimos a leitura do Inquérito 923/DF, Supremo Tribunal Federal, Relator Ministro Moreira Alves, j. 18.4.1996.

No caso específico do sigilo bancário, aliás, a Lei Complementar 105, de 15 de janeiro de 2001, que tem por objeto justamente a regulamentação do sigilo das operações de instituições financeiras,[77] prevê expressamente a possibilidade da quebra do sigilo bancário quando determinada por órgão do Poder Judiciário (artigo 3º)[78] ou por Comissão Parlamentar de Inquérito (artigo 4º, § 1º), que tem poderes de investigação próprios das autoridades judiciais, conforme disposto no artigo 58, § 3º, da Constituição Federal.

O diploma legal também prevê a possibilidade de as autoridades e os agentes fiscais dos diversos entes da Federação poderem examinar dados existentes nas instituições financeiras, quando houver processo administrativo instaurado ou procedimento fiscal em curso e tais exames sejam considerados indispensáveis pela autoridade administrativa competente (artigo 6º).[79] Prevê, igualmente, que as instituições financeiras devem informar, à administração tributária da União, as operações financeiras efetuadas pelos usuários de seus serviços (artigo 5º).[80]

Referidos dispositivos, como se pode notar, preveem a possibilidade de quebra do sigilo das operações de instituições financeiras (quebra do sigilo bancário, portanto) por agentes fiscais, independentemente de ordem judicial. Referida hipótese, em nosso entender, não encontra amparo na ordem constitucional, que protege o direito à privacidade, somente autorizando sua violação quando determinada por membro do Poder Judiciário ou por uma Comissão Parlamentar de Inquérito (que possui poderes de investigação próprios das autoridades judiciais), quando tal direito for invocado para tentar acobertar atos ilícitos.

Em termos semelhantes, por exemplo, é a lição de Luiz Alberto David Araujo e Vidal Serrano Nunes Júnior,[81] que também afastam a possibilidade de a quebra do sigilo bancário ser realizada diretamente por agentes fazendários ou por quaisquer outros agentes do Poder Executivo. Segundo os renomados constitucionalistas, "o sigilo bancário coloca-se no rol dos chamados direitos civis ou individuais, cuja razão de existir consiste exatamente em opor limites à atuação do Estado perante a esfera individual".

Contudo, é imperioso ressaltar que esse entendimento (acerca da inconstitucionalidade daqueles dispositivos da Lei Complementar 105/2001) não é endossado pelo Supremo Tribunal Federal. Com efeito, em 2015, ao julgar 5 (cinco) processos que questionavam a constitucionalidade daqueles dispositivos legais, por permitirem ao Fisco receber dados bancários de contribuintes diretamente da instituição financeira, sem prévia autorização

---

77. São consideradas instituições financeiras, para os efeitos daquela Lei Complementar: os bancos de qualquer espécie; distribuidoras de valores mobiliários; corretoras de câmbio e de valores mobiliários; sociedades de crédito, financiamento e investimentos; sociedades de crédito imobiliário; administradoras de cartões de crédito; sociedades de arrendamento mercantil; administradoras de mercado de balcão organizado; cooperativas de crédito; associações de poupança e empréstimo; bolsas de valores e de mercadorias e futuros; entidades de liquidação e compensação; outras sociedades que, em razão da natureza de suas operações, assim venham a ser consideradas pelo Conselho Monetário Nacional (artigo 1º, § 1º). Ademais, o dever de sigilo é extensivo ao Banco Central do Brasil, em relação às operações que realizar e às informações que obtiver no exercício de suas atribuições (art. 2º).
78. Vindo ao encontro do que já havíamos afirmado, referido dispositivo legal ressalta a necessidade de garantia do caráter sigiloso das informações obtidas por meio da quebra do sigilo bancário, cujo acesso deve ficar restrito às partes, que delas não poderão servir-se para fins estranhos à lide.
79. Lei Complementar 105/2001, artigo 6º: "As autoridades e os agentes fiscais tributários da União, dos Estados, do Distrito Federal e dos Municípios somente poderão examinar documentos, livros e registros de instituições financeiras, inclusive os referentes a contas de depósitos e aplicações financeiras, quando houver processo administrativo instaurado ou procedimento fiscal em curso e tais exames sejam considerados indispensáveis pela autoridade administrativa competente".
80. Lei Complementar 105/2001, artigo 5º: "O Poder Executivo disciplinará, inclusive quanto à periodicidade e aos limites de valor, os critérios segundo os quais as instituições financeiras informarão à administração tributária da União, as operações financeiras efetuadas pelos usuários de seus serviços".
81. Op. cit., p. 175.

judicial, a Corte Suprema decidiu, por maioria de votos (9 X 2), que referida autorização legislativa não feriria nossa Lei Maior, desde que observados os condicionamentos estabelecidos pela Corte Suprema.

Com efeito, segundo entendimento que prevaleceu naquele julgamento, desde que haja a devida comprovação de instauração regular de processo administrativo, no respectivo órgão tributário da União, dos Estados, do Distrito Federal, dos Municípios ou das demais entidades com capacidade tributária ativa, com o objetivo de investigar o sujeito passivo a que se refere a informação, por prática de infração administrativa, o Fisco teria efetivamente a possibilidade de requisitar as informações diretamente às instituições financeiras, sem ferir o sigilo bancário do contribuinte.

Ainda segundo entendimento do Pretório Excelso, para que aquele processo administrativo seja considerado regular, deve a entidade tributante criar regulamento específico (como fez a União através da edição do Decreto 3.724/2001), com adoção de sistemas certificados de segurança e registro de acesso do agente público, de modo a evitar a manipulação indevida dos dados e desvio de finalidade, garantindo-se ao contribuinte a prévia notificação de abertura do processo e amplo acesso aos autos, inclusive com possibilidade de obter cópias reprográficas ou digitais das peças.

Já no tocante ao sigilo fiscal, o artigo 145, § 1º, da Constituição Federal, após esclarecer que, sempre que possível, os impostos terão caráter pessoal e serão graduados segundo a capacidade econômica do contribuinte, faculta à Administração tributária, especialmente para conferir efetividade a esses objetivos, identificar, respeitados os direitos individuais e *nos termos da lei*, o patrimônio, os rendimentos e as atividades econômicas do contribuinte.

O artigo 198, *caput*, do Código Tributário Nacional (conforme redação que lhe conferiu a Lei Complementar 104, de 10 de janeiro de 2001), em estrita observância ao comando constitucional, é expresso e inequívoco em vedar a divulgação, por servidores fazendários, de informações obtidas em razão do ofício sobre a situação econômica ou financeira do sujeito passivo ou de terceiros e sobre a natureza e o estado de seus negócios ou atividades.

Já o § 1º do supramencionado artigo 198 do Código Tributário Nacional prevê, como exceção àquela vedação: (a) a requisição de autoridade judiciária no interesse da justiça; e (b) solicitações de autoridade administrativa no interesse da Administração Pública, desde que seja comprovada a instauração regular de processo administrativo, no órgão ou na entidade respectiva, com o objetivo de investigar o sujeito passivo a que se refere a informação, por prática de infração administrativa.

A primeira hipótese, a toda evidência, está em sintonia com a ordem constitucional vigente, uma vez que prevê a possibilidade de quebra do sigilo fiscal por autoridade judiciária (leia-se por qualquer juiz ou tribunal), no interesse da Justiça. Já a segunda, conforme entendimento pessoal, não tem amparo na ordem constitucional vigente, por permitir a agentes do Poder Executivo (que não os agentes fazendários) a quebra do sigilo, sem se valer de tutela jurisdicional para tanto.

Para encerrarmos o tema do sigilo bancário e fiscal, não podemos deixar de analisar a possibilidade de o Ministério Público requisitar documentos cobertos por aquele sigilo, sem prévia autorização judicial, em face do que preconiza o artigo 129, inciso VI, da Carta Magna, que confere àquele órgão a prerrogativa de expedir notificações nos procedimentos administrativos de sua competência e requisitar informações e *documentos*, nos termos de lei complementar.

A lei em referência é a Lei Complementar 75, de 20 de maio de 1993, conhecida como Lei Orgânica do Ministério Público da União, a qual dispõe expressamente, em seu artigo 8º, § 2º, "que nenhuma autoridade poderá opor ao Ministério Público, sob qualquer pretexto, a exceção de sigilo, sem prejuízo da subsistência do caráter sigiloso da informação, do registro, do dado ou do documento que lhe seja fornecido". Poderes semelhantes são conferidos aos membros dos Ministérios Públicos dos Estados, em razão do artigo 80, da Lei 8.625, de 12 de fevereiro de 1993 (a denominada Lei Orgânica Nacional do Ministério Público), que determina que as normas da Lei Complementar 75/1993 também se aplicam aos Ministérios Públicos estaduais.

A doutrina pátria é praticamente unânime em afirmar que o Ministério Público pode efetivamente quebrar os sigilos bancário e fiscal, para o cumprimento de suas missões institucionais. O Supremo Tribunal Federal, ademais, já se manifestou expressamente sobre o tema, em mais de uma oportunidade, asseverando que o Ministério Público poderá efetivamente requisitar documentos cobertos pelo sigilo, diretamente à instituição financeira, sem prévia autorização judicial, *desde que se trate de ilícito envolvendo dinheiro público*.

SIGILO BANCÁRIO E FISCAL

– Os sigilos bancário e fiscal não foram tutelados por norma específica da Constituição de 1988. Contudo, trata-se de um assunto estreitamente vinculado à inviolabilidade da comunicação de dados e também ao direito à inviolabilidade da intimidade e da vida privada (artigo 5º, incisos X e XII, da Constituição Federal).

– O direito ao sigilo bancário e fiscal tem por principal objetivo resguardar a privacidade do indivíduo em face de terceiros (notadamente do próprio Estado), de maneira que ele não sofra constrangimentos e perseguições injustificadas.

7.21 LIBERDADE DE EXERCÍCIO DE QUALQUER TRABALHO, OFÍCIO OU PROFISSÃO

A Constituição Federal consagra, no inciso XIII de seu artigo 5º, a liberdade do exercício de qualquer trabalho, ofício ou profissão, atendidas as qualificações profissionais que a lei estabelecer. Referido dispositivo constitucional, amparado nos valores sociais do trabalho e da livre iniciativa (fundamentos consagrados no artigo 1º, IV, da Carta Magna), confere ao indivíduo a liberdade de escolher e exercer sua profissão, devendo apenas respeitar eventuais condicionamentos estabelecidos pela lei, quando estes existirem.

Como se vê, *trata-se referido dispositivo constitucional de uma norma de eficácia contida*.[82] Caso, portanto, não exista um diploma infraconstitucional restringindo especificamente algum trabalho, devemos entender que ele poderá ser exercido imediatamente, e de forma plena. A posterior edição de uma lei, entretanto, poderá restringir (conter) o direito previsto na norma constitucional.

Exemplo de lei que estabelece limitação ao pleno exercício de uma profissão, nós o encontramos na Lei 8.906, de 4 de julho de 1994 (o Estatuto da Ordem dos Advogados do Brasil – OAB), que condiciona o exercício da advocacia, pelos bacharéis em direito, à

---

82. Como vimos no Capítulo 3, ao estudarmos a famosa classificação concebida por José Afonso da Silva, relativamente à aplicabilidade das normas constitucionais, as normas constitucionais de eficácia contida são aquelas que, a despeito de estarem aptas a produzir, imediatamente, os efeitos por elas preconizados, não necessitando de qualquer complementação para tal desiderato, podem ter, no futuro, referidos efeitos restringidos (contidos), por atuação do Estado, nas hipóteses permitidas pelo ordenamento jurídico.

aprovação no Exame de Ordem, conforme determinado pelo artigo 8º, inciso IV, daquele diploma legal.

Aliás, a exigência estabelecida pela lei em comento, de aprovação no Exame da Ordem dos Advogados do Brasil, como condição para o exercício da advocacia, teve sua constitucionalidade expressamente reconhecida, em decisão proferida pelo Pretório Excelso, em 26 de outubro de 2011, ao negar provimento ao Recurso Extraordinário 603.583, que questionava a obrigatoriedade daquele exame.

Para encerrarmos esta seção, vale lembrar que a própria Constituição Federal estabelece, em alguns casos, o cumprimento de algumas exigências para o exercício de cargos, empregos e funções, não só no setor público quanto no privado. Para a investidura em cargo ou emprego público, por exemplo, exige-se a aprovação em concurso público de provas ou de provas e títulos, salvo para as nomeações para cargo em comissão declarado em lei de livre nomeação e exoneração (artigo 37, inciso II).

A mesma Carta Magna, em seu artigo 95, parágrafo único, inciso V, acrescentado ao texto constitucional pela Emenda Constitucional 45/2004, veda aos juízes exercer a advocacia no juízo ou tribunal do qual se afastou, antes de decorridos 3 (três) anos do afastamento do cargo por aposentadoria ou exoneração. Nesta norma, portanto, a Constituição Federal estabelece uma exigência para o exercício de uma atividade privada, impondo restrições ao pleno exercício da advocacia, por um lapso de tempo, ao magistrado aposentado ou exonerado.

LIBERDADE DE EXERCÍCIO DE QUALQUER TRABALHO, OFÍCIO OU PROFISSÃO

– A Constituição Federal consagra a liberdade do exercício de qualquer trabalho, ofício ou profissão, atendidas as qualificações profissionais que a lei estabelecer. Referido dispositivo constitucional confere ao indivíduo a liberdade de escolher e exercer sua profissão, devendo apenas respeitar eventuais condicionamentos estabelecidos por lei, quando estes existirem.

– Trata-se de uma norma constitucional de eficácia contida, o que significa dizer que, não existindo um diploma infraconstitucional restringindo especificamente algum trabalho, devemos entender que ele poderá ser exercido imediatamente, e de forma plena. A posterior edição de uma lei, entretanto, poderá restringir (conter) o direito previsto na norma constitucional.

7.22 GARANTIA DO ACESSO À INFORMAÇÃO E O RESGUARDO DO SIGILO DA FONTE

Nos termos do artigo 5º, inciso XIV, da Constituição Federal, "é assegurado a todos o acesso à informação e resguardado o sigilo da fonte, quando necessário ao exercício profissional". Referido dispositivo constitucional está inequivocamente ligado à liberdade de expressão, já previsto no inciso IX do mesmo artigo de nossa Lei Maior, que dispõe sobre a liberdade da expressão da atividade intelectual, artística, científica e de comunicação, independentemente de censura ou licença.

Contudo, como nos lembra Marcelo Novelino,[83] o direito à informação, que abrange o *direito de transmitir* (do qual decorre o direito de imprensa) e o *direito de receber uma informação*, não se confunde com a liberdade de expressão do pensamento, este último mais singelo, consistente no simples direito de emitir uma opinião. A norma constitucional ora em exame, a toda evidência, tem por objetivo tornar expresso e inequívoco o direito do acesso

---

83. *Op. cit.*, p. 422.

à informação a todos, inclusive com a proteção do sigilo da fonte, quando esta mostrar-se indispensável ao pleno exercício profissional.

O *resguardo do sigilo da fonte* refere-se, sobretudo, ao direito dos jornalistas e demais profissionais da comunicação de não serem obrigados a informar de onde obtiveram suas informações, tudo para que possam exercer sua importante missão, notadamente na veiculação de informações de interesse geral, sem qualquer possibilidade de intimidação de suas fontes, por parte daqueles a quem a notícia provoca algum prejuízo (criminal, financeiro, moral etc.).

Muito embora diga respeito precipuamente aos profissionais da informação, como vimos no parágrafo anterior, *o resguardo do sigilo da fonte também foi expressamente garantido aos deputados federais e senadores*, no artigo 53, § 6º, de nossa Carta Magna, o qual dispõe que os parlamentares "não serão obrigados a testemunhar sobre informações recebidas ou prestadas em razão do exercício do mandato, nem sobre as pessoas que lhes confiaram ou deles receberam informações".

Valem aqui as mesmas ponderações que fizemos, quando tratamos da liberdade da expressão da atividade intelectual, artística, científica e de comunicação, independentemente de censura ou licença. A liberdade de informação, a toda evidência, também não é um direito absoluto, podendo sofrer limitações, por meio de tutela jurisdicional, quando estiver em colisão, em um dado caso concreto, com outros direitos fundamentais igualmente protegidos.

Com efeito, a liberdade de informação não será plenamente exercitável, por exemplo, quando ferir *indevidamente* os direitos à intimidade, à vida privada, à honra e à imagem das pessoas, previsto no artigo 5º, inciso X, da Constituição Federal. Neste caso, o Poder Judiciário pode ser chamado a solucionar o conflito entre direitos constitucionais, não havendo que se falar, nesta hipótese, em censura realizada pelo juiz, caso ele limite a liberdade de informação em favor do direito à privacidade. O que teremos aqui, isto sim, é uma autêntica prestação jurisdicional, decidindo o magistrado sobre um conflito entre direitos igualmente fundamentais.

**GARANTIA DO ACESSO À INFORMAÇÃO E
O RESGUARDO DO SIGILO DA FONTE**

– É assegurado a todos o acesso à informação e resguardado o sigilo da fonte, quando necessário ao exercício profissional (Constituição Federal, artigo 5º, inciso XIV).

– O direito à informação, que abrange o direito de informar e de receber informações, está relacionado com a liberdade de expressão, que dispõe sobre a liberdade da expressão da atividade intelectual, artística, científica e de comunicação, independentemente de censura ou licença.

– O resguardo do sigilo da fonte refere-se, sobretudo, ao direito dos jornalistas e demais profissionais da comunicação de não serem obrigados a informar de onde obtiveram suas informações.

7.23 LIBERDADE DE LOCOMOÇÃO

A Constituição Federal dispõe expressamente, no artigo 5º, inciso XV, que "é livre a locomoção no território nacional em tempo de paz, podendo qualquer pessoa, nos termos da lei, nele entrar, permanecer ou dele sair com seus bens". O dispositivo constitucional em análise tem por escopo a tutela da denominada *liberdade de locomoção*, que consiste no direito, concedido a todo indivíduo (ao menos como regra geral), de ir, vir e permanecer, sem que possa sofrer injusto cerceamento em tal direito, por parte do Estado ou mesmo de particulares.

Na excelente lição de Luiz Alberto David Araujo e Vidal Serrano Nunes Júnior,[84] "o direito de locomoção é um direito de resistência em face do Estado, vale dizer, é o direito que o indivíduo tem de ir, vir, ficar ou permanecer, sem que por essas condutas seja molestado pelo Poder Público". Referido direito abrange não só a proteção contra a prisão arbitrária, por parte do Estado, como também a faculdade de circular, livremente, por vias públicas e demais bens de uso comum do povo, tais como praias e praças públicas.

Entretanto, como todo direito fundamental, também não é absoluto, comportando restrições, desde que previstas no texto constitucional, ou para garantia da lei e da ordem. Como exemplos de restrições constitucionais à liberdade de locomoção, podemos citar o próprio artigo 5º, inciso XV, que restringe referido direito em tempos de guerra, bem como o inciso LXI, do mesmo artigo da Constituição Federal, que permite tanto a prisão em flagrante, como também a determinada por ordem judicial.[85]

No mesmo artigo 5º, só que em seu inciso LXVII, a Constituição de 1988 dispõe que não haverá prisão civil por dívida, salvo a do responsável pelo inadimplemento voluntário e inescusável de obrigação alimentícia e a do depositário infiel. Portanto, ao menos em sua redação literal,[86] nossa Carta Magna, como regra, proíbe a prisão civil por dívida, contudo permitindo-a, por exceção, naquelas hipóteses supramencionadas, e que, a toda evidência, são outras exceções constitucionais à liberdade de locomoção.

Nossa Lei Maior também prevê uma restrição à liberdade de locomoção ao disciplinar o chamado estado de emergência, prevendo a possibilidade de prisão, por crime contra o Estado, pelo executor da medida (sem, portanto, que haja flagrante delito ou ordem judicial), o qual só então deverá comunicar referida prisão ao juiz competente, que a relaxará, se não for legal (artigo 136, § 3º, I). Também dispõe expressamente, em seu artigo 139, inciso I, sobre a possibilidade de obrigar que as pessoas permaneçam em locais determinados, quando for decretado estado de sítio.

Exemplo de restrição fixada por norma infraconstitucional (lei ordinária) ao direito de liberdade de locomoção, nós o temos nas penas privativas de liberdade e restritivas de direito fixadas em razão do cometimento de ilícitos penais. Como já asseveramos em outras oportunidades, não será possível a alguém invocar um direito fundamental para acobertar um ilícito criminal. Nesta hipótese, deve prevalecer o direito do Estado de executar a pena.

Além das restrições constitucionais e infraconstitucionais à liberdade de locomoção, o poder público também poderá estabelecer outras limitações àquela liberdade, por meio da edição de regulamentos e de atos administrativos, desde que destinados a alcançar o interesse público, notadamente para ordenar o trânsito de veículos e de pessoas, estabelecendo, por exemplo, mãos de direção em vias públicas, ruas em que o acesso é restrito a pedestres, ou locais em que o estacionamento é proibido.

Para encerrarmos esta seção, vale mencionar que sempre que alguém sofrer ou se achar ameaçado de sofrer violência ou coação em sua liberdade de locomoção, por ilegalidade ou

---

84. *Op. cit.*, p. 184.
85. Constituição Federal, artigo 5º, LXI: "Ninguém será preso senão em flagrante delito ou por ordem escrita e fundamentada de autoridade judiciária competente, salvo nos casos de transgressão militar ou crime propriamente militar, definidos em lei".
86. Um pouco mais à frente, contudo, veremos que o Pretório Excelso passou a entender que a possibilidade de prisão civil do depositário infiel, a despeito de não revogada pelo artigo 7º, item 7, da Convenção Americana sobre Direitos Humanos (Pacto de San José da Costa Rica), deixou de ter aplicabilidade diante do efeito paralisante que referido tratado impôs à legislação ordinária com ele conflitante. Neste sentido, aliás, é a súmula vinculante 25/2009, a qual dispõe expressamente que "é ilícita a prisão civil do depositário infiel, qualquer que seja a modalidade de depósito".

abuso de poder, poderá valer-se do *habeas corpus*, como lhe garante o artigo 5º, inciso LXVIII, da Constituição Federal. Para maiores informações sobre este remédio constitucional, remetemos o prezado leitor ao Capítulo 9 desta obra.

LIBERDADE DE LOCOMOÇÃO

– É livre a locomoção no território nacional em tempo de paz, podendo qualquer pessoa, nos termos da lei, nele entrar, permanecer ou dele sair com seus bens (Constituição Federal, artigo 5º, inciso XV).

– Tal dispositivo constitucional tem por escopo a tutela da denominada liberdade de locomoção, que consiste no direito, concedido a todo indivíduo (ao menos como regra geral), de ir, vir e permanecer, sem que possa sofrer injusto cerceamento em tal direito, por parte do Estado ou mesmo de particulares.

– Sempre que alguém sofrer ou se achar ameaçado de sofrer violência ou coação em sua liberdade de locomoção, por ilegalidade ou abuso de poder, poderá valer-se do *habeas corpus*, como lhe garante o artigo 5º, LXVIII, de nossa Lei Maior.

7.24 DIREITO DE REUNIÃO

Artigo 5º, inciso XVI, da Constituição Federal: "Todos podem reunir-se pacificamente, sem armas, em locais abertos ao público, independentemente de autorização, desde que não frustrem outra reunião anteriormente convocada para o mesmo local, sendo apenas exigido prévio aviso à autoridade competente" [87]. Temos, neste dispositivo constitucional, o denominado *direito de reunião*[88].

Em apertada síntese, o direito de reunião é aquele exercido por uma coletividade de pessoas (necessariamente dois ou mais participantes) que se une, de maneira lícita e pacífica, e sem armas, para participar de um evento específico, determinado, em local aberto ao público, e que poderá consistir em uma reunião (um comício, protesto etc.), uma passeata, ou, ainda, a conjugação de um evento estático com outro dinâmico (caso, por exemplo, de um comício seguido de passeata).

Como se vê, como regra geral, referido dispositivo constitucional permite que 2 (duas) ou mais pessoas reúnam-se em locais abertos ao público, para a realização de uma manifestação, de uma passeata ou das duas atividades, independentemente de autorização do Poder Público. Exige-se, apenas, que referida reunião: (a) não frustre outra anteriormente marcada; (b) seja pacífica e sem armas (de fogo ou mesmo brancas); e (c) que a autoridade competente seja previamente cientificada do intento de realizá-la.

Particularmente no que se refere à *necessidade de comunicação prévia à autoridade*, esta se justifica plenamente, tudo para que possam ser tomadas todas as medidas necessárias à segurança e à paz social, tal como a momentânea interrupção do tráfego de automóveis e também a proteção, por meio das forças de segurança pública, da incolumidade física e patrimonial tanto dos participantes e espectadores da manifestação ou da passeata, como também dos imóveis próximos ao local do evento.

Dessa forma, tem-se por inequívoco que não será possível à autoridade competente frustrar a realização de uma reunião lícita e pacífica, apenas por critérios de conveniência

---

87. Em termos semelhantes é o artigo 15 do Pacto de San Jose da Costa Rica: "É reconhecido o direito de reunião pacífica e sem armas. O exercício desse direito só pode estar sujeito às restrições previstas em lei e que se façam necessárias, em uma sociedade democrática, ao interesse da segurança nacional, da segurança ou ordem públicas, ou para proteger a saúde ou a moral públicas ou os direitos e as liberdades das demais pessoas".
88. Referido direito também está expressamente previsto no artigo XX, item 1, da Declaração Universal dos Direitos Humanos: "1. Todo ser humano tem direito à liberdade de reunião e associação pacífica".

e oportunidade. Poderá frustrá-la, contudo, se o direito de reunião for exercitado de modo a desrespeitar, injustificadamente, outros direitos fundamentais consagrados pela Carta Magna. Como exemplo deste caso, podemos citar o desrespeito ao direito de locomoção de outras pessoas, provocado pela interrupção integral do fluxo de alguma importante rodovia ou via pública, com a queima de pneus colocados no meio da via.

Tendo em vista o caráter relativo dos direitos e garantias fundamentais, *o direito de reunião também poderá ser inviabilizado, em um dado caso concreto, caso haja perturbação da ordem pública ou o cometimento de atos ilícitos*. Com efeito, como mencionado anteriormente, com fundamento nos princípios da razoabilidade/proporcionalidade, será permitido ao Estado frustrar alguma reunião, por exemplo, caso os manifestantes causem danos ao patrimônio público ou privado.

Da mesma forma que se dá com o direito de locomoção pelo território nacional, em tempos de paz, o direito de reunião também poderá ser limitado, nos termos da própria Constituição Federal, nos casos de grave e iminente instabilidade institucional ou de calamidades, quando for decretado o estado de defesa (artigo 136, § 1º, inciso I) ou o estado de sítio (artigo 139, inciso IV).

Para encerrar esta seção, gostaríamos de asseverar que o indevido cerceamento do direito de reunião, pelo Poder Público, não é combatido por meio de *habeas corpus*, mas sim com a impetração de mandado de segurança, uma vez que, neste caso, conforme nos lembra Alexandre de Moraes,[89] "a liberdade de locomoção, eventualmente atingida, é simples direito-meio para o pleno exercício de outro direito individual, o de reunião".

DIREITO DE REUNIÃO

– Todos podem reunir-se pacificamente, sem armas, em locais abertos ao público, independentemente de autorização, desde que não frustrem outra reunião anteriormente convocada para o mesmo local, sendo apenas exigido prévio aviso à autoridade competente (Constituição Federal, artigo 5º, inciso XVI).

– O direito de reunião é aquele exercido por uma coletividade de pessoas (necessariamente dois ou mais participantes) que se une, de maneira lícita e pacífica, sem armas, para participar de um evento determinado, em local aberto ao público, e que poderá consistir em uma reunião (um comício, protesto, manifestação etc.), uma passeata, ou, ainda, a conjugação de um evento estático com outro dinâmico (caso, por exemplo, de um comício seguido de passeata).

– O indevido cerceamento do direito de reunião, pelo Poder Público, não é combatido por meio de *habeas corpus*, mas sim com a impetração de mandado de segurança, uma vez que liberdade de locomoção, eventualmente atingida, é apenas um meio para o pleno exercício de outro direito individual, o de reunião.

7.25 LIBERDADE DE EXPRESSÃO E DE REUNIÃO E A "MARCHA DA MACONHA"

Como temos insistido neste Capítulo, os direitos e garantias fundamentais não são absolutos, razão pela qual o direito de reunião também poderá ser inviabilizado, em um dado caso concreto, caso haja perturbação da ordem pública ou o cometimento de atos ilícitos. Com efeito, justamente com fundamento nos princípios da razoabilidade/proporcionalidade, tribunais de todo o Brasil vinham proibindo as famosas "marchas da maconha", destinadas a defender a descriminalização da venda daquele entorpecente, por

---

89. *Op. cit.*, p. 81.

se tratar de uma manifestação que acabava por fazer apologia de uma prática considerada crime, conforme tipificação constante do artigo 287, do Código Penal brasileiro[90].

Contudo, ao julgar uma Arguição de Descumprimento de Preceito Fundamental proposta pelo procurador-geral da República,[91] o Supremo Tribunal Federal acabou entendendo, por meio de decisão unânime (participaram do julgamento oito Ministros), que a realização daqueles eventos, no Brasil, *encontrava amparo nos direitos constitucionais de liberdade de expressão e de reunião*. Com efeito, segundo referida decisão, deve-se conceder àquele artigo 287, do Código Penal, uma interpretação conforme à Constituição, de maneira a não impedir manifestações públicas em defesa da legalização de drogas.

Conforme entendimento defendido pelo relator da ação, ministro Celso de Mello, e acompanhado integralmente pelos demais membros do Pretório Excelso, a "marcha da maconha" seria um movimento social espontâneo que reivindica, por meio da livre manifestação do pensamento, e com caráter nitidamente cultural, "a possibilidade da discussão democrática do modelo proibicionista [do consumo de drogas] e dos efeitos que [esse modelo] produziu em termos de incremento da violência".

Na fundamentação de seu voto, o relator daquela ação constitucional afirmou que a mera proposta de descriminalização de determinado ilícito penal não se confundiria com o ato de incitação à prática do delito nem com o de apologia de fato criminoso. Ainda nas palavras do ministro, "o debate sobre abolição penal de determinadas condutas puníveis pode ser realizado de forma racional, com respeito entre interlocutores, ainda que a ideia, para a maioria, possa ser eventualmente considerada estranha, extravagante, inaceitável ou perigosa".

Na mesma toada, Cezar Peluso, último a votar, ressaltou que a liberdade de expressão é uma emanação direta do valor supremo da dignidade da pessoa humana e "fator relevante da construção e do resguardo da democracia, cujo pressuposto indispensável é o pluralismo ideológico", acrescentando que a liberdade de expressão só pode ser proibida quando destinada a praticar ou incitar ações iminentes.

O ministro Cezar Peluso concluiu seu voto ponderando que, a despeito de o Estado ter o dever de tomar todas as cautelas necessárias para prevenir eventuais abusos no exercício do direito de reunião, esse fato, por si só, não significaria que a liberdade em si não merecesse a proteção constitucional e o reconhecimento do Supremo Tribunal Federal.

LIBERDADE DE EXPRESSÃO E DE REUNIÃO E A "MARCHA DA MACONHA"

– Com fundamento nos princípios da razoabilidade/proporcionalidade, tribunais de todo o País vinham proibindo as famosas "marchas da maconha", destinadas a defender a descriminalização da venda daquele entorpecente, por se tratar de uma manifestação que acabava por fazer apologia de uma prática considerada crime.

– Contudo, ao julgar a Arguição de Descumprimento de Preceito Fundamental (ADPF) 187, proposta pela Procuradoria-Geral da República, o STF acabou decidindo, por votação unânime, que a realização daqueles eventos, em todo o Brasil, encontrava amparo nos direitos constitucionais de liberdade de expressão e de reunião.

– Nos termos da decisão do Pretório Excelso, deve-se conceder ao artigo 287 do Código Penal (que tipifica a apologia de crime e de criminoso) uma interpretação conforme à Constituição, de maneira a não impedir manifestações públicas em defesa da legalização de drogas.

---

90. Código Penal, artigo 287: "Fazer, publicamente, apologia de fato criminoso ou de autor de crime. Pena: detenção, de três a seis meses, ou multa.
91. Arguição de descumprimento de preceito fundamental 187, j. 15.6.2011.

7.26 DIREITO DE ASSOCIAÇÃO

A Constituição Federal, por meio de um conjunto de dispositivos elencados em seu artigo 5º, consagra o *direito de associação* como um dos direitos fundamentais da pessoa. No primeiro deles (inciso XVII), nossa Carta Magna reconhece, em caráter expresso, a plenitude do direito de associação para fins lícitos, vedadas a de caráter paramilitar. O direito de associação pode ser definido, de maneira singela, como aquele exercido por uma coletividade de pessoas que se une, *de maneira permanente*[92], para a realização de um fim comum, não vedado pelo ordenamento jurídico vigente.

Ao tratar dos direitos relativos à associação, *a Constituição Federal refere-se a toda e qualquer pessoa jurídica de direito privado, e não apenas às associações propriamente ditas*. Portanto, além destas últimas, também estão abrangidas pela proteção constitucional as pessoas naturais (também chamadas de pessoas físicas) que participam de fundações, de sociedades (tanto simples como empresariais), de organizações religiosas e de partidos políticos,[93] estes últimos também tutelados pelo artigo 17, da Carta Magna.

Por outro lado, como nos lembram Luiz Alberto David Araujo e Vidal Serrano Nunes Júnior,[94] o direito de associação tem por objetivo a proteção dos indivíduos que compõem a pessoa jurídica, "não figurando entre os propósitos da norma constitucional a proteção da associação de pessoas, que encontram no direito infraconstitucional e em outros dispositivos constitucionais o amparo jurídico para essas formas associativas".

No supramencionado artigo 5º, inciso XVII, nossa Lei maior exige que a associação tenha *fins lícitos* e não apresente *caráter paramilitar*. A rigor, a licitude do objeto é uma exigência que se impõe não só às pessoas jurídicas de direito privado, mas a todos os atos jurídicos em sentido lato. A ilicitude vedada pela Constituição Federal, é importante que se diga, não diz respeito apenas à seara penal, abrangendo também a esfera civil e a administrativa. O caráter paramilitar, por sua vez, refere-se às entidades que, com funcionamento semelhante ao das Forças Armadas, baseado na hierarquia e na disciplina, *e mesmo que sem o uso de armas*, tenham por fim atividades bélicas.

Como dispõe o inciso XVIII do artigo 5º da Constituição Federal, a criação de associações, e, na forma da lei, de cooperativas, independe de autorização, inclusive com a vedação da interferência estatal em seu funcionamento. Referida norma constitucional explicita a vedação, dirigida tanto ao legislador como ao administrador, de interferir na criação e também no funcionamento das entidades associativas, desde que, naturalmente, não tenham fim ilícito ou caráter paramilitar.

Ao prever a liberdade de funcionamento, a norma constitucional supramencionada também nos permite concluir que os membros de uma entidade associativa podem livremente dissolvê-la, quando assim o desejarem. Já o artigo 5º, inciso XX, da Lei Fundamental, o qual dispõe que "ninguém poderá ser compelido a associar-se ou a permanecer associado", permite-nos deduzir que um membro de uma associação poderá dela sair a qualquer tempo, desde que o deseje.

---

92. Quando se tratar de associação de pessoas para um evento único, específico, não se está falando do direito de associação, ora em estudo, mas sim do já examinado direito de reunião.
93. Código Civil, artigo 44: "São pessoas jurídicas de direito privado: I – as associações; II – as sociedades; III – as fundações; IV – as organizações religiosas; V – os partidos políticos".
94. *Op. cit.*, p. 189.

O artigo 5º, inciso XIX, por sua vez, declara que *as associações só poderão ser compulsoriamente dissolvidas ou ter suas atividades suspensas por decisão judicial*, exigindo, no primeiro caso, o trânsito em julgado. Como nos lembra Alexandre de Moraes,[95] a Constituição Federal conferiu autorização para a dissolução de associação apenas ao Poder Judiciário, e assim mesmo quando a finalidade buscada por aquela for ilícita. Como consequência disso, conclui o renomado autor, "qualquer ato normativo editado pelos Poderes Executivo ou Legislativo, no sentido de dissolução compulsória, será inconstitucional".

Conforme expressa previsão do artigo 5º, inciso XXI, de nossa Carta Magna, "as entidades associativas, quando expressamente autorizadas, têm legitimidade para representar seus filiados judicial ou extrajudicialmente". O dispositivo constitucional em comento confere às entidades associativas, portanto, legitimidade para atuarem como substitutos processuais (a chamada legitimação extraordinária), desde que haja autorização dos associados.[96]

É importante que o leitor não confunda a hipótese prevista no inciso XXI, do artigo 5º, de nossa Lei Maior, que confere legitimidade às associações para a representação judicial e extrajudicial de seus membros, com aquela outra prevista no mesmo artigo 5º, inciso LXX, alínea *b*, que trata do mandado de segurança coletivo, permitindo que as associações impetrem este remédio constitucional coletivo em favor de associados.

Com efeito, nos termos da própria Constituição Federal, para que uma associação possa exercer a representação judicial e extrajudicial de seus membros, é indispensável expressa autorização dos filiados. Já para a impetração de mandado de segurança coletivo em favor de seus associados, referida autorização não se mostra necessária. Esse entendimento, aliás, encontra-se cristalizado na Súmula 629, do Supremo Tribunal Federal, a qual dispõe que "a impetração de mandado de segurança coletivo por entidade de classe em favor dos associados independe da autorização destes".

DIREITO DE ASSOCIAÇÃO

– A Constituição Federal, por meio de um conjunto de dispositivos elencados em seu artigo 5º, consagra o direito de associação como um dos direitos fundamentais da pessoa.

– O direito de associação é aquele exercido por uma coletividade de pessoas que se une, de maneira permanente, para a realização de um fim comum, não vedado pelo ordenamento jurídico vigente.

– Ao tratar dos direitos relativos à associação, a Constituição Federal refere-se às pessoas naturais que participem de qualquer pessoa jurídica de direito privado, e não apenas às associações propriamente ditas.

7.27 DIREITO DE PROPRIEDADE E SUA FUNÇÃO SOCIAL

A Constituição de 1988 reconhece expressamente o *direito de propriedade*, não só o relacionando entre as garantias fundamentais (artigo 5º, XXII), como também o incluindo entre os princípios da ordem econômica (artigo 170, II). O direito à propriedade também é consagrado pelo artigo XVII da Declaração Universal de Direitos Humanos[97], o qual dispõe

---

95. *Op. cit.*, p. 82-83.
96. Como veremos melhor no Capítulo 9, ao estudarmos a ação civil pública, caso referida ação coletiva seja proposta contra a União, os Estados, o Distrito Federal, os Municípios e suas autarquias e fundações, o artigo 2º-A, parágrafo único, da Lei 9.494/1997, exige que a petição inicial seja obrigatoriamente instruída com a ata da assembleia da entidade associativa que a autorizou, além de acompanhada da relação nominal dos seus associados e da indicação dos respectivos endereços.
97. Na mesma toada é o artigo 21, da Convenção Americana de Direitos Humanos: "Toda pessoa tem direito ao uso e gozo de seus bens. A lei pode subordinar esse uso e gozo ao interesse social."

que "todo ser humano tem direito à propriedade, só ou em sociedade com outros" (item 1), e que "ninguém será arbitrariamente privado de sua propriedade" (item 2).

Como nos lembra Manoel Gonçalves Ferreira Filho,[98] ao garantir o direito de propriedade, nossa Carta Magna não se refere à propriedade apenas como um direito real, conforme disposto no Código Civil,[99] mas também como qualquer direito de conteúdo econômico, patrimonial, inclusive os direitos de crédito.

A proteção constitucional à propriedade é reforçada pelo artigo 5º, inciso XXIV, o qual exige que o Estado, como regra geral, indenize o proprietário, *previamente e em dinheiro*, caso desaproprie um bem deste último. Nos termos do dispositivo constitucional em comento, "a lei estabelecerá o procedimento para desapropriação por necessidade ou utilidade pública, ou por interesse social, mediante justa e prévia indenização em dinheiro, ressalvados os casos previstos nesta Constituição"[100].

Como nos ensina Maria Sylvia Zanella di Pietro,[101] desapropriação é "o procedimento administrativo pelo qual o Poder Público ou seus delegados, mediante prévia declaração de necessidade pública, utilidade pública ou interesse social, impõe ao proprietário a perda de um bem, substituindo-o em seu patrimônio por justa indenização". As desapropriações por necessidade e utilidade pública são regulamentadas pelo Decreto-lei 3.365/1941, recepcionado pela Constituição de 1988. A desapropriação por interesse social, ao seu turno, encontra-se disciplinada pela Lei 4.132, de 10 de setembro de 1962.

Conforme vimos, as desapropriações, como regra geral, deverão ser justa e previamente indenizadas, e em dinheiro. Entretanto, o próprio dispositivo constitucional (artigo 5º, XXIV) prevê a existência de exceções àquela regra. É o caso, por exemplo, da desapropriação por interesse social, para fins de reforma agrária, prevista no artigo 184, da Constituição Federal, e regulamentada pela Lei 8.629, de 25 de fevereiro de 1993, bem como pela Lei Complementar 76/1993 (com alterações fixadas pela Lei Complementar 88/1996), cuja indenização será em títulos da dívida agrária, resgatáveis no prazo de até 20 (vinte) anos.[102]

A garantia da propriedade volta a ser reforçada pelo artigo 5º, inciso XXVI, da Carta Magna, quando esta institui o bem de família, na área rural, ao dispor que "a pequena propriedade rural, assim definida em lei, desde que trabalhada pela família, não será objeto de penhora para pagamento de débitos decorrentes de sua atividade produtiva, dispondo a lei sobre os meios de financiar o seu desenvolvimento".

Por outro lado, é imperioso ressaltar que *o direito de propriedade não é absoluto*, uma vez que o texto constitucional também determina que a propriedade atenda à sua função social (artigo 5º, XXIII, e artigo 170, inciso III). A Constituição de 1988, é importante ressaltar, foi a primeira lei fundamental do País a tratar expressamente da chamada *função social da*

---

98. *Op. cit.*, p. 309.
99. Código Civil, artigo 1.228: "O proprietário tem a faculdade de usar, gozar e dispor da coisa, e o direito de reavê-la do poder de quem quer que injustamente a possua ou detenha".
100. Pacto de San Jose da Costa Rica, artigo 21, item 2: "Nenhuma pessoa pode ser privada de seus bens, salvo mediante o pagamento de indenização justa, por motivo de utilidade pública ou de interesse social e nos casos e na forma estabelecidos pela lei".
101. *Direito administrativo*. 23. ed. Atlas, 2010, p. 159.
102. Na mesma toada, a Constituição Federal também prevê a desapropriação por interesse social, referente ao imóvel urbano não edificado, subutilizado ou não utilizado (artigo 182, § 4º, III), cuja indenização será em títulos da dívida pública, com prazo de resgate de até 10 (dez) anos.

propriedade. Já o primeiro diploma infraconstitucional a tratar do assunto foi a Lei 4.504, de 30 de novembro de 1964, que dispõe sobre o famoso Estatuto da Terra.[103]

A função social da propriedade refere-se ao dever, imposto ao titular do direito de propriedade, de utilizá-lo de maneira que interesse ao bem comum, na forma especificada tanto pela Constituição Federal como pelas leis infraconstitucionais. É possível afirmar-se que a ideia da função social da propriedade surgiu do confronto entre a doutrina liberal (que preconizava o caráter exclusivo, absoluto e perpétuo da propriedade) e a marxista (que defendia o fim da propriedade privada), correspondendo, portanto, a um meio-termo entre elas.

Além de determinar, no supramencionado artigo 5º, inciso XXIII, que a propriedade deverá atender a sua função social, a Constituição de 1988 fornece, em seu artigo 186, os requisitos necessários para que a propriedade rural atenda àquela função. São eles: (a) aproveitamento racional e adequado; (b) utilização adequada dos recursos naturais disponíveis e preservação do meio ambiente; (c) observância das disposições que regulam as relações de trabalho; e (d) exploração que favoreça o bem-estar dos proprietários e dos trabalhadores.

Já no tocante à propriedade urbana, o artigo 182, § 2º, de nossa Lei Maior dispõe que a propriedade urbana cumpre sua função social quando atende às exigências fundamentais de ordenação da cidade, expressas no chamado Plano Diretor. Portanto, ao contrário do que fez em relação aos imóveis rurais, *a Constituição de 1988 não explicita os requisitos necessários para que o imóvel urbano cumpra sua função social*.

Quem o faz é a Lei 10.257, de 10 de julho de 2001 (conhecida como Estatuto da Cidade), que esclarece, em seu artigo 39, que a função social da propriedade urbana será observada quando assegurar o atendimento das necessidades dos cidadãos quanto à qualidade de vida, à justiça social e ao desenvolvimento das atividades econômicas, sempre com a observância das diretrizes fixadas pelo Plano Diretor, uma lei aprovada pela Câmara Municipal, e obrigatória para cidades com mais de 20.000 (vinte mil) habitantes.

Como vimos anteriormente, a Constituição Federal previu, em seu artigo 184, a possibilidade de desapropriação de imóveis rurais, por interesse social, para fins de reforma agrária, conferindo à União o poder de realizar esta modalidade de desapropriação em imóveis que não estejam cumprindo sua função social, mediante prévia e justa indenização em títulos da dívida agrária, com cláusula de preservação do valor real, resgatáveis no prazo de até 20 (vinte) anos, a partir do segundo ano de sua emissão, cuja utilização será definida em lei.

A desapropriação de imóvel rural por interesse social, para fins de reforma agrária, é regulamentada pela Lei 8.629, de 25 de fevereiro de 1993, que fornece as definições de propriedade rural, pequena e média propriedade e conceitos correlatos, bem como pela Lei Complementar 76/1993, com as alterações impostas pela Lei Complementar 88/96, a qual dispõe sobre o procedimento contraditório especial, de rito sumário, para este tipo de processo judicial.

Quanto aos imóveis urbanos, o artigo 182, § 3º, da Carta Magna dispõe expressamente que as desapropriações destes imóveis serão feitas com prévia e justa indenização em dinheiro. Devemos asseverar, contudo, que esta regra não vale para os imóveis que se enquadrem na hipótese do § 4º (que não atendam à função social estabelecida pelo Plano Diretor do

---

103. Lei 4.504/1964, artigo 2º: "É assegurada a todos a oportunidade de acesso à propriedade da terra, condicionada pela sua função social, na forma prevista nesta Lei. § 1º A propriedade da terra desempenha integralmente a sua função social quando, simultaneamente: a) favorece o bem-estar dos proprietários e dos trabalhadores que nela labutam, assim como de suas famílias; b) mantém níveis satisfatórios de produtividade; c) assegura a conservação dos recursos naturais; d) observa as disposições legais que regulam as justas relações de trabalho entre os que a possuem e a cultivem".

Município), uma vez que, neste caso, o pagamento será em títulos da dívida pública, com prazo de resgate de até 10 (dez) anos.[104]

Ao exigir que a propriedade cumpra sua função social, nossa Lei Maior acaba por conferir inequívoco fundamento constitucional para as diversas hipóteses de restrições à propriedade previstas na seara do Direito Administrativo, tais como as limitações administrativas, as ocupações temporárias, as requisições administrativas, as servidões administrativas, o tombamento, e as já mencionadas desapropriações.

No tocante especificamente ao instituto da requisição administrativa, este conta, inclusive, com expressa previsão no texto constitucional, cujo artigo 5º, inciso XXV, dispõe que, "no caso de iminente perigo público, a autoridade competente poderá usar de propriedade particular, assegurada ao proprietário indenização ulterior, se houver dano". A Constituição de 1988, ademais, chega mesmo a prever uma hipótese de confisco (expropriação, sem direito à indenização), no caso de glebas em que forem encontradas culturas ilegais de plantas psicotrópicas (artigo 243).[105]

Para encerrarmos esta seção, não podemos deixar de mencionar que a exigência do cumprimento da função social da propriedade também é o fundamento constitucional para o denominado usucapião,[106] permitindo que a propriedade seja adquirida por outrem, independentemente da vontade do antigo titular do domínio, em razão da inércia deste último em exercê-la, por certo período de tempo. A própria Constituição Federal prevê expressamente 2 (duas) espécies desta modalidade de prescrição aquisitiva: o(a) usucapião constitucional urbano (artigo 183)[107] e o(a) usucapião constitucional rural (artigo 191).[108]

DIREITO DE PROPRIEDADE E SUA FUNÇÃO SOCIAL

– A Constituição de 1988 reconhece expressamente o direito de propriedade, não só o relacionando entre as garantias fundamentais (artigo 5º, XXII), como também o incluindo entre os princípios da ordem econômica (artigo 170, II).

– Ao garantir o direito de propriedade, a Carta Magna não se refere à propriedade apenas como um direito real, conforme disposto no Código Civil, mas também como qualquer direito de conteúdo econômico, inclusive os direitos de crédito.

– Por outro lado, é imperioso ressaltar que o direito de propriedade não é absoluto, uma vez que o texto constitucional também determina que a propriedade atenda a sua função social (artigo 5º, XXIII, e artigo 170, III).

– A função social da propriedade refere-se ao dever, imposto ao titular do direito de propriedade, de utilizá-lo de maneira que interesse ao bem comum, na forma especificada tanto pela Constituição Federal como pelas leis infraconstitucionais.

---

104. Constituição Federal, artigo 182, § 4º: "É facultado ao poder público municipal, mediante lei específica para área incluída no plano diretor, exigir, nos termos da lei federal, do proprietário do solo urbano não edificado, subutilizado ou não utilizado, que promova seu adequado aproveitamento, sob pena, sucessivamente, de: I – parcelamento ou edificação compulsórios; II – imposto sobre a propriedade predial e territorial urbana progressivo no tempo; III – desapropriação com pagamento mediante títulos da dívida pública de emissão previamente aprovada pelo Senado Federal, com prazo de resgate de até dez anos, em parcelas anuais, iguais e sucessivas, assegurados o valor real da indenização e os juros legais."
105. Constituição Federal, artigo 243: "As glebas de qualquer região do País onde forem localizadas culturas ilegais de plantas psicotrópicas serão imediatamente expropriadas e especificamente destinadas ao assentamento de colonos, para o cultivo de produtos alimentícios e medicamentosos, sem qualquer indenização ao proprietário e sem prejuízo de outras sanções previstas em lei".
106. Não há unanimidade, entre os operadores do Direito, sobre o gênero da palavra usucapião. Com efeito, alguns defendem que se trata de uma palavra masculina (o usucapião). Outros, por sua vez, preferem considerá-la uma palavra feminina (a usucapião). Há, ainda, quem defenda que ambas as grafias estão corretas (o usucapião e a usucapião).
107. Constituição Federal, artigo 283: "Aquele que possuir como sua área de até duzentos e cinquenta metros quadrados, por cinco anos, ininterruptamente e sem oposição, utilizando-a para sua moradia ou de sua família, adquirir-lhe-á o domínio, desde que não seja proprietário de outro imóvel urbano ou rural".
108. Constituição Federal, artigo 191: "Aquele que, não sendo proprietário de imóvel rural ou urbano, possua como seu, por cinco anos ininterruptos, sem oposição, área de terra, em zona rural, não superior a cinquenta hectares, tornando-a produtiva por seu trabalho ou de sua família, tendo nela sua moradia, adquirir-lhe-á a propriedade".

7.28 PROPRIEDADE INTELECTUAL

A Constituição de 1988 confere o caráter de direito fundamental à denominada *propriedade intelectual*, ou seja, ao conjunto de criações da mente humana, tanto no que se refere às obras literárias, artísticas ou científicas, quanto no tocante às criações destinadas à aplicação industrial, tais como invenções, modelos de utilidade, marcas etc. Na primeira categoria, temos os conhecidos *direitos de autor*, ao passo que, na segunda, aquilo que se convencionou chamar de *propriedade industrial*.

Os direitos de autor foram tratados pelo artigo 5º, inciso XXVII, da Constituição Federal. Nos expressos termos daquele dispositivo constitucional, "aos autores pertence o direito exclusivo de utilização, publicação ou reprodução de suas obras, transmissível aos herdeiros pelo tempo que a lei fixar". Destinada, como vimos, a proteger os autores de obras literárias, artísticas ou científicas, a norma constitucional em referência encontra-se atualmente regulamentada pela Lei 9.610, de 19 de fevereiro de 1998.

Antigamente, os direitos de autor eram costumeiramente considerados direitos reais, por estarem intimamente ligados ao direito de propriedade. Hoje, contudo, são encarados como direito de natureza híbrida (real e pessoal), por evolver, a um só tempo, tanto o aspecto *moral* da criação da obra como também o *patrimonial*.[109] O aspecto moral refere-se, dentre outras coisas, ao direito de o autor ser reconhecido como tal, inclusive com a proibição de alteração da obra, sem sua aquiescência.[110] O patrimonial, por sua vez, diz respeito ao direito de o autor explorá-la economicamente.[111]

Nos termos do artigo 7º, da Lei 9.610/1998, "são obras intelectuais protegidas as criações do espírito, expressas por qualquer meio ou fixadas em qualquer suporte, tangível ou intangível, conhecido ou que se invente no futuro". Dentre os exemplos enumerados naquele artigo, podemos citar: os textos de obras literárias, artísticas ou científicas; as conferências, alocuções, sermões e outras obras da mesma natureza; as obras dramáticas e dramático-musicais; as composições musicais, tenham ou não letra; as obras audiovisuais, sonorizadas ou não, inclusive as cinematográficas; as obras fotográficas e as produzidas por qualquer processo análogo ao da fotografia; e os programas de computador.

O aspecto moral do direito autoral não cessa jamais, subsistindo para os herdeiros o direito de exigir que o autor da obra seja reconhecido como tal, mesmo após o seu falecimento. Já o direito de exploração econômica da obra literária, artística ou científica,

---

109. Lei 9.610/1998, artigo 22: "Pertencem ao autor os direitos morais e patrimoniais sobre a obra que criou".
110. Lei 9.610/1998: "Art. 24. São direitos morais do autor: I – o de reivindicar, a qualquer tempo, a autoria da obra; II – o de ter seu nome, pseudônimo ou sinal convencional indicado ou anunciado, como sendo o do autor, na utilização de sua obra; III – o de conservar a obra inédita; IV – o de assegurar a integridade da obra, opondo-se a quaisquer modificações ou à prática de atos que, de qualquer forma, possam prejudicá-la ou atingi-lo, como autor, em sua reputação ou honra; V – o de modificar a obra, antes ou depois de utilizada; VI – o de retirar de circulação a obra ou de suspender qualquer forma de utilização já autorizada, quando a circulação ou utilização implicarem afronta à sua reputação e imagem; VII – o de ter acesso a exemplar único e raro da obra, quando se encontre legitimamente em poder de outrem, para o fim de, por meio de processo fotográfico ou assemelhado, ou audiovisual, preservar sua memória, de forma que cause o menor inconveniente possível a seu detentor, que, em todo caso, será indenizado de qualquer dano ou prejuízo que lhe seja causado."
111. Justamente por se referir, ao mesmo tempo, ao aspecto moral da criação da obra, que jamais se desvincula de seu criador, como também à sua exploração econômica, é que se costuma falar em direitos de autor (no plural) e não em direito autoral (no singular).

este não é eterno, uma vez que o próprio artigo 5º, inciso XXVII, da Constituição Federal, dispõe expressamente que ele será transmitido aos herdeiros *pelo tempo que a lei fixar*.[112]

Ainda sobre o direito de exploração econômica daquele direito, vale esclarecer que é muito comum o autor, notadamente de obra literária ou artística, ceder a outrem o direito de explorá-la economicamente. É o caso, por exemplo, do autor de um romance, que cede a um editor o direito de produzir e colocar o livro no mercado, obtendo, em contrapartida, maior divulgação de seu trabalho, bem como um percentual do valor das vendas. Neste caso, o autor da obra será o detentor da denominada *titularidade originária;* e o editor, da *titularidade derivada*.

Nos termos do artigo 5º, inciso XXVIII, de nossa Lei Maior, são assegurados, nos termos da lei: (a) a proteção às participações individuais em obras coletivas e à reprodução da imagem e voz humanas, inclusive nas atividades desportivas; (b) o direito de fiscalização do aproveitamento econômico das obras que criarem ou de que participarem aos criadores, aos intérpretes e às respectivas representações sindicais e associativas.

Referido dispositivo constitucional é regulamentado pelo artigo 17 e parágrafos da Lei 9.610/1998. Nos termos daquele dispositivo infraconstitucional, qualquer dos participantes, no exercício de seus direitos morais, poderá proibir que se indique ou anuncie seu nome na obra coletiva, sem prejuízo do direito de haver a remuneração contratada (§ 1º). O § 2º, por sua vez, esclarece que cabe ao organizador a titularidade dos direitos patrimoniais sobre o conjunto da obra coletiva. Já o § 3º, por fim, dispõe que "o contrato com o organizador especificará a contribuição do participante, o prazo para entrega ou realização, a remuneração e demais condições para sua execução".

Como vimos no início desta seção, além da proteção dos direitos de autor, a Constituição Federal tutela também a denominada propriedade industrial, conferindo aos autores de inventos industriais privilégio temporário para sua utilização, bem como proteção às criações industriais, à propriedade das marcas, aos nomes de empresas e a outros signos distintivos, tendo em vista o interesse social e o desenvolvimento tecnológico e econômico do Brasil. É o que dispõe expressamente o artigo 5º, inciso XXIX, de nossa Carta Magna, cuja regulamentação infraconstitucional foi feita pela Lei 9.279, de 14 de maio de 1996.

PROPRIEDADE INTELECTUAL

– A Constituição Federal confere o caráter de direito fundamental à denominada *propriedade intelectual*, ou seja, ao conjunto de criações da mente humana, tanto no que se refere às obras literárias, artísticas ou científicas (direitos de autor), quanto no tocante às criações destinadas à aplicação industrial (propriedade industrial).

– Os direitos de autor são de natureza híbrida, envolvendo, a um só tempo, o aspecto moral da criação da obra (o direito de o autor ser reconhecido como tal, inclusive com a proibição de alteração da obra, sem sua aquiescência), e o patrimonial (o direito de o autor explorá-la economicamente).

– O aspecto moral do direito autoral não cessa jamais, subsistindo para os herdeiros o direito de exigir que o autor da obra seja reconhecido como tal, mesmo após o seu falecimento. Já o direito de exploração econômica da obra literária, artística ou científica, este não é eterno, uma vez que o próprio artigo 5º, inciso XXVII, da Lei Maior, dispõe expressamente que ele será transmitido aos herdeiros pelo tempo que a lei fixar.

---

112. Lei 9.610/1998: "Art. 41. Os direitos patrimoniais do autor perduram por setenta anos contados de 1º de janeiro do ano subsequente ao de seu falecimento, obedecida a ordem sucessória da lei civil. Parágrafo único. Aplica-se às obras póstumas o prazo de proteção a que alude o caput deste artigo".

7.29 DIREITO DE HERANÇA

No Capítulo 1, ao estudarmos a definição de Direito Constitucional como ramo do direito positivo, vimos que, à época do liberalismo clássico, as constituições não tinham por objeto disciplinar as relações jurídicas celebradas entre particulares. Em relação aos indivíduos, tratavam apenas dos vínculos que eles mantinham com o Estado, quando este atuava com seu poder de império. As normas relativas às relações privadas ficavam a cargo do Código Civil, fundamentado na liberdade e igualdade formais, dando suporte à propriedade privada e à liberdade contratual (os pilares do liberalismo econômico), e que, por essa razão, era tido como a "constituição da vida privada".

Vimos também que, em razão dos movimentos sociais do final do século XIX e da primeira metade do século XX, as constituições passaram a prever, de maneira progressiva e cada vez mais intensa, diversas hipóteses de intervenção estatal na vida privada. E, como consequência disso, os ordenamentos jurídicos passaram a apresentar, na seara infraconstitucional, um número expressivo de normas de ordem pública, imperativas, que não podiam ser derrogadas pela vontade das partes, e que tinham por objetivo intervir nas relações jurídicas privadas.[113]

A partir daquela realidade, tornou-se comum também constar do próprio texto constitucional um grande conjunto de princípios e regras disciplinadoras especificamente das relações privadas. Passou a ser habitual, portanto, que as constituições passassem a conter normas de todos os ramos do direito, até mesmo do direito privado. Ocorreu, em outras palavras, uma ampliação do campo de incidência do direito constitucional, o qual não mais ficou adstrito à regência exclusiva das relações jurídicas de direito público, passando a tutelar igualmente as relações de direito privado, campo que outrora era reservado apenas ao Código Civil.

Foi assim que a herança, matéria costumeiramente disciplinada pelo Código Civil, *e que não figurou em nenhuma das constituições brasileiras anteriores*, foi alçada à categoria de direito fundamental pela Carta Magna vigente. De todo modo, como nos lembra Uadi Lammêgo Bulos,[114] tem sido comum textos constitucionais contemporâneos (caso da Itália, Alemanha, Espanha e Portugal) tratarem do assunto, sendo certo, ademais, que a constitucionalização da matéria é justificada por sua importância, notadamente em razão do caráter patrimonial que o envolve.

Ao dispor expressamente, em seu artigo 5°, inciso XXX, que "é garantido o direito de herança", a Constituição de 1988 conferiu o caráter de garantia fundamental à denominada sucessão *causa mortis*, buscando evitar, tanto quanto possível,[115] que o patrimônio do falecido seja apropriado pelo Estado, caso possa ser transmitido aos herdeiros do morto, quer legítimos, quer testamentários. A sucessão atualmente é regulamentada pelo Código Civil de 2002, em seu Livro V (O Direito das Sucessões), a partir do artigo 1.784.

Além de garantir o direito de herança, a Constituição Federal também contém uma norma específica sobre a sucessão de bens de estrangeiros situados no Brasil, buscando, com tal regra, garantir proteção aos legítimos interesses do cônjuge ou dos filhos brasileiros do falecido. Com efeito, nossa Carta Magna dispõe, em seu artigo 5°, inciso XXXI, que

---

113. A este fenômeno, nós já vimos anteriormente, muitos doutrinadores denominam de publicização do direito privado.
114. *Op. cit.*, p. 600.
115. Contudo, caso o de cujus não deixe herdeiros legítimos ou testamentários, os bens serão declarados jacentes, e, posteriormente, vacantes, passando ao domínio do Estado.

"a sucessão de bens de estrangeiros situados no País será regulada pela lei brasileira em benefício do cônjuge ou dos filhos brasileiros, sempre que não lhes seja mais favorável a lei pessoal do *de cujus*".

Referida norma, como é fácil perceber, confere aos herdeiros do estrangeiro, desde que este tenha falecido no Brasil e tenha aqui bens móveis ou imóveis, o direito de escolher a lei que melhor os favoreça, podendo se valer, para regular aquela sucessão *causa mortis*, tanto da nossa lei nacional (o Código Civil brasileiro) como da lei do país de origem do falecido. Na seara infraconstitucional, a sucessão *causa mortis* do estrangeiro é atualmente regulamentada pelo Decreto-lei 4.657, de 4 de setembro de 1942 (atualmente denominada Lei de Introdução às Normas do Direito Brasileiro),[116] artigo 10, § 1º.

DIREITO DE HERANÇA

– Ao garantir o direito de herança, a Constituição de 1988 conferiu o caráter de garantia fundamental à denominada sucessão *causa mortis*, buscando evitar, tanto quanto possível, que o patrimônio do falecido seja apropriado pelo Estado, caso possa ser transmitido aos herdeiros do morto, quer legítimos quer testamentários.

– Além de garantir o direito de herança, a Constituição Federal também contém uma norma específica sobre a sucessão de bens de estrangeiros situados no Brasil, buscando, com tal regra, garantir proteção aos legítimos interesses do cônjuge ou dos filhos brasileiros do falecido.

7.30 PROTEÇÃO DO CONSUMIDOR

No século XX, graças ao extraordinário incremento do comércio (do fornecimento, no mercado, de uma impressionante – e sempre crescente – miríade de produtos e serviços), com a consequente expansão da publicidade e do crédito, a humanidade testemunhou o nascimento da denominada *sociedade de consumo*. Esta sociedade, nas palavras de Othon Sidou, consiste no desfrute pelo simples desfrute, bem como na aplicação da riqueza por mera sugestão, consciente ou inconsciente.[117]

Ada Pellegrini Grinover e Antônio Herman de Vasconcellos e Benjamin,[118] dois dos renomados autores do projeto do nosso Código de Defesa do Consumidor, lembram-nos de que, ao contrário do que possa parecer, aquele fenômeno não trouxe apenas benefícios aos seus atores (consumidores e fornecedores), sendo certo que, em certos casos, a posição do consumidor, dentro desse novo modelo, chegou mesmo a piorar. Eis os esclarecimentos daqueles doutrinadores, a respeito desta nova realidade:

> "Se antes fornecedor e consumidor encontravam-se em uma situação de relativo equilíbrio de poder de barganha (até porque se conheciam), agora é o fornecedor (fabricante, produtor, construtor, importador ou comerciante) que, inegavelmente, assume uma posição de força na relação de consumo e que, por isso, 'dita as regras'. E o Direito não pode ficar alheio a tal fenômeno".

A Constituição de 1988 não ficou alheia a esse quadro, tendo tratado do assunto não só em seu Título II, relativo aos direitos e garantias fundamentais (artigo 5º, inciso XXXII), estabelecendo que "o Estado promoverá, na forma da lei, *a defesa do consumidor*", como também em seu Título VII (da ordem econômica e financeira), incluindo a defesa do consumidor como um de seus princípios da ordem econômica (artigo 170, inciso V).

---

116. O nome atual desse diploma legal foi dado pela Lei 12.376, de 30 de dezembro de 2010, retificando, acertadamente, a antiga denominação que lhe era conferida: Lei de Introdução ao Código Civil.
117. Othon J. M. Sidou, *Proteção ao consumidor*, Forense, 1977, p. 1.
118. Ada Pellegrini Grinover e Antônio Herman de Vasconcellos e Benjamin. *Código de Defesa do Consumidor comentado pelos autores do anteprojeto*. 8. ed. Forense Universitária, p. 1.

Newton de Lucca[119] nos adverte que a tutela do direito do consumidor, em âmbito constitucional, não é a regra no direito comparado, uma vez que apenas Portugal e Espanha contêm, no corpo de suas respectivas constituições, dispositivos que tratam expressamente da proteção do consumidor. Vê-se, portanto, que pouquíssimas constituições tratam especificamente deste tipo de tutela.

A grande escassez, na seara do direito comparado, de normas constitucionais sobre a tutela do consumidor, deve-se, sobretudo, a 2 (dois) fatores. O primeiro é a considerável novidade deste tema no cenário jurídico mundial. O segundo é o caráter recente do próprio fenômeno da constitucionalização dos demais ramos jurídicos, que somente tomou força, como vimos anteriormente, com o recentíssimo fortalecimento do direito constitucional.

A Constituição Federal, como mencionamos, é destaque no que se refere à tutela do consumidor, uma vez que incluiu a proteção deste não somente no Título relativo aos direitos e garantias fundamentais, em seu artigo 5º, inciso XXXII, como também no Título relativo à ordem econômica, relacionando-o expressamente entre um dos princípios da ordem econômica, como se pode verificar da simples leitura de seu artigo 170, inciso V.

Vê-se, portanto, que nossa Carta Magna, mais que permitir, exige que o Estado tome todas as medidas necessárias à garantia da defesa do consumidor, diante do inequívoco avanço da economia de escala, e da concentração econômica nas mãos dos empresários, fato que favorece toda a sorte de práticas abusivas contra o consumidor, o lado mais fraco da relação jurídica de consumo. Uma das medidas previstas em seu texto era a edição do denominado Código de Defesa do Consumidor.

Aliás, particularmente no que se refere ao diploma legal mencionado no artigo 5º, inciso XXXII, da Constituição Federal de 1988, que teria por objeto a proteção do consumidor, nossa Lei Maior foi incisiva em determinar, no artigo 48, do Ato das Disposições Constitucionais Transitórias – ADCT, que o Congresso Nacional teria um singelo prazo, de apenas 120 (cento e vinte) dias, contados da promulgação do texto constitucional, para a elaboração do Código de Defesa do Consumidor.[120]

O Congresso Nacional, por força do supramencionado artigo 48, do Ato das Disposições Constitucionais Transitórias, constituiu uma Comissão Mista (de senadores e de deputados federais), destinada à elaboração do Código de Defesa do Consumidor. O relator da Comissão Mista, diante do expressivo número de projetos de lei com o mesmo objeto, confiou àquela comissão de membros a preparação de uma consolidação dos trabalhos legislativos existentes, a partir de um quadro comparativo organizado pela PRODASEN (Centro de Informática e Processamento de Dados do Senado Federal).

Após receber novas emendas, e ter seu texto aprovado não só pela Comissão Mista, como também pelo Plenário do Congresso Nacional, em votação realizada durante convocação extraordinária, referido projeto de lei foi finalmente sancionado, promulgado no dia 11 de setembro de 1990, e publicado no dia 12 de setembro do mesmo ano. Nascia, naquele momento, o esperado e também festejado Código de Defesa do Consumidor, implementado pela Lei 8.078, de 11 de setembro de 1990.

Nosso Código, muito embora possuindo diversos de seus dispositivos adaptados à realidade nacional, teve seu texto inequivocamente inspirado em diversos diplomas nor-

---

119. *Direito do consumidor*. 2. ed. Edipro, p. 34.
120. Aquele prazo, fixado pelo artigo 48, do Ato das Disposições Constitucionais Transitórias (ADCT), não foi observado pelo legislador, uma vez que o Código de Defesa do Consumidor somente foi promulgado em 11 de setembro de 1990.

mativos estrangeiros. Podemos citar, a título de exemplo, a Resolução 39/248, de 9 de abril de 1985, da Assembleia Geral da Organização das Nações Unidas (ONU). Citemos, ainda, o *Projet de Code de la Consommation*, citado pelos autores do projeto como a maior influência para a criação do código pátrio.[121]

Também são citados, como paradigmas para a concepção do nosso Código de Defesa do Consumidor, a legislação espanhola (*Ley General para la Defensa de los Consumidores y Usuários*, Lei 26/1984), portuguesa (Lei 28, de 22 de agosto de 1981), mexicana (*Lei Federal de Protección al Consumidor*, de 5 de fevereiro de 1976) e de Quebec (*Lou sur la Protection du Consommateur*, de 1979).

Como mencionamos, a Constituição de 1988, ao preconizar que o Estado tem o dever de proteger o consumidor, teve em vista a inequívoca condição de vulnerabilidade deste (a parte mais fraca da relação de consumo) frente ao fornecedor. E o Código de Defesa do Consumidor, editado em consonância com o comando constitucional, tem como um de seus objetivos justamente a proteção do consumidor, instituindo um tratamento mais favorável a este último, em detrimento do fornecedor.

Essa característica do Código do Consumidor, de buscar garantir a igualdade substancial entre consumidor (com sua vulnerabilidade presumida) e fornecedor (a parte costumeiramente mais poderosa, que impõe as regras para contratação), acaba por conceder uma nova feição a antigos institutos jurídicos, conferindo àquele diploma normativo, por consequência, verdadeiro caráter de microssistema jurídico, apartado, portanto, do Código Civil.

PROTEÇÃO DO CONSUMIDOR

– A Constituição Federal é uma norma de destaque no que se refere à tutela do consumidor, uma vez que incluiu a proteção deste não somente no Capítulo relativo aos direitos e garantias fundamentais, em seu artigo 5º, inciso XXXII, como também no Capítulo relativo à ordem econômica, relacionando-o expressamente entre um dos princípios da ordem econômica, como se pode verificar da simples leitura de seu artigo 170, inciso V.

– Vê-se, portanto, que a Carta Magna, mais que permitir, exige que o Estado tome todas as medidas necessárias à garantia da defesa do consumidor, diante do inequívoco avanço da economia de escala, e da concentração econômica nas mãos dos empresários, fato que favorece toda a sorte de práticas abusivas contra o consumidor, o lado mais fraco da relação jurídica de consumo.

7.31 DIREITO DE RECEBER INFORMAÇÕES DE ÓRGÃOS PÚBLICOS E A LEI DE ACESSO À INFORMAÇÃO

O artigo 5º, inciso XXXIII, da Carta Magna, prevê expressamente que "todos têm direito a receber dos órgãos públicos informações de seu interesse particular, ou de interesse coletivo ou geral, que serão prestadas no prazo da lei, sob pena de responsabilidade, ressalvadas aquelas cujo sigilo seja imprescindível à segurança da sociedade e do Estado". O direito de receber informações do poder público foi regulamentada pela Lei 12.527, de 18 de novembro de 2011, a denominada *Lei de Acesso à Informação*.

Ao dispor que "todos" têm direito a receber informações de interesse particular ou coletivo, a Constituição Federal deixa claro que são titulares de referido direito não só as pessoas naturais, como também as pessoas jurídicas. Já no que se refere a quem tem o dever de prestar as informações, nossa Lei Maior menciona, de maneira pouco técnica, que referida obrigação deve ser observada pelos órgãos públicos.

---

121. *Op. cit.*, p. 10.

A Lei de Acesso à Informação específica, de maneira um pouco mais detalhada, quais são as entidades públicas que estão vinculadas ao dever de prestar informações. São elas: todos os órgãos dos Poderes Executivo, Legislativo (incluindo as Cortes de Contas), Judiciário e também Ministério Público, tanto da União, como dos Estados, do Distrito Federal e dos Municípios, além de suas respectivas autarquias, fundações públicas, empresas públicas, sociedades de economia mista e demais entidades por eles controladas (artigo 1°, parágrafo único).

Ademais, nos expressos termos do artigo 2° daquele diploma legal, também devem observar o direito de acesso à informação, tanto quanto possível, *as entidades privadas sem fins lucrativos que recebam, para realização de ações de interesse público, recursos públicos diretamente do orçamento ou mediante subvenções sociais, contrato de gestão, termo de parceria, convênios, acordo, ajustes ou outros instrumentos congêneres*. É o caso das entidades paraestatais, como, por exemplo, dos chamados Serviços Sociais Autônomos, das Organizações Sociais e das Organizações da Sociedade Civil de Interesse Público.

Conforme expressa disposição do artigo 6°, da Lei 12.527/2011, as entidades sujeitas às suas normas devem assegurar a gestão transparente da informação, propiciando amplo acesso a ela e sua divulgação. Devem, igualmente, garantir a proteção da informação, garantindo-se sua disponibilidade, autenticidade e integridade. Devem, ainda, assegurar a proteção da informação sigilosa e da informação pessoal, observada a sua disponibilidade, autenticidade, integridade e eventual restrição de acesso.

O artigo 7° daquele mesmo diploma legal, a seu turno, traz uma longa lista (apenas exemplificativa) de direitos decorrentes do acesso à informação. Nos expressos termos daquele dispositivo legal, o acesso à informação compreende, entre outros, o direito de obter informação primária, íntegra, autêntica e atualizada. Compreende, ademais, o direito de obtenção de orientação sobre os procedimentos para a consecução de acesso, bem como sobre o local onde poderá ser encontrada ou obtida a informação almejada.

Compreende, ademais, o direito de obter informação pertinente à administração do patrimônio público, utilização de recursos públicos, licitação, contratos administrativos. Compreende, igualmente, o direito de obtenção de informação relativa: (a) à implementação, acompanhamento e resultados dos programas, projetos e ações dos órgãos e entidades públicas, bem como metas e indicadores propostos; e (b) ao resultado de inspeções, auditorias, prestações e tomadas de contas realizadas pelos órgãos de controle interno e externo, incluindo prestações de contas relativas a exercícios anteriores.

O acesso à informação disponível deverá ser autorizado ou concedido imediatamente. Não sendo possível conceder o acesso imediato, o órgão ou entidade pública que receber o pedido deverá, em prazo não superior a 20 (vinte) dias, prorrogáveis por mais 10 (dez), mediante justificativa expressa: (a) comunicar a data, local e modo para se realizar a consulta, efetuar a reprodução ou obter a certidão; (b) indicar as razões de fato ou de direito da recusa, total ou parcial, do acesso pretendido; ou (c) comunicar que não possui a informação, indicar, se for do seu conhecimento, o órgão ou a entidade que a detém, ou, ainda, remeter o requerimento a esse órgão ou entidade, cientificando o interessado da remessa de seu pedido de informação.

Quando não for autorizado o acesso por se tratar de informação total ou parcialmente sigilosa, o requerente deverá ser informado sobre a possibilidade de recurso, prazos e condições para sua interposição, devendo, ainda, ser-lhe indicada a autoridade competente para sua apreciação. Informação sigilosa, cabe esclarecer, é aquela cujo acesso ao público torna-se restrito por certo lapso temporal, em razão de sua imprescindibilidade à segurança da sociedade ou do Estado.

A informação sigilosa poderá ser: *ultrassecreta*, cujo prazo máximo de sigilo é de 25 (vinte e cinco) anos; *secreta*, cujo prazo máximo de restrição de acessão à informação é de 15 (quinze) anos; e *reservada*, com prazo máximo de sigilo de 5 (cinco) anos. Vale mencionar, ainda, que as informações que puderem colocar em risco a segurança do presidente e do vice-presidente da República, respectivos cônjuges e filhos (as), *serão classificadas como reservadas* e ficarão sob sigilo *até o término do mandato em exercício ou do último mandato, em caso de reeleição*.

As informações que podem ser exigidas de órgãos públicos, conforme norma constitucional e Lei de Acesso à Informação, *são de conteúdo mais amplo do que as obtidas por meio de habeas data*. Com efeito, estas últimas são restritas à própria pessoa do impetrante, constantes de registros ou banco de dados públicos ou de caráter público. Já aquelas são relativas a qualquer interesse particular do solicitante ou de interesse coletivo ou geral, desde que não seja considerada sigilosa.

Para encerrar esta seção, é importante ressaltar que, no caso de negativa ou mesmo omissão do poder público em fornecer as informações de interesse particular (que não do próprio interessado), ou de interesse coletivo ou geral, o remédio constitucional adequado a corrigir tal ilegalidade é o mandado de segurança (e não o *habeas data*).

DIREITO DE RECEBER INFORMAÇÕES DE ÓRGÃOS PÚBLICOS E A LEI DE ACESSO À INFORMAÇÃO

– A Constituição Federal confere às pessoas (tanto naturais quanto jurídicas) o direito de receber dos órgãos públicos, no prazo fixado em lei, e sob pena de responsabilidade, as informações de seu interesse particular, ou de interesse coletivo ou geral, ressalvadas aquelas cujo sigilo seja imprescindível à segurança da sociedade e do Estado (artigo 5º, XXXIII).

– Referidas informações mencionadas naquele dispositivo constitucional são obtidas pela via administrativa e se referem a quaisquer informações de interesse particular ou de interesse coletivo ou geral (desde que não sejam consideradas sigilosas), sendo, portanto, mais amplas que as obtidas por meio de *habeas data*.

– No caso de negativa do poder público em fornecer as informações de interesse particular (mas não do próprio interessado), ou de interesse coletivo ou geral, o remédio constitucional adequado a corrigir tal ilegalidade é o mandado de segurança (e não o *habeas data*).

7.32 O DIREITO DE PETIÇÃO AO PODER PÚBLICO

O *direito de petição* ao Poder Público, também denominado de direito de *reclamação* ou, ainda, de direito de *representação*, está previsto no artigo 5º, inciso XXXIV, alínea *a*, da Carta Magna. Referido dispositivo constitucional assegura a todos, independentemente do pagamento de taxas, "o direito de petição aos Poderes Públicos em defesa de direito ou contra ilegalidade ou abuso de poder".

Da simples leitura do texto constitucional, podemos depreender facilmente que o direito de petição poderá ser exercido por *todos*, ou seja, não só os brasileiros, como também os estrangeiros, e até mesmo os apátridas (aqueles que não tenham uma nacionalidade definida), caso se encontrem em território nacional, bem como as pessoas jurídicas, mesmo que estrangeiras, desde que constituídas em conformidade com as leis brasileiras, com sede e administração no País.

Ainda segundo nossa Lei Maior, *o direito de petição tem cabimento sempre que houver necessidade de defesa de direitos, ou quando for constatado o cometimento, por parte de agentes do poder público, de uma ilegalidade ou de um abuso de poder*. Como exemplo de *exercício de direito*, podemos citar a formalização de pedido de concessão da nacionalidade brasileira, por estrangeiro residente ininterruptamente há mais de 15 (quinze) anos no Brasil e sem condenação penal, para poder exercer o chamado sufrágio universal.

Por *ilegalidade ou abuso de poder*, por sua vez, devemos entender toda ação ou omissão praticada por agentes do Poder Público, que esteja eivada de *ilegalidade em sentido amplo*, que abrange a ilegalidade propriamente dita, ou seja, um ato manifestamente contrário aos preceitos legais (ilegalidade em sentido estrito), bem como os atos praticados com excesso de poder e também com desvio de finalidade.

Ao menos por enquanto, inexiste uma norma infraconstitucional que tenha sido editada com o objetivo de regulamentar, em um único texto legal, o direito de petição. Existem, entretanto, alguns diplomas legais que materializam aquele direito. É o caso, por exemplo, da Lei 4.898, de 9 de dezembro de 1965, a denominada Lei do Abuso de Autoridade, a qual prevê expressamente, em seu artigo 1º, o direito de representação contra autoridades que, no exercício de suas funções, cometerem abusos.

Outro exemplo, muito mais recente, e de grande importância, é a Lei 9.784, de 29 de janeiro de 1999, que regulamenta o processo administrativo no âmbito da Administração Pública Federal, e que tem por escopo precípuo, conforme disposto em seu artigo 1º, *caput*, a proteção dos direitos dos administrados e o melhor cumprimento dos fins da Administração Pública.

Conforme artigo 9º, da Lei do Processo Administrativo, são legitimados como interessados, no processo administrativo, as pessoas físicas ou jurídicas que o iniciem como titulares de direitos ou interesses individuais (inciso I), aqueles que possam ser afetados pela decisão a ser adotada (inciso II), as organizações e associações representativas, no tocante a direitos e interesses coletivos (inciso III), e as pessoas ou associações quanto a direitos ou interesses difusos (inciso IV).

O direito de petição pode ser dirigido a qualquer agente ou órgão do Poder Público, ou seja, a membros do Poder Executivo, do Poder Legislativo, do Poder Judiciário, dos Tribunais ou Conselhos de Contas da União, dos Estados ou de Municípios e até mesmo ao Ministério Público (da União ou dos Estados). Não se exige, ademais, que o pedido seja dirigido ao órgão efetivamente competente, cabendo àquele que o receber encaminhá-lo à verdadeira autoridade competente.

Vale mencionar, para finalizar, que, no caso de recusa injustificada ou inércia das autoridades em analisar e oferecer resposta ao pleito do peticionário, este último poderá valer-se da impetração de mandado de segurança, conforme disposto no artigo 5º, inciso LXIX, da Constituição Federal, em razão de inequívoca violação ao seu direito constitucional de petição ao Poder Público.

7.33 DIREITO DE CERTIDÃO

Da mesma forma que o direito de petição, o direito de certidão também tem previsão constitucional no artigo 5º, inciso XXXIV, só que em sua alínea *b*. Segundo esta norma de nossa Lei Maior, é assegurada a todos (pessoas naturais, quer brasileiras ou estrangeiras, e mesmo apátridas, bem como pessoas jurídicas) "a obtenção de certidões em repartições públicas, para defesa de direitos e esclarecimentos de situações de interesse pessoal".

O *direito de certidão* encontra-se regulamentado pela Lei 9.051, de 18 de maio de 1995. Conforme artigo 1º, desta lei de regência, as certidões para a defesa e esclarecimentos de situações, requeridas aos órgãos da Administração Pública centralizada ou autárquica, às empresas públicas, às sociedades de economia mista e às fundações públicas da União, dos Estados, do Distrito Federal e dos Municípios, deverão ser expedidas no prazo improrrogável de 15 (quinze) dias, contado do registro do pedido no órgão expedidor.

O direito de certidão será cabível sempre que seu titular tiver *legítimo interesse* na obtenção de uma certidão, expedida pelo Poder Público, para defesa de direitos ou esclarecimento de situações de seu interesse pessoal. Referido direito, como é lógico e intuitivo, abrange apenas fatos já ocorridos, não sendo legítimo o pleito de expedição de certidão em que a Administração Pública tenha que realizar prognósticos de eventos futuros. Não será cabível a expedição de certidão, da mesma forma, quando se tratar de alguma hipótese constitucional de sigilo.

Como mencionamos, para o exercício do direito de certidão, é indispensável, ainda, que o titular demonstre legítimo interesse, ou seja, a existência de um direito individual ou da sociedade, tutelado pelo ordenamento jurídico, que necessite da certidão para ser protegido. Nesses termos, aliás, é o comando inserido no artigo 2º, da Lei 9.051/1995, nos seguintes termos: "nos requerimentos que objetivam a obtenção das certidões a que se refere esta Lei, deverão os interessados fazer constar esclarecimentos relativos aos fins e razões do pedido".

Quanto aos obrigados à observância do direito de certidão, estes estão expressamente definidos no supramencionado artigo 1º da Lei 9.051/1995. São os órgãos da Administração Pública direta e indireta (autarquias, fundações públicas e privadas, empresas públicas, sociedades de economia mista e consórcios públicos) da União, dos Estados, do Distrito Federal e dos Municípios.

Por fim, deve-se registrar que valem aqui os mesmos comentários formulados acerca do direito de petição, no caso de demora ou recusa do Poder Público em fornecer a certidão solicitada. A pessoa poderá utilizar-se do mandado de segurança, para que o Poder Público respeito seu direito líquido e certo de obter certidões necessárias à defesa dos seus direitos ou esclarecimento de situações de interesse pessoal.

7.34 PRINCÍPIO DA INAFASTABILIDADE DA JURISDIÇÃO

Conforme regra fixada pelo artigo 5º, inciso XXXV, da Constituição de 1988, "a lei não excluirá da apreciação do Poder Judiciário lesão ou ameaça a direito"[122]. Temos ali a consagração, pelo texto constitucional, do denominado *princípio da inafastabilidade da jurisdição*, também conhecido como *princípio do controle jurisdicional, do livre acesso ao Poder Judiciário, da inafastabilidade da tutela jurisdicional*, ou, ainda, *princípio da universalidade ou da ubiquidade da jurisdição*.

Para que possamos compreender perfeitamente o objeto do princípio ora em estudo, é indispensável sabermos, primeiramente, o que vem a ser *jurisdição*. Como costuma ensinar a grande maioria dos doutrinadores, jurisdição é uma palavra que vem do latim, composta por *iuris* (direito) e *dictio* (dicção), que significa justamente "dizer o direito", ou, em outras palavras, explicitar a vontade da lei (do ordenamento jurídico vigente), para a solução de litígios postos à apreciação do Estado.

Com efeito, desde a criação do Estado moderno, e a consequente repartição do poder estatal em 3 (três) funções distintas, o Estado chamou para si a função de pacificação social,

---

122. Em termos muito semelhantes é a norma do artigo 3º, do Código de Processo Civil de 2015: "Não se excluirá da apreciação jurisdicional ameaça ou lesão a direito".

solucionando os conflitos de interesses que lhe sejam submetidos a julgamento e, consequentemente, permitindo que os particulares exerçam a justiça privada apenas em casos excepcionais. Instituiu-se, a partir daí a denominada jurisdição.

Na lição de Misael Montenegro Filho,[123] a jurisdição "consiste no poder conferido ao Estado, através dos seus representantes, de solucionar os conflitos de interesses não dirimidos no plano extrajudicial, conflitos que se revestem da característica de *litígios*, revelando a *necessidade* da intervenção do Estado a fim de que a pendenga estabelecida entre as partes seja solucionada".

Podemos dizer, em termos singelos, que a jurisdição é o poder-dever do Estado, exercido por meio de órgãos jurisdicionais (juízes e tribunais) competentes, conforme critérios fixados tanto pela Constituição Federal, como por normas infraconstitucionais, que tem por função a solução dos litígios (ou lides) que lhe forem submetidos a julgamento, por meio da dicção da vontade da lei ao caso concreto.

Para exercer a função ou atividade jurisdicional, o Estado cria os chamados *órgãos jurisdicionais*, ou seja, os diversos juízes e tribunais, que atuam conforme a parcela da jurisdição (competência) que lhe foi conferida pela Carta Magna (é esta, por exemplo, quem fixa as competências dos Tribunais Superiores e do Supremo Tribunal Federal), bem como pelas demais normas infraconstitucionais (notadamente os Códigos de Processo Civil e Penal e Leis de Organização Judiciária).

Feitos esses breves esclarecimentos sobre o que vem a ser jurisdição, agora fica mais fácil compreender qual o conteúdo do princípio ora em estudo. Este último tem por objetivo assegurar o direito a uma tutela jurisdicional a todos que dela necessitem. Trata-se, portanto, do princípio que *garante às pessoas, tanto naturais como jurídicas, quer de direito público quer de direito privado, o acesso à jurisdição, através do direito de ação*.

Contudo, como nos esclarece Cândido Rangel Dinamarco,[124] o princípio da inafastabilidade da tutela jurisdicional, consubstanciado no artigo 5º, inciso XXXV, da Constituição Federal, não se traduz em garantia do mero ingresso em juízo; traduz-se, isto sim, na garantia da própria tutela jurisdicional a quem tiver razão, com a obtenção do resultado prático desejado. Eis as palavras do ilustre processualista:

> *"A garantia da ação, como tal, contenta-se em abrir caminho para que as pretensões sejam deduzidas em juízo e a seu respeito seja depois emitido um pronunciamento judicial, mas em si mesma nada diz quanto à efetividade da tutela jurisdicional. O princípio da inafastabilidade do controle jurisdicional manda que as pretensões sejam aceitas em juízo, sejam processadas e julgadas, que a tutela seja oferecida por ato do juiz àquele que tiver direito a ela – e, sobretudo, que ela seja efetiva como resultado prático do processo".*

Ao albergar o princípio da inafastabilidade da tutela jurisdicional, que tem sido expressamente adotado pelo Brasil desde a Constituição de 1946, a Carta Magna de 1988 decidiu que o Brasil adotaria o sistema da chamada *jurisdição una*, entregando a atividade jurisdicional somente ao Poder Judiciário, não permitindo a criação de órgãos de contencioso administrativo, comuns nos países que adotam a *jurisdição dúplice*, como é o caso da França.

Como consequência da adoção do sistema da jurisdição una, mesmo que haja no País, como de fato os há, órgãos administrativos com função de julgamento, como se dá,

---
123. *Curso de direito processual civil*: teoria geral do processo e processo de conhecimento. Atlas, 2008, v. 1, p. 45.
124. *Op. cit.*, p. 198-199.

por exemplo, com os Tribunais de Contas da União e dos Estados e também Conselhos de Contribuintes, as decisões destes órgãos sempre poderão ser revistas pelo Poder Judiciário.

Ademais, a obtenção de uma tutela jurisdicional, por meio do exercício do direito de ação, sequer depende de anterior utilização da instância administrativa, ou seja, dos órgãos administrativos que tenham função de julgamento. Poderá a pessoa, portanto, valer-se do Poder Judiciário sem sequer utilizar anteriormente um processo administrativo, para tentar solucionar seu caso.

Além disso, insista-se, mesmo que a decisão do processo administrativo lhe seja desfavorável, ainda assim a pessoa poderá valer-se do Poder Judiciário, para rever seu caso. Isso porque, no Brasil, somente as decisões dos diversos órgãos jurisdicionais fazem coisa julgada, não existindo, em nosso ordenamento, hipóteses de contencioso administrativo obrigatório que afastem a possibilidade de posterior tutela jurisdicional.

Contudo, não podemos deixar de mencionar, a título de informação, que há uma única hipótese, prevista na própria Constituição Federal, em que a tutela jurisdicional não pode ser invocada imediatamente. Trata-se do caso de questões relativas à disciplina e às competições desportivas, que ficam condicionadas ao anterior esgotamento das instâncias da justiça desportiva, conforme regulado em lei (artigo 217, § 1º, da Carta Magna)[125].

PRINCÍPIO DA INAFASTABILIDADE DA JURISDIÇÃO

– Princípio da inafastabilidade da jurisdição tem por objetivo assegurar o direito a uma tutela jurisdicional a todos que dela necessitem. Trata-se do princípio que garante às pessoas, tanto naturais como jurídicas, quer de direito público, quer de direito privado, o acesso à jurisdição.

– Ao albergar esse princípio, a Carta Magna de 1988 decidiu que o Brasil adotaria o sistema da chamada *jurisdição una*, entregando a atividade jurisdicional somente ao Poder Judiciário, não permitindo a criação de órgãos de contencioso administrativo, comuns nos países que adotam a *jurisdição dúplice*, como é o caso da França.

– Como consequência da adoção do sistema da jurisdição una, mesmo que haja no Brasil, como de fato os há, órgãos administrativos com função de julgamento, as decisões desses órgãos sempre poderão ser revistas pelo Poder Judiciário.

7.35 PRINCÍPIO DA SEGURANÇA JURÍDICA E A PROTEÇÃO CONSTITUCIONAL AO DIREITO ADQUIRIDO, AO ATO JURÍDICO PERFEITO E À COISA JULGADA

A Constituição da República, em seu artigo 5º, inciso XXXVI, declara que "a lei não prejudicará o direito adquirido, o ato jurídico perfeito e a coisa julgada". Temos, neste dispositivo constitucional, o *princípio da segurança jurídica*, consubstanciado na proteção, conferida pela Carta Magna, ao direito adquirido, ao ato jurídico perfeito e à coisa julgada. Como nos lembra Leo van Holthe,[126] o princípio da segurança jurídica "representa uma garantia para o cidadão ao limitar a retroatividade das leis, impedindo que uma lei nova prejudique situações já consolidadas sob a vigência de uma lei anterior".

Os conceitos de direito adquirido, ato jurídico perfeito e coisa julgada não estão na Constituição. Quem os traz é a Lei de Introdução às Normas do Direito Brasileiro,[127] nos

---

125. Constituição Federal, artigo 217, § 1º: "O Poder Judiciário só admitirá ações relativas à disciplina e às competições desportivas após esgotarem-se as instâncias da justiça desportiva, regulada em lei".
126. *Op. cit.*, p. 444.
127. Decreto-lei 4.757/1942: "Art. 6º A lei em vigor terá efeito imediato e geral, respeitados o ato jurídico perfeito, direito adquirido e a coisa julgada. § 1º Reputa-se ato jurídico perfeito o já consumado segundo a lei vigente ao tempo em que

parágrafos de seu artigo 6º. Nos termos daquele diploma legal, *direito adquirido* é aquele que o seu titular, ou alguém por ele, possa exercer, como aquele cujo começo do exercício tenha termo prefixo, ou condição preestabelecida inalterável, a arbítrio de outrem. *Ato jurídico perfeito*, por sua vez, é o já consumado segundo a lei vigente ao tempo em que se efetuou. E *coisa julgada*, por fim, é a decisão judicial de que já não caiba recurso.

Dito em outras palavras, *direito adquirido* é aquele que já se encontra incorporado ao patrimônio jurídico de seu titular, que poderá exercê-lo, pessoalmente ou por intermédio de alguém por ele designado, quando (e se) o desejar. É imperioso esclarecer, por outro lado, que a proteção constitucional ao direito adquirido não significa que o mesmo não pode ser mitigado, ou mesmo suprimido, por legislação posterior. *Referida legislação, é importante esclarecer, só não poderá ter efeitos retroativos, devendo valer para o futuro*.

Com efeito, como nos ensina Manoel Gonçalves Ferreira Filho,[128] caso não fosse permitida a restrição ou supressão de um direito adquirido por legislação superveniente, o legislador tornar-se-ia praticamente impotente, "já que toda alteração de leis, ou edição de novas, atinge, do instante da publicação em diante, direitos adquiridos". Conclui sua excelente lição ponderando que "não há direito adquirido à permanência de um estatuto legal".

Essa realidade, aliás, já vem sendo ressaltada pelo próprio Supremo Tribunal Federal, que já se decidiu expressamente, em diversas oportunidades, sobre a impossibilidade de se alegar a existência de direito adquirido contra mudança de regime jurídico. Sobre o tema, sugerimos a leitura dos seguintes acórdãos: Supremo Tribunal Federal, Pleno, Ação Direta de Inconstitucionalidade 255/DF, Relatora Ministra Ellen Gracie, j. 2-5-2003 e STF, AI (AgR) 703.865/PR, Relatora Ministra Ellen Gracie, j. 24-11-2009.

O *ato jurídico perfeito*, ao seu turno, é aquele que já se encontra apto a produzir todos os efeitos por ele previstos, por ter reunido todos os requisitos necessários à sua formação. Conforme ressalta a doutrina, o ato jurídico perfeito está ligado à ideia da observância aos requisitos formais do ato, sendo certo, ademais, que não necessita ter efetivamente começado a produzir os efeitos jurídicos pretendidos, bastando a potencialidade de tal produção.[129]

A *coisa julgada*, por fim, refere-se à decisão judicial (sentença ou acórdão) que se tornou imutável por não mais estar sujeita a qualquer recurso. É importante esclarecer, por outro lado, que a coisa julgada pode se referir tanto à imutabilidade da decisão no âmbito exclusivo do processo em que foi produzida, como também à impossibilidade de que o mesmo pedido seja novamente apreciado pelo Poder Judiciário, em qualquer outro processo. No primeiro caso, temos a denominada *coisa julgada formal*; no segundo, a *coisa julgada material*.

---

se efetuou. § 2º Consideram-se adquiridos assim os direitos que o seu titular, ou alguém por ele, possa exercer, como aqueles cujo começo do exercício tenha termo prefixo, ou condição preestabelecida inalterável, a arbítrio de outrem. § 3º Chama-se coisa julgada ou caso julgado a decisão judicial de que já não caiba recurso".
128. *Op. cit.*, p. 306.
129. Em termos semelhantes, por exemplo, é a lição de Marcelo Novelino: "Ato jurídico perfeito é o que reuniu todos os elementos necessários a sua formação, encontrando-se *apto a produzir seus efeitos*. Não precisa estar exaurido, basta estar consumado". Segue ensinando o insigne constitucionalista: "Enquanto o direito adquirido está mais ligado ao *conteúdo* do ato, o ato jurídico perfeito está protegido contra as exigências que uma nova lei possa fazer quanto à *forma*". *Op. cit.*, p. 440.

Como nos ensina Marcus Vinícius Rios Gonçalves,[130] "não há propriamente duas espécies de coisa julgada, como preconizam alguns". Trata-se, na realidade, de "um fenômeno único ao qual correspondem dois aspectos, um de cunho meramente processual, que se opera no mesmo processo no qual a sentença é proferida, e outro que se projeta para fora, tornando definitivos os efeitos da decisão", e impedindo "que a mesma pretensão seja rediscutida em juízo, em qualquer outro processo".

No Código de Processo Civil vigente, a coisa julgada foi tratada a partir de seu artigo 502. Nos expressos termos deste dispositivo legal, "denomina-se coisa julgada material a autoridade que torna imutável e indiscutível a decisão de mérito não mais sujeita a recurso". Já o artigo 508, do mesmo diploma legal, dispõe expressamente que, "transitada em julgado a decisão de mérito, considerar-se-ão deduzidas e repelidas todas as alegações e as defesas que a parte poderia opor tanto ao acolhimento quanto à rejeição do pedido".

Ainda sobre a proteção constitucional à coisa julgada, é imperioso ressaltar que referida garantia, da mesma forma que se dá com os demais direitos e garantias fundamentais, não é absoluta. Tanto isso é verdade que, nos dias atuais, tanto a doutrina como a jurisprudência pátria vêm preconizando a aplicação da denominada *relativização da coisa julgada* nas hipóteses em que esta última tiver sido produzida em franca desarmonia com outros valores igualmente protegidos por nossa Lei Maior, fato que faz surgir a já conhecida *coisa julgada inconstitucional*.

Com efeito, na excelente lição de Marcelo Novelino,[131] "a *relativização da coisa julgada* tem como um de seus fundamentos o *princípio da relatividade* (ou da *convivência das liberdades públicas*), segundo o qual nenhum direito, por mais importante que seja, pode ser considerado absoluto, por encontrar limites decorrentes de outros direitos constitucionalmente consagrados". Como nos lembra o renomado autor, "se nem mesmo a inviolabilidade do direito à vida é absoluta, o que dizer da coisa julgada que, assim como as demais garantias, não é um objetivo em si mesmo, mas um meio para se proteger determinados direitos e alcançar determinados valores".

Ademais, o Código de Processo Civil também prevê a utilização de uma ação específica, destinada a rescindir a decisão de mérito, ou seja, a coisa julgada material. Trata-se da denominada *ação rescisória*, disciplinada a partir do artigo 966, daquele diploma legal[132]. Referida ação poderá ser proposta por quem foi parte no processo ou o seu sucessor a título universal ou singular, pelo terceiro juridicamente interessado e pelo Ministério Público (artigo 967), como regra[133], no prazo de 2 (dois) anos, contados do trânsito em julgado da última decisão proferida no processo (artigo 975).

---

130. *Novo curso de direito processual civil.* v. 2, 5. ed. Saraiva, 2009, p. 23.
131. *Op. cit.*, p. 442.
132. Código de Processo Civil, artigo 966: "A decisão de mérito, transitada em julgado, pode ser rescindida quando: I – se verificar que foi proferida por força de prevaricação, concussão ou corrupção do juiz; II – for proferida por juiz impedido ou por juízo absolutamente incompetente; III – resultar de dolo ou coação da parte vencedora em detrimento da parte vencida ou, ainda, de simulação ou colusão entre as partes, a fim de fraudar a lei; IV – ofender a coisa julgada; V – violar manifestamente norma jurídica; VI – for fundada em prova cuja falsidade tenha sido apurada em processo criminal ou venha a ser demonstrada na própria ação rescisória; VII – obtiver o autor, posteriormente ao trânsito em julgado, prova nova cuja existência ignorava ou de que não pôde fazer uso, capaz, por si só, de lhe assegurar pronunciamento favorável; VIII – for fundada em erro de fato verificável do exame dos autos".
133. Código de Processo Civil, artigo 975, § 2º: "Se fundada a ação no inciso VII do art. 966, o termo inicial do prazo será a data de descoberta da prova nova, observado o prazo máximo de 5 (cinco) anos, contado do trânsito em julgado da última decisão proferida no processo".

PROTEÇÃO CONSTITUCIONAL AO DIREITO ADQUIRIDO, AO ATO JURÍDICO PERFEITO E À COISA JULGADA

– A Constituição da República declara que "a lei não prejudicará o direito adquirido, o ato jurídico perfeito e a coisa julgada" (art. 5°, XXXVI). Temos, neste dispositivo constitucional, o princípio da segurança jurídica.

– Os conceitos de direito adquirido, ato jurídico perfeito e coisa julgada não estão na Constituição. Quem os traz é a Lei de Introdução às Normas do Direito Brasileiro, nos parágrafos de seu artigo 6°.

– *Direito adquirido* é aquele que já se encontra incorporado ao patrimônio jurídico de seu titular, que poderá exercê-lo, pessoalmente ou por intermédio de alguém por ele designado, quando (e se) o desejar.

– *Ato jurídico perfeito* é aquele que já se encontra apto a produzir todos os efeitos por ele previstos, por ter reunido todos os requisitos necessários à sua formação.

– *Coisa julgada* refere-se à decisão judicial (sentença ou acórdão) que se tornou imutável por não mais estar sujeita a qualquer recurso.

– A **coisa julgada** pode se referir tanto à imutabilidade da decisão no âmbito exclusivo do processo em que foi produzida (coisa julgada formal), como também à impossibilidade de que o mesmo pedido seja novamente apreciado pelo Poder Judiciário, em qualquer outro processo (coisa julgada material).

7.36 PRINCÍPIO DO JUIZ NATURAL

O inciso XXXVII, do artigo 5°, da Carta Magna, dispõe que "não haverá juízo ou tribunal de exceção". Já o inciso LII, do mesmo artigo, declara que "ninguém será processado nem sentenciado senão pela autoridade competente". Trata-se da consagração, pela Constituição Federal, do chamado *princípio do juiz natural*.

Por força desse princípio, exteriorizado nos dispositivos constitucionais acima transcritos, todos têm direito de ser julgados por membros regulares do Poder Judiciário, investidos em conformidade com os comandos constitucionais e legais, inclusive relativos à fixação de suas competências. Têm direito, ademais, de não serem julgados por órgãos jurisdicionais criados após a ocorrência de um fato, justamente para julgá-lo, os denominados *juízos ou tribunais de exceção*. Em síntese, *todos têm direito de serem processados e julgados por um órgão jurisdicional com competência prefixada pela lei*.

Na excelente lição de Leo van Holthe[134], "o princípio do juiz natural (também conhecido como princípio da igualdade jurisdicional, ou ainda princípio do juiz legal, na expressão do direito alemão) é consequência do Estado de Direito e do princípio da igualdade, garantindo a todos o direito de ser julgado por um juiz pré-constituído, competente para a causa, na forma da lei, e no gozo de sua garantia de independência e imparcialidade".

Marcus Vinícius Rios Gonçalves,[135] por sua vez, lembra-nos que a garantia do juiz natural "impede que as partes possam escolher, a seu critério, o julgador que irá apreciar a sua pretensão". Se houvesse tal possibilidade, prossegue o ilustre doutrinador, "a parte poderia optar por propor a demanda onde melhor lhe conviesse, procurando encontrar um juiz cujas convicções estivessem em consonância com suas postulações".

Os juízos e tribunais de exceção não se confundem, é importante que se diga, com as denominadas *justiças especializadas* (caso, por exemplo, da Justiça do Trabalho e da Justiça Eleitoral) e tampouco com os chamados *foros privilegiados*, previstos pela própria Constitui-

---
134. *Direito constitucional*. 6. ed. Jus Podivm, 2010, p. 392.
135. *Op. cit.*, p. 34.

ção, uma vez que estes foram fixados anteriormente à ocorrência dos fatos que irão julgar, e em atenção às especificidades das matérias ou pessoas que serão julgados.

Não se confundem, ainda, com a criação de *varas especializadas*, como se dá, por exemplo, com a hipótese prevista no artigo 126, da Constituição Federal,[136] que confere aos Tribunais de Justiça dos Estados e do Distrito Federal competência para propor, por meio de lei, a criação de varas com competência exclusiva para dirimir conflitos fundiários, desde que referido diploma legal tenha, como é de rigor, inequívoco caráter genérico, sem criar vantagens ou perseguições indevidas para pessoas ou situações[137].

Não se confundem com juízos ou tribunais de exceção, ademais, os denominados *foros de eleição*,[138] desde que não tenham sido estipulados com fins abusivos, como, por exemplo, o de prejudicar uma das partes litigantes ao dificultar o acesso ao Poder Judiciário ou a produção de provas em seu favor. No mesmo diapasão, a *convenção de arbitragem*[139], uma vez que o ordenamento jurídico pátrio permite que as partes, ao invés de se valerem do Poder Judiciário, instituam juízos arbitrais para solucionar seus litígios, desde que sejam pessoas capazes, e que os conflitos sejam relativos a direitos patrimoniais disponíveis[140].

Também não podem ser levados à conta de juízos ou tribunais de exceção, por derradeiro, os chamados *tribunais de ética*, instituídos para o controle ético e disciplinar de algumas carreiras submetidas às ordens profissionais (caso, por exemplo, do Conselho Federal de Medicina), uma vez que suas decisões não têm força jurisdicional, podendo sempre os lesados valer-se do Poder Judiciário, como corolário do *princípio da universalidade da jurisdição*.

PRINCÍPIO DO JUIZ NATURAL

– Por força do princípio do juiz natural, todos têm direito de ser julgados por membros regulares do Poder Judiciário, investidos em conformidade com os comandos constitucionais e legais, inclusive relativos à fixação de suas competências.

– Todos têm direito, ademais, de não serem julgados por órgãos jurisdicionais criados após a ocorrência de um fato, justamente para julgá-lo, os denominados *juízos ou tribunais de exceção*.

– Os juízos e tribunais de exceção não se confundem com as *justiças especializadas* (caso, por exemplo, da Justiça do Trabalho e da Justiça Eleitoral, juizados especiais cíveis e criminais e com os chamados *foros privilegiados*.

– Não se confundem, ainda, com a criação de *varas especializadas*, como se dá, por exemplo, com a hipótese a criação de varas com competência exclusiva para dirimir conflitos fundiários (Constituição Federal, artigo 126) e com os juizados especiais cíveis e criminais.

– Não se confundem também com a criação de *foros de eleição* (Código de Processo Civil, artigo 111), desde que não tenham sido estipulados com fins abusivos, como o de prejudicar uma das partes ao dificultar o acesso ao Judiciário ou à produção de provas em seu favor.

– Também não podem ser levados à conta de juízos ou tribunais de exceção, por derradeiro, os chamados *tribunais de ética*, instituídos para o controle ético e disciplinar de algumas carreiras submetidas às ordens profissionais.

---

136. Constituição Federal, artigo 126: "Para dirimir conflitos fundiários, o Tribunal de Justiça proporá a criação de varas especializadas, com competência exclusiva para questões agrárias".
137. Na mesma toada são os juizados especiais cíveis e criminais, tanto da Justiça do Estado como da Justiça Federal (comumente conhecidos como "juizados de pequenas causas").
138. Código de Processo Civil, artigo 63: "As partes podem modificar a competência em razão do valor e do território, elegendo foro onde será proposta ação oriunda de direitos e obrigações".
139. Lei 9.307/1996, artigo 1º: "As pessoas capazes de contratar poderão valer-se da arbitragem para dirimir litígios relativos a direitos patrimoniais disponíveis".
140. Código de Processo Civil, artigo 3º, § 1º: "É permitida a arbitragem, na forma da lei".

7.37 TRIBUNAL DO JÚRI

Na seção anterior, vimos que, por força do denominado princípio do juiz natural, todos têm direito de ser julgados por membros regulares do Poder Judiciário, investidos em conformidade com os comandos constitucionais e legais, inclusive relativos à fixação de suas competências. E, no caso específico do processo e julgamento dos *crimes dolosos contra a vida*, a Constituição Federal de 1988 estabelece como juiz natural o famoso Tribunal do Júri.

Com efeito, conforme expressa disposição constante do artigo 5°, inciso XXXVIII, de nossa Lei Maior, "deve ser reconhecida a instituição do júri, com a organização que lhe der a lei, assegurados: a) a plenitude de defesa; b) o sigilo das votações; c) a soberania dos veredictos; d) a competência para o julgamento dos crimes dolosos contra a vida".

Atualmente, o procedimento relativo aos processos de competência do Tribunal do Júri encontra-se regulamentado nos artigos 406 e seguintes do Código de Processo Penal,[141] sendo o Tribunal do Júri composto por um juiz togado (que o preside) e por 25 (vinte e cinco) jurados, dos quais 7 (sete) comporão o chamado Conselho de Sentença.[142]

Como vimos no Capítulo 1 deste livro, ao estudarmos os denominados antecedentes da constituição, o primeiro documento escrito a prever a instituição do júri, ao lado dos princípios do devido processo legal e do juiz natural, foi a *Magna Charta Libertatum* (ou, simplesmente, Magna Carta) um pacto celebrado em 1215, entre o Rei João Sem Terra e seus súditos rebelados. No Brasil, o Tribunal do Júri teve previsão expressa em todas as constituições editadas, com exceção da Carta de 1937.

Além dos princípios do devido processo legal e do juiz natural, a instituição do júri também está fundamentada no chamado princípio democrático, não só por conferir ao indivíduo, acusado da prática de certos crimes, o direito de ser julgado por seus pares, como também por permitir que os cidadãos participem das decisões judiciais.[143] Nos expressos termos da Constituição Federal, o Tribunal do Júri é competente para o processo e julgamento dos chamados *crimes dolosos contra a vida*.[144]

Crimes dolosos são aqueles em que o agente quis o resultado lesivo ou assumiu o risco de produzi-lo.[145] *Os crimes dolosos contra a vida, portanto, são aqueles em que o autor praticou uma conduta desejando obter a morte de um ser humano, ou assumindo o risco de que ela acontecesse*. No Código Penal em vigor, os crimes dolosos contra a vida estão tipificados em sua Parte Especial, Título I, Capítulo I (que trata dos denominados crimes contra a vida). São eles: homicídio (artigo 121); induzimento, instigação ou auxílio a suicídio (artigo 122); infanticídio (artigo 123); todas as formas de aborto (artigos 124 a 127).

Conforme ressaltam os doutrinadores pátrios, ao conferir ao Tribunal do Júri a competência para o julgamento dos crimes dolosos contra a vida, a Constituição Federal estabeleceu apenas a competência mínima daquele órgão jurisdicional, sendo perfeitamente possível a

---

141. Conforme nova redação que lhe conferiu a Lei 11.689, de 9 de junho de 2008.
142. Código de Processo Penal, artigo 447: "O Tribunal do Júri é composto por 1 (um) juiz togado, seu presidente e por 25 (vinte e cinco) jurados que serão sorteados dentre os alistados, 7 (sete) dos quais constituirão o Conselho de Sentença em cada sessão de julgamento".
143. Conforme expressamente determinado pelo artigo 436, do Código de Processo Penal, o serviço do júri é obrigatório, sendo composto por cidadãos (nacionais eleitores maiores de 18 anos) de notória idoneidade.
144. Nos termos da Lei 9.299/1996, são da competência do Tribunal do Júri até mesmo os crimes dolosos contra a vida praticados por militares contra civis, em tempos de paz.
145. Código Penal, artigo 18, inciso I: "Diz-se o crime doloso, quando o agente quis o resultado ou assumiu o risco de produzi-lo".

previsão, por normas infraconstitucionais, de outros crimes cuja competência para processo e julgamento seja conferida ao júri.[146]

É imperioso ressaltar, por outro lado, que a competência do Tribunal do Júri não é absoluta, uma vez que existem casos, expressamente previstos no texto constitucional, em que crimes dolosos contra a vida devem ser processados e julgados não pelo júri popular, mas sim por outros tribunais, nas hipóteses em que a Constituição Federal estabeleceu as denominadas *competências especiais por prerrogativa de função*.

É o caso, por exemplo, dos juízes de direito e dos promotores de justiça acusados da prática de crimes dolosos contra a vida, os quais devem ser necessariamente processados e julgados pelo Tribunal de Justiça a que estiverem vinculados,[147] e dos juízes federais e membros do Ministério Público da União, cuja competência é dos Tribunais Regionais Federais.[148] Em termos semelhantes, os prefeitos devem ser processados e julgados não pelo Tribunal do Júri, mas sim pelo respectivo Tribunal de Justiça, tudo conforme expressa disposição contida no artigo 29, inciso X, da Carta Magna[149].

Na mesma toada, o presidente e o vice-presidente da República, os ministros de Estado, os comandantes da Marinha, do Exército e da Aeronáutica, os deputados federais e senadores, os ministros do Supremo Tribunal Federal, o procurador-geral da República, os membros dos tribunais superiores e do Tribunal de Contas da União e os chefes de missão diplomática de caráter permanente, todos estes devem ser processados e julgados, nas infrações penais comuns, pelo Pretório Excelso (artigo 102, inciso I, alíneas *b* e *c*, da Lei Maior).

É o caso, ainda, dos crimes comuns (caso dos crimes dolosos contra a vida) imputados a governadores dos Estados e do Distrito Federal, desembargadores dos Tribunais de Justiça dos Estados e do Distrito Federal, membros dos Tribunais de Contas dos Estados e do Distrito Federal, dos Tribunais Regionais Federais, dos Tribunais Regionais Eleitorais e do Trabalho, membros dos Conselhos ou Tribunais de Contas dos Municípios e do Ministério Público da União que oficiem perante tribunais, cuja competência para processo e julgamento é do Superior Tribunal de Justiça, conforme expressa determinação constante do artigo 105, inciso I, alínea *a*, de nossa Lei Magna.

Por outro lado, é importante ressaltar que, na hipótese de imputação da prática de crime doloso contra a vida em coautoria, quando apenas um (ou alguns) dos corréus tenha direito a foro especial por prerrogativa de função, a jurisprudência pátria, inclusive do Pretório Excelso, é pacífica no sentido da necessidade de separação de processos, de maneira que o beneficiário (ou beneficiários) da prerrogativa de função seja julgado pelo Tribunal fixado pela Constituição Federal, e os demais, pelo Tribunal do Júri.

---

146. Nesse sentido é a lição, por exemplo, de Alexandre de Moraes: "A Constituição Federal prevê regra mínima e inafastável de competência do Tribunal do Júri, não impedindo, contudo, que o legislador infraconstitucional lhe atribua outras e diversas competências". *Op. cit.*, p. 90.
147. Constituição Federal, artigo 96, inciso III: "Compete privativamente aos Tribunais de Justiça julgar os juízes estaduais e do Distrito Federal e Territórios, bem como os membros do Ministério Público, nos crimes comuns e de responsabilidade, ressalvada a competência da Justiça Eleitoral".
148. Constituição Federal, artigo 108, inciso I: "Compete aos Tribunais Regionais Federais processar e julgar, originariamente, os juízes federais da área de sua jurisdição, incluídos os da Justiça Militar e da Justiça do Trabalho, nos crimes comuns e de responsabilidade, e os membros do Ministério Público da União, ressalvada a competência da Justiça Eleitoral".
149. Constituição Federal, artigo 29, inciso X: "O Município reger-se-á por lei orgânica, votada em dois turnos, com o interstício mínimo de dez dias, e aprovada por dois terços dos membros da Câmara Municipal, que a promulgará, atendidos os princípios estabelecidos nesta Constituição, na Constituição do respectivo Estado e os seguintes preceitos: julgamento do Prefeito perante o Tribunal de Justiça".

Por força do princípio da simetria (vide Capítulo 2), é perfeitamente possível falar-se na previsão, nas constituições estaduais, de regras que fixem competências especiais por prerrogativa de função, para os seus respectivos agentes políticos, de maneira semelhante ao que estabeleceu a Constituição Federal, relativamente aos agentes ali relacionados, afastando, por consequência, a competência do Tribunal do Júri para os crimes dolosos contra a vida.

Contudo, é imperioso insistir, deve haver semelhança (simetria) com as hipóteses estabelecidas pela Constituição Federal, não sendo possível à constituição de um Estado-membro fixar uma hipótese de foro privilegiado, afastando a competência constitucional do júri popular, quando não existir caso análogo na Lei Maior. Essa circunstância, aliás, já foi explicitada pelo Pretório Excelso, quando este editou sua Súmula 721, nos seguintes termos: "A competência constitucional do Tribunal do Júri prevalece sobre o foro por prerrogativa de função estabelecida exclusivamente pela Constituição estadual".

Segundo determina expressamente a Constituição Federal, o Tribunal do Júri deve assegurar a plenitude de defesa, o sigilo das votações e a soberania dos veredictos. A *plenitude de defesa*, a toda evidência, é um desdobramento do princípio do contraditório e da ampla defesa (artigo 5º, inciso LV, de nossa Lei Maior), só que dirigido especificamente à seara do direito processual penal.

Referido princípio exterioriza não só o caráter imprescindível de defesa técnica do réu, mesmo quando revel, como também a necessidade de que tal defesa seja eficiente e efetiva, sendo possível ao presidente do Tribunal do Júri até mesmo nomear outro defensor ao acusado, quando considerar que este estava sendo mal tutelado pelo anterior, tudo em consonância com o que dispõe o artigo 497, inciso V, do Código de Processo Penal.[150] Como nos ensina Uadi Lammêgo Bulos,[151] a plenitude de defesa também "inclui o fato de serem os jurados escolhidos de todas as classes sociais, para que haja convencimento e sólida responsabilidade dos votos emitidos".

O *sigilo das votações*, por sua vez, diz respeito não só à necessidade de que a convicção dos jurados seja protegida contra quaisquer interferências externas, como também à regra de que a decisão de cada jurado, na votação dos quesitos relativos aos fatos submetidos a julgamento, deve ser mantida em segredo, por meio de cédulas de votação indevassáveis.

Para tanto, o Código de Processo Penal em vigor, na redação que lhe conferiu a Lei 11.689, de 9 de junho de 2008, dispõe expressamente, em seu artigo 485, § 2º, que o juiz presidente advertirá as partes de que não será permitida qualquer intervenção que possa perturbar a livre manifestação do Conselho de Sentença, e fará retirar da sala quem se portar inconvenientemente.

Ademais, para garantia do sigilo dos votos dos jurados que compõem o Conselho de Sentença, o mesmo diploma processual prevê que o juiz presidente mandará distribuir aos jurados pequenas cédulas, feitas de papel opaco e facilmente dobráveis, para a votação de cada quesito (artigo 486). Prevê, igualmente, que o oficial de justiça deve recolher, em urnas separadas, as cédulas correspondentes aos votos e as não utilizadas, tudo para assegurar o sigilo do voto (artigo 487).

---

150. Código de Processo Penal, artigo 497, inciso V: "São atribuições do juiz presidente do Tribunal do Júri, além de outras expressamente referidas neste Código: nomear defensor ao acusado, quando considerá-lo indefeso, podendo, neste caso, dissolver o Conselho e designar novo dia para o julgamento, com a nomeação ou a constituição de novo defensor".
151. *Op. cit.*, p. 615.

A *soberania dos veredictos*, por fim, refere-se à impossibilidade de substituir-se a decisão do Tribunal do Júri, produzida pelo Conselho de Sentença, por outra, proferida por juízes togados. Quer isso dizer, em outras palavras, que as decisões relativas aos processos de competência do Tribunal do Júri devem obrigatoriamente ser proferidas por este, não podendo sequer ser reformadas por juiz togado ou tribunal.

Isso não quer dizer que as decisões proferidas pelo Tribunal do Júri não possam ser objeto de recurso. O próprio Código de Processo Penal, aliás, prevê a possibilidade de apelação contra diversas decisões relativas ao Júri (artigo 593, inciso III). Contudo, na hipótese de provimento ao recurso, o novo julgamento deverá obrigatoriamente ser realizado pelo Tribunal do Júri. Sobre o tema, vide *Habeas Corpus* 70.193-1/RS, Supremo Tribunal Federal, 1ª Turma, Relator Ministro Celso de Mello, *Diário da Justiça*, Seção I, 6.11.2006, p. 37.

A soberania dos veredictos, ademais, não afasta a possibilidade de revisão criminal. Com efeito, como já decidiu expressamente o Supremo Tribunal Federal, a soberania dos veredictos também não é absoluta, sendo juridicamente possível a revisão criminal de decisões proferidas pelo Tribunal do Júri, notadamente quando for utilizada em benefício do réu. Sobre o tema, sugerimos a leitura da *RT* 488:330, Supremo Tribunal Federal (STF).

TRIBUNAL DO JÚRI

– Nos termos do artigo 5º, inciso XXXVIII, da Constituição Federal, "deve ser reconhecida a instituição do júri, com a organização que lhe der a lei, assegurados: a) a plenitude de defesa; b) o sigilo das votações; c) a soberania dos veredictos; d) a competência para o julgamento dos crimes dolosos contra a vida".

– Além dos princípios do devido processo legal e do juiz natural, a instituição do júri também está fundamentada no chamado princípio democrático, não só por conferir ao indivíduo, acusado da prática de certos crimes, o direito de ser julgado por seus pares, como também por permitir que os cidadãos participem das decisões judiciais.

– Nos expressos termos da Carta Magna, o Tribunal do Júri é competente para o processo e julgamento dos chamados *crimes dolosos contra a vida*. Crimes dolosos são aqueles em que o agente quis o resultado lesivo ou assumiu o risco de produzi-lo. Os crimes dolosos contra a vida, portanto, são os que o autor praticou uma conduta desejando obter a morte de um ser humano, ou assumindo o risco de que ela acontecesse.

– Conforme ressalta a doutrina, ao conferir ao Tribunal do Júri a competência para o julgamento dos crimes dolosos contra a vida, a Constituição Federal estabeleceu apenas a competência mínima daquele órgão jurisdicional, sendo perfeitamente possível a previsão, por normas infraconstitucionais, de outros crimes cuja competência para processo e julgamento seja conferida ao júri.

– Por outro lado, a competência do Tribunal do Júri não é absoluta, uma vez que existem casos, expressamente previstos no texto constitucional, em que crimes dolosos contra a vida devem ser processados e julgados não pelo júri popular, mas sim por outros tribunais, nas hipóteses em que a Constituição Federal estabeleceu as denominadas *competências especiais por prerrogativa de função*.

7.38 DIREITOS E GARANTIAS DO RÉU NA SEARA DO DIREITO PENAL E DO PROCESSO PENAL

Quando estudamos as diversas classificações das constituições, vimos que estas, quanto à sua extensão, podem ser sintéticas ou analíticas (Capítulo 1). A primeira contém apenas as normas fundamentais de formação e caracterização do Estado e também de limitação do poder estatal, por meio da previsão de direitos e garantias fundamentais; a segunda, ao contrário, disciplina diversos outros assuntos que não aqueles considerados materialmente constitucionais, mas que o constituinte julgou que também deveriam figurar no texto constitucional.

Nossa Constituição Federal, a toda evidência, é uma constituição do tipo analítica, também denominada prolixa. Contendo atualmente mais de 250 (duzentos e cinquenta) artigos, sem incluir os mais de 100 (cem) artigos do Ato das Disposições Constitucionais Transitórias – ADCT, ela possui diversas normas relativas especificamente ao direito civil, administrativo, tributário, financeiro, econômico, trabalho, previdenciário, penal, e até mesmo de processo civil e processo penal.

Com efeito, como já vimos outrora, tendo sido promulgada logo após um longo e penoso período de ditadura militar, em que alguns direitos e garantias fundamentais foram severamente restringidos pela ordem então vigente, a assembleia nacional constituinte responsável por sua elaboração preferiu incluir em seu texto uma longa e minuciosa lista de direitos de proteção ao indivíduo. Conforme seus críticos, alguns deles, como é o caso dos direitos de natureza penal e processual penal, encontrariam melhor lugar em leis infraconstitucionais. Nesses termos, por exemplo, é a lição do eminente Manoel Gonçalves Ferreira Filho,[152] conforme se pode depreender do trecho a seguir transcrito:

> "A Constituição brasileira preocupou-se profundamente em assegurar os direitos do indivíduo em matéria penal. Tanto assim que abundam no art. 5º regras que ficariam melhor no Código de Processo ou no Código Penal. E de roldão com regras importantes foram constitucionalizados dispositivos de importância menor".

Contudo, como vimos anteriormente, alguns dos direitos e garantias fundamentais de primeira geração, inclusive de cunho penal e processual penal, já constavam dos famosos documentos denominados *antecedentes da constituição*. É o caso, por exemplo, da famosa *Magna Charta Libertatum*, que já previa expressamente, em seu corpo, o princípio do juiz natural, a liberdade de locomoção, o Tribunal do Júri, além do princípio do devido processo legal. Da mesma forma, o famoso *Bill of Rights*, e que alguns apontam como a primeira constituição escrita da história, já vedava a aplicação de penas cruéis.

Ademais, a importantíssima Constituição dos Estados Unidos da América, promulgada em 1787 e ainda vigente, já albergava, de maneira expressa, diversos direitos e garantias fundamentais desta natureza, tais como o do devido processo legal, da ampla defesa, do julgamento pelo Tribunal do Júri e da impossibilidade de aplicação de penas cruéis. A Declaração dos Direitos do Homem e do Cidadão, igualmente, já continha expressa previsão dos princípios da legalidade, da presunção de inocência, da reserva legal e da anterioridade em matéria penal.

Portanto, em que pese o constituinte de nossa Carta Magna vigente ter chegado, de fato, a minúcias que não se justificam (como, por exemplo, incluir no texto constitucional a pitoresca regra sobre a manutenção do Colégio D. Pedro II na esfera federal),[153] *consideramos que a grande maioria das normas (se não todas) de direito penal e de direito processual penal foram acertadamente incluídas em nossa Constituição Federal, uma vez que destinadas a proteger o indivíduo das costumeiras arbitrariedades praticadas pelo Estado, na seara da liberdade de ir e vir.*

As *normas de natureza penal* podem ser definidas, de maneira singela, como aquelas que dizem respeito à chamada *pretensão punitiva do Estado*, ou seja, ao direito conferido ao Poder Público, em nome da sociedade, de apurar a autoria e a materialidade das infrações penais, e de fazer com que os condenados cumpram as penas que lhes foram cominadas. As de natureza processual penal, por sua vez, são aquelas que estabelecem o conjunto de atos destinados à obtenção da tutela jurisdicional, na seara penal.

---

152. *Op. cit.*, p. 307.
153. Constituição Federal, artigo 242, § 2º.

Dentre as tantas normas de natureza penal, expressamente relacionadas no artigo 5º, de nossa Carta Magna, podemos citar, a título de breve exemplo, a que dispõe que "não há crime sem lei anterior que o defina, nem pena sem prévia cominação legal" (inciso XXXIX), bem como a que determina que "ninguém será considerado culpado até o trânsito em julgado de sentença penal condenatória" (inciso LVII). De natureza processual penal, citemos aquela constante do inciso LIX: "será admitida ação privada nos crimes de ação pública, se esta não for intentada no prazo legal".

Algumas das normas de cunho processual, tamanha a sua importância, notadamente por não se restringirem à seara penal (como é o caso, por exemplo, do princípio do devido processo legal, do contraditório e da ampla defesa, do juiz natural e da proibição dos juízes e tribunais de exceção), mereceram ser tratadas em seções específicas deste Capítulo. As demais serão examinadas na presente seção, mesmo que de maneira breve, já que um estudo mais aprofundado delas deve ser feito nos livros de direito penal e de direito processual penal. Passemos então, sem mais delongas, ao estudo de tais normas.

7.39 PRINCÍPIOS DA LEGALIDADE PENAL

O princípio da legalidade penal, como já vimos em outras oportunidades, foi explicitado, pela primeira vez, na *Magna Charta Libertatum*, de 1.215, em seu artigo 39, que dispunha que nenhum homem livre podia ser punido senão pela lei da terra. Referido princípio, consagrado pela fórmula latina *nullum crimen, nulla poena sine lege*, também foi garantido, de forma expressa e inequívoca, pelo artigo 8º, da Declaração dos Direitos do Homem e do Cidadão, de 26 de agosto de 1789[154].

A Constituição Federal de 1988 também o prevê, inclusive de forma mais ampla que o da fórmula latina que o consagrou, em seu artigo 5º, inciso XXIX. Nos expressos termos de nossa Lei Maior: "não há crime sem lei anterior que o defina, nem pena sem prévia cominação legal". De modo semelhante, o artigo 1º, do Código Penal, dispõe que: "Não há crime sem lei anterior que o defina. Não há pena sem prévia cominação penal".

No direito brasileiro, como se pode notar, exigiu-se não só a existência de lei penal para que alguém possa ser punido, como também de que a conduta criminosa tenha sido praticada antes da edição da lei penal. Nosso ordenamento acrescenta ao princípio da legalidade penal, portanto, a necessidade da chamada *anterioridade da lei penal*. Assim, pode-se dizer que a fórmula latina adotada pelo Brasil é a seguinte: *nullum crimen, nulla poena sine praevia lege*.

Dessa forma, pelo *princípio da legalidade penal*, que decorre inequivocamente do princípio geral da legalidade (artigo 5º, inciso II, da Carta Magna), uma determinada conduta só poderá ser considerada criminosa, e, portanto, sujeita à sanção penal, caso seja expressamente prevista em lei penal anterior, que a defina como crime ou contravenção. Em termos semelhantes é a excelente lição de Júlio Fabbrini Mirabete e Renato N. Fabbrini:

> "Pelo princípio da legalidade alguém só pode ser punido se, anteriormente ao fato por ele praticado, existir uma lei que o considere como crime. Ainda que o fato seja imoral, antissocial ou danoso, não haverá possibilidade de se punir o autor, sendo irrelevante a circunstância de entrar em vigor, posteriormente, uma lei que o preveja como crime"[155].

---

154. Também está explicitado na Convenção Interamericana de Direitos Humanos (Pacto de San Jose da Costa Rica, em seu artigo 9º).
155. *Manual de direito penal*. Volume 1: parte geral, arts. 1º ao 120 do CP. São Paulo: Atlas, 2016, pág. 39.

Dito de outro modo, para que uma conduta possa ser considera criminosa, e portanto sujeita à sanção criminal, é preciso que exista um *tipo penal*, constante de lei deste País (seja do Código Penal, seja de alguma outra lei federal, posto que a competência para legislar sobre direito penal é apenas da União), que especifique detalhadamente a conduta que se pretende punir, e que o autor da conduta delituosa o tenha praticado após a vigência da lei penal.

7.40 PRINCÍPIO DA IRRETROATIVIDADE DA NORMA PENAL MAIS SEVERA OU DA RETROATIVIDADE DA NORMA PENAL MAIS BENÉFICA

Por sua vez, o artigo 5º, inciso XL, de nossa Lei das Leis, dispõe que "a lei penal não retroagirá, salvo para beneficiar o réu". Neste dispositivo, o texto constitucional consagrou o *princípio da irretroatividade da norma penal mais severa ou da retroatividade da norma penal mais benéfica*, que permite que, na seara do direito penal, a norma retroaja, mas apenas para beneficiar o réu (ou mesmo o já definitivamente condenado), não podendo jamais piorar sua situação.

Com efeito, ao contrário do que se dá com os demais ramos do direito, em que reina pacífico o princípio da irretroatividade da norma, que se traduz na impossibilidade de a lei ou ato normativo ser aplicado a fatos ocorridos antes do início de sua vigência, no campo do direito penal a própria Carta Magna prevê a possibilidade de a norma penal retroagir, desde que para beneficiar o réu, podendo até mesmo excluir a antijuridicidade do fato anteriormente tipificado como crime, como, aliás, dispõe expressamente o artigo 2º do Código Penal, nos seguintes termos: "ninguém pode ser punido por fato que lei posterior deixa de considerar crime, cessando em virtude dela a execução e os efeitos penais da sentença condenatória".

7.41 PRINCÍPIO DA PRESUNÇÃO DE INOCÊNCIA

A Constituição Federal, em seu artigo 5º, inciso LVII, dispõe que "ninguém será considerado culpado[156] até o trânsito em julgado de sentença penal condenatória". O *princípio da presunção de inocência*, decorrência lógica dos princípios do devido processo legal, do contraditório e da ampla defesa, jamais foi previsto expressamente nas constituições brasileiras anteriores. Trata-se a Constituição Federal de 1988, portanto, do primeiro texto constitucional pátrio a explicitá-lo.

Como o próprio nome já indica, referido princípio, também conhecido como *princípio da não culpabilidade*, determina que todos sejam considerados inocentes até que sobrevenha condenação penal transitada em julgado, na qual reste definitivamente provado que o acusado efetivamente é o autor de um ilícito penal que lhe foi imputado. Decorrência lógica do princípio ora em estudo é a de que *o ônus de comprovar tanto a materialidade como a autoria do ilícito penal é de quem acusa (do titular da ação penal). Não cabe ao acusado provar sua inocência.*

Conforme nos ensinam Luiz Alberto David Araujo e Vidal Serrano Nunes Júnior,[157] "à falta de demonstração probatória desses elementos, a ação penal deve ser julgada improcedente, senão com outro fundamento, com base na insuficiência de provas", concluindo sua

---

156. Em termos semelhantes, o artigo XI, item 1, da Declaração Universal de Direitos Humanos, dispõe prevê que "todo ser humano acusado de um ato delituoso tem o direito de ser presumido inocente até que a sua culpabilidade tenha sido provada de acordo com a lei, em julgamento público no qual lhe tenham sido asseguradas todas as garantias necessárias à sua defesa". Na mesma toada é o artigo 8º, item 2, do Pacto de San Jose da Costa Rica: "toda pessoa acusada de um delito tem direito a que se presuma sua inocência, enquanto não for legalmente comprovada sua culpa"
157. *Op. cit.*, p. 207.

lição lembrando que, em matéria penal, não é possível falar-se na adoção de institutos como o da inversão do ônus da prova ou outros que favoreçam a imposição da culpa, ao invés de garantir a presunção de inocência[158].

Como mencionado supra, o princípio da presunção de inocência impede que alguém seja considerado culpado antes do trânsito em julgado de sentença penal condenatória. Contudo, é importante que se diga, referida presunção *não impede a possibilidade de decretação das chamadas prisões cautelares* – prisão provisória, prisão preventiva e prisão decorrente de flagrante delito – posto que estas não estão fundamentadas em efetiva culpa do preso, mas sim em circunstâncias que devem ser debeladas, para garantia de futura aplicação da lei penal.

Outra questão muitíssimo importante é a análise da eventual possibilidade de execução provisória da pena privativa de liberdade, após decisão condenatória proferida por tribunal de segundo grau, ainda que sujeita a recurso especial e/ou extraordinário interposto pelo réu. O entendimento do Supremo Tribunal Federal acerca do caso, tanto antes como após a promulgação da Constituição Federal de 1988, inclinava-se pela possibilidade de tal execução provisória.

Com efeito, segundo entendimento tradicional da Corte Suprema, o princípio ora em estudo trata especificamente da presunção de inocência (ou da não culpabilidade) do acusado, que só pode ser afastado após o trânsito em julgado da ação penal, quando o nome do réu será inscrito no rol de culpados. A possibilidade de cumprimento provisório da pena, após acórdão de segundo grau, tem outro fundamento, a saber: o exaurimento das instâncias ordinárias põe fim à possibilidade de exame de fatos e de provas, já que os recursos especial e extraordinário não se prestam a tal fim.

Contudo, em 2009, o Supremo Tribunal Federal alterou aquele entendimento. Com efeito, ao julgar o *Habeas Corpus* (HC) 84.078, relatado pelo ministro Eros Grau, a Suprema Corte passou a condicionar a execução provisória da pena privativa de liberdade ao efetivo trânsito em julgado da sentença penal condenatória, ressalvados apenas os casos de prisão cautelar do réu. Não bastava mais, portanto, o simples exaurimento do exame do conjunto probatório, pelo tribunal de segundo grau; era necessário o trânsito em julgado do feito.

Um pouco mais à frente (fevereiro de 2016), ao julgar o *Habeas Corpus* (HC) 126292, relatado pelo ministro Teori Zavascki, a mesma Corte Suprema retomou sua jurisprudência tradicional sobre o tema, voltando a entender possível a execução provisória da sentença penal condenatória, antes mesmo do efetivo trânsito em julgado do feito (com julgamento de recurso especial e/ou extraordinário interposto pelo réu), *desde que houvesse condenação em tribunal de apelação, oportunidade em que já se mostrava encerrada a possibilidade de análise dos fatos e das provas, o que confirmaria a culpa do condenado.*

Na fundamentação daquele acórdão, foi lembrado que o próprio Supremo havia declarado a constitucionalidade da inelegibilidade de candidatos condenados criminalmente por tribunal colegiado, antes mesmo do trânsito em julgado do feito, conforme previsto na Lei Complementar 135/2010, a denominada "Lei da Ficha Limpa". Lembrou-se, ademais, que o réu poderia solicitar e obter, em situações excepcionais, efeito suspensivo no recurso

---

158. Vale mencionar, para informação do estimado leitor, que há autores que, ao tratar da amplitude do princípio da presunção de inocência, afirmam que referido princípio também se aplica aos processos cíveis e administrativos, em que pese a norma constitucional falar em "trânsito em julgado de sentença penal condenatória". É o caso, por exemplo, de Uadi Lammêgo Bulos. *Op. cit.*, p. 723.

especial e/ou extraordinário interposto, o que resultaria, ao fim e ao cabo, na suspensão da execução provisória da pena.

A mesma tese vencedora no supramencionado Habeas Corpus 126.292, foi repetido pelo Supremo Tribunal Federal, em outubro de 2016, por maioria de votos (6 x 5), no julgamento de pedido de cautelar formulado[159] nas Ações Declaratórias de Constitucionalidade 43 e 44. Referidas ações tinham por objeto a declaração de constitucionalidade do artigo 283, do Código de Processo Penal[160], que não permite a prisão do réu fora das hipóteses de prisão cautelar ou de condenação criminal transitada em julgado. Na decisão cautelar, contudo, a Suprema Corte, negou a liminar, mantendo o entendimento externado naquele *habeas corpus*[161].

Entretanto, em nova reviravolta, o mesmo Plenário do Supremo Tribunal Federal, em outubro de 2019, ao julgar o mérito das supramencionadas ações declaratórias de constitucionalidade, somadas à ADC 54, *e sem que tivesse havido qualquer mudança em sua composição*, julgou procedentes as ações (por maioria de 6 x 5, graças à mudança de entendimento do ministro Gilmar Mendes), para declarar a constitucionalidade do artigo 283, do Código de Processo Penal.

Portanto, a partir dessa nova decisão da Corte Suprema, proferida em sede de controle concentrado de constitucionalidade (com eficácia *erga omnes*), não será mais possível a execução provisória da pena privativa de liberdade, fundamentada apenas em decisão condenatória proferida por tribunal de segundo grau. *Será preciso o efetivo trânsito em julgado da ação penal, ou, ao menos, a decretação de alguma das chamadas prisões cautelares, como é o caso, por exemplo, de prisão preventiva.*

7.42 NORMAS CONSTITUCIONAIS SOBRE A PENA

A Carta Magna vigente contém, em seu artigo 5°, diversos dispositivos que tratam especificamente da aplicação e cumprimento da pena, na seara do direito criminal. Com efeito, nos termos do inciso XLV, "nenhuma pena passará da pessoa do condenado, podendo a obrigação de reparar o dano e a decretação do perdimento de bens ser, nos termos da lei, estendidas aos sucessores e contra eles executadas, até o limite do valor do patrimônio transferido". Referido dispositivo constitucional ressalta o caráter personalíssimo da sanção penal.

Por sua vez, o inciso XLVI, de nossa Lei Maior, dispõe que "a lei regulará a individualização da pena e adotará, entre outras, as seguintes: a) privação ou restrição da liberdade; b) perda de bens; c) multa; d) prestação social alternativa; e) suspensão ou interdição de direitos". Temos, neste inciso, a consagração, na seara constitucional, do denominado *princípio da individualização da pena*.

O inciso XLVII, do artigo 5°, da Constituição de 1988, a seu turno, deixa clara a opção do constituinte originário em não permitir, no ordenamento pátrio, a aplicação das penas: (a) de morte, salvo em caso de guerra declarada, nos termos do artigo 84, inciso XIX, de

---

159. Pedido formulado pelo antigo Partido Ecológico Nacional (PEN), atual Patriota, e pela Conselho Federal da Ordem dos Advogados do Brasil.
160. Código de Processo Penal, artigo 283, conforme redação que lhe conferiu a Lei 12.403/2011: "Ninguém poderá ser preso senão em flagrante delito ou por ordem escrita e fundamentada da autoridade judiciária competente, em decorrência de prisão cautelar ou em virtude de condenação criminal transitada em julgado".
161. Referido entendimento foi reforçado no julgamento, em Plenário Virtual do Recurso Extraordinário com Agravo (ARE) 964246, com repercussão geral reconhecida.

nossa Lei Maior[162]; (b) de caráter perpétuo; (c) de trabalhos forçados; (d) de banimento; (e) cruéis. É importante ressaltar que, por se tratar de cláusula pétrea, não pode ser objeto de emenda constitucional, mesmo que haja clamor popular para instauração de algum daqueles tipos de pena em nosso País.

7.43 NORMAS CONSTITUCIONAIS SOBRE A PRISÃO

Conforme expressa redação do artigo 5º, inciso LXI, de nossa Lei Maior, "ninguém será preso senão em flagrante delito ou por ordem escrita e fundamentada de autoridade judiciária competente, salvo nos casos de transgressão militar ou crime propriamente militar, definidos em lei". Já segundo o artigo 5º, inciso XLVIII, "a pena será cumprida em estabelecimentos distintos, de acordo com a natureza do delito, a idade e o sexo do apenado".

O inciso XLIX, do mesmo artigo 5º, assegura aos presos o respeito à integridade física e moral. Naturalmente, se houver danos decorrentes de desrespeito à integridade física ou moral do preso, o Estado deverá indenizá-los. O inciso L daquele mesmo artigo 5º, ao seu turno, assegura às presidiárias condições para que possam permanecer com seus filhos durante o período de amamentação

Por sua vez, o inciso LXII do mesmo artigo 5º, da Carta Magna, dispõe que "a prisão de qualquer pessoa e o local onde se encontre serão comunicados imediatamente ao juiz competente e à família do preso ou à pessoa por ele indicada". Já o inciso LXIII confere ao preso o direito de ser "informado de seus direitos, entre os quais o de permanecer calado, sendo-lhe assegurada a assistência da família e de advogado".

Nos termos do artigo 5º, inciso XIV, da Constituição de 1988, "o preso tem direito à identificação dos responsáveis por sua prisão ou por seu interrogatório policial". Já o inciso LXV do mesmo artigo 5º dispõe que "a prisão ilegal será imediatamente relaxada pela autoridade judiciária". O inciso LXVI, por fim, dispõe que "ninguém será levado à prisão ou nela mantido, quando a lei admitir a liberdade provisória, com ou sem fiança".

7.44 CRIMES PREVISTOS NA CONSTITUIÇÃO FEDERAL

Tendo por objetivo coibir crimes de grande lesividade a bens jurídicos considerados caros à sociedade e ao Estado, tais como a dignidade humana, a vida, a incolumidade física e psíquica do indivíduo, além da própria ordem constitucional e do Estado Democrático de Direito, o constituinte originário considerou oportuno fazer constar, no próprio texto constitucional, regras sobre alguns crimes a serem combatidos.

Com efeito, no inciso XLII do artigo 5º, da Constituição Federal, encontra-se expressamente consignado que "a prática do racismo constitui crime inafiançável e imprescritível, sujeito à pena de reclusão, nos termos da lei". Na lição de Uadi Lammêgo Bulos, racismo é "todo e qualquer tratamento discriminador da condição humana em que o agente dilacera a autoestima e o patrimônio moral da uma pessoa ou grupo de pessoas, tomando como critérios raça ou cor da pele, sexo, condição econômica, origem etc.".

---

162. Constituição Federal, artigo 84, inciso X: "Compete privativamente ao Presidente da República: declarar guerra, no caso de agressão estrangeira, autorizado pelo Congresso Nacional ou referendado por ele, quando ocorrida no intervalo das sessões legislativas, e, nas mesmas condições, decretar, total ou parcialmente, a mobilização nacional".

Atualmente, as condutas que tipificam práticas de racismo encontram-se previstas na Lei 7.716, de 5 de janeiro de 1989, com alterações feitas pela Lei 9.459, de 13 de maio de 1997. Nos termos do artigo 1º daquele diploma legal, serão punidos os crimes resultantes de discriminação ou preconceito de raça, cor, etnia, religião ou procedência nacional. Dentre as práticas tipificadas como racismo, podem ser citadas, a título de exemplo, "negar ou obstar emprego em empresa privada" (artigo 4º) e "recusar ou impedir acesso a estabelecimento comercial, negando-se a servir, atender ou receber cliente ou comprador".

A supramencionada Lei 9.459/1997 também acrescentou um § 3º ao artigo 140 do Decreto-lei 2.848, de 7 de dezembro de 1940 (o denominado Código Penal brasileiro), que trata do crime de injúria. Referido parágrafo passou a tipificar a chamada *injúria qualificada pelo preconceito*, prevendo a pena de reclusão de 1 (um) a 3 (três) anos, caso a ofensa consista "na utilização de elementos referentes a raça, cor, etnia, religião ou origem".

O artigo 5º, inciso XLIV, de nossa Lei Maior, por sua vez, dispõe expressamente que "constitui crime inafiançável e imprescritível a ação de grupos armados, civis ou militares, contra a ordem constitucional e o Estado Democrático". O desejo manifestado pelo constituinte originário, de conceder expresso tratamento constitucional a esta modalidade de crime, é perfeitamente compreensível, tendo em vista que a Constituição de 1988, conforme já ressaltado em outras oportunidades, foi promulgada logo após longo e penoso período em que as liberdades democráticas do País foram mitigadas.

O único reparo que deve ser feito tanto a esta norma constitucional, como à que dispõe sobre as práticas racistas, diz respeito à previsão de sua imprescritibilidade. Como nos lembra Manoel Gonçalves Ferreira Filho,[163] um sistema jurídico equilibrado não deveria consagrar uma situação de incerteza indeterminada, chegando a ser um contrassenso que a mesma Constituição que proíbe penas de caráter perpétuo, exigindo que estas tenham uma duração determinada, também preveja hipóteses em que a punibilidade penal conquiste foro de perpetuidade (casos dos crimes imprescritíveis).

Por fim, o inciso XLIII do artigo 5º, de nossa Carta Magna, dispõe expressamente que "a lei considerará crimes inafiançáveis e insuscetíveis de graça ou anistia a prática da tortura, o tráfico ilícito de entorpecentes e drogas afins, o terrorismo e os definidos como crimes hediondos, por eles respondendo os mandantes, os executores e os que, podendo evitá-los, se omitirem". Atualmente, todos os crimes mencionados no dispositivo constitucional já estão regulamentados por legislação infraconstitucional.

Nos termos de nossa Lei Magna, a prática da tortura, o tráfico ilícito de entorpecentes e drogas afins, o terrorismo e os definidos como crimes hediondos deverão ser considerados, pelas respectivas leis que os estabeleçam, crimes *inafiançáveis* e *insuscetíveis de graça ou anistia*. Da mesma forma, a prática do racismo e a ação de grupos armados, civis ou militares, contra a ordem constitucional e o Estado Democrático são crimes inafiançáveis.

Crime inafiançável, o próprio nome já o indica, é aquele que não admite o pagamento de fiança. Esta última, na seara penal, é uma medida cautelar[164] que concede ao suposto autor de crime, preso em flagrante, o direito de responder ao processo em liberdade, desde

---

163. *Op. cit.*, p. 308.
164. Código de Processo Penal, artigo 319, inciso VIII: "São medidas cautelares diversas da prisão: VIII – fiança, nas infrações que a admitem, para assegurar o comparecimento a atos do processo, evitar a obstrução do seu andamento ou em caso de resistência injustificada à ordem judicial".

que presentes determinados requisitos fixados pela própria lei processual, e que também efetue o adimplemento de uma caução real, normalmente em dinheiro.

Portanto, no caso daqueles crimes mencionados no texto constitucional, não será admissível o adimplemento de fiança penal, mesmo que, em tese, o suposto autor do crime, preso em flagrante, atenda aos demais requisitos exigidos pela legislação processual em vigor para sua concessão. A vedação de possibilidade de fiança penal àqueles crimes, aliás, também conta agora com expressa previsão no Código de Processo Penal, em seu artigo 323, conforme redação que lhe conferiu a Lei 12.403, de 4 de maio de 2011.

Graça é medida de clemência concedida a um condenado em particular (*intuitu personae*), por ato exclusivo do presidente da República (artigo 84, inciso XII, da Constituição Federal), após oitiva do Conselho Penitenciário, em razão de pedido formulado pelo próprio condenado, pelo Ministério Público, por autoridade administrativa, ou pelo próprio Conselho Penitenciário, tudo conforme disposto na Lei 7.210, de 11 de julho de 1984 (Lei de Execução Penal).[165] A concessão da graça resulta em extinção da punibilidade, conforme previsto no artigo 107, inciso II, do Código Penal.

Já a anistia, a despeito de também ser hipótese de extinção da punibilidade (prevista no mesmo artigo 107, inciso II, do Código Penal), difere da graça em diversos aspectos, dentre os quais destacam-se os seguintes: normalmente atinge crimes políticos (a graça, crimes comuns); é passível de concessão tanto pelo presidente da República como pelo Congresso Nacional (a graça, apenas pelo Chefe do Executivo); é aplicável mesmo que o réu ainda não tenha sido condenado (a graça só se aplica após o trânsito em julgado); exclui o crime, rescindindo eventual condenação (a graça extingue apenas a punibilidade).

As condutas que tipificam o crime de tortura estão previstas no artigo 1º da Lei 9.455, de 7 de abril de 1998, a saber: "I – constranger alguém com emprego de violência ou grave ameaça, causando-lhe sofrimento físico ou mental: a) com o fim de obter informação, declaração ou confissão da vítima ou de terceira pessoa; b) para provocar ação ou omissão de natureza criminosa; c) em razão de discriminação racial ou religiosa; II – submeter alguém, sob sua guarda, poder ou autoridade, com emprego de violência ou grave ameaça, a intenso sofrimento físico ou mental, como forma de aplicar castigo pessoal ou medida de caráter preventivo".

Ainda nos termos daquele diploma legal, também deve ser punido com a mesma pena prevista para as condutas mencionadas no parágrafo anterior (reclusão de dois a oito anos), "quem submete pessoa presa ou sujeita a medida de segurança a sofrimento físico ou mental, por intermédio da prática de ato não previsto em lei ou não resultante de medida legal". Ademais, está sujeito a pena de detenção de 1 (um) a 4 (quatro) anos "aquele que se omite em face dessas condutas, quando tinha o dever de evitá-las ou apurá-las".

O tráfico ilícito de entorpecentes, por sua vez, encontra-se atualmente regulamentado pela Lei 11.343, de 23 de agosto de 2006, que institui o denominado Sistema Nacional de Políticas Públicas sobre Drogas; prescreve medidas para prevenção do uso indevido, atenção e reinserção social de usuários e dependentes de drogas; estabelece normas para repressão à produção não autorizada e ao tráfico ilícito de drogas; e que também define as práticas tipificadas como crimes.

---

165. Na Lei de Execução Penal, artigo 188, a graça é denominada de indulto individual.

Os denominados crimes hediondos estão previstos na Lei 8.072, de 25 de julho de 1990.[166] Nos termos desta lei (artigo 1º), são considerados crimes hediondos, todos tipificados no Código Penal, consumados ou tentados, os seguintes delitos: homicídio, quando praticado em atividade típica de grupo de extermínio, ainda que cometido por um só agente, e homicídio qualificado; latrocínio; extorsão qualificada pela morte; extorsão mediante sequestro e na forma qualificada; estupro; estupro de vulnerável.

Também são considerados crimes hediondos os seguintes crimes consumados ou tentados: epidemia com resultado morte; falsificação, corrupção, adulteração ou alteração de produto destinado a fins terapêuticos ou medicinais. Ademais, nos termos do parágrafo único do artigo 1º daquela lei, o crime de genocídio previsto nos artigos 1º, 2º e 3º da Lei 2.889, de 1º de outubro de 1956, que tem por objeto justamente definir e punir o chamado crime de genocídio.

O último dos delitos citados no supramencionado artigo 5º, inciso XLIII, de nossa Lei Maior, a ser devidamente regulamentado por lei infraconstitucional, foi o chamado *crime de terrorismo*. Com efeito, nos expressos termos do artigo 2º, § 1º, da Lei 13.260, de 16 de março de 2016, são tipificados como atos de terrorismo:

(a) usar ou ameaçar usar, transportar, guardar, portar ou trazer consigo explosivos, gases tóxicos, venenos, conteúdos biológicos, químicos, nucleares ou outros meios capazes de causar danos ou promover destruição em massa;

(b) sabotar o funcionamento ou apoderar-se, com violência, grave ameaça a pessoa ou servindo-se de mecanismos cibernéticos, do controle total ou parcial, ainda que de modo temporário, de meio de comunicação ou de transporte, de portos, aeroportos, estações ferroviárias ou rodoviárias, hospitais, casas de saúde, escolas, estádios esportivos, instalações públicas ou locais onde funcionem serviços públicos essenciais, instalações de geração ou transmissão de energia, instalações militares, instalações de exploração, refino e processamento de petróleo e gás e instituições bancárias e sua rede de atendimento; e

(c) atentar contra a vida ou a integridade física de pessoa:

Conforme disposto no *caput* daquele artigo 2º, da Lei 13.260/2016, o terrorismo consiste na prática, por 1 (um) ou mais indivíduos, dos atos mencionados supra, por razões de: xenofobia (esta, em síntese, é a desconfiança, o temor ou a antipatia por pessoas estranhas ao meio em que vive, ou que vêm de fora do país), discriminação ou preconceito de raça, cor, etnia e religião, quando cometidos com a finalidade de provocar terror social ou generalizado, expondo a perigo pessoa, patrimônio, a paz pública ou a incolumidade pública.

Ainda segundo aquele mesmo artigo 2º, § 2º, da Lei 13.260/2016, não será considerada prática de terrorismo a conduta individual ou coletiva de pessoas em manifestações políticas, movimentos sociais, sindicais, religiosos, de classe ou de categoria profissional, direcionados por propósitos sociais ou reivindicatórios, visando a contestar, criticar, protestar ou apoiar, com o objetivo de defender direitos, garantias e liberdades constitucionais, sem prejuízo da tipificação penal contida em lei.

7.45 EXTRADIÇÃO

A Constituição Federal dispõe, em seu artigo 5º, inciso LI, que "nenhum brasileiro será extraditado, salvo o naturalizado, em caso de crime comum, praticado antes da naturalização, ou de comprovado envolvimento em tráfico ilícito de entorpecentes e drogas afins, na forma da lei". Nos termos do dispositivo constitucional em comento, portanto, *o brasileiro nato*

---

166. Com as alterações que lhe foram impostas pela Lei 9.695, de 20 de agosto de 1998, e pela Lei 11.464, de 28 de março de 2007.

jamais será extraditado, e os naturalizado, por sua vez, só o serão caso atendidas as exigências expressas estabelecidas por aquela norma constitucional.

E o que vem a ser *extradição*? Esta pode ser definida, em termos singelos, como a transferência de um determinado indivíduo (extraditando), ordenada pelo Estado em que se encontra (Estado requerido), ao país estrangeiro que a solicita (Estado requerente), para que referido indivíduo possa responder, no território do Estado solicitante, por um crime de que seja ali acusado ou mesmo já tenha sido definitivamente condenado.

Dito de outro modo, a extradição é um *processo judicial* (de competência exclusiva do Supremo Tribunal Federal[167]) pelo qual um determinado Estado solicita e obtém, de algum outro Estado estrangeiro, e geralmente com fundamento em tratado bilateral (ou, ao menos, na existência de um acordo de reciprocidade entre eles), uma pessoa que se localiza no território do Estado requerido, suspeita ou condenada pela prática de uma infração penal, para que possa responder por suas ações, no país que pleiteou a extradição (Estado requerente).

O instituto ora em estudo encontra-se atualmente regulamentado pela Lei 13.445, de 24 de maio de 2017, a denominado Lei de Imigração, mais especificamente em seu artigo 82, com a seguinte redação: "A extradição é a medida de cooperação internacional entre o Estado brasileiro e outro Estado pela qual se concede ou solicita a entrega de pessoa sobre quem recaia condenação criminal definitiva ou para fins de instrução de processo penal em curso".

Sendo o direito internacional *fundamentado no consenso*, em razão da igualdade existente entre todos os Estados estrangeiros e organismos internacionais (decorrência lógica do princípio da soberania[168]), nenhum Estado pode ser obrigado, por outro Estado estrangeiro, a entregar uma pessoa que esteja em seu território. É por esse motivo que a extradição geralmente está prevista em tratado celebrado entre os dois Estados, ou, ao menos, precisa haver promessa formal de reciprocidade. É preciso, igualmente, a dupla tipicidade, ou seja, *que o fato seja típico tanto no Estado estrangeiro que solicita a extradição, como também no Brasil*. O Brasil adota o sistema belga, que determina que o Poder Judiciário não pode examinar o mérito da condenação estrangeira.

Como visto acima, *a Constituição veda expressamente a extradição de brasileiro nato*. Assim, se um brasileiro nato cometer um crime em Nova York, e fugir para o Brasil, será processado no território nacional, não podendo ser extraditado para os Estados Unidos da América, para lá ser processado e julgado pelo crime cometido. Trata-se aqui, sem dúvida, de hipótese de expresso reconhecimento constitucional a uma regra de *extraterritorialidade penal*, conforme previsão constante do artigo 7º, inciso II, alínea *b*, do Código Penal pátrio[169], não valendo, neste caso, eventual tratado bilateral que preveja a extradição.

Contudo, é importante esclarecer que, se o brasileiro nato *voluntariamente* assumir uma outra nacionalidade (fato que lhe retira a nacionalidade brasileira, a não ser nos casos

---

167. Constituição Federal, artigo 102, inciso I, alínea "g": "Compete ao Supremo Tribunal Federal, precipuamente, a guarda da Constituição, cabendo-lhe processar e julgar, originariamente, a extradição solicitada por Estado estrangeiro".
168. A soberania, aliás, é expressamente mencionada como um dos fundamentos da República Federativa do Brasil, como se pode verificar da simples leitura do artigo 1º, inciso I, de nossa Lei Maior.
169. Código Penal, artigo 7º, inciso II, alínea b: "Ficam sujeitos à lei brasileira, embora cometidos no estrangeiro: os crimes praticados por brasileiro".

de dupla cidadania)[170], e eventualmente cometer um crime no país do qual se tornou um cidadão, voltando depois para o Brasil para tentar fugir à aplicação da lei penal daquele Estado estrangeiro, aí não incidirá a regra da Constituição Federal que proíbe a extradição de brasileiro nato.

Com efeito, conforme recente decisão prolatada no Mandado de Segurança 33.864, a Primeira Turma do Supremo Tribunal Federal, por maioria de votos (3 x 2), confirmou a validade de Portaria do Ministério da Justiça, de julho de 2013, que havia declarado a perda da nacionalidade de uma brasileira nata que adquirira *voluntariamente* a nacionalidade americana, renunciando, portanto, à cidadania brasileira, e que tinha pedido de extradição formulado pelos Estados Unidos da América, em razão de ela ser a principal suspeita de ter assassinado o marido norte-americano.

Já o brasileiro naturalizado poderá sofrer extradição. Contudo, conforme expressamente disposto em nossa Lei Maior, neste caso a extradição somente poderá ocorrer em 2 (duas) hipóteses: (a) caso de crime praticado antes da naturalização; ou (b) por *comprovado* envolvimento com tráfico ilícito de entorpecentes. No caso de tráfico ilícito de drogas, *é preciso que sobrevenha lei, conforme determina o artigo 5º, inciso LI, em sua parte final* (trata-se, portanto, de norma constitucional de eficácia limitada). Como ainda não existe a norma infraconstitucional exigida pela Carta Magna, o brasileiro naturalizado ainda não pode ser extraditado por comprovado tráfico ilícito de entorpecentes.

Quanto aos estrangeiros, referidas vedações constitucionais não existem, sendo, em princípio, possível a extradição daqueles. É o que se pode inferir da leitura do artigo 5º, inciso LII, da Constituição Federal, o qual dispõe que *"não será concedida extradição de estrangeiro por crime político ou de opinião"*. Portanto, na hipótese de haver tratado de extradição com o país que a solicita ou promessa formal de reciprocidade, o estrangeiro poderá, em princípio, ser extraditado. *Não o poderá, contudo, caso se trate de hipótese de crime político ou de opinião*.

Devemos ressaltar, neste ponto, que não existe um critério legal (como nos crimes hediondos, por exemplo) que defina o que seja crime político ou de opinião, devendo ser adotado, portanto, o *critério jurisdicional (o Supremo Tribunal Federal é quem decide)*[171]. Crime de opinião, conforme entendimento do Pretório Excelso, é aquele decorrente da *expressão de um pensamento*. Crime político, ao seu turno, é aquele cuja motivação é *ideológica*, e comporta uma subdivisão em crime político *puro* e crime político *impuro*.

Crime político puro é aquele que se traduz numa conduta cuja motivação é exclusivamente ideológica. Crime político impuro, de outro lado, é aquele que, muito embora com motivação ideológica, está consubstanciado numa conduta tipificada como crime comum. Para o Supremo Tribunal Federal, quando preponderar o caráter político (ideológico), não será concedida a extradição. Quando, ao contrário, preponderar o caráter comum do delito,

---

170. Constituição Federal, artigo 12, § 4º: "Será declarada a perda da nacionalidade do brasileiro que: I – tiver cancelada sua naturalização, por sentença judicial, em virtude de atividade nociva ao interesse nacional; II – adquirir outra nacionalidade, salvo nos casos: a) de reconhecimento de nacionalidade originária pela lei estrangeira; b) de imposição de naturalização, pela norma estrangeira, ao brasileiro residente em estado estrangeiro, como condição para permanência em seu território ou para o exercício de direitos civis".
171. É o que se pode depreender, aliás, da norma constante do artigo 82, § 4º, da Lei de Imigração: "O Supremo Tribunal Federal poderá deixar de considerar crime político o atentado contra chefe de Estado ou quaisquer autoridades, bem como crime contra a humanidade, crime de guerra, crime de genocídio e terrorismo".

a extradição é concedida. O Pretório Excelso entende que preponderará o caráter comum da infração quando houver o *emprego de violência ou grave ameaça*.

Nos expressos termos do artigo 83 da Lei 13.445/2017 (Lei de Imigração), são condições para a concessão da extradição: (1) ter sido o crime cometido no território do Estado requerente ou serem aplicáveis ao extraditando as leis penais desse Estado; e (2) estar o extraditando respondendo a processo investigatório ou a processo penal ou ter sido condenado pelas autoridades judiciárias do Estado requerente a pena privativa de liberdade.

Da leitura dos incisos do artigo 82, da Lei de Imigração, podemos constatar que *será negada a extradição* quando: o indivíduo cuja extradição é solicitada ao Brasil for brasileiro nato; o fato que motivar o pedido não for considerado crime no Brasil ou no Estado requerente; o Brasil for competente, segundo suas leis, para julgar o crime imputado ao extraditando; a lei brasileira impuser ao crime pena de prisão inferior a 2 (dois) anos.

Da mesma forma, *o Brasil não aceitará pedido de extradição* quando: o extraditando estiver respondendo a processo ou já houver sido condenado ou absolvido no Brasil pelo mesmo fato em que se fundar o pedido; a punibilidade estiver extinta pela prescrição, segundo a lei brasileira ou a do Estado requerente; o fato constituir crime político ou de opinião; o extraditando tiver de responder, no Estado requerente, perante tribunal ou juízo de exceção; ou o extraditando for beneficiário de refúgio ou de asilo territorial.

Quando mais de um Estado requerer a extradição da mesma pessoa, pelo mesmo fato, *terá preferência o pedido daquele em cujo território a infração foi cometida*. É o que determina o artigo 85, da Lei de Imigração. Em caso de crimes diversos, terá preferência, sucessivamente: (1) Estado requerente em cujo território tenha sido cometido o crime mais grave, segundo a lei brasileira; (2) o Estado que em primeiro lugar tenha pedido a entrega do extraditando, se a gravidade dos crimes for idêntica; e (3) o Estado de origem, ou, em sua falta, o domiciliar do extraditando, se os pedidos forem simultâneos.

No que respeita ao aspecto processual, é preciso esclarecer que a extradição, em nosso País, *é de âmbito jurisdicional*, de competência originária do Supremo Tribunal Federal, como determina expressamente o artigo 102, inciso I, alínea g, de nossa Lei Maior. Essa exigência, aliás, é reforçada pelo artigo 90, da Lei de Imigração, o qual dispõe que "nenhuma extradição será concedida sem prévio pronunciamento do Supremo Tribunal Federal sobre sua legalidade e procedência, não cabendo recurso da decisão".

É importante esclarecer, neste ponto, que o Poder Executivo está vinculado a obedecer a decisão do Supremo Tribunal Federal, no caso de indeferimento da extradição. *No caso de deferimento, entretanto, não está vinculado, por ser uma questão de soberania*. Este entendimento, aliás, foi recentemente ratificado, quando o Pretório Excelso, no Processo de Extradição 1.085, por 6 (seis) votos a 3 (três), decidiu que o italiano Cesare Battisti deveria ser solto (e, consequentemente, não extraditado para a Itália), em razão de decisão, neste sentido, do Chefe do Poder Executivo.

Concedida a extradição pelo Pretório Excelso, e decidindo-se o presidente da República por concretizá-la, será o fato comunicado pela via diplomática ao Estado requerente que, no prazo de 60 (sessenta) dias da comunicação, deverá retirar o extraditando do território nacional. Se o Estado requerente não retirar o extraditando do território nacional naquele prazo, será este último posto em liberdade, sem prejuízo de outras medidas aplicáveis. Negada a extradição em fase judicial, não se admitirá novo pedido baseado no mesmo fato.

EXTRADIÇÃO

– O brasileiro nato jamais será extraditado. Assim, se um brasileiro nato cometer um crime em Nova York, e fugir para o Brasil, será processado no território nacional. Trata-se aqui, sem dúvida, de reconhecimento constitucional a uma regra de *extraterritorialidade penal*, inserida no artigo 7º, inciso II, alínea *b*, do Código Penal.

– Caso o brasileiro nato voluntariamente assuma uma nacionalidade estrangeira, o que lhe retirará, portanto, a nacionalidade brasileira, neste caso poderá ser extraditado, caso cometa o crime no país do qual se tornou um cidadão, e venha para o Brasil para tentar fugir à aplicação da lei penal daquele Estado.

– O brasileiro naturalizado, de outro lado, poderá sofrer extradição. Contudo, somente em 2 (duas) hipóteses: caso de crime praticado antes da naturalização, ou por *comprovado* envolvimento com tráfico ilícito de entorpecentes. No caso de tráfico ilícito de drogas, *é preciso que sobrevenha lei, conforme determina o artigo 5º, inciso LI, em sua parte final* (trata-se, portanto, de norma constitucional de eficácia limitada).

– Quanto aos estrangeiros, referidas vedações não existem, sendo, em princípio, possível a extradição daqueles. Na hipótese de haver tratado de extradição com o Estado que pede a extradição, ou promessa formal de reciprocidade, o estrangeiro poderá, em princípio, ser extraditado. Não o poderá, contudo, caso se trate de hipótese de crime político ou de opinião.

7.46 PRINCÍPIO DO DEVIDO PROCESSO LEGAL

Conforme preceitua o artigo 5º, inciso LIV, da Carta de 1988, "ninguém será privado da liberdade ou de seus bens sem o devido processo legal". Trata-se do *princípio do devido processo legal*, agora trazido expressamente para a seara constitucional (é a primeira Constituição brasileira a explicitá-lo), e que tem por objetivo a proteção do indivíduo contra eventuais arbitrariedades perpetradas pelo Estado, na condução dos processos contra aquele.

E o que vem a ser processo? Referido instituto, em apertada síntese, é o meio ou instrumento instituído pelo Estado para viabilizar o exercício de sua função jurisdicional, através de um conjunto de atos jurídicos coordenados, praticados perante o Poder Judiciário, para a solução dos litígios que lhe forem submetidos à apreciação. Em uma breve definição, o processo pode ser definido como o *instrumento necessário para o exercício da jurisdição*.

Como nos ensina Cândido Rangel Dinamarco,[172] "a existência de *processo* numa ordem jurídica é imposição da necessidade do serviço jurisdicional: o processo existe acima de tudo para o exercício da jurisdição e esse é o fator de sua legitimidade social entre as instituições jurídicas do país". Conclui sua lição asseverando que, "na medida em que a população necessita de juízes e do serviço que lhe prestam (a pacificação mediante o exercício da jurisdição), é também indispensável um método pelo qual esse serviço é prestado".

O processo pode ser encarado sob o *aspecto objetivo*, referindo-se ao conjunto de atos jurídicos coordenados e sucessivos, destinados à solução do litígio, bem como sob o *aspecto subjetivo*, dizendo respeito mais especificamente à relação jurídica processual, que se estabelece entre autor, réu e juiz, e que confere a cada um desses atores diversos direitos, deveres e ônus.

Na lição de Marcus Vinícius Rios Gonçalves,[173] "integram o conceito de processo as noções de procedimento e relação jurídica processual". A forma particular como os atos processuais são encadeados constitui o procedimento, que pode ser comum ordinário, comum sumário ou especial. Ainda segundo o insigne jurista, o processo "ainda abrange

---

172. *Instituições de direito processual civil*. Malheiros, 2001. v. 1, p. 295.
173. *Novo curso de direito processual civil*. 6. ed. Saraiva, 2009, v. 1, p. 104.

a relação jurídica que se estabelece entre as partes, e entre elas e o juiz, na qual sobrelevam poderes, deveres, faculdades e ônus".

Todas as constituições brasileiras, acompanhando a tradição que podemos verificar nas Cartas Magnas da grande maioria das civilizações ocidentais, continham em seu corpo – algumas mais, outras menos – normas de cunho processual, destinadas, sobretudo, a dar efetividade aos direitos e garantias constitucionais. Trata-se de uma tendência que surgiu com o fenômeno do constitucionalismo e a criação dos chamados Estados modernos.

Com efeito, como vimos no Capítulo 1 desta obra, a primeira Carta Magna brasileira (a Constituição do Império, outorgada em 25 de março de 1824, pouco depois da declaração de independência), já continha disposições de conteúdo processual. Previa, por exemplo, a possibilidade de as partes instituírem juízos arbitrais, não cabendo recurso dessas decisões (artigo 160). Também condicionava a utilização da jurisdição à prévia tentativa de conciliação (artigo 161).

O mesmo se pode dizer da primeira constituição republicana, promulgada em 24 de fevereiro de 1891, que adotou a tradicional "tripartição de poderes", fortaleceu o Poder Judiciário, dotando-o também de competência para controlar os atos do Poder Executivo e do Poder Legislativo. Foi criada a Justiça Federal. O Poder Judiciário era formado por magistrados, que passaram a contar com as garantias da vitaliciedade e da irredutibilidade de vencimentos. Trouxe, para o seu corpo, o instituto do *habeas corpus*, que era previsto apenas na legislação infraconstitucional.

E a Constituição de 1988, seguindo essa tendência, contém um sem-número de normas (princípios e regras) de cunho processual. No próprio artigo 5º, quando trata dos direitos e garantias individuais e coletivos, traz uma extensa lista de princípios constitucionais processuais, tais como, por exemplo, os do contraditório e da ampla defesa, o da inadmissibilidade de provas obtidas por meios ilícitos, além do princípio do devido processo legal, ora em estudo.

O princípio do devido processo legal, ou *due process of law*, é um dos direitos fundamentais mais antigos conferidos ao homem, e que foi expressamente consagrado, pela primeira vez, na Magna Carta da Inglaterra, em 1215. A primeira Constituição escrita a trazê-lo expresso foi a Constituição dos Estados Unidos da América, por meio da Emenda 5, de 1791, a qual dispõe que "ninguém será privado da vida, da liberdade ou da propriedade sem o devido processo legal".

Ao dispor expressamente, no supramencionado artigo 5º, inciso LIV, que "ninguém será privado da liberdade ou de seus bens sem o devido processo legal", a Constituição Federal pretendeu deixar claro que somente por meio da atividade jurisdicional, exercida com exclusividade pelo Estado, é que o indivíduo poderá perder sua liberdade ou seus bens, não sendo possível sofrer tais gravames por meio de atos praticados por outrem, inclusive pela própria Administração, sem a intervenção do Poder Judiciário.

Ademais, como nos lembra Cândido Rangel Dinamarco,[174] referido dispositivo constitucional também tem por objetivo "proclamar a *autolimitação* do Estado no exercício da própria jurisdição, no sentido de que a *promessa* de exercê-la será cumprida com as limita-

---

174. *Op. cit.*, p. 244.

ções contidas nas demais garantias e exigências, sempre segundo os padrões democráticos da República brasileira".

Conforme nos esclarece Paulo Roberto de Gouvêa Medina,[175] o princípio do devido processo legal é um "princípio tipicamente processual, na sua origem, que se estendeu mais tarde à esfera administrativa e ao plano do direito constitucional, sob a forma do *substantive due process*, que é, em essência, nova versão do princípio no campo do direito material, atuando como um crivo para o controle da razoabilidade das leis e dos atos administrativos".

No mesmo sentido é a lição de Alexandre de Moraes,[176] que nos lembra que o devido processo legal "configura dupla proteção ao indivíduo, atuando tanto no âmbito material de proteção ao direito de liberdade, quanto no âmbito formal, ao assegurar-lhe paridade total de condições com o Estado-persecutor e plenitude de defesa".

Da observância do princípio ora em estudo, como já adiantado, decorrem diversos outros direitos e garantias constitucionais, como, por exemplo, o direito ao contraditório e à ampla defesa (artigo 5º, inciso VL), à inadmissibilidade de provas obtidas por meios ilícitos (artigo 5º, inciso LVI), além de todos aqueles que disciplinam o processo penal, tais como o da presunção de inocência e o do relaxamento da prisão ilegal, além de diversos outros expressamente relacionados nos incisos do artigo 5º, da Constituição Federal.

PRINCÍPIO DO DEVIDO PROCESSO LEGAL

– O princípio do devido processo legal, agora trazido expressamente para a seara constitucional (é a primeira Constituição brasileira a explicitá-lo), tem por objetivo a proteção do indivíduo contra eventuais arbitrariedades perpetradas pelo Estado, na condução dos processos contra aquele.

– Somente por meio da atividade jurisdicional, exercida com exclusividade pelo Estado, é que o indivíduo poderá perder sua liberdade ou seus bens, não sendo possível sofrer tais gravames por meio de atos praticados por outrem, inclusive pela própria Administração, sem a intervenção do Poder Judiciário.

– Da observância do princípio ora em estudo decorrem diversos outros direitos e garantias constitucionais, como, por exemplo, o direito ao contraditório e à ampla defesa, à inadmissibilidade de provas obtidas por meios ilícitos, além de todos aqueles que disciplinam o processo penal, tais como o da presunção de inocência e o do relaxamento da prisão ilegal.

7.47 PRINCÍPIOS DO CONTRADITÓRIO E DA AMPLA DEFESA

Como mencionamos na seção anterior, decorrência lógica do reconhecimento constitucional do direito ao devido processo legal é a garantia ao contraditório e à ampla defesa, expressamente consagrada no artigo 5º, inciso LV, da Carta Magna. Nos termos desse dispositivo constitucional, "aos litigantes, em processo judicial ou administrativo, e aos acusados em geral são assegurados o contraditório e ampla defesa, com os meios e recursos a ela inerentes".

O *princípio do contraditório*, também denominado *audiência bilateral*, é aquele que faculta à parte, em um processo judicial ou mesmo administrativo, e aos acusados em geral, a chance de se manifestar sobre todas as alegações e documentos produzidos pela parte contrária. Decorre desse princípio a necessidade de concessão de igualdade de tratamento a ambas as partes de uma relação processual.

---

175. *Op. cit.*, p. 29.
176. *Direito constitucional*. 26. ed. Atlas, 2010, p. 107.

O *princípio da ampla defesa*, ao seu turno, é aquele que confere à parte, em um processo, a possibilidade de trazer aos autos todas as suas alegações e provas que considerar úteis a sua plena defesa, à garantia de seus direitos. Em decorrência desse princípio, deverá ser garantido ao réu o direito à citação válida; à nomeação de defensor, quando não puder pagar um advogado em processos criminais; e também à regular intimação para os atos processuais.

Diferentemente do que se dava com as constituições anteriores, as quais, quando tratavam das garantias do contraditório e da ampla defesa, referiam-se apenas à instrução criminal, a Carta Magna de 1988, em consonância com o sentido mais amplo que a doutrina sempre atribuiu aos princípios ora em estudo, faz menção explícita também à sua aplicação *no âmbito dos processos administrativos*[177].

Referidos princípios, aliás, encontram-se expressamente albergados pelo artigo 2º, da Lei 9.784, de 29 de janeiro de 1999, que regulou o processo administrativo no âmbito da Administração Pública Federal, ao determinar que esta última "obedecerá, dentre outros, aos princípios da legalidade, finalidade, motivação, razoabilidade, proporcionalidade, moralidade, *ampla defesa*, *contraditório*, segurança jurídica, interesse público e eficiência" (destacou-se).

Dessa forma, todo e qualquer processo instaurado no âmbito da Administração Pública para apuração de infração e aplicação de sanção *ao administrado*, deverá assegurar a este o contraditório e a ampla defesa. É o que deve ocorrer, por exemplo, nos processos administrativos de infração de trânsito, que só podem culminar com a aplicação de multa após ser conferido ao condutor o pleno direito de defesa.

O mesmo se diga em relação aos processos administrativos para apuração de infração e aplicação de sanção *aos servidores públicos*, no exercício de suas funções. Antes de eventual imposição de qualquer sanção, condicionada à efetiva comprovação da ocorrência dos fatos imputados ao servidor, este último deverá ter assegurado o contraditório e a ampla defesa.

Também estão sujeitos ao contraditório e à ampla defesa os processos que correm perante os chamados Tribunais e Conselhos de Contas, os quais, como veremos melhor em Capítulo específico deste livro, são órgãos auxiliares do Poder Legislativo na fiscalização contábil, financeira, orçamentária, operacional e patrimonial da respectiva pessoa política. Aliás, no tocante especificamente ao Tribunal de Contas da União, o Supremo Tribunal Federal editou a súmula vinculante 3, assegurando a observância de referidos princípios[178].

Na seara judicial, os princípios do contraditório e da ampla defesa ganham feições diferenciadas, conforme sejam aplicados no processo penal ou no processo civil. No primeiro (processo penal), em que a liberdade da pessoa é colocada em risco, referidos princípios têm a importância sobremaneira potencializada, devendo ser aplicados em caráter real e efetivo.

Como consequência disso, mesmo que o réu não o queira, o Estado deverá garantir sua defesa, nomeando um defensor dativo, para realizar tal desiderato. Ademais, apenas no processo penal é possível ao magistrado considerar o réu indefeso, dando-lhe outro defensor, caso entenda que o advogado do acusado tenha apresentado uma defesa deficitária.

---

177. É importante ressaltar, contudo, que a Súmula 5, do Supremo Tribunal Federal, dispõe expressamente que "a falta de defesa técnica por advogado no processo administrativo disciplinar não ofende a Constituição".
178. Súmula vinculante 3: "Nos processos perante o Tribunal de Contas da União asseguram-se o contraditório e a ampla defesa quando da decisão puder resultar anulação ou revogação de ato administrativo que beneficie o interessado, excetuada a apreciação da legalidade do ato de concessão inicial de aposentadoria, reforma e pensão".

Já no processo civil, ao contrário, os princípios do contraditório e da ampla defesa revelam menor amplitude, consistindo apenas em *ônus processuais*. Basta que seja dada ciência à parte das alegações e documentos produzidos pela outra, e que lhes seja permitida a ampla produção de alegações e provas. Caso não queiram exercitá-los, não caberá ao magistrado suprir-lhes a inércia, devendo as partes sofrer as consequências de suas omissões.

É por essa razão, por exemplo, que a ausência de defesa, no processo civil, geralmente produz como resultado a presunção de verossimilhança dos fatos afirmados pelo autor, em sua petição inicial, conforme expressamente disposto no artigo 344, do Código de Processo Civil[179]. Na mesma toada, cabe ao réu manifestar-se sobre todos os fatos narrados na inicial, presumindo-se como verdadeiros os não impugnados, com exceção das hipóteses relacionadas no artigo 341 do mesmo diploma legal[180].

De todo modo, mesmo que um pouco mitigados, o contraditório e a ampla defesa têm expressa previsão no Código de Processo Civil, podendo ser mencionadas, a título de exemplo, a norma do artigo 9º, daquela lei processual, a qual dispõe expressamente que não se proferirá decisão contra uma das partes sem que ela seja previamente ouvida, ressalvados os casos de concessão de tutela de urgência ou de evidência, inclusive em sede de ação monitória. No mesmo sentido é a regra do artigo 10, do mesmo diploma legal[181].

PRINCÍPIOS DO CONTRADITÓRIO E DA AMPLA DEFESA

– O **princípio do contraditório** é aquele que faculta à parte, em um processo judicial ou mesmo administrativo, e aos acusados em geral, a chance de se manifestarem sobre todas as alegações e documentos produzidos pela parte contrária. Decorre desse princípio a necessidade de concessão de igualdade de tratamento a ambas as partes da relação processual.

– O **princípio da ampla defesa** é aquele que confere à parte, num processo, a possibilidade de trazer aos autos todas as suas alegações e provas que considerar úteis a sua plena defesa, à garantia de seus direitos. Em decorrência desse princípio, deverá ser garantido ao réu o direito à citação válida; à nomeação de defensor, quando não puder pagar um advogado em processos criminais; e também à regular intimação para os atos processuais.

7.48 INADMISSIBILIDADE DAS PROVAS OBTIDAS POR MEIOS ILÍCITOS

Segundo o artigo 5º, inciso LVI, da Constituição Federal, "são inadmissíveis, no processo, as provas obtidas por meios ilícitos". Assim, em consonância com o dispositivo constitucional ora em exame, toda e qualquer prova obtida por meios ilícitos (que não sejam legais ou moralmente ilegítimos) será nula, imprestável à comprovação dos fatos que a parte pretendia demonstrar.

Já o artigo 369, do Código de Processo Civil vigente, é expresso e inequívoco em dispor que as partes têm o direito de empregar todos os meios legais, bem como os moralmente legítimos, ainda que não especificados naquele diploma legal, para provar a verdade dos fatos em que se funda o pedido ou a defesa e influir eficazmente na convicção do juiz. Prova,

---

179. Código de Processo Civil, artigo 344: "Se o réu não contestar a ação, será considerado revel e presumir-se-ão verdadeiras as alegações de fato formuladas pelo autor".
180. Código de Processo Civil, artigo 341: "Incumbe também ao réu manifestar-se precisamente sobre as alegações de fato constantes da petição inicial, presumindo-se verdadeiras as não impugnadas, salvo se: I – não for admissível, a seu respeito, a confissão; II – a petição inicial não estiver acompanhada de instrumento que a lei considerar da substância do ato; III – estiverem em contradição com a defesa, considerada em seu conjunto".
181. Código de Processo Civil, artigo 10: "O juiz não pode decidir, em grau algum de jurisdição, com base em fundamento a respeito do qual não se tenha dado às partes oportunidade de se manifestar, ainda que se trate de matéria sobre a qual deva decidir de ofício".

portanto, é todo meio *legal ou moralmente legítimo* para provar *os fatos alegados pelas partes*, no transcorrer do processo.

O *princípio da inadmissibilidade das provas obtidas por meios ilícitos*, que alguns doutrinadores denominam de *princípio da licitude das provas*, decorre, inequivocamente, do já estudado princípio do devido processo legal. Por prova ilícita podemos entender, de maneira sintética, aquela produzida com ofensa aos princípios e regras constitucionais e legais, sobretudo quando ofenderem as liberdades públicas, consagradas pela Constituição Federal.

Exemplo de prova nula, por ter sido produzida por meios ilícitos, é a interceptação telefônica realizada sem o atendimento das regras impostas pelo artigo 5º, inciso XII, da Constituição Federal, em sua parte final. Será ilícita, portanto, se não tiver sido previamente autorizada por autoridade judicial, para fins de investigação criminal ou de instrução processual penal, e na forma estabelecida pela Lei 9.269, de 2 de abril de 1996.

No mesmo diapasão, são ilícitas as provas obtidas por meio de tortura, já que desrespeitam o comando fixado pelo artigo 5º, inciso III, da Carta Magna, bem como as provas produzidas com inobservância do princípio da inviolabilidade do domicílio, conforme garantia fixada pelo mesmo artigo 5º da Constituição, em seu inciso XI.

Devemos esclarecer, ademais, que o Supremo Tribunal Federal também considera ilegais as provas que forem produzidas em decorrência da primeira prova nula, mesmo que tenham sido colhidas de forma regular. Trata-se da adoção, pela Corte Suprema, da teoria dos frutos da árvore envenenada (*fruits of poisonous tree*). É o caso, por exemplo, de provas regulares que somente foram produzidas em razão da ciência de fatos obtidos através de ilegal quebra de sigilo bancário ou fiscal. Nessa hipótese, todas as provas, mesmo que regulares, mas produzidas em decorrência da quebra de sigilo ilegal, são nulas.

PRINCÍPIO DA INADMISSIBILIDADE DAS PROVAS OBTIDAS POR MEIOS ILÍCITOS

– O princípio da inadmissibilidade das provas obtidas por meios ilícitos, que alguns doutrinadores denominam de *princípio da licitude das provas*, decorre, inequivocamente, do princípio do devido processo legal.

– Por prova ilícita podemos entender, de maneira sintética, aquela produzida com ofensa aos princípios e regras constitucionais e legais, sobretudo quando ofenderem as liberdades públicas, consagradas pela Constituição Federal.

7.49 PRINCÍPIO DA NECESSIDADE DE MOTIVAÇÃO DAS SENTENÇAS E DEMAIS DECISÕES JUDICIAIS

Outro princípio que decorre, inequivocamente, do devido processo legal é o *princípio da necessidade de motivação das sentenças e demais decisões proferidas pelo Poder Judiciário*, no exercício da atividade jurisdicional. Referido princípio encontra-se expressamente insculpido no artigo 93, inciso IX, da Constituição Federal vigente.

Nos termos do dispositivo constitucional supramencionado[182], "todos os julgamentos dos órgãos do Poder Judiciário serão públicos, *e fundamentadas todas as decisões, sob pena de nulidade*, podendo a lei limitar a presença, em determinados atos, às próprias partes e a seus

---

182. Em termos muito semelhantes é a norma do Código de Processo Civil, artigo 11: "Todos os julgamentos dos órgãos do Poder Judiciário serão públicos, e fundamentadas todas as decisões, sob pena de nulidade".

advogados, ou somente a estes, em casos nos quais a preservação do direito à intimidade do interessado no sigilo não prejudique o interesse público à informação" (grifou-se).

A exigência de que todas as decisões judiciais sejam devidamente fundamentadas é decorrência lógica do próprio Estado Democrático de Direito, uma vez que permite o efetivo controle da correção daquelas decisões, impedindo, por consequência, que um determinado magistrado, no julgamento do caso concreto que lhe foi submetido a julgamento, decida de maneira arbitrária.

A despeito de estar inserido no artigo 93, que trata dos princípios que devem ser observados na elaboração do chamado Estatuto da Magistratura, a verdade é que o próprio Pretório Excelso já se pronunciou, expressamente, que o princípio da necessidade de motivação das decisões judiciais é *norma de eficácia plena*, ou seja, que não depende da edição da norma infraconstitucional mencionada no artigo, para poder ser imediatamente aplicada. Sua imediata aplicação pode ser inferida, por exemplo, do seguinte acórdão:

> *"É inquestionável que a exigência de fundamentação das decisões judiciais, mais do que expressiva imposição consagrada e positivada pela nova ordem constitucional (art. 93, IX), reflete uma poderosa garantia contra eventuais excessos do Estado-Juiz, pois, ao torná-la elemento imprescindível e essencial dos atos sentenciais, quis o ordenamento jurídico erigi-la como fator de limitação dos poderes deferidos aos magistrados e Tribunais"* (Habeas Corpus 68.202, Relator Ministro Celso de Mello, j. 6-11-90, *DJ* de 15-3-91).

Assim, caso alguma decisão proferida por órgão do Poder Judiciário não observe a exigência contida no artigo 93, inciso IX, da Constituição Federal vigente, referida decisão judicial será inequivocamente ilegítima, e, consequentemente, irremediavelmente nula, por desrespeitar uma norma constitucional autoaplicável.

O dispositivo constitucional em comento, ao referir-se à necessidade de fundamentação das *decisões*, evidentemente utiliza-se dessa expressão em seu sentido genérico, querendo referir-se não só às chamadas decisões interlocutórias, como também às sentenças prolatadas pelos órgãos jurisdicionais de primeira instância e aos acórdãos proferidos pelos tribunais.

Na seara infraconstitucional, diversas normas também explicitam a necessidade de motivação adequada das decisões proferidas pelo Poder Judiciário. É o caso, por exemplo, do artigo 489, inciso II, do Código de Processo Civil, que inclui entre os elementos essenciais da sentença a necessidade de esta conter os fundamentos em que o juiz analisará as questões de fato e de direito.

Caso a decisão judicial não apresente fundamentação adequada, a parte poderá valer-se de um recurso específico, denominado *embargos de declaração*, previsto tanto no processo civil,[183] como no processo penal[184] e também no processo do trabalho[185], que tem por um de seus objetivos justamente suprir omissões nas sentenças e acórdãos proferidos pelo Poder Judiciário.

Aliás, como veremos melhor ao tratar do chamado controle difuso de constitucionalidade, a oposição de embargos declaratórios chega mesmo a ser um dos requisitos exigidos

---

183. Código de Processo Civil, artigo 1.022: "Cabem embargos de declaração contra qualquer decisão judicial para: I – esclarecer obscuridade ou eliminar contradição; II – suprir omissão de ponto ou questão sobre o qual devia se pronunciar o juiz de ofício ou a requerimento; III – corrigir erro material".
184. Código de Processo Penal, artigo 619: "Aos acórdãos proferidos pelos Tribunais de Apelação, câmaras ou turmas, poderão ser opostos embargos de declaração, no prazo de dois dias contados da sua publicação, quando houver na sentença ambiguidade, obscuridade, contradição ou omissão".
185. Consolidação das Leis do Trabalho, artigo 897-A: "Caberão embargos de declaração da sentença ou acórdão, no prazo de 5 dias, devendo seu julgamento ocorrer na primeira audiência ou sessão subsequente a sua apresentação, registrado na certidão, admitido efeito modificativo da decisão nos casos de omissão, contradição no julgado e manifesto equívoco no exame dos pressupostos extrínsecos do recurso".

pelo Supremo Tribunal Federal, para processar e julgar o recurso extraordinário, na hipótese de omissão do órgão jurisdicional de instância inferior em analisar eventual ofensa, por parte de lei ou ato normativo, à Constituição Federal.

PRINCÍPIO DA NECESSIDADE DE MOTIVAÇÃO DAS DECISÕES JUDICIAIS

– **Princípio da necessidade de motivação das decisões proferidas pelo Poder Judiciário** – a exigência de que todas as decisões judiciais sejam devidamente fundamentadas é decorrência lógica do próprio Estado Democrático de Direito, uma vez que permite o efetivo controle da correção daquelas decisões, impedindo, por consequência, que um determinado magistrado, no julgamento do caso concreto que lhe foi submetido a julgamento, decida de maneira arbitrária.

– Caso alguma decisão proferida por órgão do Poder Judiciário não observe a exigência contida no artigo 93, inciso IX, da Constituição Federal vigente, será inequivocamente ilegítima, e, consequentemente, irremediavelmente nula, por desrespeitar uma norma constitucional de eficácia plena.

– A necessidade de fundamentação das *decisões*, evidentemente, refere-se não só às chamadas decisões interlocutórias, como também às sentenças prolatadas pelos órgãos jurisdicionais de primeira instância e aos acórdãos proferidos pelos tribunais.

7.50 PRINCÍPIO DA PUBLICIDADE DOS ATOS PROCESSUAIS

O *princípio da publicidade dos atos processuais* encontra-se positivado, na Constituição Federal de 1988, em 2 (dois) artigos distintos. Conforme expressa redação do artigo 5º, inciso LX, da Constituição Federal, "a lei só poderá restringir a publicidade dos atos processuais quando a defesa da intimidade ou o interesse social o exigirem".

Já o artigo 93, inciso IX, da mesma Carta Magna, é expresso em determinar que "todos os julgamentos dos órgãos do Poder Judiciário serão públicos, [...] podendo a lei limitar a presença, em determinados atos, às próprias partes e a seus advogados, ou somente a estes, em casos nos quais a preservação do direito à intimidade do interessado no sigilo não prejudique o interesse público à informação".

Referido princípio determina que, tanto quanto possível, os atos dos juízes e tribunais sejam públicos, de maneira que seja permitido não só aos órgãos jurisdicionais superiores, no julgamento dos recursos, como também aos jurisdicionados e também aos diversos órgãos de controle interno e externo do Poder Judiciário, realizar um satisfatório controle dos atos e omissões praticados pelos membros daquele Poder.

No tocante ao conhecimento, pelas partes e seus procuradores, dos atos praticados pelo Poder Judiciário, o princípio da publicidade dos atos processuais nada mais é que um consectário lógico dos princípios do devido processo legal, do contraditório e da ampla defesa, uma vez que as partes somente podem efetivamente lutar por seus direitos caso lhes seja permitido tomar ciência efetiva dos atos judiciais produzidos no processo, notadamente dos gravosos aos seus interesses.

Justamente por essa razão, o princípio da publicidade dos atos processuais não deve sofrer restrições em relação às partes e aos seus advogados. Essa realidade pode ser constatada, por exemplo, pelo que preconiza o artigo 189, § 1º, do Código de Processo Civil[186], que confere àqueles o direito irrestrito de consultar os autos e de pedir certidões de seus atos, mesmo nos processos que corram em segredo de justiça.

---

186. Código de Processo Civil, artigo 189, § 1º: "O direito de consultar os autos de processo que tramite em segredo de justiça e de pedir certidões de seus atos é restrito às partes e aos seus procuradores".

Já em relação à generalidade das pessoas, conforme preconiza a própria Lei Maior, o princípio da publicidade dos atos e decisões judiciais (que nada mais é do que a exteriorização do direito público à informação, só que voltado especificamente para a seara do direito processual) poderá sofrer restrições, caso referida publicidade acabe por ferir a intimidade da pessoa, ou quando o interesse social o exigir.

Na lição de Marcus Vinícius Rios Gonçalves,[187] "a publicidade é necessária para que a sociedade possa fiscalizar seus juízes, preservando-se com isso o direito à informação, garantido constitucionalmente". Por outro lado, como nos lembra o doutrinador, muitas vezes a publicidade pode ser nociva, quando houver interesse público envolvido, ou quando a divulgação puder trazer danos às partes, razão pela qual se justifica "a imposição de restrição para que estranhos, em determinadas circunstâncias, tenham acesso ao que se passa no processo".

Justamente por essa razão, Cândido Rangel Dinamarco[188] afirma que "a publicidade que se tem no Brasil é a chamada *publicidade restrita* e não a *popular*. Por meio dessa espécie de publicidade, esclarece o doutrinador, "protegem-se por inteiro as partes contra os males dos *julgamentos secretos*, permitindo-se sua presença a todas as audiências e acesso aos autos em que litigam, mas impõem-se restrições ao acesso de estranhos aos autos do processo e à divulgação irrestrita dos atos processuais".

Uma norma infraconstitucional que também exterioriza, de maneira clara e inequívoca, a forma de publicidade dos atos processuais adotada pelo Brasil, é aquela consignada no artigo 11, e seu parágrafo único, do Código de Processo Civil, que determina que todos os julgamentos dos órgãos do Poder Judiciário sejam públicos, ressalvando, contudo, que, nos casos de segredo de justiça[189], possa ser autorizada a presença somente das partes, de seus advogados, de defensores públicos ou do Ministério Público. Na mesma toada, o artigo 368, do mesmo diploma legal, o qual determina que a audiência seja pública, ressalvados as exceções legais, relativas aos processos que correm em segredo de justiça, que serão realizadas a portas fechadas.

PRINCÍPIO DA PUBLICIDADE DOS ATOS PROCESSUAIS

– Princípio da publicidade dos atos processuais determina que, tanto quanto possível, os atos dos juízes e tribunais sejam públicos, de maneira que seja permitido não só aos órgãos jurisdicionais superiores, no julgamento dos recursos, como também aos jurisdicionados e também aos diversos órgãos de controle interno e externo do Poder Judiciário, realizar um satisfatório controle dos atos e omissões praticados pelos membros daquele Poder.

– No tocante ao conhecimento, pelas partes e seus procuradores, dos atos praticados pelo Poder Judiciário, referido princípio nada mais é que um consectário lógico dos princípios do devido processo legal, do contraditório e da ampla defesa, uma vez que as partes somente podem efetivamente lutar por seus direitos caso lhes seja permitido tomar ciência efetiva dos atos judiciais produzidos no processo, notadamente dos gravosos aos seus interesses.

– Já em relação à generalidade das pessoas, conforme preconiza a própria Lei Maior, o princípio da publicidade dos atos e decisões judiciais (que nada mais é do que a exteriorização do direito público à informação, só que voltado especificamente para a seara do direito processual) poderá sofrer restrições, caso referida publicidade acabe por ferir a intimidade da pessoa, ou quando o interesse social o exigir.

---

187. *Op. cit.*, p. 36.
188. *Op. cit.*, p. 235.
189. Código de Processo Civil, artigo 189, *caput*: "Os atos processuais são públicos, todavia tramitam em segredo de justiça os processos: I – em que o exija o interesse público ou social; II – que versem sobre casamento, separação de corpos, divórcio, separação, união estável, filiação, alimentos e guarda de crianças e adolescentes; III – em que constem dados protegidos pelo direito constitucional à intimidade; IV – que versem sobre arbitragem, inclusive sobre cumprimento de carta arbitral, desde que a confidencialidade estipulada na arbitragem seja comprovada perante o juízo".

7.51 PRINCÍPIO DO DUPLO GRAU DE JURISDIÇÃO

A Constituição Federal de 1988 *não explicita, em quaisquer de seus dispositivos, a exigência do duplo grau de jurisdição*. Contudo, referido princípio pode ser extraído, sem qualquer dúvida, do sistema jurídico vigente, inclusive de nossa própria Lei Maior, que prevê, em diversos de seus dispositivos, a existência de tribunais para julgar as decisões proferidas pelos órgãos jurisdicionais de instância inferior.

A despeito de o princípio fazer menção expressa a um duplo grau de jurisdição, ou seja, ao exame da questão por 2 (dois) órgãos jurisdicionais distintos, a verdade é que referido princípio não limita a atuação do Poder Judiciário a apenas dois graus de jurisdição, permitindo, na realidade, que uma determinada demanda, atendidos certos pressupostos de admissibilidade, seja examinada por uma pluralidade de instâncias.

Com efeito, a própria Constituição Federal prevê a existência de diversos Tribunais Superiores (bem como do Supremo Tribunal Federal) com competência para julgar recursos interpostos em face de decisões proferidas por órgãos de segundo grau, mesmo quando estes atuaram como instância revisional, e não como órgão originário.

Algumas demandas, portanto, ao invés de serem submetidas apenas a um duplo grau de jurisdição, podem ser examinadas por até 4 (quatro) órgãos jurisdicionais diversos. É o caso, por exemplo, de processos julgados pelo Superior Tribunal de Justiça e depois pelo Supremo Tribunal Federal, quando a parte sucumbente tiver interposto, respectivamente, recurso especial e recurso extraordinário.

Dessa forma, de maneira diferente que sua própria denominação parece indicar, o princípio do duplo grau de jurisdição não diz respeito à possibilidade de revisão das decisões judiciais por uma única instância revisora, mas sim à possibilidade de reexame da matéria por outros órgãos judicantes, que poderão ser múltiplos, caso estejam presentes os pressupostos autorizadores da interposição dos recursos extraordinários em sentido lato.

Conforme ressaltam os doutrinadores, o princípio do duplo grau de jurisdição tem por principal fundamento a necessidade de controle dos atos jurisdicionais praticados pelo Poder Judiciário, permitindo que os órgãos jurisdicionais das instâncias superiores controlem a correção das decisões proferidas pelos juízes das instâncias inferiores. Nesse sentido, por exemplo, é a lição de Marcus Vinícius Rios Gonçalves:[190]

> "O principal fundamento para a manutenção do princípio é de natureza política: nenhum ato estatal pode ficar sem controle. A possibilidade de que as decisões judiciais venham a ser analisadas por um outro órgão assegura que as equivocadas sejam revistas. Além disso, imbui o juiz de maior responsabilidade, pois ele sabe que sua decisão será submetida a nova apreciação".

Cândido Rangel Dinamarco,[191] por sua vez, também nos lembra que o princípio ora em estudo também permite evitar a dispersão de julgados, promovendo "a relativa *uniformização da jurisprudência* quanto à interpretação da Constituição e da lei federal", que não seria possível caso as decisões dos milhares de juízes de primeiro grau não fossem sujeitas a recurso.

Ressalvadas as hipóteses de reexame necessário, normalmente referentes aos casos em que o Poder Público sofreu gravame em razão da decisão judicial (caso, por exemplo, das hipóteses do já mencionado artigo 496, do Código de Processo Civil de 2015), o duplo

---
190. *Op. cit.*, p. 36.
191. *Op. cit.*, p. 237.

grau de jurisdição depende de provocação do interessado, ou seja, de recurso interposto pela parte sucumbente, ou pelo terceiro interessado.

Para encerrar esse nosso breve estudo sobre o princípio do duplo grau de jurisdição, é importante ressaltarmos que referido princípio, a despeito de estar amparado pelo ordenamento jurídico vigente, não pode ser considerado absoluto, de observância obrigatória. Com efeito, a própria Constituição Federal, que acaba por revelá-lo ao prever as competências recursais, também afasta sua aplicação, em alguns casos, ao fixar as hipóteses em que a jurisdição será exercida em grau único, como se dá, por exemplo, com as competências originárias do Pretório Excelso e também com a quase totalidade[192] das competências originárias dos Tribunais Superiores.

PRINCÍPIO DO DUPLO GRAU DE JURISDIÇÃO

– A Constituição de 1988 não explicita, em quaisquer de seus dispositivos, a exigência do duplo grau de jurisdição. Contudo, referido princípio pode ser extraído do sistema jurídico vigente, inclusive da própria Constituição, que prevê, em diversos de seus dispositivos, a existência de tribunais para julgar as decisões proferidas pelos órgãos jurisdicionais de instância inferior.

– Apesar de o princípio fazer menção expressa a um duplo grau de jurisdição, ou seja, ao exame da questão por dois órgãos jurisdicionais distintos, a verdade é que referido princípio não limita a atuação do Poder Judiciário a apenas dois graus de jurisdição, permitindo, na realidade, que uma determinada demanda, atendidos certos pressupostos de admissibilidade, seja examinada por uma pluralidade de instâncias.

– Referido princípio, a despeito de estar amparado pelo ordenamento jurídico vigente, não pode ser considerado absoluto, de observância obrigatória. A própria Constituição Federal afasta sua aplicação, em alguns casos, ao fixar as hipóteses em que a jurisdição será exercida em grau único, como se dá, por exemplo, com as competências originárias do Supremo Tribunal Federal.

7.52 PRISÃO CIVIL POR DÍVIDA

O artigo 5º, inciso LXVII, da Constituição de 1988, dispõe que *não haverá prisão civil por dívida*, salvo a do responsável pelo inadimplemento voluntário e inescusável de obrigação alimentícia e a do depositário infiel. Portanto, em sua redação literal, nossa Carta Magna, como regra geral, veda a prisão civil por dívida, contudo permitindo-a, por exceção, tanto na hipótese de devedor voluntário de obrigação alimentícia, quando o inadimplemento for inescusável, como também no caso de depositário infiel.

O Supremo Tribunal Federal, em decisões mais antigas, considerava perfeitamente aplicáveis quaisquer normas infraconstitucionais que previssem a possibilidade de prisão do depositário infiel, mesmo contrariando o disposto no artigo 7º, item 7, da Convenção Americana sobre Direitos Humanos, da qual o Brasil é um dos signatários, sob o fundamento de que os tratados internacionais, mesmo sobre direitos humanos, ingressavam na ordem jurídica pátria com força de simples lei ordinária.

Atualmente, contudo, o entendimento do Pretório Excelso sobre o tema mudou substancialmente, já que, em julgamentos mais recentes, passou a entender que tratados internacionais, quando dispuserem especificamente sobre direitos humanos, na hipótese de não serem incorporados ao ordenamento nacional na forma prevista no artigo 5º, § 3º, da

---

192. Como veremos oportunamente, compete ao Supremo Tribunal Federal julgar, em recurso ordinário, julgar, em recurso ordinário, "o *habeas corpus*, o mandado de segurança, o *habeas data* e o mandado de injunção decididos em única instância pelos Tribunais Superiores, se denegatória a decisão" (Constituição Federal, artigo 102, inciso II, *a*). Portanto, nesta única hipótese, causas de competência originária dos Tribunais Superiores ainda podem ser objeto de recurso para o Supremo Tribunal Federal.

Lei Maior, serão considerados *normas supralegais*, paralisando a eficácia de toda a legislação infraconstitucional com ele conflitante.

Com efeito, no julgamento dos Recursos Extraordinários nos 466.343 e 349.703, que tinham por objeto a análise da constitucionalidade da prisão civil do devedor em contratos de alienação fiduciária em garantia,[193] o Pretório Excelso, por maioria de votos, passou a adotar a tese de que os tratados internacionais sobre direitos humanos, a despeito de continuarem se tratando de normas infraconstitucionais, estariam em um patamar hierárquico superior ao da legislação ordinária, devendo prevalecer sobre esta última.

Assim, a partir daqueles julgamentos, o Supremo Tribunal Federal passou a entender que o artigo 5º, inciso LXVII, de nossa Lei Maior, que prevê a possibilidade de prisão civil do depositário infiel, a despeito de não revogado pelo artigo 7º, item 7, da Convenção Americana sobre Direitos Humanos (Pacto de San José da Costa Rica), deixou de ter aplicabilidade diante do efeito paralisante que referido tratado impôs à legislação ordinária com ele conflitante. Tanto assim, que editou a súmula vinculante 25/2009, a qual dispõe expressamente que "é ilícita a prisão civil do depositário infiel, qualquer que seja a modalidade de depósito".

PRISÃO CIVIL POR DÍVIDA

– Nossa Carta Magna, como regra geral, veda a prisão civil por dívida, contudo permitindo-a, por exceção, tanto na hipótese de devedor voluntário de obrigação alimentícia, como também no caso do depositário infiel.

– Em decisões mais antigas, o Supremo Tribunal Federal considerava perfeitamente aplicáveis quaisquer normas infraconstitucionais que previssem a possibilidade de prisão do depositário infiel.

– Em julgamentos mais recentes, contudo, o Supremo Tribunal Federal passou a entender que a norma constitucional que prevê a possibilidade de prisão do depositário infiel deixou de ter aplicabilidade.

– Tanto assim, que editou a súmula vinculante 25/2009, a qual dispõe expressamente que "é ilícita a prisão civil do depositário infiel, qualquer que seja a modalidade de depósito".

7.53 ASSISTÊNCIA JUDICIÁRIA PRESTADA PELO ESTADO

Nos termos do artigo 5º, inciso LXXIV, de nossa Lei Maior, o Estado prestará assistência jurídica integral e gratuita aos que comprovarem insuficiência de recursos. Referido serviço, é importante esclarecer, cabe à Defensoria Pública, a qual, nos termos do artigo 134 da Constituição, é instituição essencial à função jurisdicional do Estado, incumbindo-lhe a orientação jurídica e a defesa[194], em todos os graus, dos necessitados.

Trata-se a Defensoria Pública de uma das denominadas *procuraturas constitucionais*, ao lado do Ministério Público e da Advocacia Pública, tendo por missão institucional, conforme previsto na Carta Magna, a assistência jurídica gratuita e integral daqueles que não tiverem recursos para custear tal serviço, sem prejuízo da própria subsistência.

Da leitura do supramencionado artigo 134, da Constituição Federal, percebe-se que os Defensores Públicos devem não apenas patrocinar judicialmente aqueles que comprovarem insuficiência de recursos, propondo as ações que se fizerem necessárias e defendendo-os

---

193. Decreto-lei 911/1969, artigo 4º: "Se o bem alienado fiduciariamente não for encontrado ou não se achar na posse do devedor, o credor poderá requerer a conversão do pedido de busca e apreensão, nos mesmos autos, em ação de depósito, na forma prevista no Capítulo II, do Título I, do Livro IV, do Código de Processo Civil".
194. A assistência judiciária gratuita, a toda evidência, tem por objetivo conferir máxima efetividade ao aos princípios do contraditório e da ampla defesa, insculpidos no já estudado inciso LV, da Carta Magna.

nas ações propostas contra os chamados necessitados, *como também prestar a estes o assessoramento jurídico, orientando-os acerca de questões jurídicas de seu interesse.*

O § 1º do artigo 134, da Constituição de 1988, renumerado pela Emenda Constitucional 45/2004, determina a edição de uma lei complementar, para a organização da Defensoria Pública da União e do Distrito Federal e Territórios, a qual também prescreverá normas gerais para a organização das Defensorias Públicas dos Estados, inclusive com a garantia à inamovibilidade[195] e à vedação ao exercício da advocacia fora das atribuições institucionais.

O diploma legal mencionado naquele artigo 134, § 1º, já foi editado. Trata-se da Lei Complementar 80/1994, com as alterações fixadas pela Lei Complementar 98/1999. Devemos mencionar, por fim, que a Emenda Constitucional 45/2004 também acrescentou um § 2º ao artigo 134 da Carta Magna, assegurando autonomia funcional e administrativa às Defensorias Públicas Estaduais, bem como a iniciativa para formular suas próprias propostas orçamentárias.

ASSISTÊNCIA JUDICIÁRIA PRESTADA PELO ESTADO

– O Estado tem o dever de prestar assistência jurídica integral e gratuita aos que comprovarem insuficiência de recursos (artigo 5º, LXXIV).

– Referido serviço deve ser prestado pela Defensoria Pública, uma instituição essencial à função jurisdicional do Estado, a qual tem por incumbência a orientação jurídica e a defesa, em todos os graus, dos necessitados.

– Nos termos da Constituição, os Defensores Públicos devem não só patrocinar judicialmente aqueles que comprovarem insuficiência de recursos, como também prestar a estes o assessoramento jurídico, orientando-os acerca de questões jurídicas de seu interesse.

7.54 PRINCÍPIO DA CELERIDADE NA TRAMITAÇÃO DOS PROCESSOS

A Emenda Constitucional 45, promulgada em 8 de dezembro de 2004, acrescentou ao elenco dos direitos e garantias individuais e coletivos, relacionados no artigo 5º da Constituição Federal, aquele que assegura a todos, no âmbito judicial e administrativo, a *razoável duração do processo e dos meios que garantam a celeridade de sua tramitação* (inciso LXXVIII). Um dos objetivos (não o único) daquela Emenda 45/2004, que materializou a denominada "Reforma do Judiciário", foi justamente tentar conferir maior celeridade à tramitação dos processos, notadamente os judiciais, mas também os administrativos.

Com efeito, até o final da década de 1990, era realmente muito comum que processos judiciais durassem 20 (vinte) ou mesmo 30 (trinta) anos, antes de chegar ao fim[196]. Muitas vezes, eram os sucessores da parte vitoriosa do processo que acabavam auferindo as vantagens pecuniárias ou jurídicas advindas do sucesso da lide, já que o titular original falecia no meio do caminho. Essa realidade, aliás, acontecia com grande frequência nas ações de concessão ou revisão de benefício previdenciário, antes da previsão de criação dos juizados especiais federais, pela Reforma do Judiciário.

Apenas para que meus estimados leitores tenham uma ideia da absurda morosidade na tramitação e solução dos processos, era fato público, notório, desanimador e suportado com

---

195. Estranhamente, esta salutar garantia não foi igualmente conferida, pela Constituição Federal, aos membros da Advocacia Pública Federal e Estadual, como forma de protegê-los contra eventuais arbitrariedades perpetradas por agentes públicos (autoridades), contrariados pela atuação daqueles na defesa do interesse público primário.
196. A bem da verdade, ainda existem muitos processos que se encontram em trâmite há mais de 20 (vinte) anos. Mas, felizmente, nos dias atuais eles não são mais a regra, e sim a exceção.

uma certa resignação estoica pela maioria dos advogados que atuavam perante a Justiça do Estado de São Paulo, que os recursos de apelação, em trâmite perante o Tribunal de Justiça daquela unidade da Federação, demoravam cerca de 2 (dois) a 3 (três) anos apenas para serem distribuídos ao desembargador relator do recurso....

E os motivos para aquela situação absurda eram muitos. Parte da culpa, sem sombra de dúvida, devia ser creditada (com justiça, perdoem-me o trocadilho) *aos próprios juízes*, que às vezes deixavam que um processo permanecesse em conclusão por anos a fio, sem prolatar a necessária sentença! O mesmo acontecia com os tribunais de segundo grau, com os Tribunais Superiores e com o Supremo Tribunal Federal, que levavam anos para julgar as causas originárias e recursais que lhes competia.

Se é fato que existem muitos processos em tramitação no Brasil, é fato igualmente que os juízes (da mesma forma que as partes) também têm prazos fixados pela legislação[197], e não podem simplesmente alegar excesso de demanda para deixar de cumprir com seu dever. Se as outras partes do processo não podem usar este argumento, o juiz (que é igualmente parte da relação jurídico-processual) também não o pode. Aliás, não há como deixar de mencionar, nessa oportunidade, que magistrados mantêm, ainda hoje, o anacrônico direito de gozar 60 (sessenta) dias de férias por ano, mesmo com tanto trabalho a fazer...

O restante da culpa, indubitavelmente, ficava a cargo da *própria legislação infraconstitucional*, que previa um expressivo número de recursos, sem qualquer imposição de limites à sua utilização e também *dos advogados das partes*, que utilizavam referidos recursos sem qualquer constrangimento, muitas vezes com inequívoco propósito protelatório. Era comum, por exemplo, que uma simples ação de despejo durasse anos intermináveis, e chegasse ao Supremo Tribunal Federal, para julgamento de recurso extraordinário fundamentado em ofensa à Constituição Federal.

A partir da promulgação da Emenda Constitucional 45/2004, contudo, muitas normas constitucionais e infraconstitucionais foram editadas, para conferir maior celeridade na tramitação dos processos. Além da expressa previsão, no supramencionado artigo 5º, inciso LXXVIII, de nossa Lei Maior, da garantia da razoável duração do processo e da previsão de meios que garantam a celeridade de sua tramitação, a Carta Magna também passou a determinar, em caráter expresso, que a atividade jurisdicional deveria ser ininterrupta, proibindo férias coletivas nos juízos e tribunais de segundo grau, além da necessidade de funcionar em regime de plantão, nos dias em que não houvesse expediente forense normal (artigo 93, inciso XII).

Na mesma toada, a Constituição Federal passou a exigir que a distribuição de processos passasse a ser imediata, em todos os graus de jurisdição (artigo 93, inciso XV), justamente para acabar com aquela injustificável demora na simples distribuição dos processos, que noticiamos anteriormente. Digno de nota, ainda, foi a previsão da necessidade de criação de juizados especiais no âmbito da Justiça Federal (artigo 98, § 2º), e que, a partir de sua implementação, acabou com aquele absurdo, relatado acima, de apenas os sucessores do falecido receberem as vantagens advindas do término definitivo das ações de concessão ou de revisão de benefícios previdenciários.

---

197. O Código de Processo Civil, por exemplo, em seu artigo 226, determina que o juiz do feito profira os despachos no prazo de 5 (cinco) dias; as decisões interlocutórias no prazo de 10 (dez) dias; e as sentenças no prazo de 30 (trinta) dias. Apenas havendo motivo justificado é que o juiz poderá exceder aqueles prazos a que está submetido, e, ainda assim, *por igual tempo*, e não indefinidamente (Código de Processo Civil, artigo 227).

Outra importante norma inserida na Carta Magna, pela Reforma do Poder Judiciário, foi aquela do artigo 103-A, que previu a possibilidade de o Supremo Tribunal Federal editar súmulas com efeitos vinculantes em relação aos demais órgãos do Poder Judiciário e também à Administração Pública direta e indireta da União, dos Estados, do Distrito Federal e dos Municípios[198]. Referida norma constitucional, a toda evidência, já tem trazido maior celeridade aos processos, sobretudo evitando que o poder público interponha recursos infindáveis, a pretexto de observância do princípio da indisponibilidade do interesse público, mesmo sabendo que referidos recursos são apenas protelatórios.

A mesma reforma do Judiciário passou a exigir, no artigo 102, § 3º, de nossa Lei Maior, que o recorrente demonstrasse, no recurso extraordinário interposto, a existência de *repercussão geral das questões constitucionais discutidas* naquele recurso, como condição para a admissão da peça recursal. Referida norma constitucional, à toda evidência, tem como um de seus principais objetivos reduzir, de maneira substancial, o grande volume de processos que chegam ao Supremo Tribunal Federal, e, por consequência, também acelerar a prestação jurisdicional.

Também tem por escopo, inequivocamente, permitir que o Pretório Excelso, como guardião maior da Constituição Federal, restrinja sua prestação jurisdicional, na seara do controle difuso de constitucionalidade, às questões de maior repercussão e importância, evitando que sejam levadas àquela Corte Suprema, a pretexto de se julgarem eventuais ofensas à Carta Magna, casos concretos singelos, que só interessam às partes litigantes, como aquelas ações de despejo que mencionamos anteriormente.

Na seara infraconstitucional, a Lei 9.7841999, que regula o processo administrativo no âmbito da Administração Pública Federal, também demonstrou preocupação com a lentidão no andamento dos processos, ao dispor, em seu artigo 49, que a Administração tem o prazo de até 30 (trinta) dias para decidir, após concluída a instrução dos processos, salvo prorrogação por igual período, devidamente motivada. Também exige que os pareceres dos órgãos consultivos sejam emitidos no prazo máximo de 15 (quinze) dias, salvo norma especial ou comprovada necessidade de maior prazo (artigo 42), pondo fim à antiga morosidade que havia nesta seara.

No Código de Processo Civil também há previsão de diversas normas que buscam garantir a celeridade da prestação jurisdicional. Com efeito, nos expressos termos do artigo 4º, daquele diploma legal, "as partes têm o direito de obter em prazo razoável a solução integral do mérito, incluída a atividade satisfativa". No mesmo diapasão, o artigo 6º, da mesma lei processual civil, "todos os sujeitos do processo devem cooperar entre si para que se obtenha, em tempo razoável, decisão de mérito justa e efetiva".

Como se vê, a imposição de celeridade na tramitação do processo é imposta não só ao juiz do feito, como às demais partes da relação jurídica processual (principalmente autor e réu, mas também demais terceiros intervenientes). Tanto isso é certo, aliás, que existe a previsão de condenação por litigância de má-fé[199], por exemplo, para aquele que opuser

---

198. Constituição Federal, artigo 103-A: "O Supremo Tribunal Federal poderá, de ofício ou por provocação, mediante decisão de dois terços dos seus membros, após reiteradas decisões sobre matéria constitucional, aprovar súmula que, a partir de sua publicação na imprensa oficial, terá efeito vinculante em relação aos demais órgãos do Poder Judiciário e à administração pública direta e indireta, nas esferas federal, estadual e municipal, bem como proceder à sua revisão ou cancelamento, na forma estabelecida em lei".
199. Código de Processo Civil, artigo 81: "De ofício ou a requerimento, o juiz condenará o litigante de má-fé a pagar multa, que deverá ser superior a um por cento e inferior a dez por cento do valor corrigido da causa, a indenizar a parte contrária pelos prejuízos que esta sofreu e a arcar com os honorários advocatícios e com todas as despesas que efetuou".

resistência injustificada ao andamento do processo, que provocar incidente manifestamente infundado ou que interpuser recurso com intuito manifestamente protelatório (artigo 80, do Código de Processo Civil).

Muito embora não apenas com esse objetivo, mas também para garantir a celeridade na tramitação dos processos bem como a rápida e eficiente prestação jurisdicional, o artigo 77, § 2º, do mesmo Código de Processo Civil[200], também prevê a condenação das partes, de seus procuradores e de todos aqueles que, de qualquer forma, participem do processo, quando praticarem ato atentatório à dignidade da justiça, deixando de cumprir, com exatidão, as decisões jurisdicionais, de natureza provisória ou final, *ou criando embaraços à sua efetivação*.

Outra norma digna de nota, do Código de Processo Civil, que tem por objetivo conferir celeridade na tramitação do processo, é a regra de seu artigo 12, a qual determina que os juízes e os tribunais atenderão, *preferencialmente*[201], à ordem cronológica de conclusão para proferir sentença ou acórdãos, ressalvadas as matérias previstas no § 2º, daquele mesmo artigo[202]. Referida norma, a toda evidência, tem por objetivo tentar acabar com uma antiga prática dos magistrados (seres humanos que são), de julgar os processos mais simples, postergando em demasia o julgamento dos mais complexos.

Não podemos deixar de citar, ainda, a regra do artigo 139, do Código de Processo Civil, que impõe ao juiz um sem-número de incumbências destinadas à obtenção de celeridade na tramitação e julgamento dos processos. Dentre elas, podemos destacar as seguintes: indeferir postulações meramente protelatórias; e determinar todas as medidas indutivas, coercitivas, mandamentais ou sub-rogatórias necessárias para assegurar o cumprimento de ordem judicial. O mesmo diploma processual, em seu artigo 143 (inciso II), prevê a possibilidade de o juiz ser responsabilizado, civil e regressivamente, por perdas e danos, quando recusar, omitir ou retardar, sem justo motivo, providência que deva ordenar de ofício ou a requerimento da parte.

Ainda na seara infraconstitucional, a Lei 4.717, de 29 de junho de 1965, que regulamenta a ação popular, e que será objeto de estudo específico no Capítulo 9 deste livro, prevê expressamente, em seu artigo 7º, inciso VI, parágrafo único, que, terminada a instrução probatória, na qual se admite todo tipo de prova, o juiz da ação popular deverá prolatar a sentença, no prazo de 15 (quinze) dias, sob pena de ter de justificar o atraso, nos próprios autos, para que não seja excluído da lista de promoção por merecimento, por 2 (dois) anos, e de perda de tantos dias quantos forem os de atraso, para a promoção por antiguidade.

Para encerrarmos esta seção, não podemos deixar de mencionar que o remédio constitucional adequado à garantia da celeridade na tramitação dos processos, tanto na esfera

---

200. Código de Processo Civil, artigo 77, § 2º: "A violação ao disposto nos incisos IV e VI constitui ato atentatório à dignidade da justiça, devendo o juiz, sem prejuízo das sanções criminais, civis e processuais cabíveis, aplicar, ao responsável, multa de até vinte por cento do valor da causa, de acordo com a gravidade da conduta".
201. Em sua redação original, referido artigo não continha a expressão "preferencialmente", o que dava um caráter inequivocamente obrigatório à necessidade de ser observar a ordem cronológica de conclusão para se proferir sentença ou acórdão. A nova redação do artigo foi dada pela Lei 13.256, de 04 de fevereiro de 2016, que alterou diversos dispositivos do Código de Processo Civil, antes mesmo de este diploma processual entrar em vigor.
202. Código de Processo Civil, artigo 12, § 2º: "Estão excluídos da regra do *caput*: I – as sentenças proferidas em audiência, homologatórias de acordo ou de improcedência liminar do pedido; II – o julgamento de processos em bloco para aplicação de tese jurídica firmada em julgamento de casos repetitivos; III – o julgamento de recursos repetitivos ou de incidente de resolução de demandas repetitivas; IV – as decisões proferidas com base nos artigos 485 e 932; V – o julgamento de embargos de declaração; VI – o julgamento de agravo interno; VII – as preferências legais e as metas estabelecidas pelo Conselho Nacional de Justiça; VIII – os processos criminais, nos órgãos jurisdicionais que tenham competência penal; IX – a causa que exija urgência no julgamento, assim reconhecida por decisão fundamentada".

judicial como na administrativa, é o mandado de segurança, tudo conforme mencionado na parte final do inciso LXXVIII, do artigo 5º, da Constituição Federal. Devemos lembrar apenas que, no âmbito judicial, tal impetração está condicionada ao esgotamento dos recursos judiciais aptos a evitar o dano, como determina o artigo 5º, da Lei 12.016, de 7 de agosto de 2009 (que disciplina os mandados de segurança individual e coletivo).

PRINCÍPIO DA CELERIDADE NA TRAMITAÇÃO DOS PROCESSOS

– A Constituição Federal assegura a todos, no âmbito judicial e administrativo, a razoável duração do processo e os meios que garantam a celeridade de sua tramitação (artigo 5º, LXXVIII).

– O remédio constitucional adequado à garantia da celeridade na tramitação dos processos é o mandado de segurança.

8
DIREITOS SOCIAIS, DIREITOS DE NACIONALIDADE, DIREITOS POLÍTICOS E PARTIDOS POLÍTICOS

8.1 ESCLARECIMENTOS INICIAIS

Como mencionamos em outras oportunidades, a doutrina tradicional costuma dividir os direitos e garantias fundamentais em 3 (três) categorias distintas, a saber: direitos fundamentais de primeira, segunda e terceira gerações. Mencionamos, igualmente, que referida classificação, como ressalta boa parte dos doutrinadores pátrios, tem em conta a ordem histórico-cronológica em que tais direitos fundamentais passaram a receber expresso amparo das constituições.

Também já vimos, por outro lado, que a Constituição de 1988, ao tratar dos direitos e garantias fundamentais, ao invés de dividi-los em 3 (três) gerações (ou dimensões), preferiu dividi-los em 5 (cinco) categorias distintas: direitos e deveres individuais e coletivos (Capítulo I), direitos sociais (Capítulo II), direitos relativos à nacionalidade (Capítulo III), direitos políticos (Capítulo IV) e direitos relacionados aos partidos políticos (Capítulo V).

No Capítulo 7, estudamos os chamados direitos e deveres individuais e coletivos, expressamente estabelecidos pelo artigo 5º, da Carta Magna (Título II, Capítulo I), com exceção dos chamados remédios constitucionais, que serão estudados no Capítulo 9 desta obra. Já no Capítulo que ora se inicia, cabe-nos examinar os demais direitos e garantias fundamentais em espécie, expressamente tutelados no Título II, de nossa Lei Maior. São eles: direitos sociais; direitos relacionados à nacionalidade; direitos políticos; e direitos que envolvem a criação e funcionamento de partidos políticos. É o que faremos a seguir.

8.2 DIREITOS SOCIAIS

No Capítulo 6, vimos que os direitos fundamentais surgiram com a necessidade de proteger o homem do poder estatal, a partir dos ideais advindos do Iluminismo. Contudo, vimos igualmente que, na atualidade, referidos direitos também têm outras funções, dentre as quais a de garantir aos indivíduos as denominadas *liberdades positivas*, ou seja, o conjunto de direitos que impõe ao Estado a prática de diversas *ações*, visando à obtenção da igualdade substancial entre os indivíduos.

Com efeito, como já demonstramos, em outras oportunidades, os diversos Estados internacionais têm ampliado consideravelmente o conteúdo de suas constituições, buscando trazer para o corpo delas alguns temas que, à época do liberalismo clássico, não figuravam naqueles diplomas normativos. Esse fenômeno coincidiu com o surgimento do denominado Estado social (*Welfare State*), iniciado com a Constituição Mexicana de 1917, porém notabilizado com a Constituição de Weimar (atual Alemanha) de 1919.

Portanto, as cartas magnas de muitos países passaram a prever, de maneira cada vez mais intensa, diversas hipóteses de intervenção estatal na vida privada. Ao invés de conter apenas regras de regência do Estado e de proteção dos indivíduos contra o poder estatal, passaram também a conter um conjunto de normas de ordem social, cultural e econômica, tanto para a redução das desigualdades sociais, como também para incentivar o desenvolvimento nacional.

De fato, como já asseveramos em outras ocasiões, o simples reconhecimento de direitos individuais nem sempre é suficiente para que os indivíduos possam efetivamente gozá-los, tamanha a desigualdade que ainda existe no meio social, tornando-se indispensável, portanto, que o Estado também consagre um conjunto de direitos destinados justamente à obtenção, tanto quanto possível, da igualdade material entre as pessoas. Estes são os chamados direitos sociais, econômicos e culturais (também conhecidos como direito e garantias fundamentais de segunda geração ou dimensão).

Assim, somadas às chamadas *liberdades negativas*, ou seja, ao conjunto de direitos conferidos aos indivíduos que os protegem contra eventuais arbitrariedades do poder estatal, passaram também a integrar as diversas constituições, as denominadas *liberdades positivas*, o conjunto de direitos que, *amparados no princípio da dignidade humana*, impõe ao Estado a prática de diversas *ações*, visando à obtenção da igualdade substancial (não mais apenas formal) entre os indivíduos.

Justamente por se tratar de ações (prestações positivas) que devem ser prestadas pelo Estado, esses direitos são também chamados de *direitos de promoção* ou *direitos prestacionais*[1]. Na lição de Alexandre de Moraes,[2] os direitos sociais

> "são direitos fundamentais do homem, caracterizando-se como verdadeiras liberdades positivas, de observância obrigatória em um Estado Social de Direito, tendo por finalidade a melhoria de condições de vida aos hipossuficientes, visando à concretização da igualdade social, e são consagrados como fundamentos do Estado democrático, pelo art. 1º, IV, da Constituição Federal".

Como mencionamos, os direitos sociais estão fortemente vinculados ao chamado princípio da dignidade humana, apontado pela doutrina como a fonte primordial de todo o ordenamento jurídico, e, sobretudo, dos direitos e garantias fundamentais, notadamente os direitos sociais. O princípio da dignidade humana, em apertada síntese, exige que o indivíduo seja tratado como um fim em si mesmo, que seja encarado como a razão de ser do próprio ordenamento, impondo não só ao Estado, como também aos particulares, que o respeitem integralmente, evitando qualquer conduta que degrade sua condição humana.

Os direitos fundamentais, e, por consequência, os direitos sociais, têm um caráter universal, destinando-se à proteção de todo o gênero humano, beneficiando não só os brasileiros, como também os estrangeiros que se encontrem no território nacional. Entretanto, como nos lembra Marcelo Novelino,[3] a despeito de beneficiarem a todos os indivíduos, *os direitos sociais destinam-se precipuamente à proteção dos hipossuficientes e dos mais fragilizados*, estes últimos podendo ser definidos como os maiores de idade dependentes, em maior grau, das prestações materiais promovidas pelo Estado.

---

1. Nesse sentido, por exemplo, é a lição de Marcelo Novelino: O atendimento a direitos como educação, saúde, trabalho, moradia, lazer, segurança, previdência social, proteção à maternidade e à infância e assistência aos desamparados (CF, art. 6º) exige dos poderes públicos prestações positivas (*direitos de promoção* ou *direitos prestacionais*). Direito constitucional. 4. ed. Método, 2010, p. 469.
2. *Direito constitucional*. 26. ed. Atlas, 2010, p. 35.
3. *Op. cit.*, p. 469-470.

Em se tratando de espécie do gênero direitos e garantias fundamentais, também se aplica aos direitos sociais a regra geral do artigo 5º, § 1º, de nossa Constituição Federal, que prevê a aplicabilidade imediata dos direitos desta natureza, sendo possível, por exceção, a existência de direitos sociais que dependam da edição de lei regulamentadora para que possam ser efetivamente aplicados, desde que o próprio texto constitucional assim o determine[4].

No caso de omissão legislativa, que inviabilize o exercício de um determinado direito social, será possível a impetração de mandado de injunção, tanto individual como coletivo (vide Capítulo 9 deste livro). Ademais, também será possível falar-se na propositura de ação civil pública, pelos seus diversos legitimados, para compelir o Poder Público a colocar em prática políticas públicas que garantam o gozo daqueles direitos, notadamente naqueles casos em que a própria Carta Magna ou a lei impõe a aplicação de certos percentuais de receitas tributárias na consecução daqueles fins, ou quando houver previsão orçamentária para a sua implementação.

Conforme preceitua o artigo 6º, da Lei Maior, são direitos sociais: a educação, a saúde, a alimentação, o trabalho, a moradia, o transporte, o lazer, a segurança, a previdência social, a proteção à maternidade e à infância, a assistência aos desamparados, na forma do texto constitucional.

Esclareça-se, nesta oportunidade, que o direito à moradia foi acrescentado ao dispositivo constitucional pela Emenda Constitucional 26, de 14 de fevereiro de 2000; o direito à alimentação, pela Emenda à Constituição 64, de 4 de fevereiro de 2010; e o direito ao transporte, pela Emenda Constitucional 90, de 15 de setembro de 2015.

O direito social à *educação* é disciplinado, de forma mais detalhada, a partir do artigo 205, de nossa Constituição Federal. Nos expressos termos deste dispositivo constitucional, a educação, que é direito de todos e dever do Estado e da família, deverá ser promovida e incentivada com a colaboração da sociedade, visando ao pleno desenvolvimento da pessoa, seu preparo para o exercício da cidadania e sua qualificação para o trabalho[5].

O direito à *saúde*, por sua vez, encontra tratamento constitucional nos artigos 196 e seguintes, da Carta Magna. Segundo o artigo 196, de nossa Lei Fundamental, a saúde é direito de todos e dever do Estado, garantido mediante políticas sociais e econômicas que visem à redução do risco de doença e de outros agravos e ao acesso universal e igualitário às ações e serviços para sua promoção, proteção e recuperação, norma constitucional que deixa claro, a um só tempo, que o Poder Público tem o dever de garantir a universalização do serviço público de saúde, e que este serviço deve ter caráter não só recuperador, como também preventivo, de modo a evitar que doenças e epidemias se instalem no corpo social.

O direito à *alimentação*, como mencionado anteriormente, foi acrescentado ao texto do artigo 6º, da Constituição da República, pela Emenda Constitucional 64, de 4 de fevereiro de 2010. Referido acréscimo, a toda evidência, teve por objetivo conceder *status* de direito social (e, portanto, de direito fundamental) à chamada *segurança alimentar*, de maneira a compelir o Estado a promover, em caráter permanente, políticas públicas afastem, de uma vez por todas, o flagelo da fome neste País, sobretudo em seus rincões mais pobres.

---

4. É o caso, por exemplo, do que dispõe o artigo 7º, inciso XIX, de nossa Lei Maior, nos seguintes termos: "São direitos dos trabalhadores urbanos e rurais, além de outros que visem à melhoria de sua condição social: licença-paternidade, nos termos fixados em lei".
5. Súmula vinculante 12, do Supremo Tribunal Federal: "A cobrança de taxa de matrícula nas universidades públicas viola o disposto no art. 206, IV, da Constituição Federal".

O direito ao *trabalho*, que também é um dos fundamentos de nossa Estado (artigo 1º, inciso IV, da Lei Maior), além de princípio geral de nossa ordem econômica, consubstanciado na chamada *busca do pleno emprego* (artigo 170, inciso VIII, da Carta Magna), é disciplinado, de forma mais detalhada, nos artigos 7º e seguintes, da Constituição Federal. Referidas normas, nós o veremos ainda neste Capítulo, logo mais abaixo, tratam dos chamados direitos individuais e direitos coletivos dos trabalhadores.

O direito social à *moradia*, como mencionamos anteriormente, também foi acrescentado ao texto constitucional pelo poder constituinte reformador (Emenda Constitucional 26/2000). Como nos lembra Pedro Lenza[6], a despeito da incorporação tardia ao artigo 6º, referido direito já tinha amparo constitucional, uma vez que o artigo 23, inciso IX, da Constituição Federal, já conferia competência comum às diversas pessoas políticas do Brasil, para promover programas de construção de moradias e melhoria das condições habitacionais e de saneamento básico.

Como exemplo de norma infraconstitucional que procura conferir efetividade ao direito à moradia, podemos citar a Lei 13.146, de 6 de julho de 2015, que instituiu a denominada Lei Brasileira de Inclusão da Pessoa com Deficiência (Estatuto da Pessoa com Deficiência), e que garante a pessoas nessas condições o direito à *moradia digna*, inclusive com a reserva de, no mínimo, 3% (três por cento) das unidades habitacionais para pessoa com deficiência, nos programas habitacionais, públicos ou subsidiados com recursos públicos.

O direito ao *transporte*, como mencionado anteriormente, foi acrescentado ao artigo 6º, de nossa Lei Maior, graças à promulgação da Emenda à Constituição 90, de 15 de setembro de 2015. A partir de então, conquistou expresso e inequívoco *status* de direito social, devendo o Estado garantir que o indivíduo tenha eficiente deslocamento ao local de trabalho, aos serviços de saúde, aos estabelecimentos de ensino e a outros serviços essenciais, e, igualmente importante, que o usuário do serviço de transporte público seja tratado com dignidade, naqueles deslocamentos.

Na seara infraconstitucional, importantes diplomas legais buscam conferir efetividade ao direito ao transporte público para as pessoas têm maiores dificuldades econômicas para pagar a tarifa. É o caso, por exemplo, do Estatuto do Idoso (Lei 10.741, de 1º de outubro de 2003), que garante aos anciões, maiores de 65 (sessenta e cinco) anos de idade[7], a gratuidade dos transportes coletivos públicos urbanos e semiurbanos, além da garantia mínima de 10% (dez por cento) dos assentos dos transportes coletivos públicos, devidamente identificados com a placa de reservado preferencialmente para idosos.

No tocante especificamente ao sistema de transporte público interestadual, o artigo 40, daquele mesmo Estatuto do Idoso, determina que sejam reservadas 2 (duas) vagas gratuitas, por veículo, para idosos com renda igual ou inferior a 2 (dois) salários-mínimos, além do desconto mínimo de 50% (cinquenta por cento) no valor das passagens, para os idosos que excederem as vagas gratuitas, desde que situados na mesma faixa salarial.

O direito social ao *lazer* diz respeito ao dever do Estado de realizar um conjunto de prestações positivas que garantam o necessário repouso e recreação ao corpo social, seja interferindo nas relações de trabalho, com a imposição e a fiscalização de intervalos de re-

---

6. *Direito constitucional esquematizado*. 14. ed. Saraiva, 2010, p. 839.
7. O artigo 39, § 3º, da Lei 10.741/2003, prevê a possibilidade de previsão, por meio de legislação local, da fixação de condições para o exercício da gratuidade nos transportes públicos para as pessoas compreendidas na faixa etária entre 60 (sessenta) e 65 (sessenta e cinco) anos de idade.

pouso e de gozo de férias, para a garantia da saúde e da qualidade de vida dos trabalhadores, seja com a efetiva prática de políticas públicas destinadas ao entretenimento, ao esporte e à cultura, para o fortalecimento e harmonização dos laços sociais[8].

O direito à *segurança* refere-se à obrigação que o Poder Público tem de garantir a chamada segurança pública. Segundo a própria Constituição Federal, em seu artigo 144, a segurança pública é dever do Estado (e também responsabilidade de todos), devendo ser exercida de modo a garantir a preservação da ordem pública e a incolumidade das pessoas e do patrimônio (tanto público como privado). Para sua consecução, o Poder Público conta com os seguintes órgãos: polícia federal, polícia rodoviária federal, polícia ferroviária federal, polícias civis, polícias militares e corpos de bombeiros militares.

O direito à *previdência social* é tratado, de forma mais detida, a partir do artigo 201, de nossa Lei Maior. Referido dispositivo constitucional[9] dispõe que a previdência social deve ser organizada sob a forma de regime geral, de caráter contributivo e filiação obrigatória, com a adoção de critérios que preservem o equilíbrio financeiro e atuarial, para que possa conceder aos seus titulares diversos benefícios, tais como, por exemplo, a cobertura dos eventos de doença, invalidez, morte e idade avançada, e a proteção à maternidade, especialmente à gestante.

A *assistência aos desamparados*, como o próprio nome já o indica, diz respeito ao dever do Estado de amparar aos chamados necessitados, ou seja, àqueles que não conseguem sequer garantir, de modo adequado, a própria subsistência. Nos expressos termos de nossa Carta Magna, a assistência social dever ser prestado pelo Estado a quem dela necessitar, independentemente de contribuição à seguridade social (artigo 203).

Após relacionar diversos direitos sociais em seu artigo 6º, a Constituição Federal trata, no Capítulo II de seu Título II, dos direitos mínimos dos trabalhadores urbanos e rurais, da liberdade de associação profissional ou sindical e do direito de greve. Já no Título VII, denominado da Ordem Social, traz regras disciplinadoras, dentre outros direitos sociais, da seguridade social, da proteção à maternidade e à infância e aos idosos.

Buscando respeitar a organização seguida na Carta Magna, trataremos, neste Capítulo, de maneira mais detida, apenas dos assuntos tratados no Título II, de nossa Lei Maior, deixando a análise das demais normas relativas aos direitos sociais para quando estudarmos, no Capítulo 16 deste trabalho, a chamada Ordem Social, cujas normas estão no Título VIII, da Constituição da República.

8.3 DIREITOS INDIVIDUAIS DOS TRABALHADORES URBANOS E RURAIS

Para fins didáticos, os direitos relativos aos trabalhadores podem ser divididos em 2 (duas) categorias: *direitos individuais dos trabalhadores* e *direitos coletivos dos trabalhadores*. Os primeiros, tratados no artigo 7º, da Carta Magna, dizem respeito ao conjunto de direitos que tutelam os trabalhadores em suas relações individuais de trabalho. Os segundos, o próprio nome já o indica, referem-se ao conjunto de direitos trabalhistas que podem ser exercitados coletivamente, tal como direito de greve, e que são tratados nos artigos 8º e seguintes, de

---

8. Nos expressos termos do artigo 217, § 3º, de nossa Carta Magna, o Estado tem o dever de incentivar o lazer, como forma de promoção social.
9. A atual redação do artigo 201, da Lei Maior, foi determinada pela Emenda Constitucional 20, de 15 de dezembro de 1998.

nossa Lei Maior. Nesta seção, estudarmos os direitos da primeira categoria mencionada: direitos individuais dos trabalhadores.

O artigo 7º, da Constituição Federal, traz uma extensa relação de direitos individuais assegurados aos trabalhadores[10] urbanos e rurais. Referidos direitos, é importante ressaltar, compõem uma lista meramente exemplificativa (e não exaustiva), uma vez que a própria redação do *caput* do artigo[11], em sua parte final, deixa clara a possibilidade da previsão de outros direitos que visem à melhoria da condição social dos trabalhadores urbanos e rurais. Estes outros direitos, a toda evidência, podem constar tanto do texto constitucional, como da legislação infraconstitucional.[12]

Os direitos relacionados naquele artigo 7º, de nossa Carta Magna, destinam-se precipuamente aos denominados *empregados*, ou seja, às pessoas naturais que prestam serviço de natureza não eventual (contínuo, portanto) a um empregador, com subordinação jurídica a este último, e mediante o recebimento de uma paga pelo serviço prestado.[13] Estão incluídos nesta categoria, além dos empregados regidos pela Consolidação das Leis do Trabalho (CLT), os denominados *empregados públicos*, os quais também se submetem ao chamado regime celetista.

Com efeito, empregados públicos, em apertada síntese, são aqueles que ocupam emprego público. São, em outras palavras, as pessoas naturais (também chamadas de pessoas físicas) que prestam serviços ao Estado, contratadas sob o regime da legislação trabalhista (portanto, com vínculo empregatício ou celetista), mesmo que parcialmente derrogada pela Constituição Federal, que prevê, por exemplo, a exigência de concurso público e submissão ao teto constitucional.

Na seara federal, os empregados públicos estão regulamentados pela Lei 9.962, de 22 de fevereiro de 2000, que lhes cria certo grau de estabilidade, cuja rescisão do contrato somente pode ocorrer por: (a) prática de falta grave, nos termos do artigo 482, da Consolidação das Leis do Trabalho; (b) acumulação ilegal de cargos, empregos ou funções; (c) necessidade de redução de pessoal, conforme previsto no artigo 169, da Constituição Federal; e (d) insuficiência de desempenho, apurada em procedimento em que seja assegurada ampla defesa.

Como veremos melhor no Capítulo 10 deste livro, diversos dos direitos previstos no artigo 7º, da Constituição Federal, aplicam-se até mesmo aos servidores públicos estatutários, tudo conforme expressa determinação constante do artigo 39, § 3º, de nossa Lei Maior, nos seguintes termos: "Aplica-se aos servidores ocupantes de cargo público o disposto no art. 7º, IV, VII, VIII, IX, XII, XIII, XV, XVI, XVII, XIX, XX, XXII e XXX, podendo a lei estabelecer requisitos diferenciados de admissão quando a natureza do cargo o exigir."

---

10. Trabalhador é expressão genérica, que abrange toda e qualquer pessoa natural que presta serviços a outrem, mediante remuneração. Refere-se, em outras palavras, a todas as espécies de trabalho remunerado. É gênero do qual são espécies o empregado urbano e o rural, o trabalhador autônomo, o trabalhador eventual, o trabalhador avulso etc.
11. Constituição Federal, artigo 7º, *caput*: "São direitos dos trabalhadores urbanos e rurais, além de outros que visem à melhoria de sua condição social".
12. Vide, sobre o tema, a lição de Luiz Alberto David Araujo e Vidal Serrano Nunes Júnior: "No mais, os direitos sociais são atribuídos, em igualdade, aos trabalhadores rurais e urbanos, sendo certo, no entanto, que o rol de direitos constante do art. 7º do texto constitucional não é exauriente dos direitos trabalhistas, pois o *caput* do dispositivo é literal ao consignar a existência daqueles, 'além de outros que visem à melhoria de sua condição social'. Logo, a normatização infraconstitucional pode ampliar esse rol de direitos, embora, de evidência, não tenha o condão de reduzi-los". Curso de direito constitucional. 14. ed. Saraiva, p. 244.
13. Consolidação das Leis do Trabalho (CLT), artigo 3º: "Considera-se empregado toda pessoa física que prestar serviços de natureza não eventual a empregador, sob a dependência deste e mediante salário".

Ademais, os direitos trabalhistas relacionados na Constituição Federal também devem ser garantidos aos denominados trabalhadores avulsos[14]. Trabalhador avulso, em resumo, é aquele que, sindicalizado ou não, presta serviço sem vínculo empregatício a diversas empresas tomadoras de mão de obra, com intermediação obrigatória ou do sindicato da categoria, ou do órgão gestor de mão de obra, quando a requisição do trabalhador portuário avulso for efetuada em conformidade com a Lei 12.815, de 5 de junho de 2013.

Devemos mencionar, por fim, que alguns dos direitos trabalhistas individuais relacionados no artigo 7º, de nossa Lei Maior, aplicam-se a todas as modalidades de trabalhadores, mesmo que não celetistas. É o caso, por exemplo, da proteção do mercado de trabalho da mulher (inciso XX); da redução dos riscos inerentes ao trabalho, por meio de normas de saúde, higiene e segurança (inciso XXII); do direito à aposentadoria (inciso XXIV); do direito de proteção do trabalhador em face da automação (inciso XXVI); e da proibição de diferença de salários, de exercício de funções e de critério de admissão por motivo de sexo, idade, cor ou estado civil (inciso XXX).

Na mesma toada: proibição de qualquer discriminação no tocante a salário e critérios de admissão do trabalhador portador de deficiência (inciso XXXI); proibição de distinção entre trabalho manual, técnico e intelectual ou entre os profissionais respectivos (inciso XXXII); e proibição de trabalho noturno, perigoso ou insalubre a menores de 18 (dezoito) e de qualquer trabalho a menores de 16 (dezesseis) anos, salvo na condição de aprendiz, a partir de 14 (quatorze) anos (inciso XXXIII).

8.4 DIREITOS TRABALHISTAS EM ESPÉCIE

Conforme artigo 7º, inciso I, da Carta Magna, a relação de emprego deve ser protegida contra despedida arbitrária ou sem justa causa, nos termos de lei complementar, que preverá *indenização compensatória*, dentre outros direitos. Todavia, a verdade é que, passadas quase 3 (três) décadas desde a promulgação da Constituição de 1988, ainda não foi editada referida lei complementar destinada a regulamentar a proteção contra a despedida imotivada ou arbitrária.

De todo modo, a própria Constituição Federal, no artigo 10, do Ato das Disposições Constitucionais Transitórias – ADCT, estabeleceu algumas regras a serem observadas relativamente à proteção contra a despedida arbitrária ou sem justa causa, enquanto não for editada referida lei complementar. Com efeito, nos termos do inciso I daquele artigo 10, fica estabelecida uma indenização correspondente a 40% (quarenta por cento) do montante depositado na conta do trabalhador, vinculada ao Fundo de Garantia do Tempo de Serviço – FGTS, na hipótese de despedida imotivada daquele.

Ademais, o inciso II, daquele mesmo artigo 10, do Ato das Disposições Constitucionais Transitórias – ADCT veda, em caráter expresso, a dispensa arbitrária ou sem justa causa do empregado eleito para cargo de direção de Comissão Interna de Prevenção de Acidentes (CIPA), desde o registro de sua candidatura até 1 (um) ano após o final de seu mandato, bem como da empregada gestante, desde a confirmação da gravidez até 5 (cinco) meses após o

---

14. Constituição Federal, artigo 7º, inciso XXXIV: "São direitos dos trabalhadores urbanos e rurais, além de outros que visem à melhoria de sua condição social: igualdade de direitos entre o trabalhador com vínculo empregatício permanente e o trabalhador avulso".

parto. Estão ali previstos, portanto, 2 (dois) casos de estabilidade provisória de empregados, regidos pela Consolidação das Leis do Trabalho (CLT)[15].

Por sua vez, o artigo 7º, inciso II, de nossa Lei Maior, confere aos trabalhadores urbanos e rurais o direito ao recebimento do seguro-desemprego, em caso de desemprego involuntário. Financiado pela arrecadação do PIS/PASEP[16], trata-se o seguro-desemprego de um benefício previdenciário, expressamente previsto no artigo 201, inciso III, de nossa Lei Maior[17], regulamentado por diversas leis, sendo assegurado inclusive para o pescador profissional, durante o período em que é proibida a pesca (Lei 8.178/1991).

Como nos lembra Leo van Holthe[18], o seguro-desemprego só protege o trabalhador em caso de *desemprego involuntário*, o que ocorre nos casos de despedida imotivada (sem justa causa), ou de rescisão indireta do contrato de trabalho (em que a culpa pela rescisão contratual é atribuída ao empregador, conforme hipóteses fixadas pelo artigo 483, da Consolidação das Leis do Trabalho – CLT). Não fará jus ao benefício, portanto, o trabalhador que pedir demissão, ou que for despedido com justa causa (artigo 482, Consolidado).

O artigo 7º, inciso III, da Constituição Federal, a seu turno, garante aos trabalhadores urbanos e rurais acesso ao denominado Fundo de Garantia do Tempo de Serviço (FGTS). Inicialmente criado pela Lei 5.107, de 13 de setembro de 1966, como uma opção ao sistema indenizatório então previsto pela Consolidação das Leis do Trabalho (CLT), para os casos de despedida arbitrária dos empregados que ainda não gozavam de estabilidade no empregado, o Fundo de Garantia do Tempo de Serviço (FGTS) encontra-se atualmente regulamentado pela Lei 8.036/1990.

Nos termos desse último diploma legal, o empregador deve depositar mensalmente, na conta do empregado, vinculada ao FGTS, o percentual de 8% (oito por cento) de sua remuneração,[19] o qual será atualizado monetariamente, e acrescido de juros legais, podendo ser levantado nas hipóteses fixadas em seu artigo 20. Eis alguns exemplos: (a) despedida sem justa causa, inclusive a indireta, por culpa recíproca ou por motivo de força maior; (b) extinção normal do contrato a termo, inclusive o dos trabalhadores temporários; (c) aposentadoria concedida pela Previdência Social.

Na mesma toada: (d) pagamento de parte das prestações decorrentes de financiamento habitacional concedido no âmbito do Sistema Financeiro da Habitação (SFH); (e) liquidação ou amortização extraordinária do saldo devedor de financiamento imobiliário, observadas as condições estabelecidas pelo Conselho Curador, dentre elas a de que o financiamento

---

15. Um terceiro caso está previsto no artigo 8º, inciso VI, de nossa Carta Magna: a estabilidade provisória do empregado sindicalizado, a partir do registro da candidatura a cargo de direção ou representação sindical, e, se eleito, ainda que suplente, até 1 (um) ano após o final do mandato.
16. Constituição Federal, artigo 239: "A arrecadação decorrente das contribuições para o Programa de Integração Social, criado pela Lei Complementar 7, de 7 de setembro de 1970, e para o Programa de Formação do Patrimônio do Servidor Público, criado pela Lei Complementar 8, de 3 de dezembro de 1970, passa, a partir da promulgação desta Constituição, a financiar, nos termos que a lei dispuser, o programa do seguro-desemprego e o abono de que trata o § 3º deste artigo".
17. Constituição Federal, artigo 201, inciso III: "A previdência social será organizada sob a forma de regime geral, de caráter contributivo e de filiação obrigatória, observados critérios que preservem o equilíbrio financeiro e atuarial, e atenderá, nos termos da lei, a: III – proteção ao trabalhador em situação de desemprego involuntário".
18. *Direito constitucional*. 6. ed. Jus Podivm, p. 525.
19. Lei 8.036/1990, artigo 15: "Para os fins previstos nesta lei, todos os empregadores ficam obrigados a depositar, até o dia 7 (sete) de cada mês, em conta bancária vinculada, a importância correspondente a 8 (oito) por cento da remuneração paga ou devida, no mês anterior, a cada trabalhador, incluídas na remuneração as parcelas de que tratam os arts. 457 e 458 da CLT e a gratificação de Natal a que se refere a Lei 4.090, de 13 de julho de 1962, com as modificações da Lei 4.749, de 12 de agosto de 1965".

seja concedido no âmbito do SFH e haja interstício mínimo de 2 (dois) anos para cada movimentação; (f) pagamento total ou parcial do preço de aquisição de moradia própria, ou lote urbanizado de interesse social não construído.

Os depósitos do Fundo de Garantia do Tempo de Serviço (FGTS) também poderão ser levantados em casos de idade avançada ou de problemas de saúde, a saber: (g) quando o trabalhador tiver idade igual ou superior a 70 (setenta); (h) quando o trabalhador ou qualquer de seus dependentes for acometido de neoplasia maligna; (i) quando o trabalhador ou qualquer de seus dependentes for portador do vírus HIV; (j) quando o trabalhador ou qualquer de seus dependentes estiver em estágio terminal, em razão de doença grave, nos termos do regulamento.

Como vimos anteriormente, no caso de despedida arbitrária ou sem justa causa, inclusive a ocasionada por rescisão indireta do contrato de trabalho (ou seja, por iniciativa do empregado, quando este imputar e provar culpa do empregador), bem como nos casos de culpa recíproca e de força maior, o trabalhador fará jus ao levantamento integral dos valores depositados em sua conta vinculada ao FGTS, acrescido de uma indenização, paga pelo empregador, no importe de quarenta por cento do montante existente naquela conta (artigo 10, inciso I, do Ato das Disposições Constitucionais Transitórias).

Ainda em relação ao Fundo de Garantia do Tempo de Serviço (FGTS), é importante ressaltar que, além de sua natureza de verba rescisória (trabalhista, portanto), ele possui também inequívoca função social, uma vez que é utilizado, em larga escala, para o financiamento de habitações[20], saneamento básico e infraestrutura urbana, inclusive com o aporte de dotações orçamentárias do Estado, para que possa cumprir satisfatoriamente com referidos objetivos.

O artigo 7º, inciso IV, de nossa Lei Maior, garante aos trabalhadores urbanos e rurais um salário-mínimo, fixado em lei, nacionalmente unificado, capaz de atender às suas necessidades vitais básicas e às de sua família com moradia, alimentação, educação, saúde, lazer, vestuário, higiene, transporte e previdência social, com reajustes periódicos que lhe preservem o poder aquisitivo, sendo vedada sua vinculação para qualquer fim.

Como nos lembra Leo van Holthe[21], desde a Constituição Federal de 1934, o Estado brasileiro "preocupa-se em garantir aos trabalhadores um patamar salarial mínimo, que lhes permita a satisfação de suas necessidades vitais mais básicas". Entretanto, é importante ressaltar que a Carta Magna de 1988 trouxe importantes inovações no instituto, e que devem ser aqui ressaltadas. A primeira delas é que o salário mínimo deve ser instituído por lei[22], não sendo mais admitida sua fixação por decreto ou qualquer outra norma secundária[23].

Ademais, a norma constitucional em estudo deixou clara a preocupação do constituinte com a necessidade de se garantir o valor real do salário mínimo, com o correspondente dever de concessão de reajustes periódicos que lhe preservem seu poder aquisitivo, além de se proibir sua vinculação para qualquer fim, evitando-se, com isso, que ele seja utilizado

---

20. Lei 8.036/1990, artigo 9º, § 3º: "O programa de aplicações deverá destinar, no mínimo, 60 (sessenta) por cento para investimentos em habitação popular".
21. *Op. cit.*, p. 528.
22. No caso em espécie, por lei ordinária editada pela União ou por medida provisória, a qual, nos expressos termos do artigo 62, de nossa Carta Magna, tem força de lei.
23. Como estudamos no Capítulo 5, ao contrário das normas primárias (ou autônomas), as *normas secundárias* são aquelas subordinadas a outras normas infraconstitucionais, e que têm por objetivo justamente regulamentar, dar efetividade aos preceitos disciplinados por estas, como é o caso, por exemplo, das Portarias Ministeriais.

como indexador econômico ou índice de reajuste geral de preços e de contratos, fator que impediria sua efetiva valorização, no decorrer do tempo[24].

Por outro lado, e a despeito de o dispositivo constitucional em comento dispor expressamente que o salário mínimo deve ser *nacionalmente unificado*, a Lei Complementar 103, de 14 de julho de 2000, autorizou os Estados e o Distrito Federal a instituir, mediante lei de iniciativa do respectivo Poder Executivo, piso salarial para os empregados que não tenham salário mínimo definido em lei federal (caso, por exemplo, dos aposentados e pensionistas do Instituto Nacional do Seguro Social – INSS), convenção ou acordo coletivo de trabalho.

Portanto, desde que não se trate de piso salarial definido por lei federal, convenção ou acordo coletivo de trabalho, os diversos Estados-membros de nossa Federação e também o Distrito Federal, têm competência para estabelecer um piso regional (para viger dentro de seus limites geográficos), o qual pode ser estendido até mesmo aos empregados domésticos que prestam serviços em seus respectivos territórios, conforme autorização expressa constante do artigo 1º, § 2º, da supramencionada Lei Complementar 103/2000.

A Constituição Federal também prevê a fixação de um piso salarial proporcional à extensão e à complexidade do trabalho; a irredutibilidade do salário, salvo o disposto em convenção ou acordo coletivo; a garantia de salário, nunca inferior ao mínimo, para os que percebem remuneração variável; bem como a proteção do salário na forma da lei, constituindo crime sua retenção dolosa.

No tocante à jornada de trabalho, como regra geral, nossa Lei Maior determina que sua duração não seja superior a 8 (oito) horas diárias e 44 (quarenta e quatro) semanais, facultada a compensação de horários e a redução da jornada, mediante acordo ou convenção coletiva de trabalho. Também fixa uma jornada de 6 (seis) horas para o trabalho realizado em turnos ininterruptos de revezamento, salvo negociação coletiva. No caso de trabalho extraordinário, a remuneração deverá ser acrescida de, no mínimo, 50% (cinquenta por cento) em relação à remuneração da jornada normal.

Nossa Carta Magna também confere aos trabalhadores urbanos e rurais o direito ao recebimento de décimo terceiro salário, com base na remuneração integral ou no valor da aposentadoria; à remuneração do trabalho noturno superior à do diurno; ao repouso semanal remunerado, *preferencialmente* (portanto, não obrigatoriamente) aos domingos; ao gozo de férias anuais remuneradas com, pelo menos, 1/3 (um terço) a mais do que o salário normal.

A Constituição Federal garante aos trabalhadores urbanos e rurais a concessão de aviso-prévio proporcional ao tempo de serviço, sendo no mínimo de 30 (trinta) dias, nos termos da lei. Referido direito foi regulamentado pela Lei 12.506, de 11 de outubro de 2011. Segundo este diploma legal, o aviso prévio será concedido na proporção de 30 (trinta) dias aos empregados que contem até 1 (um) ano de serviço na mesma empresa, sendo acrescidos 3 (três) dias por ano de serviço prestado ao mesmo empregador, até o máximo de 60 (sessenta) dias, *perfazendo um total de até 90 (noventa) dias*.

A Carta Magna prevê a concessão de licença à gestante, sem prejuízo do emprego, com a duração de 120 (cento e vinte) dias. Nos termos da Consolidação das Leis do Trabalho (CTL), referida licença será devida não só à empregada gestante, como também à mulher

---

24. Súmula vinculante 4: "Salvo nos casos previstos na Constituição, o salário mínimo não pode ser usado como indexador de base de cálculo de vantagem de servidor público ou de empregado, nem ser substituído por decisão judicial".

que adotar ou obtiver guarda judicial para fins de adoção.²⁵ A Lei Maior também prevê o direito à licença paternidade, nos termos fixados em lei. Enquanto não editado este diploma legal, o prazo desta licença deverá ser de 5 (cinco) dias.²⁶

A Constituição Federal também impõe a proibição de diferença de salários, de exercício de funções e de critério de admissão por motivo de sexo, idade, cor ou estado civil. Proíbe também qualquer discriminação no tocante a salário e critérios de admissão do trabalhador portador de deficiência, bem como a distinção entre trabalho manual, técnico e intelectual ou entre os profissionais respectivos. Proíbe, ademais, o trabalho noturno, perigoso ou insalubre aos menores de 18 (dezoito) anos, bem como de qualquer trabalho aos menores de 16 (dezesseis), salvo na condição de aprendiz, a partir de 14 (quatorze) anos.

Nossa Lei Maior, evidenciando um inequívoco excesso de regulamentação sobre a matéria, chega mesmo a fixar prazos prescricionais para ações judiciais que tenham por objeto eventuais créditos decorrentes das relações de trabalho, tudo conforme disposto no inciso XXIX daquele artigo 7°, cuja atual redação,²⁷ que iguala os prazos prescricionais para os trabalhadores urbanos e rurais, foi dada pela Emenda Constitucional 28, de 25 de maio de 2.000.

Referido dispositivo constitucional, como é fácil perceber, fixou 2 (duas) modalidades distintas de prescrição. A primeira delas, denominada *prescrição quinquenal*, permite que sejam cobrados, na Justiça do Trabalho, apenas os créditos trabalhistas dos últimos 5 (cinco) anos, contados da propositura da ação. A segunda, chamada de *prescrição bienal*, exige que a demanda seja proposta até 2 (dois) anos após a extinção do contrato de trabalho, sob pena de perda do direito de ação.

8.5 EMPREGADOS DOMÉSTICOS E SEUS DIREITOS TRABALHISTAS

Empregado doméstico pode ser definido, de forma sintética, como a pessoa natural que presta serviços, em caráter pessoal, de modo contínuo, com subordinação jurídica, e mediante o recebimento de remuneração, à pessoa ou à família que a contrata, para exercer seu labor no âmbito residencial desta, sem finalidades lucrativas. São considerados empregados domésticos tanto as pessoas que exercem suas funções dentro do lar do empregador (cozinheira, babá, mordomo etc.), como as que prestam serviços fora de casa, desde que sem fins lucrativos (motorista, jardineiro e caseiro de sítio de lazer).

A ausência de finalidade lucrativa da atividade desempenhada pelo contratado, portanto, é traço essencial para a caracterização do trabalhador como um empregado doméstico. Assim, na hipótese de a atividade do empregado destinar-se à obtenção de lucro, quer no âmbito urbano (hospedagem, consultório na garagem da casa etc.), quer no âmbito rural (sítio que explora atividade econômica, vendendo os produtos ali cultivados), ele não será considerado empregado doméstico, mas sim empregado urbano ou rural²⁸.

---

25. Consolidação das Leis do Trabalho, artigo 392-A: "À empregada que adotar ou obtiver guarda judicial para fins de adoção de criança será concedida licença-maternidade nos termos do art. 392, observado o disposto no seu § 5°."
26. Ato das Disposições Constitucionais Transitórias – ADCT, artigo 10, § 1°: "Até que a lei venha a disciplinar o disposto no art. 7°, XIX, da Constituição, o prazo da licença-paternidade a que se refere o inciso é de cinco dias".
27. Constituição Federal, artigo 7°, XXIX: "Ação, quanto aos créditos resultantes das relações de trabalho, com prazo prescricional de cinco anos para os trabalhadores urbanos e rurais, até o limite de dois anos após a extinção do contrato de trabalho".
28. Vale mencionar, ademais, que os empregados de condomínio de apartamentos, por expressa disposição legal (Lei 2.757/1956), não são considerados empregados domésticos.

Antigamente, por mais absurdo que possa parecer, nem todos os direitos trabalhistas previstos na Carta Magna eram garantidos aos empregados domésticos. Com efeito, nos termos da antiga redação do artigo 7º, parágrafo único, deviam ser assegurados à categoria dos trabalhadores domésticos, além de sua integração à previdência social, apenas os seguintes direitos: salário mínimo; irredutibilidade de salário; décimo terceiro salário; repouso semanal remunerado; gozo de férias anuais remuneradas acrescidas do adicional de um terço; licença maternidade ou licença paternidade; aviso prévio e aposentadoria.

Contudo, com a promulgação da Emenda Constitucional 72, promulgada em 2 de abril de 2013, aquela injustiça foi reparada, e agora, além daqueles relacionados no parágrafo anterior, alguns importantes direitos trabalhistas conferidos à generalidade dos empregados, e que lhes eram negados, foram também concedidos aos empregados domésticos[29], em caráter imediato, independentemente de qualquer regulamentação infraconstitucional.

São eles: garantia de salário, nunca inferior ao mínimo, para os que percebem remuneração variável; proteção do salário na forma da lei, constituindo crime sua retenção dolosa; duração do trabalho normal não superior a 8 (oito) horas diárias e 44 (quarenta e quatro) semanais, facultada a compensação de horários e a redução da jornada, mediante acordo ou convenção coletiva de trabalho; remuneração do serviço extraordinário superior, no mínimo, 50% (cinquenta por cento) à do normal.

Na mesma toada: redução dos riscos inerentes ao trabalho, por meio de normas de saúde, higiene e segurança; reconhecimento das convenções e acordos coletivos de trabalho; proibição de diferença de salários, de exercício de funções e de critério de admissão por motivo de sexo, idade, cor ou estado civil; proibição de qualquer discriminação no tocante a salário e critérios de admissão do trabalhador portador de deficiência; proibição de trabalho noturno, perigoso ou insalubre a menores de 18 (dezoito) e de qualquer trabalho a menores de 16 (dezesseis) anos, salvo na condição de aprendiz, a partir de 14 (quatorze) anos.

Referida Emenda Constitucional 72/2013 também conferiu aos empregados domésticos alguns outros importantes direitos trabalhistas, desde que atendidas, porém, as condições estabelecidas em lei (após regulamentação infraconstitucional, portanto). São eles: relação de emprego protegida contra despedida arbitrária ou sem justa causa; seguro-desemprego, em caso de desemprego involuntário; e Fundo de Garantia do Tempo de Serviço (FGTS).

Da mesma forma: remuneração do trabalho noturno superior à do diurno; salário-família pago em razão do dependente do trabalhador de baixa renda nos termos da lei; assistência gratuita aos filhos e dependentes desde o nascimento até 5 (cinco) anos de idade em creches e pré-escolas; seguro contra acidentes de trabalho, a cargo do empregador, sem excluir a indenização a que este está obrigado, quando incorrer em dolo ou culpa.

Para regulamentar o contrato de trabalho doméstico, foi promulgada, ainda recentemente, a Lei Complementar 150, de 1º de junho de 2015. Segundo seu artigo 1º, considera-se empregado doméstico, para fins de aplicação da lei, "aquele que presta serviços de forma contínua, subordinada, onerosa e pessoal e de finalidade não lucrativa à pessoa ou à família, no âmbito residencial destas, por mais de 2 (dois) dias por semana". O parágrafo único,

---

29. Segundo a Emenda Constitucional 72/2013, o artigo 7º, parágrafo único, de nossa Lei Maior, passa a vigorar com a seguinte redação: "São assegurados à categoria dos trabalhadores domésticos os direitos previstos nos incisos IV, VI, VII, VIII, X, XIII, XV, XVI, XVII, XVIII, XIX, XXI, XXII, XXIV, XXVI, XXX, XXXI e XXXIII e, atendidas as condições estabelecidas em lei e observada a simplificação do cumprimento das obrigações tributárias, principais e acessórias, decorrentes da relação de trabalho e suas peculiaridades, os previstos nos incisos I, II, III, IX, XII, XXV e XXVIII, bem como a sua integração à previdência social".

daquele mesmo artigo 1º, veda expressamente a contratação de menor de 18 (dezoito) anos para desempenho de trabalho doméstico.

Em termos semelhantes ao que determina nossa Lei Maior, o artigo 2º, do mesmo diploma legal, dispõe que a duração normal do trabalho doméstico não excederá 8 (oito) horas diárias e 44 (quarenta e quatro) semanais, e que a remuneração da hora extraordinária será, no mínimo, 50% (cinquenta por cento) superior ao valor da hora normal (§ 1º). Dispõe, outrossim, que poderá ser dispensado o acréscimo de salário, e instituído regime de compensação de horas, mediante acordo escrito entre empregador e empregado, se o excesso de horas de um dia for compensado em outro dia.

A lei também instituiu o chamado *regime parcial*, em seu artigo 3º. Nos expressos termos deste artigo, considera-se trabalho em regime de tempo parcial aquele cuja duração não exceda 25 (vinte e cinco) horas semanais, sendo, contudo, permitidas horas extraordinárias, desde que não excedentes a 1 (uma) hora diária, mediante acordo escrito entre empregador e empregado, com o limite máximo de 6 (seis) horas diárias. Ainda segundo aquele artigo (§1º), o salário a ser pago ao empregado sob regime parcial será proporcional a sua jornada, em relação ao empregado que cumpre, nas mesmas funções, tempo integral.

A despeito de o contrato de trabalho, como regra, viger por prazo indeterminado, a Lei Complementar 150/2015 *prevê a possibilidade de a contratação do empregado doméstico ocorrer por prazo determinado*, em 2 (duas) hipóteses: (a) mediante contrato de experiência, que não poderá exercer a 90 (noventa) dias, podendo ser prorrogado 1 (uma) vez, desde que a soma dos 2 (dois) períodos não ultrapasse 90 (noventa) dias; e (b) para atender a necessidades familiares de natureza transitória e para substituição temporária de empregado doméstico com contrato de trabalho interrompido ou suspenso[30].

Como vimos anteriormente, a própria Lei Maior garantiu aos empregados domésticos a duração do trabalho normal não seja superior a 8 (oito) horas diárias e 44 (quarenta e quatro) semanais, *facultando a compensação de horários* e a redução da jornada, mediante acordo ou convenção coletiva de trabalho. Em razão desse permissivo constitucional, a lei previu (artigo 10) a possibilidade de as partes, mediante acordo escrito, estabelecer horário de trabalho de 12 (doze) horas seguidas por 36 (trinta e seis) horas ininterruptas de descanso, observados ou indenizados os intervalos para repouso e alimentação[31].

Nos expressos termos da lei de regência (artigo 13), é obrigatória a concessão, ao empregado doméstico, de intervalo para repouso ou alimentação pelo período de, no mínimo, 1 (uma) hora e, no máximo, 2 (duas) horas, admitindo-se, mediante prévio acordo escrito entre empregador e empregado, sua redução a 30 (trinta) minutos[32]. Ademais, entre 2 (duas) jornadas de trabalho (o chamado intervalo interjornada), deve haver período mínimo de 11 (onze) horas consecutivas para descanso.

A Lei Complementar 150/2015 determina, em seu artigo 14, que deve ser considerado como *trabalho noturno* aquele executado pelo empregado doméstico entre as 22 (vinte e duas) horas de um dia e as 5 (cinco) horas do dia seguinte. A hora de trabalho noturno terá

---

30. Nesse caso, a duração do contrato de trabalho é limitada ao término do evento que motivou a contratação, obedecido o limite máximo de 2 (dois) anos, tudo conforme regra cogente do artigo 4º, parágrafo único, da Lei Complementar 150/2015.
31. De todo modo, será sempre obrigatório o registro do horário de trabalho do empregado doméstico por qualquer meio manual, mecânico ou eletrônico, desde que idôneo.
32. Caso o empregado resida no local de trabalho, o período de intervalo poderá ser desmembrado em 2 (dois) períodos, desde que cada um deles tenha, no mínimo, 1 (uma) hora.

duração de 52'30" (cinquenta e dois minutos e trinta segundos). Além disso, a remuneração do empregado doméstico, pelo trabalho noturno realizado, deve ter acréscimo de, no mínimo, 20% (vinte por cento) sobre o valor da hora diurna.

A lei em comento também garante aos empregados domésticos descanso semanal remunerado de, no mínimo, 24 (vinte e quatro) horas consecutivas, preferencialmente aos domingos (portanto, não obrigatoriamente), além de descanso remunerado em feriados. Garante, outrossim, que ele tenha direito a férias anuais remuneradas de 30 (trinta) dias, salvo em se tratando de regime de tempo parcial, com acréscimo de, pelo menos, 1/3 (um terço) do salário normal, após cada período de 12 (doze) meses de trabalho prestado à mesma pessoa ou família[33].

Importante regra trazida pela lei que regulamentou a profissão, é a que proíbe ao empregador doméstico efetuar descontos no salário do empregado por fornecimento de alimentação, vestuário, higiene ou moradia, bem como por despesas com transporte, hospedagem e alimentação em caso de acompanhamento em viagem (artigo 18)[34]. Referidas despesas, é importante ressaltar, não têm natureza salarial nem se incorporam à remuneração do empregado doméstico, para quaisquer efeitos.

Por outro lado, o empregador poderá efetuar descontos no salário do empregado doméstico em caso de adiantamento salarial e, mediante acordo escrito entre as partes, para a inclusão do empregado em planos de assistência médico-hospitalar e odontológica, de seguro e de previdência privada, sendo certo que, neste caso, a dedução não poderá ultrapassar 20% (vinte por cento) do salário do trabalhador.

Nos expressos termos da lei, o empregado doméstico é segurado obrigatório da previdência social. Ademais, tem direito à sua inclusão no Fundo de Garantia do Tempo de Serviço (FGTS), na forma de regulamento a ser editado pelo Conselho Curador e pelo agente operador do Fundo, sendo certo que o empregador doméstico somente passará a ter obrigação de promover a inscrição e de efetuar os recolhimentos referentes a seu empregado após a entrada em vigor daquele regulamento. E caso seja dispensado sem justa causa, fará jus ao benefício do seguro-desemprego.

A empregada doméstica gestante tem direito a licença-maternidade de 120 (cento e vinte) dias, sem prejuízo do emprego e do salário. A confirmação do estado de gravidez durante o curso do contrato de trabalho, ainda que durante o prazo do aviso prévio trabalhado ou indenizado, garante à empregada doméstica gestante a estabilidade provisória prevista no artigo 10, inciso II, alínea "b", do Ato das Disposições Constitucionais Transitórias – ADCT.

Para encerrar este breve estudo sobre o tema, não podemos deixar de mencionar que a lei regulamentadora instituiu norma específica para o pagamento de indenização compensatória, no caso de o empregado doméstico ser despedido sem justa causa ou por culpa do empregador. Com efeito, segundo o artigo 22 da lei, o empregador deverá depositar a importância mensal de 3,2% (três inteiros e dois décimos por cento) sobre a remuneração devida, no mês anterior, para eventual pagamento daquela indenização.

---

33. O período de férias poderá, a critério do empregador, ser fracionado em até 2 (dois) períodos, sendo 1 (um) deles de, no mínimo, 14 (quatorze) dias corridos. É facultado ao empregado doméstico converter 1/3 (um terço) do período de férias a que tiver direito em abono pecuniário, no valor da remuneração que lhe seria devida nos dias correspondentes.
34. Só poderá haver descontos com moradia quando esta se referir a local diverso da residência em que ocorrer a prestação de serviço, pelo empregado doméstico, e desde que tal possibilidade tenha sido expressamente acordada entre as partes.

Por outro lado, não precisará acrescentar, na conta do empregado vinculada ao Fundo de Garantia do Tempo de Serviços, naqueles casos de despedida sem justa causa ou de rescisão por culpa do empregador, o montante correspondente a 40% (quarenta por cento) dos depósitos existentes naquela conta, como é garantido pela Constituição Federal às generalidades dos empregados, como prevê expressamente o artigo 10, inciso I, do Ato das Disposições Constitucionais Transitórias.

8.6 LIBERDADE DE ASSOCIAÇÃO PROFISSIONAL OU SINDICAL

Como vimos anteriormente, o direito do trabalho pode ser dividido, para fins didáticos, em 2 (dois) campos específicos: individual e coletivo. O primeiro é aquele que tem por objeto o conjunto de princípios e regras que tutelam os trabalhadores em suas relações individuais de trabalho. O segundo, o próprio nome já indica, refere-se ao conjunto de normas que tratam das relações coletivas de trabalho, não só aquelas travadas entre entidades sindicais de empregados e de empregadores, como também as que disciplinam a própria criação e organização daquelas entidades.

Dito de outro modo, o direito coletivo do trabalho tem por objeto o conjunto de princípios e regras que tratam dos direitos trabalhistas que *devem ser tutelados coletivamente* (direitos coletivos em sentido amplo), tais como o direito de greve e o de celebrar acordos e convenções coletivas de trabalho, e que, em nossa Lei Maior, estão disciplinados a partir de seu artigo 8º. A seção que ora se inicia tem por objetivo tratar das chamadas organizações sindicais, entidades que têm por função justamente tutelar os interesses dos trabalhadores e dos empregadores. Senão vejamos.

Como regra geral, os sujeitos das relações coletivas de trabalho são o *sindicato dos empregados* (categoria profissional) e o *sindicato dos empregadores* (categoria econômica), os quais têm o dever de representar, respectivamente, os interesses dos trabalhadores e dos empregadores. Contudo, é importante ressaltar, são também consideradas relações coletivas de trabalho aquelas celebradas diretamente entre o sindicato dos empregados e uma ou mais empresas empregadoras, sem a participação do sindicato patronal.

O direito sindical brasileiro, vale mencionar, surgiu no início do século XX (sindicatos rurais em 1903 e sindicatos urbanos em 1907), não exatamente por iniciativa de empregados que buscavam melhorar suas condições de trabalho, *mas sim pela edição de leis do Estado*. E a partir da Constituição de 1937, com inequívoca inspiração no fascismo italiano, *os sindicatos passaram a ser considerados entidades que atuavam por delegação do Poder Público*, cuja existência e funcionamento eram controlados pelo Estado.

Exatamente nessa época, foi editada a Consolidação das Leis do Trabalho (Decreto-lei 5.453, de 1º de maio de 1943). Por esse motivo, referido diploma legal acolheu totalmente aquele modelo fascista de sindicalismo, adotado pela Carta de 1937, com a existência de normas que previam não só a exigência de autorização para criação, administração e atuação sindical, como também a necessidade de fiscalização pelo Ministério do Trabalho, além da obrigatoriedade de pagamento, pelos empregados, de contribuição sindical.

Somente com a Constituição de 1988 é que os sindicatos deixaram de ser considerados entidades que atuam por delegação do Poder Público. A vigente Lei Maior prevê a denominada *liberdade de associação profissional e sindical*, um desdobramento da liberdade de associação (estudada no Capítulo 7), porém com especificidades que lhe conferem inequívoca autonomia em relação a esta[35]. Nos expressos termos do artigo 8º, inciso I, de nossa Carta Magna, "a lei não poderá exigir autorização do Estado para a fundação de sindicato, ressalvado o registro no órgão competente, vedadas ao Poder Público a interferência e a intervenção na organização sindical".

Como se vê, referida norma constitucional, inovando sobre o tema, *veda expressamente que o poder público interfira ou intervenha na organização sindical*, ou seja, na maneira como os sindicatos de empregados e de empregadores devem atuar, no exercício de suas funções. A partir de então, é expressamente proibido ao Estado editar quaisquer normas infraconstitucionais que exijam autorização do Poder Público para a criação de sindicatos ou que imponham regramentos e/ou limitações à atuação sindical.

É importante ressaltar, contudo, que nossa vigente Constituição Federal *não previu uma total liberdade de criação e de funcionamento de sindicatos*[36], já que veda a criação de mais de uma organização sindical, em qualquer grau, representativa de categoria profissional ou econômica, na mesma base territorial, a qual, a despeito de ser definida pelos próprios trabalhadores ou empregadores, não poderá ser inferior à área de 1 (um) Município (artigo 8º, inciso II). Se a liberdade fosse realmente total, os interessados poderiam criar mais de um sindicato no mesmo território.

Ademais, emulando, neste ponto, o modelo fascista de organização sindical, a Constituição de 1988 manteve a previsão do chamado *sistema confederativo* de representação sindical. Isso quer dizer, em outras palavras, que a organização sindical, em nosso País, é estruturada de *forma hierarquizada*[37], de modo que os sindicatos componham a base do sistema, com as federações[38] figurando no patamar seguinte, e, por fim, com as chamadas confederações[39] ocupando o grau hierárquico mais elevado.

Nossa Lei Magna, por outro lado, confere aos trabalhadores ampla *liberdade de participação em sindicatos*, dispondo expressamente, e de maneira semelhante ao que vimos em relação às associações (Capítulo 7), que "ninguém será obrigado a filiar-se ou manter-se filiado a sindicato". Garante também, ao aposentado filiado, o direito de votar e ser votado nas organizações sindicais. Veda, por fim, a dispensa do empregado sindicalizado, a partir do registro da candidatura a cargo de direção ou representação sindical e, se eleito, ainda que suplente, até um ano após o final do mandato, salvo se cometer falta grave nos termos da lei.

Já no tocante aos direitos e prerrogativas das entidades sindicais propriamente ditas, a Constituição Federal confere-lhes a nobre e importante missão de defesa dos direitos e interesses coletivos ou individuais da categoria que representam, inclusive em questões

---

35. Nesses termos, por exemplo, é a lição de Alexandre de Moraes: "A liberdade sindical é uma forma específica de liberdade de associação (CF, art. 5º, XVII), com regras próprias, demonstrando, portanto, sua posição de tipo autônomo". Op. cit., p. 202.
36. Como, aliás, prevê expressamente a Convenção 87, da Organização Mundial do Trabalho (OIT), que trata justamente do direito à liberdade sindical, sem qualquer interferência do Estado, que entrou em vigor em 4 de julho de 1950, e que o Brasil se recusou a assinar, justamente porque a constituição vigente à época (a de 1946) previa que os sindicatos atuavam por delegação do poder público.
37. Consolidação das Leis do Trabalho, artigo 533: "Constituem associações sindicais de grau superior as federações e confederações organizadas nos termos desta Lei".
38. Consolidação das Leis do Trabalho, artigo 534: "É facultado aos sindicatos, quando em número não inferior a 5 (cinco), desde que representem a maioria absoluta de um grupo de atividades ou profissões idênticas, similares ou conexas, organizarem-se em federação".
39. Consolidação das Leis do Trabalho, artigo 535: "As confederações organizar-se-ão com o mínimo de 3 (três) federações, e terão sede na Capital da República".

judiciais ou administrativas, ressaltando, inclusive, a obrigatoriedade da participação dos sindicatos nas negociações coletivas de trabalho.

Não podemos deixar de mencionar, para encerrar esta seção, que a Carta Magna não estabeleceu, no Capítulo referente aos servidores públicos, normas disciplinadoras acerca do direito de associação sindical dos servidores, como o fez, em seu artigo 8º, em relação aos trabalhadores urbanos e rurais. Por essa razão, valendo-nos de uma interpretação lógico-sistemática, podemos concluir, sem maiores dificuldades, que referidas normas constitucionais também se aplicam perfeitamente aos servidores públicos, sobretudo porque perfeitamente compatíveis.

8.7 DIREITO DE GREVE E DEMAIS DIREITOS COLETIVOS DO TRABALHO CITADOS PELA LEI MAIOR

O direito de greve está previsto no artigo 9º, de nossa Lei Maior. Nos expressos termos deste dispositivo constitucional, "é assegurado o direito de greve, competindo aos trabalhadores decidir sobre a oportunidade de exercê-lo e sobre os interesses que devam por meio dele defender". *Greve* pode ser definida, em termos singelos, como a paralisação voluntária e coletiva do trabalho, por iniciativa dos trabalhadores[40], destinada à obtenção de benefícios econômicos e/ou a manutenção ou melhoria de condições de trabalho ou outros interesses legítimos.

Quando a Carta Magna dispõe, no supramencionado artigo 9º, que compete aos trabalhadores "decidir sobre a oportunidade de exercê-lo e sobre os interesses que devam por meio dele defender", deixa claro que eles são livres para efetivamente decidir qual o melhor momento para exercitar referido direito (não ficam adstritos, por exemplo, à época da data-base), e que os interesses defendidos pela greve não se limitam à seara dos direitos trabalhistas (greve reivindicatória), podendo ter natureza política (greve política), de solidariedade a outras categorias (greve de solidariedade) ou mesmo de protesto contra atos ou omissões do Poder Público (greve de protesto)[41].

É imperioso ressaltar, ademais, que o direito de greve mencionado naquele artigo 9º, da Constituição Federal, *diz respeito apenas aos trabalhadores do chamado setor privado*, entre os quais se incluem, por expressa previsão constitucional (artigo 173, § 1º, de nossa Lei Maior), os empregados das empresas públicas, das sociedades de economia mista e de suas subsidiárias, já que referidas entidades da Administração Pública Indireta também devem sujeitar-se ao regime jurídico próprio das empresas privadas, inclusive no tocante às obrigações trabalhistas e tributárias.

O direito de greve dos servidores públicos foi tratado no artigo 37, inciso VII, da Carta Magna. Nos expressos termos deste dispositivo constitucional, contudo, referido direito deverá ser exercido nos termos e nos limites definidos em lei específica. Entretanto, como até hoje não foi editada referida lei, o Supremo Tribunal Federal determinou, em decisões

---

40. A greve praticada por empregadores chama-se *lockout*. Contudo, a legislação brasileira veda expressamente este tipo de greve, como se pode verificar da simples leitura do artigo 17, da Lei 7.783/1989: "fica vedada a paralisação das atividades por iniciativa do empregador, com o objetivo de frustrar a negociação coletiva ou dificultar o atendimento de reivindicações dos respectivos empregados".

41. Nesses termos, por exemplo, é a lição de Alexandre de Moraes: "Em relação às diversas espécies de greves permissíveis pelo texto constitucional, os trabalhadores podem decretar *greves reivindicativas*, objetivando a melhoria das condições de trabalho, ou *greves de solidariedade*, em apoio a outras categorias ou grupos reprimidos, ou *greves políticas*, visando conseguir as transformações econômico-sociais que a sociedade requeira, ou, ainda, *greves de protesto*". *Op. cit.*, p. 214.

proferidas em sede de mandado de segurança coletivo (vide Capítulo 10), que fosse aplicada a todos os servidores públicos, no que coubesse, a lei de greve do setor privado, *enquanto não fosse editada referido diploma infraconstitucional.*

Na lição de Léo Van Holthe[42], o direito de greve é o direito social dos trabalhadores "que possibilita a abstenção coletiva do trabalho com a finalidade de defender os interesses por eles próprios definidos como relevantes". Referido direito só passou a ser reconhecido, no Brasil, a partir da Constituição de 1946 (a Constituição de 1937, aliás, o vedava expressamente[43]). Atualmente, o direito de greve encontra-se devidamente regulamentado pela Lei 7.783, de 28 de junho de 1989, que fixa a forma como referido direito deve ser exercitado.

Segundo o artigo 2°, daquele diploma legal, considera-se legítimo exercício do direito de greve a suspensão coletiva, temporária e pacífica, total ou parcial, de prestação pessoal de serviço a empregador. Referido dispositivo legal ressalta, como é fácil perceber, que o exercício de greve é um *direito coletivo* (não pode ser exercitado individualmente), de *duração temporária* (a paralisação definitiva resulta na extinção dos contratos de trabalho), e com *uso de meios pacíficos,* sob pena de responderem até mesmo criminalmente pela violência, coação ou danos provocados.

A mesma lei também deixa claro (artigo 3°) que *o direito de greve só pode ser exercido pelos trabalhadores após a frustração de tentativa de negociação coletiva, ou de verificação da impossibilidade de utilização da via arbitral.* O parágrafo único, daquele mesmo artigo, também determina que a entidade patronal correspondente ou os empregadores diretamente interessados devem ser devidamente notificados, com antecedência mínima de 48 (quarenta e oito) horas, da data escolhida para a paralisação. As reivindicações da categoria profissional, ademais, devem ser decididas por meio de assembleia convocada pela respectiva entidade sindical, na forma prevista em seus estatutos (artigo 4°).

O artigo 6°, da Lei 7.783/1989, assegura aos empregados grevistas, dentre outros direitos, o emprego de meios pacíficos tendentes a persuadir ou aliciar os trabalhadores a aderirem à greve, bem como a arrecadação de fundos e a livre divulgação do movimento. Referido dispositivo legal, por outro lado, salienta que os meios adotados por empregados e empregadores não poderão violar ou constranger os direitos e garantias fundamentais de outrem (§ 1°), e que as manifestações e atos de persuasão utilizados pelos grevistas não poderão impedir o acesso ao trabalho nem causar ameaça ou dano à propriedade ou à pessoa (§ 3°).

Conforme artigo 7°, da lei de regência, a participação em greve suspende o contrato de trabalho, devendo as relações obrigacionais, durante o período, ser regidas pelo acordo, convenção, laudo arbitral ou decisão da Justiça do Trabalho. O parágrafo único daquele mesmo artigo, ademais, veda a rescisão de contrato de trabalho durante a greve e também a contratação de trabalhadores substitutos, salvo para trabalhos inadiáveis, cuja paralisação total resulte em prejuízo irreparável ao serviço, ou quando a paralisação continuar, mesmo após a celebração de acordo ou prolação de decisão judicial.

Segundo os parágrafos do artigo 9°, da Constituição Federal, *a lei deverá definir os serviços ou atividades essenciais* e disporá sobre o atendimento das necessidades inadiáveis

---

42. *Op. cit.*, p. 574.
43. Constituição de 1937, artigo 139: "Para dirimir os conflitos oriundos das relações entre empregadores e empregados, reguladas na legislação social, é instituída a Justiça do Trabalho, que será regulada em lei e à qual não se aplicam as disposições desta Constituição relativas à competência, ao recrutamento e às prerrogativas da Justiça comum. *A greve e o lock-out são declarados recursos antissociais nocivos ao trabalho e ao capital e incompatíveis com os superiores interesses da produção nacional"* (grifou-se).

da comunidade (§ 1º), sendo certo que os abusos cometidos (no exercício do direito de greve) sujeitam os responsáveis às penas da lei (§ 2º). Os serviços ou atividades consideradas essenciais foram relacionados no artigo 10, da Lei 7.783/1989, dentre os quais podemos destacar: tratamento e abastecimento de água, produção e distribuição de energia elétrica, gás e combustíveis; assistência médica e hospitalar e o controle de tráfego.

Ainda segundo a lei de regência (artigo 11), nos serviços ou atividades essenciais, os sindicatos, os empregadores e os trabalhadores ficam obrigados, de comum acordo, a garantir, durante a greve, a prestação dos serviços indispensáveis ao atendimento das necessidades inadiáveis da comunidade, definindo referidas necessidades inadiáveis como aquelas que, não atendidas, coloquem em perigo iminente a sobrevivência, a saúde ou a segurança da população. Caso referidas exigências não sejam atendidas, caberá ao Poder Público assegurar a prestação dos serviços indispensáveis (artigo 12).

O abuso no exercício do direito de greve, por fim, foi definido no artigo 14, daquele diploma legal. Segundo referido dispositivo legal, constitui abuso do direito de greve a inobservância das normas contidas naquela lei, bem como a manutenção da paralisação após a celebração de acordo, convenção ou decisão da Justiça do Trabalho. Considerada abusiva a greve, o empregador poderá aplicar aos trabalhadores paralisados as penalidades estabelecidas pela Consolidação das Leis do Trabalho (CLT), que podem variar desde a advertência até a dispensa por justa causa.

Encerrando o tema dos direitos coletivos dos trabalhadores, nossa Carta Magna assegura a participação dos trabalhadores e empregadores nos colegiados dos órgãos públicos em que seus interesses profissionais ou previdenciários sejam objeto de discussão e deliberação (artigo 10), bem como a eleição de um representante dos trabalhadores, nas empresas que contenham mais de 200 (duzentos) empregados, com a finalidade exclusiva de promover-lhes o entendimento direto com os empregadores (artigo 11).

8.8 DIREITOS RELACIONADOS À NACIONALIDADE

Nacionalidade é um vínculo jurídico-político que liga um indivíduo a um Estado, fazendo com que este indivíduo seja um integrante da dimensão pessoal do Estado, tornando-o um componente do povo, titular de direitos e deveres diante da ordem estatal. O conceito de nacionalidade, é importante ressaltar, não se confunde com o de *naturalidade*.

Com efeito, nacionalidade é o vínculo que liga o indivíduo ao Estado, ao passo que *naturalidade* é o liame que liga a pessoa *ao local de seu nascimento*. Da definição de nacionalidade, podemos depreender facilmente que *nacional* é o brasileiro, ou seja, aquele que, atendendo aos requisitos impostos pela Lei Maior, vincula-se à dimensão pessoal do nosso Estado. As normas relativas ao direito de nacionalidade estão consignadas no artigo 12, e parágrafos, da Constituição Federal.

Frisemos, por fim, que o conceito de *nacional* não se confunde com o de cidadão. De fato, muito embora o *cidadão tenha como pressuposto necessário a nacionalidade*, não basta que esta esteja presente, para que a pessoa se torne automaticamente um cidadão. Para tanto, necessita também do alistamento eleitoral, conforme determinado pelo artigo 14, § 1º, da Carta Magna. Somente após este alistamento eleitoral (o qual, aliás, não pode ser feito por estrangeiros, conforme disposto no § 2º do mesmo artigo), é que o nacional se transforma em cidadão. Logo, *cidadão é o nacional eleitor*.

NACIONALIDADE

– *Nacionalidade* é um vínculo jurídico-político que liga um indivíduo a um Estado, fazendo com que este indivíduo seja um integrante da dimensão pessoal do Estado, tornando-o um componente do povo, titular de direitos e deveres diante da ordem estatal.

– O conceito de *nacional* não se confunde com o de cidadão. De fato, muito embora este último tenha como pressuposto necessário a nacionalidade, não basta que esta esteja presente. *Cidadão é o nacional eleitor.*

8.9 MODALIDADES DE NACIONALIDADE

Podemos afirmar que existem basicamente 2 (dois) critérios, adotados pelos diferentes ordenamentos estatais, para atribuição de nacionalidade: o *ius sanguinis* e o *ius soli*. De acordo com o critério do *ius sanguinis*, será nacional de um determinado país o filho de outro nacional, independentemente do local de nascimento. Já segundo o critério do *ius soli*, nacional é aquele que nasce no território do Estado, independentemente da nacionalidade dos pais.

O Brasil, como se pode verificar através da simples leitura do artigo 12, da Constituição Federal, utiliza um critério híbrido para atribuição de nacionalidade, adotando regras de ambos os sistemas, com vistas à facilitação da concessão da nacionalidade brasileira[44].

Com efeito, nos termos do artigo 12, incisos I e II, de nossa Lei Maior, existem 2 (duas) espécies de nacionalidade brasileira: a *nacionalidade primária*, também denominada *nacionalidade originária*, relativa aos brasileiros *natos*; e a *nacionalidade secundária*, também chamada de *nacionalidade adquirida*, referente aos brasileiros *naturalizados*.

Conforme disposto no inciso I, são brasileiros natos: (a) os nascidos na República Federativa do Brasil, ainda que de pais estrangeiros, desde que estes não estejam a serviço do seu País; (b) os nascidos no estrangeiro, de pai brasileiro ou mãe brasileira, desde que qualquer deles esteja a serviço da República Federativa do Brasil; e (c) os nascidos no estrangeiro, de pai brasileiro ou de mãe brasileira, desde que sejam registrados em repartição brasileira competente ou venham a residir na República Federativa do Brasil e optem, em qualquer tempo, depois de atingida a maioridade, pela nacionalidade brasileira (alínea alterada pela Emenda Constitucional 54, de 20 de setembro de 2007).

Quanto à primeira hipótese (alínea *a*), em que foi inequivocamente adotado o critério do *ius soli*, devemos mencionar que aquela condição de que os pais estrangeiros não estejam a serviço de seu país deve ser interpretada da maneira mais ampla possível, valendo não só para países estrangeiros, como também para organismos internacionais.

A segunda hipótese (alínea *b*) adotou o critério do *ius sanguinis*, somado à função exercida por um dos pais do nacional nascido no estrangeiro. Aqui também deve ser conferida ao dispositivo uma interpretação extensiva, para incluir toda e qualquer pessoa jurídica de direito público interno, inclusive da Administração indireta, além de paraestatais.

A última hipótese mencionada no inciso I (alínea *c*), por sua vez, adotou o critério do *ius sanguinis*, somado ao cumprimento de 1 (um) dentre 2 (dois) requisitos ali fixados: ou o registro em repartição brasileira competente, ou a posterior vinda para o Brasil e opção, depois de atingir a maioridade, pela nacionalidade brasileira.

---

44. O Brasil observa, portanto, a norma prevista no artigo 20, item 2, da Convenção Americana de Direitos Humanos (o Pacto de San Jose da Costa Rica): "Toda pessoa tem direito à nacionalidade do Estado em cujo território houver nascido, se não tiver direito a outra".

Trata-se ali de uma hipótese de aquisição de nacionalidade *potestativa*, uma vez que o implemento da condição fica inteiramente a critério do optante, que declara, após atingir a maioridade, que deseja ter a nacionalidade brasileira. A Justiça Federal de primeira instância é a competente para homologar a opção do brasileiro que atingiu a maioridade e deseja a nacionalidade brasileira.

Nos termos do inciso II, são brasileiros naturalizados: (a) os que, na forma da lei, adquiram a nacionalidade brasileira, exigidas aos originários de países de língua portuguesa apenas residência por um ano ininterrupto e idoneidade moral; e (b) os estrangeiros de qualquer nacionalidade residentes na República Federativa do Brasil há mais de quinze anos ininterruptos e sem condenação penal, desde que requeiram a nacionalidade brasileira."

Particularmente no que se refere aos *portugueses*, o artigo 12, § 1º, da Constituição Federal, atribui a estes os direitos inerentes aos brasileiros (ressalvados apenas os casos especificados na própria Carta Magna), independentemente de naturalização, desde que tenham residência permanente no Brasil e que haja reciprocidade em favor dos brasileiros, em Portugal.

MODALIDADES DE NACIONALIDADE

Nacionalidade primária ou originária (brasileiros natos)	(a) os nascidos na República Federativa do Brasil, ainda que de pais estrangeiros, desde que estes não estejam a serviço do seu país;
	(b) os nascidos no estrangeiro, de pai brasileiro ou mãe brasileira, desde que qualquer deles esteja a serviço da República Federativa do Brasil; e
	(c) os nascidos no estrangeiro, de pai brasileiro ou mãe brasileira, desde que sejam registrados em repartição brasileira competente ou venham a residir no Brasil e optem, em qualquer tempo, depois de atingida a maioridade, pela nacionalidade brasileira.
Nacionalidade secundária ou adquirida (brasileiros naturalizados)	(a) os que, na forma da lei, adquiram a nacionalidade brasileira, exigidas aos originários de países de língua portuguesa apenas residência por um ano ininterrupto e idoneidade moral; e
	(b) os estrangeiros de qualquer nacionalidade residentes na República Federativa do Brasil há mais de quinze anos ininterruptos e sem condenação penal, desde que requeiram a nacionalidade brasileira.

8.10 AS HIPÓTESES EM QUE A PRÓPRIA CONSTITUIÇÃO FEDERAL DETERMINA A DISTINÇÃO ENTRE BRASILEIRO NATO E NATURALIZADO

Nos termos do artigo 12, § 2º, da Constituição Federal, a *lei* não pode fazer qualquer distinção entre nacionalidade originária e adquirida, ou seja, entre brasileiros natos e naturalizados. *Só quem o pode fazer, o dispositivo constitucional esclarece, é a própria Constituição*. As hipóteses de tratamento diferenciado estão previstas, de maneira esparsa, em diversos dispositivos da Carta Magna.

A mais ostensiva delas está no próprio artigo 12, § 3º, de nossa Lei Maior, o qual dispõe que são privativos de brasileiros natos os cargos de: (a) presidente e vice-presidente da República; (b) presidente da Câmara dos Deputados; (c) presidente do Senado Federal; (d) ministro do Supremo Tribunal Federal; (d) oficial das Forças Armadas e ministro de Estado da Defesa. Vale notar que a exigência de que seja brasileiro nato vale apenas para os presidentes da Câmara dos Deputados e do Senado Federal, não se estendendo para os demais parlamentares daquelas Casas, que podem ser brasileiros naturalizados.

Outra hipótese de tratamento diferenciado entre brasileiro nato e naturalizado, nós a temos no artigo 5º, inciso LI, do Texto Magno,[45] que dispõe sobre a *impossibilidade peremptória da extradição de brasileiros natos*, ao passo que permite a de brasileiros naturalizados, caso atendidos os requisitos ali imposto, ou seja, em caso de crime comum, praticado antes da naturalização, ou de comprovado envolvimento em tráfico ilícito de entorpecentes e drogas afins, na forma da lei.

Mencionemos também a exigência, fixada pelo artigo 89, inciso VII, da Carta Magna, de que os 6 (seis) cidadãos participantes do Conselho da República sejam brasileiros natos, e, por fim, aquela consignada no artigo 222, da Constituição Federal, que exige que a propriedade de empresas jornalísticas e de radiodifusão sonora e de sons e imagens, no que respeita a pessoas naturais, seja privativa de brasileiros natos, ou de brasileiros naturalizados, há mais de 10 (dez) anos.

8.11 PERDA E REAQUISIÇÃO DA NACIONALIDADE

Conforme disposto no artigo 12, § 4º, da Constituição de 1988, há 2 (duas) hipóteses de perda da nacionalidade brasileira. São elas: (a) cancelamento de naturalização, por sentença judicial, em virtude de atividade nociva ao interesse nacional; e (b) a aquisição de outra nacionalidade. Quanto à primeira hipótese – cancelamento da naturalização por sentença judicial –, devemos esclarecer que referida decisão tem natureza *desconstitutiva*, com efeitos *ex nunc* (ou seja, a partir de sua decretação). A perda da nacionalidade, neste caso, tem por fundamento a "atividade nociva ao interesse nacional".

Quanto à segunda – a aquisição voluntária de outra nacionalidade – é importante mencionarmos que esta hipótese está condicionada à existência de pedido expresso, formalizado pelo brasileiro que pretende a obtenção da outra nacionalidade, e já aceito pelo outro Estado. Esta última hipótese, contudo, comporta 2 (duas) exceções, nas quais não há que se falar em perda da nacionalidade brasileira, mesmo havendo pedido formal de aquisição de outra nacionalidade.

São elas: o reconhecimento de nacionalidade originária pela lei estrangeira (caso da Itália, por exemplo, que concede a nacionalidade aos descendentes de italianos, mesmo que nascidos no estrangeiro – critério do *ius sanguinis*); e a imposição de naturalização, por Estado estrangeiro, como condição para a permanência de nosso nacional naquele território, ou para o exercício de direitos civis.

Aquele que perdeu a nacionalidade brasileira *por ato voluntário* poderá recuperá-la desde que o pleiteie, gerando, por consequência, a perda da outra nacionalidade, em razão da comunicação que é feita pelo Governo Brasileiro à Embaixada do país que havia naturalizado o nosso nacional. É importante ressaltarmos, por fim, que as pessoas que haviam perdido a nacionalidade brasileira, em razão da naturalização estrangeira, para o exercício de direitos civis fora do Brasil, antes da Emenda Constitucional 3, de 17 de março de 1993, *podem readquirir a nacionalidade* brasileira.

---

45. Constituição Federal, artigo 5º, inciso LI: "nenhum brasileiro será extraditado, salvo o naturalizado, em caso de crime comum, praticado antes da naturalização, ou de comprovado envolvimento em tráfico ilícito de entorpecentes e drogas afins, na forma da lei".

8.12 DIREITOS POLÍTICOS: CONCEITO E SUAS ESPÉCIES

Os direitos políticos estão definidos no Capítulo IV, do Título II, da Constituição Federal, que trata dos direitos e garantias fundamentais. Como vimos no Capítulo 6 deste livro, parte dos chamados direitos fundamentais têm por função permitir que o indivíduo possa participar, de maneira efetiva, do processo político do Estado a que esteja vinculado, não só por meio do exercício do voto nas eleições e mecanismos de participação popular direta, como também se candidatando a ser um representante do povo na condução daquele mesmo Estado.

Temos aí os chamados *direitos políticos*, também conhecidos como *liberdades-participação*, *que podem* ser definidos como o conjunto de prerrogativas e restrições concernentes à atuação da soberania popular, seja permitindo ao *cidadão* participar no processo político do Estado, seja através do direito de votar e de ser votado, seja também de outros meios de participação popular, seja ainda estabelecendo, ao contrário, restrições àquela participação.

Na lição de Uadi Lammêgo Bulos, os direitos políticos "são 'direitos cívicos' – *jus civitatis* – na medida em que permitem ao cidadão participar, direta ou indiretamente, do processo político", razão pela qual consistem em um "desdobramento do princípio da representatividade ou da soberania popular (CF, art. 1º, parágrafo único)"[46].

Nos termos do artigo 14, da Constituição Federal, a soberania popular será exercida pelo sufrágio universal e pelo voto direto e secreto, com valor igual para todos, e, nos termos da lei, mediante plebiscito, referendo e iniciativa popular. Além dos direitos relativos à participação no processo político do Estado, o tema também diz respeito às hipóteses de inelegibilidade, perda e suspensão dos direitos políticos.

Daí a doutrina costumeiramente dividir os direitos políticos em 2 (duas) espécies: *direitos políticos positivos*, em que figuram o direito de sufrágio e os demais direitos de participação popular (caso, por exemplo, da iniciativa popular no processo legislativo); e *direitos políticos negativos*, os quais, como mencionamos supra, referem-se às hipóteses de restrição à participação no processo político estatal.

QUADRO GERAL SOBRE OS DIREITOS POLÍTICOS

POSITIVOS	Direito de sufrágio	– Capacidade eleitora ativa (votar nas eleições, plebiscitos e referendos)
		– Capacidade eleitoral passiva (elegibilidade)
	Outros direitos de participação	– Iniciativa popular no processo legislativo;
		– Ação popular;
		– Direito de organizar e/ou participar de partido político;
		– Ação de impugnação de mandato.

---

46. *Op. cit.*, pág. 877.

NEGATIVOS	Inelegibilidades	– Inalistáveis e analfabetos;
		– Presidente da República, governadores e prefeitos, para outros cargos, se não renunciarem aos mandatos até seis meses antes do pleito;
		– No mesmo território, o cônjuge e parentes consanguíneos e afins, até o segundo grau, do presidente da República, governador, prefeito ou quem os haja substituído dentro de seis meses anteriores ao pleito, salvo se já titular de mandato eletivo e candidato à reeleição;
		– Outros casos estabelecidos pela Lei Complementar 64/1990.
	Perda e suspensão dos direitos políticos	– Cancelamento da naturalização, por sentença transitada em julgado (perda);
		– Perda da nacionalidade brasileira com a aquisição de outra (perda);
		– Recusa de cumprir obrigação a todos imposta ou prestação alternativa (perda);
		– Incapacidade civil absoluta (suspensão);
		– Condenação criminal transitada em julgado, enquanto durarem seus efeitos (suspensão);
		– Improbidade administrativa – artigo 37, § 4º, CF (suspensão);
		– Perda do cargo, com inabilitação para o exercício de função pública por oito anos, de agentes políticos especificados, quando condenados por crime de responsabilidade (art. 52, parágrafo único, CF).

8.13 SOBERANIA POPULAR E O SUFRÁGIO UNIVERSAL

Como mencionamos supra, o artigo 14 de nossa Lei Maior dispõe que a soberania popular será exercida pelo sufrágio universal e pelo voto direto e secreto, com valor igual para todos, e, nos termos da lei, mediante plebiscito, referendo e iniciativa popular. Temos, aí, a consagração constitucional à denominada *soberania popular*, que também foi expressamente mencionada no artigo 1º, parágrafo único, de nossa Lei Maior: "todo o poder emana do povo, que o exerce por meio de representantes eleitos ou diretamente, nos termos desta Constituição".

O direito de sufrágio, é imperioso ressaltar, é mais amplo que o direito de voto. Aquele contém, em seu bojo, tanto a *capacidade eleitoral ativa* (exercida por meio do voto em eleições, plebiscitos e referendos), como também a *capacidade eleitoral passiva* (a capacidade de ser votado). *O voto, portanto, é o instrumento pelo qual podemos exercer apenas a capacidade eleitoral ativa*.

Sufrágio universal, a modalidade expressamente adotada pelo Brasil, é aquela em que tanto a capacidade eleitoral ativa (o direito para votar em eleições, plebiscitos e referendos) como a capacidade eleitoral passiva (o direito de ser votado) são conferidas a todos os cidadãos do País, sem restrições que desrespeitem, sem fundamento razoável[47], o princípio da igualdade.

O oposto ao sufrágio universal é o chamado *sufrágio restritivo*, em que o direito de votar e de ser votado é limitado a uma parcela da população, com base em critérios que des-

---

47. Não ferirá o sufrágio universal, por exemplo, a vedação a que crianças participem do processo eleitoral, uma vez que, a toda evidência, elas ainda não têm maturidade suficiente para exercer a cidadania.

respeitam a efetiva igualdade dos cidadãos. O sufrágio restritivo subdivide-se em *sufrágio censitário*, conferido apenas aos mais abastados (aos que, por exemplo, são proprietários de imóveis ou que paguem mais tributos ao Estado) e *sufrágio capacitário*, garantido apenas aos mais preparados intelectualmente (com certo grau de instrução).

DIREITO DE SUFRÁGIO

Sufrágio universal	– É aquele em que tanto a capacidade eleitoral ativa como a capacidade eleitoral passiva são conferidos a todos os cidadãos do País, sem restrições que desrespeitem o princípio da igualdade.
Sufrágio restritivo	– **Sufrágio censitário:** conferido apenas aos mais ricos, como, por exemplo, os que sejam proprietários de imóveis ou os que paguem mais tributos.
	– **Sufrágio capacitário:** garantido apenas aos mais preparados intelectualmente, que tenham um determinado grau de instrução.

8.14 PLEBISCITO, REFERENDO E INICIATIVA POPULAR (INSTRUMENTOS DE DEMOCRACIA DIRETA)

Como visto no Capítulo 4, o Brasil adota o modelo de *democracia semidireta*, ao prever, a um só tempo, a eleição de representantes do povo e do próprio Estado, por meio do voto em eleições (democracia indireta, também denominada democracia representativa), além de mecanismos diretos de participação popular (democracia direta), tais como o plebiscito, o referendo e a iniciativa popular no processo legislativo (para a edição de leis ordinárias e leis complementares).

O plebiscito, o referendo e a iniciativa popular foram regulamentados pela Lei 9.709, de 18 de novembro de 1998. Nos expressos termos do artigo 2º, daquele diploma legal, plebiscito e referendo são consultas formuladas ao povo para que este *delibere sobre matéria de acentuada relevância, de natureza constitucional, legislativa ou administrativa*. As consultas podem ser de âmbito nacional[48], estadual ou municipal, conforme a unidade da Federação que deseja consultar a vontade de seus respectivos eleitores.

Segundo a lei de regência (artigo 2º, § 1º), o *plebiscito* é convocado com *anterioridade* ao ato legislativo ou administrativo, cabendo ao povo, pelo voto, aprovar ou desaprovar o que lhe tenha sido submetido à apreciação. Plebiscito, portanto, é a consulta *prévia* que se faz aos cidadãos sobre algum tema de acentuada relevância constitucional, política ou administrativa, que será objeto de deliberação e votação, pelo respectivo Parlamento ou Poder Executivo.

Ainda segunda a Lei 9.709/1998 (artigo 2º, § 2º), o *referendo* é convocado com *posterioridade* a ato legislativo ou administrativo, cumprindo ao povo da respectiva unidade federativa a ratificação ou a rejeição daquele ato já editado. Dito de outro modo, *referendo* é a consulta *posterior*, feita aos cidadãos, visando à ratificação ou à reprovação de atos governamentais ou normativos.

A iniciativa popular está prevista no artigo 61, § 2º, da Carta Magna. Segundo referida norma constitucional, a iniciativa popular pode ser exercida pela apresentação à Câmara dos Deputados de projeto de lei subscrito por, no mínimo, 1% (um por cento) do eleitora-

---

48. Nesse caso, segundo artigo 3º, da Lei 9.709/1988, nas questões de relevância nacional, de competência do Poder Legislativo ou do Poder Executivo, o plebiscito e o referendo são convocados mediante decreto legislativo, por proposta de um terço, no mínimo, dos membros que compõem qualquer das Casas do Congresso Nacional, de conformidade com a Lei.

do nacional, distribuído pelo menos por 5 (cinco) Estados, com não menos de 0,3% (três décimos por cento) dos eleitores de cada um deles.

A iniciativa popular, como já mencionado, também foi regulamentada pela Lei 9.709/1998. Nos termos do artigo 13 e parágrafos daquele diploma normativo, o projeto de iniciativa popular deverá circunscrever-se a um só assunto, para facilitar a coleta de assinaturas e a exata compreensão do tema (§ 1º), não podendo ser rejeitado por vício de forma (§ 2º), cabendo à Câmara dos Deputados (a Casa iniciadora), por seu órgão competente, providenciar a correção de eventuais impropriedades de redação ou de técnica legislativa.

Ainda sobre a iniciativa popular, devemos ressaltar que o artigo 27, § 4º, da Constituição de 1988 *prevê expressamente o poder de iniciativa popular no processo legislativo estadual*.[49] Como se vê, referido dispositivo constitucional não explicitou, como o fez em relação à esfera federal, as regras para a admissão da iniciativa popular no âmbito estadual, ficando a cargo de cada um dos diversos Estados-membros de nossa Federação, portanto, estabelecer, da forma que considerar mais adequada, os requisitos para a iniciativa popular no respectivo processo legislativo.

Por fim, para encerrarmos o tema da participação popular, vale mencionar que o artigo 29, inciso XIII, da Carta Magna de 1988 também prevê a iniciativa popular para os projetos de lei de interesse específico do Município. Com efeito, nos termos daquela norma constitucional, será possível a iniciativa popular de projetos de lei de interesse específico do Município, da cidade ou de bairros, através de manifestação de, pelo menos, 5% (cinco por cento) do eleitorado.

PLEBISCITO, REFERENDO E INICIATIVA POPULAR
(INSTRUMENTOS DE DEMOCRACIA DIRETA)

Plebiscito	– É a consulta *prévia* que se faz aos cidadãos sobre algum tema de acentuada relevância constitucional, política ou administrativa, que será objeto de deliberação e votação, pelo respectivo Parlamento ou Poder Executivo
Referendo	– É a consulta *posterior*, feita aos cidadãos, visando à ratificação ou à reprovação de atos governamentais ou normativos.
Iniciativa popular	– É a apresentação de projeto de lei à Câmara dos Deputados subscrito por, no mínimo, 1% (um por cento) do eleitorado nacional, distribuído pelo menos por 5 (cinco) Estados, com não menos de 0,3% (três décimos por cento) dos eleitores de cada um deles.

8.15 DIREITO AO VOTO NA CONSTITUIÇÃO DE 1988 E SUAS PRINCIPAIS CARACTERÍSTICAS

O voto, como já vimos anteriormente, é uma das expressões da soberania popular, e segundo o artigo 14, *caput*, de nossa Lei Maior, deverá ser direto e secreto, com valor igual para todos. Trata-se de um *direito público subjetivo* de participar do processo político do País, seja nas eleições para representantes do Poder Executivo e do Poder Legislativo, seja nas consultas populares, através de plebiscitos e referendos

Por *voto direto* devemos entender que referido direito deverá ser exercido pelo próprio eleitor, sem qualquer influência ou participação de terceiros, sejam particulares, sejam governantes. É imperioso ressaltar, contudo, que nossa própria Constituição prevê uma

---

49. Constituição Federal, artigo 27, § 4º: "A lei disporá sobre a iniciativa popular no processo legislativo estadual".

exceção à regra do veto direto, ao prever a possibilidade de eleição indireta para os cargos de presidente e vice-presidente da República, quando ocorrer a vacância daqueles cargos nos últimos 2 (dois) anos do período presidencial[50].

O voto também deverá ser *secreto*, ou seja, precisa ser exercido de forma sigilosa, não podendo ser revelado a terceiros, seja pelo próprio eleitor, seja por outrem. O voto secreto, que em nosso País somente virou garantia constitucional expressa a partir da Constituição de 1946, tem por objetivo evitar que o eleitor seja intimidado ou mesmo subornado, quando do exercício de seu direito ao voto.

Para garantia do sigilo do voto, a Lei 9.504/1997 estabelece que a votação e a totalização dos votos deverão ser feitas por sistema eletrônico (artigo 59), através de urnas eletrônicas que disponham de recursos que, mediante assinatura digital, permitam o registro digital de cada voto e a identificação da urna em que foi registrado, resguardado o anonimato do eleitor (§ 4º). Por sua vez, o artigo 61, do mesmo diploma legal, dispõe que a urna eletrônica contabilizará cada voto, assegurando-lhe o sigilo e inviolabilidade, garantida ampla fiscalização.

É importante mencionar, nesta oportunidade, que a Lei 13.165/2015 acrescentou à Lei 9.504/1997 o artigo 59-A, o qual previa que, no processo de votação eletrônica, a urna deveria imprimir o registro de cada voto, que seria depositado, de forma automática e sem contato manual do eleitor, em local previamente lacrado. Referido dispositivo legal, contudo, foi julgado inconstitucional pelo Supremo Tribunal Federal.

De fato, sob o fundamento de que aquela impressão do voto eletrônico colocaria em risco o sigilo e a liberdade do voto, nossa Corte Suprema, em decisão unânime proferida em sessão virtual encerrada em 14 de setembro de 2020, confirmou medida liminar anteriormente deferida pelo Plenário e julgou procedente a Ação Direta de Inconstitucionalidade (ADI) 5889.

Ao determinar que o voto tenha valor igual para todos (artigo 14, *caput*), a Constituição Federal conferiu caráter expresso a outra característica do voto, a saber: a *igualdade*. Trata-se de um corolário do Estado Democrático de Direito, em que todos os cidadãos são iguais perante a lei. Traduz-se na expressão "um homem, um voto", de origem no direito norte-americano.

Outra característica do voto está prevista no artigo 14, § 1º, da Lei Maior: sua *obrigatoriedade*. Com efeito, segundo referido dispositivo constitucional, o alistamento eleitoral e o voto são *obrigatórios* ao maior de 18 (dezoito) anos. Portanto, além de se tratar de um *direito público subjetivo* de participar do processo político do País, o voto também é um *dever político*, uma vez que o texto da Lei Maior impõe sua obrigatoriedade aos maiores de 18 (dezoito) e menores de 70 (setenta) anos de idade.

Aquele mesmo artigo 14, § 1º, da Constituição Federal, prevê que o alimento eleitoral e voto serão *facultativos* para os analfabetos, os septuagenários (ou seja, aqueles maiores de 70 anos de idade) e para os menores, entre 16 (dezesseis) e 18 (dezoito) anos. *O caráter facultativo do voto, é importante deixar claro, refere-se não só ao alistamento eleitoral como ao voto propriamente dito*. Assim, será perfeitamente lícito a um analfabeto, por exemplo, alistar-se como eleitor e não votar. A mesma conclusão vale para as demais pessoas referidas no inciso II daquele § 1º (os maiores de setenta anos e os maiores de dezesseis e menores de dezoito anos).

---

50. Constituição Federal, artigo 81, e §§: "Vagando os cargos de Presidente e Vice-Presidente da República, far-se-á eleição noventa dias depois de aberta a última vaga. Ocorrendo a vacância nos últimos dois anos do período presidencial, a eleição para ambos os cargos será feita trinta dias depois da última vaga, pelo Congresso Nacional, na forma da lei. § 2º Em qualquer dos casos, os eleitos deverão completar o período de seus antecessores".

É imperioso ressaltar que a obrigatoriedade do voto não consta da lista de matérias petrificadas (artigo 60, § 4º, inciso II)[51], já que a Carta Magna determina que não será objeto de deliberação a proposta de emenda à Constituição tendente a abolir "o voto direto, secreto, universal e periódico", nada dizendo a respeito de sua obrigatoriedade. Assim, ao menos em tese, é possível falar-se na edição de uma emenda constitucional que retire a obrigatoriedade do voto, mesmo para os maiores de 18 (dezoito) e menores de 70 (setenta) anos de idade.

A última característica do voto está explicitada no supramencionado artigo 60, § 4º, inciso II, de nossa Lei Maior: sua *periodicidade*. Com efeito, como vimos no Capítulo 4 deste livro, o Brasil adotou a forma republicana de governo (artigo 1º, *caput*), e, nesta modalidade, a temporariedade dos mandatos dos representantes do povo e do Estado é uma de suas características essenciais, o que exige, a toda evidência, que o direito ao voto seja exercido de forma periódica, para a eleição de novos mandatários.

PRINCIPAIS CARACTERÍSTICAS DO VOTO

Direto	– Deverá ser exercido pelo próprio eleitor, sem qualquer influência ou participação de terceiros, sejam particulares, sejam governantes.
Secreto	– Deverá ser exercido de forma sigilosa, não podendo ser revelado a terceiros, quer pelo eleitor, quer por outrem.
Com valor igual para todos	– Decorrência lógica do princípio do Estado Democrático de Direito, em que todos os cidadãos são iguais perante a lei. Traduz-se na expressão "um homem, um voto".
Obrigatório	– No Brasil, o alistamento eleitoral e o voto são *obrigatórios* ao maior de 18 (dezoito) anos.
Periódico	– Por ter adotado a forma republicana, em que a temporariedade do mandato é uma de suas características essenciais, o direito ao voto deve ser exercido de forma periódica, para a eleição de novos mandatários.

8.16 AS PRINCIPAIS MODALIDADES DE VOTOS

Voto em branco, com o próprio nome já indica, é aquele em que o eleitor, ao invés de escolher algum dos candidatos que participam do processo eleitoral, prefere não o fazer. Em pleito em que se use cédula de papel, o eleitor deixa de marcar algum dos candidatos ali relacionados. No caso brasileiro, em que se usa a urna eletrônica, o eleitor deverá apertar a tecla "branco", e, em seguida, confirmar seu voto. Em nosso sistema eleitoral, esta modalidade de voto não é contabilizada como voto válido.

Voto nulo é aquele em que o eleitor faz uma marcação que não possibilita a identificação de algum dos candidatos inscritos no pleito. Em eleições com voto em papel, dá-se através da inscrição, na cédula eleitoral, de nomes, desenhos ou quaisquer outros sinais gráficos que não correspondam a um candidato. No caso brasileiro, ocorre quando o eleitor aperta um número, na urna eletrônica, que não corresponde a nenhum dos candidatos do pleito. Da mesma forma que o voto em branco, não é computado como voto válido.

Voto majoritário é aquele em que o mais votado é eleito. No sistema eleitoral atual do País, esta modalidade de voto é utilizada para a eleição do presidente e vice-presidente da República, governadores e vice-governadores de Estado e do Distrito Federal, prefeitos e vice-prefeitos dos Municípios e, por fim, senadores da República. Já os deputados federais,

---

51. Constituição Federal, artigo 60, § 4º, II: "Não será objeto de deliberação a proposta de emenda tendente a abolir o voto direto, secreto, universal e periódico".

estaduais e distritais, bem como os vereadores, estes são eleitos por meio do denominado *voto proporcional*, cujo conceito será visto logo em seguida.

A maior vantagem do voto majoritário é que a vontade do eleitor é efetivamente respeitada. Com efeito, nesta modalidade de voto, o eleitor escolhe não um partido, mas sim um determinado candidato, e, caso este último seja o mais votado, será considerado o vencedor, fazendo jus ao cargo em disputa. A desvantagem do voto majoritário, por sua vez, é que este acaba enfraquecendo os partidos, já que o eleitor leva em conta as promessas e o carisma dos candidatos, deixando de considerar os programas partidários.

Voto proporcional é aquele em que o número de vagas de cada partido ou coligação, na casa legislativa, é obtido pela divisão do número total de votos obtidos, na eleição, por aquele partido ou coligação, pelo denominado *coeficiente-eleitoral*. Este último, por sua vez, é a expressão numérica que se obtém da divisão do número total de votos válidos, excluídos os brancos e os nulos, pelo número total de cadeiras vagas.

A vantagem do voto proporcional é que permite ao eleitor votar em determinado candidato (naquele de sua preferência), ou apenas na legenda (em um determinado partido), o que confere ao eleitor exercer sua vontade de maneira plena, seja escolhendo uma determinada pessoa, por simpatia ou mesmo afinidade com suas propostas, seja um determinado partido, por considerar que o programa e a ideologia deste estão em consonância com suas ideias e aspirações.

A principal desvantagem do voto proporcional é a grande dissociação entre a vontade do eleitor e o resultado produzido nas urnas. Com efeito, muitas vezes, o voto do eleitor não se mostra suficiente para eleger o candidato em quem votou, apenas porque este, apesar de bem votado, não atingiu o coeficiente eleitoral. Por outro lado, pode acabar ajudando a eleger outros candidatos, até mesmo pelos quais não tem qualquer simpatia, inclusive de outros partidos pertencentes à coligação, quando os votos de seu candidato superam, em muito, o mesmo coeficiente eleitoral.

Voto distrital é aquele em que os eleitores escolhem, para compor o Parlamento, um único representante pertencente ao distrito ao qual estão vinculados. Com efeito, nesta espécie de voto, surgido na Inglaterra do século XIX, o País, o Estado ou o Município é dividido em diversos distritos, e cada distrito, com um número semelhante de eleitores, somente poderá eleger um único representante para a Casa Parlamentar.

Para que seja respeitada certa uniformidade no número de eleitores, um distrito poderá ser formado por parte de um município, ou até mesmo por diversos deles, a depender da população do local. No caso específico do Brasil, por exemplo, que tem cerca de cento e trinta e cinco milhões de eleitores,[52] cada distrito reuniria cerca de duzentos e sessenta e quatro mil eleitores. Dessa forma, grandes metrópoles, como São Paulo, conteriam diversos distritos, ao passo que os pequenos municípios seriam reunidos em um único distrito, tudo para que fosse respeitada a divisão proporcional de eleitores.

Dentre as principais vantagens dessa espécie de voto, podemos destacar a maior aproximação entre o candidato e seus eleitores, já que aquele será eleito justamente para representar os moradores de um determinado distrito, o que facilita inclusive uma maior fiscalização da atuação do eleito. Ademais, neste tipo de voto, sempre há um número menor de candidatos

---

52. Na eleição do ano de 2010, segundo informações fornecidas pelo Tribunal Superior Eleitoral (TSE).

(já que há apenas uma vaga por distrito), o que permite uma comparação mais eficaz entre as propostas dos poucos candidatos.

Outra vantagem do voto distrital é, sem qualquer dúvida, o barateamento das campanhas. Com efeito, tendo em vista que cada candidato disputará votos apenas em seu distrito, e não no Estado inteiro, como se dá atualmente na eleição para deputado federal, não há necessidade de maiores despesas com material de propaganda e até mesmo com passagens aéreas, diárias de hotel, alimentação e deslocamentos.

A principal desvantagem do voto distrital é semelhante àquela apontada para o voto majoritário: o potencial enfraquecimento dos partidos, já que o eleitor leva em conta menos os programas defendidos pelos diversos partidos, preferindo ater-se mais às propostas de cada candidato para o seu distrito, independentemente da legenda a que estejam vinculados. Outra desvantagem é a mitigação dos debates sobre temas de interesse nacional, posto que o parlamentar terá como plataforma de atuação os problemas específicos do distrito.

Voto em lista, por sua vez, é aquele em que o eleitor vota exclusivamente em um determinado partido e jamais em candidatos de sua preferência. Nesta modalidade de voto, o partido elabora uma lista com seus candidatos, apresentados em uma ordem que indica a preferência em que eles devem ser eleitos. Quanto mais votos um determinado partido tiver, mais candidatos de sua lista serão eleitos, a começar por aqueles que se encontram na parte inicial de sua lista.

A vantagem costumeiramente apontada para o voto em lista é o fortalecimento dos partidos políticos e seus respectivos programas, já que, nesta modalidade de voto, não há espaço para a escolha de pessoas (candidatos específicos), devendo o eleitor conceder o seu voto para o partido cujo programa considere o mais adequado, em conformidade com suas próprias ideias e aspirações.

A desvantagem desta modalidade de voto é que retira do eleitor a possibilidade de escolher um determinado candidato, mesmo que pertença ao partido em que votou, já que é o partido, e não os eleitores, quem escolhe a ordem em que seus candidatos serão eleitos. Esse fato, aliás, indica certa dificuldade de renovação parlamentar, já que as agremiações tenderão a colocar, reiteradamente, nos primeiros postos de suas listas, os denominados "caciques" dos partidos, nem sempre escolhidos por critérios "republicanos".

Há, por fim, o denominado *voto distrital misto*. Neste sistema, o eleitor vota 2 (duas) vezes em cada eleição. Com o primeiro voto, ele escolhe o representante de seu distrito para compor o Parlamento; com o segundo, vota em determinado partido, cuja ideologia e propostas melhor se adequem aos seus próprios ideais políticos, cujos candidatos são eleitos pelo sistema proporcional. Nesta modalidade de voto, portanto, metade das cadeiras do Parlamento é escolhida pelo voto distrital; e a outra metade, pelo voto proporcional.

AS PRINCIPAIS MODALIDADES DE VOTOS

Voto em branco	– É aquele em que o eleitor, ao invés de escolher algum dos candidatos que participam do processo eleitoral, prefere não o fazer
Voto nulo	– É aquele em que o eleitor faz uma marcação que não possibilita a identificação de algum dos candidatos inscritos no pleito.
Voto majoritário	– É aquele em que o mais votado é eleito.

8 • DIREITOS SOCIAIS, DIREITOS DE NACIONALIDADE, DIREITOS POLÍTICOS E PARTIDOS POLÍTICOS 377

Voto proporcional	– É aquele em que o número de vagas de cada partido ou coligação, na casa legislativa, é obtido pela divisão do número total de votos obtidos, na eleição, por aquele partido ou coligação, pelo denominado *coeficiente-eleitoral*.
Voto distrital	– É aquele em que os eleitores escolhem, para compor o Parlamento, um único representante pertencente ao distrito ao qual estão vinculados.
Voto em lista	– É aquele em que o eleitor vota exclusivamente em um determinado partido e jamais em candidatos de sua preferência.
Voto distrital misto	– Neste sistema, o eleitor vota 2 (duas) vezes em cada eleição: com o primeiro voto, escolhe o representante de seu distrito para compor o Parlamento; com o segundo, um determinado partido, cujos candidatos serão eleitos pelo sistema proporcional.

8.17 CONDIÇÕES DE ELEGIBILIDADE

Como visto anteriormente, o direito de sufrágio diz respeito tanto à *capacidade eleitoral ativa* (exercida por meio do voto em eleições, plebiscitos e referendos), como também a *capacidade eleitoral passiva* (a capacidade de ser votado). Já estudadas os principais temas relativos à capacidade eleitoral ativa, passaremos a analisar algumas questões relativas à capacidade eleitoral passiva. E a primeira delas, estudada nesta seção, diz respeito às condições de elegibilidade.

Com efeito, com o próprio nome já indica, as condições de elegibilidade dizem respeito justamente aos requisitos que o cidadão precisa observar para que possa candidatar-se a algum cargo eletivo. As condições de elegibilidade estão previstas no artigo 14, § 3º, da Constituição Federal. São elas: nacionalidade brasileira; pleno exercício dos direitos políticos; alistamento eleitoral; domicílio eleitoral na circunscrição; bem como filiação partidária.

No tocante especificamente à exigência da nacionalidade brasileira, é importante mencionar que ela estará atendida tanto nas hipóteses de nacionalidade primária (brasileiro nato) quanto nas de nacionalidade secundária (brasileiro naturalizado). Contudo, em se tratando especificamente de eleição para os cargos de presidente e vice-presidente da República, de presidente da Câmara dos Deputados e de presidente do Senado Federal, o candidato deverá ser brasileiro nato.

Exige-se, ainda, como condição de elegibilidade, idade mínima de 35 (trinta e cinco) anos para os cargos de presidente e vice-presidente da República e de senador; 30 (trinta) anos para os cargos de governador e de vice-governador de Estado e do Distrito Federal; 21 (vinte e um) anos para os cargos de deputado federal, estadual, distrital, prefeito, vice-prefeito e juiz de paz; e, finalmente, 18 (dezoito) anos para o cargo de vereador.

8.18 INELEGIBILIDADES E A DENOMINADA "LEI DA FICHA LIMPA"

A Constituição Federal também traz, em seu corpo, algumas regras que tratam da *inelegibilidade*, ou seja, das hipóteses em que alguém não pode concorrer e ser votado em uma eleição, faltando-lhe, portanto, capacidade eleitoral passiva. O primeiro dispositivo a tratar das hipóteses de inelegibilidade é o artigo 14, § 4º, que impõe a inelegibilidade aos inalistáveis e aos analfabetos.

Os *inalistáveis* são os estrangeiros e, durante o período do serviço militar obrigatório, os conscritos (artigo 14, § 2º). Particularmente no que respeita aos *analfabetos*, podemos constatar que eles têm a faculdade de se alistar como eleitores, bem como de votar (artigo 14, § 1º, inciso II, da Carta Magna). *Possuem, portanto, capacidade eleitoral ativa*. Contudo, nos termos do § 4º do mesmo artigo, *não podem ser votados*, o que significa dizer que não têm capacidade eleitoral passiva.

A seu turno, o § 5º do mesmo artigo 14, por força da redação que lhe conferiu a Emenda Constitucional 16, de 4 de junho de 1997, permitiu a possibilidade de reeleição para o presidente da República, governadores de Estados, do Distrito Federal, prefeitos, e quem os houver sucedido ou substituído no curso dos mandatos, por um único período subsequente. *São, portanto, inelegíveis para um terceiro mandato consecutivo.*

Ainda sobre aqueles Chefes do Poder Executivo, mencionados no parágrafo anterior, a Constituição Federal determinou, no artigo 5º, § 6º, que eles necessitam renunciar aos respectivos mandatos, até 6 (seis) meses antes da eleição, quando pretenderem concorrer a outro cargo que não o que vinham exercendo. Se não o fizerem, tornam-se inelegíveis para concorrer ao novo cargo.

Nos expressos termos do artigo 14, § 7º, de nossa Lei Maior, são também inelegíveis, no território de jurisdição do titular, o cônjuge e os parentes consanguíneos ou afins, até o segundo grau ou por adoção, do presidente da República, de governador de Estado ou Território, do Distrito Federal, de Prefeito ou de quem os haja substituído dentro dos seis meses anteriores ao pleito, salvo se já titular de mandato eletivo e candidato à reeleição.

O § 8º do artigo 14, da Constituição de 1988, por sua vez, esclarece que *o militar alistável é elegível*, desde que atendidas as seguintes condições: (a) se contar menos de 10 (dez) anos de serviço, deve afastar-se da atividade; e (b) se contar mais de 10 (dez) anos de serviço, deve ser agregado pela autoridade superior, passando automaticamente, se eleito, no ato da diplomação, para a inatividade. Portanto, a contrário senso, se não atender àquelas condições, o militar será inelegível.

O artigo 14, § 9º, da Carta Magna, prevê a edição de uma lei complementar, para o estabelecimento de outros casos de inelegibilidade, bem como o prazo de sua cessação, a fim de proteger, dentre outros valores, a probidade administrativa e a normalidade e legitimidade das eleições, contra a influência do poder econômico ou o abuso do exercício de função, cargo ou emprego na Administração Pública direta ou indireta.

E o diploma legal em questão já foi editado. Trata-se da Lei Complementar 64, de 18 de maio de 1990, a qual, além de relacionar hipóteses já fixadas pelo texto constitucional, acrescenta algumas outras. Referido diploma legal, posteriormente, foi modificado pela Lei Complementar 135, de 4 de junho de 2010, a famosa "Lei da Ficha Limpa", que acrescentou algumas outras hipóteses de inelegibilidade, além de estabelecer o prazo de duração delas.

Dentre outras hipóteses consignadas naquela lei complementar, consideram-se agora inelegíveis os candidatos que forem condenados, em decisão transitada em julgado ou proferida por órgão judicial colegiado, em razão da prática de crimes contra a economia popular, a fé pública, a Administração Pública e o patrimônio público; contra o patrimônio privado, o sistema financeiro, o mercado de capitais e os previstos na lei que regula a falência; e contra o meio ambiente e a saúde pública.

Serão declarados inelegíveis, ainda, os candidatos que tenham cometido crimes eleitorais para os quais a lei comine pena privativa de liberdade; de abuso de autoridade, nos casos em que houver condenação à perda do cargo ou à inabilitação para o exercício de função pública; de lavagem ou ocultação de bens, direitos e valores; de tráfico de entorpecentes e drogas afins, racismo, tortura, terrorismo e crimes hediondos; de redução à condição análoga à de escravo; contra a vida e a dignidade sexual; e praticados por organização criminosa, quadrilha ou bando.

É importante ressaltar que foram propostas 2 (duas) ações declaratórias de constitucionalidade (ADCs 29 e 30), respectivamente, pelo Partido Popular Socialista (PPS) e pelo Conselho Federal da Ordem dos Advogados do Brasil (OAB), além de uma ação direta de inconstitucionalidade (ADI 4.578), esta última ajuizada pela Confederação Nacional das Profissões Liberais (CNPL), tendo por objeto justamente a análise da constitucionalidade de algumas das hipóteses de inelegibilidade previstas na Lei da Ficha Limpa.

Os ministros do Supremo Tribunal Federal (STF), em julgamento conjunto daquelas ações de controle concentrado de constitucionalidade, concluído no dia 16 de fevereiro de 2012, por maioria de votos, decidiram-se pela constitucionalidade daquele diploma legal, asseverando, inclusive, que suas normas poderiam ser aplicadas já nas eleições daquele ano, alcançando atos e fatos ocorridos antes de sua vigência.

Para encerrar esta seção, vale mencionar que a Constituição Federal dispõe expressamente que o mandato eletivo poderá ser impugnado ante a Justiça Eleitoral, no prazo de 15 (quinze) dias contados da diplomação, instruída a ação com provas de abuso do poder econômico, corrupção ou fraude. A ação de impugnação de mandato, ainda segundo nossa Lei Maior, tramitará em segredo de justiça, respondendo o autor, na forma da lei, se temerária ou de manifesta má-fé.

INEGIBILIDADES

– Inalistáveis e analfabetos.

– Presidentes da República, governadores e prefeitos, para um terceiro mandato;

– Presidentes da República, governadores e prefeitos, para outros cargos, se não renunciarem aos mandatos até 6 (seis) meses antes do pleito;

– O cônjuge e os parentes consanguíneos e afins até o segundo grau, no mesmo território, do presidente da República, governador, prefeito ou quem os haja substituído dentro de seis meses anteriores ao pleito, salvo se já titular de mandato eletivo e candidato à reeleição;

– O militar alistável que não cumprir as condições estabelecidas pelo artigo 14, § 8º, da Constituição Federal.

– Outros casos estabelecidos pela Lei Complementar 64/1990, modificada pela Lei Complementar 135/2010 (a denominada Lei da Ficha Limpa).

8.19 DEMAIS DIREITOS DE PARTICIPAÇÃO POPULAR

Conforme asseveramos antes, os direitos políticos não se restringem apenas ao direito de sufrágio, ou seja, ao direito de votar (capacidade eleitoral ativa) e de ser votado (capacidade eleitoral passiva). Além daquele direito de sufrágio, existem também os denominados *direitos de participação*, expressamente previstos pela Carta Magna. São eles: (a) iniciativa popular; (b) ação popular; (c) direito de participar e de organizar partido político; e (d) direito de impugnação de mandato parlamentar.

Iniciativa popular, como já vimos anteriormente, é a faculdade, conferida pela Constituição Federal, em seu artigo 61, § 2º, para que o eleitorado nacional possa apresentar projetos de lei, perante a Câmara dos Deputados. Como requisitos, o dispositivo constitucional em comento exige tão somente que o projeto seja subscrito por, no mínimo, 1%

(um por cento) do eleitorado nacional, distribuído pelo menos por 5 (cinco) Estados, com não menos de 0,3% (três décimos por cento) de eleitores de cada um deles.

No tocante à iniciativa popular de lei, no âmbito dos Estados da Federação, a Carta Magna, em seu artigo 26, § 4º, é expressa e inequívoca em esclarecer que cabe à lei (estadual) dispor sobre tal tema. Já na seara municipal, o artigo 29, inciso XIII, de nossa Lei Maior, dispõe que a iniciativa popular de projetos de lei de interesse específico do Município, da cidade ou de bairros, dar-se-á através de manifestação de, pelo menos, 5% (cinco por cento) de seu respectivo eleitorado. O rito da ação popular será estudado com maiores detalhes no Capítulo 12 deste livro.

A *ação popular*, conforme veremos melhor no Capítulo 9 desta obra, está expressamente prevista no artigo 5º, inciso LXXIII, da Constituição Federal, e tem por principal objetivo a anulação ou a declaração de nulidade de atos lesivos ao patrimônio público, à moralidade administrativa, ao meio ambiente e ao patrimônio histórico e cultural.

O *direito de organizar e de participar de partido político* está previsto no artigo 17, da Constituição Federal. Já a ação de impugnação de mandato parlamentar tem previsão constitucional no artigo 14, §§ 10 e 11, permitindo a *impugnação do mandato*, perante a Justiça Eleitoral, no prazo de 15 (quinze) dias contados da diplomação, instruída a ação com as provas de abuso do poder econômico, corrupção ou fraude.

8.20 PERDA E SUSPENSÃO DOS DIREITOS POLÍTICOS

A Constituição Federal, no artigo 15, trata da perda e da suspensão dos direitos políticos. Nos termos de seu *caput*, é vedada a cassação dos direitos políticos, cuja perda ou suspensão somente poderá se dar nas hipóteses relacionadas em seus incisos. Em que pese serem raros os autores que busquem definir o termo *cassação*, pode-se dizer que há, em linhas gerais, 2 (duas) correntes que tentam caracterizá-lo.

Para a primeira, cassação estaria estreitamente vinculada à ideia de *perseguição política aos adversários*, não guardando relação, portanto, com a regular perda dos direitos políticos. Já para a segunda corrente, *cassação tratar-se-ia de gênero, do qual seriam espécies a perda e a suspensão dos direitos políticos*. Fundamentam seu entendimento no próprio texto constitucional (artigo 15), o qual teria fixado, como regra, a vedação à cassação, permitindo-a, contudo, por exceção, nas hipóteses de perda e de suspensão ali fixadas.

A distinção entre perda e suspensão de direitos políticos, por outro lado, já é tema mais estudado (e pacífico). E a diferença entre os institutos, deve-se frisar, está no caráter *permanente* do primeiro (perda dos direitos políticos); e provisório do segundo (suspensão).

As hipóteses de perda e suspensão dos direitos políticos estão relacionadas nos incisos do artigo 15 da Constituição Federal. São elas: (I) cancelamento da naturalização, por sentença transitada em julgado; (II) incapacidade civil absoluta; (III) condenação criminal transitada em julgado, enquanto durarem seus efeitos; (IV) recusa de cumprir obrigação a todos imposta ou prestação alternativa, nos termos do artigo 5º, VIII; e (V) improbidade administrativa, nos termos do artigo 37, § 4º, da Lei Maior.

Como é fácil perceber, a Carta Magna não explicita quais são as hipóteses de perda (com caráter definitivo) e de suspensão dos direitos políticos (com sua feição provisória). Em razão da omissão constitucional, esta tarefa tem sido desempenhada pela doutrina. De maneira geral, os doutrinadores costumam apontar como hipóteses de perda dos direitos políticos: o cancelamento da naturalização, por sentença transitada em julgado (inciso I); e a recusa de cumprir obrigação a todos imposta ou prestação alternativa (inciso IV).

Também costuma ser apontada como hipótese de perda dos direitos políticos, em que pese não figurar na relação do artigo 15, da Constituição Federal, *a perda da nacionalidade brasileira com a aquisição de* outra, conforme previsão constante do artigo 12, § 4°, inciso II, do texto constitucional. A razão é bem simples: conforme determina o artigo 14, § 2°, da Lei Maior, o estrangeiro não pode alistar-se como eleitor. E, como vimos, cidadão é apenas o nacional eleitor. Dessa forma, ao adquirir outra nacionalidade, o brasileiro transforma-se em estrangeiro, não mais podendo subsistir seu antigo alistamento eleitoral.

As demais hipóteses relacionadas nos incisos do artigo 15, da Carta Magna (incapacidade civil absoluta; condenação criminal transitada em julgado, enquanto durarem seus efeitos; e improbidade administrativa), são modalidades de suspensão dos direitos políticos, que subsistem apenas enquanto perdurarem as circunstâncias ali tipificadas.

Devemos ressaltar, contudo, que há uma outra hipótese de suspensão dos direitos políticos, que não consta do rol do artigo 15, mas que também encontra amparo no próprio texto constitucional. Trata-se da hipótese fixada pelo artigo 52, parágrafo único, da Constituição Federal. Com efeito, o dispositivo constitucional em comento prevê a perda do cargo, com inabilitação para o exercício de função pública por 8 (oito) anos, dos agentes políticos especificados nos incisos I e II daquele mesmo artigo 52 (caso, por exemplo, do presidente e vice-presidente da República), quando estes forem condenados por crime de responsabilidade.

Encerramos esta breve análise do tema asseverando que, muito embora não tenha sido explicitado, na Constituição Federal, quem seria a autoridade competente para decretar a perda e a suspensão dos direitos políticos, a doutrina é pacífica em atribuir tal função à autoridade judiciária (Poder Judiciário).

PERDA E SUSPENSÃO DOS DIREITOS POLÍTICOS

– Cancelamento da naturalização, por sentença transitada em julgado (perda);
– A perda da nacionalidade brasileira com a aquisição de outra (perda);
– A recusa de cumprir obrigação a todos imposta ou prestação alternativa (perda);
– Incapacidade civil absoluta (suspensão);
– Condenação criminal transitada em julgado, enquanto durarem seus efeitos (suspensão);
– Improbidade administrativa – artigo 37, § 4°, da Carta Magna (suspensão);
– A perda do cargo, com inabilitação para o exercício de função pública por oito anos, de agentes políticos especificados, quando condenados por crime de responsabilidade (artigo 52, parágrafo único, da Lei Maior).

8.21 PARTIDOS POLÍTICOS

A Constituição Federal de 1988 encerra o Título II, referente aos direitos e garantias fundamentais, trazendo algumas regras gerais relativas aos partidos políticos. Nos termos do artigo 17, *caput*, da Carta Magna, é livre a criação, fusão, incorporação e extinção de partidos políticos, resguardados a soberania nacional, o regime democrático, o pluripartidarismo e os direitos fundamentais da pessoa humana.

Superando antiga discussão doutrinária acerca de sua natureza jurídica, não restam mais dúvidas de que *os partidos políticos são pessoas jurídicas de direito privado (e não de direito público)*, conforme expressamente previsto no artigo 44, inciso V, do Código Civil.[53] Esta natureza de direito privado, aliás, é confirmada pelo próprio texto constitucional[54], bem como pela Lei 9.096, de 19 de setembro de 1995, que dispõe sobre partidos políticos e regulamenta o artigo 17, de nossa Lei Maior

Com efeito, além da Carta Magna, a Lei 9.096/1995, em seu artigo 1°, *caput*, é expresso e inequívoco e dispor que o partido político, pessoa jurídica de direito privado, destina-se a assegurar, no interesse do regime democrático, a autenticidade do sistema representativo e a defender os direitos fundamentais definidos na Constituição Federal. O parágrafo único do mesmo diploma legal, por sua vez, esclarece que os partidos políticos não se equiparam às entidades paraestatais.

Portanto, os partidos políticos, pessoas jurídicas de direito privado que são, adquirem personalidade jurídica (ou *existência legal*, expressão utilizada pelo artigo 45, *caput*, do Código Civil),[55] com a inscrição de seus atos constitutivos no Registro de Pessoas Jurídicas, e não com o posterior registro daqueles atos constitutivos no Tribunal Superior Eleitoral. Aliás, é o que dispõe expressamente o artigo 7° da Lei dos Partidos Políticos[56].

Contudo, é importante ressaltar que, para que possam participar do processo eleitoral, bem como receber recursos do fundo partidário e ter acesso gratuito ao rádio e à televisão, o partido necessita registrar seu estatuto no Tribunal Superior Eleitoral (artigo 7°, § 2°). Também é o registro que assegura ao partido a exclusividade de sua denominação, sigla e símbolos, bem como cria a vedação a que outros partidos utilizem variações que venham a induzir a erro ou a confusão (§ 3°).

Ainda nos termos do artigo 17, os partidos políticos deverão ter caráter nacional[57] (não podem, portanto, ser apenas regionais, estaduais ou municipais). Não podem receber recursos financeiros de entidade ou governo estrangeiros ou ser subordinados a estes (para garantia da soberania nacional). Devem, por outro lado, prestar contas à Justiça Eleitoral e funcionar de acordo com a lei. Não podem, por fim, utilizarem-se de organizações paramilitares.

O artigo 17, § 1°, na redação que lhe conferiu a Emenda Constitucional 97, de 2017, assegura aos partidos políticos autonomia para definir sua estrutura interna e estabelecer regras sobre escolha, formação e duração de seus órgãos permanentes e provisórios e sobre sua organização e funcionamento e para adotar os critérios de escolha. Dispõe, contudo, *que seus estatutos devem estabelecer normas de disciplina e fidelidade partidária*.

---

53. Código Civil, artigo 44: "São pessoas jurídicas de direito privado: I – as associações; II – as sociedades; III – as fundações; IV – as organizações religiosas; V – os partidos políticos. VI – as empresas individuais de responsabilidade limitada".
54. Constituição Federal, artigo 17, § 2°: "Os partidos políticos deverão registrar seus estatutos no Tribunal Superior Eleitoral, após adquirirem personalidade jurídica, *na forma da lei civil*" (grifamos).
55. Código Civil, artigo 45: "Começa a existência legal das pessoas jurídicas de direito privado com a inscrição do ato constitutivo no respectivo registro, precedida, quando necessário, de autorização ou aprovação do Poder Executivo, averbando-se no registro todas as alterações por que passar o ato constitutivo".
56. Lei 9.096/1995, artigo 7°: "O partido político, após adquirir personalidade jurídica na forma da lei civil, registra seu estatuto no Tribunal Superior Eleitoral".
57. Nos expressos termos do artigo 7°, § 1°, da Lei 9.096/1995, consideram-se como tal "aquele que comprove, no *período de dois anos*, o apoiamento de eleitores não filiados a partido político, correspondente a, pelo menos, 0,5% (cinco décimos por cento) dos votos dados na última eleição geral para a Câmara dos Deputados, não computados os votos em branco e os nulos, distribuídos por um terço, ou mais, dos estados, com um mínimo de 0,1% (um décimo por cento) do eleitorado que haja votado em cada um deles".

No tocante especificamente às *coligações partidárias*, a supramencionada Emenda Constitucional 97, de 20017 (artigo 1º) assegura aos partidos políticos autonomia para estabelecê-las *livremente nas eleições majoritárias*[58], sem obrigatoriedade de vinculação entre as candidaturas em âmbito nacional, estadual, distrital ou municipal. *Já nas eleições proporcionais*[59]*, as coligações são agora expressamente vedadas.*

O artigo 17, § 3º, da Carta Magna, confere aos partidos políticos o direito, na forma da lei, a *recursos do fundo partidário* e ao *acesso gratuito ao rádio e à televisão*. O fundo partidário, denominado de "Fundo Especial de Assistência Financeira aos Partidos Políticos" pela Lei 9.096/1995 (artigo 38), é constituído por:

(a) multas e penalidades pecuniárias aplicadas nos termos do Código Eleitoral e leis conexas;

(b) recursos financeiros que lhe forem destinados por lei, em caráter permanente ou eventual;

(c) doações de pessoa física[60] *efetuadas por intermédio de depósitos bancários diretamente na conta do fundo partidário;*

(d) dotações orçamentárias da União em valor nunca inferior, cada ano, ao número de eleitores inscritos em 31 de dezembro do ano anterior ao da proposta orçamentária, multiplicados por trinta e cinco centavos de real, em valores de agosto de 1995.

Contudo, é importante ressaltar que, a partir das eleições de 2030, somente terão direito àqueles direitos o partido político que, alternativamente[61]: *(a) obtiver, nas eleições para a Câmara dos Deputados, no mínimo, 3% (três por cento) dos votos válidos, distribuídos em pelo menos um terço das unidades da Federação, com um mínimo de 2% (dois por cento) dos votos válidos em cada uma delas; ou (b) tiver elegido pelo menos 15 (quinze) deputados federais distribuídos em pelo menos um terço das unidades da Federação.*

A Constituição Federal, por fim, esclarece que, ao eleito por partido que não preencher os requisitos previstos no § 3º do artigo 17, é assegurado o mandato e facultada a filiação, sem perda do mandato, a outro partido que os tenha atingido, não sendo essa filiação considerada para fins de distribuição dos recursos do fundo partidário e de acesso gratuito ao tempo de rádio e de televisão.

PARTIDOS POLÍTICOS

– É livre a criação, fusão, incorporação e extinção de partidos políticos, resguardados a soberania nacional, o regime democrático, o pluripartidarismo e os direitos fundamentais da pessoa humana (Constituição Federal, artigo 17, *caput*).

– Os partidos políticos são pessoas jurídicas de direito privado, que adquirem personalidade jurídica com a inscrição de seus atos constitutivos no Registro de Pessoas Jurídicas, e não com o posterior registro daqueles atos constitutivos no Tribunal Superior Eleitoral.

---

58. As eleições *majoritárias* destinam-se à escolha do presidente e do vice-presidente da República, dos governadores e dos vice-governadores dos Estados e do Distrito Federal, dos prefeitos e dos vice-prefeitos, bem como dos senadores. Este assunto será tratado mais detalhadamente no Capítulo 11 deste livro, quando tratarmos da chamada "separação dos Poderes".
59. Eleições *proporcionais* são aquelas destinadas à escolha de deputados federais, deputados estaduais, deputados distritais e vereadores.
60. A doação por pessoas jurídicas foi declarada inconstitucional pelo Supremo Tribunal Federal, no julgamento da ADI 4.650. de 17.9.2015.
61. Emenda Constitucional 97, de 1997, artigo 3º: "O disposto no § 3º do art. 17 da Constituição Federal quanto ao acesso dos partidos políticos aos recursos do fundo partidário e à propaganda gratuita no rádio e na televisão aplicar-se-á a partir das eleições de 2030".

9
REMÉDIOS CONSTITUCIONAIS

9.1 ESCLARECIMENTOS INICIAIS

No Capítulo 6, vimos a diferença entre direito e garantia fundamental: o primeiro, com caráter *declaratório*, imprime existência; a segunda, por sua vez, traz disposições *assecuratórias*. Como exemplo de direito fundamental, citamos aquele previsto no artigo 5º, inciso IV, da Constituição Federal, que *declara* que *"é livre a manifestação do pensamento, sendo vedado o anonimato"*. Já como exemplo de garantia fundamental, citamos aquela prevista também no artigo 5º, de nossa Lei Magna, só que constante de seu inciso V, que *assegura* "o direito de resposta, proporcional ao agravo, além da indenização por dano material, moral ou à imagem".

Também vimos naquela oportunidade que, se a garantia não se mostrar capaz de assegurar o exercício dos direitos constitucionais, num dado caso concreto, o cidadão teria à sua disposição um meio processual próprio para torná-lo efetivo, o chamado *remédio constitucional*, espécie do gênero ação constitucional, e que alguns doutrinadores denominam *garantia instrumental* ou *formal*.

O Capítulo que ora se inicia tem por objetivo justamente estudar cada um daqueles remédios constitucionais. Procuraremos trazer informações sobre sua gênese, fundamento constitucional e legal, hipóteses de cabimento, legitimação ativa e passiva, principais regras processuais que os disciplinam, explicitando, ainda, as súmulas do Supremo Tribunal Federal que tratam de cada um deles.

9.2 ELENCO DOS REMÉDIOS CONSTITUCIONAIS

A Constituição de 1988 possui, em seu corpo, 6 (seis) remédios constitucionais expressos, a saber: *habeas corpus*, mandado de segurança individual, ação popular, mandado de segurança coletivo, mandado de injunção e *habeas data*, sendo, estes 3 (três) últimos, novidades trazidas ao direito pátrio pela atual Carta Magna, com vistas ao aperfeiçoamento e ampliação da defesa da pessoa em face das arbitrariedades estatais.

O *habeas corpus* tem previsão constitucional no artigo 5º, inciso LXVIII, da Constituição Federal. Segundo referido dispositivo, "conceder-se-á *habeas corpus* sempre que alguém sofrer ou se achar ameaçado de sofrer violência ou coação em sua liberdade de locomoção, por ilegalidade ou abuso de poder".

O *mandado de segurança individual*, por sua vez, tem previsão expressa no artigo 5º, inciso LXIX, de nossa Lei Maior. Eis os seus termos: "conceder-se-á mandado de segurança para proteger direito líquido e certo, não amparado por *habeas corpus* ou *habeas data*, quando o responsável pela ilegalidade ou abuso de poder for autoridade pública ou agente de pessoa jurídica no exercício de atribuições do Poder Público".

O *mandado de segurança coletivo* está previsto expressamente no artigo 5°, inciso LXX, da Lei Magna de 1988, que confere sua impetração a: (a) partido político com representação no Congresso Nacional; (b) organização sindical, entidade de classe ou associação legalmente constituída e em funcionamento há pelo menos um ano, em defesa dos interesses de seus membros ou associados.

O mandado de injunção encontra-se previsto no artigo 5°, inciso LXXI, da Constituição Federal, o qual determina que "conceder-se-á mandado de injunção sempre que a falta de norma regulamentadora torne inviável o exercício dos direitos e liberdades constitucionais e das prerrogativas inerentes à nacionalidade, à soberania e à cidadania".

Já o *habeas data* tem previsão constitucional no artigo 5°, inciso LXXII, da Carta Magna, que dispõe ser cabível referido remédio constitucional: "a) para assegurar o conhecimento de informações relativas à pessoa do impetrante, constantes de registros ou bancos de dados de entidades governamentais ou de caráter público; b) para a retificação de dados, quando não se prefira fazê-lo por processo sigiloso, judicial ou administrativo".

Por fim, a *ação popular*, com previsão no artigo 5°, inciso LXXIII, de nossa Lei Maior, dispõe que "qualquer cidadão é parte legítima para propor ação popular que vise anular ato lesivo ao patrimônio público ou de entidade de que o Estado participe, à moralidade administrativa, ao meio ambiente e ao patrimônio histórico e cultural, ficando o autor, salvo comprovada má-fé, isento de custas judiciais e do ônus da sucumbência".

Contudo, é imperioso ressaltar, a título de esclarecimento, que *o rol dos remédios constitucionais não se restringe àqueles supramencionados*, expressamente elencados no Título II, artigo 5°, da Constituição de 1988, uma vez que, conforme disposto no artigo 5°, § 2°, da Constituição Federal, além dos expressos, há também outros implícitos, decorrentes do próprio sistema constitucional.

Podemos citar, a título de exemplo, o *mandado de injunção coletivo*. Com efeito, diversos julgados, inclusive do Pretório Excelso, já vinham admitindo a admissibilidade de mandado de injunção coletivo[1]. E agora, essa realidade encontra-se consolidada com a edição da Lei 13.300, de 23 de junho de 2016, que regulamentou não só o mandado de injunção individual, conforme disposto na Constituição Federal, como também o mandado de injunção coletivo, que não está expressamente previsto no texto constitucional.

Outro remédio constitucional que não está expressamente relacionado no artigo 5°, da Constituição Federal, mas que se trata, inequivocamente, de uma ação constitucional desta espécie, já que também tem por objeto garantir efetividade a direitos e garantias fundamentais, é a *ação civil pública*, com previsão expressa no texto constitucional, no artigo 129, inciso III, da Carta Magna vigente.[2] Compartilha deste entendimento, por exemplo, Manoel Gonçalves Ferreira Filho.[3]

---

1. É o caso do que restou explicitado no Mandado de Injunção 20 (*RTJ*-166/751), no Mandado de Injunção 73 (*RTJ*-160/743) e também no Mandado de Injunção 363 (*RTJ*-140/1036). No mesmo sentido, vide a ementa do Mandado de Injunção 102/PE, impetrado pelo Sindicato dos Trabalhadores Rurais de Pombos, relatado pelo Ministro Marco Aurélio de Mello, julgado em 12.2.1998, publicado no *Diário da Justiça* do dia 25 de outubro de 2002, cuja redação vale ser transcrita, nesta oportunidade: "Constitucional. Mandado de Injunção Coletivo. Sindicato: Legitimidade Ativa. Participação nos Lucros: CF, art. 7°, XI. I. – **A jurisprudência do Supremo Tribunal Federal admite legitimidade ativa** *ad causam* **aos sindicatos para a instauração, em favor de seus membros ou associados, do mandado de injunção coletivo**. II. – Precedentes: MMII 20, 73, 342, 361 e 363. III. – Participação nos lucros da empresa: CF, art. 7°, XI: mandado de injunção prejudicado em face da superveniência de medida provisória disciplinando o art. 7°, XI, da CF" (grifou-se).
2. Constituição Federal, artigo 129: "São funções institucionais do Ministério Público: III – promover o inquérito civil e a ação civil pública, para a proteção do patrimônio público e social, do meio ambiente e de outros interesses difusos e coletivos".
3. *Op. cit.*, p. 325.

Da relação dos remédios constitucionais, ou garantias instrumentais, o *habeas corpus*, o mandado de segurança individual, o mandado de injunção individual e o *habeas data* destinam-se à tutela de direitos e garantias individuais, ao passo que o mandado de segurança coletivo, a ação popular, o mandado de injunção coletivo, e a ação civil pública, têm por escopo a tutela dos chamados interesses transindividuais ou metaindividuais.

Feitos esses breves esclarecimentos preliminares, em que explicitamos cada uma das espécies de remédios constitucionais, passaremos a estudar a seguir, de maneira um pouco mais detida, cada uma daquelas ações constitucionais, trazendo informações sobre suas origens, fundamentos constitucionais e legais, hipóteses de cabimento, legitimações ativas e passivas, principais regras processuais que os disciplinam e outras informações que reputemos importantes.

ELENCO DOS REMÉDIOS CONSTITUCIONAIS

– **Habeas corpus**: "Conceder-se-á *habeas corpus* sempre que alguém sofrer ou se achar ameaçado de sofrer violência ou coação em sua liberdade de locomoção, por ilegalidade ou abuso de poder" (artigo 5º, inciso LXVIII, da Constituição Federal).

– **Mandado de segurança individual**: "Conceder-se-á mandado de segurança para proteger direito líquido e certo, não amparado por *habeas corpus* ou *habeas data*, quando o responsável pela ilegalidade ou abuso de poder for autoridade pública ou agente de pessoa jurídica no exercício de atribuições do Poder Público" (artigo 5º, inciso LXIX, da Carta Magna).

– **Mandado de segurança coletivo**: "O mandado de segurança coletivo pode ser impetrado por: a) partido político com representação no Congresso Nacional; b) organização sindical, entidade de classe ou associação legalmente constituída e em funcionamento há pelo menos um ano, em defesa dos interesses de seus membros ou associados" (artigo 5º, inciso LXX, da Lei Maior).

– **Mandado de injunção**: "Conceder-se-á mandado de injunção sempre que a falta de norma regulamentadora torne inviável o exercício dos direitos e liberdades constitucionais e das prerrogativas inerentes à nacionalidade, à soberania e à cidadania" (artigo 5º, inciso LXXI, da Carta Magna).

– **Habeas data**: "Conceder-se-á *habeas data*: a) para assegurar o conhecimento de informações relativas à pessoa do impetrante, constantes de registros ou bancos de dados de entidades governamentais ou de caráter público"; e "b) para a retificação de dados, quando não se prefira fazê-lo por processo sigiloso, judicial ou administrativo" (artigo 5º, inciso LXXII, da Lei Fundamental).

– **Ação popular**: "Qualquer cidadão é parte legítima para propor ação popular que vise a anular ato lesivo ao patrimônio público ou de entidade de que o Estado participe, à moralidade administrativa, ao meio ambiente e ao patrimônio histórico e cultural, ficando o autor, salvo comprovada má-fé, isento de custas judiciais e do ônus da sucumbência" (artigo 5º, inciso LXXIII, da Constituição Federal).

– **Ação civil pública**: "São funções institucionais do Ministério Público: III – promover o inquérito civil e a ação civil pública, para a proteção do patrimônio público e social, do meio ambiente e de outros interesses difusos e coletivos" (artigo 129, da Lei Maior).

9.3 *HABEAS CORPUS*

A origem do *habeas corpus* é do direito inglês, tendo surgido na Idade Média, com a edição da famosa *Magna Charta Libertatum*, ou simplesmente Magna Carta, em 1.215. Como vimos no Capítulo 1 deste livro, a Magna Carta tratou-se de um pacto (de um daqueles famosos antecedentes das constituições escritas), celebrado entre o Rei João-Sem-Terra e seus súditos rebelados, tendo por objeto a fixação de limites à atuação do monarca, sobretudo concedendo ao povo um conjunto de direitos individuais, para protegê-los de eventuais arbitrariedades estatais.

No direito inglês[4], o *habeas corpus* somente foi formalizado expressamente, com a expressão latina que o consagrou, através do *Habeas corpus act*, de 1679. Do direito britâ-

---

4. A despeito de sua origem britânica, o instituto tornou-se largamente conhecido por meio da expressão latina *habeas corpus*, extraída da seguinte frase, já vertida para o português: "tomes o corpo do detido e venhas submeter ao tribunal o homem e o caso".

nico, o *habeas corpus* foi transmitido ao direito das Colônias Norte-Americanas, que não o abandonaram com a proclamação da independência, tendo sido incorporado à Constituição Federal dos Estados Unidos da América, no artigo 1º, Seção 9ª.

Segundo Pedro Lenza,[5] o instituto surgiu pela primeira vez, no direito pátrio, em 1821, por meio de um alvará editado por Dom Pedro I, que garantia aos súditos a liberdade de locomoção (Decreto 114, de 23 de maio de 1821). Muito embora não o previsse expressamente, com o nome que o consagrou, a Constituição imperial de 1824 continha normas que asseguravam a proteção contra a prisão ilegal, em seu artigo 179, §§ 8º a 10.

O primeiro texto legal brasileiro que se utilizou da expressão *habeas corpus*, contudo, foi o Código Criminal de 1830, em seus artigos 183 a 188. Apareceu, em seguida, no Código de Processo Criminal do Império, de 1832, no artigo 340, que assim dispunha: "todo cidadão que entender que ele, ou outrem, sofre uma prisão ilegal ou constrangimento ilegal em sua liberdade tem direito de pedir uma ordem de *habeas corpus* em seu favor". O instituto, àquela época, somente beneficiava os brasileiros. Somente a partir de 1871, por força da Lei 2.003, é que passou a beneficiar também os estrangeiros que estivessem em território nacional.

A primeira constituição brasileira a albergar o *habeas corpus*, de maneira expressa e inequívoca, foi a Constituição republicana de 1891, que o consagrou em seu artigo 72, § 22, com a seguinte redação: "Dar-se-á o *habeas corpus* sempre que o indivíduo sofrer ou se achar em iminente perigo de sofrer violência ou coação, por ilegalidade ou abuso de poder".

Da simples leitura do dispositivo constitucional acima transcrito, percebe-se que ele não fazia qualquer menção expressa ao direito de locomoção, o que acabou por permitir que o *habeas corpus* pudesse ser utilizado para a proteção de outros direitos e garantias constitucionais, que sofressem ou se achassem na iminência de sofrer violência ou coação. Essa particularidade fez surgir a denominada *doutrina brasileira do habeas corpus*.

Portanto, a *doutrina brasileira do habeas corpus*, surgida graças à redação do instituto na primeira Constituição republicana (1891), destinava-se à proteção não só do direito de locomoção, como também de quaisquer outros direitos e garantias fundamentais, desde que certos e incontestáveis,[6] que tivessem por pressuposto o direito de locomoção, como, aliás, decidiu o Supremo Tribunal Federal, em famoso julgado de 1909.

Somente com a reforma constitucional de 1926 (Emenda Constitucional 1, de 3 de setembro de 1926), que trouxe nova redação ao artigo 72, § 22, da Constituição de 1891, é que o instituto do *habeas corpus* passou a tutelar apenas a liberdade de locomoção.[7] Cessou, a partir de então, a chamada doutrina brasileira do *habeas corpus*, passando o instituto a ter feições semelhantes às atuais.

Todas as constituições brasileiras posteriores tutelaram expressamente o *habeas corpus*. Na Constituição de 1988, como já mencionamos, o instituto tem previsão expressa no artigo 5º, inciso LXVIII. Segundo referido dispositivo, "conceder-se-á *habeas corpus* sempre que alguém sofrer ou se achar ameaçado de sofrer violência ou coação em sua liberdade de locomoção, por ilegalidade ou abuso de poder".

O artigo 5º, inciso LXXVII, da Constituição Federal, por sua vez, fixa a gratuidade dessa ação constitucional, juntamente com o *habeas data*, para que tais remédios sejam acessíveis

---

5. *Op. cit.*, p. 805.
6. Essa expressão – *direito certo e incontestável* – foi posteriormente substituída pela atual – *direito líquido e certo*.
7. Eis os seus termos: "Dar-se-á *habeas corpus* sempre que alguém sofrer ou se achar em iminente perigo de sofrer violência por meio de prisão ou constrangimento ilegal em sua liberdade de locomoção".

a todos. Já o artigo 142, § 2°, da Carta Magna vigente, é expresso e inequívoco em determinar o não cabimento do *habeas corpus* em relação a punições disciplinares militares.

O *habeas corpus* está regulamentado pelo Código de Processo Penal vigente, a partir do artigo 647. A despeito de estar inserido no Título II, relativo aos recursos em geral, a verdade é que esse instituto *não é um recurso*, mas uma ação constitucional, de natureza penal, que tem por objeto a tutela da liberdade de locomoção da pessoa.

9.4 HIPÓTESES DE CABIMENTO DO *HABEAS CORPUS*

Esse remédio constitucional tem por objetivo, conforme se pode verificar da leitura do dispositivo constitucional que o prevê (artigo 5°, inciso LXVIII, de nossa Lei Maior), *a tutela do direito de locomoção*, quando alguém sofrer ou se achar ameaçado de sofrer violência ou coação em sua liberdade de ir e vir, por ilegalidade ou abuso de poder.

Em termos semelhantes, o artigo 647, do Código de Processo Penal, dispõe que caberá *habeas corpus* "sempre que alguém sofrer ou se achar na iminência de sofrer violência ou coação ilegal na sua liberdade de ir e vir, salvo nos casos de punição disciplinar". Referida tutela é obtida através de uma ordem, expedida por um juiz ou tribunal, que faz cessar a ameaça ou a efetiva coação à liberdade de locomoção.

Na definição de Adolfo Mamoru Nishiyama,[8] o *habeas corpus* é definido como "a tutela jurisdicional específica dos direitos e garantias fundamentais, mormente o direito de ir, vir e ficar, sempre que alguém sofrer ou se achar ameaçado de sofrer violência ou coação, em sua liberdade de locomoção *lato sensu*, por ilegalidade ou abuso de poder".

A liberdade de locomoção deve ser compreendida em seu sentido amplo, referindo-se não só à hipótese de efetiva prisão (ou ameaça de prisão) ilegal, como também à hipótese de instauração e desenvolvimento de processo penal irregular, como se dá, por exemplo, com o processo presidido por autoridade incompetente, e que pode acabar resultando, por consequência, em prisão ilegal.

Por *ilegalidade ou abuso de poder* devemos entender não só os atos manifestamente contrários ao ordenamento jurídico, como, por exemplo, a realização de uma prisão fora das hipóteses previstas em lei, como também os atos praticados com *excesso de poder*, em que a autoridade pratica um ato arbitrário, extrapolando de sua competência, além dos praticados com *desvio de finalidade*, ou seja, com finalidade diversa daquela para a qual o ato foi criado.

A propositura do *habeas corpus* não exige qualquer formalidade especial. Poderá ser materializado até mesmo em uma folha de caderno, escrito a mão, e sem observância dos requisitos de uma petição inicial. Pode ser impetrado por qualquer pessoa nacional ou estrangeira, em benefício próprio ou alheio, independentemente de sua capacidade civil e também de capacidade postulatória.

As hipóteses de cabimento estão previstas no artigo 648, do Código de Processo Penal. Segundo referido dispositivo legal, a coação será ilegal quando: não houver justa causa (I); alguém estiver preso por mais tempo do que determina a lei (II); quem ordenar a coação não tiver competência para fazê-lo (III); houver cessado o motivo que autorizou a coação (IV); não for alguém admitido a prestar fiança, nos casos em que a lei autoriza (V); o processo for manifestamente nulo (VI); e quando estiver extinta a punibilidade (VII).

---

8. *Remédios constitucionais*. Manole, 2004, p. 74.

No tocante à *falta de justa causa*, esta pode estar presente tanto no tocante à prisão do acusado, como também à instauração do inquérito policial e à propositura e andamento da ação penal propriamente dita. Particularmente no que se refere à prisão, o artigo 5º, inciso LXI, da Constituição de 1988, é expresso em dispor que "ninguém será preso senão em flagrante delito ou por ordem escrita e fundamentada de autoridade judiciária competente, salvo nos casos de transgressão militar ou crime propriamente militar, definidos em lei". Caso não estejam presentes quaisquer dessas hipóteses, a prisão será manifestamente ilegal, por ausência de justa causa, sendo cabível, portanto, o *habeas corpus*.

Já em relação à instauração do inquérito penal, estará ausente a justa causa, a ensejar a impetração de *habeas corpus*, para o trancamento daquele, quando os fatos imputados a alguém não forem fatos típicos (ilícitos penais), ou quando não houver sequer provas da existência do delito, ou indícios de que o paciente tenha sido o seu autor.

Por fim, a ausência de justa causa para a ação penal propriamente dita poderá se referir tanto ao processo, quando não estiver presente, por exemplo, a prova de materialidade do crime e indícios de sua autoria, como a própria pretensão punitiva do Estado, como nas hipóteses de fato atípico (que não constitui delito), bem como prova de que o réu não foi o autor do fato.

Igualmente será cabível o *habeas corpus* quando alguém estiver preso por mais tempo do que determina a lei. Portanto, será caso de constrangimento ilegal, sanável por este remédio constitucional, o condenado que permanecer preso após o cumprimento da pena.[9] Também poderá valer-se de *habeas corpus* o réu, quando houver excesso no prazo de cumprimento das chamadas prisões cautelares, como, por exemplo, a prisão temporária.

Como vimos supra, também estará configurado o constrangimento ilegal quando a coação tiver sido determinada por quem não tiver competência para fazê-lo. A prisão, conforme ressaltam a doutrina e a jurisprudência pátrias, só poderá ser determinada pela autoridade judicial competente, a não ser que se trate de prisão disciplinar militar ou prisão em flagrante delito.

Será caso de constrangimento ilegal, ainda, quando houver cessado o motivo que autorizou a coação. Caberá *habeas corpus*, por exemplo, quando tiver sido revogada a prisão temporária ou a prisão preventiva anteriormente decretada contra o paciente, ou quando o réu em crime de competência do Tribunal do Júri não for pronunciado pelo magistrado.

Será hipótese de constrangimento ilegal, ademais, quando não for alguém admitido a prestar fiança, nos casos em que a lei a autoriza. Trata-se, a toda evidência, de uma consequência lógica da norma prevista no artigo 5º, inciso LXVI, da Carta Magna, que determina que "ninguém será levado à prisão ou nela mantido, quando a lei admitir a liberdade provisória, com ou sem fiança".

Conforme dispõe o artigo 660, § 3º, do Código de Processo Penal, se a ilegalidade decorrer do fato de não ter sido o paciente admitido a prestar fiança, o juiz arbitrará o valor desta, que poderá ser prestada perante ele, remetendo, neste caso, à autoridade os respectivos autos, para serem anexados aos do inquérito policial ou aos do processo judicial.

Também será caso de constrangimento ilegal, combatível por meio do remédio constitucional ora em estudo, quando o processo for manifestamente nulo. As hipóteses de nulidade

---

9. Além de ter direito à concessão de *habeas corpus*, o condenado que ficar preso além do tempo fixado na sentença terá direito à indenização do Estado, conforme determina expressamente o artigo 5º, inciso LXXV, da Constituição Federal.

do processo são muitas, podendo ser citadas, a título de exemplo, a ausência de representação do ofendido nos crimes iniciados por ação penal pública condicionada, a falta de regular citação do réu e a não indicação de defensor para o réu que não puder pagar um advogado.

Outro caso típico de nulidade do processo, nós o temos na hipótese de provas obtidas por meios ilícitos, em flagrante e inequívoca ofensa, portanto, ao que determina o artigo 5º, inciso LVI, da Constituição Federal[10]. É o caso, por exemplo, da interceptação telefônica que descumprir as condições fixadas pelo artigo 5º, inciso XII, da Carta Magna.[11]

Nos termos do artigo 652, do Código de Processo Penal, caso o *habeas corpus* seja concedido em virtude de nulidade do processo, este último deverá ser renovado. As nulidades processuais são tratadas com maior profundidade a partir do artigo 563, do mesmo Código de Processo Penal.

Também caberá a impetração de *habeas corpus*, nos termos do artigo 648, do Código de Processo Penal, quando estiver extinta a punibilidade. As hipóteses de extinção da punibilidade estão relacionadas no artigo 107, do Código Penal brasileiro[12], podendo ser citadas, a título de exemplo, a morte do acusado e a prescrição da pretensão punitiva do Estado.

A despeito de não constar daquele rol do artigo 648 do Código de Processo Penal, a doutrina costuma relacionar também, como hipótese de cabimento do *habeas corpus*, o *excesso de prazo na formação da culpa*. Essa hipótese é extraída do disposto no artigo 8º da Convenção Americana Sobre Direitos Humanos (Pacto de São José da Costa Rica), o qual preconiza que "todo acusado tem direito a ser julgado em prazo razoável".

Levando em conta os prazos fixados para a realização dos atos processuais, nas diversas espécies de ritos (procedimentos) penais, chegou-se ao entendimento de que são considerados razoáveis, para a formação da culpa, o prazo de 81 (oitenta e um) dias para os crimes punidos com reclusão e de 56 (cinquenta e seis) dias para os apenados com detenção.

HIPÓTESES DE CABIMENTO DO *HABEAS CORPUS*

– O *habeas corpus* caberá quando alguém sofrer ou se achar ameaçado de sofrer violência ou coação em sua liberdade de locomoção, por ilegalidade ou abuso de poder.

– A liberdade de locomoção deve ser compreendida em seu sentido amplo, referindo-se não só à hipótese de efetiva prisão (ou ameaça de prisão) ilegal, como também à hipótese de instauração e desenvolvimento de processo penal irregular, e que pode resultar, por consequência, em prisão ilegal.

– Será caso de ilegalidade quando: não houver justa causa; alguém estiver preso por mais tempo do que determina a lei; quem ordenar a coação não tiver competência para fazê-lo; houver cessado o motivo que autorizou a coação; não for alguém admitido a prestar fiança, nos casos em que a lei a autoriza; o processo for manifestamente nulo; e quando estiver extinta a punibilidade.

– Exemplos de ausência de justa causa: inexistência de prova de materialidade do crime e indícios de sua autoria; ocorrência de fato atípico e extinção da punibilidade.

---

10. Constituição Federal, artigo 5º, LVI: "São inadmissíveis, no processo, as provas obtidas por meios ilícitos".
11. Constituição Federal, artigo 5º, XII: "É inviolável o sigilo da correspondência e das comunicações telegráficas, de dados e das comunicações telefônicas, salvo, no último caso, por ordem judicial, nas hipóteses e na forma que a lei estabelecer para fins de investigação criminal ou instrução processual penal".
12. Código Penal, artigo 107: "Extingue-se a punibilidade: pela morte do agente; pela anistia, graça ou indulto; pela retroatividade de lei que não mais considera o fato como criminoso; pela prescrição, decadência ou perempção; pela renúncia do direito de queixa ou pelo perdão aceito, nos crimes de ação privada; pela retratação do agente, nos casos em que a lei a admite; e pelo perdão judicial, nos casos previstos em lei".

9.5 HIPÓTESES EM QUE NÃO CABE O *HABEAS CORPUS*

O *habeas corpus* só pode ser utilizado para garantia da liberdade de locomoção de *pessoas naturais (também chamadas de pessoas físicas)*. Não será possível valer-se desse remédio constitucional, portanto, para a liberação de animais, de veículos apreendidos, ou, ainda, em favor de pessoas *jurídicas,* mesmo em se tratando de crimes ambientais. Nessas hipóteses, poder-se-á pensar na utilização do mandado de segurança, caso presentes seus pressupostos de admissibilidade.

Tendo em vista que o *habeas corpus* tutela o direito de locomoção, não caberá a utilização desse remédio constitucional quando o paciente não sofrer efetiva coação ou risco de coação em sua liberdade de deambulação. É por tal razão que o Supremo Tribunal Federal afasta o cabimento dessa ação *quando se tratar de pena de multa, ou quando já estiver extinta a pena privativa de liberdade.*

Com efeito, nos termos da Súmula 693, do Supremo Tribunal Federal, "não cabe *habeas corpus* contra decisão condenatória à pena de multa, ou relativo a processo em curso por infração penal a que a pena pecuniária seja a única cominada". A Súmula 695 do Pretório Excelso, ao seu turno, determina que "não cabe *habeas corpus* quando já extinta a pena privativa de liberdade".

Não caberá *habeas corpus*, ainda, conforme expressa redação do artigo 142, § 2°, da Constituição de 1988, em relação às punições disciplinares militares. O dispositivo constitucional em comento proíbe, em síntese, a análise do mérito de referidas punições. É por essa razão, por exemplo, que não cabe *habeas corpus* contra a imposição da pena de exclusão de militar ou de perda de patente ou de função pública, conforme determina a Súmula 694, do Pretório Excelso.

É importante ressaltar, contudo, que aquela proibição não abrange, conforme já decidiu o Supremo Tribunal Federal, os chamados *pressupostos de legalidade da sanção disciplinar –* hierarquia, poder disciplinar, ato ligado à função e pena suscetível de ser aplicada (*Habeas Corpus* 70.648, Relator Ministro Moreira Alves, e Recurso Extraordinário 338.840/RS, Relatora Ministra Ellen Gracie, 19.8.2003).

Como vimos na seção anterior, o *habeas corpus* será cabível se houver *excesso de prazo na formação da culpa.* Portanto, após a formação desta, não haverá mais que se falar em constrangimento ilegal. Como consequência disso, não constitui constrangimento ilegal o excesso de prazo na instrução, provocada pela defesa (Súmula 65, do Superior Tribunal de Justiça). Ademais, encerrada a instrução criminal, fica superada a alegação de constrangimento por excesso de prazo (Súmula 52, do Superior Tribunal de Justiça).

Além disso, no tocante aos crimes dolosos contra a vida, cuja competência é do Tribunal do Júri, conforme preconiza o artigo 5°, inciso XXXVIII, alínea "d", da Carta Magna de 1988, após o pronunciamento do réu, fica superada qualquer alegação de constrangimento ilegal por excesso de prazo na instrução (Súmula 21, do Superior Tribunal de Justiça). Após a pronúncia, portanto, não mais será cabível o *habeas corpus*, ao menos por este fundamento (excesso de prazo na formação da culpa).

Também não será cabível o *habeas corpus*, conforme jurisprudência dominante, inclusive do próprio Pretório Excelso, para o exame das provas da ação penal (*JSTF-Lex*, 151:340); para verificar a justiça ou não da sentença condenatória (*JSTF-Lex*, 147:336); ou quando o remédio constitucional estiver fundamentado em meros boatos, sem que haja a demonstração de efetivo constrangimento ilegal iminente que coloque o impetrante em perigo (*RT*, 788:594).

HIPÓTESES EM QUE NÃO CABE O *HABEAS CORPUS*

– Para a liberação de animais, de veículos apreendidos, ou, ainda, em favor de pessoas jurídicas, mesmo em se tratando de crimes ambientais.

– Quando se tratar de pena de multa, ou quando já estiver extinta a pena privativa de liberdade.

– A análise do mérito das punições disciplinares militares.

– Quando o excesso na formação da culpa for imputável à defesa ou quando já estiver encerrada a instrução criminal.

– Após a pronúncia, nos crimes de competência do Tribunal do Júri.

– Para o exame das provas, para a verificação da justiça ou não da sentença, ou quando fundado em meros boatos.

9.6 MODALIDADES DE *HABEAS CORPUS*

A doutrina costuma fazer menção à existência de 3 (três) modalidades desse remédio constitucional: *habeas corpus preventivo, liberatório ou repressivo* e *suspensivo*. Será hipótese de cabimento de *habeas corpus preventivo* quando existir apenas uma séria ameaça de constrangimento ilegal, que ainda não se concretizou. Para que seja possível a impetração do remédio constitucional, deverá haver a demonstração de efetivo constrangimento ilegal iminente. Nessa hipótese, o juiz manda expedir um *salvo-conduto* (artigo 660, § 4º, do Código de Processo Penal).

Por outro lado, será hipótese de *habeas corpus liberatório*, também denominado *habeas corpus repressivo*, quando já existir, no caso concreto, efetivo constrangimento ilegal do paciente, como se dá, por exemplo, na prisão ilegal. Nesse caso, ao deferir o *habeas corpus*, o juiz determina a expedição de *alvará de soltura*. Será, por fim, hipótese de *habeas corpus suspensivo*, quando já houver prisão ilegal decretada, porém ainda não cumprida. Aqui, o juiz determina a expedição do conhecido *contramandado de prisão*.

MODALIDADES DE *HABEAS CORPUS*

– *Habeas corpus preventivo*: quando existe apenas uma séria ameaça de constrangimento ilegal, que ainda não se concretizou (expede-se salvo-conduto).

– *Habeas corpus liberatório ou repressivo*: quando já existir, no caso concreto, efetivo constrangimento ilegal do paciente (expede-se alvará de soltura).

– *Habeas corpus suspensivo*: quando já houver prisão ilegal decretada, porém ainda não cumprida (expede-se contramandado de prisão).

9.7 LEGITIMAÇÃO ATIVA E PASSIVA DO *HABEAS CORPUS*

Segundo Alexandre de Moraes,[13] "a legitimidade para ajuizamento do *habeas corpus* é um atributo da personalidade, não se exigindo a capacidade de estar em juízo, nem a capacidade postulatória, sendo uma verdadeira *ação penal popular*". É por tal razão que esse remédio constitucional pode ser impetrado por *qualquer pessoa nacional ou estrangeira, em benefício próprio ou alheio, independentemente de sua capacidade civil*. Tal regra aplica-se

---

13. *Op. cit.*, p. 130.

inclusive aos menores de idade e aos enfermos mentais, independentemente de estarem representados ou assistidos em juízo.[14]

Quando o *habeas corpus* for impetrado em favor de terceiro, estaremos inequivocamente diante de um caso de *legitimação extraordinária*, também conhecida como *substituição processual*. Essa possibilidade, aliás, é expressamente reconhecida pelo artigo 654, do Código de Processo Penal[15], que dispõe que referido remédio poderá ser impetrado por qualquer pessoa, em seu favor ou de outrem.

Conforme mencionado, a impetração do *habeas corpus* independe da existência de capacidade postulatória, por parte do impetrante. Contudo, é importante mencionarmos que o patrocínio de advogado se faz necessário, por exceção, quando o *impetrante* (esse é o nome que se dá ao autor do *habeas corpus*) pretender sustentá-lo oralmente.

O analfabeto também poderá impetrar *habeas corpus*. Contudo, para que possa ser processado e julgado pelo Poder Judiciário, a petição inicial deverá ser assinada por outrem. É o que se pode concluir da simples leitura do artigo 654, § 1°, alínea c, do Código de Processo Civil, que determina que a petição do *habeas corpus* contenha a assinatura do impetrante, *ou de alguém a seu rogo, quando não souber* ou não puder escrever.

Tendo em vista que o *habeas corpus* pode ser impetrado por qualquer pessoa, não há dúvida de que os *estrangeiros* também poderão utilizar referido remédio constitucional, quer sejam residentes no País, quer estejam apenas de passagem, e que sofram qualquer violação ao seu direito de ir, de vir ou de permanecer. A petição do *habeas corpus*, contudo, deverá ser redigida em português.

A despeito de alguma divergência doutrinária e jurisprudencial, sobretudo em razão de não haver previsão constitucional expressa, prevalece o entendimento de que *as pessoas jurídicas também podem impetrar habeas corpus, desde que em favor de pessoas naturais*. Sobre esse tema, sugerimos a leitura do *Habeas Corpus* 79.535/MS, Supremo Tribunal Federal, 2ª Turma, Relator Ministro Maurício Corrêa, *DJU* 10.12.1999, p. 3.

É pacífico, de outro lado, o entendimento no sentido de que *membros do Ministério Público podem impetrar o remédio constitucional em comento*, conforme expressa disposição do artigo 654 do Código de Processo Penal. Reforça tal faculdade o disposto no artigo 32, inciso I, da Lei 8.625/1993, a denominada Lei Orgânica do Ministério Público[16].

Parte da doutrina afirma que o membro do Ministério Público que atua no primeiro grau poderá impetrar o *habeas corpus* em qualquer juízo ou tribunal, como o pode, aliás, qualquer um do povo. Outros, contudo, entendem que o ordenamento jurídico em vigor não permite que promotores de justiça e procuradores da República atuem perante órgãos jurisdicionais de segundo grau, Tribunais Superiores e Supremo Tribunal Federal.

---

14. Adolfo Mamoru Nishiyama afirma, em sua obra, que considera inconstitucional qualquer medida legislativa infraconstitucional que venha a criar óbices à impetração deste remédio constitucional em relação aos incapazes, por ser o mesmo a mais destacada das medidas que garantem a liberdade individual. *Op. cit.*, p. 79.
15. Código de Processo Penal, artigo 654: "O *habeas corpus* poderá ser impetrado por qualquer pessoa, em seu favor ou de outrem, bem como pelo Ministério Público".
16. Lei 8.625/1993, artigo 32, inciso I: "Além de outras funções cometidas nas Constituições Federal e Estadual, na Lei Orgânica e demais leis, compete aos Promotores de Justiça, dentro de suas esferas de atribuições: I – impetrar *habeas corpus* e mandado de segurança e requerer correição parcial, inclusive perante os tribunais locais competente".

O juiz, por sua vez, jamais poderá impetrar habeas corpus, *quando estiver atuando na qualidade de juiz do feito*. Poderá concedê-lo de ofício,[17] porém nunca contra ato próprio. Poderá impetrar o remédio, de outro lado, quando o fizer na condição de mero cidadão, em benefício próprio ou de terceiro.

O indivíduo (pessoa natural) em favor de quem se impetra o *habeas corpus* chama-se *paciente*, o qual, aliás, poderá ser o próprio impetrante do remédio constitucional. Com efeito, é perfeitamente possível que o próprio paciente, mesmo que não seja advogado, impetre o *habeas corpus* em seu favor, quando sofrer ou se achar ameaçado de sofrer constrangimento em sua liberdade de locomoção, por ilegalidade ou abuso de poder.

Será sujeito passivo (chamado *impetrado* ou *autoridade coatora*) do *habeas corpus* aquele que pratica a coação ao direito de locomoção do paciente, normalmente uma *autoridade*, como um delegado, juiz, tribunal ou membro do Ministério Público. O próprio Código de Processo Penal, em mais de uma oportunidade, fala expressamente em *autoridade*, quando se refere ao sujeito passivo do *habeas corpus*.

Todavia, é imperioso ressaltar que, por exceção, o *habeas corpus* também poderá ser impetrado contra atos de particulares, notadamente quando for difícil, ou mesmo inviável, a intervenção policial, para fazer cessar o constrangimento ilegal. É o caso, por exemplo, do dono de estabelecimento hospitalar (particular) que impeça a saída de um paciente, enquanto este não pagar a conta.

LEGITIMAÇÃO ATIVA E PASSIVA EM *HABEAS CORPUS*

– **Legitimação ativa:** qualquer pessoa nacional ou estrangeira, em benefício próprio ou alheio, independentemente de sua capacidade civil. Também poderá ser impetrado por analfabeto, desde que assinado por outrem, a seu rogo.

– **Legitimação passiva:** aquele que pratica a coação ao direito de locomoção do paciente (normalmente uma autoridade, como um delegado ou magistrado, mas podendo, por exceção, ser um particular).

9.8 COMPETÊNCIA EM MATÉRIA DE *HABEAS CORPUS*

Trazidas as hipóteses de cabimento, as diversas modalidades e também a legitimação ativa e passiva do *habeas corpus*, cabe-nos enumerar, nesta seção, algumas importantes informações sobre as diversas competências jurisdicionais para o julgamento do *writ*, inclusive as explicitadas na Constituição de 1988. Referidas competências, devemos adiantar, são fixadas em conformidade ou com o paciente ou com a autoridade apontada como coatora. Senão vejamos:

No caso de o paciente ser o presidente da República, o vice-presidente da República, os membros do Congresso Nacional, os ministros do Supremo Tribunal Federal, o procurador-geral da República, os ministros de Estado, os comandantes da Marinha, do Exército ou da Aeronáutica, os membros dos Tribunais Superiores e do Tribunal de Contas da União e os chefes de missão diplomática de caráter permanente, a competência originária para julgamento será do Supremo Tribunal Federal (artigo 102, inciso I, alínea *d*, da Carta Magna).

Na hipótese de ser apontado como coator algum dos Tribunais Superiores, ou quando o impetrado ou o paciente for autoridade ou funcionário cujos atos estejam sujeitos dire-

---

17. Nesses termos é o artigo 654, § 2º, do Código de Processo Penal: "Os juízes e os tribunais têm competência para expedir de ofício ordem de *habeas corpus*, quando no curso de processo verificarem que alguém sofre ou está na iminência de sofrer coação ilegal".

tamente à jurisdição do Supremo Tribunal Federal, ou se trate de crime sujeito à mesma jurisdição em uma única instância, a competência também será do Pretório Excelso (artigo 102, inciso I, alínea *j*, da Constituição Federal).

O mesmo Supremo Tribunal Federal será competente para julgar, em *recurso ordinário*, os *habeas corpus* decididos em única instância pelos Tribunais Superiores (Superior Tribunal de Justiça, Tribunal Superior do Trabalho, Tribunal Superior Eleitoral e Superior Tribunal Militar), quando denegatória a decisão (artigo 102, inciso II, alínea *a*, de nossa Lei Maior).

Como nos lembra Adolfo Mamoru Nishiyama,[18] o Supremo Tribunal Federal considera não ser cabível a impetração de *habeas corpus* contra decisões proferidas por quaisquer de suas Turmas, tendo em vista que elas representam o próprio Pretório Excelso. Nestes termos, aliás, é a Súmula 606, da Corte Suprema, nos seguintes termos: "Não cabe *habeas corpus* originário para o Tribunal Pleno de decisão de Turma, ou do Plenário, proferida em *habeas corpus* ou no respectivo recurso".

No caso de ser coator ou paciente governador de Estado ou do Distrito Federal, desembargador dos Tribunais de Justiça dos Estados e do Distrito Federal, membros dos Tribunais de Contas dos Estados e do Distrito Federal, dos Tribunais Regionais Federais, Tribunais Regionais Eleitorais e do Trabalho, membros dos Conselhos ou Tribunais de Contas dos Municípios e os do Ministério Público da União que oficiem perante tribunais, a competência originária será do Superior Tribunal de Justiça (artigo 105, inciso I, alínea *c*, da Carta Magna).

Será da competência do Superior Tribunal de Justiça, ademais, a competência para processar e julgar os *habeas corpus* quando o coator for tribunal sujeito à sua jurisdição, Ministro de Estado ou Comandante da Marinha, do Exército ou da Aeronáutica, ressalvada a competência da Justiça Eleitoral.

O mesmo Superior Tribunal de Justiça será competente para julgar, em *recurso ordinário*, os *habeas corpus* decididos em única ou última instância pelos Tribunais Regionais Federais, Tribunais de Justiça dos Estados e Tribunal de Justiça do Distrito Federal e Territórios, quando for denegatória a decisão (artigo 105, inciso II, alínea *a*, da Constituição Federal).

Quando a autoridade apontada como coatora for juiz federal, a competência será dos Tribunais Regionais Federais (artigo 108, inciso I, alínea *d*, da Constituição). Também será dos Tribunais Regionais Federais a competência para julgar, em grau de recurso, os *habeas corpus* decididos pelos juízes federais (artigo 108, inciso II, de nossa Lei Maior).

Caberá aos juízes federais processar e julgar os *habeas corpus* em matéria criminal de sua competência ou quando o constrangimento provier de autoridade cujos atos não estejam diretamente sujeitos a outra jurisdição (artigo 109, inciso VII, da Carta Magna). Caberá, por fim, à Justiça Eleitoral, julgar os *habeas corpus* em matéria de sua competência (artigo 121, § 4º, da Constituição Federal).

Se a coação ilegal ao direito de locomoção do paciente for atribuída a delegado de polícia civil ou da polícia federal, como, por exemplo, na abertura indevida de inquérito policial ou na prisão em flagrante irregular, a competência para processamento e julgamento do *habeas corpus* será, respectivamente, do juiz de direito criminal e do juiz federal.

Caso o constrangimento ilegal seja imputado a promotor de justiça ou a procurador da República, a competência para análise e julgamento do remédio constitucional ora em estudo será, respectivamente, do Tribunal de Justiça do Estado, do Tribunal de Justiça do

---
18. *Op. cit.*, p. 98.

Distrito Federal e Territórios, ou do Tribunal Regional Federal a que estiver vinculado o membro do Ministério Público.

Na hipótese de o constrangimento ilegal à liberdade de locomoção ser imputado a juiz de primeiro grau, o juízo competente para o processamento e julgamento do *habeas corpus* será o respectivo órgão jurisdicional de segunda instância.[19] Caso a autoridade apontada como coatora seja um juiz federal, a competência será do Tribunal Regional Federal a que estiver vinculado. Caso seja um juiz de direito, a competência será do respectivo Tribunal de Justiça.

Será, por exemplo, caso de coação ilegal praticada por magistrado de primeiro grau, e que, portanto, resulta na necessidade de impetração do *habeas corpus* perante o órgão jurisdicional de segundo grau, a abertura de inquérito policial não por iniciativa do delegado de polícia, mas sim por requisição do juiz, o que vincula a atuação daquele. O mesmo se dá quando a instauração do inquérito policial se der por deferimento do magistrado a requerimento formulado pelo membro do Ministério Público.

Por fim, em se tratando de *habeas corpus* contra decisão de turma recursal de juizados especiais criminais, a Súmula 690, do Pretório Excelso, dispunha que, neste caso, a competência *originária* era do Supremo Tribunal Federal. Contudo, em decisões mais recentes, a Corte Suprema tem decidido que, nesta hipótese, a competência originária é dos tribunais de segundo grau. *A Súmula 690, do Supremo Tribunal Federal, portanto, está superada*. Sobre o tema, sugerimos a leitura do HC 86.834/SP, Supremo Tribunal Federal, Relator Ministro Marco Aurélio, j. 23.08.2006, *Informativo* 437/STF.

9.9 PRINCIPAIS REGRAS PROCEDIMENTAIS DO *HABEAS CORPUS*

Nos termos do artigo 655, § 1º, do Código de Processo Penal, a petição do *habeas corpus* deverá conter: (a) o nome da pessoa que sofre ou está ameaçada de sofrer violência ou coação (paciente) e o de quem exercer a violência, coação ou ameaça (impetrado); (b) a declaração da espécie de constrangimento ou, em caso de simples ameaça de coação, as razões em que funda o seu temor; e (c) a assinatura do impetrante, ou de alguém a seu rogo, quando não souber ou não puder escrever, e a designação das respectivas residências.

Ao exigir que o impetrante, ou alguém a seu rogo, assine a petição do *habeas corpus*, a legislação de regência deixa claro que não é possível a impetração desse remédio constitucional quando não se possa identificar, de maneira clara e induvidosa, a pessoa do requerente, vedando, assim, a solicitação anônima do *writ*. Sobre o tema, sugerimos a leitura do *Habeas Corpus* 73.748/MG, Supremo Tribunal Federal, 1ª Turma, Relator Ministro Sydney Sanches, v.u., *DJU* 17.05.1996, p. 16329.

Já mencionamos anteriormente que o impetrante não precisa ter capacidade postulatória. *Poderá, aliás, ser até mesmo um incapaz ou um analfabeto*, desde que, neste último caso, alguém assine a petição, a pedido daquele. Poderá também ser estrangeiro, desde que a petição do *habeas corpus* esteja redigida na língua portuguesa. É claro que o *writ* também poderá ser redigido e assinado por advogado, não necessitando, contudo, de instrumento de mandato (procuração) do paciente.

---

19. Essa realidade pode ser extraída, aliás, do que dispõe o artigo 650, § 1º, do Código de Processo Penal: "A competência do juiz cessará sempre que a violência ou coação provier de autoridade judiciária de igual ou superior jurisdição".

A jurisprudência pátria admite a impetração do *habeas corpus* por meio de telex, de telegrama e também de fac-símile. Sobre esta última hipótese, aliás, ela encontra-se expressamente prevista no artigo 1º, da Lei 9.800, de 26 de maio de 1999, que permite às partes a utilização daquele meio para a prática de atos processuais que dependam de petição escrita. Trata-se, portanto, de lei que se aplica a qualquer tipo de processo.

A concessão de medida liminar em *habeas corpus* não tem previsão na Constituição Federa ou no Código de Processo Penal. Trata-se de construção jurisprudencial, que teve por escopo garantir, da maneira mais efetiva possível, o direito à liberdade de locomoção do paciente que sofrer ou se achar na iminência de sofrer violência ou coação ilegal naquela liberdade, por ato de outrem.

Para a concessão da liminar, devem estar presentes 2 (dois) requisitos: o *fumus boni iuris*, ou seja, a plausibilidade do direito invocado, através da demonstração de elementos suficientes que apontem a ilegalidade ou o abuso de poder contra o direito de locomoção da vítima; e o *periculum in mora*, que quer dizer a possibilidade de dano irreparável ou de difícil reparação ao paciente, caso haja demora na concessão do remédio constitucional.

É importante ressaltar que, atualmente, o Regimento Interno do Supremo Tribunal Federal prevê expressamente a possibilidade de concessão de medida liminar, pelo ministro relator da ação de *habeas corpus*, conforme disposto no artigo 191, daquele regimento, combinado com o artigo 21, incisos IV e V, do mesmo diploma normativo.

Conforme ressalta a jurisprudência, inclusive do próprio Pretório Excelso, o juiz ou tribunal competente para processar e julgar o *habeas corpus* não está vinculado nem à causa de pedir nem ao pedido formulado pelo impetrante. Essa realidade, a toda evidência, é uma decorrência lógica da regra fixada pelo artigo 654, § 2º, do Código de Processo Penal, que permite ao órgão jurisdicional conceder o *writ* até mesmo de ofício, quando no curso do processo verificar que alguém sofre ou está na iminência de sofrer coação ilegal em sua liberdade de locomoção.

Nos termos do artigo 656, do Código de Processo Penal, recebida a petição inicial de *habeas corpus*, o juiz, se julgar necessário, e estiver preso o paciente, mandará que este lhe seja imediatamente apresentado em dia e hora que designar. Em caso de desobediência, será expedido mandado de prisão contra o detentor, que será processado na forma da lei, e o juiz providenciará para que o paciente seja tirado da prisão e apresentado em juízo (artigo 656, parágrafo único, do Código de Processo Penal).

Interrogado o paciente preso, o juiz decidirá, fundamentadamente, em 24 (vinte e quatro) horas (artigo 660, *caput*, do Código de Processo Penal). Se a decisão for favorável ao paciente, será logo posto em liberdade, salvo se por outro motivo deva ser mantido na prisão (artigo 660, § 1º). Por outro lado, se os documentos que instruírem a petição evidenciarem a ilegalidade da coação, o juízo ou tribunal ordenará que cesse imediatamente o constrangimento (artigo 660, § 2º).

Júlio Fabbrini Mirabete[20] nos lembra que, na prática, o magistrado não costuma expedir ordem de apresentação do preso, nem interrogar o paciente. Por outro lado, a despeito de falta de previsão legal expressa (que só existe para os casos de impetração perante o tribunal), o juiz costuma requisitar informações da autoridade apontada como coatora, que serão prestadas no prazo fixado pelo magistrado, sob pena de multa.

---

20. *Código de processo penal anotado*. 11. ed. Atlas, 2003, p. 1765-1766.

Em *caso de habeas corpus impetrado perante juiz de primeiro grau, não haverá necessidade de intervenção do Ministério Público, como fiscal da ordem jurídica*. Somente se manifestará caso seja o impetrante ou a autoridade apontada como coatora, ou caso o juiz do feito considere importante ouvi-lo.

Da decisão que conceder ou negar a ordem de *habeas corpus* julgado perante o juiz de primeiro grau, caberá o recurso em sentido estrito, conforme determina o artigo 581, inciso X, do Código de Processo Penal. Ademais, mesmo que não haja recurso voluntário, deverá ser interposto recurso de ofício, pelo juiz, da sentença que conceder o *habeas corpus* (artigo 574, inciso I, do Código de Processo Penal).

Em se tratando de competência originária de tribunal de segundo grau (Tribunal de Justiça ou Tribunal Regional Federal), e caso a petição inicial contenha todos os requisitos exigidos pelo Código de Processo Penal, o relator requisitará, caso necessário, informações por escrito, da autoridade apontada como coatora. Caso falte algum daqueles requisitos, mandará preenchê-los, logo que for apresentada a petição (artigo 662).

As diligências mencionadas no parágrafo anterior não serão ordenadas, contudo, caso o desembargador relator entenda que o *habeas corpus* deva ser indeferido liminarmente. Nesse caso, levará a petição ao tribunal (câmara ou turma), para que delibere a respeito, tudo conforme determina o artigo 663, do Código de Processo Penal vigente.

Decorrido o prazo para que as informações sejam prestadas pela autoridade coatora (quer sejam prestadas ou não), salvo se o relator entender desnecessário solicitá-las, será concedida vista dos autos do processo de *habeas corpus* ao Ministério Público, pelo prazo de 2 (dois) dias. Isso é o que determina o Decreto-lei 552/1979, que dispõe sobre a concessão de vista ao órgão ministerial, nos processos de *habeas corpus*.

Em seguida, o *habeas corpus* será julgado na primeira sessão, podendo, entretanto, adiar-se o julgamento para a sessão seguinte (artigo 664, do Código de Processo Penal). A decisão, conforme determina o parágrafo único do mesmo artigo 664, será tomada por maioria de votos. *Havendo empate, se o presidente não tiver tomado parte na votação, proferirá voto de desempate; em caso contrário, prevalecerá a decisão mais favorável ao paciente.*

No tocante especificamente ao Superior Tribunal de Justiça (STJ), o artigo 41-A, parágrafo único, da Lei 8.038/1990, é expresso em determinar que, havendo empate em *habeas corpus* originário ou recursal, perante aquele tribunal, prevalecerá a decisão mais favorável ao paciente. Regra semelhante é encontrada no Regimento Interno do Supremo Tribunal Federal, em seu artigo 146, parágrafo único[21].

9.10 PRINCIPAIS SÚMULAS DO SUPREMO TRIBUNAL FEDERAL SOBRE O *HABEAS CORPUS*

695: "Não cabe *habeas corpus* quando já extinta a pena privativa de liberdade".

694: "Não cabe *habeas corpus* contra a imposição da pena de exclusão de militar ou de perda de patente ou de função pública".

---

21. Regimento Interno do Supremo Tribunal Federal, artigo 146, parágrafo único: "No julgamento de habeas corpus e de recursos de habeas corpus proclamar-se-á, na hipótese de empate, a decisão mais favorável ao paciente". (Redação dada pela Emenda Regimental 35, de 2 de dezembro de 2009).

> 693: "Não cabe *habeas corpus* contra decisão condenatória a pena de multa, ou relativo a processo em curso por infração penal a que a pena pecuniária seja a única cominada".
>
> 691: "Não compete ao Supremo Tribunal Federal conhecer de *habeas corpus* impetrado contra decisão do Relator que, em *habeas corpus* requerido a tribunal superior, indefere a liminar".
>
> 606: "Não cabe *habeas corpus* originário para o Tribunal Pleno de decisão de Turma, ou do Plenário, proferida em *habeas corpus* ou no respectivo recurso".
>
> 395: "Não se conhece do recurso de *habeas corpus* cujo objeto seja resolver sobre o ônus das custas, por não estar mais em causa a liberdade de locomoção".
>
> 344: "Sentença de primeira instância concessiva de *habeas corpus*, em caso de crime praticado em detrimento de bens, serviços ou interesses da União, está sujeita a recurso *ex officio*".

9.11 MANDADO DE SEGURANÇA INDIVIDUAL

O mandado de segurança, apontado por doutrinadores como uma criação brasileira, surgiu pela primeira vez na Constituição de 1934, em seu artigo 113. Conforme nos lembra Manoel Gonçalves Ferreira Filho,[22] entre suas fontes, podem ser citados os vários *writs* do direito anglo-americano, e o juízo de amparo mexicano, ressaltando, contudo, que a principal fonte de nosso mandado de segurança foi a doutrina brasileira do *habeas corpus*.

Com efeito, como vimos anteriormente, a doutrina brasileira do *habeas corpus*, surgida graças à redação do instituto na primeira Constituição republicana (1891), destinava-se à proteção não só do direito de locomoção, como também de quaisquer outros direitos e garantias fundamentais, desde que certos e incontestáveis, que tivessem por pressuposto o direito de locomoção.

Ademais, vimos que somente com a reforma constitucional de 1926 (Emenda Constitucional 1, de 3 de setembro de 1926), que trouxe nova redação ao artigo 72, § 22, da Constituição de 1891, é que o instituto do *habeas corpus* passou a tutelar apenas a liberdade de locomoção. Cessou, a partir de então, a chamada doutrina brasileira do *habeas corpus*, passando o instituto a ter as feições atuais.

A primeira constituição brasileira a tratar expressamente do mandado de segurança foi a de 1934, em seu artigo 113, alínea 33, nos seguintes termos: "Dar-se-á mandado de segurança para a defesa de direito, certo e incontestável, ameaçado ou violado por ato manifestamente inconstitucional ou ilegal de qualquer autoridade. O processo será o mesmo do *habeas corpus*, devendo ser sempre ouvida a pessoa de direito público interessada. O mandado não prejudica as ações petitórias competentes".

Suprimido na Constituição de 1937, o mandado de segurança foi albergado por todas as demais constituições brasileiras. Na Constituição de 1988, encontra-se expressamente fixado no artigo 5º, inciso LXIX, da Constituição Federal, com a seguinte redação: "conceder-se-á mandado de segurança para proteger direito líquido e certo, não amparado por *habeas corpus* ou *habeas data*, quando o responsável pela ilegalidade ou abuso de poder for autoridade pública ou agente de pessoa jurídica no exercício de atribuições do Poder Público".

A regulamentação do mandado de segurança individual, até pouco tempo atrás, era feita por diversas leis ordinárias, algumas delas muito anteriores à Carta Magna vigente, porém recepcionadas por esta. Destacavam-se, dentre aqueles diplomas infraconstitucio-

---

22. *Op. cit.*, p. 321.

nais, a Lei 1.533/1951 e a Lei 4.348/1964. Agora, contudo, referido remédio constitucional passou a ser disciplinado pela Lei 12.016, de 7 de agosto de 2009, que entrou em vigor na data de sua publicação.

Trata-se o mandado de segurança individual de uma ação constitucional de natureza civil,[23] com rito próprio e célere, estabelecido pela legislação de regência, destinado à proteção de direito líquido e certo do impetrante, sempre que houver lesão ou ameaça de lesão àquele direito, por parte de autoridade pública ou de pessoa jurídica de direito privado no exercício delegado de funções do Poder Público.

9.12 HIPÓTESES DE CABIMENTO DO MANDADO DE SEGURANÇA INDIVIDUAL

Da simples leitura do texto constitucional, percebe-se facilmente que o mandado de segurança é um remédio jurídico residual, uma vez que a parte somente poderá impetrá-lo quando não for cabível, no caso concreto, a utilização do *habeas corpus* ou do *habeas data*. Será cabível, portanto, para amparar qualquer direito líquido e certo que não trate do direito de locomoção (*habeas corpus*) e do direito ao acesso e/ou retificação de informações pessoais constantes de registros ou banco de dados governamentais ou de caráter público (*habeas data*).

Da mesma forma que se dá com o *habeas corpus*, a redação do dispositivo constitucional relativo ao mandado de segurança faz menção expressa à ilegalidade ou abuso de poder. Refere-se, portanto, à *ilegalidade em sentido amplo*, que abrange a ilegalidade propriamente dita, bem como os atos praticados com excesso de poder e também os praticados com desvio de finalidade.

Contudo, na lição de Michel Temer,[24] quando o dispositivo constitucional faz menção à ilegalidade, quer referir-se aos atos vinculados, ao passo que, ao fazer menção ao abuso de poder, diz respeito aos chamados atos discricionários. Eis as suas palavras sobre o tema:

> "O mandado de segurança é conferido aos indivíduos para que eles se defendam de atos ilegais ou praticados com abuso de poder. Portanto, tanto os atos vinculados quanto os atos discricionários são atacáveis por mandado de segurança, porque a Constituição Federal e a lei ordinária, ao aludirem a ilegalidade, estão se reportando ao ato vinculado, e ao se referirem a abuso de poder estão se reportando ao ato discricionário".

O artigo 1º da Lei 12.016/2009, por sua vez, prevê o cabimento de mandado de segurança individual no caso de violação de direito ou de *justo receio de sofrê-la*. Percebe-se, portanto, que referido dispositivo legal permite a utilização do mandado de segurança não só para reparar ato lesivo, como também para *evitar ameaça de lesão* a direito. Daí costumeiramente dizer-se que o mandado de segurança possui 2 (duas) espécies: mandado de segurança *repressivo*, quando o remédio constitucional for utilizado para se combater ato ou omissão ilegal ou abusiva já praticados; e mandado de segurança *preventivo*, quando, ao contrário, referida conduta ilegal ou abusiva ainda não houver se consumado.

Lesão ou ameaça a direito significa que o mandado de segurança só é admitido em situações em que existe *risco concreto de lesão a direito*. Esse é o motivo pelo qual não se admite mandado de segurança contra lei em tese, pela simples existência de norma que violaria direito. Será cabível o mandado de segurança, contudo, caso seja impetrado para combater *leis de*

---

23. Conforme ressalta a doutrina, a natureza civil deste remédio constitucional não é descaracterizada nem mesmo quando a impetração do *mandamus* se der para combater ato ilegal ou abusivo praticado por juiz criminal, no transcurso de ação penal, que não diga respeito especificamente à liberdade de locomoção.
24. *Elementos de direito constitucional*. 19. ed. Malheiros, 2004, p. 181.

efeitos concretos (ou seja, *leis em sentido formal*, mas *verdadeiros atos administrativos em sentido material*), uma vez que, neste caso, destinam-se a reger relações de pessoas determinadas.

Direito líquido e certo, é importante mencionarmos, é uma *expressão de natureza processual* (e não de direito material), que significa que a parte tem o ônus de demonstrar a existência do direito em que se funda sua pretensão já com os documentos que acompanham a petição inicial do mandado de segurança, não podendo valer-se de ulterior dilação probatória. Nesse sentido, por exemplo, é a lição de Luiz Alberto David Araujo e Vidal Serrano Nunes Júnior:[25]

> "Destarte, direito líquido e certo indica exclusivamente a necessidade de a ação estar amparada em provas documentais. Constatando-se a necessidade de produção probatória de natureza diversa, a ação torna-se inviável, devendo o julgador declarar seu autor carecedor da ação, por falta de interesse de agir, na modalidade inadequação da via processual".

Na mesma toada, Maria Sylvia Zanella Di Pietro[26] afirma que direito líquido e certo "é o **direito comprovado de plano**, ou seja, o direito comprovado juntamente com a petição inicial", esclarecendo, ainda, que, no mandado de segurança, "não existe a fase de instrução, de modo que, havendo dúvidas quanto às provas produzidas na inicial, o juiz extinguirá o processo sem julgamento do mérito, por falta de um pressuposto básico, ou seja, a certeza e liquidez do direito".

Portanto, insista-se, direito líquido e certo é uma expressão de direito processual, que diz respeito à prova, que deve ser apresentada já com a petição inicial do mandado de segurança. Não se refere à necessidade de que o direito seja induvidoso, de que a questão de direito, invocada como fundamento para acolhimento da pretensão do impetrante, não possa ser controvertida, como, aliás, ressalta a Súmula 625, do Supremo Tribunal Federal.[27]

No caso, contudo, de os documentos indispensáveis à comprovação dos fatos alegados na inicial do mandado de segurança estarem em repartição ou estabelecimento público, ou em poder de autoridade que se recuse a fornecê-los por certidão, ou, ainda, de terceiro, o juiz determinará, preliminarmente, por ofício, a exibição do documento, em original ou por cópia, no prazo de 10 (dez) dias.

Se a autoridade que se recusar a fornecer os documentos necessários à prova do alegado no mandado de segurança for a própria autoridade apontada como coatora, a ordem judicial para exibição dos documentos constará do próprio instrumento de notificação (artigo 6º, § 2º, da Lei 12.016/2009).

HIPÓTESES DE CABIMENTO DO MANDADO DE SEGURANÇA INDIVIDUAL

– O mandado de segurança é um remédio jurídico residual, uma vez que a parte somente poderá impetrá-lo quando não for cabível, no caso concreto, a utilização do *habeas corpus* ou do *habeas data*.
– A ilegalidade deverá ser compreendida em sentido amplo, abrangendo a ilegalidade propriamente dita, bem como os atos praticados com excesso de poder e também os praticados com desvio de finalidade.
– Direito líquido e certo é uma *expressão de natureza processual* que significa que a parte tem o ônus de demonstrar a existência do direito em que se funda sua pretensão já com os documentos que acompanham a petição inicial do mandado de segurança, não podendo valer-se de ulterior dilação probatória.

---

25. *Op. cit.*, p. 214-215.
26. *Direito administrativo*. 23. ed. Atlas, 2010, p. 781.
27. Súmula 625, do Supremo Tribunal Federal: "Controvérsia sobre matéria de direito não impede concessão de mandado de segurança".

9.13 HIPÓTESES EM QUE NÃO CABE O MANDADO DE SEGURANÇA INDIVIDUAL

Como vimos supra, por expressa determinação da Constituição de 1988, o mandado de segurança é um remédio residual, não sendo cabível quando for o caso de impetração de *habeas corpus* ou de *habeas data*. Dessa forma, o *mandamus* não deverá ser utilizado para assegurar a liberdade de locomoção e também o direito ao acesso e/ou retificação de informações pessoais, constantes de registros ou bancos de dados governamentais ou de caráter público, hipóteses em que se devem utilizar, respectivamente, o *habeas corpus* e o *habeas data*.

Ademais, nos termos da Súmula 266, do Supremo Tribunal Federal, "não cabe mandado de segurança contra lei em tese". O enunciado dessa Súmula justifica-se perfeitamente, uma vez que *o mandado de segurança não é o meio idôneo para impugnar lei abstrata e genérica*, mas apenas atos da Administração Pública (ou de quem lhe faça as vezes) que causem lesão ou ameaça de lesão a direito de um ou mais administrados em particular.

Como já mencionamos na seção anterior, a jurisprudência tem permitido, todavia, o cabimento de mandado de segurança para combater *leis de efeitos concretos*, ou seja, *leis em sentido formal*, já que editadas pelo Poder Legislativo, mas *verdadeiros atos administrativos em sentido material* (no tocante ao conteúdo), sem o caráter de abstração e generalidade, uma vez que destinadas a reger relações de pessoas determinadas.

Conforme jurisprudência do Supremo Tribunal Federal, também não cabe mandado de segurança contra atos *interna corporis* do Congresso Nacional. Com efeito, segundo entendimento daquela Corte, a interpretação e aplicação de normas regimentais de ambas as Casas do Parlamento Federal é matéria que não pode ser apreciada pelo Poder Judiciário, devendo ficar circunscrita à seara parlamentar.

Esse mesmo entendimento, aliás, é adotado pelo Pretório Excelso no tocante ao processo e julgamento de mandados de segurança impetrados por parlamentares, para garantia do devido processo legislativo. De fato, como vimos ao estudar as noções gerais do controle de constitucionalidade (Capítulo 5), o controle do tipo jurisdicional preventivo somente poderá ter por objeto a infração às *normas constitucionais* do processo legislativo, não podendo ser objeto desta modalidade de controle as normas regimentais, por tratarem de assuntos internos das Casas Legislativas.

Por sua vez, a atual lei que disciplina o mandado de segurança (Lei 12.016, de 07 de agosto de 2009), de maneira semelhante (porém não idêntica) ao que previa a legislação infraconstitucional revogada sobre a matéria, também fixou 3 (três) outras hipóteses em que não cabe mandado de segurança.

Na primeira delas, prevista no artigo 5º, inciso I, está disposto que o mandado de segurança não é cabível para combater ato administrativo sujeito a recurso *com efeito suspensivo*, independentemente de caução. Faz-se mister esclarecer, contudo, que a parte não é obrigada a interpor o recurso administrativo, podendo deixar esgotar-se o prazo recursal, para então impetrar, diretamente, o mandado de segurança. Da mesma forma, poderá impetrá-lo caso o recurso administrativo seja recebido apenas em seu efeito devolutivo.

Ressalte-se, entretanto, que a existência de recurso administrativo com efeito suspensivo não impede o uso do mandado de segurança, caso seja hipótese de *omissão da autoridade coatora* (Súmula 429, do Supremo Tribunal Federal). Ressalte-se, ademais, que mero pedido de reconsideração na via administrativa não interrompe o prazo para o mandado de segurança (Súmula 430, do Pretório Excelso).

O supramencionado artigo 5°, da Lei 12.016/2009, em seu inciso II, por sua vez, impede a impetração de mandado de segurança para impugnar *decisão judicial da qual caiba recurso com efeito suspensivo*. Referida regra, também explicitada na Súmula 267, do Supremo Tribunal Federal, tem por escopo evitar que o mandado de segurança seja utilizado como um mero substitutivo de recursos judiciais.

Com efeito, caso exista um recurso judicial que possa efetivamente evitar o dano ou risco de dano ao direito da parte, não poderá esta última valer-se do mandado de segurança. Da mesma forma, se a parte deixar de utilizar o recurso judicial cabível, operar-se-á a preclusão, não podendo depois impetrar mandado de segurança.

A última hipótese, prevista no inciso III daquele artigo, e que não constava da revogada Lei 1.533/1951, dispõe que também não será concedido mandado de segurança quando se tratar de *decisão judicial transitada em julgado*.[28] A nova lei cuidou de tornar norma expressa entendimento jurisprudencial já pacificado, e inclusive explicitado pela Súmula 268, do Supremo Tribunal Federal.

Como se sabe, a decisão judicial transitada em julgado produz a denominada coisa julgada, não podendo ser modificada por qualquer recurso ordinário ou extraordinário. A única forma de se tentar afastar a coisa julgada, esta última uma garantia expressamente albergada pela Carta Magna (artigo 5°, inciso XXXVI), é através da propositura da chamada ação rescisória, caso presentes os requisitos legais.

HIPÓTESES EM QUE NÃO CABE O MANDADO DE SEGURANÇA INDIVIDUAL

– Quando for o caso de impetração de *habeas corpus* ou *habeas data*.

– Contra lei em tese (Súmula 266 do STF), salvo em se tratando de lei de efeitos concretos.

– Contra atos *interna corporis* do Congresso Nacional.

– Para combater ato do qual caiba recurso administrativo com efeito suspensivo.

– Para impugnar decisão judicial da qual caiba recurso com efeito suspensivo.

– Para impugnar decisão judicial transitada em julgado.

9.14 LEGITIMAÇÃO ATIVA E PASSIVA DO MANDADO DE SEGURANÇA INDIVIDUAL

Será legitimado ativo do mandado de segurança o detentor do direito líquido e certo, não amparado por *habeas corpus* ou por *habeas data*, podendo ser qualquer pessoa natural (brasileiros ou estrangeiros, residentes ou não no País) ou pessoa jurídica (nacional ou estrangeira), alguns órgãos públicos com capacidade processual, agentes políticos, além de outros entes despersonalizados com capacidade processual (caso do espólio e da massa falida).

Particularmente no que toca aos órgãos públicos, como se sabe, estes não têm personalidade jurídica. Quem a possui é a pessoa jurídica de direito público a que estão vinculados. Contudo, é importante ressaltar que a doutrina e a jurisprudência pátria já se encontram pacificadas no sentido de que referidos órgãos públicos, quando dotados de capacidade

---

28. O artigo 5°, da revogada Lei 1.533/1951, também impedia expressamente a impetração de mandado de segurança para impugnar *ato disciplinar*, salvo se este fosse praticado por autoridade incompetente, ou se houvesse vício de forma.

processual, poderão impetrar o mandado de segurança. É o caso, por exemplo, das Mesas das Casas Legislativas.

No que se refere à legitimidade ativa para impetração do mandado de segurança individual (legitimidade ativa *ad causam*), a regra geral é a da *legitimação ordinária*, o que significa dizer que somente o titular do direito lesionado ou ameaçado de lesão é que pode impetrar referido remédio constitucional (age em nome próprio, na defesa de interesse dele mesmo).

Ademais, conforme agora prevê expressamente o artigo 1º, § 3º, da Lei 12.016/2009, quando o direito ameaçado ou violado couber a várias pessoas, qualquer delas poderá requerer o mandado de segurança individual. Aqui, a toda evidência, também se trata de hipótese de legitimação ordinária, já que a pessoa atuará em nome próprio, na defesa de seu próprio interesse.

Há, contudo, uma exceção àquela regra da legitimação ordinária, na qual a legislação de regência do mandado de segurança individual permite a denominada substituição processual (legitimação extraordinária), ou seja, que o impetrante atue, em nome próprio, na defesa de interesse que é originalmente de terceiro[29]. Trata-se, em síntese, de hipótese em que a pessoa sofre uma lesão, por via reflexa, em razão da violação a direito de outrem.

É o caso do locatário, que poderá impetrar mandado de segurança, por exemplo, contra ato da municipalidade que cobra um imposto inconstitucional do proprietário do imóvel, mas que tem de ser pago por aquele, por força do que restou pactuado no contrato de locação. Nesse caso, contudo, é indispensável ao locatário, antes de utilizar o mandado de segurança para evitar o dano reflexo, notificar previamente o locador, efetivo titular do direito lesado, para que este use o remédio constitucional.

Portanto, insista-se, tendo em vista que, em sede de mandado de segurança individual, a regra é a da legitimação ordinária, apenas na hipótese de inércia do efetivo titular do direito lesionado ou ameaçado de lesão em impetrar o mandado de segurança é o que terceiro interessado poderá valer-se de referido remédio constitucional.

No caso específico de impetração de mandado de segurança contra decisão judicial, entendemos que o terceiro interessado só poderá impetrar o *mandamus* caso não tenha tomado ciência da decisão que o prejudicou, ficando, assim, impossibilitado de interpor o recurso cabível. Trata-se de uma decorrência lógica da já estudada norma do artigo 5º, inciso II, da Lei 12.016/2009, que veda a concessão de mandado de segurança contra decisão judicial da qual caiba recurso com efeito suspensivo.

Por outro lado, a formação de litisconsórcio ativo em mandado de segurança individual é perfeitamente possível. A nova Lei do Mandado de Segurança, contudo, dispõe expressamente que o ingresso do litisconsorte ativo não será admitido após o despacho da petição inicial (artigo 10, § 2º, da Lei 12.016/2009). Antes da lei, era comum a doutrina e a jurisprudência permitirem pedido de formação de litisconsórcio ativo mesmo após o despacho da petição inicial, desde que antes de prestadas as informações pela autoridade, bem como a formação de litisconsórcio ativo ulterior, desde que antes da concessão de liminar.

Quanto à legitimidade passiva no mandado de segurança, conforme expresso no texto constitucional (artigo 5º, LXIX), referida ação constitucional deverá ser proposta em face da

---

29. Com efeito, nos termos do artigo 3º, da Lei 12.016/2009, "o titular do direito líquido e certo decorrente de direito, em condições idênticas de terceiro, poderá impetrar mandado de segurança a favor do direito originário, se o seu titular não o fizer, no prazo de 30 (trinta) dias, quando notificado judicialmente".

autoridade apontada como coatora, e não contra a pessoa jurídica de direito público (ou de direito privado que exerça atribuições do Poder Público) em que aquela atua.

A autoridade coatora, nos expressos termos do artigo 6º, § 3º, da lei que atualmente disciplina o mandado de segurança (Lei 12.016/2009), é aquela que "tenha praticado o ato impugnado ou da qual emane a ordem para sua prática". Refere-se, em outras palavras, à pessoa que tem o poder de rever o ato impugnado, ou, no caso de omissão, de realizar o ato necessário.

Portanto, se o agente não tiver competência para rever o ato apontado como ilegal ou praticado como abuso de poder, ou para realizar o ato omisso, não poderá ser apontado como a autoridade coatora. *Não poderá figurar como impetrado, portanto, o mero executor do ato, que age em nome e por conta da autoridade competente*. Nesse sentido, por exemplo, é a lição de Hely Lopes Meirelles:[30]

> *"Ato de autoridade é toda manifestação ou omissão do Poder Público ou de seus delegados, no desempenho de suas funções ou a pretexto de exercê-las. Por autoridade entende-se a pessoa física investida no poder de decisão dentro da esfera de competência que lhe é atribuída pela norma legal".*

Por *autoridade pública*, em conclusão, devemos entender todas as pessoas naturais (físicas) que exerçam alguma atividade estatal, investidas de poder decisório, necessário para poder rever o ato tido por ilegal ou abusivo. Estão incluídos nessa definição, por exemplo, os agentes políticos, como os Chefes dos Poderes Executivos da União, dos Estados, do Distrito Federal e dos Municípios, e os servidores públicos em sentido estrito.

Como nos lembram Ricardo Cunha Chimenti, Fernando Capez, Márcio F. Elias Rosa e Marisa F. Santos,[31] no caso de ato praticado por órgão colegiado, ou seja, aquele formado por várias vontades individuais que se integram, o mandado de segurança deverá ser impetrado contra o órgão colegiado, na pessoa de seu presidente.

Também nos termos da atual lei de regência (artigo 1º, § 1º, da Lei 12.016/2009), são equiparados às autoridades, para fins de impetração do mandado de segurança, os representantes de partidos políticos e os administradores de entidades autárquicas, bem como os dirigentes de pessoas jurídicas ou as pessoas naturais no exercício de atribuições do poder público, somente no que disser respeito a essas atribuições.

Aquele dispositivo legal, a toda evidência, está em perfeita consonância com os termos da própria Carta Magna vigente, que determina expressamente, na parte final do artigo 5º, inciso LXIX, que também podem ser sujeitos passivos do mandado de segurança os agentes de pessoas jurídicas de direito privado que exerçam atribuições do Poder Público.

Conforme lição de Luiz Alberto David Araujo e Vidal Serrano Nunes Júnior,[32] são necessários dois requisitos para que um particular esteja no polo passivo de um mandado de segurança. Nas palavras dos autores: "Em primeiro lugar, deve existir uma transferência de atribuições do Poder Público para o particular, por meio de concessão, permissão etc. Em segundo lugar, o ato arrostado deve ter sido praticado no efetivo exercício dessas funções públicas".

Portanto, em síntese conclusiva, são *equiparados* a autoridades (expressão utilizada pela Lei 12.016/2009), para fins de impetração do *mandamus*, os particulares, quando se

---

30. *Mandado de segurança*. 17. ed. Malheiros, p. 25.
31. *Op. cit.*, p. 138.
32. *Op. cit.*, p. 218.

tratar de delegatários do Poder Público, no exercício da função delegada.[33] Caso típico é o do diretor de instituição de ensino particular, quando este cometa alguma ilegalidade ou abuso de poder.

Por outro lado, não podem ser consideradas autoridades, para os fins da Lei 12.016/2009 (artigo 1º, § 2º), os administradores de empresas públicas, de sociedade de economia mista e de concessionárias de serviços públicos, no tocante aos denominados atos de gestão (ou seja, de natureza empresarial, em que não há a supremacia do interesse público sobre o privado).

É importante ressaltar, contudo, que nem sempre se mostra possível, já no momento da impetração do mandado de segurança, saber com precisão quem é a verdadeira autoridade coatora, ou seja, quem tem efetivamente o poder de rever o ato impugnado, ou de praticar o ato omisso, o que somente é resolvido, muitas vezes, após as informações fornecidas pelo impetrado.

A jurisprudência que tem prevalecido, perante os Tribunais Superiores e também no Pretório Excelso,[34] é de que o Poder Judiciário não poderá retificar, de ofício, a indicação errônea da autoridade apontada como coatora, devendo, por consequência, extinguir o feito, sem resolução de mérito, nos termos do artigo 485, inciso VI, do Código de Processo Civil[35]. Não deverá o órgão jurisdicional, portanto, retificar aquela indicação errônea.

LEGITIMAÇÃO ATIVA E PASSIVA DO MANDADO DE SEGURANÇA INDIVIDUAL

– Será o legitimado ativo do mandado de segurança o detentor do direito líquido e certo, não amparado por *habeas corpus* ou por *habeas data*, podendo ser qualquer pessoa natural ou jurídica, alguns órgãos públicos com capacidade processual, agentes políticos, além de outros entes despersonalizados com capacidade processual.

– O legitimado passivo é a autoridade apontada como coatora, ou seja, aquela que tem o poder de decisão, de rever o ato impugnado, ou, no caso de omissão, de realizar o ato necessário. Não poderá figurar como impetrado, portanto, o mero executor do ato.

9.15 COMPETÊNCIA EM SEDE DE MANDADO DE SEGURANÇA INDIVIDUAL

Analisadas as hipóteses de cabimento, como também a legitimação ativa e passiva do mandado de segurança individual, toca-nos enumerar, nesta seção, algumas importantes informações sobre as diversas competências jurisdicionais para o julgamento desse remédio constitucional, com ênfase naquelas explicitadas na Constituição de 1988. Referidas competências são fixadas, já podemos adiantar, em conformidade com a autoridade impetrada.

No caso de a autoridade apontada como coatora ser o presidente da República, as Mesas da Câmara dos Deputados e do Senado Federal, o Tribunal de Contas da União, o procurador-geral da República e o próprio Pretório Excelso, a competência originária para

---

33. Nestes termos, aliás, é a Súmula 510, do Pretório Excelso, nos seguintes termos: "Praticado ato por autoridade, no exercício de competência delegada, contra ela cabe o mandado de segurança ou medida judicial".
34. É o que se pode verificar, por exemplo, da leitura deste acórdão: "1. É firme a jurisprudência do Supremo Tribunal Federal, no sentido de não admitir que o juiz, ou tribunal, entendendo incorreta a indicação da autoridade coatora, pelo impetrante, corrija o equívoco deste, *ex officio*, indicando, ele próprio, a autoridade apontável como coatora. Menos ainda quando o impetrante insiste na legitimidade da autoridade que indicou, como ocorre na hipótese, inclusive, agora, mediante este Recurso. 2. O que há de fazer, nesse caso, o juiz ou tribunal, segundo o entendimento do STF, é extinguir o processo, sem exame do mérito, por falta de uma das condições da ação, exatamente a legitimidade ad causam" (Supremo Tribunal Federal, RMS 22.496/DF, 1ª Turma – relator ministro Sydney Sanches – *DJU* 25.04.1997).
35. Código de Processo Civil, artigo 485, inciso VI: "O juiz não resolverá o mérito quando verificar ausência de legitimidade ou de interesse processual".

julgamento será do Supremo Tribunal Federal (artigo 102, inciso I, alínea *d*, da Constituição Federal). A Corte Suprema também será competente para julgar mandados de segurança contra atos ou omissões de Comissões Parlamentares de Inquérito (sobre o tema, vide Supremo Tribunal Federal, Mandado de Segurança 23.452/RJ, Relator Ministro Celso de Mello, v.u., *DJU* 12.5.2000, p. 20).

A competência será do Supremo Tribunal Federal, ainda, para julgar, em recurso ordinário, o mandado de segurança decidido em única instância pelos Tribunais Superiores (Superior Tribunal de Justiça, Tribunal Superior do Trabalho, Tribunal Superior Eleitoral e Superior Tribunal Militar), se *denegatória* a decisão (artigo 102, inciso II, alínea *a*, da Carta Magna).

Será caso de competência originária do Superior Tribunal de Justiça (STJ) na hipótese de ato de Ministro de Estado, dos Comandantes da Marinha, do Exército e da Aeronáutica, ou do próprio Tribunal (artigo 105, inciso I, alínea *b*, da Constituição). Em recurso ordinário, o mesmo Superior Tribunal de Justiça julgará os mandados de segurança decididos em única instância pelos Tribunais Regionais Federais ou pelos Tribunais dos Estados, do Distrito Federal e Territórios, quando denegatória a decisão (artigo 105, inciso II, alínea *b*, da Carta de 1988).

Aos Tribunais Regionais Federais cabe julgar, originariamente, os mandados de segurança contra ato de juiz federal ou do próprio Tribunal (artigo 108, inciso I, alínea *c*, da Carta Magna). Aos juízes federais, por sua vez, cabe processar e julgar os mandados de segurança contra ato de autoridade federal, exceutuados os casos de competência dos Tribunais Regionais Federais (artigo 109, inciso VIII, da Constituição Federal).

A última competência explicitada pela Constituição Federal está prevista no artigo 114, inciso IV, introduzido pela Emenda Constitucional 45/2004, que confere à Justiça do Trabalho a competência para o processo e o julgamento de mandado de segurança quando o ato questionado envolver matéria sujeita à sua competência.

Vale mencionar, por outro lado, que a jurisprudência do Supremo Tribunal Federal já se pacificou no sentido de que os próprios tribunais (todos eles) é que são competentes para processar e julgar os mandados de segurança impetrados contra seus próprios atos e omissões. Essa jurisprudência, aliás, está em consonância com o artigo 21, inciso VI, da Lei Complementar 35, de 14 de março de 1979 (a denominada Lei Orgânica da Magistratura Nacional),[36] recepcionada pela Constituição de 1988.

Justamente em consonância com aquele entendimento, o Pretório Excelso produziu a Súmula 624, com a seguinte redação: "não compete ao STF conhecer originariamente de mandado de segurança contra atos de outros tribunais". Na mesma toada, editou a Súmula 330, que determina expressamente que "o Supremo Tribunal Federal não é competente para conhecer de mandado de segurança contra atos dos Tribunais de Justiça dos Estados".

Saliente-se, ademais, que a Corte Suprema não é competente, conforme já pacificado por sua jurisprudência, para apreciar mandado de segurança impetrado em face de deliberações advindas dos Tribunais Superiores. Segundo a Carta Magna vigente, como vimos supra, o Pretório Excelso só será competente para julgar, em sede de *recurso ordinário*, decisões julgadas em única instância por aqueles Tribunais Superiores, e *quando denegatória a decisão*.

---

36. Lei Complementar 35/1979, artigo 21: "Compete aos Tribunais, privativamente: VI – julgar, originariamente, os mandados de segurança contra seus atos, os dos respectivos Presidentes e os de suas Câmaras, Turmas ou Seções".

É imperioso ressaltar, ainda, que o Supremo Tribunal Federal considera não ser cabível a impetração de mandado de segurança contra decisões proferidas por quaisquer de suas Turmas, por entender, de maneira semelhante ao que vimos, quando estudamos o *habeas corpus*, que referidos órgãos fracionários (suas Turmas) representam o próprio Pretório Excelso. Não será possível, ademais, a impetração de mandado de segurança contra decisões do Plenário desta Corte, as quais somente permitem a utilização de eventual ação rescisória.

Quando a autoridade apontada como coatora for membro do Ministério Público (da União ou dos Estados), a competência para análise e julgamento do mandado de segurança, de maneira diferente do que se dá em relação ao *habeas corpus*, será do juiz de primeiro grau. No caso do *writ*, como vimos naquela oportunidade, tal competência será do respectivo Tribunal Regional Federal ou Tribunal de Justiça do Estado a que estiver vinculado o membro do Ministério Público.

9.16 DA POSSIBILIDADE DE LIMINAR EM MANDADO DE SEGURANÇA INDIVIDUAL

O artigo 5º, inciso LXIX, da Constituição Federal, não faz menção expressa à possibilidade de concessão de liminar em mandado de segurança. Quem o faz, e de maneira semelhante ao que fazia a legislação revogada sobre o assunto, é o artigo 7º, inciso III, da Lei 12.016/2009. Da leitura deste dispositivo infraconstitucional, verifica-se que é conferida ao magistrado a possibilidade de ordenar, ao despachar a inicial, a suspensão do ato que deu motivo ao pedido, quando houver *fundamento relevante* e do ato *puder resultar a ineficácia da medida, caso seja finalmente deferida*.

A norma em comento (artigo 7º, inciso III, da Lei 12.016/2009, em sua parte final), inovando sobre o tema, agora prevê expressamente a possibilidade de o magistrado exigir caução, fiança ou depósito do impetrante do mandado de segurança, para suspender o ato que deu motivo ao pedido, "com o objetivo de assegurar o ressarcimento à pessoa jurídica". Muitos são os que se insurgem contra essa norma da nova lei.

Com efeito, asseveram que referido dispositivo da lei seria inconstitucional, por trazer uma restrição ao uso do mandado de segurança que não tem previsão no dispositivo constitucional que instituiu referido remédio constitucional. Ponderam que a possibilidade de o juiz exigir caução, fiança ou depósito poderia mesmo inviabilizar o acesso ao Poder Judiciário, ferindo o já estudado princípio da inafastabilidade da tutela jurisdicional, prevista no artigo 5º, inciso XXXV, da Carta Magna.

Outros, contudo, salientam que o artigo 7º, inciso III, da nova lei do mandado de segurança, insere-se no poder geral de cautela conferido aos magistrados. Asseveram, em síntese, que referido dispositivo não inviabiliza a tutela jurisdicional, e que tem por legítimo escopo combater o uso abusivo do mandado de segurança, notadamente em matérias que podem causar prejuízos ao Erário, como, por exemplo, as de natureza tributária. Ademais, não podemos olvidar que ele está em perfeita consonância com a norma prevista no artigo 300, § 1º, do Código de Processo Civil.[37]

---

37. Código de Processo Civil, artigo 300, § 1º: "Para a concessão da tutela de urgência, o juiz pode, conforme o caso, exigir caução real ou fidejussória idônea para ressarcir os danos que a outra parte possa vir a sofrer, podendo a caução ser dispensada se a parte economicamente hipossuficiente não puder oferecê-la".

Esse último, muito provavelmente, deve ser o entendimento que prevalecerá. Com efeito, tendo em vista que os direitos e garantias fundamentais não são absolutos (e o mandado de segurança, como vimos, é uma garantia instrumental inserida naquele rol), é perfeitamente possível a restrição de sua aplicabilidade, por norma infraconstitucional, mesmo sem cláusula constitucional expressa de redutibilidade.

Aliás, outras hipóteses de restrição ao uso do mandado de segurança por norma infraconstitucional, já previstas na legislação revogada e repetidas na atual (caso, por exemplo, da fixação de prazo para sua impetração e também da impossibilidade de impetração do remédio quando já houver trânsito em julgado da decisão judicial), já foram anteriormente julgadas constitucionais pelo Pretório Excelso, justamente com fundamento no princípio da razoabilidade/proporcionalidade.

Ademais, não podemos deixar de lembrar também que, por força do *princípio da presunção de constitucionalidade das leis e atos do Poder Público*, as normas editadas pelo Poder Público devem ser consideradas constitucionais, e devidamente cumpridas, até que sobrevenha decisão judicial declarando sua inconstitucionalidade.

Assim, a não ser que o Supremo Tribunal Federal decida pela inconstitucionalidade daquele dispositivo legal (por exemplo, através de julgamento de ação direta de inconstitucionalidade proposta por algum dos seus legitimados), referida norma infraconstitucional poderá ser perfeitamente aplicada pelos juízes, para assegurar o ressarcimento à pessoa jurídica prejudicada com a concessão de liminar em mandado de segurança.

Conforme § 1º, do mesmo artigo 7º, da Lei 12.016/2009, caberá o recurso de agravo de instrumento, nos termos fixados pelo Código de Processo Civil, contra decisão do juiz de primeiro grau que conceder ou denegar liminar, em mandados de segurança. Supera-se, portanto, antiga divergência sobre a possibilidade de aplicação do agravo, previsto no Código de Processo Civil, ao processo do mandado de segurança.

O § 3º, do artigo 7º, da Lei do Mandado de Segurança, por sua vez, dispõe que os efeitos da medida liminar, salvo se revogada ou cassada, persistirão até a prolação da sentença. A lei explicita, portanto, o que já vinha sendo adotado pela jurisprudência, em oposição ao que dispunha o artigo 1º, alínea "b", da revogada Lei 4.348/1964.[38] O § 4º do mesmo artigo, por sua vez, dispõe que, deferida a liminar, o processo terá prioridade para julgamento.

O artigo 8º da nova lei determina a decretação da perempção ou caducidade da medida liminar, de ofício pelo juiz, ou a requerimento do Ministério Público, quando, concedida a liminar, o impetrante criar obstáculo ao normal andamento do processo ou deixar de promover, por mais de 3 (três) dias, os atos e as diligências que lhe cumprirem.

Segundo lição de Alexandre de Moraes,[39] a concessão de liminar em mandado de segurança encontraria amparo no próprio texto da Constituição Federal. Segundo entendimento daquele ilustre doutrinador, qualquer norma infraconstitucional que proíba tal concessão estaria eivada de inconstitucionalidade. Ocorre, contudo, que a doutrina e a jurisprudência pátrias ainda não chegaram a uma conclusão definitiva acerca do tema, sendo certo que existem opiniões e julgados que consideram que as liminares em mandado

---

38. Lei 4.348/1964, artigo 1º: "Nos processos de mandado de segurança serão observadas as seguintes normas: [...] b) a medida liminar somente terá eficácia pelo prazo de 90 (noventa) dias a contar da data da concessão, prorrogável por 30 (trinta) dias quando provadamente o acúmulo de processos pendentes de julgamento justificar a prorrogação".
39. *Op. cit.*, p. 163.

de segurança encontram fundamento na própria Constituição Federal, e outros apenas em normas processuais.

O próprio Supremo Tribunal Federal, em oportunidades diferentes, decidiu diversamente a respeito desse tema. Com efeito, no julgamento da Ação Direta de Inconstitucionalidade 223-6/DF, que combatia a Medida Provisória 173, a qual proibia a concessão de liminares em ações contra o Plano Collor I, aquela Corte Excelsa reconheceu a constitucionalidade de referida norma.

Assim decidiu, no caso, por considerar que as medidas de natureza cautelar têm por escopo garantir a eficácia e utilidade do processo, e não propriamente o direito da parte. Dessa forma, segundo o entendimento àquela oportunidade externado, a concessão de liminares não seria um direito de natureza constitucional, e a restrição a tal concessão não acarretaria, automaticamente, lesão ao direito do indivíduo.

Contudo, é importante mencionarmos que o Supremo Tribunal Federal, naquela decisão, autorizou expressamente que os juízes, em casos a eles submetidos, concedessem ou não a liminar, independentemente da vedação contida naquela Medida Provisória, valendo-se, para tanto, do poder geral de cautela, conferido aos magistrados, no exame do caso concreto.

Já no julgamento da Ação Direta de Inconstitucionalidade 9753, que tinha por objeto a Medida Provisória 375, o mesmo Pretório Excelso concedeu liminar em face de diversos dispositivos daquele diploma normativo, por considerar que a vedação à concessão de liminares atentava contra a separação de Poderes, por limitar a atuação do Poder Judiciário em razão de norma editada pelo Poder Executivo.

Entretanto, a verdade é que existem diversos dispositivos legais (normas infraconstitucionais, portanto), dotados de plena eficácia, que restringem a concessão de liminares, em litígios contra o Poder Público. É o caso, por exemplo, da própria lei que atualmente disciplina os mandados de segurança individual e coletivo.

Com efeito, em seu artigo 7º, § 2º, referido diploma legal veda, expressamente, a concessão de medida liminar que tenha por objeto a compensação de créditos tributários, a entrega de mercadorias e bens provenientes do exterior, a reclassificação ou equiparação de servidores públicos e a concessão de aumento ou extensão de vantagens ou pagamento de qualquer natureza.[40]

Ademais, como nos esclarece o artigo 7º, § 5º, da Lei do Mandado de Segurança, as vedações relacionadas à concessão de liminares, previstas naquele artigo 7º da Lei 12.016/2009, dizem respeito não só às tutelas de natureza cautelar, como também às de natureza antecipatória, conforme previam os artigos 273 e 461, do revogado Código de Processo Civil de 1973, e que, no atual, estão previstas nos artigos 300[41], 497[42] e 498[43].

---

40. Em termos semelhantes, a revogada Lei 4.348/64, que estabelecia normas processuais relativas aos mandados de segurança, proibia expressamente, em seu artigo 5º, a concessão de liminares em mandado de segurança, quando este tivesse por objeto a reclassificação ou equiparação de servidores públicos, ou a concessão de aumento ou extensão de vantagens. Na mesma toada, o artigo 1º, § 4º, da Lei 5.021/1966, vedava a concessão de liminar para efeito de pagamento de vencimentos e vantagens pecuniárias dos servidores públicos, sendo certo, inclusive, que referidos valores somente podiam ser exigidos relativamente às prestações vencidas a partir do ajuizamento da ação.
41. Código de Processo Civil, artigo 300: "A tutela de urgência será concedida quando houver elementos que evidenciem a probabilidade do direito e o perigo de dano ou o risco ao resultado útil do processo".
42. Código de Processo Civil, artigo 497: "Na ação que tenha por objeto a prestação de fazer ou de não fazer, o juiz, se procedente o pedido, concederá a tutela específica ou determinará providências que assegurem a obtenção de tutela pelo resultado prático equivalente".
43. Código de Processo Civil, artigo 498: "Na ação que tenha por objeto a entrega de coisa, o juiz, ao conceder a tutela específica, fixará o prazo para o cumprimento da obrigação".

É o caso, igualmente, do artigo 1º, *caput*, da Lei 8.437, de 30 de junho de 1992, que afasta o cabimento de tutela de natureza cautelar contra atos do Poder Público, toda vez que providência semelhante não puder ser concedida em ações de mandado de segurança, em virtude de vedação legal. Já o § 3º daquele mesmo artigo 1º, da Lei 8.437, de 30 de junho de 1992, é expresso em vedar a concessão de liminar, quando esta esgotar, no todo ou em parte, o objeto da ação.

Mencione-se também que o artigo 2º, daquela mesma Lei 8.437/1992, muito embora não destinado propriamente ao mandado de segurança individual, mas sim à ação civil pública,[44] também restringe a possibilidade, por meio de norma infraconstitucional, de concessão de liminar contra o Poder Público. Segundo o dispositivo legal em comento, "no mandado de segurança coletivo e na ação civil pública, a liminar será concedida, quando cabível, após a audiência do representante judicial da pessoa jurídica de direito público, que deverá se pronunciar no prazo de setenta e duas horas".

Em suma, por força do que determina o artigo 7º da Lei 12.016/2009, será cabível a concessão de liminar sempre que se verifique a relevância do fundamento do pedido e que o ato impugnado possa gerar danos não suscetíveis de reparação pela decisão final. Não o será, por outro lado, nas hipóteses em que houver norma que a proíba, e caso o juiz não julgue necessário valer-se do poder geral de cautela, para evitar o perecimento de direito.

9.17 DA SUSPENSÃO DA LIMINAR E DA SUSPENSÃO DA SEGURANÇA

As pessoas jurídicas de direito público (União, Estados, Distrito Federal, Municípios, suas respectivas autarquias e fundações públicas), bem como o Ministério Público (tanto da União como dos Estados e do Distrito Federal) podem valer-se de um instrumento processual para combater uma decisão que concedeu a liminar, ou mesmo que concedeu a própria segurança, por meio de sentença, *e que os particulares não possuem*. Com efeito, referidas entidades e órgãos públicos podem requerer, ao presidente do tribunal competente para apreciar o recurso, as amplamente conhecidas *suspensão de liminar e suspensão de segurança*. O tema é tratado no artigo 15, da Lei 12.016/2009, *in verbis*:

"*Art. 15. Quando, a requerimento de pessoa jurídica de direito público interessada ou do Ministério Público e para evitar grave lesão à ordem, à saúde, à segurança e à economia públicas, o presidente do tribunal ao qual couber o conhecimento do respectivo recurso suspender, em decisão fundamentada, a execução da liminar e da sentença, dessa decisão caberá agravo, sem efeito suspensivo, no prazo de 5 (cinco) dias, que será levado a julgamento na sessão seguinte à sua interposição*".

Da leitura daquele dispositivo legal, pode-se constatar, sem maiores dificuldades, que as pessoas jurídicas de direito público e também o Ministério Público podem pleitear ao presidente do tribunal tanto a suspensão da liminar quanto da sentença que concedeu a segurança, desde que demonstrem que a pedem para *evitar grave lesão à ordem, à saúde, à segurança e à economia pública*.

O presidente do tribunal, constatando não só a plausibilidade do direito invocado pela pessoa jurídica de direito público interessada ou pelo órgão do Ministério Público, como também a urgência na concessão da medida, poderá suspender a liminar concedida ou

---

44. Na verdade, o artigo 2º, da Lei 8.437/1992 destinava-se não só à ação civil pública, como também ao mandado de segurança coletivo. Contudo, com a edição da Lei 12.016/2009, o mandado de segurança coletivo passou a ter uma regra específica sobre a hipótese, no artigo 22, § 2º, deste diploma legal.

mesmo a sentença concessiva da segurança. É o que determina o § 4º, do artigo 15, da Lei do Mandado de Segurança. Ainda segundo o supramencionado artigo 15, em sua parte final, da decisão do presidente do tribunal que suspender a liminar ou a segurança caberá agravo interno, sem efeito suspensivo, no prazo de 5 (cinco) dias, que será levado a julgamento na sessão seguinte à sua interposição.

O § 1º do mesmo artigo, por sua vez, dispõe que, indeferido o pedido de suspensão ou provido o agravo mencionado no parágrafo anterior, caberá novo pedido de suspensão ao presidente do tribunal competente para conhecer de eventual recurso especial ou extraordinário. Também caberá pedido de suspensão quando negado provimento a agravo de instrumento interposto contra a liminar concedida no mandado de segurança (artigo 15, § 2º).

É imperioso esclarecer, ademais, que a suspensão de liminar em mandado de segurança – um instrumento concedido exclusivamente às pessoas jurídicas de direito público e ao Ministério Público, com pressupostos de admissão próprios (grave lesão à ordem, à saúde, à segurança e à economia públicas) – pode ser utilizada, e julgada pelo tribunal, mesmo que haja a interposição de agravo de instrumento, contra a mesma liminar.

Essa particularidade da suspensão da liminar, aliás, está agora expressamente prevista na legislação de regência, como se pode depreender da leitura do § 3º, do supramencionado artigo 15, da Lei 12.016/2009, o qual dispõe que "a interposição de agravo de instrumento contra liminar concedida nas ações movidas contra o poder público e seus agentes não prejudica nem condiciona o julgamento do pedido de suspensão a que se refere este artigo".

Vale mencionar, por fim, que a suspensão da liminar em mandado de segurança, salvo determinação em contrário da decisão que a deferir, vigorará até o trânsito em julgado da decisão definitiva de concessão da segurança, ou, havendo recurso, até a sua manutenção pelo Supremo Tribunal Federal, desde que o objeto da liminar deferida coincida, total ou parcialmente, com o da impetração (Súmula 626, do Supremo Tribunal Federal).

9.18 O INSUCESSO DO MANDADO DE SEGURANÇA INDIVIDUAL E A POSSIBILIDADE DE POSTERIOR AÇÃO DE CONHECIMENTO

O artigo 15, da revogada Lei 1.533/1951, dispunha que a decisão do mandado de segurança não impedia que o requerente, por ação própria, pleiteasse os seus direitos e os respectivos efeitos patrimoniais. Uma leitura apressada daquela norma infraconstitucional podia aparentar que não existia coisa julgada material em relação ao mandado de segurança; que o impetrante podia se utilizar de ação própria sempre que não obtivesse sucesso na ação constitucional.

Agora, contudo, a redação do artigo 19, da Lei 12.016/2009, tornou claro e inequívoco o erro daquela interpretação, ao dispor expressamente que "a sentença ou o acórdão que denegar mandado de segurança, *sem decidir o mérito*, não impedirá que o impetrante, por ação própria, pleiteie os seus direitos e os respectivos efeitos patrimoniais" (grifo nosso).

Percebe-se facilmente, portanto, que a propositura de posterior ação de conhecimento sobre o mesmo tema somente será possível quando a decisão no mandado de segurança *não tiver feito coisa julgada material*, ou seja, *quando não tiver sido examinado o mérito, o pedido*. Em outras palavras, caso a ação seja julgada extinta, sem resolução de mérito, será possível ao impetrante propor posterior ação de conhecimento, para pleitear seus direitos e respectivos efeitos patrimoniais. Caso, contudo, o pedido seja julgado improcedente, e transite em julgado, não poderá propor ação de conhecimento, devendo respeitar a coisa julgada material.

Essa interpretação, aliás, mesmo antes da edição da Lei 12.016/2009, já se mostrava pacífica na jurisprudência pátria, inclusive no âmbito do Pretório Excelso, através da interpretação conjunta da Súmula 304, do Supremo Tribunal Federal, com o artigo 16, da revogada Lei 1.533/1951.

Com efeito, nos termos da Súmula 304, da Corte Suprema, a "decisão denegatória de mandado de segurança, não fazendo coisa julgada contra o impetrante, não impede o uso da ação própria". Já o artigo 16, da revogada Lei 1.533/1951, era expresso e inequívoco em dispor que o pedido de mandado de segurança poderia ser renovado se a decisão denegatória não lhe houvesse apreciado o mérito.

POSSIBILIDADE DE PROPOSITURA DE POSTERIOR AÇÃO DE CONHECIMENTO

– Se o mandado de segurança for julgado extinto, sem resolução de mérito, será possível ao impetrante propor posterior ação de conhecimento, para pleitear seus direitos e respectivos efeitos patrimoniais.

– Caso, contudo, o pedido seja julgado improcedente, e transite em julgado, não poderá propor ação de conhecimento, devendo-se respeitar a coisa julgada material (artigo 19, Lei 12.016/2009).

9.19 PRINCIPAIS REGRAS PROCEDIMENTAIS SOBRE O MANDADO DE SEGURANÇA INDIVIDUAL

Nos termos do artigo 6º, da Lei 12.016/2009, a petição inicial, que deverá preencher os requisitos estabelecidos pela lei processual (por exemplo, os fixados pelos artigos 319 e 320, do Código de Processo Civil), será apresentada em 2 (duas) vias, sendo que os documentos que instruírem a primeira deverão ser todos reproduzidos, por cópia reprográfica, na segunda. Tal exigência, a toda evidência, não se faz necessária nos processos virtuais.

O mesmo artigo 6º da Lei 12.016/2009 agora determina expressamente que a petição inicial indique não só a autoridade apontada como coatora, como também a pessoa jurídica a que se integra, à qual se acha vinculada ou na qual exerce atribuições. A revogada Lei 1.533/1951 não exigia a indicação da pessoa jurídica a que a autoridade estava vinculada.

Nos termos do § 5º, do mesmo artigo 6º, o mandado de segurança será denegado nos casos previstos no artigo 267, do revogado Código de Processo Civil de 1973 (atual artigo 485, do Código de Processo Civil de 2015). Ali estão consignadas, como se sabe, as hipóteses em que o juiz não resolverá o mérito. É o caso, por exemplo, de ausência de pressupostos de constituição e desenvolvimento regular do processo, de legitimidade ou de interesse processual.

O artigo 6º, § 6º, por sua vez, dispõe que o mandado de segurança poderá ser renovado dentro do prazo decadencial, se a decisão denegatória não lhe houver apreciado o mérito. Já o artigo 23, do mesmo diploma legal, assevera que "o direito de requerer mandado de segurança extinguir-se-á decorridos 120 (cento e vinte) dias, contados da ciência, pelo interessado, do ato impugnado".

Assim, o mandado de segurança poderá ser renovado, por exemplo, no caso de extinção da ação, em razão da ausência dos documentos indispensáveis à prova do alegado (da prova do direito líquido e certo), caso tal renovação se dê dentro do prazo de 120 (cento e vinte) dias, contados da ciência, pelo impetrante, do ato apontado como ilegal ou abusivo.

É importante mencionar, nessa oportunidade, que o entendimento do Supremo Tribunal Federal já se encontra sedimentado no tocante à constitucionalidade de dispositivo de lei que fixe prazo de decadência para a impetração de mandado de segurança. É o que dispõe, aliás, a Súmula 632, do Pretório Excelso[45].

A redação do supramencionado artigo 6º, § 6º, da Lei 12.016/2009, por outro lado, permite-nos concluir que, se o mandado de segurança tiver sido julgado improcedente, deverá ser respeitada a coisa julgada material, não podendo haver nova impetração, com o mesmo pedido. Permite-nos concluir também, como inclusive já vinha decidindo a jurisprudência, que a extinção do processo de mandado de segurança, sem resolução de mérito, não restabelece o prazo de cento e vinte dias, já que a norma fala expressamente que ele deve ser renovado *dentro do prazo decadencial*.

Também nos deixa concluir, como é fácil perceber, que o prazo de 120 (cento e vinte) dias para impetração do mandado de segurança não se interrompe nem se suspende, bem como é improrrogável, mesmo que não tenha havido expediente forense no último dia do prazo, uma vez que se trata, como está ali explicitado, de *prazo de natureza decadencial, e não prescricional*.

O artigo 4º, da Lei 12.016/2009, permite que, em caso de urgência, e observados os requisitos legais, o mandado de segurança seja impetrado por telegrama, radiograma, fac-símile ou outro meio eletrônico de autenticidade comprovada. Esses mesmos meios também podem ser utilizados pelo juiz, em caso de urgência, para notificação da autoridade (§ 1º).

Nos termos do § 2º do artigo 4º em comento, o texto original da petição inicial do mandado de segurança, impetrado por telegrama, radiograma, fax ou outro meio eletrônico, deverá ser apresentado nos 5 (cinco) dias úteis seguintes. Muito embora não se explicite a consequência de tal omissão, não resta dúvida de que, nesta hipótese, a ação será julgada extinta, sem resolução de mérito, por ausência de um pressuposto de constituição e desenvolvimento regular do processo, conforme expressamente tipificado no artigo 485, inciso IV, do Código de Processo Civil.

Ao despachar a petição inicial, o juiz ordenará que se notifique o coator do conteúdo da petição, entregando-lhe a segunda via apresentada pelo requerente com as cópias dos documentos, a fim de que a autoridade apontada como coatora preste as informações que reputar necessárias, no prazo de 10 (dez) dias (artigo 7º, inciso I, da Lei 12.016/2009).

As informações devem se prestadas pela própria autoridade impetrada, e não pelos procuradores da entidade pública a que estiver vinculada, uma vez que o ato ou omissão é imputado à autoridade, e não à pessoa jurídica. Contudo, a verdade é que, na prática, revela-se muito comum as informações serem prestadas pelos advogados públicos, e apenas assinadas pela autoridade, após conferência.

É importante mencionar, nessa oportunidade, que a apresentação intempestiva das informações, ou mesmo a ausência de tal apresentação, pela autoridade impetrada, não importa na produção dos normais efeitos da revelia (presunção de verossimilhança dos fatos alegados pelo impetrante), uma vez que, em se tratando de mandado de segurança, é o impetrante quem deve apresentar prova pré-constituída dos fatos que apoiam sua pretensão, o chamado direito líquido e certo. Sobre o tema, sugerimos a leitura do seguinte acórdão: Supremo Tribunal Federal, RMS 21.300/DF, Relator Ministro Moreira Alves, *DJU* 14.8.1992, p. 12.225.

É importante ressaltar, ademais, que o impetrante poderá desistir do prosseguimento do mandado de segurança, mesmo após a notificação da autoridade impetrada,

---

45. Súmula 632, do Supremo Tribunal Federal: "É constitucional lei que fixa o prazo de decadência para a impetração de mandado de segurança".

e independentemente de esta concordar com tal desistência, como exige o Código de Processo Civil, em seu artigo 485, § 4°, para a generalidade das ações. E a explicação é simples: é que, no processo de mandado de segurança, não há condenação em honorários advocatícios, como, aliás, dispõe expressamente o artigo 25, da Lei do Mandado de Segurança.

Inovando sobre o tema, a nova legislação, em seu artigo 7°, inciso II, determina que o juiz, ao despachar a petição inicial do mandado de segurança, também dê ciência do feito ao órgão de representação judicial da pessoa jurídica interessada, enviando-lhe cópia da inicial (sem documentos), para que, querendo, ingresse no feito. Na prática, o órgão de representação judicial sempre manifesta interesse no feito, se não para a defesa da autoridade impetrada, ao menos para realizar o controle da legalidade do ato apontado como ilegal ou abusivo.

Dessa forma, a título de exemplo, caso o ato ilegal ou abusivo seja imputado a uma autoridade pertencente à Administração Pública Federal direta, o magistrado responsável pelo processo deverá enviar cópia aos representantes da Advocacia-Geral da União da localidade, para que estes decidam se vão ingressar no feito, em nome da pessoa jurídica de direito público (e não da autoridade), para defesa daquele ato impugnado.

Conforme artigo 9°, da Lei 12.016/2009, as autoridades administrativas, no prazo de 48 (quarenta e oito) horas da notificação da medida liminar, remeterão ao Ministério ou órgão a que se acham subordinadas e ao representante judicial da entidade apontada como coatora cópia autenticada do mandado notificatório, assim como indicações e elementos outros necessários às providências a serem tomadas para a eventual suspensão da medida e defesa do ato apontado como ilegal ou abusivo de poder.

Nos termos do artigo 10, a petição inicial será desde logo indeferida, por meio de decisão motivada (a necessidade de motivação das decisões judiciais, aliás, é garantia constitucional), quando não for o caso de mandado de segurança, ou lhe faltar algum dos requisitos legais, ou, ainda, quando decorrido o prazo legal para sua impetração.

É caso de indeferimento da petição inicial do mandado de segurança, por exemplo, a utilização do remédio constitucional ora em estudo para obtenção de informações pessoais, constantes de bancos de dados públicos, o que ensejaria a impetração de *habeas data*, e não do *mandamus*. Também será hipótese de indeferimento da inicial a impetração, após o prazo de 120 (cento e vinte) dias, contados da ciência do ato apontado como ilegal ou abusivo, fixado pelo artigo 23, da Lei do Mandado de Segurança.

Do indeferimento da petição inicial, pelo juiz de primeiro grau, caberá apelação, no prazo de 15 (quinze) dias. Caso a competência para processo e julgamento do mandado de segurança caiba originariamente a um tribunal, caberá agravo (interno) da decisão do relator que o indeferir, dirigido ao órgão competente do tribunal a que ele pertença (artigo 10, § 1°, da lei vigente), agora também no prazo de 15 (quinze) dias, conforme regra expressa do Código de Processo Civil em vigor[46].

Conforme determina o artigo 12 da Lei 12.016/2009, o Ministério Público deverá opinar no feito, na condição de fiscal da lei, no prazo improrrogável de 10 (dez) dias[47], pouco

---

46. Código de Processo Civil, artigo 1.003, § 5°: "Excetuados os embargos de declaração, o prazo para interpor os recursos e para responder-lhes é de 15 (quinze) dias".
47. Referido prazo é singelo, não havendo que se falar, no caso, em contagem em dobro do prazo, tudo conforme regra expressa do artigo 180, § 2°, do Código de Processo Civil de 2015.

importando qual o objeto específico da demanda (o pedido formulado pelo impetrante). Com ou sem o parecer do *parquet*, os autos serão conclusos ao juiz, para decisão, a qual deverá ser necessariamente proferida em 30 (trinta) dias (parágrafo único).

Da sentença, denegando ou concedendo a segurança, caberá apelação (artigo 14, Lei 12.016/2009). Concedida a segurança, a sentença estará obrigatoriamente sujeita ao duplo grau de jurisdição. A nova lei agora explicita que o direito de recorrer também é facultado à autoridade (§ 2°). Naturalmente, havendo obscuridade, contradição, omissão ou erro material no julgado, caberão embargos de declaração, cujo prazo é de 5 (cinco) dias, nos expressos termos do artigo 1.023, do Código de Processo Civil[48].

Nos termos do § 3° do mesmo artigo 14, a sentença que conceder o mandado de segurança poderá ser executada provisoriamente, salvo nos casos em que for vedada a concessão da medida liminar (hipóteses previstas no artigo 7°, § 2°, da nova lei – caso, por exemplo, da concessão de aumento ou vantagem a servidor público).

O § 4° do mesmo artigo, por fim, determina que o pagamento de vencimentos e vantagens pecuniárias assegurados em sentença concessiva de mandado de segurança a servidor público da administração direta ou autárquica federal, estadual e municipal, somente será efetuado relativamente às prestações que se vencerem a contar da data do ajuizamento da inicial.

Nos casos de competência originária dos tribunais, caberá ao relator a instrução do processo, sendo assegurada a defesa oral na sessão de julgamento (a chamada sustentação oral). Da decisão do relator que conceder ou denegar a medida liminar, caberá agravo interno ao órgão competente do tribunal que integre (artigo 16 e seu parágrafo único). Das decisões concessivas em mandado de segurança proferidas em única instância pelos tribunais cabe recurso especial e extraordinário, nos casos legalmente previstos, bem como recurso ordinário, quando a ordem for denegada (artigo 18, da Lei 12.016/2009).

Vale mencionar, por fim, que a nova Lei do Mandado de Segurança, em seu artigo 25, tornou expresso posicionamento já pacificado pela jurisprudência[49]. Trata-se do não cabimento, em processo de mandado de segurança, de condenação em honorários advocatícios. É o que preconiza, aliás, a Súmula 512, do Supremo Tribunal Federal.[50] A lei ressalva, contudo, a possibilidade de aplicação de sanções no caso de litigância de má-fé. Esta última, a toda evidência, pode ser dirigida não só ao impetrante, como também a todos os que tenham atuado no feito.

---

48. Se os embargos de declaração forem manejados, contudo, pelo Ministério Público ou pelo representante judicial da entidade pública (advogado público), o prazo para interposição será de 10 (dez) dias, tudo em conformidade com o que determinam, respectivamente, os artigos 180 e 183, ambos do Código de Processo Civil.
49. O artigo 25, da Lei 12.016/2009, fala também sobre o não cabimento de embargos infringentes em sede de mandado de segurança. Tendo em vista, contudo, que referido recurso só existia no revogado Código de Processo Civil de 1973, não havendo mais sua previsão no Código de 2015, aquela parte da norma do supramencionado artigo 25, da Lei do Mandado de Segurança, perdeu seu objeto.
50. Súmula 512 do STF: "Não cabe condenação em honorários de advogado na ação de mandado de segurança".

9.20 PRINCIPAIS SÚMULAS DO SUPREMO TRIBUNAL FEDERAL SOBRE O MANDADO DE SEGURANÇA INDIVIDUAL

632: "É constitucional lei que fixa o prazo de decadência para a impetração de mandado de segurança".

631: "Extingue-se o processo de mandado de segurança se o impetrante não promove, no prazo assinado, a citação do litisconsorte passivo necessário".

626: "A suspensão da liminar em mandado de segurança, salvo determinação em contrário da decisão que a deferir, vigorará até o trânsito em julgado da decisão definitiva de concessão da segurança ou, havendo recurso, até a sua manutenção pelo Supremo Tribunal Federal, desde que o objeto da liminar deferida coincida, total ou parcialmente, com o da impetração".

625: "Controvérsia sobre matéria de direito não impede concessão de mandado de segurança".

624: "Não compete ao STF conhecer originariamente de mandado de segurança contra atos de outros tribunais".

512: "Não cabe condenação em honorários de advogado na ação de mandado de segurança".

510: "Praticado o ato por autoridade, no exercício de competência delegada, contra ela cabe o mandado de segurança ou a medida judicial".

430: "Pedido de reconsideração na via administrativa não interrompe o prazo para o mandado de segurança".

429: "A existência de recurso administrativo com efeito suspensivo não impede o uso do mandado de segurança contra omissão da autoridade".

405: "Denegado o mandado de segurança pela sentença, ou no julgamento do agravo, dela interposto, fica sem efeito a liminar concedida, retroagindo os efeitos da decisão contrária".

304: "Decisão denegatória de mandado de segurança, não fazendo coisa julgada contra o impetrante, não impede o uso da ação própria".

271: "Concessão de mandado de segurança não produz efeitos patrimoniais, em relação a período pretérito, os quais devem ser reclamados administrativamente, ou pela via judicial própria".

269: "O mandado de segurança não é substitutivo de ação de cobrança".

267: "Não cabe mandado de segurança contra ato judicial passível de recurso ou correição".

266: "Não cabe mandado de segurança contra lei em tese".

248: "É competente, originariamente, o Supremo Tribunal Federal, para mandado de segurança contra ato do Tribunal de Contas da União".

9.21 MANDADO DE INJUNÇÃO INDIVIDUAL

A origem do mandado de injunção é tema controvertido na doutrina pátria. Com efeito, alguns afirmam que referido remédio constitucional teve por fonte de inspiração o *writ of injunction*, do direito norte-americano. É o caso, por exemplo, de José Afonso da Silva,[51] como podemos ver do trecho a seguir transcrito:

> "A fonte mais próxima do mandado de injunção é o writ of injunction do direito norte-americano, onde cada vez mais tem aplicação na proteção de direitos da pessoa humana para impedir, por exemplo, violações da liberdade de associação e de palavra, da liberdade religiosa e contra denegação de igual oportunidade de educação por razões puramente raciais".

---

51. *Curso de direito constitucional positivo*. 33. ed. Malheiros, 2010, p. 448.

Manoel Gonçalves Ferreira Filho,[52] por outro lado, não concorda com tal entendimento, ponderando que o *writ of injunction* é uma medida judicial que impõe um não fazer, não podendo, portanto, ser encarado como inspiração do mandado de injunção, cujo objetivo é o exercício de um direito, superando-se a falta de norma regulamentadora. Esse insigne jurista, aliás, afirma que não se pode encontrar, no direito comparado, a fonte de inspiração do nosso mandado de injunção, muito embora medidas com o mesmo nome possam ser encontradas no direito alienígena.

De qualquer forma, como já mencionamos anteriormente, trata-se o mandado de injunção de uma novidade no direito brasileiro, previsto, pela primeira vez, na Constituição Federal promulgada em 1988. Com efeito, nos termos do artigo 5º, inciso LXXI, da atual Carta Magna, "conceder-se-á mandado de injunção sempre que a falta de norma regulamentadora torne inviável o exercício dos direitos e liberdades constitucionais e das prerrogativas inerentes à nacionalidade, à soberania e à cidadania".

Diante da regra cogente do artigo 5º, § 1º, da Constituição Federal, que determina que as normas definidoras dos direitos e garantias fundamentais têm aplicação imediata, não há dúvida de que o mandado de injunção sempre foi autoaplicável, como aliás já havia reconhecido, no passado, o próprio Supremo Tribunal Federal, que vinha admitindo a propositura de referida ação constitucional, independentemente de sua regulamentação por lei específica.

Agora, contudo, essa questão da autoaplicabilidade do mandado de injunção tem mero interesse acadêmico, uma vez que referido remédio constitucional já se encontra efetivamente regulamentado. Com efeito, como em outras oportunidades, o Poder Público editou, ainda recentemente, a Lei 13.300, de 23 de junho de 2016, que tem por objeto justamente disciplinar o processo e o julgamento dos mandados de injunção individual e coletivo.

9.22 HIPÓTESES DE CABIMENTO DO MANDADO DE INJUNÇÃO INDIVIDUAL

Nos termos do supramencionado artigo 5º, inciso LXXI, de nossa Lei Maior, o mandado de injunção será cabível sempre que a ausência de norma regulamentadora torne inviável o exercício de direitos e liberdades constitucionais, bem como das prerrogativas inerentes à nacionalidade, soberania e cidadania. Como nos ensina Uadi Lammêgo Bulos,[53] "o mandado de injunção tem a natureza de uma ação civil, de caráter essencialmente mandamental, destinado a combater a *síndrome de inefetividade das constituições*".

No Capítulo 3, vimos que algumas normas constitucionais não têm aplicabilidade imediata, dependendo da edição de normas infraconstitucionais, ou de atuação do Poder Público, para que possam produzir todos os efeitos nelas preconizados, e desejados pelo legislador constituinte. São as normas constitucionais a que a doutrina tradicional chama de normas constitucionais não autoexecutáveis, e que, no direito pátrio, são amplamente conhecidas como normas constitucionais de eficácia limitada, conforme lição de José Afonso da Silva.

Segundo nossa Carta Magna, portanto, o mandado de injunção poderá ser utilizado sempre que houver injustificada omissão do Poder Público em relação à edição de normas regulamentadoras que concedam efetividade às normas constitucionais não autoexecutáveis (ou normas constitucionais de eficácia limitada), uma vez que estas, como vimos,

---

52. *Curso de direito constitucional*. 35. ed. Saraiva, 2009, p. 324.
53. *Curso de direito constitucional*. 6. ed. São Paulo: Atlas, 2011, p. 763.

dependem de complementação por norma infraconstitucional, para produzirem todos os efeitos nelas previstos.

O mandado de injunção, como nos lembra Pedro Lenza,[54] serve para elidir, de maneira semelhante ao que se dá com a já estudada ação direta de inconstitucionalidade por omissão, a denominada *síndrome de inefetividade das normas constitucionais*, ou seja, das normas que, de imediato, no momento em que são promulgadas, não têm o condão de produzir todos os efeitos pretendidos pelo constituinte, necessitando de integração infraconstitucional.

Nos expressos termos do artigo 2º, *caput*, da Lei 13.300/2016, o mandado de injunção deverá concedido "sempre que a falta total ou parcial de norma regulamentadora torne inviável o exercício dos direitos e liberdades constitucionais e das prerrogativas inerentes à nacionalidade, à soberania e à cidadania. A regulamentação será considerada parcial quando forem insuficientes as normas editadas pelo órgão legislador competente (artigo 2º, parágrafo único, da lei de regência).

Por norma regulamentadora devemos entender não só as normas legais, como também as normas infralegais (que regulamentam os diplomas infraconstitucionais, conferindo-lhes aplicabilidade), que deveriam ter sido editadas, mas não o foram, por órgãos e por agentes públicos pertencentes aos Poderes da União, dos Estados, do Distrito Federal e dos Municípios, inclusive de suas respectivas entidades da Administração Pública indireta com personalidade de direito público (autarquias e fundações públicas). É o que se pode inferir da leitura dos artigos 102, inciso I, alínea *q*,[55] e 105, inciso I, alínea *h*,[56] todos da Constituição Federal.

Contudo, é importante que se diga, não é a ausência de qualquer espécie de norma regulamentadora que permite a utilização dessa ação constitucional. Segundo o próprio artigo 5º, inciso LXXI, de nossa Lei Maior, que instituiu o mandado de injunção, referido remédio constitucional somente poderá ser utilizado na ausência de norma que torne inviável o exercício de direitos e liberdades constitucionais, bem como das prerrogativas inerentes à nacionalidade, soberania e cidadania.

Somente será cabível o mandado de injunção, portanto, conforme expressa redação do dispositivo constitucional, na ausência de norma regulamentadora que garanta o exercício dos direitos e liberdades constitucionais, expressamente albergados pelo Título II, da Constituição Federal, que trata dos direitos e garantias individuais, coletivos e sociais, ou que estejam inseridos em outros Capítulos de nossa Carta Magna, que tenham igual natureza, como é o caso, por exemplo, das limitações constitucionais ao poder de tributar do Estado.

Será igualmente cabível o mandado de injunção na hipótese de omissão na edição de norma ou normas que viabilizem o exercício das prerrogativas referentes à nacionalidade, à soberania e à cidadania, conforme previsto, por exemplo, no Capítulo III do Título II, da Constituição Federal, relativo à nacionalidade, e no Capítulo IV do mesmo Título II, de nossa Lei Maior, que trata dos direitos políticos.

---

54. *Op. cit.*, p. 816.
55. Constituição Federal, artigo 102, inciso I, alínea *q*: "Compete ao Supremo Tribunal Federal, precipuamente, a guarda da Constituição, cabendo-lhe processar e julgar, originariamente: o mandado de injunção, quando a elaboração da norma regulamentadora for atribuição do Presidente da República, do Congresso Nacional, da Câmara dos Deputados, do Senado Federal, das Mesas de uma dessas Casas Legislativas, do Tribunal de Contas da União, de um dos Tribunais Superiores, ou do próprio Supremo Tribunal Federal".
56. Constituição Federal, artigo 105, inciso I, alínea *h*: "Compete ao Superior Tribunal de Justiça processar e julgar, originariamente: o mandado de injunção, quando a elaboração da norma regulamentadora for atribuição de órgão, entidade ou autoridade federal da administração direta ou indireta excetuados os casos de competência do Supremo Tribunal Federal e dos órgãos da Justiça Militar, da Justiça Eleitoral, da Justiça do Trabalho e da Justiça Federal".

HIPÓTESES DE CABIMENTO DO MANDADO DE INJUNÇÃO INDIVIDUAL

– O mandado de injunção poderá ser utilizado sempre que houver injustificada omissão do Poder Público em relação à edição de normas regulamentadoras que concedam efetividade às normas constitucionais não autoexecutáveis (ou normas de eficácia limitada), uma vez que estas dependem de complementação, por norma infraconstitucional, para produzirem todos os efeitos previstos na norma da constituição.

– Por norma regulamentadora devemos entender não só as normas legais, como também as demais normas regulamentares (que regulamentam os diplomas infraconstitucionais, conferindo-lhes aplicabilidade), que deveriam ter sido editadas, mas não o foram, por órgãos e agentes pertencentes aos Poderes da União, dos Estados, do Distrito Federal e dos Municípios, inclusive de suas respectivas entidades da Administração Pública indireta.

– Contudo, não é a ausência de qualquer espécie de norma regulamentadora que permite a utilização dessa ação constitucional. Nos expressos termos do dispositivo constitucional que instituiu o mandado de injunção, referido remédio somente poderá ser utilizado na ausência de norma que torne inviável o exercício de direitos e liberdades constitucionais, bem como das prerrogativas inerentes à nacionalidade, soberania e cidadania.

9.23 HIPÓTESES EM QUE NÃO CABE O MANDADO DE INJUNÇÃO INDIVIDUAL

Como visto na seção anterior, o mandado de injunção será cabível quando houver injustificável inércia do Estado na edição de normas regulamentadoras que concedam efetividade às normas constitucionais não autoexecutáveis, também conhecidas como normas constitucionais de eficácia limitada, conforme conhecida classificação concebida por José Afonso da Silva, relativas ao exercício de direitos e liberdades constitucionais, bem como das prerrogativas inerentes à nacionalidade, à soberania e à cidadania.

Como consequência disso, a toda evidência, o remédio constitucional ora em estudo não será cabível quando estivermos diante de normas constitucionais autoexecutáveis (ou, na classificação de José Afonso da Silva, normas de eficácia plena e normas de eficácia contida), uma vez que referidas normas, como já estudamos anteriormente, já estão aptas a produzirem, imediatamente, os efeitos pretendidos pelo constituinte, não dependendo da edição de qualquer diploma infraconstitucional, para alcançar tal mister.

Ademais, conforme nos ensina Alexandre de Moraes,[57] também não será cabível a impetração de mandado de injunção para buscar alterar lei ou ato normativo já existente, sob o fundamento de que este último seria incompatível com a Constituição Federal. Não há, neste caso, a chamada mora legislativa, a permitir o uso deste remédio constitucional. Da mesma forma, não será cabível o mandado de injunção para se exigir certa interpretação para a legislação infraconstitucional já existente, ou, ainda, para pleitear uma aplicação "mais justa" da lei já editada.

Será igualmente incabível a impetração do mandado de injunção individual, a toda evidência, a partir do momento em que o Poder Público tiver editado a norma regulamentadora, uma vez que, nesse caso, não haverá mais que se falar em mora legislativa. Aliás, mesmo que o remédio constitucional tenha sido impetrado antes da edição da norma regulamentadora, ainda assim a ação constitucional deverá ser extinta, tudo como se pode depreender da simples leitura do artigo 11, parágrafo único, da lei que regulamenta o instituto[58].

Por fim, conforme já decidido pelo Pretório Excelso, também não cabe a impetração do mandado de injunção quando o presidente da República já tiver enviado ao Congresso

---
57. *Direito constitucional.* 26. ed. Atlas, 2010, p. 173.
58. Lei 13.300/2016, artigo 11, parágrafo único: "Estará prejudicada a impetração se a norma regulamentadora for editada antes da decisão, caso em que o processo será extinto sem resolução de mérito".

Nacional projeto de lei referente ao objeto do *writ*, uma vez que, nesta hipótese, não poderá mais ser imputada omissão do Poder Público, restando prejudicado o remédio constitucional. Sobre o tema, sugerimos a leitura do seguinte acórdão: Supremo Tribunal Federal, Pleno, Agravo Regimental em Mandado de Injunção 641/DF, Relator Ministro Ilmar Galvão, *DJU* de 5.4.2002, p. 39, v.u.

HIPÓTESES EM QUE NÃO CABE O MANDADO DE INJUNÇÃO INDIVIDUAL

– Quando estivermos diante de normas constitucionais autoexecutáveis, uma vez que referidas normas já estão aptas a produzirem, imediatamente, os efeitos pretendidos pelo constituinte.

– Para alterar lei ou ato normativo já existente, sob o fundamento de que este último seria incompatível com a Constituição Federal.

– Para se exigir certa interpretação para a legislação infraconstitucional já existente, ou, ainda, para pleitear uma aplicação "mais justa" da lei já editada.

– A partir do momento em que o Poder Público tiver editado a norma regulamentadora, uma vez que, neste caso, não haverá mais que se falar em mora legislativa.

– Quando já tiver sido enviado, ao Poder Legislativo, projeto de lei referente ao objeto do mandado de injunção, uma vez que, nesta hipótese, não poderá mais ser imputada omissão do Poder Público.

9.24 LEGITIMAÇÃO ATIVA E PASSIVA DO MANDADO DE INJUNÇÃO INDIVIDUAL

Segundo o artigo 3º, da Lei 13.300 2016, em sua parte inicial, são legitimados ativos para o mandado de injunção individual, os chamados impetrantes deste remédio constitucional, as pessoas naturais ou jurídicas que afirmam ser titulares dos direitos, das liberdades ou das prerrogativas inerentes à nacionalidade, à soberania e à cidadania[59].

Dito de outro modo, poderá ser sujeito ativo do mandado de injunção qualquer pessoa, natural ou jurídica, nacional ou estrangeira, que se veja impedida de exercer os direitos e as liberdades constitucionais, bem como as prerrogativas inerentes à nacionalidade, à soberania e à cidadania, em razão de omissão do Poder Público em editar normas infraconstitucionais que confiram efetividade a normas constitucionais de eficácia limitada.

Membro do Ministério Público, é importante ressaltar, também poderá ser autor de mandado de injunção, quando a Lei Maior conceder ao *Parquet* algum direito ou prerrogativa cujo exercício revelar-se inviabilizado em razão de injustificada inércia do Poder Público em regulamentar o dispositivo constitucional. Poderá, ademais, atuar como substituto processual, para a tutela de interesses transindividuais que dependam de regulamentação.

Aliás, particularmente no que se refere à propositura de mandado de injunção pelo Ministério Público, para a defesa de interesses transindividuais, Elpídio Donizetti[60] lembra-nos de que o Estatuto da Criança e do Adolescente (Lei 8.069, de 13 de julho de 1990), em seu artigo 201, inciso X, conferiu expressa legitimidade ao *Ministério Público* para impetrar este remédio constitucional, na defesa dos interesses sociais e *individuais indisponíveis* concernentes às crianças e aos adolescentes.

---

59. Lei 13.300/2016, artigo 3º: "São legitimados para o mandado de injunção, como impetrantes, as pessoas naturais ou jurídicas que se afirmam titulares dos direitos, das liberdades ou das prerrogativas referidos no art. 2º e, como impetrado, o Poder, o órgão ou a autoridade com atribuição para editar a norma regulamentadora".
60. *Ações constitucionais*. 2. ed. São Paulo: Atlas, p. 118-119.

Tendo em vista que o mandado de injunção tem por objetivo suprir omissão do Poder Público em relação às normas constitucionais não autoaplicáveis (normas constitucionais de eficácia limitada), não resta dúvida de que somente podem ser sujeitos passivos dessa ação as pessoas ou órgãos que tinham o dever de editar a norma necessária ao exercício dos direitos constitucionais, e que não o fizeram. É o que nos revela, aliás, o supramencionado artigo 3º, da Lei 13.300/2016, em sua parte final.

Por essa razão, conforme nos esclarece Alexandre de Moraes,[61] particulares não poderão figurar no polo passivo desse tipo de ação constitucional, já que aqueles não têm o dever de editar quaisquer normas, nem será possível a formação de litisconsórcio passivo, em quaisquer de suas modalidades (necessário ou facultativo), entre particulares e pessoas e órgãos pertencentes às entidades estatais.

Na mesma toada, o Supremo Tribunal Federal já decidiu, de maneira expressa, que não é possível haver, no caso de mandado de injunção individual, um litisconsórcio passivo envolvendo qualquer particular, uma vez que a atribuição para a elaboração da norma regulamentadora só pode ser exercida pelas pessoas públicas e entes estatais com competência para tal mister (Supremo Tribunal Federal, Pleno, Agravo Regimental em Mandado de Injunção 335, Relator Ministro Celso de Mello, j. 8.9.1991, *DJ* 17.6.1994, p. 15.720).

O Pretório Excelso também já decidiu que a União não tem legitimidade para figurar no polo passivo de mandado de injunção individual. A omissão no dever de legislar deve ser imputada ao órgão público inerte, e não à pessoa jurídica de direito público a que pertence. Assim, a legitimidade passiva *ad causam*, no mandado de injunção, será do Congresso Nacional, e não da União. Sobre o tema, vide: Supremo Tribunal Federal, Pleno, MI 284/DF, Relator Ministro Marco Aurélio Mello, *DJU* 26.6.1992, p. 10.103.

Por fim, vale mencionar que, no caso específico de leis de competência exclusiva do presidente da República, o Supremo Tribunal Federal já decidiu expressamente que, nessa hipótese, o sujeito passivo do mandado de injunção é o responsável pelo encaminhamento da norma, que tem o poder de iniciativa, ou seja, o Chefe do Poder Executivo da União (presidente da República), e não o Poder Legislativo Federal (Congresso Nacional).

LEGITIMAÇÃO ATIVA E PASSIVA NO MANDADO DE INJUNÇÃO INDIVIDUAL

– Poderá ser sujeito ativo do mandado de injunção qualquer pessoa, natural ou jurídica, nacional ou estrangeira, que se veja impedida de exercer os direitos e as liberdades constitucionais e também as prerrogativas inerentes à nacionalidade, soberania e cidadania.

– Tendo em vista que o mandado de injunção tem por objetivo suprir omissão do Poder Público em relação às normas constitucionais não autoaplicáveis (normas de eficácia limitada), não resta dúvida de que somente podem ser sujeitos passivos dessa ação os órgãos e agentes estatais que tinham o dever de editar a norma necessária ao exercício dos direitos constitucionais, e que não o fizeram.

9.25 COMPETÊNCIA EM SEDE DE INJUNÇÃO INDIVIDUAL

Estudadas as hipóteses de cabimento, como também a legitimação ativa e passiva do mandado de injunção individual, cabe-nos enumerar, nesta seção, as principais competências jurisdicionais para o julgamento deste remédio constitucional. Referidas competências são

---

61. *Op. cit.*, p. 174.

fixadas, vale esclarecer, levando em conta *o órgão ou autoridade que tem o dever de providenciar a edição da norma regulamentadora*. Senão, vejamos:

No caso de a norma regulamentadora ser atribuição do presidente da República, do Congresso Nacional, da Câmara dos Deputados, do Senado Federal, de quaisquer das Mesas dessas Casas Legislativas, do Tribunal de Contas da União, dos Tribunais Superiores ou do Supremo Tribunal Federal, a competência originária será do Pretório Excelso, conforme disposto no artigo 102, inciso I, alínea *q*, da Carta Magna.

Por outro lado, quando a norma regulamentadora for atribuição de órgão, entidade ou autoridade federal, da Administração Pública direta ou indireta, excetuados os casos de competência do Supremo Tribunal Federal e dos órgãos da Justiça Militar, da Justiça Eleitoral, da Justiça do Trabalho e da Justiça Federal, a competência originária é do Superior Tribunal de Justiça (artigo 105, inciso I, alínea *h*, da Constituição Federal).

Por fim, vale mencionar que os Estados-membros poderão instituir, em suas constituições estaduais, regras que estabeleçam competências jurisdicionais, no âmbito da respectiva Justiça do Estado, para o processo e julgamento de mandados de injunção, quando houver injustificável omissão do Poder Público estadual em editar leis destinadas a conferir aplicabilidade a direitos e garantias estabelecidos por normas não autoexecutáveis existentes na constituição do respectivo Estado.

9.26 NATUREZA E EFICÁCIA DA DECISÃO QUE CONCEDE A INJUNÇÃO INDIVIDUAL

Questão de considerável importância, e que sempre foi objeto de calorosas discussões doutrinárias, é a relativa à natureza e à eficácia da sentença que concede a injunção. Sobre este tema, é costumeiramente mencionada a existência de 2 (duas) correntes. A primeira corrente, denominada *não concretista*, entende que a sentença ou acórdão que concede a injunção é de natureza exclusivamente *declaratória*, tendo por objeto apenas o reconhecimento, por meio de decisão judicial, da omissão na edição da norma regulamentadora (a chamada mora legislativa).

Referida corrente, portanto, iguala os efeitos do mandado de injunção aos da ação direta de inconstitucionalidade por omissão, considerando que a concessão da injunção é de natureza declaratória (da omissão normativa), tendo por único objetivo dar ciência ao Poder competente acerca da existência de mora legislativa, exortando-o a supri-la. Somente no caso de órgão administrativo é que se pode determinar que este supra a omissão normativa, no prazo de 30 (trinta) dias.

Na doutrina, esse entendimento vinha sendo defendido, por exemplo, por Manoel Gonçalves Ferreira Filho,[62] para o qual não se pode dar ao mandado de injunção um alcance maior que o previsto para a ação direta de inconstitucionalidade por omissão, cuja titularidade, inclusive, é reservada apenas a autoridades e a entes de alta representatividade, tais como o presidente da República, a Mesa da Câmara dos Deputados, a Mesa do Senado Federal e o procurador-geral da República. Eis as suas palavras sobre o tema:

> *"O alcance do mandado de injunção é análogo ao da inconstitucionalidade por omissão. Sua concessão leva o Judiciário a dar ciência ao Poder competente da falta de norma sem a qual é inviável o exercício de direito fundamental. Não importa no estabelecimento pelo próprio órgão jurisdicional da norma regulamentadora necessária à viabilização do direito. Aliás, tal*

---

62. *Op. cit.*, p. 325.

alcance está fora da sistemática constitucional brasileira, que consagra a 'separação de poderes', não apenas pela referência contida no art. 2º, incluída entre os 'princípios fundamentais' da República, mas também por ter sido ela incluída no cerne imutável da Constituição".

Para a segunda corrente, denominada *concretista*, a decisão judicial que concede a injunção é de natureza não só declaratória (da ocorrência da omissão legislativa ou administrativa), mas também *constitutiva*, uma vez que viabiliza (constitui) desde já o exercício do direito ou garantia constitucional que necessitava de regulamentação infraconstitucional, até que sobrevenha a edição do diploma normativo propriamente dito. Referida corrente, é imperioso ressaltar, pode ser dividida em 2 (duas) subespécies: *concretista geral* e *concretista individual*.

Para a corrente *concretista geral*, a decisão judicial – a qual, como vimos, tem natureza não só declaratória como também constitutiva – produz eficácia *erga omnes*, viabilizando o exercício do direito ou da garantia constitucional a todos os seus titulares, independentemente de terem impetrado referido remédio constitucional, e até que seja editada a norma regulamentadora. Aliás, como veremos logo em seguida, há decisões proferidas pelo Pretório Excelso, no julgamento de mandados de injunção coletivos, que adotaram justamente a corrente concretista geral.

Já a corrente *concretista individual*, defendida, entre outros, por Maria Sylvia Zanella Di Pietro[63] e José Afonso da Silva,[64] apesar de também reconhecer a natureza constitutiva da decisão judicial proferida em sede de mandado de injunção, não lhe concede eficácia *erga omnes*, preferindo entender que a decisão judicial concessiva da injunção tem apenas a chamada eficácia *inter partes*, ou seja, em face daqueles que figuraram na ação constitucional na condição de impetrante (autor) e de impetrado (réu). Nestes termos, por exemplo, era a lição de José Afonso da Silva, ao menos antes da edição da Lei 13.300/2016:

"O mandado de injunção tem, portanto, por finalidade realizar concretamente em favor do impetrante o direito, liberdade ou prerrogativa, sempre que a falta de norma regulamentadora torne inviável o seu exercício. Não visa obter a regulamentação prevista na norma constitucional. Não é função do mandado de injunção pedir a expedição da norma regulamentadora, pois ele não é sucedâneo da ação de inconstitucionalidade por omissão (art. 103, § 2º). É equivocada, portanto, data *venia*, a tese daqueles que acham que o julgamento do mandado de injunção visa a expedição da norma regulamentadora do dispositivo constitucional dependente de regulamentação, dando a esse remédio o mesmo objeto da ação de inconstitucionalidade por omissão".

A corrente não concretista, que somente reconhecia natureza declaratória à decisão do mandado de injunção (da ocorrência da mora legislativa), e que, portanto, igualava os efeitos do mandado de injunção à ação direta de inconstitucionalidade por omissão, era majoritariamente adotada pelo Pretório Excelso, em seus julgados mais antigos. Referidas decisões, como é fácil perceber, retiravam toda e qualquer eficácia de um remédio constitucional concebido justamente para garantir efetividade a direitos e garantias constitucionais dependentes de complementação legislativa.

Nos últimos tempos, contudo, aquela antiga tendência vinha sendo modificada. Com efeito, nossa Corte Suprema, em alguns julgados mais recentes, vinha proferindo decisões que permitiam, desde logo, o efetivo exercício dos direitos e garantias constitucionais passíveis de tutela através do mandado de injunção. É o que se pode depreender da análise de algumas decisões que tinham por objeto garantir, a algumas categorias de servidores públicos, o exercício do direito de greve, conforme previsão do artigo 37, inciso VII, da Constituição Federal.

---

63. *Op. cit.*, p. 774-775.
64. *Op. cit.*, p. 450.

De fato, ao julgar os Mandados de Injunção 670, 708 e 712, ajuizados por sindicatos de algumas categorias de servidores públicos estaduais e municipais, o Pretório Excelso não só reconheceu a omissão quanto ao dever de editar norma regulamentadora daquele direito constitucional (natureza declaratória), como também viabilizou imediatamente o seu exercício (natureza constitutiva), determinando que fosse aplicada, no que coubesse, a lei de greve do setor privado[65] a todos os servidores públicos, e não apenas àqueles representados pelos respectivos sindicatos (com eficácia *erga omnes*, portanto), até que fosse finalmente editada uma lei específica para o setor público.

Entretanto, é imperioso ressaltar que, ao que parece, aquela alvissareira efetividade plena que a jurisprudência mais recente, notadamente do Supremo Tribunal Federal, vinha conferindo ao mandado de injunção, certamente irá desaparecer. E isso se dará justamente em razão da edição da lei que regulamenta o remédio constitucional ora em estudo, como se pode depreender da simples leitura do artigo 8º, da Lei 13.300/2016, *in verbis*:

> *"Art. 8º Reconhecido o estado de mora legislativa, será deferida a injunção para:*
>
> *I – determinar prazo razoável para que o impetrado promova a edição da norma regulamentadora;*
>
> *II – estabelecer as condições em que se dará o exercício dos direitos, das liberdades ou das prerrogativas reclamados ou, se for o caso, as condições em que poderá o interessado promover ação própria visando a exercê-los, caso não seja suprida a mora legislativa no prazo determinado.*
>
> *Parágrafo único. Será dispensada a determinação a que se refere o inciso I do caput quando comprovado que o impetrado deixou de atender, em mandado de injunção anterior, ao prazo estabelecido para a edição da norma".*

Como se vê, referido dispositivo legal, em inequívoco retrocesso, praticamente afasta a possibilidade de a decisão judicial ter natureza constitutiva, salvo se houver comprovação de que o impetrado já deixou de atender, em mandado de injunção anterior, o prazo estabelecido para a edição da norma infraconstitucional. E, o que também é grave, impõe um prazo "razoável" (seja lá o que isso queira dizer) para que o impetrado promova a edição da norma regulamentadora, fato que torna aquele dispositivo potencialmente inconstitucional[66].

Ademais, o supramencionado artigo 8º, inciso II, em sua parte final, prevê a possibilidade de que a decisão proferida em sede de mandado de injunção apenas estabeleça "as condições em que poderá o interessado promover ação própria visando a exercê-los, caso não seja suprida a mora legislativa no prazo determinado". Dito de outro modo, a lei de regência fala em imposição de condições para a propositura de uma futura ação individual, caso o poder competente não edite a norma regulamentadora, dentro do prazo (potencialmente inconstitucional) estabelecido pelo Poder Judiciário.

Analisemos um caso hipotético. Uma determinada pessoa, que se vê prejudicada em razão da chamada mora legislativa, decide impetrar um mandado de injunção para poder finalmente exercitar uma determinada liberdade pública. Contudo, por força da decisão concessiva da injunção, terá que esperar o tal do "prazo razoável" estabelecido na decisão judicial. E, mesmo que a norma infraconstitucional não seja editada naquele prazo, poderá o impetrante se ver compelido a propor uma outra ação judicial, nos exatos termos estabelecidos pelo Poder Judiciário, para só então poder exercitar seu direito estabelecido pela Constituição Federal. Com o devido respeito, não parece fazer sentido...

---

65. Lei 7.783, de 28 de junho de 1989.
66. Já que a decisão concessiva da injunção impõe o dever de legislar a outros Poderes, o que pode caracterizar ofensa ao princípio da separação de poderes, previsto no artigo 2º, de nossa Lei Maior.

Segundo o 9º, *caput*, da Lei 13.300/2016, a decisão proferida em sede de mandado de injunção individual terá eficácia subjetiva limitada apenas às partes litigantes, produzindo efeitos até o advento da norma regulamentadora. Portanto, nos expressos termos da lei de regência, a decisão que concede a injunção individual terá apenas eficácia *inter partes*, ou seja, limitada ao impetrante e ao impetrado, não havendo que se falar, como regra geral, em eficácia *erga omnes*, como defende a corrente concretista geral, e como já vinha decidindo o Pretório Excelso, em seus últimos julgados.

No entanto, por exceção, aquele mesmo artigo 9º, da lei de regência, em seu § 1º, prevê a possibilidade de ser conferida eficácia *ultra partes* ou *erga omnes* à decisão proferida em sede de mandado de injunção individual, quando isso for inerente ou indispensável ao exercício do direito, da liberdade ou da prerrogativa objeto da impetração. Seria o caso, por exemplo, de concessão de injunção para o exercício do direito constitucional de greve a um servidor público estatutário, o qual, por razões óbvias, não pode ser exercitado por um único servidor público, devendo, portanto, ser estendido a todos que ostentem igual *status* jurídico.

Por fim, o artigo 9º, § 2º, da Lei 13.300/2016, prevê a possibilidade de a decisão que conceder a injunção individual ter seus efeitos estendidos aos casos análogos, por decisão monocrática do relator, após o trânsito em julgado da ação constitucional. Aqui, é importante esclarecer, não se trata de concessão de eficácia *erga omnes* ou *ultra partes* quando isso for inerente ou indispensável ao exercício do direito, garantia ou prerrogativa constitucional tutelável por meio da impetração de mandado de injunção. Esta, como vimos, é a hipótese do § 1º daquele artigo.

Trata-se, isso sim, de decisão a que inicialmente se concedeu eficácia *inter partes* – o que, como vimos, é a regra em se tratando de impetração de mandado de injunção individual – mas que, após o trânsito em julgado da ação constitucional, o relator decidiu estender seus efeitos a casos semelhantes, conferindo, portanto, eficácia *erga omnes* ou *ultra partes* àquela decisão, a depender da natureza do direito ou da garantia constitucional amparada pelo mandado de injunção individual, de modo a amparar a todos os seus titulares, até que sobrevenha a norma regulamentadora.

NATUREZA E EFICÁCIA DA DECISÃO QUE CONCEDE A INJUNÇÃO INDIVIDUAL

– O artigo 8º, da Lei 13.300/2016, em inequívoco retrocesso ao que vinha decidindo a jurisprudência mais recente sobre o tema, praticamente afasta a possibilidade de a decisão judicial ter natureza constitutiva, salvo se houver comprovação de que o impetrado já deixou de atender, em mandado de injunção anterior, o prazo estabelecido para a edição da norma infraconstitucional.

– E, o que também é grave, impõe um prazo "razoável" (seja lá o que isso queira dizer) para que o impetrado promova a edição da norma regulamentadora, fato que torna aquele dispositivo potencialmente inconstitucional, já que impõe o dever de legislar a outros Poderes, o que pode caracterizar ofensa ao princípio da separação de poderes, previsto no artigo 2º, de nossa Lei Maior.

– Segundo o artigo 9º, *caput*, da lei de regência, a decisão proferida em sede de mandado de injunção individual terá eficácia subjetiva limitada apenas às partes litigantes, produzindo efeitos até o advento da norma regulamentadora. Portanto, como regra geral, a decisão que concede a injunção individual terá apenas eficácia *inter partes*, ou seja, limitada ao impetrante e ao impetrado.

– Contudo, por exceção, aquele mesmo artigo 9º da Lei 13.300/2016, em seu § 1º, prevê a possibilidade de ser conferida eficácia *ultra partes* ou *erga omnes* à decisão proferida em sede de mandado de injunção individual, quando isso for inerente ou indispensável ao exercício do direito, da liberdade ou da prerrogativa objeto da impetração.

9.27 RENOVAÇÃO DE PEDIDO NÃO CONCEDIDO E REVISÃO DE INJUNÇÃO JÁ CONCEDIDA

Como regra geral, se uma decisão judicial julgar o mérito da ação (acolhendo ou rejeitando o pedido), e se referida decisão transitar em julgado desta forma, não será mais possível às partes voltar a discuti-la, seja naquele mesmo processo, através da interposição de recurso, seja com a propositura de nova ação, com idêntico pedido, tudo por força da chamada coisa julgada material[67]. Somente será possível a renovação do pedido caso a sentença ou acórdão tenha deixado de julgar o mérito (o pedido), transitando em julgado dessa forma, hipótese em que estará caracterizada apenas a denominada coisa julgada formal.

Contudo, a lei que regulamenta o mandado de injunção (de maneira semelhante, aliás, à prevista nas leis de regência da ação popular e da ação civil pública), traz uma exceção àquela regra geral, mencionada no parágrafo anterior, de que a coisa julgada material torna imutável e indiscutível a decisão de mérito prolatada no processo. Com efeito, conforme dispõe expressamente o artigo 9º, § 3º, da Lei 13.300/2016, "o indeferimento do pedido por insuficiência de prova não impede a renovação da impetração fundada em outros elementos probatórios".

Portanto, além da costumeira possibilidade de *renovação do pedido* em razão da ocorrência de simples coisa julgada formal (ou seja, quando a ação for julgada extinta, sem resolução de mérito), também será possível renovar-se o pedido quando a injunção (tanto individual como coletiva, já que se trata de norma geral aplicável aos dois remédios constitucionais) tiver sido julgada improcedente especificamente por ausência de provas, hipótese em que o legislador considerou desejável franquear-se ao autor nova chance para eventual acolhimento de seu pedido, em razão da relevância dos direitos constitucionais tutelados pelo mandado de injunção.

Se o pedido formulado no mandado de injunção, todavia, for rejeitado por qualquer outro fundamento (caso, por exemplo, de o autor não ser titular do direito ou garantia constitucional pleiteada na injunção), evidentemente não poderá ser renovado. Neste caso, portanto, valerá plenamente a regra da imutabilidade da coisa julgada material. Da mesma forma, não será possível falar-se em renovação da discussão da decisão proferida em sede de mandado de injunção, caso a ação constitucional tenha sido julgada procedente, e tenha transitado em julgado desta forma.

Por outro lado, a lei que regulamentou o mandado de injunção traz uma regra que prevê a possibilidade de *revisão da injunção* concedida anteriormente. Com efeito, o artigo 10, da Lei 13.300/2016, dispõe expressamente que a decisão que concedeu a injunção, sem prejuízo dos efeitos já produzidos, poderá ser revista, a pedido de qualquer interessado, quando sobrevierem relevantes modificações das circunstâncias de fato ou de direito". Temos nesta norma, portanto, a previsão legal de uma *ação revisional de injunção*.

O primeiro esclarecimento que precisamos fazer é que revisão da injunção não é a mesma coisa que renovação da injunção. Esta, como vimos na parte inicial desta seção, é a nova propositura de um mesmo pedido, já formulado em ação anterior, julgada extinta, sem resolução de mérito (sem julgamento do pedido, portanto), ou julgado improcedente exclusivamente por ausência de provas. Aquela, por sua vez, é a modificação de pedido

---

67. Código de Processo Civil, artigo 502: "Denomina-se coisa julgada material a autoridade que torna imutável e indiscutível a decisão de mérito não mais sujeita a recurso".

anteriormente formulado, e efetivamente concedido, em razão de relevantes modificações das circunstâncias de fato ou de direito, que permitam sua revisão.

Como pressuposto para o cabimento da revisão da injunção, portanto, é preciso que haja uma anterior decisão judicial, que tenha efetivamente concedido a injunção pleiteada. É preciso, ademais, que a decisão judicial concessiva da injunção tenha transitado em julgado, já que a revisional é uma verdadeira ação autônoma, como aliás nos esclarece o parágrafo único do supramencionado artigo 10, da Lei 13.300/2016, o qual dispõe expressamente que "ação de revisão observará, no que couber, o procedimento estabelecido nesta Lei".

É preciso, por fim, conforme explicitamente determinado na norma de regência (artigo 10, da Lei 13.300/2016), que tenha havido, posteriormente à concessão da injunção, "relevantes modificações das circunstâncias de fato ou de direito" que autorizem a sua revisão. Logo, não será possível falar-se em ação de revisão da injunção caso não tenha havido, posteriormente ao trânsito em julgado da ação constitucional, alguma importante alteração fática ou jurídica (como, por exemplo, ampliação ou redução do direito previsto na norma constitucional), que autorize a revisão da injunção anteriormente concedida.

Nos expressos termos do dispositivo legal que trata do assunto, a revisão da injunção poderá ser pleiteada *por qualquer interessado*, o que significa dizer que a ação revisional poderá ser proposta não só pelas partes que figuraram como autor e réu no mandado de injunção original (impetrante e impetrado), como também por qualquer terceiro que demonstre ter efetivo interesse jurídico em sua revisão, por estar sujeito aos efeitos da decisão concessiva da injunção. A primeira ação, portanto, deverá ter eficácia *ultra partes* ou *erga omnes*.

Devemos mencionar, para encerrar a análise sobre o tema, que a ação de revisão não tem o condão de alterar os efeitos até então produzidos pela decisão concessiva da injunção, transitada em julgado. Com efeito, nos expressos termos do já citado artigo 10, da Lei 13.300/2016, a revisão da injunção pode ser revista, contudo sem prejuízo dos efeitos já produzidos. Quer isso dizer, em outras palavras, que a decisão proferida em sede de ação de revisão da injunção tem eficácia *ex nunc*, ou seja, a partir da decisão, não podendo produzir eficácia retroativa (*ex tunc*).

9.28 A EDIÇÃO SUPERVENIENTE DE NORMA REGULAMENTADORA E OS EFEITOS EM RELAÇÃO À INJUNÇÃO INDIVIDUAL ANTERIORMENTE CONCEDIDA

Como vimos anteriormente, a decisão proferida em sede de mandado de injunção individual somente produzirá efeitos até o advento da norma regulamentadora. Naturalmente, no momento em que a autoridade competente editar a norma infraconstitucional necessária para conceder efetividade à norma constitucional de eficácia limitada, cessa a chamada mora legislativa, e, a partir de então, não se mostra mais possível a impetração deste remédio constitucional. É exatamente isso o que determina, aliás, o artigo 11, parágrafo único, da Lei do Mandado de Injunção[68].

Aliás, como vimos em seção precedente deste mesmo Capítulo, a jurisprudência pátria, inclusive do Supremo Tribunal Federal, já consolidou entendimento no sentido de que não será cabível a impetração do mandado de injunção individual até mesmo quando houver o simples envio, pelo Chefe do Poder Executivo, ao Parlamento correspondente, do projeto de

---

68. Lei 13.300/2016, artigo 11, parágrafo único: "Estará prejudicada a impetração se a norma regulamentadora for editada antes da decisão, caso em que o processo será extinto sem resolução de mérito".

lei objeto do mandado de injunção, uma vez que, nesta hipótese, não poderá mais ser imputada omissão do Poder Público, restando incabível, portanto, o manejo deste remédio constitucional.

E em relação a eventuais decisões que tenham concedido a injunção individual, antes da edição da norma regulamentadora: elas permanecem vigentes para os seus beneficiários, ou perdem seus efeitos? Não há dúvidas de que perdem seus efeitos. É o que nos esclarece, aliás, o artigo 11, *caput*, da Lei 13.300/2016, o qual dispõe expressamente que "a norma regulamentadora superveniente produzirá efeitos *ex nunc* em relação aos beneficiados por decisão transitada em julgado, salvo se a aplicação da norma editada lhes for mais favorável.

Quer isso dizer, em outras palavras, que, a partir da edição da norma regulamentadora, é esta quem passa a regulamentar, a partir de sua edição (com efeitos *ex nunc*, portanto), o exercício do direito, da liberdade ou da prerrogativa constitucional para todos os que forem seus titulares. Ademais, caso a norma regulamentadora seja mais favorável aos beneficiários de injunções individuais transitadas em julgado, aquela norma poderá produzir efeitos *ex tunc*, ou seja, retroativos à data da concessão das injunções individuais.

9.29 A IMPOSSIBILIDADE DE CONCESSÃO DE LIMINAR EM SEDE DE MANDADO DE INJUNÇÃO INDIVIDUAL

A lei que regulamentou o mandado de injunção não contém nenhuma regra que preveja a possibilidade de concessão de liminar em sede deste remédio constitucional. Por outro lado, seu artigo 14 dispõe expressamente que devem ser aplicadas subsidiariamente, a esta ação constitucional, as normas do mandado de segurança e do Código de Processo Civil. Cabe então uma indagação: é possível falar-se em concessão de liminar, em sede de mandado de injunção, com aplicação subsidiária do artigo 7º, inciso III, da Lei do Mandado de Segurança?

O Pretório Excelso, antes mesmo da edição da Lei 13.300/2016 (diploma legal que regulamenta o mandado de injunção, e que não contém, como vimos, nenhuma regra tratando do caso), já havia se manifestado sobre a questão, decidindo-se expressamente pela impossibilidade de tal concessão, seja de natureza cautelar, seja de natureza antecipatória. Sobre o tema, sugerimos a leitura do seguinte acórdão: AC 124 AgR, Relator Ministro Marco Aurélio, Pleno, julgado em 23.9.2004, *DJ* 12.11.2004, p. 6.

E se não é possível concessão de liminar em sede de mandado de injunção, também não há que se falar na aplicação, nesta modalidade de processo, de todas as regras constantes dos parágrafos daquele artigo 7º, da Lei do Mandado de Segurança, já que concernentes ao mesmo tema (à concessão de liminar). Não há que se falar, igualmente, da aplicação do artigo 8º, do mesmo diploma legal,[69] uma vez que referido dispositivo legal trata da perempção ou decadência da liminar, por inércia do impetrante.

9.30 DISTINÇÃO ENTRE MANDADO DE INJUNÇÃO INDIVIDUAL E AÇÃO DIRETA DE INCONSTITUCIONALIDADE POR OMISSÃO

Já tendo estudado, no Capítulo 5, as principais informações sobre a ação direta de inconstitucionalidade por omissão, e, neste, as normas constitucionais e infraconstitucionais que definem e limitam o mandado de injunção individual, já podemos traçar, nesta seção,

---

69. Lei 12.016/2009, artigo 8º: "Será decretada a perempção ou caducidade da medida liminar *ex officio* ou a requerimento do Ministério Público quando, concedida a medida, o impetrante criar obstáculo ao normal andamento do processo ou deixar de promover, por mais de 3 (três) dias úteis, os atos e as diligências que lhe cumprirem".

as principais diferenças entre essas duas ações constitucionais, as quais, muito embora com notórias semelhanças, notadamente no tocante à busca de colocar fim à chamada mora legislativa, possuem também inequívocas diferenças, que merecem ser analisadas, mesmo que de forma breve.

O mandado de injunção, como vimos aqui, tem previsão constitucional no artigo 5º, inciso LXXI, inserido no Título II da Constituição Federal, que trata dos Direitos e Garantias Fundamentais. Já a ação direta de inconstitucionalidade por omissão, ao seu turno, encontra-se no Título IV, de nossa Lei Maior, que tem por objeto a chamada Organização dos Poderes, mais especificamente no Capítulo concernente ao Poder Judiciário (Capítulo III), no artigo 103, § 2º.

Muito embora ambas as ações constitucionais tenham por objeto, nunca é demais insistir, a supressão da chamada mora legislativa, ou seja, de omissões quanto à edição de normas infraconstitucionais que promovam a efetividade das normas constitucionais não autoexecutáveis (normas constitucionais de eficácia limitada), a verdade é que o objeto do mandado de injunção é inequivocamente mais restrito que o da ação direta de inconstitucionalidade por omissão.

Com efeito, nos termos do supramencionado artigo 5º, inciso LXXI, da Constituição Federal, o mandado de injunção individual somente será cabível nas hipóteses ali previstas, ou seja, quando houver falta de norma regulamentadora que torne inviável o exercício dos direitos e liberdades constitucionais e das prerrogativas inerentes à nacionalidade, à soberania e à cidadania.

Já no tocante à ação direta de inconstitucionalidade por omissão, esta ação constitucional pertencente ao chamado controle concentrado de constitucionalidade (ou controle abstrato) será cabível para a supressão de *qualquer tipo de omissão*, desde que, naturalmente, relativa à atuação do Poder Público ou à edição de leis infraconstitucionais (normas regulamentadoras) que tragam aplicabilidade a normas constitucionais de eficácia limitada (ou seja, normas constitucionais não autoaplicáveis).

Conforme demonstrado supra, o mandado de injunção individual poderá ser impetrado por qualquer pessoa, natural ou jurídica, que se veja impedida de exercer direitos e garantias constitucionais, bem como as prerrogativas inerentes à nacionalidade, soberania e cidadania. A ação direta de inconstitucionalidade, por sua vez, só poderá ser proposta exclusivamente pelas pessoas indicadas no artigo 103, *caput*, da Constituição Federal[70].

A competência para o julgamento do mandado de injunção, como vimos em seção específica deste Capítulo, é conferida a diversos órgãos do Poder Judiciário, dependendo da autoridade ou do órgão a quem for imputada a omissão normativa. Poderão ser competentes, por exemplo, o Supremo Tribunal Federal (artigo 102, inciso I, alínea *q*), o Superior Tribunal de Justiça (artigo 105, I, *h*) e até mesmo juízes de primeiro grau. Já a ação direta de inconstitucionalidade por omissão, somente poderá ser julgada pelo Supremo Tribunal Federal (artigo 102, I, *a*), já que se trata de uma das ações constitucionais do controle concentrado de constitucionalidade.

---

70. Constituição Federal, artigo 103: "Podem propor a ação direta de inconstitucionalidade e a ação declaratória de constitucionalidade: I – o Presidente da República; II – a Mesa do Senado Federal; III – a Mesa da Câmara dos Deputados; IV – a Mesa de Assembleia Legislativa ou da Câmara Legislativa do Distrito Federal; V – o Governador de Estado ou do Distrito Federal; VI – o Procurador-Geral da República; VII – o Conselho Federal da Ordem dos Advogados do Brasil; VIII – partido político com representação no Congresso Nacional; IX – confederação sindical ou entidade de classe de âmbito nacional".

Por fim, no que respeita à natureza e eficácia da decisão proferida em sede de mandado de injunção individual e de ação direta de inconstitucionalidade por omissão, esta última sempre terá natureza declaratória, tendo por único objetivo dar ciência ao Poder competente sobre a existência daquela omissão, exortando-o a supri-la, salvo se se tratar de autoridade administrativa, hipótese em que esta deverá suprir a omissão no prazo de 30 (trinta) dias[71].

Já no tocante ao mandado de injunção individual, além da natureza declaratória (da mora legislativa), a decisão judicial também poderá ter natureza constitutiva, viabilizando o exercício do direito constitucional, caso o poder competente não edite a norma regulamentadora no prazo fixado pelo órgão jurisdicional, ou caso haja comprovação de que o impetrado já deixou de atender, em mandado de injunção anterior, o prazo estabelecido para a edição da norma infraconstitucional.

Quanto à eficácia da decisão judicial proferida em sede de mandado de injunção individual, esta será limitada às partes litigantes (eficácia *inter partes*), produzindo efeitos até o advento da norma regulamentadora, podendo, contudo, ser-lhe conferida eficácia *ultra partes* ou *erga omnes*, quando isso for inerente ou indispensável ao exercício do direito, da liberdade ou da prerrogativa objeto da impetração.

9.31 PRINCIPAIS REGRAS PROCEDIMENTAIS SOBRE O MANDADO DE INJUNÇÃO INDIVIDUAL

A petição inicial deverá preencher os requisitos estabelecidos pela lei processual (por exemplo, os fixados pelos artigos 319 e 320, do Código de Processo Civil). A despeito de o mandado de injunção dever ser impetrado, como vimos, contra a autoridade ou o órgão omisso, e não contra a pessoa jurídica a que pertence ou estiver vinculado, a petição inicial também deverá indicar esta última. Quando não for transmitida por meio eletrônico, a petição inicial e os documentos que a instruem serão acompanhados de tantas vias quantos forem os impetrados.

Quando o documento necessário à prova do alegado encontrar-se em repartição ou estabelecimento público, em poder de autoridade ou de terceiro, havendo recusa em fornecê-lo por certidão, no original, ou em cópia autêntica, será ordenada, a pedido do impetrante, a exibição do documento no prazo de 10 (dez) dias, devendo, nesse caso, ser juntada cópia à segunda via da petição. Se a recusa em fornecer o documento, contudo, for do próprio impetrado, a ordem será feita no próprio instrumento da notificação.

Recebida a petição inicial, será ordenada: (a) a notificação do impetrado sobre o conteúdo da petição inicial, devendo-lhe ser enviada a segunda via apresentada com as cópias dos documentos, a fim de que, no prazo de 10 (dez) dias, preste informações; e (b) a ciência do ajuizamento da ação ao órgão de representação judicial da pessoa jurídica interessada, devendo ser-lhe enviada cópia da petição inicial, para que, querendo, ingresse no feito.

De maneira semelhante ao que se dá com o mandado de segurança, caso haja apresentação intempestiva das informações, ou mesmo ausência de sua apresentação, pela autoridade ou órgão impetrado, tal circunstância não importa na produção dos normais efeitos da revelia (presunção de verossimilhança dos fatos alegados pelo impetrante), já

---

71. Quer isso dizer, em outras palavras, que tanto o Poder Legislativo quanto o Poder Executivo não são obrigados a suprir referida omissão, através da imediata edição da norma regulamentadora ou de atuação estatal.

que a omissão do Poder Público em regulamentar o direito ou garantia constitucional deve restar inequivocamente demonstrada.

A petição inicial do mandado de injunção individual será desde logo indeferida quando a impetração for manifestamente incabível ou manifestamente improcedente. Seria caso de indeferimento da petição inicial, por exemplo, a utilização deste remédio constitucional para obtenção de certidões de órgãos públicos, o que ensejaria a impetração de mandado de segurança, e não de mandado de injunção.

Do indeferimento da petição inicial, caso tenha sido decidido por um juiz de primeiro grau (caso, por exemplo, de omissão de uma autoridade administrativa em regulamentar uma norma infraconstitucional que conferiu aplicabilidade a uma norma constitucional de eficácia limitada), caberá apelação. Caso a competência para processo e julgamento do mandado de injunção caiba originariamente a um tribunal, caberá agravo da decisão do relator que o indeferir, dirigido ao órgão competente do tribunal a que ele pertença (artigo 6º, parágrafo único, da Lei 13.300/2016).

Nos expressos termos do artigo 14, da Lei 13.300/2016, aplicam-se subsidiariamente ao mandado de injunção (individual e coletivo) as normas do mandado de segurança (Lei 12.016/2009) e do Código de Processo Civil. Por esta razão, será denegada a injunção nos casos em que o juiz deve julgar extinto o processo, sem resolução de mérito, conforme previsto no artigo 485, do Código de Processo Civil[72].

Pela mesma razão, o impetrante poderá desistir do prosseguimento do mandado de injunção, mesmo após a notificação da autoridade impetrada, e independentemente de esta concordar com tal desistência, como exige o Código de Processo Civil, em seu artigo 485, § 4º, para a generalidade das ações, uma vez que, como veremos melhor logo em seguida, não há condenação em honorários advocatícios em sede de mandado de injunção, por força da aplicação do artigo 25, da Lei 12.016/2009.

Também no que diz respeito ao mandado de injunção, o Ministério Público deverá opinar no feito, na condição de fiscal da ordem jurídica, no prazo improrrogável de 10 (dez) dias (artigo 7º, da Lei 13.300/2016). Com ou sem o parecer do *parquet*, os autos serão conclusos para decisão. Muito embora não explicitado na lei de regência, a decisão sobre o mérito da injunção deverá ser proferida em 30 (trinta) dias, conforme determina, em caráter expresso e inequívoco, o artigo 12, parágrafo único, da Lei do Mandado de Segurança (Lei 12.016/2009).

Da sentença do juiz de primeiro grau que denegar ou conceder a injunção, como vimos, caberá apelação (artigo 14, Lei 12.016/2009 e artigo 1.009 do Código de Processo Civil). Procedente o mandado de injunção, a sentença estará obrigatoriamente sujeita ao duplo grau de jurisdição. Graças à aplicação da Lei do Mandado de Segurança, o direito de recorrer também deve ser facultado à autoridade apontada como omissa no dever de legislar (artigo 14, § 2º, da Lei 12.016/2009). Naturalmente, havendo obscuridade, contradição, omissão ou erro material no julgado, caberão embargos de declaração (artigo 1.022, do Código de Processo Civil).

Nos casos de competência originária dos tribunais, caberá ao relator a instrução do processo, sendo assegurada a defesa oral na sessão de julgamento (a chamada sustentação

---

72. É o caso, por exemplo, de ausência de pressupostos de constituição e desenvolvimento regular do processo, de legitimidade ou de interesse processual. Neste caso, por não ter havido o exame do mérito, naturalmente será possível a impetração de novo mandado de injunção, com o mesmo pedido.

oral). Não se aplica plenamente ao procedimento do mandado de injunção, contudo, as normas do artigo 16 e parágrafo único, da Lei do Mandado de Segurança[73], uma vez que, conforme entendimento do Pretório Excelso, *não cabe concessão de liminar ou de antecipação de tutela em mandado de injunção*. Somente será cabível tal recurso, portanto, caso haja eventual concessão de liminar, pelo relator.[74]

Da mesma forma que se dá com o mandado de segurança (artigo 25, da Lei 12.016/2009), não cabe a condenação do sucumbente em honorários advocatícios em sede de mandado de injunção individual. A lei ressalva, contudo, a possibilidade de aplicação de sanções no caso de litigância de má-fé, que podem ser dirigidas não só ao impetrante do mandado de injunção, como também a todos os que tenham atuado no feito.

9.32 *HABEAS DATA*

O instituto do *habeas data* foi criado pela Constituição Federal de 1988, e está previsto no artigo 5º, inciso LXXII, nos seguintes termos: "conceder-se-á *habeas data*: a) para assegurar o conhecimento de informações relativas à pessoa do impetrante, constantes de registros ou bancos de dados de entidades governamentais ou de caráter público; e b) para a retificação de dados, quando não se prefira fazê-lo por processo sigiloso, judicial ou administrativo".

Referido remédio constitucional, que consiste em uma das garantias instrumentais estabelecidas pela Constituição de 1988, tem por finalidade precípua a proteção da dignidade da pessoa humana, prevista no artigo 1º, inciso III, da Constituição Federal, bem como da intimidade, da vida privada, da honra e da imagem da pessoa, conforme artigo 5º, inciso X, da Carta Magna,[75] contra eventual abuso existente em informações constantes de bancos de dados governamentais ou de caráter público.

A inviolabilidade da intimidade, da vida privada, da honra e da imagem, consagrada pela Lei Maior, tem por titulares não só as pessoas naturais, como também as pessoas jurídicas, as quais, por terem personalidade jurídica reconhecida pelo ordenamento jurídico vigente (artigo 45, do Código Civil),[76] são dotadas de honra objetiva, como reconhecem nossos tribunais.

Como já estudamos no Capítulo 8 deste livro, os conceitos de intimidade e vida privada, embora muito próximos, não são coincidentes. Conforme lição de Rodrigo César Rebello Pinho,[77] intimidade "é o direito de estar só, de não ser perturbado em sua vida particular"; vida privada, por sua vez, "é o relacionamento de uma pessoa com seus familiares e amigos, o oposto da vida pública, isto é, a que se vive no recesso do lar e em locais fechados".

---

73. Lei 12.016/2009, artigo 16: "Nos casos de competência originária dos tribunais, caberá ao relator a instrução do processo, sendo assegurada a defesa oral na sessão do julgamento. Parágrafo único. Da decisão do relator que conceder ou denegar a medida liminar caberá agravo ao órgão competente do tribunal que integre".
74. Nestes termos, por exemplo, é o entendimento de Elpídio Donizetti: "Não obstante a lei do mandado de segurança (Lei 12.016/09) prever a possibilidade, no art. 7º, § 1º, de interposição de agravo de instrumento contra decisão que conceder ou denegar o pedido liminar, esse recurso somente será viável quando a liminar for concedida. É que o STF considera incabível o deferimento de liminar ou antecipação de tutela em sede de mandado de injunção". *Op. cit.*, p. 126.
75. Constituição Federal, artigo 5º, inciso X: "São invioláveis a intimidade, a vida privada, a honra e a imagem das pessoas, assegurado o direito à indenização pelo dano material ou moral decorrente de sua violação".
76. Código Civil, artigo 45: "Começa a existência legal das pessoas jurídicas de direito privado com a inscrição do ato constitutivo no respectivo registro, precedida, quando necessário, de autorização ou aprovação do Poder Executivo, averbando-se no registro todas as alterações por que passar o ato constitutivo".
77. *Teoria geral da constituição e direitos fundamentais*. 4. ed. rev. Saraiva, v. 17, p. 105. (Coleção Sinopses Jurídicas).

Dos conceitos acima formulados, podemos perceber facilmente que a intimidade é mais restrita que a vida privada, uma vez que a primeira diz respeito àquilo que é íntimo à própria pessoa (como seus desejos, seus pensamentos, suas convicções, seus segredos e até mesmo seus relacionamentos afetivo-sexuais), ao passo que a segunda também inclui os relacionamentos daquela pessoa com os demais, que lhe são próximos.

Honra, por sua vez, é um atributo da personalidade, que pode significar a própria autoestima, o julgamento que a pessoa tem de si própria, hipótese em que é denominada *honra subjetiva*, como também a reputação que referida pessoa goza diante da sociedade, modalidade denominada *honra objetiva*. Imagem, por fim, também pode comportar 2 (dois) sentidos: num primeiro, refere-se à *imagem física* da pessoa, que pode ser fotografada e filmada; num segundo sentido, diz respeito aos atributos daquela mesma pessoa, ao conjunto de *atributos morais* que o meio social lhe confere.

Dessa forma, em síntese conclusiva, podemos afirmar que o *habeas data* tem por objetivo precípuo não apenas o simples acesso a informações pessoais do impetrante, constantes de bancos de dados governamentais ou de caráter público, para conhecimento e eventual retificação ou justificação. Mais que isso, destina-se à proteção da própria dignidade humana, ao garantir salvaguarda ao indivíduo contra eventual abuso existente naquelas informações, que violem o direito de proteção à sua intimidade, à sua vida privada, à sua honra e à sua imagem.

O direito de acesso a informações e a disciplina do rito processual do *habeas data* já se encontram regulamentados pela Lei 9.507, de 12 de novembro de 1997, a qual adotou um procedimento semelhante ao do mandado de segurança, inclusive no que se refere à necessidade da comprovação prévia da recusa do acesso às informações ou de sua retificação, da notificação do coator para apresentar informações em 10 (dez) dias e da necessidade de oitiva do Ministério Público, como fiscal da ordem jurídica.

9.33 HIPÓTESES DE CABIMENTO DO *HABEAS DATA*

Referido instituto, como vimos da transcrição do dispositivo constitucional que o prevê (artigo 5º, inciso LXXII), tem por objetivo dar conhecimento e/ou retificar informações relativas à pessoa do próprio impetrante, constantes de registro ou de banco de dados, tanto de entidades governamentais, como de entidades privadas, desde que tenham caráter público.

Vê-se, portanto, que a Constituição de 1988 conferiu ao *habeas data* 2 (duas) finalidades específicas: a primeira, conferir à pessoa do impetrante a possibilidade de se valer do Poder Judiciário para ter acesso a informações suas, constantes de registros ou banco de dados de entidades públicas ou de caráter público; a segunda, a correção de informações que não se mostrarem corretas, ou que sejam ilegais.

Contudo, além daquelas hipóteses previstas na Constituição Federal, a lei que regulamenta o direito de acesso a informações e que estabelece o rito do *habeas data* (Lei 9.507/1997), em seu artigo 7º, inciso III, instituiu mais uma hipótese de cabimento deste remédio constitucional: para anotação, nos assentos do interessado, de contestação ou explicação sobre dado verdadeiro, mas justificável, e que esteja sob pendência judicial ou amigável.

Luiz Alberto David Araujo e Vidal Serrano Nunes Júnior[78] lembram-nos de que o direito de retificação existe mesmo em face de eventual informação verdadeira, desde que

---
78. *Op. cit.*, p. 231.

esta implique violação à lei ou à Constituição. Os autores citam, como exemplo desse caso, a hipótese de informação que, muito embora verdadeira, viole a intimidade do respectivo titular, por explicitar aspectos relativos à orientação sexual deste último.

Da simples leitura da norma constitucional, pode-se perceber que os *registros ou bancos de dados* acessados pelo impetrante do *habeas data* não são apenas os de *entidades governamentais*, ou seja, de entidades com personalidade de direito público, como os constantes de registros policiais ou da Receita Federal, por exemplo.

Dizem respeito também aos registros ou bancos de dados de "caráter público", ou seja, de entidades privadas, desde que possuam caráter público, seja por não serem de uso privativo da entidade produtora ou depositária das informações, seja por poderem ser transmitidas a terceiros[79]. É o caso, por exemplo, das informações guardadas pelo Serviço de Proteção ao Crédito (SPC) e também pelo Serasa.

É importante esclarecermos, nesta oportunidade, que os direitos protegidos pelo *habeas data* não se confundem com a hipótese prevista no artigo 5º, inciso XXXIII, da Carta Magna, que confere às pessoas o direito de receber dos órgãos públicos informações de seu interesse particular, ou de interesse coletivo ou geral, ressalvadas aquelas cujo sigilo seja imprescindível à segurança da sociedade e do Estado.

Com efeito, as informações relativas ao *habeas data*, obtidas sempre pela via judicial, *são sempre concernentes à própria pessoa do impetrante*, e estão em registros ou banco de dados públicos ou de caráter público, ao passo que as mencionadas no inciso supramencionado, *são solicitadas pela via administrativa e se referem a quaisquer informações de interesse particular (mesmo que não relativas ao próprio interessado) ou de interesse coletivo ou geral, possuindo, portanto, conteúdo mais amplo*.

No caso de negativa do poder público em fornecer as informações de interesse particular (mas não do próprio interessado), ou de interesse coletivo ou geral, o remédio constitucional adequado a corrigir tal ilegalidade é o mandado de segurança (e não o *habeas data*), que somente não será concedido no caso de informações "cujo sigilo seja imprescindível à segurança da sociedade e do Estado".

Aliás, as informações obtidas por meio de *habeas data* não estão sujeitas a qualquer espécie de sigilo relativamente à própria pessoa do impetrante, notadamente em razão de não haver qualquer restrição à obtenção de tais informações, no inciso que garante o direito ao *habeas data* (artigo 5º, inciso LXXII, da Constituição Federal). Nesse sentido, por exemplo, é a lição de Manoel Gonçalves Ferreira Filho:[80]

> *"As informações que se podem obter do Poder Público aqui tratadas são de caráter geral, concernentes às atividades múltiplas dos órgãos governamentais, e, portanto, justificam a ressalva imposta. Trata-se do direito à informação tão somente. Aquelas que se pretendem obter mediante impetração de habeas data dizem respeito a dados relativos à pessoa do requerente que, obviamente, não admitem segredo com relação a ele".*

É imperioso ressaltar, contudo, que esse entendimento, muito embora francamente majoritário, não é unânime na doutrina, havendo quem entenda que a restrição contida no supramencionado artigo 5º, inciso XXXIII, da Constituição de 1988, que limita o acesso a informações quando o sigilo seja imprescindível à segurança da sociedade e do Estado (em

---

79. É que dispõe expressamente o artigo 1º, parágrafo único, da Lei do *Habeas Data*, que dispõe considerar-se de caráter público "todo registro ou banco de dados contendo informações que sejam ou que possam ser transmitidas a terceiros ou que não sejam de uso privativo do órgão ou entidade produtora ou depositária das informações".
80. *Op. cit.*, p. 331.

síntese, à segurança nacional), também se aplica para as informações do próprio interessado, pleiteadas por meio de *habeas data*.

O entendimento mencionado no parágrafo anterior, ao que tudo indica, foi o adotado pelo Poder Executivo, ao vetar o artigo 1º, *caput*, da Lei 9.507/1997.[81] Segundo a exposição de motivos, aquele dispositivo legal foi vetado justamente porque não estabelecia "qualquer sorte de ressalva às hipóteses em que o sigilo afigura-se imprescindível à segurança do Estado e da sociedade, conforme determina a própria Constituição (art. 5º, XXXIII)".

Contudo, o nosso entendimento pessoal, nunca é demais insistir, é no sentido de que a restrição contida na parte final do artigo 5º, inciso XXXIII, da Carta Magna, que permite a não apresentação de informações relacionadas com a segurança da sociedade e do Estado, aplica-se apenas a terceiros interessados em obter aquele tipo de informação, não se aplicando, portanto, à pessoa do próprio impetrante do *habeas data*.

Muito embora igualmente respeitável, notadamente levando-se em conta que os direitos e garantias fundamentais não são absolutos, e, sobretudo, que tal restrição está prevista no próprio texto constitucional, parece-me que o outro entendimento, com o devido respeito, é mais apropriado a regimes de exceção, e não em um regime democrático, de ampla proteção do indivíduo contra eventuais arbitrariedades praticadas pelo Estado, ou por quem lhe faça as vezes.

Por fim, vale mencionar que também não se deve confundir com o direito de obter informações por meio de *habeas data* com o direito à obtenção de certidões, em repartições públicas (obtidas pela via administrativa, portanto), para a defesa de direitos e esclarecimentos de situações de interesse geral. Também nessa hipótese, a recusa injustificada do Poder Público em fornecê-las soluciona-se com impetração de mandado de segurança, e não de *habeas data*.

HIPÓTESES DE CABIMENTO DO *HABEAS DATA*

– Para conferir à pessoa do impetrante a possibilidade de se valer do Poder Judiciário para ter acesso a informações suas, constantes de registros ou banco de dados governamentais ou de caráter público.

– Para a correção de informações do próprio impetrante, constantes de registros ou banco de dados governamentais ou de caráter público, que não sejam corretas, ou que sejam ilegais.

– Para anotação, nos assentos do interessado, de contestação ou explicação sobre dado verdadeiro, mas justificável, e que esteja sob pendência judicial ou amigável.

– Os registros ou bancos de dados não são apenas os públicos (caso de registros policiais); dizem respeito, igualmente, a cadastros privados, desde que possuam caráter público (caso do SPC e do Serasa).

9.34 LEGITIMAÇÃO ATIVA E PASSIVA DO *HABEAS DATA*

Esse remédio constitucional pode ser impetrado por qualquer pessoa, tanto natural quanto jurídica, seja nacional seja estrangeira, por alguns órgãos públicos com capacidade processual, além de outros entes despersonalizados com capacidade processual (caso do espólio e da massa falida), *desde que relativo a informações do próprio impetrante*.

Aliás, justamente por dever ser informações do próprio impetrante, e não de terceiros, o que confere caráter personalíssimo ao remédio constitucional ora em estudo, parte da doutrina afirma, de maneira expressa e categórica, que o *habeas data* não pode ser concedi-

---

81. Lei 9.507/1997, artigo 1º: "Toda pessoa tem o direito de acesso a informações relativas à sua pessoa, constantes de registro ou banco de dados de entidades governamentais ou de caráter público".

do sequer ao cônjuge ou familiares do interessado, sob pena de violação da intimidade, da vida privada, da honra ou da imagem do indivíduo, o que violaria o artigo 5º, inciso X, da Constituição Federal vigente.

Outros, contudo, a despeito de reconhecerem o caráter personalíssimo desta ação constitucional, não olvidam que os direitos e garantias constitucionais não são absolutos, razão pela qual, com fundamento nos já estudados princípios da razoabilidade/proporcionalidade, entendem que o cônjuge supérstite ou sucessores do interessado falecido, por exceção, podem sim valer-se do *habeas data*, nos termos previstos pela Carta Magna, desde que haja uma fundada razão para tanto.

Particularmente no que diz respeito aos órgãos governamentais (públicos), valem aqui as mesmas ponderações que formulamos, quando estudamos o mandado de segurança. Eles não têm personalidade jurídica. Quem a possui é a pessoa jurídica de direito público a que estão vinculados. Contudo, parte da doutrina e da jurisprudência entende que referidos órgãos públicos, quando dotados de capacidade processual, *poderão impetrar o habeas data*. É o caso, por exemplo, das Mesas das Casas Legislativas.

A legitimidade das pessoas jurídicas, em nosso entender, é manifesta e inequívoca, tendo em vista que o ordenamento jurídico pátrio confere personalidade jurídica àquelas entidades, como, aliás, já demonstramos anteriormente, razão pela qual lhes é garantida a proteção a direitos personalíssimos seus, como, por exemplo, o direito à imagem e à honra.

Tendo em vista que referido remédio tem por escopo dar conhecimento e/ou retificar informações constantes de registro ou de banco de dados, tanto de entidades governamentais, como de particulares que tenham caráter público (que podem ser transmitidas a terceiros), são justamente tais entidades que podem ser sujeitos passivos do *habeas data*, desde que, evidentemente, possuam informações relativas ao impetrante.

Assim, poderão ser *sujeitos passivos* do *habeas data* os diversos órgãos governamentais da chamada Administração Pública direta (caso, por exemplo, da Presidência da República e dos Ministérios), das pessoas jurídicas de direito público que compõem a denominada Administração Pública indireta (autarquias e fundações públicas), além de órgãos do Poder Legislativo (caso do Congresso Nacional e Assembleias Legislativas), do Poder Judiciário, dos Tribunais de Contas e dos diversos Ministérios Públicos, tanto da União como dos Estados e do Distrito Federal e Territórios.

Podem ser sujeitos passivos deste remédio constitucional, ademais, pessoas jurídicas de direito privado que prestem atividades de interesse público, como, por exemplo, o serviço de proteção ao crédito (SPC), o serviços de informações bancárias (Serasa), e até mesmo o denominado serviço de "Telecheque", desde que, naturalmente, possuam informações do impetrado, e que referidas informações tenham caráter público, que possam ser transmitidas a terceiros, ou que não sejam de uso exclusivo da própria entidade depositária das informações.

LEGITIMAÇÃO ATIVA E PASSIVA EM *HABEAS DATA*

– Pode ser sujeito ativo do *habeas data* qualquer pessoa, tanto natural quanto jurídica, seja nacional seja estrangeira, alguns órgãos públicos com capacidade processual, além de outros entes despersonalizados com capacidade processual (caso do espólio e da massa falida), desde que relativo a informações do próprio impetrante.

– Tendo em vista que referido remédio tem por escopo dar conhecimento e/ou retificar informações constantes de registro ou de banco de dados, tanto de entidades governamentais, como de particulares que tenham caráter público, são justamente tais entidades que podem ser sujeitos passivos do *habeas data*.

9.35 COMPETÊNCIA EM SEDE DE *HABEAS DATA*

Estudadas as hipóteses de cabimento e também a legitimação ativa e passiva do *habeas data*, cabe-nos enumerar, nesta seção, as diversas competências jurisdicionais, fixadas pelo ordenamento jurídico vigente, para o julgamento desse remédio constitucional. Referidas competências são fixadas, de maneira semelhante ao que se dá no caso do mandado de segurança, em conformidade com a autoridade apontada como coatora.

No caso de a autoridade coatora ser o presidente da República, as Mesas da Câmara dos Deputados e do Senado Federal, o Tribunal de Contas da União, o procurador-geral da República e o próprio Pretório Excelso, a competência originária para julgamento será do Supremo Tribunal Federal (artigo 102, inciso I, alínea *d*, da Constituição Federal). A competência será da Corte Suprema, ainda, para julgar, em recurso ordinário, o *habeas data* decidido em única instância pelos Tribunais Superiores, se denegatória a decisão (artigo 102, inciso II, alínea *a*, da Carta Magna).

Será caso de competência originária do Superior Tribunal de Justiça (STJ) no caso de ato de Ministro de Estado, dos Comandantes da Marinha, do Exército e da Aeronáutica, ou do próprio Tribunal (artigo 105, inciso I, alínea *b*, de nossa Lei Maior).

Aos Tribunais Regionais Federais cabe julgar, originariamente, os *habeas data* contra ato de juiz federal ou do próprio Tribunal (artigo 108, inciso I, alínea *c*, da Carta Magna). Aos juízes federais, por sua vez, cabe processar e julgar os *habeas data* contra ato de autoridade federal, excetuados os casos de competência dos Tribunais Regionais Federais (artigo 109, inciso VIII, da Constituição Federal).

A última competência explicitada pela Constituição Federal está prevista no artigo 114, inciso IV, este introduzido pela Emenda Constitucional 45/2004, que confere à Justiça do Trabalho a competência para o processo e o julgamento do *habeas data* quando o ato questionado envolver matéria sujeita à sua jurisdição.

A Lei 9.507/1997, por sua vez, dispõe que o julgamento do *habeas data* compete, originariamente, aos Tribunais Estaduais (e, naturalmente, ao Tribunal de Justiça do Distrito Federal e Territórios), segundo o disposto na Constituição do respectivo Estado ou na Lei Orgânica do Distrito Federal (artigo 20, inciso I, alínea *e*). Compete originariamente ao juiz estadual (de direito), nos demais casos (artigo 20, inciso I, alínea *f*).

O mesmo artigo 20 da lei de regência, só que em seu inciso II, estabelece a competência para julgamento do *habeas data*, em grau de recurso, aos Tribunais de Justiça dos Estados e ao Tribunal de Justiça do Distrito Federal e Territórios, conforme dispuserem as respectivas constituições e lei orgânica.

9.36 PRINCIPAIS REGRAS PROCEDIMENTAIS DO *HABEAS DATA*

Conforme já mencionamos, o *habeas data* foi regulamentado pela Lei 9.507, de 12 de novembro de 1997, a qual, nos expressos termos de seu preâmbulo, regula o direito de acesso a informações e disciplina o rito processual do remédio constitucional ora em estudo. Vê-se, portanto, que referida lei trata, dentre outros temas, do procedimento (do rito específico) do *habeas data*.

A título de informação, vale mencionar que, antes da edição da Lei 9.507/1997, a regulamentação do *habeas data*, no tocante às normas procedimentais, era feita por meio da aplicação da legislação do mandado de segurança individual, tudo como determinava o artigo 24, parágrafo único, da Lei 8.038, de 28 de maio de 1990.[82]

A lei do *habeas data* estabeleceu que o interessado em obter e/ou retificar informações pessoais, constantes de registros ou banco de dados de entidades governamentais ou de caráter público, deve submeter-se, em caráter prévio e obrigatório, a um procedimento administrativo, fixado pela Lei 9.507/1997, em seus artigos iniciais.

Essa obrigatoriedade, estabelecida pela lei, de submissão a um procedimento administrativo prévio, é veementemente combatida pela doutrina, seja porque não prevista na norma constitucional que instituiu o *habeas corpus*, seja porque poderia resultar, em alguns casos, em ofensa ao princípio da inafastabilidade da tutela jurisdicional.

Contudo, a verdade é que o próprio Plenário do Supremo Tribunal Federal já se decidiu pela obrigatoriedade daquele procedimento administrativo prévio, ressaltando que a prova do anterior indeferimento do pedido de informação de dados pessoais, ou da omissão em atendê-lo, constitui requisito indispensável para que se concretize o interesse de agir no *habeas data*.[83]

Nos termos do artigo 2º, da Lei 9.507/1997, o interessado deverá apresentar requerimento ao órgão ou entidade depositária do registro ou banco de dados, o qual será deferido ou indeferido no prazo de 48 (quarenta e oito) horas. A decisão será comunicada ao requerente em 24 (vinte e quatro) horas (artigo 2º, parágrafo único).

Tal requerimento, a toda evidência, poderá ser feito até mesmo por carta, não necessitando observar os requisitos estabelecidos para a elaboração de uma petição inicial, fixados pelos artigos 319 e 320, do Código de Processo Civil, uma vez que se trata de mero pedido administrativo, e não de uma ação judicial.

Ao deferir o pedido, o depositário do registro ou do banco de dados marcará dia e hora para que o requerente tome conhecimento das informações. É o que determina o artigo 3º, da Lei 9.507/1997. Já o artigo 4º da lei, por sua vez, dispõe que, constatada eventual inexatidão de qualquer dado a seu respeito, o interessado poderá requerer sua retificação, em petição acompanhada de documentos comprobatórios.

Feita a retificação em, no máximo, 10 (dez) dias após a entrada do requerimento, a entidade ou órgão depositário do registro ou da informação dará ciência ao interessado (artigo 4º, § 1º). Ainda que não se constate a inexatidão do dado, se o interessado apresentar explicação ou contestação sobre ele, justificando possível pendência sobre o fato objeto do dado, tal explicação será anotada no cadastro do interessado (artigo 4º, § 2º).

Conforme artigo 8º, *caput*, da Lei do Habeas Data, a petição inicial, que deverá preencher os requisitos dos artigos 282 a 285, do Código de Processo Civil de 1973 (artigos 319 a 321, do Código de Processo Civil de 2015), será apresentada em 2 (duas) vias, e os documentos que instruírem a primeira serão reproduzidos por cópia na segunda. Referida regra, como se pode perceber facilmente, é de todo semelhante àquela fixada pelo artigo 6º, da Lei 12.016/2009, que regulamenta o mandado de segurança.

Nos termos do parágrafo único, do supramencionado artigo 8º, da lei do *habeas data*, a impetração do remédio constitucional fica condicionada ao requerimento extrajudicial prévio das informações, retificações ou inserção de justificativas, uma vez que a petição

---

82. Lei 8.038/1990, artigo 24, parágrafo único: "No mandado de injunção e no *habeas data*, serão observadas, no que couber, as normas do mandado de segurança, enquanto não editada legislação específica".
83. Vide: Supremo Tribunal Federal, Pleno, Recurso em *Habeas Data* 22-8/DF, relator ministro Celso de Mello, in *JSTF-Lex*, 204:57.

inicial deverá vir instruída com a prova da recusa do acesso ou retificação das informações solicitadas.

Caso o impetrante não comprove, no momento da propositura da ação, a recusa do impetrado ao acesso, retificação ou inclusão de justificativa previamente solicitada pelo impetrante, estaremos, como já mencionamos anteriormente, diante de hipótese de falta de interesse de agir, que resultará, forçosamente, no indeferimento da inicial, pelo juiz do feito.

Segundo artigo 9º, da Lei 9.507/1997, "ao despachar a inicial, o juiz ordenará que se notifique o coator do conteúdo da petição, entregando-lhe a segunda via apresentada pelo impetrante, com as cópias dos documentos, a fim de que, no prazo de 10 (dez) dias, preste as informações que julgar necessárias". Regra semelhante, como vimos, está prevista na nova Lei do Mandado de Segurança (artigo 7º, inciso I, da Lei 12.016/2009).

Feita a notificação do impetrado, o serventuário, em cujo cartório ou secretaria corra o processo do *habeas data*, deverá juntar aos autos cópia autêntica do ofício endereçado ao suposto coator, bem como a prova da sua entrega a este último ou da recusa, seja de recebê-lo, seja de dar recibo. É o que determina o artigo 11, da Lei 9.507/1997.

O artigo 10, *caput*, da Lei 9.507/1997, dispõe que a petição inicial será desde logo indeferida, quando não for o caso de *habeas data*, ou se lhe faltar algum dos requisitos previstos naquela lei. Será caso de indeferimento liminar do *habeas data*, por exemplo, a utilização do remédio constitucional em estudo para obtenção de informações que não sejam do próprio impetrante, ou quando não acompanhado da prova da recusa do acesso, da retificação das informações solicitadas ou da inclusão da anotação da justificativa.

Muito embora não explicitado na lei, não há dúvidas de que a petição inicial do *habeas data* também deverá ser indeferida nos casos previstos no artigo 485, do Código de Processo Civil. Ali estão consignadas, como se sabe, as hipóteses em que o juiz não resolverá o mérito. É o caso, por exemplo, de ausência de algum dos pressupostos de constituição e desenvolvimento regular do processo, como, por exemplo, da falta de capacidade postulatória do impetrante, em razão da ausência de instrumento de mandato (procuração) a um advogado.

Nos termos do artigo 10, parágrafo único, da Lei 9.507/1997, caberá recurso de apelação da decisão que indeferir a petição inicial do *habeas data*. Por sua vez, o artigo 12, da mesma lei, determina que, após o prazo para prestação de informações por parte do impetrado, o Ministério Público deverá ser obrigatoriamente ouvido, no prazo de 5 (cinco) dias[84]. A jurisprudência entende que a oitiva ministerial, antes da prolação da sentença, é obrigatória, sob pena de nulidade do processo.

Conforme preconiza o artigo 13, da lei de regência, se julgar procedente o pedido, o juiz marcará dia e horário para que, conforme o caso, o coator: apresente ao impetrante as informações a seu respeito, constantes de registros ou banco de dados; ou apresente em juízo a prova da retificação ou da anotação feita nos assentamentos do impetrante.

Referida decisão, nos termos do artigo 14, da Lei 9.507/1997, será comunicada ao coator, por correio, com aviso de recebimento, ou por telegrama, radiograma ou telefonema, conforme o requerer o impetrante. Os originais, no caso de transmissão telegráfica, radiofônica ou telefônica, deverão ser apresentados à agência expedidora, com a firma do juiz devidamente reconhecida (parágrafo único do mesmo artigo).

---

84. Esse prazo é singelo, não havendo que se falar em sua contagem em dobro, já que se trata de prazo próprio (Código de Processo Civil, artigo 180, § 2º).

O artigo 5º, inciso LXXII, da Constituição de 1988, que institui o remédio constitucional em análise, não faz menção expressa à possibilidade de concessão de liminar em *habeas data*. Da mesma forma, a lei que o regulamentou não prevê tal possibilidade. Contudo, consideramos que, estando presentes os requisitos que autorizam a sua concessão (*fumus boni iuris* e *periculum in mora*), o juiz poderá se valer do poder geral de cautela, para conceder a liminar.[85]

Nos termos do artigo 15, da Lei 9.507/1997, da sentença que conceder ou negar o *habeas data* caberá apelação. Havendo obscuridade, contradição, omissão ou erro material no julgado, naturalmente serão cabíveis embargos de declaração (artigo 1.022, do Código de Processo Civil). Quando a sentença conceder o *habeas data*, o recurso terá efeito meramente devolutivo (parágrafo único), o que quer dizer que já pode ser provisoriamente executada.

Quando o *habeas data* for concedido e o presidente do tribunal ao qual competir o conhecimento do recurso ordenar ao juiz a suspensão da execução da sentença, deste seu ato caberá agravo (interno) para o tribunal a que presida. É o que determina o artigo 16 da lei de regência do *habeas data*. Portanto, é cabível o recurso de agravo, em sede de *habeas data*, ao menos na hipótese ora mencionada.

De maneira semelhante ao que determina a nova lei do mandado de segurança, a Lei 9.507/1997 dispõe, em seu artigo 18, que *o pedido de habeas data poderá ser renovado se a decisão denegatória não lhe houver apreciado o mérito*. Assim, o *habeas data* poderá ser renovado, por exemplo, no caso de extinção do processo, em razão da ausência dos documentos indispensáveis à prova da recusa do acesso ou retificação das informações solicitadas. Por outro lado, se tiver sido julgado improcedente, deverá ser respeitada a coisa julgada material.

Conforme o artigo 19, os processos de *habeas data* terão prioridade sobre todos os atos judiciais, exceto *habeas corpus* e mandado de segurança. Na instância superior, deverão ser levados a julgamento na primeira sessão que se seguir à data em que, feita a distribuição, forem conclusos ao relator. O prazo para a conclusão não poderá exceder de 24 (vinte e quatro) horas, a contar da distribuição (parágrafo único).

Por fim, o artigo 21, da Lei 9.507/1997, determina a gratuidade tanto do procedimento administrativo para acesso a informações, retificação de dados e para anotação de justificação, como também da própria ação de *habeas data*. Tal regra está em consonância com o que determina a própria Carta Magna, em seu artigo 5º, inciso LXXVII, nos seguintes termos: "são gratuitas as ações de *habeas corpus* e *habeas data*, e, na forma da lei, os atos necessários ao exercício da cidadania".

9.37 MANDADO DE SEGURANÇA COLETIVO

O artigo 5º, inciso LXX, da Carta Magna, prevê o cabimento de mandado de segurança coletivo, o qual poderá ser impetrado por: (a) partido político com representação no Congresso Nacional; e (b) organização sindical, entidade de classe ou associação legalmente constituída e em funcionamento há pelo menos 1 (um) ano, em defesa dos interesses de seus membros ou associados.

---

85. Nesses termos, por exemplo, é a lição de Adolfo Mamoru Nishiyama: "Entendemos que é possível a concessão de liminar em *habeas data* para salvaguardar o direito do impetrante, desde que haja a demonstração da possibilidade de ocorrência de lesão grave e de difícil reparação (*periculum in mora*) e haja relevante fundamentação (*fumus boni iuris*), assim como ocorre no mandado de segurança". *Op. cit.*, p. 331.

Da simples leitura do dispositivo constitucional acima transcrito, podemos perceber facilmente que o legislador constituinte não especificou, como o fez em relação ao mandado de segurança individual, os pressupostos de aplicação (hipótese de cabimento) do mandado de segurança coletivo, limitando-se a explicitar os legitimados para impetrar referida ação constitucional.

Como consequência disso, é lógico e intuitivo que os pressupostos do mandado de segurança coletivo são os mesmos fixados para o mandado de segurança individual. Com efeito, como nos lembra Maria Sylvia Zanella Di Pietro,[86] não há outra conclusão possível, uma vez que, "se o constituinte não definiu a medida, é porque ela já estava delimitada, quanto aos seus pressupostos, no inciso anterior". Arremata a ilustre doutrinadora a sua lição, asseverando que o mandado de segurança é gênero, do qual são espécies o individual e o coletivo.

Até recentemente, inexistia diploma normativo editado com o fim específico de regulamentar o mandado de segurança coletivo. Por tal razão, eram costumeiramente aplicadas as mesmas leis que regiam o mandado de segurança individual, notadamente a Lei 1.533, de 31 de dezembro de 1951, e a Lei 4.348, de 26 de junho de 1964.

Agora, contudo, como vimos anteriormente, ao estudar o mandado de segurança individual, foi editada recentemente a Lei 12.016, de 7 de agosto de 2009, que tem por objeto disciplinar não só o mandado de segurança individual, como também o mandado de segurança coletivo, trazendo normas gerais que servem a ambos os remédios constitucionais, além de algumas normas específicas da ação constitucional ora em estudo.

9.38 HIPÓTESES DE CABIMENTO DO MANDADO DE SEGURANÇA COLETIVO

O mandado de segurança coletivo poderá ser utilizado nas mesmas hipóteses em que houver o cabimento do mandado de segurança individual. Referido remédio constitucional terá por escopo, portanto, a proteção de direito líquido e certo, não amparado por *habeas corpus* ou *habeas data*, quando o paciente sofrer lesão ou *ameaça* a direito, por ação ou omissão de autoridade pública ou de agente de pessoa jurídica no exercício de atribuições do poder público.

Direito líquido e certo, vale insistir, é uma expressão de direito processual, que diz respeito à prova, que deve ser apresentada já com a petição inicial. Não se refere à necessidade de que o direito seja induvidoso, de que a questão de direito, invocada como fundamento para acolhimento da pretensão do impetrante, não possa ser controvertida. Isso é o que dispõe, aliás, a Súmula 625, do Supremo Tribunal Federal.[87]

No caso de os documentos indispensáveis à comprovação dos fatos alegados na peça vestibular do mandado de segurança coletivo estarem em repartição ou estabelecimento público, ou em poder de autoridade que se recuse a fornecê-los por certidão, ou, ainda, de terceiro, o juiz determinará, preliminarmente, por ofício, a exibição do documento, em original ou por cópia, no prazo de 10 (dez) dias.

Se a autoridade que se recusar a fornecer os documentos necessários à prova do alegado no mandado de segurança coletivo for a própria autoridade apontada como coatora (impetrada), a ordem judicial para exibição dos documentos constará do próprio instrumento de notificação (artigo 6º, § 2º, da Lei 12.016/2009).

---
86. *Direito administrativo*. 23. ed. Atlas, 2010, p. 795.
87. Súmula 625, do Supremo Tribunal Federal: "Controvérsia sobre matéria de direito não impede concessão de mandado de segurança".

Da mesma forma que se dá com o mandado de segurança individual, o mandado de segurança coletivo será cabível para combater a ilegalidade em sentido amplo, que abrange tanto a ilegalidade propriamente dita, como também os atos praticados com excesso de poder, além dos praticados com desvio de finalidade.

O mandado de segurança coletivo poderá ser utilizado no caso de lesão ou ameaça a direito, por ação ou omissão de autoridade pública ou de agente de pessoa jurídica no exercício de atribuições do Poder Público. Percebe-se, portanto, que poderá ser utilizado também para evitar ameaça de lesão a direito.

Difere do mandado de segurança individual, contudo, em relação aos legitimados para a propositura da ação, que são somente aqueles consignados no artigo 5º, inciso LXX, da Constituição Federal, que atuam por legitimação extraordinária[88], e, sobretudo, em relação à natureza dos direitos protegidos, que não são individuais, mas sim coletivos em sentido estrito e individuais homogêneos, conforme explicitado pela nova lei (artigo 21, parágrafo único).

O mandado de segurança coletivo, portanto, não se destina à tutela de direitos de um indivíduo em particular, devendo ser utilizado apenas para a tutela de direitos coletivos em sentido amplo. Não é indispensável, contudo, que o *mandamus* coletivo busque tutelar direito coletivo da totalidade dos associados do impetrante, bastando que se destine à tutela de uma parcela deles. Nestes termos, aliás, é a Súmula 630, do Pretório Excelso.[89]

HIPÓTESES DE CABIMENTO DO MANDADO DE SEGURANÇA COLETIVO

– O mandado de segurança coletivo poderá ser utilizado nas mesmas hipóteses em que houver o cabimento do mandado de segurança individual. Terá por escopo, portanto, a proteção de direito líquido e certo, não amparado por *habeas corpus* ou *habeas data*, quando o paciente sofrer lesão ou *ameaça* a direito, por ação ou omissão de autoridade ou de agente de pessoa jurídica no exercício de atribuições do Poder Público.

– Difere do mandado de segurança individual, contudo, em relação aos legitimados para a propositura da ação, que são somente aqueles consignados no artigo 5º, inciso LXX, da Constituição Federal, que atuam por legitimação extraordinária, e, sobretudo, em relação à natureza dos direitos protegidos, que não são individuais, e sim coletivos em sentido amplo (metaindividuais).

– O mandado de segurança coletivo, portanto, não se destina à tutela de direitos de um indivíduo em particular, devendo ser utilizado apenas para a tutela de direitos coletivos em sentido amplo. Não é indispensável, contudo, que o *mandamus* coletivo busque tutelar direito coletivo da totalidade dos associados do impetrante, bastando que se destine à tutela de algum direito coletivo de uma parcela deles. Nestes termos, aliás, é a Súmula 630, do Pretório Excelso.

9.39 HIPÓTESES EM QUE NÃO CABE O MANDADO DE SEGURANÇA COLETIVO

Como vimos ao tratar do mandado de segurança individual, a Súmula 266, do Supremo Tribunal Federal, veda o cabimento de mandado de segurança contra lei em tese. Em se tratando o mandado de segurança coletivo de espécie do gênero mandado de segurança, é induvidoso que este remédio constitucional também não poderá ser utilizado para combater lei em tese.

---

88. Em apertada síntese, legitimação extraordinária, também conhecida como substituição processual, é aquela em que alguém atua em nome próprio, mas na defesa de direito ou interesse de outrem. Referido instituto está previsto no artigo 18, do Código de Processo Civil, nos seguintes termos: "Ninguém poderá pleitear direito alheio em nome próprio, salvo quando autorizado pelo ordenamento jurídico".

89. Súmula 630, do Supremo Tribunal Federal: "A entidade de classe tem legitimação para o mandado de segurança ainda quando a pretensão veiculada interesse apenas a uma parte da respectiva categoria".

Será possível o mandado de segurança coletivo, contudo, para combater *leis de efeitos concretos*, ou seja, *leis em sentido formal*, já que editadas pelo Poder Legislativo, mas *verdadeiros atos administrativos em sentido material* (no tocante ao conteúdo), sem o caráter de abstração e generalidade, uma vez que destinadas a reger relações de pessoas determinadas.

Por sua vez, a Lei 12.016/2009, em seu artigo 5º, de maneira semelhante, porém não idêntica, ao que previa a legislação infraconstitucional revogada sobre a matéria, também fixou 3 (três) outras hipóteses em que não cabe mandado de segurança. Referidas vedações, a toda evidência, aplicam-se também ao mandado de segurança coletivo.

Na primeira delas, prevista no inciso I, da Lei do Mandado de Segurança, está disposto que o mandado de segurança não é cabível para combater *ato administrativo sujeito a recurso com efeito suspensivo*, independentemente de caução. A parte não é obrigada, contudo, a interpor o recurso administrativo, podendo deixar esgotar-se o prazo recursal, para então impetrar, diretamente, o mandado de segurança. Da mesma forma, poderá impetrá-lo caso o recurso administrativo seja recebido apenas em seu efeito devolutivo.

Como vimos ao estudar o mandado de segurança individual, a existência de recurso administrativo com efeito suspensivo não impede o uso do mandado de segurança, caso seja hipótese de *omissão da autoridade coatora* (Súmula 429, do Supremo Tribunal Federal). Ressalte-se, ademais, que mero pedido de reconsideração na via administrativa não interrompe o prazo para o mandado de segurança (Súmula 430, do Pretório Excelso).

O supramencionado artigo 5º da Lei 12.016/2009, em seu inciso II, impede a impetração de mandado de segurança para impugnar *decisão judicial da qual caiba recurso com efeito suspensivo*. Referida regra, também explicitada na Súmula 267, do Supremo Tribunal Federal, tem por escopo evitar que o mandado de segurança seja utilizado como um mero substitutivo de recursos judiciais.

Com efeito, caso exista um recurso judicial que possa efetivamente evitar o dano ou risco de dano ao direito da parte, não poderá esta última valer-se do mandado de segurança. Da mesma forma, se a parte deixar de utilizar o recurso judicial cabível, operar-se-á a preclusão, não podendo depois impetrar mandado de segurança.

A última hipótese, prevista no inciso III daquele artigo, e que não constava da revogada Lei 1.533/1951, dispõe que também não será concedido mandado de segurança quando se tratar de *decisão judicial transitada em julgado*.[90] A nova lei cuidou de tornar norma expressa entendimento jurisprudencial já pacificado, e inclusive já sedimentado por meio da Súmula 268, do Pretório Excelso.

Como se sabe, a decisão judicial transitada em julgado produz a denominada coisa julgada, não podendo ser modificada por qualquer recurso ordinário ou extraordinário. A única forma de se tentar afastar a coisa julgada, esta última uma garantia expressamente albergada pela Carta Magna (artigo 5º, inciso XXXVI), é através da propositura da chamada ação rescisória, caso presente alguma das hipóteses autorizadoras previstas no artigo 966, do Código de Processo Civil.

---

90. O artigo 5º, da revogada Lei 1.533/1951, também impedia expressamente a impetração de mandado de segurança para impugnar *ato disciplinar*, salvo se este fosse praticado por autoridade incompetente, ou se houvesse vício de forma.

HIPÓTESES EM QUE NÃO CABE O MANDADO DE SEGURANÇA COLETIVO

– Contra lei em tese (Súmula 266, do Pretório Excelso), salvo em se tratando de lei de efeitos concretos.

– Para combater ato do qual caiba recurso administrativo com efeito suspensivo.

– Para impugnar decisão judicial da qual caiba recurso com efeito suspensivo.

– Para impugnar decisão judicial transitada em julgado.

9.40 LEGITIMAÇÃO ATIVA E PASSIVA DO MANDADO DE SEGURANÇA COLETIVO

Nos termos do inciso LXX, do artigo 5º, da Carta Magna, o mandado de segurança coletivo poderá ser impetrado por partido político com representação no Congresso Nacional ou por organização sindical, entidade de classe ou associação legalmente constituída e em funcionamento há pelo menos 1 (um) ano, em defesa dos interesses de seus membros ou associados.

De maneira semelhante ao que preconiza a Constituição Federal, o artigo 21, da vigente Lei 12.016/2009, que passou a disciplinar o mandado de segurança coletivo, dispõe que referido remédio constitucional pode ser impetrado por *partido político com representação no Congresso Nacional*, na defesa de seus interesses legítimos relativos aos seus integrantes ou à finalidade partidária.

Também pode ser impetrado, nos termos do mesmo artigo, por *organização sindical, entidade de classe ou associação legalmente constituída e em funcionamento há, pelo menos, 1 (um) ano*, em defesa de direitos líquidos e certos da totalidade, ou de parte, dos seus membros ou associados, na forma de seus estatutos e desde que pertinentes às suas finalidades, dispensada, para tanto, autorização especial.

Como se vê, ao contrário do que se dá com o mandado de segurança individual, em que a regra é a legitimação ordinária (a substituição processual só se dá por exceção), no mandado de segurança coletivo a legitimação será sempre extraordinária, atuando os legitimados em nome próprio, mas em defesa de direitos transindividuais (coletivos em sentido lato) de terceiros.

Particularmente no que respeita aos partidos políticos, é importante mencionarmos que o requisito da representação no Congresso Nacional, conforme fixado na Constituição Federal, já estará plenamente atendido caso o partido impetrante tenha 1 (um) único parlamentar, seja na Câmara dos Deputados, seja no Senado Federal. Não poderá impetrar mandado de segurança coletivo, contudo, o partido político que tenha representantes em Assembleia Legislativa de Estado, Câmara Legislativa do Distrito Federal ou Câmara Municipal, mas não os tenha no Congresso Nacional.

Como mencionamos supra, nos termos do supramencionado artigo 21, da Lei 12.016/2009, os partidos políticos podem impetrar mandado de segurança coletivo para a defesa dos interesses legítimos relativos à totalidade ou parte de seus integrantes, ou para defesa de sua finalidade partidária. Portanto, os partidos políticos têm legitimidade ativa *ad causam* para atuar na defesa de seus membros ou associados, mas não só destes. Com efeito, ao permitir que também atuem na defesa de suas finalidades partidárias, a nova lei também conferiu àqueles entes legitimação *ampla*, podendo se valer do mandado de segurança coletivo para proteção de quaisquer direitos coletivos da sociedade. Nesses termos, por exemplo, é a lição de Pedro Lenza:[91]

"*A questão discutida é: os partidos políticos poderão representar somente seus filiados e na defesa de, apenas, direitos políticos? Entendemos que não, podendo defender qualquer direito inerente à sociedade, pela própria natureza do direito de representação previsto no art. 1º, parágrafo único*".

Já no que se refere às organizações sindicais, entidades de classe e associações, estas necessitam demonstrar a existência de interesse de agir, consubstanciado na *pertinência temática* entre os direitos coletivos que pretendem defender em juízo e os seus objetivos sociais, expressamente fixados em seus atos constitutivos. Por essa razão, o sindicato só pode atuar, por exemplo, no interesse da categoria que representa.

É importante ressaltar, contudo, que o próprio Supremo Tribunal Federal, em um julgado muito citado, flexibilizou a necessidade da pertinência temática, asseverando que "o objeto do mandado de segurança coletivo poderá ser um direito dos associados, independentemente de guardar vínculo com os fins próprios da entidade, exigindo-se, entretanto, que esse direito ou interesse esteja compreendido na titularidade dos associados e que exista ele em razão das atividades exercidas pelos associados, não se exigindo, todavia, que esse direito ou interesse seja peculiar, próprio, da classe" (Supremo Tribunal Federal, Pleno, Recurso Extraordinário 181.438/SP, Relator Ministro Carlos Velloso, v.u., j. 28.6.1996).

Quanto à necessidade de constituição regular (legal) e funcionamento há pelo menos 1 (um) ano, tal exigência, a toda evidência, refere-se apenas e tão somente às associações, não se dirigindo aos demais legitimados do mandado de segurança coletivo, ou seja, aos partidos políticos, sindicatos e entidades de classe. Sobre este tema, sugerimos a leitura do seguinte acórdão: Supremo Tribunal Federal, Recurso Extraordinário 198.919/DF, Relator Ministro Ilmar Galvão, j. 15.06.1999 – *Informativo STF* 154.

O Supremo Tribunal Federal, aliás, já se pronunciou expressamente acerca da desnecessidade de observância daquele lapso temporal no que respeita aos sindicatos, por entender que tal exigência é dirigida apenas às associações (STF, 1ª Turma, RE 198.919-DF, Relator Ministro Ilmar Galvão, decisão em 16.6.1999 – *Informativo STF* 154). Esses legitimados podem, também conforme entendimento do Pretório Excelso, impetrar mandado de segurança coletivo em favor de seus associados independentemente de prévia autorização destes, bastando que haja previsão, nos atos constitutivos dos sindicatos, entidades de classe e associados, desse tipo de atuação.

Muito embora não explicitado na lei do mandado de segurança, entendemos que, para que possam impetrar mandado de segurança coletivo em favor de seus associados, devemos estar diante de uma autêntica associação, ou seja, de uma pessoa jurídica de direito privado, *sem fins lucrativos*. Caso tenham finalidade econômica, como é o caso de sociedades civis, das diversas sociedades empresárias e também das sociedades cooperativas, evidentemente não terão legitimidade para propor a ação constitucional em estudo.

Quando o assunto é a impetração de mandado de segurança coletivo por associação, é imperioso ressaltar que o estimado leitor não deve confundir essa hipótese (impetração de mandado de segurança coletivo, prevista no inciso LXX, *b, de nossa Lei Maior*), com aquela outra constante do inciso XXI, do mesmo artigo 5º, da Constituição Federal, que trata da

---

91. *Direito constitucional esquematizado*. 14. ed. Saraiva, 2010, p. 814.

representação judicial e extrajudicial de membros de associações. Somente neste último caso é que se exige expressa autorização dos filiados para atuação da associação.[92]

Por não se tratar de hipótese de litisconsórcio ativo em mandado de segurança individual, mas sim de impetração de mandado de segurança coletivo, que tem por objeto a proteção de direitos coletivos dos membros ou associados, não é necessária a especificação de todos estes, na petição inicial. Todos aqueles membros ou associados que se enquadrarem nos termos do pedido serão beneficiados pela concessão da segurança, mesmo que tenham se associado após a propositura da ação.

No tocante à legitimação passiva do mandado de segurança coletivo, valem aqui as mesmas ponderações formuladas em relação ao mandado de segurança individual. A ação deverá ser impetrada em face da autoridade apontada como coatora, e não contra a pessoa jurídica de direito público (ou de direito privado que exerce atribuições do Poder Público) em que aquela atua.

A autoridade coatora, nos expressos termos do artigo 6º, § 3º, da lei que atualmente disciplina o mandado de segurança (Lei 12.016/2009), é aquela que "tenha praticado o ato impugnado ou da qual emane a ordem para sua prática". Refere-se, em outras palavras, à pessoa que tem o poder de rever o ato impugnado, ou, no caso de omissão, de realizar o ato necessário.

Por *autoridade pública*, em conclusão, devemos entender todas as pessoas naturais (físicas) que exerçam alguma atividade estatal, investidas de poder decisório, necessário para poder rever (desfazer) o ato tido por ilegal ou abusivo. Estão incluídos nessa definição, por exemplo, os agentes políticos, como os Chefes dos Poderes Executivos da União, dos Estados, do Distrito Federal e dos Municípios, e os servidores públicos em sentido estrito.

Não podemos deixar de lembrar que a atual lei de regência, em seu artigo 1º, § 1º, e em perfeita sintonia com o que determina a Constituição Federal, equipara às autoridades, para fins de impetração do mandado de segurança, os representantes de partidos políticos e os administradores de entidades autárquicas, bem como os dirigentes de pessoas jurídicas ou as pessoas naturais no exercício de atribuições do Poder Público, somente no que disser respeito a essas atribuições.

Portanto, em síntese conclusiva, são também *equiparados* a autoridades (expressão utilizada pela Lei 12.016/2009), para fins de impetração do *mandamus* coletivo, os particulares, quando se tratarem de delegatários do Poder Público, no exercício da função delegada.[93] Caso típico é o do diretor de instituição de ensino particular, quando este cometa alguma ilegalidade ou abuso de poder.

Por outro lado, não podem ser consideradas autoridades, para os fins da Lei 12.016/2009 (artigo 1º, § 2º), os administradores de empresas públicas, de sociedade de economia mista e de concessionárias de serviços públicos, no tocante aos denominados atos de gestão (ou seja, de natureza empresarial, em que não há a supremacia do interesse público sobre o privado).

É importante lembrar, como já havíamos ressaltado, ao estudar o mandado de segurança individual, que a jurisprudência dominante, inclusive no Supremo Tribunal Federal, entende que o Poder Judiciário não pode retificar, de ofício, a indicação errônea da autori-

---

92. Nesses termos, aliás, é a Súmula 629, do Supremo Tribunal Federal, a qual dispõe expressamente que "a impetração de mandado de segurança coletivo por entidade de classe em favor dos associados independe da autorização destes".
93. É o que dispõe a Súmula 510, do Pretório Excelso, nos seguintes termos: "Praticado ato por autoridade, no exercício de competência delegada, contra ela cabe o mandado de segurança ou medida judicial".

dade apontada como coatora, devendo, por consequência, extinguir o feito, sem resolução de mérito, nos termos do artigo 485, inciso VI, do Código de Processo Civil.

LEGITIMAÇÃO ATIVA E PASSIVA DO MANDADO DE SEGURANÇA COLETIVO

– O mandado de segurança coletivo poderá ser impetrado por partido político com representação no Congresso Nacional e por organização sindical, entidade de classe ou associação legalmente constituída e em funcionamento há pelo menos 1 (um) ano, em defesa dos interesses de seus membros ou associados.

– Ao contrário do que se dá com o mandado de segurança individual, em que a regra é a legitimação ordinária (a substituição processual só se dá por exceção), no mandado de segurança coletivo a legitimação será sempre extraordinária, atuando os legitimados em nome próprio, mas em defesa de direitos metaindividuais de terceiros.

– Particularmente no que respeita aos partidos políticos, o requisito da representação no Congresso Nacional, conforme fixado na Constituição Federal, já estará plenamente atendido caso o partido impetrante tenha um único parlamentar, seja na Câmara dos Deputados, seja no Senado Federal.

– A legitimação dos partidos políticos é ampla, podendo se valer do mandado de segurança coletivo para proteção de quaisquer direitos coletivos da sociedade. Não precisam os partidos, portanto, atuar na defesa exclusiva de seus membros ou associados, conforme determinação constitucional dirigida aos demais legitimados.

– Já no que se refere às organizações sindicais, entidades de classe e associações, estas necessitam demonstrar a existência de interesse de agir, consubstanciado na *pertinência temática* entre os direitos coletivos que pretendem defender em juízo e os seus objetivos sociais, expressamente fixados em seus atos constitutivos.

– Quanto à necessidade de constituição regular (legal) e funcionamento há pelo menos 1 (um) ano, tal exigência refere-se apenas e tão somente às associações, não se dirigindo aos demais legitimados mandado de segurança coletivo, ou seja, aos partidos políticos, sindicatos e entidades de classe.

9.41 LEGITIMAÇÃO ATIVA DO MANDADO DE SEGURANÇA COLETIVO E O MINISTÉRIO PÚBLICO

Como vimos na seção anterior, a Constituição Federal, em seu artigo 5º, inciso LXX, estabeleceu, em caráter expresso, que o mandado de segurança coletivo poderá ser impetrado por partido político com representação no Congresso Nacional ou por organização sindical, entidade de classe ou associação legalmente constituída e em funcionamento há pelo menos 1 (um) ano, em defesa dos interesses de seus membros ou associados.[94]

Da simples leitura daquela norma constitucional, podemos perceber facilmente que o Ministério Público não foi relacionado entre aqueles que podem impetrar o mandado de segurança coletivo. Dito de outra forma, a Constituição Federal não relacionou o *parquet*, ao menos de forma expressa, como um dos legitimados ativos da ação constitucional ora em estudo. Entretanto, mesmo assim, há quem defenda que o Ministério Público pode impetrar o mandado de segurança coletivo. É o caso, por exemplo, de Hugo Nigro Mazzilli,[95] como se pode verificar da leitura do trecho a seguir transcrito:

> "Segundo a Constituição, a ação mandamental pode ser impetrada em caráter coletivo, por organização sindical, entidade de classe ou associação legalmente constituída e em funcionamento há pelo menos um ano, quando em defesa dos interesses de seus membros ou associados. Entendemos que, pela sua destinação natural de tutor constitucional de interesses transindividuais, o Ministério Público também poderá valer-se do mandado de segurança coletivo".

---

94. Em termos semelhantes é o artigo 21, da Lei 12.016/2009, que regulamentou referido remédio constitucional.
95. *A defesa dos interesses difusos em juízo*. Meio ambiente, consumidor, patrimônio cultural, patrimônio público e outros interesses. 20. ed. rev. ampl. atual. São Paulo: Saraiva, 2007, p. 218.

Os defensores da legitimação ativa *ad causam* do Ministério Público em relação ao mandado de segurança coletivo lembram que referido remédio constitucional é uma ação coletiva, e que o *Parquet* é um órgão que tem entre suas missões institucionais, conforme expressamente previsto no artigo 127, de nossa Lei Maior,[96] justamente a defesa dos interesses transindividuais, também conhecidos por interesses sociais em sentido amplo. Ressaltam, ademais, que o rol contido no supramencionado artigo 5°, inciso LXX, seria meramente exemplificativo, e não taxativo.

Pedimos vênia, contudo, para discordar daquele posicionamento. Com efeito, em nosso entender, a relação dos legitimados ativos do mandado de segurança coletivo não é exemplificativa, mas sim taxativa, e encontra-se expressamente relacionada na norma constitucional.[97] Se o Ministério Público não foi incluído naquele rol (como também não o foram outras entidades públicas e órgãos governamentais), é porque o constituinte deliberadamente assim o desejou.

Essa conclusão, é importante ressaltar, encontra amparo em nosso próprio ordenamento jurídico. Com efeito, como se sabe, nosso direito positivo somente admite a denominada substituição processual (a hipótese de alguém pleitear, em nome próprio, um direito alheio), quando houver autorização expressa na lei.[98] E como, neste caso, nem a Constituição Federal, nem a lei que regulamenta o *mandumus* coletivo, permitem tal substituição processual, não há que se falar em possibilidade de o Ministério Público propor referida ação constitucional.

9.42 OS DIREITOS PROTEGIDOS PELO MANDADO DE SEGURANÇA COLETIVO E QUEM PODE SE BENEFICIAR DE SUA IMPETRAÇÃO

Como já mencionamos, as 2 (duas) principais diferenças entre o mandado de segurança individual e o coletivo são que, neste último, os legitimados ativos são somente aqueles consignados no artigo 5°, inciso LXX, da Constituição Federal, que atuam por legitimação extraordinária, e, sobretudo, que o mandado de segurança coletivo destina-se à tutela dos chamados direitos coletivos em sentido estrito e dos direitos individuais homogêneos, conforme agora explicitado pela nova lei (artigo 21, parágrafo único).

Nos termos da Lei 12.016/2009, os direitos coletivos são os chamados direitos transindividuais, de natureza indivisível, de que seja titular grupo ou categoria de pessoas ligadas entre si ou com a parte contrária por uma relação jurídica base. Já os individuais homogêneos, para efeitos da mesma lei, são os decorrentes de origem comum e da atividade ou situação específica da totalidade ou de parte dos associados ou membros do impetrante.

O mandado de segurança coletivo, portanto, não se destina à tutela de direitos de um indivíduo em particular, devendo ser utilizado apenas para a tutela de uma parcela dos chamados direitos coletivos em sentido amplo. Na lição de Roberta Densa,[99] referidos direitos, que também podem ser denominados de transindividuais, são aqueles que, a despeito de

---

96. Constituição, artigo 127: "O Ministério Público é instituição permanente, essencial à função jurisdicional do Estado, incumbindo-lhe a defesa da ordem jurídica, do regime democrático e dos interesses sociais e individuais indisponíveis".
97. O próprio Supremo Tribunal Federal, aliás, já se pronunciou expressamente acerca do caráter taxativo do rol do artigo 5°, inciso LXX, da Constituição. Sobre o assunto, sugerimos a leitura do Mandado de Segurança 21059, relator ministro Sepúlveda Pertence, Pleno, *DJ* 19.10.1990.
98. Código de Processo Civil, artigo 18: "Ninguém poderá pleitear direito alheio em nome próprio, salvo quando autorizado pelo ordenamento jurídico".
99. *Direito do consumidor.* 5. ed. Atlas, 2009, v. 21, p. 203 (Série Leituras Jurídicas: Provas e Concursos).

também serem individuais, não se limitam ao indivíduo, afetando uma coletividade determinada ou indeterminada de pessoas.

Da leitura da definição de direitos individuais homogêneos, constante do supramencionado artigo 21, parágrafo único, inciso II, da nova lei, percebe-se perfeitamente que não é indispensável, para a utilização do *mandamus*, que se busque tutelar direito coletivo da totalidade dos associados do impetrante, bastando que se destine à proteção de uma parcela deles. Nestes termos, aliás, já era o entendimento do Pretório Excelso, ao editar a Súmula 630.[100]

Sobre a diferença prática entre direitos coletivos e direitos individuais homogêneos, gostaríamos de nos valer da excelente lição de Hugo Nigro Mazzili,[101] muito provavelmente o doutrinador mais conhecido e festejado, quando o assunto é ação civil pública e ação coletiva. Eis as suas palavras:

"Como exemplo de interesses individuais homogêneos, suponhamos os compradores de veículos produzidos com o mesmo defeito de série. Sem dúvida, há uma relação jurídica comum subjacente entre consumidores, mas o que os liga no prejuízo sofrido não é a relação jurídica em si (diversamente, pois, do que ocorreria quando se tratasse de interesses coletivos, como uma ação civil pública que visasse a combater uma cláusula abusiva em contrato de adesão), mas sim é antes o fato de que compraram carros do mesmo lote produzido com defeito em série (interesses individuais homogêneos). Neste caso, cada integrante do grupo terá direito à reparação devida. Assim, o consumidor que adquiriu dois carros terá reparação dobrada em relação ao que adquiriu um só. Ao contrário, se a ação civil pública versasse interesses coletivos em sentido estrito (p. ex., a nulidade de cláusula contratual), deveria ser decidida de maneira indivisível para todo o grupo".

Assim, em conclusão, o mandado de segurança coletivo não busca a proteção de um indivíduo em particular (o que ensejaria apenas a impetração de mandado de segurança individual), mas sim de uma coletividade de pessoas, quer estejam vinculadas por uma relação jurídica base (como, por exemplo, uma cláusula abusiva de um contrato de concessão de serviço público), o que traduz um interesse coletivo em sentido estrito, quer estejam vinculadas por uma situação fática comum (exemplificando, a interrupção injustificada, em um bairro inteiro, de um dado serviço público), o que caracteriza um interesse individual homogêneo.

E no tocante aos chamados limites subjetivos da coisa julgada, o artigo 22, da Lei 12.016/2009, nos esclarece que a sentença concessiva do mandado de segurança coletivo somente fará coisa julgada em relação aos membros do grupo ou categoria substituídos pelo impetrante. O § 1º do mesmo artigo, por sua vez, dispõe que o *mandamus* coletivo não induz litispendência para as ações individuais, esclarecendo, contudo, que os efeitos da coisa julgada não beneficiarão o impetrante individual se este não requerer a desistência de seu mandado de segurança individual, no prazo de 30 (trinta) dias a contar da ciência da impetração da segurança coletiva.

9.43 COMPETÊNCIA EM SEDE DE MANDADO DE SEGURANÇA COLETIVO

A competência, em matéria de mandado de segurança coletivo, é disciplinada pelos mesmos dispositivos da Constituição Federal que citamos, ao estudar o mandado de segurança individual, uma vez que, como se pode verificar da simples leitura de seus enunciados, estes não fazem qualquer restrição, no tocante a sua aplicabilidade, a uma das modalidades específicas de mandado de segurança.

---

100. Supremo Tribunal Federal, Súmula 630: "A entidade de classe tem legitimação para o mandado de segurança ainda quando a pretensão veiculada interesse apenas a uma parte da respectiva categoria".
101. *A defesa dos interesses difusos em juízo*: meio ambiente, consumidor, patrimônio cultural, patrimônio público e outros interesses. 20. ed. Saraiva, 2007, p. 54.

Assim, no caso de a autoridade coatora ser o presidente da República, as Mesas da Câmara dos Deputados e do Senado Federal, o Tribunal de Contas da União, o procurador-geral da República e o próprio Pretório Excelso, a competência originária para julgamento será do Supremo Tribunal Federal (artigo 102, inciso I, alínea *d*, da Lei Maior).

A competência será do Supremo Tribunal Federal, ainda, para julgar em recurso ordinário, o mandado de segurança decidido em única instância pelos Tribunais Superiores (Superior Tribunal de Justiça, Tribunal Superior Eleitoral, Superior Tribunal Militar e Tribunal Superior do Trabalho), se denegatória a decisão (artigo 102, inciso II, alínea *a*, da Constituição Federal).

Será caso de competência originária do Superior Tribunal de Justiça (STJ) na hipótese de ato de Ministro de Estado, dos Comandantes da Marinha, do Exército e da Aeronáutica ou do próprio Tribunal (artigo 105, inciso I, alínea *b*, da Carta Magna). Em recurso ordinário, o mesmo Superior Tribunal de Justiça julgará os mandados de segurança coletivos decididos em uma única instância pelos Tribunais Regionais Federais ou pelos Tribunais de Justiça dos Estados e Tribunal de Justiça do Distrito Federal e Territórios, quando denegatória a decisão (artigo 105, inciso II, alínea *b*, da Carta de 1988).

Aos Tribunais Regionais Federais cabe julgar, originariamente, os mandados de segurança coletivos contra ato de juiz federal ou do próprio Tribunal (artigo 108, inciso I, alínea *c*, da Carta Magna). Aos juízes federais, por sua vez, cabe processar e julgar os mandados de segurança contra ato de autoridade federal, excetuados os casos de competência dos Tribunais Regionais Federais (artigo 109, inciso VIII, da Constituição Federal).

A última competência explicitada pela Constituição Federal está prevista no artigo 114, inciso IV, este introduzido pela Emenda Constitucional 45/2004, que confere à Justiça do Trabalho a competência para o processo e o julgamento de mandado de segurança coletivo quando o ato questionado envolver matéria sujeita à sua competência.

Como já vimos ao estudar o mandado de segurança individual, a jurisprudência do Supremo Tribunal Federal já está pacificada no sentido de que os próprios tribunais (todos eles) é que são competentes para processar e julgar os mandados de segurança coletivos impetrados contra seus próprios atos e omissões. Com base neste entendimento, aliás, o Pretório Excelso editou as Súmulas 330 e 624.

Saliente-se, ademais, que a Corte Suprema não é competente, conforme já pacificado por sua jurisprudência, para apreciar mandado de segurança impetrado em face de deliberações advindas dos Tribunais Superiores. Segundo a Carta Magna vigente, o Pretório Excelso só será competente para julgar, em sede de *recurso ordinário*, decisões em mandados de segurança proferidas por aqueles Tribunais Superiores, *quando denegatória a decisão*.

É imperioso ressaltar, ainda, que o Supremo Tribunal Federal considera não ser cabível a impetração de mandado de segurança (individual ou coletivo) contra decisões proferidas por quaisquer de suas Turmas, por considerar que referidos órgãos fracionários representam o próprio Pretório Excelso. Não será possível, ademais, a impetração de mandado de segurança contra decisões do Plenário desta Corte, as quais somente permitem a utilização de eventual ação rescisória.

9.44 CONCESSÃO DE LIMINAR EM MANDADO DE SEGURANÇA COLETIVO

Como vimos ao estudar o mandado de segurança individual, o artigo 7º, inciso III, da Lei 12.016/2009 permite expressamente a concessão de medida liminar em mandado de segurança. E por se tratar de uma norma geral contida na lei, também se aplica, inequivocamente, ao mandado de segurança coletivo. Dessa forma, ao despachar a petição inicial do mandado de segurança coletivo, o juiz ou relator poderá ordenar a suspensão do ato que deu motivo ao pedido, quando houver fundamento relevante e do ato puder resultar a ineficácia da medida, caso seja finalmente deferida.

A única diferença em relação ao mandado de segurança individual é que, em relação ao mandado de segurança coletivo, a liminar somente poderá ser concedida após a audiência do representante judicial da pessoa jurídica de direito público (advogados da União, procuradores da Fazenda Nacional, procuradores dos Estados e procuradores dos Municípios etc.), que deverá pronunciar-se no prazo de 72 (setenta e duas) horas, tudo conforme determina expressamente o artigo 22, § 2º, da Lei 12.016/2009.

O supramencionado artigo 7º, inciso III, da Lei do Mandado de Segurança, inovando sobre o tema, agora prevê expressamente a possibilidade de o magistrado exigir caução, fiança ou depósito do impetrante do mandado de segurança, para suspender o ato que deu motivo ao pedido, com o objetivo de assegurar o ressarcimento à pessoa jurídica.

Como já vimos anteriormente, muita gente tem criticado esse dispositivo, afirmando tratar-se de norma inconstitucional, por trazer uma restrição ao uso do mandado de segurança, que não tem previsão na norma da Constituição Federal que instituiu o remédio constitucional. Ponderam que a possibilidade de o juiz exigir caução, fiança ou depósito pode mesmo inviabilizar o acesso ao Poder Judiciário, ferindo o princípio da inafastabilidade da jurisdição.

Contudo, é mais provável que o Supremo Tribunal Federal julgue referida norma constitucional, notadamente levando em conta suas anteriores decisões, pela constitucionalidade das normas, proferidas em relação a outras hipóteses de restrição legal à utilização de mandado de segurança, como, por exemplo, o de fixação de prazo para impetração do *mandamus*, sob pena de decadência.

Ademais, nunca é demais lembrar, os direitos e garantias fundamentais não são absolutos, razão pela qual é plenamente possível a restrição de sua aplicabilidade, por norma infraconstitucional, mesmo sem expressa permissão constitucional, notadamente levando em conta a aplicação dos princípios da razoabilidade/proporcionalidade, importantes princípios específicos de interpretação constitucional.

Conforme § 1º do mesmo artigo 7º, da Lei 12.016/2009, caberá o recurso de agravo de instrumento, nos termos fixados pelo Código de Processo Civil, contra decisão do juiz de primeiro grau que conceder ou denegar liminar, em mandados de segurança, superando-se, assim, antiga divergência sobre a possibilidade de aplicação do agravo, previsto no Código de Processo Civil, ao processo do mandado de segurança.

O § 3º do artigo 7º, da Lei 12.016/2009, por sua vez, dispõe que os efeitos da medida liminar, salvo se revogada ou cassada, persistirão até a prolação da sentença. A lei explicita, portanto, o que já vinha sendo adotado pela jurisprudência, em oposição ao que dispunha o artigo 1º, alínea "b", da revogada Lei 4.348/1964.[102] O § 4º do mesmo artigo, por sua vez, dispõe que, deferida a liminar, o processo terá prioridade para julgamento.

---

102. Lei 4.348, artigo 1º, alínea b: "Nos processos de mandado de segurança serão observadas as seguintes normas: b) a medida liminar somente terá eficácia pelo prazo de 90 (noventa) dias a contar da data da concessão, prorrogável por 30 (trinta) dias quando provadamente o acúmulo de processos pendentes de julgamento justificar a prorrogação".

O artigo 8º da nova lei determina a decretação da perempção ou caducidade da medida liminar, de ofício pelo juiz, ou a requerimento do Ministério Público, quando, concedida a liminar, o impetrante criar obstáculo ao normal andamento do processo ou deixar de promover, por mais de 3 (três) dias, os atos e as diligências que lhe cumprirem.

Por outro lado, o § 2º, do artigo 7º, da Lei 12.016/2009, veda expressamente a concessão de medida liminar que tenha por objeto a compensação de créditos tributários, a entrega de mercadorias e bens provenientes do exterior, a reclassificação ou equiparação de servidores públicos e a concessão de aumento ou extensão de vantagens ou pagamento de qualquer natureza.

Ademais, como nos esclarece o artigo 7º, § 5º, da Lei do Mandado de Segurança, as vedações relacionadas à concessão de liminares, previstas naquele artigo 7º, da Lei 12.016/2009, dizem respeito não só às tutelas de natureza cautelar, como também às de natureza antecipatória, conforme previam os artigos 273 e 461, do revogado Código de Processo Civil de 1973, e que, no atual, estão previstas nos artigos 300[103], 497[104] e 498[105].

Em suma, por força do que determina o artigo 7º da Lei 12.016/2009, será cabível a concessão de liminar sempre que se verifique a relevância do fundamento do pedido e que o ato impugnado possa gerar danos não suscetíveis de reparação pela decisão final. Não o será, por outro lado, caso não estejam presentes aqueles requisitos, ou nas hipóteses em que houver lei que a proíba, e caso o juiz não julgue necessário valer-se do poder geral de cautela, para evitar o perecimento de direito.

9.45 DA SUSPENSÃO DA LIMINAR E DA SUSPENSÃO DA SEGURANÇA COLETIVA

Da mesma forma que se dá em relação ao mandado de segurança individual, também no mandado de segurança coletivo as pessoas jurídicas de direito público (União, Estados, Distrito Federal, Municípios, suas respectivas autarquias e fundações públicas) e o Ministério Público podem utilizar-se da suspensão de liminar e suspensão de segurança, prevista no artigo 15, da Lei 12.016/2009, para combater decisão concessiva de liminar, ou da própria segurança.

Nos expressos termos daquele artigo, tanto as pessoas jurídicas de direito público, como também o Ministério Público (tanto da União quanto dos Estados), podem pedir ao presidente do tribunal não só a suspensão da liminar, como também da própria sentença que concedeu a segurança coletiva, desde que demonstrem que a pleiteiam *para evitar grave lesão à ordem, à saúde, à segurança e à economia pública*.

O presidente do tribunal, constatando não só a plausibilidade do direito invocado pela pessoa jurídica de direito público interessada ou pelo órgão do Ministério Público, como também a urgência na concessão da medida, poderá conferir ao pedido efeito suspensivo, para imediata suspensão da liminar ou da sentença concessiva da segurança (artigo 15, § 4º, da Lei 12.016/2009).

---

103. Código de Processo Civil, artigo 300: "A tutela de urgência será concedida quando houver elementos que evidenciem a probabilidade do direito e o perigo de dano ou o risco ao resultado útil do processo".
104. Código de Processo Civil, artigo 497: "Na ação que tenha por objeto a prestação de fazer ou de não fazer, o juiz, se procedente o pedido, concederá a tutela específica ou determinará providências que assegurem a obtenção de tutela pelo resultado prático equivalente".
105. Código de Processo Civil, artigo 498: "Na ação que tenha por objeto a entrega de coisa, o juiz, ao conceder a tutela específica, fixará o prazo para o cumprimento da obrigação".

Conforme expressa previsão constante daquele mesmo artigo 15, em sua parte final, da decisão do presidente do tribunal que suspender a liminar ou a segurança caberá agravo interno, sem efeito suspensivo, no prazo de 5 (cinco) dias, que será levado a julgamento na sessão seguinte à sua interposição.

O § 1º do mesmo artigo, por sua vez, dispõe que, indeferido o pedido de suspensão ou provido o agravo mencionado no parágrafo anterior, caberá novo pedido de suspensão ao presidente do tribunal competente para conhecer de eventual recurso especial ou extraordinário. Também caberá pedido de suspensão quando negado provimento a agravo de instrumento interposto contra a liminar concedida no mandado de segurança (artigo 15, § 2º).

Também em sede de mandado de segurança coletivo, a suspensão de liminar – um instrumento concedido exclusivamente às pessoas jurídicas de direito público interno e ao Ministério Público, com pressupostos de admissão próprios (grave lesão à ordem, à saúde, à segurança e à economia públicas) – pode ser utilizada, e julgada pelo tribunal, mesmo que haja a interposição de agravo de instrumento contra a mesma liminar. É o que se pode depreender da simples leitura do artigo 15, § 3º, da lei de regência.[106]

A suspensão da liminar em mandado de segurança coletivo, salvo determinação em contrário da decisão que a deferir, também vigorará até o trânsito em julgado da decisão definitiva de concessão da segurança, ou, havendo recurso, até a sua manutenção pelo Supremo Tribunal Federal, desde que o objeto da liminar deferida coincida, total ou parcialmente, com o da impetração (Súmula 626, do Supremo Tribunal Federal).

9.46 PRINCIPAIS REGRAS PROCEDIMENTAIS SOBRE O MANDADO DE SEGURANÇA COLETIVO

Valem, aqui, as mesmas ponderações relativas ao tema, formuladas quando do estudo do mandado de segurança individual. Nos termos do artigo 6º, da Lei 12.016/2009, a petição inicial, que deverá preencher os requisitos estabelecidos pela lei processual (por exemplo, artigos 319 e 320, do Código de Processo Civil), será apresentada em 2 (duas) vias, sendo certo que os documentos que instruírem a primeira via deverão ser todos reproduzidos, por cópia reprográfica, na segunda.

O mesmo artigo 6º, da Lei 12.016/2009, agora determina expressamente que a petição inicial do mandado de segurança (tanto individual como coletivo) indique não só a autoridade tida por coatora, como também a pessoa jurídica a que se integra, à qual se acha vinculada ou na qual exerce atribuições. A revogada Lei 1.533/1951 não exigia a indicação da pessoa jurídica a que a autoridade estava vinculada.

Por se tratar de caso de legitimação extraordinária, e não de litisconsórcio ativo em mandado de segurança individual, tudo como vimos anteriormente, não é necessário que conste, na petição inicial do mandado de segurança coletivo, a lista de todos os membros da associação impetrante.

Todos aqueles que se enquadrarem na situação descrita na petição inicial, pouco importando se ingressaram na associação antes ou depois da impetração do *mandamus* coletivo, ou mesmo já na fase de execução do julgado, serão beneficiários da concessão da

---

106. Lei 12.016/2009, artigo 15, § 3º: "A interposição de agravo de instrumento contra liminar concedida nas ações movidas contra o poder público e seus agentes não prejudica nem condiciona o julgamento do pedido de suspensão a que se refere este artigo".

segurança. É o que se pode depreender, aliás, da leitura do artigo 22, da Lei 12.016/2009, que dispõe que, em se tratando de mandado de segurança coletivo, "a sentença fará coisa julgada limitadamente aos membros do grupo ou categoria substituídos pelo impetrante".

Deve-se ressaltar, nessa oportunidade, que o mandado de segurança coletivo não induz litispendência para as ações individuais, mas os efeitos da coisa julgada não beneficiarão o impetrante a título individual se este não requerer a desistência de seu mandado de segurança, no prazo de 30 (trinta) dias, a contar da ciência comprovada da impetração da segurança coletiva. É o que determina o artigo 22, parágrafo único, da Lei 12.016/2009.

Nos termos do § 5º do mesmo artigo 6º, o mandado de segurança será denegado nos casos previstos no artigo 485, do Código de Processo Civil.[107] O artigo 6º, § 6º, por sua vez, dispõe que o mandado de segurança poderá ser renovado dentro do prazo decadencial, se a decisão denegatória não lhe houver apreciado o mérito. Já o artigo 23, do mesmo diploma legal, assevera que "o direito de requerer mandado de segurança extinguir-se-á decorridos 120 (cento e vinte) dias, contados da ciência, pelo interessado, do ato impugnado".

Assim, o mandado de segurança poderá ser renovado, por exemplo, no caso de extinção da ação, em razão da ausência dos documentos indispensáveis à prova do alegado (da prova do direito líquido e certo), caso tal renovação se dê dentro do prazo de 120 (cento e vinte) dias, contados da ciência, pelo impetrante, do ato tido por ilegal ou abusivo. *A contrario sensu*, se o mandado de segurança tiver sido julgado improcedente, deverá ser respeitada a coisa julgada material, não podendo ser novamente impetrado.

O prazo de 120 (cento e vinte) dias para impetração do mandado de segurança não se interrompe nem se suspende e também é improrrogável, mesmo que não tenha havido expediente forense no último dia do prazo, uma vez que se trata, como está ali explicitado, de prazo de *natureza decadencial, e não prescricional*.

Como vimos ao estudar o mandado de segurança individual, o artigo 4º, da Lei 12.016/2009, permite que, em caso de urgência, e observados os requisitos legais, o mandado de segurança seja impetrado por telegrama, radiograma, fac-símile ou outro meio eletrônico de autenticidade comprovada. Esses mesmos meios também podem ser utilizados pelo juiz, em caso de urgência, para notificação da autoridade (§ 1º).

Nos termos do § 2º do artigo 4º em comento, o texto original da petição inicial do mandado de segurança, impetrado por telegrama, radiograma, fax ou outro meio eletrônico, deverá ser apresentado nos 5 (cinco) dias úteis seguintes. Muito embora não se explicite a consequência de tal omissão, não resta dúvida de que, nesta hipótese, a ação será julgada extinta, sem resolução de mérito, por ausência de um pressuposto de constituição e desenvolvimento regular do processo, conforme expressamente tipificado no artigo 485, inciso IV, do Código de Processo Civil.

Ao despachar a petição inicial, o juiz ordenará que se notifique a suposta autoridade coatora do conteúdo da petição, entregando-lhe a segunda via apresentada pelo requerente

---

107. Código de Processo Civil, artigo 485: "O juiz não resolverá o mérito quando: I – indeferir a petição inicial; II – o processo ficar parado durante mais de 1 (um) ano por negligência das partes; III – por não promover os atos e as diligências que lhe incumbir, o autor abandonar a causa por mais de 30 (trinta) dias; IV – verificar a ausência de pressupostos de constituição e de desenvolvimento válido e regular do processo; V – reconhecer a existência de perempção, de litispendência ou de coisa julgada; VI – verificar ausência de legitimidade ou de interesse processual; VII – acolher a alegação de existência de convenção de arbitragem ou quando o juízo arbitral reconhecer sua competência; VIII – homologar a desistência da ação; IX – em caso de morte da parte, a ação for considerada intransmissível por disposição legal; e X – nos demais casos prescritos neste Código".

com as cópias dos documentos, a fim de que referida autoridade preste as informações que reputar necessárias, no prazo de 10 (dez) dias (artigo 7º, inciso I, da Lei 12.016/2009).

As informações devem se prestadas pela própria autoridade coatora, e não pelos procuradores da entidade pública a que estiver vinculada, uma vez que o ato ou omissão é imputado à autoridade, e não à pessoa jurídica. A apresentação intempestiva das informações, ou mesmo a ausência de tal apresentação, pela autoridade impetrada, não importa na produção dos normais efeitos da revelia, uma vez que é o impetrante quem deve apresentar prova pré-constituída dos fatos que apoiam sua pretensão.

Inovando sobre o tema, a atual Lei do Mandado de Segurança, em seu artigo 7º, inciso II, determina que o juiz, ao despachar a petição inicial do mandado de segurança, também dê ciência do feito ao órgão de representação judicial da pessoa jurídica interessada, enviando-lhe cópia da petição inicial (sem documentos), para que, se desejar, ingresse no feito.

Nos termos do artigo 9º, da Lei 12.016/2009, as autoridades administrativas, no prazo de 48 (quarenta e oito) horas da notificação da medida liminar, remeterão ao Ministério ou órgão a que se acham subordinadas e ao representante judicial da entidade apontada como coatora cópia autenticada do mandado notificatório, assim como indicações e elementos outros necessários às providências a serem tomadas para a eventual suspensão da medida e defesa do ato apontado como ilegal ou abusivo de poder.

Conforme regra do artigo 10, da Lei do Mandado de Segurança, a petição inicial será desde logo indeferida, por meio de decisão motivada (a necessidade de motivação das decisões judiciais, aliás, é garantia constitucional), quando não for o caso de mandado de segurança, ou lhe faltar algum dos requisitos legais, ou, ainda, quando decorrido o prazo legal para sua impetração.

Do indeferimento da petição inicial, pelo juiz de primeiro grau, caberá apelação. Caso a competência para processo e julgamento do mandado de segurança caiba originariamente a um dos tribunais, caberá agravo interno[108] da decisão do relator que o indeferir, dirigido ao órgão competente do tribunal a que ele pertença (artigo 10, § 1º, da vigente Lei do Mandado de Segurança).

Segundo determina o artigo 12, da Lei 12.016/2009, o Ministério Público deverá opinar no feito, na condição de fiscal da ordem jurídica, no prazo improrrogável de 10 (dez) dias[109], pouco importando qual o objeto específico da demanda (o pedido formulado pelo impetrante). Com ou sem o parecer do *parquet*, os autos serão conclusos ao juiz, para decisão, a qual deverá ser necessariamente proferida em 30 (trinta) dias (parágrafo único).

Da sentença, denegando ou concedendo a segurança, caberá apelação (artigo 14, Lei 12.016/2009). Concedida a segurança, a sentença estará obrigatoriamente sujeita ao duplo grau de jurisdição. A nova lei agora explicita que o direito de recorrer também é facultado à autoridade (§ 2º). Havendo obscuridade, contradição, omissão ou erro material no julgado, caberão embargos de declaração (artigo 1.022, do Código de Processo Civil).

Consoante § 3º do mesmo artigo 14, a sentença que conceder o mandado de segurança (tanto individual como coletivo) poderá ser executada provisoriamente, salvo nos casos em que for vedada a concessão de medida liminar (hipóteses previstas no artigo 7º, § 2º, da nova lei. São estes os casos: compensação de créditos tributários; entrega de mercadorias

---

108. Código de Processo Civil, artigo 1.021: "Contra decisão proferida pelo relator caberá agravo interno para o respectivo órgão colegiado, observadas, quanto ao processamento, as regras do regimento interno do tribunal".
109. Referido prazo, não há dúvidas, é singelo, não podendo o Ministério Público se valer do benefício da contagem em dobro daquele prazo, tudo conforme determina expressamente o artigo 180, § 2º, do Código de Processo Civil.

e bens provenientes do exterior; reclassificação ou equiparação de servidores públicos; e concessão de aumento ou a extensão de vantagens ou pagamento de qualquer natureza.

O § 4º do mesmo artigo 7º, por outro lado, determina que o pagamento de vencimentos e vantagens pecuniárias assegurados em sentença concessiva de mandado de segurança a servidor da Administração Pública direta ou autárquica federal, estadual e municipal somente será efetuado relativamente às prestações que se vencerem a contar da data do ajuizamento da petição inicial.

Nos casos de competência originária dos tribunais, caberá ao relator a instrução do processo, sendo assegurada a defesa oral na sessão de julgamento (a chamada sustentação oral). Da decisão do relator que conceder ou denegar a medida liminar caberá agravo interno ao órgão competente do tribunal que integre. É o que determina o artigo 16 e seu parágrafo único, da lei de regência, combinado com o artigo 1.021, do Código de Processo Civil em vigor[110].

Das decisões em mandado de segurança coletivo em única instância pelos tribunais cabe recurso especial e extraordinário, nos casos legalmente previstos e também recurso ordinário, quando a ordem for denegada. É o que preconiza o artigo 18, da Lei 12.016/2009. Também no que se refere ao mandado de segurança coletivo, é perfeitamente aplicável o artigo 25, da Lei 12.016/2009, que dispõe sobre o não cabimento da condenação em honorários advocatícios, no processo do mandado de segurança[111].

9.47 PRINCIPAIS SÚMULAS DO SUPREMO TRIBUNAL FEDERAL SOBRE O MANDADO DE SEGURANÇA COLETIVO

632: "É constitucional lei que fixa o prazo de decadência para a impetração de mandado de segurança".

631: "Extingue-se o processo de mandado de segurança se o impetrante não promove, no prazo assinado, a citação do litisconsorte passivo necessário".

630: "A entidade de classe tem legitimação para o mandado de segurança ainda quando a pretensão veiculada interesse apenas a uma parte da respectiva categoria".

629: "A impetração de mandado de segurança coletivo por entidade de classe em favor dos associados independe da autorização destes".

626: "A suspensão da liminar em mandado de segurança, salvo determinação em contrário da decisão que a deferir, vigorará até o trânsito em julgado da decisão definitiva de concessão da segurança ou, havendo recurso, até a sua manutenção pelo Supremo Tribunal Federal, desde que o objeto da liminar deferida coincida, total ou parcialmente, com o da impetração".

625: "Controvérsia sobre matéria de direito não impede concessão de mandado de segurança".

624: "Não compete ao STF conhecer originariamente de mandado de segurança contra atos de outros tribunais".

512: "Não cabe condenação em honorários de advogado na ação de mandado de segurança".

510: "Praticado o ato por autoridade, no exercício de competência delegada, contra ela cabe o mandado de segurança ou a medida judicial".

---

110. Código de Processo Civil, artigo 1.021: "Contra decisão proferida pelo relator caberá agravo interno para o respectivo órgão colegiado, observadas, quanto ao processamento, as regras do regimento interno do tribunal".
111. O artigo 25, da Lei 12.016/2009, fala também sobre o não cabimento de embargos infringentes em sede de mandado de segurança (tanto individual como coletivo). Tendo em vista, contudo, que referido recurso só existia no revogado Código de Processo Civil de 1973, não mais havendo sua previsão no Código de 2015, aquela parte da norma do supramencionado artigo 25, da Lei do Mandado de Segurança, perdeu seu objeto.

> 430: "Pedido de reconsideração na via administrativa não interrompe o prazo para o mandado de segurança".
>
> 429: "A existência de recurso administrativo com efeito suspensivo não impede o uso do mandado de segurança contra omissão da autoridade".
>
> 405: "Denegado o mandado de segurança pela sentença, ou no julgamento do agravo, dela interposto, fica sem efeito a liminar concedida, retroagindo os efeitos da decisão contrária".
>
> 304: "Decisão denegatória de mandado de segurança, não fazendo coisa julgada contra o impetrante, não impede o uso da ação própria".
>
> 271: "Concessão de mandado de segurança não produz efeitos patrimoniais, em relação a período pretérito, os quais devem ser reclamados administrativamente, ou pela via judicial própria".
>
> 269: "O mandado de segurança não é substitutivo de ação de cobrança".
>
> 267: "Não cabe mandado de segurança contra ato judicial passível de recurso ou correição".
>
> 266: "Não cabe mandado de segurança contra lei em tese".
>
> 248: "É competente, originariamente, o Supremo Tribunal Federal, para mandado de segurança contra ato do Tribunal de Contas da União".

9.48 MANDADO DE INJUNÇÃO COLETIVO

Como vimos anteriormente, ao estudarmos o mandado de injunção individual, referido remédio constitucional é uma novidade no direito brasileiro, previsto, pela primeira vez, na Constituição Federal promulgada em 1988. Com efeito, nos termos do artigo 5º, inciso LXXI, da Carta Magna, "conceder-se-á mandado de injunção sempre que a falta de norma regulamentadora torne inviável o exercício dos direitos e liberdades constitucionais e das prerrogativas inerentes à nacionalidade, à soberania e à cidadania".

Diante da regra cogente do artigo 5º, § 1º, de nossa Lei Maior, que determina que as normas definidoras dos direitos e garantias fundamentais têm aplicação imediata, não há dúvida de que o mandado de injunção sempre foi autoaplicável, como aliás já havia reconhecido, no passado, o próprio Supremo Tribunal Federal, que vinha admitindo a propositura de referida ação constitucional, independentemente de sua regulamentação por lei específica.

Agora, contudo, essa questão da autoaplicabilidade do mandado de injunção (tanto individual como coletivo) tem mero interesse acadêmico, uma vez que referido remédio constitucional já se encontra efetivamente regulamentado. Com efeito, como já vimos em outras oportunidades, o Poder Público editou, recentemente, a Lei 13.300, de 23 de junho de 2016, que tem por objeto justamente disciplinar o processo e o julgamento dos mandados de injunção individual e coletivo.

9.49 HIPÓTESES DE CABIMENTO DO MANDADO DE INJUNÇÃO COLETIVO

Como já vimos em outras oportunidades, algumas normas constitucionais não têm aplicabilidade imediata, dependendo da edição de normas infraconstitucionais, ou de atuação do Poder Público, para que possam produzir todos os efeitos nelas preconizados, e desejados pelo legislador constituinte. São as normas constitucionais que, no direito pátrio, são amplamente conhecidas como normas constitucionais de eficácia limitada, e que a doutrina tradicional chama de normas constitucionais não autoexecutáveis.

E o mandado de injunção coletivo, da mesma forma que sua modalidade individual, poderá ser utilizado sempre que estivermos diante da chamada mora legislativa, ou seja, quando estiver caracterizada a omissão do Poder Público em dar efetividade a normas constitucionais não autoexecutáveis (normas constitucionais de eficácia limitada) necessárias ao exercício de direitos e liberdades constitucionais e das prerrogativas inerentes à nacionalidade, à soberania e à cidadania.

Nos expressos termos do artigo 2°, *caput*, da Lei 13.300/2016, norma genérica destinada a ambas as modalidades de mandado de injunção, referido remédio constitucional deverá concedido "sempre que a falta total ou parcial de norma regulamentadora torne inviável o exercício dos direitos e liberdades constitucionais e das prerrogativas inerentes à nacionalidade, à soberania e à cidadania. A regulamentação será considerada parcial quando forem insuficientes as normas editadas pelo órgão legislador competente (artigo 2°, parágrafo único, da lei de regência).

Como vimos ao estudar o mandado de injunção individual, devemos considerar como norma regulamentadora não só as normas legais, como também as normas infralegais (que regulamentam os diplomas infraconstitucionais, conferindo-lhes aplicabilidade), que deveriam ter sido editadas, mas não o foram, por órgãos e por agentes públicos pertencentes aos Poderes da União, dos Estados, do Distrito Federal e dos Municípios, inclusive de suas respectivas entidades da Administração Pública indireta com personalidade de direito público (autarquias e fundações públicas).

Entretanto, é importante insistirmos aqui, não é a ausência de qualquer espécie de norma regulamentadora que permite a utilização do mandado de injunção (tanto individual como coletivo). Segundo o próprio artigo 5°, inciso LXXI, da Carta Magna, referido remédio constitucional somente poderá ser utilizado na ausência de norma que torne inviável o exercício de direitos e liberdades constitucionais, bem como das prerrogativas inerentes à nacionalidade, soberania e cidadania.

No caso específico do mandado de injunção coletivo, contudo, referido remédio constitucional não se destina à tutela de direitos e garantias fundamentais de um indivíduo em particular, devendo ser utilizado apenas para a tutela de uma coletividade de pessoas (direitos coletivos em sentido amplo), quando houver ausência de norma regulamentadora relacionada com o exercício daqueles direitos e garantias constitucionais tutelados pelo remédio constitucional ora em estudo[112].

HIPÓTESES DE CABIMENTO DO MANDADO DE INJUNÇÃO COLETIVO

– Cabe o mandado de injunção coletivo sempre que houver injustificada omissão do Poder Público em dar efetividade a normas constitucionais não autoexecutáveis (ou normas de eficácia limitada) necessárias ao exercício de direitos e liberdades constitucionais e das prerrogativas inerentes à nacionalidade, à soberania e à cidadania.

– Difere do mandado de injunção individual, contudo, porque não se destina à tutela de direitos de um indivíduo em particular, devendo ser utilizado apenas para a tutela de um grupo de pessoas (direitos coletivos em sentido amplo), quando houver ausência de norma regulamentadora relacionada com o exercício dos direitos e garantias constitucionais tutelados por este remédio constitucional.

---

112. É o que se pode depreender da simples leitura do artigo 12, parágrafo único, da Lei 13.300/2009, o qual dispõe que "os direitos, as liberdades e as prerrogativas protegidos por mandado de injunção coletivo são os pertencentes, indistintamente, a uma coletividade indeterminada de pessoas ou determinada por grupo, classe ou categoria".

9.50 HIPÓTESES EM QUE NÃO CABE O MANDADO DE INJUNÇÃO COLETIVO

Como visto na seção anterior, o mandado de injunção coletivo será cabível quando houver injustificável inércia do Estado na edição de normas regulamentadoras que concedam efetividade às normas constitucionais não autoexecutáveis, também conhecidas por normas constitucionais de eficácia limitada, relacionadas com o exercício de direitos e liberdades constitucionais, e com as prerrogativas inerentes à nacionalidade, à soberania e à cidadania de uma coletividade de pessoas.

Como consequência disso, a toda evidência, o mandado de injunção coletivo não será cabível quando estivermos diante de normas constitucionais autoexecutáveis (ou, na classificação de José Afonso da Silva, normas constitucionais de eficácia plena e normas constitucionais de eficácia contida), uma vez que referidas normas, como já estudamos anteriormente, já estão aptas a produzirem, imediatamente, os efeitos pretendidos pelo constituinte, não dependendo da edição de qualquer diploma infraconstitucional para alcançar tal mister.

Também não será cabível a impetração de mandado de injunção coletivo (da mesma forma que se dá com o mandado de injunção individual) para tentar alterar lei ou ato normativo já existente, sob o fundamento de que este último seria incompatível com a Carta Magna. Não há, aqui, mora legislativa a permitir a utilização deste remédio constitucional. Da mesma forma, não será cabível o mandado de injunção coletivo para se exigir certa interpretação para a legislação infraconstitucional já existente, ou, ainda, para pleitear uma aplicação "mais justa" da lei já editada.

Será igualmente incabível a impetração do mandado de injunção coletivo a partir do momento em que o Poder Público tiver editado a norma regulamentadora, uma vez que, nesse caso, não existirá mais a chamada mora legislativa. Aliás, mesmo que o remédio constitucional tenha sido impetrado antes da edição da norma regulamentadora, ainda assim a ação constitucional deverá ser extinta, tudo como se pode depreender da simples leitura do artigo 11, parágrafo único, da lei que regulamenta o instituto, e que se aplica às duas espécies de mandado de injunção (individual e coletivo).

Por fim, como já vimos anteriormente, a jurisprudência pátria, notadamente do Supremo Tribunal Federal, também já vem decidindo que não cabe a impetração do mandado de injunção, em quaisquer de suas modalidades, quando o Chefe do Poder Executivo já tiver enviado ao Parlamento da respectiva pessoa política o projeto de lei referente ao objeto do *writ*, uma vez que, nesta hipótese, não poderá mais ser imputada omissão do Poder Público, restando prejudicado, portanto, o cabimento do remédio constitucional em estudo.

HIPÓTESES EM QUE NÃO CABE O MANDADO DE INJUNÇÃO COLETIVO

– Quando estivermos diante de normas constitucionais autoexecutáveis, uma vez que referidas normas já estão aptas a produzirem, imediatamente, os efeitos pretendidos pelo constituinte.

– Para a edição de norma regulamentadora de dispositivo constitucional, buscando alterar lei ou ato normativo já existente, sob o fundamento de que este último seria incompatível com a Constituição.

– Para se exigir certa interpretação para a legislação infraconstitucional já existente, ou, ainda, para pleitear uma aplicação "mais justa" da lei já editada.

– A partir do momento em que o Poder Público tiver editado a norma regulamentadora, uma vez que, neste caso, não haverá mais que se falar em mora legislativa.

– Quando já tiver sido enviado, ao Poder Legislativo, projeto de lei referente ao objeto do mandado de injunção, uma vez que, nesta hipótese, não poderá mais ser imputada omissão do Poder Público.

9.51 LEGITIMAÇÃO ATIVA E PASSIVA DO MANDADO DE INJUNÇÃO COLETIVO

Nas edições anteriores deste livro, quando ainda não havia sido publicada a lei que regulamenta o mandado de injunção, afirmávamos, com fundamento no artigo 24, parágrafo único, da Lei 8.038/1990[113], que os legitimados para a propositura do mandado de injunção coletivo seriam os partidos políticos com representação no Congresso Nacional, as organizações sindicais, as entidades de classe e as associações legalmente constituídas, e em funcionamento há pelo menos 1 (um) ano, tudo conforme dispositivo constitucional que trata do mandado de segurança coletivo (artigo 5°, inciso LXX, da Carta Magna).

Agora, contudo, o diploma legal editado para regulamentar o mandado de injunção (Lei 13.300/2016) contém norma específica sobre a legitimidade ativa *ad causam* do mandado de injunção coletivo, portanto não havendo mais que se falar, ao menos em relação aos legitimados para a impetração deste remédio constitucional, em aplicação analógica das normas (constitucionais ou infraconstitucionais) que regem o mandado de segurança. Conforme artigo 12, da lei de regência, o mandado de injunção coletivo pode ser promovido:

(a) pelo Ministério Público, quando a tutela requerida for especialmente relevante para a defesa da ordem jurídica, do regime democrático ou dos interesses sociais ou individuais indisponíveis;

(b) por partido político com representação no Congresso Nacional, para assegurar o exercício de direitos, liberdades e prerrogativas de seus integrantes ou relacionados com a finalidade partidária;

(c) por organização sindical, entidade de classe ou associação legalmente constituída e em funcionamento há pelo menos 1 (um) ano, para assegurar o exercício de direitos, liberdades e prerrogativas em favor da totalidade ou de parte de seus membros ou associados, na forma de seus estatutos e desde que pertinentes às suas finalidades, dispensada, para tanto, autorização especial; e

d) pela Defensoria Pública, quando a tutela requerida for especialmente relevante para a promoção dos direitos humanos e a defesa dos direitos individuais e coletivos dos necessitados, na forma do artigo 5°, inciso LXXIV, da Carta Magna[114].

Ao contrário do que se dá com o mandado de injunção individual, em que a legitimação *ad causam* é ordinária (a pessoa atua em nome próprio, e em seu próprio interesse), no mandado de injunção coletivo a legitimação será sempre extraordinária, atuando os legitimados em nome próprio, mas em defesa da coletividade de pessoas que representam, e que precisam de uma norma regulamentadora para exercer algum direito ou liberdade constitucional protegidos pelo remédio constitucional ora em estudo.

É imperioso esclarecer que alguns daqueles legitimados para impetrar o mandado de injunção coletivo têm *legitimação universal*. Os legitimados universais, nós já o vimos em outras oportunidades, têm *interesse de agir presumido*, uma vez que possuem, dentre suas atribuições, o dever de defesa dos direitos e garantias constitucionais tutelados pelo remédio constitucional ora em estudo. Nesta hipótese encontra-se o Ministério Público (tanto da União como dos Estados), os partidos políticos e a Defensoria Pública.

Já os demais entes relacionados no supramencionado artigo 12, da Lei 13.300/2016 (organização sindical, entidade de classe ou associação legalmente constituída e em funcionamento há pelo menos um ano), entendemos que estes têm apenas a denominada *legitimação especial*, necessitando demonstrar a denominada *pertinência temática, ou representatividade adequada*, para que possa impetrar este remédio constitucional, como aliás determina ex-

---

113. Lei 8.038/1990, artigo 24, parágrafo único: "No mandado de injunção e no habeas data, serão observadas, no que couber, as normas do mandado de segurança, enquanto não editada legislação específica".
114. Constituição Federal, artigo 5°, inciso LXXIV: "O Estado prestará assistência jurídica integral e gratuita aos que comprovarem insuficiência de recursos".

pressamente o inciso III, do supramencionado artigo 12, da lei que regulamenta o mandado de injunção.

Segundo o artigo 127, da Constituição Federal, o Ministério Público é instituição permanente, essencial à função jurisdicional do Estado, incumbindo àquele órgão a defesa da ordem jurídica, do regime democrático e dos *interesses sociais e individuais indisponíveis*. Inequívoco, portanto, o caráter de legitimado universal do *Parquet*, que pode propor o mandado de injunção coletivo para fazer cessar a mora legislativa relativamente à edição de normas regulamentadoras que concedam efetividade aos direitos e garantias constitucionais, de natureza coletiva, tutelados por este remédio constitucional coletivo[115].

No que tange aos partidos políticos, o requisito da representação no Congresso Nacional, segundo determina a Carta Magna, já estará plenamente atendido caso o partido impetrante tenha 1 (um) único parlamentar, seja na Câmara dos Deputados, seja no Senado Federal. Não poderá impetrar mandado de injunção coletivo, contudo, o partido político que tenha representantes em Assembleia Legislativa de Estado, Câmara Legislativa do Distrito Federal ou Câmara Municipal, mas não os tenha no Congresso Nacional.

Nos expressos termos do artigo 12, inciso II, da Lei 13.300/2016, os partidos políticos podem impetrar mandado de injunção coletivo para assegurar o exercício de direitos, liberdades e prerrogativas de seus integrantes ou relacionados com a finalidade partidária. Portanto, os partidos políticos têm legitimidade ativa *ad causam* para atuar não só na defesa de seus membros ou associados, como também de quaisquer direitos e garantias constitucionais de natureza coletiva, desde que amparados pelo remédio constitucional ora em estudo.

No tocante especificamente às organizações sindicais, entidades de classe ou associações legalmente constituídas e em funcionamento há pelo menos 1 (um) ano, a própria Lei 13.300/2016 determina expressamente que elas demonstrem a existência de interesse de agir, consubstanciado na chamada *pertinência temática* entre os direitos que pretendem defender em juízo e os seus objetivos sociais, expressamente fixados em seus atos constitutivos. Por essa razão, o sindicato só pode atuar, por exemplo, para a edição de norma regulamentadora de interesse da categoria que representa.

Quanto à necessidade de constituição regular (legal) e funcionamento há pelo menos 1 (um) ano, tal exigência, a toda evidência, refere-se tão somente às associações, não se dirigindo aos demais legitimados do mandado de injunção coletivo, ou seja, aos partidos políticos, aos sindicatos e às entidades de classe, e, naturalmente, ao Ministério Público e à Defensoria Pública, posto que são órgãos públicos. Vale, para o mandado de injunção coletivo, portanto, o mesmo entendimento já externado pelo Supremo Tribunal Federal em relação ao mandado de segurança coletivo.

Esses legitimados podem, segundo expressa redação do artigo 12, inciso III, da Lei 13.300/2016, impetrar mandado de injunção coletivo em favor de seus associados *independentemente de autorização especial destes*. Basta, portanto, que haja previsão nos atos constitutivos dos sindicatos, entidades de classe e associados, desse tipo de atuação, para que eles possam impetrar referido remédio constitucional, em favor de seus associados.

Muito embora não explicitado na lei, para que possam impetrar mandado de injunção coletivo em favor de seus associados, devemos estar diante de uma autêntica associação, ou

---

115. Desde que, naturalmente, pertencentes, indistintamente, a uma coletividade indeterminada de pessoas ou determinada por grupo, classe ou categoria, como determina o artigo 12, parágrafo único, da lei que regulamenta o mandado de injunção coletivo.

seja, de uma pessoa jurídica de direito privado, *sem fins lucrativos*. Caso tenham finalidade econômica, como é o caso de sociedades civis, das diversas sociedades empresárias e também das sociedades cooperativas, evidentemente não terão legitimidade para propor o remédio constitucional em estudo.

Por não se tratar de hipótese de litisconsórcio ativo em mandado de injunção individual, mas sim de impetração de mandado de injunção coletivo, que tem por objeto a proteção de direitos coletivos dos membros ou associados, não é necessária a especificação de todos estes, na petição inicial. Todos aqueles membros ou associados que se enquadrarem nos termos do pedido serão beneficiados pela concessão da injunção coletiva, mesmo que tenham se associado após a propositura da ação constitucional em estudo.

O último legitimado para a impetração do mandado de injunção coletivo, explicitado na Lei 13.300/2016, é a Defensoria Pública. Nos expressos termos do artigo 134, da Constituição Federal[116], a Defensoria Pública (tanto da União como dos Estados) é instituição permanente, essencial à função jurisdicional do Estado, incumbindo-lhe, como expressão e instrumento do regime democrático, fundamentalmente, a orientação jurídica, a promoção dos direitos humanos e a defesa judicial e extrajudicial, em todos os graus, dos direitos individuais e coletivos, de forma integral e gratuita, aos necessitados.

Trata-se a Defensoria Pública de uma das denominadas "procuraturas constitucionais", ao lado do Ministério Público e da Advocacia Pública. Ao Ministério Público cabe a defesa da ordem jurídica, do regime democrático e dos interesses sociais e individuais indisponíveis. A Advocacia Pública, por sua vez, é responsável pela representação judicial e extrajudicial das entidades públicas, além da atividade de consultoria e assessoramento jurídico dessas entidades. Já a Defensoria Pública, esta tem por missão institucional, conforme previsto em nossa Lei Maior, a defesa integral dos chamados necessitados.

Da simples leitura do texto constitucional, percebe-se que a Defensoria Pública tem com uma de suas missões institucionais justamente propor ações individuais e coletivas para os que comprovarem insuficiência de recursos, defendê-los nas demandas contra eles propostas, além de atuar na promoção dos direitos humanos dos necessitados. Nada mais natural, portanto, que possam impetrar o remédio constitucional em estudo, desde que, nos expressos termos da lei de regência, *a tutela requerida seja especialmente relevante para a promoção dos direitos humanos e a defesa dos direitos individuais e coletivos daqueles necessitados*.

Tendo em vista que o mandado de injunção coletivo tem por objetivo suprir omissão do Poder Público em relação a direitos e garantias constitucionais previstos em normas constitucionais não autoaplicáveis (normas constitucionais de eficácia limitada), não resta dúvida de que somente podem ser sujeitos passivos dessa ação, da mesma forma que se dá com o mandado de injunção individual, as pessoas ou órgãos que tinham o dever de editar a norma necessária ao exercício dos direitos constitucionais, e que não o fizeram.

Por essa razão, é evidente que particulares não poderão figurar no polo passivo desse tipo de ação coletiva, já que estes não têm o dever de editar quaisquer normas, nem será possível a formação de litisconsórcio passivo, em quaisquer de suas modalidades (necessário ou facultativo), entre particulares e entidades estatais, uma vez que a atribuição para a elaboração da norma regulamentadora só pode ser exercida pelas autoridades e órgãos com competência para tal mister.

---

116. Conforme nova redação que lhe conferiu a Emenda Constitucional 80, de 4 de junho de 2014.

LEGITIMAÇÃO ATIVA E PASSIVA NO MANDADO DE INJUNÇÃO COLETIVO

– Ao contrário do que se dá com o mandado de injunção individual, em que a legitimação *ad causam* é ordinária (a pessoa atua em nome próprio, e em seu próprio interesse), no mandado de injunção coletivo a legitimação será sempre extraordinária, atuando os legitimados em nome próprio, mas em defesa da coletividade de pessoas que representam.

– Alguns daqueles legitimados para impetrar o mandado de injunção coletivo têm *legitimação universal*, ou seja, têm *interesse de agir presumido*, uma vez que possuem, dentre suas atribuições, o dever de defesa dos direitos e garantias constitucionais tutelados pelo remédio constitucional ora em estudo. São eles: Ministério Público, partidos políticos e Defensoria Pública.

– Já os demais entes relacionados no artigo 12, da Lei 13.300/2016 (organização sindical, entidade de classe ou associação legalmente constituída e em funcionamento há pelo menos um ano), entendemos que têm apenas a denominada *legitimação especial*, necessitando demonstrar a denominada *pertinência temática, ou representatividade adequada*, para que possa impetrar o mandado de injunção coletivo.

9.52 AS ESPÉCIES DE DIREITOS PROTEGIDOS PELO MANDADO DE INJUNÇÃO COLETIVO E OS DESTINATÁRIOS DE SUA IMPETRAÇÃO

Na seção anterior, pudemos notar que uma das grandes diferenças entre o mandado de injunção individual e o coletivo está na legitimação ativa *ad causam*. Com efeito, enquanto no individual qualquer pessoa natural ou jurídica que se afirme titular dos direitos, das liberdades ou das prerrogativas protegidos pelo remédio constitucional tem legitimidade para impetrá-lo, no mandado de injunção coletivo só têm tal legitimidade as entidades e órgãos elencados no artigo 12, da Lei 13.300/2016, que atuam em nome próprio, mas em defesa da coletividade de pessoas que representam.

Nesta seção, por sua vez, estudaremos o segundo grande traço que os distingue: as espécies de direitos protegidos pelo mandado de injunção coletivo e os beneficiários de sua impetração. De fato, o mandado de injunção individual, já vimos anteriormente, destina-se à tutela de direitos de um indivíduo em particular que necessitem de complementação legislativa, fazendo coisa julgada, como regra geral, apenas para o autor da ação constitucional. Já o mandado de injunção coletivo, nós veremos melhor nesta oportunidade, tem objeto mais amplo.

Nos expressos termos do artigo 12, parágrafo único, da Lei 13.300/2016, o mandado de injunção coletivo é destinado à proteção de direitos, liberdades e prerrogativas constitucionais (desde que, evidentemente, dependentes de complementação legislativa) que pertençam, indistintamente, a uma coletividade indeterminada de pessoas ou determinada por grupo, classe ou categoria. Referidos direitos, como é fácil perceber, correspondem a uma parcela expressiva dos chamados direitos coletivos em sentido lato, também conhecidos como direitos transindividuais.

Portanto, devemos insistir, o mandado de injunção coletivo não se destina à tutela de direitos e garantias fundamentais, dependentes de complementação normativa, de um indivíduo em particular, devendo ser utilizado apenas para a tutela de uma coletividade de pessoas (direitos coletivos em sentido amplo), quando houver ausência de norma regulamentadora relacionada com o exercício daqueles direitos e garantias constitucionais.

No tocante especificamente aos destinatários da impetração do mandado de injunção coletivo, ou seja, àqueles que podem se beneficiar de sua impetração, o artigo 13, da Lei 12.016/2009, esclarece que a sentença concessiva do remédio constitucional em estudo fará coisa julgada limitadamente às pessoas integrantes da coletividade, do grupo, da classe ou da categoria substituídos pelo impetrante, sem prejuízo do disposto nos §§ 1º e 2º, do artigo 9º, do mesmo diploma legal.

O mesmo artigo 13, da Lei do Mandado de Injunção, em seu parágrafo único, dispõe que o mandado de injunção coletivo não induz litispendência em relação aos mandados de injunção individuais eventualmente impetrados, mas os efeitos da coisa julgada (do coletivo) não beneficiarão o impetrante que não requerer a desistência de sua demanda individual no prazo de 30 (trinta) dias, contados da ciência comprovada da impetração coletiva.

9.53 COMPETÊNCIA EM RELAÇÃO AO MANDADO DE INJUNÇÃO COLETIVO

A competência, em matéria de mandado de injunção coletivo, é disciplinada pelos mesmos dispositivos da Constituição Federal que citamos, ao estudar o mandado de injunção individual, uma vez que, como se pode verificar da simples leitura de seus enunciados, referidas normas não fazem qualquer restrição, no tocante à sua aplicação, a uma das modalidades específicas de mandado de injunção. Também no que se refere ao mandado de injunção coletivo, as competências são fixadas levando em conta *o órgão ou autoridade que deveria ter elaborado a norma regulamentadora*.

Assim, no caso de a norma regulamentadora ser atribuição do presidente da República, do Congresso Nacional, da Câmara dos Deputados, do Senado Federal, de quaisquer das Mesas dessas Casas Legislativas, do Tribunal de Contas da União, dos Tribunais Superiores (Superior Tribunal de Justiça, Tribunal Superior do Trabalho, Superior Tribunal Militar e Tribunal Superior Eleitoral) ou do Supremo Tribunal Federal, a competência originária para processar e julgar o mandado de injunção coletivo será do Pretório Excelso, conforme disposto no artigo 102, inciso I, alínea *q*, da Carta Magna.

Por outro lado, quando a norma regulamentadora for atribuição de órgão, entidade ou autoridade federal da Administração Pública direta ou indireta, excetuados os casos de competência do Supremo Tribunal Federal e dos órgãos da Justiça Militar, da Justiça Eleitoral, da Justiça do Trabalho e da Justiça Federal, a competência originária para processo e julgar referido remédio constitucional é do Superior Tribunal de Justiça (artigo 105, inciso I, alínea *h*, da Constituição Federal).

Por fim, vale mencionar que os Estados-membros poderão instituir, em suas constituições estaduais, regras que estabeleçam competências jurisdicionais, no âmbito da respectiva Justiça do Estado, para o processo e julgamento de mandados de injunção coletivo, quando houver injustificável omissão do Poder Público estadual em editar normas destinadas a conferir aplicabilidade a direitos e garantias previstos em normas não autoexecutáveis existentes na Constituição estadual.

9.54 RENOVAÇÃO DE PEDIDO NÃO CONCEDIDO E REVISÃO DE INJUNÇÃO COLETIVA JÁ CONCEDIDA

Como também já vimos anteriormente, a lei que regulamenta o mandado de injunção (de maneira semelhante, aliás, à prevista nas leis de regência da ação popular e da ação civil pública), traz uma exceção à regra geral de que a coisa julgada material torna imutável e indiscutível a decisão de mérito prolatada no processo. Com efeito, conforme dispõe expressamente o artigo 9º, § 3º, da Lei 13.300/2016, "o indeferimento do pedido por insuficiência de prova não impede a renovação da impetração fundada em outros elementos probatórios".

Portanto, além da costumeira possibilidade de *renovação do pedido* em razão da ocorrência de simples coisa julgada formal (ou seja, quando a ação for julgada extinta, sem resolução de mérito), também será possível renovar-se o pedido quando a injunção (tanto individual como coletiva, já que se trata de norma geral aos dois institutos) tiver sido julgada improcedente especificamente por ausência de provas suficientes, hipótese em que o legislador considerou desejável franquear-se ao autor nova chance para eventual acolhimento de seu pedido, em razão da relevância dos direitos constitucionais tutelados pelo mandado de injunção.

Se o pedido formulado no mandado de injunção coletivo, todavia, for rejeitado por qualquer outro fundamento, evidentemente não poderá ser renovado. Neste caso, portanto, valerá plenamente a regra da imutabilidade da coisa julgada material. Da mesma forma, não será possível falar-se em renovação da discussão da decisão proferida em sede de mandado de injunção coletivo, caso a ação constitucional tenha sido julgada procedente, e tenha transitado em julgado desta forma.

Por outro lado, a lei que regulamentou o mandado de injunção traz uma regra geral (aplicável, portanto, às duas modalidades do remédio constitucional), que prevê a possibilidade de *revisão da injunção* concedida anteriormente. Com efeito, o artigo 10, da Lei 13.300/2016, dispõe expressamente que a decisão que concedeu a injunção, sem prejuízo dos efeitos já produzidos, poderá ser revista, a pedido de qualquer interessado, quando sobrevierem relevantes modificações das circunstâncias de fato ou de direito". Temos nesta norma, portanto, a previsão legal de uma *ação revisional de injunção*.

Como pressuposto para o cabimento da revisão da injunção, é preciso que haja uma anterior decisão judicial, que tenha efetivamente concedido a injunção pleiteada. É preciso, ademais, que a decisão judicial concessiva da injunção tenha transitado em julgado, já que a revisional é uma verdadeira ação autônoma, como aliás nos esclarece o parágrafo único do supramencionado artigo 10, da Lei 13.300/2016, o qual dispõe expressamente que "ação de revisão observará, no que couber, o procedimento estabelecido nesta Lei".

É preciso, por fim, conforme explicitamente determinado na norma de regência (artigo 10, da Lei 13.300/2016), que tenha havido, posteriormente à concessão da injunção, "relevantes modificações das circunstâncias de fato ou de direito" que autorizem a sua revisão. Logo, não será possível falar-se em ação de revisão da injunção caso não tenha havido, posteriormente ao trânsito em julgado da ação constitucional, alguma importante alteração fática ou jurídica (como, por exemplo, ampliação ou redução do direito previsto na norma constitucional), que autorize a revisão da injunção anteriormente concedida.

Nos expressos termos do dispositivo legal que trata do assunto, a revisão da injunção poderá ser pleiteada *por qualquer interessado*, o que significa dizer que a ação revisional poderá ser proposta não só pelas partes que figuraram como autor e réu no mandado de injunção original (no caso de mandado de injunção coletivo, o substituto processual e o impetrado), como também por qualquer terceiro que demonstre ter efetivo interesse jurídico em sua revisão, por estar sujeito aos efeitos da decisão concessiva da injunção.

Encerramos esta breve a análise sobre o tema lembrando ao caro leitor, como já o fizemos quando estudamos o mandado de injunção individual, que a ação de revisão não tem o condão de alterar os efeitos até então produzidos pela decisão concessiva da injunção coletiva, transitada em julgado. Com efeito, nos expressos termos do já citado artigo 10, da Lei 13.300/2016, a revisão da injunção pode ser revista, contudo sem prejuízo dos efeitos já produzidos. Quer isso dizer, em outras palavras, que a decisão proferida em sede de ação de revisão da injunção tem eficácia *ex nunc*, ou seja, a partir da decisão, não podendo produzir eficácia retroativa (*ex tunc*).

9.55 A EDIÇÃO SUPERVENIENTE DE NORMA REGULAMENTADORA E OS EFEITOS EM RELAÇÃO À INJUNÇÃO COLETIVA ANTERIORMENTE CONCEDIDA

Como vimos anteriormente, a decisão proferida em sede de mandado de injunção (seja individual, seja coletivo) somente produzirá efeitos até o advento da norma regulamentadora. Naturalmente, no momento em que a autoridade competente editar a norma infraconstitucional necessária para conceder efetividade à norma constitucional de eficácia limitada, cessa a chamada mora legislativa, e, a partir de então, não se mostra mais possível a impetração deste remédio constitucional. É exatamente isso o que determina, aliás, o artigo 11, parágrafo único, da Lei do Mandado de Injunção[117].

Aliás, nunca é demais repetir, a jurisprudência pátria, inclusive do Supremo Tribunal Federal, já consolidou entendimento no sentido de que não será cabível a impetração do mandado de injunção até mesmo quando houver o simples envio, pelo Chefe do Poder Executivo, ao Parlamento correspondente, do projeto de lei objeto do mandado de injunção, uma vez que, nesta hipótese, não poderá mais ser imputada omissão do Poder Público, restando incabível, portanto, o manejo deste remédio constitucional.

E em relação a eventuais decisões que tenham concedido a injunção coletiva, antes da edição da norma regulamentadora, não há dúvidas de que elas perdem seus efeitos. É o que nos esclarece, aliás, o artigo 11, *caput*, da Lei 13.330/2016, o qual dispõe expressamente que "a norma regulamentadora superveniente produzirá efeitos *ex nunc* em relação aos beneficiados por decisão transitada em julgado, salvo se a aplicação da norma editada lhes for mais favorável.

Quer isso dizer, como já explicamos antes, que, a partir da edição da norma regulamentadora, é esta quem passa a regulamentar, a partir de sua edição (com efeitos *ex nunc*, portanto), o exercício do direito, da liberdade ou da prerrogativa constitucional para todos os que forem seus titulares. Ademais, caso a norma regulamentadora seja mais favorável aos beneficiários de mandado de injunção coletivo já transitado em julgado, aquela norma poderá produzir efeitos *ex tunc*, ou seja, retroativos à data da concessão da injunção coletiva.

9.56 A IMPOSSIBILIDADE DE CONCESSÃO DE LIMINAR EM SEDE DE MANDADO DE INJUNÇÃO COLETIVO

Valem, para o mandado de injunção coletivo, as mesmas afirmações que fizemos, quando do estudo do mandado de injunção individual. Com efeito, a lei que regulamentou o mandado de injunção não contém nenhuma regra que preveja a possibilidade de concessão de liminar em sede deste remédio constitucional. Por outro lado, seu artigo 14 dispõe expressamente que devem ser aplicadas subsidiariamente, a esta ação constitucional, as normas do mandado de segurança e do Código de Processo Civil. Cabe então perguntar: é possível falar-se em concessão de liminar, em sede de mandado de injunção, com aplicação subsidiária do artigo 7º, inciso III, da Lei do Mandado de Segurança?

---

117. Lei 13.300/2016, artigo 11, parágrafo único: "Estará prejudicada a impetração se a norma regulamentadora for editada antes da decisão, caso em que o processo será extinto sem resolução de mérito".

O Supremo Tribunal Federal, antes mesmo da edição da Lei 13.300/2016 (diploma legal que regulamenta os mandados de injunção individual e coletivo, e que não contém, como vimos, nenhuma regra tratando do caso), já havia se manifestado sobre a questão, decidindo-se expressamente pela impossibilidade de tal concessão, seja de natureza cautelar, seja de natureza antecipatória. Sobre o tema, sugerimos a leitura do seguinte acórdão: AC 124 AgR, Relator Ministro Marco Aurélio, Pleno, julgado em 23.9.2004, DJ 12.11.2004, p. 6.

E se não é possível concessão de liminar (cautelar) ou de antecipação de tutela em sede de mandado de injunção, também não há que se falar na aplicação, nesta modalidade de processo, de todas as regras constantes dos parágrafos daquele mesmo artigo 7º, da Lei do Mandado de Segurança, já que concernentes à concessão de liminar ou de antecipação dos efeitos da tutela. Não há que se falar, igualmente, da aplicação do artigo 8º, do mesmo diploma legal,[118] uma vez que referido dispositivo legal trata da perempção ou decadência da liminar, por inércia do impetrante.

9.57 PRINCIPAIS REGRAS PROCEDIMENTAIS SOBRE O MANDADO DE INJUNÇÃO COLETIVO

A petição inicial deverá preencher os requisitos estabelecidos pela lei processual (por exemplo, os fixados pelos artigos 319 e 320, do Código de Processo Civil). A despeito de o mandado de injunção dever ser impetrado, como vimos, contra a autoridade ou o órgão omisso, e não contra a pessoa jurídica a que pertence ou estiver vinculado, a petição inicial também deverá indicar esta última. Quando não for transmitida por meio eletrônico, a petição inicial e os documentos que a instruem serão acompanhados de tantas vias quantos forem os impetrados.

Quando o documento necessário à prova do alegado encontrar-se em repartição ou estabelecimento público, em poder de autoridade ou de terceiro, havendo recusa em fornecê-lo por certidão, no original, ou em cópia autêntica, será ordenada, a pedido do impetrante, a exibição do documento no prazo de 10 (dez) dias, devendo, nesse caso, ser juntada cópia à segunda via da petição. Se a recusa em fornecer o documento, contudo, for do próprio impetrado, a ordem será feita no próprio instrumento da notificação.

Recebida a petição inicial, será ordenada: (a) a notificação do impetrado sobre o conteúdo da petição inicial, devendo-lhe ser enviada a segunda via apresentada com as cópias dos documentos, a fim de que, no prazo de 10 (dez) dias, preste informações; e (b) a ciência do ajuizamento da ação ao órgão de representação judicial da pessoa jurídica interessada, devendo ser-lhe enviada cópia da petição inicial, para que, querendo, ingresse no feito.

De maneira semelhante ao que se dá com o mandado de segurança, caso haja apresentação intempestiva das informações, ou mesmo ausência de sua apresentação, pela autoridade ou órgão impetrado, tal circunstância não importa na produção dos normais efeitos da revelia (presunção de verossimilhança dos fatos alegados pelo impetrante), já que a omissão do Poder Público em regulamentar o direito ou garantia constitucional deve restar inequivocamente demonstrada.

---

118. Lei 12.016/2009, artigo 8º: "Será decretada a perempção ou caducidade da medida liminar *ex officio* ou a requerimento do Ministério Público quando, concedida a medida, o impetrante criar obstáculo ao normal andamento do processo ou deixar de promover, por mais de 3 (três) dias úteis, os atos e as diligências que lhe cumprirem".

A petição inicial do mandado de injunção coletivo será desde logo indeferida quando a impetração for manifestamente incabível ou manifestamente improcedente. Do indeferimento da petição inicial, caso tenha sido decidido por um juiz de primeiro grau[119], caberá apelação. Caso a competência para processo e julgamento do mandado de injunção caiba originariamente a um tribunal, caberá agravo da decisão do relator que o indeferir, dirigido ao órgão competente do tribunal a que ele pertença (artigo 6°, parágrafo único, da Lei 13.300/2016).

Nos expressos termos do artigo 14, da Lei 13.300/2016, aplicam-se subsidiariamente ao mandado de injunção (tanto o individual como o coletivo) as normas do mandado de segurança (Lei 12.016/2009) e do Código de Processo Civil. Por esta razão, será denegada a injunção coletiva nos casos em que o juiz deve julgar extinto o processo, sem resolução de mérito, conforme previsto no artigo 485, do Código de Processo Civil[120].

Também no que diz respeito ao mandado de injunção coletivo, o Ministério Público deverá opinar no feito, na condição de fiscal da ordem jurídica, no prazo improrrogável de 10 (dez) dias (artigo 7°, da Lei 13.300/2016). Com ou sem o parecer do *parquet*, os autos serão conclusos para decisão. Muito embora não explicitado na lei de regência, a decisão sobre o mérito da injunção deverá ser proferida em 30 (trinta) dias, conforme determina, em caráter expresso e inequívoco, o artigo 12, parágrafo único, da Lei do Mandado de Segurança (Lei 12.016/2009).

Da sentença do juiz de primeiro grau que denegar ou conceder a injunção, como vimos, caberá apelação (artigo 14, Lei 12.016/2009 e artigo 1.009 do Código de Processo Civil). Procedente o mandado de injunção, a sentença estará obrigatoriamente sujeita ao duplo grau de jurisdição. Graças à aplicação da Lei do Mandado de Segurança, o direito de recorrer também deve ser facultado à autoridade apontada como omissa no dever de legislar (artigo 14, § 2°, da Lei 12.016/2009). Naturalmente, havendo obscuridade, contradição, omissão ou erro material no julgado, caberão embargos de declaração (artigo 1.022, do Código de Processo Civil).

Nos casos de competência originária dos tribunais, caberá ao relator a instrução do processo, sendo assegurada a defesa oral na sessão de julgamento (a chamada sustentação oral). Não se aplica plenamente ao procedimento do mandado de injunção, contudo, as normas do artigo 16 e parágrafo único, da Lei do Mandado de Segurança[121], uma vez que, conforme entendimento do Pretório Excelso, *não cabe concessão de medida cautelar ou de antecipação de tutela em mandado de injunção*. Somente será cabível tal recurso, portanto, caso haja eventual concessão de liminar, pelo relator.[122]

Da mesma forma que se dá com o mandado de segurança (artigo 25, da Lei 12.016/2009), não cabe a condenação do sucumbente em honorários advocatícios em sede de mandado de injunção coletivo. A lei ressalva, contudo, a possibilidade de aplicação de sanções no caso de

---

119. Caso, por exemplo, de omissão de uma autoridade administrativa em regulamentar uma norma infraconstitucional que conferiu aplicabilidade a uma norma constitucional de eficácia limitada.
120. Neste caso, por não ter havido o exame do mérito, naturalmente será possível a impetração de novo mandado de injunção coletivo, com o mesmo pedido.
121. Lei 12.016/2009, artigo 16: "Nos casos de competência originária dos tribunais, caberá ao relator a instrução do processo, sendo assegurada a defesa oral na sessão do julgamento. Parágrafo único. Da decisão do relator que conceder ou denegar a medida liminar caberá agravo ao órgão competente do tribunal que integre".
122. Nestes termos, por exemplo, é o entendimento de Elpídio Donizetti: "Não obstante a lei do mandado de segurança (Lei 12.016/09) prever a possibilidade, no art. 7°, § 1°, de interposição de agravo de instrumento contra decisão que conceder ou denegar o pedido liminar, esse recurso somente será viável quando a liminar for concedida. É que o STF considera incabível o deferimento de liminar ou antecipação de tutela em sede de mandado de injunção". *Op. cit.*, p. 126.

litigância de má-fé, que podem ser dirigidas não só ao impetrante do mandado de injunção coletivo, como também a todos os que tenham atuado no feito.

9.58 AÇÃO POPULAR

Conforme ressaltam os doutrinadores, a ação popular remonta ao direito romano, por meio da denominada *actio popularis*, que permitia a qualquer um do povo valer-se daquela ação para a defesa de interesses da coletividade, da coisa pública (*res publica*). No direito pátrio, foi prevista pela primeira vez na Constituição de 1934.[123] Ausente na Constituição de 1937, a ação popular foi albergada por todas as Constituições brasileiras posteriores, mesmo sem usar, de maneira explícita, o termo *ação popular*.

Na Constituição de 1988, está expressamente prevista no artigo 5º, inciso LXXIII, o qual dispõe que "qualquer cidadão é parte legítima para propor ação popular que vise a anular ato lesivo ao patrimônio público ou de entidade de que o Estado participe, à moralidade administrativa, ao meio ambiente e ao patrimônio histórico e cultural, ficando o autor, salvo comprovada má-fé, isento de custas judiciais e do ônus da sucumbência".

A ação popular foi regulamentada pela Lei 4.717, de 29 de junho de 1965. Embora editada sob a vigência da Constituição de 1946 (cerca de 19 anos após a edição daquela Carta Magna), muito anterior, portanto, à promulgação da Constituição Federal de 1988, foi por esta recepcionada, por se tratar, indubitavelmente, de uma lei materialmente compatível com o texto constitucional vigente.

Na definição de Maria Sylvia Zanella Di Pietro,[124] a ação popular é "a ação civil pela qual qualquer cidadão pode pleitear a invalidação de atos praticados pelo poder público ou entidades de que participe, lesivos ao patrimônio público, ao meio ambiente, à moralidade administrativa ou ao patrimônio histórico e cultural, bem como a condenação por perdas e danos dos responsáveis pela lesão".

A ação popular, conforme ressalta a doutrina, é uma decorrência lógica do *princípio republicano*. Com efeito, tendo em vista que o patrimônio público pertence ao povo, nada mais justo que este último possa fiscalizar aquilo que lhe pertence. Dessa forma, além de outras formas estabelecidas para a fiscalização da coisa pública (tais como a fiscalização pelo Poder Legislativo, com o auxílio dos Tribunais de Contas), a Constituição vigente conferiu ao cidadão a possibilidade de se valer do Poder Judiciário para semelhante mister.

Na lição de Alexandre de Moraes,[125] a ação popular é uma das formas de exercício da soberania popular, conforme previsto nos artigos 1º e 14, da Carta Magna de 1988, ao lado, por exemplo, do direito de votar em eleições, do direito de iniciativa popular de projetos de lei, de utilização dos mecanismos de democracia direta (plebiscito e referendo) e também do direito de organização e de participação em partidos políticos. Eis a lição do jurista:

"A ação popular, juntamente com o direito de sufrágio, direito de voto em eleições, plebiscitos e referendos, e ainda da iniciativa de lei e o direito de organização e participação de partidos políticos, constituem formas de exercício da soberania popular (CF, arts. 1º e 14), pela qual, na presente hipótese, permite-se ao povo, diretamente, exercer a função fiscalizatória do Poder Público, com base no princípio da legalidade dos atos administrativos e no conceito de que a res publica (República) é patrimônio do povo".

---

123. Constituição de 1934, artigo 113, 38: "Qualquer cidadão será parte legítima para pleitear a anulação ou a declaração de nulidade de atos lesivos ao patrimônio da União, dos Estados e dos Municípios".
124. *Op. cit.*, p. 800.
125. *Op. cit.*, p. 187.

Com base em tudo o que mencionamos supra, podemos concluir que a ação popular é uma ação constitucional de natureza civil, cuja titularidade é exclusiva do cidadão, e que, amparada no princípio republicano, tem por escopo a proteção da coisa pública (*res publica*) por meio da anulação ou da declaração de nulidade de atos praticados pelo Estado, ou por quem lhe faça as vezes, quando lesivos ao patrimônio público, à moralidade administrativa, ao meio ambiente ou ao patrimônio histórico e cultural.

9.59 HIPÓTESES DE CABIMENTO DA AÇÃO POPULAR

Referida ação tem por objetivo principal, como vimos do próprio dispositivo constitucional que a instituiu, anular ou declarar a nulidade de ato lesivo ao patrimônio público, à moralidade administrativa, ao meio ambiente ou ao patrimônio histórico e cultural. Tem por fundamento, portanto, a *lesividade*, a ocorrência de ato que se revele lesivo ao patrimônio público, à moralidade pública, ao meio ambiente, ou, ainda, ao patrimônio histórico e cultural.

A doutrina que prevalecia, antes da edição da Constituição de 1988, que ampliou as hipóteses de cabimento da ação popular, afirmava ser indispensável a existência do *binômio ilegalidade/lesividade*, para que pudesse ser proposta referida ação constitucional. *Era indispensável, portanto, que o ato, além de lesivo ao patrimônio público, fosse* também *ilegal*.

Ocorre que a Constituição de 1988 também faz menção ao termo "ofensa à moralidade administrativa", como uma das hipóteses de cabimento da ação popular. Reforça tal ideia, aliás, o artigo 37, *caput*, também da Carta Magna, que expressamente relaciona a moralidade como um dos princípios a que a Administração Pública direta e indireta está sujeita.[126]

Com base nessa realidade, a moderna doutrina afirma que a Constituição de 1988 permitiu que a *imoralidade*, por si só, passasse a constituir fundamento suficiente para propositura da ação popular, independentemente da necessidade de demonstração da ocorrência de ilegalidade. Dessa forma, referida ação constitucional também poderá ser proposta com fundamento na imoralidade administrativa. Nestes termos, por exemplo, é a excelente lição de Maria Sylvia Zanella Di Pietro:[127]

> "Quanto à imoralidade, sempre houve os que a defendiam como fundamento suficiente para a ação popular. Hoje, a ideia se reforça pela norma do artigo 37, caput, da Constituição, que inclui a moralidade como um dos princípios a que a Administração Pública está sujeita. Tornar-se-ia letra morta o dispositivo se a prática de ato imoral não gerasse a nulidade do ato da Administração. Além disso, o próprio dispositivo concernente à ação popular permite concluir que a imoralidade se constitui em fundamento autônomo para propositura da ação popular, independentemente de demonstração de ilegalidade, ao permitir que ela tenha por objeto anular ato lesivo à moralidade administrativa".

Portanto, podemos afirmar, em conclusão, que a ação popular tem por fundamento a *lesividade* (ao patrimônio público, à moralidade pública, ao meio ambiente, ou, ainda, ao patrimônio histórico e cultural), *não necessitando estar presente a ilegalidade em sentido estrito*. Com efeito, conforme determina a própria Constituição Federal, será possível a propositura dessa ação constitucional independentemente de comprovação de ilegalidade, bastando demonstrar que o ato causou *lesão* ao patrimônio público, à moralidade pública, ao meio ambiente e ao patrimônio histórico e cultural.

---

126. Constituição Federal, artigo 37, *caput*: "A administração pública direta e indireta de qualquer dos Poderes da União, dos Estados, do Distrito Federal e dos Municípios obedecerá aos princípios de legalidade, impessoalidade, moralidade, publicidade e eficiência e, também, ao seguinte":
127. *Op. cit.*, p. 801-802.

Nos termos do artigo 2º da lei da ação popular, são nulos os atos lesivos ao patrimônio público nos casos de "incompetência, vício de forma, ilegalidade do objeto, inexistência dos motivos e desvio de finalidade". Essas diversas hipóteses de nulidade têm as respectivas definições fornecidas pelo parágrafo único, daquele mesmo artigo 2º, da lei de regência.

Com efeito, segundo referido dispositivo legal, em sua alínea "a", a incompetência fica caracterizada "quando o ato não se incluir nas atribuições legais do agente que o praticou". Vício de forma, por sua vez, consiste "na omissão ou na observância incompleta ou irregular de formalidades indispensáveis à existência ou seriedade do ato" (alínea "b").

A ilegalidade do objeto, nos termos da alínea "c", ocorre "quando o resultado do ato importa em violação de lei, regulamento ou outro ato normativo". A inexistência dos motivos se verifica "quando a matéria de fato ou de direito, em que se fundamenta o ato, é materialmente inexistente ou juridicamente inadequada ao resultado obtido" (alínea "d"). O desvio de finalidade, por fim, dá-se "quando o agente pratica o ato visando a fim diverso daquele previsto, explícita ou implicitamente, na regra de competência" (alínea "e").

O artigo 4º, da Lei 4.717/1965, ao seu turno, traz um extenso rol de hipóteses em que os atos ou contratos celebrados pelo Poder Público, ou por entidades a este vinculadas, são também considerados nulos. As hipóteses ali descritas, é importante ressaltar, são apenas *exemplificativas*. Trata-se, portanto, de um rol não taxativo, possibilitando a propositura desse remédio constitucional em outros casos, desde que presentes os pressupostos de admissibilidade da ação popular mencionados supra.

No que respeita ao patrimônio público, faz-se mister esclarecer que este deve ser compreendido em seu sentido amplo, não se restringindo ao das pessoas políticas tão somente (União, Estados, Distrito Federal e Municípios), mas também ao de qualquer pessoa jurídica cujo patrimônio pertença direta ou indiretamente ao Estado, inclusive entidades paraestatais e demais entidades subvencionadas pelos cofres públicos.

De fato, nos termos do artigo 1º, da Lei 4.717/1965, o patrimônio público abrange o da União, do Distrito Federal, dos Estados, dos Municípios, das entidades autárquicas, das sociedades de economia mista, das sociedades mútuas de seguro nas quais a União represente os segurados ausentes, das empresas públicas e dos serviços sociais autônomos.

Abrange, ainda, conforme prossegue o mesmo dispositivo legal, as instituições ou fundações para cuja criação ou custeio o tesouro público haja concorrido com mais de 50% (cinquenta por cento) do patrimônio ou receita ânua, empresas incorporadas ao patrimônio da União, Distrito Federal, Estados e Municípios, e de quaisquer pessoas jurídicas ou entidades subvencionadas pelos cofres públicos.

Ademais, nos expressos termos do § 1º daquele mesmo artigo 1º, também devem ser considerados patrimônio público, para os fins referidos na lei, "os bens e direitos de valor econômico, artístico, estético, histórico ou turístico". Esta norma permite-nos concluir que são considerados patrimônio público, para fins de proteção por meio da ação popular, os bens corpóreos e os incorpóreos.[128]

Portanto, podemos definir como patrimônio público, sujeito à proteção da ação popular, não só o patrimônio material e imaterial das pessoas políticas (União, Estados,

---

128. Nestes termos, por exemplo, é a lição de Adolfo Mamoru Nishiyama: "O patrimônio público como objeto da ação popular deve ser considerado o mais amplo possível. Abrange, portanto, todas as coisas, corpóreas e incorpóreas, móveis ou imóveis, créditos, direitos e ações que pertençam à União, aos Estados-membros, ao Distrito Federal e ao Município, bem como à sua administração indireta".

Distrito Federal e Municípios), como também de suas autarquias, fundações (públicas e privadas), empresas públicas, sociedades de economia mista, consórcios públicos, de entidades paraestatais (caso, por exemplo, das organizações sociais e serviços sociais autônomos), além de quaisquer outras entidades que recebam recursos dos cofres públicos.

Já a moralidade administrativa, outro dos bens protegidos pela ação popular, constitui um dos pressupostos de validade dos atos da Administração Pública (conforme expressamente previsto no artigo 37, *caput*, da Carta Magna), que impõe ao Administrador Público uma atuação em conformidade com a ética, com a boa-fé, com os bons costumes, vedando àquele agir com o objetivo malicioso de causar prejuízos a outrem, seja ao administrado, seja à própria Administração Pública.

A ação popular também poderá ser proposta, como já vimos, para a proteção do meio ambiente e do patrimônio histórico e cultural. A Constituição de 1988 passou a prever a proteção ao meio ambiente como um dos direitos fundamentais a serem por ela tutelados. É o que se pode verificar, por exemplo, da leitura de seu artigo 225: "Todos têm direito ao meio ambiente ecologicamente equilibrado, bem de uso comum do povo e essencial à sadia qualidade de vida, impondo-se ao Poder Público e à coletividade o dever de defendê-lo e preservá-lo para as presentes e futuras gerações".

O conceito de meio ambiente, devemos mencionar, nos é dado pelo artigo 3º da Lei 6.983/1981 (a denominada Lei da Política Nacional do Meio Ambiente, recepcionada pela Carta Magna de 1988), que o define como "o conjunto de condições, leis, influências e interações de ordem física, química e biológica, que permite, abriga e rege a vida em todas as suas formas".

O meio ambiente é costumeiramente dividido, pela doutrina, em 4 (quatro) espécies: *meio ambiente natural, meio ambiente do trabalho, meio ambiente artificial* e *meio ambiente cultural*. O primeiro refere-se ao ar, solo, água, fauna e flora, indispensáveis à subsistência do homem, e que por este não foram criados. O segundo, por sua vez, é relativo ao local em que o ser humano exerce seu labor, seja profissionalmente ou não, e, conforme lição de Celso Antonio Pacheco Fiorillo,[129] deve ser salubre, sem agentes que comprometam a incolumidade físico-psíquica dos trabalhadores.

O meio ambiente artificial, ao seu turno, refere-se a tudo que foi erigido pelo ser humano, que constitui obra deste. Já o meio ambiente cultural, conforme definição de José Afonso da Silva,[130] "é integrado pelo patrimônio histórico, artístico, arqueológico, paisagístico, turístico, que embora artificial, em regra, como obra do homem, difere do anterior (que também é cultural) pelo sentido de valor especial".

Da leitura daquela definição de meio ambiente cultural, podemos perceber que o patrimônio histórico e cultural, expressamente protegido pela ação popular, está incluído no âmbito do chamado *meio ambiente cultural*. Podemos concluir, portanto, que a Constituição Federal, ao conceder proteção expressa, por meio desta ação constitucional, tanto ao meio ambiente como ao patrimônio histórico e cultural, pretendeu deixar claro que pretendia tutelar não só o meio ambiente natural, como também o meio ambiente cultural.

---

129. *Curso de direito ambiental brasileiro*. 3. ed. Saraiva, 2002, p. 22-23.
130. *Direito ambiental constitucional*. Malheiros, 1994, p. 3.

Vale mencionar, por fim, que não será cabível ação popular contra atos de conteúdo jurisdicional. Com efeito, conforme ressalta a jurisprudência pátria, inclusive do Pretório Excelso, referidos atos não se revestem de caráter administrativo, razão pela qual devem ser excluídos do âmbito de incidência da ação popular, notadamente levando-se em conta que estão sujeitos a recursos e também à ação rescisória, o que evidencia, inclusive, a falta de interesse de agir para a propositura desta ação constitucional.

HIPÓTESES DE CABIMENTO DA AÇÃO POPULAR

– Referida ação, conforme se pode verificar da simples leitura da Constituição Federal, tem por escopo principal anular ou declarar a nulidade de ato lesivo ao patrimônio público, à moralidade administrativa, ao meio ambiente e ao patrimônio histórico e cultural.

– A ação será cabível, portanto, quando houver *lesividade*, a ocorrência de um ato que se revele danoso ao patrimônio público, à moralidade pública, ao meio ambiente, ou, ainda, ao patrimônio histórico e cultural.

– A doutrina que prevalecia, antes da edição da Constituição de 1988, afirmava ser indispensável a existência do binômio ilegalidade/lesividade, para que pudesse ser proposta referida ação constitucional. Era indispensável, portanto, que o ato, além de lesivo ao patrimônio público, fosse também ilegal.

– A moderna doutrina, contudo, afirma que a Constituição de 1988 permitiu que a *imoralidade*, por si só, passasse a constituir fundamento suficiente para propositura da ação popular, independentemente da necessidade de demonstração da ocorrência de ilegalidade. Dessa forma, referida ação constitucional também poderá ser proposta com fundamento na imoralidade administrativa.

– No que respeita ao patrimônio público, faz-se mister esclarecer que este deve ser compreendido em seu sentido amplo, não se restringindo ao das pessoas políticas tão somente, mas também ao de qualquer pessoa cujo patrimônio pertença indiretamente ao Estado, inclusive entidades paraestatais e demais entidades subvencionadas pelos cofres públicos.

9.60 LEGITIMAÇÃO ATIVA E PASSIVA DA AÇÃO POPULAR

A ação popular, nos expressos termos da Constituição Federal, somente poderá ser proposta pelo *cidadão*. Logo, o sujeito ativo da ação popular deverá ser o nacional (nato ou naturalizado), em pleno gozo de seus direitos políticos. Dito de outro modo, a legitimidade ativa *ad causam* da ação popular é exclusiva do nacional eleitor (cidadão). A condição de cidadão deverá ser comprovada com a juntada do título de eleitor à petição inicial.

Não poderão figurar no polo ativo dessa ação, portanto, os apátridas (sem pátria, sem nacionalidade definida), os estrangeiros, os conscritos[131] (durante o período de serviço militar obrigatório), as pessoas jurídicas,[132] e, também, os brasileiros que ainda não tenham se alistado como eleitores.

Também não poderão ser autores de ação popular, naturalmente, aqueles que estejam com seus direitos políticos suspensos ou perdidos,[133] nos termos do artigo 15, da Constituição Federal, o que ocorre nos seguintes casos: cancelamento da naturalização por sentença transitada em julgado; incapacidade civil absoluta; condenação criminal transitada em julgado, enquanto durarem seus efeitos; recusa de cumprir obrigação a todos imposta ou prestação

---

131. Os conscritos são as pessoas convocadas e devidamente incorporadas ao serviço militar obrigatório. Durante todo este período de serviço militar obrigatório, não podem alistar-se como eleitores e, por consequência, ficam impossibilitados de votar e serem votados.
132. Nesses termos é a Súmula 365, do Supremo Tribunal Federal: "Pessoa jurídica não tem legitimidade para propor ação popular".
133. A distinção entre perda e suspensão de direitos políticos está no caráter *permanente* da primeira (perda dos direitos políticos); e provisório da segunda (suspensão).

alternativa, nos termos do artigo 5º, VIII, da Carta Magna; e improbidade administrativa, nos termos do artigo 37, § 4º, da Lei Maior.

Devemos ressaltar que há outra hipótese de suspensão dos direitos políticos, que não consta do rol daquele artigo 15, de nossa Lei Maior, mas que também encontra amparo no próprio texto constitucional. Trata-se da hipótese fixada pelo artigo 52, parágrafo único, da Constituição, que prevê a perda do cargo, com inabilitação para o exercício de função pública por 8 (oito) anos, dos agentes políticos ali especificados (caso, por exemplo, do presidente da República), quando estes forem condenados por crime de responsabilidade. Nesta hipótese, portanto, também não poderão ser autores de ação popular.

Como a maioridade eleitoral poderá ocorrer aos 16 (dezesseis) anos de idade, nos termos do artigo 14, § 1º, inciso II, alínea *c*, da Carta Magna, será a partir dessa idade que surgirá a legitimidade ativa *ad causam* para a propositura da ação popular. Contudo, é importante mencionar que, para a corrente jurisprudencial e doutrinária predominante, aquele menor possui legitimidade ativa, mas não capacidade para estar em juízo, necessitando, portanto, ser assistido pelo representante legal.[134]

Na ação popular, o cidadão age em nome próprio, na defesa de interesse do Poder Público. Para a doutrina e jurisprudência predominantes, há aqui uma hipótese de *legitimação extraordinária*. É importante ressaltar, contudo, que parte da doutrina entende que o autor da ação popular não age na defesa da coletividade, mas sim de interesse que lhe é próprio, não havendo que se falar, portanto, em hipótese de substituição processual. É o caso, por exemplo, de Alexandre de Moraes:[135]

> "Discordamos dessa posição, pois a ação popular, enquanto instrumento de exercício da soberania popular (CF, arts. 1º e 14), pertence ao cidadão, que em face de expressa previsão constitucional teve sua legitimação ordinária ampliada, e, em nome próprio e na defesa de seu próprio direito – participação na vida política do Estado e fiscalização da gerência do patrimônio público –, poderá ingressar em juízo".

Conforme dispõe o artigo 6º, § 5º, da Lei da ação Popular, "é facultado a qualquer cidadão habilitar-se como litisconsorte ou assistente do autor da ação popular". Referida ação, portanto, permite o litisconsórcio ativo e a assistência. Contudo, é importante ressaltar: para que seja permitido esse ingresso posterior, é indispensável que o cidadão comprove seu interesse processual.

Nos termos do artigo 9º, da Lei 4.717/1965, o Ministério Público poderá assumir o polo ativo da ação popular, caso o autor desista dela, ou deixe de dar regular prosseguimento à demanda. O artigo 16, do mesmo diploma legal, por sua vez, dispõe que o *parquet* promoverá a execução da ação popular, sob pena de falta grave, caso o autor da ação, ou terceiro interessado, não promova sua execução, no prazo legal.

É importante ressaltar, contudo, que referidos dispositivos legais não conferem ao membro do Ministério Público a condição de parte legítima para propositura da ação. Somente poderá atuar posteriormente, caso o autor da ação desista ou deixe de dar andamento a ela, ou, na fase de execução, caso não haja promoção desta pelo autor ou por terceiro. Não se trata, em outras palavras, de um legitimado ativo originário dessa ação.

---

134. Outros autores, contudo, consideram que o cidadão menor de 18 (dezoito) anos de idade não necessita de assistência para propor ação popular, por se tratar de um direito político. É o caso, por exemplo, de Alexandre de Moraes. *Op. cit.*, p. 189.
135. *Op. cit.*, p. 189.

Um membro do Ministério Público, entretanto, poderá ser parte legítima da ação popular, caso a proponha na condição de cidadão. Conforme jurisprudência, o membro do Ministério Público poderá também aditar a petição inicial, sendo certo, ademais, que atua neste processo, obrigatoriamente, e sob pena de nulidade, a partir do momento em que não for regularmente intimado, na condição de fiscal da lei.

A ação constitucional ora em estudo poderá ser proposta em qualquer localidade, já que a condição de cidadão é nacional. Assim, um cidadão que mora em Porto Alegre, no Estado do Rio Grande do Sul, poderá propor ação popular contra ato lesivo ao patrimônio público, à moralidade administrativa, ao meio ambiente e ao patrimônio histórico e cultural, praticado no município de Manaus, Estado do Amazonas, por exemplo.

No que se refere à legitimidade passiva *ad causam*, geralmente haverá aqui um litisconsórcio passivo *necessário*, no qual estarão incluídos, obrigatoriamente, o Poder Público, os agentes que determinaram ou celebraram o ato, bem como os eventuais beneficiários do ato lesivo ao patrimônio público, tudo conforme se pode depreender da simples leitura do artigo 6º, da Lei 4.717/1965, *in verbis*:

> "Art. 6º A ação popular será proposta contra as pessoas públicas ou privadas e as entidades referidas no art. 1º, contra as autoridades, funcionários ou administradores que houverem autorizado, ratificado ou praticado o ato impugnado, ou que, por omissão, tiverem dado oportunidade à lesão, e contra os beneficiários diretos dos mesmos".

Por se tratar de um litisconsórcio passivo necessário, será obrigatória, sob pena de nulidade, a citação da pessoa jurídica de direito público ou de direito privado (que recebeu dinheiro dos cofres públicos) que sofreu a lesão. É importante ressaltar, contudo, que esta poderá abster-se de contestar o pedido, ou até mesmo poderá atuar ao lado do autor, desde que isso se afigure útil ao interesse público, a juízo do respectivo representante legal ou dirigente, tudo como autoriza o § 3º, do mesmo artigo 6º, da lei de regência.

As autoridades (pessoas naturais) que praticarem os atos apontados como lesivos também deverão figurar expressamente no polo passivo, sob pena de nulidade do feito. O mesmo se diga em relação aos beneficiários do ato. Contudo, nos termos do artigo 6º, § 1º, da Lei 4.717/1965, se não houver beneficiário direto, ou se ele for indeterminado ou desconhecido, a ação será proposta somente contra as demais pessoas indicadas naquele artigo.

A lei prevê, de outro turno, que os beneficiários poderão ser citados por edital (artigo 7º, § 2º, inciso II). Entretanto, tratando-se de beneficiário individualizado, é evidente que este deverá ser citado pessoalmente, sendo citado por edital apenas se a citação pessoal não tiver sucesso, como se dá, por exemplo, quando o réu se encontra em lugar inacessível, incerto ou não sabido.

LEGITIMIDADE ATIVA E PASSIVA DA AÇÃO POPULAR

– A ação popular somente poderá ser proposta pelo cidadão (o nacional eleitor), o qual age em nome próprio defendendo o interesse do Poder Público. A condição de cidadão deverá ser comprovada com a juntada do título de eleitor à petição inicial da ação.

– Não poderão figurar no polo ativo da ação os *estrangeiros*, os *apátridas*, os *conscritos* (durante o período de serviço militar obrigatório), as *pessoas jurídicas*, os brasileiros que ainda não tenham se alistado como eleitores, além daqueles que estejam com seus direitos políticos suspensos ou perdidos.

– No tocante à legitimidade passiva *ad causam*, deverá haver um litisconsórcio passivo *necessário*, no qual estarão incluídos, obrigatoriamente, o Poder Público, os agentes que determinaram ou celebraram o ato, bem como os eventuais beneficiários do ato lesivo ao patrimônio público (artigo 6º da Lei 4.717/1965).

9.61 COMPETÊNCIAS EM SEDE DE AÇÃO POPULAR

Como pudemos notar, ao estudar os demais remédios constitucionais, todos eles continham normas constitucionais expressas, fixando competências para seu processo e julgamento, tanto perante o Supremo Tribunal Federal e Tribunais Superiores, como também em relação aos demais órgãos jurisdicionais. O mesmo, contudo, não ocorre em relação à ação popular.

A primeira norma a tratar de competência, em sede de ação popular, nós a encontramos no artigo 5º, *caput*, da Lei 4.717/1965, nos seguintes termos: "conforme a origem do ato impugnado, é competente para conhecer da ação, processá-la e julgá-la o juiz que, de acordo com a organização judiciária de cada Estado, o for para as causas que interessam à União, ao Distrito Federal, ao Estado ou ao Município".

A competência em sede de ação popular, portanto, será fixada pela Lei de Organização Judiciária de cada Estado ou do Distrito Federal, e levará em conta, nos termos daquele dispositivo legal, a *origem do ato impugnado* e o *interesse* da pessoa política envolvida, que sofreu a lesão. Expliquemos com um caso prático.

Na hipótese, por exemplo, da propositura de uma ação popular para anular uma licitação pública lesiva ao Estado de São Paulo, por não ter sido escolhida a proposta mais vantajosa para a Administração Pública, a Lei de Organização Judiciária do Estado determina que a competência para processo e julgamento da ação será de uma das Varas da Fazenda Pública de São Paulo.

Nos termos do § 1º do artigo 5º, da Lei da Ação Popular, os atos das pessoas criadas ou mantidas pela União, pelos Estados, pelo Distrito Federal e pelos Municípios, bem como os atos das sociedades de que elas sejam acionistas e os das pessoas ou entidades por elas subvencionadas ou em relação às quais tenham interesse patrimonial, são equiparados aos atos daquelas pessoas políticas, para fins de fixação de competência, em sede de ação popular.

Assim, quando o ato lesivo for praticado contra os interesses de uma autarquia, fundação pública, empresa pública, sociedade de economia mista, ou qualquer entidade que receba dinheiro público, a competência para o processo e julgamento da ação popular será a mesma fixada para o ente político a que estiver vinculada, na respectiva Lei de Organização Judiciária.

No caso específico de ações populares que interessem à União, suas autarquias, fundações públicas e empresas públicas, a competência para o processo e julgamento da ação popular será da Justiça Federal, conforme regra expressa do artigo 109, inciso I, da Carta Magna vigente. No caso de sociedade de economia mista, mesmo que o controle acionário dela seja da União, a competência para processar e julgar o feito será da Justiça Estadual, e não da Justiça Federal.

Como esclarece o § 2º, daquele mesmo artigo 5º, da lei de regência, quando o pleito interessar simultaneamente à União e a qualquer outra pessoa ou entidade, será competente o juiz das causas da União (no caso, a Justiça Federal); quando interessar simultaneamente ao Estado e ao Município, será competente o juiz das causas do Estado (normalmente, uma das Varas da Fazenda Pública, conforme disposto na respectiva Lei de Organização Judiciária).

Nos termos do artigo 5º, § 3º, da Lei 4.717/1965, a propositura da ação popular prevenirá a jurisdição do juízo para todas as ações que forem propostas contra as mesmas partes e sob os mesmos fundamentos. Referido dispositivo legal tem por escopo reunir as ações conexas, para evitar o risco de julgamentos contraditórios sobre o mesmo tema.

Vale mencionar, por fim, que a ação popular *será proposta sempre no primeiro grau de jurisdição*, independentemente de a autoridade que produziu o ato ter foro privilegiado (até mesmo contra ato do presidente da República e de Ministros do Supremo Tribunal Federal e de Tribunais Superiores). Há, contudo, uma exceção: no caso de ação popular proposta contra a União e Estado, em que estes adotam posições antagônicas, o julgamento caberá ao Supremo Tribunal Federal.

9.62 CONCESSÃO DE LIMINAR EM AÇÃO POPULAR

A Constituição Federal não faz qualquer menção sobre a possibilidade de concessão de liminar em ação popular. Somente a Lei 4.717/1965, em seu artigo 5º, § 4º (acrescentado pela Lei 6.513/1977) é que a prevê, de maneira indireta, ao dispor expressamente que, "na defesa do patrimônio público, caberá suspensão de *liminar* do ato lesivo impugnado".

Não resta dúvida, portanto, que será cabível a concessão de liminar (tanto de natureza cautelar quanto antecipatória) pelo juiz do feito, desde que estejam presentes os requisitos necessários para tal concessão (*fumus boni iuris* e *periculum in mora*). Deverá o magistrado observar, contudo, as normas da Lei 8.437/1992 (que dispõe sobre a concessão de medidas cautelares contra atos do Poder Público), naquilo que for aplicável à ação popular.[136]

Conforme expressamente disposto no artigo 4º, da Lei da Ação Popular, a pessoa de direito público interessada e o Ministério Público poderão, em caso de manifesto interesse público, ou de flagrante ilegitimidade, e para evitar grave lesão à ordem, à saúde, à segurança e à economia públicas, pleitear ao presidente do Tribunal competente a suspensão da liminar e da sentença, proferida em sede de ação popular.

Referidas medidas (suspensão de liminar e da sentença), cuja titularidade ativa é somente da pessoa jurídica de direito público interessada e também do Ministério Público, e desde que estejam presentes os pressupostos autorizadores ali previstos, poderão ser utilizadas por eles independentemente da interposição do recurso previsto em lei, para combater a decisão judicial.

9.63 PRINCIPAIS REGRAS PROCEDIMENTAIS DA AÇÃO POPULAR

Nos termos do artigo 7º, da lei de regência, a ação popular obedecerá ao procedimento ordinário, previsto no Código de Processo Civil, com as normas modificativas ali previstas. Quer isso dizer, em outras palavras, que esta ação constitucional seguirá, tanto quanto possível, o rito ordinário estabelecido no Código de Processo Civil, observando-se, contudo, as alterações previstas na própria lei, para atender às especificidades desta ação.

A petição inicial, portanto, deverá atender aos requisitos dos artigos 319 e 320, do Código de Processo Civil. O juiz poderá determinar que o autor a adite ou a emende, caso estejam ausentes algum daqueles requisitos, ou caso a peça inaugural apresente defeitos ou irregularidades capazes de dificultar o julgamento de mérito, tudo no prazo de 10 (dez) dias, sob pena de indeferimento da exordial.

---

136. Nos termos do artigo 2º daquela lei, por exemplo, está disposto que a liminar somente será concedida, no mandado de segurança coletivo e na ação civil pública, após a oitiva do representante judicial da pessoa jurídica de direito público, que deverá se pronunciar no prazo de 72 (setenta e duas) horas. Portanto, na ação popular, a liminar poderá ser concedida sem necessidade de oitiva prévia do representante judicial da pessoa jurídica de direito público, já que esta ação constitucional não foi citada naquele artigo 2º.

A peça inaugural da ação popular já deverá vir acompanhada dos documentos indispensáveis à comprovação dos fatos alegados pelo autor. Deverá o cidadão, portanto, requisitar pessoalmente os documentos ao Poder Público e, no caso de recusa deste em fornecê-los, comprovar tal fato ao juiz do feito.

Comprovada aquela recusa, o juiz requisitará os documentos. Caso o Poder Público se recuse, ainda assim, a fornecê-los, sob a alegação de que referidos documentos são sigilosos, o magistrado os requisitará, sob segredo de justiça, o qual cairá, ao final, se a ação for julgada procedente. É o que se pode concluir da leitura do artigo 1º, § § 4º, 5º, 6º e 7º, todos da Lei 4.717/1965.

Essa ação admite a cumulação de pedidos, somando-se ao de anulação ou declaração de nulidade do ato lesivo ao patrimônio público, à moralidade administrativa, ao meio ambiente ou ao patrimônio histórico e cultural, o pedido de ressarcimento dos danos sofridos pelo Erário.

Ao despachar a petição inicial, o juiz determinará, além da citação dos réus, a intimação do Ministério Público. Também poderá requisitar às entidades indicadas na petição inicial os documentos que o autor lhes solicitou, mas que foram recusados sob o fundamento de sigilo. Poderá pleitear, ainda, outros documentos que reputar necessários ao esclarecimento dos fatos, fixando prazo de 15 (quinze) a 30 (trinta) dias para o atendimento.

O poder público e o agente que supostamente praticou o ato lesivo serão citados pessoalmente. A lei prevê, de outro turno, que os beneficiários poderão ser citados por edital. Entretanto, tratando-se de beneficiário individualizado, é evidente que este deverá ser citado pessoalmente, sendo citado por edital apenas se a citação pessoal não tiver sucesso.

Tendo em vista a aplicação subsidiária do Código de Processo Civil (artigo 22, da Lei 4.717/1965), não há dúvidas de que, para os réus citados por edital, e que restarem revéis, ou seja, que não oferecerem defesa, o juiz do feito deverá nomear curador especial, nos termos do artigo 72, inciso II, daquele diploma legal,[137] sob pena de ofensa ao princípio constitucional da ampla defesa, e, por consequência, também ao do devido processo legal, igualmente previsto na Carta Magna.

Naturalmente, a ausência de defesa, por parte da entidade de direito público, não produzirá os normais efeitos da revelia (notadamente a presunção de verossimilhança dos fatos alegados pelo autor), uma vez que os direitos versados na demanda são indisponíveis, nos termos do artigo 345, inciso II, do Código de Processo Civil. O autor, portanto, não está livre do ônus de provar os fatos alegados na petição inicial, mesmo que o Poder Público não conteste a ação.

O Poder Público, devidamente citado, poderá impugnar a ação popular, pleiteando a improcedência do feito, ou concordar com os pedidos formulados pelo autor. Poderá, inclusive, mudar seu posicionamento no transcorrer do processo, até mesmo em segunda instância. Não cabe, todavia, a propositura de reconvenção, uma vez que o cidadão, substituto processual que é, não tem legitimidade para ser réu nessa ação.

Nos termos do artigo 7º, inciso IV, da Lei 4.717/1965, o prazo de citação é de 20 (vinte) dias, podendo ser prorrogado por mais 20 (vinte) dias, *no caso de dificuldade da defesa*. O juiz, contudo, não poderá prorrogá-lo de ofício, devendo haver pedido expresso da parte, *e*

---

137. Código de Processo Civil, artigo 72, inciso II: "O juiz dará curador especial ao: II – réu preso revel, bem como ao réu revel citado por edital ou com hora certa, enquanto não for constituído advogado".

desde que comprove justo motivo. Ademais, esclareçamos, esse prazo é singelo, não cabendo as regras do prazo em dobro, dos artigos 183[138] e 229[139], ambos do Código de Processo Civil.

Nessa ação, como mencionamos anteriormente, a participação do Ministério Público será obrigatória, em princípio como *custos legis* (fiscal da lei), podendo, todavia, também figurar como autor, uma vez que a Lei 4.717/1965, em seu artigo 9º, confere àquele órgão *legitimidade subsidiária*, na hipótese de desistência ou abandono da ação popular, pelo cidadão que a havia proposto.

Não podemos deixar de mencionar, nesta oportunidade, que a lei proíbe ao Ministério Público a defesa do ato impugnado (artigo 6º, § 4º, da Lei 4.717/1965). Contudo, a doutrina e a jurisprudência consideram que essa regra é manifestamente inconstitucional, por violar a regra da independência do Ministério Público, garantida pelo artigo 127, § 1º, da Constituição Federal de 1988.

O prazo para a propositura da ação popular, nos termos do artigo 21 da Lei 4.717/1965 é de 5 (cinco) anos, a contar da realização do ato impugnado, e não do conhecimento, pelo cidadão, da ocorrência daquele ato. Nos termos do dispositivo legal em comento, referido prazo tem natureza prescricional, estando sujeito, portanto, às hipóteses de suspensão e interrupção da prescrição.

Terminada a instrução probatória, na qual se admite todo tipo de prova (desde que lícita, naturalmente), o juiz deverá prolatar a sentença, no prazo de 15 (quinze) dias, sob pena de ter de justificar o atraso, nos próprios autos, para que não seja excluído da lista de promoção por merecimento, por 2 (dois) anos, e de perda de tantos dias quantos forem os de atraso, para a promoção por antiguidade (artigo 7º, inciso VI, parágrafo único, Lei 4.717/1965).

Se a ação popular for julgada procedente, haverá condenação dos réus nas verbas de sucumbência, inclusive pagamento de honorários advocatícios. No caso de improcedência, entretanto, não haverá condenação nem em custas nem nos demais ônus da sucumbência, a não ser que se prove má-fé do autor, hipótese em que este será condenado no pagamento do décuplo das custas.

No caso de improcedência da ação popular, ou mesmo de extinção do processo, sem resolução de mérito, a sentença estará sujeita ao duplo grau de jurisdição, não produzindo efeito senão depois de confirmada pelo tribunal. Esse reexame necessário ocorrerá mesmo que o Poder Público tenha pedido a improcedência dos pedidos formulados na petição inicial.

Por fim, em relação à coisa julgada, são aplicadas as regras gerais do sistema: na hipótese de extinção sem resolução de mérito (ocorrência de simples coisa julgada formal), permite-se nova propositura da ação; no caso de sentença de mérito, dá-se a coisa julgada material. Contudo, o artigo 18 da Lei da Ação Popular permite, como exceção à regra, a propositura de nova ação, *caso a improcedência tenha sido fundada em insuficiência de provas*.

---

138. Código de Processo Civil, artigo 183: "A União, os Estados, o Distrito Federal, os Municípios e suas respectivas autarquias e fundações de direito público gozarão de prazo em dobro para todas as suas manifestações processuais, cuja contagem terá início a partir da intimação pessoal".
139. Código de Processo Civil, artigo 229: "Os litisconsortes que tiverem diferentes procuradores, de escritórios de advocacia distintos, terão prazos contados em dobro para todas as suas manifestações, em qualquer juízo ou tribunal, independentemente de requerimento".

9.64 SÚMULA SOBRE A AÇÃO POPULAR

> 365 (STF): "Pessoa jurídica não tem legitimidade para propor ação popular".

9.65 AÇÃO CIVIL PÚBLICA

Modernamente, como se sabe, o direito de ação é considerado um direito subjetivo não só público como também autônomo, o que significa, em termos singelos, que pode ser exercitado mesmo que o autor não seja efetivamente o titular do direito material por ele pleiteado no pedido mediato, fato que pode ser facilmente evidenciado quando verificamos os casos em que a ação é julgada improcedente.

Portanto, devemos insistir, *a ação é sempre pública*. Contudo, não podemos deixar de ressaltar que parte da doutrina (e até mesmo alguns dispositivos normativos) ainda faz distinção entre ação pública e ação privada, afirmando que a diferença entre direito público e direito privado, no campo do direito material, deve projetar-se também na seara do direito processual, em razão do tipo de legitimado para agir que atua no feito.

De fato, para esses doutrinadores, quando o poder de agir for exercitado por um agente público estatal, que age por dever de ofício, independentemente de qualquer provocação de terceiros, estaremos diante de uma ação pública. Seria o caso das ações promovidas pelo Ministério Público, tanto na esfera penal, como na esfera civil. Por outro lado, quando a legitimidade ativa da ação for atribuída exclusivamente a um particular, ao titular do direito material invocado, aí teremos uma ação privada.

Nesse sentido, por exemplo, é o entendimento de Hugo Nigro Mazzilli,[140] para quem, sob o aspecto doutrinário, a ação civil pública seria exclusivamente a ação de objeto não penal proposta pelo Ministério Público. Para todos os demais legitimados desta espécie de ação constitucional, que nada mais é que uma das modalidades de ação coletiva, o correto seria denominá-la *ação coletiva*. Eis as palavras do autor sobre o tema:

> "Como denominaremos, pois, uma ação que verse a defesa de interesses difusos, coletivos ou individuais homogêneos? Se ela estiver sendo movida pelo Ministério Público, o mais correto, sob o prisma doutrinário, será chamá-la de ação civil pública. Mas se tiver sido proposta por associações civis, mais correto será denominá-la de ação coletiva".

Contudo, como reconhece aquele ilustre doutrinador, a própria Lei 7.347/1985 não faz tal distinção, considerando como ação civil pública, desde que destinada à defesa dos bens e interesses por ela tutelados, a demanda proposta por quaisquer dos legitimados nela relacionados, até mesmo por aqueles com personalidade jurídica de direito privado. E, em nosso entender, o legislador agiu bem ao assim proceder, tendo em vista que a ação, como vimos, é sempre pública.

Como já mencionamos em outras oportunidades, a ação civil pública não está expressamente prevista no Título II da Constituição Federal (mais especificamente no artigo 5º), que trata dos direitos e garantias fundamentais. Esta circunstância, contudo, não lhe retira a inequívoca feição de ação constitucional, destinada a tutelar, de maneira semelhante ao que se dá com os demais remédios constitucionais, direitos e garantias constitucionais (fundamentais) que não estejam sendo respeitados, seja pelo Poder Público, seja por particulares, no uso de prerrogativas públicas.

---

140. *Op. cit.*, p. 70.

O primeiro diploma normativo a tratar especificamente da chamada ação civil pública é anterior à Constituição Federal de 1988. Trata-se da já revogada Lei Complementar 40, de 14 de dezembro de 1981, a antiga Lei Orgânica do Ministério Público, que dispunha, em seu artigo 3º, inciso III, estar entre as funções institucionais do Ministério Público a promoção da ação civil pública, sem fornecer, contudo, quaisquer esclarecimentos sobre a natureza e o objeto daquele instrumento processual.

A insigne Maria Sylvia Zanella Di Pietro nos lembra, contudo, que o primeiro diploma a tratar dessa ação, muito embora sem denominá-la explicitamente de ação civil pública, foi a Lei 6.938, de 31 de agosto de 1981, a qual definiu a política nacional do meio ambiente e concedeu expressamente, em seu artigo 14, § 1º, legitimação ao Ministério Público para propor ação de responsabilidade civil por danos ao meio ambiente.

Com a promulgação da Carta Magna de 1988, contudo, referida ação conquistou foro constitucional, passando a ser expressamente prevista no artigo 129, que trata das funções institucionais do Ministério Público. O inciso III, daquele dispositivo da Constituição Federal, é claro e inequívoco em conferir ao Ministério Público a competência para promover o inquérito civil e a *ação civil pública*, para a proteção do patrimônio público e social, do meio ambiente e de outros interesses difusos e coletivos.

Da simples leitura do dispositivo constitucional supramencionado, percebe-se que a ação civil pública tem por principal objetivo a proteção dos chamados *direitos ou interesses metaindividuais* ou *transindividuais*, também denominados de *interesses ou direitos coletivos em sentido lato*, gênero do qual são espécies os direitos difusos, os coletivos em sentido estrito e os individuais homogêneos.

Por outro lado, quando fizemos um breve estudo introdutório sobre os direitos e garantias fundamentais (Capítulo 6), vimos que aqueles direitos coletivos em sentido amplo, que estão definidos pelo artigo 81, parágrafo único, do Código de Defesa do Consumidor, são considerados direitos fundamentais de terceira geração. Inequívoco, portanto, que a ação civil pública também é uma ação constitucional, ou uma garantia instrumental, que tem por fim precípuo não só proteger o patrimônio público e social, como também dar efetividade a direitos e garantias fundamentais, quando estes estiverem sendo desrespeitados, seja pelo Poder Público, seja por particulares no exercício de atribuições do Estado.

Esse entendimento, também já o mencionamos, é expressamente defendido por doutrinadores de escol. Podemos citar, a título de exemplo, Manoel Gonçalves Ferreira Filho, que trata da ação civil pública ao lado dos demais remédios constitucionais. Nas palavras deste autor, "a ação civil pública, embora não prevista no Título II da Constituição – 'Dos direitos e garantias fundamentais', alinha-se às demais garantias instrumentais dos direitos constitucionalmente deferidos".

No mesmo sentido é a lição de Gregório Assagra de Almeida,[141] para quem "a Constituição da República Federativa do Brasil, confirmando a sua preocupação com a tutela dos direitos de massa, deu dignidade constitucional à denominada ação civil pública, e esse instrumento processual passou a ser também um verdadeiro remédio constitucional de tutela dos interesses e direitos massificados".

Portanto, devemos insistir, a ação civil pública é efetivamente uma das espécies de remédios constitucionais albergados pela Carta Magna de 1988. Contudo, ao contrário do

---

141. *Direito processual coletivo brasileiro*: um novo ramo do direito processual. Saraiva, 2003, p. 305.

habeas corpus, do mandado de segurança individual, do mandado de injunção individual e do *habeas data*, os quais têm por escopo a tutela de direitos e garantias individuais, referida ação de índole constitucional tem por objeto a tutela dos chamados direitos coletivos em sentido amplo.

A ação civil pública, na seara infraconstitucional, encontra-se atualmente regulamentada, em caráter precípuo, pela Lei 7.347, de 24 de julho de 1985, bem como pela Lei 8.078, de 11 de setembro de 1990, conhecida como Código de Defesa do Consumidor, sendo certo que, nesta última, podemos encontrar diversas regras sobre a tutela dos direitos e interesses coletivos, inclusive as definições legais relativas aos interesses difusos, aos coletivos e aos individuais homogêneos.[142]

É importante ressaltar, contudo, que existem alguns outros diplomas legais que tratam, mesmo que de forma breve, de assuntos concernentes à chamada ação civil pública, sendo certo, inclusive, que algumas daquelas leis determinaram a alteração de dispositivos da própria Lei da Ação Civil Pública. É o caso, por exemplo, da Lei 9.494, de 10 de setembro de 1997, da Lei 10.257, de 10 de julho de 2001 (o denominado Estatuto da Cidade) e da Medida Provisória 2.180-35/2001.

9.66 HIPÓTESES DE CABIMENTO DA AÇÃO CIVIL PÚBLICA

Da leitura do artigo 129, inciso III, da Constituição, vê-se que a ação civil pública é cabível para a proteção do patrimônio público e social, do meio ambiente e de outros interesses difusos e coletivos. A parte final daquele dispositivo constitucional deixa claro que esta ação tem objeto amplo, não se limitando às primeiras matérias ali relacionadas, já que pode ser utilizada para a proteção de *outros interesses difusos e coletivos*. Fica evidente, portanto, que suas hipóteses de cabimento não são taxativas, mas sim *exemplificativas*.

A Lei 7.347/1985, anterior à Constituição Federal vigente, mas por ela inequivocamente recepcionada, trata especificamente das hipóteses de cabimento desta ação constitucional, em seu artigo 1º. Nos termos deste dispositivo legal, a ação civil pública tem por objeto a responsabilidade por danos morais e patrimoniais causados: ao meio ambiente; ao consumidor; à ordem urbanística; aos bens e aos direitos de valor artístico, estético, turístico e paisagístico; e à ordem urbanística. Destina-se, ainda, à responsabilização por infração à ordem econômica e à economia popular.

A Lei 8.078/1990, por sua vez, trata da propositura da ação civil pública para a proteção dos direitos e interesses difusos, coletivos e individuais homogêneos relativos aos consumidores e às vítimas das relações de consumo. O denominado Estatuto da Criança e do Adolescente (Lei 8.069/1990), ao seu turno, dispõe especificamente sobre a utilização desta ação constitucional para a defesa dos direitos transindividuais especificados em seu artigo 208, todos relativos aos menores[143].

---

142. Código de Defesa do Consumidor, artigo 21: "Aplicam-se à defesa dos direitos e interesses difusos, coletivos e individuais, no que for cabível, os dispositivos do Título III da lei que instituiu o Código de Defesa do Consumidor".
143. Lei 8.069/1990, artigo 208: "Regem-se pelas disposições desta Lei as ações de responsabilidade por ofensa aos direitos assegurados à criança e ao adolescente, referentes ao não oferecimento ou oferta irregular: I – do ensino obrigatório; II – de atendimento educacional especializado aos portadores de deficiência; III – de atendimento em creche e pré-escola às crianças de zero a seis anos de idade; IV – de ensino noturno regular, adequado às condições do educando; V – de programas suplementares de oferta de material didático-escolar, transporte e assistência à saúde do educando do ensino fundamental; VI – de serviço de assistência social visando à proteção à família, à maternidade, à infância e à adolescência, bem como ao amparo às crianças e adolescentes que dele necessitem; VII – de acesso às ações e serviços de saúde;

Já a Lei 7.853, de 24 de outubro de 1989 prevê a propositura da ação civil pública para a proteção de interesses difusos e coletivos das pessoas portadoras de deficiência (artigo 3º)[144]. Por fim, a Lei 7.913, de 7 de dezembro de 1989 dispõe, em seu artigo 1º, sobre a possibilidade de utilização dessa tutela coletiva para evitar prejuízos ou ressarcir danos causados aos titulares de valores mobiliários e aos investidores do mercado[145].

Da interpretação conjunta dos dispositivos normativos acima mencionados (tanto da Constituição Federal como da legislação infraconstitucional), podemos concluir que a ação civil pública será cabível para a proteção dos interesses e direitos difusos, coletivos e individuais homogêneos, dentre os quais foram especificados pela legislação os relativos: ao patrimônio público e social; ao meio ambiente; ao consumidor; à ordem urbanística; aos bens e direitos de valor artístico, estético, turístico e paisagístico; à ordem econômica e à economia popular; às crianças e aos adolescentes; aos portadores de deficiência; aos valores mobiliários e aos investidores dos mercados.

O Código de Defesa do Consumidor, em seu artigo 81, parágrafo único, nos traz a definição do que vêm a ser interesses e direitos difusos, coletivos e individuais homogêneos. Nos termos daquele diploma legal, os interesses ou direitos difusos são os "de natureza indivisível, de que sejam titulares pessoas indeterminadas e ligadas por circunstâncias de fato". Já os coletivos, estes são os "de natureza indivisível de que seja titular grupo, categoria ou classe de pessoas ligadas entre si ou com a parte contrária por uma relação jurídica base". Por fim, os individuais homogêneos são "os decorrentes de origem comum".

Assim, devemos insistir, a ação civil pública não se destina à tutela de direitos de um indivíduo em particular, devendo ser utilizada tão somente para a tutela dos direitos coletivos em sentido lato, ou seja, daqueles interesses e direitos que, a despeito de também serem individuais, não se limitam ao indivíduo, afetando uma coletividade determinada ou indeterminada de pessoas.

A ação civil pública, é importante que se diga, tem por objeto não só reparar a efetiva ocorrência de danos materiais ou morais aos bens e interesses por ela tutelados (artigo 1º, da Lei 7.347/1985), como também evitar que referidos danos aconteçam, conforme previsto no artigo 4º, da mesma lei. Poderá, ademais, impor obrigação de fazer ou de não fazer (artigo 3º, *in fine*, da Lei da Ação Civil Pública), ou quaisquer outras tutelas necessárias para a efetiva

---

VIII – de escolarização e profissionalização dos adolescentes privados de liberdade; IX – de ações, serviços e programas de orientação, apoio e promoção social de famílias e destinados ao pleno exercício do direito à convivência familiar por crianças e adolescentes; X – de programas de atendimento para a execução das medidas socioeducativas e aplicação de medidas de proteção".

144. Lei 7.853/1989, artigo 3º: "As medidas judiciais destinadas à proteção de interesses coletivos, difusos, individuais homogêneos e individuais indisponíveis da pessoa com deficiência poderão ser propostas pelo Ministério Público, pela Defensoria Pública, pela União, pelos Estados, pelos Municípios, pelo Distrito Federal, por associação constituída há mais de 1 (um) ano, nos termos da lei civil, por autarquia, por empresa pública e por fundação ou sociedade de economia mista que inclua, entre suas finalidades institucionais, a proteção dos interesses e a promoção de direitos da pessoa com deficiência"

145. Lei 7.913/1989, artigo 1º: "Sem prejuízo da ação de indenização do prejudicado, o Ministério Público, de ofício ou por solicitação da Comissão de Valores Mobiliários – CVM, adotará as medidas judiciais necessárias para evitar prejuízos ou obter ressarcimento de danos causados aos titulares de valores mobiliários e aos investidores do mercado, especialmente quando decorrerem de: I – operação fraudulenta, prática não equitativa, manipulação de preços ou criação de condições artificiais de procura, oferta ou preço de valores mobiliários; II – compra ou venda de valores mobiliários, por parte dos administradores e acionistas controladores de companhia aberta, utilizando-se de informação relevante, ainda não divulgada para conhecimento do mercado ou a mesma operação realizada por quem a detenha em razão de sua profissão ou função, ou por quem quer que a tenha obtido por intermédio dessas pessoas; III – omissão de informação relevante por parte de quem estava obrigado a divulgá-la, bem como sua prestação de forma incompleta, falsa ou tendenciosa".

proteção dos bens e interesses por ela abrangidos (artigo 83, do Código de Defesa do Consumidor),[146] tais como as de natureza declaratória, constitutiva e até mesmo mandamental.

HIPÓTESES DE CABIMENTO DA AÇÃO CIVIL PÚBLICA

– Para a proteção do patrimônio público e social;

– Para a proteção do meio ambiente;

– Para a proteção do consumidor;

– Para a proteção da ordem urbanística;

– Para a proteção dos bens e direitos de valor artístico, estético, turístico e paisagístico;

– Para a proteção da ordem econômica e da economia popular;

– Para a proteção das crianças e dos adolescentes;

– Para a proteção dos portadores de deficiência;

– Para a proteção dos valores mobiliários e dos investidores dos mercados;

– Para a proteção de outros interesses ou direitos difusos, coletivos ou individuais homogêneos.

9.67 HIPÓTESES EM QUE NÃO CABE A PROPOSITURA DE AÇÃO CIVIL PÚBLICA

O artigo 1º, parágrafo único, da Lei 7.347/1985, incluído pela Medida Provisória 2.180-35/2001, vedou o cabimento de ação civil pública que tenha por objeto pedido que envolva tributos, contribuições previdenciárias, o Fundo de Garantia do Tempo de Serviço – FGTS ou outros fundos de natureza institucional cujos beneficiários possam ser individualmente determinados.

Essa vedação legal, aliás, está em consonância com o que já vinha decidindo o Pretório Excelso, no sentido do não cabimento da ação civil pública em matéria tributária, *por não se tratar de direito social ou mesmo individual indisponível*. Sobre o tema, sugerimos a leitura, por exemplo, do Recurso Extraordinário 195.056-1/PR, Relator Ministro Carlos Mário da Silva Velloso, j. 9.12.1999, *DJ* 30.5.2003.

Portanto, nos termos da legislação infraconstitucional vigente, esta espécie de ação constitucional não poderá ser proposta, por quaisquer de seus legitimados, quando a demanda tiver por objeto tributos (impostos, taxas, contribuição de melhoria, empréstimos compulsórios e contribuições especiais, inclusive previdenciárias), o Fundo de Garantia do Tempo de Serviço – FGTS ou outros fundos de natureza institucional, cujos beneficiários possam ser individualmente determinados.

Além dessa hipótese de vedação à utilização da ação civil pública, estabelecida pela própria Lei da Ação Civil Pública, há ainda uma outra, fixada pela doutrina e jurisprudência pátrias. Com efeito, como vimos no Capítulo 5, o Supremo Tribunal Federal reconhece, em caráter expresso, a possibilidade de controle de constitucionalidade difuso em sede de ação civil pública, desde que a análise da inconstitucionalidade seja julgada incidentalmente, não sendo o objeto principal da ação.

---

146. Lei 8.078/1990, artigo 83: "Para a defesa dos direitos e interesses protegidos por este código são admissíveis todas as espécies de ações capazes de propiciar sua adequada e efetiva tutela".

Assim, *a contrario sensu*, não será cabível a propositura de ação civil pública quando ela tiver por objeto principal justamente a análise da constitucionalidade de lei ou ato normativo, uma vez que, neste caso, referida ação estaria sendo utilizada como substitutiva da ação direta de inconstitucionalidade, o que resultaria em indevida usurpação de competência do Supremo Tribunal Federal.

HIPÓTESES EM QUE NÃO CABE A AÇÃO CIVIL PÚBLICA

– Quando tiver por objeto pedido que envolva tributos, contribuições previdenciárias, o Fundo de Garantia do Tempo de Serviço – FGTS ou outros fundos de natureza institucional cujos beneficiários possam ser individualmente determinados.

– Quando tiver por objeto principal a análise da constitucionalidade de lei ou ato normativo, uma vez que, neste caso, ela estaria sendo utilizada como substitutiva da ADI, o que resultaria em indevida usurpação de competência do STF.

9.68 LEGITIMAÇÃO ATIVA E PASSIVA DA AÇÃO CIVIL PÚBLICA

Como mencionamos anteriormente, a Carta Magna vigente dispõe expressamente, em seu artigo 129, inciso III, que o Ministério Público tem legitimação ativa para propor a ação civil pública. Mas este não é o único.[147] A relação completa dos legitimados para a propositura desta ação constitucional encontra-se na legislação infraconstitucional, mais especificamente no artigo 5º, da Lei 7.347/1985 e também no artigo 82, da Lei 8.078/1990, de inequívoca aplicação à ação ora em estudo, por força do determina o artigo 21, da Lei da Ação Civil Pública.

Nos termos do artigo 5º da Lei 7.347/1985, em conformidade com a redação que lhe conferiu a Lei 11.448, de 15 de janeiro de 2007, têm legitimidade para propor ação civil pública (e também eventual tutela cautelar com ela relacionada): o Ministério Público; a Defensoria Pública; a União, os Estados, o Distrito Federal e os Municípios; a autarquia, a empresa pública, a fundação ou a sociedade de economia mista; e as associações, cumpridos os requisitos ali consignados.

Já o artigo 82, da Lei 8.078/1990, conforme redação que lhe concedeu a Lei 9.008/1995, dispõe que são legitimados concorrentes para a propositura das ações coletivas que têm por objeto a tutela dos interesses difusos, coletivos e individuais homogêneos: o Ministério Público; a União, os Estados, os Municípios e o Distrito Federal; as entidades e órgãos da Administração Pública, direta ou indireta, ainda que sem personalidade jurídica, especificamente destinados à defesa dos interesses ali protegidos; e as associações que atendam às exigências ali fixadas.

Portanto, da interpretação conjunta daqueles dois dispositivos legais, podemos afirmar que são legitimados ativos para a propositura de ação civil pública, bem como tutelas de natureza cautelar com ela conexas, os seguintes entes: o Ministério Público (tanto da União como dos Estados); a União, os Estados, o Distrito Federal e os Municípios; suas respectivas autarquias (aqui incluídas as agências), fundações (tanto públicas como privadas), empresas públicas, sociedades de economia mista, além de órgãos (portanto, sem personalidade jurídica) destinados à defesa dos direitos tutelados pela lei; e as associações.

---

147. A possibilidade de instituição de outros legitimados para a ação civil pública, aliás, é expressamente autorizada pela própria Constituição de 1988, a qual prevê expressamente, no § 1º de seu artigo 129, que "a legitimação do Ministério Público para as ações civis previstas neste artigo não impede a de terceiros, nas mesmas hipóteses, segundo o disposto nesta Constituição e na lei".

Tendo em vista que nosso ordenamento jurídico confere, como vimos acima, legitimidade às associações, tanto a doutrina como a jurisprudência do País são pacíficas em conceder igual legitimidade aos partidos políticos e aos sindicatos, pessoas jurídicas de direito privado de todo semelhantes às associações, inclusive no que se refere à personalidade jurídica de direito privado e à ausência de fins econômicos.

Como já adiantamos acima, particularmente no que se refere às fundações, expressamente mencionadas no artigo 5º, inciso IV, da Lei 7.347/1985, consideramos que são legitimadas para a propositura da ação civil pública não só as fundações públicas, entidades pertencentes à Administração Pública indireta, e que alguns doutrinadores também denominam de *autarquias fundacionais*, como também as fundações particulares, entidades com personalidade jurídica de direito privado, fato que as aproxima, sem qualquer dúvida, das associações, igualmente legitimadas para a ação ora em estudo.

De maneira semelhante ao que se dá com as demais espécies de ações constitucionais coletivas (mandado de segurança coletivo, mandado de injunção coletivo e ação popular), na ação civil pública a legitimação será sempre extraordinária, atuando os legitimados em nome próprio, mas na defesa de interesses de terceiros (no caso, os chamados interesses transindividuais ou metaindividuais, também conhecidos como direitos coletivos em sentido lato).[148]

É imperioso esclarecer que alguns dos legitimados para a propositura da ação civil pública têm *legitimidade ou legitimação universal*. Os legitimados universais, nós já o vimos em outras oportunidades, têm *interesse de agir presumido*, uma vez que possuem, dentre suas atribuições, o dever de defesa dos bens tutelados por meio da ação civil pública. Nesta hipótese encontra-se o Ministério Público (tanto da União como dos Estados) e os partidos políticos.

Com efeito, dentre as funções institucionais do Ministério Público, conforme relação constante do artigo 129 da Carta Magna encontra-se expressamente fixada a de "promover o inquérito civil e a ação civil pública, para a proteção do patrimônio público e social, do meio ambiente e de outros interesses difusos e coletivos". Ademais, após esclarecer que o *Parquet* é instituição permanente, essencial à função jurisdicional do Estado, o artigo 127 de nossa vigente Lei Maior nos esclarece que incumbe àquele órgão a defesa da ordem jurídica, do regime democrático e dos *interesses sociais e individuais indisponíveis*.

Inequívoco, portanto, o caráter de legitimado universal do Ministério Público, que pode propor a ação constitucional ora em estudo para a proteção do patrimônio público e social, do meio ambiente e de quaisquer outros interesses difusos e coletivos, mesmo que não expressamente fixados no rol do artigo 1º, da Lei da Ação Civil Pública. A única ressalva, a nosso entender, dá-se em relação aos interesses individuais homogêneos.

Com efeito, os interesses ou direitos individuais homogêneos são também direitos individuais, e se distinguem destes por atingirem um número grande de pessoas. Assim, para poderem buscar a proteção específica desta modalidade de interesse metaindividual, por meio da propositura de ação civil pública, consideramos que o Ministério Público necessitará

---

148. Apenas a título de informação, vale mencionar que há autores que defendem a existência não de 2 (duas), mas sim de 3 (três) espécies de legitimação. Com efeito, além das amplamente conhecidas *legitimação ordinária* e *legitimação extraordinária*, defendem também a existência da denominada *legitimação ordinária autônoma*, hipótese em que o legitimado defende em juízo interesse que é, ao mesmo tempo, próprio e alheio. Para estes autores, a legitimidade ativa para a ação civil pública que busque a tutela de interesses difusos e coletivos seria desta última espécie; somente para a tutela dos chamados interesses individuais homogêneos, é que a legitimação seria do tipo extraordinária.

demonstrar, apenas neste caso, a existência de interesse de agir, ou seja, que a alegada violação do direito atinge um número expressivo de pessoas, a justificar sua atuação.

Ainda sobre o Ministério Público, é importante mencionar que a Lei da Ação Civil Pública admite expressamente, em seu artigo 5º, § 5º, a existência de litisconsórcio facultativo entre os Ministérios Públicos da União, do Distrito Federal e dos Estados, na defesa dos interesses e direitos de que cuida referida lei. Já o § 1º do mesmo artigo 5º, da Lei 7.3471985, dispõe que o Ministério Público deverá atuar *obrigatoriamente*, como fiscal da lei, caso não atue no processo como parte.

Ainda em relação à atuação do Ministério Público, também não podemos deixar de comentar sobre o que dispõe o § 3º daquele mesmo artigo 5º, da Lei da Ação Civil Pública. Nos termos deste dispositivo legal, cuja redação atual foi alterada pela Lei 8.078/1990, "em caso de desistência infundada ou abandono da ação por associação legitimada, o Ministério Público ou outro legitimado assumirá a titularidade ativa".

No caso específico do Ministério Público, contudo, consideramos que não se pode conceder àquele artigo 5º, § 3º, da Lei 7.347/1985, uma interpretação literal. Isso porque, como é de conhecimento geral, um dos princípios que regem a atuação daquele órgão é justamente o da independência funcional. Assim, entendemos que os membros do *Parquet* têm liberdade para decidir se devem ou não atuar na ação civil pública, desde que fundamentem adequadamente sua decisão. Por outro lado, caso proponham a ação, não poderão dela desistir.

Em relação aos partidos políticos, estes também têm legitimidade ativa *ad causam* para atuar não só na defesa de seus membros ou associados, como também de quaisquer direitos coletivos da sociedade. Para tanto, basta que apliquemos, por analogia, o artigo 21, da Lei 12.016/2009, que permite aos partidos políticos a impetração de mandado de segurança para a defesa dos interesses legítimos relativos à totalidade ou parte de seus integrantes, ou para defesa de sua finalidade partidária, na qual se insere a defesa dos direitos e garantias fundamentais.[149]

Por outro lado, ao contrário do que se dá com o mandado de segurança coletivo, cuja Lei 12.016/2009 exige, em seu artigo 21, que aquele remédio constitucional seja impetrado apenas por partido político com representação no Congresso Nacional, consideramos que igual exigência não se faz presente em relação à ação civil pública, uma vez que tanto a Constituição Federal, como a atual lei federal que a regulamenta, não fazem qualquer exigência neste sentido.

Já os demais entes relacionados no artigo 5º, da Lei 7.347/1985, entendemos que estes têm apenas *legitimidade ou legitimação especial*, necessitando demonstrar a denominada *representatividade adequada*. Precisam, em outras palavras, demonstrar que o tema por eles deduzido em juízo guarda direta relação com os seus objetivos institucionais, expressamente fixados em seus atos constitutivos (pertinência temática).

Com efeito, a título de exemplo, a União somente poderá propor ação civil pública para defender interesses que estejam em sua esfera de competência, não podendo, por exemplo, defender

---

149. Nesse sentido, por exemplo, são as ponderações de Paulo Hamilton Siqueira Júnior: Os partidos políticos, devido a sua finalidade constitucional, possuem legitimidade universal, não havendo necessidade de demonstração da pertinência temática. São eles associações civis que têm por objetivo assegurar, no interesse do regime democrático, a autenticidade do sistema representativo e defender os direitos fundamentais definidos na Constituição Federal (art. 17 da CF c/c a Lei 9.096/95)". *Direito processual constitucional: de acordo com a reforma do judiciário*. Saraiva, 2006, p. 404.

interesses de Estado ou Município, hipótese em que, a toda evidência, faltar-lhe-ia interesse de agir, por ausência da indispensável representatividade adequada. Em termos semelhantes, uma determinada agência reguladora somente poderia propor esta ação constitucional para a defesa dos interesses expressamente fixados pela lei que a instituiu.

É importante esclarecer, contudo, que há doutrinadores que pensam de forma diversa, preferindo entender que também as pessoas jurídicas de direito público interno (União, Estados, Distrito Federal e Municípios) têm legitimidade universal para a propositura da ação civil pública. É o caso, por exemplo, de Paulo Hamilton Siqueira Jr., que fundamenta que tais entidades têm tal modalidade de legitimidade em razão de suas funções institucionais, que as dispensa de demonstrarem interesse específico.[150]

No caso das associações, a Lei 7.347/1985 exige que as mesmas atendam, concomitantemente, a 2 (dois) requisitos, para que possam ingressar com ação civil pública. São eles: (a) que esteja constituída há pelo menos 1 (um) ano nos termos da lei civil; e (b) que inclua, entre suas finalidades institucionais, a proteção ao meio ambiente, ao consumidor, à ordem econômica, à livre concorrência ou ao patrimônio artístico, estético, histórico, turístico e paisagístico.

Portanto, para que a associação possa ingressar com ação civil pública para a tutela de um determinado interesse metaindividual, é imperioso que referida atividade conste expressamente, em seus atos constitutivos, como uma de suas finalidades institucionais. Não podemos deixar de mencionar, contudo, que a jurisprudência pátria tem dispensado a observância desse requisito fixado pela lei, caso a associação tenha reconhecida atuação na área em que pretende defender, mesmo que referida atividade não esteja expressamente prevista, em seus atos constitutivos, com uma das suas finalidades institucionais.

Sobre o requisito da pré-constituição da associação, é importante ressaltar que a própria legislação permite que o juiz do feito o dispense, quando haja manifesto interesse social evidenciado pela dimensão ou característica do dano, ou pela relevância do bem jurídico a ser protegido. É o que dispõe expressamente, por exemplo, o § 4º do artigo 5º, da Lei da Ação Civil Pública, incluído pela Lei 8.078/1990.

Vale mencionar, ademais, que essa exigência da pré-constituição somente se destina às associações, não se aplicando aos demais legitimados da ação civil pública, nem mesmo aos outros entes com personalidade jurídica de direito privado, como partidos políticos, sindicatos e fundações privadas, por exemplo.

Muito embora não explicitado na lei, para que possam ser autoras de ação civil pública, devemos estar diante de uma autêntica associação, ou seja, de uma pessoa jurídica de direito privado, *sem fins lucrativos*. Caso tenham finalidade econômica, como é o caso de sociedades simples (antigamente denominadas sociedades civis), das diversas sociedades empresárias e também das sociedades cooperativas, evidentemente não terão legitimidade para propor a ação ora em comento.[151]

É importante frisar que, por força do que determina o artigo 2º-A, da Lei 9.494/1997, incluído ao texto desta lei pela Medida Provisória 2.180-35/2001, a sentença civil prolatada em sede de ação civil pública, na defesa dos interesses e direitos dos seus associados,

---

150. *Op. cit.*, p. 403-404.
151. Nestes termos, por exemplo, é a lição de Hugo Nigri Mazzilli, que nega expressamente legitimidade ativa *ad causam* às sociedades cooperativas, tendo em vista que a personalidade associativa delas volta-se para a atividade econômica, razão pela qual não podem ser consideradas associações. *Op. cit.*, p. 290.

abrangerá apenas os substituídos que tenham, na data da propositura da ação, domicílio no âmbito da competência territorial do órgão prolator.

Ademais, por força do parágrafo único, daquele mesmo artigo 2º-A, da Lei 9.494/1997, em se tratando especificamente de ações civis públicas propostas contra a União, os Estados, o Distrito Federal, os Municípios e suas autarquias e fundações, a petição inicial deverá obrigatoriamente estar instruída com a ata da assembleia da entidade associativa que a autorizou, acompanhada da relação nominal dos seus associados e indicação dos respectivos endereços.

Particularmente no que se refere aos sindicatos, consideramos que estes podem atuar na defesa dos interesses coletivos em sentido lato não só dos sindicalizados, mas de toda a categoria que representam. Aliás, tanto isso é certo, que o próprio Tribunal Superior do Trabalho revogou, em 2003, a Súmula 310, editada por aquela Colenda Corte, que exigia que o sindicato individualizasse, na petição inicial de qualquer ação em que atuasse como substituto processual, a relação dos substituídos.

A legitimação ativa da ação civil pública é *concorrente* e *disjuntiva*. Quer isso dizer, em outras palavras, que quaisquer dos legitimados ativos da ação podem propor, sozinhos, referida ação constitucional, sem necessidade de atuar em litisconsórcio com outros legitimados. Ademais, depois que algum deles propõe a ação, os outros ficam impedidos de fazer o mesmo, uma vez que, com o exercício do direito de ação pelo primeiro, restou caracterizada a substituição processual, não mais havendo necessidade/utilidade de propositura de nova ação, por outro substituto processual.

É importante ressaltar, contudo, que a Lei da Ação Civil Pública (artigo 5º, § 2º) permite tanto ao Poder Público (União, Estados, Distrito Federal, Municípios e suas respectivas autarquias e fundações públicas), como também a outras associações legitimadas, habilitar-se como litisconsortes de qualquer das partes. Referidas entidades, portanto, a despeito de não poderem propor nova ação sobre o mesmo objeto, poderão pedir para atuar inclusive ao lado do autor da ação civil pública, desde que reste demonstrado, evidentemente, o interesse processual.

Ainda sobre o tema da legitimação ativa desta ação constitucional, vale mencionar que o particular não tem legitimidade para a propositura da ação civil pública. Dessa forma, ele não poderá, ao menos a princípio, atuar como litisconsorte ativo desta ação constitucional. Contudo, por exceção, quando se tratar de hipótese em que o particular teria legitimidade para propor ação individual com o mesmo objeto, aí sim ele poderá atuar como litisconsorte em ação civil pública. É o que se dá, por exemplo, quando a ação tiver por objeto interesses coletivos ou interesses individuais homogêneos.

Por fim, no tocante à legitimação passiva *ad causam* da ação civil pública, vale mencionar que pode ser sujeito passivo desta ação constitucional qualquer pessoa natural ou jurídica a quem se atribua a responsabilidade pelo dano ou risco de dano ao patrimônio público ou social, ou aos bens e interesses metaindividuais que podem ser tutelados por meio desta ação constitucional.

Tal responsabilidade, é importante que se diga, pode ser imputada a alguém inclusive quando houver omissão no dever legal de atuação na defesa do bem tutelado. Com efeito, tem se revelado muito comum, por exemplo, a propositura de ações civis públicas, pelo Ministério Público, em que são incluídas no polo passivo do feito, além de prestadores de serviços públicos, também as entidades governamentais responsáveis pela fiscalização do serviço, quando referidos entes públicos deixam de fiscalizá-los adequadamente, permitindo, por consequência, que o usuário sofra prejuízos indevidos.

LEGITIMAÇÃO ATIVA E PASSIVA EM AÇÃO CIVIL PÚBLICA

– **Legitimação ativa**: Ministério Público; União, Estados, Distrito Federal e Municípios; respectivas autarquias (inclusive agências), fundações (públicas e privadas), empresas públicas, sociedades de economia mista, além de órgãos (portanto, sem personalidade jurídica) destinados à defesa dos direitos tutelados pela lei; e associações.

– Tendo em vista que o ordenamento jurídico pátrio confere legitimidade às associações, a doutrina e a jurisprudência são pacíficas em conferir igual legitimidade aos partidos políticos e aos sindicatos, pessoas jurídicas de direito privado em todo semelhantes às associações.

– O particular não tem legitimidade para a propositura da ação civil pública, também não podendo atuar, como regra geral, como litisconsorte ativo desta ação constitucional, a não ser que se trate de caso em que ele tivesse legitimidade para propor ação individual com o mesmo objeto.

– **Legitimação passiva**: qualquer pessoa natural ou jurídica a quem se atribua a responsabilidade, mesmo que por omissão legal, pelo dano ou risco de dano aos bens e interesses *metaindividuais* que podem ser tutelados por meio desta ação constitucional.

9.69 COMPETÊNCIA EM SEDE DE AÇÃO CIVIL PÚBLICA

Sobre a competência em sede de ação civil pública, há dois artigos que tratam do tema, um na Lei 8.078/1990, outro na Lei 7.347/1985. Nos termos do artigo 2º, deste último diploma legal, as ações civis públicas serão propostas no foro do local onde ocorrer o dano, cujo juízo terá competência funcional para processar e julgar a causa. Referido dispositivo legal nos esclarece, portanto, que a competência é a do *local do dano*, e que se trata de competência *funcional* (absoluta), o que inviabiliza, portanto, a prorrogação de competência e também eleição de foro para a propositura desta ação constitucional.

Por sua vez, o parágrafo único daquele mesmo artigo 2º, da Lei da Ação Civil Pública, acrescentado pela Medida Provisória 2.180-35/2001, determina expressamente que "a propositura da ação prevenirá a jurisdição do juízo para todas as ações posteriormente intentadas que possuam a mesma causa de pedir ou o mesmo objeto". Portanto, caso sejam propostas novas ações, com o mesmo fundamento ou o mesmo pedido da primeira ação, aquelas deverão ser distribuídas, por dependência, ao juiz na qual tramita a primeira ação, tudo para se evitar o indesejável risco de decisões contraditórias sobre um mesmo assunto.

Naturalmente, se a primeira ação tiver sido julgada extinta, sem resolução de mérito, não haverá necessidade de distribuição por dependência, por completa impossibilidade de ocorrência de decisões contraditórias. Também não haverá qualquer razão para a aplicação do dispositivo legal ora em análise caso a ação civil pública já tenha sido definitivamente julgada em primeira instância, mesmo que ainda não tenha transitado em julgado, em razão de recursos interpostos por alguma das partes, e ainda pendentes de julgamento em instâncias superiores.

Tenho para mim, ademais, que a prevenção determinada pelo artigo 2º, parágrafo único, da Lei 7.347/1985, não se refere apenas à propositura de novas ações civis públicas. Referido dispositivo legal deve aplicar-se a qualquer modalidade de ação coletiva que tenha a mesma causa de pedir ou o mesmo pedido da ação civil pública proposta em primeiro lugar, valendo, portanto, para mandados de segurança coletivo e ações populares com os mesmos fundamentos ou pedido da primeira ação.

Já o artigo 93, do Código de Defesa do Consumidor, após ressalvar a competência da Justiça Federal, dispõe ser competente para processar e julgar a ação civil pública a Justiça estadual do lugar onde ocorreu ou possa ocorrer o dano, quando de âmbito local; ou na capital do Estado ou do Distrito Federal, para os danos de âmbito nacional ou regional, aplicando-se as regras do Código de Processo Civil aos casos de competência concorrente.

Portanto, figurando como interessadas no feito a União, suas autarquias (também fundações públicas) ou empresas públicas, conforme norma fixada pelo artigo 109, inciso I, da Constituição Federal de 1988, a competência para o processo e o julgamento da ação civil pública será da Justiça Federal. Não figurando como interessados quaisquer daqueles entes, a competência será da Justiça do Estado em que ocorreu o dano.

Se o dano atingir apenas uma determinada comarca, e não se tratar de hipótese de competência da Justiça Federal, o juízo competente será o juiz de direito da respectiva comarca. Caso o dano atinja mais de uma comarca, a ação civil pública poderá ser proposta em qualquer uma delas,[152] obedecido o critério da prevenção, para as ações posteriores (com o mesmo fundamento e/ou o mesmo pedido) propostas nas demais comarcas, tudo conforme determina expressamente o supramencionado artigo 2°, parágrafo único, da Lei 7.347/1985.

Caso o dano seja regional, atingindo uma parcela expressiva de um único Estado da Federação ou do Distrito Federal, e não sendo caso de competência da Justiça Federal, conforme norma fixada pelo artigo 109, inciso I, da Carta Magna, a ação deverá ser proposta na capital do respectivo Estado ou do Distrito Federal, nos termos do artigo 93, inciso II, do Código de Defesa do Consumidor. Caso o dano regional atinja mais de um Estado, a ação deverá ser proposta na capital de qualquer deles, ou do Distrito Federal, com prevenção para futuras ações com o mesmo pedido ou causa de pedir.

Por fim, em se tratando de dano ou risco de dano de âmbito nacional, e não se tratando de processo da competência da Justiça Federal, a competência para o processamento e julgamento da ação civil pública será da Justiça Comum, e o foro competente será o do Distrito Federal ou da capital de qualquer Estado, tudo conforme regra fixada pelo artigo 93, inciso II, da Lei 8.078/1990.

9.70 A POSSIBILIDADE DE CONCESSÃO DE LIMINAR EM AÇÃO CIVIL PÚBLICA

Conforme dispõe expressamente o artigo 4°, da Lei 7.347/1985, será possível a formulação de pedido de tutela de natureza cautelar em sede de ação civil pública, inclusive para evitar danos ao meio ambiente, ao consumidor, à ordem urbanística ou aos bens e direitos de valor artístico, estético, histórico, turístico e paisagístico. O pedido de natureza cautelar, como se sabe, tem por finalidade evitar o perecimento do bem ou direito pretendido na ação principal, em razão do decurso do tempo. Em outras palavras, busca garantir o resultado prático do processo principal, ou a viabilidade do direito pretendido pelo autor.

Portanto, em qualquer hipótese em que o tempo necessário à completa prestação jurisdicional, na ação civil pública, acabe resultando em deterioração ou perecimento do bem jurídico pretendido, tornando imprestável a ação principal, o autor da ação constitucional poderá se valer de tutela cautelar, inclusive para evitar, de plano, danos ao patrimônio público e social, bem como aos demais interesses difusos e coletivos tutelados pela lei. Para tanto, basta que estejam presentes os conhecidos requisitos do *fumus boni iuris* e do *periculum in mora*.

A Lei da Ação Civil Pública também deixa clara a possibilidade de concessão de liminar em ação civil pública. Com efeito, nos termos do artigo 12, daquele diploma legal, "poderá o juiz conceder mandado liminar, com ou sem justificação prévia, em decisão sujeita a

---

152. É o que defende, por exemplo, Ada Pellegrini Grinover: "o dispositivo tem que ser entendido no sentido de que, sendo de âmbito regional o dano, competente será o foro da Capital do Estado ou do Distrito Federal, mas estendendo-se por duas comarcas, tem-se entendido que a competência concorrente é de qualquer uma delas". *Código brasileiro de defesa do consumidor*. 8. ed. Forense Universitária, 2004, p. 808 (notas ao artigo 93).

agravo". É pacífico, tanto na doutrina como na jurisprudência pátrias, que a norma em questão refere-se inclusive à possibilidade de concessão de antecipação de tutela, em sede de ação civil pública.[153]

Para a concessão da antecipação da tutela, devem ser observados os requisitos do artigo 300, do Código de Processo Civil, bem como as normas específicas do artigo 497, para o caso de ação que tenha por objeto o cumprimento de obrigação de fazer ou de não fazer, ou do artigo 498, quando o pedido referir-se a entrega de coisa. A doutrina e a jurisprudência admitem a antecipação de tutela mesmo em face da Fazenda Pública. Sobre o tema, sugerimos a leitura da Reclamação 902-SE, Supremo Tribunal Federal, Pleno, Relator Ministro Maurício Correa, j. 25.4.2002, *DJU* 2.8.2002.

Da leitura do supramencionado artigo 12, da Lei 7.347/1985, percebe-se que a liminar poderá ser concedida pelo juiz do feito com ou sem justificação prévia. Todavia, em se tratando especificamente de liminar contra o poder público, seja de natureza cautelar, seja de natureza antecipatória, somente poderá ser concedida, como regra geral, após a audiência do representante judicial da pessoa jurídica de direito público, que deverá se pronunciar no prazo de 72 (setenta e duas) horas. É o que determina o artigo 2º, da Lei 8.437, de 30 de junho de 1992, que dispõe sobre a concessão de medidas cautelares contra atos do Poder Público.

Naturalmente, valendo-se do chamado poder geral de cautela, o juiz do feito poderá dispensar a exigência de prévia oitiva do representante judicial da pessoa jurídica de direito público (os denominados Advogados Públicos, tais como advogados da União, procuradores dos Estados, do Distrito Federal e dos Municípios), quando houver plena demonstração de que tal providência possa inviabilizar a liminar ou resultar em perecimento do direito pretendido.

Conforme determina expressamente o artigo 1º, § 4º, da Lei 8.437/1992, (incluído pela Medida Provisória 2.180-35, de 2001), nos casos em que for cabível a concessão de medida liminar contra o Poder Público, o respectivo representante judicial da pessoa jurídica de direito público deverá ser imediatamente intimado, sem prejuízo da comunicação ao dirigente do órgão ou entidade.

Ainda em relação às pessoas jurídicas de direito público, é imperioso ressaltar que a mesma Lei 8.437/1992, em seu artigo 1º, veda expressamente a concessão de liminar contra atos do Poder Público que esgote, no todo ou em parte, o objeto da ação, bem como toda vez que providência semelhante não puder ser concedida em ações de mandado de segurança, em virtude de vedação legal.

Não caberá concessão de liminar contra o Poder Público, portanto, na hipótese expressamente fixada pelo artigo 7º, § 2º, da nova Lei do Mandado de Segurança. Nos termos deste dispositivo legal, é vedada a concessão de medida liminar, em sede de mandado de segurança, que tenha por objeto a compensação de créditos tributários, a entrega de mercadorias e bens provenientes do exterior, a reclassificação ou equiparação de servidores públicos e a concessão de aumento ou extensão de vantagens ou pagamento de qualquer natureza. A vedação de compensação de créditos tributários ou previdenciários, aliás, também foi explicitada pela Lei 8.437/1992, artigo 1º, § 5º.

---

153. Esse fato, aliás, torna-se inequívoco diante da redação do artigo 84, § 3º, do Código de Defesa do Consumidor, o qual dispõe expressamente que, "sendo relevante o fundamento da demanda e havendo justificado receio de ineficácia do provimento final, é lícito ao juiz conceder a tutela liminarmente ou após justificação prévia, citado o réu".

O juiz também poderá fixar multa para compelir o réu a cumprir a decisão liminar. O valor será fixado livremente pelo magistrado, levando em conta os princípios da razoabilidade e da proporcionalidade. Conforme nos esclarece o § 2º do artigo 12, da Lei da Ação Civil Pública, aquela multa, fixada liminarmente, somente será exigível do réu após o trânsito em julgado da decisão favorável ao autor, mas será devida desde o dia em que se houver configurado o descumprimento. Naturalmente, se o resultado final do processo for desfavorável ao autor da ação, a multa liminar não será exigível.

No caso específico de obrigação de fazer ou de não fazer, além de determinar o cumprimento da prestação da atividade devida ou a cessação da atividade nociva, sob pena de execução específica, o juiz do feito poderá, alternativamente, impor multa diária, se esta for suficiente ou compatível. E esta multa, conforme explicitado no artigo 11, da lei de regência, não depende de expresso requerimento do autor.

POSSIBILIDADE DE CONCESSÃO DE LIMINAR EM AÇÃO CIVIL PÚBLICA

– É possível a concessão de medida de natureza cautelar em sede de ação civil pública, inclusive para evitar danos ao meio ambiente, ao consumidor, à ordem urbanística ou aos bens e direitos de valor artístico, estético, histórico, turístico e paisagístico (Lei 7.347/1985, artigo 4º).

– Também é possível a concessão de liminar, com ou sem justificação prévia, em decisão sujeita a agravo (art. 12, Lei 7.347/1985). É pacífico que a norma em questão refere-se à concessão tanto de medida cautelar como de antecipação de tutela, em sede de ação civil pública.

– Em se tratando especificamente de liminar contra o Poder Público, esta só poderá ser concedida, como regra geral, após a audiência do representante judicial da pessoa jurídica de direito público, que deverá se pronunciar no prazo de 72 horas (Lei 8.437/1992, artigo 2º).

– É vedada a concessão de liminar contra atos do Poder Público que esgote, no todo ou em parte, o objeto da ação e também toda vez que providência semelhante não puder ser concedida em mandado de segurança, em virtude de vedação legal (Lei 8.437/1992, artigo 1º).

9.71 DA SUSPENSÃO DA LIMINAR E DA SUSPENSÃO DA SENTENÇA EM AÇÃO CIVIL PÚBLICA

De maneira semelhante ao que se dá em relação ao mandado de segurança coletivo e à ação popular, as pessoas jurídicas de direito público – União, Estados, Distrito Federal, Municípios, suas respectivas autarquias (inclusive agências reguladoras e executivas) e fundações públicas – podem valer-se de um instrumento processual para combater decisão judicial concessiva de liminar, *que os particulares não possuem.*

Com efeito, para evitar grave lesão à ordem, à saúde, à segurança e à economia pública, poderá o presidente do Tribunal a que competir o conhecimento do respectivo recurso suspender a execução da liminar concedida contra o Poder Público, em decisão fundamentada, da qual caberá agravo interno para uma das turmas julgadoras, no prazo de 5 (cinco) dias a partir da publicação do ato (artigo 12, § 1º).[154]

Aliás, em termos semelhantes ao fixado pela Lei da Ação Civil Pública, o artigo 4º, da Lei 8.437/1992 também trata da suspensão da liminar, só que estendendo a sua utilização também

---

154. Lei 7.347/1985, artigo 12, § 1º: "A requerimento de pessoa jurídica de direito público interessada, e para evitar grave lesão à ordem, à saúde, à segurança e à economia pública, poderá o Presidente do Tribunal a que competir o conhecimento do respectivo recurso suspender a execução da liminar, em decisão fundamentada, da qual caberá agravo para uma das turmas julgadoras, no prazo de 5 (cinco) dias a partir da publicação do ato".

ao Ministério Público.¹⁵⁵ Ademais, o § 1º daquele artigo 4º também prevê a possibilidade de suspensão da própria sentença proferida em sede de ação civil pública, inviabilizando, assim, sua execução imediata, ao menos até que o feito transite em julgado.¹⁵⁶

Portanto, da interpretação conjunta dos dispositivos legais supramencionados, verifica-se que as pessoas jurídicas de direito público e também o Ministério Público (tanto da União quanto dos Estados), podem pleitear ao presidente do Tribunal não só a suspensão da liminar, como da própria sentença que impôs algum gravame à entidade pública, em caso de interesse público manifesto ou de flagrante ilegalidade, e desde que demonstrem que a utilizam para *evitar grave lesão à ordem, à saúde, à segurança e à economia pública*.

Nos termos do artigo 4º, § 2º, da Lei 8.437/1992, o presidente do tribunal poderá ouvir o autor e o Ministério Público, em 72 (setenta e duas) horas. Referida norma, a toda evidência, aplica-se apenas aos casos em que o *parquet* não tiver sido o autor do pedido de suspensão da liminar ou da sentença, para que possa atuar como *custos legis*.

O § 3º daquele mesmo artigo, por sua vez, dispõe que, do despacho que conceder ou negar a suspensão, caberá agravo, no prazo de 5 (cinco) dias, que será levado a julgamento na sessão seguinte a sua interposição. Se do julgamento do agravo de que trata o § 3º resultar a manutenção ou o restabelecimento da decisão que se pretende suspender, caberá novo pedido de suspensão ao presidente do Tribunal competente para conhecer de eventual recurso especial ou extraordinário (§ 4º). Também será cabível este pedido de suspensão quando negado provimento a agravo de instrumento interposto contra a liminar.

Vale esclarecer, por outro lado, que a suspensão da liminar em sede de ação civil pública, um instrumento concedido exclusivamente às pessoas jurídicas de direito público interno, bem como ao Ministério Público, com pressupostos de admissão próprios, pode ser utilizado, e julgado pelo tribunal, mesmo que haja a interposição de agravo de instrumento, contra a mesma liminar.¹⁵⁷

As liminares cujo objeto seja idêntico, poderão ser suspensas em uma única decisão, podendo o presidente do tribunal estender os efeitos da suspensão a liminares supervenientes, mediante simples aditamento do pedido original (§ 8º). Vale mencionar, por fim, que a suspensão da liminar em ação civil pública vigorará até o trânsito em julgado da decisão de mérito na ação principal (§ 9º).

9.72 INQUÉRITO CIVIL

Nos termos do artigo 129, inciso III, da Constituição de 1988, uma das funções institucionais do Ministério Público é a de "promover o inquérito civil e a ação civil pública, para a proteção do patrimônio público e social, do meio ambiente e de outros interesses difusos e coletivos". Como se pode notar, além de fazer menção expressa à ação civil pública, para a proteção dos bens e interesses ali mencionados, referido dispositivo constitucional tam-

---

155. Lei 8.437/1992, artigo 4º: "Compete ao presidente do tribunal, ao qual couber o conhecimento do respectivo recurso, suspender, em despacho fundamentado, a execução da liminar nas ações movidas contra o poder público ou seus agentes, a requerimento do Ministério Público ou da pessoa jurídica de direito público interessada, em caso de manifesto interesse público ou de flagrante ilegitimidade, e para evitar grave lesão à ordem, à saúde, à segurança e à economia públicas".
156. Lei 8.437/1992, artigo 4º, § 1º: "Aplica-se o disposto neste artigo à sentença proferida em processo de ação cautelar inominada, no processo de ação popular e na ação civil pública, enquanto não transitada em julgado".
157. "Lei 8.437/1992, artigo 4º, § 6º A interposição do agravo de instrumento contra liminar concedida nas ações movidas contra o poder público e seus agentes não prejudica nem condiciona o julgamento do pedido de suspensão a que se refere este artigo" (Incluído pela Medida Provisória 2.180-35, de 2010).

bém prevê a possibilidade de o Ministério Público instaurar inquérito civil, com a mesma finalidade.

Buscando dar efetividade àquela norma constitucional, o artigo 8º, § 1º, da Lei 7.347/1985 (Lei da Ação Civil Pública), dispõe expressamente que o Ministério Público poderá instaurar, sob sua presidência, inquérito civil. Trata-se este último de um procedimento administrativo destinado a colher provas sobre fatos que, ao menos em tese, autorizariam a propositura de futura ação civil pública, para a defesa de interesses ou direitos transindividuais, cuja tutela cabe ao Ministério Público. Na lição de Paulo Roberto de Gouvêa Medina,[158] o inquérito civil é

> *"um processo administrativo que se desenvolve sob a presidência do representante do Ministério Público, dele podendo resultar, conforme o caso, a celebração de compromisso de ajustamento de conduta às exigências legais (Lei 7.347, artigo 5º, § 6º), a propositura da ação civil pública ou, não havendo fundamento para tal, a promoção dos autos respectivos ao Conselho Superior do Ministério Público com proposta motivada de arquivamento (Lei 7.347, artigo 9º e §§)".*

O inquérito civil, como se pode perceber, é ato privativo do Ministério Público, não podendo ser manejado por quaisquer dos outros legitimados da ação civil pública, nem mesmo pelos demais entes de direito público. Tem por objetivo fornecer elementos de prova ao órgão ministerial, para que este possa propor ação civil pública, para a proteção dos bens e interesses por ele tutelados.[159]

É imperioso ressaltar, por outro lado, que o inquérito civil não é indispensável para propositura da futura ação civil pública, da mesma forma que o inquérito penal não é essencial à propositura da ação penal. Com efeito, caso o membro do Ministério Público já tenha a seu alcance elementos suficientes sobre autoria e materialidade de danos (ou de risco de danos) a bens ou direitos por ele tutelados, poderá propor a ação imediatamente. Poderá, ademais, requisitar certidões, informações, exames ou perícias de qualquer organismo público ou particular, e propor imediatamente a ação (artigo 8º, § 1º, parte final, da Lei da Ação Civil Pública).

Caso, entretanto, tenha instaurado o inquérito civil, o *Parquet* não poderá arquivá-lo livremente, sem antes declinar adequadamente as razões do arquivamento, e submetê-las ao Conselho Superior do Ministério Público, conforme prevê expressamente os parágrafos do artigo 9º, da Lei 7.347/1985. Portanto, a instauração do inquérito civil não é obrigatória; contudo, após sua instauração, passa a vigorar em relação a ele o princípio da *indisponibilidade*.

O inquérito civil poderá ser instaurado de ofício, através de portaria do Ministério Público, ou graças à representação de qualquer interessado. É o que se pode depreender da simples leitura do artigo 6º, da Lei da Ação Civil Pública, o qual dispõe que qualquer pessoa poderá provocar a iniciativa do Ministério Público, ministrando-lhe informações sobre fatos que constituam objeto da ação civil e indicando-lhe os elementos de convicção.

Referida representação deverá conter, dentre outros requisitos: nome e qualificação completa do representante; se possível, o nome do autor ou autores dos fatos danosos (ou potencialmente danosos) a um dos interesses ou direitos protegidos pelo Ministério Público; a descrição dos fatos que deverão ser objeto de investigação; e a indicação dos meios de prova necessários.

Formalizada a representação e distribuída a um membro do Ministério Público, este último poderá, caso necessário, determinar a notificação do representante para corrigir ou

---

158. *Direito processual constitucional*. 3. ed. Forense, 2006, p. 148.
159. As provas produzidas no inquérito civil terão eficácia em juízo.

complementar as informações prestadas na representação. Superada esta fase, o membro do *Parquet* instaurará o inquérito civil, ou indeferirá a representação, caso considere, motivadamente, que os fatos ali noticiados não justificam a sua atuação.

No caso de indeferimento da representação, o membro do Ministério Público deverá notificar o autor da representação, para que o mesmo possa recorrer, caso queira, ao Conselho Superior do Ministério Público. Da mesma forma, na hipótese de o Ministério Público acolher a representação, instaurando o inquérito civil, também poderá o denunciado recorrer ao Conselho Superior do Ministério Público.

Nos termos do artigo 8º, § 1º, da Lei da Ação Civil Pública, em sua parte final, o membro do Ministério Público poderá requisitar, de qualquer organismo público ou particular, certidões, informações, exames ou perícias, no prazo que assinalar, o qual não poderá ser inferior a 10 (dez) dias úteis. Referida requisição, portanto, poderá ser dirigida a qualquer pessoa natural ou jurídica, inclusive agentes públicos.

O não atendimento à requisição do Ministério Público poderá configurar o crime previsto no artigo 10, da Lei 7.347/1985 (a Lei da Ação Civil Pública),[160] *caso tal omissão inviabilize a propositura da ação*. Nas demais hipóteses, o não atendimento da requisição ministerial resultará na configuração do crime de desobediência.

A instauração do inquérito civil obsta a decadência do direito de o consumidor reclamar contra vícios aparentes ligados ao fornecimento de produtos e serviços, conforme preconiza o artigo 26, § 2º, inciso III, do Código de Defesa do Consumidor.[161] A suspensão da fluência daquele prazo decadencial ocorrerá até o encerramento do inquérito.

No âmbito do inquérito civil, o membro do Ministério Público terá amplo poder instrutório, podendo produzir quaisquer provas em direito admitidas, tais como oitiva de testemunhas, realização de perícias e de inspeções. Ademais, como já vimos anteriormente, poderá até mesmo requisitar de qualquer organismo, público ou particular, certidões, informações, exames ou perícias (artigo 8º, § 1º, da Lei da Ação Civil Pública).

Se o órgão do Ministério Público, esgotadas todas as diligências, se convencer da inexistência de fundamento para a propositura da ação civil, promoverá o arquivamento dos autos do inquérito civil ou das peças informativas, fazendo-o fundamentadamente. Deverá, contudo, submeter os autos do inquérito civil ao Conselho Superior do Ministério Público, no prazo de 3 (três) dias, para que este homologue ou rejeite o arquivamento, sob pena de incorrer em falta grave.

Conforme dispõe o artigo 9º, § 2º, da Lei 7.347/1985, até que, em sessão do Conselho Superior do Ministério Público, seja homologada ou rejeitada a promoção de arquivamento, poderão as associações legitimadas apresentar razões escritas ou documentos, que serão juntados aos autos do inquérito ou anexados às peças de informação.

Caso o Conselho Superior deixe de homologar a promoção de arquivamento, designará, desde logo, outro órgão do Ministério Público para o ajuizamento da ação. Neste caso, o membro do Ministério Público indicado não poderá invocar o princípio da independência

---

160. Lei 7.347/1985, artigo 10: "Constitui crime, punido com pena de reclusão de 1 (um) a 3 (três) anos, mais multa de 10 (dez) a 1.000 (mil) Obrigações Reajustáveis do Tesouro Nacional – ORTN, a recusa, o retardamento ou a omissão de dados técnicos indispensáveis à propositura da ação civil, quando requisitados pelo Ministério Público".
161. Código de Defesa do Consumidor, artigo 26, § 2º, III: "Obstam a decadência: a instauração de inquérito civil, até seu encerramento".

funcional para deixar de propor a ação civil pública. Estará vinculado à decisão do Conselho Superior do Ministério Público, devendo, portanto, ajuizar a ação.

INQUÉRITO CIVIL

– O inquérito civil é um procedimento administrativo destinado a colher provas sobre fatos que possam autorizar a propositura de futura ação civil pública.

– O inquérito civil é ato privativo do Ministério Público, não podendo ser manejado por quaisquer dos outros legitimados da ação civil pública, nem mesmo pelos demais entes de direito público.

– O inquérito civil não é indispensável para propositura da futura ação civil pública, da mesma forma que o inquérito penal não é essencial à propositura da ação penal.

– Caso seja instaurado o inquérito civil, o *Parquet* não poderá arquivá-lo livremente, sem antes submeter as razões do arquivamento ao Conselho Superior do Ministério Público.

– O inquérito civil poderá ser instaurado de ofício, através de portaria do Ministério Público, ou graças à representação de qualquer interessado.

9.73 TERMO DE AJUSTAMENTO DE CONDUTA

A Lei da Ação Civil Pública, em seu artigo 5º, § 6º, prevê expressamente a possibilidade de elaboração de termo de ajustamento de conduta, na fase investigatória (administrativa), com força de título executivo extrajudicial, para se evitar a propositura de ação civil pública. Com efeito, nos termos do dispositivo legal em comento, "os órgãos públicos legitimados poderão tomar dos interessados compromisso de ajustamento de sua conduta às exigências legais, mediante cominações, que terá eficácia de título executivo extrajudicial.

Da simples leitura daquele § 6º do artigo 5º, da Lei 7.347/1985, percebe-se facilmente que o termo de ajustamento de conduta só pode ser tomado por "órgãos públicos". Quer isso dizer, em outras palavras, que somente podem propor o compromisso de ajustamento de conduta os entes públicos com legitimidade para a propositura da ação civil pública, ou seja, o Ministério Público, a União, os Estados, os Municípios, o Distrito Federal, e suas respectivas autarquias e fundações públicas.

Não podem propor a celebração de termo de ajustamento de conduta, por outro lado, os demais legitimados ativos da ação, dotados de personalidade jurídica de direito privado, tais como empresas públicas, sociedades de economia mista, associações, fundações privadas, partidos políticos e sindicatos e entidades de classe.

Da leitura daquele dispositivo da Lei da Ação Civil Pública, também podemos verificar que o termo de ajustamento de conduta tem por objeto específico o ajustamento das condutas do potencial causador de danos aos interesses ou bens transindividuais *às exigências legais*.[162] Vê-se, portanto, que referido ajustamento só poderá ter por objeto o exato cumprimento das normas legais, não sendo possível aos entes públicos transigir de maneira a deixar de observar o estrito cumprimento do ordenamento jurídico vigente.

Não podem os diversos órgãos e entidades públicas, em outras palavras, dispor livremente de direitos que não são seus, mas de toda a sociedade. Os termos de ajustamento de conduta só podem tratar, portanto, do modo como serão cumpridas as exigências legais,

---

162. Vale ressaltar que, no caso de improbidade administrativa, a Lei 8.429, de 2 de junho de 1992, proíbe expressamente qualquer tipo de transação, conforme expressamente disposto em seu artigo 17, § 1º.

tais como, por exemplo, o prazo e condições para sua realização. Isso tudo porque, nunca é demais lembrarmos, os diversos legitimados desta ação têm apenas a denominada legitimação extraordinária, atuando em nome próprio, na qualidade de substitutos processuais, na defesa de terceiros.

Caso o termo de ajustamento de conduta seja tomado por membro do Ministério Público, na fase de inquérito civil, os autos deste devem ser submetidos ao Conselho Superior do Ministério Público (CSMP), para homologação e arquivamento do inquérito. Se o Conselho não homologar o ajustamento de conduta, devendo fundamentar adequadamente suas razões, devolverá os autos ao membro do Ministério Público, para prosseguimento do inquérito civil e até mesmo eventual propositura de ação civil pública.

É imperioso ressaltar, ademais, que alguns Ministérios Públicos Estaduais (caso do Ministério Público de São Paulo, por exemplo) admitem a elaboração de compromisso preliminar, notadamente quando o promotor de justiça antevê a possibilidade de realização de providências iniciais, para que, somente depois, seja finalmente celebrado o termo de ajustamento de conduta definitivo.

Nessa hipótese, mesmo com a homologação do Conselho Superior do Ministério Público, os autos do inquérito civil não são arquivados, sendo eles novamente remetidos ao membro do Ministério Público responsável pelo caso, para que este possa fiscalizar o fiel cumprimento do ajustamento preliminar, para depois celebrar o termo de ajustamento de conduta definitivo.

Além da fase administrativa (pré-judicial), o termo de ajustamento de conduta também pode ser celebrado já na fase jurisdicional propriamente dita, após a efetiva propositura de ação civil pública. Neste caso, contudo, o termo ajustado entre o ente público e o sujeito passivo deverá ser homologado pelo juiz do feito, por meio de sentença homologatória, tendo, portanto, natureza de título executivo judicial, e não extrajudicial.

É importante esclarecermos, ainda, que, após a propositura da ação civil pública, eventual termo de ajustamento de conduta, mesmo que elaborado com a ativa participação do Ministério Público, não necessita mais ser submetido ao Conselho Superior do Ministério Público, uma vez que já se encontra sob o exame e crivo do Poder Judiciário.[163]

TERMO DE AJUSTAMENTO DE CONDUTA

– A Lei da Ação Civil Pública prevê a possibilidade de elaboração de termo de ajustamento de conduta na fase investigatória (administrativa), com força de título executivo extrajudicial, para se evitar a propositura de ação civil pública (artigo 5º, § 6º).

– Somente podem tomar o compromisso de ajustamento os entes públicos com legitimidade para a propositura da ação civil pública, ou seja, o Ministério Público, a União, os Estados, os Municípios, o Distrito Federal, e suas respectivas autarquias e fundações públicas.

– O termo de ajustamento de conduta só poderá ter por objeto o exato cumprimento das normas legais, não sendo possível aos entes públicos transigir de maneira a deixar de observar o estrito cumprimento do ordenamento jurídico vigente.

– Além da fase administrativa (pré-judicial), o termo de ajustamento de conduta também pode ser celebrado já na fase jurisdicional propriamente dita, após a efetiva propositura de ação civil pública.

– Na fase judicial, o termo ajustado entre o ente público e o sujeito passivo deverá ser homologado pelo juiz do feito, por meio de sentença homologatória, tendo, portanto, natureza de título executivo judicial, e não extrajudicial.

---

163. Nesse sentido, aliás, é a Súmula 25, do Conselho Superior do Ministério Público de São Paulo, a qual confirma que sua atuação daquele Conselho só pode se dar anteriormente ao ajuizamento da ação civil pública.

9.74 FUNDO DE REPARAÇÃO DE DANOS

O artigo 13, da Lei da Ação Civil Pública trata do denominado "Fundo de Reparação de Danos". Nos termos daquele dispositivo legal, "havendo condenação em dinheiro, a indenização pelo dano causado reverterá a um fundo gerido por um Conselho Federal ou por Conselhos Estaduais de que participarão necessariamente o Ministério Público e representantes da comunidade, sendo seus recursos destinados à reconstituição dos bens lesados".

Da simples leitura daquele artigo, pode-se perceber facilmente que a lei permite a criação de um "Fundo Federal", gerido por um Conselho Federal, bem como de "Fundos Estaduais", estes administrados por Conselhos Estaduais. Percebe-se, ademais, que referidos Fundos terão, necessariamente, a participação do Ministério Público da União ou do Estado, conforme o caso, bem como de representantes da sociedade.

O Fundo de Reparação de Danos, conforme previsto na Lei 9.008, de 21 de março de 1995, atualmente tem objetivo amplo, podendo ser utilizado não só para a reconstituição de bens lesados, como também para campanhas educativas, para pesquisas científicas e até mesmo para a modernização de órgãos públicos que atuem na defesa dos interesses difusos. Os recursos nele existentes, portanto, podem ser utilizados em qualquer finalidade compatível com os interesses por ele tutelados.

Vale esclarecer, por outro lado, que o Fundo de Reparação de Danos não é formado apenas por condenações em sede de ação civil pública. Referido fundo é composto, ainda, das multas fixadas pelos magistrados (tanto as liminares como as fixadas nas sentenças, destinadas a compelir o adimplemento da obrigação), das multas administrativas (aplicadas pela Administração Pública, no exercício do poder de polícia), e até mesmo de doações de pessoas naturais e jurídicas.

A princípio, só há que se falar em Fundo de Reparação de Danos para as ações civis públicas que tenham por objeto a reparação de danos ocorridos em interesses difusos e coletivos. Em se tratando de interesses individuais homogêneos, a condenação pecuniária deve ser dirigida diretamente aos próprios lesados, só indo para o Fundo o eventual saldo remanescente, ou na hipótese de não se habilitarem, na fase de execução, quaisquer pessoas que tenham sofrido lesão.

Em se tratando de ação civil pública destinada especificamente à reparação de danos ao patrimônio público, o produto da condenação também não será destinado ao Fundo de Reparação de Danos, mas sim à Fazenda Pública, ou seja, à pessoa jurídica de direito público que sofreu a lesão: União, Estado, Distrito Federal, Município e respectivas entidades da Administração Pública indireta.

9.75 AÇÃO CIVIL PÚBLICA E COISA JULGADA SEGUNDO A NATUREZA DO INTERESSE TUTELADO

Conforme dispõe expressamente o artigo 506, do Código de Processo Civil, a sentença faz coisa julgada às partes entre as quais é dada, não prejudicando terceiros. Para as ações individuais, portanto, a regra diz que a sentença somente fará coisa julgada entre as partes litigantes. Contudo, em se tratando de ações coletivas, os limites subjetivos da coisa julgada regem-se por regras diversas, uma vez que as ações destinadas à tutela dos chamados interesses transindividuais necessariamente beneficiam terceiros, que não participaram da relação jurídica processual.

No caso específico da ação civil pública, o artigo 16, da Lei 7.347/1985, conforme redação que lhe conferiu a Lei 9.494/1997, dispõe expressamente que a sentença desta ação constitucional fará coisa julgada *erga omnes*, nos limites da competência territorial do órgão prolator, exceto se o pedido for julgado improcedente por insuficiência de provas, hipótese em que qualquer legitimado poderá intentar outra ação com idêntico fundamento, valendo-se de nova prova.

Em termos semelhantes, o artigo 103, do Código de Defesa do Consumidor, também trata da eficácia das sentenças nas ações coletivas, que tiverem por objeto a defesa de interesses difusos, coletivos ou individuais homogêneos. Com efeito, nos termos do inciso I daquele artigo, em se tratando de interesses difusos, a sentença terá eficácia *erga omnes*, exceto se o pedido for julgado improcedente por insuficiência de provas, hipótese em que qualquer legitimado poderá intentar outra ação, com idêntico fundamento, valendo-se de nova prova.

Caso se trate de interesses ou direitos coletivos, o inciso II do artigo 103, da Lei 8.078/1990, dispõe que a sentença terá eficácia *ultra partes*, porém limitadamente ao grupo, categoria ou classe, salvo improcedência por insuficiência de provas. Por fim, caso se trate de interesses ou direitos individuais homogêneos, a sentença terá eficácia *erga omnes*, apenas no caso de procedência do pedido, para beneficiar todas as vítimas e seus sucessores (artigo 103, inciso III, do Código de Defesa do Consumidor).

Como se vê, em sede de ação civil pública, a imutabilidade do título executivo judicial (da decisão transitada em julgado) depende não só da espécie de interesse ou direito transindividual que se pretende tutelar, como também do resultado específico da demanda (*secundum eventum litis*), podendo até mesmo não fazer coisa julgada material em algumas hipóteses de improcedência, como veremos melhor em seguida.

Com efeito, na hipótese de interesses ou direitos difusos, o ordenamento jurídico vigente diz que a sentença (tanto de procedência como de improcedência) fará coisa julgada *erga omnes*, ou seja, em face de todos aqueles que supostamente sofreram lesão, não podendo ser proposta qualquer outra ação de natureza coletiva (nem mesmo ação popular) fundamentada nos mesmos fatos, e com o mesmo pedido, uma vez que referida decisão transitada em julgada terá força de coisa julgada material em face de todos os lesados.

Ainda no caso específico de interesses ou direitos difusos, o título executivo judicial produzido em sede de ação civil pública deixará, contudo, de fazer coisa julgada material na hipótese de a improcedência ter decorrido da ausência de provas, hipótese em que qualquer dos legitimados poderá propor nova demanda, com os mesmos fundamentos e mesmo pedido, caso surjam novas provas. Por outro lado, caso a improcedência da ação civil pública, para a tutela desses direitos, se dê por qualquer outro motivo, fará coisa julgada material, o que inviabiliza a propositura de qualquer outra ação coletiva, com o mesmo pedido e causa de pedir.

É imperioso esclarecer, entretanto, que a coisa julgada produzida em sede de ação civil pública que tinha por objeto a tutela de interesses ou direitos difusos, não prejudicará interesses ou direitos individuais dos integrantes da coletividade, que podem propor suas ações individualmente, para a defesa de seus direitos desta natureza (individuais). Isso é o que determina expressamente o § 1º do artigo 103, do Código de Defesa do Consumidor.

No caso de interesses ou direitos coletivos em sentido estrito, a lei dispõe que a sentença fará coisa julgada *ultra partes*, querendo isso dizer que o título executivo judicial produzirá efeitos para todo o grupo, categoria ou classe de pessoas lesadas. Não poderá, portanto, ser proposta qualquer outra ação de natureza coletiva fundamentada nos mesmos fatos, e com o mesmo pedido, em prol daquele grupo, categoria ou coletividade de pessoas, uma vez que referida decisão transitada em julgada terá produzido coisa julgada material.

A decisão transitada em julgado relativa a interesses ou direitos coletivos em sentido estrito, entretanto, deixará de produzir coisa julgada material, na hipótese de a improcedência ter decorrido da ausência de provas, hipótese em que poderá ser proposta nova demanda, com os mesmos fundamentos e mesmo pedido, caso surjam novas provas. Por outro lado, caso a improcedência da ação, neste tipo de tutela, se dê por qualquer outro motivo, fará coisa julgada material, o que inviabiliza a propositura de qualquer outra ação coletiva, com o mesmo pedido e causa de pedir.

Da mesma forma que se dá em relação às ações que tenham por objeto a tutela de interesses ou direitos difusos, a coisa julgada produzida nas ações civis públicas destinadas à proteção de interesses coletivos em sentido estrito não prejudicará direitos individuais dos integrantes do grupo, categoria ou classe de pessoas, que podem propor suas ações individuais, para a defesa de direitos desta natureza. É o que dispõe o supramencionado § 1º do artigo 103, do Código de Defesa do Consumidor.

Por fim, no caso de interesses ou direitos individuais homogêneos, a decisão transitada em julgado, em sede de ação civil pública, fará coisa julgada *erga omnes*, ou seja, para todos os lesados, *mas apenas no caso de procedência da demanda*. Ao contrário do que ocorre nas ações que tenham por objeto a tutela de interesses ou direitos difusos ou coletivos, nas ações destinadas à proteção de direitos individuais homogêneos, a improcedência da demanda, *por qualquer fundamento*, não fará coisa julgada em face daqueles que não tiverem intervindo no processo, como litisconsortes (artigo 103, § 2º, da Lei 8.078/1990).[164]

Portanto, nos termos da legislação de regência, os indivíduos que não tiverem participado como litisconsortes, em ação civil pública destinada à tutela de interesses ou direitos individuais homogêneos, julgada improcedente, poderão perfeitamente propor ação individual com mesmo pedido. Como nos ensina Elpídio Donizetti,[165] tal regra decorre do fato de que,

> "ao contrário dos direitos difusos e dos coletivos em sentido estrito, o objeto da ação coletiva na hipótese em comento são direitos essencialmente individuais, porém coletivamente considerados, o que permite que os indivíduos sejam afetados pela coisa julgada (inter partes) formada na ação coletiva se nela intervieram como assistentes litisconsorciais".

Para encerrar esta seção, vale mencionar que o particular lesado, que propôs ação individual, deverá requerer a suspensão de seu processo, no prazo de 30 (trinta) dias, a contar da ciência nos autos do ajuizamento de ações civis públicas destinadas à tutela de interesses ou direitos coletivos em sentido estrito e individuais homogêneos, para que possa se beneficiar das decisões proferidas nestas ações. É o que dispõe expressamente o artigo 104, parte final, do Código de Defesa do Consumidor.

Naturalmente, caso tenha ciência, nos autos, da ação civil pública para a tutela de interesses coletivos ou individuais homogêneos, e não promova a suspensão de sua própria ação, o autor individual ficará excluído da eficácia da coisa julgada material produzida naquelas ações coletivas, seja a mesma favorável ou desfavorável. Neste caso, portanto, a decisão proferida em sua própria ação individual poderá ter resultado diverso daquela produzida na ação coletiva.

---

164. Código de Defesa do Consumidor, artigo 103, § 2º: "Na hipótese prevista no inciso III, em caso de improcedência do pedido, os interessados que não tiverem intervindo no processo como litisconsortes poderão propor ação de indenização a título individual".
165. *Ações constitucionais*. 2. ed. Atlas, 2010, p. 224.

AÇÃO CIVIL PÚBLICA E A COISA JULGADA SEGUNDO A NATUREZA DO INTERESSE TUTELADO

Interesses ou direitos difusos	– Procedência: eficácia *erga omnes*
	– Improcedência por falta de provas: sem eficácia
	– Improcedência por outro motivo: eficácia *erga omnes*
Interesses ou direitos coletivos em sentido estrito	– Procedência: eficácia *ultra partes*
	– Improcedência por falta de provas: sem eficácia
	– Improcedência por outro motivo: eficácia *ultra partes*
Interesses ou direitos individuais homogêneos	– Procedência: eficácia *erga omnes*
	– Improcedência para quem não interviu: sem eficácia
	– Improcedência para quem interviu: eficácia *erga omnes*

9.76 DEMAIS REGRAS PROCEDIMENTAIS DA AÇÃO CIVIL PÚBLICA

Nos termos do artigo 6º, da Lei 7.347/1985, qualquer pessoa poderá (e o servidor público deverá) provocar a iniciativa do Ministério Público, ministrando-lhe informações sobre fatos que constituam objeto da ação civil e indicando-lhe os elementos de convicção. O artigo 7º, por sua vez, dispõe que os juízes e os tribunais têm o dever de remeter peças ao Ministério Público, para as providências cabíveis quando, no exercício de suas funções, tiverem conhecimento de fatos que possam ensejar a propositura da ação civil pública.

Muito embora não explicitado na Lei 7.347/1985, a petição inicial deverá conter todos os requisitos previstos nos artigos 319 e 320, do Código de Processo Civil. Esta realidade, aliás, encontra perfeito amparo no artigo 19, daquela lei, que prevê a aplicação do Código de Processo Civil pátrio à esta ação constitucional, naquilo que não contrariar as disposições da Lei da Ação Civil Pública, notadamente diante da omissão quanto ao tema, neste último diploma legal.

No tocante às ações civis públicas propostas por associações contra a União, os Estados, o Distrito Federal, os Municípios e suas respectivas autarquias e fundações, o artigo 2º-A, parágrafo único, da Lei 9.494/1997, determina que a petição inicial deverá obrigatoriamente estar instruída com a ata da assembleia da entidade associativa que a autorizou, acompanhada da relação nominal dos seus associados e indicação dos respectivos endereços.

Ainda sobre os requisitos da petição inicial, e particularmente no que se refere à prova documental que deve acompanhá-la, o artigo 8º, da Lei 7.347/1985, permite que o interessado requeira às autoridades competentes as certidões e informações que julgar necessárias, para instrução de sua peça inaugural, as quais deverão ser fornecidas no prazo de 15 (quinze) dias.

O § 2º daquele artigo 8º, ao seu turno, esclarece que somente poderá ser negada certidão ou informação, pela autoridade, nos casos em que a lei impuser sigilo, hipótese em que a ação poderá ser proposta desacompanhada daqueles documentos, cabendo ao juiz requisitá-los. Essa regra, como o estimado leitor já deve ter percebido, assemelha-se muito com outras, do mesmo tipo, constantes das leis que regulam outros remédios constitucionais, como é o caso do mandado de segurança e da ação popular.

Por falta de expressa vedação legal, a doutrina e a jurisprudência são unânimes em admitir a possibilidade de o autor desistir do prosseguimento da ação civil pública. A Lei 7.347/1985, aliás, contém uma norma que permite tal conclusão, ao dispor expressamente que, "em caso de desistência infundada ou abandono da ação por associação legitimada, o Ministério Público ou outro legitimado assumirá a titularidade ativa" (artigo 5º, § 2º).

Portanto, a própria Lei da Ação Civil Pública prevê a possibilidade de desistência no prosseguimento da ação civil pública. Referida norma legal, contudo, faz menção a tal possibilidade apenas em relação às associações, o que nos faz concluir que, em relação aos entes públicos que figurarem no polo ativo deste tipo de demanda, estes não podem, ao menos a princípio, desistir da ação, notadamente em razão de estarem atuando justamente em cumprimento às suas funções institucionais.

No caso de desistência ou abandono da ação por associação (e também por organizações sindicais e entidades de classe, uma vez que estas, já vimos, são semelhantes àquelas), a Lei da Ação Civil Pública determina que o Ministério Público ou outro legitimado assuma a ação. Particularmente no que se refere ao Ministério Público, cuja atuação é orientada, a princípio, pela obrigatoriedade e pela indisponibilidade, este deve assumir o polo ativo da demanda, caso a desistência seja *infundada*. Para os demais legitimados, não há tal obrigatoriedade, mesmo que a desistência seja infundada.

Segundo o entendimento de Hugo Nigro Mazzilli, o membro do Ministério Público deverá antecipar ao Conselho Superior do Ministério Público os motivos pelos quais considera inviável o prosseguimento da ação, lançando nos autos sua fundamentação. Ao Conselho, por sua vez, caberá concordar com as ponderações do membro do *Parquet*, para arquivamento definitivo do processo, ou não concordar, oportunidade em que designará outro membro do Ministério Público para dar continuidade ao feito.[166]

Para outra parcela da doutrina, o membro do Ministério Público não necessita consultar o Conselho Superior do Ministério Público, para deixar de prosseguir como autor da ação civil pública cuja associação abandonou ou expressamente manifestou sua desistência quanto ao prosseguimento do feito. Isto porque, nesta hipótese, a ação já foi proposta, o que inviabilizaria a atuação daquele Conselho.

Nesse caso, portanto, o controle dos fundamentos invocados pelo membro do Ministério Público, para não assumir o patrocínio da demanda, deve ser realizado apenas pelo juiz competente pelo processo e pelo julgamento da demanda. Para tal conclusão, basta que se aplique ao caso, por analogia, a norma do artigo 9º da Lei da Ação Civil Pública.[167] Apenas se o magistrado não concordar com os fundamentos do Ministério Público, é que deverá remeter o feito ao Conselho Superior do Ministério Público, que concordará com os fundamentos do *Parquet*, ou indicará outro membro para prosseguir no feito.

Conforme norma expressa, constante do artigo 11, da Lei 7.347/1985, na ação que tenha por objeto o cumprimento de obrigação de fazer ou de não fazer, o juiz determinará o cumprimento da prestação da atividade devida ou a cessação da atividade nociva, sob pena de execução específica, ou de cominação de multa diária, se esta for suficiente ou compatível, independentemente de requerimento do autor.

---

166. Na verdade, quem indica o membro do Ministério Público para atuar no processo é o Chefe do respectivo Ministério Público. Contudo, o ato é formalizado pelo Conselho Superior do Ministério Público.
167. Lei 7.347/1985, artigo 9º: "Se o órgão do Ministério Público, esgotadas todas as diligências, se convencer da inexistência de fundamento para a propositura da ação civil, promoverá o arquivamento dos autos do inquérito civil ou das peças informativas, fazendo-o fundamentadamente".

Nos termos do artigo 2º-B, da Lei 9.494, de 10 de setembro de 1997, a sentença que tenha por objeto a liberação de recurso, inclusão em folha de pagamento, reclassificação, equiparação, concessão de aumento ou extensão de vantagens a servidores da União, dos Estados, do Distrito Federal e dos Municípios, inclusive de suas respectivas autarquias e fundações, somente poderá ser executada após seu trânsito em julgado.

É importante esclarecer que a Lei 7.347/1985 não traz regramento específico sobre os recursos cabíveis em sede de ação civil pública. A única norma expressa encontra-se no artigo 14 daquela lei, a qual dispõe que "o juiz poderá conferir efeito suspensivo aos recursos, para evitar dano irreparável à parte". Como consequência disso, não resta dúvida de que são aplicáveis ao processo desta ação constitucional os mesmos recursos previstos no Código de Processo Civil, consequência lógica, inclusive do que determina o já mencionado artigo 19, da mesma lei.

Portanto, contra a sentença que julga a ação civil pública o recurso cabível é a apelação. Serão cabíveis também embargos de declaração, quando houver omissão, contradição, obscuridade ou erro material[168] na sentença. Contra as decisões interlocutórias, caberá o recurso de agravo (tanto agravo de instrumento como agravo interno).

Da simples leitura do supramencionado artigo 14, da Lei 7.347/1985 podemos perceber facilmente que, como regra geral, os recursos proferidos em sede de ação civil pública (mesmo o de apelação) são recebidos somente no efeito devolutivo, o que permite, por consequência, a execução provisória do julgado. Apenas "para evitar dano irreparável à parte" é que o juiz *poderá* conferir efeito suspensivo ao recurso.[169]

O prazo para a execução dos interesses e direitos difusos e coletivos é de 60 (sessenta) dias, após este prazo, qualquer legitimado poderá promovê-la (artigo 15, da Lei da Ação Civil Pública). Ao contrário dos demais legitimados, que têm a faculdade de promover ou não a execução da sentença, o Ministério Público tem o dever de fazê-lo. Da mesma forma, não poderá o *Parquet* desistir ou renunciar à execução que promoveu.[170]

A execução dos interesses e direitos individuais homogêneos, por sua vez, deve ser feita individualmente, por cada um dos lesados. O prazo para a execução dos direitos desta natureza é de 1 (um) ano, a contar do trânsito em julgado do feito, ou do edital de convocação dos beneficiários, conforme determina o artigo 100, do Código de Defesa do Consumidor. Caso, contudo, não haja execução individual, qualquer dos legitimados ativos providenciará a execução coletiva do julgado.

Nesse caso (ausência de promoção de execução pelos lesados), o valor obtido será obrigatoriamente revertido para o Fundo de Reparação de Danos, que não poderá, contudo, dispor dos recursos advindos daquela execução coletiva, enquanto não prescrever o direito de eventuais beneficiários individuais (lesados) de pleitear sua quota-parte. Enquanto não ocorrer a prescrição do direito material, qualquer interessado poderá reclamar a sua quota-parte, mesmo que a execução tenha sido promovida pelos legitimados da ação civil pública.

---

168. Código de Processo Civil, artigo 1.022: "Cabem embargos de declaração contra qualquer decisão judicial para: I – esclarecer obscuridade ou eliminar contradição; II – suprir omissão de ponto ou questão sobre o qual devia se pronunciar o juiz de ofício ou a requerimento; III – corrigir erro material".
169. Exortamos o prezado leitor a não esquecer que, em se tratando de pessoa jurídica de direito público, inclusive o órgão do Ministério Público, estes poderão se valer também da chamada suspensão da sentença.
170. Lei 7.347/1985, artigo 15: "Decorridos sessenta dias do trânsito em julgado da sentença condenatória, sem que a associação autora lhe promova a execução, deverá fazê-lo o Ministério Público, facultada igual iniciativa aos demais legitimados".

Nos termos do artigo 18, da Lei da Ação Civil Pública, em sede de ação civil pública, não haverá adiantamento de custas, emolumentos, honorários periciais e quaisquer outras despesas, nem condenação da associação autora, salvo comprovada má-fé, em honorários de advogado, custas e despesas processuais. Já o artigo 17, do mesmo diploma legal, esclarece que, em caso de litigância de má-fé, a associação autora e os diretores responsáveis pela propositura da ação serão solidariamente condenados em honorários advocatícios e ao décuplo das custas, sem prejuízo da responsabilidade por perdas e danos.

9.77 SÚMULA DO SUPREMO TRIBUNAL FEDERAL SOBRE A AÇÃO CIVIL PÚBLICA

643 (STF): "O Ministério Público tem legitimidade para promover ação civil pública cujo fundamento seja a ilegalidade de reajuste de mensalidades escolares".

10
ORGANIZAÇÃO DO ESTADO BRASILEIRO

10.1 ESCLARECIMENTOS INICIAIS

No Capítulo 1, vimos que a constituição pode ser definida como a norma jurídica fundamental que disciplina a organização fundamental do Estado, quer esteja ela consubstanciada em um documento único, formal e solene (chamada constituição escrita), quer seja formada pela reunião de leis esparsas e também pelos costumes e decisões jurisprudenciais (dita constituição não escrita).

Em outras palavras, vimos que uma constituição, em seu sentido jurídico, tem por conteúdo o conjunto de normas (princípios e regras) que fornece a organização fundamental do Estado, notadamente as relativas à sua estrutura, forma de Estado e de governo, regime político, modo de aquisição e exercício do poder, estabelecimento de seus órgãos e fixação de suas competências, além de relacionar os direitos e garantias fundamentais.

E nossa Constituição de 1988, seguindo aquele modelo, contém um título específico (Título III) destinado à organização do Estado brasileiro. É justamente sobre este tema que nos debruçaremos neste Capítulo, buscando analisar, em caráter precípuo, a forma como se dá a chamada divisão espacial do poder, ou, em outras palavras, a maneira como a Carta Magna estabeleceu a divisão territorial do poder do Estado entre as diversas entidades político-administrativas que compõem a República Federativa do Brasil.[1]

Trataremos, dentre outros temas, do conceito de Estado e de seus elementos constitutivos. Estudaremos, ainda, o denominado Estado Federal, explicitando as suas principais características, bem como as suas diferenças em relação a outros modelos de Estado. Cuidaremos, em seguida, da Federação brasileira, evidenciando, inclusive, as características que a distinguem de outros modelos de Estado Federal, como, por exemplo, a expressa opção do legislador constituinte em incluir os Municípios entre as unidades que fazem parte de nossa Federação.

Trataremos também, de maneira um pouco mais detida, daqueles diferentes entes que compõem a Federação brasileira: União, Estados-membros, Distrito Federal e Municípios. Na sequência, respeitando a ordem em que aparecem na Constituição Federal, estudaremos também a denominada intervenção, além de analisar as principais normas constitucionais que tratam da Administração Pública e dos servidores públicos, encerrando o Capítulo com um breve estudo sobre as chamadas regiões, que também foram incluídas no Título III, da Carta Magna, pelo Poder Constituinte de 1988.

---

1. Levando em conta essa circunstância, muitos doutrinadores, ao tratarem do assunto, preferem usar a expressão "divisão espacial do poder", ao invés de "organização do Estado". Ambas as denominações, a nosso entender, são perfeitamente aceitáveis, sendo certo que preferimos utilizar a segunda expressão apenas em respeito à vontade do próprio constituinte, que preferiu dar ao seu Título III justamente este título: "Da organização do Estado".

10.2 ESTADO: CONCEITO E SEUS ELEMENTOS CONSTITUTIVOS

Como vimos na seção anterior, este Capítulo tem por objeto precípuo estudar a forma como a Constituição de 1988 fixou a divisão espacial do poder estatal, ou seja, a maneira como estabeleceu a descentralização do poder entre as diversas entidades territoriais que compõem a Federação brasileira. Dito em outras palavras, *tem por objetivo principal o estudo da organização do Estado brasileiro*. E se assim é, não há dúvida de que o primeiro tema que devemos enfrentar é justamente a definição do que vem a ser Estado.

O termo Estado, para o nosso estudo, tem 2 (duas) acepções importantes, e que precisam ser bem compreendidas, para que possam ser adequadamente diferenciadas. Em um primeiro sentido, é pessoa jurídica de direito público *externo*, dotada de *soberania* frente aos demais Estados estrangeiros. Juntamente com os organismos internacionais e também com a Santa Sé, possui personalidade jurídica que lhe permite celebrar acordos com os demais entes internacionais.

N'outra acepção, conforme definido pelo artigo 18, da Constituição Federal, Estado pode também ser compreendido como uma das espécies de unidades que compõe a Federação brasileira. Trata-se de uma pessoa jurídica de direito público *interno*, ao lado da União, dos demais Estados, do Distrito Federal e dos Municípios, e que é dotada apenas de *autonomia* (e não de soberania) em relação aos demais entes da Federação brasileira.

Nesta seção, é importante esclarecer, estamos fazendo menção ao Estado brasileiro, ou à República Federativa do Brasil, conforme nome conferido ao nosso País pelo próprio constituinte.[2] Estamos nos referindo, portanto, àquela primeira acepção acima descrita, ou seja, a uma pessoa jurídica de direito público externo (com personalidade de direito internacional público, portanto), dotada de soberania em relação aos demais Estados estrangeiros (incluindo a Santa Sé) e organismos internacionais, e que lhe permite, inclusive, celebrar tratados e convenções internacionais.[3]

Ao Estado, encarado como pessoa jurídica de direito internacional, nos moldes do conceito fornecido no parágrafo anterior, são tradicionalmente atribuídos 3 (três) elementos constitutivos, a saber: *povo, território* e *soberania*. Povo é o conjunto de pessoas ligadas ao Estado por um vínculo jurídico-político, e que pode ser definido como o agrupamento de *nacionais* daquele ente estatal. É importante mencionarmos, ademais, que *povo* não se confunde com os conceitos de população e nação.

Com efeito, *população* é um conceito mais amplo que o de povo, uma vez que implica em soma dos nacionais (povo) aos estrangeiros encontrados no território de um Estado, num determinado momento. Trata-se, portanto, de um conceito de natureza demográfica, que pode sofrer variações até mesmo por fatores sazonais. Como exemplo, podemos citar o próprio caso brasileiro, que experimenta considerável incremento populacional em suas praias, no verão, em razão do grande aporte de turistas estrangeiros.

Nação, ao seu turno, é o conjunto de pessoas unidas por laços históricos, culturais e linguísticos, e que não precisa, necessariamente, viver sob um mesmo território, ou estar

---

2. Conforme disposto no artigo 1º da Constituição Federal.
3. Como veremos melhor no Capítulo 12, os tratados só podem ser celebrados entre pessoas jurídicas com personalidade de direito internacional público, o que quer dizer, em outras palavras, que os signatários dos tratados internacionais devem obrigatoriamente ser Estados soberanos ou organizações internacionais, não podendo ser signatários, por exemplo, Estados-membros de uma Federação ou pessoas jurídicas de direito privado, mesmo que sejam multinacionais de grande porte, com atividade em muitos países.

vinculado a um Estado constituído. Exemplo sempre citado é o da nação palestina, que demonstra inequívoca identidade nacional, mas que está fracionada em diversos territórios, sem que haja sequer um Estado formalmente constituído.

Território é o espaço no qual o Estado exerce, com exclusividade, sua soberania. Estão aqui incluídos não só os espaços terrestres (solo e subsolo), como também o espaço aéreo e o aquático. A caracterização e a amplitude dos bens que compõem o território nacional, nós podemos encontrá-los no artigo 20, da Constituição Federal, que trata dos chamados bens da União. Por força daquele artigo, compõem o território brasileiro, por exemplo, as ilhas fluviais e lacustres nas zonas limítrofes com outros países, as ilhas oceânicas e as costeiras e o mar territorial.

Soberania, em apertada síntese, é o poder estatal dotado de supremacia na ordem interna, não podendo sofrer qualquer limitação por outros poderes daquele mesmo Estado, e de independência na ordem externa, não estando sujeito a imposições de quaisquer outros Estados estrangeiros ou organismos internacionais. Muitos doutrinadores costumam denominar este terceiro elemento constitutivo do Estado de *governo*. Não nos parece, contudo, a melhor nomenclatura, uma vez que todas as unidades que compõem uma Federação possuem capacidade de governarem a si próprias (em consequência da autonomia que lhes é peculiar), sem, contudo, serem dotadas de soberania.

ESTADO E SEUS ELEMENTOS CONSTITUTIVOS

– Estado: pessoa jurídica de direito público externo, dotada de soberania em relação aos demais Estados estrangeiros (incluindo a Santa Sé) e aos organismos internacionais, e, portanto, com personalidade jurídica de direito internacional público que lhe permite, inclusive, celebrar tratados e convenções internacionais.

– Elementos constitutivos do Estado: (a) povo – conjunto de pessoas ligadas ao Estado por um vínculo jurídico-político, e que pode ser definido como o agrupamento de *nacionais* daquele ente estatal; (b) território – espaço no qual o Estado exerce, com exclusividade, sua soberania; (c) soberania – poder estatal dotado de supremacia na ordem interna e de independência na ordem externa, não estando sujeito a imposições de quaisquer outros Estados estrangeiros ou organismos internacionais.

10.3 ESTADO FEDERAL: CONCEITO E PRINCIPAIS CARACTERÍSTICAS

Nos expressos termos do artigo 18, da Constituição Federal, "a organização político-administrativa da República Federativa do Brasil compreende a União, os Estados, o Distrito Federal e os Municípios, todos autônomos, nos termos desta Constituição". Este dispositivo constitucional, somado ao artigo 1º, *caput*, de nossa Lei Maior, que dispõe que a República Federativa do Brasil é formada pela união indissolúvel dos Estados, Municípios e do Distrito Federal, deixam claro que o Brasil é um Estado do tipo Federal. E o que vem a ser Estado Federal?

O modelo de Estado Federal é criação norte-americana, tendo surgido quando as antigas Colônias que se libertaram do jugo inglês, e que, inicialmente, formaram uma Confederação de Estados independentes, decidiram então abrir mão de suas soberanias (mas não de suas autonomias) para formarem um único Estado, de tipo Federal, formalizado pela Constituição dos Estados Unidos da América, promulgada em 1787.

O Estado Federal, também denominado simplesmente *Federação*, é um modelo de Estado formado pela união *permanente*[4] de 2 (dois) ou mais entes estatais que, abrindo mão da soberania em favor de um ente central, que corporifica e responde pela Federação, conservam, porém,

---

4. Sob pena de intervenção federal, caso um ou mais daqueles entes parciais tente separar-se da União.

parcela considerável de autonomia, que lhes permite graus variáveis de auto-organização, autogoverno, autoadministração e de arrecadação de receitas próprias, levando em conta as peculiaridades de cada país, expressas em suas respectivas constituições federais.

Na Federação, cada um dos entes parciais que compõe o Estado Federal passa a se sujeitar aos termos de uma constituição (a chamada Constituição Federal), não havendo que se falar, contudo, em hierarquia entre o poder central (a União) e cada um dos entes parciais (Estados-membros) que formam aquele Estado, uma vez que a constituição fixa as competências de uns e outros, inclusive assegurando uma boa dose de autonomia a cada um deles, além do direito de participação das vontades parciais na formação da vontade central, por meio de representantes dos Estados-membros no Parlamento federal.

Das ideias mencionadas anteriormente, podemos extrair, facilmente, as principais características do Estado Federal, a saber: (a) caráter permanente (indissolúvel) do vínculo que une os entes que o compõem; (b) formalização por meio de uma constituição; (c) repartição de competências entre o poder central e os entes parciais; (d) soberania do Estado federal; (e) autonomia dos entes federados; (f) direito de participação das vontades parciais na vontade central; (g) possibilidade de intervenção, para garantia do pacto federativo.

1 – Caráter indissolúvel do vínculo federativo: uma vez formalizado o Estado Federal, não mais é permitido a qualquer dos entes que fazem parte da Federação abandoná-la, tendo em vista seu caráter permanente. Dito em outras palavras, não existe, na Federação, o chamado *direito de secessão*, ou seja, o direito de se retirar (separar-se) do Estado Federal. No caso brasileiro, nós veremos melhor oportunamente, a Constituição de 1988 chega mesmo a prever expressamente a possibilidade de a União intervir em Estados ou no Distrito Federal para manter a integridade nacional.[5]

2 – Formalização por meio de uma constituição: o Estado Federal é criado por uma constituição, a denominada Constituição Federal, que estabelece e formaliza o pacto federativo. Parte expressiva dos doutrinadores ressalta que referida constituição necessita ser escrita e rígida, de maneira que não seja possível a alteração da forma federativa de Estado através da simples edição de uma lei ordinária.[6]

Contudo, mais que escrita e rígida, entendemos que tal constituição precisa incluir a forma federativa de Estado entre suas cláusulas pétreas, ou seja, entre as normas constitucionais que não podem ser alteradas nem mesmo pelo poder constituinte reformador, sob pena de se tornar possível, ao menos em tese, e mesmo que por um processo bem mais difícil que o estabelecido para a alteração das leis ordinárias, a alteração da estrutura federativa prevista no texto constitucional, ou, em casos extremos, até mesmo a previsão do fim da Federação, cujo vínculo, nós o vimos, tem que ser necessariamente indissolúvel.[7]

---

5. Constituição Federal, artigo 34, inciso I: "A União não intervirá nos Estados nem no Distrito Federal, exceto para manter a integridade nacional".
6. Nesse sentido, por exemplo, é a lição de Luiz Alberto David Araujo e Vidal Serrano Nunes Júnior: "Não basta que exista uma Constituição. Ela deve ser escrita e rígida, de forma que evite a mudança de critérios fixados pelo pacto inaugural do Estado Federativo pelos meios ordinários de alteração legislativa". *Curso de direito constitucional*. 14. ed. Saraiva, 2010, p. 289.
7. Em termos semelhantes é o entendimento de Michel Temer: "Mas não basta, por outro lado, a rigidez. É preciso que esta atinja grau tão elevado – no pertinente à Federação – capaz de impedir o legislador ordinário de empreender a sua extinção. Ou, até mesmo, de impedir a possibilidade de alterar a repartição espacial de competências que possa abalar a estrutura federativa tal como positivada pelo constituinte. Isso porque, se o legislador comum não estiver proibido expressamente pelo texto constitucional, nada obsta à alteração que chegue ao ponto de eliminar a Federação". *Elementos de direito constitucional*. 19. ed. Malheiros, 2004, p. 63-64.

Consequência lógica dessa rigidez constitucional, inclusive com a petrificação da forma federativa de Estado, é a necessidade da existência de um órgão constitucional (normalmente uma Corte Constitucional) que funcione como agente garantidor do respeito à repartição de competências estabelecida no pacto federativo, e da própria manutenção do Estado federal, nos termos em que foi concebido pelo poder constituinte originário.

3 – Repartição de competências entre o poder central e os entes parciais: a Constituição Federal, que formaliza o pacto federativo, criando a Federação, estabelece em seu texto as bases em que ela deve funcionar, inclusive fixando, geralmente de maneira expressa, as competências materiais e legislativas de cada um dos entes que fazem parte do Estado Federal.

Como nos lembram Luiz Alberto David Araujo e Vidal Serrano Nunes Júnior,[8] o federalismo continha, em sua gênese, "um pacto implícito, segundo o qual ficariam reservadas às vontades parciais tudo o que não fosse explicitamente indicado como de alçada da vontade central", sendo certo, inclusive, que este critério de repartição de competências (de poderes implícitos) é até hoje o mais conhecido e aceito.

É importante ressaltar, contudo, que outros modelos de repartição de competências têm sido adotados, na atualidade, pelos diversos Estados do tipo federal existentes no mundo. Com efeito, ao invés de explicitar as competências da União, deixando para os entes parciais tudo o mais que não fosse reservado ao ente central, há países que preferem fazer justamente o contrário, explicitando as competências dos Estados-membros e deixando à União as competências remanescentes.

Há Estados Federais, ainda, que fixam as denominadas competências concorrentes, de maneira que as normas gerais são de competência da entidade central (da União), facultando aos entes parciais a competência para editar normas particulares, e outros que preveem as chamadas competências comuns, conferindo a todos os entes da Federação as mesmas incumbências, que devem ser executadas por eles em regime de cooperação.

4 – Soberania do Estado federal: ao formarem a Federação, cada um dos entes parciais transfere à unidade federativa central (a União) o exercício, em nome do Estado federal, da denominada soberania, ou seja, do poder que confere à Federação a independência na ordem externa, que lhe permite não se sujeitar, jurídica ou politicamente, a quaisquer imposições de Estados estrangeiros ou organismos internacionais, sem que haja seu expresso consentimento.

Como nos ensina Michel Temer,[9] a fisionomia externa do Estado é figurada pela soberania, a qual faz com que, no plano jurídico, inexistam Estados maiores ou menores, fortes ou fracos, mais ou menos importantes. A soberania, segue nos explicando o autor, iguala a todos os Estados, uma vez que, "em nível externo, não reconhece nenhum poder superior ao seu".

5 – Autonomia dos entes federativos: a despeito de cederem o exercício da soberania ao ente central, as diversas entidades parciais conservam, juntamente com a União, a chamada autonomia, que lhes permite graus variáveis de auto-organização, autogoverno, autoadministração e também de arrecadação de receitas próprias, nos termos e limites fixados pela Constituição Federal. A autonomia, em outras palavras, confere aos entes federativos a capacidade de instituírem e manterem a organização, o governo interno e administração deles próprios[10], inclusive lhes permitindo arrecadar receitas para garantia de sua autonomia.

---

8. *Op. cit.*, p. 285-286.
9. *Op. cit.*, p. 60.
10. Na excelente lição de Marcelo Novelino, "a autonomia, que em seu aspecto primordial significa edição de normas próprias – do grego *autos* (próprio) + *nomos* (norma) – consiste na capacidade de autodeterminação dentro de certos limites constitucionalmente estabelecidos". *Direito* constitucional. 4. ed. Método, 2010, p. 521.

A auto-organização diz respeito ao poder, conferido aos entes federativos, pelo texto da Constituição Federal, de instituir não só suas próprias constituições, como também de editarem suas próprias leis. O poder de criar os próprios textos constitucionais dos entes parciais, nós já vimos no Capítulo 2, é manifestação do poder constituinte decorrente, espécie de poder constituinte derivado típico de Estados federais.

O autogoverno exterioriza-se no poder, conferido a cada um dos entes que compõem a Federação, de escolher diretamente seus próprios representantes, seja para o Poder Executivo, seja para o Poder Legislativo, seja ainda para o Poder Judiciário. A autoadministração, por sua vez, refere-se ao poder conferido aos entes federativos para instituírem e exercerem suas próprias atividades administrativas, de modo que possam dar cumprimento adequado às leis que editarem, tudo em consonância com as competências legislativas que lhe foram conferidas pela Constituição Federal.

Por fim, para que haja efetiva autonomia, é imprescindível que os entes federativos possam contar com receitas próprias, garantidas pela Constituição Federal, que lhes permitam exercer efetivamente sua autonomia, sem sujeitar-se a imposições de outros entes da Federação, ou mesmo da União (entre central). Com efeito, como nos ensina Manoel Gonçalves Ferreira Filho,[11] "a existência real da autonomia depende da previsão de recursos, suficientes e não sujeitos a condições, para que os Estados possam desempenhar suas atribuições".[12]

6 – *Direito de participação das vontades parciais na vontade central:* para que um Estado possa ser considerado efetivamente uma Federação, além da repartição de competências entre os diversos entes federativos, é indispensável que os entes parciais também tenham o direito de participar, de maneira efetiva, da formação da vontade central, por meio de representantes dos Estados-membros no Parlamento Federal.

É por isso que, em um Estado do tipo Federal, o Poder Legislativo deve, necessariamente, ser bicameral, ou seja, precisa conter 2 (duas) Casas Legislativas, de maneira que, somada à Casa composta por representantes do povo, cujo número de membros costuma ser proporcional à população existente em cada Estado-membro, exista também uma Casa representativa da vontade das unidades federativas, normalmente denominada Senado Federal ou Câmara Alta.

Como nos lembram Luiz Alberto David Araujo e Vidal Serrano Nunes Júnior, em razão da isonomia que os diversos Estados-membros devem manter em relação ao poder central, bem como entre eles mesmos, cada um dos entes parciais deve ter o mesmo número de senadores, de maneira que seja mantido o perfeito equilíbrio na representação das vontades parciais, sob pena de quebra do princípio isonômico, que deve existir entre as unidades federadas.

7 – *Possibilidade de intervenção federal:* para garantia do pacto federativo, é imprescindível que o texto constitucional preveja mecanismos de intervenção federal, de maneira que a União possa excepcionalmente agir, em nome e por vontade dos demais entes federativos, não só para garantir a indissolubilidade do vínculo federal, como também para que seja respeitada a repartição de competências estabelecidas na Constituição Federal.

---

11. *Curso de direito constitucional.* 35. ed. Saraiva, 2009, p. 55.
12. Em termos semelhantes é a excelente lição de Luiz Alberto David Araujo e Vidal Serrano Nunes Júnior: "Dessa maneira, verifica-se a necessidade de um equilíbrio entre tarefas e rendas, de forma que não basta estarmos diante de uma repartição constitucional de competências (encargos) sem o devido acompanhamento do suporte financeiro (por via de arrecadação ou repasse de verbas para a consecução dos objetivos fixados na Lei Maior". *Op. cit.,* p. 286.

No caso da Federação brasileira, por exemplo, o artigo 34, da Constituição de 1988, prevê expressamente a possibilidade de intervenção da União nos Estados ou no Distrito Federal, não só para manter a integridade nacional, como também para repelir invasão de uma unidade da Federação em outra, para pôr termo a grave comprometimento da ordem pública e também para garantir o livre exercício de qualquer dos Poderes nas unidades da Federação.

PRINCIPAIS CARACTERÍSTICAS DO ESTADO FEDERAL

– Caráter indissolúvel do vínculo federativo: uma vez formalizado o Estado federal, não mais é permitido a qualquer dos entes que fazem parte da Federação separar-se dela, tendo em vista seu caráter permanente (não há *direito de secessão*).

– Formalização por meio de uma constituição: o Estado federal é criado por uma constituição, a denominada Constituição Federal, que estabelece e formaliza o pacto federativo.

– Repartição de competências entre o poder central e os entes parciais: a Constituição Federal estabelece as bases em que a Federação deve funcionar, inclusive fixando as competências materiais e legislativas de cada um dos entes que fazem parte do Estado Federal.

– Soberania do Estado federal: o poder que confere ao Estado federal a independência na ordem externa, que lhe permite não se sujeitar, jurídica ou politicamente, a quaisquer imposições de Estados estrangeiros ou organismos internacionais.

– Autonomia dos entes federativos: poder conferido, aos diversos entes da Federação, que lhes permite graus variáveis de auto-organização, autogoverno, autoadministração e também de arrecadação de receitas próprias, nos termos e limites fixados pela constituição federal.

– Direito de participação das vontades parciais na vontade central: para que um Estado possa ser considerado efetivamente uma Federação, os entes parciais também devem ter o direito de participar da formação da vontade central, por meio de representantes no Parlamento Federal.

– Possibilidade de intervenção federal: o texto da Constituição Federal deve prever a possibilidade de a União agir, em nome dos demais entes federativos, não só para a garantia da indissolubilidade do vínculo federativo, como também para o respeito à repartição de competências.

10.4 ESTADO FEDERAL: DISTINÇÃO EM RELAÇÃO A OUTRAS FORMAS DE ESTADO

Como vimos na seção anterior, o Estado federal, também denominado simplesmente *Federação*, é um modelo de Estado formado pela união permanente de 2 (dois) ou mais entes estatais que, abrindo mão da soberania em favor de um ente central, que corporifica e responde pela Federação, mantém parcela considerável de poder político, que lhes permite graus variáveis de autonomia, levando em conta as particularidades de cada país, expressas em suas respectivas constituições federais.

Na Federação, cada um dos entes parciais que compõem o Estado Federal passa a se sujeitar aos termos da constituição federal, não havendo que se falar, contudo, em hierarquia entre o poder central e cada um dos outros entes parciais que formam a Federação, uma vez que a constituição fixa as competências de uns e outros, inclusive assegurando uma boa dose de autonomia a cada um deles, além do direito de participação das vontades parciais na formação da vontade central, por meio de representantes dos Estados-membros no Parlamento federal.

O Estado Federal é uma espécie do gênero *Estado composto* (também conhecido como *Estado complexo*), e que se opõe ao chamado *Estado simples* (também denominado *Estado unitário*). Enquanto o Estado composto é formado por mais de uma entidade estatal, com alguns ou vários poderes políticos internos funcionando ao mesmo tempo, o Estado simples é formado por um único ente estatal, com centralização do poder político.

Na lição de Luiz Alberto David Araujo e Vidal Serrano Nunes Júnior,[13] muito embora admita-se a existência de entidades descentralizadas, no Estado unitário "não existem ordem parcelares voltadas para o exercício autônomo de competência legislativa constitucionalmente definida, mas uma única ordem à qual se reporta todo o ordenamento colhido pelo poder soberano do respectivo Estado".

Com efeito, geralmente adotado por países de pequena extensão territorial, o chamado Estado unitário pode, eventualmente, apresentar alguma descentralização (política ou meramente administrativa), porém sempre condicionada à expressa concordância do poder central. Justamente em razão desta possibilidade de parcial descentralização, os Estados unitários comportam uma subdivisão: *Estados unitários centralizados*, em que há um único centro de exercício do poder político; e *Estados unitários descentralizados*, em que é possível alguma descentralização, porém submetida ao poder central.

A Federação tampouco se confunde com a *Confederação*. Esta última, apesar de ser também um Estado composto, é diferente da Federação por se tratar da união de Estados *soberanos* (e não apenas autônomos) com vistas ao atendimento de objetivos comuns, como, por exemplo, a defesa externa dos Estados confederados ou a adoção de regras mais facilitadas para o trânsito de pessoas e de bens.

Celebrada por meio de acordos, tratados ou convenções (e não de uma constituição, como se dá com o modelo de Estado federal), a criação da Confederação implica parcial mitigação da autonomia dos Estados participantes, sem qualquer prejuízo, contudo, para a soberania destes. Ademais, no Estado confederado, é perfeitamente possível aos Estados-membros retirarem-se a qualquer tempo, desde que o considerem conveniente e oportuno, uma prerrogativa denominada *direito de secessão*.

Um dos exemplos mais recentes dessa espécie de Estado composto é a Comunidade dos Estados Independentes (CEI), formada por países que pertenciam à extinta União Soviética. O exemplo mais citado, contudo, é o da Confederação formada pelas antigas colônias inglesas na América do Norte, e que perdurou até a promulgação da Constituição dos Estados Unidos da América, em 1787, quando foi criada a Federação Norte-Americana.

ESTADO FEDERAL: DISTINÇÃO EM RELAÇÃO A OUTRAS FORMAS DE ESTADO

– **Estado Federal ou Federação**: é um modelo de Estado composto (ou complexo) formado pela união permanente de 2 (dois) ou mais entes estatais que, nos termos fixados por uma constituição, abrem mão da soberania em favor de um ente central, que corporifica e responde pela Federação, conservando, porém, parcela considerável de autonomia político-administrativa.

– **Estado simples (ou unitário)**: é formado por um único ente estatal, com centralização do poder político. Geralmente adotado por países de pequena extensão territorial, pode, eventualmente, apresentar alguma descentralização (política ou meramente administrativa), porém sempre condicionada à expressa concordância do poder central.

– **Confederação**: é a união de Estados soberanos (e não apenas autônomos), celebrado por meio de acordos (e não por uma constituição), com vistas ao atendimento de objetivos comuns, como, por exemplo, a adoção de regras mais facilitadas para o trânsito de pessoas e de bens, podendo os Estados-membros retirarem-se a qualquer tempo (direito de secessão).

---

13. *Op. cit.*, p. 282-283.

10.5 FEDERAÇÃO E SUAS CLASSIFICAÇÕES

Muito embora Estados Federais apresentem, como regra geral, as mesmas características estudadas anteriormente, e que permitem considerá-los, por consequência, como pertencentes à mesma forma de Estado, não restam dúvidas de que cada Federação apresenta também as suas peculiaridades, que não só a distingue de outros Estados federais, como também a aproximam de outras Federações.

Esse fato, mesmo não sendo suficiente para descaracterizar a Federação como um modelo estatal específico, com características próprias, permite-nos, por outro lado, conceber diferentes classificações relativas às Federações, ao menos para fins didáticos. De todas as diferentes classificações encontradas na doutrina pátria e estrangeira, 3 (três) delas, em razão de seu inequívoco valor didático, devem ser analisadas nesta seção. Vejamos.

Quanto à origem, o Estado Federal pode ser classificado em 2 (duas) modalidades distintas, a saber: federalismo por agregação e federalismo por segregação (ou desagregação). O *federalismo por agregação* é aquele em que Estados independentes abrem mão de suas soberanias para formar um novo e único ente estatal soberano, no qual cada um dos antigos Estados outrora independentes conserva apenas a autonomia. Exemplo costumeiramente citado é o dos Estados Unidos da América.

O *federalismo por segregação (ou por desagregação)*, ao contrário, é resultado da descentralização político-administrativa de um antigo Estado simples ou unitário, que mantém intacta sua soberania, conferindo a cada uma das unidades menores, que passam a formar o Estado federal, dose considerável de autonomia político-administrativa, que não possuíam à época do Estado unitário. Este é o modelo brasileiro, como veremos melhor na próxima seção, quando estudarmos as particularidades da Federação brasileira.

Quanto à repartição de competências, a Federação também comporta 2 (duas) espécies diferentes: federalismo dualista (ou dual) e federalismo cooperativo.[14] No chamado *federalismo dualista (ou dual)*, há uma repartição rígida das competências constitucionais entre o ente central (União) e cada uma das entidades parciais (Estados-membros), não havendo qualquer fixação de competências comuns e/ou concorrentes entre eles, de maneira que um ente federado não invada esfera de competência do outro.

Conforme lição de Pedro Lenza,[15] no federalismo dual, que é o modelo clássico de Federação, "a separação de atribuições entre os entes federativos é extremamente rígida, não se falando em cooperação ou interpenetração entre os mesmos". Referido autor cita como exemplo deste modelo de Estado Federal a Federação dos Estados Unidos da América, em sua origem.

O *federalismo cooperativo*, ao contrário do modelo anterior, pressupõe uma maior aproximação (cooperação) entre os diversos entes federativos, prevendo a constituição federal a existência de diversas matérias que são de competência comum e/ou concorrente entre o ente central (União) e cada uma das entidades parciais (Estados-membros), o que exige a atuação conjunta dos entes federados, de maneira a alcançar o bem comum.[16] Este

---

14. Ao tratar das espécies de Estado federal quanto à repartição de competências, Marcelo Novelino também trata do denominado *federalismo por integração*. Nas palavras do renomado autor, esta modalidade "tem como nota característica a sujeição dos Estados federados à União", com a adoção de "uma relação de sujeição entre os entes federativos, decorrente do fortalecimento do poder central. *Direito constitucional*. 4. ed. Método, 2010, p. 522.
15. *Direito constitucional esquematizado*. 14. ed. Saraiva, 2010, p. 342.
16. Pedro Lenza, com a costumeira percuciência, lembra-nos de que há sempre o risco de, a pretexto de se instituir um federalismo cooperativo, acabar sendo criado um *federalismo de fachada*, "com fortalecimento do órgão central em

é o modelo adotado pelo Brasil e também pelos Estados Unidos da América, depois da crise da bolsa de 1929.

Quanto à *concentração de poder*, por fim, o Estado Federal também pode ser classificado em 2 (duas) modalidades: federalismo centrípeto e federalismo centrífugo. O *federalismo centrípeto* é aquele em que se pode notar um fortalecimento do poder central em detrimento das ordens parciais, porém sem descaracterizar a existência de um Estado Federal, uma vez que os entes parciais mantêm parcela suficiente de autonomia, garantida pela constituição federal.

A despeito de a Constituição de 1988 ter conferido maior grau de autonomia aos entes parciais, tendo, inclusive, incluído os Municípios como entes pertencentes à Federação brasileira, não há dúvidas de que o Brasil pode ser considerado um modelo de federalismo centrípeto, uma vez que o texto constitucional ainda concedeu à União competências materiais e legislativas (inclusive para a criação de receitas tributárias) consideravelmente superiores às conferidas aos demais entes de nossa Federação.

O *federalismo centrífugo*, a toda evidência, é justamente o oposto do federalismo centrípeto. Trata-se de uma modalidade de Federação caracterizada por uma expressiva força das ordens parciais, que detêm grande parcela de autonomia (tanto material como legislativa), e que resulta, por consequência, em um menor poder central, sobretudo se comparado ao de uma Federação centrípeta. Exemplo inequívoco de Federação centrífuga são os Estados Unidos da América.

FEDERAÇÃO E SUAS PRINCIPAIS CLASSIFICAÇÕES

Quanto à origem	– **Federalismo por agregação**: Estados independentes abrem mão de suas soberanias para formar um novo e único ente estatal soberano, no qual cada um dos antigos Estados independentes conserva apenas a autonomia.
	– **Federalismo por segregação**: é resultado da descentralização político-administrativa de um antigo Estado unitário, que mantém intacta sua soberania, e que passa a conferir a cada uma das unidades menores dose considerável de autonomia político-administrativa.
Quanto à repartição de competências	– **Federalismo dualista (ou dual)**: há uma repartição rígida das competências constitucionais entre o ente central e cada uma das entidades parciais, não havendo qualquer fixação de competências comuns e/ou concorrentes entre eles.
	– **Federalismo cooperativo**: pressupõe uma maior aproximação (cooperação) entre os diversos entes federativos, prevendo a constituição federal a existência de diversas matérias que são de competência comum e/ou concorrente entre o ente central e cada uma das entidades parciais.
Quanto à concentração de poder	– **Federalismo centrípeto**: nota-se um fortalecimento do poder central em detrimento das ordens parciais, porém sem descaracterizar a existência de um Estado federal, uma vez que os entes parciais mantêm parcela suficiente de autonomia, garantida pela constituição federal.
	– **Federalismo centrífugo**: caracteriza-se por uma expressiva força das ordens parciais, que detêm grande parcela de autonomia (tanto material como legislativa), e que resulta, por consequência, em um menor poder central.

10.6 FEDERAÇÃO BRASILEIRA E SUAS PARTICULARIDADES

Vimos, anteriormente, que o modelo de Estado federal é criação norte-americana. Surgiu quando as antigas Colônias, que se libertaram do jugo inglês e que, inicialmente,

---

detrimento dos demais entes federativos e, assim, havendo sobreposição da União, a caracterização de um federalismo de subordinação". *Op. cit.*, p. 342.

formaram uma Confederação de Estados independentes, decidiram abrir mão de suas soberanias (mas não de suas autonomias) para formarem um só Estado, de tipo Federal, formalizado pela Constituição dos Estados Unidos da América, promulgada em 1787.

A Federação dos Estados Unidos da América, como é fácil perceber, surgiu da união de Estados independentes, que se uniram para formar um novo Estado soberano, em que as vontades parciais conservaram parcela considerável de autonomia, porém abrindo mão de suas soberanias em favor da entidade central (União). Trata-se do modelo de federação a que a doutrina costuma denominar de federação por agregação. Já a Federação brasileira seguiu caminho diferente.

Com efeito, o modelo de Estado federal adotado pelo Brasil surgiu com a nossa primeira Constituição republicana (promulgada em 1891). Além de prever a forma de governo republicano, em oposição ao regime monárquico fixado pela Constituição de 1827, aquele novo texto constitucional substituiu o modelo de Estado unitário até então vigente, passando a conferir doses consideráveis de autonomia a diversos entes parciais (Estados-membros da Federação).

Dito em outras palavras, nosso modelo de Federação, que surgiu, como visto, com a primeira constituição republicana, e que foi mantido por todas as constituições posteriores, formou-se em decorrência da descentralização político-administrativa de um Estado unitário até então existente (o Brasil imperial). A espécie de Federação que caracteriza o Estado brasileiro, portanto, é a *federação por segregação*.

Como vimos anteriormente, os supramencionados artigos 1º e 18 de nossa Carta Magna explicitam, de maneira clara e induvidosa, as principais feições da Federação brasileira, ressaltando não só a indissolubilidade do vínculo que une os entes que a compõem, como também a autonomia que lhes é conferida, e, uma particularidade brasileira, a inclusão dos Municípios como entes da Federação.

O *caráter indissolúvel* da Federação brasileira, revelado pelo artigo 1º, *caput*, de nossa Carta Magna, é reforçado não só pelo fato de a forma federativa de Estado ser considerada uma das cláusulas pétreas de nossa Constituição Federal, conforme expressamente previsto no artigo 60, inciso IV, da Carta Magna, como também pela possibilidade de decretação de intervenção federal na hipótese de tentativa, por qualquer Estado-membro de nossa Federação, de se separar da União, conforme disposto no artigo 34, inciso I, de nossa Lei Maior.[17]

Como vimos anteriormente, uma consequência lógica da rigidez de nossa Lei Maior, na qual a forma federativa de Estado é uma cláusula pétrea, é a necessidade da existência de um órgão constitucional que funcione como agente garantidor do respeito à repartição de competências estabelecida no pacto federativo, e da própria manutenção do Estado federal, nos termos em que foi concebido pelo poder constituinte originário. E, no caso brasileiro, tal incumbência é exercida, em caráter precípuo, pelo Supremo Tribunal Federal, a quem cabe inclusive o controle concentrado de leis e atos normativos editados pelo Poder Público.

No que diz respeito à *repartição de competências entre os entes federativos*, a Constituição de 1988 optou por um modelo peculiar, em que são explicitadas competências materiais e legislativas para a União e para os Municípios, ficando reservadas aos Estados-membros as competências residuais, ou, nos expressos termos de nossa Lei Maior, "as competências que não lhes sejam vedadas por esta Constituição" (artigo 25, § 1º).

---

17. Constituição Federal, artigo 34: "A União não intervirá nos Estados nem no Distrito Federal, exceto para: I – manter a integridade nacional".

Ademais, nosso texto constitucional também previu diversas hipóteses de competência legislativa concorrente (artigo 24), além de competências materiais comuns (artigo 23), o que a caracteriza, no tocante à repartição de competências, como uma Federação do tipo *cooperativa*.

Por outro lado, no que se refere à *concentração de poder*, nossa Federação coaduna-se mais com o modelo de *federalismo centrípeto*, uma vez que, já o mencionamos anteriormente, a despeito de ter conferido maior grau de autonomia aos entes parciais, tendo, inclusive, incluído os Municípios como entes pertencentes à Federação brasileira, nossa Constituição Federal garantiu à União competências materiais e legislativas (inclusive para a criação de receitas tributárias) consideravelmente superiores às conferidas aos demais entes de nossa Federação.

No tocante especificamente ao exercício da *soberania*, a Carta Magna de 1988 explicita, em seu artigo 21, inciso I, que cabe à União exercer tal atribuição, em nome do Estado federal, ou seja, da República Federativa do Brasil. Com efeito, nos expressos termos daquele dispositivo constitucional, compete àquele ente central "manter relações com Estados estrangeiros e participar de organizações internacionais".

O caráter *autônomo* da União, dos Estados, do Distrito Federal e dos Municípios, como vimos, encontra-se explicitado no artigo 18, de nossa Carta Magna. Particularmente no que se refere aos entes parciais, tal caráter também pode ser evidenciado, por exemplo, pela competência que a Constituição Federal lhes conferiu de instituir suas respectivas constituições estaduais e leis orgânicas do Distrito Federal e dos Municípios.

Na mesma toada, a Constituição de 1988 conferiu aos entes da Federação brasileira a capacidade de editarem suas próprias leis, conforme competências estabelecidas no texto constitucional. Concedeu, igualmente, o poder de escolher diretamente seus próprios representantes, seja para o Poder Executivo, seja para o Poder Legislativo. As unidades da Federação (neste caso, com exceção dos Municípios) também podem organizar e manter um Poder Judiciário próprio, para processo e julgamento das causas de seu próprio interesse.

A Constituição de 1988 conferiu a todos os entes de nossa Federação, ainda, a capacidade de instituírem e de exercerem suas próprias atividades administrativas, para darem cumprimento às leis que editam, por força de suas competências legislativas, fixadas pela Carta Magna. Contam, ademais, com receitas próprias, como se pode verificar da simples leitura do Título VI, da Constituição Federal (da Tributação e do Orçamento).

No tocante ao *direito de participação das vontades parciais na vontade central*, cada Estado-membro e o Distrito Federal conta com 3 (três) senadores junto ao Senado Federal, com mandatos de 8 (oito) anos – o que corresponde a 2 (duas) legislaturas consecutivas, portanto –, sendo que a representação de cada um daqueles entes federativos será renovada de 4 (quatro) em 4 (quatro) anos, alternadamente, por 1/3 (um terço) e 2/3 (dois terços).

Por fim, o artigo 19, de nossa Lei Maior, veda expressamente à União, aos Estados, ao Distrito Federal e aos Municípios estabelecer cultos religiosos ou igrejas, subvencioná-los, embaraçar-lhes o funcionamento ou manter com eles, ou seus representantes, relações de dependência ou aliança, ressalvada, na forma da lei, a colaboração de interesse público. Veda, igualmente, recusar fé aos documentos públicos, bem como criar distinções entre brasileiros ou preferências entre si.

FEDERAÇÃO BRASILEIRA E SUAS PARTICULARIDADES

– Nosso modelo de Federação formou-se em decorrência da descentralização político-administrativa de um Estado unitário até então existente (o Brasil imperial), fato que a caracteriza como uma federação por segregação.

– O *caráter indissolúvel* da Federação brasileira é reforçado não só pelo fato de a forma federativa de Estado ser considerada uma das cláusulas pétreas de nossa Carta Magna, como também pela possibilidade de decretação de intervenção federal na hipótese de tentativa, por qualquer Estado-membro, de se separar da União.

– No que diz respeito à *repartição de competências entre os entes federativos*, a Constituição de 1988 optou por um modelo peculiar, em que são explicitadas competências materiais e legislativas para a União e para os Municípios, ficando reservadas aos Estados-membros as competências residuais, o que a caracteriza como uma Federação do tipo cooperativa.

– No que se refere à *concentração de poder*, nossa Federação coaduna-se mais com o modelo de federalismo centrípeto, uma vez que nossa Constituição Federal garantiu à União competências materiais e legislativas consideravelmente superiores às conferidas aos demais entes de nossa Federação.

– No tocante ao *direito de participação das vontades parciais na vontade central*, cada Estado-membro e o Distrito Federal contam com 3 (três) senadores junto ao Senado Federal, com mandatos de 8 (oito) oito anos, sendo que a representação de cada um daqueles entes federativos será renovada de 4 (quatro) em 4 (quatro) anos, alternadamente, por 1/3 (um terço) e 2/3 (dois terços).

10.7 UNIÃO

A União, repitamos, é um dos entes da Federação brasileira, conforme se pode depreender da simples leitura do artigo 18, *caput*, de nossa Carta Magna.[18] Da mesma forma que os demais entes federativos, é uma pessoa jurídica de direito público interno, dotada de autonomia que lhe concede, nos termos e limites fixados pela Constituição Federal, considerável dose de auto-organização, autogoverno, autoadministração e também a arrecadação de receitas próprias.

Contudo, diferentemente dos Estados, do Distrito Federal e dos Municípios, que possuem apenas a chamada autonomia, cabe também à União exercer, por vontade dos entes parciais, expressada pelo constituinte originário, e em nome da República Federativa do Brasil, *as atribuições da soberania do Estado brasileiro*, tudo conforme expressamente previsto no artigo 21, inciso I, da Carta Magna.[19]

Assim, além de existir no âmbito interno, como uma das pessoas políticas (pessoas jurídicas de direito público interno) que compõem a nossa Federação, cabe também à União (e apenas a ela) atuar no âmbito internacional, em nome do Estado brasileiro. Dito em outras palavras, é a União quem tem a competência exclusiva para exercer a soberania em nome da República Federativa do Brasil, ou seja, da pessoa jurídica de direito público internacional.[20]

Como nos lembra Marcelo Novelino,[21] "fruto de uma aliança entre Estados, a União é uma pessoa jurídica dotada de capacidade política existente apenas em Estados federais". Possui, segundo o renomado autor, "competência para atuar em nome próprio (*e. g.*, emissão de moeda) e em nome da federação (*e. g.*, manter relações com estados estrangeiros; declarar guerra ou celebrar paz)".

---

18. Constituição Federal, artigo 18: "A organização político-administrativa da República Federativa do Brasil compreende a União, os Estados, o Distrito Federal e os Municípios, todos autônomos, nos termos desta Constituição".
19. Constituição Federal, artigo 21, inciso I: "Compete à União manter relações com Estados estrangeiros e participar de organizações internacionais".
20. Na excelente síntese de Pedro Lenza, "a União possui **dupla personalidade**, pois assume um papel interno e outro internacionalmente". *Direito constitucional esquematizado*. 14. ed. Saraiva, 2010, p. 351.
21. *Direito constitucional*. 4. ed. Método, 2010, p. 533.

Como vimos anteriormente, nossa Constituição Federal optou por um modelo próprio no que diz respeito à repartição de competências entre os entes federativos, explicitando diversas competências materiais e legislativas para a União, porém também prevendo hipóteses de competências materiais comuns entre a União, os Estados, o Distrito Federal e os Municípios (artigo 23), bem como de competências legislativas concorrentes entre a União, os Estados e o Distrito Federal (artigo 24), como veremos melhor nas próximas seções.

Conforme expressa previsão do artigo 18, § 1º, de nossa Constituição Federal, a capital de nossa Federação (ou seja, da República Federativa do Brasil) é Brasília. A Constituição anterior, outorgada já depois da criação de Brasília, dispunha que a capital do País era o Distrito Federal, e não Brasília, como prevê a Lei Magna em vigor.

UNIÃO

– A União, da mesma forma que os demais entes federativos, é uma pessoa jurídica de direito público interno, dotada de autonomia que lhe permite, nos termos e limites fixados pela Constituição Federal, considerável dose de auto-organização, autogoverno, autoadministração e também a arrecadação de receitas próprias.

– Contudo, diferentemente dos Estados, do Distrito Federal e dos Municípios, que possuem apenas autonomia, cabe também à União exercer, em nome da República Federativa do Brasil, as atribuições da soberania do Estado brasileiro (Constituição Federal, artigo 21, inciso I).

10.8 BENS DA UNIÃO

O artigo 20, da Constituição Federal, dispõe sobre os bens que pertencem ao ente central de nossa Federação.[22] Além do solo, delimitado pelas fronteiras nacionais (aqui incluídas as terras devolutas), são também bens da União: as ilhas fluviais e lacustres nas zonas limítrofes com outros países; as praias marítimas; as ilhas oceânicas e as costeiras, excluídas, destas, as pertencentes aos Estados, aos Municípios ou a terceiros.

São de propriedade da União, da mesma forma, os lagos, os rios e quaisquer correntes de água de seu domínio, ou que banhem mais de um Estado, sirvam de limites com outros países, ou se estendam a território estrangeiro ou dele provenham, bem como os terrenos marginais e as praias fluviais, além dos potenciais de energia hidráulica.

Pertencem à União, ainda, os recursos minerais, inclusive os do subsolo. Contudo, conforme disposto no artigo 176, § 2º, da Carta Magna, a despeito de as jazidas e demais recursos minerais, além dos potenciais de energia hidráulica, constituírem propriedade distinta da do solo, e, para efeito de exploração ou aproveitamento, pertencerem à União, é assegurada ao proprietário do solo uma participação nos resultados da lavra.

Ademais, o artigo 20, § 1º, da Constituição de 1988, é expresso em assegurar à União, aos Estados, ao Distrito Federal e aos Municípios, nos termos da lei, a participação no resultado da exploração de petróleo ou gás natural, de recursos hídricos para fins de geração de energia elétrica e de outros recursos minerais no respectivo território, plataforma continental, mar territorial ou zona econômica exclusiva, ou compensação financeira por essa exploração (redação dada pela Emenda Constitucional 102, de 2019).

Também pertencem à União: as cavidades naturais subterrâneas e os sítios arqueológicos e pré-históricos; as terras tradicionalmente ocupadas pelos índios; o mar territorial,

---

22. Súmula 650, do Supremo Tribunal Federal: "Os incisos I e XI do art. 20 da Constituição Federal não alcançam terras de aldeamentos extintos, ainda que ocupadas por indígenas em passado remoto".

os terrenos de marinha e seus acrescidos, bem como os recursos naturais da plataforma continental e da zona econômica exclusiva.

As extensões do território marinho nacional estão atualmente fixadas pela Lei 8.617, de 4 de janeiro de 1993. Nos termos deste diploma legal, o mar territorial, no qual o Brasil exerce sua soberania, com caráter de exclusividade, possui uma extensão de 12 (doze) milhas marítimas (artigo 1º). Referida soberania estende-se também ao espaço aéreo sobrejacente, bem como ao seu leito e subsolo (artigo 2º).

Referida lei também definiu a denominada *zona contígua* (artigo 4º), uma faixa que se estende das 12 (doze) às 24 (vinte e quatro) milhas, contadas a partir das linhas de base que servem para medir a largura do mar territorial, e na qual o Brasil não mais exerce sua soberania, mas conserva poderes de fiscalização e polícia (artigo 5º).

Definiu, igualmente, no artigo 6º, a denominada *zona econômica exclusiva*, ou seja, a faixa de 200 (duzentas) milhas, contadas a partir das linhas de base que servem para medir a largura do mar territorial, e na qual o Brasil possui exclusividade no direito de exploração de recursos naturais.

Quanto ao espaço aéreo nacional, inexiste, ao menos por enquanto, lei editada pelo Congresso Nacional (artigo 48, inciso V, da Constituição Federal) que fixe seus exatos limites. Poderá o Brasil exercer sua soberania, portanto, até os limites da ionosfera, uma vez que a Resolução 1.721, da Organização das Nações Unidas, dispôs que o espaço sideral não pode ser objeto de apropriações.

10.9 DIFERENÇA ENTRE COMPETÊNCIA MATERIAL E COMPETÊNCIA LEGISLATIVA

Quando analisamos as particularidades da Federação brasileira, mencionamos que a Constituição de 1988, no que se refere à repartição de competências entre os entes federativos, optou por um modelo peculiar, em que são explicitadas competências materiais e legislativas para a União e para os Municípios, ficando reservadas aos Estados-membros as competências residuais.

Previu, ademais, hipóteses de competência legislativa concorrente, além de competências materiais comuns (artigo 23). Assim, antes de analisarmos as diversas competências dos entes de nossa Federação (iniciando pela União), cabe-nos trazer, nesta seção, uma breve conceituação do que vem a ser competência material e competência legislativa, de modo que o prezado leitor possa compreender, de maneira satisfatória, a análise que será realizada nas próximas seções.

Competência legislativa, o próprio nome já o indica, refere-se à capacidade conferida aos entes estatais, pela Carta Magna, para editar leis e demais atos normativos primários, ou seja, aqueles diplomas normativos que extraem sua legitimidade diretamente do texto constitucional. É o caso, por exemplo, das emendas constitucionais, das leis complementares, das leis ordinárias e dos demais atos normativos primários previstos no artigo 59, da Constituição Federal.[23]

---

23. Constituição Federal, artigo 59: "O processo legislativo compreende a elaboração de: I – emendas à Constituição; II – leis complementares; III – leis ordinárias; IV – leis delegadas; V – medidas provisórias; VI – decretos legislativos; VII – resoluções".

Já a *competência material* (também denominada *competência administrativa*), esta diz respeito ao dever-poder conferido aos entes públicos de pôr em prática não só os comandos e as prerrogativas previstos nas normas constitucionais, como também nas normas infraconstitucionais editadas em harmonia com o texto da Constituição Federal, através de um conjunto de ações concretas destinadas à satisfação do interesse público.[24] Refere-se, em síntese, à efetivação das chamadas políticas públicas.

DIFERENÇA ENTRE COMPETÊNCIA MATERIAL
E COMPETÊNCIA LEGISLATIVA

– **Competência legislativa**: refere-se à capacidade conferida aos entes estatais, pela Carta Magna, para editar leis e demais atos normativos primários, ou seja, aqueles diplomas normativos que extraem sua legitimidade diretamente do texto constitucional.

– **Competência material**: diz respeito à capacidade conferida aos entes públicos de pôr em prática as normas constitucionais e infraconstitucionais, através de um conjunto de ações concretas destinadas à satisfação do interesse público.

10.10 COMPETÊNCIAS MATERIAIS E LEGISLATIVAS DA UNIÃO

Examinada, na seção anterior, a diferença conceitual entre competência material (ou administrativa) e competência legislativa, examinaremos, nesta seção, as diversas competências materiais e legislativas da União. As demais competências previstas em nossa Lei Maior serão analisadas em outras seções deste mesmo Capítulo.

As muitas competências materiais da União estão relacionadas no artigo 21, da Constituição de 1988. Nos termos daquele dispositivo constitucional, compete àquele ente central de nossa Federação: manter relações com Estados estrangeiros e participar de organizações internacionais; declarar a guerra e celebrar a paz; e assegurar a defesa nacional.

Compete-lhe, igualmente, permitir, nos casos previstos em lei complementar, que forças estrangeiras transitem pelo território nacional ou nele permaneçam temporariamente; decretar o estado de sítio, o estado de defesa e a intervenção federal; autorizar e fiscalizar a produção e o comércio de material bélico; emitir moeda; bem como administrar as reservas cambiais do País e fiscalizar as operações de natureza financeira, especialmente as de crédito, câmbio e capitalização, bem como as de seguros e de previdência privada.

Cabe-lhe também elaborar e executar planos nacionais e regionais de ordenação do território e de desenvolvimento econômico e social; manter o serviço postal e o correio aéreo nacional; explorar, diretamente ou mediante autorização, concessão ou permissão, os serviços de telecomunicações, nos termos da lei, que disporá sobre a organização dos serviços, a criação de um órgão regulador e outros aspectos institucionais.

Compete à União, da mesma forma, explorar, diretamente ou mediante autorização, concessão ou permissão: (a) os serviços de radiodifusão sonora, e de sons e imagens; (b) os serviços e instalações de energia elétrica e o aproveitamento energético dos cursos de água, em articulação com os Estados onde se situam os potenciais hidroenergéticos; (c) os serviços de navegação aérea, aeroespacial e a infraestrutura aeroportuária; (d) os serviços

---

24. Eis a excelente lição de Pedro Lenza sobre a denominada competência material: "A competência não legislativa, como o próprio nome ajuda a compreender, determina um conjunto de atuação político-administrativa, tanto é que são também denominadas competências administrativas ou materiais, pois não se trata de atividade legiferante. Regulamenta o campo de exercício das **funções governamentais**, podendo tanto ser **exclusiva** da União (marcada pela particularidade da **indelegabilidade**) como **comum** (também chamada de **cumulativa, concorrente administrativa** ou **paralela**) aos entes federativos". *Direito constitucional esquematizado*. 14. ed. Saraiva, 2010, p. 355.

de transporte ferroviário e aquaviário entre portos brasileiros e fronteiras nacionais, ou que transponham os limites de Estado ou Território; (e) os serviços de transporte rodoviário interestadual e internacional de passageiros; (f) os portos marítimos, fluviais e lacustres.

Também é competência material da União organizar e manter: (a) o Poder Judiciário, o Ministério Público e a Defensoria Pública do Distrito Federal e dos Territórios; (b) organizar e manter a polícia civil, a *polícia penal*[25], a polícia militar e o corpo de bombeiros militar do Distrito Federal, bem como prestar assistência financeira ao Distrito Federal para a execução de serviços públicos, por meio de fundo próprio; (c) os serviços oficiais de estatística, geografia, geologia e cartografia de âmbito nacional.

Compete à União, ainda, exercer a classificação, para efeito indicativo, de diversões públicas e de programas de rádio e televisão; conceder anistia; planejar e promover a defesa permanente contra as calamidades públicas, especialmente as secas e as inundações; instituir sistema nacional de gerenciamento de recursos hídricos e definir critérios de outorga de direitos de seu uso; instituir diretrizes para o desenvolvimento urbano, inclusive habitação, saneamento básico e transportes urbanos.

Na mesma toada, cabe à União explorar os serviços e instalações nucleares de qualquer natureza e exercer monopólio estatal sobre a pesquisa, a lavra, o enriquecimento e reprocessamento, a industrialização e o comércio de minérios nucleares e seus derivados, atendidos os seguintes princípios e condições: (a) toda atividade nuclear em território nacional somente será admitida para fins pacíficos e mediante aprovação do Congresso Nacional; (b) sob regime de permissão, são autorizadas a comercialização e a utilização de radioisótopos para a pesquisa e usos médicos, agrícolas e industriais; (c) sob regime de permissão, são autorizadas a produção, comercialização e utilização de radioisótopos de meia-vida igual ou inferior a duas horas; (d) a responsabilidade civil por danos nucleares independe da existência de culpa.

É igualmente competência administrativa da União, por fim, estabelecer princípios e diretrizes para o sistema nacional de viação; executar os serviços de polícia marítima, aeroportuária e de fronteiras; organizar, manter e executar a inspeção do trabalho; além de estabelecer as áreas e as condições para o exercício da atividade de garimpagem, em forma associativa.

As competências legislativas da União,[26] por sua vez, estão relacionadas no artigo 22, de nossa Lei Maior. Nos termos deste dispositivo constitucional, compete privativamente àquele ente central legislar sobre: direito civil, direito comercial, direito penal, direito processual, direito eleitoral, direito agrário, direito marítimo, direito aeronáutico, direito espacial e direito do trabalho.

Incluem-se entre as competências legislativas privativas da União, do mesmo modo, legislar sobre desapropriação; requisições civis e militares, em caso de iminente perigo e em tempo de guerra; águas, energia, informática, telecomunicações e radiodifusão; serviço postal; sistema monetário e de medidas, títulos e garantias dos metais.

---

25. Redação dada pela Emenda Constitucional 104, de 2019, que acrescentou ao texto do inciso XIV, do artigo 21, de nossa Lei Maior, a chamada *polícia penal*. Segundo disposto no artigo 144, § 5º-A, da Constituição Federal (também acrescentado pela Emenda Constitucional 104, de 2019), polícias penais são aquelas vinculadas ao órgão administrador do sistema penal da unidade da Federação a que pertencem, e que tem por atribuição a segurança dos estabelecimentos penais.
26. Conforme expressamente previsto no artigo 22, parágrafo único, do texto constitucional, lei complementar poderá autorizar os Estados a legislar sobre questões específicas das matérias relacionadas naquele artigo da Constituição Federal.

Compete-lhe igualmente legislar privativamente sobre política de crédito, câmbio, seguros e transferência de valores; comércio exterior e interestadual; diretrizes da política nacional de transportes; regime dos portos, navegação lacustre, fluvial, marítima, aérea e aeroespacial; trânsito e transporte; jazidas, minas, outros recursos minerais e metalurgia.

No mesmo diapasão, cabe à União legislar privativamente sobre nacionalidade, cidadania e naturalização; populações indígenas; emigração e imigração, entrada, extradição e expulsão de estrangeiros; organização do sistema nacional de emprego e condições para o exercício de profissões; organização judiciária, do Ministério Público e da Defensoria Pública do Distrito Federal e dos Territórios, bem como organização administrativa destes.

Também é de competência privativa da União legislar sobre sistema estatístico, sistema cartográfico e de geologia nacionais; sistemas de poupança, captação e garantia da poupança popular; sistemas de consórcios e sorteios; normas gerais de organização, efetivos, material bélico, garantias, convocação e mobilização das polícias militares e corpos de bombeiros militares; competência da polícia federal e das polícias rodoviária e ferroviária federais.

Por fim, compete à União legislar privativamente sobre seguridade social; diretrizes e bases da educação nacional; registros públicos; atividades nucleares de qualquer natureza; normas gerais de licitação e contratação, em todas as modalidades, para as Administrações Públicas diretas, autárquicas e fundacionais da União, Estados, Distrito Federal e Municípios; bem como sobre propaganda comercial.

10.11 COMPETÊNCIA COMUM DA UNIÃO, DOS ESTADOS, DO DISTRITO FEDERAL E DOS MUNICÍPIOS

Como vimos anteriormente, a competência material ou administrativa diz respeito à capacidade, conferida aos diversos entes públicos, de pôr em prática os preceitos estabelecidos pelas normas constitucionais e também infraconstitucionais, por meio de um conjunto de ações concretas destinadas à satisfação do interesse público. Na seção precedente, vimos as inúmeras competências materiais privativas da União. Nesta seção, por sua vez, explicitaremos as competências administrativas comuns da União, dos Estados, do Distrito Federal e dos Municípios.[27]

Com efeito, nos expressos termos do artigo 23, da Constituição Federal vigente, é competência comum daqueles entes federativos: zelar pela guarda da Constituição Federal, das leis e das instituições democráticas e conservar o patrimônio público. Também é competência comum da União, dos Estados, do Distrito Federal e dos Municípios cuidar da saúde e da assistência pública, bem como da proteção e garantia das pessoas portadoras de deficiência.

Também é da competência comum de todos os entes da Federação brasileira proteger os documentos, as obras e outros bens de valor histórico, artístico e cultural, os monumentos, as paisagens naturais notáveis e os sítios arqueológicos; impedir a evasão, a destruição e a descaracterização de obras de arte e de outros bens de valor histórico, artístico ou cultural; bem como proporcionar os meios de acesso à cultura, à educação e à ciência.

Na mesma toada, proteger o meio ambiente e combater a poluição em qualquer de suas formas; preservar as florestas, a fauna e a flora; fomentar a produção agropecuária e organizar

---

27. Conforme expressa previsão do parágrafo único do artigo 23, de nossa Lei Maior, leis complementares fixarão normas para a cooperação entre a União e os Estados, o Distrito Federal e os Municípios, tendo em vista o equilíbrio do desenvolvimento e do bem-estar em âmbito nacional.

o abastecimento alimentar; promover programas de construção de moradias e a melhoria das condições habitacionais e de saneamento básico; além de combater as causas da pobreza e os fatores de marginalização, promovendo a integração social dos setores desfavorecidos.

Por fim, a União, os Estados, o Distrito Federal e os Municípios detêm competência material comum para registrar, acompanhar e fiscalizar as concessões de direitos de pesquisa e exploração de recursos hídricos e minerais em seus territórios; bem como para estabelecer e implantar política de educação para a segurança do trânsito.

10.12 COMPETÊNCIA LEGISLATIVA CONCORRENTE DA UNIÃO, ESTADOS E DISTRITO FEDERAL

Nos casos em que a Constituição Federal prevê que a competência para legislar é *concorrente*, a *competência da União limitar-se-á a estabelecer normas gerais* (artigo 24, § 1º), podendo os Estados e o Distrito Federal legislarem sobre assuntos específicos, de maneira complementar (artigo 24, § 2º). Caso não haja lei editada pela União, de caráter geral, poderão os Estados e o Distrito Federal exercer a competência legislativa plena, para que possam atender as suas necessidades próprias (artigo 24, § 3º). Contudo, se sobrevier uma lei federal, a lei estadual ou distrital terá sua eficácia suspensa, naquilo que contrariar a lei editada pela União (artigo 24, § 4º).

Conforme artigo 24, da Constituição Federal, compete à União, aos Estados e ao Distrito Federal legislar concorrentemente sobre: direito tributário, financeiro, penitenciário, econômico e urbanístico; orçamento; juntas comerciais; custas dos serviços forenses; produção e consumo; bem como sobre florestas, caça, pesca, fauna, conservação da natureza, defesa do solo e dos recursos naturais, proteção do meio ambiente e controle da poluição.

Também é de competência legislativa concorrente daqueles entes federativos os seguintes temas: proteção ao patrimônio histórico, cultural, artístico, turístico e paisagístico; responsabilidade por dano ao meio ambiente, ao consumidor, a bens e direitos de valor artístico, estético, histórico, turístico e paisagístico; educação, cultura, ensino e desporto; criação, funcionamento e processo do juizado de pequenas causas; além de procedimentos em matéria processual.

Na mesma toada, por fim, o supramencionado artigo 24, de nossa Lei Maior prevê a competência concorrente da União, dos Estados e do Distrito Federal para legislar sobre: previdência social, proteção e defesa da saúde; assistência jurídica e Defensoria Pública; proteção e integração social das pessoas portadoras de deficiência; proteção à infância e à juventude; além da organização, das garantias, dos direitos e dos deveres das polícias civis.

10.13 ESTADOS FEDERADOS

Os Estados-membros de nossa Federação (ou Estados Federados, conforme denominação constante de nossa Carta Magna) são pessoas jurídicas de direito público interno dotadas de *autonomia*, de maneira semelhante às demais entidades federativas, tudo conforme previsão constante do já mencionado artigo 18, de nossa Lei Maior. Referida autonomia, também já asseveramos, é evidenciada por um conjunto de prerrogativas, fixadas pela própria Constituição Federal, que lhes confere capacidade de organizar, governar e administrar a si mesmos, além de arrecadarem receitas próprias.

A capacidade de auto-organização está prevista no artigo 25, *caput*, da Carta Magna. Segundo o dispositivo constitucional em comento, "os Estados organizam-se e regem-se pelas Constituições e leis que adotarem, observados os princípios desta Constituição". Trata-se de uma decorrência lógica do poder constituinte derivado decorrente, que tem por escopo conferir aos membros de um Estado do tipo Federal o poder de criar os seus próprios textos constitucionais.

Também evidencia esta capacidade de auto-organização a regra fixada no artigo 25, § 1º, da Constituição Federal, que confere aos Estados a competência para legislar sobre matérias que não lhe sejam expressamente vedadas pela Lei Maior. Aliás, esta regra, nunca é demais lembrar, revela também que a competência legislativa dos Estados é *residual*, uma vez que a Lei Maior enumera de maneira explícita as competências legislativas da União e dos Municípios, deixando para os Estados a edição das normas que não invadam a esfera de competência legislativa daqueles entes da Federação.

A capacidade de autogoverno restou garantida não só na possibilidade de eleição de deputados estaduais, para composição de suas Assembleias Legislativas, do governador e do vice-governador com ele registrado, como também na possibilidade de organização do próprio Poder Judiciário. O poder de autoadministração, por fim, fica evidenciado na capacidade de editar os atos administrativos e normativos necessários para dar cumprimento aos diplomas legais produzidos pelo Estado.

Ainda sobre a capacidade de autogoverno, não podemos deixar de mencionar que o artigo 27, da Constituição de 1988, traz um conjunto de normas sobre a organização do Poder Legislativo estadual. Conforme expressa disposição do *caput* daquele artigo, o número de deputados estaduais à respectiva Assembleia Legislativa corresponderá ao triplo da representação do Estado na Câmara dos Deputados e, atingido o número de 36 (trinta e seis), será acrescido de tantos quantos forem os deputados federais acima de 12 (doze).

Por sua vez, o artigo 27, § 1º, de nossa Lei Maior, esclarece que o mandato dos deputados estaduais será de 4 (quatro) anos, devendo ser-lhes aplicadas as regras da Constituição Federal sobre sistema eleitoral, inviolabilidade, imunidades, remuneração, perda de mandato, licença, impedimentos e incorporação às Forças Armadas. Os candidatos à Assembleia Legislativa do Estado, portanto, serão eleitos pelo sistema proporcional[28], da mesma forma que ocorre com os candidatos à Câmara dos Deputados, os chamados deputados federais (artigo 45, da Constituição Federal).

Pelo mesmo motivo, os deputados estaduais gozam das mesmas imunidades parlamentares conferidas aos deputados federais e senadores, previstas no artigo 53 e seus parágrafos, da Constituição Federal. As *imunidades parlamentares*[29], em apertada síntese, podem ser definidas como um conjunto de prerrogativas, conferidas ao Poder Legislativo, e a cada membro do Parlamento em particular, que lhes permite atuar com liberdade e independência, sem receios de sofrerem coações e abusos por parte de outros Poderes constituídos.

---

28. O sistema eleitoral *proporcional*, nós veremos melhor no Capítulo 11 desta obra, é aquele em que o número de vagas de cada partido (ou coligação de partidos), na casa legislativa, é obtido pela divisão do número total de votos conseguidos por aquele partido (ou coligação de partidos), na eleição, pelo denominado *quociente eleitoral*. Este último, por sua vez, é a expressão numérica que se obtém da divisão do número total de votos válidos, excluídos os brancos e os nulos, pelo número total de cadeiras vagas.
29. A Carta Magna garante aos parlamentares 2 (duas) espécies de imunidade: (a) imunidade de natureza material ou substantiva, também denominada imunidade absoluta; e (b) imunidade de natureza formal ou processual, também conhecida como imunidade relativa.

Igualmente fazem jus a *foro por prerrogativa de função*, comumente conhecida como *foro privilegiado*, ou, ainda, *foro especial*, que confere aos deputados estaduais o direito de serem submetidos, desde a sua diplomação, a julgamento perante o Tribunal de Justiça do Estado. Portanto, mesmo que se trate de crimes cometidos antes da diplomação, os autos do processo devem ser remetidos ao respectivo Tribunal de Justiça, para processo e julgamento. Caso, contudo, o parlamentar perca ou renuncie ao mandato, não faz mais jus ao foro por prerrogativa de função.

Como veremos melhor no próximo Capítulo, no caso específico de deputados federais e senadores, o Plenário do Supremo Tribunal Federal decidiu, por maioria de votos, no julgamento de questão de ordem na Ação Penal (AP) 937, que *o foro por prerrogativa de função daqueles parlamentares federais somente se aplica a crimes cometidos no exercício do cargo e em razão das funções a ele relacionadas*. Referida decisão, contudo, não foi estendida aos deputados estaduais, razão pela qual estes continuam tendo direito ao chamado "foro privilegiado" mesmo em relação a crimes praticados antes da diplomação.

No mesmo diapasão, os deputados estaduais não podem ser compelidos a testemunhar sobre informações recebidas ou prestadas em razão do exercício do mandato, nem sobre as pessoas que lhes confiaram ou deles receberam informações, tudo por força do que dispõe o artigo 53, § 6º, da Constituição Federal, que confere igual prerrogativa aos deputados federais e senadores da República.

Para ser eleito deputado estadual, o candidato deverá observar os requisitos previstos no artigo 14, § 3º, da Constituição Federal, que trata, como vimos no Capítulo 8, das denominadas condições de elegibilidade. São elas: a) nacionalidade brasileira; b) pleno exercício dos direitos políticos; c) alistamento eleitoral; d) domicílio eleitoral na circunscrição em que concorrerá (neste caso, no Estado em que disputará o cargo); e) filiação partidária; e f) idade mínima de 21 (vinte e um) anos.

O subsídio dos deputados estaduais é disciplinado pelo artigo 27, § 2º, de nossa Carta Magna. Nos termos daquele dispositivo constitucional, a remuneração dos parlamentares estaduais será fixada por lei de iniciativa da Assembleia Legislativa do Estado a que pertencem, na razão de, no máximo, 75% (setenta e cinco por cento) do subsídio estabelecido, em espécie, para os deputados federais.

Já o artigo 28, da Lei Maior, trata do Poder Executivo Estadual. Nos termos daquele dispositivo constitucional, a eleição do governador do Estado e do vice-governador com ele registrado, para mandato de 4 (quatro) anos, realizar-se-á no primeiro domingo de outubro, em primeiro turno, e no último domingo de outubro, em segundo turno, se houver, do ano anterior ao do término do mandato de seus antecessores, e a posse ocorrerá em primeiro de janeiro do ano subsequente, observado, quanto ao mais, o disposto no artigo 77, da Constituição Federal.[30]

---

30. Constituição Federal, artigo 77: "A eleição do Presidente e do Vice-Presidente da República realizar-se-á, simultaneamente, no primeiro domingo de outubro, em primeiro turno, e no último domingo de outubro, em segundo turno, se houver, do ano anterior ao do término do mandato presidencial vigente. § 1º A eleição do Presidente da República importará a do Vice-Presidente com ele registrado. § 2º Será considerado eleito Presidente o candidato que, registrado por partido político, obtiver a maioria absoluta de votos, não computados os em branco e os nulos. § 3º Se nenhum candidato alcançar maioria absoluta na primeira votação, far-se-á nova eleição em até vinte dias após a proclamação do resultado, concorrendo os dois candidatos mais votados e considerando-se eleito aquele que obtiver a maioria dos votos válidos § 4º Se, antes de realizado o segundo turno, ocorrer morte, desistência ou impedimento legal de candidato, convocar-se-á, dentre os remanescentes, o de maior votação. § 5º Se, na hipótese dos parágrafos anteriores, remanescer, em segundo lugar, mais de um candidato com a mesma votação, qualificar-se-á o mais idoso".

A Emenda Constitucional 16/1997 passou a prever a possibilidade de reeleição do governador do Estado, para um único mandato subsequente, conforme disposto no artigo 14, § 5°, da Carta Magna. Contudo, para concorrer a outros cargos, o governador do Estado deverá renunciar ao mandato até 6 (seis) meses antes do pleito, como determina, em caráter expresso e inequívoco, o artigo 14, § 6°, da Constituição Federal.

Para ser eleito governador do Estado (o que se aplica também ao candidato a vice-governador com ele registrado), o candidato deverá observar as seguintes condições de elegibilidade, estabelecidas pelo artigo 14, § 3°, da Lei Maior: a) ser brasileiro (nato ou naturalizado); b) estar em pleno exercício dos direitos políticos; c) ter realizado o chamado alistamento eleitoral; d) ter domicílio eleitoral na circunscrição em que concorrerá (neste caso, em qualquer cidade do Estado); d) filiação partidária; e) idade mínima de 30 (trinta) anos.

Para concorrer ao Governo do Estado, o candidato também não poderá ser cônjuge ou parente consanguíneo ou afim, até o segundo grau ou por adoção, do atual governador do Estado ou de quem o houver substituído dentro dos 6 (seis) meses anteriores ao pleito, salvo se já for titular de mandato eletivo e candidato à reeleição, tudo conforme determina, em caráter expresso, o artigo 14, § 7°, de nossa Carta Magna.

O subsídio dos membros do Poder Executivo Estadual deverá observar a regra estabelecida pelo artigo 28, § 2°, da Constituição Federal. Nos expressos termos daquela norma constitucional, a remuneração (subsídio) do governador, do vice-governador e dos secretários de Estado serão fixados por lei de iniciativa da Assembleia Legislativa, observado o que dispõem os artigos 37, inciso XI, 39, § 4°, 150, II, 153, III, e 153, § 2°, I todos de nossa Lei Maior.

Particularmente no que se refere à capacidade de arrecadação de receitas próprias, a Constituição Federal, em seu Título VI, relativo à Tributação e Orçamento, confere aos Estados a possibilidade de instituição de diversos tributos, para que possam exercer, em caráter efetivo, a autonomia que lhes é peculiar, sem sujeitar-se a imposições de outros entes da Federação, notadamente a União.

Com efeito, conforme preceitua o artigo 155, da Carta Magna, cabe aos Estados os seguintes *impostos*: imposto sobre transmissão *causa mortis* e doação, de quaisquer bens ou direitos; imposto sobre operações relativas à circulação de mercadorias e sobre prestações de serviços de transporte interestadual e intermunicipal e de comunicação; e imposto sobre propriedade de veículos automotores.

Os Estados, ademais, poderão instituir taxas, em razão do poder de polícia, ou da utilização, efetiva ou potencial, de serviços públicos específicos e divisíveis, prestados ao contribuinte ou postos à sua disposição. Poderão também instituir contribuição de melhoria, em decorrência de obra que tiverem realizado e que tenha proporcionado valorização imobiliária ao contribuinte. Poderão, ainda, instituir contribuição, cobrada de seus servidores, para o custeio, em benefício destes, do regime previdenciário de que trata o artigo 40, da Carta Magna.

O artigo 26, da Constituição de 1988, dispõe sobre os bens dos Estados. Com efeito, nos termos daquele dispositivo constitucional, incluem-se entre os bens daqueles entes da Federação brasileira: as águas superficiais ou subterrâneas, fluentes, emergentes e em depósito, ressalvadas, neste caso, na forma da lei, as decorrentes de obras da União; as áreas, nas ilhas oceânicas e costeiras, que estiverem no seu domínio, excluídas aquelas sob domínio da União, Municípios ou terceiros; as ilhas fluviais e lacustres não pertencentes à União[31]; bem como as terras devolutas não compreendidas entre as da União.

No Capítulo da Carta Magna relativo aos Estados, há uma norma que explicita uma competência material privativa daqueles entes da Federação. Com efeito, conforme previsão constante do artigo 25, § 2º, de nossa Lei Maior, aos Estados explorar diretamente, ou mediante concessão, os serviços locais de gás canalizado, na forma da lei, vedada a edição de medida provisória para a sua regulamentação.

Nos termos do artigo 18, § 3º, da Constituição Federal, é permitido aos Estados incorporarem-se entre si, subdividirem-se ou desmembrarem-se para se anexarem a outros, ou formarem novos Estados ou Territórios Federais, mediante aprovação da população diretamente interessada, através de plebiscito, e do Congresso Nacional, por lei complementar.

Como se vê, a despeito de a Carta Magna não conferir aos Estados o direito de secessão, ou seja, de se separarem da Federação brasileira, inclusive sob pena de intervenção federal, permite-lhes realizar toda sorte de rearranjos internos, desde que com consulta da população interessada e aprovação do Congresso Nacional, nos termos de lei complementar.

O artigo 25, § 3º, da Constituição Federal, por sua vez, permite que os diversos Estados-membros da Federação instituam, mediante lei complementar, regiões metropolitanas, aglomerações urbanas e microrregiões, constituídas por agrupamentos de municípios limítrofes, para integrar a organização, o planejamento e a execução de funções públicas de interesse comum.

ESTADOS FEDERADOS

– Os Estados-membros de nossa Federação (ou Estados Federados, conforme denominação constante de nossa Carta Magna) são pessoas jurídicas de direito público interno dotadas de *autonomia*, de maneira semelhante às demais entidades federativas.

– Cabe aos Estados explorar diretamente, ou mediante concessão, os serviços locais de gás canalizado, na forma da lei, vedada a edição de medida provisória para a sua regulamentação (Constituição Federal, artigo 25, § 2º).

– É permitido aos Estados incorporar-se entre si, subdividir-se ou desmembrar-se para se anexarem a outros, ou formarem novos Estados ou Territórios Federais, mediante aprovação da população diretamente interessada, através de plebiscito, e do Congresso Nacional, por lei complementar (Lei Maior, artigo 18, § 3º).

– É permitido que os Estados Federados instituam, mediante lei complementar, regiões metropolitanas, aglomerações urbanas e microrregiões, constituídas por agrupamentos de municípios limítrofes, para integrar a organização, o planejamento e a execução de funções públicas de interesse comum (Carta Magna, artigo 25, § 3º).

10.14 MUNICÍPIOS

Em relação aos Municípios, valem aqui as mesmas ponderações formuladas acerca da *autonomia* dos Estados. Os Municípios são igualmente entes que compõem a Federação brasileira, todos dotados do poder de organizar, governar e administrar a si mesmos, além de terem o direito a receitas tributárias próprias, tanto decorrentes de tributos de sua própria competência, como também de repartição de outras receitas tributárias, tudo conforme normas previstas na Constituição Federal.

A capacidade de auto-organização dos municípios está prevista no artigo 29, *caput*, da Carta Magna, que dispõe que aquelas pessoas políticas serão regidas por *lei orgânica*,

---

31. Como vimos anteriormente, pertencem à União, nos expressos termos do artigo 20, inciso IV, "as ilhas fluviais e lacustres nas zonas limítrofes com outros países".

votada em 2 (dois) turnos, com o interstício mínimo de 10 (dez) dias, e aprovada por 2/3 (dois terços) dos membros da Câmara Municipal, que a promulgará, atendidos os princípios estabelecidos pela Constituição Federal e pela constituição do respectivo Estado.

No artigo 30, da Carta Magna, por sua vez, estão relacionadas diversas competências legislativas e também materiais dos Municípios. Segundo aquele dispositivo constitucional, os Municípios podem: (a) legislar sobre assuntos de interesse local; (b) suplementar a legislação federal e a estadual no que couber; e, por fim, (c) instituir, por meio de lei, os tributos de sua competência.

Já as competências materiais são as seguintes: (a) criar, organizar e suprimir distritos, observada a legislação estadual; (b) organizar e prestar, diretamente ou sob regime de concessão ou permissão, os serviços públicos de interesse local, incluído o de transporte coletivo, que tem caráter essencial; (c) manter, com a cooperação técnica e financeira da União e do Estado, programas de educação infantil e de ensino fundamental.

Na mesma toada: (d) prestar, com a cooperação técnica e financeira da União e do Estado, serviços de atendimento à saúde da população; (e) promover, no que couber, adequado ordenamento territorial, mediante planejamento e controle do uso, do parcelamento e da ocupação do solo urbano; e, finalmente, (f) promover a proteção do patrimônio histórico--cultural local, observada a legislação e a ação fiscalizadora federal e estadual.

No tocante à capacidade de autogoverno, a Lei Magna dispõe que a eleição do prefeito, do vice-prefeito e dos vereadores, para mandatos de 4 (quatro) anos, será feita mediante pleito direto e simultâneo, realizado em todo o Brasil. A eleição do prefeito (e do vice-prefeito com ele registrado) será realizada no primeiro domingo de outubro do último ano do mandato dos que devam suceder, havendo segundo, com eleições no último domingo de outubro, apenas nos Municípios com mais de 200.000 (duzentos mil) eleitores. A posse do prefeito e do vice-prefeito será no dia 1º de janeiro do ano subsequente ao da eleição.

A Emenda Constitucional 16/1997 passou a prever a possibilidade de reeleição do prefeito, para um único mandato subsequente, conforme disposto no artigo 14, § 5º, da Carta Magna. Contudo, para concorrer a outros cargos, o prefeito deverá renunciar ao mandato até 6 (seis) meses antes do pleito, como determina, em caráter expresso e inequívoco, o artigo 14, § 6º, da Constituição Federal.

Para ser eleito prefeito (o que vale igualmente ao candidato a vice-prefeito com ele registrado), o candidato deverá observar as seguintes condições de elegibilidade (artigo 14, § 3º, da Carta Magna: a) ser brasileiro (nato ou naturalizado); b) estar em pleno exercício dos direitos políticos; c) ter realizado o chamado alistamento eleitoral; d) ter domicílio eleitoral na circunscrição em que concorrerá (neste caso, no próprio Município); d) filiação partidária; e) idade mínima de 21 (vinte e um) anos.

Para concorrer à Prefeitura do Município, o candidato também não poderá ser cônjuge ou parente consanguíneo ou afim, até o segundo grau ou por adoção, do atual prefeito ou de quem o houver substituído dentro dos 6 (seis) meses anteriores ao pleito, salvo se já for titular de mandato eletivo e candidato à reeleição, tudo conforme determina, em caráter expresso, o artigo 14, § 7º, de nossa Carta Magna.

A Constituição de 1988, por outro lado, estabelece algumas limitações à capacidade de autogoverno dos Municípios. Com efeito, da simples leitura do texto constitucional, percebe-se facilmente que os Municípios se submetem a uma série de regras, criadas pelo constituinte reformador, destinadas a restringir a outrora ampla liberdade organizacional daqueles entes da Federação, de modo que eles deixassem de continuar gastando em demasia com a simples manutenção da respectiva máquina pública.

Foi assim que o artigo 29, de nossa Lei Maior, passou a estabelecer um limite máximo de vereadores, em conformidade com a população do Município.[32] Para a composição das Câmaras Municipais, deverá ser observado o limite de 9 (nove) vereadores, para os Municípios de até 15.000 (quinze mil) habitantes, até o máximo de 55 (cinquenta e cinco) vereadores, nos Municípios de mais de 8.000.000 (oito milhões) de habitantes.

Passou a estabelecer, da mesma forma, diversas regras para fixação e para a limitação dos gastos com Vereadores e com a folha de pagamento dos demais servidores da Câmara Municipal. Nessa toada, a Constituição Federal passou a prever expressamente que o subsídio dos Vereadores deve ser fixado pelas respectivas Câmaras Municipais em cada legislatura para a subsequente, observados os critérios estabelecidos na Constituição Federal e na respectiva lei orgânica.[33]

Estabeleceu, ainda, limites máximos para o valor da remuneração (chamada de subsídio) dos Vereadores. Em Municípios de até 10.000 (dez mil) habitantes, o subsídio máximo dos Vereadores corresponderá a 20% (vinte por cento) do subsídio dos deputados estaduais (do Estado em que se localiza o Município). Já em Municípios com população entre 10.001 (dez mil e um) e 50.000 (cinquenta mil) habitantes, o subsídio máximo dos Vereadores corresponderá a 30% (trinta por cento) do subsídio dos deputados estaduais.

Para Municípios com população entre 50.001 (cinquenta mil e um) e 100.000 (cem mil) habitantes, o teto do subsídio dos Vereadores corresponderá a 40% (quarenta por cento) do subsídio pago aos deputados estaduais. Em Municípios com população entre 100.001 (cem mil e um) e 300.000 (trezentos mil) habitantes, o subsídio máximo dos Vereadores corresponderá a 50% (cinquenta por cento) do subsídio dos deputados estaduais.

Para Municípios com população entre 300.001 (trezentos mil e um) e 500.000 (quinhentos mil) habitantes, a remuneração máxima dos Vereadores corresponderá a 60% (sessenta por cento) do subsídio dos deputados estaduais. Por fim, em Municípios que tenham população superior a 500.000 (quinhentos mil) habitantes, o subsídio máximo dos vereadores corresponderá a 75% (setenta e cinco por cento) do subsídio pago aos deputados do Estado em que se localiza o Município.

Ademais, nos expressos termos do artigo 29-A, da Lei Magna, o total da despesa do Poder Legislativo Municipal, incluídos os subsídios dos Vereadores e excluídos os gastos com inativos, não poderá ultrapassar os seguintes percentuais, relativos ao somatório da receita tributária e das transferências tributárias: de 7% (sete por cento) para Municípios com população de até 100.000 (cem mil) habitantes, até 3,5% (três inteiros e cinco décimos por cento) para Municípios com população acima de 8.000.001 (oito milhões e um) habitantes. E mais: a Câmara Municipal não poderá gastar mais de 70% (setenta por cento) de sua receita com folha de pagamento, incluído o gasto com o subsídio de seus Vereadores.

Segundo artigo 29, inciso VII, de nossa Carta Magna, os Vereadores são invioláveis por suas opiniões, palavras e votos, no exercício do mandato e na circunscrição do Município. Percebe-se, portanto, que referidos parlamentares gozam apenas da chamada imunidade material ou absoluta, e assim mesmo quando estiverem no efetivo exercício do mandato e dentro da área do Município. Não gozam, portanto, de imunidade formal (também deno-

---

32. Regras acrescentadas ao texto da Constituição pela Emenda Constitucional 58/2009.
33. Redação dada ao artigo 29, inciso VI, da Constituição Federal, pela Emenda Constitucional 25, de 2000.

minada processual ou relativa), garantida pelo texto constitucional apenas aos deputados federais, senadores, deputados estaduais e deputados distritais[34].

Conforme expressa redação do artigo 29, inciso IX, da Lei Maior, as proibições e incompatibilidades, no exercício da vereança, são similares, no que couber, ao disposto na Constituição Federal, para os membros do Congresso Nacional, e na constituição do respectivo Estado, para os membros da Assembleia Legislativa. Por esse motivo, fazem jus à prerrogativa de foro, comumente conhecida como *foro privilegiado*, que confere aos vereadores o direito de serem submetidos, desde a sua diplomação, a julgamento perante o Tribunal de Justiça do Estado[35].

No mesmo diapasão, os Vereadores não podem ser obrigados a testemunhar sobre informações recebidas ou prestadas em razão do exercício do mandato, nem sobre as pessoas que lhes confiaram ou deles receberam informações, tudo por força do que dispõe o artigo 53, § 6º, da Constituição Federal, que confere igual prerrogativa aos deputados federais e senadores da República e também o artigo 27, § 1º, de nossa Lei Maior, que concede tal prerrogativa aos deputados estaduais.

Para ser eleito Vereador, o candidato deverá observar as seguintes condições de elegibilidade (artigo 14, § 3º, da Carta Magna: (a) ser brasileiro (nato ou naturalizado); (b) estar em pleno exercício dos direitos políticos; (c) ter realizado o chamado alistamento eleitoral; (d) ter domicílio eleitoral na circunscrição em que concorrerá (neste caso, no próprio Município); (d) filiação partidária; (e) idade mínima de 18 (dezoito) anos.

Segundo norma expressa do artigo 31, da Constituição Federal, a fiscalização do Município será exercida pelo Poder Legislativo municipal, mediante controle externo, e pelos sistemas de controle interno do Poder Executivo Municipal, na forma da lei. Ainda segundo a Carta Magna, o controle externo da Câmara Municipal será exercido com o auxílio dos Tribunais de Contas dos Estados ou dos Conselhos ou Tribunais de Contas dos Municípios, onde houver, sendo vedada a criação de novos Tribunais, Conselhos ou órgãos de Contas municipais para tal fim.[36]

Particularmente no que se refere à capacidade de arrecadação de receitas próprias, a Constituição Federal, no mencionado Título VI, relativo à Tributação e Orçamento, confere aos Municípios a possibilidade de instituírem diversos tributos, para que possam exercer, em caráter efetivo, a autonomia que lhes é peculiar, sem sujeitar-se a imposições de outros entes da Federação.

Com efeito, o artigo 156, da Carta Magna, confere aos Municípios a competência para instituir impostos sobre propriedade predial e territorial urbana; transmissão *inter vivos*, a qualquer título, por ato oneroso, de bens imóveis, por natureza ou acessão física, e de direitos reais sobre imóveis, exceto os de garantia, bem como cessão de direitos a sua aquisição;

---

34. Como veremos melhor no Capítulo 11, a imunidade material (ou absoluta) é aquela que afasta qualquer responsabilidade civil, penal, ou mesmo disciplinar e política do parlamentar, por suas opiniões, palavras e votos. Já a imunidade formal (processual ou relativa) é aquela que confere ao parlamentar a prerrogativa de não ser preso, salvo em caso de flagrante delito de crime inafiançável, ou de não permanecer preso, caso a respectiva Casa legislativa assim o decida. Confere, ainda, a prerrogativa de ter a ação penal sustada, por decisão da maioria dos membros de sua Casa Legislativa, no caso dos crimes cometidos após a diplomação.

35. Mesmo que se trate de crimes cometidos antes da diplomação, os autos do processo devem ser remetidos ao respectivo Tribunal de Justiça, para processo e julgamento. Caso, contudo, o parlamentar perca ou renuncie ao mandato, não faz mais jus ao chamado foro privilegiado. Como já mencionado anteriormente, a decisão restritiva da aplicação do foro por prerrogativa de função, perante o Supremo Tribunal Federal, na Ação Penal 937, vale apenas para deputados federais e senadores da República.

36. Constituição Federal, artigo 31, § 2º: "O parecer prévio, emitido pelo órgão competente sobre as contas que o Prefeito deve anualmente prestar, só deixará de prevalecer por decisão de dois terços dos membros da Câmara Municipal".

e de serviços de qualquer natureza, não compreendidos os serviços relativos ao Imposto sobre Circulação de Mercadorias e sobre Prestações de Serviços de Transporte Interestadual e Intermunicipal (ICMS), e definidos em lei complementar.

Os Municípios, da mesma forma que os Estados e o Distrito Federal, também poderão instituir taxas, que tenham por hipótese de incidência tributária: (a) ou o exercício do poder de polícia, (b) ou a utilização, efetiva ou potencial, de serviços públicos específicos e divisíveis, prestados ao contribuinte ou postos à sua disposição. Também poderão instituir contribuição de melhoria em razão de valorização imobiliária que tenha sido proporcionada ao contribuinte, em razão de obra que tenha realizado (artigo 145, da Lei Maior).

Ademais, os Municípios também poderão instituir, de forma semelhante aos Estados e ao Distrito Federal, contribuição, cobrada de seus próprios servidores, para o custeio do regime previdenciário destes (artigo 149, § 1º, da Constituição Federal). Poderão criar, ainda, contribuição para o custeio do serviço de iluminação pública (artigo 149-A, da Carta Magna).

Vale mencionar, por fim, que, nos expressos termos do artigo 31, § 3º, da Constituição de 1988, as contas dos Municípios ficarão, durante 60 (sessenta) dias, anualmente, à disposição de qualquer contribuinte, para exame e apreciação, o qual poderá questionar-lhes a legitimidade, nos termos da lei.

MUNICÍPIOS

– Os Municípios são pessoas jurídicas de direito público interno dotadas de *autonomia*, de forma semelhante aos dos demais entes que compõem a Federação brasileira, com competência para organizar, governar e administrar a si próprios, além de terem o direito a receitas tributárias próprias, tanto decorrentes de tributos de sua própria competência, como também de repartição de outras receitas tributárias.

– A fiscalização do Município será exercida pelo Poder Legislativo municipal, mediante controle externo, e pelos sistemas de controle interno do Poder Executivo municipal, na forma da lei. O controle externo da Câmara Municipal será exercido com o auxílio dos Tribunais de Contas dos Estados ou dos Conselhos ou Tribunais de Contas dos Municípios, onde houver, sendo vedada a criação de novos Tribunais, Conselhos ou órgãos de Contas municipais para tal fim.

10.15 RESPONSABILIDADE CRIMINAL E POLÍTICA DO PREFEITO

O artigo 29, inciso X, da Carta Magna, fixou a existência de foro por prerrogativa de função (o vulgarmente conhecido como foro privilegiado) ao prefeito, ao dispor que eles serão julgados, *nas infrações penais*, perante o Tribunal de Justiça. A Constituição Federal não esclareceu, todavia, a que tipo de infração penal se referia. Coube então à doutrina, e, sobretudo à jurisprudência, decidir acerca desta questão.

A Súmula 702, do Supremo Tribunal Federal, determina expressamente que a competência do Tribunal de Justiça para julgar prefeitos restringe-se aos crimes de competência da justiça comum estadual; nos demais casos, a competência originária caberá ao respectivo tribunal de segundo grau.

Assim, ao Tribunal de Justiça cabe o julgamento dos crimes relativos à Justiça local (Justiça do Estado em que se localizar o município), inclusive do Tribunal do Júri. Se o crime, ao contrário, for contra bens ou serviços da União, suas autarquias ou empresas públicas, a competência será do Tribunal Regional Federal correlato.[37] Para os crimes eleitorais, em

---

37. Nesses termos, aliás, é a Súmula 208, do Superior Tribunal de Justiça (STJ), que assim determina: "compete à Justiça Federal processar e julgar o Prefeito Municipal por desvios de verba sujeita à prestação de contas perante órgão federal".

consonância com o entendimento externado na Súmula 702 do Supremo Tribunal Federal, a competência será do Tribunal Regional Eleitoral.

De outro lado, os crimes de responsabilidade próprios (infrações político-administrativas do artigo 4º, do Decreto-lei 201/1967) devem ser julgados pela Câmara de Vereadores. Já os crimes de responsabilidade impróprios (autênticas infrações penais, previstas no artigo 1º, do mesmo decreto-lei), estes devem ser julgados pelo Tribunal de Justiça (artigo 29, inciso X, da Constituição Federal).

É importante ressaltar, por fim, que a Constituição de 1988 prevê a competência do Tribunal de Justiça para o processo e julgamento *apenas das infrações penais*, não se admitindo ampliação interpretativa, para se dar foro privilegiado ao prefeito também nas hipóteses de ações populares, ações civis públicas e demais ações de natureza civil (caso da ação de improbidade administrativa).

A nova redação do artigo 84, do Código de Processo Penal, estende o foro privilegiado do Prefeito para os casos de improbidade administrativa. Tal dispositivo, entretanto, *é manifestamente inconstitucional*, por desrespeitar os termos do supramencionado artigo 29, inciso X, da Constituição Federal, consistindo em uma inequívoca tentativa de ampliação, por meio de lei infraconstitucional, das competências fixadas pela Carta Magna.

RESPONSABILIDADE CRIMINAL E POLÍTICAS DOS PREFEITOS

– A Constituição Federal concedeu foro privilegiado ao Prefeito, ao dispor que eles serão julgados, *nas infrações penais*, perante o Tribunal de Justiça, sem esclarecer, contudo, a que tipo de infração penal se referia.

– A competência do Tribunal de Justiça para julgar Prefeitos restringe-se aos crimes de competência da justiça comum estadual; nos demais casos, a competência originária caberá ao respectivo Tribunal de Segundo Grau (STF, Súmula 702).

– Os crimes de responsabilidade próprios (Decreto-lei 201/1967, artigo 4º) devem ser julgados pela Câmara de Vereadores. Os crimes de responsabilidade impróprios (Decreto-lei 201/1967, artigo 1º) devem ser julgados pelo Tribunal de Justiça.

10.16 DISTRITO FEDERAL

Nos termos dos artigos 1º e 18, da Constituição de 1988, o Distrito Federal também é parte integrante da Federação brasileira. Por essa razão, como já mencionamos anteriormente, é pessoa jurídica de direito público interno, dotada de *autonomia* de maneira semelhante aos demais entes que compõem a nossa República Federativa do Brasil.

A capacidade de auto-organização do Distrito Federal restou consagrada pelo artigo 32, *caput*, da Carta Magna, que dispõe expressamente que o Distrito Federal, vedada sua divisão em Municípios, reger-se-á por lei orgânica, votada em 2 (dois) turnos, com interstício mínimo de 10 (dez) dias, e aprovada por 2/3 (dois terços) da Câmara Legislativa do Distrito Federal, que a promulgará, atendidos os princípios estabelecidos na Constituição Federal.

Também evidencia a capacidade de auto-organização do Distrito Federal a norma do artigo 32, § 1º, da Constituição Federal, que confere àquele ente da Federação brasileira a competência legislativa tanto para editar leis de matérias reservadas aos Estados-membros como também aos Municípios (já que o Distrito Federal não pode ser dividido em Municípios)[38].

---

38. É importante ressaltar, contudo, que o Distrito Federal não tem competência para legislar sobre a utilização, pelo governo daquele ente da Federação, da polícia civil, da polícia penal, da polícia militar e do corpo de bombeiros militar. Com

A capacidade de autogoverno restou garantida não só na possibilidade de eleição de seu governador (e do vice-governador com ele registrado), que deve observar as mesmas regras estabelecidas para a eleição do presidente da República (artigo 32, § 2º, da Carta Magna[39]), como também dos deputados distritais, para atuarem junto à Câmara Legislativa do Distrito Federal, cujas normas constitucionais de regência são as mesmas estabelecidas para as Assembleias Legislativas dos Estados e aos deputados estaduais (artigo 32, § 3º, da Lei Maior[40]).

Por essa razão, a eleição do governador e do vice-governador do Distrito Federal, para mandato de 4 (quatro) anos, realizar-se-á no primeiro domingo de outubro, em primeiro turno, e no último domingo de outubro, em segundo turno, se houver, do ano anterior ao término do mandato de seus antecessores, e a posse ocorrerá em primeiro de janeiro do ano subsequente, observado, quanto ao mais, o disposto no artigo 77, da Constituição Federal.

A Emenda Constitucional 16/1997 passou a prever a possibilidade de reeleição do governador do Distrito Federal, também para um único mandato subsequente, conforme disposto no artigo 14, § 5º, de nossa Lei Maior. Contudo, para concorrer a outros cargos, o governador do Distrito Federal deverá renunciar ao mandato até 6 (seis) meses antes do pleito, como determina, em caráter expresso e inequívoco, o artigo 14, § 6º, da Carta Magna.

Para ser eleito governador do Distrito Federal (o que se aplica também ao candidato a vice-governador com ele registrado), o candidato deverá observar as seguintes condições de elegibilidade, estabelecidas pelo artigo 14, § 3º, da Lei Maior: (a) ser brasileiro (nato ou naturalizado); (b) estar em pleno exercício dos direitos políticos; (c) ter realizado o chamado alistamento eleitoral; (d) ter domicílio eleitoral na circunscrição em que concorrerá (neste caso, no Distrito Federal); (e) filiação partidária; (f) idade mínima de 30 (trinta) anos.

Para concorrer ao Governo do Distrito Federal, o candidato também não poderá ser cônjuge ou parente consanguíneo ou afim, até o segundo grau ou por adoção, do atual governador daquele ente da Federação ou de quem o houver substituído dentro dos 6 (seis) meses anteriores ao pleito, salvo se já for titular de mandato eletivo e candidato à reeleição, tudo conforme determina, em caráter expresso, o artigo 14, § 7º, de nossa Carta Magna.

O subsídio dos membros do Poder Executivo Distrital deverá observar a regra estabelecida pelo artigo 28, § 2º, da Constituição Federal. Nos expressos termos daquela norma constitucional, a remuneração (subsídio) do governador, do vice-governador e dos secretários de Estado (e, por consequência, dos cargos de igual teor no âmbito do Distrito Federal) serão fixados por lei de iniciativa da Assembleia Legislativa (no caso, da Câmara Legislativa do Distrito Federal), observado o que dispõem os artigos 37, inciso XI, 39, § 4º, 150, II, 153, III, e 153, § 2º, I todos de nossa Lei Maior.

No tocante à Câmara Legislativa do Distrito Federal e aos deputados distritais, valem, como vimos, as mesmas regras constitucionais estabelecidas para as Assembleias Legislativas dos Estados e aos deputados estaduais. Com efeito, o número de deputados distritais à Câmara Legislativa do Distrito Federal corresponderá ao triplo da representação do Distrito Federal na Câmara dos Deputados e, atingido o número de 36 (trinta e seis), será acrescido de tantos quantos forem os deputados federais acima de 12 (doze).

---

efeito, nos expressos termos do artigo 32, § 4º, da Lei Maior, na redação que lhe conferiu a Emenda Constitucional 104, de 2019, referida lei é de competência da União.

39. Constituição Federal, artigo 32, § 2º: "A eleição do Governador e do Vice-Governador, observadas as regras do art. 77, e dos Deputados Distritais coincidirá com a dos Governadores e Deputados Estaduais, para mandato de igual duração".
40. Constituição Federal, artigo 32, § 3º: "Aos Deputados Distritais e à Câmara Legislativa aplica-se o disposto no art. 27".

O mandato dos deputados distritais será de 4 (quatro) anos, devendo ser-lhes aplicadas as regras da Constituição Federal sobre sistema eleitoral, inviolabilidade, imunidades, remuneração, perda de mandato, licença, impedimentos e incorporação às Forças Armadas. Os candidatos à Câmara Legislativa do Distrito Federal, portanto, serão eleitos pelo sistema proporcional, da mesma forma que ocorre com os candidatos a deputado estadual e a deputado federal.

Pelo mesmo motivo, os deputados distritais também gozam de *imunidades parlamentares*. Estas últimas, vale lembrar uma vez mais, são conjunto de prerrogativas, conferidas ao Poder Legislativo, e a cada membro do Parlamento em particular, que lhes permite atuar com liberdade e independência, sem receios de sofrerem coações e abusos por parte de outros Poderes constituídos.

Os deputados distritais também fazem jus ao *foro por prerrogativa de função*, comumente conhecido como *foro privilegiado*, que confere àqueles parlamentares o direito de serem submetidos, desde a sua diplomação, a julgamento perante o Tribunal de Justiça do Distrito Federal e Territórios. Portanto, mesmo que se trate de crimes cometidos antes da diplomação, os autos do processo devem ser remetidos ao respectivo Tribunal de Justiça, para processo e julgamento[41]. Caso, contudo, o parlamentar perca ou renuncie ao mandato, não faz mais jus ao chamado foro privilegiado.

No mesmo diapasão, os deputados distritais não podem ser compelidos a testemunhar sobre informações recebidas ou prestadas em razão do exercício do mandato, nem sobre as pessoas que lhes confiaram ou deles receberam informações, tudo por força do que dispõe o artigo 53, § 6º, da Constituição Federal, que confere igual prerrogativa aos deputados federais e senadores da República, bem como aos deputados estaduais, cujas normas devem ser aplicadas aos deputados distritais, conforme norma cogente do supramencionado artigo 32, § 3º, de nossa Lei Maior.

Para ser eleito deputado distrital, o candidato deverá observar os requisitos previstos no artigo 14, § 3º, da Constituição Federal, que trata das denominadas condições de elegibilidade. São elas: (a) nacionalidade brasileira; (b) pleno exercício dos direitos políticos; (c) alistamento eleitoral; (d) domicílio eleitoral na circunscrição em que concorrerá (neste caso, no Distrito Federal); (e) filiação partidária; e (f) idade mínima de 21 (vinte e um) anos.

O regramento relativo ao subsídio dos deputados distritais é de todo semelhante ao estabelecido para os deputados estaduais, e, portanto, disciplinado pelo artigo 27, § 2º, de nossa Carta Magna. Nos termos daquele dispositivo constitucional, a remuneração dos parlamentares distritais será fixada por lei de iniciativa da Câmara Legislativa do Distrito Federal, na razão de, no máximo, 75% (setenta e cinco por cento) do subsídio estabelecido, em espécie, para os deputados federais.

No que toca especificamente à capacidade de arrecadação de receitas próprias, a Constituição Federal, em seu Título VI, relativo à Tributação e Orçamento, também confere ao Distrito Federal a possibilidade de instituição de diversos tributos, para que possa exercer, em caráter efetivo, a autonomia que lhe é própria. Com efeito, conforme preceitua o artigo 155, da Carta Magna, cabem ao Distrito Federal os seguintes *impostos*: imposto sobre trans-

---

41. Com já mencionado anteriormente, Plenário do Supremo Tribunal Federal decidiu, no julgamento de questão de ordem na Ação Penal (AP) 937, que *o foro por prerrogativa de função de deputados federais e senadores somente se aplica a crimes cometidos no exercício do cargo e em razão das funções a ele relacionadas*. Referida decisão, contudo, não foi estendida aos deputados distritais, razão pela qual estes continuam tendo direito ao chamado "foro privilegiado" mesmo em relação a crimes praticados antes da diplomação.

missão *causa mortis* e doação, de quaisquer bens ou direitos; imposto sobre operações relativas à circulação de mercadorias e sobre prestações de serviços de transporte interestadual e intermunicipal e de comunicação; e imposto sobre propriedade de veículos automotores.

Nos expressos termos do artigo 147, da Constituição Federal, em sua parte final, também cabem ao Distrito Federal os impostos municipais.[42] Dessa forma, o Distrito Federal poderá instituir os seguintes impostos: sobre propriedade predial e territorial urbana; transmissão *inter vivos*, a qualquer título, por ato oneroso, de bens imóveis, por natureza ou acessão física, e de direitos reais sobre imóveis, exceto os de garantia, bem como cessão de direitos a sua aquisição; e de serviços de qualquer natureza, não compreendidos os serviços relativos ao ICMS, e definidos em lei complementar (artigo 156, da Lei Maior).

O Distrito Federal, ademais, poderá instituir taxas, em razão do exercício poder de polícia, ou da utilização, efetiva ou potencial, de serviços públicos específicos e divisíveis, prestados ao contribuinte ou postos à sua disposição. Poderá também instituir contribuição de melhoria, em decorrência de obra que tiver realizado e que tenha proporcionado valorização imobiliária ao contribuinte (artigo 145, da Constituição Federal).

O Distrito Federal também poderá instituir, da mesma forma que os Estados e os Municípios, contribuição, cobrada de seus próprios servidores, para o custeio do regime previdenciário destes (artigo 149, § 1º, da Carta Magna). Poderá criar, por fim, contribuição para o custeio do serviço de iluminação pública, de maneira semelhante ao que é garantido aos Municípios, tudo conforme norma expressa constante do artigo 149-A, de nossa Lei Maior.

DISTRITO FEDERAL

– O Distrito Federal é parte integrante da Federação brasileira, razão pela qual também é pessoa jurídica de direito público interno, dotado de *autonomia* de maneira semelhante aos demais entes que compõem a Federação brasileira (Constituição Federal, artigo 18).

– Vedada sua divisão em Municípios, reger-se-á por lei orgânica, votada em 2 (dois) turnos, com interstício mínimo de 10 (dez) dias, e aprovada por 2/3 (dois terços) da Câmara Legislativa do Distrito Federal, que a promulgará, atendidos os princípios estabelecidos na Constituição Federal.

– A eleição de seu governador e vice-governador seguirá as normas constitucionais estabelecidas para a eleição do presidente da República, e as regras aplicáveis aos deputados distritais e à Câmara Legislativa do Distrito Federal são as mesmas fixadas para os deputados estaduais e para as Assembleias Legislativas dos Estados.

– O Distrito Federal tem competência legislativa tanto para editar leis de matérias reservadas aos Estados-membros como também aos Municípios.

10.17 TERRITÓRIOS

Como já vimos anteriormente, o artigo 18, *caput*, de nossa Carta Magna, dispõe expressamente que a organização político-administrativa da República Federativa do Brasil compreende a União, os Estados, o Distrito Federal e os Municípios. Ademais, o mesmo artigo 18, em seu § 2º, também esclarece que *os Territórios integram a União*, e que sua criação, transformação em Estado, ou reintegração ao Estado de origem serão reguladas em lei complementar.

---

42. Constituição Federal, artigo 147: "Competem à União, em Território Federal, os impostos estaduais e, se o Território não for dividido em Municípios, cumulativamente, os impostos municipais; ao Distrito Federal cabem os impostos municipais".

Da simples leitura do supramencionado artigo 18, § 2°, da Constituição Federal, podemos perceber, sem grandes dificuldades, que os Territórios não são entes de nossa Federação, já que consistentes em meras descentralizações administrativas da União. E, em sendo assim, não podem ser dotados (e de fato não são) de auto-organização, autogoverno, autoadministração, nem podem arrecadar receitas próprias, características comuns a todos os entes efetivamente autônomos que fazem parte de uma Federação[43].

Com efeito, não há qualquer norma, em nossa Carta Magna, que autorize Território a editar uma constituição ou uma lei orgânica, de modo a lhe garantir alguma autonomia. Não existe, outrossim, norma constitucional que conceda, ela própria, competências materiais e/ou legislativas aos Territórios. A Constituição Federal apenas dispõe, em seu artigo 33, que deve ser editada uma lei (ordinária, de competência da União) para dispor sobre a organização administrativa e judiciária dos Territórios.

Nossa Lei Maior também não confere aos Territórios capacidade para eleger seu governador. Nos expressos termos do artigo 33, § 3°, da Constituição Federal, somente quando o Território possuir mais de 100.000 (cem mil) habitantes é que poderá ter um governador. Contudo, mesmo neste caso, ele não será eleito por seu povo, mas sim nomeado pelo presidente da República, após aprovação do Senado Federal[44].

Por outro lado, a Constituição Federal, naquele mesmo artigo 33, § 3°, prevê a possibilidade de criação de uma Câmara Territorial, no âmbito do respectivo Território. Contudo, as normas para eleição de seus membros e para a fixação de suas competências deliberativas devem estar previstas em lei federal, ou seja, em um diploma normativo editado pela União, e não pelo próprio Território, o que mitiga sobremaneira, também no tocante ao Poder Legislativo, sua capacidade de autogoverno.

Caso tenha mais de 100.000 (cem mil) habitantes, também haverá no Território órgãos judiciários de primeira e segunda instância, membros do Ministério Público e também defensores públicos federais (artigo 33, § 3°, de nossa Carta Magna). Referidos órgãos serão organizados e mantidos pela União (artigo 21, inciso XIII, da Lei Maior). Ainda segundo a Constituição Federal (artigo 110, parágrafo único), dentro dos limites geográficos do Território, a jurisdição e as atribuições cometidas aos juízes federais caberão aos juízes da justiça local, na forma da lei.

Nossa Carta Magna, em seu artigo 45, § 2°, determina que *cada Território eleja exatos 4 (quatro) deputados federais*, para atuarem como representantes de seu povo, junto à Câmara dos Deputados. Diferentemente do que ocorre em relação aos Estados-membros e ao Distrito Federal, cujo número de deputados federais deve ser proporcional às suas respectivas populações, a representação dos Territórios naquela Casa Legislativa é sempre fixa, independentemente da população que viva em sua área. *Os Territórios, por outro lado, não terão representantes junto ao Senado Federal.*

No tocante ao controle das contas do Governo do Território, o artigo 33, § 2°, de nossa Lei Maior, dispõe expressamente que elas devem ser submetidas ao Congresso Nacional,

---

43. Em termos semelhantes é a lição de Marcelo Novelino: "Corrigindo o equívoco das Constituições anteriores, a Constituição de 1988 não considerou os Territórios como componentes da federação, mas como integrantes da administração descentralizada da União, sem autonomia organizatória e política (legislativa e de governo). *Op. cit.*, p. 560.
44. Constituição Federal, artigo 84, inciso XIV: "Compete privativamente ao Presidente da República nomear, após aprovação pelo Senado Federal, os Ministros do Supremo Tribunal Federal e dos Tribunais Superiores, os Governadores de Territórios, o Procurador-Geral da República, o presidente e os diretores do banco central e outros servidores, quando determinado em lei.

com parecer prévio do Tribunal de Contas da União. Vê-se, portanto, que o controle externo do Território não é feito pelo respectivo Poder Legislativo (o qual, aliás, pode nem mesmo existir), mas sim pelo Poder Legislativo da União (Congresso Nacional), com auxílio do Tribunal de Contas da União.

Na atualidade, o Brasil não possui nenhum Território. Com efeito, com a promulgação da Constituição de 1988, os antigos Territórios de Roraima e do Amapá foram transformados em Estados[45], e o de Fernando de Noronha foi extinto, sendo sua área reincorporada ao Estado de Pernambuco[46]. Contudo, é importante ressaltar que a Constituição Federal permite que futuros Territórios sejam criados. Para tanto, segundo previsto no artigo 18, §§ 2º e 3º, de nossa Lei Maior, deve haver aprovação da população diretamente interessada, através de plebiscito, após a edição de uma lei complementar, pelo Congresso Nacional.

Vale mencionar, por fim, que os Territórios eventualmente criados poderão ser divididos em Municípios. É o que prevê, em caráter expresso e inequívoco, o artigo 33, § 1º, de nossa Lei Maior. Nesse caso, devem ser aplicadas aos Municípios do Território, tanto quanto possível, as normas constitucionais relativas à organização daqueles entes federativos, constantes do Capítulo IV, do Título III da Constituição Federal.

TERRITÓRIOS

– Os Territórios não são considerados entes da Federação brasileira. São apenas partes integrantes da União, consistentes em meras descentralizações administrativas desta última, não podendo ser dotados (e de fato não são) de auto-organização, autogoverno, autoadministração, nem de receitas próprias.

– Na atualidade, o Brasil não possui nenhum Território. Contudo, a Constituição Federal permite que futuros Territórios sejam criados, desde que haja a edição de uma lei complementar, pelo Congresso Nacional, bem como a aprovação da população diretamente interessada, através de plebiscito.

10.18 INTERVENÇÃO

Nos esclarecimentos iniciais deste Capítulo, mencionamos que a Constituição de 1988 contém um título específico (Título III) destinado à organização do Estado brasileiro. Referido Título disciplina, precipuamente, a chamada divisão espacial do poder, ou, em outras palavras, a maneira como a Carta Magna vigente fixou a divisão territorial do poder do Estado entre as diversas entidades político-administrativas que compõem a República Federativa do Brasil.

Foi por essa razão que estudamos, nas seções anteriores, e respeitando a mesma ordem em que foram disciplinados no próprio texto constitucional, os diferentes entes da Federação brasileira: União (Capítulo II), Estados Federados (Capítulo III), Municípios (Capítulo IV) e Distrito Federal (Capítulo V). Tratamos também dos Territórios (Capítulo V, em sua parte final), os quais, muito embora não sendo entes federativos (já que pertencentes à União), foram disciplinados, pela Constituição Federal, juntamente com o Distrito Federal. Dando sequência aos temas contidos naquele Título III de nossa Lei Maior, trataremos, nesta seção, da denominada intervenção.

---

45. Ato das Disposições Constitucionais Transitórias (ADCT), artigo 14: "Os Territórios Federais de Roraima e do Amapá são transformados em Estados Federados, mantidos seus atuais limites geográficos".
46. Ato das Disposições Constitucionais Transitórias – ADCT, artigo 15: "Fica extinto o Território Federal de Fernando de Noronha, sendo sua área reincorporada ao Estado de Pernambuco".

Com efeito, como vimos anteriormente, ao estudarmos as principais características de uma Federação, para a garantia do pacto federativo, é imprescindível que o texto constitucional preveja mecanismos de intervenção federal, de maneira que a União possa excepcionalmente agir, em nome e por vontade dos demais entes federativos, não só para garantir a indissolubilidade do vínculo federal, como também para que seja respeitada a repartição de competências estabelecidas na Constituição Federal.

Assim, em *hipóteses excepcionais*, fixadas nos artigos 34 e 35, da Carta Magna, e que serão examinadas em seguida, a própria Constituição Federal prevê a possibilidade de intervenção da União em Estados-membros, no Distrito Federal e até mesmo em Municípios localizados em Território, além da intervenção dos Estados nos Municípios neles localizados.[47] Ressaltemos, de plano, que as hipóteses consignadas naqueles artigos são *taxativas*, não podendo sofrer qualquer ampliação por meio de uso de interpretação extensiva ou analogia, uma vez que constituem expressas ressalvas constitucionais à autonomia dos entes federados.

Ressaltemos, ademais, que a intervenção somente poderá ser feita por meio de *decreto*, seja do presidente da República, no caso de intervenção federal, seja do governador, no caso de intervenção do Estado em Município, conforme disposto no artigo 36, § 1º, da Carta Magna, o que importa dizer, em conclusão, que a intervenção é ato de natureza política, não havendo que se falar, ao menos em regra, em controle jurisdicional de sua decretação.[48]

Em alguns casos, como veremos mais detalhadamente em seguida, a iniciativa de decretar a intervenção será do próprio presidente da República ou governador do Estado (de ofício, portanto). Em outros, contudo, o decreto de intervenção será editado a pedido do Poder Legislativo ou do Poder Executivo coacto ou impedido (governador do Estado ou do Distrito Federal), ou em decorrência de requisição do Poder Judiciário (aqui, de maneira vinculada).

Em algumas hipóteses, o decreto de intervenção deverá ser submetido a *controle político*, ou seja, à apreciação do Congresso Nacional (no caso de intervenção federal) ou da Assembleia Legislativa do Estado (caso de intervenção de Estado em Município), no prazo de 24 (vinte e quatro) horas. Em outras, contudo, tal controle será dispensado.

O controle político realizado pelo Congresso Nacional *vincula o presidente da República*, uma vez que, nos termos do artigo 49, inciso IV, da Constituição Federal, é da competência exclusiva daquele *aprovar* a intervenção federal, ou *suspendê-la*. Caso o Congresso Nacional rejeite a intervenção, ou decida por sua suspensão, o presidente da República estará compelido a fazê-lo, sob pena de responder por crime de responsabilidade, nos termos do artigo 85, inciso II, da Carta Magna, por atentar contra o livre exercício do Poder Legislativo.

Ressaltemos, por fim, que a intervenção somente poderá ser feita por um ente mais amplo da Federação sobre outro *imediatamente* menos amplo. É por esta razão, por exemplo, que a União só poderá intervir em Estados e no Distrito Federal (e não em municípios dos Estados). É pela mesma razão, ademais, que os Estados somente poderão intervir nos municípios que estejam situados em seus próprios domínios territoriais, e que os municípios não poderão intervir em outras unidades da Federação.

---

47. Não será possível, a toda evidência, falar-se em intervenção do Distrito Federal em Municípios nele localizados, uma vez que, nos expressos termos do artigo 32, da Constituição de 1988, é vedada a divisão do Distrito Federal em Municípios.
48. Só há que se falar em controle jurisdicional da decretação da intervenção naqueles casos de flagrante desrespeito às normas constitucionais que regem a matéria, como ocorreria, por exemplo, na decretação da intervenção sem a prévia requisição do Poder Judiciário, nas hipóteses em que assim exige a Constituição Federal.

10.19 INTERVENÇÃO DA UNIÃO NOS ESTADOS E NO DISTRITO FEDERAL

As hipóteses de intervenção da União nos Estados e no Distrito Federal estão consignadas no artigo 34, incisos I a VII, da Constituição Federal. Vejamos, de maneira um pouco mais detida, as hipóteses ali relacionadas. No inciso I, permite-se que a União intervenha nos Estados e no Distrito Federal para *manter a integridade nacional*. Como já mencionamos anteriormente, esta possibilidade de intervenção é uma decorrência do caráter indissolúvel da Federação brasileira, conforme consagrado no artigo 1º, *caput*, da Constituição Federal.

A intervenção dar-se-á por iniciativa do próprio presidente da República (de ofício), devendo o decreto de intervenção, o qual especificará a amplitude, o prazo e as condições de execução, inclusive indicação do interventor, se couber, ser submetido à apreciação do Congresso Nacional, em 24 (vinte e quatro) horas, como determina o artigo 36, § 1º, da Carta Magna. Caso o Congresso Nacional não aprove a intervenção, ou, em momento posterior, decida pela suspensão da medida, o presidente da República estará obrigado a observar tal decisão, sob pena de responder por crime de responsabilidade, nos termos do artigo 85, inciso II, da Carta Política.

Nos incisos II e III, estão previstas as hipóteses de intervenção federal em Estado ou no Distrito Federal para, respectivamente, *repelir invasão estrangeira ou de uma unidade da Federação em outra*, bem como para *pôr termo a grave comprometimento da ordem pública*. Aqui, da mesma forma que se dá com a hipótese do inciso I, a interdição é de iniciativa do próprio presidente da República, devendo o decreto de intervenção ser submetido a controle político do Congresso Nacional, no prazo de 24 (vinte e quatro) horas.

Nos termos do inciso IV do artigo em comento, caberá intervenção federal para *garantir o livre exercício de qualquer dos Poderes nas unidades da Federação*. Nesta hipótese, ao contrário do que mencionamos até aqui, a intervenção não se dá por iniciativa do presidente da República. Com efeito, conforme disposto no artigo 36, inciso I, da Constituição Federal, a decretação de intervenção, neste caso, dependerá de solicitação do Poder Legislativo ou do Poder Executivo coacto ou impedido (governador do Estado ou do Distrito Federal), ou de requisição do Supremo Tribunal Federal, se a coação for exercida contra o Poder Judiciário.

Devemos asseverar, ademais, que, no caso de requisição do Supremo Tribunal Federal, em razão de coação exercida contra o Poder Judiciário, o presidente da República estará obrigado a editar o decreto de intervenção. *Trata-se, portanto, de uma hipótese de decretação vinculada, não cabendo ao Chefe do Poder Executivo da União qualquer juízo de discricionariedade sobre a decretação ou não da intervenção.*

O inciso V, por sua vez, prevê a possibilidade de decretação de intervenção federal para *reorganizar as finanças da unidade da Federação* que: (a) suspender o pagamento da dívida fundada por mais de 2 (dois) anos consecutivos, salvo motivo de força maior; ou (b) deixar de entregar aos Municípios receitas tributárias fixadas na Carta Magna, dentro dos prazos estabelecidos em lei. Para estas hipóteses de reorganização das finanças de Estado ou do Distrito Federal, o decreto de intervenção é de iniciativa da própria presidência da República. Referido decreto também deverá ser submetido a controle político, pelo Congresso Nacional, nos termos do artigo 36, § 1º, da Carta Magna.

No inciso VI está prevista a intervenção da União nos Estados ou no Distrito Federal para *prover a execução de lei federal, ordem ou decisão judicial*. Aqui, devemos ressaltar, a intervenção não é de iniciativa da presidência da República. Será decretada em decorrência de requisição do Poder Judiciário. Com efeito, conforme determinação constante do artigo 36, inciso II, da Lei Maior, no caso de desobediência à ordem ou decisão judicial, a decretação da intervenção federal dependerá de prévia requisição do Supremo Tribunal Federal, do Superior Tribunal de Justiça ou do Tribunal Superior Eleitoral.

No caso específico de recusa à execução de lei federal, a intervenção dependerá de prévio provimento, pelo Supremo Tribunal Federal, de representação do procurador-geral da República, conforme determina o artigo 36, inciso III, da Carta Magna, por força da nova redação que lhe conferiu a Emenda Constitucional 45/2004. Esta, como vimos ao estudar o controle de constitucionalidade, é uma das hipóteses que admitem a propositura da ação direta de inconstitucionalidade interventiva.

Nas hipóteses do inciso VI, o decreto de intervenção do presidente da República não estará sujeito a controle político do Congresso Nacional, uma vez que requisitado pelo Poder Judiciário. Não cabe ao Chefe do Poder Executivo, ademais, qualquer juízo de discricionariedade. É certo, ainda, que o decreto poderá limitar-se a suspender a execução do ato impugnado, caso esta medida seja suficiente ao restabelecimento da normalidade, conforme disposto no artigo 36, § 3º, da Constituição de 1988.

O inciso VII, por fim, trata da segunda hipótese de utilização da ação direta de inconstitucionalidade interventiva, de iniciativa do procurador-geral da República, a qual tem por escopo assegurar a observância dos denominados *princípios constitucionais sensíveis*, relacionados nas alíneas daquele inciso. Nos termos do supramencionado artigo 36, inciso III, da Carta Magna, a decretação da intervenção, neste caso, também dependerá de provimento, pelo Supremo Tribunal Federal, de pleito formulado pelo Chefe do Ministério Público da União.

Aqui também é dispensada a apreciação da intervenção pelo Congresso Nacional (não há que se falar em controle político, portanto), podendo o decreto limitar-se a suspender a execução do ato impugnado, quando esta medida bastar para o restabelecimento da normalidade, conforme disposto no artigo 36, § 3º, da Constituição Federal. Também nesta hipótese, trata-se de hipótese de decretação vinculada, não podendo o presidente da República analisar a conveniência e oportunidade da decretação da intervenção, devendo atender prontamente à decisão do Pretório Excelso.

10.20 INTERVENÇÃO DOS ESTADOS NOS MUNICÍPIOS

As hipóteses de intervenção do Estado em seus Municípios estão previstas no artigo 35, da Constituição Federal. Nos termos daquele dispositivo constitucional, o Estado não intervirá em seus Municípios, nem a União nos Municípios localizados em Território Federal, exceto quando:

I – deixar de ser paga, sem motivo de força maior, por 2 (dois) anos consecutivos, a dívida fundada;

II – não forem prestadas contas devidas, na forma da lei;

III – não tiver sido aplicado o mínimo exigido da receita municipal na manutenção e desenvolvimento do ensino e nas ações e serviços públicos de saúde; e

IV – o Tribunal de Justiça der provimento à representação para assegurar a observância de princípios indicados na Constituição Estadual, ou para prover a execução de lei, de ordem ou de decisão judicial.

Nas hipóteses previstas nos incisos I, II e III, a intervenção será decretada por iniciativa do próprio governador do Estado. Estará, contudo, sujeita a controle político, pela respectiva Assembleia Legislativa, que deverá aprovar ou não a intervenção, no prazo de 24 (vinte e quatro) horas, conforme expressamente determinado pelo artigo 36, § 1º, da Constituição Federal.

Na hipótese do inciso IV, ao contrário do que se dá com as anteriores, o decreto de intervenção será editado em estrito cumprimento à requisição do Tribunal de Justiça do Estado, quando este julgar procedente ação que foi proposta para assegurar a observância de princípios indicados na Constituição Estadual. Neste último caso, será dispensado o controle político pela Assembleia Legislativa do Estado. Ademais, conforme disposto no artigo 36, § 3º, da Constituição de 1988, o decreto limitar-se-á a suspender a execução do ato impugnado, caso esta medida seja suficiente ao restabelecimento da normalidade.

10.21 ADMINISTRAÇÃO PÚBLICA

Encerrando o Título III, a Constituição de 1988 trata, em seu Capítulo VII, da denominada Administração Pública. Referido Capítulo é subdividido em 4 (quatro) partes: disposições gerais (Seção I); dos servidores públicos (Seção II); dos militares dos Estados, do Distrito Federal e dos Territórios (Seção III); e, por fim, das regiões (Seção IV). É justamente sobre estes assuntos que nos dedicaremos daqui em diante, reservando a presente seção para trazer ao caro leitor uma breve definição do que se deve entender por Administração Pública, conforme tratado por nossa Carta Magna.

É importante ressaltar, contudo, que não estudaremos o tema em profundidade, uma vez que referido assunto é costumeiramente tratado nos manuais de Direito Administrativo, que não apenas fornecem os diversos sentidos que a expressão *Administração Pública* pode assumir, como também descortinam para o leitor, de forma detalhada, todas as atividades que devem ser englobadas no tema, bem como os diversos entes que as realizam. Este livro tratará destes assuntos de forma breve, buscando sobretudo desvendar qual o sentido que a Constituição Federal procurou dar à expressão *Administração* Pública, no Capítulo VII de seu Título III.

Dito isso, a primeira informação que consideramos importante é que o termo *Administração Pública* comporta 2 (dois) sentidos distintos. No primeiro deles, refere-se ao conjunto de entes (pessoas jurídicas, órgãos e agentes públicos) que exercem a chamada atividade administrativa. Este é o denominado *sentido subjetivo* (também conhecido como formal ou orgânico), e que trata da Administração Pública levando em conta os agentes que nela atuam.[49]

No segundo sentido, por sua vez, diz respeito à atividade administrativa propriamente dita, ao conjunto de funções exercidas pelos diversos entes públicos, para o cumprimento do interesse público. Trata-se do chamado *sentido objetivo* (também chamado de material ou funcional), e que leva em conta a espécie de função exercida no âmbito da Administração Pública.[50]

No tocante ao sentido subjetivo, é importante mencionar que a Administração Pública também pode ser dividida em 2 (duas) subespécies: direta ou indireta. A *Administração Pública Direta* diz respeito às pessoas políticas (União, Estados, Distrito Federal e Municí-

---

49. É nesse sentido que se fala em Administração Pública Federal, quando se quer fazer menção aos órgãos, entidades e agentes públicos que atuam em nome da União; em Administração Pública Estadual ou Distrital, quando alguém quer se referir aos diversos entes que atuam em nome e por conta, respectivamente, dos diversos Estados-membros ou do Distrito Federal; e, por fim, em Administração Pública Municipal, quando se quer referir aos agentes, órgãos e entes que agem em nome de algum Município.
50. Muitos autores costumam se valer de um estratagema engenhoso, para poder distinguir os 2 (dois) sentidos da palavra. Com efeito, quando querem se referir ao sentido subjetivo, usam a expressão *Administração Pública*, grafada em maiúsculas. Quando, ao contrário, querem falar da atividade administrativa propriamente dita (sentido objetivo), usam o termo *administração pública*, grafada em minúsculas.

pios), bem como aos órgãos pertencentes àquelas entidades, que atuam por *desconcentração administrativa*. Exemplos de órgãos pertencentes às diversas pessoas políticas: Ministérios (União), Secretarias (União, Estados e Municípios), Receita (União, Estados e Municípios) e Delegacias de Polícia (União e Estados).

A *Administração Pública Indireta*, ao seu turno, compreende as diversas pessoas jurídicas de direito público e de direito privado, criadas por lei ou por autorização legislativa, e que desempenham parcela das atividades assumidas pelo Estado.[51] São entidades que fazem parte da Administração Pública indireta: autarquias (e agências reguladoras), fundações, agências executivas, empresas públicas, sociedade de economia mista, e, atualmente, também os consórcios públicos (Lei 11.107, de 6 de abril de 2005).

As *autarquias* são pessoas jurídicas criadas por lei, com personalidade jurídica de direito público (submetidas ao regime jurídico administrativo, portanto), com patrimônio próprio e poder de autoadministração (autonomia financeira e administrativa), destinadas à prestação de serviços públicos e dotadas de especialização funcional, sendo-lhes vedado exercer fins ou atividades diversas daquelas para as quais foram instituídas.

Existe uma modalidade específica de autarquia denominada *agência reguladora*, criada por lei[52] que lhe confere um regime especial, com maior autonomia em comparação com as autarquias comuns, e que é destinada à regulação e à fiscalização dos serviços públicos vinculados à sua área de competência. As agências reguladoras têm esta denominação porque têm função normativa, podendo criar normas relativas ao setor em que atuam, desde que, naturalmente, não violem qualquer lei editada pelo Poder Público que trate do mesmo tema.

É importante mencionar, nesta oportunidade, que existe uma outra espécie de agência, mas que não se confunde com as agências reguladoras. Trata-se das chamadas *agências executivas*, que podem ser tanto autarquias comuns como também fundações públicas, e que conquistam maior autonomia graças à celebração de contratos de gestão com a Administração Pública direta, de modo a conquistarem maior eficiência e também redução de custos em suas atuações.

As *fundações* são sociedades em que se dá personalidade jurídica a um capital, destinado a um fim específico.[53] Para a maior parte da doutrina, dentro da Administração Pública há fundações públicas e fundações privadas. As fundações instituídas pelo Poder Público podem ser subordinadas ao Código Civil (fundações privadas), com derrogações de direito público, ou ser submetidas ao regime jurídico administrativo (fundações públicas). *Ambas, contudo, devem prestar serviços públicos*.

As *fundações de direito privado* instituídas pelo Poder Público dependem de autorização legislativa, mas adquirem sua personalidade jurídica com o registro de seus atos constitutivos no Registro Civil das Pessoas Jurídicas. Sofrem, como visto, derrogações de direito público, podendo ser mencionado, a título de exemplo, a necessidade de contratação de pessoal por

---

51. As pessoas jurídicas que compõem a chamada Administração Pública indireta consubstanciam a denominada *descentralização administrativa*, e têm por objeto ou a prestação de serviços públicos ou o exercício de atividades econômicas.
52. Geralmente, o poder normativo é conferido pela lei que cria a agência reguladora, sendo certo, contudo, que existem 2 (duas) agências reguladoras cujo poder normativo foi estabelecido pela própria Constituição Federal. São elas: Agência Nacional de Telecomunicações (ANATEL) e Agência Nacional do Petróleo (ANP).
53. Segundo a doutrina, existem as sociedades de pessoas (denominadas corporações) e as de capital (fundações). As sociedades dividem-se em *associações*, quando não têm fins lucrativos, e *sociedades*, quando buscam fins econômicos, e que podem ser sociedades simples (antigamente denominadas sociedades civis) ou sociedades empresárias.

meio de concurso público e a submissão à Lei de Licitações e Contratos (Lei 8.666, de 21 de junho de 1993), para suas contratações.

Já as *fundações públicas*, estas são pessoas jurídicas de direito público, cuja criação, nos termos da Constituição Federal, deve ser autorizada por lei, e destinadas à prestação de serviços públicos. Em razão de adotarem o regime jurídico administrativo, são muito semelhantes às autarquias, razão pela qual são costumeiramente denominadas de *autarquias fundacionais*.

As *empresas públicas*, conforme expressa previsão da Lei 13.303, de 30 de junho de 2016 (que dispõe sobre o estatuto jurídico da empresa pública, da sociedade de economia mista e de suas subsidiárias), são as entidades dotadas de personalidade jurídica de direito privado, com criação autorizada por lei e com patrimônio próprio, cujo capital social é integralmente detido pela União, pelos Estados, pelo Distrito Federal ou pelos Municípios, e destinadas tanto à prestação de serviços públicos como à exploração de atividade econômica, sob qualquer modalidade empresarial.

Ainda segundo a lei de regência daquele tipo de entidade, desde que a maioria do capital votante permaneça como propriedade da União, do Estado, do Distrito Federal ou do Município, será admitida, no capital da empresa pública, a participação de outras pessoas jurídicas de direito público interno, bem como de entidades da administração indireta da União, dos Estados, do Distrito Federal e dos Municípios (artigo 2º, parágrafo único).

Nos termos da própria Constituição Federal, a empresa pública tem sua criação autorizada por lei específica, o que quer dizer que a lei não cria esta modalidade de pessoa jurídica de direito privado (como o faz, por exemplo, com as autarquias), mas sim permite que o Poder Público a crie.[54] A criação da empresa pública, após a autorização legislativa, dá-se por meio de decreto do Chefe do Poder Executivo, que, em seguida, providencia a inscrição de seus estatutos perante o registro competente (Registro Civil das Pessoas Jurídicas ou Junta Comercial), fato que efetivamente lhe confere personalidade jurídica.[55]

Muito embora as empresas públicas sejam formalmente pessoas jurídicas de direito privado, estão submetidas a um regime jurídico híbrido, ou seja, ao regime privado parcialmente derrogado pelo regime de direito público, uma vez que precisam observar diversas regras de direito público, como, por exemplo, necessidade de concurso público para contratação de empregados e submissão à licitação para suas contratações.

Segundo o artigo 2º, inciso I, da Lei 11.101, de 9 de fevereiro de 2005 (que regulamenta a recuperação judicial e a falência do empresário e da sociedade empresária), não se aplicam às empresas públicas as normas falimentares. Deve-se ressaltar, inclusive, que referida lei não faz qualquer distinção quanto às atividades da entidade da Administração Pública indireta, razão pela qual se pode concluir que *o ordenamento jurídico vigente proíbe a falência de todas as empresas públicas, quer sejam prestadoras de serviços públicos, quer sejam exploradoras de atividades econômicas*.

Conforme jurisprudência predominante de nossos tribunais, inclusive do Supremo Tribunal Federal, os bens das empresas públicas, quando estas forem prestadoras de ser-

---

54. Constituição Federal, artigo 37, inciso XIX: "somente por lei específica poderá ser criada autarquia e autorizada a instituição de empresa pública, de sociedade de economia mista e de fundação, cabendo à lei complementar, neste último caso, definir as áreas de sua atuação".
55. A extinção de uma empresa pública também é feita pelo Poder Executivo, mas, da mesma forma que se dá em relação à criação daquela entidade, depende de autorização legislativa específica, tudo em observância ao conhecido princípio da simetria ou do paralelismo das formas.

viços públicos, não estão sujeitos à penhora, tudo para que seja observado o princípio da continuidade dos serviços públicos. *Caso, por outro lado, sejam exploradoras de atividade econômica, poderão ter seus bens penhorados.*

As *sociedades de economia mista*, de forma semelhante às empresas públicas, são pessoas jurídicas de direito privado, instituídas pelo Poder Público após autorização legislativa, destinadas tanto à prestação de serviços públicos como à exploração de atividades econômicas. Porém, diferentemente das empresas públicas, devem adotar exclusivamente a forma de sociedade anônima e contar com capitais públicos e privados, porém sempre sob o controle acionário da pessoa política (União, Estado, Distrito Federal ou Município)[56].

Como vimos anteriormente, nossa Carta Magna dispõe que a sociedade de economia mista (de maneira semelhante ao que se dá em relação às empresas públicas) tem sua criação autorizada por lei específica, o que quer dizer que a lei não cria esta modalidade de pessoa jurídica de direito privado (como o faz, por exemplo, com as autarquias), mas sim permite que o Poder Público a crie, por meio de decreto, e, em seguida, providencie a inscrição de seus estatutos perante a Junta Comercial, fato que efetivamente lhe confere personalidade jurídica.

Vale aqui o mesmo que mencionamos em relação às empresas públicas: muito embora sejam formalmente pessoas jurídicas de direito privado, as sociedades de economia mista estão submetidas a um regime jurídico híbrido, ou seja, ao regime privado parcialmente derrogado pelo regime de direito público, uma vez que precisam observar diversas regras de direito público, como, por exemplo, necessidade de concurso público para contratação de empregados e submissão à licitação para suas contratações.

Segundo a jurisprudência que prevalece em nossos tribunais, inclusive no Supremo Tribunal Federal, os bens das sociedades de economia mista, quando se tratarem de empresas estatais prestadoras de serviços públicos, não estarão sujeitos à penhora, tudo para que seja observado o princípio da continuidade dos serviços públicos. *Caso, por outro lado, se tratem de sociedades de economia mista exploradoras de atividade econômica, aí sim poderão ter seus bens penhorados e também poderão falir.*

Os *consórcios públicos*, por fim, são uma nova espécie de entidade pertencente à Administração Pública indireta, com previsão na própria Constituição Federal (artigo 241).[57] Da simples leitura deste dispositivo constitucional, percebe-se facilmente que os consórcios públicos podem ser pactuados entre entidades de diversos entes da Federação, para a gestão associada de serviços públicos, com a transferência total ou parcial de encargos, serviços, pessoal e bens essenciais à continuidade dos serviços transferidos.

Para regulamentar os consórcios públicos, e dar cumprimento, portanto, ao próprio comando constitucional, foi editada a Lei 11.107, de 6 de abril de 2005. Nos termos deste diploma legal, os consórcios públicos podem ter personalidade jurídica de direito público ou de direito privado. Os consórcios públicos respondem objetivamente pelos eventuais

---

56. A Lei 13.303/2016, em seu artigo 4º, a define da seguinte forma: "sociedade de economia mista é a entidade dotada de personalidade jurídica de direito privado, com criação autorizada por lei, sob a forma de sociedade anônima, cujas ações com direito a voto pertençam em sua maioria à União, aos Estados, ao Distrito Federal, aos Municípios ou a entidade da administração indireta".
57. Constituição Federal, artigo 241: "A União, os Estados, o Distrito Federal e os Municípios disciplinarão por meio de lei os consórcios públicos e os convênios de cooperação entre os entes federados, autorizando a gestão associada de serviços públicos, bem como a transferência total ou parcial de encargos, serviços, pessoal e bens essenciais à continuidade dos serviços transferidos".

danos que seus agentes causarem a terceiros, nos termos do artigo 37, § 6°, da Constituição Federal[58]. Já os entes da Federação que assinaram o consórcio público, estes respondem subsidiariamente pelas obrigações do consórcio.

Quando tiver natureza jurídica de direito público, o consórcio é denominado *associação pública*, uma *autarquia multifederada*, que integra a Administração Pública indireta de todos os entes da Federação associados. Quando de direito privado, deverá atender aos requisitos da legislação civil, sendo necessária a inscrição de seus atos constitutivos no Registro Civil das Pessoas Jurídicas. O regime de direito privado, contudo, é parcialmente derrogado pelo direito público, devendo, por exemplo, submeter-se às regras de contratação por meio de concurso público.

Vale ainda mencionar que as distinções fornecidas anteriormente tratam da Administração Pública em seu *sentido estrito*, ou seja, levando em conta apenas os entes e as atividades exclusivamente administrativas. Contudo, como nos lembra Maria Sylvia Zanella Di Pietro,[59] há autores que concedem à Administração Pública um *sentido amplo*, para incluir, no aspecto subjetivo, não apenas os entes e órgãos administrativos propriamente ditos, como também os órgãos de governo; e, no aspecto objetivo, não apenas a atividade administrativa propriamente dita, como também a atividade política (governamental).

Muito embora os órgãos e respectivas funções políticas sejam tratados, de maneira intensa, no Título IV da Constituição, denominado "Da Organização dos Poderes", a verdade é que o Capítulo referente à Administração Pública não se limita a tratar das entidades e das funções exclusivamente administrativas, muito embora trate destes temas com inequívoca predominância, uma vez que contém regras que também contemplam órgãos e agentes políticos,[60] o que nos faz crer que o constituinte (tanto o originário como o reformador) optou por dar à expressão Administração Pública o seu sentido amplo.

Como exemplo dessa realidade, podemos citar a norma do artigo 37, inciso XI, de nossa Lei Magna, que impõe um teto remuneratório não só aos ocupantes de cargos, empregos e funções da Administração Pública direta e indireta, como também de agentes políticos. Na mesma toada, a norma constante do artigo 29, § 4°, de nossa Lei Maior, que prevê a obrigatoriedade da remuneração por subsídio do membro de Poder, do detentor de mandato eletivo, dos Ministros de Estado e dos Secretários Estaduais e Municipais, dos agentes e dos órgãos com caráter inequivocamente político, ou de governo.

---

58. Constituição Federal, artigo 37, § 6°: "As pessoas jurídicas de direito público e as de direito privado prestadoras de serviços públicos responderão pelos danos que seus agentes, nessa qualidade, causarem a terceiros, assegurado o direito de regresso contra o responsável nos casos de dolo ou culpa".
59. *Direito administrativo*. 23. ed. Atlas, 2010, p. 49.
60. Constituição Federal, artigo 37, inciso XI: "A remuneração e o subsídio dos ocupantes de cargos, funções e empregos públicos da administração direta, autárquica e fundacional, dos membros de qualquer dos Poderes da União, dos Estados, do Distrito Federal e dos Municípios, dos detentores de mandato eletivo e dos demais agentes políticos e os proventos, pensões ou outra espécie remuneratória, percebidos cumulativamente ou não, incluídas as vantagens pessoais ou de qualquer outra natureza, não poderão exceder o subsídio mensal, em espécie, dos Ministros do Supremo Tribunal Federal, aplicando-se como limite, nos Municípios, o subsídio do Prefeito, e nos Estados e no Distrito Federal, o subsídio mensal do Governador no âmbito do Poder Executivo, o subsídio dos Deputados Estaduais e Distritais no âmbito do Poder Legislativo e o subsídio dos desembargadores do Tribunal de Justiça, limitado a noventa inteiros e vinte e cinco centésimos por cento do subsídio mensal, em espécie, dos Ministros do Supremo Tribunal Federal, no âmbito do Poder Judiciário, aplicável este limite aos membros do Ministério Público, aos Procuradores e aos Defensores Públicos" (redação dada pela Emenda Constitucional 41/2003).

ADMINISTRAÇÃO PÚBLICA

Sentido estrito	– Sentido subjetivo: refere-se ao conjunto de entes (pessoas jurídicas, órgãos e agentes públicos) que exercem a chamada atividade administrativa. – Sentido objetivo: diz respeito à atividade administrativa propriamente dita, ao conjunto de funções exercidas pelos diversos entes públicos, para o cumprimento do interesse público.
Sentido amplo	– Sentido subjetivo: não apenas os entes e órgãos administrativos propriamente ditos, como também os órgãos políticos, de governo. – Sentido objetivo: não só a atividade administrativa propriamente dita, como também a atividade política (governamental).

10.22 PRINCÍPIOS DA ADMINISTRAÇÃO PÚBLICA

Quando estudamos os chamados princípios fundamentais da Constituição Federal (Capítulo 4), vimos que, durante um longo período, considerou-se que os princípios não serviam para a imposição de deveres e obrigações a terceiros, *não possuindo, portanto, qualquer força normativa*. Entendia-se que eles consistiam em simples proposições de valor, de conteúdo meramente programático, destinados a inspirar, nos diversos operadores do direito, os ideais de justiça.

Naquela mesma oportunidade, também vimos que, em um segundo momento, já sob a égide do *positivismo jurídico*, passou-se a reconhecer alguma força normativa (jurídica) aos princípios, mas apenas em *caráter subsidiário*, ou seja, quando não houvesse norma expressa (positivada) disciplinando uma determinada relação jurídica. Nessa fase, os códigos passaram a prever, em seus textos, a possibilidade de aplicação subsidiária dos princípios gerais de direito, na hipótese de omissão legislativa[61].

Vimos, por fim, que, modernamente já não se nega mais a força normativa aos princípios. Com efeito, na fase atual, a que a doutrina denomina de *pós-positivista*, passou-se a reconhecer aos princípios força cogente, obrigatória, de maneira semelhante (porém não idêntica) àquela conferida às demais normas positivas. A partir dessa nova realidade, *abandonou-se a antiga dicotomia entre princípios e normas, passando-se a adotar a distinção entre princípios e regras, ambas como espécies do gênero norma jurídica*.

E é com inequívoca força de norma constitucional (com força obrigatória, portanto) que a Constituição de 1988 determina, em seu artigo 37, *caput*, que a Administração Pública, direta e indireta, de quaisquer das unidades que compõem a Federação brasileira (União, Estados, Municípios e Distrito Federal), deverá observar os princípios da *legalidade, impessoalidade, moralidade, publicidade* e *eficiência* (LIMPE), este último princípio trazido expressamente ao Texto Magno pela denominada Reforma Administrativa, através da Emenda Constitucional 19/1998.

Além daqueles princípios relacionados no supramencionado artigo 37, da Carta Magna, consideramos oportuno também estudar, nesta seção, mesmo que de maneira breve, já que o assunto é tratado com mais fôlego em livros de Direito Administrativo, outros 2 (dois)

---

61. Foi nesse diapasão, por exemplo, que a Lei de Introdução às Normas do Direito Brasileiro (Decreto-lei 4.657, de 4 de setembro de 1942), dispôs expressamente, em seu artigo 4º, que, "quando a lei for omissa, o juiz decidirá o caso de acordo com a analogia, os costumes e *os princípios gerais de direito*". Vê-se expressamente, nessa norma de sobredireito, que o magistrado somente poderia valer-se dos princípios gerais de direito quando houvesse omissão legislativa, asseverando o caráter subsidiário dos princípios.

princípios que são considerados verdadeiros pressupostos lógicos de todo o Direito Público, e do Direito Administrativo em particular. São eles: princípio da supremacia do interesse público sobre o privado e princípio da indisponibilidade do interesse público.

Princípio da supremacia do interesse público sobre o privado: é aquele que confere um conjunto de prerrogativas ao Poder Público (alguns denominam tais prerrogativas, equivocadamente, de privilégios), com vistas à satisfação do interesse público, em detrimento de interesses que sejam exclusivamente privados. Deste fenômeno, nasce uma relação de subordinação entre o administrado e a Administração Pública, permitindo que esta imponha um conjunto de regras àquele, para atendimento dos interesses coletivos.

Materializam o princípio da supremacia do interesse público sobre o privado, dentre outras prerrogativas da Administração Pública, o chamado poder de polícia, que restringe o uso de bens e a realização de atividades particulares em favor do interesse público, bem como as diversas espécies de restrições à propriedade privada, tais como as limitações administrativas, o tombamento, a servidão administrativa, as requisições e até mesmo a desapropriação de bens imóveis com fundamento em necessidade ou utilidade público, ou em interesse social.

Princípio da indisponibilidade do interesse público: referido princípio restringe a atuação do Administrador Público, como um contraponto à supremacia do interesse público sobre o privado, evitando, de uma só vez, que (a) ele exorbite de suas funções, cometendo excessos no uso de suas prerrogativas públicas, prática que caracteriza o denominado *excesso de poder*; ou que (b) disponha livremente do interesse público, buscando fins outros que não os previstos no ordenamento jurídico (como, por exemplo, a perseguição de desafetos ou o favorecimento de amigos), prática costumeiramente chamada de *desvio de finalidade*.

Princípio da legalidade: referido princípio, que constitui o fundamento do Estado de Direito, não se restringe apenas ao Direito Administrativo, mas a todos os ramos do Direito. É destinado não só ao Estado, em suas atividades legislativas e administrativas, como também ao particular. Contudo, enquanto ao particular, nos termos do artigo 5º, inciso II, da Constituição Federal, é permitido fazer tudo o que não for expressamente proibido por lei, à Administração Pública, ao contrário, exige-se que seus agentes atuem sempre em conformidade com a lei, não se lhes permitindo deixar de atuar quando a lei o determine, e somente lhes autorizando a atuar quando houver expressa previsão legal.

Princípio da impessoalidade: conforme se pode verificar da leitura dos textos dos principais doutrinadores pátrios, pode ter mais de uma significação. Pode ser entendido como a imposição, dirigida ao Administrador Público, de agir de modo a alcançar o interesse geral, de qualquer pessoa que se encontre na situação descrita no ato administrativo ou no ato normativo, mesmo que, no caso particular, acabe atendendo a interesse particular de um administrado. Neste sentido, portanto, coincide com a finalidade pública, que é o cumprimento da norma.

Referido princípio pode ser considerado, igualmente, como o dever de isonomia, imposto à Administração Pública, ao tratar com os administrados, impedindo que os agentes daquela ajam ou se omitam, com o fim específico de favorecer ou perseguir quem quer que seja. Pode ser compreendido, por fim, como o dever imposto ao Administrador Público de imputar os atos que praticou, no exercício das atribuições que lhe são impostas por lei, à pessoa jurídica de direito público a que está vinculado, e nunca a si próprio.

Princípio da moralidade: por sua vez, impõe ao Administrador Público a atuação em conformidade com a ética, com a boa-fé, com os bons costumes, vedando ao agente público agir com o objetivo malicioso de causar prejuízos a outrem, seja ao administrado, seja à própria Administração Pública. Os atos que implicam em improbidade administrativa costumam ser considerados como verdadeira hipótese de imoralidade qualificada. Os atos de improbidade administrativa, conforme entendimento doutrinário dominante, são aqueles que: (a) resultam em enriquecimento ilícito do agente público; (b) prejuízo ao patrimônio público; ou (c) ofensa aos princípios que regem a Administração Pública.

Princípio da publicidade: como é intuitivo, é aquele que impõe à Administração Pública o dever de publicar, de divulgar, de dar conhecimento a terceiros, de todos os seus atos e decisões. Aliás, a própria Constituição Federal, em seu artigo 5º, incisos XXXIII e XXXIV, garante o direito à obtenção de informações e certidões de órgãos públicos.

E como visto no Capítulo 9, relativo aos remédios constitucionais, no caso de inobservância do direito de obtenção e/ou retificação de informações relativas à pessoa do impetrante, constantes de registros ou bancos de dados de entidades governamentais ou de caráter público, pode o administrado valer-se do *habeas data*. Ademais, para a efetividade do direito de obtenção de certidões do Poder Público, poderá o particular utilizar-se do mandado de segurança.

Princípio da eficiência: trazido ao corpo da Constituição Federal pela Emenda Constitucional 19/1998, referido princípio tem por escopo compelir o Administrador Público a atuar com presteza e eficiência, valendo-se dos melhores instrumentos postos ao seu alcance para se obter o melhor resultado, e com os menores gastos possíveis, tendo em vista o atendimento do interesse público.

Diversos outros dispositivos da Constituição Federal, igualmente alterados pela Emenda Constitucional 19/1998, trazem regras novas que materializam o princípio da eficiência. É o caso, por exemplo, do aumento do lapso temporal para aquisição da estabilidade do servidor, que passou de 2 (dois) anos para 3 (três), conforme artigo 41, *caput*, da Carta Magna.

No mesmo diapasão, temos a regra do artigo 41, § 1º, inciso III, da Carta Magna, que fixou a necessidade de procedimento de avaliação periódica de desempenho do servidor público, nos termos de lei complementar, bem como a que instituiu a avaliação especial de desempenho, como condição para aquisição da estabilidade dos servidores públicos (artigo 41, § 4º, do Texto Magno).

O artigo 39, § 2º, de nossa Lei Magna, ao seu turno, prevê a criação de escolas de governo, por parte da União, dos Estados e do Distrito Federal, para a formação e aperfeiçoamento de seus respectivos servidores públicos, inclusive constituindo a participação dos servidores nos cursos um dos requisitos para a promoção na carreira.

Mencionemos, por fim, o § 7º, do mesmo artigo 39, da Constituição Federal, que prevê a edição de leis, tanto da União, como de Estados e Municípios, para disciplinar a aplicação de recursos orçamentários provenientes da economia com despesas correntes em cada órgão, autarquia ou fundação pública, para aplicação no desenvolvimento de programas de qualidade e produtividade, treinamento e desenvolvimento, modernização, reaparelhamento e racionalização do serviço público.

PRINCÍPIOS DA ADMINISTRAÇÃO PÚBLICA

– **Princípio da legalidade**: enquanto ao particular é permitido fazer tudo o que não for expressamente proibido por lei, à Administração Pública, ao contrário, exige-se que seus agentes atuem sempre em conformidade com a lei, não se lhes permitindo deixar de atuar quando a lei assim o determine, e somente lhe autorizando a atuar quando houver expressa previsão legal.

– **Princípio da impessoalidade**: é a imposição, dirigida ao Administrador Público, de agir de modo a alcançar o interesse geral, de qualquer pessoa que se encontre na situação prevista no ato administrativo ou no ato normativo; também se refere ao dever de tratamento isonômico aos administrados, impedindo que os agentes da Administração Pública ajam ou se omitam, com o fim específico de favorecer ou perseguir quem quer que seja; é também o dever de imputação dos atos da Administração à pessoa jurídica de direito público a que está vinculado, e nunca ao administrador.

– **Princípio da moralidade**: impõe ao Administrador Público a atuação em conformidade com a ética, com a boa-fé, com os bons costumes, vedando àquele agente público agir com o objetivo malicioso de causar prejuízos a outrem, seja ao administrado, seja à própria Administração Pública.

– **Princípio da publicidade:** é aquele que impõe à Administração Pública o dever de publicar (divulgar, dar conhecimento a terceiros) todos os seus atos e decisões. Aliás, a própria Constituição Federal, em seu artigo 5°, incisos XXXIII e XXXIV, garante o direito à obtenção de informações e certidões de órgãos públicos.

– **Princípio da eficiência**: trazido ao corpo da Constituição Federal pela Emenda Constitucional 19/1998, tem por escopo compelir o Administrador Público a atuar com presteza e eficiência, valendo-se dos melhores instrumentos postos ao seu alcance para se obter o melhor resultado, com os menores gastos possíveis, buscando o atendimento do interesse público.

10.23 IMPROBIDADE ADMINISTRATIVA

O artigo 37, § 4°, da Constituição Federal, dispõe sobre a improbidade administrativa. Eis a redação do dispositivo constitucional em comento: "Os atos de improbidade administrativa importarão a suspensão dos direitos políticos, a perda da função pública, a indisponibilidade dos bens e o ressarcimento ao erário, na forma e na gradação previstas em lei, sem prejuízo da ação penal cabível".

A lei a que se refere a parte final daquele dispositivo constitucional foi editada em 1992 (Lei 8.429, de 2 de junho de 1992), a denominada *Lei da Improbidade Administrativa*, também chamada de Lei do Colarinho Branco ou do Enriquecimento Ilícito do Agente Público. Referido diploma legal revogou a Lei 3.164/1967 (conhecida como Lei Pitombo de Godoy Ilha) e a Lei 3.502/1968 (Lei Bilac Pinto), que sancionavam os atos de improbidade administrativa.

Improbidade pode ser definida, em apertada síntese, como o mau uso da função pública. Constitui verdadeira imoralidade qualificada, ferindo, sobretudo (porém não exclusivamente), o princípio da moralidade administrativa. Os atos de improbidade são aqueles que resultam em *enriquecimento ilícito do agente público*, *prejuízo ao patrimônio público* ou *ofensa aos princípios que regem a Administração Pública*.

A legislação anterior, revogada pela Lei 8.429/1992, punia apenas o enriquecimento ilícito do agente público ou do particular que colaborasse com aquele. A legislação atual, contudo, ampliando o conceito de improbidade administrativa, passou a prever aquelas 3 (três) hipóteses supramencionadas, nos artigos 9° (enriquecimento ilícito), 10 (prejuízo ao Erário) e 11 (violação de princípios da Administração Pública).

Constitui ato de improbidade administrativa que importa em *enriquecimento ilícito* auferir qualquer tipo de vantagem patrimonial indevida em razão do exercício de cargo, mandato, função, emprego ou atividade nas entidades públicas ou que recebam recursos públicos. Será, por outro lado, ato de improbidade administrativa que causa *lesão ao erário* qualquer ação ou omissão, dolosa ou culposa, que enseje perda patrimonial, desvio, apropriação, malbaratamento ou dilapidação dos bens ou haveres das entidades públicas.

Por fim, constitui ato de improbidade administrativa que *atenta contra os princípios da Administração Pública* qualquer ação ou omissão, praticada por agente público (com ou sem a participação de particular que o auxilie), que viole os deveres de honestidade, imparcialidade, legalidade e lealdade às instituições, notadamente praticar ato visando fim proibido em lei ou regulamento ou diverso daquele previsto, na regra de competência.

O ato de improbidade pode ser dividido em 2 (duas) espécies: próprio e impróprio. Será ato de improbidade *próprio* quando praticado por agente público; será *impróprio (ou por equiparação)*, por sua vez, quando praticado por particular que concorre, de alguma maneira, para o ato de improbidade. Percebe-se, portanto, que o particular é equiparado à figura do agente público, para efeitos de improbidade administrativa (artigo 3º, da Lei 8.429/1992). A única diferença, enfatizemos, é que não lhe são aplicadas todas as sanções a que estão sujeitos os agentes públicos, *mas tão somente a obrigação de reparar o dano e a indisponibilidade dos bens*.

Agente público, para a Lei 8.429/1992 (artigo 2º), é qualquer pessoa natural, investida, a qualquer título, com ou sem remuneração, em cargo, emprego ou função pública. É irrelevante, portanto, que o agente seja político, honorífico (por exemplo, comissário de menores e jurado), servidor público, ou até mesmo agente por delegação (aquele a quem o Poder Público transfere, por contrato, o exercício de serviços públicos). Em suma, para que possa ser imputado a um agente um ato de improbidade administrativa, basta que este tenha sido investido numa função pública, seja por eleição, seja por contratação, concurso ou em comissão, e que a exerça efetivamente.

O sujeito passivo da improbidade administrativa, nos termos do artigo 1º, da Lei 8.429/1992, é a entidade lesada pelo ato, seja uma pessoa jurídica de direito público, seja pessoa jurídica de direito privado integrante da Administração Pública (caso das empresas públicas e das sociedades de economia mista), seja, ainda, entidade privada cujo patrimônio tenha sido constituído, ao menos em parte, pelo Poder Público (caso das paraestatais).

Conforme o artigo 12, da Lei da Improbidade Administrativa, independentemente das sanções penais, civis e administrativas previstas na legislação específica, está o responsável pelo ato de improbidade sujeito às seguintes cominações: suspensão dos direitos políticos; perda da função pública; ressarcimento ao erário; indisponibilidade dos bens; multa civil; e proibição de contratar e de receber benefícios e subsídios da Administração Pública[62].

IMPROBIDADE ADMINISTRATIVA

– Improbidade é o mau uso da função pública, que causa prejuízos à Administração Pública. Constitui verdadeira imoralidade qualificada, ferindo, sobretudo (porém não exclusivamente), o princípio da moralidade administrativa.

– O ato de improbidade é aquele que resulta em: (a) enriquecimento ilícito, (b) prejuízo ao patrimônio público ou (c) ofensa aos princípios que regem a Administração Pública. Pode ser de 2 (duas) espécies: *próprio* e *impróprio*.

– Será ato de improbidade *próprio* quando praticado por agente público; será *impróprio (ou por equiparação)*, por sua vez, quando praticado por particular que concorre, de alguma maneira, para o ato de improbidade.

10.24 REGRAS PROCEDIMENTAIS DA AÇÃO DE IMPROBIDADE

Nos expressos termos da Lei 8.429/1992, qualquer pessoa poderá representar à autoridade administrativa competente para que seja instaurada investigação destinada a apurar a prática de ato de improbidade. A representação, que será escrita ou reduzida a termo e

---

62. Segundo a jurisprudência dominante, aquele rol de sanções é *alternativo (e não cumulativo)*, cabendo ao magistrado eleger as sanções em conformidade com a extensão do dano e proveito patrimonial, obtido pelo agente, em atenção ao princípio da razoabilidade/proporcionalidade.

assinada, conterá a qualificação do representante, as informações sobre o fato e sua autoria e a indicação das provas de que tenha conhecimento.

A comissão processante dará conhecimento ao Ministério Público e ao Tribunal ou Conselho de Contas da existência de procedimento administrativo para apurar a prática de ato de improbidade. O Ministério Público ou Tribunal ou Conselho de Contas poderá, a requerimento, designar representante para acompanhar o procedimento administrativo.

Havendo fundados indícios de responsabilidade, a comissão representará ao Ministério Público ou à Procuradoria da entidade pública para que requeira ao juízo competente a decretação do sequestro dos bens (nos termos do novo Código de Processo Civil, tutela provisória fundamentada em urgência, de natureza cautelar) do agente ou de eventual particular que tenha enriquecido ilicitamente ou causado prejuízo ao patrimônio público.

A ação principal, que terá o rito comum ou ordinário, *será proposta pelo Ministério Público ou pela pessoa jurídica interessada*, dentro de 30 (trinta) dias da efetivação da tutela provisória de natureza cautelar. É vedada a transação, acordo ou conciliação nas ações de improbidade. A Fazenda Pública, quando for o caso, promoverá as ações necessárias à complementação do ressarcimento do patrimônio público.

No caso de a ação principal ter sido proposta pelo Ministério Público, aplica-se, no que couber, o disposto na Lei da Ação Popular (poderá a entidade pública ingressar no feito, ao lado do Ministério Público, na condição de autora). O Ministério Público, se não intervier no processo como parte, atuará obrigatoriamente, como fiscal da lei, sob pena de nulidade.

Estando a petição inicial em devida forma, o juiz mandará autuá-la e ordenará a notificação do requerido para oferecer manifestação por escrito, que poderá ser instruída com documentos e justificações, dentro do prazo 15 (quinze) dias. Recebida a manifestação, o juiz, no prazo de 30 (trinta) dias, em decisão fundamentada, rejeitará a ação, se convencido da inexistência do ato de improbidade, da improcedência da ação ou da inadequação da via eleita. Recebida a petição inicial, será o réu citado para apresentar contestação.

A sentença que julgar procedente ação civil de reparação de danos ou que decretar a perda dos bens havidos ilicitamente determinará o pagamento ou a reversão dos bens, conforme o caso, em favor da pessoa jurídica prejudicada pelo ilícito. A perda da função pública e a suspensão dos direitos políticos só se efetivarão com o trânsito em julgado da sentença condenatória.

A prescrição da ação de improbidade dá-se após 5 (cinco) anos do término do mandato, do cargo em comissão ou função de confiança, ou, em se tratando de falta funcional (de servidores públicos), no prazo prescricional previsto em lei específica para faltas disciplinares, caso referida falta seja punida com a pena de demissão a bem do serviço público (artigo 23, incisos I e II). Devemos enfatizar, contudo, que as ações de ressarcimento ao erário são imprescritíveis, nos termos do artigo 37, § 5º, da Constituição Federal.

10.25 RESPONSABILIDADE CIVIL DO ESTADO

O artigo 37, § 6º, da Constituição Federal, prevê expressamente a responsabilização das pessoas jurídicas de direito público, bem como as de direito privado prestadoras de serviço público, pelos danos que seus agentes, nessa qualidade, causarem a terceiros, assegurando o direito de regresso contra o responsável, nos casos de dolo ou culpa. Esse dispositivo constitucional fixou, inequivocamente, a *responsabilidade objetiva do Estado* (e de quem lhe faça as vezes) pelos danos causados aos particulares.

Nessa modalidade de responsabilidade (a chamada responsabilidade objetiva), o Estado responde pelos danos causados por seus agentes, a terceiros, *independentemente da ocorrência de culpa daqueles*, bastando que haja o nexo de causalidade (relação de causa e efeito) entre o ato do agente e o dano[63]. É importante ressaltar que o dispositivo constitucional supramencionado fixou a responsabilidade objetiva não só das pessoas jurídicas de direito público, como também das de direito privado, *desde que prestadoras de serviços públicos*.

Estão incluídos na regra, portanto, os particulares que prestam serviços públicos por delegação, as empresas públicas e sociedades de economia mista prestadoras de serviços públicos, bem como as entidades paraestatais. Não estão abrangidos por aquele dispositivo constitucional, por outro lado, as empresas públicas e sociedades de economia mista que exerçam atividades econômicas. Para estas entidades da Administração Pública indireta, prevalece a regra da responsabilidade subjetiva, em que é preciso comprovar-se a existência de culpa, por parte do agente público, para que a pessoa jurídica possa ser compelida a indenizar o particular.

Por outro lado, no tocante às vítimas dos danos, é imperioso esclarecer que elas não precisam ser usuárias dos serviços públicos prestados pelo Estado ou por quem lhe faça as vezes, para terem direito à reparação. Com efeito, conforme já decidido pelo próprio Pretório Excelso, em um caso de atropelamento de ciclista por ônibus de empresa de transporte coletivo, a responsabilidade dos concessionários e permissionárias de serviços públicos é de natureza objetiva mesmo que o terceiro não seja usuário do serviço público. Sobre o tema, sugerimos a leitura do Recurso Extraordinário 591.874, Relator Ministro Ricardo Lewandowski, j. 26-8-2009.

No tocante à possibilidade de ação regressiva do Estado (ou daquela pessoa jurídica de direito privado que presta serviços públicos) em face de seus agentes, conforme previsto na parte final do artigo 37º, § 6º, da Carta Magna, é indispensável que estejam presentes 2 (dois) pressupostos: (a) condenação anterior do Estado; e (b) existência de dolo ou culpa do agente, no evento danoso.

Indagação importante refere-se ao tipo de responsabilidade objetiva a que o Estado (aqui compreendidos a União, os Estados, o Distrito Federal, os Municípios e suas respectivas entidades da Administração Pública indireta), bem como as pessoas jurídicas de direito privado prestadoras de serviços públicos, estão sujeitos. Seria do tipo *risco integral* ou do tipo *risco administrativo*?

Na modalidade *risco integral*, o Estado (ou quem lhe faça as vezes) responde por quaisquer danos causados a terceiros, mesmo que não tenha sido o causador propriamente dito daqueles danos. Nesta hipótese, a entidade estatal (ou a pessoa jurídica de direito privado que presta serviços públicos) não poderá invocar, em sua defesa, as excludentes de responsabilidade, tais como caso fortuito, força maior e culpa da vítima.

Já na modalidade de *risco administrativo*, a União, os Estados, o Distrito Federal, os Municípios, suas respectivas entidades da Administração indireta prestadoras de serviços públicos e também quem lhes substitua na prestação de serviços públicos, só respondem

---

63. Particularmente no que se refere ao dano, devemos mencionar que, para que o Estado possa ser responsabilizado pela ocorrência daquele, é indispensável que não tenha decorrido muito tempo entre a ação ou omissão do Estado e o dano, sob pena de interrupção do nexo de causalidade. Neste ponto, foi adotada a *teoria do dano direto*, expressamente consagrada pelo artigo 403, do Código Civil.

pelos danos que efetivamente tenham sido por eles causados, podendo ser invocadas, para isenção de responsabilidade civil, aquelas excludentes de responsabilidade.

Respondendo àquela pergunta, *o Brasil adota a responsabilidade civil objetiva, na modalidade de risco administrativo*. E, em sendo assim, não restam dúvidas de que o Estado, ou quem lhe faça as vezes (na prestação de serviços públicos) poderá alegar as excludentes de responsabilidade civil mencionadas anteriormente (caso fortuito, força maior ou culpa exclusiva da vítima), para se eximir da obrigação de reparar os danos sofridos por um administrado.

Particularmente no que se refere à culpa da vítima, é preciso esclarecer que não é somente a culpa exclusiva desta que pode ser invocada pela entidade estatal. Com efeito, além daquela espécie de culpa, que serve para ilidir completamente a responsabilidade civil do Estado, poderá este último demonstrar também a ocorrência de culpa concorrente da vítima, que se presta ao menos para atenuar a responsabilidade estatal.

Outra indagação importante refere-se ao tipo de responsabilidade do Estado quando os danos sofridos pelo particular possam ser atribuídos a uma *omissão do Poder Público* em seu dever de agir, ou seja, quando a omissão do Estado em cumprir suas funções tenha sido o evento causador dos danos ao administrado. A maioria expressiva dos doutrinadores pátrios considera que a responsabilidade estatal objetiva se dá em qualquer hipótese, *mesmo na conduta omissiva*.

Contudo, é importante ressaltar que existem quem entenda que, diante da redação do artigo 37, § 6º, da Carta Magna, a responsabilidade objetiva somente se dá quando houver conduta comissiva do agente, ao passo que, na hipótese de omissão estatal lesiva ao administrado, a responsabilidade será do tipo *subjetiva*, em que é necessária a demonstração da ocorrência de culpa, para a responsabilização do Estado[64].

Costuma-se perguntar se caberia ação direta contra o agente causador dos danos ao particular. Aqui, mais uma vez, encontramos divergência na doutrina e na jurisprudência. Com efeito, há doutrinadores que consideram que tal faculdade não seria possível, uma vez que o dispositivo constitucional (artigo 37, § 6º) dispõe expressamente que é a pessoa jurídica quem responde pelos danos.

Outros autores, por sua vez, consideram perfeitamente possível a propositura da ação de reparação de danos diretamente contra o agente causador dos danos, uma vez que a norma constitucional tem por escopo justamente beneficiar a vítima, e não lhe dificultar a reparação dos danos sofridos, permitindo, portanto, que aquele que sofreu os danos escolha contra quem prefere propor a ação.

Discute-se, ademais, acerca da possibilidade da *denunciação da lide* (artigo 125, inciso II, do Código de Processo Civil)[65], promovida pela pessoa jurídica de direito público ou

---

64. Nesses termos, por exemplo, é o seguinte julgado do Pretório Excelso: "Tratando-se de ato omissivo do poder público, a responsabilidade civil por tal ato é subjetiva, pelo que exige dolo ou culpa, esta numa de suas três vertentes, a negligência, a imperícia ou a imprudência, não sendo, entretanto, necessário individualizá-la, dado que pode ser atribuída ao serviço público, de forma genérica, a falta do serviço. A falta do serviço – *faute du service* dos franceses – não dispensa o requisito da causalidade, vale dizer, do nexo de causalidade entre a ação omissiva atribuída ao poder público e o dano causado a terceiro. Latrocínio praticado por quadrilha da qual participava um apenado que fugira da prisão tempos antes: neste caso, não há falar em nexo de causalidade entre a fuga do apenado e o latrocínio." (Supremo Tribunal Federal, Recurso Extraordinário 369.820, relator ministro Carlos Velloso, Diário da Justiça de 27/02/04).
65. Código de Processo Civil, artigo 125, inciso II: "É admissível a denunciação da lide, promovida por qualquer das partes àquele que estiver obrigado, por lei ou pelo contrato, a indenizar, em ação regressiva, o prejuízo de quem for vencido no processo".

pela pessoa jurídica de direito privado prestadora de serviço público, ao agente causador do dano. Aqui, parte da doutrina entende que referida denunciação não é possível, uma vez que a responsabilidade estatal é do tipo objetiva, ao passo que a do agente é subjetiva.

A maior parte da jurisprudência, contudo, considera possível referida denunciação, a depender apenas do fundamento invocado pelo particular contra o Estado. Com efeito, caso o particular tenha alegado, na petição inicial de sua ação indenizatória, a existência de culpa da Administração Pública no evento danoso, o Estado poderá perfeitamente denunciar o seu agente, causador dos danos, viabilizando, desde já, a responsabilização regressiva deste.

Costuma-se indagar também a respeito da existência ou não de responsabilidade civil do Estado em face de danos causados por *atos judiciais*. A verdade é que o próprio artigo 37, § 6º, da Carta Magna, já garante a reparação de tais danos. Contudo, não só aquele dispositivo: o artigo 5º, inciso LXXV, da Constituição Federal, também prevê a responsabilidade estatal por erro judiciário (decisões manifestamente contrárias à lei) e por excesso no cumprimento da pena fixada na sentença.

A responsabilidade civil do Estado em razão de atos legislativos e normativos também poderá ser admitida, desde que se trate de uma espécie normativa produzida com inequívoca inconstitucionalidade, assim declarada pelo Poder Judiciário, e que referida norma tenha efetivamente causado danos ao particular.

O Estado, por fim, também responde pelos danos nucleares causados aos particulares. Referida responsabilidade, nos expressos termos do artigo 21, inciso XXIII, alínea *c*, da Constituição de 1988, também é do tipo objetiva, ou seja, independe de o particular demonstrar que houve culpa, por parte do Estado, no evento lesivo.

Muito embora uma expressiva parcela dos ambientalistas entenda que a responsabilidade pelos danos nucleares é do tipo risco integral, prevalece o entendimento, tanto dos doutrinadores do Direito Administrativo, como da jurisprudência pátria, que referida responsabilidade é da modalidade *risco administrativo*, em que se admitem as excludentes de responsabilidade anteriormente mencionadas.

RESPONSABILIDADE CIVIL DO ESTADO

– O artigo 37, § 6º, da Constituição Federal, fixou a *responsabilidade objetiva do Estado (e de quem lhe faça as vezes)* pelos danos causados aos particulares. Nesta modalidade de responsabilidade, o Estado responde pelos danos causados a terceiros, por seus agentes, *independentemente da ocorrência de culpa destes*, bastando que haja o nexo de causalidade (relação de causa e efeito) entre o ato e o dano.

– Aquele dispositivo constitucional supramencionado fixou a responsabilidade objetiva não só das pessoas jurídicas de direito público, como também das de direito privado, *desde que prestadoras de serviços públicos*. Estão incluídos nesta regra, portanto, os particulares que prestam serviços públicos por delegação, bem como as empresas públicas e sociedades de economia mista prestadoras de serviços públicos.

– Não estão abrangidos por aquele dispositivo constitucional, contudo, as empresas públicas e sociedades de economia mista que exerçam atividades econômicas. Para estas entidades da Administração Pública indireta, prevalece a regra da responsabilidade subjetiva, em que é preciso comprovar-se a existência de culpa, por parte do agente público, para que a pessoa jurídica possa ser compelida a indenizar o particular.

10.26 LICITAÇÃO PÚBLICA: CONCEITO

O artigo 37, inciso XXI, de nossa Lei Maior, prevê a necessidade da realização de um processo específico para viabilizar a celebração de contratos de obras, serviços, compras e alienações do Estado, de modo que seja assegurada igualdade de condições a todos os concorrentes e a seleção da proposta mais vantajosa para a Administração Pública. Trata-se do famoso processo de *licitação pública*.

Maria Sylvia Zanella di Pietro[66] define licitação pública como "o procedimento administrativo pelo qual um ente público, no exercício da função administrativa, abre a todos os interessados, que se sujeitem às condições fixadas no instrumento convocatório, a possibilidade de formularem propostas dentre as quais selecionará a mais conveniente para a celebração de contrato". Em termos semelhantes, Irene Patrícia Nohara[67] nos ensina que licitação "é o procedimento administrativo pelo qual um ente, no exercício de função administrativa, seleciona a proposta mais vantajosa entre as oferecidas para a celebração de contrato de seu interesse".

O supramencionado artigo 37, inciso XXI, da Constituição Federal, foi regulamentado pela Lei 8.666/1993 (a denominada Lei das Licitações e Contratos). Além de normas gerais relativas à licitação pública, aplicáveis tanto à União, como aos Estados, ao Distrito Federal e aos Municípios, referido diploma legal contém também diversas normas específicas, estas últimas destinadas apenas ao ente central de nossa Federação – a União.

O dever de licitar é imposto à União, aos Estados, ao Distrito Federal e aos Municípios e às suas respectivas entidades da Administração Pública indireta (autarquias, fundações públicas e privadas, empresas públicas, sociedades de economia mistas, suas subsidiárias), bem como às demais entidades controladas direta ou indiretamente por aquelas entidades, ou que delas recebam bens ou dinheiro, como é o caso das chamadas entidades paraestatais.

No caso específico das empresas públicas, das sociedades de economia mista, e de suas respectivas subsidiárias, quando exploradoras de atividades econômicas, a licitação pública não é mais regida pela supramencionada Lei 8.666/1993, mas sim pela Lei 13.303, de 30 de junho de 2016, finalmente editada para dar cumprimento ao artigo 173, § 1º, da Constituição Federal[68], que determina a edição de um estatuto jurídico para regular aquelas entidades, inclusive com a previsão de normas específicas de licitação e contratação que, a despeito de observar os princípios da Administração Pública, pudessem ser mais ágeis, tendo em vista se tratarem de empresas regidas pelo direito privado.

Nos termos do artigo 2º, § 2º, da Lei 8.666/1993, todo e qualquer ajuste entre órgãos ou entidades da Administração Pública e particulares, em que haja acordo de vontades para a formação de vínculo e a estipulação de obrigações recíprocas, *seja qual for a denominação utilizada*, deve ser necessariamente precedido de procedimento licitatório, para garantia da observância do princípio da isonomia e da seleção da proposta mais vantajosa para a Administração Pública.

Assim, devem ser objeto de licitação pública os contratos de obras, serviços (inclusive de publicidade), compras e alienações, concessões, permissões e locações, que gerem obrigações recíprocas para as partes. Particularmente no que respeita aos convênios, a doutrina

---

66. *Op. cit.*, p. 350.
67. *Direito administrativo*, Atlas, 2011, p. 297.
68. Constituição Federal, artigo 173, § 1º: "A lei estabelecerá o estatuto jurídico da empresa pública, da sociedade de economia mista e de suas subsidiárias que explorem atividade econômica de produção ou comercialização de bens ou de prestação de serviços, dispondo sobre: I – sua função social e formas de fiscalização pelo Estado e pela sociedade; II – a sujeição ao regime jurídico próprio das empresas privadas, inclusive quanto aos direitos e obrigações civis, comerciais, trabalhistas e tributários; III – licitação e contratação de obras, serviços, compras e alienações, observados os princípios da administração pública; IV – a constituição e o funcionamento dos conselhos de administração e fiscal, com a participação de acionistas minoritários; V – os mandatos, a avaliação de desempenho e a responsabilidade dos administradores".

majoritária entende que estes não precisam ser licitados, em razão do que dispõe o artigo 116, da Lei 8.666/1993.

Conforme definições constantes da Lei de Licitações e Contratos, *obra* é toda construção, reforma, fabricação, recuperação ou ampliação, realizada por execução direta ou indireta. *Serviço*, por sua vez, é toda atividade destinada a obter determinada utilidade de interesse para a Administração Pública, tais como: demolição, conserto, instalação, montagem, operação, conservação, reparação, adaptação, manutenção, transporte, locação de bens, publicidade, seguro ou trabalhos técnico-profissionais. *Compra*, a seu turno, é toda aquisição remunerada de bens para fornecimento de uma só vez ou em parcelas. *Alienação*, por fim, é toda transferência de domínio de bens a terceiros.

A licitação pública, como já visto anteriormente, tem por objetivo não só garantir a observância do princípio constitucional da isonomia para todos aqueles que pretendem contratar com a Administração Pública, como também obter a seleção da proposta mais vantajosa para o Estado. Ademais, nos expressos termos da lei de regência, também tem por objetivo promover o desenvolvimento nacional sustentável.

Ainda segundo a Lei 8.666/1993, a licitação pública será processada e julgada em estrita conformidade com os princípios básicos da legalidade, da impessoalidade, da moralidade, da igualdade, da publicidade,[69] da probidade administrativa, da vinculação ao instrumento convocatório, do julgamento objetivo e dos que lhes são correlatos, tal como o princípio do sigilo na apresentação das propostas.

Todos os valores, preços e custos utilizados nas licitações terão como *expressão monetária, como regra geral, a moeda corrente nacional*, devendo cada unidade da Administração Pública, no pagamento das obrigações relativas ao fornecimento de bens, locações, realização de obras e prestação de serviços, obedecer, para cada fonte diferenciada de recursos, a estrita ordem cronológica das datas de suas exigibilidades.

As concessões e permissões de serviços públicos também devem ser objeto de licitação, conforme determinação expressa do artigo 175, *caput*, da Constituição Federal de 1988. Atualmente, aquelas estão regulamentadas pela Lei 8.987, de 13 de fevereiro de 1995, com aplicação subsidiária da Lei 8.078, de 11 de setembro de 1990 (Código de Defesa do Consumidor) e da Lei 8.666, de 21 de junho de 1993 (Lei das Licitações e Contratos), conforme determina o artigo 1º, da Lei 8.987/1995.

Também deve ser objeto de licitação pública, na modalidade de concorrência, a denominada *parceria público-privada*, a qual, em apertada síntese, refere-se ao contrato administrativo de concessão de serviços públicos, celebrado entre a Administração Pública direta e indireta da União, dos Estados, do Distrito Federal e dos Municípios e particulares, *quando envolver necessariamente a contraprestação pecuniária do parceiro público ao privado*.

Nos termos da lei federal que regulamenta a matéria (Lei 11.079, de 30 de dezembro de 2004), há 2 (duas) modalidades de parcerias público-privadas: *concessão patrocinada* e *concessão administrativa*. A primeira é a concessão de serviços públicos, com ou sem obras públicas, quando envolver, adicionalmente à tarifa cobrada dos usuários, uma contraprestação pecuniária do parceiro público ao parceiro privado. Já a segunda é o contrato de prestação de serviços em que a Administração Pública é a usuária direta ou indireta, ainda que envolva execução de obra ou fornecimento e instalação de bens.

---

69. A licitação pública não poderá ser sigilosa, sendo públicos e acessíveis ao público os atos de seu procedimento, salvo quanto ao conteúdo das propostas, até a respectiva abertura (princípio do sigilo na apresentação das propostas).

LICITAÇÃO PÚBLICA: CONCEITO

– Licitação pública "é o procedimento administrativo pelo qual um ente, no exercício de função administrativa, seleciona a proposta mais vantajosa entre as oferecidas para a celebração de contrato de seu interesse".

– O dever de licitar é imposto à União, aos Estados, aos Municípios e ao Distrito Federal, bem como às respectivas entidades da Administração Pública indireta e também às demais entidades controladas pelo Estado.

– Devem ser objeto de licitação pública os contratos de obras, serviços (inclusive de publicidade), compras e alienações, concessões, permissões e locações que gerem obrigações recíprocas para as partes.

10.27 LICITAÇÃO PÚBLICA: HIPÓTESES DE DISPENSA E DE INEXIGIBILIDADE

A própria Constituição Federal, no supramencionado artigo 37, inciso XXI, permite que a legislação infraconstitucional preveja, por exceção, casos em que a licitação pública não seja necessária. E a Lei de Licitações e Contratos (Lei 8.666/1993) de fato os prevê, em seus artigos 24 e 25, ao especificar, respectivamente, as hipóteses de *dispensa* e de *inexigibilidade* de licitação.

A *inexigibilidade* ocorre quando a competição em torno do objeto pretendido pela Administração Pública se mostrar inviável, seja pela singularidade do objeto a ser contratado, seja pela singularidade do fornecedor, como no caso de profissionais ou empresas de notória especialização ou profissionais do setor artístico.[70]

A *dispensa* de licitação, diversamente do que ocorre com a inexigibilidade, permite a competição em relação ao objeto a ser contratado. Contudo, em atenção aos princípios da razoabilidade/proporcionalidade, a lei (e somente esta, não podendo o Administrador Público ampliar o rol constante daquele artigo 24) especifica hipóteses em que a licitação *pode* deixar de ser feita, por razões de conveniência e oportunidade.

São, por exemplo, hipóteses de dispensa de licitação, previstas na lei, as obras e serviços de engenharia de valor até 10% (dez por cento) do limite fixado para licitações sob a modalidade de convite; os casos de guerra ou grave perturbação da ordem; e a compra ou locação de imóvel destinado ao atendimento das finalidades precípuas da Administração Pública, cujas necessidades de instalação e localização condicionem sua escolha.

Também são casos em que a lei prevê a possibilidade de dispensa de licitação: casos de emergência ou de calamidade pública, quando caracterizada urgência de atendimento de situação que possa ocasionar prejuízo ou comprometer a segurança de pessoas, obras, serviços, equipamentos e outros bens, públicos ou particulares; quando não acudirem interessados à licitação anterior, e justificadamente, não puder ser repetida sem prejuízo para a Administração Pública, mantidas, neste caso, todas as condições preestabelecidas.

Na mesma toada, poderá ser dispensada a licitação quando a União tiver que intervir no domínio econômico para regular preços ou normalizar o abastecimento; e quando as

---

70. Lei 8.666/1993, artigo 25: "É inexigível a licitação quando houver inviabilidade de competição, em especial: I – para aquisição de materiais, equipamentos, ou gêneros que só possam ser fornecidos por produtor, empresa ou representante comercial exclusivo, vedada a preferência de marca, devendo a comprovação de exclusividade ser feita através de atestado fornecido pelo órgão de registro do comércio do local em que se realizaria a licitação ou a obra ou o serviço, pelo Sindicato, Federação ou Confederação Patronal, ou, ainda, pelas entidades equivalentes; II – para a contratação de serviços técnicos enumerados no art. 13 desta Lei, de natureza singular, com profissionais ou empresas de notória especialização, vedada a inexigibilidade para serviços de publicidade e divulgação; III – para contratação de profissional de qualquer setor artístico, diretamente ou através de empresário exclusivo, desde que consagrado pela crítica especializada ou pela opinião pública."

propostas apresentadas consignarem preços manifestamente superiores aos praticados no mercado nacional, ou forem incompatíveis com os fixados pelos órgãos oficiais competentes.

É caso de dispensa de licitação, ainda, a aquisição, por pessoa jurídica de direito público interno (União, Estados, Distrito Federal, Municípios e respectivas autarquias e fundações públicas), de bens produzidos ou serviços prestados por órgão ou entidade que integre a Administração Pública e que tenha sido criado para esse fim específico em data anterior à vigência da Lei 8.666/1993, desde que o preço contratado seja compatível com o praticado no mercado.

Da mesma forma, é dispensável a licitação nas compras de hortifrutigranjeiros, pão e outros gêneros perecíveis, no tempo necessário para a realização dos processos licitatórios correspondentes, realizadas diretamente com base no preço do dia; bem como na contratação de instituição brasileira incumbida regimental ou estatutariamente da pesquisa, do ensino ou do desenvolvimento institucional, ou de instituição dedicada à recuperação social do preso, desde que a contratada detenha inquestionável reputação ético-profissional e não tenha fins lucrativos.

Também é igualmente dispensável a licitação para a aquisição ou restauração de obras de arte e objetos históricos, de autenticidade certificada, desde que compatíveis ou inerentes às finalidades do órgão ou entidade. No mesmo diapasão, para a impressão dos diários oficiais, de formulários padronizados de uso da Administração, e de edições técnicas oficiais, bem como para prestação de serviços de informática a pessoa jurídica de direito público interno, por órgãos ou entidades que integrem a Administração Pública, criados para esse fim específico.

É dispensada a licitação, ademais, para as compras de material de uso pelas Forças Armadas, com exceção de materiais de uso pessoal e administrativo, quando houver necessidade de manter a padronização requerida pela estrutura de apoio logístico dos meios navais, aéreos e terrestres, mediante parecer de comissão instituída por decreto.

É ainda dispensável a licitação na contratação de fornecimento ou suprimento de energia elétrica e gás natural com concessionário, permissionário ou autorizado, segundo as normas da legislação específica; bem como na contratação realizada por empresa pública ou sociedade de economia mista com suas subsidiárias e controladas, para a aquisição ou alienação de bens, prestação ou obtenção de serviços, desde que o preço contratado seja compatível com o praticado no mercado.

LICITAÇÃO PÚBLICA: HIPÓTESES DE DISPENSA E DE INEXIGIBILIDADE

– Inexigibilidade: quando a competição em torno do objeto pretendido pela Administração Pública se mostrar inviável, seja pela singularidade do objeto a ser contratado, seja pela singularidade do fornecedor.

– Dispensa: muito embora seja possível a competição em relação ao objeto a ser contratado, a própria lei especifica hipóteses em que a licitação *pode* deixar de ser feita, por motivos de conveniência e oportunidade.

10.28 A CONSTITUIÇÃO FEDERAL E AS DIVERSAS ESPÉCIES DE AGENTES PÚBLICOS

A Constituição Federal, no Capítulo relativo à Administração Pública, trata não somente dos servidores públicos estatutários, mas também dos empregados públicos, dos servidores temporários, dos militares, dos agentes políticos e até mesmo dos particulares em colaboração com o poder público. Desta forma, a Carta Magna traz regras, naquele Capítulo, referentes não somente aos servidores públicos, mas a diversas espécies do gênero agentes públicos.

Agente público, conforme definição de Maria Sylvia Zanella di Pietro,[71] "é toda pessoa física que presta serviços ao Estado e às pessoas jurídicas da Administração Indireta". Conforme lição daquela ilustre doutrinadora, com a qual concordamos integralmente, são 4 (quatro) as espécies de agentes públicos: agentes políticos, servidores públicos, militares e particulares em colaboração com o Estado.

Agentes políticos – são aqueles que ocupam os cargos estruturais da organização política do País, que ocupam os primeiros escalões do governo. Geralmente exercem mandato, para o qual são investidos por meio de eleição (Chefe do Poder Executivo federal, estadual, distrital e municipal, além dos parlamentares), mas podem ser nomeados pelo Chefe do Poder Executivo (Ministros e Secretários).

Também estão incluídos entre os agentes políticos, conforme corrente doutrinária dominante, aqueles que exercem atribuições constitucionais, dotados de independência funcional. É o caso, por exemplo, dos membros do Poder Judiciário, do Ministério Público, dos Tribunais e Conselhos de Contas e representantes diplomáticos.

Servidores públicos – são todas as pessoas naturais que prestam serviço ao Estado e às pessoas jurídicas que compõem a Administração Pública indireta (autarquias, fundações públicas e privadas, empresas públicas, sociedades de economia mista e consórcios públicos), com vínculo profissional e mediante remuneração, paga pelos cofres públicos. Comportam uma subdivisão, a saber: (a) servidores públicos estatutários; (b) empregados públicos; e (c) servidores temporários.

Servidores públicos estatutários – são as pessoas naturais (também conhecidas como pessoas físicas) que prestam serviços ao Estado, sob regime estatutário, e que ocupam cargos. Antes da edição da Constituição de 1988, eram denominados funcionários públicos. Atualmente, apenas alguns poucos diplomas legais, anteriores à Carta Magna (e por ela recepcionados), mantêm esta expressão: caso do Código Penal e do Estatuto dos Funcionários Públicos Civis do Estado de São Paulo (Lei 10.261, de 29 de outubro de 1968).

Por força de expressa previsão constitucional (artigo 39, § 3º), os servidores estatutários (ocupantes de cargos públicos) têm direito aos seguintes direitos sociais, conferidos à generalidade dos trabalhadores, e fixados pelo artigo 7º, da Carta Magna: salário mínimo, fixado em lei, nacionalmente unificado; décimo terceiro com base na remuneração integral; remuneração do trabalho noturno superior à do diurno; e salário-família.

Têm direito, ainda, à duração do trabalho normal não superior a 8 (oito) horas diárias e 44 (quarenta e quatro) semanais; ao repouso semanal remunerado; à remuneração do trabalho extraordinário superior, no mínimo, em 50% (cinquenta por cento) à do normal; às férias anuais remuneradas; à licença-gestante; à licença-paternidade; à proteção do mercado de trabalho da mulher; à redução dos riscos inerentes ao trabalho; e à proibição de diferença de salário, de exercício de funções e de critério de admissão por motivo de sexo, idade, cor ou estado civil.

Empregados públicos – são as pessoas naturais que prestam serviços ao Estado, contratadas sob o regime da legislação trabalhista (portanto, com vínculo empregatício, celetista), mesmo que parcialmente derrogada pela Constituição Federal, que prevê, por exemplo, a

---

71. *Op. cit.*, p. 511.

exigência de concurso público e submissão ao teto constitucional, no que tange à sua remuneração. Os empregados públicos, em síntese, são aqueles que ocupam emprego público.

Na esfera federal, os empregados públicos estão regulamentados pela Lei 9.962, de 22 de fevereiro de 2000, que cria para eles certo grau de estabilidade, cuja rescisão do contrato somente pode ocorrer por: (a) prática de falta grave, nos termos do artigo 482, da Consolidação das Leis do Trabalho; (b) acumulação ilegal de cargos, empregos ou funções; (c) necessidade de redução de pessoal, conforme previsto no artigo 169, da Carta Magna; e (d) insuficiência de desempenho, apurada em procedimento em que seja assegurada ampla defesa.

Como a competência para legislar sobre Direito do Trabalho é apenas da União (conforme expressa disposição constante do artigo 22, inciso I, da Lei Maior), não é possível aos Estados, ao Distrito Federal e aos Municípios, como fez a União, instituir uma lei criando normas próprias para seus empregados públicos, derrogando parcialmente as normas da Consolidação das Leis do Trabalho. Aquelas pessoas políticas, portanto, estão completamente submetidas à legislação celetista, parcialmente derrogada pela Constituição Federal.

Servidores temporários – são as pessoas naturais contratadas por tempo determinado, para atender à necessidade temporária de excepcional interesse público (conforme expressa redação do artigo 37, inciso IX, da Constituição Federal), e não ocupam nem cargo, nem emprego público. Na seara federal, são regidos pela Lei 8.745, de 9 de dezembro de 1993, alterada pelas Leis 9.849/1999 e 10.667/2003.

O vínculo entre o servidor temporário e a Administração Pública não é de natureza trabalhista, não se lhe aplicando, portanto, os ditames trabalhistas previstos na Consolidação das Leis do Trabalho (CLT). A aplicação da Lei 8.745/1993 c/c a Lei 8.112/1990 implica a existência de regulamentação própria, a qual afasta a aplicação da legislação trabalhista.

O artigo 2º, da Lei 8.745/1993 (com alterações determinadas pela Lei 9.849/1999) relaciona, dentre outras, as seguintes hipóteses de contratação por necessidade temporária de excepcional interesse público: (a) assistência a situações de calamidade pública; (b) combate a surtos endêmicos; (c) realização de recenseamentos e outras pesquisas de natureza estatística, efetuadas pela Fundação Instituto Brasileiro de Geografia e Estatística – IBGE; (d) admissão de professor substituto e professor visitante; (e) admissão de professor e pesquisador visitante estrangeiro.

Militares – são as pessoas naturais que prestam serviços às Forças Armadas (artigo 142, *caput*, e § 3º, da Constituição Federal) e às Polícias Militares e Corpos de Bombeiros Militares dos Estados, Distrito Federal e Territórios (artigo 42, da Carta Magna). Os policiais civis, os policiais federais, os guardas municipais, os policiais rodoviários e os policiais ferroviários não são militares, mas sim servidores estatutários (civis, portanto).

Antes da Emenda Constitucional 18/1998, os militares[72] (então denominados servidores públicos militares) eram considerados espécie do gênero servidor público. Agora, são denominados apenas *militares*, submetidos a regime próprio (estatutário), sendo certo que as normas constitucionais referentes aos servidores públicos somente lhe são aplicadas quando houver previsão expressa (caso do artigo 37, incisos XI, XIII, XIV e XV, artigo 40, §§ 1º e 2º, e artigo 142, § 3º, VIII e IX, todos da Lei Maior). O ingresso nas Forças Armadas

---

72. Nos expressos termos do artigo 140, § 3º, de nossa Lei Maior, os membros das Forças Armadas são denominados militares. O mesmo vale para os membros das Polícias Militares e Corpos de Bombeiros Militares dos Estados, do Distrito Federal e dos Territórios, conforme norma expressa constante do artigo 42, § 1º, da Constituição Federal.

pode se dar tanto pela via compulsória (alistamento militar) como por meio de concurso público (curso de formação de oficiais).

Nos termos do artigo 142, da Constituição Federal, as Forças Armadas, constituídas pela Marinha, pelo Exército e pela Aeronáutica, são instituições nacionais permanentes e regulares, organizadas com base na hierarquia e na disciplina, sob a autoridade suprema do presidente da República, destinadas à defesa da pátria, à garantia dos poderes constitucionais e, por iniciativa de qualquer destes Poderes, da lei e da ordem.

Ainda conforme nossa Carta Magna, as patentes, com prerrogativas, direitos e deveres a elas inerentes, são conferidas pelo presidente da República e asseguradas em plenitude aos oficiais da ativa, da reserva ou reformados, sendo-lhes privativos os títulos e postos militares e, juntamente com os demais membros, o uso dos uniformes das Forças Armadas.

Segundo expressamente determinado pelo artigo 142, § 2º, de nossa Lei Fundamental, não caberá *habeas corpus* em relação a punições disciplinares militares. Como nos lembram Luiz Alberto David Araujo e Vidal Serrano Nunes Júnior,[73] tal vedação demonstra que as corporações militares hão de estar alicerçadas em 2 (dois) princípios básicos, a saber: hierarquia e disciplina. É por essa razão, por exemplo, que não cabe *habeas corpus* contra a imposição da pena de exclusão de militar ou de perda de patente ou de função pública, conforme determina a Súmula 694, do Pretório Excelso.

Contudo, como já mencionamos no Capítulo 9 desta obra, ao estudarmos o *habeas corpus*, aquela proibição não abrange, conforme já decidiu o Supremo Tribunal Federal, os chamados *pressupostos de legalidade da sanção disciplinar* – hierarquia, poder disciplinar, ato ligado à função e pena suscetível de ser aplicada (*Habeas Corpus* 70.648, Relator Ministro Moreira Alves, e Recurso Extraordinário 338.840-RS, Relatora Ministra Ellen Gracie, 19.8.2003).

São vedados ao militar os direitos de sindicalização e de greve, sendo certo que ele também não poderá estar filiado a partidos políticos, enquanto em serviço ativo. Por outro lado, os militares têm direito a alguns direitos sociais, conferidos aos trabalhadores urbanos e rurais, fixados pelo artigo 7º, da Carta Magna. São eles: décimo terceiro salário; salário-família; férias anuais remuneradas; licença à gestante; licença paternidade; e assistência gratuita a filhos e dependentes em creches.

Particulares em colaboração com o poder público – são todas as pessoas naturais que prestam serviços ao Estado, sem vínculo de subordinação profissional. Alguns são remunerados pelos serviços que prestam; outros, não o são. Como nos ensina Maria Sylvia Zanella di Pietro,[74] tais particulares em colaboração com o Estado compreendem 3 (três) espécies, a saber: (a) os que atuam por requisição, nomeação ou designação para o exercício de funções públicas relevantes; (b) os gestores de negócios; e (c) os delegatários do poder público.

Os particulares que atuam por requisição, nomeação ou designação para o exercício de funções públicas relevantes não possuem vínculo empregatício e, em geral, não recebem remuneração. É o caso das testemunhas judiciais, dos jurados e dos convocados para o serviço militar obrigatório ou para o serviço eleitoral. Os gestores de negócios, por sua vez, são aqueles que assumem espontaneamente uma função pública em momento de emergência, como epidemias, incêndios e enchentes.

---

73. *Op. cit.*, p. 376.
74. *Op. cit.*, p. 518.

Os delegatários do Estado, por fim, são aqueles que prestam serviços públicos cuja titularidade é do Estado, mas cuja execução lhes é transferida por meio de concessão, permissão ou autorização de serviço público. Não possuem vínculo empregatício, mas estão submetidos à constante fiscalização pelo titular do serviço, ou seja, pelo Estado. A remuneração que recebem, ressalvados os casos de parcerias público-privadas, em que pelo menos uma parte é fornecida pela entidade pública, é paga pelos usuários do serviço público, e não pelos cofres públicos.

A CONSTITUIÇÃO FEDERAL E AS DIVERSAS ESPÉCIES DE AGENTES PÚBLICOS

Agentes políticos	– São aqueles que ocupam os cargos estruturais da organização política do País, que ocupam os primeiros escalões do governo.
	– Geralmente exercem mandato, para o qual são investidos por meio de eleição, mas podem ser nomeados pelo Chefe do Poder Executivo.
	– Também estão incluídos entre os agentes políticos aqueles que exercem atribuições constitucionais, dotados de independência funcional.
Servidores públicos	– São todas as pessoas naturais que prestam serviço ao Estado e às pessoas jurídicas que compõem a Administração Pública indireta, com vínculo profissional, e mediante remuneração paga pelos cofres públicos.
	– Contém 3 (três) subespécies: servidores públicos estatutários, empregados públicos e servidores temporários.
Militares	– São as pessoas naturais que prestam serviços às Forças Armadas e às Polícias Militares e Corpos de Bombeiros Militares dos Estados, Distrito Federal e Territórios.
	– Antes da EC 18/98, quando denominados servidores públicos militares, eram considerados espécie do gênero servidor público.
	– São submetidos a regime próprio (estatutário), somente sendo aplicadas as normas constitucionais referentes aos servidores públicos estatutários quando houver previsão expressa.
Particulares em colaboração com o poder público	– São todas as pessoas naturais que prestam serviços ao Estado, sem vínculo de subordinação profissional, e com ou sem remuneração pelos serviços prestados.
	– São espécies do gênero particulares em colaboração com o Estado: (a) os que atuam por requisição, nomeação ou designação para o exercício de funções públicas relevantes; (b) os gestores de negócios; e (c) os que atuam por delegação do poder público.

10.29 REGIME JURÍDICO DOS SERVIDORES PÚBLICOS

A Emenda à Constituição 19/1998 pretendeu excluir, do artigo 39, *caput*, da Constituição Federal, a norma que exigia que a União, os Estados, o Distrito Federal e os Municípios instituíssem regime jurídico único para seus respectivos servidores da Administração Pública direta e indireta[75]. Portanto, a denominada Reforma Administrativa pretendia permitir que cada uma das pessoas políticas de nossa Federação pudesse adotar regimes jurídicos distintos, não mais ficando obrigadas a instituir um único regime para todos os seus servi-

---

75. Eis os termos da norma constitucional em questão, em sua redação original: "a União, os Estados, o Distrito Federal e os Municípios instituirão, no âmbito de sua competência, regime jurídico único e plano de carreira para os servidores da Administração pública direta, das autarquias e fundações públicas".

dores, sendo possível, desta forma, estabelecer o regime estatutário para alguns e o regime contratual (celetista) para outros.

Mesmo à época da implantação da Reforma Administrativa, já era consenso, tanto na doutrina como na jurisprudência pátrias, que havia carreiras que, em razão da exigência constitucional de que sejam organizados em carreira, somente poderiam adotar, por consequência, o regime estatutário. Enquadravam-se nesta hipótese, por exemplo, os membros do Poder Judiciário, os membros do Ministério Público, do Tribunal de Contas, da Advocacia Pública, da Defensoria Pública e da Polícia (Polícia Federal, Polícia Rodoviária Federal, Polícia Ferroviária Federal e Polícia Civil).

Posteriormente, por força de liminar concedida em sede de controle concentrado de constitucionalidade (Ação Direta de Inconstitucionalidade 2.135-DF), o Supremo Tribunal Federal determinou a suspensão, com efeitos *ex nunc*, da vigência da nova redação do artigo 39, *caput*, da Lei Maior, razão pela qual voltou a viger a antiga, exigindo, por consequência, que as pessoas jurídicas de direito público interno (inclusive suas autarquias e fundações públicas) adotem o mesmo regime jurídico, para todos os seus servidores. Até o fechamento desta edição, referida ação constitucional ainda não foi definitivamente julgada.

REGIME JURÍDICO DOS SERVIDORES PÚBLICOS

– A denominada Reforma Administrativa, instituída pela Emenda Constitucional 19/1998, pretendia permitir que cada uma das pessoas políticas de nossa Federação adotasse regimes jurídicos distintos, não mais ficando obrigadas a instituir um único regime para todos os seus servidores, sendo possível, desta forma, estabelecer o regime estatutário para alguns e o regime contratual (celetista) para outros.

– Contudo, por força de liminar concedida na Ação Direta de Inconstitucionalidade 2.135-DF, o Pretório Excelso determinou a suspensão, com efeitos *ex nunc*, da vigência da nova redação do artigo 39, *caput*, da Constituição, restaurando a antiga redação do dispositivo, exigindo que cada uma das pessoas jurídicas de direito público interno adote o mesmo regime jurídico, para todos os seus servidores.

10.30 CONDIÇÕES PARA INGRESSO NO SERVIÇO PÚBLICO

Nos termos da nova redação dada ao artigo 37, inciso I, da Constituição Federal, por força da Emenda Constitucional 19/1998, agora não só os brasileiros, como também os estrangeiros, poderão ser servidores públicos, desde que observados os requisitos previstos em lei, a ser editada pela pessoa política (União, Estados, Distrito Federal e Municípios).

O ingresso nos cargos e empregos públicos, como regra geral, dar-se-á através de *concurso público*, nos termos do artigo 37, inciso II, de nossa Lei Maior, tudo para que sejam observados os princípios da impessoalidade e da eficiência, no âmbito da Administração Pública. A necessidade de realização de concurso público, portanto, vale para os servidores públicos estatutários, ocupantes de cargos públicos, e para os empregados públicos, contratados sob o regime da Consolidação das Leis do Trabalho (CLT) e demais leis correlatas.

É importante mencionar, neste ponto, que tanto para o provimento originário (quando a pessoa ingressa no serviço público), quanto para o provimento derivado (quando o servidor, já pertencente aos quadros da Administração Pública, passa a ocupar outro cargo), e mesmo que não haja progressão na carreira (provimento derivado do tipo horizontal, como se dá no caso da chamada remoção, por exemplo), é imprescindível a realização de concurso público.

Independem de concurso público para ingresso na Administração Pública, por outro lado, os nomeados para cargos em comissão, os novos magistrados que ingressarem nos tribunais pelo chamado quinto constitucional (artigo 94, da Constituição Federal), bem como os novos Ministros do Supremo Tribunal Federal e dos Tribunais Superiores (Superior Tribunal de Justiça, Tribunal Superior do Trabalho, Superior Tribunal Militar e Tribunal Superior Eleitoral), que são nomeados pelo presidente da República, após aprovação pelo Senado Federal (artigo 84, inciso XIV, da Carta Magna).

Quanto aos servidores públicos contratados por tempo determinado, para atendimento de necessidade temporária de excepcional interesse público (artigo 37, inciso IX, da Constituição Federal), a Lei 8.745/1993, em seu artigo 3º, exige um processo seletivo mais simplificado, mais simples que o concurso público, para a generalidade das contratações. O processo seletivo será dispensado totalmente apenas quando se tratar de hipótese de calamidade pública (artigo 3º, § 1º) e na hipótese de professor com notória capacidade técnica ou científica, mediante análise de currículo.

Particularmente no que se refere à regra do inciso VIII, do artigo 37, da Carta Magna, que prevê a reserva de um percentual dos cargos e empregos públicos para pessoas portadoras de deficiências, é importante esclarecer que tal dispositivo não afasta a necessidade de concurso público para ingresso daqueles. Apenas lhes garante um percentual das vagas, desde que tenham sucesso no certame e que atendam às condições necessárias ao exercício da função.

Por sua vez, o artigo 37, inciso III, de nossa Lei Maior, dispõe que o concurso público tem *validade de até 2 (dois) anos*, podendo ser prorrogado uma única vez, por igual período. Da leitura atenta daquela norma constitucional podemos perceber duas coisas: (a) o Estado não está obrigado a fixar prazo de validade de 2 (dois) anos para o certame, podendo estabelecê-lo em prazo consideravelmente menor, se o considerar conveniente e oportuno; (b) a Administração Pública não é obrigada a prorrogar o prazo de validade do concurso, fazendo-o apenas se também o considerar conveniente e oportuno[76].

Durante o prazo improrrogável previsto no edital de convocação, o candidato aprovado em concurso público de provas, ou de provas e títulos, será convocado com prioridade sobre novos concursados para assumir cargo ou emprego (artigo 37, inciso IV, de nossa Lei Maior). Isso quer dizer que, a princípio, a Administração Pública pode realizar outro concurso público, antes de encerrado o prazo de duração do certame anterior, desde que convoque prioritariamente os aprovados no concurso anterior.[77]

O candidato aprovado em concurso público terá direito à nomeação nas seguintes hipóteses: (a) se for nomeado candidato aprovado em concurso posterior, dentro do prazo de validade do concurso em que foi aprovado; (b) se for preterido em relação a candidato aprovado em seu concurso, porém com pior classificação; (c) quando a Administração Pública requisitar servidores para desempenhar as funções previstas no cargo, ao invés de nomear aprovados no concurso.

Agora, pela nova jurisprudência do Supremo Tribunal Federal (sobre o tema, vide Recurso Extraordinário 598.099-MS), também o candidato aprovado dentro das vagas previstas no edital do concurso público terá direito à nomeação, afastando, portanto, a jurisprudência anterior, que considerava que o candidato, neste caso, tinha mera expectativa de direito à nomeação. Se, por outro lado, o candidato não for aprovado dentro das vagas previstas no edital, evidentemente não terá direito à nomeação.

---

76. Em outras palavras, *o candidato não tem direito subjetivo à prorrogação do prazo de validade do certame*.
77. Na seara federal, contudo, a Lei 8.112/1990 (artigo 12, § 2º) veda expressamente a abertura de novo concurso, enquanto houver candidato aprovado em certame anterior, com prazo de validade não expirado.

Nos termos do § 2° do mesmo artigo 37 da Carta Magna, a não observância da necessidade de prévio concurso público para a investidura em cargo e emprego público, bem como do prazo de validade do certame, implicará em nulidade do ato e punição da autoridade responsável, nos termos da Lei 8.429/1992 (a já estudada Lei da Improbidade Administrativa).

CONDIÇÕES PARA INGRESSO NO SERVIÇO PÚBLICO

– A necessidade de realização de concurso público vale para os servidores públicos estatutários, ocupantes de cargos públicos, e para os empregados públicos, contratados sob o regime da Consolidação das Leis do Trabalho (CLT) e demais leis correlatas (artigo 37, inciso II, da Constituição Federal).

– Independem de concurso público para ingresso na Administração Pública, por outro lado, os nomeados para cargos em comissão e os contratados por tempo determinado, para atendimento de necessidade temporária de excepcional interesse público (artigo 37, inciso IX, da Lei Maior).

– Também não precisam submeter-se a concurso público os novos juízes, que ingressam nos tribunais pelo chamado quinto constitucional (artigo 94, da Carta Magna), bem como os novos Ministros do Supremo Tribunal Federal e dos Tribunais Superiores (artigo 84, inciso XIV, da Carta Magna).

10.31 ASSOCIAÇÃO SINDICAL E DIREITO DE GREVE DOS SERVIDORES PÚBLICOS

Nos termos do artigo 37, inciso VI, da Carta Magna, é garantido ao servidor público civil o direito à livre associação sindical. O dispositivo constitucional em comento, ao utilizar a expressão *servidor público civil*, a qual, como vimos, foi suprimida do restante do texto constitucional pela Emenda 18/1998, refere-se aos servidores públicos estatutários, empregados públicos e servidores temporários.

Conforme nos esclarece Maria Sylvia Zanella di Pietro,[78] a Constituição Federal não estabeleceu, no Capítulo referente aos servidores públicos, normas disciplinadoras acerca do direito de associação sindical dos servidores, como o fez, em seu artigo 8°, em relação aos trabalhadores urbanos e rurais. Por essa razão, concluiu a ilustre doutrinadora, referidas normas constitucionais também se aplicam perfeitamente aos servidores públicos, sobretudo porque perfeitamente compatíveis.

O direito de greve dos servidores públicos, por sua vez, está previsto no artigo 37, inciso VII, da Constituição Federal. Nos termos deste dispositivo constitucional, contudo, referido direito deverá ser exercido nos termos e nos limites definidos em lei específica. A redação deste inciso, vale mencionar, foi alterada pela Emenda Constitucional 19/1998, cuja redação original exigia a edição de lei complementar.

Em antigas decisões, o Supremo Tribunal Federal considerava que a norma constitucional em questão não poderia produzir quaisquer efeitos antes da edição da lei específica, exigida pelo artigo 37, inciso VII, da Carta Magna, por se tratar de norma constitucional não autoexecutável, também conhecida como norma constitucional de eficácia limitada. Contudo, em decisões mais recentes, o Pretório Excelso modificou aquele antigo entendimento.

Com efeito, em 25 de outubro de 2007, ao julgar os Mandados de Injunção nos 670, 708 e 712, que tinham por objeto justamente garantir aos servidores públicos o exercício do direito de greve, o Supremo Tribunal Federal não só reconheceu a omissão legislativa

---

78. *Op. cit.*, p. 548.

quanto ao dever de editar norma regulamentadora daquele direito, como também viabilizou imediatamente o seu exercício.

Naquelas decisões, o Pretório Excelso determinou, por maioria de votos, que fosse aplicada a todos os servidores públicos, no que coubesse, a lei de greve do setor privado (Lei 7.783, de 28 de junho de 1989), até que fosse editada norma específica para o setor público. Referidas decisões, como é fácil notar, viabilizaram o exercício imediato do direito de greve a *todos* os servidores públicos.

Segundo o artigo 6º, da Lei 7.783/1989, devem ser assegurados aos grevistas, dentre outros, o direito ao emprego de meios pacíficos tendentes a persuadir ou aliciar os trabalhadores a aderirem à greve e à arrecadação de fundos e a livre divulgação do movimento. Ainda segundo aquele artigo (§ 2º), é vedado às empresas adotar meios para constranger o empregado ao comparecimento ao trabalho, bem como capazes de frustrar a divulgação do movimento.

Nos termos do artigo 11, daquele mesmo diploma legal, os sindicatos, os empregadores e os trabalhadores ficam obrigados a garantir, durante a greve, a prestação dos serviços ou atividades essenciais, indispensáveis ao atendimento das necessidades inadiáveis da comunidade. A definição do que vem a ser um serviço ou atividade essencial, por sua vez, encontra-se no artigo 10 da mesma lei.[79]

Ainda segundo a Lei 7.783/1989, em greves que atinjam serviços ou atividades essenciais, as entidades sindicais ou os trabalhadores, conforme o caso, deverão comunicar a decisão aos empregadores e aos usuários com antecedência mínima de 72 (setenta e duas) horas da paralisação, constituindo abuso do direito de greve a inobservância das normas contidas naquele diploma infraconstitucional, bem como a manutenção da paralisação após a celebração de acordo, convenção ou decisão da Justiça.

No tocante especificamente ao *corte de ponto*, o Supremo Tribunal Federal decidiu, ao julgar o recurso extraordinário (RE) 693.456, com repercussão geral reconhecia (Tema 531)[80], que tratava da eventual constitucionalidade do desconto de dias parados em razão de greve de servidor, que a Administração Pública deverá sim realizar o corte do ponto dos grevistas, porém admitindo a possibilidade de compensação dos dias parados mediante acordo. Também foi decidido, naquela oportunidade, que o desconto não poderá ser feito caso o movimento grevista tenha sido motivado por conduta ilícita do próprio poder público.

Devemos mencionar, por fim, que, em relação aos militares dos Estados, Distrito Federal e Territórios (Polícias Militares e Corpos de Bombeiros Militares) e também para os membros das Forças Armadas, o direito à sindicalização e à greve são expressamente vedados pela Constituição Federal, conforme se pode verificar, respectivamente, dos artigos 42, § 5º, e 142, § 3º, inciso IV.

---

79. Lei 7.783/1989, artigo 10: "São considerados serviços ou atividades essenciais: I – tratamento e abastecimento de água; produção e distribuição de energia elétrica, gás e combustíveis; II – assistência médica e hospitalar; III – distribuição e comercialização de medicamentos e alimentos; IV – funerários; V – transporte coletivo; VI – captação e tratamento de esgoto e lixo; VII – telecomunicações; VIII – guarda, uso e controle de substâncias radioativas, equipamentos e materiais nucleares; IX – processamento de dados ligados a serviços essenciais; X – controle de tráfego aéreo; XI – compensação bancária".
80. Tema 531: "A administração pública deve proceder ao desconto dos dias de paralisação decorrentes do exercício do direito de greve pelos servidores públicos, em virtude da suspensão do vínculo funcional que dela decorre, permitida a compensação em caso de acordo. O desconto será, contudo, incabível se ficar demonstrado que a greve foi provocada por conduta ilícita do Poder Público".

10.32 REMUNERAÇÃO DOS AGENTES PÚBLICOS

A denominada Reforma Administrativa trouxe também consideráveis alterações no tocante à remuneração das diversas espécies de agentes públicos. Desde então, alguns passaram a ser remunerados por *subsídio*, outros por *vencimentos*. Algumas outras alterações, por sua vez, foram trazidas pela Emenda Constitucional 41, de 19 de dezembro de 2003, e, posteriormente, pela Emenda 47, de 5 de julho de 2005.

Subsídio, conforme disposto no artigo 39, § 4º, da Constituição Federal, é a remuneração paga em parcela única, com vedação de acréscimo de qualquer gratificação, adicional, abono, prêmio, verba de representação ou outra espécie remuneratória. Nos termos daquele dispositivo constitucional, o subsídio deve ser pago aos membros de Poder, aos detentores de mandato eletivo, Ministros de Estado e Secretários Estaduais e Municipais.

Também devem ser remunerados por subsídio, ademais, os membros da Advocacia Pública e da Defensoria Pública (artigo 135, da Constituição Federal), bem como os servidores da Polícia Federal, da Polícia Rodoviária Federal, da Polícia Ferroviária Federal, das Polícias Civis e das Polícias Militares e dos Corpos de Bombeiros Militares (artigo 144, § 9º, da Lei Maior). Os demais servidores públicos organizados em carreira, muito embora isso não seja obrigatório, poderão também ser remunerados por subsídio, conforme expressamente previsto no artigo 39, § 8º, da Constituição Federal.

O pagamento por meio de subsídio, é importante que se diga, não inviabiliza a percepção do décimo terceiro salário, das férias anuais acrescidas do adicional de um terço, salário-família, das horas extraordinárias eventualmente trabalhadas e dos demais direitos assegurados no artigo 39, § 3º, da Constituição Federal. Não inviabiliza, ademais, o recebimento de verbas de natureza indenizatória, conforme expressamente previsto no artigo 37, § 11, da Carta Magna[81].

Vencimentos, por sua vez, é a remuneração paga aos demais servidores públicos estatutários[82], que se compõem do salário-base (vencimento – no singular), acrescido das demais vantagens pessoais que cada servidor for adquirindo ao longo do tempo. Esta última espécie remuneratória também encontra expresso amparo constitucional, face à redação do artigo 39, § 1º, da Lei Maior, que dispõe sobre os critérios para fixação dos padrões *de vencimento e dos demais componentes do sistema remuneratório*.

REMUNERAÇÃO DOS AGENTES PÚBLICOS

– **Subsídio**: é a remuneração paga em parcela única, vedado o acréscimo de qualquer gratificação, adicional, abono, prêmio, verba de representação ou outra espécie remuneratória; deve ser pago aos membros de Poder, aos detentores de mandato eletivo, Ministros de Estado e Secretários Estaduais e Municipais (artigo 39, § 4º, da Constituição Federal)*.

– **Vencimentos**: é a remuneração paga aos demais servidores públicos estatutários, que se compõe do salário-base (vencimento – no singular), acrescido das demais vantagens pessoais que cada servidor for adquirindo ao longo do tempo (artigo 39, § 1º, da Lei Maior).

---

* Também devem ser remunerados por subsídio os membros da Advocacia Pública e da Defensoria Pública (artigo 135, da Constituição Federal) e os servidores da Polícia Federal, da Polícia Rodoviária Federal, da Polícia Ferroviária Federal, das Polícias Civis, das Polícias Militares e dos Corpos de Bombeiros Militares (artigo 144, § 9º, da Lei Maior). Os demais servidores públicos organizados em carreira, muito embora tal não seja obrigatório, poderão também ser remunerados por subsídio, conforme expressamente previsto no artigo 39, § 8º, da Carta Magna.

---

81. Constituição Federal, artigo 37, § 11: "Não serão computadas, para efeito dos limites remuneratórios de que trata o inciso XI do caput deste artigo, as parcelas de caráter indenizatório previstas em lei".
82. A remuneração básica paga aos empregados públicos, regidos pela legislação celetista, chama-se *salário*.

10.33 TETO REMUNERATÓRIO NO SERVIÇO PÚBLICO

O teto máximo para a remuneração dos servidores públicos está previsto no artigo 37, inciso XI, da Constituição Federal. À época da edição da Emenda Constitucional 19, de 4 de junho de 1998, referido teto, que valia tanto para os que recebiam sob o regime de subsídio como para os que recebiam vencimentos, era o valor da remuneração (subsídio) mensal percebida pelos Ministros do Supremo Tribunal Federal.

Atualmente, essa regra foi alterada pela Emenda à Constituição 41/2003, passando a ser fixado um teto remuneratório para cada pessoa política que compõe a Federação.[83] Com efeito, a partir daquela emenda constitucional, somado ao teto da Administração Pública Federal, que continua sendo o subsídio percebido pelos Ministros do Pretório Excelso, foi instituído também o teto para os Estados, para o Distrito Federal e para os Municípios.

Para os Estados e para o Distrito Federal, restou estabelecido que o valor máximo pago aos seus agentes públicos corresponde ao subsídio pago ao governador, no âmbito do Poder Executivo; aos deputados estaduais e distritais, no âmbito do Poder Legislativo; e aos desembargadores, no âmbito do Poder Judiciário. Para os Municípios, o teto remuneratório corresponde ao subsídio percebido pelo prefeito.

É importante que mencionemos que a Emenda Constitucional 47/2005 acrescentou um § 11 ao artigo 37, da Carta Magna, determinando que não serão computadas, naqueles limites fixados pelo supramencionado artigo 37, inciso XI, da Constituição Federal, as parcelas de caráter indenizatório previstas em lei.

A Emenda 47/2005, ademais, acrescentou um § 12 ao mesmo artigo 37, permitindo aos Estados e ao Distrito Federal fixar, como limite único dentro de suas esferas de competência, e mediante emenda às respectivas constituições e Lei Orgânica do Distrito Federal, o subsídio mensal dos desembargadores do respectivo Tribunal de Justiça, limitado a 90,25% (noventa inteiros e vinte e cinco centésimos por cento) do subsídio mensal pago aos Ministros do Supremo Tribunal Federal.

Tal norma, nos termos do dispositivo constitucional, não se aplica aos subsídios dos deputados estaduais e dos deputados distritais, que têm regramento próprio, estabelecido pela própria Constituição Federal. Também não se aplica, evidentemente, às remunerações pagas no âmbito dos Municípios, cujo teto continua sendo o subsídio pago aos respectivos Prefeitos, conforme regra do supramencionado artigo 37, inciso XI, de nossa Lei Maior.

Ademais, é imperioso ressaltar que a Suprema Corte decidiu que aquele limite de 90,25% (noventa inteiros e vinte e cinco centésimos por cento) do subsídio pago aos Ministros do Supremo Tribunal Federal, estabelecido para os desembargadores dos Tribunais de Justiça, é inconstitucional, por ferir o pacto federativo, já que o Poder Judiciário é uno e de caráter nacional. Sobre o tema, sugerimos a leitura da Ação Direta de Inconstitucionalidade (ADI) 3854-1, proposta pela Associação dos Magistrados Brasileiros (AMB).

Deve-se ressaltar que as mesmas regras relativas ao teto remuneratório (fixadas pelo artigo 37, inciso XI, da Constituição Federal) também se aplicam às empresas públicas e às sociedades de economia mista, bem como às suas subsidiárias, quando estas entidades receberem recursos da União, dos Estados, do Distrito Federal ou dos Municípios, para pagamento de despesas de pessoal ou de custeio em geral (artigo 37, § 9º, da Lei Maior).

---

83. Não são computadas, naqueles limites, as parcelas de caráter indenizatório previstas em lei (Constituição Federal, artigo 37, § 11).

Não podemos deixar de mencionar, por fim, que a Constituição Federal (artigo 37, inciso XII) dispõe que os vencimentos dos cargos do Poder Legislativo e do Poder Judiciário não poderão ser superiores aos pagos pelo Poder Executivo. Ademais, após conferir a garantia da irredutibilidade do subsídio e dos vencimentos de ocupantes de cargos e empregos públicos, prevê como uma das exceções a esta regra justamente a hipótese de o servidor receber mais que o teto fixado pela Constituição Federal (artigo 39, inciso XV).

10.34 ACUMULAÇÃO REMUNERADA DE CARGOS, EMPREGOS E FUNÇÕES

Como regra geral, a Carta Magna não permite a acumulação remuneratória de cargos, empregos e funções de membros da Administração Pública direta e indireta (autarquias, fundações, empresas públicas, sociedades de economia mista, suas subsidiárias), e sociedades controladas, direta ou indiretamente, pelo Estado. Entretanto, *por exceção*, permite tal acumulação. Para tanto, é indispensável que haja compatibilidade de horários e que o resultado da acumulação não supere o teto remuneratório fixado pelo artigo 37, inciso XI, da Lei Maior.

Exige-se, ademais, que se trate de alguma das hipóteses ali especificadas. São elas: (a) 2 *dois cargos de professor*; (b) *um cargo de professor, com outro técnico ou científico*; e (c) *dois cargos ou empregos privativos da área da saúde, com profissões regulamentadas (hipótese instituída pela Emenda Constitucional 34/2001)*. Juízes e membros do Ministério Público também poderão, por exceção, acumular seus cargos com o magistério.

A mesma vedação de acumulação remuneratória é também aplicável à hipótese de recebimento simultâneo de proventos de aposentadoria de servidores públicos com remuneração de cargo, emprego ou função pública (artigo 37, § 10, da Constituição Federal). Contudo, aqui também será possível tal acumulação, *por exceção*, quando se tratar de cargos acumuláveis na forma da Carta Magna, cargos eletivos e cargos em comissão.

ACUMULAÇÃO REMUNERADA DE CARGOS, EMPREGOS E FUNÇÕES

– Não é possível, *como regra geral*, a acumulação remunerada de cargos, empregos e funções na Administração Pública direta e indireta. A acumulação é permitida, *por exceção*, desde que haja compatibilidade de horários e que o resultado da acumulação não supere o teto fixado pelo artigo 37, inciso XI, da Lei Maior.

– Exige-se, ademais, que se trate de alguma das hipóteses ali especificadas. São elas: (a) dois cargos de professor; (b) um cargo de professor, com outro técnico ou científico; e (c) dois cargos ou empregos privativos da área da saúde, com profissões regulamentadas. Juízes e membros do Ministério Público também poderão, por exceção, acumular seus cargos com o magistério público.

10.35 ESTABILIDADE DO SERVIDOR PÚBLICO

Nos termos do artigo 41, *caput*, da Constituição Federal, os servidores públicos nomeados para cargo de provimento *efetivo*, em virtude de concurso público (apenas estes, estando excluídos, portanto, os nomeados para cargos em comissão, os servidores temporários e os empregados públicos), tornam-se estáveis após 3 (três) anos de efetivo exercício.[84] Este

---

84. Deve-se ressaltar, contudo, que o artigo 19, do Ato das Disposições Constitucionais Transitórias (ADCT), também garantiu estabilidade aos servidores públicos que estivessem prestando serviços à Administração Pública direta, autárquica e fundacional da União, dos Estados, do Distrito Federal e dos Municípios, há pelo menos 5 (cinco) anos, mesmo que investidos sem concurso público. Foi o chamado "trem da alegria" no serviço público.

lapso temporal, que anteriormente era menor, de apenas 2 (dois) anos, foi ampliado pela Emenda Constitucional 19/1998.

Como condição para aquisição da estabilidade, o mesmo artigo 41, de nossa Carta Magna, também passou a exigir, em seu § 4º, a avaliação especial de desempenho, por comissão instituída para esta finalidade. Durante o período de estágio probatório, o servidor público estatutário poderá ser exonerado, desde que lhe sejam concedidos o contraditório e a ampla defesa. Poderá sê-lo, igualmente, na hipótese de o cargo que o servidor ocupava ser extinto, antes de referido servidor completar o período do estágio probatório.

A partir da aquisição da estabilidade, o servidor público estatutário tem assegurada a permanência no serviço, somente podendo ser exonerado, nos termos do artigo 41, § 1º, da Constituição Federal, em 3 (três) hipóteses: (a) em virtude de sentença judicial transitada em julgado; (b) mediante processo administrativo em que lhe seja assegurada ampla defesa; e (c) mediante procedimento de avaliação periódica de desempenho, na forma de lei complementar, assegurada ampla defesa.

O artigo 169, § 4º, da Constituição Federal, prevê outra hipótese de perda do cargo do servidor estável, e que se dá no caso de as outras medidas tomadas pela União, Estados, Municípios e Distrito Federal, citadas no § 3º, não se mostrarem suficientes para que aquelas pessoas políticas consigam reduzir os gastos com pessoal aos limites fixados pela Lei de Responsabilidade Fiscal (Lei Complementar 101, de 4 de maio de 2000).

Eis as medidas que devem ser tomadas antes da exoneração de servidores estáveis: (a) *redução de pelo menos 20% (vinte por cento) das despesas com cargos em comissão e funções de confiança*, e, depois, (b) *exoneração de servidores não estáveis*. Caso ainda assim o servidor estável precise ser exonerado, *fará jus a uma indenização correspondente a 1 (um) mês de remuneração por ano de serviço*.

Nos termos da própria Constituição Federal (artigo 41, § 2º), invalidada por sentença judicial a demissão do servidor estável, será ele reintegrado ao cargo, e o eventual ocupante da vaga, se estável, reconduzido ao cargo de origem, sem direito a indenização, aproveitado em outro cargo ou posto em disponibilidade com remuneração proporcional ao tempo de serviço.

Já o § 3º, do mesmo artigo 41, da Constituição Federal, é expresso em esclarecer que, extinto o cargo ou declarada a sua desnecessidade, o servidor estável ficará em disponibilidade, com remuneração proporcional ao tempo de serviço, até seu adequado aproveitamento em outro cargo. Disponibilidade, em apertada síntese, é a inatividade do servidor estável, com remuneração proporcional ao tempo de serviço, tanto em razão da extinção do cargo que ocupava, como também por este cargo ter sido declarado não mais necessário.

O supramencionado artigo 41, § 3º, de nossa Lei Maior, acaba por nos evidenciar uma outra característica da chamada estabilidade. Com efeito, como vimos no início desta seção, além de ser conferida exclusivamente aos servidores públicos para cargo de provimento *efetivo*, a estabilidade apenas lhes garante a permanência no serviço público, e jamais no cargo que ocupam. Se isso não fosse verdade, não poderia haver uma norma constitucional, como de fato existe, prevendo a possibilidade de extinção do cargo ou a declaração de sua desnecessidade.

ESTABILIDADE DO SERVIDOR PÚBLICO

– Os servidores públicos nomeados para cargo de provimento efetivo, em virtude de concurso público (apenas estes, estando excluídos, portanto, os nomeados para cargos em comissão, os servidores temporários e os empregados públicos), tornam-se estáveis após 3 (três) anos de efetivo exercício (Carta Magna, artigo 41, *caput*).

– A partir da aquisição da estabilidade, o servidor público estatutário tem assegurada a permanência no serviço, somente podendo ser exonerado, nas seguintes hipóteses: (a) em virtude de sentença judicial transitada em julgado; (b) mediante processo administrativo em que lhe seja assegurada ampla defesa; (c) mediante procedimento de avaliação periódica de desempenho, na forma de lei complementar, assegurada ampla defesa; e (d) havendo necessidade de observar a norma do artigo 169, § 4º, da Lei Maior.

10.36 DIFERENÇA ENTRE ESTABILIDADE E VITALICIEDADE

Após tratarmos da estabilidade do servidor público, não podemos deixar de fazer menção a um tema inequivocamente com ele relacionado: a distinção entre *estabilidade* e *vitaliciedade*. A primeira, como vimos, gera a *permanência no serviço* (e não no cargo), *após 3 (três) anos de efetivo exercí*cio, podendo o servidor ser exonerado nas hipóteses dos artigos 41, § 1º, e 169, § 4º, da Constituição Federal.

Aliás, devemos aqui insistir, tanto é certo que a estabilidade não confere o direito de permanência do servidor público estatutário no cargo, mas somente no serviço, que o mesmo artigo 41 da Carta Magna, em seu § 3º, é expresso em determinar que, na hipótese de extinção ou declaração de desnecessidade do cargo, *o servidor estável ficará em disponibilidade, com remuneração proporcional ao tempo de serviço, até o seu adequado aproveitamento em outro cargo*.

Vitaliciedade, por sua vez, é a garantia atribuída a determinados agentes públicos (caso, por exemplo, dos membros do Poder Judiciário e do Ministério Público que tomem posse após a realização de concurso público de provas e títulos), e que, diferentemente da estabilidade, confere àqueles agentes *o direito de permanência no cargo* (e não apenas no serviço) *após 2 (dois) anos de exercício*, garantindo-lhes o direito de somente serem alijados de referido cargo após sentença judicial transitada em julgado.

Já os ministros do Supremo Tribunal Federal, dos Tribunais Superiores (Superior Tribunal de Justiça, Tribunal Superior do Trabalho, Superior Tribunal Militar e Tribunal Superior Eleitoral), dos Tribunais de Contas da União e dos Estados, e os juízes dos Tribunais de Justiça dos Estados, do Distrito Federal e dos Tribunais Regionais Federais que ingressarem nestas cortes através do chamado quinto constitucional (advogados e membros do Ministério Público), prescindem daquele prazo de 2 (dois) anos, adquirindo a vitaliciedade exatamente no momento em que tomam posse.

DISTINÇÃO ENTRE VITALICIEDADE E ESTABILIDADE

– Estabilidade: gera a permanência *no serviço* (e não no cargo), após 3 (três) anos de efetivo exercício, podendo o servidor ser exonerado nas hipóteses do artigo 41, § 1º, e 169, § 4º, da Constituição Federal.

– Vitaliciedade: é a garantia atribuída a determinados agentes públicos, que lhes confere *a permanência no cargo*, garantindo-lhes o direito de somente serem alijados dele após sentença judicial transitada em julgado.

10.37 EXERCÍCIO DE MANDATO ELETIVO

O artigo 38, da Carta Magna, disciplina o tratamento constitucional para a hipótese de servidor da Administração direta e indireta das autarquias e fundações públicas ocupar cargo eletivo. Referido dispositivo oferece soluções diversas, no que tange à possibilidade de acumulação de funções e vantagens pecuniárias, conforme se trate de mandato eletivo federal, estadual ou municipal.

Com efeito, em se tratando de mandato eletivo federal, estadual ou distrital, o servidor deverá, forçosamente, ser afastado de seu cargo, emprego ou função pública (inciso I). Tratando-se, por outro lado, de mandato de Prefeito, também será obrigatoriamente afastado de seu cargo, emprego ou função, podendo, contudo, optar pela remuneração deste, caso lhe seja mais vantajosa (inciso II).

Por fim, em se tratando de mandato de Vereador, poderá o servidor permanecer no cargo, emprego ou função pública, desde que haja compatibilidade de horários, hipótese em que perceberá a remuneração de ambas as funções (inciso III). Entretanto, se não houver tal compatibilidade, valerá a regra relativa aos Prefeitos.

Vale mencionarmos, ainda, que o inciso IV do artigo ora em estudo nos esclarece que, nas hipóteses em que o afastamento do cargo, emprego ou função pública se mostrar necessário para o exercício do mandato eletivo, o tempo de serviço neste último será computado, para todos os efeitos legais (exceto para promoção por merecimento), como tempo de serviço público.

10.38 REGIME DE PREVIDÊNCIA DOS SERVIDORES PÚBLICOS

A Emenda Constitucional 20, de 15 de dezembro de 1998 trouxe, ao texto constitucional, significativas modificações ao sistema previdenciário, tanto ao denominado "Regime Geral de Previdência Social" (RGPS), destinado à generalidade da população, como também ao regime próprio dos servidores públicos, chamado de "Regime Próprio de Previdência Social" (RPPS), este último destinado exclusivamente aos servidores que ocupam cargos públicos, de provimento efetivo, sob regime estatutário.

Particularmente no que se refere ao regime previdenciário dos servidores públicos, assunto que nos interessa no presente Capítulo, aquela emenda à Constituição 20, de 1998, *substituiu o antigo critério de tempo de serviço*, para concessão dos benefícios, *pelo critério de tempo de contribuição*, com expressa menção, no texto constitucional, da adoção de medidas que observem o equilíbrio financeiro e atuarial do regime.

Posteriormente, a Emenda Constitucional 41, de 19 de dezembro de 2003, trouxe novas alterações ao regime previdenciário próprio dos servidores públicos (posteriormente abrandadas pela Emenda Constitucional 47/2005), passando a prever, para os que ingressassem no serviço público após a edição daquela emenda, por exemplo, a perda do direito à integralidade do valor do benefício, bem como a obrigatoriedade de contribuição de servidores inativos e pensionistas, para o custeio de regime previdenciário.

Mais recentemente, com fundamento nas mudanças demográficas do País, com inequívoco envelhecimento da população, bem como no crescimento contínuo do custo para manutenção da previdência social, com risco iminente de colapso, o Parlamento nacional promulgou a emenda à Constituição 103, de 12 de novembro de 2019, que acrescentou alterações ainda mais severas ao regime próprio dos servidores públicos estatutários, ou seja, dos titulares de cargos efetivos. Vejamos, então, as principais regras relativas ao regime de previdência dos servidores públicos.

Segundo artigo 40, *caput*, da Constituição Federal, na redação que lhe conferiu a supramencionada Emenda Constitucional 103/2019, o regime próprio de previdência social dos servidores titulares de cargos efetivos terá caráter contributivo e solidário, mediante contribuição do respectivo ente federativo, de servidores ativos, de aposentados e de pensionistas, observados critérios que preservem o equilíbrio financeiro e atuarial.

Muito embora não esteja explicitado, como acontecia na antiga redação do artigo 40, *caput*, da Lei Magna, dada pela Emenda Constitucional, da simples leitura do dispositivo constitucional em comento, é possível depreender-se que a norma em referência aplica-se aos servidores estatutários de todos os entes da Federação: União, Estados, Distrito Federal e Municípios, além das respectivas entidades da Administração Pública Indireta.

Não estão incluídos no regime próprio de previdência dos servidores públicos, por outro lado, os empregados públicos, sob o regime da Consolidação das Leis do Trabalho (o chamado regime celetista), aqueles que não ocuparem cargos de provimento efetivo, ou seja, que não forem contratados por meio de concurso público, como é o caso dos ocupantes de cargos em comissão, declarados em lei de livre nomeação e exoneração, e dos servidores temporários, para os quais é aplicado o regime geral de previdência social, além dos agentes políticos (artigo 40, § 13, da Constituição Federal)[85].

Os proventos de aposentadoria não poderão ser inferiores ao valor mínimo a que se refere o § 2º do artigo 201, da Constituição Federal – ou seja, a 1 (um) salário mínimo mensal – ou superiores ao limite máximo estabelecido para o Regime Geral de Previdência Social. As regras para cálculo de proventos de aposentadoria serão disciplinadas em lei do respectivo ente federativo.

10.39 MODALIDADES DE APOSENTADORIA DOS SERVIDORES PÚBLICOS

O artigo 40, § 1º, de nossa Carta Magna, na redação que lhe deu a Emenda Constitucional 103, de 2019, estabelece as modalidades de aposentadoria a que fazem jus os servidores públicos titulares de cargos efetivos, a saber: (a) aposentadoria por incapacidade permanente para o trabalho (antes da Emenda Constitucional 103, de 2019, esta modalidade era chamada de *aposentadoria por invalidez*); (b) aposentadoria compulsória; e (c) aposentadoria voluntária.

Na *aposentadoria por incapacidade permanente para o trabalho*, o fato gerador é a impossibilidade permanente de o servidor público exercer as funções atinentes ao cargo em que foi investido, *desde que insuscetível de readaptação*. Nesta hipótese, a norma constitucional impõe a obrigatoriedade de realização de avaliações periódicas para verificação da continuidade das condições que ensejaram a concessão da aposentadoria, na forma de lei do respectivo ente federativo[86].

Ainda sobre a readaptação, é importante mencionar que o artigo 37, § 13, acrescentado ao texto da Carta Magna pela Emenda Constitucional 103, de 2019, dispõe expressamente que o servidor público titular de cargo efetivo poderá ser readaptado para exercício de cargo cujas atribuições e responsabilidades sejam compatíveis com a limitação que tenha sofrido em sua capacidade física ou mental, enquanto permanecer nesta condição, desde que possua a habilitação e o nível de escolaridade exigidos para o cargo de destino, mantida a remuneração do cargo de origem.

---

85. Constituição Federal, artigo 40, § 13: "Aplica-se ao agente público ocupante, exclusivamente, de cargo em comissão declarado em lei de livre nomeação e exoneração, de outro cargo temporário, inclusive mandato eletivo, ou de emprego público, o Regime Geral de Previdência Social" (Redação dada pela Emenda Constitucional 103, de 2019).
86. Na seara do serviço público federal, o instituto da *readaptação* está previsto no artigo 24, da Lei 8.112, de 11 de dezembro de 1990, que exige que o servidor seja colocado em cargo compatível com as limitações que passou a sofrer.

Na *aposentadoria compulsória*, que obriga o servidor a deixar o serviço público, com proventos proporcionais ao tempo de contribuição, o fato gerador é a chegada aos 70 (setenta) anos de idade, ou aos 75 (setenta e cinco) anos, na forma de lei complementar já editada (Lei Complementar 152, de 3 de dezembro de 2015). Nos expressos termos do artigo 2º, deste diploma legal, serão aposentados compulsoriamente, aos 75 (setenta e cinco) anos de idade, com proventos proporcionais ao tempo de contribuição[87]:

(a) os servidores titulares de cargos efetivos da União, dos Estados, do Distrito Federal e dos Municípios, incluídas suas autarquias e fundações;

(b) os membros do Poder Judiciário;

(c) os membros do Ministério Público;

(d) os membros das Defensorias Públicas; e

(e) os membros dos Tribunais e dos Conselhos de Contas.

É importante que se diga, contudo, que a idade para a aposentadoria compulsória *para os servidores que não se enquadrem naquelas hipóteses da Lei Complementar 152/2015, permanece sendo 70 (setenta) anos de idade*. É o caso de todos aqueles agentes públicos não submetidos ao regime estatuário, a saber: empregados públicos, sob o regime celetista; cargo em comissão declarado em lei de livre nomeação e exoneração; cargo temporário, inclusive mandato eletivo.

Trata-se a aposentadoria compulsória de ato vinculado da Administração Pública, que não pode manter o servidor na ativa, após atingir a idade máxima, invocando motivos de conveniência e oportunidade. Nesta modalidade, como já ressaltado anteriormente, os proventos serão proporcionais ao tempo de contribuição, salvo se o servidor já tiver preenchido, nesta época, os requisitos necessários à concessão da aposentadoria com proventos integrais.

Entretanto, a título de curiosidade, vale mencionar que, para alguns cargos públicos em particular, a aposentadoria compulsória já se dava efetivamente aos 75 (setenta e cinco) anos de idade, independentemente da edição daquela lei complementar. Com efeito, conforme redação expressa do artigo 100, do Ato das Disposições Constitucionais Transitórias, os ministros do Supremo Tribunal Federal, dos Tribunais Superiores e do Tribunal de Contas da União já poderiam postergar sua aposentadoria compulsória para os 75 (setenta e cinco) anos de idade[88].

A *aposentadoria voluntária*, como o próprio nome indica, é aquela em que o servidor decide, espontaneamente, aposentar-se. Segundo redação expressa do artigo 40, § 1º, inciso III, da Constituição Federal, na redação que lhe conferiu a Emenda Constitucional 103/2019, a idade mínima para a aposentadoria do servidor público estatutário, no âmbito da União, foi fixada em 62 (sessenta e dois) anos de idade, se mulher, e em 65 (sessenta e cinco) anos de idade, se homem[89].

---

87. Aos servidores do Serviço Exterior Brasileiro, regidos pela Lei 11.440/2006, o disposto no artigo 2º da Lei Complementar 152/2015 será aplicado progressivamente à razão de 1 (um) ano adicional de limite para aposentadoria compulsória ao fim de cada 2 (dois) anos, a partir da vigência de referida lei complementar, até o limite de 75 (setenta e cinco) anos.

88. Ato das Disposições Constitucionais Transitórias – ADCT, artigo 100: "Até que entre em vigor a lei complementar de que trata o inciso II do § 1º do art. 40 da Constituição Federal, os Ministros do Supremo Tribunal Federal, dos Tribunais Superiores e do Tribunal de Contas da União aposentar-se-ão, compulsoriamente, aos 75 (setenta e cinco) anos de idade, nas condições do art. 52 da Constituição Federal".

89. No caso de servidor que tiver ingressado no serviço público em cargo efetivo até a data de entrada em vigor da Emenda Constitucional 103, de 2019, ele poderá aposentar-se voluntariamente quando preencher, cumulativamente, os seguintes requisitos: I – 56 (cinquenta e seis) anos de idade, se mulher, e 61 (sessenta e um) anos de idade, se homem; II – 30 (trinta) anos de contribuição, se mulher, e 35 (trinta e cinco) anos de contribuição, se homem; III – 20 (vinte) anos de efetivo

No âmbito dos Estados, do Distrito Federal e dos Municípios, a idade mínima para a aposentadoria voluntária do servidor público em cargo efetivo (submetido ao regime estatutário, portanto excluídos os servidores temporários, os empregados públicos e os ocupantes de cargos em comissão, de livre nomeação e exoneração) deverá ser estabelecida mediante emenda às respectivas constituições e leis orgânicas, observados o tempo de contribuição e os demais requisitos estabelecidos em lei complementar do respectivo ente federativo.

Cabe ressaltar que poderão ser estabelecidos, por lei complementar do respectivo ente federativo, idade e tempo de contribuição diferenciados para aposentadoria: (a) de servidores com deficiência, previamente submetidos a avaliação biopsicossocial realizada por equipe multiprofissional e interdisciplinar; (b) de agentes penitenciários, de agentes socioeducativos ou de policial dos órgãos de que tratam; (c) de servidores cujas atividades sejam exercidas com efetiva exposição a agentes químicos, físicos e biológicos prejudiciais à saúde, ou associação desses agentes, vedada a caracterização por categoria profissional ou ocupação.

Ainda sobre a aposentadoria voluntária, vale mencionar que o artigo 40, § 19, de nossa Lei Magna, na redação que lhe conferiu a Emenda Constitucional 103, de 2019, o servidor titular de cargo efetivo que tenha completado as exigências para a aposentadoria voluntária[90] e que opte por permanecer em atividade, poderá fazer jus a um abono de permanência equivalente, no máximo, ao valor da sua contribuição previdenciária, até completar a idade para aposentadoria compulsória.

MODALIDADES DE APOSENTADORIA DOS SERVIDORES PÚBLICOS

Aposentadoria por incapacidade permanente para o trabalho	– O fato gerador é a impossibilidade *permanente* de o servidor público exercer as funções atinentes ao cargo em que foi investido, desde que insuscetível de readaptação.
Aposentadoria compulsória	– O fato gerador é a chegada aos 70 (setenta) anos de idade, ou aos 75 (setenta e cinco), na forma de lei complementar, evento que obriga o servidor a deixar o serviço público.
Aposentadoria voluntária	– O servidor decide aposentar-se espontaneamente. No âmbito da União, a idade mínima para esta modalidade de aposentadoria é de 62 (sessenta e dois) anos de idade, se mulher, e de 65 (sessenta e cinco) anos, se homem.

10.40 REGIME DE PREVIDÊNCIA COMPLEMENTAR

Segundo o artigo 40, § 14, da Constituição Federal, a União, os Estados, o Distrito Federal e os Municípios instituirão, por lei de iniciativa do respectivo Poder Executivo, regime de previdência complementar para servidores públicos ocupantes de cargo efetivo, observado o limite máximo dos benefícios do Regime Geral de Previdência Social para o valor das aposentadorias e das pensões em regime próprio de previdência social.

Para que isso seja possível, contudo, necessitarão instituir, por meio de lei de iniciativa do Poder Executivo correspondente, um regime de previdência complementar, por intermédio de entidade fechada ou aberta de previdência complementar, a qual, nos termos da nova redação conferida ao artigo 40, § 15, de nossa Lei Maior (pela Emenda Constitucional

---

exercício no serviço público; IV – 5 (cinco) anos no cargo efetivo em que se der a aposentadoria; e V – somatório da idade e do tempo de contribuição, incluídas as frações, equivalente a 86 (oitenta e seis) pontos, se mulher, e 96 (noventa e seis) pontos, se homem.

90. Conforme critérios estabelecidos por lei do respectivo ente federativo.

103, de 2019), somente poderá oferecer aos respectivos participantes planos de benefícios na modalidade de contribuição definida.

Nos expressos termos da Constituição Federal, o regime de previdência complementar somente poderá ser imposto aos servidores efetivos (estatutários) que ingressarem no serviço público após a publicação do ato que o instituir. Quer isso dizer, em outras palavras, que os servidores públicos estatutários que ingressarem no serviço público antes do ato que instituir o regime de previdência complementar, somente serão submetidos às regras deste se o desejarem.

No âmbito federal, já foi editada uma lei instituindo e regulamentando o regime de previdência complementar para os servidores públicos titulares de cargo efetivo da União, de suas autarquias e de suas fundações públicas, inclusive para os membros do Poder Judiciário, do Ministério Público da União e do Tribunal de Contas da União. Trata-se da Lei 12.618, de 30 de abril de 2012.

Segundo referido diploma legal, a União fica autorizada a criar a denominada Fundação de Previdência Complementar do Servidor Público Federal do Poder Executivo (Funpresp-Exe), para os servidores públicos titulares de cargo efetivo do Poder Executivo da União, por meio de ato do presidente da República.

Na mesma toada, fica autorizada a criação da Fundação de Previdência Complementar do Servidor Público Federal do Poder Legislativo (Funpresp-Leg), para os servidores públicos titulares de cargo efetivo do Poder Legislativo e do Tribunal de Contas da União e também para os membros deste Tribunal, por meio de ato conjunto dos presidentes da Câmara dos Deputados e do Senado Federal.

Fica autorizada, por fim, a criação da Fundação de Previdência Complementar do Servidor Público Federal do Poder Judiciário (Funpresp-Jud), para os servidores públicos titulares de cargo efetivo e também para os membros do Poder Judiciário, por meio de ato do presidente do Supremo Tribunal Federal.

Ainda segundo norma expressa, constante da Lei 12.618/2012, a Funpresp-Exe, a Funpresp-Leg e a Funpresp-Jud serão estruturadas na forma de fundação, de natureza pública, com personalidade jurídica de direito privado, sendo certo também que gozarão de autonomia administrativa, financeira e gerencial, com sede e foro no Distrito Federal.

Nos termos do artigo 9º, daquele diploma infraconstitucional, a administração daquelas entidades fechadas de previdência complementar observará os princípios que regem a Administração Pública, especialmente os da eficiência e da economicidade, devendo adotar mecanismos de gestão operacional que maximizem a utilização de recursos, de forma a otimizar o atendimento aos participantes e assistidos e diminuir as despesas administrativas.

A União, suas autarquias e suas fundações são responsáveis, na qualidade de patrocinadores, pelo aporte de contribuições e pelas transferências, às entidades fechadas de previdência complementar, das contribuições descontadas dos seus servidores. As contribuições devidas pelos patrocinadores deverão ser pagas de forma centralizada pelos respectivos Poderes da União, pelo Ministério Público da União e pelo Tribunal de Contas da União.

Em consonância com o que determina a Constituição Federal, a Lei 12.618/2012 dispõe que os planos de benefícios da Funpresp-Exe, da Funpresp-Leg e da Funpresp-Jud serão estruturados na modalidade de contribuição definida, nos termos da regulamentação estabelecida pelo órgão regulador das entidades fechadas de previdência complementar. Ainda segundo a lei, a distribuição das contribuições nos planos de benefícios e nos planos de custeio será revista sempre que necessário, para manter o equilíbrio permanente dos planos de benefícios.

10.41 MILITARES DOS ESTADOS, DO DISTRITO FEDERAL E DOS TERRITÓRIOS

Ao estudarmos as diversas espécies de agentes públicos, vimos que a Constituição de 1988 não trata apenas dos servidores públicos estatutários, mas também dos empregados públicos, dos servidores temporários, dos militares, dos agentes políticos e até mesmo dos particulares em colaboração com o Estado.

Vimos também, naquela oportunidade, que os militares são as pessoas naturais que prestam serviços às Forças Armadas (artigo 142, *caput*, e § 3º, da Constituição Federal) e às Polícias Militares e Corpos de Bombeiros Militares dos Estados, Distrito Federal e Territórios (artigo 42, da Carta Magna). Na presente seção, trataremos das normas específicas, contidas no texto constitucional, relativas aos militares dos Estados, do Distrito Federal e dos Territórios, previstas no texto constitucional.

Conforme redação do artigo 42, de nossa Lei Magna, os membros das Polícias Militares e dos Corpos de Bombeiros Militares, instituições organizadas com base na hierarquia e disciplina, são militares dos Estados, do Distrito Federal e dos Territórios. Da mesma forma que os militares das Forças Armadas, estão submetidos a regime próprio, sendo certo que as normas constitucionais referentes aos servidores públicos (civis) somente lhes são aplicadas quando houver previsão constitucional expressa.

Nos termos do artigo 42, § 1º, da Carta Magna, devem ser aplicadas aos militares dos Estados, do Distrito Federal e dos Territórios, além do que vier a ser fixado em lei, as disposições do artigo 14, § 8º; do artigo 40, § 9º; e do artigo 142, §§ 2º e 3º, todos da Constituição Federal, cabendo à lei estadual específica dispor sobre as matérias do artigo 142, § 3º, inciso X, da Lei Magna, sendo as patentes dos oficiais conferidas pelos respectivos governadores.

O supramencionado artigo 14, § 8º, de nossa Lei Maior, dispõe expressamente que o militar alistável é elegível, sendo de rigor, contudo, serem observadas as seguintes determinações: (a) se contar menos de 10 (dez) anos de serviço, deverá afastar-se da atividade; e (b) se contar mais de 10 (dez) anos de serviço, será agregado pela autoridade superior e, se eleito, passará automaticamente, no ato da diplomação, para a inatividade.

Graças à aplicação do artigo 40, § 9º, da Constituição Federal, restou expressamente garantida aos militares dos Estados, do Distrito Federal e dos Territórios a contagem, para efeito de aposentadoria e do tempo de serviço correspondente, para fins de disponibilidade, do tempo de contribuição federal, estadual ou municipal, caso tenham trabalhado em outras carreiras que não a Polícia Militar ou o Corpo de Bombeiros Militar. Ademais, no que se refere particularmente aos pensionistas desses militares, o artigo 42, § 2º, da Constituição Federal determina que sejam aplicadas ao caso o que restar determinado em lei específica, do respectivo ente estatal.

Em razão da necessidade de aplicação das normas constantes do artigo 142, §§ 2º e 3º, da Carta Magna, valem aqui os mesmos comentários que fizemos em relação aos militares das Forças Armadas. Com efeito, também para os militares dos Estados, do Distrito Federal e dos Municípios, não caberá *habeas corpus* em relação às punições disciplinares militares. Contudo, tal vedação não abrange, conforme já decidiu o Supremo Tribunal Federal, os chamados *pressupostos de legalidade da sanção disciplinar* – hierarquia, poder disciplinar, ato ligado à função e pena suscetível de ser aplicada (*Habeas Corpus* 70.648, Relator Ministro Moreira Alves, e Recurso Extraordinário 338.840-RS, Relatora Ministra Ellen Gracie, 19.8.2003).

Também são vedados aos militares dos Estados, do Distrito Federal e dos Territórios os direitos de sindicalização e de greve, sendo certo que eles também não poderão estar filiados a partidos políticos, enquanto em serviço ativo. Por outro lado, fazem jus a alguns direitos sociais, conferidos aos trabalhadores urbanos e rurais, fixados pelo artigo 7º, da Carta Magna. São eles: décimo terceiro salário; salário-família; férias anuais remuneradas; licença à gestante; licença-paternidade; e assistência gratuita a filhos e dependentes em creches.

Nos expressos termos do artigo 125, § 3º, da Constituição Federal, a lei estadual poderá criar, mediante proposta do respectivo Tribunal de Justiça, a Justiça Militar estadual, constituída, em primeiro grau, pelos juízes de direito e pelos Conselhos de Justiça e, em segundo grau, pelo próprio Tribunal de Justiça, ou por Tribunal de Justiça Militar nos Estados em que o efetivo militar seja superior a 20.000 (vinte mil) integrantes.

Ainda segundo a Carta Magna (artigo 125, § 4º), compete à Justiça Militar estadual processar e julgar os militares dos Estados, nos crimes militares definidos em lei, e as ações judiciais contra atos disciplinares militares, ressalvada a competência do Tribunal do Júri quando a vítima for civil, cabendo ao tribunal competente decidir sobre a perda do posto e da patente dos oficiais e da graduação das praças.

Nos termos do § 5º daquele mesmo artigo 125, de nossa Lei Maior, na redação que lhe conferiu a Emenda Constitucional 45/2004, compete aos juízes de direito do juízo militar processar e julgar, singularmente, os crimes militares cometidos contra civis e as ações judiciais contra atos disciplinares militares, cabendo ao Conselho de Justiça, sob a presidência de juiz de direito, processar e julgar os demais crimes militares.

Segundo artigo 42, § 2º, da Constituição Federal, aplicam-se aos pensionistas dos militares dos Estados, do Distrito Federal e dos Territórios aplica-se o que for fixado em lei específica do respectivo ente estatal.

Para encerrarmos esta seção, não podemos deixar de mencionar que o § 3º do artigo 42, acrescentado ao texto constitucional pela Emenda Constitucional 101, de 2019, passou a vedar aos militares dos Estados, do Distrito Federal e dos Territórios, *em caráter expresso*, a acumulação de cargos públicos, salvo se estiverem presentes as exceções estabelecidas para os servidores públicos, já estudados neste mesmo Capítulo. Referida emenda à Constituição ressalta, contudo, que sempre deve prevalecer a atividade militar.

10.42 REGIÕES

A Constituição de 1988 encerra o Capítulo referente à Administração Pública dispondo, em seu artigo 43, sobre as denominadas Regiões. Nos termos do dispositivo constitucional em comento, para efeitos administrativos, a União poderá articular sua ação em um mesmo complexo geoeconômico e social, visando a seu desenvolvimento e à redução das desigualdades regionais.

Segundo o § 1º daquele mesmo artigo 43, de nossa Carta Magna, lei complementar deverá dispor sobre as condições para integração de regiões em desenvolvimento; a composição dos organismos regionais que executarão, na forma da lei, os planos regionais, integrantes dos planos nacionais de desenvolvimento econômico e social, aprovados juntamente com estes.

Ainda nos termos de nossa Lei Maior (artigo 43, § 2º), os incentivos regionais compreenderão, além de outros, na forma da lei: igualdade de tarifas, fretes, seguros e outros itens de custos e preços de responsabilidade do Estado; juros favorecidos para financiamento de atividades prioritárias; isenções, reduções ou diferimento temporário de tributos federais devidos por pessoas físicas ou jurídicas; prioridade para o aproveitamento econômico e social dos rios e das massas de água represadas ou represáveis nas regiões de baixa renda, sujeitas a secas periódicas.

No tocante especificamente aos rios e às massas de água represadas ou represáveis nas regiões de baixa renda, sujeitas a secas periódicas, a Constituição Federal determina expressamente, em seu artigo 43, § 3º, que a União incentive a recuperação de terras áridas, bem como coopere com os pequenos e médios proprietários rurais, de maneira a restabelecer, nas glebas destes últimos, as fontes de água e de pequena irrigação.

11
ORGANIZAÇÃO DOS PODERES

11.1 A DENOMINADA "SEPARAÇÃO DE PODERES"

Como já tivemos a oportunidade de mencionar em outras oportunidades, a constituição escrita foi concebida com o objetivo precípuo de fixar mecanismos de limitação do Poder do Estado, para proteção dos cidadãos contra eventuais arbitrariedades estatais. Dentre aqueles mecanismos de limitação do poder do Estado, sobressaem-se as normas que dispõem sobre os direitos e garantias fundamentais.

Contudo, existem outros mecanismos igualmente importantes, e que também cumprem aquela missão. É o caso, por exemplo, das regras que fixam o modo de exercício do poder estatal. E no que se respeita a este último mecanismo, a Constituição Federal de 1988, em seu artigo 2º, abraçou a tradicional divisão funcional do poder estatal, dispondo que "*são Poderes da União, independentes e harmônicos entre si, o Legislativo, o Executivo e o Judiciário*".

A Constituição de 1988 adotou, portanto, a tradicional *separação de poderes*, também conhecida por *divisão de poderes*, ou seja, a repartição do poder estatal (que, na verdade, é uno) em 3 (três) funções distintas, todas com independência, prerrogativas e imunidades próprias, indispensáveis ao bom cumprimento de seus misteres.

Em outras palavras, conferiu àquelas funções do Estado, exercidas por 3 (três) Poderes distintos, os conhecidos Poderes Legislativo, Executivo e Judiciário, parcelas da soberania estatal, garantindo considerável independência, a cada um deles, em relação aos demais, como mecanismo assecuratório do respeito aos direitos e garantias fundamentais, e, sobretudo, da garantia da manutenção do Estado Democrático de Direito.

A chamada separação de poderes está fundamentada em 2 (dois) elementos essenciais: o primeiro é a *especialização funcional*, significando que cada órgão é especializado em uma função estatal específica; o segundo, a *independência orgânica*, que exige que cada um daqueles órgãos possa exercer sua função especializada de forma verdadeiramente independente, sem subordinação aos demais.

Com efeito, por força da *especialização funcional* que lhe é peculiar, o ordenamento jurídico do Estado, cujas normas principais estão na própria Carta Magna, confere a cada um daqueles poderes estatais uma função precípua, que a doutrina costuma denominar de *função típica*. Assim, caberá ao Poder Executivo, precipuamente, a função executiva; ao Poder Legislativo, a função legislativa e também a função de fiscalizar o Executivo; e ao Poder Judiciário, a função jurisdicional.

Já em razão da *independência orgânica*, cada um daqueles poderes do Estado deverá exercer sua função estatal sem qualquer subordinação aos demais poderes constituídos, não havendo necessidade, como regra geral, de consultar ou solicitar autorização dos outros poderes para realizar suas atribuições típicas, cujas balizas são fixadas apenas pelo ordenamento jurídico.

É por força da independência orgânica, por exemplo, que os membros do Poder Legislativo gozam das chamadas *imunidades parlamentares*, ou seja, de um conjunto de prerrogativas que lhes permite atuar com liberdade e independência, podendo, por exemplo, exercer a função típica de fiscalizar os atos do Poder Executivo sem receios de sofrerem ameaças ou efetivos abusos por parte dos membros deste poder.

Da mesma forma, os membros do Poder Judiciário gozam de algumas garantias constitucionais, tais como a vitaliciedade, a inamovibilidade e a irredutibilidade de subsídios, as quais têm por escopo justamente assegurar o livre desempenho de suas funções jurisdicionais, sem risco de sofrer quaisquer arbitrariedades praticadas por outrem, que possam comprometer sua indispensável imparcialidade.

É importante ressaltarmos, contudo, que tanto a especialização funcional, quanto a independência orgânica, típicas da separação ou divisão de poderes, não podem ser encaradas como absolutas. Com efeito, conforme ressalta o próprio artigo 2º da Carta Magna, muito embora independentes, os Poderes Executivo, Legislativo e Judiciário são também *harmônicos entre si*.

Por harmonia entre si (entre os poderes) devemos entender não só a exigência de que haja tratamento cortês entre os três Poderes, bem como que sejam reciprocamente respeitadas as prerrogativas que lhe são atribuídas, como também a necessidade de que cada um daqueles poderes possa exercer algum controle sobre os demais. Esse mecanismo é conhecido como *sistema de freios e contrapesos*, também denominado *checks e balances*.

Com efeito, no tocante à chamada especialização funcional, a verdade é que não há, como possa parecer a princípio, exercício exclusivo de cada uma daquelas funções estatais, pelos diferentes poderes. Além das funções predominantes, denominadas de *funções típicas* (justamente em razão deste caráter de predominância), o próprio texto constitucional confere àqueles poderes outras funções, não predominantes, denominadas *funções atípicas*.

É nesse diapasão, por exemplo, que, ao mesmo tempo em que cabe ao Poder Executivo as funções típicas de instituir as políticas públicas de governo, com base no texto constitucional, e de atender aos comandos legais (na seara administrativa), ele pode (ou mesmo deve) também praticar funções atípicas, como, por exemplo, a de editar medidas provisórias (função legislativa) e julgar os processos administrativos instaurados (função julgadora).

Igual raciocínio vale para o Poder Legislativo. Além de suas funções típicas de legislar e fiscalizar o Poder Executivo, cabem àquele poder as funções atípicas de administrar (de maneira semelhante ao que mencionamos sobre o Poder Executivo) e também de julgar, como se dá, por exemplo, na hipótese de crime de responsabilidade praticado pelo presidente da República (artigo 52, inciso I, da Carta Magna).

O mesmo se aplica ao Poder Judiciário. De fato, ao mesmo tempo em que este exerce sua função típica prestando a atividade jurisdicional, solucionando as lides que lhe são propostas, necessita também exercer a função atípica de editar atos administrativos, destinados aos seus servidores, com vistas ao adequado e célere cumprimento de sua função típica. O Poder Judiciário detém, ademais, o poder de iniciativa nos projetos de lei para criação de seus cargos subordinados, bem como para aumento da remuneração destes.

Por fim, no tocante à independência orgânica, o ordenamento jurídico também prevê diversos mecanismos de interferência de um poder em outro, de maneira que a atuação conjunta daí resultante possa assegurar não só a observância dos direitos e garantias fundamentais, como também a manutenção do Estado Democrático de Direito, sem que um poder possa hipertrofiar-se, mitigando ou mesmo excluindo a importância das demais funções estatais.

É por essa razão, por exemplo, que a Constituição de 1988 confere ao Poder Legislativo a função de editar a maioria das espécies normativas previstas em seu artigo 59, tais como as emendas constitucionais, as leis complementares e as leis ordinárias. Contudo, a mesma Lei Maior prevê importantíssima atuação do Poder Executivo no processo legislativo, seja conferindo-lhe poder de iniciativa de leis (em alguns casos, até mesmo de forma exclusiva), seja dotando-o de poder de veto, quando considerar o projeto de lei inconstitucional ou contrário ao interesse público.

Por outro lado, a mesma Constituição Federal prevê a possibilidade de o Congresso Nacional, por quaisquer de suas Casas, não só modificar os projetos de lei de iniciativa do presidente da República, através da apresentação de emendas, como também de rejeitá-lo por completo. Prevê, ademais, a possibilidade de o Poder Legislativo derrubar o veto presidencial, por maioria absoluta de seus membros.

A Constituição Federal também prevê que o Poder Judiciário deva examinar a constitucionalidade das leis e atos normativos votados pelo Poder Legislativo e sancionados pelo Poder Executivo, afastando sua aplicação quando os considerar incompatíveis com o texto constitucional vigente. Contudo, quando referido controle for realizado apenas de maneira incidental, no chamado controle difuso, a eficácia *erga omnes* daquela decisão ficará condicionada à decisão do Senado Federal, ou seja, à decisão do Poder Legislativo.

A DENOMINADA "SEPARAÇÃO DE PODERES"

– A Constituição de 1988 adotou a tradicional *separação de poderes*, também conhecida por *divisão de poderes*, ou seja, a repartição do poder estatal (que, na verdade, é uno) em 3 (três) funções distintas, todas com independência, prerrogativas e imunidades próprias, indispensáveis ao bom cumprimento de seus misteres.

– A Carta Magna conferiu aos Poderes Executivo, Legislativo e Judiciário considerável independência em relação aos demais, como mecanismo assecuratório do respeito aos direitos e garantias fundamentais, e, sobretudo, da garantia da manutenção do Estado Democrático de Direito.

– A separação de poderes está fundamentada em 2 (dois) elementos essenciais: a *especialização funcional* (o Estado confere a cada um daqueles poderes uma função típica) e a *independência orgânica* (cada um dos poderes deverá exercer sua função sem subordinação aos demais).

– Por harmonia entre os poderes devemos entender não só a exigência de que haja tratamento cortês entre os três poderes, bem como que sejam reciprocamente respeitadas as prerrogativas que lhes são atribuídas, como também a necessidade de que cada um daqueles Poderes possa exercer algum controle sobre os demais (*sistema de freios e contrapesos*).

11.2 PODER LEGISLATIVO: NOTAS INTRODUTÓRIAS

Como já mencionado supra, as funções típicas do Poder Legislativo são as de legislar e de fiscalizar o Poder Executivo. Com efeito, como vimos anteriormente, a Constituição de 1988 confere ao Poder Legislativo a função típica de editar a maioria das espécies normativas previstas em seu artigo 59, tais como as emendas constitucionais, as leis complementares, as leis ordinárias, os decretos legislativos e as resoluções.

Na mesma toada, o Poder Legislativo também exerce a função típica de fiscalização externa sobre o Poder Executivo, que poderá ser de 2 (dois) tipos: (a) *político-administrativa*, através de um conjunto de mecanismos que possibilitem ao Parlamento controlar a gestão da coisa pública, como, por exemplo, através da criação de Comissões Parlamentares de Inquérito (CPIs) e de convocação de Ministros para prestar informações sobre o cumprimento de suas funções; e (b) *contábil, financeira e orçamentária*.

A fiscalização contábil, financeira e orçamentária, nós veremos com mais profundidade ainda neste Capítulo, está expressamente prevista no artigo 70, da Constituição Federal, que confere ao Congresso Nacional a prerrogativa de exercer a supervisão contábil, financeira, orçamentária, operacional e patrimonial da União e das entidades da Administração Pública direta e indireta, quanto à legalidade, legitimidade, economicidade, aplicação das subvenções e renúncias de receitas[1].

Cabem ao Poder Legislativo, ademais, as funções atípicas de administrar o funcionamento das Casas Legislativas, inclusive de seus servidores subordinados, bem como de processar e julgar o presidente e o vice-presidente da República nos crimes de responsabilidade, os ministros de Estado e os comandantes da Marinha, do Exército e da Aeronáutica nos crimes da mesma natureza conexos com aqueles, além dos ministros do Supremo Tribunal Federal, os membros do Conselho Nacional de Justiça e do Conselho Nacional do Ministério Público, o procurador-geral da República e o advogado-geral da União, também nos crimes de responsabilidade (artigo 52, incisos I e II, da Carta Magna).

Como preceitua o artigo 44, da Constituição de 1988, *"o Poder Legislativo é exercido pelo Congresso Nacional, que se compõe da Câmara dos Deputados e do Senado Federal"*. Vê-se, portanto, que a Constituição Federal somente trata, de maneira específica, do Poder Legislativo da União. Não dispõe, ao menos no Título relativo à chamada organização dos Poderes, de regras expressas sobre a forma como se estrutura o Poder Legislativo dos Estados, do Distrito Federal e dos Municípios. Regras relativas à organização destes entes da Federação, inclusive no que tange aos respectivos Poderes Legislativos, estão consignadas no Título III, da Carta Magna (denominado "Da Organização do Estado").

Da leitura do supramencionado artigo 44, da Carta Magna vigente, percebemos facilmente que o Poder Legislativo Federal é *bicameral*, ou seja, composto de 2 (duas) Casas Legislativas, a Câmara dos Deputados e o Senado Federal, de maneira diversa da que ocorre com os Parlamentos dos Estados, do Distrito Federal e dos Municípios, que são órgãos *unicamerais*, ou seja, com uma única Casa.

Essa estrutura dualista do Poder Legislativo da União decorre do modelo federativo adotado pelo País. Com efeito, como veremos melhor logo em seguida, além de contar com uma Casa com representantes do povo, a chamada Câmara dos Deputados, o Congresso Nacional conta também com uma Casa Legislativa que representa, de maneira paritária, cada um dos 26 (vinte e seis) Estados da Federação, além do Distrito Federal, denominada Senado Federal.

A estrutura bicameral tem por objetivo precípuo fortalecer a vontade dos Estados-membros e do Distrito Federal (unidades da Federação), que poderiam ter seus justos desejos e aspirações mitigados, caso somente fossem levadas em conta as deliberações da Câmara dos Deputados, na qual a bancada de cada Estado-membro varia proporcionalmente ao tamanho da população existente em seu respectivo território, circunstância que daria muito maior força representativa, por exemplo, às decisões tomadas por parlamentares do Estado de São

---

1. Manoel Gonçalves Ferreira Filho, ao tratar do assunto, ensina com a costumeira clareza: "Se bem que o Poder Legislativo se caracteriza em função da elaboração de leis (formalmente atos adotados segundo um processo especial – o processo legislativo fixado na Constituição), seu papel nunca se resumiu nem se resume, nessa tarefa. Tradicionalmente, o Legislativo é o poder financeiro. De fato, às Câmaras, ditas legislativas, por tradição que data do medievo, compete autorizar a cobrança de tributos, consentir nos gastos públicos, tomar contas dos que usam do patrimônio geral". *Curso de direito constitucional*. 35. ed. Saraiva, 2009, p. 160.

Paulo (cuja bancada é composta por setenta deputados federais), em detrimento de Estados com muito menos eleitores, como é o caso de Roraima (que só tem oito deputados federais).

11.3 DAS ATRIBUIÇÕES DO CONGRESSO NACIONAL

O artigo 48, da Constituição de 1988, trata das matérias que são de competência da União, e cuja edição das leis ou atos normativos necessários à sua regulamentação é atribuição do Congresso Nacional. Aquela norma de nossa Carta Magna deixa claro, ademais, que referidos diplomas infraconstitucionais, com exceção daqueles destinados a regulamentar matérias de competência exclusiva do Congresso Nacional, ou privativas da Câmara dos Deputados e do Senado Federal, devem ser submetidos à posterior sanção do presidente da República.

Nos expressos termos do supramencionado artigo 48, de nossa Lei Maior, cabem ao Congresso Nacional, com posterior submissão do projeto de lei ou ato normativo à sanção do presidente da República[2], as matérias relativas a: sistema tributário, arrecadação e distribuição de rendas; plano plurianual, diretrizes orçamentárias, orçamento anual, operações de crédito, dívida pública e emissões de curso forçado; e fixação e modificação do efetivo das Forças Armadas (cuja iniciativa de lei é exclusiva do Chefe do Poder Executivo Federal).

Também são atribuições do Congresso Nacional editar leis sobre: planos e programas nacionais, regionais e setoriais de desenvolvimento; limites do território nacional, espaço aéreo e marítimo e bens do domínio da União; incorporação, subdivisão ou desmembramento de áreas de Territórios ou Estados, ouvidas as respectivas Assembleias Legislativas; transferência temporária da sede do Governo Federal; e concessão de anistia.

Na mesma toada: organização administrativa, judiciária, do Ministério Público e da Defensoria Pública da União e dos Territórios e organização judiciária e do Ministério Público do Distrito Federal; criação, transformação e extinção de cargos, empregos e funções públicas, observado o que estabelece o artigo 84, VI, b, da Constituição Federal; criação e extinção de Ministérios e órgãos da Administração Pública federal; telecomunicações e radiodifusão.

Cabem ao Congresso Nacional, por fim, dispor sobre: matéria financeira, cambial e monetária, instituições financeiras e suas operações; moeda, seus limites de emissão, e montante da dívida mobiliária federal; fixação do subsídio dos Ministros do Supremo Tribunal Federal, observado o que dispõem os artigos 39, § 4º; 150, inciso II; 153, inciso III; e 153, § 2º, inciso I, todos da Constituição Federal.

Por sua vez, o artigo 49, da Carta Magna, trata das matérias que são de competência exclusiva do Congresso Nacional. Como vimos no início desta seção, os diplomas normativos editados pelo Congresso Nacional, para regulamentar referidas matérias, não necessitam ser submetidos à deliberação executiva, ou seja, à remessa de seus textos ao presidente da República, para sanção ou veto. Como veremos melhor no Capítulo destinado ao processo legislativo (Capítulo 12), referidas matérias são disciplinadas pelos chamados decretos legislativos.

---

2. Na verdade, como veremos melhor no Capítulo 12 deste livro, quando tratarmos do chamado processo legislativo, o projeto de lei aprovado por ambas as Casas do Congresso Nacional (após a realização de denominada deliberação parlamentar), é encaminhado ao Presidente da República para que este realize a chamada deliberação executiva, que pode resultar na sanção do projeto, ou em seu veto.

Nos expressos termos do supramencionado artigo 49, da Constituição Federal, é de competência exclusiva do Congresso Nacional: resolver definitivamente sobre tratados, acordos ou atos internacionais que acarretem encargos ou compromissos gravosos ao patrimônio nacional; autorizar o presidente da República a declarar guerra, a celebrar a paz, a permitir que forças estrangeiras transitem pelo território nacional ou nele permaneçam temporariamente, ressalvados os casos previstos em lei complementar; bem como autorizar o presidente e o vice-presidente da República a se ausentarem do Brasil, quando a ausência exceder a 15 (quinze) dias.

No mesmo diapasão: aprovar o estado de defesa e a intervenção federal, autorizar o estado de sítio, ou suspender qualquer uma dessas medidas; sustar os atos normativos do Poder Executivo que exorbitem do poder regulamentar ou dos limites de delegação legislativa; mudar temporariamente sua sede; fixar idêntico subsídio para os deputados federais e para os senadores; e fixar os subsídios do presidente e do vice-presidente da República e dos ministros de Estado.

São, ainda, de competência exclusiva do Congresso Nacional: julgar anualmente as contas prestadas pelo presidente da República e apreciar os relatórios sobre a execução dos planos de governo; fiscalizar e controlar, diretamente, ou por qualquer de suas Casas, os atos do Poder Executivo, incluídos os da Administração Pública federal indireta; zelar pela preservação de sua competência legislativa em face da atribuição normativa dos outros Poderes; e apreciar os atos de concessão e renovação de concessão de emissoras de rádio e televisão.

Por fim: escolher 2/3 (dois terços) dos membros do Tribunal de Contas da União; aprovar iniciativas do Poder Executivo referentes a atividades nucleares; autorizar referendo e convocar plebiscito; autorizar, em terras indígenas, a exploração e o aproveitamento de recursos hídricos e a pesquisa e lavra de riquezas minerais; e aprovar, previamente, a alienação ou concessão de terras públicas com área superior a dois mil e quinhentos hectares.

Segundo o artigo 50, de nossa Carta Magna, a Câmara dos Deputados e o Senado Federal, ou qualquer de suas Comissões, poderão convocar Ministro de Estado ou quaisquer titulares de órgãos diretamente subordinados à Presidência da República para prestarem, pessoalmente, informações sobre assunto previamente determinado, importando crime de responsabilidade a ausência sem justificação adequada. Essa competência, como é fácil perceber, decorre de uma das funções típicas do Poder Legislativo, qual seja a de fiscalizar os atos do Poder Executivo.

Ainda segundo a Constituição Federal (artigo 50, § 2º), as Mesas da Câmara dos Deputados e do Senado Federal, ao invés de convocarem membros do Poder Executivo para comparecer pessoalmente, poderão encaminhar pedidos escritos de informações a Ministros de Estado ou a qualquer órgão diretamente subordinado à Presidência da República, para que sejam atendidos no prazo de 30 (trinta) dias, importando em crime de responsabilidade a recusa ou o não atendimento naquele prazo, bem como a prestação de informações falsas.

Para encerrarmos este tema, vale mencionar que o texto constitucional também confere aos próprios Ministros de Estado, no artigo 50, § 1º, a faculdade de comparecer ao Senado Federal, à Câmara dos Deputados, ou a qualquer de suas Comissões, por sua iniciativa e mediante entendimentos com a Mesa respectiva, para expor assunto de relevância de seu Ministério.

11.4 CÂMARA DOS DEPUTADOS

A Câmara dos Deputados, conforme disposto no artigo 45, de nossa Lei Maior, é composta de *representantes do povo*, eleitos pelo sistema proporcional em cada Estado, cada Território (se houver) e no Distrito Federal. Os deputados federais são eleitos para um mandato de 4 (quatro) anos, período que, segundo a própria Constituição Federal, corresponde a uma legislatura (artigo 44, parágrafo único, da Carta Magna).

O *sistema eleitoral proporcional*, em termos singelos, é aquele em que o número de vagas de cada partido, na casa legislativa, é obtido pela divisão do número total de votos conseguidos por aquele partido, na eleição, pelo denominado *quociente eleitoral*. Este último, por sua vez, é a expressão numérica que se obtém da divisão do número total de votos válidos, excluídos os brancos e os nulos, pelo número total de cadeiras vagas. Em eleições proporcionais são expressamente vedadas as coligações partidárias[3].

Como se pode depreender da leitura dos parágrafos do supramencionado artigo 45, da Constituição Federal, cabe à lei complementar fixar o número total de deputados federais, bem como o número de representantes de cada Estado e do Distrito Federal naquela Casa, *proporcionalmente à população de cada um deles*. A Carta Magna também ressaltou que aquela lei complementar deverá assegurar que nenhum daqueles entes da Federação tenha menos que 8 (oito) e mais que 70 (setenta) deputados federais, e que cada Território tenha exatamente 4 (quatro) representantes do povo.

A lei complementar em questão já foi editada. Trata-se da Lei Complementar 78/1993, que fixou o número total de deputados federais em 513 (quinhentos e treze), observando o número mínimo (8) e máximo (70) fixado pela Lei Maior para cada Estado e para o Distrito Federal. Não é difícil perceber-se, contudo, que aqueles quantitativos de deputados federais, fixados pela Constituição Federal, e observados pela Lei Complementar 78/1993, implicaram em inequívoco prejuízo aos Estados mais populosos (notadamente o de São Paulo), uma vez que não respeitam adequadamente o critério da *proporcionalidade* de eleitores de cada um daqueles entes da Federação.

Para ser eleito deputado federal, o candidato deverá observar os requisitos previstos no artigo 14, § 3º, da Constituição Federal, que trata, como já vimos no Capítulo 8 deste livro, das chamadas condições de elegibilidade. São elas: (a) nacionalidade brasileira; (b) pleno exercício dos direitos políticos; (c) alistamento eleitoral; (d) domicílio eleitoral na circunscrição em que concorrerá ao cargo (no caso, no Estado pelo qual disputará o pleito); (e) filiação partidária; e (f) idade mínima de 21 (vinte e um) anos.

As competências privativas da Câmara dos Deputados estão previstas no artigo 51, de nossa Carta Magna. Como vimos anteriormente, os diplomas normativos editados pela Câmara dos Deputados, para disciplinar suas matérias de competência privativa, não necessitam passar pela chamada deliberação executiva, ou seja, não precisam ser encaminhados ao presidente da República, para sanção ou veto.

---

3. Constituição Federal, artigo 17, § 1º, na redação que lhe conferiu o artigo 1º, da Emenda Constitucional 97, de 2017: "É assegurada aos partidos políticos autonomia para definir sua estrutura interna e estabelecer regras sobre escolha, formação e duração de seus órgãos permanentes e provisórios e sobre sua organização e funcionamento e para adotar os critérios de escolha e o regime de suas coligações nas eleições majoritárias, *vedada a sua celebração nas eleições proporcionais*, sem obrigatoriedade de vinculação entre as candidaturas em âmbito nacional, estadual, distrital ou municipal, devendo seus estatutos estabelecer normas de disciplina e fidelidade partidária" (grifou-se).

A primeira das chamadas competências privativas da Câmara dos Deputados é a de autorizar, por 2/3 (dois terços) de seus membros, a instauração de processo contra o presidente e o vice-presidente da República e os Ministros de Estado, tanto nos crimes comuns como nos crimes de responsabilidade. A segunda é a de proceder à tomada de contas do presidente da República, quando não apresentadas ao Congresso Nacional dentro de 60 (sessenta) dias após a abertura da sessão legislativa.

Nos termos da Constituição Federal, também é de competência privativa da Câmara dos Deputados elaborar seu regimento interno, bem como dispor sobre sua organização, funcionamento, polícia, criação, transformação ou extinção dos cargos, empregos e funções de seus serviços, e a iniciativa de lei para fixação da respectiva remuneração, observados os parâmetros estabelecidos na lei de diretrizes orçamentárias.

CÂMARA DOS DEPUTADOS

– A Câmara dos Deputados é composta de representantes do povo, eleitos pelo sistema proporcional em cada Estado, cada Território (se houver) e no Distrito Federal, para um mandato de 4 (quatro) anos.

– No total, são 513 (quinhentos e treze) deputados federais. Nenhum dos entes da Federação terá menos que 8 (oito) e mais que 70 (setenta) deputados federais, e cada Território terá exatamente 4 (quatro) deputados.

11.5 SENADO FEDERAL

O Senado Federal é composto, nos termos do artigo 46, da Carta Magna, de *representantes de cada um dos Estados e do Distrito Federal* (e não por representantes do povo, como se dá com a Câmara dos Deputados), eleitos não pelo sistema proporcional, como se dá na Câmara dos Deputados, mas sim pelo *sistema majoritário*, ou seja, aquele sistema em que os mais votados são os eleitos. Cada senador será eleito com 2 (dois) suplentes (artigo 46, § 3º, de nossa Lei Maior).

Nos termos do § 1º, do supramencionado artigo 46, da Constituição Federal, as cadeiras devem ser preenchidas de maneira *paritária*, cabendo a cada unidade da Federação (Estados e Distrito Federal) igual número de 3 (três) cadeiras. O § 2º daquele mesmo artigo, por sua vez, dispõe que a representação de cada Estado e do Distrito Federal será renovada de 4 (quatro) em 4 (quatro) anos, alternadamente, por 1/3 (um terço) e 2/3 (dois terços). Quer isso dizer, em outras palavras, que, em uma determinada eleição, serão renovados 2 (dois) senadores, e, no pleito seguinte (após quatro anos), será substituído 1 (um) senador.

Vale ressaltar, nessa oportunidade, que aquele período de 4 (quatro) anos para a renovação de senadores, estabelecido pelo supramencionado artigo 46, § 2º, da Constituição Federal, corresponde, na essência, ao mandato de um deputado federal, e que é denominado, como vimos anteriormente, de *legislatura*. Logo, cada senador é eleito para exercer seu mandato por 2 (duas) legislaturas consecutivas.

Para ser eleito senador, o candidato deverá observar as denominadas condições de elegibilidade, fixadas no artigo 14, § 3º, da Constituição de 1988, a saber: (a) nacionalidade brasileira; (b) pleno exercício dos direitos políticos; (c) alistamento eleitoral; (d) domicílio eleitoral na circunscrição (Estado) pela em que concorrerá; (e) filiação partidária; e (f) idade mínima de 35 (trinta e cinco) anos.

As diversas competências privativas do Senado Federal estão relacionadas no artigo 52, de nossa Lei Maior.[4] A primeira delas é a de processar e julgar o presidente e o vice-presidente da República nos crimes de responsabilidade, bem como os ministros de Estado e os comandantes da Marinha, do Exército e da Aeronáutica nos crimes da mesma natureza conexos com aqueles[5].

A competência fixada pelo inciso II foi recentemente alterada pela Emenda Constitucional 45/2004, em razão da criação dos Conselhos Nacionais de Justiça e do Ministério Público. Nos termos desta alteração, o Senado Federal tornou-se competente para "processar e julgar os Ministros do Supremo Tribunal Federal, os membros do Conselho Nacional de Justiça e do Conselho Nacional do Ministério Público, o procurador-geral da República e o advogado-geral da União, nos crimes de responsabilidade".[6]

O Senado Federal também tem competência privativa para aprovar previamente, por voto secreto, após arguição pública, a escolha de: (a) juízes indicados pelo presidente da República[7]; (b) ministros do Tribunal de Contas da União indicados pelo Chefe do Poder Executivo Federal; (c) governador de Território; (d) presidente e diretores do Banco Central; (e) procurador-geral da República; (f) titulares de outros cargos que a lei determinar. Também é competente, em caráter privativo, para aprovar previamente, por voto secreto, porém após arguição secreta (e não pública, como se dá nos casos anteriores), a escolha dos chefes de missão diplomática de caráter permanente.

É privativamente competente, outrossim, para autorizar operações externas de natureza financeira, de interesse da União, dos Estados, do Distrito Federal, dos Territórios e dos Municípios, bem como para fixar, por proposta do presidente da República, limites globais para o montante da dívida consolidada da União, dos Estados, do Distrito Federal e dos Municípios. Na mesma toada, tem competência privativa para dispor sobre limites globais e condições para as operações de crédito externo e interno da União, dos Estados, do Distrito Federal e dos Municípios, de suas autarquias e demais entidades controladas pelo poder público federal.

O Senado Federal também é competente, em caráter privativo, para suspender a execução, no todo ou em parte, de lei declarada inconstitucional por decisão definitiva do Supremo Tribunal Federal. Sobre essa competência em particular, sugerimos a leitura do Capítulo 5 (relativo ao controle de constitucionalidade), na seção denominada "O Senado Federal e a possibilidade de ampliação dos efeitos da sentença no controle difuso".

Também é competente privativamente para aprovar, por maioria absoluta e por voto secreto, a exoneração, de ofício, do procurador-geral da República, antes do término de seu mandato; para elaborar seu regimento interno e para dispor sobre sua organização, funcio-

---

4. Os diplomas normativos editados pelo Senado Federal, para disciplinar as matérias de sua competência privativa, não precisam ser submetidos à sanção ou veto do Presidente da República.
5. "O processo de impeachment dos ministros de Estado, por crimes de responsabilidade autônomos, não conexos com infrações da mesma natureza do presidente da República, ostenta caráter jurisdicional, devendo ser instruído e julgado pelo STF. Inaplicabilidade do disposto nos arts. 51, I, e 52, I, da Carta de 1988 e 14 da Lei 1.079/1950, dado que é prescindível autorização política da Câmara dos Deputados para a sua instauração" (Supremo Tribunal Federal, Plenário, Petição 1.656, relator ministro Maurício Corrêa, j. 1-9-2002, 1º-8-2003).
6. Constituição Federal, artigo 52, parágrafo único: "Nos casos previstos nos incisos I e II, funcionará como Presidente o do Supremo Tribunal Federal, limitando-se a condenação, que somente será proferida por dois terços dos votos do Senado Federal, à perda do cargo, com inabilitação, por oito anos, para o exercício de função pública, sem prejuízo das demais sanções judiciais cabíveis".
7. É o caso, por exemplo, dos Ministros do Supremo Tribunal Federal e dos Ministros dos Tribunais Superiores (Superior Tribunal de Justiça, Superior Tribunal Militar, Tribunal Superior do Trabalho e Tribunal Superior Eleitoral).

namento, polícia, criação, transformação ou extinção dos cargos, empregos e funções de seus serviços, e a iniciativa de lei para fixação da respectiva remuneração, observados os parâmetros estabelecidos na lei de diretrizes orçamentárias.

Por fim, o Senado Federal é igualmente competente, em caráter privativo, para eleger membros do Conselho da República e avaliar periodicamente a funcionalidade do Sistema Tributário Nacional, em sua estrutura e seus componentes, e o desempenho das administrações tributárias da União, dos Estados e do Distrito Federal e dos Municípios.

SENADO FEDERAL

– O Senado Federal é composto de representantes de cada um dos Estados e do Distrito Federal, eleitos pelo sistema majoritário, para um mandato de 8 (oito) anos.

– Cada uma daquelas unidades da Federação terá igual número de 3 (três) cadeiras, cuja representação será renovada de 4 (quatro) em 4 (quatro) anos, alternadamente, por 1/3 (um terço) e 2/3 (dois terços).

11.6 IMUNIDADES DOS DEPUTADOS E SENADORES

A Constituição de 1988, em seu artigo 53 e parágrafos, confere aos deputados federais e aos senadores as chamadas *imunidades parlamentares*. Estas, em apertada síntese, podem ser definidas como um conjunto de prerrogativas, conferidas ao Poder Legislativo, e a cada membro do Parlamento em particular, que lhes permite atuar com liberdade e independência, sem receios de sofrerem coações e abusos por parte de outros Poderes constituídos, ou mesmo de outros membros e entidades poderosas da sociedade.

As imunidades parlamentares, é imperioso que se diga, decorrem da nobre função desempenhada pelo deputado federal ou senador da República. *Em outras palavras, as imunidades são concedidas ao cargo, e não à pessoa do parlamentar*. Por esse motivo, não há que se falar, no caso em espécie, em ofensa ao princípio constitucional da igualdade (artigo 5º, *caput*, de nossa Lei Maior), uma vez que as imunidades parlamentares, a toda evidência, não são meros privilégios concedidos àqueles agentes políticos.

Da mesma forma, por se tratar de um conjunto prerrogativas conferidas aos parlamentares em razão do exercício do relevante cargo que exercem, e não de suas condições pessoais, não há que se falar, em hipótese alguma, e sob qualquer pretexto, em renúncia das imunidades parlamentares. Pelo mesmo motivo, referidas imunidades não se estendem aos suplentes dos deputados federais e senadores, salvo se assumirem o exercício do cargo.

A Carta Magna garante aos parlamentares 2 (duas) espécies de imunidade – daí termos sempre usado, até aqui, a palavra "imunidades", no plural. São elas: (a) imunidade de natureza material ou substantiva, também denominada imunidade absoluta; e (b) imunidade de natureza formal ou processual, também conhecida como imunidade relativa. A *imunidade material* está prevista no *caput* do artigo 53, da Lei Maior, o qual dispõe que "os deputados e senadores são invioláveis, civil e penalmente, por quaisquer de suas opiniões, palavras e votos".

Vê-se, portanto, que a *imunidade material* (ou *absoluta*) é aquela que afasta qualquer responsabilidade civil, penal, ou mesmo disciplinar e política do deputado federal ou senador[8], por suas opiniões, palavras e votos. Na seara penal, a imunidade substancial impede

---

8. O artigo 27, § 1º, da Constituição Federal, esclarece que devem ser aplicadas aos Deputados Estaduais as regras da Carta Magna sobre sistema eleitoral, inviolabilidade, **imunidades**, remuneração, perda de mandato, licença, impedimentos e

que os congressistas respondam pelos chamados *crimes de opinião*, também denominados *crimes de palavra*, como são os crimes contra a honra (calúnia, injúria e difamação), de incitação ao crime, de apologia ao crime ou ao criminoso, do Código Penal, além de outros eventualmente constantes de diplomas legais especiais.

No campo do direito civil, a imunidade material impede que o parlamentar federal seja condenado por danos materiais ou morais, em decorrência de suas opiniões, palavras e votos. Portanto, como regra geral, mesmo que as opiniões externadas pelo parlamentar acabem ferindo a imagem de alguém, provocando-lhe danos em sua honra, ainda assim não será civilmente condenado a indenizar o ofendido. No campo disciplinar, não permite que deputado federal ou senador seja punido por suas palavras.

É imperioso ressaltar, contudo, que a imunidade absoluta (material), prevista no supramencionado artigo 53, da Constituição Federal, tem sofrido uma interpretação restritiva de nossos tribunais, não se aplicando, de maneira irrestrita, a toda e qualquer manifestação do parlamentar. Com efeito, a despeito de o dispositivo constitucional em análise não exigir que o congressista esteja no exercício de suas funções, ou que suas manifestações guardem nexo com suas atividades parlamentares, a verdade é que *a imunidade material somente é garantida quando as manifestações tiverem efetiva relação com o exercício do mandato*.

Por outro lado, o Supremo Tribunal Federal reconhece a imunidade material ou absoluta mesmo quando o deputado federal ou senador da República não estiver no estrito exercício do mandato, mas sim em funções com ele relacionadas. O Pretório Excelso reconhece a imunidade substancial, ademais, ainda que as manifestações tenham sido proferidas fora das dependências da própria Casa Legislativa.

Ao contrário da imunidade processual, cujo termo inicial (a expedição do diploma) consta expressamente do artigo 53, § 2º, da Constituição Federal, a imunidade absoluta não teve seu momento inaugural explicitado pela Carta Magna. E este se dá, vale esclarecermos, no momento da *posse*, uma vez que a imunidade material, como vimos, está estreitamente relacionada com o exercício do mandato.

Vale mencionar, por fim, que a imunidade absoluta ou material é assegurada ao deputado federal ou senador mesmo após o término ou perda do mandato, no tocante às palavras e votos proferidos durante o exercício daquele mandato ou de funções com este relacionadas. Não poderá, em síntese, responder por opiniões, palavras e votos proferidos durante seu mandato, mesmo após o término deste.

A *imunidade formal*, por sua vez, é aquela que confere ao congressista a prerrogativa de *não ser preso*, salvo em caso de flagrante delito de crime inafiançável, ou de não permanecer preso, caso a respectiva Casa Legislativa assim o decida. Confere, ainda, a prerrogativa de *ter a ação penal sustada*, por decisão da maioria dos membros de sua Casa Legislativa, no caso dos crimes cometidos após a diplomação.

Percebe-se, portanto, a *dupla feição* da imunidade formal, uma vez que ela garante aos parlamentares, de uma só vez: (a) a imunidade em relação *à prisão* (artigo 53, § 2º, da Constituição Federal), bem como (b) a imunidade em relação à instauração e ao andamento de

---

incorporação às Forças Armadas. Valem para os parlamentares dos Estados, portanto, as mesmas normas constitucionais sobre imunidade absoluta e relativa garantidas aos deputados federais e senadores. As mesmas imunidades também são garantidas aos deputados distritais, por força do que dispõe expressamente o artigo 32, § 3º, de nossa Lei Maior. Já para os Vereadores, o artigo 29, inciso VIII, de nossa Lei Maior, é expresso em dispor que estes parlamentares só têm a chamada imunidade material ou absoluta, e assim mesmo "no exercício do mandato e na circunscrição do Município".

processo penal (artigo 53, § 3º, da Carta Magna). A imunidade formal, vale ressaltar, refere-se apenas aos crimes que não estejam cobertos pela imunidade material, uma vez que, como vimos anteriormente, os parlamentares não podem ser presos ou mesmo processados pela prática de crimes de opinião.

Particularmente no que se refere à imunidade prisional, o artigo 53, § 2º, da Lei Maior, é expresso e inequívoco em determinar que, "desde a expedição do diploma, os membros do Congresso Nacional não poderão ser presos, salvo em flagrante de crime inafiançável". Determina, ademais, que, mesmo que o parlamentar tenha sido preso em flagrante delito por crimes daquela natureza, os autos sejam "remetidos dentro de vinte e quatro horas à Casa respectiva, para que, pelo voto da maioria de seus membros, resolva sobre a prisão".

Quanto à imunidade de processamento criminal dos parlamentares, é importante ressaltar que a Emenda Constitucional 35, de 20 de dezembro de 2001, trouxe considerável alteração ao instituto. Com efeito, nos termos da nova redação do artigo 53, § 3º, da Constituição de 1988, o recebimento da denúncia contra deputado federal ou senador não mais depende, como antes ocorria, de prévia autorização da respectiva Casa.

Ademais, somente no que se refere aos crimes cometidos *depois da diplomação* é que será possível a sustação do andamento da ação, por iniciativa de partido político representado na Casa a que pertence o parlamentar, pelo voto da maioria de seus membros. Portanto, para os crimes cometidos *antes da diplomação*, será impossível sequer pensar em paralisação do andamento do processo penal. Para os delitos cometidos após aquela diplomação, de outro lado, a regra também será o normal processamento, somente havendo que se falar em sobrestamento do feito por iniciativa de partido político representado na respectiva Casa.

Nos expressos termos do § 4º do supramencionado artigo 53, da Constituição Federal, aquele pedido de sustação, formulado pelo partido político, deverá ser apreciado pela Mesa Diretora da respectiva Casa, no prazo improrrogável de 45 (quarenta e cinco) dias de seu recebimento. Além disso, a sustação do processo suspende a prescrição, enquanto durar o mandato.

IMUNIDADES DOS DEPUTADOS E SENADORES

Imunidade Material	– É aquela que afasta qualquer responsabilidade civil, penal, ou mesmo disciplinar e política do parlamentar, por suas opiniões, palavras e votos.
	– A imunidade absoluta inicia-se no momento da *posse*, uma vez que está estreitamente relacionada com o exercício do mandato.
Imunidade Formal	– É aquela que confere ao congressista a prerrogativa de não ser preso, e de não responder a processo penal, em certas circunstâncias.
	– No tocante à imunidade prisional, esta se inicia no momento da expedição do diploma.

11.7 OUTRAS PRERROGATIVAS CONFERIDAS AOS DEPUTADOS FEDERAIS E AOS SENADORES

Além das imunidades materiais e formais, o artigo 53, da Carta Magna, também confere aos deputados federais e senadores algumas outras prerrogativas, tudo para lhes seja garantida a atuação com a maior liberdade e independência possíveis, sem qualquer risco de injustas perseguições decorrentes de sua atuação parlamentar, de modo que possam cumprir, sem temor, seus relevantes misteres, indispensáveis ao pleno funcionamento do Estado Democrático de Direito.

É o caso, por exemplo, do *foro por prerrogativa de função*, vulgarmente conhecido como *foro privilegiado*. Segundo o artigo 53, § 1º, de nossa Lei Maior, "os deputados e senadores, desde a expedição do diploma, serão submetidos a julgamento perante o Supremo Tribunal Federal". Portanto, na redação literal da norma constitucional, mesmo que se trate de crimes cometidos antes da diplomação, os autos do processo devem ser remetidos à Corte Suprema, para processo e julgamento.

Contudo, é imperioso ressaltar que, ao julgar a Ação Penal 937, em 3 de maio de 2018, o plenário da Suprema Corte restringiu substancialmente o alcance do foro por prerrogativa de função de deputados federais e senadores (somente destes), passando a entender que referida prerrogativa *somente se aplica aos crimes praticados durante o exercício do cargo, a partir de sua diplomação, e desde que relacionados com suas funções parlamentares*.

Apesar do nome costumeiramente dado à chamada prerrogativa de foro – "foro privilegiado" – o fato é que referida prerrogativa, mesmo não tendo apoio incondicional da grande maioria da sociedade e também de muitos operadores do direito, não se trata propriamente de um "privilégio", já que é concedida aos parlamentares (e igualmente a outros agentes políticos) não em razão de suas condições pessoais, mas sim das relevantes funções que exercem.

Por esse motivo, podemos afirmar que o foro por prerrogativa de função, da mesma forma que as imunidades parlamentares, não ofende o princípio constitucional da isonomia (artigo 5º, *caput*, da Lei Maior). Também não ofende, a toda evidência, o princípio constitucional do juiz natural (artigo 5º, inciso XXXVII, da Carta Magna), uma vez que os parlamentares são julgados pelo Supremo Tribunal Federal não em razão de quem são, mas sim em decorrência das funções que exercem para a sociedade e também para a manutenção do Estado de Direito Democrático.

Por sua vez, o artigo 53, § 6º, da Constituição Federal, permite que os deputados federais e os senadores não sejam obrigados a testemunhar sobre informações recebidas ou prestadas em razão do exercício do mandato nem sobre as pessoas que lhes confiaram ou deles receberam informações. Essa norma constitucional, a toda evidência, reforça a garantia de que referidos parlamentares podem atuar com destemor, e que as pessoas que lhes prestarem informações não sofrerão retaliações.

As imunidades e demais prerrogativas daqueles parlamentares, conforme determinação constante do artigo 53, § 8º, de nossa Carta Magna, *subsistirão mesmo durante o estado de sítio*, só podendo ser suspensas por voto de 2/3 (dois terços) dos membros da respectiva Casa, e assim mesmo em relação a atos praticados fora do recinto do Congresso Nacional.

Mencionemos, por fim, que os deputados federais e senadores, mesmo que militares de carreira, e ainda que o País esteja em guerra, só poderão ser incorporados às Forças Armadas caso haja prévia licença da respectiva Casa Legislativa. Essa prerrogativa, vale esclarecer, encontra-se expressamente prevista no artigo 53, § 7º, da Constituição Federal, na redação que lhe conferiu a Emenda Constitucional 35/2001.

OUTRAS PRERROGATIVAS DE DEPUTADOS FEDERAIS E SENADORES

– O *foro por prerrogativa de função*, segundo a nova jurisprudência da Corte Suprema, *somente se aplica, no caso de deputados federais e senadores, aos crimes praticados durante o exercício do cargo, relacionados com suas funções parlamentares*, e considerando como início a data da diplomação.

– Os deputados federais e senadores não serão obrigados a testemunhar sobre informações recebidas ou prestadas em razão do exercício do mandato nem sobre as pessoas que lhes confiaram ou deles receberam informações.

– As imunidades dos parlamentares subsistirão mesmo durante o estado de sítio, só podendo ser suspensas por voto de dois terços dos membros da respectiva Casa, e assim mesmo em relação a atos praticados fora do recinto do Congresso Nacional.

11.8 IMPEDIMENTOS E INCOMPATIBILIDADES DE DEPUTADOS FEDERAIS E SENADORES E PERDA DO MANDATO PARLAMENTAR

Estudadas, nas seções precedentes, as diversas prerrogativas conferidas aos deputados federais e senadores, que lhes permitem atuar com grande independência, sem temor de perseguições decorrentes de sua atuação parlamentar, cabe-nos examinar, nesta seção, o reverso da medalha, ou seja, o conjunto de normas constitucionais que limitam, de algum modo, a plena independência e liberdade de atuação daqueles parlamentares, e que resultam, inclusive, na grave sanção de perda do mandato.

Segundo o artigo 54, da Constituição Federal, os deputados federais e senadores não poderão, *desde a expedição do diploma*: (a) firmar ou manter contrato com pessoa jurídica de direito público, autarquia, empresa pública, sociedade de economia mista ou empresa concessionária de serviço público, salvo quando o contrato obedecer a cláusulas uniformes; (b) aceitar ou exercer cargo, função ou emprego remunerado, inclusive os de que sejam demissíveis "ad nutum", nas entidades constantes da alínea anterior (inciso I).

Referidos parlamentares também não poderão, *desde a posse*: (a) ser proprietários, controladores ou diretores de empresa que goze de favor decorrente de contrato com pessoa jurídica de direito público, ou nela exercer função remunerada; (b) ocupar cargo ou função de que sejam demissíveis "ad nutum", nas entidades da Administração Pública direta e indireta; (c) patrocinar causa em que seja interessada pessoa jurídica de direito público, autarquia, empresa pública, sociedade de economia mista ou empresa concessionária de serviço público; d) ser titulares de mais de um cargo ou mandato público eletivo (inciso II).

Caso pratiquem quaisquer daqueles impedimentos mencionados anteriormente, *perderão seus mandatos*. Mas não só naqueles casos. Com efeito, segundo artigo 55, de nossa Lei Maior, também perderá o mandato o deputado federal ou senador: (a) cujo procedimento for declarado incompatível com o decoro parlamentar; (b) que deixar de comparecer, em cada sessão legislativa, a 1/3 (um terço) das sessões ordinárias da Casa a que pertencer, salvo licença ou missão por esta autorizada; (c) que perder ou tiver suspensos os direitos políticos; (d) quando o decretar a Justiça Eleitoral, nos casos previstos na Carta Magna; (e) que sofrer condenação criminal em sentença transitada em julgado.

Segunda a Constituição Federal (artigo 55, § 1º), além dos casos definidos no Regimento Interno da Câmara dos Deputados ou do Senado Federal, são incompatíveis com o decoro parlamentar: (a) o abuso das prerrogativas asseguradas a membro do Congresso Nacional e (b) a percepção de vantagens indevidas. No caso de conduta incompatível com o decoro parlamentar, a perda do mandato será decidida pela Câmara dos Deputados ou pelo Senado

Federal, por maioria absoluta, *e com voto aberto*[9], mediante provocação da respectiva Mesa ou de partido político representado no Congresso Nacional, assegurada ampla defesa (artigo 55, § 2º, da Lei Maior).

A perda do mandato também será decidida pela Câmara dos Deputados ou pelo Senado Federal, por maioria absoluta, mediante provocação da respectiva Mesa ou de partido político representado no Congresso Nacional, assegurada ampla defesa, *e com voto aberto*, no caso de o parlamentar ser acusado da prática das condutas vedadas pelo artigo 54, de nossa Carta Magna, ou quando o deputado federal ou o senador sofrer condenação criminal, com sentença transitada em julgado.

Por outro lado, se o parlamentar: (a) deixar de comparecer, em cada sessão legislativa, a 1/3 (um terço) das sessões ordinárias da Casa a que pertencer, salvo licença ou missão por esta autorizada; perder ou tiver suspensos os direitos políticos; ou (b) perder o cargo por decisão da Justiça Eleitoral, a perda do mandato parlamentar será necessariamente declarada pela Mesa da Casa respectiva, de ofício ou mediante provocação de qualquer de seus membros, ou de partido político representado no Congresso Nacional, assegurada ampla defesa.

Nos expressos termos do artigo 55, § 4º, da Carta Magna, cuja redação foi conferida pela Emenda Constitucional de Revisão 6/1994, a renúncia do parlamentar submetido a processo que vise ou possa levar à perda de seu mandato terá seus efeitos suspensos até as deliberações finais daquele processo, na respectiva Casa legislativa. Referida norma constitucional, é importante esclarecer, não impede que o parlamentar renuncie ao mandato. Apenas condiciona os efeitos daquela renúncia à decisão final do processo: caso perca o mandato, a renúncia ficará sem efeito e será arquivada; caso não o perca, a renúncia terá sua eficácia restabelecida.

Por outro lado, o artigo 56, da Constituição Federal, dispõe expressamente que não perderá o mandato o deputado federal ou senador que for investido no cargo de ministro de Estado, governador de Território, Secretário de Estado, do Distrito Federal, de Território, de Prefeitura de Capital ou chefe de missão diplomática temporária. Não perderá o mandato, outrossim, caso licenciado pela respectiva Casa por motivo de doença, ou para tratar, sem remuneração, de interesse particular, desde que, neste caso, o afastamento não ultrapasse 120 (cento e vinte) dias por sessão legislativa.

Nos expressos termos da Constituição Federal (artigo 56, § 1º), o suplente será convocado nos casos de vaga, de investidura no cargo de ministro de Estado, governador de Território, secretário de Estado, do Distrito Federal, de Território, de Prefeitura de Capital ou chefe de missão diplomática temporária, ou de licença superior a 120 (cento e vinte) dias. Ocorrendo vaga e não havendo suplente, far-se-á eleição para preenchê-la se faltarem mais de 15 (quinze) meses para o término do mandato (artigo 56, § 2º, da Lei Maior).

11.9 A ORGANIZAÇÃO DO PODER LEGISLATIVO DOS ESTADOS, DO DISTRITO FEDERAL E DOS MUNICÍPIOS EM COMPARAÇÃO COM O PODER LEGISLATIVO DA UNIÃO

Como vimos anteriormente, ao tratar da chamada "Organização dos Poderes", em seu Título IV, a Constituição Federal somente traz normas sobre Poder Legislativo da União,

---

9. A Emenda Constitucional 76/2013 suprimiu, da redação do artigo 55 § 2º, da Carta Magna, a previsão de que a votação deveria dar-se por *voto secreto*. Como consequência disso, nos casos de quebra de decoro parlamentar (e de outros ali mencionados), deve agora ser feita por meio de voto aberto, e não mais de voto secreto.

deixando de dispor, ao menos naquele momento, sobre a organização do Poder Legislativo dos Estados, do Distrito Federal e dos Municípios. Regras relativas à organização destes entes da Federação, inclusive no que tange aos respectivos Poderes Legislativos, foram elencadas no Título III, da Carta Magna (denominado "Da Organização do Estado").

Mesmo que assim seja, consideramos oportuno trazer ao estimado leitor, nesta oportunidade, as principais características da organização do Poder Legislativo das Estados, do Distrito Federal e dos Municípios, não só para recordá-las (posto que já tratadas, com mais vagar, no Capítulo 10 deste trabalho), mas, sobretudo, para compará-las com organização do Poder Legislativo da União, de modo a permitir que se tenha, no Capítulo destinado especificamente ao estudo da chamada" Organização dos Poderes", uma visão geral e mais completa possível sobre o tema.

O Poder Legislativo Federal é bicameral, já que formado por 2 (duas) Casas Legislativas: a Câmara dos Deputados e o Senado Federal. Já os Parlamentos dos Estados, do Distrito Federal e dos Municípios são unicamerais, posto que formados por uma única Casa Legislativa: *Assembleias Legislativas* dos Estados, na seara estadual; Câmara Legislativa do Distrito Federal, no âmbito distrital; e Câmaras Municipais, também conhecidas como Câmaras de Vereadores, no campo municipal.

Como vimos anteriormente, a Câmara dos Deputados é composta por 513 (quinhentos e treze) deputados federais, ao passo que o Senado Federal, por 81 (oitenta e um) senadores. Já no âmbito dos Estados, o número de deputados à Assembleia Legislativa corresponderá ao triplo da representação do Estado na Câmara dos Deputados e, atingido o número de 36 (trinta e seis), será acrescido de tantos quantos forem os deputados federais acima de 12 (doze). O mesmo vale para a Câmara Legislativa do Distrito Federal (artigo 32, § 3º, de nossa Lei Maior)[10].

Já na seara municipal, o artigo 29, da Constituição Federal, na redação que lhe foi dada pela Emenda Constitucional 58/2009, passou a estabelecer um limite máximo de Vereadores, em conformidade com a população do Município. Para a composição das Câmaras Municipais, deverá ser observado o limite de 9 (nove) Vereadores, para os Municípios de até 15.000 (quinze mil) habitantes, até o máximo de 55 (cinquenta e cinco) Vereadores, nos Municípios com mais de 8.000.000 (oito milhões) de habitantes.

O mandato dos deputados federais é de 4 (quatro) anos; o de senador, 8 (oito) anos. O mandato dos deputados estaduais e dos deputados distritais é de 4 (quatro) anos, devendo ser-lhes aplicadas as regras da Constituição Federal sobre sistema eleitoral, inviolabilidade, imunidades, remuneração, perda de mandato, licença, impedimentos e incorporação às Forças Armadas. O mandato dos Vereadores também é de 4 (quatro) anos.

Tanto os candidatos à Assembleia Legislativa dos Estados, como os que concorrem à Câmara Legislativa do Distrito Federal e às Câmaras de Vereadores dos Municípios, são eleitos pelo *sistema proporcional*, da mesma forma que ocorre com os candidatos a deputados federais (os senadores são eleitos pelo sistema majoritário). Os deputados estaduais e os distritais gozam das mesmas imunidades parlamentares conferidas aos membros do Congresso Nacional, ao passo que os vereadores são invioláveis por suas opiniões, palavras e votos apenas no exercício do mandato e na circunscrição do Município[11].

---

10. Constituição Federal, artigo 32, § 3º: "Aos Deputados Distritais e à Câmara Legislativa aplica-se o disposto no art. 27".
11. Como vimos no Capítulo 10, referidos parlamentares gozam apenas da chamada imunidade material ou absoluta, e mesmo assim quando estiverem no efetivo exercício do mandato e dentro da área do Município. Não gozam, portanto,

Deputados estaduais e deputados distritais fazem jus ao *foro por prerrogativa função*, comumente conhecida como *foro privilegiado*, que confere àqueles parlamentares a prerrogativa de serem submetidos, desde a sua diplomação, a julgamento perante o respectivo Tribunal de Justiça. Portanto, mesmo que se trate de crimes cometidos antes da diplomação, os autos do processo devem ser remetidos ao Tribunal de Justiça, para processo e julgamento. Caso, contudo, o parlamentar perca ou renuncie ao mandato, não fará mais jus ao chamado foro privilegiado.

No caso específico dos vereadores, a prerrogativa de foro dependerá do que dispõe a constituição do respectivo Estado. Com efeito, conforme determina o artigo 125, *caput*, de nossa Lei Maior, os Estados têm competência para organizar sua respectiva Justiça, observados os princípios estabelecidos na Constituição Federal. Ademais, o § 1º, do mesmo artigo, dispõe expressamente que a competência do Tribunal de Justiça será definida na constituição do Estado. Portanto, insistimos, os vereadores terão foro privilegiado caso a respectiva constituição estadual contenha norma que o preveja.

O subsídio dos deputados estaduais é disciplinado pelo artigo 27, § 2º, de nossa Carta Magna. Nos termos daquele dispositivo constitucional, a remuneração dos parlamentares estaduais será fixada por lei de iniciativa da Assembleia Legislativa, na razão de, no máximo, 75% (setenta e cinco) por cento do subsídio estabelecido, em espécie, para os deputados federais. A mesma regra vale também para os deputados distritais (artigo 32, § 3º, da Lei Maior).

O subsídio dos vereadores, por sua vez, tem limites fixados em conformidade com a população do Município. Com efeito, em Municípios pequenos, de até 10.000 (dez mil) habitantes, o subsídio máximo dos Vereadores corresponderá a 20% (vinte por cento) do subsídio dos deputados estaduais (do Estado em que se localiza o Município). Já em Municípios com população superior a 500.000 (quinhentos mil) habitantes, o subsídio máximo dos Vereadores corresponderá a 75% (setenta e cinco por cento) do subsídio pago aos deputados do Estado em que se localiza o Município.

Por fim, no tocante às chamadas condições de elegibilidade, estas são muito semelhantes para todos aqueles parlamentares. A diferença marcante dá-se em relação à idade mínima para ser candidato. Com efeito, para o candidato a senador, exige-se idade mínima de 35 (trinta e cinco) anos; para o candidato a deputado federal, deputado estadual e deputado distrital, a idade mínima é de 21 (vinte e um) anos. Por fim, para se candidatar a vereador, exige-se do candidato idade mínima de 18 (dezoito) anos.

11.10 SESSÕES LEGISLATIVAS ORDINÁRIAS E CONVOCAÇÕES EXTRAORDINÁRIAS DO CONGRESSO NACIONAL

A Emenda Constitucional 50, de 2006 conferiu nova redação ao artigo 57, *caput*, da Carta Magna, reduzindo o período de recesso parlamentar de 90 (noventa) para 55 (cinquenta e cinco) dias. Com efeito, a redação atual daquele artigo dispõe que o Congresso Nacional reunir-se-á, anualmente, na capital federal, de 2 de fevereiro a 17 de julho e de 1º de agosto a 22 de dezembro. Antes da promulgação daquela Emenda, vale mencionar, as reuniões ocorriam de 15 de fevereiro a 30 de junho e de 1º de agosto a 15 de dezembro.

---

de imunidade formal (também denominada processual ou relativa), garantida pelo texto constitucional apenas aos deputados federais, senadores e deputados estaduais e deputados distritais.

No primeiro ano de cada legislatura, todavia, cada uma das Casas do Congresso Nacional reunir-se-á, em sessões preparatórias, a partir de 1º de fevereiro, para a posse de seus membros e eleição das respectivas Mesas. Nesses anos, portanto, o recesso será de 54 (cinquenta e quatro) dias. Nos termos do § 1º do artigo 57, de nossa Lei Maior, as reuniões marcadas para aquelas datas inaugurais serão transferidas para o primeiro dia útil subsequente, quando recaírem em sábados, domingos ou feriados. Nessa hipótese, evidentemente, o recesso parlamentar será um pouco maior.

A Emenda Constitucional 50, de 2006 também modificou as regras relativas à convocação extraordinária do Congresso Nacional, não só aumentando as exigências para tal convocação, como também extinguindo a previsão do pagamento de parcela indenizatória, como se dava anteriormente.

Conforme determina o artigo 57, § 6º, inciso I (este inciso não sofreu alterações), a convocação extraordinária do Congresso Nacional far-se-á pelo presidente do Senado Federal, em caso de decretação de estado de defesa ou de intervenção federal, de pedido de autorização para decretação de estado de sítio e para o compromisso e a posse do presidente e do vice-presidente da República.

Nos termos do inciso II (este, modificado), também haverá convocação do Congresso Nacional pelo presidente da República, pelos presidentes da Câmara e do Senado, ou a requerimento da maioria dos membros de ambas as Casas, em caso de urgência ou interesse público relevante, agora com a exigência expressa de que, nestas hipóteses, haja aprovação da maioria absoluta de cada uma das Casas do Congresso Nacional.

Durante a sessão legislativa extraordinária, o Congresso Nacional somente poderá deliberar sobre a matéria para a qual foi convocado, e sobre as medidas provisórias que estavam em vigor, na data da convocação extraordinária, as quais serão automaticamente incluídas na pauta da convocação.

Antes da promulgação da Emenda 50, de 2006, o § 7º do artigo 57, da Constituição Federal, não vedava o pagamento de parcela indenizatória, em razão da convocação extraordinária. Apenas proibia que tal indenização fosse superior ao subsídio mensal pago aos parlamentares. Agora, contudo, a nova redação daquele dispositivo constitucional veda tal pagamento.

SESSÕES LEGISLATIVAS ORDINÁRIAS E CONVOCAÇÕES EXTRAORDINÁRIAS DO CONGRESSO NACIONAL

– O período de recesso parlamentar, atualmente, é de 55 (cinquenta e cinco) dias, e não mais de 90 (noventa). O Congresso Nacional reunir-se-á, anualmente, em Brasília, de 2 de fevereiro a 17 de julho e de 1º de agosto a 22 de dezembro. No primeiro ano de cada legislatura, todavia, cada uma das Casas do Congresso Nacional reunirse-á, em sessões preparatórias, a partir de 1º de fevereiro, para a posse de seus membros e eleição das respectivas Mesas.

– A convocação extraordinária do Congresso Nacional far-se-á pelo presidente do Senado Federal, em caso de decretação de estado de defesa ou de intervenção federal, de pedido de autorização para decretação de estado de sítio e para o compromisso e a posse do presidente e do vice-presidente da República.

– Também haverá convocação pelo presidente da República, pelos presidentes da Câmara dos Deputados e do Senado Federal, ou a requerimento da maioria dos membros de ambas as Casas, em caso de urgência ou interesse público relevante, agora com a exigência expressa de que, nestas hipóteses, haja aprovação da maioria absoluta de cada uma das Casas do Congresso Nacional.

11.11 AS COMISSÕES PARLAMENTARES

Nos termos do artigo 58, da Carta Magna, tanto o Congresso Nacional como cada uma de suas Casas, deverão ter *Comissões Permanentes* e *Comissões Temporárias*, constituídas na forma e com as atribuições previstas no respectivo regimento ou no ato de que resultar sua criação. O § 1º do mesmo artigo dispõe que deverá ser assegurada, tanto quanto possível, a representação proporcional, nas Comissões Parlamentares instituídas, dos partidos ou dos blocos parlamentares que participam da respectiva Casa.

Por sua vez, o § 2º daquele artigo 58, da Constituição Federal, dispõe que cabe às Comissões do Congresso Nacional, bem como de cada uma de suas Casas: (a) discutir e votar projeto de lei que dispensar, na forma do regimento, a competência do Plenário, salvo se houver recurso de um décimo dos membros da Casa; (b) realizar audiências públicas com entidades da sociedade civil; (c) convocar ministros de Estado para prestar informações sobre assuntos inerentes a suas atribuições.

Podem ainda ser de competência das Comissões Parlamentares, nos termos daquele dispositivo constitucional: (d) receber petições, reclamações, representações ou queixas de qualquer pessoa contra atos ou omissões das autoridades ou entidades públicas; (e) solicitar depoimento de qualquer autoridade ou cidadão; e (f) apreciar programas de obras, planos nacionais, regionais e setoriais de desenvolvimento e sobre eles emitir parecer.

As Comissões Parlamentares são órgãos técnicos que poderão ter funções legislativas ou fiscalizadoras. No primeiro caso, elas têm por objetivo discutir e votar os projetos de lei, emitindo pareceres técnicos antes de o assunto ser levado a Plenário, salvo casos de apreciação conclusiva, em que os projetos são apreciados apenas pelas Comissões, que têm o poder de aprová-los ou rejeitá-los, sem ouvir o Plenário[12]. No segundo caso, atuam como mecanismos de controle dos programas e projetos já executados, ou que ainda estejam em execução, a cargo do Poder Executivo.

A composição das Comissões Parlamentares pode ser renovada a cada ano (correspondente a uma sessão legislativa) ou a quatro anos (o que equivale a uma legislatura), a depender do que prevê o respectivo Regimento Interno. Exemplo de Comissão Parlamentar de grande importância, e com expressa previsão constitucional, é a *Comissão Parlamentar de Inquérito* (a popular CPI), cujas regras para instauração e funcionamento estão explicitadas no artigo 58, § 3º, da Carta Magna. Referida comissão, que consiste em um dos mais importantes mecanismos de controle externo dos atos da Administração Pública, será melhor examinada na próxima seção.

Outra importante Comissão Parlamentar é a conhecida *Comissão de Constituição, Justiça e Cidadania (CCJ)*, existente tanto na Câmara dos Deputados como no Senado Federal. Dentre as importantes funções desta Comissão Parlamentar, podemos destacar a de realizar o chamado controle de constitucionalidade político preventivo, evitando com que projetos inconstitucionais sejam aprovados pelo Congresso Nacional, bem como a de realizar a admissibilidade de propostas de emendas à Constituição.

Encerrando o tema das Comissões Parlamentares, o artigo 58, § 4º, da Constituição de 1988, dispõe expressamente que, durante o recesso, haverá uma comissão representativa do Congresso Nacional, eleita por suas Casas na última sessão ordinária do período legislativo, com atribuições definidas no regimento comum, cuja composição reproduzirá, quanto possível, a proporcionalidade da representação partidária. Trata-se de denominada *Comissão Representativa*.

---

12. Como vimos anteriormente, a Constituição Federal prevê, no artigo 58, § 2º, a possibilidade de a própria Comissão Parlamentar discutir e votar projeto de lei, sem necessidade de encaminhá-lo para votação em Plenário, salvo se houver recurso de um décimo dos membros da respectiva Casa Legislativa.

11.12 AS COMISSÕES PARLAMENTARES DE INQUÉRITO (CPIS)

Como vimos na seção anterior, o artigo 58, § 3º, de nossa Carta Magna, dispõe sobre uma importantíssima comissão parlamentar, que pode ser criada tanto pela Câmara dos Deputados como pelo Senado Federal, em conjunto ou separadamente. Trata-se da famosa Comissão Parlamentar de Inquérito, conhecida popularmente por sua sigla "CPI". Eis os termos do dispositivo constitucional em comento:

> "As comissões parlamentares de inquérito, que terão poderes de investigação próprios das autoridades judiciais, além de outros previstos nos regimentos das respectivas Casas, serão criadas pela Câmara dos Deputados e pelo Senado Federal, em conjunto ou separadamente, mediante requerimento de um terço de seus membros, para a apuração de fato determinado e por prazo certo, sendo suas conclusões, se for o caso, encaminhadas ao Ministério Público, para que promova a responsabilidade civil ou criminal dos infratores".

Da simples leitura daquele § 3º, podemos perceber que as Comissões Parlamentares de Inquérito (CPIs) podem ser instauradas pela Câmara dos Deputados, pelo Senado Federal, ou conjuntamente por ambas as Casas, hipótese em que é denominada de Comissão Parlamentar Mista de Inquérito (CPMI). Para que seja instaurada perante a Câmara dos Deputados, serão necessárias assinaturas de, pelo menos, 171 (cento e setenta e um) parlamentares daquela Casa, o que corresponde a 1/3 (um terço) dos 513 (quinhentos e treze) deputados federais.

Para que possam ser instauradas no Senado Federal, por sua vez, é necessário o requerimento de, no mínimo, 27 (vinte e sete) senadores, o que corresponde a 1/3 (um terço) dos 81 (oitenta e um) parlamentares que compõem aquela Casa. Já para uma Comissão Parlamentar Mista de Inquérito (CPMI), faz-se indispensável o requerimento mínimo de 171 (cento e setenta e um) deputados federais e 27 (vinte e sete) senadores da República, conjuntamente.

Conforme já decidiu o Supremo Tribunal Federal, desde que haja pedido de 1/3 (um terço) dos membros da Câmara dos Deputados e/ou do Senado Federal, e que também sejam cumpridos os demais requisitos exigidos pelo ordenamento jurídico, inclusive os previstos no Regimento da respectiva Casa, a maioria parlamentar não poderá impedir, mesmo que por omissão, a instalação da Comissão Parlamentar de Inquérito, uma vez que tal obstáculo resultaria em afronta ao direito subjetivo da minoria parlamentar de ver instaurado o inquérito parlamentar, em inequívoca violação à Constituição Federal. Sobre o tema, sugerimos a leitura dos Mandados de Segurança 26.441 e 24.831, ambos julgados pelo Pretório Excelso.

Conforme expressa determinação constante do supramencionado artigo 58, § 3º, da Constituição Federal, a Comissão Parlamentar de Inquérito deverá apurar fato determinado. Nos termos do artigo 35, § 1º, do Regimento Interno da Câmara dos Deputados, considera-se fato determinado "o acontecimento de relevante interesse para a vida pública e a ordem constitucional, legal, econômica e social do País, que estiver devidamente caracterizado no requerimento de constituição da Comissão".

Ainda sobre a necessidade de apurar fato determinado, é imperioso ressaltar que nossa Carta Magna não impede que a Comissão Parlamentar de Inquérito, ao se deparar, em suas diligências investigatórias, com novo fato relevante, faça um aditamento em seu objeto, para apurar este novo fato, desde que conexo com aquele já em apuração. Eventuais fatos novos, a toda evidência, também poderão ser investigados por meio de abertura de novas Comissões Parlamentares de Inquérito.

No tocante ao prazo de duração das Comissões Parlamentares de Inquérito (cuja redação do artigo 58, § 3º, da Constituição Federal, exige apenas que seja certo), o Regimento Interno da Câmara dos Deputados (artigo 35, § 3º) prevê que elas terão prazo de duração de 120 (cento e vinte) dias, prorrogáveis por até metade, mediante deliberação do Plenário, para conclusão de seus trabalhos, podendo funcionar durante o recesso parlamentar.

O Regimento do Senado Federal, por sua vez, dispõe que a Comissão Parlamentar de Inquérito poderá ter seu prazo prorrogado, desde que não ultrapasse o período da legislatura em que foi criada (artigo 76, § 4º). Dispõe, ademais, que a prorrogação será automática, desde que haja requerimento de 1/3 (um terço) dos membros do Senado, comunicado por escrito à Mesa, lido em Plenário e publicado no Diário do Senado Federal (artigo 152).

Ainda sobre o prazo de duração das Comissões Parlamentares de Inquérito, é importante ressaltar que o Supremo Tribunal Federal tem entendido que são possíveis prorrogações sucessivas do seu prazo de duração, desde que não ultrapassem uma legislatura, o que afasta, portanto, a regra do Regimento Interno da Câmara dos Deputados, que somente permite a prorrogação daquelas Comissões pela metade do prazo inicial de 120 (cento e vinte) dias.

Particularmente no que respeita aos atos que podem praticar, em decorrência dos poderes jurisdicionais que lhes foram conferidos pelo Texto Magno, tem-se entendido que as Comissões de Parlamentar de Inquérito (CPIs) podem, por exemplo, ouvir testemunhas, além de investigados ou indiciados, inclusive com possibilidade de condução coercitiva.

Podem, igualmente, *determinar a produção de prova pericial ou documental*, inclusive com a requisição de documentos, além de quaisquer outros meios de prova lícitos e indispensáveis à investigação dos fatos que estão sendo apurados. Podem, inclusive, determinar a quebra de sigilo bancário, fiscal e de dados telefônicos, desde que existam fundadas suspeitas evidenciadas por fortes indícios de que o titular do sigilo praticou ilícitos que podem ser constatados através daquela quebra.

Nos expressos termos do artigo 36, do Regimento Interno da Câmara dos Deputados, a Comissão Parlamentar de Inquérito poderá, observada a legislação específica, requisitar funcionários dos serviços administrativos daquela Casa, bem como, em caráter transitório, os de qualquer órgão ou entidade da Administração Pública direta, indireta e fundacional, ou do Poder Judiciário, necessários aos seus trabalhos.

Poderá, igualmente, determinar diligências, *ouvir indiciados, inquirir testemunhas sob compromisso*, requisitar de órgãos e entidades da Administração Pública informações e documentos, requerer a audiência de deputados federais e ministros de Estado, tomar depoimentos de autoridades federais, estaduais e municipais, e requisitar os serviços de quaisquer autoridades, inclusive policiais.

Poderá, outrossim, incumbir qualquer de seus membros, ou funcionários requisitados dos serviços administrativos da Câmara dos Deputados, da realização de sindicâncias ou diligências necessárias aos seus trabalhos, dando conhecimento prévio à Mesa. Na mesma toada, deslocar-se a qualquer ponto do território nacional para a realização de investigações e audiências públicas, bem como estipular prazo para o atendimento de qualquer providência ou realização de diligência sob as penas da lei, exceto quando da alçada de autoridade judiciária.

Em termos semelhantes, o artigo 148, do Regimento Interno do Senado Federal, dispõe que, no exercício das suas atribuições, a Comissão Parlamentar de Inquérito terá poderes de investigação próprios das autoridades judiciais, facultada a realização de diligências que julgar necessárias, podendo convocar Ministros de Estado, tomar o depoimento de qualquer autoridade, inquirir testemunhas, sob compromisso, ouvir indiciados, requisitar de órgão público informações ou documentos de qualquer natureza, bem como requerer ao Tribunal de Contas da União a realização de inspeções e auditorias que entender necessárias.

As Comissões Parlamentares de Inquérito não poderão, por outro lado, praticar atos sujeitos à denominada *reserva jurisdicional*, ou seja, que a Constituição Federal determina que somente sejam praticados por órgãos do Poder Judiciário. É o caso, por exemplo, da interceptação telefônica, prevista na parte final do artigo 5°, inciso XII, da Carta Magna, ou da invasão domiciliar, durante o dia, por ordem judicial (artigo 5°, inciso XI, da Constituição Federal).

Conforme jurisprudência pacífica do Supremo Tribunal Federal, *o investigado pode permanecer em silêncio, quando inquirido por Comissão Parlamentar de Inquérito, para evitar a autoincriminação*. Como consequência disso, é garantido tanto aos investigados como às testemunhas o direito de permanecerem calados, no tocante a perguntas que possam lhes incriminar. Também lhes é garantido o direito de não serem presas em flagrante delito, sob a imputação da prática dos crimes de desobediência ou de falso testemunho, por se manterem caladas naquelas circunstâncias. Da mesma forma, o silêncio deles não pode ser interpretado em seu desfavor. Sobre o tema, sugerimos a leitura dos *Habeas Corpus* 89.269 e 84.214-MC, ambos do Pretório Excelso.

Como vimos anteriormente, a Constituição Federal, no artigo 58, § 3°, em sua parte final, dispõe expressamente que as conclusões da Comissão Parlamentar de Inquérito, se for o caso, serão encaminhadas ao Ministério Público, para que promova a responsabilidade civil ou criminal dos infratores. Em termos semelhantes é o que determina o artigo 37, inciso II, do Regimento Interno da Câmara dos Deputados, bem como o artigo 151, do Regimento Interno do Senado Federal.

AS COMISSÕES PARLAMENTARES E A CPI

– Terão poderes de investigação próprios de autoridades judiciais, podendo ser instauradas mediante requerimento de 1/3 (um terço) dos membros de quaisquer das Casas Legislativas, em conjunto ou separadamente, para apurar fato determinado, e por prazo certo.

– Podem ouvir testemunhas, além de investigados ou indiciados, inclusive com possibilidade de condução coercitiva; determinar a produção de prova pericial ou documental; determinar a quebra de sigilo bancário e fiscal.

– Não podem praticar atos sujeitos à denominada *reserva jurisdicional*, tais como interceptação telefônica (artigo 5°, inciso XII, da Constituição Federal) ou invasão domiciliar, durante o dia, por ordem judicial (artigo 5°, inciso XI, da Lei Maior).

11.13 A FISCALIZAÇÃO DO PODER EXECUTIVO E O TRIBUNAL DE CONTAS DA UNIÃO

Como já mencionamos no começo deste Capítulo, o Poder Legislativo tem por funções precípuas (denominadas funções típicas), expressamente previstas na Constituição Federal: a edição de leis (função legislativa propriamente dita) e a fiscalização do Poder Executivo. A fiscalização do Poder Executivo poderá ser de 2 (dois) tipos: (a) *político-administrativa*, através de um conjunto de mecanismos que possibilitem ao Poder Legislativo inspecionar a gestão da coisa pública, realizada pelo Poder Executivo (caso, por exemplo, da criação de CPIs e convocação de Ministros para prestar informações); ou (b) *contábil, financeira e orçamentária*.

Essa última está prevista no artigo 70, da Constituição Federal, que confere ao Congresso Nacional a fiscalização contábil, financeira, orçamentária, operacional e patrimonial da União e das entidades da Administração Pública direta e indireta, quanto à legalidade, legitimidade, economicidade, aplicação das subvenções e renúncias de receitas. Referido controle, denominado *controle externo* (já que cada Poder também deverá realizar, internamente, o controle financeiro e orçamentário de seus próprios atos), será exercido com o auxílio do Tribunal de Contas da União.

Nos expressos termos do artigo 70, parágrafo único, da Carta Magna, qualquer pessoa física ou jurídica, pública ou privada, que utilize, arrecade, guarde, gerencie ou administre dinheiros, bens e valores públicos ou pelos quais a União responda, ou que, em nome desta, assuma obrigações de natureza pecuniária, devem prestar contas. Por essa razão, não restam dúvidas de que empresas públicas e sociedades de economia mista, ainda que exploradoras de atividade econômica, também deverão submeter-se ao controle do Tribunal de Contas da União. Sobre o tema, sugerimos a leitura do Mandado de Segurança 25.092, Relator Ministro Carlos Velloso, j. 10.11.2005, DJ de 17.03.2006.

As competências do Tribunal de Contas da União (TCU) estão elencadas nos incisos do artigo 71, da Constituição Federal. Trata-se precipuamente, como mencionamos no parágrafo anterior, de funções de fiscalização das contas prestadas por qualquer pessoa física ou jurídica, pública ou privada, que utilize, arrecade, guarde, gerencie ou administre dinheiros, bens e valores públicos ou pelos quais a União responda. Eis as competências ali expressamente estabelecidas:

– *Apreciar as contas prestadas anualmente pelo presidente da República, mediante parecer prévio, que deverá ser elaborado em 60 (sessenta) dias a contar de seu recebimento;*

– *Julgar as contas dos administradores e demais responsáveis por dinheiros, bens e valores públicos da administração direta e indireta, incluídas as fundações e sociedades instituídas e mantidas pelo poder público federal, e as contas daqueles que derem causa a perda, extravio ou outra irregularidade de que resulte prejuízo ao erário;*

– *Apreciar, para fins de registro, a legalidade dos atos de admissão de pessoal, a qualquer título, na Administração Pública direta e indireta, incluídas as fundações instituídas e mantidas pelo Estado, excetuadas as nomeações para cargo de provimento em comissão, bem como a das concessões de aposentadorias, reformas e pensões, ressalvadas as melhorias posteriores que não alterem o fundamento legal do ato concessório;*

– *Realizar, por iniciativa própria, da Câmara dos Deputados, do Senado Federal, de Comissão técnica ou de inquérito, inspeções e auditorias de natureza contábil, financeira, orçamentária, operacional e patrimonial, nas unidades administrativas dos Poderes Legislativo, Executivo e Judiciário, e demais órgãos e entidade da Administração Pública direta e indireta;*

– *Fiscalizar as contas nacionais das empresas supranacionais de cujo capital social a União participe, de forma direta ou indireta, nos termos do tratado constitutivo;*

– *Fiscalizar a aplicação de quaisquer recursos repassados pela União mediante convênio, acordo, ajuste ou outros instrumentos congêneres, a Estado, ao Distrito Federal ou a Município;*

– *Prestar as informações solicitadas pelo Congresso Nacional, por qualquer de suas Casas, ou por qualquer das respectivas Comissões, sobre a fiscalização contábil, financeira, orçamentária, operacional e patrimonial e sobre resultados de auditorias e inspeções realizadas;*

– *Aplicar aos responsáveis, em caso de ilegalidade de despesa ou irregularidade de contas, as sanções previstas em lei, que estabelecerá, entre outras cominações, multa proporcional ao dano causado ao erário*[13]*;*

– *Assinar prazo para que o órgão ou entidade adote as providências necessárias ao exato cumprimento da lei, se verificada ilegalidade;*

– *Sustar, se não atendido, a execução do ato impugnado, comunicando a decisão à Câmara dos Deputados e ao Senado Federal;*

– *Representar ao Poder competente sobre irregularidades ou abusos apurados.*

Como nos esclarece a Constituição Federal (artigo 71, § 1º), em se tratando de contrato, o ato de sustação não será adotado pelo Tribunal de Contas da União, mas sim pelo próprio Congresso Nacional, que solicitará, de imediato, a adoção das medidas necessárias à correção das irregularidades, pelo Poder Executivo. Contudo, se o Congresso Nacional não sustar o contrato, ou se o Poder Executivo não realizar as correções necessárias, tudo

---

13. Constituição Federal, artigo 71, § 3º: "As decisões do Tribunal de que resulte imputação de débito ou multa terão eficácia de título executivo".

no prazo de 90 (noventa) dias, o Tribunal de Contas da União poderá decidir a respeito, conforme permite a norma do artigo 71, § 2º, de nossa Lei Maior.

A despeito do nome, *o Tribunal de Contas da União (TCU) não é propriamente um órgão judicante (jurisdicional)*. Na realidade, referido órgão, que não integra o Poder Judiciário[14], tem função apenas opinativa, atuando como um órgão auxiliar (porém não subordinado) do Poder Legislativo federal. É o Congresso Nacional, este sim, quem tem a competência para julgar as contas do Poder Executivo (artigo 49, inciso X, de nossa Lei Maior).

De todo modo, mesmo não sendo propriamente um órgão jurisdicional (órgão pertencente ao Poder Judiciário), o Supremo Tribunal Federal já decidiu, em caráter expresso e inequívoco, que se faz indispensável a observância, nos processos administrativos em trâmite perante o Tribunal de Contas da União, do princípio constitucional do devido processo legal, e, por consequência, dos princípios do contraditório e da ampla defesa[15], inclusive tendo editado, neste sentido, a súmula vinculante 3.

Conforme artigo 73, da Constituição Federal, o Tribunal de Contas da União, com sede no Distrito Federal, *será integrado por 9 (nove) ministros*, com mais de 35 (trinta e cinco) e menos de 65 (sessenta e cinco) anos de idade, idoneidade moral e reputação ilibada, notórios conhecimentos jurídicos, contábeis, econômicos e financeiros ou de administração pública, e mais de 10 (dez) anos de exercício de função ou atividade profissional que exija aqueles conhecimentos.

Nos termos do § 2º daquele mesmo artigo 73, de nossa Lei Maior, 1/3 (um terço) dos ministros será escolhido pela presidência da República, após aprovação do Senado Federal, e 2/3 (dois terços) pelo próprio Senado Federal, sendo certo que terão as mesmas garantias, prerrogativas, impedimentos, vencimentos e vantagens dos Ministros do Superior Tribunal de Justiça (§ 3º).

Para encerrarmos esta seção, não podemos deixar de mencionar que, além da fiscalização contábil, financeira e orçamentária realizada pelo Poder Legislativo, com auxílio do Tribunal de Contas da União (TCU), a Carta Magna também prevê (artigo 74) a necessidade de que os Poderes Legislativo, Executivo e Judiciário da União mantenham, de forma integrada, sistemas de controle interno.

Com efeito, segundo a Constituição Federal, sempre que tomarem conhecimento de qualquer irregularidade ou ilegalidade, os responsáveis pelo controle interno devem dar ciência ao Tribunal de Contas da União, sob pena de responsabilidade solidária. Nossa Lei Maior salienta, ademais, que qualquer cidadão, partido político, associação ou sindicato é parte legítima para, na forma da lei, denunciar irregularidades ou ilegalidades perante o Tribunal de Contas da União.

---

14. Por esse motivo, aliás, o Pretório Excelso já decidiu que o Tribunal de Contas da União não pode determinar, diretamente, a quebra do sigilo bancário de algum investigado, sem se valer do Poder Judiciário. Sobre o tema, sugerimos a leitura do Mandado de Segurança 22.801, relator ministro Carlos Alberto Menezes Direito, j. 17.12.2007.
15. Súmula vinculante 3: "Nos processos perante o Tribunal de Contas da União asseguram-se o contraditório e a ampla defesa quando da decisão puder resultar anulação ou revogação de ato administrativo que beneficie o interessado, excetuada a apreciação da legalidade do ato de concessão inicial de aposentadoria, reforma e pensão".

A FISCALIZAÇÃO DO PODER EXECUTIVO E O TRIBUNAL DE CONTAS DA UNIÃO

– A fiscalização do Poder Executivo poderá ser *político-administrativa*, através de um conjunto de mecanismos que possibilitem ao Poder Legislativo fiscalizar a gestão da coisa pública, realizada pelo Poder Executivo (caso, por exemplo, da criação de CPIs e convocação de Ministros para prestar informações).

– A fiscalização também poderá ser de natureza *contábil, financeira e orçamentária*, cabendo ao Congresso Nacional a fiscalização contábil, financeira, orçamentária, operacional e patrimonial da União e das entidades da Administração Pública direta e indireta, quanto à legalidade, legitimidade, economicidade, aplicação das subvenções e renúncias de receitas.

– Referido controle, exercido pelo Congresso Nacional, e denominado *controle externo* (já que cada Poder também deverá realizar, internamente, este mesmo controle de seus atos), será exercido com o auxílio do Tribunal de Contas da União, conforme disposto no artigo 71, da Carta Magna.

– O Tribunal de Contas da União, com sede no Distrito Federal, será integrado por 9 (nove) Ministros, com mais de 35 (trinta e cinco) e menos de 65 (sessenta e cinco) anos de idade, idoneidade moral e reputação ilibada, notórios conhecimentos jurídicos, contábeis, econômicos e financeiros ou de administração pública, e mais de 10 (dez) anos de exercício de função ou atividade profissional que exija aqueles conhecimentos (Constituição Federal, artigo 73).

11.14 OS TRIBUNAIS DE CONTAS DOS ESTADOS E DO DISTRITO FEDERAL E OS TRIBUNAIS OU CONSELHOS DE CONTAS DOS MUNICÍPIOS

Conforme determinação da Constituição Federal (artigo 75), as normas constitucionais relativas à fiscalização contábil, financeira e orçamentária da União também se aplicam, no que couber, à organização, composição e fiscalização dos Tribunais de Contas dos Estados e do Distrito Federal, bem como dos Tribunais e Conselhos de Contas dos Municípios. O mesmo texto constitucional dispõe, no parágrafo único daquele artigo, que as constituições estaduais disporão sobre os Tribunais de Contas respectivos, que serão integrados por 7 (sete) Conselheiros.

No tocante especificamente aos Tribunais de Contas dos Estados, a Súmula 653, do Supremo Tribunal Federal, determina que eles devem ser compostos por 7 (sete) Conselheiros, dos quais 4 (quatro) devem ser escolhidos pela respectiva Assembleia Legislativa e 3 (três) pelo governador do Estado, cabendo a este indicar 1 (um) dentre auditores, 1 (um) dentre membros do Ministério Público, e 1 (um) terceiro à sua livre escolha. Trata-se aqui, a toda evidência, de súmula editada em estrita observância à norma do artigo 75, da Carta Maga, que prevê a aplicação das normas relativas ao Tribunal de Contas da União, no que couber, à organização dos Tribunais de Contas dos Estados e do Distrito Federal.

Particularmente no que se refere aos Municípios, o artigo 31, da Constituição Federal, dispõe que a fiscalização daqueles entes da Federação será exercida pelo Poder Legislativo do Município, mediante controle externo, e pelos sistemas de controle interno do Poder Executivo municipal, na forma da lei. Ainda segundo a Carta Magna, o controle externo da Câmara Municipal será exercido com o auxílio dos Tribunais de Contas dos Estados ou dos Conselhos ou Tribunais de Contas dos Municípios, onde houver (§1º), sendo vedada, para tal fim, a criação de novos Tribunais, Conselhos ou órgãos de contas municipais (§ 2º).

11.15 PODER EXECUTIVO

O Brasil adotou o *sistema presidencialista de governo*, também denominado simplesmente de *presidencialismo*. Nesse sistema, o Poder Executivo e o Poder Legislativo são *independentes*, e tanto a função de Chefe de Estado como a de Chefe de Governo são exercidas pelo presidente da República, cabendo a este último, portanto, o efetivo governo do Estado, bem como a representação deste, junto às demais pessoas jurídicas de direito internacional.

No presidencialismo, o presidente da República é eleito pelo povo, de maneira direta ou indireta, com mandato certo, justamente para governar o país. Dessa forma, não pode o Chefe do Poder Executivo ser destituído do cargo, pelo Poder Legislativo, apenas por não ter ou perder o apoio da maioria do Parlamento, como ocorre no parlamentarismo, outro importante sistema de governo.

Com efeito, o sistema presidencialista de governo, expressamente adotado por nossa Constituição Federal vigente,[16] difere substancialmente do chamado *sistema parlamentarista*, no qual, ao contrário do primeiro, apresenta forte interdependência entre o Poder Executivo e o Poder Legislativo. A chefia de Estado e a chefia de Governo são exercidas por pessoas diferentes. O Chefe de Estado poderá ser o presidente da República (no regime republicano), ou o rei (no regime monárquico).

No sistema parlamentarista, a chefia de Governo é exercida pelo Primeiro-Ministro, indicado pelo Parlamento. Esse Chefe de Governo pode ser destituído facilmente, seja por decisão da maioria do Poder Legislativo, seja por aprovação de uma moção de desconfiança. A considerável interdependência entre o Poder Executivo e o Poder Legislativo é evidenciada não só pela indicação do Chefe de Governo (o Primeiro-Ministro) pela maioria do Poder Legislativo, como também pela possibilidade, conferida ao Chefe de Estado (presidente da República ou monarca), de dissolver o Parlamento, convocando novas eleições.

O sistema presidencialista difere, por fim, do chamado *sistema de governo diretorial*. Esse sistema, vale esclarecer, é aquele em que existe total subordinação do Poder Executivo ao Poder Legislativo, que concentra, em sua totalidade, o poder político estatal. Nesse sistema de governo, atualmente adotado apenas pela Suíça, o colegiado de governantes é indicado pelo Parlamento (característica do parlamentarismo), para exercício do mandato por prazo certo (traço marcante do presidencialismo).

Voltando ao nosso sistema presidencialista de governo, vimos que a Chefia de Estado e de Governo cabe ao presidente da República, que é o Chefe do Poder Executivo. Além da função típica de instituir as políticas públicas de governo, com base no texto constitucional, e a de atender aos comandos legais (na seara administrativa), o Poder Executivo também exerce funções atípicas, como, por exemplo, editar medidas provisórias (função legislativa), bem como julgar os processos administrativos instaurados.

Nos termos do artigo 76, da Constituição Federal, "o Poder Executivo é exercido pelo presidente da República, auxiliado pelos Ministros de Estado". As competências do presidente da República estão relacionadas no artigo 84, da Carta Magna. Dentre referidas competências, destaca-se a de exercer, com o auxílio dos ministros de Estado, a direção superior da Administração Pública federal; a de iniciar o processo legislativo; a de sancionar, promulgar e fazer publicar as leis, bem como expedir decretos e regulamentos para sua fiel execução; e também a de vetar projetos de lei.

---

16. É bem verdade que o próprio texto constitucional previa um plebiscito, após 5 (cinco) anos de promulgação do texto constitucional, para que a população manifestasse, em caráter expresso, se preferia manter o sistema presidencialista de governo, ou se preferia substituí-lo pelo sistema parlamentarista. Previa, igualmente, a possibilidade de opção pela forma de governo monarquista (do tipo parlamentarista), em substituição ao modelo republicano. Os cidadãos do País, contudo, optaram tanto pela manutenção da forma de governo republicana, como também pelo sistema de governo presidencialista, adotado desde a primeira Constituição republicana brasileira (1891), e já arraigado na cultura nacional.

Devemos destacar, ademais, a competência que confere ao presidente da República a prerrogativa de editar decretos que tenham por objeto a organização e funcionamento da Administração Pública federal, quando não implicar aumento de despesa nem criação ou extinção de órgãos públicos, bem como a extinção de funções ou cargos públicos, quando vagos. Tal competência, cuja redação foi conferida pela Emenda Constitucional 32, de 11 de setembro de 2001, acaba permitindo a edição dos denominados *decretos autônomos*, que independem de prévia edição de lei, já que não têm por objetivo dar fiel cumprimento a esta última.

Também é da competência do Chefe do Poder Executivo Federal exercer o comando supremo das Forças Armadas, além de nomear os comandantes da Marinha, do Exército e da Aeronáutica, promover seus oficiais-generais e nomeá-los para os cargos que lhes são privativos. Compete-lhe, igualmente, nomear os Ministros do Supremo Tribunal Federal e dos Tribunais Superiores[17], os governadores de Territórios, o procurador-geral da República, o presidente e os diretores do Banco Central e outros servidores, quando determinado em lei, após aprovação pelo Senado Federal.

Cabe ao presidente da República, ainda, nomear 1/3 (um terço) dos ministros do Tribunal de Contas da União, com aprovação do Senado Federal, sendo 2 (dois) alternadamente dentre auditores e membros do Ministério Público junto àquele Tribunal de Contas, indicados em lista tríplice, segundo critérios de antiguidade e merecimento, além de magistrados e do advogado-geral da União, nos casos previstos na Constituição Federal.

Compete ao Chefe do Poder Executivo da União, ainda, declarar guerra, no caso de agressão estrangeira, autorizado pelo Congresso Nacional ou referendado por ele, quando tal declaração de guerra ocorrer no intervalo das sessões legislativas, e, nas mesmas condições, decretar, total ou parcialmente, a mobilização nacional; bem como celebrar a paz, autorizado ou com o referendo do Congresso Nacional.

Nos expressos termos do artigo 84, parágrafo único, da Carta Magna, o presidente da República poderá delegar algumas de suas atribuições aos Ministros de Estado, ao procurador-geral da República ou ao advogado-geral da União, que observarão os limites traçados nas respectivas delegações. São elas: (a) dispor, mediante decreto, sobre organização e funcionamento da administração federal, quando não implicar aumento de despesa nem criação ou extinção de órgãos públicos; (b) conceder indulto, com audiência, se necessário, dos órgãos instituídos em lei; e (c) prover os cargos públicos federais, na forma da lei.

PODER EXECUTIVO

– O Brasil adotou o sistema presidencialista de governo. Nesse sistema, o Poder Executivo e o Poder Legislativo são *independentes*, e tanto a função de Chefe de Estado como a de Chefe de Governo são exercidas pelo presidente da República, cabendo a este último, portanto, o efetivo governo do Estado, bem como a representação deste, junto às demais pessoas jurídicas de direito internacional.

– Além de sua função típica, qual seja a de instituir as políticas públicas de governo, com base no texto constitucional, e a de atender aos comandos legais (na seara administrativa), o Poder Executivo também exerce funções atípicas, como, por exemplo, editar medidas provisórias (função legislativa) e julgar os processos administrativos instaurados.

– Nos termos do artigo 76, da Constituição Federal, "o Poder Executivo é exercido pelo presidente da República, auxiliado pelos Ministros de Estado". As competências do presidente da República estão relacionadas no artigo 84 da Carta Magna.

---

17. Superior Tribunal de Justiça (STJ), Tribunal Superior do Trabalho (TST), Superior Tribunal Militar (STM) e Tribunal Superior Eleitoral (TSE).

11.16 PRESIDENTE E VICE-PRESIDENTE DA REPÚBLICA

Nos termos do artigo 77, *caput*, da Constituição Federal, a eleição do presidente da República realizar-se-á no primeiro domingo de outubro, em primeiro turno, e no último domingo do mesmo mês, se houver segundo turno, do último ano do mandato presidencial vigente[18]. Diferentemente de antigas constituições brasileiras, que permitiam que o vice-presidente fosse eleito de forma independente, mesmo que não pertencesse à mesma chapa do presidente eleito, a vigente Carta Magna dispõe expressamente, em seu artigo 77, § 1º, que a eleição do presidente da República necessariamente importará a do vice-presidente com ele registrado.

O presidente da República poderá ser eleito já no primeiro turno caso consiga obter a *maioria absoluta de votos*, não computados os votos em branco e os nulos (artigo 77, § 2º, da Lei Maior). Em outras palavras, para ser eleito já no primeiro turno, o candidato tem que conseguir a metade mais 1 (um) de todos os votos válidos (descontados os nulos e os em branco). Se nenhum candidato conseguir obter aquela maioria absoluta, realizar-se-á o segundo turno em até 20 (vinte) dias após a proclamação do primeiro resultado.

No segundo turno, participarão os 2 (dois) candidatos mais votados no primeiro. Se houver mais de um candidato em segundo lugar, com a mesma votação, participará do certame o candidato mais idoso (artigo 77, § 5º, da Constituição Federal). Sagrar-se-á vencedor da eleição presidencial, no segundo turno, o candidato que obtiver a maioria dos votos válidos (artigo 77, § 3º, parte final, do texto constitucional), mesmo que não obtenha, neste novo turno, a maioria absoluta dos votos válidos.

Para ser eleito presidente da República, o que vale também para o candidato a vice-presidente da República com ele registrado, o candidato deverá observar as seguintes condições de elegibilidade, estabelecidas pelo artigo 14, § 3º, da Lei Maior: (a) estar em pleno exercício dos direitos políticos; (b) ter realizado o chamado alistamento eleitoral; (c) ter domicílio eleitoral na circunscrição em que concorrerá (neste caso, em qualquer cidade brasileira); (d) filiação partidária; (e) idade mínima de 35 (trinta e cinco) anos.

Para concorrer à Presidência da República, o candidato também não poderá ser cônjuge ou parente consanguíneo ou afim, até o segundo grau ou por adoção, do presidente da República ou de quem o houver substituído dentro dos 6 (seis) meses anteriores ao pleito, salvo se já for titular de mandato eletivo e candidato à reeleição (artigo 14, § 7º, da Carta Magna). O candidato, por fim, deverá ser brasileiro nato, não bastando, portanto, ser apenas brasileiro naturalizado, como se é exigido para a grande maioria dos cargos eletivos do País (artigo 12, § 3º, inciso I, de nossa Lei Maior).

O presidente e o vice-presidente da República tomarão posse em sessão do Congresso Nacional, prestando o compromisso de manter, defender e cumprir a Constituição Federal, observar as leis, promover o bem geral do povo brasileiro, sustentar a união, a integridade e a independência do Brasil. Se, decorridos 10 (dez) dias da data fixada para a posse, o presidente ou o vice-presidente, salvo motivo de força maior, não tiver assumido o cargo, este será declarado vago.

---

18. Na verdade, a redação literal do artigo dispõe que, no caso de segundo turno, a eleição dar-se-á no "ano anterior ao do término do mandato presidencial vigente". Ocorre que tal redação somente faz sentido se levarmos em conta a antiga redação do artigo 82, da Lei Maior (alterada pela Emenda Constitucional 16, de 1997), que previa que o presidente da República tomava posse em março do ano posterior à sua eleição.

Nos expressos termos da Constituição Federal (artigo 79), o vice-presidente da República *substituirá* o presidente da República, no caso de impedimento, e o *sucederá*, na hipótese de vacância do cargo. E qual a diferença entre substituição e sucessão? Na *substituição*, o vice-presidente assume a Presidência apenas em *caráter temporário*, em razão de algum impedimento momentâneo do presidente da República em exercer o cargo. Dá-se a substituição, por exemplo, quando o vice-presidente assume provisoriamente o exercício do cargo enquanto o presidente da República realiza alguma viagem ao exterior[19].

Já na *sucessão*, o vice-presidente assume a Presidência da República *em caráter permanente*, em razão da vacância do cargo. Dá-se a sucessão, por exemplo, nos casos de morte do presidente da República, de renúncia do Chefe do Poder Executivo Federal, ou de afastamento definitivo do presidente da República, condenado pelo Senado Federal pela prática de crime de responsabilidade (o famoso *impeachment*, que será estudado na próxima seção deste mesmo Capítulo).

Segundo nossa Lei Maior (artigo 80), em caso de impedimento do presidente e do vice-presidente da República, ou vacância dos respectivos cargos, serão sucessivamente chamados ao exercício da Presidência o presidente da Câmara dos Deputados, o do Senado Federal e o do Supremo Tribunal Federal. Caso seja hipótese de simples *substituição*, os presidentes dos demais Poderes assumirão a Presidência apenas momentaneamente, em ordem sucessiva, devolvendo o exercício do cargo ao presidente da República (ou ao vice-presidente que o sucedeu) tão logo este possa voltar ao exercício da Presidência.

Caso, contudo, seja hipótese de *sucessão* (por vacância do cargo, portanto), apenas o vice-presidente da República poderá assumir a Presidência em definitivo. Se houver sucessão de ambos os cargos (de presidente e de vice-presidente da República), o presidente da Câmara dos Deputados, o do Senado Federal ou o do Supremo Tribunal Federal (nesta ordem) assumirá o exercício da Presidência até que novo presidente da República tome posse, após a realização de novas eleições.

Se a vacância de ambos os cargos ocorrer nos 2 (dois) primeiros anos do período presidencial, as novas eleições deverão ser realizadas no prazo de 90 (noventa) dias, contados da abertura da última vaga. Se, por outro lado, vacância dos cargos de presidente e de vice-presidente da República se der nos últimos 2 (dois) anos do período presidencial, as novas eleições deverão ser realizadas 30 (trinta) dias depois de aberta a última vaga, pelo Congresso Nacional, na forma da lei. De todo modo, em ambos os casos, os eleitos deverão apenas completar o período de seus antecessores.

Conforme artigo 82, da Constituição Federal, na nova redação que lhe conferiu a Emenda Constitucional 16, de 04 de junho de 1997, o mandato do presidente da República será de 4 (quatro) anos, e terá início em 1º (primeiro) de janeiro do ano seguinte ao de sua eleição. Não podemos olvidar, ademais, que a mesma Emenda Constitucional 16/1997 passou a prever a possibilidade de reeleição do presidente da República (além dos governadores dos Estados e do Distrito Federal e dos prefeitos), para um único mandato subsequente, conforme disposto no artigo 14, § 5º, da Carta Magna[20].

---

19. Note, contudo, que a Constituição Federal dispõe expressamente que o Presidente e o Vice-Presidente da República não podem, sem licença do Congresso Nacional, ausentar-se do País por período superior a 15 (quinze) dias, sob pena de perda do cargo (artigo 83).
20. Para concorrer a outros cargos, contudo, o Presidente da República deve renunciar ao mandato até 6 (seis) meses antes do pleito. É o que determina, em caráter expresso e inequívoco, o artigo 14, § 6º, da Constituição Federal.

11.17 O PRESIDENTE DA REPÚBLICA E OS CRIMES DE RESPONSABILIDADE

Crime de responsabilidade, cujo processo é costumeiramente conhecido como impedimento ou, ainda, *impeachment*, pode ser definido, em apertada síntese, como a infração de natureza político-administrativa, cometida por determinados agentes públicos, os chamados agentes políticos[21], no desempenho de suas funções, e que lhes impõe sanções também de natureza político-administrativa[22], tais como perda do mandato e a inabilitação para o exercício de funções públicas, por um certo lapso de tempo.

Por não se tratar de infração de natureza penal, não se exige, para a caracterização do crime de responsabilidade, a descrição de condutas completamente definidas (consubstanciadas em tipos penais), bastando a simples previsão de condutas abertas, cuja subsunção do fato à norma será feita pelo Poder Legislativo correspondente (no caso do Chefe do Poder Executivo da União, pelo Congresso Nacional), levando em conta critérios jurídicos, mas também políticos.

No caso específico do presidente da República, o artigo 85, da Constituição Federal, elenca diversas hipóteses (todas elas abertas, deve-se insistir, já que não há a descrição detalhada das condutas, como se dá com os tipos penais) que caracterizam a prática de crime de responsabilidade, pelo Chefe do Poder Executivo da União. Com efeito, nos expressos termos daquela norma constitucional, são crimes de responsabilidade do presidente da República os atos contra:

– *A Constituição Federal;*
– *A existência da União;*
– *O livre exercício do Poder Legislativo, do Poder Judiciário, do Ministério Público e dos Poderes constitucionais das unidades da Federação;*
– *O exercício dos direitos políticos, individuais e sociais;*
– *A segurança interna do País;*
– *A probidade na Administração Pública;*
– *A lei orçamentária; e*
– *O cumprimento das leis e das decisões judiciais.*

Segundo o parágrafo único, daquele mesmo artigo 85, de nossa Lei Maior, os crimes de responsabilidade devem ser definidos em lei especial, inclusive com a fixação das normas de processo e julgamento. A lei em questão já existe. Trata-se da Lei 1.079, de 10 de abril de 1950, parcialmente recepcionada pela Constituição de 1988. Referido diploma infraconstitucional dispõe sobre os crimes de responsabilidade, dentre outros, do presidente da República, descrevendo diversas condutas (apenas exemplificativas, é imperioso ressaltar) que caracterizam a prática dessa infração político-administrativa, por aqueles agentes políticos.

---

21. Segundo lição de Marcelo Novelino, a maioria dos Ministros do Supremo Tribunal Federal entende que "os agentes políticos, por estarem regidos por normas especiais de responsabilidade, não respondem por improbidade administrativa (CF, art. 37, § 4º, regulamentado pela Lei 8.429/1992), mas apenas por crime de responsabilidade (Lei 1.079/1950)", citando, na oportunidade, decisão proferida pelo Pretório Excelso na Reclamação 2.138, relator ministro Gilmar Mendes, j. 13.06.2007. *Direito constitucional*. 4. ed. Método, 2010, p. 627.

22. Eis a definição que Alexandre de Moraes dá ao instituto: "Crimes de responsabilidade são infrações político-administrativas definidas na legislação federal, cometidos no desempenho da função, que atentam contra a existência da União, o livre exercício dos Poderes do Estado, a segurança interna do País, a probidade da Administração, a lei orçamentária, o exercício dos direitos políticos, individuais e sociais e o cumprimento das leis e das decisões judiciais". *Direito constitucional*. 30. ed. Atlas, 2014, p. 503.

Além do presidente da República, é imperioso esclarecer que a Constituição Federal também prevê a possibilidade de condenação, pela prática do crime de responsabilidade, de outros importantes agentes políticos. Os principais são estes[23]: vice-presidente da República (artigo 52, I); Ministros de Estado e Comandantes da Marinha, do Exército e da Aeronáutica, nos crimes conexos com os praticados pelo presidente da República (artigo 52, I); Ministros do Supremo Tribunal Federal (artigo 52, II); membros do Conselho Nacional de Justiça e do Conselho Nacional do Ministério Público (artigo 52, II); procurador-geral da União (artigo 52, II); e o advogado-geral da União (artigo 52, II).

Conforme artigo 5º, da Lei 1.079/1950, são crimes de responsabilidade do presidente da República *contra a existência política da União*: entreter, direta ou indiretamente, inteligência com governo estrangeiro, provocando-o a fazer guerra ou cometer hostilidade contra a República, prometer-lhe assistência ou favor, ou dar-lhe qualquer auxílio nos preparativos ou planos de guerra contra a República; tentar, diretamente e por fatos, submeter a União ou algum dos Estados ou Territórios a domínio estrangeiro, ou dela separar qualquer Estado ou porção do território nacional.

Na mesma toada: cometer ato de hostilidade contra nação estrangeira, expondo a República ao perigo da guerra, ou comprometendo-lhe a neutralidade; revelar negócios políticos ou militares, que devam ser mantidos secretos a bem da defesa da segurança externa ou dos interesses da Nação; auxiliar, por qualquer modo, nação inimiga a fazer a guerra ou a cometer hostilidade contra a República; celebrar tratados, convenções ou ajustes que comprometam a dignidade da Nação.

São ainda crimes de responsabilidade do Chefe do Poder Executivo da União *contra a existência política da União*: violar a imunidade dos embaixadores ou ministros estrangeiros acreditados no País; declarar a guerra, salvo os casos de invasão ou agressão estrangeira, ou fazer a paz, sem autorização do Congresso Nacional; não empregar contra o inimigo os meios de defesa de que poderia dispor; permitir o presidente da República, durante as sessões legislativas e sem autorização do Congresso Nacional, que forças estrangeiras transitem pelo território do País, ou, por motivo de guerra, nele permaneçam temporariamente; e violar tratados legitimamente feitos com nações estrangeiras.

Por sua vez, o artigo 6º, da Lei 1.079/1950, prevê hipóteses (exemplificativas, vale insistir) de crimes de responsabilidade praticados pelo presidente da República, *contra o livre exercício dos Poderes Legislativo e Judiciário e dos Poderes constitucionais dos Estados*. São elas: tentar dissolver o Congresso Nacional, impedir a reunião ou tentar impedir por qualquer modo o funcionamento de qualquer de suas Câmaras; usar de violência ou ameaça contra algum representante da Nação para afastá-lo da Câmara a que pertença ou para coagi-lo no modo de exercer o seu mandato bem como conseguir ou tentar conseguir o mesmo objetivo mediante suborno ou outras formas de corrupção.

No mesmo diapasão: violar as imunidades asseguradas aos membros do Congresso Nacional, das Assembleias Legislativas dos Estados, da Câmara dos Vereadores do Distrito Federal e das Câmaras Municipais; permitir que força estrangeira transite pelo território do

---

23. No artigo 52, da Carta Magna, estão previstos alguns dos principais agentes políticos que estão sujeitos ao processo de *impeachment*. Contudo, a verdade é que diversos outros dispositivos da Lei Maior preveem a possibilidade de responsabilização de agentes políticos pela prática do crime de responsabilidade. Eis alguns casos: membros dos Tribunais Superiores e chefes de missão diplomática de caráter permanente (artigo 102, I, *c*); desembargadores dos Tribunais de Justiça dos Estados e do Distrito Federal e membros dos Tribunais Regionais Federais, dos Tribunais Regionais Eleitorais e do Trabalho (artigo 105, I, *a*).

Brasil ou nele permaneça quando a isso se oponha o Congresso Nacional; opor-se diretamente e por fatos ao livre exercício do Poder Judiciário, ou obstar, por meios violentos, ao efeito dos seus atos, mandados ou sentenças; usar de violência ou ameaça, para constranger juiz, ou jurado, a proferir ou deixar de proferir despacho, sentença ou voto, ou a fazer ou deixar de fazer ato do seu ofício; praticar contra os poderes estaduais ou municipais ato definido como crime neste artigo; e intervir em negócios peculiares aos Estados ou aos Municípios com desobediência às normas constitucionais.

No artigo 7º, da lei em comento, foram relacionadas diversas hipóteses (exemplificativas, não se esqueça) de crimes de responsabilidade que podem ser praticados pelo presidente da República, *contra o livre exercício dos direitos políticos, individuais e sociais*. São elas: impedir por violência, ameaça ou corrupção, o livre exercício do voto; obstar ao livre exercício das funções dos mesários eleitorais; violar o escrutínio de seção eleitoral ou inquinar de nulidade o seu resultado pela subtração, desvio ou inutilização do respectivo material; utilizar o poder federal para impedir a livre execução da lei eleitoral; servir-se das autoridades sob sua subordinação imediata para praticar abuso do poder, ou tolerar que essas autoridades o pratiquem sem repressão sua.

Da mesma forma: subverter ou tentar subverter por meios violentos a ordem política e social; incitar militares à desobediência à lei ou infração à disciplina; provocar animosidade entre as classes armadas ou contra elas, ou delas contra as instituições civis; violar patentemente qualquer direito ou garantia individual, e bem assim os direitos sociais assegurados na Constituição Federal; tomar ou autorizar durante o estado de sítio, medidas de repressão que excedam os limites estabelecidos na Carta Magna.

O artigo 8º, da Lei 1.079/1950, a seu turno, relacionada diversas hipóteses do cometimento de crimes de responsabilidade, pelo Chefe do Poder Executivo da União, *contra a segurança interna do País*, a saber: tentar mudar por violência a forma de governo da República; tentar mudar por violência a Constituição Federal ou de algum dos Estados, ou lei da União, de Estado ou Município; decretar o estado de sítio, estando reunido o Congresso Nacional, ou no recesso deste, não havendo comoção interna grave nem fatos que evidenciem estar a mesma a irromper ou não ocorrendo guerra externa.

São também casos de crime de responsabilidade, que podem ser praticados por aquele agente político, *contra a segurança interna do Brasil*: praticar ou concorrer para que se perpetre qualquer dos crimes contra a segurança interna, definidos na legislação penal; não dar as providências de sua competência para impedir ou frustrar a execução desses crimes; ausentar-se do País sem autorização do Congresso Nacional; permitir, de forma expressa ou tácita, a infração de lei federal de ordem pública; deixar de tomar, nos prazos fixados, as providências determinadas por lei ou tratado federal e necessário a sua execução e cumprimento.

O artigo 9º, da Lei 1.079/1950, elenca várias condutas que podem ser praticadas pelo presidente da República, e que caracterizariam crime de responsabilidade *contra a probidade na administração pública*. Ei-las: omitir ou retardar dolosamente a publicação das leis e resoluções do Poder Legislativo ou dos atos do Poder Executivo; não prestar ao Congresso Nacional dentro de 60 (sessenta) dias após a abertura da sessão legislativa, as contas relativas ao exercício anterior; não tornar efetiva a responsabilidade dos seus subordinados, quando manifesta em delitos funcionais ou na prática de atos contrários à Constituição Federal.

No mesmo diapasão: expedir ordens ou fazer requisição de forma contrária às disposições expressas da Carta Magna; infringir no provimento dos cargos públicos, as normas legais; usar de violência ou ameaça contra servidor público para coagi-lo a proceder ilegalmente, bem como utilizar-se de suborno ou de qualquer outra forma de corrupção para o mesmo fim; e proceder de modo incompatível com a dignidade, a honra e o decoro do cargo.

Diversas hipóteses de crimes de responsabilidade que podem ser praticados pelo Chefe do Poder Executivo da União *contra a lei orçamentária* estão consignadas no artigo 10, daquele diploma legal. São elas: não apresentar ao Congresso Nacional a proposta do orçamento da República dentro dos primeiros dois meses de cada sessão legislativa; exceder ou transportar, sem autorização legal, as verbas do orçamento; realizar o estorno de verbas; infringir, patentemente, e de qualquer modo, dispositivo da lei orçamentária; deixar de ordenar a redução do montante da dívida consolidada, nos prazos estabelecidos em lei, quando o montante ultrapassar o valor resultante da aplicação do limite máximo fixado pelo Senado Federal.

Na mesma toada: ordenar ou autorizar a abertura de crédito em desacordo com os limites estabelecidos pelo Senado Federal, sem fundamento na lei orçamentária ou na lei de crédito adicional ou com inobservância de prescrição legal; deixar de promover ou de ordenar na forma da lei, o cancelamento, a amortização ou a constituição de reserva para anular os efeitos de operação de crédito realizada com inobservância de limite, condição ou montante estabelecido em lei; deixar de promover ou de ordenar a liquidação integral de operação de crédito por antecipação de receita orçamentária, inclusive os respectivos juros e demais encargos, até o encerramento do exercício financeiro.

Ainda: ordenar ou autorizar, em desacordo com a lei, a realização de operação de crédito com qualquer um dos demais entes da Federação, inclusive suas entidades da administração indireta, ainda que na forma de novação, refinanciamento ou postergação de dívida contraída anteriormente; captar recursos a título de antecipação de receita de tributo ou contribuição cujo fato gerador ainda não tenha ocorrido; ordenar ou autorizar a destinação de recursos provenientes da emissão de títulos para finalidade diversa da prevista na lei que a autorizou; realizar ou receber transferência voluntária em desacordo com limite ou condição estabelecida em lei.

Já no artigo 11, da Lei 1.079/1950, estão relacionadas condutas (exemplificativas, nunca é demais insistir) caracterizadoras de crimes de responsabilidade do presidente da República *contra a guarda e legal emprego dos dinheiros públicos*, a saber: ordenar despesas não autorizadas por lei ou sem observância das prescrições legais; abrir crédito sem fundamento em lei ou sem as formalidades legais; contrair empréstimo, emitir moeda corrente ou apólices, ou efetuar operação de crédito sem autorização legal; alienar imóveis nacionais ou empenhar rendas públicas sem autorização legal; e negligenciar a arrecadação das rendas impostos e taxas, bem como a conservação do patrimônio nacional.

Por fim, o artigo 12, do mesmo diploma legal, relaciona diversos casos de crimes de responsabilidade do Chefe do Poder Executivo Federal *contra o cumprimento das decisões judiciárias*. São eles: impedir, por qualquer meio, o efeito dos atos, mandados ou decisões do Poder Judiciário; recusar o cumprimento das decisões do Poder Judiciário no que depender do exercício das funções do Poder Executivo; deixar de atender a requisição de intervenção federal do Supremo Tribunal Federal ou do Tribunal Superior Eleitoral; e impedir ou frustrar pagamento determinado por sentença judiciária.

11.18 REGRAS PROCEDIMENTAIS DO CRIME DE RESPONSABILIDADE

Como vimos na seção anterior, a Lei 1.079/1950, parcialmente recepcionada pela Constituição de 1988, não só elenca diversas condutas caracterizadoras da prática do crime de responsabilidade, pelo presidente da República, como também estabelece diversas normas sobre o processo e o julgamento daquela infração de natureza político-administrativa. Referida lei esclarece, ademais, que devem ser aplicadas subsidiariamente, naquilo que for possível, as normas dos Regimentos Internos da Câmara dos Deputados e do Senado Federal, bem como o Código de Processo Penal.

Segundo o artigo 14, daquele diploma legal, é permitido a qualquer cidadão denunciar o presidente da República, por crime de responsabilidade, perante a Câmara dos Deputados. O artigo 15, da Lei 1.079/1950, por sua vez, nos esclarece que a denúncia só poderá ser recebida enquanto o denunciado não tiver, por qualquer motivo, deixado definitivamente o cargo. Não será recebida denúncia, portanto, caso já tenha terminado o mandato do presidente da República, ou este tenha renunciado ao cargo.

A denúncia, devidamente assinada pelo denunciante, deverá estar acompanhada dos documentos que a comprovem, ou da declaração de impossibilidade de apresentá-los, com a indicação do local onde possam ser encontrados. Nos crimes de que haja prova testemunhal, a denúncia deverá conter o rol das testemunhas. As testemunhas arroladas no processo deverão comparecer para prestar o seu depoimento, e a Mesa da Câmara dos Deputados ou do Senado Federal tomará as providências legais necessárias para compeli-las à obediência.

A *competência para recebimento da denúncia é privativa do presidente da Câmara dos Deputados*, tendo o Supremo Tribunal Federal decidido, inclusive, que não é possível recurso, desta decisão, para o Plenário da Casa[24]. Não recebida a denúncia, o pedido é arquivado[25]. Recebida a denúncia, esta será lida no expediente da sessão seguinte e despachada a uma Comissão Especial eleita, da qual participem, observada a respectiva proporção, representantes de todos os partidos para opinar sobre aquele recebimento da denúncia (artigo 19, da Lei 1.079/1950).

Segundo o artigo 218, § 4°, do Regimento Interno da Câmara dos Deputados, o denunciado será notificado para se manifestar, caso queira, no prazo de 10 (dez) sessões, contados do recebimento da denúncia. Ainda segundo aquele Regimento Interno (artigo 218, § 5°), a Comissão Especial reunir-se-á dentro de 48 (quarenta e oito) horas e, depois de eleger seu presidente e relator, emitirá parecer em 5 (cinco) sessões, contadas do oferecimento da manifestação do acusado ou do término do prazo correspondente, concluindo pelo deferimento ou indeferimento do pedido de autorização do processamento do *impeachment*.

O parecer da Comissão Especial será lido no expediente da Câmara dos Deputados e publicado na íntegra, juntamente com a denúncia, no Diário da Câmara dos Deputados. Decorridas 48 (quarenta e oito) horas da publicação do parecer da Comissão Especial, ele será incluído na Ordem do Dia da sessão seguinte. Encerrada a discussão do parecer, será submetido à votação nominal, o que significa dizer que cada um dos deputados federais será chamado para dizer "sim" ou "não" àquele parecer.

---

24. Curiosamente, esse entendimento do Pretório Excelso contraria, de forma expressa e inequívoca, a norma constante do artigo 218, § 3°, do Regimento Interno da Câmara dos Deputados, a qual dispõe que "do despacho do Presidente que indeferir o recebimento da denúncia, caberá recurso ao Plenário".

25. "Oferecimento de denúncia por qualquer cidadão imputando crime de responsabilidade ao presidente da República (...). Impossibilidade de interposição de recurso contra decisão que negou seguimento à denúncia. Ausência de previsão legal (Lei 1.079/1950). A interpretação e a aplicação do Regimento Interno da Câmara dos Deputados constituem matéria *interna corporis*, insuscetível de apreciação pelo Poder Judiciário". (Mandado de Segurança 26.062-AgR, relator ministro Gilmar Mendes, julgamento em 10-3-2008, Plenário, DJE de 4-4-2008.) No mesmo sentido: Mandado de Segurança 25.588-AgR, relator ministro Menezes Direito, julgamento em 2-4-2009, Plenário, DJE de 8-5-2009.

Nos expressos termos do artigo 218, § 9º, do Regimento Interno da Câmara dos Deputados, será admitida a instauração do processo contra o denunciado (no caso, o presidente da República), *caso sejam obtidos, em Plenário, 2/3 (dois terços) dos votos dos membros daquela Casa*[26], o que corresponde a 342 (trezentos e quarenta e dois) votos favoráveis à autorização para abertura do processo de *impeachment*. Neste caso, a decisão será comunicada ao presidente do Senado Federal, dentro de 2 (duas) sessões.

Segundo recente decisão do Pretório Excelso (Arguição de Descumprimento de Preceito Fundamental 378)[27], *a Câmara dos Deputados apenas dá a autorização para a abertura do processo de impeachment, cabendo ao Senado Federal fazer juízo inicial de instalação ou não do procedimento*, e, em caso positivo, realizar o julgamento propriamente dito, por crime de responsabilidade, do Chefe do Poder Executivo da União. *A atuação da Câmara dos Deputados, portanto, restringe-se à autorização para que o Senado Federal possa processar e julgar o presidente da República*, pelo possível cometimento de crime de responsabilidade.

Recebido no Senado Federal o decreto de acusação, caberá a esta Casa realizar, como visto no parágrafo anterior, um juízo inicial de instalação ou não do procedimento. Segundo a supramencionada decisão do Pretório Excelso (proferida na Arguição de Descumprimento de Preceito Fundamental 378), para a efetiva instalação do procedimento perante o Senado Federal, basta que a maioria simples dos senadores (desde que presentes à votação a maioria absoluta de seus membros) votem neste sentido[28].

O afastamento do presidente da República, conforme previsto na Lei Maior (artigo 86, § 1º, inciso II), dá-se apenas a partir daquele juízo inicial de instalação do processo, realizado pelo Senado Federal. Ainda segundo a Constituição da República (artigo 86, § 2º), decorrido o prazo de 180 (cento e oitenta) dias, sem que o julgamento do processo de impeachment esteja concluído, cessará o afastamento do presidente da República, sem prejuízo, contudo, do regular prosseguimento do processo, que pode resultar, ainda assim, na condenação do Chefe do Poder Executivo da União pela prática de crime de responsabilidade.

Segundo o Regimento Interno do Senado Federal (artigo 380), instaurado o processo de *impeachment*, será eleita uma Comissão Especial, constituída por 1/4 (um quarto) da composição daquela Casa, obedecida a proporcionalidade das representações partidárias ou dos blocos parlamentares. Cabe àquela Comissão Especial elaborar parecer (e votá-lo por maioria simples de seus membros), concluindo pela pronúncia ou pela impronúncia do presidente da República[29]. Na hipótese de votação pela pronúncia, referida decisão deverá ser submetida ao Plenário do Senado Federal, o qual, também por maioria simples de votos, confirmará (ou não) a decisão de pronúncia.

---

26. Trata-se, a toda evidência, de norma semelhante à que está consignada no artigo 86, *caput*, da Constituição Federal, nos seguintes termos: "Admitida a acusação contra o Presidente da República, por dois terços da Câmara dos Deputados, será ele submetido a julgamento perante o Supremo Tribunal Federal, nas infrações penais comuns, ou perante o Senado Federal, nos crimes de responsabilidade".
27. Externado quando do julgamento da Arguição de Descumprimento de Preceito Fundamental (ADPF) 378, proposta pelo Partido Comunista do Brasil (PCdoB).
28. Segundo decisão do Supremo Tribunal Federal, por maioria de votos, proferida à época do processo de *impeachment* do ex-Presidente Fernando Collor de Mello (Mandado de Segurança 21.689-1), caso o processo já tenha se iniciado efetivamente, perante o Senado Federal, a renúncia do Presidente da República não tem mais o condão de extingui-lo.
29. Segundo entendimento do Supremo Tribunal Federal, deve-se adotar para o procedimento do crime de responsabilidade, por analogia (naquilo que for possível, evidentemente), o rito estabelecido para o Tribunal do Júri. É por este motivo que a decisão da Comissão Especial é chamada de decisão de pronúncia (ou de impronúncia), e a do Plenário do Senado, feita em seguida, de decisão de confirmação (ou não) da pronúncia.

Caso o Plenário, naquela oportunidade, vote pela confirmação da pronúncia do Chefe do presidente da República (evento que efetivamente transforma o Chefe do Poder Executivo da União em réu no processo), o presidente do Senado Federal remeterá cópia de tudo ao acusado, que, na mesma ocasião, será notificado para comparecer em dia prefixado, para a sessão de julgamento. O presidente do Senado Federal também enviará os autos do processo de *impeachment*, em original, ao presidente do Supremo Tribunal Federal, com a comunicação do dia designado para o julgamento (artigo 24, e parágrafo único, da Lei 1.079/1950).

No dia aprazado para o julgamento, presentes o acusado (presidente da República), seus advogados, ou o defensor nomeado à sua revelia, e a Comissão acusadora, o presidente do Supremo Tribunal Federal, abrindo a sessão, mandará ler o processo preparatório, o libelo e os artigos de defesa. Em seguida inquirirá as testemunhas, que deverão depor publicamente e fora da presença umas das outras[30]. Realizar-se-á a seguir o debate verbal entre a Comissão acusadora e o acusado ou os seus advogados pelo prazo que o presidente da Corte Suprema fixar, e que não poderá exceder de 2 (duas) horas.

Findos os debates orais e retiradas as partes, abrir-se-á discussão sobre o objeto da acusação. Encerrada a discussão, o presidente do Supremo Tribunal Federal fará relatório resumido da denúncia e das provas da acusação e da defesa e submeterá a *votação nominal dos senadores* a julgamento (cada um deles, portanto, deverá declarar abertamente como vota). Se o julgamento for absolutório (pela não ocorrência de crime de responsabilidade), produzirá, desde logo, todos os efeitos a favor do acusado, que retornará imediatamente ao exercício do cargo.

Prolatada a sentença condenatória, *que só poderá se dar pelo voto de 2/3 (dois terços) dos membros do Senado Federal*, e materializada por resolução, o acusado estará, *ipso facto*, destituído do cargo. A condenação, vale insistir, resulta na perda do cargo, *com* inabilitação, por (oito) anos, para o exercício de qualquer função pública, não só para cargos eletivos e de confiança, como também para os cargos e/ou funções para os quais se exija aprovação mediante concurso público, sem prejuízo das demais sanções judiciais cabíveis.

Com efeito, conforme a expressa redação do artigo 52, parágrafo único, da Constituição Federal, a condenação do presidente da República, pela prática de crime de responsabilidade, resulta forçosamente na perda do cargo, além da inabilitação, por 8 (oito) anos, para o exercício de função pública. A clara e inequívoca redação da norma constitucional não permite ao Senado Federal, ao condenar o Chefe do Poder Executivo da União pela prática desse crime, cindir a pena de modo que ele perca o cargo, porém mantendo a habilitação para o exercício de outras funções públicas, ou, ao contrário, mantenha o cargo e fique inabilitado para o exercício de outras funções públicas.

Para encerrarmos este tema, é imperioso ressaltar que a doutrina pátria é unânime em afirmar que, em razão da natureza política desse julgamento realizado pelo Senado Federal, posto que realizado por um órgão inequivocamente político e fundamentado em critérios de conveniência e oportunidade, não é possível ao Poder Judiciário reexaminar o mérito daquela decisão, sob pena de ofensa ao princípio fundamental da separação de poderes. Dito em outras palavras, o Poder Judiciário poderá julgar apenas questões relativas

---

30. Qualquer membro da Comissão ou do Senado Federal, e bem assim o acusado ou seus advogados, poderão requerer que se façam às testemunhas perguntas que julgarem necessárias. A Comissão acusadora, ou o acusado ou seus advogados, poderão contestar ou arguir as testemunhas, sem, contudo, interrompê-las e requerer a acareação.

ao procedimento, através da impetração de mandado de segurança, para garantir que seja observado o devido processo legal, e jamais o mérito da decisão.

11.19 O PRESIDENTE DA REPÚBLICA E AS INFRAÇÕES COMUNS

Além dos crimes de responsabilidade, conforme definido anteriormente, o presidente da República poderá também ser processado pela prática de *infrações comuns*. Quando faz menção à prática de "infrações comuns", no artigo 86, a Constituição Federal está se referindo, a toda evidência, *a qualquer infração penal*, não só aos crimes elencados no Código Penal, tentados ou consumados[31], como também os tipificados em outros diplomas legais, como é o caso dos crimes eleitorais, além das contravenções penais.

Para que o presidente da República possa ser processado pela prática de infrações penais comuns[32], nossa Lei Maior também exige prévio controle político de admissibilidade, mediante autorização da Câmara dos Deputados, por 2/3 (dois terços) de seus membros, sendo o *julgamento realizado pelo Supremo Tribunal Federal*. As regras procedimentais para os delitos dessa natureza estão previstas na Lei 8.038, de 28 de maio de 1990, bem como nos artigos 230 a 246, do Regimento Interno do Supremo Tribunal Federal.

Portanto, admitida a acusação contra o presidente da República, por 2/3 (dois terços) da Câmara dos Deputados, e em se tratando de crime de ação penal pública, o Chefe do Ministério Público da União (procurador-geral da República) terá o prazo de 15 (quinze) dias para oferecer denúncia ou pedir arquivamento do inquérito ou das peças informativas. Caso se trate de crime de ação penal de iniciativa privada, deverá haver oferta de queixa-crime, pelo ofendido.

Apresentada a denúncia ou a queixa ao Supremo Tribuna Federal, far-se-á a notificação do presidente da República para oferecer resposta, no prazo de 15 (quinze) dias. Se, com a resposta, forem apresentados novos documentos, será intimada a parte contrária para sobre eles se manifestar, no prazo de 5 (cinco) dias. Na ação penal de iniciativa privada, será ouvido, em igual prazo, o Ministério Público (procurador-geral da República).

A seguir, o ministro relator pedirá dia para que o Pretório Excelso delibere sobre o recebimento, a rejeição da denúncia ou da queixa, ou a improcedência da acusação, se a decisão não depender de outras provas. Neste julgamento, será facultada sustentação oral pelo prazo de 15 (quinze) minutos, primeiro à acusação, depois à defesa. Encerrados os debates, o Supremo Tribunal Federal passará a deliberar.

Nos expressos termos da Constituição Federal (artigo 86, § 1º, inciso I), recebida a denúncia ou queixa-crime, pelo Supremo Tribunal Federal, o presidente da República ficará suspenso de suas funções. De maneira semelhante ao que ocorre nos crimes de responsabilidade, cessará o afastamento do presidente da República, sem prejuízo do regular prosseguimento do processo, se o julgamento não estiver concluído no prazo de 180 (cento e oitenta) dias.

Após aquele recebimento da denúncia ou a da queixa, o ministro relator designará dia e hora para o interrogatório do presidente da República, mandando citar o acusado ou querela-

---

31. Como nos lembra Marcelo Novelino, em razão da especialidade da norma do artigo 86, da Carta Magna, a norma que garante a instituição do júri (Constituição Federal, artigo 5º, inciso XXXVIII) não se aplica ao Presidente da República. *Op. cit.*, p. 629.
32. Vale ressaltar, contudo, que o artigo 86, § 4º, de nossa Lei Maior, dispõe expressamente que, na vigência de seu mandato, o Presidente da República não pode ser responsabilizado por atos estranhos ao exercício de suas funções.

do e intimar o órgão do Ministério Público (no caso, o procurador-geral da República), bem como o querelante ou o assistente, se for o caso. O prazo para defesa prévia será de 5 (cinco) dias, contado do interrogatório ou da intimação do defensor dativo.

Segundo a Lei 8.038/1990 (artigo 9º), a instrução obedecerá, no que couber, ao procedimento comum do Código de Processo Penal. O ministro relator poderá delegar a realização do interrogatório ou de outro ato da instrução ao juiz ou membro de tribunal com competência territorial no local de cumprimento da carta de ordem. Por expressa determinação do ministro relator, as intimações poderão ser feitas por carta registrada com aviso de recebimento.

Concluída a inquirição de testemunhas, serão intimadas a acusação e a defesa, para requerimento de diligências, no prazo de 5 (cinco) dias. Realizadas as diligências, ou não sendo estas requeridas, nem determinadas pelo ministro relator, serão intimadas a acusação e a defesa para, sucessivamente, apresentarem, no prazo comum de 15 (quinze) dias, alegações finais escritas. Após estas, o ministro relator ainda poderá determinar, de ofício, a realização de provas reputadas imprescindíveis para o julgamento da causa.

Finda a instrução, o Supremo Tribunal Federal procederá ao julgamento. A acusação e a defesa terão, sucessivamente, e nessa ordem, prazo de 1 (uma) hora para sustentação oral, assegurado ao assistente um quarto do tempo da acusação. Encerrados os debates, o Pretório Excelso passará a proferir o julgamento, podendo o presidente da Corte limitar a presença, no recinto, às partes e seus advogados, ou somente a estes, se o interesse público o exigir.

Caso seja condenado, além das sanções penais cabíveis, como, por exemplo, pena privativa de liberdade e pena de multa, o presidente da República também poderá estar sujeito à perda do cargo. Não há que se falar aqui, contudo, em inabilitação para o exercício de qualquer outra função pública, pelo prazo de 8 (oito) anos, uma vez que esta sanção é exclusiva para o cometimento de crimes de responsabilidade. Devemos asseverar, por fim, que o presidente da República não estará sujeito à prisão, mesmo que cautelar, enquanto não sobrevier a sentença condenatória (artigo 86, § 3º, da Carta Magna).

11.20 MINISTROS DE ESTADO

Como vimos ao estudar o artigo 76 da Lei Maior, "o Poder Executivo é exercido pelo presidente da República, *auxiliado pelos ministros de Estado*. Estes agentes políticos, portanto, tem por função justamente auxiliar o chefe do Poder Executivo Federal na condução das políticas públicas da União. E por se tratar de auxiliares do presidente da República, os ministros de Estado são agentes públicos de estrita confiança do chefe do Poder Executivo da União, de livre nomeação e exoneração por este último.

Segundo normas do artigo 87 da Constituição de 1988, os ministros de Estado[33] serão escolhidos dentre brasileiros maiores de 21 (vinte e um) anos e no exercício dos direitos políticos. Dentre as funções especificadas naquele artigo, encontra-se a de exercer a orientação, coordenação e supervisão dos órgãos e entidades da Administração Pública Federal na área de sua competência e referendar os atos e decretos assinados pelo presidente da República.

Na mesma toada, expedir instruções para a execução das leis, decretos e regulamentos; apresentar ao presidente da República relatório anual de sua gestão no Ministério; praticar

---

33. Conforme expressa disposição constante do artigo 88 de nossa Lei Maior, "a lei disporá sobre a criação e extinção de Ministérios e órgãos da administração pública".

os atos pertinentes às atribuições que lhe forem outorgadas ou delegadas pelo presidente da República. Segundo artigo 89, da Lei Maior, o ministro da Justiça é membro regular do Conselho da República, órgão superior de consulta do presidente da República[34].

Ademais, participam do Conselho de Defesa Nacional, órgão de consulta do presidente da República nos assuntos relacionados com a soberania nacional e a defesa do Estado democrático, como membros natos: o ministro da Justiça; o Ministro de Estado da Defesa; o Ministro das Relações Exteriores; o ministro do Planejamento e os comandantes da Marinha, do Exército e da Aeronáutica (que têm *status* de ministros de Estado).

Os ministros de Estado têm foro por prerrogativa de função (costumeiramente conhecido como "foro privilegiado"), de forma semelhante a outros agentes políticos relevantes à própria existência e manutenção do Estado de Direito Democrático, como o próprio presidente da República, deputados federais e senadores, membros do Supremo Tribunal Federal e dos Tribunais Superiores, ministros do Tribunal de Contas da União e outros.

Com efeito, segundo artigo 102, inciso I, alínea "c", de nossa Lei Magna, compete à Corte Suprema processar e julgar, originariamente, nas infrações penais comuns e nos crimes de responsabilidade, os ministros de Estado e os comandantes da Marinha, do Exército e da Aeronáutica. Na mesma toada, cabe ao Supremo Tribunal Federal processar e julgar, originariamente, os *habeas corpus* em que ministros de Estado sejam paciente deste remédio constitucional.

Como vimos ao estudar o Poder Legislativo, umas das funções típicas deste Poder é justamente fiscalizar o Poder Executivo, e, por consequência, os órgãos auxiliares do chefe daquele Poder, dentre os quais se incluem os ministros de Estado. É por esse motivo que o artigo 50, da Lei Magna, prevê expressamente que a Câmara dos Deputados e o Senado Federal, ou qualquer de suas Comissões, poderão convocar ministro de Estado para prestarem, pessoalmente, informações sobre assunto previamente determinado, importando crime de responsabilidade a ausência sem justificação adequada (artigo 50, *caput*).

Ainda segundo a Constituição Federal (artigo 50, § 2º), as Mesas da Câmara dos Deputados e do Senado Federal, ao invés de convocarem membros do Poder Executivo para comparecer pessoalmente, poderão encaminhar pedidos escritos de informações a ministros de Estado ou a qualquer órgão diretamente subordinado à Presidência da República, para que sejam atendidos no prazo de 30 (trinta) dias, importando em crime de responsabilidade a recusa ou o não atendimento naquele prazo, bem como a prestação de informações falsas.

Para encerrarmos este tema, vale mencionar que o texto constitucional também confere aos próprios ministros de Estado, no artigo 50, § 1º, da Constituição Federal, a faculdade de comparecer ao Senado Federal, à Câmara dos Deputados, ou a qualquer de suas Comissões (Permanentes ou mesmo Provisórias), por sua iniciativa e mediante entendimentos com a Mesa respectiva, para expor assunto de relevância de seu Ministério.

11.21 CONSELHO DA REPÚBLICA

O Conselho da República é órgão superior de consulta do presidente da República, dele fazendo parte: o vice-presidente da República; o presidente da Câmara dos Deputados; o presi-

---

34. Ademais, conforme disposição expressa do artigo 90, § 1º, da Constituição Federal, o presidente da República poderá convocar outros ministros de Estado para participar da reunião do Conselho, quando constar da pauta questões relacionadas com os respectivos Ministérios.

dente do Senado Federal; os líderes da maioria e da minoria na Câmara dos Deputados; os líderes da maioria e da minoria no Senado Federal; o ministro da Justiça; e 6 (seis) cidadãos brasileiros natos, com mais de 35 (trinta e cinco) anos de idade, sendo 2 (dois) nomeados pelo presidente da República, 2 (dois) eleitos pelo Senado Federal e 2 (dois) eleitos pela Câmara dos Deputados, todos com mandato de 3 (três) anos, vedada a recondução.

Conforme previsão constante do artigo 90, da Constituição Federal, compete ao Conselho da República pronunciar-se sobre intervenção federal, estado de defesa e estado de sítio, bem como sobre questões relevantes para a estabilidade das instituições democráticas. Sua organização e funcionamento, nos expressos termos da Constituição Federal (artigo 90, § 2º), deve ser regulada por lei, a qual já foi editada: Lei 8.041, de 5 de junho de 1990.

Como já mencionamos anteriormente, artigo 90, § 1º, de nossa Lei Maior, dispõe que o presidente da República poderá convocar outros ministros de Estado para participar da reunião do Conselho, quando constar da pauta questões relacionadas com os respectivos ministérios. Nos termos do artigo 5º da Lei 8.041/1990, o Conselho da República reunir-se-á por convocação do presidente da República, sendo que o Ministro de Estado eventualmente convocado, nos termos da Carta Magna, não terá direito a voto (artigo 5º, parágrafo único).

11.22 CONSELHO DE DEFESA NACIONAL

O Conselho de Defesa Nacional, órgão previsto no artigo 91, de nossa Lei Maior, é órgão de consulta do presidente da República nos assuntos relacionados com a soberania nacional e a defesa do Estado democrático, e dele participam como membros natos: o vice-presidente da República; o presidente da Câmara dos Deputados; o presidente do Senado Federal; o ministro da Justiça; o ministro de Estado da Defesa; o ministro das Relações Exteriores; o ministro do Planejamento; os comandantes da Marinha, do Exército e da Aeronáutica.

Compete ao Conselho de Defesa Nacional, segundo dispõe o § 1º do artigo 91, da Carta Magna, opinar nas hipóteses de declaração de guerra e de celebração da paz, nos termos da Constituição Federal; opinar sobre a decretação do estado de defesa, do estado de sítio e da intervenção federal; propor os critérios e condições de utilização de áreas indispensáveis à segurança do território nacional e opinar sobre seu efetivo uso, especialmente na faixa de fronteira e nas relacionadas com a preservação e a exploração dos recursos naturais de qualquer tipo; estudar, propor e acompanhar o desenvolvimento de iniciativas necessárias a garantir a independência nacional e a defesa do Estado democrático.

Conforme disposto no artigo 91, § 2º, da Constituição Federal, a lei deverá regular a organização e o funcionamento do Conselho de Defesa Nacional. Referido diploma legal já foi editado. Trata-se da Lei 8.183, de 11 de abril de 1991. Conforme expressa disposição do artigo 2º, § 1º, da lei em comento, o presidente da República poderá designar membros eventuais para as reuniões do Conselho de Defesa Nacional, conforme a matéria a ser apreciada.

O § 2º do mesmo artigo 2º, por sua vez, esclarece que o Conselho de Defesa Nacional poderá contar com órgãos complementares necessários ao desempenho de sua competência constitucional. Já o § 3º, cuja redação foi dada pela Medida Provisória 2.216-37, de 2001, dispõe que o referido órgão terá uma Secretaria-Executiva para execução das atividades permanentes necessárias ao exercício de sua competência constitucional.

O Conselho de Defesa Nacional deverá reunir-se por convocação do presidente da República, podendo o Chefe do Poder Executivo federal ouvir este órgão mediante consulta feita separadamente a cada um dos seus membros, quando a matéria não justificar a sua convocação. Tal regra está prevista no artigo 3º, e parágrafo único, da Lei 8.183/1991.

Conforme disposto na Lei 8.183/1991, o exercício da competência do Conselho de Defesa Nacional pautar-se-á no conhecimento das situações nacional e internacional, com vistas ao planejamento e à condução política e da estratégia para a defesa nacional. Referido diploma legal também esclarece que as manifestações daquele órgão de consulta deverão ser fundamentadas no estudo e no acompanhamento dos assuntos de interesse da independência nacional e da defesa do estado democrático.

Nos termos do artigo 5º, parágrafo único, do diploma legal que trata da organização e do funcionamento do Conselho de Defesa Nacional, referido órgão deverá se manifestar, em especial, sobre os seguintes temas: segurança da fronteira terrestre, do mar territorial, do espaço aéreo e de outras áreas indispensáveis à defesa do território nacional; ocupação e integração das áreas de faixa de fronteira; e exploração dos recursos naturais de qualquer tipo, além do controle dos materiais de atividades consideradas do interesse da defesa nacional.

11.23 PODER JUDICIÁRIO: NOTAS INTRODUTÓRIAS

Como já mencionamos em outras oportunidades, o Poder Judiciário tem por função precípua a pacificação social, solucionando as lides que lhe são submetidas a julgamento. Trata-se do exercício da jurisdição, através da atuação de órgãos jurisdicionais (juízes e tribunais), conforme critérios fixados tanto pela Constituição Federal, como pelas demais normas infraconstitucionais que regem a matéria.

É importante ressaltarmos, neste momento, que a Emenda Constitucional 45, promulgada em 8 de dezembro de 2004, e popularmente conhecida como "Reforma do Judiciário", trouxe importantes modificações às normas constitucionais relativas ao funcionamento do Poder Judiciário (e também do Ministério Público).

Referidas alterações tiveram por escopo, em síntese, não só conferir maior celeridade à prestação jurisdicional, como também garantir maior profissionalismo e engajamento dos magistrados, além de instituir maior transparência às atividades administrativas do Poder Judiciário e do Ministério Público, inclusive com a criação do polêmico controle externo dos órgãos a estes vinculados.

Exemplos de normas constitucionais que buscaram conferir maior celeridade aos julgamentos, nós as temos na vedação à fixação de férias coletivas nos juízos e tribunais de segundo grau (artigo 93, inciso XII, de nossa Lei Maior) e na impossibilidade de promoção de juiz que retiver injustificadamente autos de processos em seu poder, além do prazo legal (artigo 93, inciso II, *e*, da Carta Magna).

Podemos mencionar, ainda, a regra fixada no novo artigo 103-A, da Constituição Federal, que instituiu as chamadas *súmulas vinculantes*, editadas pelo Supremo Tribunal Federal, de ofício ou por provocação, mediante decisão de 2/3 (dois terços) de seus membros, após reiteradas decisões sobre uma determinada matéria constitucional, e que, a partir de sua publicação na Imprensa Oficial, passam a ter efeito vinculante em relação aos demais órgãos do Poder Judiciário e à Administração Pública direta e indireta, nas esferas federal, estadual e municipal.

Como exemplo de norma constitucional que buscou garantir maior profissionalismo, maior segurança nos julgados, podemos citar a que fixou critérios *objetivos* de produtividade e presteza no exercício da jurisdição, além de frequência e aproveitamento em *cursos oficiais* ou reconhecidos de aperfeiçoamento, para a promoção por merecimento (artigo 93, inciso II, c, da Lei Maior).

Podemos mencionar, ainda, a norma da Constituição Federal que passou a prever a instituição de cursos oficiais de preparação, aperfeiçoamento e *promoção* de magistrados, inclusive como etapa obrigatória para que os juízes possam conquistar a vitaliciedade (artigo 93, inciso IV).

Por fim, como exemplos de normas que têm por objetivo obter maior engajamento dos juízes, nós podemos mencionar a que passou a exigir no mínimo 3 (três) anos de atividade jurídica privativa de bacharel em Direito, para ingresso na carreira (artigo 93, inciso I, da Carta Magna); e a que proibiu o exercício da advocacia no juízo ou tribunal do qual se afastou o magistrado, antes de decorridos 3 (três) anos do afastamento do cargo por aposentadoria ou exoneração (artigo 95, inciso V, também da Lei Maior).

De qualquer forma, as alterações trazidas ao corpo da Constituição Federal, pela supramencionada Emenda Constitucional 45/2004, serão analisadas mais detalhadamente em seguida, ao tratarmos das principais normas constitucionais relativas ao Poder Judiciário e ao Ministério Público. Senão vejamos.

11.24 ORGANIZAÇÃO DO PODER JUDICIÁRIO

Nos termos do artigo 92, da Carta Magna, são órgãos do Poder Judiciário o Supremo Tribunal Federal, o Conselho Nacional de Justiça (Emenda Constitucional 45/2004), o Superior Tribunal de Justiça, o Tribunal Superior do Trabalho (Emenda Constitucional 92/2016), os Tribunais Regionais Federais e Juízes Federais, os Tribunais e Juízes do Trabalho, os Tribunais e Juízes Eleitorais, os Tribunais e Juízes Militares e os Tribunais e Juízes dos Estados e do Distrito Federal e Territórios.

O Supremo Tribunal Federal e todos os Tribunais Superiores (Superior Tribunal de Justiça, Tribunal Superior do Trabalho, Superior Tribunal Militar e o Tribunal Superior Eleitoral) têm sede na capital federal e jurisdição em todo o território nacional, conforme disposto no parágrafo único daquele artigo 92, da Constituição Federal. O artigo 93 de nossa Lei Maior, por sua vez, após dispor sobre a edição de um Estatuto da Magistratura, por iniciativa do Supremo Tribunal Federal, enumera diversas regras (ali chamadas de *princípios*) relativas ao Poder Judiciário, cujas principais serão agora examinadas.

O inciso I, por força da nova redação que lhe deu a Emenda Constitucional 45/2004, agora determina que o ingresso na carreira, cujo cargo inicial será o de juiz substituto, e com estrita observância da ordem de classificação para as nomeações, seja feito mediante concurso público de provas e títulos, com a participação da Ordem dos Advogados do Brasil em todas as fases, exigindo-se do bacharel em direito, no mínimo, 3 (três) anos de atividade jurídica.

No tocante especificamente à exigência de 3 (três) anos de atividade jurídica, o Conselho Nacional de Justiça já decidiu, por meio da Resolução 11, de 31 de janeiro de 2006, que somente será computada a atividade posterior à obtenção do grau de bacharel em Direito, vedada a contagem do estágio acadêmico ou qualquer outra atividade anterior à colação de grau. Decidiu, igualmente, que a comprovação do período de 3 (três) anos de atividade jurídica deverá ser feita por ocasião da inscrição definitiva no concurso.

A nova redação do inciso II, ao seu turno, trouxe novas exigências para a promoção dos magistrados. Dentre elas, podemos destacar a que impõe critérios objetivos para promoção por merecimento (alínea c) e a que vedou expressamente a promoção do juiz que, injustificadamente, retiver autos de processo em seu poder, além do prazo legal (alínea *e*). A promoção dos juízes deverá ocorrer de entrância para entrância, alternadamente por antiguidade e por merecimento, sendo obrigatória a promoção do magistrado que figurar por 3 (três) vezes consecutivas ou 5 (cinco) alternadas em lista de merecimento.

Particularmente no que se refere à promoção dos juízes de primeiro grau para passar a exercer suas funções junto aos tribunais de segundo grau – Tribunais de Justiça dos Estados e do Distrito Federal e Territórios, bem como Tribunais Regionais Federais –, a Constituição Federal determina que referida promoção seja feita, alternadamente, por antiguidade e por merecimento, apurados na última ou única entrância (inciso III).

Ainda conforme exige a Carta Magna de 1988, a promoção dos juízes por merecimento exige, concomitantemente, 2 (dois) anos de exercício na respectiva entrância, bem como que o magistrado integre a primeira quinta parte da lista de antiguidade daquela entrância, salvo se não houver com tais requisitos quem aceite o lugar vago. No tocante à promoção por antiguidade, a Lei Maior esclarece que o tribunal somente poderá recusar a promoção do juiz mais antigo através do voto fundamentado de 2/3 (dois terços) de seus membros, conforme procedimento próprio, assegurada ampla defesa, repetindo-se a votação até ser fixada a indicação.

O inciso IV do artigo 93, de nossa Constituição Federal, conforme nova redação fixada pela supramencionada Emenda Constitucional 45/2004, passou a prever cursos oficiais não só para a preparação e aperfeiçoamento dos magistrados, como também para a promoção destes, impondo, inclusive, a participação em curso oficial ou reconhecido como etapa obrigatória do processo de vitaliciamento.

O inciso V do mesmo artigo 93, da Carta Magna, consoante redação fixada pela Emenda Constitucional 19/1998, dispõe que o subsídio dos Ministros dos Tribunais Superiores corresponderá a 95% (noventa e cinco por cento) do subsídio mensal fixado para os Ministros do Supremo Tribunal Federal, sendo que os subsídios dos demais magistrados serão fixados por lei e escalonados, em nível federal e estadual, conforme as respectivas categorias da estrutura judiciária nacional.

Ainda nos termos daquela norma constitucional, a diferença entre as categorias não poderá ser superior a 10% (dez por cento) ou inferior a 5% (cinco por cento), nem exceder a 95% (noventa e cinco por cento) do subsídio mensal dos Ministros dos Tribunais Superiores, obedecido, em qualquer caso, o disposto nos artigos 37, inciso XI, e 39, § 4º, ambos da Carta Magna[35]-[36].

---

35. Constituição Federal, artigo 37, inciso XI: " A remuneração e o subsídio dos ocupantes de cargos, funções e empregos públicos da administração direta, autárquica e fundacional, dos membros de qualquer dos Poderes da União, dos Estados, do Distrito Federal e dos Municípios, dos detentores de mandato eletivo e dos demais agentes políticos e os proventos, pensões ou outra espécie remuneratória, percebidos cumulativamente ou não, incluídas as vantagens pessoais ou de qualquer outra natureza, não poderão exceder o subsídio mensal, em espécie, dos Ministros do Supremo Tribunal Federal, aplicando-se como limite, nos Municípios, o subsídio do Prefeito, e nos Estados e no Distrito Federal, o subsídio mensal do Governador no âmbito do Poder Executivo, o subsídio dos Deputados Estaduais e Distritais no âmbito do Poder Legislativo e o subsídio dos desembargadores do Tribunal de Justiça, limitado a noventa inteiros e vinte e cinco centésimos por cento do subsídio mensal, em espécie, dos Ministros do Supremo Tribunal Federal, no âmbito do Poder Judiciário, aplicável este limite aos membros do Ministério Público, aos Procuradores e aos Defensores Públicos".

36. Constituição Federal, artigo 39, § 4º: "O membro de Poder, o detentor de mandato eletivo, os Ministros de Estado e os Secretários Estaduais e Municipais serão remunerados exclusivamente por subsídio fixado em parcela única, vedado o acréscimo de qualquer gratificação, adicional, abono, prêmio, verba de representação ou outra espécie remuneratória, obedecido, em qualquer caso, o disposto no art. 37, X e XI".

A remissão àqueles dispositivos da Constituição Federal significa, em síntese, que referidos magistrados jamais poderão receber mais que o subsídio mensal fixado para os Ministros do Supremo Tribunal Federal, mesmo que recebam outras espécies remuneratórias, inclusive proventos ou pensões, decorrentes de cumulações permitidas pela Carta Magna ou de vantagens pessoais. Significa, ademais, que o subsídio percebido pelos juízes deverá ser fixado sempre por lei (conforme artigo 37, inciso X, da Lei Maior), e que deverá ser pago em parcela única, vedado o acréscimo de qualquer gratificação, adicional, abono, prêmio, verba de representação ou qualquer outra espécie remuneratória.

Nos expressos termos do artigo 93, inciso VIII, da Constituição Federal, o ato de remoção, disponibilidade e aposentadoria do magistrado, por interesse público, dar-se-á sempre por decisão da maioria absoluta do tribunal a que o juiz estiver vinculado, ou por decisão, também por voto da maioria absoluta dos membros do Conselho Nacional de Justiça, sempre assegurada a ampla defesa.

Todos os julgamentos dos órgãos do Poder Judiciário serão públicos, e fundamentadas todas as decisões, sob pena de nulidade, podendo a lei limitar a presença, em determinados atos, às próprias partes e a seus advogados, ou somente a estes, em casos nos quais a preservação do direito à intimidade do interessado no sigilo não prejudique o interesse público à informação. O artigo 93, inciso X, da Lei Maior, passou a determinar que as decisões *administrativas* dos tribunais sejam não só motivadas, como já se exigia antes da Emenda Constitucional 45/2004, como também *públicas*, tudo para que estas sejam mais transparentes.

Já o inciso XII, daquele mesmo artigo 93, da Carta Magna, com o inequívoco objetivo de conferir maior celeridade ao andamento dos processos, passou a determinar, de forma categórica, que a atividade jurisdicional seja ininterrupta, com expressa vedação à existência de férias coletivas nos juízos e tribunais de segundo grau (referida norma, portanto, não vale para os Tribunais Superiores e para o Pretório Excelso) e também com a instituição de juízes em plantão permanente, para os dias em que não houver expediente forense.

Conforme disposto no artigo 96, da Constituição Federal, compete privativamente aos tribunais eleger seus órgãos diretivos e elaborar seus regimentos internos, com observância das normas de processo e das garantias processuais das partes, dispondo sobre a competência e o funcionamento dos respectivos órgãos jurisdicionais e administrativos. Cabe aos tribunais, outrossim, organizar suas secretarias e serviços auxiliares e os dos juízos que lhes forem vinculados, velando pelo exercício da atividade correicional respectiva.

Compete aos tribunais, ademais, prover, na forma prevista na Constituição Federal, os cargos de juiz de carreira da respectiva jurisdição; propor a criação de novas varas judiciárias; prover, por concurso público de provas, ou de provas e títulos, os cargos necessários à administração da Justiça, exceto os de confiança assim definidos em lei; e conceder licença, férias e outros afastamentos a seus membros e aos juízes e servidores que lhes forem imediatamente vinculados.

Também conforme expressa previsão do artigo 96, da Carta Magna, compete ao Supremo Tribunal Federal, aos Tribunais Superiores e aos Tribunais de Justiça propor ao Poder Legislativo respectivo, observado o disposto no artigo 169, da Lei Maior: (a) a alteração do número de membros dos tribunais inferiores; (b) a criação e a extinção de cargos e a remuneração dos seus serviços auxiliares e dos juízos que lhes forem vinculados, bem como a fixação do subsídio de seus membros e dos juízes, inclusive dos tribunais inferiores, onde houver; (c) a criação ou extinção dos tribunais inferiores; e (d) a alteração da organização e da divisão judiciárias.

Ainda nos termos do supramencionado artigo 96, da Constituição de 1988, é da competência dos Tribunais de Justiça dos Estados e do Tribunal de Justiça do Distrito Federal e Territórios julgar os juízes estaduais e distritais, bem como os membros do Ministério Público que atuem nas respectivas unidades da Federação, nos crimes comuns e de responsabilidade, ressalvada a competência da Justiça Eleitoral.

ORGANIZAÇÃO DO PODER JUDICIÁRIO

– São órgãos do Poder Judiciário o Supremo Tribunal Federal, o Conselho Nacional de Justiça, o Superior Tribunal de Justiça, o Tribunal Superior do Trabalho, os Tribunais Regionais Federais e Juízes Federais, os Tribunais e Juízes do Trabalho, os Tribunais e Juízes Eleitorais, os Tribunais e Juízes Militares e os Tribunais e Juízes dos Estados e do Distrito Federal e Territórios.

– O Supremo Tribunal Federal e todos os Tribunais Superiores (Superior Tribunal de Justiça, Tribunal Superior do Trabalho, Tribunal Superior Eleitoral e o Superior Tribunal Militar) têm sede na capital federal e jurisdição em todo o território nacional.

– O ingresso na carreira, cujo cargo inicial será o de juiz substituto, e com estrita observância da ordem de classificação para as nomeações, será feito mediante concurso público de provas e títulos, com a participação da OAB em todas as suas fases, exigindo-se do bacharel em direito, no mínimo, 3 (três) anos de atividade jurídica.

– Todos os julgamentos dos órgãos do Poder Judiciário serão públicos, e fundamentadas todas as decisões, sob pena de nulidade, podendo a lei limitar a presença, em determinados atos, às próprias partes e a seus advogados, ou somente a estes, em casos nos quais a preservação do direito à intimidade do interessado no sigilo não prejudique o interesse público à informação.

11.25 PREVISÃO DO QUINTO CONSTITUCIONAL

A Constituição de 1988, em seu artigo 94, consagrou a regra do denominado *quinto constitucional*, que é a destinação de 1/5 (um quinto) dos lugares dos Tribunais Regionais Federais, dos Tribunais de Justiça dos Estados e do Tribunal de Justiça do Distrito Federal e Territórios a membros do Ministério Público e a advogados.[37] Particularmente no que respeita aos *membros do Ministério Público*, exige-se que estes tenham mais de 10 (dez) anos de carreira. Já em relação aos *advogados*, além de mais de 10 (dez) anos de exercício profissional, exigem-se também notório saber jurídico e reputação ilibada.

Nos termos da Constituição Federal (artigo 94, parágrafo único), os órgãos de representação do Ministério Público e dos advogados indicarão seus respectivos membros através de listas sêxtuplas (com indicação de seis nomes). Dessas listas, o tribunal formará uma lista com 3 (três) nomes (comumente chamada de lista tríplice), para que o Poder Executivo respectivo escolha um de seus integrantes para nomeação.

Com a promulgação da Emenda Constitucional 45/2004, nossa Carta Magna passou a conter mais 2 (duas) regras relativas ao chamado quinto constitucional, agora destinadas especificamente à Justiça do Trabalho. A primeira delas, nós a encontramos no artigo 111-A, inciso I, da Constituição Federal, que trata da nova composição do Tribunal Superior do Trabalho.

Agora, 1/5 (um quinto) dos membros daquela Corte Superior será escolhido "dentre advogados com mais de 10 (dez) anos de efetiva atividade profissional e membros do Ministério Público do Trabalho com mais de 10 (dez) anos de efetivo exercício". Referidos

---

37. Constituição Federal, artigo 94: "Um quinto dos lugares dos Tribunais Regionais Federais, dos Tribunais dos Estados, e do Distrito Federal e Territórios será composto de membros, do Ministério Público, com mais de dez anos de carreira, e de advogados de notório saber jurídico e de reputação ilibada, com mais de dez anos de efetiva atividade profissional, indicados em lista sêxtupla pelos órgãos de representação das respectivas classes".

membros serão indicados e escolhidos da mesma forma prevista no supramencionado artigo 94, e seu parágrafo único, da Carta Magna.

A segunda regra está prevista no artigo 115, do texto constitucional, que trata da composição dos Tribunais Regionais do Trabalho. Nos termos daquele dispositivo constitucional, referidos tribunais, compostos de, no mínimo, 7 (sete) juízes, terão 1/5 (um quinto) de seus membros escolhidos dentre advogados com mais de 10 (dez) anos de efetiva atividade profissional e membros do Ministério Público do Trabalho com mais de 10 (dez) anos de efetivo exercício, também observadas as regras fixadas pelo artigo 94, da Lei Maior.

PREVISÃO DO QUINTO CONSTITUCIONAL

– A Constituição de 1988, em seu artigo 94, consagrou a regra do denominado *quinto constitucional*, que é a destinação de um quinto dos lugares dos Tribunais Regionais Federais, dos Tribunais dos Estados e do Distrito Federal e Territórios a membros do Ministério Público e a advogados.

– Particularmente no que respeita aos membros do Ministério Público, exige-se que estes tenham mais de 10 (dez) anos de carreira. Já em relação aos advogados, além de mais de 10 (dez) anos de exercício profissional, exige-se também notório saber jurídico e reputação ilibada.

– Com a promulgação da Emenda Constitucional 45/2004, a Carta Magna de 1988 passou a conter mais 2 (duas) regras referentes ao quinto constitucional: a primeira relativa à composição do Tribunal Superior do Trabalho (artigo 111-A); a segunda, à composição dos Tribunais Regionais do Trabalho (artigo 115).

11.26 GARANTIAS FUNCIONAIS DOS JUÍZES

Conforme disposto no artigo 95, da Constituição Federal, os juízes gozam de algumas garantias constitucionais, as quais têm por escopo assegurar o livre desempenho de suas funções jurisdicionais, sem quaisquer arbitrariedades praticadas por outrem, que possam comprometer sua indispensável imparcialidade. São elas: vitaliciedade, inamovibilidade e irredutibilidade de subsídios.

Vitaliciedade é a garantia atribuída aos juízes (e também aos membros do Ministério Público e aos do Tribunal de Contas da União), que lhes confere o direito à permanência *no cargo*, após apenas 2 (dois) anos de exercício, garantindo àqueles a prerrogativa de somente serem alijados do cargo após sentença judicial transitada em julgado.

Relativamente aos juízes de primeiro grau, que ingressam por meio de concurso público (juízes de carreiras, costumeiramente denominados *juízes togados*), a vitaliciedade só é adquirida após aqueles 2 (dois) anos de exercício, dependendo a perda, nesse período, de deliberação do tribunal a que o juiz estiver vinculado e, nos demais casos, de sentença transitada em julgado.

Para os demais, que ingressam na carreira não por concurso público, mas sim por indicação (caso dos membros dos Tribunais de Justiça dos Estados e do Tribunal de Justiça do Distrito Federal e Territórios, bem como Tribunais Regionais Federais indicados através do chamado quinto constitucional e dos membros dos Tribunais Superiores e do Supremo Tribunal Federal), a vitaliciedade é imediata (advém da própria posse), não necessitando passar por estágio de 2 (dois) anos.

A vitaliciedade, é importante esclarecer, não se confunde com a *estabilidade* no serviço público. Com efeito, como vimos anteriormente, a vitaliciedade confere aos seus beneficiários (membros do Poder Judiciário, do Ministério Público e do Tribunal de Contas da União) a *permanência no cargo*, garantindo-lhes o direito de somente serem alijados de referido cargo após sentença judicial transitada em julgado.

Já a *estabilidade*, esta tem por destinatários apenas os servidores públicos estatutários, e confere a estes últimos o direito a permanecer *no serviço* (e não no cargo), somente após 3 (três) anos de efetivo exercício, podendo perder o cargo não só por meio de sentença transitada em julgado, como se dá para os vitalícios, mas também por outras hipóteses, previstas nos artigos 41, § 1º, e 169, § 4º, todos da Constituição Federal.

Aliás, tanto é certo que a estabilidade não confere permanência do servidor público no cargo, e somente no serviço, que o artigo 41 da Carta Magna, em seu parágrafo terceiro, é expresso e inequívoco em determinar que, na hipótese de extinção ou declaração de desnecessidade do cargo, *o servidor estável ficará em disponibilidade, com remuneração proporcional ao tempo de serviço, até o seu adequado aproveitamento em outro cargo*.

Inamovibilidade, por sua vez, é a garantia concedida aos juízes (e também aos membros do Ministério Público e do Tribunal de Contas da União) de não serem removidos ou promovidos por determinação de qualquer autoridade, sem que aqueles tenham tomado a iniciativa para tal remoção ou promoção.

Na lição de Uadi Lammêgo Bulos,[38] a inamovibilidade "é a impossibilidade de designar o juiz para outro cargo, diferente daquele para o qual foi nomeado". Nos termos do artigo 93, inciso VIII, da Constituição Federal, a inamovibilidade somente poderá ser afastada por motivo de interesse público, por voto da maioria absoluta dos membros do tribunal a que pertence o magistrado.

Irredutibilidade de subsídios, por fim, é a garantia conferida aos juízes e demais autoridades mencionadas nos parágrafos anteriores de que suas remunerações (agora denominadas subsídios) não sofram reduções jurídicas, ressalvadas as hipóteses fixadas no artigo 37, incisos X e XI, artigo 39, § 4º, artigo 150, II, e artigo 153, III e § 2º, I, todos da Carta Magna.

GARANTIAS DOS JUÍZES

– **Vitaliciedade** é a garantia atribuída aos juízes (e também aos membros do Ministério Público e do Tribunal de Contas da União), que lhes confere o direito à permanência *no cargo*, após apenas 2 (dois) anos de exercício, garantindo àqueles a prerrogativa de somente serem alijados do cargo após sentença judicial transitada em julgado.

– **Inamovibilidade** é a garantia concedida aos juízes (e aos membros do Ministério Público e do Tribunal de Contas da União) de não serem removidos ou promovidos por determinação de qualquer autoridade, sem que aqueles tenham tomado a iniciativa para tal remoção ou promoção.

– **Irredutibilidade de subsídios** é a garantia conferida aos juízes e demais autoridades mencionadas nos parágrafos anteriores de que suas remunerações (agora denominadas subsídios) não sofram reduções jurídicas, ressalvadas as hipóteses fixadas no artigo 37, incisos X e XI, artigo 39, § 4º, artigo 150, II, e artigo 153, III e § 2º, I, todos da Carta Magna.

11.27 VEDAÇÕES IMPOSTAS AOS JUÍZES

Já o parágrafo único daquele mesmo artigo 95, da Constituição Federal, traz o reverso da medalha. Com efeito, estão consignadas ali algumas condutas que são vedadas aos magistrados, também com o objetivo de garantir a imparcialidade e lisura dos membros do Poder Judiciário, no exercício da prestação jurisdicional.

---

38. *Curso de direito constitucional*. Saraiva, 2007, p. 1052.

Inicialmente, eram previstas 3 (três) vedações aos juízes: exercer, ainda que em disponibilidade, outro cargo ou função, salvo uma de magistério (inciso I); receber, a qualquer título ou pretexto, custas ou participação em processo (inciso II); e dedicar-se a atividades político-partidárias (inciso III).

A Emenda Constitucional 45/2004, contudo, trouxe mais 2 (duas) proibições aos magistrados. São elas: receber, a qualquer título ou pretexto, auxílios ou contribuições de pessoas físicas, entidades públicas ou privadas, ressalvadas as exceções previstas em lei (inciso IV); e exercer a advocacia no juízo ou tribunal do qual se afastou, antes de decorridos 3 (três) anos do afastamento do cargo por aposentadoria ou exoneração (inciso V).

VEDAÇÕES IMPOSTAS AOS JUÍZES

– Exercer, ainda que em disponibilidade, outro cargo ou função, salvo uma de magistério.

– Receber, a qualquer título ou pretexto, custas ou participação em processo.

– Dedicar-se a atividades político-partidárias.

– Receber, a qualquer título ou pretexto, auxílios ou contribuições de pessoas físicas, entidades públicas ou privadas, ressalvadas as exceções previstas em lei.

– Exercer a advocacia no juízo ou tribunal do qual se afastou, antes de decorridos 3 (três) anos do afastamento do cargo por aposentadoria ou exoneração.

11.28 PROIBIÇÃO DE NEPOTISMO NO PODER JUDICIÁRIO

O Conselho Nacional de Justiça editou a Resolução 7, de 18 de outubro de 2005, vedando o nepotismo no âmbito de todos os órgãos do Poder Judiciário, e conferindo um prazo de 90 (noventa) dias para que os presidentes dos Tribunais promovessem a exoneração dos ocupantes dos cargos em comissão e funções gratificadas que se encontrassem nas situações por ela proibidas.

Nos termos daquele ato normativo (artigo 2º), restou caracterizado como nepotismo, dentre outras hipóteses, o exercício de cargo de provimento em comissão ou função gratificada por cônjuges, companheiros ou parentes (até o terceiro grau, consanguíneos e afins) de magistrados e de servidores investidos em cargos de direção e assessoramento, no Poder Judiciário.

Inconformados com os termos da Resolução 7/2005, que os obrigava a deixar seus cargos comissionados e funções gratificadas, diversos servidores que se enquadravam nas hipóteses de nepotismo fixadas pela Resolução começaram a pleitear e a obter, perante os Tribunais a que estavam vinculados, medidas liminares para lhes garantir a permanência naqueles cargos e funções.

Seus pleitos foram fundamentados, basicamente, em alegada usurpação de competência, pelo Conselho Nacional de Justiça, de atividade legislativa *stricto sensu*, que somente poderia ser exercida pelo Poder Legislativo, bem como em ofensa ao princípio da igualdade, por tratar de maneira desigual os servidores em cargos em comissão e funções de confiança.

Diante desse quadro, em que alguns tribunais deram cumprimento à Resolução 7/2005, e outros mostraram resistência aos seus termos, a Associação dos Magistrados Brasileiros (AMB) propôs uma Ação Declaratória de Constitucionalidade (ADC 12), para que o Supremo Tribunal Federal decidisse acerca da constitucionalidade daquela Resolução.

E o Plenário da Corte Suprema decidiu-se pela procedência daquela ação declaratória de constitucionalidade, e, portanto, pela *constitucionalidade* da Resolução em questão, com eficácia *erga omnes* e efeitos retroativos (*ex tunc*). Dessa forma, perderam eficácia todas as decisões judiciais que garantiam a permanência dos parentes dos magistrados no serviço público.

Conforme entendimento do Supremo Tribunal Federal, o Conselho Nacional de Justiça não invadiu competência reservada ao Poder Legislativo, uma vez que editou tal resolução justamente em razão da competência que a Constituição Federal reservou àquele Conselho, de controle administrativo e financeiro do Poder Judiciário. Ressaltou, ademais, que a vedação ao nepotismo atendia aos princípios constitucionais da moralidade, da eficiência, da impessoalidade e da igualdade.

O Pretório Excelso já editou uma súmula vinculante sobre o assunto (a de número 13), dispondo expressamente que "a nomeação de cônjuge, companheiro ou parente em linha reta, colateral ou por afinidade, até o terceiro grau, inclusive, da autoridade nomeante ou de servidor da mesma pessoa jurídica investido em cargo de direção, chefia ou assessoramento, para o exercício de cargo em comissão ou de confiança ou, ainda, de função gratificada na administração pública direta e indireta em qualquer dos Poderes da União, dos Estados, do Distrito Federal e dos Municípios, compreendido o ajuste mediante designações recíprocas, viola a Constituição Federal".

11.29 AUTONOMIA ADMINISTRATIVA E FINANCEIRA DO PODER JUDICIÁRIO

O artigo 99, da Constituição Federal, assegura ao Poder Judiciário considerável autonomia administrativa e financeira, permitindo-lhe exercer as atividades administrativas necessárias ao pleno cumprimento de sua missão institucional, bem como gerir suas próprias contas, em consonância com as propostas orçamentárias por ele elaboradas. Com efeito, no que tange à autonomia financeira, os §§ 1º e 2º, do artigo em análise, permitem expressamente que os tribunais elaborem suas propostas orçamentárias, dentro dos limites estipulados conjuntamente com os demais Poderes, na lei de diretrizes orçamentárias.

Agora, contudo, referida autonomia financeira foi mitigada. Com efeito, nos termos do § 3º, acrescentado àquele artigo pela Emenda Constitucional 45/2004, no caso de inércia do Poder Judiciário em encaminhar as propostas orçamentárias dentro do prazo estabelecido na lei de diretrizes orçamentárias, o Poder Executivo poderá considerar válidos os mesmos valores aprovados na lei orçamentária vigente.

Ademais, o § 4º do mesmo artigo, também acrescentado pela Emenda 45/2004, permite que o Poder Executivo proceda aos ajustes necessários para fins de consolidação da proposta orçamentária anual, caso as propostas orçamentárias do Poder Judiciário sejam encaminhadas em desacordo com os limites estipulados em conjunto com os demais Poderes. Não podemos deixar de mencionar, ainda, a criação, também pela Emenda 45/2004, do Conselho Nacional de Justiça, o qual tem por uma de suas funções justamente controlar a atuação financeira do Poder Judiciário, conforme expressamente disposto no artigo 103-B, § 4º, da Carta Magna.

11.30 PAGAMENTOS DEVIDOS PELA FAZENDA PÚBLICA

Nossa Constituição Federal, no artigo 100 e seus parágrafos,[39] disciplina a forma como devem ser pagas as dívidas da União, dos Estados, do Distrito Federal, dos Mu-

---

39. A atual redação do artigo foi dada pela Emenda Constitucional 62, de 9 de dezembro de 2009, com algumas alterações fixadas pela Emenda à Constituição 94, de 2016.

nicípios, bem como de suas respectivas autarquias e fundações públicas (entidades da Administração Pública indireta), em virtude de condenações que lhes tenham sido impostas através de sentenças judiciais. Temos, naquele artigo, as regras relativas ao precatório judicial. Nos expressos termos do artigo 100, *caput*, de nossa Lei Magna,

"Os pagamentos devidos pelas Fazendas Públicas Federal, Estaduais, Distrital e Municipais, em virtude de sentença judiciária, far-se-ão exclusivamente na ordem cronológica de apresentação dos precatórios e à conta dos créditos respectivos, proibida a designação de casos ou de pessoas nas dotações orçamentárias e nos créditos adicionais abertos para este fim".

Referido dispositivo constitucional exige, portanto, que os valores decorrentes de condenações judiciais, impostas à denominada Fazenda Pública, sejam pagos sob o regime de precatórios. Referidos valores, é importante ressaltar, somente serão requisitados quando houver uma decisão judicial condenatória já transitada em julgado. Quer isso dizer, em outras palavras, *que não é possível a execução provisória contra entidades públicas*, devendo haver uma condenação judicial definitiva, não sujeita a qualquer recurso que possa afastar aquela condenação.

A execução de título executivo judicial contra pessoas jurídicas de direito público (cumprimento de sentença que impuser à chamada Fazenda Pública o dever de pagar quantia certa), deve observar as regras fixadas pelo artigo 534, do Código de Processo Civil vigente[40], e não a norma do artigo 523, do mesmo diploma processual civil[41]. Como consequência disso, *não há que se falar em pagamento de multa e de honorários advocatícios em razão do não pagamento voluntário pela Fazenda Pública*[42], *e, muito menos, em penhora de bens da entidade pública*[43]*, os quais, como se sabe, são impenhoráveis*.

Por outro lado, como nos esclarece o 3º daquele artigo 100, da Carta Magna, a regra do *caput* do artigo não se aplica aos pagamentos de obrigações definidas em lei como de *pequeno valor* que os entes públicos devam fazer em virtude de sentença judicial transitada em julgado.[44] Temos, nesse caso, a chamada *Requisição de Pequeno Valor (RPV)*, cujas regras são mais simplificadas, muito embora também exigindo, de maneira semelhante ao que se dá com os precatórios, que haja uma sentença judicial condenatória, com trânsito em julgado, contra a entidade pública.

O § 2º do artigo 100, da Carta Magna, traz regra específica sobre os pagamentos de débitos da Fazenda Pública de *natureza alimentícia*. Com efeito, nos termos daquele dispositivo constitucional, referidos débitos, cujos titulares, originários ou por sucessão hereditária, tenham 60 (sessenta) anos de idade, ou sejam portadores de doença grave,

---

40. Código de Processo Civil, artigo 534: "No cumprimento de sentença que impuser à Fazenda Pública o dever de pagar quantia certa, o exequente apresentará demonstrativo discriminado e atualizado do crédito contendo: I – o nome completo e o número de inscrição no Cadastro de Pessoas Físicas ou no Cadastro Nacional da Pessoa Jurídica do exequente; II – o índice de correção monetária adotado; III – os juros aplicados e as respectivas taxas; IV – o termo inicial e o termo final dos juros e da correção monetária utilizados; V – a periodicidade da capitalização dos juros, se for o caso; VI – a especificação dos eventuais descontos obrigatórios realizados".
41. Código de Processo Civil, artigo 523, *caput*: "No caso de condenação em quantia certa, ou já fixada em liquidação, e no caso de decisão sobre parcela incontroversa, o cumprimento definitivo da sentença far-se-á a requerimento do exequente, sendo o executado intimado para pagar o débito, no prazo de 15 (quinze) dias, acrescido de custas, se houver".
42. Código de Processo Civil, artigo 523, § 1º: "Não ocorrendo pagamento voluntário no prazo do caput, o débito será acrescido de multa de dez por cento e, também, de honorários de advogado de dez por cento".
43. Código de Processo Civil, artigo 523, § 3º: "Não efetuado tempestivamente o pagamento voluntário, será expedido, desde logo, mandado de penhora e avaliação, seguindo-se os atos de expropriação".
44. Nos expressos termos do artigo 100, § 4º, da Constituição Federal, para fins de pagamento de dívidas de pequeno valor, poderão ser fixados, por leis próprias, valores distintos às entidades de direito público, segundo as diferentes capacidades econômicas, sendo o mínimo igual ao valor do maior benefício do regime geral de previdência social.

ou pessoas com deficiência, assim definidos na forma da lei, serão pagos com preferência sobre todos os demais débitos, até o valor equivalente ao triplo fixado em lei para as chamadas *dívidas de pequeno valor*, admitido o fracionamento para essa finalidade, sendo que o restante será pago na ordem cronológica de apresentação do precatório[45].

O § 5º do artigo em comento, a seu turno, determina a obrigatoriedade da inclusão, no orçamento das entidades de direito público, de verba necessária ao pagamento de seus débitos, oriundos de sentenças transitadas em julgado, constantes de precatórios judiciários apresentados até 1º de julho, fazendo-se o pagamento até o final do exercício seguinte, quando terão seus valores atualizados monetariamente.

As dotações orçamentárias e os créditos abertos serão consignados diretamente ao Poder Judiciário, cabendo ao presidente do Tribunal que proferir a decisão exequenda determinar o pagamento integral e autorizar, a requerimento do credor e exclusivamente para os casos de preterimento de seu direito de precedência ou de não alocação orçamentária do valor necessário à satisfação do seu débito, o sequestro da quantia respectiva (§ 6º).[46]

A Constituição Federal veda, em caráter expresso, a expedição de precatórios complementares ou suplementares de valor pago, bem como o fracionamento, repartição ou quebra do valor da execução, de maneira que seu valor se enquadre na hipótese prevista no § 3º do mesmo artigo 100, de nossa Lei Maior (débitos de pequeno valor). A vedação constante na parte final deste parágrafo busca evitar o fracionamento do crédito, de modo que uma parte observe o rito mais rigoroso do precatório, e a outra parte o procedimento mais singelo da Requisição de Pequeno Valor (RPV).

No momento da expedição dos precatórios, independentemente de regulamentação, deverá deles ser abatido, a título de compensação, valor correspondente aos débitos líquidos e certos, inscritos ou não em dívida ativa e constituídos contra o credor original pela Fazenda Pública devedora, incluídas parcelas vincendas de parcelamentos, ressalvados aqueles cuja execução esteja suspensa em virtude de contestação administrativa ou judicial.[47]

Nos termos do § 12 daquele artigo 100, também incluído pela Emenda Constitucional 62/2009, a partir da promulgação daquela emenda, a atualização de valores de requisitórios, após sua expedição, até o efetivo pagamento, independentemente de sua natureza, será feita pelo índice oficial de remuneração básica da caderneta de poupança, e, para fins de compensação da mora, incidirão juros simples no mesmo percentual de juros incidentes sobre a caderneta de poupança, ficando excluída a incidência de juros compensatórios.

Conforme disposto no § 15 do mesmo artigo 100, do texto constitucional, é possível a edição de uma lei complementar para estabelecer um regime especial de pagamento de créditos de precatórios de Estados, do Distrito Federal e de Municípios, dispondo tanto sobre a vinculação dos pagamentos à receita corrente líquida daquelas entidades, como também sobre a forma e prazo de liquidação. A seu critério exclusivo e na forma de lei, a União poderá assumir débitos, oriundos de precatórios, de Estados, Distrito Federal e Municípios, refinanciando-os diretamente.

---

45. Conforme redação que lhe conferiu a Emenda Constitucional 94, de 2016.
46. Nos termos do § 7º do artigo 100, da Carta Magna, o Presidente do Tribunal competente que, por ato comissivo ou omissivo, retardar ou tentar frustrar a liquidação regular de precatórios incorrerá em crime de responsabilidade e responderá, também, perante o Conselho Nacional de Justiça.
47. Antes da expedição dos precatórios, o Tribunal solicitará à Fazenda Pública devedora, para resposta em até 30 (trinta) dias, sob pena de perda do direito de abatimento, informação sobre os débitos que preencham as condições estabelecidas no § 9º, para os fins nele previstos.

Para encerrarmos a seção, vale mencionar que a Emenda 62, de 2009, acrescentou ao Ato das Disposições Constitucionais Transitórias – ADCT o artigo 97, estabelecendo, de plano, e até que fosse editada a lei complementar exigida pelo supramencionado § 15 do artigo 100, um regime especial de pagamentos dos precatórios devidos pelos Estados, Distrito Federal e Municípios, inclusive suas respectivas autarquias e fundações públicas, que estivessem em mora na quitação de precatórios vencidos, permitindo um longo parcelamento para quitação dos débitos daqueles entes públicos.

Com efeito, esse novo regime especial de pagamento de precatórios, instituído pela Emenda Constitucional 62/2009, em apertada síntese, criou um sistema de parcelamento das dívidas dos Estados, do Distrito Federal e dos Municípios, por até 15 (quinze) anos, com a destinação de parcelas variáveis entre 1% (um por cento) a 2% (dois por cento) da receita daquelas entidades, para uma conta especial voltada para o pagamento de precatórios. Desses recursos, metade seria destinada ao pagamento por ordem cronológica, e os valores restantes a um sistema que combina pagamentos por ordem crescente de valor, por meio de leilões ou de acordos diretos com credores.

Ocorre que o Supremo Tribunal Federal, ao julgar as Ações Diretas de Inconstitucionalidade 4.357 e 4.425, em 11 de abril de 2013 (publicadas no *Diário Oficial* do dia 16/4/2013), considerou inconstitucional, por maioria de votos, tanto o § 15 do artigo 100, de nossa Lei Maior, que institui a possibilidade de criação de um novo regime especial de pagamento de precatórios, como também o artigo 97, do Ato das Disposições Constitucionais Transitórias – ADCT, que o criou efetivamente, por considerar que referidas normas afrontaram cláusulas pétreas da Constituição Federal, como as de garantia de acesso à Justiça, de independência entre os Poderes e de proteção à coisa julgada.

PAGAMENTOS DEVIDOS PELA FAZENDA PÚBLICA

– Os valores decorrentes de condenações judiciais, impostas à denominada Fazenda Pública, devem ser pagos sob o regime de precatórios. Referidos valores, é importante ressaltar, somente serão requisitados quando houver uma decisão judicial condenatória já transitada em julgado.

– Quer isso dizer, em outras palavras, que não é possível a execução provisória em face de entes públicos, devendo haver uma condenação judicial definitiva, não sujeita a qualquer recurso que possa afastar aquela condenação.

– A execução de título executivo judicial, em face das pessoas jurídicas de direito público, deve observar as regras fixadas pelo artigo 534, do novo Código de Processo Civil. Como consequência disso, não há que se falar em penhora de bens da entidade pública, os quais, como se sabe, são impenhoráveis.

11.31 SUPREMO TRIBUNAL FEDERAL E SUAS COMPETÊNCIAS ORIGINÁRIAS

O Supremo Tribunal Federal (STF), composto por 11 *(onze) ministros*, dentre cidadãos com mais de 35 (trinta e cinco) e menos de 65 (sessenta e cinco) anos de idade, de notável saber jurídico e reputação ilibada, nomeados pelo presidente da República, depois de aprovada a escolha pela *maioria absoluta do Senado Federal*, tem por função precípua (e não única) a *guarda da Constituição Federal*.

As competências originárias conferidas ao Pretório Excelso estão fixadas no artigo 102, inciso I, da Lei Maior. Quando nos referimos às competências originárias do Supremo Tribunal Federal, queremos falar daquelas ações que devem ser propostas diretamente perante aquela Corte, seja em razão do objeto da demanda, seja em razão de determinadas pessoas que figuram na ação.

Dentre as ações cuja competência originária é do Supremo Tribunal Federal, destacam-se, sem dúvida alguma, as ações do denominado controle concentrado de constitucionalidade, ou seja, a ação direta de inconstitucionalidade de lei ou ato normativo federal ou estadual, a ação direta de inconstitucionalidade por omissão, a ação direta de inconstitucionalidade interventiva, a ação declaratória de constitucionalidade de lei ou ato normativo federal, bem como a arguição de descumprimento de preceito fundamental, que já foram objeto de estudo neste livro.

O Pretório Excelso também é competente para processar e julgar, originariamente, o presidente da República, o vice-presidente da República, os membros do Congresso Nacional (deputados federais e senadores), seus próprios ministros e o procurador-geral da República, no que se refere às infrações penais comuns (alínea *b*).

Compete-lhe também processar e julgar, nas infrações penais comuns e nos crimes de responsabilidade, os Ministros de Estado e os Comandantes da Marinha, do Exército e da Aeronáutica, os membros dos Tribunais Superiores (Superior Tribunal de Justiça, Tribunal Superior do Trabalho, Superior Tribunal Militar e Tribunal Superior Eleitoral), os do Tribunal de Contas da União e os chefes de missão diplomática de caráter permanente.

Também cabe à nossa Corte Suprema processar e julgar, originariamente, o *habeas corpus*, sendo paciente qualquer das pessoas referidas nos parágrafos anteriores; o mandado de segurança e o *habeas data* contra atos do presidente da República, das Mesas da Câmara dos Deputados e do Senado Federal, do Tribunal de Contas da União, do procurador-geral da República e do próprio Supremo Tribunal Federal.

Foi conferida ao Supremo Tribunal Federal, igualmente, a competência originária para processar e julgar o litígio entre Estado estrangeiro ou organismo internacional e a União, o Estado, o Distrito Federal ou o Território (alínea *e*) e as causas e os conflitos entre a União e os Estados, a União e o Distrito Federal, ou entre uns e outros, inclusive as respectivas entidades da administração indireta (alínea *f*).

É importante consignar, também, que a hipótese que figurava na alínea *h* – a homologação das sentenças estrangeiras e a concessão do *exequatur* às cartas rogatórias – foi revogada pela Emenda Constitucional 45/2004. Tal competência passou a ser do Superior Tribunal de Justiça, conforme artigo 105, inciso I, alínea *i*, da Carta Magna.

Cabe ao Pretório Excelso, da mesma forma, a competência originária para julgar a extradição solicitada por Estado estrangeiro (alínea *g*); a reclamação para a preservação de sua competência originária (alínea *l*); e o mandado de injunção, quando a elaboração da norma regulamentadora for atribuição do presidente da República, do Congresso Nacional, da Câmara dos Deputados, do Senado Federal, das Mesas de uma dessas Casas Legislativas, do Tribunal de Contas da União, de um dos Tribunais Superiores, ou do próprio Supremo Tribunal Federal (alínea *q*).

Compete ao Supremo Tribunal Federal, igualmente, a competência originária para o processo e julgamento de ação em que todos os membros da magistratura sejam direta ou indiretamente interessados, e aquela em que mais da metade dos membros do tribunal de origem estejam impedidos, ou sejam direta ou indiretamente interessados.

Cabe ao Pretório Excelso, da mesma forma, o processo e julgamento dos conflitos de competência entre o Superior Tribunal de Justiça e quaisquer tribunais, entre Tribunais Superiores, ou entre estes e qualquer outro tribunal. Cabe àquela Corte, por fim, a competência originária para processar e julgar as ações contra o Conselho Nacional de Justiça e contra o Conselho Nacional do Ministério Público (Emenda Constitucional 45/2004).

SUPREMO TRIBUNAL FEDERAL

– O Supremo Tribunal Federal, composto por 11 (onze) Ministros, dentre cidadãos com mais de 35 (trinta e cinco) e menos de 65 (sessenta e cinco) anos de idade, de notável saber jurídico e reputação ilibada, nomeados pelo presidente da República, depois de aprovada a escolha pela maioria absoluta do Senado Federal, tem por função precípua (e não única) a guarda da Constituição Federal.

– As competências originárias conferidas ao Pretório Excelso estão fixadas no artigo 102, inciso I, da Carta Magna. Quando falamos das competências originárias do Supremo Tribunal Federal, queremos nos referir àquelas ações que devem ser propostas diretamente perante aquela Corte, seja em razão do objeto da demanda, seja em razão de determinadas pessoas que figuram na ação.

– Dentre as ações cuja competência originária é do Supremo Tribunal Federal, destacam-se, sem dúvida alguma, a ação direta de inconstitucionalidade (não só a genérica, como também a interventiva e a por omissão), a ação declaratória de constitucionalidade e a arguição de descumprimento de preceito fundamental.

– A hipótese que figurava na alínea h – a homologação das sentenças estrangeiras e a concessão do *exequatur* às cartas rogatórias – foi revogada pela Emenda Constitucional 45/2004. Tal competência passou a ser do Superior Tribunal de Justiça, conforme artigo 105, inciso I, alínea *i*, da Lei Maior.

11.32 COMPETÊNCIAS RECURSAIS DO SUPREMO TRIBUNAL FEDERAL

Conforme artigo 102, inciso II, o Supremo Tribunal Federal é competente para julgar, em recurso ordinário: (a) o *habeas corpus*, o mandado de segurança, o *habeas data* e o mandado de injunção decididos em única instância pelos Tribunais Superiores, se denegatória a decisão e (b) o crime político.

Quanto à primeira hipótese, devemos asseverar que o julgamento somente será cabível se forem integralmente atendidos os condicionamentos ali fixados, ou seja, que referidos remédios constitucionais tenham sido julgados apenas pelos Tribunais Superiores, por força de suas *competências originárias*, e que tenham sido julgados *improcedentes*.

O crime político, segundo definição do próprio Supremo Tribunal Federal, uma vez que não existe ainda um critério legal para sua definição, é aquele cuja motivação é *ideológica* e comporta uma subdivisão em *crime político puro* e *crime político impuro*. *Crime político puro* é o que se traduz numa conduta cuja motivação é exclusivamente ideológica. *Crime político impuro*, por outro lado, é aquele que, muito embora com motivação ideológica, está consubstanciado numa conduta tipificada como crime comum.

Devemos notar que o Supremo Tribunal Federal, no julgamento dessas matérias, atua como um autêntico órgão de segunda instância, como um órgão revisor das sentenças proferidas pelo primeiro grau de jurisdição. Tanto é assim, aliás, que o próprio Pretório Excelso denomina aqueles recursos *apelações cíveis* e *apelações criminais*.

O artigo 102, inciso III, por sua vez, enumera as hipóteses em que o Pretório Excelso julga os denominados *recursos extraordinários*. Nos termos desse dispositivo, compete ao Supremo julgar, mediante recurso extraordinário, as causas decididas em única ou última instância, quando a decisão recorrida: *(a) contrariar dispositivo da Constituição; (b) declarar a inconstitucionalidade de tratado ou lei federal; (c) julgar válida lei ou ato de governo local contestado em face da Constituição; e (d) julgar válida lei local contestada em face de lei.*

Referido recurso, como vimos ao estudar o controle difuso de constitucionalidade tem por objetivo a garantia da supremacia da Constituição Federal sobre as demais normas que compõem o ordenamento jurídico estatal, bem como do respeito ao princípio federativo. As normas procedimentais desse recurso estão regulamentadas, precipuamente, pela Lei 8.038, de 28 de maio de 1990, e pelo novo Código de Processo Civil, a partir do artigo 1.029. Para um estudo mais aprofundado do tema, pedimos ao estimado leitor que leia o Capítulo 5 deste livro, seções 5.22 a 5.25.

11.33 CONSELHO NACIONAL DE JUSTIÇA

O novo artigo 103-B, da Carta Magna, acrescentado ao texto constitucional pela Emenda 45/2004, instituiu o denominado Conselho Nacional de Justiça. Referido órgão é composto por 15 (quinze) membros, com mais de 35 (trinta e cinco) e menos de 66 (sessenta e seis) anos de idade, dentre integrantes da própria magistratura, dos Ministérios Públicos da União e dos Estados, advogados e até cidadãos, para mandato de 2 (dois) anos, admitida uma recondução.

Os membros do Conselho Nacional de Justiça, com exceção do presidente do Supremo Tribunal Federal, serão nomeados pelo presidente da República, depois de aprovada a escolha pela maioria absoluta do Senado Federal (artigo 103-B, § 2º, da Lei Maior). Caso as indicações dos membros do Conselho não sejam efetuadas no prazo legal, caberá ao Supremo Tribunal Federal realizar tal escolha (artigo 103-B, § 3º, da Constituição Federal).

O Conselho será presidido pelo presidente do Supremo Tribunal Federal, e, nas suas ausências e impedimentos, pelo vice-presidente do Pretório Excelso. A função de Ministro-Corregedor, por sua vez, será exercida pelo Ministro do Superior Tribunal de Justiça indicado para atuar naquele Conselho, cabendo-lhe, dentre outras atribuições, receber as reclamações e denúncias relativas aos magistrados e aos serviços judiciários, bem como exercer funções executivas do Conselho, de inspeção e de correição geral.

Nos termos do § 4º do artigo 103-B, compete ao Conselho Nacional de Justiça *o controle da atuação administrativa e financeira do Poder Judiciário e do cumprimento dos deveres funcionais dos juízes*, cabendo-lhe, além de outras atribuições que lhe forem conferidas pelo Estatuto da Magistratura: zelar pela autonomia do Poder Judiciário e pelo cumprimento do Estatuto da Magistratura, podendo expedir atos regulamentares, no âmbito de sua competência, ou recomendar providências.

Compete-lhe também zelar pela observância dos princípios e regras constantes do artigo 37, da Constituição Federal, e apreciar, de ofício ou mediante provocação, a legalidade dos atos administrativos praticados por membros ou órgãos do Poder Judiciário, podendo desconstituí-los, revê-los ou fixar prazo para que se adotem as providências necessárias ao exato cumprimento da lei, sem prejuízo da competência do Tribunal de Contas da União.

Compete-lhe, ainda, receber e conhecer das reclamações contra membros ou órgãos do Poder Judiciário, inclusive contra seus serviços auxiliares, serventias e órgãos prestadores de serviços notariais e de registro que atuem por delegação do Estado, sem prejuízo de sua competência disciplinar e correicional.

Também é da competência do Conselho Nacional de Justiça, nos termos do dispositivo constitucional em comento, avocar processos disciplinares em curso e determinar a remoção, a disponibilidade ou a aposentadoria com subsídios ou proventos proporcionais ao tempo de serviço, bem como aplicar outras sanções administrativas, assegurada ampla defesa, bem como rever, de ofício ou mediante provocação, os processos disciplinares de juízes e membros de tribunais julgados há menos de 1 (um) ano.

Cabe àquele órgão, igualmente, representar ao Ministério Público, no caso de crime contra a Administração Pública ou de abuso de autoridade; elaborar relatório semestral estatístico sobre processos e sentenças prolatadas, por unidade da Federação, nos diferentes órgãos do Poder Judiciário, e relatório anual, propondo as providências que julgar necessárias, sobre a situação do Poder Judiciário no País e as atividades do Conselho, o qual dever integrar mensagem do presidente do Supremo Tribunal Federal a ser remetida ao Congresso Nacional, por ocasião da abertura da sessão legislativa.

Consideramos importante ressaltar que diversos autores, antes da promulgação da Emenda Constitucional 45/2004, haviam se manifestado pela inconstitucionalidade da criação de um controle externo do Poder Judiciário. Alexandre de Moraes[48] nos lembrou, inclusive, que a própria Suprema Corte já se decidira pela inconstitucionalidade da criação de mecanismos de controle externo do Poder Judiciário, que não tenham sido previstos originariamente pelo constituinte, por ofensa ao princípio da separação de Poderes, quando julgou dispositivos desse tipo existentes nas Constituições dos Estados da Paraíba, Pará, Bahia e Mato Grosso.

O entendimento do Supremo Tribunal Federal sobre o tema, contudo, mudou completamente. Com efeito, em 13 de abril de 2005, ao julgar a Ação Direta de Inconstitucionalidade (ADI) 3.367, proposta pela Associação dos Magistrados Brasileiros (AMB), que contestava a criação do Conselho Nacional de Justiça, os Ministros do Supremo Tribunal Federal, por maioria de 7 x 4 votos, consideraram constitucional referido Conselho, julgando improcedente aquela ação[49].

11.34 SUPERIOR TRIBUNAL DE JUSTIÇA

Em substituição ao antigo Tribunal Federal de Recursos, a Constituição de 1988 criou o Superior Tribunal de Justiça (STJ), composto por, no mínimo, 33 (trinta e três) Ministros, nomeados pelo presidente da República, dentre brasileiros com mais de 35 (trinta e cinco) e menos de 65 (sessenta e cinco) anos de idade, de notável saber jurídico e reputação ilibada, após aprovação da escolha pela maioria absoluta do Senado Federal (artigo 104 e parágrafo único, da Constituição Federal).

Da mesma forma que a Carta Magna atribui ao Supremo Tribunal Federal, em seu artigo 102, *caput*, a função precípua de *guardião da Constituição Federal*, pode-se dizer que foi atribuída ao Superior Tribunal de Justiça, muito embora não explicitado pelo texto constitucional, a função principal de *guardião da lei federal*. A título de curiosidade, o Superior Tribunal de Justiça se autodenomina "tribunal da cidadania", seja lá o que isso queira dizer...

Referido Tribunal, conforme disposto no artigo 104, de nossa Lei Maior, terá 1/3 (um terço) de seus Ministros escolhidos dentre os juízes dos Tribunais Regionais Federais, outro 1/3 (um terço) dentre desembargadores dos Tribunais de Justiça e o 1/3 (um terço) restante, em partes iguais, dentre advogados e membros do Ministério Público Federal, Estadual, do Distrito Federal e Territórios, indicados alternadamente.

---

48. *Curso de direito constitucional*. Atlas, 2009, p. 514.
49. De todo modo, nunca é demais lembrar, a própria Constituição Federal, em seu artigo 92, *caput*, deixa claro que o Conselho Nacional de Justiça é um órgão pertencente ao Poder Judiciário.

SUPERIOR TRIBUNAL DE JUSTIÇA

– Em substituição ao antigo Tribunal Federal de Recursos, a Constituição de 1988 criou o Superior Tribunal de Justiça (STJ), composto por, no mínimo, 33 (trinta e três) Ministros, nomeados pelo presidente da República, após aprovação da escolha pelo Senado Federal (artigo 104 e parágrafo único, da Lei Maior).

– Da mesma forma que a Carta Magna atribui ao Supremo Tribunal Federal, em seu artigo 102, *caput*, a função precípua de guardião da Constituição Federal, pode-se dizer que foi atribuída ao Superior Tribunal de Justiça, muito embora não explicitado pelo texto constitucional, a função principal de *guardião da lei federal*.

– O Superior Tribunal de Justiça terá um terço de seus Ministros escolhidos dentre os juízes dos Tribunais Regionais Federais, outro terço dentre desembargadores dos Tribunais de Justiça e o terço restante, em partes iguais, dentre advogados e membros do Ministério Público Federal, Estadual, do Distrito Federal e Territórios, indicados alternadamente (artigo 104, da Constituição Federal).

11.35 COMPETÊNCIAS ORIGINÁRIAS DO SUPERIOR TRIBUNAL DE JUSTIÇA

As competências originárias do Superior Tribunal de Justiça estão fixadas no artigo 105, inciso I, de nossa Lei Maior. A primeira delas é a de processar e julgar, nos crimes comuns, os governadores dos Estados e do Distrito Federal, e, nestes e nos de responsabilidade, os desembargadores dos Tribunais de Justiça dos Estados e do Distrito Federal, os membros dos Tribunais de Contas dos Estados e do Distrito Federal, os dos Tribunais Regionais Federais, dos Tribunais Regionais Eleitorais e do Trabalho, os membros dos Conselhos de Contas ou Tribunais de Contas dos Municípios e os do Ministério Público da União que oficiem perante tribunais.

Cabe-lhe, ainda, processar e julgar, originariamente, os mandados de segurança e os *habeas data* contra ato de Ministro de Estado, dos Comandantes da Marinha, do Exército e da Aeronáutica ou do próprio Tribunal; os *habeas corpus*, quando o coator ou paciente for qualquer das pessoas mencionadas no parágrafo anterior, ou quando o coator for tribunal sujeito à jurisdição do Superior Tribunal de Justiça, Ministro de Estado ou Comandante da Marinha, do Exército ou da Aeronáutica, ressalvada a competência da Justiça Eleitoral.

Importantíssima competência que lhe foi conferida pela Constituição Federal é a de processar e julgar, originariamente, os conflitos de competência entre quaisquer tribunais (ressalvados os casos de competência do Supremo Tribunal Federal, conforme vimos anteriormente), bem como entre tribunal e juízes a ele não vinculados e entre juízes vinculados a tribunais diversos.

Compete-lhe também processar e julgar as reclamações para preservação de sua competência e garantia da autoridade de suas decisões; e os conflitos de atribuições entre autoridades administrativas e judiciárias da União, ou entre autoridades judiciárias de um Estado e administrativas de outro ou do Distrito Federal, ou entre as destes e da União.

Cabe ao Superior Tribunal de Justiça, igualmente, a competência originária para processar e julgar o mandado de injunção, quando a elaboração da norma regulamentadora for atribuição de órgão, entidade ou autoridade federal, da administração direta ou indireta, excetuados os casos de competência do Supremo Tribunal Federal e dos órgãos da Justiça Militar, da Justiça Eleitoral, da Justiça do Trabalho e da Justiça Federal.

Compete-lhe, por fim, conforme determinado pela Emenda Constitucional 45/2004, a competência originária para processar e julgar a homologação de sentenças estrangeiras e a concessão de *exequatur* às cartas rogatórias (artigo 105, inciso I, alínea *i*). Antes da edição daquela Emenda, já mencionamos anteriormente, referida competência era do Supremo Tribunal Federal.

11.36 COMPETÊNCIAS RECURSAIS DO SUPERIOR TRIBUNAL DE JUSTIÇA

Nos termos do artigo 105, inciso II, da Carta Magna, compete ao Superior Tribunal de Justiça julgar, em recurso ordinário, os *habeas corpus* decididos em única instância pelos Tribunais Regionais Federais ou pelos Tribunais dos Estados, do Distrito Federal e Territórios, quando a decisão for denegatória.

Cabe-lhe também julgar, em recurso ordinário, os mandados de segurança decididos em única instância pelos Tribunais Regionais Federais ou pelos Tribunais dos Estados, do Distrito Federal e Territórios, quando denegatória a decisão; e, por fim, as causas em que forem partes, de um lado, Estado estrangeiro ou organismo internacional, e, do outro, Município ou pessoa residente ou domiciliada no Brasil.

Conforme artigo 105, inciso III, da Constituição Federal, cabe ao Superior Tribunal de Justiça julgar, em *recurso especial*, as causas decididas em única ou última instância, pelos Tribunais Regionais Federais ou pelos Tribunais dos Estados e do Distrito Federal e Territórios, quando a decisão:

(a) contrariar tratado ou lei federal, ou negar-lhes vigência;
(b) julgar válido ato de governo local contestado em face de lei federal (alterado pela Emenda Constitucional 45/2004); e
(c) der à lei federal interpretação divergente da que lhe haja atribuído outro tribunal.

Referido recurso tem por objetivo precípuo a garantia do integral respeito ao ordenamento jurídico federal, inclusive através da uniformização da jurisprudência dos diversos tribunais acerca da interpretação das leis federais. As normas procedimentais desse recurso, da mesma forma que se dá com o recurso extraordinário, estão previstas na Lei 8.038, de 28 de maio de 1990 e também no Código de Processo Civil, a partir do artigo 1.029.

Ao dispor que o recurso especial será cabível em face das causas decididas em única ou última instância, sem especificar se seriam apenas decisões de mérito ou não, a Constituição Federal acabou por permitir a interposição desse recurso, de maneira idêntica ao que fez em relação ao recurso extraordinário, também em face de decisões interlocutórias, desde que atendidas as demais exigências constitucionais.

Contudo, ao exigir que a decisão recorrida tenha sido proferida por Tribunal Regional Federal ou Tribunal de Estado ou do Distrito Federal e Territórios, a Carta Magna vedou a interposição desse recurso em face de decisões de juízes de primeira instância. Por essa razão, não haverá que se falar em cabimento do recurso especial em face de decisão proferida pelas Turmas Recursais dos Juizados Especiais, Cíveis ou Criminais. Nesse sentido, aliás, é a Súmula 203, do Superior Tribunal de Justiça[50].

SUPERIOR TRIBUNAL DE JUSTIÇA E COMPETÊNCIAS RECURSAIS

– Conforme artigo 105, inciso III, da Constituição Federal, cabe ao Superior Tribunal de Justiça julgar, em *recurso especial*, as causas decididas em única ou última instância, pelos TRFs ou pelos TJs, quando a decisão: (a) contrariar tratado ou lei federal, ou negar-lhes vigência; (b) julgar válido ato de governo local contestado em face de lei federal (alterado pela Emenda Constitucional 45/2004); e (c) der à lei federal interpretação divergente da que lhe haja atribuído outro tribunal.

– Referido recurso tem por objetivo a garantia do integral respeito ao ordenamento jurídico federal, e, por consequência, a observância do princípio federativo. As normas procedimentais desse recurso, da mesma forma que se dá com o recurso extraordinário, estão previstas na Lei 8.038, de 28 de maio de 1990.

---

50. Súmula 203, do Superior Tribunal de Justiça: "Não cabe recurso especial contra decisão proferida por órgão de segundo grau dos juizados especiais".

11.37 TRIBUNAIS REGIONAIS FEDERAIS

Conforme disposto no artigo 106, da Carta Magna, a Justiça Federal é composta pelos Tribunais Regionais Federais (TRFs) e pelos juízes federais. Os primeiros, conforme expressamente determinado pelo artigo 107, *caput*, da Constituição Federal, compõem-se de, no mínimo, 7 (sete) juízes, recrutados, quando possível, na respectiva região, e nomeados pelo presidente da República, dentre brasileiros com mais de 30 (trinta) e menos de 65 (sessenta e cinco) anos de idade.

Nos termos da Lei Maior vigente, 1/5 (um quinto) dos membros do Tribunal Regional Federal deve ser composto por advogados e membros do Ministério Público Federal, com mais de 10 (dez) anos de exercício profissional (é a regra do chamado *quinto constitucional*). Os demais serão magistrados da própria carreira, com mais de 5 (cinco) anos de exercício, promovidos por antiguidade e merecimento, alternadamente.

Até recentemente, existiam 5 (cinco) Tribunais Regionais Federais, com sede nas seguintes capitais: Brasília (Tribunal Regional Federal da Primeira Região), Rio de Janeiro (Tribunal Regional Federal da Segunda Região), São Paulo (Tribunal Regional Federal da Terceira Região), Rio Grande do Sul (Tribunal Regional Federal da Quarta Região) e Pernambuco (Tribunal Regional Federal da Quinta Região).

Contudo, graças à promulgação da Emenda Constitucional 73, de 6 de junho de 2013, foram criados mais 4 (quatro) Tribunais,[51] a saber: Tribunal Regional Federal da Sexta Região, com sede em Curitiba e jurisdição nos Estados do Paraná, Santa Catarina e Mato Grosso do Sul; Tribunal Regional Federal da Sétima Região, com sede em Belo Horizonte e jurisdição no Estado de Minas Gerais; Tribunal Regional Federal da Oitava Região, com sede em Salvador e jurisdição nos Estados da Bahia e Sergipe; e Tribunal Regional Federal da Nona Região, com sede em Manaus e jurisdição nos Estados do Amazonas, Acre, Rondônia e Roraima.

É imperioso esclarecer, contudo, que a criação daqueles 4 (quatro) novos Tribunais Regionais Federais, pela supramencionada Emenda Constitucional 73/2013, está sendo questionada por meio de controle concentrado de constitucionalidade (Ação Direta de Inconstitucionalidade 5017, proposta pela Associação Nacional dos Procuradores Federais – ANPAF), e que teve liminar deferida pelo Ministro Joaquim Barbosa, para suspender os efeitos daquela Emenda Constitucional, e, portanto, de criação daqueles novos tribunais, até que ação seja definitivamente julgada.

Nos termos do artigo 107, § 2º, de nossa Lei Magna, os Tribunais Regionais Federais instalarão a justiça itinerante, com a realização de audiências e demais funções da atividade jurisdicional, nos limites territoriais da respectiva jurisdição, servindo-se de equipamentos públicos e comunitários. Ademais, nos termos do § 3º do mesmo artigo da Constituição Federal, os Tribunais Regionais Federais poderão funcionar descentralizadamente, constituindo Câmaras regionais, a fim de assegurar o pleno acesso do jurisdicionado à justiça em todas as fases do processo.

As competências dos Tribunais Regionais Federais estão fixadas no artigo 108, da Constituição Federal. Nos termos do dispositivo constitucional em comento, compete àqueles tribunais processar e julgar, originariamente, os juízes federais da área de sua jurisdição, incluídos os da Justiça Militar e da Justiça do Trabalho, nos crimes comuns e nos crimes

---

51. Nos termos do artigo 2º, da Emenda Constitucional 73/2013, esses novos Tribunais Regionais Federais deverão ser instalados no prazo de 6 (seis) meses, a contar da promulgação da emenda.

de responsabilidade, bem como os membros do Ministério Público da União, ressalvada a competência da Justiça Eleitoral.

Compete também aos Tribunais Regionais Federais processar e julgar, originariamente, as revisões criminais e as ações rescisórias de julgados seus ou dos juízes federais da respectiva Região; os mandados de segurança e os *habeas data* contra ato do próprio Tribunal Regional Federal ou juiz federal; os *habeas corpus*, quando a autoridade coatora for juiz federal; e os conflitos de competência entre juízes federais vinculados ao Tribunal.

Já em grau de recurso, compete aos Tribunais Regionais Federais julgar, conforme disposto no artigo 108, inciso II, da Lei Maior, as causas decididas pelos juízes federais e pelos juízes estaduais no exercício da competência federal da área de sua jurisdição. Com efeito, conforme artigo 109, § 3º, da Constituição Federal, devem ser processadas e julgadas na Justiça Estadual, por exemplo, as causas em que forem parte instituição de previdência social e segurado, sempre que a comarca não seja sede de vara da Justiça Federal.

TRIBUNAIS REGIONAIS FEDERAIS

– A Justiça Federal é composta pelos Tribunais Regionais Federais (TRFs) e pelos Juízes Federais. Os primeiros, conforme expressamente determinado pelo artigo 107, *caput*, da Constituição Federal, compõem-se de, no mínimo, 7 (sete) juízes, recrutados, quando possível, na respectiva região, e nomeados pelo presidente da República.

– Nos termos da Carta Magna vigente, um quinto dos membros do Tribunal Regional Federal deve ser composto por advogados e membros do Ministério Público Federal, com mais de 10 (dez) anos de exercício profissional (é a regra do quinto constitucional). Os demais serão magistrados da própria carreira, com mais de 5 (cinco) anos de exercício, promovidos por antiguidade e merecimento, alternadamente.

11.38 JUÍZES FEDERAIS

Quanto aos juízes federais, é importante mencionarmos que são esses os órgãos jurisdicionais competentes para processar e julgar as causas em que a União, autarquias (e também fundações públicas) ou empresas públicas federais forem interessadas na condição de autoras, rés, assistentes ou oponentes, exceto as de falência, as de acidentes de trabalho e as sujeitas à Justiça Eleitoral e à Justiça do Trabalho (artigo 109, inciso I, da Constituição Federal).

Os juízes federais também são competentes para processar e julgar as causas entre Estado estrangeiro ou organismo internacional e Município ou pessoa domiciliada ou residente no Brasil; e as causas fundadas em tratado ou contrato com Estado estrangeiro ou organismo internacional. São igualmente competentes para processar e julgar os crimes políticos e as infrações penais praticadas em detrimento de bens, serviços ou interesse da União ou de suas entidades autárquicas ou empresas públicas, excluídas as contravenções e ressalvada a competência da Justiça Militar e da Justiça Eleitoral.

Compete-lhes também processar e julgar os crimes previstos em tratado ou convenção internacional, quando, iniciada a execução no Brasil, o resultado tenha ou devesse ter ocorrido no estrangeiro, ou reciprocamente; os crimes contra a organização do trabalho, além dos crimes contra o sistema financeiro e a ordem econômico-financeira, nos casos determinados por lei.

A Emenda Constitucional 45/2004 conferiu outra importantíssima competência aos juízes federais: o processo e julgamento das causas relativas a direitos humanos (artigo 109, inciso V-A, da Carta Magna), caso o procurador-geral da República suscite, perante o

Superior Tribunal de Justiça, um incidente de deslocamento de competência para a Justiça Federal, nas hipóteses de grave violação de direitos humanos (artigo 109, § 5º, da Lei Maior).

Compete aos juízes federais, ainda, processar e julgar os *habeas corpus*, em matéria criminal de sua competência ou quando o constrangimento provier de autoridade cujos atos não estejam diretamente sujeitos a outra jurisdição; bem como os mandados de segurança e os *habeas data* contra ato de autoridade federal, excetuados os casos de competência dos Tribunais Regionais Federais.

Compete também aos órgãos de primeira instância da justiça federal processar e julgar os crimes cometidos a bordo de navios ou aeronaves, ressalvada a competência da Justiça Militar; e também os crimes de ingresso e permanência irregular de estrangeiro, a execução de carta rogatória, após o *exequatur* (do Superior Tribunal de Justiça) e de sentença estrangeira (também após homologação do Superior Tribunal de Justiça). Cabe aos juízes federais, por fim, processar e julgar as causas referentes à nacionalização, à naturalização, além das demandas que tenham por objeto a disputa sobre direitos indígenas.

11.39 REGRAS CONSTITUCIONAIS SOBRE COMPETÊNCIA TERRITORIAL NO ÂMBITO DA JUSTIÇA FEDERAL

O artigo 109, §§ 1º e 2º, da Constituição Federal, traz-nos o regramento para a fixação do foro competente, quando a União for parte na demanda. Ali restou fixado, por exemplo, que as causas em que a União for autora serão aforadas na seção judiciária onde tiver domicílio a outra parte (§ 1º). Para as demandas em que a União for ré, a ação poderá ser proposta: (a) na seção em que tiver domicílio o autor; (b) naquela em que houver ocorrido o ato ou o fato que deu origem à demanda; (c) onde estiver situada a coisa; ou, ainda d) no Distrito Federal (§ 2º). Em termos semelhantes, aliás, é o que determina expressamente o artigo 51, e seu parágrafo único, do Código de Processo Civil[52].

O artigo 109, § 3º, da Constituição Federal, na redação que lhe conferiu a Emenda Constitucional 103, de 2019, dispõe expressamente a lei poderá autorizar que as causas de competência da justiça federal em que forem parte instituição de previdência social e segurado possam ser processadas e julgadas na justiça estadual quando a comarca do domicílio do segurado não for sede de vara federal. *A norma constitucional, em sua redação atual, afastou a possibilidade de a lei permitir que outras causas sejam também processadas e julgadas pela justiça estadual.*

O artigo 45, do Código de Processo Civil, é expresso e inequívoco em determinar que os autos, inicialmente tramitando perante outro juízo, deverão ser remetidos ao juízo federal competente se nele intervier, na qualidade de parte ou de terceiro interveniente[53], a União, suas empresas públicas, entidades autárquicas e fundações, ou conselho de fiscalização de atividade profissional (as comumente denominadas *autarquias corporativas*). Ademais, nos expressos termos do § 3º, daquele mesmo artigo, o juiz federal restituirá os autos ao juízo estadual, sem suscitar conflito, se o ente federal cuja presença ensejou a remessa for excluído do processo.

---

52. Código de Processo Civil, artigo 51, e parágrafo único: "É competente o foro de domicílio do réu para as causas em que seja autora a União. Se a União for a demandada, a ação poderá ser proposta no foro de domicílio do autor, no de ocorrência do ato ou fato que originou a demanda, no de situação da coisa ou no Distrito Federal".
53. Exceto em se tratando de ações de recuperação judicial, falência, insolvência civil e acidente de trabalho; ou sujeitas à Justiça Eleitoral ou à Justiça do Trabalho".

Nos termos do artigo 110, da Carta Magna, os Estados e o Distrito Federal constituirão, cada um deles, uma *seção judiciária*, que terá por sede a respectiva capital e varas localizadas segundo o estabelecido em lei. É nesse diapasão, por exemplo, que o Estado de São Paulo constitui a Seção Judiciária do Estado de São Paulo, com sede na cidade de São Paulo, sua capital. O parágrafo único daquele artigo, por sua vez, dispõe que, nos Territórios Federais, as competências da Justiça Federal serão exercidas pelos juízes da Justiça Estadual. O tribunal de segundo grau será o Tribunal de Justiça do Distrito Federal e Territórios.

REGRAS CONSTITUCIONAIS SOBRE COMPETÊNCIA TERRITORIAL NO ÂMBITO DA JUSTIÇA FEDERAL

– Os Estados e o Distrito Federal constituirão, cada um deles, uma *seção judiciária*, que terá por sede a respectiva capital e varas localizadas segundo o estabelecido em lei. Nos Territórios Federais, as competências da justiça federal serão exercidas pelos juízes da justiça local. O Tribunal de Segundo Grau será o Tribunal do Distrito Federal e Territórios

11.40 TRIBUNAIS E JUÍZES DO TRABALHO

As Emendas Constitucionais 24/1999 e 45/2004 trouxeram grandes alterações à Seção relativa aos Tribunais e Juízes do Trabalho. A primeira, por exemplo, extinguiu as antigas Juntas de Conciliação e Julgamento (JCJ), passando a fixar como órgãos da Justiça do Trabalho o Tribunal Superior do Trabalho, os Tribunais Regionais do Trabalho e os Juízes do Trabalho, estes não mais órgãos colegiados, mas sim singulares (artigo 116, da Lei Maior).

A Emenda Constitucional 45/2004, por sua vez, trouxe para o corpo da Constituição Federal o novo artigo 111-A (posteriormente reformado pela Emenda Constitucional 92, de 12 de julho de 2016), prevendo nova composição para o Tribunal Superior do Trabalho. Segundo esse dispositivo constitucional, referido Tribunal será composto por 27 (vinte e sete) Ministros, escolhidos dentre brasileiros com mais de 35 (trinta e cinco) e menos de 65 (sessenta e cinco) anos de idade, de notável saber jurídico e reputação ilibada, nomeados pelo presidente da República, após aprovação pela maioria absoluta do Senado Federal.

Ademais, sua configuração tornou-se semelhante à dos Tribunais Regionais Federais e Tribunais de Justiça dos Estados e do Distrito Federal e Territórios, uma vez que há previsão de preenchimento de 1/5 (um quinto) das vagas por advogados e membros do Ministério Público do Trabalho com mais de 10 (dez) anos de efetivo exercício, e das vagas restantes, por membros dos Tribunais Regionais do Trabalho, oriundos da magistratura de carreira.

Ainda segundo o artigo 111-A, de nossa Carta Magna, a lei disporá sobre a competência do Tribunal Superior do Trabalho (§ 1º). Da mesma forma, deverá funcionar junto àquele Tribunal Superior: (a) a Escola Nacional de Formação e Aperfeiçoamento de Magistrados do Trabalho, cabendo-lhe, dentre outras funções, regulamentar os cursos oficiais para o ingresso e promoção na carreira; e (b) o Conselho Superior da Justiça do Trabalho, cabendo a este exercer, na forma da lei, a supervisão administrativa, orçamentária, financeira e patrimonial da Justiça do Trabalho de primeiro e segundo graus, como órgão central do sistema, cujas decisões terão efeito vinculante.

Mais recentemente, a supramencionada Emenda Constitucional 92/2016 acrescentou um § 3º àquele artigo 111-A, da Constituição Federal, conferindo ao Tribunal Superior do Trabalho, de forma semelhante ao que a Carta Magna previu em relação ao Supremo Tribunal Federal e ao Superior Tribunal de Justiça, competência para processar e julgar, originariamente, a reclamação para a preservação de sua competência e também para a garantia da autoridade de suas decisões.

Foi alterada, da mesma maneira, a antiga redação do artigo 112, da Constituição Federal, deixando de haver a previsão da existência de pelo menos 1 (um) Tribunal Regional do Trabalho em cada Estado e no Distrito Federal. Permaneceu, contudo, a permissão para que os juízes de direito possam julgar os feitos trabalhistas nas comarcas não abrangidas pela jurisdição laboral, apenas agora explicitando que os recursos serão destinados ao respectivo Tribunal Regional do Trabalho (artigo 112, parte final, de nossa Lei Maior).

TRIBUNAIS E JUÍZES DO TRABALHO

– A Emenda Constitucional 24/1999 extinguiu as antigas Juntas de Conciliação e Julgamento, passando a fixar como órgãos da Justiça do Trabalho o Tribunal Superior do Trabalho, os Tribunais Regionais do Trabalho e os Juízes do Trabalho, este não mais um órgão colegiado, mas sim singular.

– O Tribunal Superior do Trabalho possui 27 (vinte e sete) Ministros (e não mais dezessete), escolhidos dentre brasileiros com mais de 35 (trinta e cinco) anos e menos de 65 (sessenta e cinco), de notável saber jurídico e reputada ilibada, nomeados pelo presidente da República, após aprovação pela maioria absoluta do Senado Federal.

– A configuração do Tribunal Superior do Trabalho tornou-se semelhante à dos Tribunais Regionais Federais e Tribunais de Justiça dos Estados e do Distrito Federal e Territórios, uma vez que há previsão de preenchimento de 1/5 (um quinto) das vagas por advogados e membros do Ministério Público do Trabalho com mais de 10 (dez) anos de efetivo exercício, e das vagas restantes, por membros dos Tribunais Regionais do Trabalho, oriundos da magistratura de carreira.

– Deixou de haver a previsão da existência de pelo menos um Tribunal Regional do Trabalho em cada Estado e no Distrito Federal. Permaneceu, contudo, a permissão para que os juízes de direito possam julgar os feitos trabalhistas nas comarcas não abrangidas pela jurisdição laboral, apenas agora explicitando que os recursos serão destinados ao respectivo Tribunal Regional do Trabalho.

11.41 EMENDA CONSTITUCIONAL 34/2004 E A AMPLIAÇÃO DA COMPETÊNCIA DA JUSTIÇA DO TRABALHO

O artigo 114, da Carta Magna, que trata das matérias de competência da Justiça do Trabalho, foi também alterado pela emenda da chamada Reforma do Judiciário (Emenda Constitucional 45/2004), com considerável incremento no rol de ações sob a competência da Justiça Laboral. Dentre as competências fixadas pela nova redação do artigo 114, da Constituição Federal, destaca-se a hipótese fixada pelo inciso I, que confere à Justiça do Trabalho a competência para processar e julgar "as ações oriundas da relação de trabalho, abrangidos os entes de direito público externo e da administração pública direta e indireta da União, dos Estados, do Distrito Federal e dos Municípios".

É imperioso ressaltarmos, contudo, que esse dispositivo constitucional teve sua eficácia suspensa por decisão liminar, proferida na Ação Direta de Inconstitucionalidade (ADI) 3.395, perante o Supremo Tribunal Federal. O ministro relator do feito suspendeu toda e qualquer interpretação dada àquele inciso I, do artigo 114, da Carta Magna, que inclua, na competência da Justiça do Trabalho, "a apreciação de causas que sejam instauradas entre o poder público e seus servidores, a ele vinculados por típica relação de ordem estatutária ou de caráter jurídico-administrativo".

Também compete à Justiça do Trabalho, conforme nova redação do artigo 114, de nossa Lei Maior, processar e julgar as ações que envolvam exercício do direito de greve; as ações sobre representação sindical, entre sindicatos, entre sindicatos e trabalhadores e entre sindicatos e empregadores.

Cabe à Justiça Laboral, igualmente, processar e julgar o mandado de segurança, o *habeas corpus* e o *habeas data*, quando o ato questionado envolver matéria sujeita à sua jurisdição; os conflitos de competência entre órgãos com jurisdição trabalhista, ressalvada a competência do Supremo Tribunal Federal; e as ações de indenização por dano moral ou material, decorrentes da relação de trabalho.

Compete à Justiça do Trabalho, ainda, processar e julgar as ações relativas às penalidades administrativas impostas aos empregadores pelos órgãos de fiscalização das relações de trabalho; a execução, de ofício, das contribuições previdenciárias; além de outras controvérsias decorrentes das relações de trabalho, na forma da lei.

Outro dispositivo que também sofreu alteração foi o artigo 115, da Carta Magna, que trata da composição dos Tribunais Regionais do Trabalho. Agora, há previsão expressa no sentido de que referidos tribunais serão compostos por, no mínimo, 7 (sete) juízes, recrutados, quando possível, na respectiva região, nomeados pelo presidente da República (sem necessidade de aprovação pelo Senado Federal), dentre brasileiros com mais de 35 (trinta e cinco) e menos de 65 (sessenta e cinco) anos de idade. Também foi fixada, como já mencionamos, a observância do chamado *quinto constitucional*.

Nos termos do artigo 115, § 1º, da Constituição Federal, os Tribunais Regionais do Trabalho deverão instalar a denominada *justiça itinerante*, com a realização de audiências e demais funções de atividade jurisdicional, nos limites territoriais da respectiva jurisdição, servindo-se de equipamentos públicos e comunitários. Por fim, nos termos do § 2º do mesmo artigo da Lei Maior, os Tribunais Regionais do Trabalho poderão funcionar de forma descentraliza, constituindo Câmaras regionais, a fim de assegurar o pleno acesso do jurisdicionado à justiça em todas as fases do processo.

11.42 TRIBUNAIS E JUÍZES ELEITORAIS

O artigo 118, de nossa Carta Magna, explicita que a Justiça Eleitoral é composta pelos seguintes órgãos: Tribunal Superior Eleitoral (TSE), Tribunais Regionais Eleitorais (TREs), juízes eleitorais e juntas eleitorais. A organização e a competência dos tribunais, juízes e juntas eleitorais devem ser regulamentadas por lei complementar (artigo 121, da Constituição Federal), a qual, contudo, ainda não foi editada.

Nos termos do artigo 119, de nossa Lei Maior, o Tribunal Superior Eleitoral deve ser composto por, no mínimo, 7 (sete) membros, sendo escolhidos mediante eleição, por voto secreto, 3 (três) ministros do Supremo Tribunal Federal e 2 (dois) ministros do Superior Tribunal de Justiça (dois), e os 2 (dois) restantes nomeados pelo presidente da República, dentre 6 (seis) advogados de notável saber jurídico e idoneidade moral, indicados pelo Pretório Excelso.

As decisões do Tribunal Superior Eleitoral, nos termos da vigente Constituição Federal (artigo 121, § 3º), são irrecorríveis, salvo se contrariarem a própria Carta Magna, hipótese em que serão objeto de recurso extraordinário ao Supremo Tribunal Federal ou se forem denegatórias de *habeas corpus* e mandado de segurança, quando será cabível recurso ordinário ao Pretório Excelso.

Quanto aos Tribunais Regionais Eleitorais, o artigo 120, da Constituição Federal, determina que haja um destes na capital de cada Estado e no Distrito Federal, e que sejam compostos de: 2 (dois) desembargadores do Tribunal de Justiça e 2 (dois) juízes de direito, escolhidos mediante eleição, por voto secreto; 1 (um) juiz do Tribunal Regional Federal, com sede na capital do Estado ou no Distrito Federal, ou, não havendo, de juiz federal, escolhido, em qualquer caso, pelo Tribunal Regional Federal respectivo; e 2 (dois) advogados, dentre 6 (seis) de notável saber jurídico e idoneidade moral, indicados pelo Tribunal de Justiça, por nomeação do presidente da República.

Conforme determina o artigo 121, § 4º, da Lei Maior, das decisões dos Tribunais Regionais Eleitorais somente caberá recurso quando: (a) forem proferidas contra disposição expressa da Carta Magna ou de lei; (b) ocorrer divergência na interpretação de lei entre dois ou mais tribunais eleitorais; (c) versarem sobre inelegibilidade ou expedição de diplomas nas eleições federais ou estaduais; (d) anularem diplomas ou decretarem a perda de mandatos eletivos federais ou estaduais; ou, por fim, (e) denegarem *habeas corpus*, mandado de segurança, *habeas data* ou mandado de injunção.

A Constituição Federal determina que lei complementar (ainda não editada, vale insistir) disponha sobre a organização e competência dos tribunais, dos juízes de direito e das juntas eleitorais (artigo 121, *caput*). Segundo o artigo 121, § 1º, de nossa Lei Maior, os membros dos tribunais, os juízes de direito e os integrantes das juntas eleitorais, no exercício de suas funções, e no que lhes for aplicável, gozarão de plenas garantias e serão inamovíveis. O mesmo dispositivo constitucional também determina que os juízes dos tribunais eleitorais, salvo motivo justificado, devem servir por 2 (dois) anos, no mínimo, e nunca por mais de 2 (dois) biênios consecutivos, sendo os substitutos escolhidos na mesma ocasião e pelo mesmo processo, em número igual para cada categoria.

OS TRIBUNAIS E JUÍZES ELEITORAIS

– A Justiça Eleitoral é composta pelos seguintes órgãos: Tribunal Superior Eleitoral, Tribunais Regionais Eleitorais, Juízes Eleitorais e Juntas Eleitorais. A organização e competência dos tribunais, juízes e juntas eleitorais devem ser regulamentadas por lei complementar.

– O Tribunal Superior Eleitoral deve ser composto por, no mínimo, 7 (sete) membros, sendo escolhidos mediante eleição, por voto secreto, 3 (três) Ministros do Supremo Tribunal Federal e 2 (dois) Ministros do Superior Tribunal de Justiça (dois), e os 2 (dois) restantes nomeados pelo presidente da República, dentre 6 (seis) advogados de notável saber jurídico e idoneidade moral, indicados pelo Pretório Excelso.

– As decisões do Tribunal Superior Eleitoral, nos termos da Constituição Federal, são irrecorríveis, salvo se contrariarem a própria Carta Magna, hipótese em que serão objeto de recurso ao Supremo Tribunal Federal (recurso extraordinário), ou se forem denegatórias de *habeas corpus* e mandado de segurança.

11.43 TRIBUNAIS E JUÍZES MILITARES

Nos expressos termos do artigo 122, da Carta Magna, são órgãos da Justiça Militar: o Superior Tribunal Militar (STM) e os Tribunais e Juízes Militares instituídos por lei. E, consoante expressa determinação do artigo 124, do mesmo texto constitucional, compete à Justiça Militar processar e julgar os crimes militares definidos em lei.

O Tribunal Superior Militar compor-se-á de 15 (quinze) Ministros vitalícios, nomeados pelo presidente da República, depois de aprovada sua indicação pelo Senado Federal. Dentre seus membros, 10 (dez) são Ministros advindos da carreira militar, todos da ativa e no posto mais elevado da carreira; e 5 (cinco) são Ministros civis.

Compõem os Ministros militares 3 (três) oficiais-generais da Marinha, 4 (quatro) oficiais-generais do Exército e 3 (três) oficiais-generais da Aeronáutica. Os 5 (cinco) Ministros civis são escolhidos pelo presidente da República dentre brasileiros maiores de 35 (trinta e cinco) anos, sendo 3 (três) dentre advogados de notório saber jurídico e conduta ilibada, com mais de 10 (dez) anos de atividade profissional, e 2 (dois) dentre juízes auditores e membros do Ministério Público da Justiça Militar, por escolha paritária.

OS TRIBUNAIS E JUÍZES MILITARES

– São órgãos da Justiça Militar: o Superior Tribunal Militar (STM) e os Tribunais e Juízes Militares instituídos por lei. Compete à Justiça Militar processar e julgar os crimes militares definidos em lei.

– O Tribunal Superior Militar compor-se-á de 15 (quinze) Ministros vitalícios, nomeados pelo presidente da República, depois de aprovada sua indicação pelo Senado Federal.

– Dentre seus membros, 10 (dez) são Ministros advindos da carreira militar, todos da ativa e no posto mais elevado da carreira, e 5 (cinco) são Ministros civis.

11.44 TRIBUNAIS E JUÍZES DOS ESTADOS

Conforme disposto no artigo 125, *caput*, da Constituição Federal, os Estados organizarão suas próprias Justiças, observados os princípios estabelecidos na Carta Magna. Já o § 1º do mesmo artigo, por sua vez, dispõe que a competência dos tribunais será definida na constituição do respectivo Estado. Assevera, ainda, que a lei de organização judiciária será de iniciativa do Tribunal de Justiça correspondente.

Como vimos no Capítulo 5 desta obra, cabe aos Estados-membros a instituição de representação de inconstitucionalidade de leis ou atos normativos estaduais ou municipais em face das respectivas constituições estaduais, vedada a atribuição de legitimação para agir a um único órgão.

A Emenda Constitucional 45/2004 acrescentou àquele artigo alguns novos parágrafos. No § 6º, dispôs que o Tribunal de Justiça poderá funcionar de forma descentralizada, criando Câmaras regionais, a fim de assegurar o pleno acesso do jurisdicionado à justiça, em todas as fases do processo. No § 7º, por sua vez, determinou que o Tribunal de Justiça instale a denominada *justiça itinerante*, com a realização de audiências e demais funções da atividade jurisdicional, nos limites territoriais da respectiva jurisdição, servindo-se de equipamentos públicos e comunitários.

Outra alteração de grande repercussão, instituída pela Reforma Judiciária, foi a extinção dos Tribunais de Alçada, onde houvesse (caso de São Paulo, por exemplo, que possuía dois Tribunais de Alçada Civil e um Criminal), passando os seus membros a integrar os Tribunais de Justiça dos respectivos Estados (artigo 4º, da Emenda Constitucional 45/2004).

Vale mencionar, por fim, que o artigo 126, da Carta Magna, conforme redação fixada pela supramencionada Emenda à Constituição 45/2005, determina expressamente que os Tribunais de Justiça dos Estados deverão propor a criação de varas especializadas para dirimir conflitos fundiários, com competência exclusiva para questões dessa matéria.

OS TRIBUNAIS E JUÍZES DOS ESTADOS

– Os Estados organizarão suas próprias Justiças, observados os princípios estabelecidos na Carta Magna.

– A competência dos tribunais será definida na respectiva constituição do Estado. A lei de organização judiciária será de iniciativa do Tribunal de Justiça correspondente.

– Foram extintos os Tribunais de Alçada, passando os seus membros a integrar os Tribunais de Justiça dos respectivos Estados (artigo 4º, da Emenda Constitucional 45/2004).

11.45 FUNÇÕES ESSENCIAIS À JUSTIÇA

Como já vimos anteriormente, o Título IV da Constituição Federal trata da denominada "Organização dos Poderes". Trata, em outras palavras, da organização fundamental daqueles Poderes, definindo os diversos órgãos que exercem as diferentes funções estatais, bem como as respectivas competências. Foi nesse diapasão que nossa Lei Maior tratou, naquele Título, do Poder Legislativo (Capítulo I), do Poder Executivo (Capítulo II) e do Poder Judiciário (Capítulo III).

Entretanto, além de disciplinar a tradicional "tripartição de poderes", o legislador constituinte também optou por inserir, naquele mesmo Título IV, um quarto Capítulo, denominado "Funções Essenciais à Justiça", em que estão relacionados o Ministério Público, a Advocacia Pública, a Advocacia e a Defensoria Pública.

Como nos ensina Maria Sylvia Zanella Di Pietro,[54] a expressão "justiça", utilizada pela Constituição de 1988, comporta 2 (dois) significados distintos. No primeiro deles, ela é encarada como *instituição*, ou seja, como sinônimo de Poder Judiciário, tal como aparece nas expressões "Justiça do Trabalho", "Justiça Eleitoral", "Justiça Federal". No segundo, como *valor*, incluído já no preâmbulo da Constituição, e que consiste na "vontade constante e perpétua de dar a cada um o que é seu (*iustitia est constans et perpetua voluntas ius suum cuique tribuendi*)".

E no tocante especificamente à expressão "justiça", constante do Capítulo IV do Título IV, da Constituição Federal, parcela importante da doutrina considera que ela se refere efetivamente à instituição, ou seja, ao Poder Judiciário. Para estes autores, as funções essenciais à justiça são aquelas atividades indispensáveis ao funcionamento da atividade jurisdicional, já que, como se sabe, o Poder Judiciário não atua de ofício, necessitando de provocação para poder agir (*ne procedat iudex ex officio*).

Nesse sentido, por exemplo, é a lição de Uadi Lammêgo Bulos, que nos afirma que as funções essenciais à justiça "são atividades profissionais, públicas ou privadas, propulsoras da jurisdição". Como nos lembra o renomado autor, sem elas, o Poder Judiciário não seria chamado para dirimir litígios, pois não há juiz sem autor (*nemo iudex sine auctore*), ressaltando, com isso, o fato de que a jurisdição é inerte ou estática, de maneira a assegurar a imparcialidade e o equilíbrio do juiz diante dos interesses das partes em disputa.

Portanto, para essa importante parcela da doutrina pátria, o Ministério Público, a Advocacia Pública, a Advocacia privada e também a Defensoria Pública são, de fato, funções essenciais à própria atividade jurisdicional (à instituição, portanto), já que são elas que provocam a atuação a atuação do Poder Judiciário, e que representam as partes em litígio, seja formalizando as pretensões dos autores, seja apresentando, em nome dos réus, as diversas defesas possíveis.

Para outra parcela da doutrina, contudo, a expressão justiça, constante daquele Capítulo da Constituição Federal, não se refere propriamente ao Poder Judiciário, mas sim às funções que buscam alcançar a justiça como valor, contribuindo, de maneira decisiva, para que sejam observados os direitos e garantias fundamentais, bem como respeitada a higidez do ordenamento jurídico em geral e do próprio Estado Democrático de Direito.

---

54. Advocacia Pública. *Revista Jurídica da Procuradoria Geral do Município de São Paulo*, p. 13-14.

É o que leciona, por exemplo, Diogo de Figueiredo Moreira Neto,[55] para quem a "essencialidade da justiça", mencionada pela Constituição, não se refere à justiça formal, prestada pelo Poder Judiciário (sentido orgânico), mas sim a "todos os valores que devem realizar o Estado Democrático de Direito, como finalidade última do poder na vida social, sem nenhum qualificativo parcializante que possa permitir que se restrinja de alguma forma tanto o âmbito de atuação quanto a destinação das advocacias dos interesses constitucionalmente garantidos".

Em nosso entender, contudo, a expressão "justiça", constante daquele Capítulo IV do Título IV da Carta Magna, alcança necessariamente os dois sentidos acima explicitados. Com efeito, não pode haver dúvidas de que as denominadas "funções essenciais à justiça" são indispensáveis à própria atuação do Poder Judiciário. Essa realidade, aliás, é explicitada pela própria Carta Magna, quando esta esclarece que o Ministério Público é uma instituição "essencial à função jurisdicional do Estado".[56]

Entretanto, consideramos que elas não se restringem a essa função. Mais que isso, o Ministério Público, a Advocacia Pública, a Advocacia privada e a Defensoria Pública efetivamente têm a importante missão de alcançar, com sua atuação, a justiça como valor, contribuindo, de maneira decisiva, para que sejam respeitados os direitos e garantias fundamentais e também assegurada a higidez do ordenamento jurídico em geral e do próprio Estado Democrático de Direito.

Essa realidade, que está implícita na Carta Magna em relação à Advocacia Pública, à Advocacia privada e à Defensoria Pública, revela-se expressa em relação ao Ministério Público, uma vez que o artigo 127 da Constituição de 1988 dispõe, de maneira clara e inequívoca, caber àquele órgão *a defesa da ordem jurídica e do regime democrático*, além dos interesses sociais e individuais indisponíveis.

11.46 MINISTÉRIO PÚBLICO

A Constituição de 1988 ampliou consideravelmente os poderes conferidos ao Ministério Público. Nos termos do artigo 127, da Carta Magna, referido órgão tornou-se instituição permanente, essencial à função jurisdicional do Estado (sem, contudo, pertencer ao Poder Judiciário), incumbindo-lhe *a defesa da ordem jurídica, do regime democrático e dos interesses sociais e individuais indisponíveis*[57].

Conforme artigo 177, do novo Código de Processo Civil, o Ministério Público exercerá o direito de ação em conformidade com suas atribuições constitucionais. O *Parquet*, por exemplo, é o titular da ação penal pública, bem como um dos legitimados ativos para a propositura de ação civil pública, como já vimos anteriormente. Além disso, o Chefe do Ministério Público da União (o procurador-geral da República) tem legitimidade ativa *ad causam* para propor as ações relativas ao controle concentrado de constitucionalidade.

O mesmo Código de Processo Civil também explicita, em seu artigo 178, que o Ministério Público deverá sempre ser intimado, no prazo de 30 (trinta) dias, para intervir como *fiscal da ordem jurídica* (o Código revogado usava a expressão, menos adequada, *fiscal da*

---

55. As funções essenciais à justiça e as procuraturas constitucionais. *Revista de Direito da Procuradoria-Geral do Estado do Rio de Janeiro*, p. 41.
56. Constituição Federal, artigo 127: "O Ministério Público é instituição permanente, essencial à função jurisdicional do Estado, incumbindo-lhe a defesa da ordem jurídica, do regime democrático e dos interesses sociais e individuais indisponíveis".
57. Em termos muito semelhantes é a norma do artigo 176, do Código de Processo Civil, o qual dispõe que "O Ministério Público atuará na defesa da ordem jurídica, do regime democrático e dos interesses e direitos sociais e individuais indisponíveis".

lei), nas hipóteses previstas em lei ou na Constituição Federal, bem como nos processos que envolvam: (a) interesse público ou social; (b) interesse de incapazes; e (c) litígios coletivos pela possa de terra rural ou urbana.

Deixou o Ministério Público, como se dava anteriormente, de exercer a representação ou consultoria jurídica de pessoas jurídicas de direito público interno (as chamadas pessoas políticas, a saber: União, Estados e Distrito Federal), passando a defender tão somente o interesse público primário, e não mais o interesse público secundário (interesse da Administração Pública).

O artigo 128, da Constituição Federal, prevê a existência do Ministério Público da União e dos Ministérios Públicos dos Estados. Referido dispositivo constitucional, ademais, esclarece que o primeiro compreende o Ministério Público Federal, o Ministério Público do Trabalho, o Ministério Público Militar e o Ministério Público do Distrito Federal e Territórios.

O Ministério Público da União tem suas normas gerais estabelecidas pela Carta Magna e também pela Lei Complementar 75, de 20 de maio de 1993. Os Ministérios Públicos dos Estados, ao seu turno, estão regidos também pela Constituição Federal, bem como pela Lei Orgânica 8.625, de 12 de fevereiro de 1993, com aplicação subsidiária das normas da Lei Complementar 75/1993.

O Chefe do Ministério Público da União, conforme disposto no artigo 128, § 1º, da Constituição Federal, é o procurador-geral da República, nomeado pelo presidente da República dentre integrantes da carreira, maiores de 35 (trinta e cinco) anos de idade, após a aprovação de seu nome pela maioria absoluta do Senado Federal. Seu mandato é de 2 (dois) anos, permitida a recondução (sem limite quantitativo).

Já o Chefe dos Ministérios Públicos dos Estados e também do Ministério Público do Distrito Federal e Territórios, nos termos do artigo 128, § 3º, da Carta Magna, é o procurador-geral de Justiça, que será nomeado pelo respectivo Chefe do Poder Executivo (governador do Estado ou do Distrito Federal), através da escolha de um dos nomes contidos em lista tríplice de integrantes da carreira. Seu mandato também será de 2 (dois) anos, só que permitida uma única recondução.

Conforme expressa redação do artigo 183, do Código de Processo Civil, o Ministério Público gozará de prazo em dobro para manifestar-se nos autos, que terá início a partir de sua intimação pessoal, apenas deixando de ser aplicada esta regra da contagem em dobro dos prazos quando a lei estabelecer, de forma expressa, prazo próprio para o Ministério Público (artigo 183, § 2º). Como exemplos de prazos próprios, expressamente fixados em lei, podemos citar todos aqueles estabelecidos pelas leis que regulamentam as ações do controle concentrado de constitucionalidade.

MINISTÉRIO PÚBLICO

– A Constituição de 1988 ampliou consideravelmente os poderes conferidos ao Ministério Público. Referido órgão tornou-se instituição permanente, essencial à função jurisdicional do Estado (sem, contudo, pertencer ao Poder Judiciário), incumbindo-lhe *a defesa da ordem jurídica, do regime democrático* e *dos interesses sociais e individuais indisponíveis*.

– O Chefe do Ministério Público da União é o procurador-geral da República, nomeado pelo presidente da República dentre integrantes da carreira, maiores de 35 (trinta e cinco) anos, após a aprovação de seu nome pela maioria absoluta do Senado Federal. Seu mandato é de 2 (dois) anos, permitida a recondução.

– O Chefe dos Ministérios Públicos dos Estados e do Distrito Federal e Territórios é o procurador-geral de Justiça, que será nomeado pelo respectivo Chefe do Poder Executivo, através da escolha de um dos nomes contidos em lista tríplice de integrantes da carreira. Seu mandato também será de 2 (dois) anos, só que permitida uma única recondução.

11.47 PRINCÍPIOS QUE REGEM O MINISTÉRIO PÚBLICO

Nos termos do § 1º, do supramencionado artigo 127, da Constituição Federal, o Ministério Público tem por princípios institucionais a *unidade*, a *indivisibilidade* e a *independência funcional*. Por unidade não devemos entender a existência de um único Ministério Público, uma vez que, como já mencionamos, a nossa própria Lei Maior esclarece, em seu artigo 128, que referido órgão abrange o Ministério Público da União (este composto pelos Ministérios Públicos Federal, do Trabalho, Militar e do Distrito Federal e Territórios) e o Ministério Público dos Estados.

Unidade significa, isso sim, que os integrantes de um mesmo órgão (de um mesmo Ministério Público) serão dirigidos pelo mesmo Chefe institucional. *Indivisibilidade*, por sua vez, significa que os membros substituem-se uns aos outros, sem qualquer prejuízo dos atos realizados. Já a *independência funcional* ressalta que os membros do Ministério Público não se subordinam a convicções jurídicas de outrem, podendo atuar da maneira que considerar mais adequada, desde que fundamentada na Constituição e na ordem jurídica.

Não podemos deixar de mencionar, por fim, o princípio do *promotor natural*. Muito embora não tenha sido expressamente relacionado no artigo 127, § 1º, da Carta Magna, a verdade é que a doutrina e a jurisprudência pátria, inclusive do Supremo Tribunal Federal, já reconhece a existência desse princípio. Referido princípio proíbe designações arbitrárias, efetuadas pelo Chefe da instituição, que acabariam por criar a figura do *promotor de exceção*. Trata-se de uma salutar medida, para a garantia da imparcialidade da atuação do órgão do Ministério Público, que poderá atuar em prol da sociedade sem riscos de nefastas interferências e embaraços no exercício de suas funções[58].

PRINCÍPIOS QUE REGEM O MINISTÉRIO PÚBLICO

– Unidade: os integrantes de um mesmo órgão (de um mesmo Ministério Público) serão dirigidos pelo mesmo Chefe institucional.

– Indivisibilidade: os membros substituem-se uns aos outros, sem qualquer prejuízo dos atos realizados.

– Independência funcional: os membros do Ministério Público não se subordinam a convicções jurídicas de outrem, podendo atuar da maneira que considerar mais adequada, desde que fundamentada na lei e na Constituição Federal.

– Promotor natural: proíbe designações arbitrárias, efetuadas pelo Chefe da instituição, que acabariam por criar a figura do *promotor de exceção*.

---

58. "O postulado do promotor natural, que se revela imanente ao sistema constitucional brasileiro, repele, a partir da vedação de designações casuísticas efetuadas pela chefia da instituição, a figura do acusador de exceção. Esse princípio consagra uma garantia de ordem jurídica, destinada tanto a proteger o membro do Ministério Público, na medida em que lhe assegura o exercício pleno e independente do seu ofício, quanto a tutelar a própria coletividade, a quem se reconhece o direito de ver atuando, em quaisquer causas, apenas o promotor cuja intervenção se justifique a partir de critérios abstratos e predeterminados, estabelecidos em lei. A matriz constitucional desse princípio assenta-se nas cláusulas da independência funcional e da inamovibilidade dos membros da instituição. O postulado do promotor natural limita, por isso mesmo, o poder do procurador-geral que, embora expressão visível da unidade institucional, não deve exercer a chefia do Ministério Público de modo hegemônico e incontrastável. Posição dos Min. Celso de Mello (relator), Sepúlveda Pertence, Marco Aurélio e Carlos Velloso. Divergência, apenas, quanto a aplicabilidade imediata do princípio do promotor natural: necessidade da 'interpositio legislatoris' para efeito de atuação do princípio (Ministro Celso de Mello); incidência do postulado, independentemente de intermediação legislativa (Ministro Sepúlveda Pertence, Marco Aurélio e Carlos Velloso)". (HC 67.759, relator ministro Celso de Mello, julgamento em 6-8-1992, Plenário, *DJ* de 1º-7-1993.) No mesmo sentido: HC 103.038, relator ministro Joaquim Barbosa, julgamento em 11-10-2011, Segunda Turma, *DJE* de 27-10-2011.

11.48 AUTONOMIA FUNCIONAL, ADMINISTRATIVA E FINANCEIRA DO MINISTÉRIO PÚBLICO

O artigo 127, § 2º, da Constituição de 1988, assegura autonomia funcional e administrativa ao Ministério Público. Essa autonomia diz respeito não só aos membros do Ministério Público, mas também ao próprio órgão, encarado como instituição. Trata-se da garantia concedida ao Ministério Público de exercer as atividades *administrativas* necessárias ao pleno cumprimento de sua missão institucional, inclusive com a possibilidade de propor ao Poder Legislativo a criação de seus cargos e serviços auxiliares, a política remuneratória e os planos de carreira[59].

O artigo 127, § 3º, da Constituição Federal, ao seu turno, garante autonomia financeira ao Ministério Público, permitindo que esse órgão elabore sua própria proposta orçamentária, dentro dos limites estabelecidos na lei de diretrizes orçamentárias. A autonomia administrativa e financeira do Ministério Público não o isenta da fiscalização pelo Tribunal de Contas, nem exime seus membros que desempenham as funções administrativas de eventual ação de improbidade, ação popular, ação civil pública ou ação criminal pela má gestão dos recursos.

Da mesma forma que se deu com o Poder Judiciário, a Emenda Constitucional 45/2004 trouxe algumas mitigações à autonomia financeira do Ministério Público. Com efeito, nos termos do § 4º, acrescentado ao artigo 127, de nossa Lei Maior, no caso de inércia do Ministério Público em encaminhar as propostas orçamentárias dentro do prazo estabelecido na lei de diretrizes orçamentárias, o Poder Executivo poderá considerar válidos os mesmos valores aprovados na lei orçamentária vigente.

Ademais, o § 5º do mesmo artigo, também acrescentado pela Emenda 45/2004, permite que o Poder Executivo proceda aos ajustes necessários para fins de consolidação da proposta orçamentária anual, caso as propostas orçamentárias do Ministério Público sejam encaminhadas em desacordo com os limites estipulados em conjunto com os demais Poderes. Mencionemos, ainda, a criação do Conselho Nacional do Ministério Público, o qual tem por função justamente o controle da atuação administrativa e financeira daquele órgão, conforme fixado pelo novo artigo 130-A, § 2º, da Constituição Federal.

11.49 GARANTIAS E VEDAÇÕES DO MINISTÉRIO PÚBLICO

A Constituição Federal confere ao Ministério Público as mesmas garantias concedidas aos membros do Poder Judiciário: *vitaliciedade, inamovibilidade e irredutibilidade de subsídios*. *Vitaliciedade*, já vimos anteriormente, é a garantia atribuída aos membros do Ministério Público (e também aos magistrados e membros dos Tribunais de Contas), que lhes confere o direito à permanência *no cargo*, após apenas 2 (dois) anos de exercício, garantindo àqueles a prerrogativa de somente serem alijados de referido cargo após sentença judicial transitada em julgado.

Inamovibilidade, por sua vez, é a garantia concedida aos membros do Ministério Público (e também aos Ministros do Supremo Tribunal Federal, dos Tribunais Superiores, aos juízes de primeiro e segundo graus, bem como aos membros dos Tribunais de Contas) de

---

59. "Na competência reconhecida ao Ministério Público, pelo art. 127, § 2º, da CF, para propor ao Poder Legislativo a criação e extinção de cargos e serviços auxiliares, compreende-se a de propor a fixação dos respectivos vencimentos, bem como a sua revisão." (Ação Direta de Inconstitucionalidade 63, Pleno, relator ministro Ilmar Galvão, j. 13-10-1993, DJ 27-5-1994).

não serem removidos ou promovidos por determinação de qualquer autoridade, sem que eles mesmos tenham tomado a iniciativa para tal remoção ou promoção[60].

A *irredutibilidade de subsídios*, por fim, é a garantia conferida aos membros do Ministério Público (bem como aos Ministros do Supremo Tribunal Federal, Ministros dos Tribunais Superiores, aos juízes de primeiro e segundo graus, bem como aos membros dos Tribunais de Contas) de que suas remunerações – agora denominadas subsídios – não sofram reduções jurídicas, ressalvadas as hipóteses fixadas no artigo 37, incisos X e XI, artigo 39, § 4º, artigo 150, II, e artigo 153, III e § 2º, I, todos da Carta Magna.

GARANTIAS DO MINISTÉRIO PÚBLICO

– **Vitaliciedade**: é a garantia atribuída aos membros do Ministério Público que lhes confere o direito à permanência *no cargo*, após apenas 2 (dois) anos de exercício, garantindo àqueles a prerrogativa de somente serem alijados do cargo após sentença judicial transitada em julgado.

– **Inamovibilidade**: é a garantia concedida aos membros do Ministério Público de não serem removidos ou promovidos por determinação de qualquer autoridade, sem que aqueles tenham tomado a iniciativa para tal remoção ou promoção.

– **Irredutibilidade de subsídios**: é a garantia conferida aos membros do Ministério Público de que suas remunerações não sofram reduções jurídicas, ressalvadas as hipóteses fixadas no artigo 37, incisos X e XI, artigo 39, § 4º, artigo 150, II, e artigo III e § 2º, I, todos da Carta Magna.

As vedações, ao seu turno, estão previstas no artigo 128, § 5º, inciso II, de nossa Lei Maior. São elas: receber, a qualquer título e sob qualquer pretexto, honorários, percentagens ou custas processuais; exercer a advocacia; participar de sociedade comercial, na forma da lei; exercer, ainda que em disponibilidade, qualquer outra função, salvo uma de magistério; exercer atividade político-partidária.

A Emenda Constitucional 45/2004 também acrescentou novas hipóteses de vedação aos membros do Ministério Público, de maneira semelhante ao que fez em relação aos integrantes da magistratura. Agora, eles também não poderão receber, a qualquer título ou pretexto, auxílios ou contribuições de pessoas físicas, entidades públicas ou privadas, ressalvadas as exceções previstas em lei, bem como não poderão exercer a advocacia junto ao tribunal ou juízo em que atuavam, antes de decorridos 3 (três) anos do afastamento do cargo, por aposentadoria ou exoneração.

VEDAÇÕES AOS MEMBROS DO MINISTÉRIO PÚBLICO

– Receber, a qualquer título e sob qualquer pretexto, honorários, percentagens ou custas processuais.

– Exercer a advocacia; participar de sociedade comercial, na forma da lei.

– Exercer, ainda que em disponibilidade, qualquer outra função, salvo uma de magistério.

– Exercer atividade político-partidária.

– Receber, a qualquer título ou pretexto, auxílios ou contribuições de pessoas físicas, entidades públicas ou privadas, ressalvadas as exceções previstas em lei.

– Exercer a advocacia junto ao tribunal ou juízo em que atuavam, antes de decorridos 3 (três) anos do afastamento do cargo, por aposentadoria ou exoneração.

---

60. Devemos lembrar, nessa oportunidade, que a Emenda Constitucional 45/2004 alterou a redação do dispositivo constitucional relativo à inamovibilidade, passando a permitir a remoção dos membros do Ministério Público por voto da *maioria absoluta* do órgão colegiado competente, e não mais de 2/3 (dois terços), como antes previsto.

11.50 FUNÇÕES INSTITUCIONAIS DO MINISTÉRIO PÚBLICO

As funções institucionais do Ministério Público estão consignadas no artigo 129, da Carta Magna de 1988. Aquele rol, devemos ressaltar, é meramente exemplificativo (não é taxativo), uma vez que referido órgão deverá atuar sempre que necessário à defesa da ordem jurídica, do regime democrático e dos interesses sociais e individuais indisponíveis, como explicitado no artigo 127, *caput*, da Constituição Federal.

Dentre as funções ali relacionadas, podemos destacar, por exemplo, a que lhe confere a privativa titularidade para a propositura da ação penal pública. Na mesma toada, zelar pelo efetivo respeito dos Poderes Públicos e dos serviços de relevância pública aos direitos assegurados na Constituição Federal, promovendo as medidas necessárias à sua garantia. Mencionemos, ainda, a de promover o inquérito civil e a ação civil pública, para a proteção do patrimônio público e social, do meio ambiente e de outros interesses difusos e coletivos, tudo como vimos no Capítulo 9 deste livro.

Não podemos deixar de mencionar, igualmente, a função de promover a ação de inconstitucionalidade ou representação para fins de intervenção da União e dos Estados. Trata-se esta última da denominada *ação direta de inconstitucionalidade interventiva*, seja quando houver recusa ao cumprimento de lei federal, seja para defesa dos chamados princípios constitucionais sensíveis, conforme estudamos no Capítulo 5 desta mesma obra.

Citemos, ademais, a função de defender judicialmente os direitos e interesses das populações indígenas, bem como a de expedir notificações nos procedimentos administrativos de sua competência, requisitando informações e documentos para instruí-los, na forma da lei complementar respectiva. Não podemos deixar de citar, ainda, a função de exercer o controle externo da atividade policial e também de requisitar diligências investigatórias e a instauração de inquérito policial, indicados os fundamentos jurídicos de suas manifestações processuais.

A Constituição Federal também assevera, naquele mesmo artigo 129, que o Ministério Público poderá exercer outras funções que lhe forem conferidas (o que ressalta que referido rol é apenas exemplificativo, e não taxativo), desde que compatíveis com sua finalidade, sendo-lhe vedada a representação judicial e a consultoria jurídica de entidades públicas.

O Código de Processo Civil, por sua vez, confere ao Ministério Público, em seu artigo 178, a prerrogativa de ser sempre intimado para, no prazo de 30 (trinta) dias, intervir como *fiscal da ordem jurídica* nas hipóteses previstas em lei ou na Constituição Federal, bem como nos processos que envolvam: (a) interesse público ou social; (b) interesse de incapaz; ou (c) litígios coletivos pela posse de terra rural ou urbana. O parágrafo único daquele artigo, por sua vez, esclarece que a participação da Fazenda Pública não configura, por si só, hipótese de intervenção do Ministério Público.

Para atuar como fiscal da ordem jurídica, o mesmo Código de Processo Civil também garante ao membro do Ministério Público o direito a ter vista dos autos depois das partes, sendo intimado de todos os atos do processo, bem como de produzir provas, requerer as medidas processuais pertinentes e recorrer. Referido diploma legal também lhe garante, como já mencionado, o gozo de prazo em dobro para se manifestar nos autos (artigo 180), salvo se a lei estabelecer, de forma expressa, prazo próprio para o Ministério Público (artigo 180, § 2º).

11.51 CONSELHO NACIONAL DO MINISTÉRIO PÚBLICO

De maneira semelhante ao que fez em relação ao Poder Judiciário, a Emenda Constitucional 45/2004 também instituiu um órgão de controle externo do Ministério Público. É o Conselho Nacional do Ministério Público, previsto no artigo 130-A, composto por 14 (quatorze) membros, nomeados pelo presidente da República, depois de aprovada a escolha pela maioria absoluta do Senado Federal, para um mandato de 2 (dois) anos, admitida uma recondução.

Referido órgão, que tem por função *o controle da atuação administrativa e financeira do Ministério Público e do cumprimento dos deveres funcionais de seus membros*, será composto por 8 (oito) membros da própria carreira (inclusive o procurador-geral da República, que o presidirá), por 2 (dois) juízes, 2 (dois) advogados e 2 (dois) cidadãos. Nos termos do artigo 130-A, § 2º, da Constituição Federal, caberá ao Conselho Nacional do Ministério Público:

– Zelar pela autonomia funcional e administrativa do Ministério Público, podendo expedir atos regulamentares, no âmbito de sua competência, ou recomendar providências;

– Zelar pela observância do art. 37 e apreciar, de ofício ou mediante provocação, a legalidade dos atos administrativos praticados por membros ou órgãos do Ministério Público da União e dos Estados, podendo desconstituí-los, revê-los ou fixar prazo para que se adotem as providências necessárias ao exato cumprimento da lei, sem prejuízo da competência dos Tribunais de Contas;

– Receber e conhecer das reclamações contra membros ou órgãos do Ministério Público da União ou dos Estados, inclusive contra seus serviços auxiliares, sem prejuízo da competência disciplinar e correicional da instituição;

– Avocar processos disciplinares em curso, determinar a remoção, a disponibilidade ou a aposentadoria com subsídios ou proventos proporcionais ao tempo de serviço e aplicar outras sanções administrativas, assegurada ampla defesa;

– Rever, de ofício ou mediante provocação, os processos disciplinares de membros do Ministério Público da União ou dos Estados julgados há menos de 1 (um) ano; e

– Elaborar relatório anual, propondo as providências que julgar necessárias sobre a situação do Ministério Público no País e as atividades do Conselho, o qual deve integrar a mensagem prevista no artigo 84, inciso XI, da Constituição Federal.

11.52 ADVOCACIA PÚBLICA

Conforme explicitado na Seção II, do Capítulo da Constituição Federal que trata das chamadas "Funções Essenciais à Justiça", a Advocacia Pública é composta pela Advocacia-Geral da União e pelas Procuradorias dos Estados e do Distrito Federal. Nos termos do artigo 131 da Carta Magna, a Advocacia-Geral da União é a instituição que, diretamente ou através de órgão vinculado, representa a União, judicial e extrajudicialmente, cabendo-lhe, nos termos da lei complementar que dispuser sobre sua organização e funcionamento, as atividades de consultoria e assessoramento jurídico do Poder Executivo.

As Procuradorias dos Estados e do Distrito Federal, ao seu turno, tem previsão constitucional no artigo 132, da Lei Maior, o qual dispõe que os respectivos procuradores devem ser organizados em carreira, na qual o ingresso dependerá de concurso público de provas e títulos, com a participação da Ordem dos Advogados do Brasil em todas as suas fases, e que exercerão a representação judicial e a consultoria jurídica das respectivas unidades federadas.

Por estar no Título IV, de nossa Lei Magna, referente à chamada "separação dos poderes", e mais especificamente em seu Capítulo IV, referente às chamadas "funções essenciais à Justiça", parte expressiva da doutrina considera que a Advocacia Pública (que é Advocacia de Estado, e não de Governo) é dotada de especialização funcional e independência orgânica, de maneira semelhante à conferida ao Ministério Público.

Ponderam que, a despeito de a Carta Magna não ter caracterizado melhor as diversas funções institucionais da Advocacia Pública, e de também não ter explicitado adequadamente as garantias funcionais e orgânicas daqueles órgãos, como o fez em relação ao Ministério Público, uma interpretação lógico-sistemática do texto constitucional permite concluir que ambas as instituições devem gozar de prerrogativas semelhantes.

Com efeito, segundo essa parte da doutrina, o constituinte inseriu a chamada Advocacia Pública no mesmo Capítulo em que estão também disciplinados o Ministério Público, a Advocacia e a Defensoria Pública, todos estes denominados de "funções essenciais à Justiça". Como consequência disso, afirmam, e a meu ver com toda a razão, que a Advocacia de Estado está no mesmo patamar constitucional do Ministério Público.

Consideramos, portanto, que a Constituição Federal conferiu à Advocacia Pública, de maneira semelhante ao que o fez em relação ao Ministério Público, a relevante função de defesa da ordem jurídica e do Estado Democrático de Direito. E como consequência disso, a atuação de seus membros deve ser pautada pela independência, para que possa defender os interesses do Estado, e não os do governo, ou, pior ainda, de eventuais interesses menos republicanos do governante do momento.

Nos termos do artigo 135, da Constituição Federal,[61] os integrantes da denominada Advocacia Pública serão remunerados na forma do artigo 39, § 4º, do mesmo texto constitucional. Quer isso dizer, em outras palavras, que os membros da Advocacia-Geral da União e das Procuradorias dos Estados e do Distrito Federal[62] serão remunerados exclusivamente por *subsídio*, fixado em parcela única, vedado o acréscimo de qualquer gratificação, adicional, abono, prêmio, verba de representação ou outra espécie remuneratória.

Quer dizer, ademais, que deverão observar a regra constante do artigo 37, inciso XI, da Carta Magna, que fixa o teto remuneratório para os ocupantes de cargos, funções e empregados públicos na Administração Pública direta e indireta. Os advogados públicos, portanto, não poderão receber, em hipótese alguma, mais que os Ministros do Supremo Tribunal Federal, mesmo que acumulem o subsídio com proventos, pensões ou outras espécies remuneratórias.

Nos expressos termos do artigo 183, do Código de Processo Civil, a União, os Estados, o Distrito Federal, os Municípios e suas respectivas autarquias e fundações de direito público (e, por consequência, seus respectivos órgãos de Advocacias Públicas) gozarão de prazo em dobro para todas as suas manifestações processuais, cuja contagem terá início a partir da intimação pessoal, não se aplicando referido benefício da contagem em dobro apenas quando a lei estabelecer, de forma expressa, prazo próprio para a entidade pública (artigo 183, § 2º).

Ainda segundo o Código de Processo Civil (artigo 184), "o membro da Advocacia Pública será civil e regressivamente responsável quando agir com dolo ou fraude no exercício de suas funções". Ele não poderá responder regressivamente, portanto, quando tiver agido com simples culpa, devendo restar provado, de forma robusta e inequívoca, que agiu com dolo ou fraude no exercício de suas atribuições legais.

---

61. Constituição Federal, artigo 135: "Os servidores integrantes das carreiras disciplinadas nas Seções II e III deste Capítulo serão remunerados na forma do art. 39, § 4º."
62. Tal exigência não foi feita em relação aos Procuradores dos Municípios. Para estes, portanto, o pagamento na forma de subsídio é apenas uma faculdade, conforme previsão constante do artigo 39, § 8º, da Carta Magna.

11.53 ADVOCACIA-GERAL DA UNIÃO

Como mencionamos supra, a Advocacia-Geral da União, nos termos do artigo 131, da Lei Maior, é a instituição que, diretamente ou através de órgão vinculado, representa a União, judicial e extrajudicialmente, cabendo-lhe, nos termos da lei complementar que dispuser sobre sua organização e funcionamento, também as atividades de consultoria e assessoramento jurídico do Poder Executivo. A lei mencionada pelo dispositivo constitucional já foi editada: trata-se da Lei Complementar 73, de 10 de fevereiro de 1993, e conhecida como Lei Orgânica da Advocacia-Geral da União.

Da simples leitura do dispositivo constitucional supramencionado, podemos perceber que a Advocacia-Geral da União representa judicial e extrajudicialmente a pessoa política União, e não apenas o Poder Executivo.[63] Como consequência disso, a representação judicial e extrajudicial, quando necessária, será exercida para todos os órgãos e entidades vinculadas à União, inclusive órgãos do Poder Legislativo e do Poder Judiciário.

A *representação judicial* diz respeito à atuação da Advocacia-Geral da União no chamado *contencioso judicial*, seja propondo as ações em favor da União, seja defendendo-a nas demandas contra ela propostas. Quer isso dizer, em outras palavras, que são apenas os Advogados da União quem detêm capacidade postulatória no tocante à participação da União em juízo, sempre que esta atuar na condição de autora, ré ou mesmo de terceira interessada.

Entre as muitas ações judiciais que podem ser propostas pelos Advogados da União, podem ser citadas, a título de exemplo, as ações civis públicas relacionadas com as atividades-fim dos diversos órgãos da União. Como efeito, nos termos da atual redação do artigo 5º, da Lei 7.347, de 24 de julho de 1985, dentre os legitimados para propor aquela ação (e também eventual pedido de tutela provisória, seja de natureza cautelar, seja de natureza antecipatória), encontra-se a União. Em termos semelhantes, o artigo 82, da Lei 8.078, de 11 de setembro de 1990, também confere legitimidade à União, para a propositura de ação coletiva.

Dessa forma, tendo em vista que a representação judicial da União cabe à Advocacia-Geral da União, serão os advogados da União os responsáveis pela elaboração das ações civis públicas, no interesse daquela entidade, sempre que a propositura de tal ação constitucional se mostrar necessária para que a União possa cumprir, em sua plenitude, as missões que lhe foram confiadas pelo ordenamento jurídico, notadamente quando elas não possam se valer da autoexecutoriedade[64] que lhe é peculiar.

Outro exemplo de ação que pode ser proposta pelos membros da Advocacia-Geral da União, em favor da União, é o mandado de segurança. Referida ação constitucional deverá ser proposta sempre que alguma autoridade – federal, estadual, distrital ou mesmo municipal – praticar (ou simplesmente ameaçar praticar) algum ato ilegal ou abusivo contra União, como seria o caso, por exemplo, da cobrança de algum tributo manifestamente inconstitucional.[65]

---

63. Apenas as atividades de consultoria e assessoramento jurídico é que são exercidas exclusivamente para o Poder Executivo.
64. Em muitos casos, como se sabe, a Administração Pública pode exigir condutas ou abstenções dos administrados, ou mesmo impor sanções administrativas, sem necessidade de utilizar o Poder Judiciário para tal fim. Citemos, a título de exemplo, a lacração de equipamentos de telecomunicações, realizada por fiscais da Agência Nacional de Telecomunicações – ANATEL, quando se deparam com alguém operando uma rádio clandestina, inclusive colocando em risco vidas humanas, ao causar interferências nas comunicações aeronáuticas.
65. Também será cabível, e mesmo necessária, a impetração de mandado de segurança contra órgãos jurisdicionais, sempre que estes prolatarem decisões ilegais ou abusivas contra a União, e contra as quais não caibam recursos processuais.

Como mencionamos acima, a Advocacia-Geral da União também atua na defesa da União, nas ações judiciais contra ela eventualmente propostas. Assim, serão os procuradores da União os responsáveis pela elaboração das diversas espécies de respostas (contestações, exceções rituais e mesmo reconvenções), nas demandas propostas contra os diversos órgãos da União, além do ulterior acompanhamento da demanda, com a interposição dos recursos cabíveis, sempre que houver sucumbência para a entidade pública federal.

A representação extrajudicial, o próprio nome já o indica, diz respeito àqueles procedimentos que não tramitam perante o Poder Judiciário. Exemplo de atuação dos Advogados da União nesta área é a elaboração de defesas em eventuais processos administrativos instaurados por outros entes públicos, imputando condutas irregulares a algum órgão da União. Na mesma toada, a elaboração de contra notificações, para justificação de condutas praticadas pela União, em resposta a eventuais notificações extrajudiciais enviadas por administrados.

A *atividade de consultoria* refere-se à atuação dos Advogados da União na emissão de pareceres jurídicos, destinados à análise da adequação de atos da Administração Federal direta à lei e aos princípios que regem a Administração Pública. É neste diapasão, por exemplo, que todos os processos administrativos destinados às compras, alienações, obras e serviços do Poder Executivo, são *obrigatoriamente* submetidos ao parecer dos membros da Advocacia-Geral da União, antes da concretização da contratação.[66]

Já a atividade de assessoramento jurídico refere-se mais especificamente à orientação, prestada pelos membros da Advocacia da União, às condutas e decisões a serem tomadas pelas autoridades do Poder Executivo da União,[67] para cumprimento das missões institucionais dos respectivos órgãos que dirigem, inclusive para concretização das chamadas políticas públicas, em conformidade com a ordem jurídica em vigor.

O Chefe da Advocacia-Geral da União, conforme explicitado no § 1º do artigo 131 da Constituição Federal, é o advogado-geral da União, de livre nomeação (e também exoneração) pelo presidente da República, escolhido dentre cidadãos maiores de 35 (trinta e cinco) anos de idade, de notável saber jurídico e reputação ilibada.

Note que, a despeito de também ser uma das funções essenciais à Justiça, a Constituição Federal estranhamente não exigiu, como o fez em relação ao Chefe do Ministério Público da União, que o advogado-geral da União fosse nomeado apenas dentre integrantes da carreira, e após a aprovação de seu nome pela maioria absoluta dos membros do Senado Federal, para um mandato de 2 (dois) anos, permitida a recondução.

Segundo Alexandre de Moraes,[68] a necessidade da existência de uma relação de confiança entre o representado (presidente da República, como Chefe do Poder Executivo) e o representante (advogado-geral da União) justificaria a livre escolha deste último por aquele. Esse entendimento, aliás, é compartilhado por outros doutrinadores de escol, como é o caso, por exemplo, de Manoel Gonçalves Ferreira Filho.[69]

---

66. Lei 8.666/1993, artigo 38, parágrafo único: "As minutas de editais de licitação, bem como as dos contratos, acordos, convênios ou ajustes devem ser previamente examinadas e aprovadas por assessoria jurídica da Administração".
67. Segundo a doutrina predominante, o assessoramento jurídico está mais ligado ao governo transitório, enquanto a consultoria é mais ligada às funções do Estado, de caráter estável. É o que nos ensina, por exemplo, Rommel Macedo: "No primeiro, o advogado não possui qualquer responsabilidade sobre a decisão a ser tomada, tendo apenas a incumbência de orientar a instância decisória; já na segunda, o advogado emite pareceres, sobre os quais possui inequívoca responsabilidade". MACEDO, Rommel. *Advocacia-Geral da União na Constituição de 1988*. LTr, 2008, p. 46.
68. *Direito constitucional*. 24. ed. Atlas, 2010, p. 645.
69. *Comentários à Constituição Brasileira de 1988*, v. 3, p. 52.

Pedimos vênia, contudo, para discordar dessa posição. Com efeito, não podemos olvidar que foi a própria Carta Magna quem colocou a Advocacia Pública e o Ministério Público no mesmo patamar constitucional (segundo o texto constitucional, ambos são funções essenciais à justiça). Ademais, como vimos supra, a Advocacia-Geral da União representa judicial e extrajudicialmente a União, ou seja, todos os Poderes da República, e não apenas o Poder Executivo. E se assim é, não nos parece adequado que seu Chefe seja de livre nomeação e exoneração pelo Chefe do Poder Executivo.

Não podemos nos esquecer, ainda, que *a Advocacia Pública é uma advocacia de Estado (e não de governo)*, que apresenta como uma de suas relevantes funções justamente o controle da legalidade dos atos e contratos administrativos. Dessa forma, mostra-se imperioso que o Chefe da Advocacia-Geral da União (e de seus órgãos vinculados) seja escolhido dentre os membros da própria carreira, os únicos efetivamente compromissados com aquela missão institucional[70].

ADVOCACIA-GERAL DA UNIÃO

– A Advocacia-Geral da União é a instituição que, diretamente ou através de órgão vinculado, representa a União, judicial e extrajudicialmente, cabendo-lhe as atividades de consultoria e assessoramento jurídico do Poder Executivo.

– A representação judicial diz respeito à atuação da Advocacia-Geral da União no chamado *contencioso judicial*, seja propondo as ações em favor da União, seja defendendo-a nas demandas contra ela propostas.

– A representação extrajudicial diz respeito àqueles procedimentos que não tramitam perante o Poder Judiciário, como, por exemplo, na elaboração de defesas em eventuais processos administrativos instaurados por outros entes públicos, imputando condutas irregulares a algum órgão da União.

– A atividade de consultoria refere-se à atuação dos Advogados da União na emissão de pareceres jurídicos, destinados à análise da adequação de atos da Administração Federal direta à lei e aos princípios que regem a Administração Pública.

– A atividade de assessoramento jurídico refere-se mais especificamente à orientação às condutas e decisões a serem tomadas pelas autoridades da União, para cumprimento das missões institucionais dos respectivos órgãos que dirigem, inclusive para concretização das chamadas políticas públicas.

11.54 PROCURADORIA-GERAL DA FAZENDA NACIONAL

Conforme dispõe expressamente o artigo 131, § 3º, da Constituição Federal, "na execução da dívida ativa de natureza tributária, a representação da União cabe à Procuradoria-Geral da Fazenda Nacional, nos termos da lei". O diploma infraconstitucional ali mencionado já foi editado. Trata-se da Lei Orgânica da Advocacia-Geral da União (Lei Complementar 73/1993), que também disciplina a organização e o funcionamento deste órgão.

A Procuradoria-Geral da Fazenda Nacional é um dos denominados órgãos vinculados à Advocacia-Geral da União, conforme expressamente previsto no artigo 131, *caput*, de nossa Carta Magna, e que tem por específica missão, conforme determina o texto constitucional, promover a execução da dívida ativa de natureza tributária da União.

Dívida ativa da Fazenda Pública, vale esclarecer, refere-se a qualquer valor cuja cobrança seja atribuída à União, aos Estados, ao Distrito Federal, aos Municípios, e suas respectivas autarquias e fundações públicas. O artigo 2º, § 2º, da Lei 6.830, de 22 de setembro de 1980,

---

70. De todo modo, nunca é demais repetir, nos expressos termos do artigo 131, § 1º, da Constituição Federal, o advogado-geral da União é de livre nomeação pelo Presidente da República dentre cidadãos maiores de 35 (trinta e cinco) anos, de notável saber jurídico e reputação ilibada.

salienta que a dívida ativa da Fazenda Pública compreende a tributária e a não tributária, abrangendo a atualização monetária, os juros, a multa de mora e os demais encargos previstos em lei ou no contrato.

Já o artigo 2º, § 3º, da Lei 6.830/1980,[71] nos esclarece que a inscrição em dívida ativa será feita pelo órgão competente para apurar a liquidez e certeza do crédito. Assim, no caso específico de dívida ativa de natureza tributária da União, conforme determina expressamente a Constituição Federal, será a Procuradoria-Geral da Fazenda Nacional o órgão competente para a apuração da liquidez e certeza do crédito, sua inscrição em dívida ativa, e consequente cobrança judicial ou amigável.

A cobrança judicial, a toda evidência, refere-se à propositura de ação de execução. Após inscrever o crédito em dívida ativa, o procurador da Fazenda Nacional expedirá a respectiva certidão (título executivo extrajudicial), e a anexará à petição inicial por ele elaborada,[72] distribuindo a ação perante o juízo competente. Já a cobrança amigável, esta é feita antes da propositura da ação judicial, quando o procurador emite boleto, a pedido do devedor, para pagamento do valor do débito devidamente atualizado, e acrescido dos demais encargos legais.

PROCURADORIA-GERAL DA FAZENDA NACIONAL

– A Procuradoria-Geral da Fazenda Nacional é um dos denominados órgãos vinculados à Advocacia-Geral da União, e que tem por específica missão promover a execução da dívida ativa de natureza tributária da União.

– Cabe aos procuradores da Fazenda Nacional a competência para apurar a liquidez e certeza dos créditos de natureza tributária da União, inscrevê-los em dívida ativa, e, em seguida, para cobrá-los judicial ou amigavelmente.

– A cobrança judicial refere-se à propositura de ação de execução. Após inscrever o crédito em dívida ativa, o procurador expede a respectiva certidão (título executivo extrajudicial), e a anexa à petição inicial por ele elaborada, distribuindo a ação perante o juízo competente.

11.55 PROCURADORIAS DOS ESTADOS E DO DISTRITO FEDERAL

O artigo 132, de nossa Carta Magna, na redação que lhe conferiu a Emenda Constitucional 19/1998, dispõe expressamente que os procuradores dos Estados e do Distrito Federal, organizados em carreira, na qual o ingresso dependerá de concurso público de provas e títulos, com a participação da Ordem dos Advogados do Brasil (OAB) em todas as suas fases, exercerão a representação judicial e a consultoria jurídica das respectivas unidades federadas.

Da leitura daquele dispositivo constitucional, podemos perceber que os procuradores dos Estados e do Distrito Federal representam judicialmente as respectivas unidades federadas, e não apenas os respectivos Poderes Executivos. Referidos órgãos, portanto, são os responsáveis pelo patrocínio das demandas que envolvam todos os órgãos das respectivas pessoas políticas, inclusive do Poder Legislativo e do Poder Judiciário das mesmas.

Ademais, nos termos do artigo 132 da Lei Maior, as Procuradorias dos Estados e do Distrito Federal também são competentes para realizar as atividades de consultoria e assessoramento jurídico das pessoas políticas a que pertencem. Portanto, também em relação à atividade consultiva, a competência daqueles órgãos não se restringe ao Poder Executivo,

---

71. Lei 6.830/1980, artigo 2º, § 3º: "A inscrição, que se constitui no ato de controle administrativo da legalidade, será feita pelo órgão competente para apurar a liquidez e certeza do crédito e suspenderá a prescrição, para todos os efeitos de direito, por 180 dias, ou até a distribuição da execução fiscal, se esta ocorrer antes de findo aquele prazo".
72. Os requisitos genéricos da petição inicial estão no artigo 6º, da Lei 6.830/1980, a saber: o juiz a quem é dirigida; o pedido; e o requerimento para citação.

estendendo-se a todos os órgãos da unidade da Federação, inclusive do Poder Legislativo e do Poder Judiciário.

Dessa forma, no tocante ao controle da legalidade dos atos estatais, é fácil perceber que a Constituição Federal acabou conferindo maior poder às Procuradorias dos Estados e do Distrito Federal do que à própria Advocacia-Geral da União, uma vez que aquelas são responsáveis pela consultoria e assessoramento jurídico de todos os órgãos das respectivas pessoas políticas, ao passo que esta é competente para realizar tais atividades apenas para o Poder Executivo, tudo conforme dispõe o artigo 131, *caput*, da Carta Magna.

Mas não foi apenas nesse tema que a Constituição de 1988 conferiu maior prestígio à carreira dos procuradores dos Estados e do Distrito Federal, em detrimento da Advocacia-Geral da União. Com efeito, da leitura de seu artigo 132, podemos perceber que a Carta Magna não fez qualquer menção, como o fez em relação ao advogado-geral da União, no artigo 131, § 1º, à forma de nomeação dos chefes dos respectivos órgãos jurídicos daquelas pessoas políticas.

Como consequência disso, é perfeitamente possível, ao menos em tese, que as constituições dos Estados e a Lei Orgânica do Distrito Federal prevejam, de maneira semelhante ao que se dá em relação aos Chefes dos Ministérios Públicos, que os procuradores-gerais dos respectivos entes da federação sejam necessariamente nomeados dentre membros da própria carreira, podendo prever, inclusive, que não sejam exonerados sem o crivo do respectivo Poder Legislativo, como ocorre em relação ao advogado-geral da União.

Também é digno de nota que a Constituição Federal previu expressamente, naquele mesmo artigo 132, a necessária participação da Ordem dos Advogados do Brasil em todas as fases do concurso público para ingresso nas carreiras de procuradores dos Estados e do Distrito Federal, sendo certo que não existe regra similar, no texto constitucional, em relação à Advocacia-Geral da União e às carreiras a ela vinculadas.

Por fim, o parágrafo único do artigo 132 da Lei Maior assegurou, em caráter expresso, estabilidade aos procuradores dos Estados e do Distrito Federal após 3 (três) anos de efetivo exercício, mediante avaliação de desempenho perante os órgãos próprios, após relatório circunstanciado das corregedorias. Muito embora os membros da Advocacia-Geral da União também façam jus à estabilidade, a verdade é que referida regra não foi repetida em relação a estes, o que revela, no mínimo, falta de sistematicidade em relação à normatização constitucional da Advocacia Pública.

PROCURADORIAS DO ESTADO E DO DISTRITO FEDERAL

– Os procuradores dos Estados e do Distrito Federal representam judicialmente as respectivas unidades federadas. Em relação à atividade consultiva, a competência deles não se restringe ao Poder Executivo, estendendo-se a todos os órgãos da respectiva unidade da Federação.

– É possível, ao menos em tese, que as constituições dos Estados e a Lei Orgânica do Distrito Federal prevejam que os procuradores-gerais dos respectivos entes da federação sejam necessariamente nomeados dentre membros da própria carreira.

11.56 ADVOCACIA

A Constituição de 1988, inovando sobre o tema, elevou a advocacia à categoria de função essencial à justiça, ao lado do Ministério Público, da Advocacia Pública e também da Defensoria Pública. Como nos lembra Marcelo Novelino,[73] "o advogado desempenha um papel

---

73. *Direito constitucional*. 4. ed. Método, 2010, p. 735.

fundamental dentro do Estado constitucional democrático, exercendo uma função constitucionalmente privilegiada, na medida em que é indispensável à administração da justiça".

Atualmente, a advocacia encontra-se regulamentada pela Lei 8.906, de 4 de julho de 1994, conhecida como Estatuto da Advocacia e da Ordem dos Advogados do Brasil. A essencialidade da função, conforme previsto na Constituição Federal, é reforçada por aquele diploma legal, em seu artigo 6º, que prevê a inexistência de qualquer hierarquia ou subordinação entre advogados, magistrados e membros do Ministério Público, que devem tratar-se com consideração e respeito mútuos.[74]

Nos expressos termos do artigo 133, de nossa Lei Magna,[75] além de *indispensável* à administração da justiça, o advogado é *inviolável* por seus atos e manifestações no exercício da profissão, nos limites da lei. O dispositivo constitucional em comento explicita, portanto, 2 (dois) princípios constitucionais que regem o exercício da advocacia, a saber: princípio da indispensabilidade e princípio da inviolabilidade.

O *princípio da indispensabilidade* refere-se à impossibilidade de se dispensar a atuação do advogado, no âmbito do processo, tudo para que sejam respeitadas as garantias constitucionais do devido processo legal e da ampla defesa. Com efeito, como nos lembram Luiz Alberto David Araujo e Vidal Serrano Nunes Júnior,[76] a presença do advogado no processo funciona como autêntica garantia de que os direitos das partes estejam sob a adequada salvaguarda técnica, circunstância inerente ao devido processo legal.

Contudo, como toda norma constitucional, o princípio da indispensabilidade do advogado também não é absoluto, comportando mitigações por normas infraconstitucionais, sobretudo porque o próprio dispositivo constitucional (artigo 133) prevê expressamente, em sua parte final, a possibilidade de regulamentação do tema, por lei ordinária. É por esse motivo que se mostra perfeitamente possível, e em conformidade com o texto constitucional, a dispensa de advogado nos processos em trâmite perante o juizado especial federal,[77] o juizado especial cível,[78] a Justiça do Trabalho,[79] para a impetração do *habeas corpus*[80] e pedido de revisão criminal.[81]

O *princípio da inviolabilidade*, por sua vez, diz respeito à proteção conferida ao advogado, por seus atos e manifestações, em juízo ou fora dele, de maneira que possa atuar na defesa de seu cliente sem receio de sofrer qualquer ameaça ou coação, tanto pela parte contrária como também por autoridades que participem do feito. Referida norma constitucional, em

---

74. Lei 8.906/1994, artigo 6º: "Não há hierarquia nem subordinação entre advogados, magistrados e membros do Ministério Público, devendo todos tratar-se com consideração e respeito recíprocos".
75. Constituição Federal, artigo 133: "O advogado é indispensável à administração da justiça, sendo inviolável por seus atos e manifestações no exercício da profissão, nos limites da lei".
76. *Curso de direito constitucional*. 14. ed. Saraiva, 2010, p. 447.
77. Lei 10.259/2001, artigo 10: "Art. 10. As partes poderão designar, por escrito, representantes para a causa, advogado ou não".
78. Lei 9.099/1995, artigo 9º: "Nas causas de valor até vinte salários-mínimos, as partes comparecerão pessoalmente, podendo ser assistidas por advogado; nas de valor superior, a assistência é obrigatória". Entretanto, nas causas processadas perante o juizado especial criminal, a presença de advogado é indispensável, conforme já decidiu expressamente o Pretório Excelso, conforme ADI 3.168, Rel. Min. Joaquim Barbosa, *DJ* 3.8.2007.
79. Consolidação das Leis do Trabalho, artigo 791: "Os empregados e os empregadores poderão reclamar pessoalmente perante a Justiça do Trabalho e acompanhar as suas reclamações até o final".
80. Código de Processo Penal, artigo 694: "O *habeas corpus* poderá ser impetrado por qualquer pessoa, em seu favor ou de outrem, bem como pelo Ministério Público". Contudo, como vimos no Capítulo 9, a despeito de a impetração do *habeas corpus* independer da existência de capacidade postulatória, nunca é demais lembrar que o patrocínio de advogado se faz necessário, por exceção, quando o *impetrante* pretender sustentá-lo oralmente.
81. Código de Processo Penal, artigo 623: "A revisão poderá ser pedida pelo próprio réu ou por procurador legalmente habilitado ou, no caso de morte do réu, pelo cônjuge, ascendente, descendente ou irmão".

outras palavras, busca evitar que o advogado sofra constrangimentos ou arbitrariedades no exercício de sua relevante função.

É por esse motivo, por exemplo, que o advogado tem imunidade profissional, não constituindo injúria ou difamação[82] puníveis qualquer manifestação de sua parte, no exercício de sua atividade, em juízo ou fora dele, sem prejuízo de sanções disciplinares pelos excessos que cometer, perante a Ordem dos Advogados do Brasil, tudo conforme expressa garantia constante do artigo 7º, § 2º, da Lei 8.906/1994.

Por outro lado, referido princípio também não é absoluto, como reconhece o próprio artigo 133, de nossa Lei Maior, ao prever a possibilidade de sua regulamentação, por norma infraconstitucional. É por isso que a inviolabilidade do advogado deve restringir-se apenas aos atos e manifestações relacionados estritamente ao exercício da profissão, não compreendendo questões de ordem pessoal.

Na mesma toada, o Supremo Tribunal Federal considerou inconstitucional o termo *desacato*, constante do supramencionado artigo 7º, § 2º, do Estatuto da Advocacia e da Ordem dos Advogados do Brasil, sob o fundamento de que a previsão de imunidade no tocante ao desacato criaria situação de desigualdade entre o juiz e o advogado, retirando do primeiro a autoridade necessária à condução do processo. Sobre o tema, sugerimos a leitura do acórdão da Ação Direta de Inconstitucionalidade (ADI) 1.127/DF.

Vale mencionar, por fim, que o Estatuto da Ordem dos Advogados do Brasil condiciona o exercício da advocacia, aos bacharéis em direito, à aprovação no Exame de Ordem, conforme determinado pelo artigo 8º, inciso IV, daquele diploma legal. Tal exigência, a nosso entender, está em perfeita consonância com a norma constante do artigo 5º, inciso XIII, de nossa Carta Magna, que consagra a liberdade do exercício de qualquer trabalho, ofício ou profissão, desde que atendidas as qualificações profissionais que a lei estabelecer.

Esse, aliás, também foi o entendimento do Pretório Excelso, em decisão unânime, proferida em 26 de outubro de 2011, ao julgar o Recurso Extraordinário 603.583, que questionava a obrigatoriedade daquele exame. Naquela decisão, os Ministros da Corte Suprema reconheceram que a exigência estabelecida pela Lei 8.906/1994, de aprovação no Exame da Ordem dos Advogados do Brasil, como condição para o exercício da advocacia, não fere qualquer princípio ou regra constitucional.

ADVOCACIA

– Princípio da indispensabilidade da advocacia: refere-se à impossibilidade de se dispensar a atuação do advogado, no âmbito do processo, tudo para que sejam respeitadas as garantias constitucionais do devido processo legal e da ampla defesa.

– Princípio da inviolabilidade da advocacia: diz respeito à proteção conferida ao advogado, por seus atos e manifestações, em juízo ou fora dele, de maneira que possa atuar na defesa de seu cliente sem receio de sofrer qualquer ameaçada ou coação, tanto pela outra parte contrária como também por autoridades que participem do feito.

11.57 DEFENSORIA PÚBLICA

Nos termos do artigo 134, da Constituição Federal,[83] a Defensoria Pública é instituição permanente, essencial à função jurisdicional do Estado, incumbindo-lhe, como expressão

---

82. É imperioso notar que o dispositivo legal em comento não fez menção também à calúnia, razão pela qual a imunidade não abrange esta espécie de crime contra a honra.
83. Conforme nova redação que lhe conferiu a Emenda Constitucional 80, de 4 de junho de 2014.

e instrumento do regime democrático, fundamentalmente, a orientação jurídica, a promoção dos direitos humanos e a defesa judicial e extrajudicial, em todos os graus, dos direitos individuais e coletivos, de forma integral e gratuita, aos necessitados, na forma do artigo 5º, inciso LXXIV, da Lei Maior. Este último dispositivo constitucional, por sua vez, prevê que o Estado prestará assistência jurídica integral e gratuita aos que comprovarem insuficiência de recursos.

Trata-se a Defensoria Pública de uma das denominadas "procuraturas constitucionais", ao lado do Ministério Público, da Advocacia Pública e da Advocacia Privada. Ao Ministério Público cabe a defesa da ordem jurídica, do regime democrático e dos interesses sociais e individuais indisponíveis. A Advocacia Pública, por sua vez, é responsável pela representação judicial e extrajudicial das entidades públicas, além da atividade de consultoria e assessoramento jurídico dessas entidades. Já a Defensoria Pública, esta tem por missão institucional, conforme previsto em nossa Lei Maior, a defesa integral dos chamados necessitados.

Da leitura do supramencionado artigo 134, de nossa Carta Magna, percebe-se que os defensores públicos devem não só propor as ações individuais e coletivas em favor daqueles que comprovarem insuficiência de recursos (conforme artigo 5º, inciso LXXIV, da Constituição Federal) e defendê-los nas demandas contra eles propostas, como também prestar-lhes assessoramento jurídico, orientando-os acerca de questões jurídicas de seu interesse, além de atuar na promoção dos direitos humanos dos necessitados.

O § 1º do artigo 134, de nossa Carta Magna, renumerado pela Emenda Constitucional 45/2004, determina a edição de uma lei complementar para a organização da Defensoria Pública da União e do Distrito Federal e Territórios, a qual também prescreverá normas gerais para a organização das Defensorias Públicas dos Estados, inclusive com a garantia à inamovibilidade[84] e à vedação ao exercício da advocacia fora das atribuições institucionais.

O diploma legal mencionado naquele artigo 134, § 1º, já foi editado. Trata-se da Lei Complementar 80/1994, com as alterações fixadas pela Lei Complementar 98/1999. O artigo 134, § 2º, acrescentado ao texto constitucional pela Emenda 45/2004, assegura autonomia funcional e administrativa às Defensorias Públicas Estaduais, bem como a iniciativa para formular suas próprias propostas orçamentárias, garantias que foram posteriormente estendidas às Defensorias Públicas da União e do Distrito Federal,[85] pela Emenda Constitucional 74, de 6 de agosto de 2013.

De maneira semelhante ao que faz em relação ao Ministério Público, nossa Lei Magna passou a dispor,[86] em caráter expresso, que a Defensoria Pública tem por princípios institucionais a *unidade*, a *indivisibilidade* e a *independência funcional*. Por *unidade* devemos entender que os integrantes de uma mesma Defensoria Pública serão dirigidos pelo mesmo Chefe institucional. O princípio da *indivisibilidade*, por sua vez, significa que os membros se substituem uns aos outros, sem qualquer prejuízo dos atos realizados.

---

84. Estranhamente, esta salutar garantia não foi igualmente conferida, pela Constituição Federal, aos membros da Advocacia Pública Federal, Estadual e do Distrito Federal e Territórios, como forma de protegê-los contra eventuais arbitrariedades perpetradas por terceiros, inclusive agentes políticos, na atuação daqueles advogados públicos na defesa do interesse público primário.
85. Constituição Federal, artigo 134, § 3º: "Aplica-se o disposto no § 2º às Defensorias Públicas da União e do Distrito Federal".
86. Constituição Federal, artigo 134, § 4º: "São princípios institucionais da Defensoria Pública a unidade, a indivisibilidade e a independência funcional, aplicando-se também, no que couber, o disposto no art. 93 e no inciso II do art. 96 desta Constituição Federal" (incluído pela Emenda Constitucional 80, de 2014).

O princípio da *independência funcional* ressalta que os membros da Defensoria Pública da União, dos Estados e do Distrito Federal e Territórios não se subordinam a convicções jurídicas de outrem, podendo atuar da maneira que considerarem mais adequada, desde que fundamentada na lei e na Lei Maior, para conseguirem cumprir, plenamente, a nobre missão institucional que a Constituição Federal lhes atribuiu.

A Carta Magna também passou a dispor, no § 4º de seu artigo 134 (acrescentado ao texto constitucional pela Emenda Constitucional 80, de 2014), que devem ser aplicadas às diversas Defensorias Públicas, no que couber, as normas do artigo 93 e do inciso II do artigo 96, de nossa Carta Magna, destinadas especificamente ao Poder Judiciário. Referidas normas, que tratam basicamente das regras de ingresso, promoção, remoção, permuta e aposentadoria de magistrados, e de organização da carreira e de criação e extinção de cargos auxiliares, devem agora também ser aplicadas, tanto quanto possível, aos Defensores Públicos.

Conforme determina o novo artigo 98, do Ato das Disposições Constitucionais Transitórias (ADCT),[87] o número de defensores públicos, em cada unidade jurisdicional, deverá ser proporcional à população do local e à efetiva demanda pelo serviço da Defensoria, tendo sido estabelecido um prazo de 8 (oito) anos para que a União, os Estados e o Distrito Federal cumpram aquela norma (§ 1º), sendo que a lotação dos defensores públicos deverá ocorrer, prioritariamente, para atender as regiões com maiores índices de exclusão social e adensamento populacional (§ 2º).

DEFENSORIA PÚBLICA

– A Defensoria Pública é instituição permanente, essencial à função jurisdicional do Estado, incumbindo-lhe, como expressão e instrumento do regime democrático, fundamentalmente, a orientação jurídica, a promoção dos direitos humanos e a defesa judicial e extrajudicial, em todos os graus, dos direitos individuais e coletivos, de forma integral e gratuita, aos necessitados.

– Os defensores públicos devem, portanto, não só propor as ações individuais e coletivas em favor daqueles que comprovarem insuficiência de recursos e defendê-los nas demandas contra eles propostas, como também prestar-lhes assessoramento jurídico, orientando-os acerca de questões jurídicas de seu interesse, além de atuar na promoção dos direitos humanos dos necessitados.

---

87. Acrescentado pelo artigo 2º, da Emenda Constitucional 80/2014.

12
PROCESSO LEGISLATIVO

12.1 CONCEITO DE PROCESSO LEGISLATIVO

A Constituição de 1988, ao tratar do Poder Legislativo, também disciplina o denominado processo legislativo. Este último, conforme lição de Uadi Lammêgo Bulos,[1] é definido como "o conjunto de atos preordenados que permitem a feitura, a mudança e a substituição de espécies normativas". Pedro Lenza,[2] por sua vez, o define como o conjunto de "regras procedimentais, constitucionalmente previstas, para a elaboração das espécies normativas, regras estas a serem criteriosamente observadas pelos 'atores' envolvidos no processo".

O processo legislativo, portanto, refere-se *ao conjunto de atos preordenados e sucessivos destinados à formulação das diversas espécies normativas*. A Carta Magna de 1988, por exemplo, em seu artigo 59, traz um extenso elenco de espécies normativas que podem ser criadas por meio do processo legislativo.[3] Ademais, em alguns outros dispositivos, nossa Lei Maior trata do processo legislativo relativo à elaboração das denominadas leis financeiras (lei plurianual, lei de diretrizes orçamentárias, lei orçamentária anual e lei de abertura de créditos adicionais) e também dos tratados e convenções internacionais.

Apenas a título de informação, em cumprimento ao que determina o parágrafo único do artigo 59, da Constituição Federal,[4] o Congresso Nacional editou a Lei Complementar 95, de 26 de fevereiro de 1998, que dispõe sobre a elaboração, a redação, a alteração e a consolidação das leis, além de estabelecer normas para a consolidação de outros atos normativos nela disciplinados. O Poder Executivo, por sua vez, editou o Decreto 4.176/2002, para regulamentar referida lei complementar.

É importante ressaltar, por outro lado, que o processo legislativo não se refere somente à edição das normas previstas na Constituição Federal. Com efeito, as diversas constituições dos Estados-membros, bem como a Lei Orgânica do Distrito Federal e as leis orgânicas dos Municípios brasileiros também contêm normas disciplinando o processo legislativo, para a elaboração das respectivas leis editadas por aqueles entes da Federação.

Contudo, também é imperioso ressaltar, nesta oportunidade, que as normas relativas ao processo legislativo, contidas naquelas constituições estaduais e leis orgânicas do Distrito Federal e Municípios, e destinadas à elaboração das normas de competência de cada uma daquelas pessoas políticas, deverão observar, sempre que possível, as normas gerais fixadas

---

1. *Curso de direito constitucional*. 5. ed. Saraiva, 2010, p. 1137.
2. *Direito constitucional esquematizado*. 14. ed. Saraiva, 2010, p. 440.
3. São elas: emendas à Constituição, leis complementares, leis ordinárias, leis delegadas, medidas provisórias, decretos legislativos e resoluções.
4. Constituição Federal, artigo 59, parágrafo único: "Lei complementar disporá sobre a elaboração, redação, alteração e consolidação das leis".

pela Constituição Federal, tudo por força do denominado *princípio da simetria*, também conhecido por *princípio do paralelismo*.

Com efeito, como já vimos no Capítulo 2, o princípio da simetria é aquele que exige que os Estados, o Distrito Federal e os Municípios adotem, tanto quanto possível, em suas respectivas constituições e leis orgânicas, os princípios fundamentais e as regras de organização estatal (inclusive as relativas à separação funcional do poder) existentes na Constituição Federal.

Como consequência disso, naquilo que for possível, os diversos entes da Federação deverão adotar regras semelhantes (simétricas, portanto) às existentes na Lei Maior, relativas ao poder de iniciativa de leis no processo legislativo. É por essa razão, por exemplo, que a iniciativa de leis, no âmbito estadual, distrital e municipal, para aumentos dos respectivos servidores públicos, deverá ser de competência do chefe do Poder Executivo, de maneira semelhante ao que se dá na Constituição Federal (artigo 61, § 1º, II, *a*). Sobre o tema, sugerimos a leitura da Ação Direta de Inconstitucionalidade 882/RS, Pleno, Relator Ministro Sepúlveda Pertence, *in RTJ* 150/482.

Os Estados, o Distrito Federal e os Municípios, por outro lado, não poderão observar as regras fixadas pela Constituição Federal, em seu artigo 65 e parágrafo único, relativas à competência revisional dos projetos de lei ordinária, justamente porque, nessa hipótese, referida simetria não se mostra possível. Com efeito, os Poderes Legislativos daqueles entes da Federação são *unicamerais* (compostos por uma única Casa Legislativa), ao contrário do Federal, que é *bicameral* (formado pela Câmara dos Deputados e pelo Senado Federal).

12.2 PRINCIPAIS FINALIDADES DO PROCESSO LEGISLATIVO

O processo legislativo refere-se, como vimos na seção anterior, ao conjunto de atos destinados à formulação das diversas espécies normativas. Cabe, então, uma indagação: qual a finalidade de a Carta Magna prever um sem-número de normas para fixar os diferentes ritos que deverão ser adotados, na elaboração das diversas espécies normativas? São 2 (duas) as principais finalidades: garantir a observância do princípio da separação e harmonia dos poderes, bem como permitir um controle mais efetivo da constitucionalidade das normas editadas pelo Estado.[5]

Com efeito, como já vimos ao estudar os denominados princípios fundamentais da Constituição Federal (Capítulo 4), o princípio da separação de poderes contém duas características fundamentais: a *especialização funcional*, que confere a cada órgão uma função estatal típica; e a *independência orgânica*, que permite a cada um daqueles órgãos exercer sua função especializada de forma independente, sem qualquer subordinação aos demais.

Naquela oportunidade, contudo, também ressaltamos que, tanto a especialização funcional, quanto a independência orgânica, não podem ser encaradas como absolutas, uma vez que referidos poderes também devem ser *harmônicos entre si*, o que significa que cada um deles deve poder praticar atos típicos dos outros poderes e também exercer algum controle sobre os demais, um mecanismo conhecido como *sistema de freios e contrapesos*, também denominado *checks e balances*.

---

5. Essa segunda finalidade de fixação do processo legislativo, vale mencionar, é expressamente ressaltada por Pedro Lenza, como se pode verificar do trecho a seguir transcrito: "A importância fundamental de estudarmos o processo legislativo de formação das espécies normativas é sabermos o correto trâmite a ser observado, sob pena de ser inconstitucional a futura espécie normativa". *Op. cit.*, p. 440.

E é justamente em observância à separação e harmonia dos poderes que a Constituição Federal previu, também na seara do processo de elaboração das leis, não só a possibilidade de um poder realizar atos típicos de outro, como também exercer algum controle nas funções típicas do outro poder. Vejamos, em seguida, alguns poucos exemplos, para tentar aclarar essa afirmação.

As medidas provisórias são atos normativos com força de lei, editados pelo presidente da República. Vê-se, portanto, que a própria Lei Maior atribuiu ao Chefe do Poder Executivo a competência para editar um ato normativo, ou seja, para praticar uma função típica do Poder Legislativo. Contudo, o mesmo texto constitucional também conferiu ao Parlamento a competência para exercer controle sobre as medidas provisórias, podendo inclusive rejeitá-las. Ademais, também será possível ao Poder Judiciário exercer o controle de constitucionalidade de tais diplomas normativos.

Outro exemplo, nós o temos nas chamadas leis delegadas, em que o Poder Legislativo delega sua função típica de legislar ao Poder Executivo.[6] Contudo, a Constituição Federal também prevê a possibilidade de o Congresso Nacional exigir que o texto seja submetido ao seu controle, inclusive para verificar se o Executivo não exorbitou os limites de delegação legislativa.[7] O Poder Judiciário, naturalmente, poderá ser sempre chamado para analisar a constitucionalidade do ato normativo editado.

Mencionemos, ademais, que as normas do processo legislativo, contidas na Constituição Federal, permitem a participação de todos os três Poderes, na elaboração das espécies normativas ali previstas. Basta lembrarmos, por exemplo, que o poder de iniciativa é conferido não só aos membros e Comissões do Poder Legislativo, como também ao presidente da República e até mesmo aos Tribunais Superiores e ao Supremo Tribunal Federal.

Nesse sentido, aliás, Alexandre de Moraes[8] nos lembra que "a primazia do processo legiferante foi constitucionalmente concedida ao Poder Legislativo, que, porém, não detém o monopólio da função normativa, em virtude da existência de outras fontes normativas primárias, tanto no Executivo (medidas provisórias, decretos autônomos), quanto no Judiciário (regimento interno dos Tribunais e poder normativo primário do Conselho Nacional de Justiça)".

Lembremos, por fim, que, em boa parte das espécies normativas relacionadas no artigo 59, da Carta Magna, o Poder Executivo participa efetivamente da chamada fase constitutiva de elaboração das leis, seja por meio de sanção aos projetos de lei com os quais concorda, seja através do veto àqueles outros que considera inconstitucionais (veto jurídico) ou contrários ao interesse público (veto político), como também participa da fase complementar, através da promulgação e publicação da espécie normativa.

Como se vê, os exemplos que demonstram a observância do princípio da separação e harmonia dos poderes, no processo de elaboração das diversas espécies normativas previstas na Constituição Federal, são inúmeros. No transcorrer deste Capítulo, o prezado leitor seguramente observará outros casos em que isso ocorre. Vejamos, em seguida, a segunda finalidade para o estabelecimento das normas relativas ao processo legislativo: o controle mais efetivo da constitucionalidade das normas editadas pelo poder público.

---

6. Constituição Federal, artigo 68: "As leis delegadas serão elaboradas pelo Presidente da República, que deverá solicitar a delegação ao Congresso Nacional".
7. Constituição Federal, artigo 68, § 3º: "Se a resolução determinar a apreciação do projeto pelo Congresso Nacional, este a fará em votação única, vedada qualquer emenda".
8. *Direito constitucional*. 26. ed. Atlas, 2010, p. 650.

Como já estudamos anteriormente (Capítulo 5), o Estado deve realizar um controle não só do conteúdo das leis e demais atos normativos editados pelo poder público, para verificar se eles não contrariaram a essência dos comandos constitucionais, mas também se houve a observância das normas constitucionais relativas ao processo legislativo, ou seja, das regras procedimentais, fixadas pela Carta Magna, para a edição das diversas espécies normativas.

No primeiro caso, quando temos uma incompatibilidade do conteúdo (da matéria) de uma lei ou ato normativo editado pelo Estado com os preceitos constitucionais, temos a chamada inconstitucionalidade material. No segundo, quando há um desrespeito às regras fixadas pela Constituição Federal relativas ao procedimento para elaboração de leis e atos normativos editados pelo Estado, temos a denominada *inconstitucionalidade formal*.

Dessa forma, todas as espécies normativas fixadas pela Constituição Federal, como também as normas previstas pelas diversas constituições dos Estados-membros, pela Lei Orgânica do Distrito Federal e também pelas diversas leis orgânicas dos Municípios, deverão observar as normas referentes ao processo legislativo, fixadas nas respectivas constituições ou leis orgânicas, sob pena de serem formalmente inconstitucionais.

Dito em outros termos, ao estabelecer um conjunto de normas estabelecendo o chamado processo legislativo, não só a Constituição Federal, como também as constituições dos Estados-membros e as leis orgânicas do Distrito Federal e dos Municípios, permitem que as normas editadas por aquelas pessoas políticas possam ser submetidas a um controle de constitucionalidade mais efetivo, por exigir que elas sigam um rito específico de edição, nelas mesmo estabelecido.

É nessa toada, por exemplo, que a inobservância das normas procedimentais estabelecidas pela Constituição Federal, para a edição das normas infraconstitucionais ali relacionadas, permite que elas sejam submetidas a controle de constitucionalidade judicial do tipo repressivo (após a edição da lei ou ato normativo editado pelo Estado), tanto na via concentrada como na via difusa. Permite, igualmente, que o Poder Judiciário seja chamado a realizar controle preventivo de constitucionalidade, por provocação de algum parlamentar, via mandado de segurança, para que lhe seja assegurada a participação em um processo legislativo que respeite as normas constitucionais. Sobre o tema, vide Capítulo 5 deste trabalho.

Da mesma forma, será possível ao presidente da República realizar o controle político preventivo, por meio do *veto jurídico* (artigo 66, § 1º, da Carta Magna), quando entender que algum dispositivo da lei ou ato normativo aprovado pelo Parlamento é inconstitucional, por desrespeitar normas procedimentais do processo legislativo fixado pela Carta Magna (vide Capítulo 5). Isso ale também para o Poder Legislativo, que também poderá efetuar controle político preventivo de constitucionalidade, tanto por meio de suas Comissões, como do próprio plenário das 2 (duas) Casas do Congresso Nacional.

PRINCIPAIS FINALIDADES DO PROCESSO LEGISLATIVO

– São 2 (duas) as finalidades: garantir a observância do princípio da separação e harmonia dos poderes, bem como permitir um controle mais efetivo da constitucionalidade das normas editadas pelo Estado.

– Em observância à separação e harmonia dos poderes, a Constituição Federal previu, na seara do processo de elaboração das leis, não só a possibilidade de um poder realizar atos típicos de outro, como também exercer algum controle nas funções típicas do outro poder.

– Todas as espécies normativas fixadas não só pela Lei Maior, como também pelas constituições dos Estados-membros, pela Lei Orgânica do Distrito Federal e também pelas leis orgânicas dos Municípios, deverão observar as normas referentes ao processo legislativo, fixadas nas respectivas constituições ou leis orgânicas, sob pena de serem formalmente inconstitucionais.

12.3 ANÁLISE SOBRE A EXISTÊNCIA DE HIERARQUIA ENTRE AS ESPÉCIES NORMATIVAS PREVISTAS NA CONSTITUIÇÃO FEDERAL

No Capítulo 1 deste livro, vimos que Hans Kelsen nos trouxe a ideia da existência de um escalonamento de normas, de uma verdadeira hierarquia entre as normas que compõem a ordem jurídica de um Estado, na qual as normas de hierarquia inferior extraem seu fundamento de validade das normas superiores, até chegarmos às normas da constituição, que se encontram no ápice da pirâmide normativa estatal, e que são o fundamento de validade de todas as demais normas.

No Capítulo 2, por sua vez, vimos que as emendas à Constituição são editadas pelo poder constituinte derivado reformador, também denominado *poder de emenda*, ou, ainda, *poder de revisão*, e têm por objetivo alterar o texto constitucional. São verdadeiras normas constitucionais, estando, portanto, *em grau hierárquico inequivocamente superior às demais espécies normativas previstas na Carta Magna*, estas últimas simples normas infraconstitucionais.

Contudo, no tocante aos demais tipos de normas relacionados na Constituição de 1988 e submetidos ao processo legislativo fixado pelo texto constitucional (leis complementares, leis ordinárias, leis delegadas, medidas provisórias, decretos legislativos, resoluções e leis orçamentárias), a verdade é que *não existe qualquer relação hierárquica entre elas, uma vez que todas elas são normas primárias, dotadas de autonomia.*

Com efeito, como já vimos anteriormente, a *autonomia* refere-se à ausência de subordinação da espécie normativa a qualquer outra lei ou diploma normativo, mas apenas à própria Lei Maior. As normas autônomas, também denominadas de normas *primárias*, são as que, em síntese, sem estarem sujeitas a qualquer outra norma infraconstitucional, podem inovar a ordem jurídica, desde que amparadas na carta magna, ou seja, desde que editadas em consonância com os princípios e regras estabelecidos pela Constituição Federal.

Assim, devemos insistir, todas as espécies normativas relacionadas no artigo 59, de nossa Carta Magna (com exceção das emendas à Constituição) e também no artigo 165, de nossa Lei Maior (leis orçamentárias), por se tratarem de normas primárias, estão no mesmo nível hierárquico. Essa realidade, aliás, também vale para as normas estaduais, distritais e municipais, que não estão subordinadas a qualquer norma infraconstitucional federal, já que também têm amparo na Constituição Federal, que especifica o âmbito de incidência de cada uma delas.

A única divergência doutrinária, em relação à existência ou não de hierarquia entre as diversas espécies normativas relacionadas no artigo 59, da Constituição da República, dá-se em relação à lei complementar e à lei ordinária. É que alguns constitucionalistas defendem que a lei complementar seria um terceiro gênero, entre as normas constitucionais e a lei ordinária, o que a colocaria em nível hierárquico superior a esta última, notadamente porque não poderia ser revogada por qualquer lei ordinária superveniente.

Na lição de Alexandre de Moraes,[9] a razão de ser da lei complementar estaria no fato de que o constituinte considerou que determinadas matérias não deveriam estar regulamentadas no próprio texto constitucional, apesar da evidente importância de seu tema, sob pena de engessamento de futuras alterações, ressaltando, contudo, que não poderiam também ficar submetidas a constantes alterações, por meio da edição de lei ordinária. Em conclusão, afirma que "o legislador constituinte pretendeu resguardar determinadas matérias de caráter

---

9. *Op. cit.*, p. 676.

constitucional contra alterações volúveis e constantes, sem, porém, lhes exigir a rigidez que impedisse a modificação de seu tratamento, assim que necessário".

Assim, em apertada síntese, segundo referidos autores, a lei complementar estaria em patamar hierárquico superior à lei ordinária por vontade do próprio constituinte, que previu a necessidade de sua aprovação por meio de quórum qualificado (maioria absoluta, ao contrário da maioria simples exigida para a lei ordinária), e para a regulamentação de pouquíssimas matérias, cuja importância do tema não se recomenda posterior alteração por meio da edição de simples lei ordinária. Defendem esse posicionamento, por exemplo, Manoel Gonçalves Ferreira Filho[10] e o já citado Alexandre de Moraes.

Os que defendem a ausência de hierarquia entre essas duas modalidades de diplomas legais, rol no qual se inclui o autor deste livro, o fazem com fundamento no fato de que tanto a lei complementar como a lei ordinária são normas autônomas, que extraem seu fundamento de validade diretamente da Constituição Federal, sendo certo, ademais, que a Carta Magna também estabelece o âmbito de incidência de uma e de outra, o que evitaria a edição das duas espécies normativas para tratar do mesmo assunto, e o consequente aparecimento do fenômeno da antinomia (conflito de normas).

A ausência de hierarquia entre a lei complementar e a lei ordinária é defendida, por exemplo, por Pedro Lenza,[11] que nos lembra que cada espécie normativa atuará dentro de sua parcela de competência. Para demonstrar a pertinência desse entendimento, referido autor nos lembra que, se for editada uma lei ordinária disciplinando matéria reservada à lei complementar, haverá uma inequívoca invasão de competência, caracterizadora de inconstitucionalidade por vício formal.

Ainda sobre o tema, não podemos deixar de informar ao estimado leitor que o próprio Supremo Tribunal Federal, em mais de uma oportunidade, no julgamento de casos concretos que lhe foram submetidos, já se manifestou expressamente *pela não existência de qualquer hierarquia entre lei complementar e lei ordinária*. Para maiores detalhes, vide Recurso Extraordinário 377.457/PR, Pleno, Relator Ministro Gilmar Mendes, j. 17.09.2008, DJE 19.12.2008 e Recurso Extraordinário 419.629/DF, Pleno, Relator Ministro Sepúlveda Pertence, j. 23.05.2003, DJ 30.06.2006.

Por nos incluirmos entre aqueles que defendem a inexistência de qualquer hierarquia entre a lei complementar e a lei ordinária, consideramos que só há que se falar em subordinação hierárquica no tocante às denominadas *normas secundárias*, previstas na Constituição Federal. Normas secundárias são aquelas subordinadas a outras normas infraconstitucionais, e que têm por objetivo justamente regulamentar, dar efetividade aos preceitos disciplinados por estas. Em termos sintéticos, nada mais são do que normas infralegais.

Como exemplo de norma secundária, subordinada a uma norma infraconstitucional, podemos citar os chamados decretos de execução, editados pelo Chefe do Poder Executivo (presidente da República, governador de Estado, governador do Distrito Federal ou prefeito) justamente em cumprimento a normas infraconstitucionais, para dar-lhes adequada aplicabilidade, através da especificação das situações por elas genericamente previstas.

---

10. *Op. cit.*, 13-214.
11. *Op. cit.*, p. 465.

ANÁLISE SOBRE A EXISTÊNCIA DE HIERARQUIA ENTRE AS ESPÉCIES NORMATIVAS PREVISTAS NA CONSTITUIÇÃO FEDERAL

– As emendas constitucionais, editadas pelo poder constituinte derivado reformador, são verdadeiras normas constitucionais, estando, portanto, em grau hierárquico inequivocamente superior às demais espécies normativas previstas na Carta Magna.

– Contudo, no tocante às demais espécies normativas relacionadas na Constituição Federal, e submetidas ao processo legislativo, não há qualquer relação hierárquica entre elas, uma vez que todas elas são normas primárias, dotadas de autonomia.

– Essa realidade, aliás, também vale para as normas estaduais, distritais e municipais, que não estão subordinadas a qualquer norma infraconstitucional federal, já que também têm amparo na Constituição Federal.

– A única divergência doutrinária, em relação à existência ou não de hierarquia entre as diversas espécies normativas relacionadas na Constituição Federal, dá-se em relação à lei complementar e à lei ordinária, já que alguns consideram aquela hierarquicamente superior a esta, e outros não.

– Os que defendem a existência de hierarquia entre lei complementar e lei ordinária afirmam que a superioridade hierárquica da lei complementar dá-se por vontade do próprio constituinte, que previu a necessidade de sua aprovação através de quórum qualificado, e para a regulamentação de matérias cuja importância não fosse aconselhada posterior alteração por simples rito ordinário.

– Os que defendem a ausência de hierarquia entre essas duas modalidades de diplomas legais o fazem com fundamento no fato de que tanto a lei complementar como a lei ordinária são normas autônomas, que extraem seu fundamento de validade diretamente da Lei Maior, sendo certo, ademais, que a Carta Magna também estabelece o âmbito de incidência de uma e de outra.

12.4 PROCESSO LEGISLATIVO E SEUS DIFERENTES RITOS OU PROCEDIMENTOS

Particularmente no tocante à Constituição Federal, as normas relativas ao processo legislativo, destinadas à elaboração das diversas espécies normativas ali previstas (emendas à Constituição, leis complementares, leis ordinárias, leis delegadas, medidas provisórias, decretos legislativos e resoluções), estão consignadas nos artigos 59 a 68, da Lei Maior. Já nos artigos 165 e seguintes, do texto constitucional, estão as regras relativas à edição das denominadas leis orçamentárias (lei plurianual, lei de diretrizes orçamentárias e lei orçamentária anual).

Da simples leitura daqueles dispositivos constitucionais, podemos perceber, sem qualquer dificuldade, que as diferentes espécies normativas seguem ritos distintos, no processo destinado à sua elaboração. E os ritos estabelecidos pela Carta Magna, para a elaboração das diversas normas neles relacionadas, podem ser divididos, para fins didáticos, em 3 (três) espécies distintas.

De fato, há ali um procedimento denominado de *comum ou ordinário*, destinado às leis ordinárias e leis complementares; há também um rito que podemos chamar de *sumário*, para os projetos de lei a que o presidente da República pede que tramitem em regime de urgência;[12] e, por fim, um rito *especial*, destinado às normas restantes.[13]

---

12. Na realidade, a Constituição Federal também prevê um rito mais simplificado (sumário, portanto), para a apreciação de atos de outorga ou renovação de concessão, permissão ou autorização para serviços de radiodifusão sonora ou de sons e imagens (artigo 223, § 1º, da Constituição Federal).

13. Nesses termos, por exemplo, é a lição de José Afonso da Silva: "*procedimento legislativo* é o modo pelo qual os atos do processo legislativo se realizam. Diz respeito ao andamento da matéria nas Casas legislativas. É o que na prática se chama *tramitação do projeto*. No sistema brasileiro, podemos distinguir (1) *procedimento legislativo ordinário*; (2) *procedimento legislativo sumário*; e (3) *procedimentos legislativos especiais*. Curso de direito constitucional positivo. 33. ed. Malheiros, 2010, p. 529-530.

O procedimento legislativo comum, destinado às denominadas leis ordinárias e às leis complementares, é composto por 3 (três) fases distintas, e bem demarcadas. A primeira, denominada *fase introdutória*, diz respeito ao ato que desencadeia o processo legislativo. A segunda é a chamada *fase constitutiva*, e que se refere não só à deliberação parlamentar, como também à deliberação executiva do projeto de lei. A terceira fase, por fim, chama-se *fase complementar*, e se destina à promulgação e publicação da lei.

O rito ou procedimento legislativo sumário assemelha-se muito com o procedimento legislativo comum ou ordinário, em todas as suas fases. Como veremos melhor oportunamente, as únicas diferenças em relação ao rito comum é que se destina a projetos de lei cuja iniciativa tenha sido do presidente da República, quando este expressamente tenha pleiteado que corram em regime de urgência, e que os prazos são consideravelmente mais curtos, na fase da deliberação parlamentar.

Por fim, o rito ou procedimento legislativo especial, e que se destina às demais espécies normativas previstas na Constituição Federal (emendas à Constituição, leis delegadas, medidas provisórias, decretos legislativos, resoluções, leis orçamentárias e tratados e convenções internacionais), é assim denominado por apresentar especificidades em relação ao procedimento comum, destinado às leis complementares e às leis ordinárias. É o caso, por exemplo, das emendas constitucionais, para as quais o legislador constituinte previu um rito mais difícil para o exame e aprovação do projeto.

Feitos esses breves esclarecimentos sobre os diversos ritos ou procedimentos legislativos, passaremos a estudar, em seguida, as diversas espécies normativas relacionadas na Constituição Federal, e os ritos específicos previstos pelo texto constitucional, para cada uma delas. Iniciaremos nossos estudos pelo chamado rito comum, destinado, como vimos, às leis ordinárias e complementares.

PROCESSO LEGISLATIVO E SEUS DIFERENTES RITOS OU PROCEDIMENTOS

— Para fins didáticos, os ritos estabelecidos pela Constituição Federal, para a elaboração das diversas normas neles relacionadas, podem ser divididos em 3 (três) espécies distintas: *rito comum ou ordinário*, destinado às leis complementares e ordinárias; *rito sumário*, para os projetos de lei a que o presidente da República pede que tramitem em regime de urgência; e *rito especial*, destinado às normas restantes.

12.5 PROCEDIMENTO LEGISLATIVO COMUM E AS LEIS ORDINÁRIAS E COMPLEMENTARES

Como vimos na seção anterior, o procedimento legislativo comum é o *destinado tanto às leis ordinárias como às leis complementares*. A qualificação de *ordinária*, utilizada pelo texto constitucional, deve ser compreendida como a antítese do que é *extraordinário*, ou seja, incomum, fora do habitual. Lei ordinária, portanto, é a espécie normativa *comum, normal*, que deve (ou deveria) ser produzida em maior escala pelo Poder Legislativo.

Como nos lembra Pedro Lenza,[14] o campo material de incidência da lei ordinária é *residual*. Quer isso dizer, em outras palavras, que será hipótese de edição de lei ordinária quando a Constituição Federal não estabelecer, de maneira expressa, que a matéria deva ser disciplinada por emenda constitucional, lei complementar, decreto legislativo, resolução ou alguma das espécies de leis financeiras (lei plurianual, lei de diretrizes orçamentárias e lei orçamentária anual).

---

14. *Op. cit.*, p. 472.

Já as leis complementares, por vontade do próprio legislador constituinte, destinam-se à regulamentação de pouquíssimas matérias, *expressamente* relacionadas na Carta Magna. Portanto, ao contrário do que se dá em relação às leis ordinárias, as hipóteses de edição de lei complementar, fixadas pela Constituição Federal, são *taxativas*. Dito em outras palavras, as matérias que são objeto de regulamentação por lei complementar são *numerus clausus*.

No tocante ao rito, o único traço que distingue as leis complementares das leis ordinárias é que aquelas devem ser aprovadas por *maioria absoluta*,[15] ao passo que a aprovação das leis ordinárias dá-se por *maioria simples*.[16] Em tudo o mais, a lei complementar deve observar as regras fixadas para a tramitação das leis ordinárias, desde a fase de iniciativa, até a fase complementar, razão pela qual se pode afirmar, sem qualquer dúvida, que seguem o mesmo rito comum ou ordinário[17].

Pode-se concluir, portanto, que existem apenas 2 (duas) diferenças entre a lei complementar e a lei ordinária: uma no campo *material* e outra no campo *formal*. No tocante às matérias que devem ser disciplinadas por uma e outra, vimos que as hipóteses de edição da lei complementar são taxativas, ao passo que o campo de incidência da lei ordinária é residual, podendo tratar de qualquer tema que a Constituição Federal não tenha determinado, de maneira expressa, que seja regulamentado por alguma outra espécie normativa.

Já no campo formal, a diferença refere-se ao quórum[18] de aprovação dos projetos de lei complementar e de lei ordinária, já que esta exige maioria simples e, aquela, maioria absoluta. A maioria absoluta é calculada tendo em vista o número total de cadeiras existente em cada uma das Casas do Congresso Nacional. Já a maioria simples, esta leva em consideração apenas o número total de parlamentares presentes, desde que respeitado, naturalmente, o quórum mínimo de instalação da sessão, exigido pelo artigo 47, da Carta Magna.

A maioria absoluta exigida pela Constituição Federal, para a aprovação das leis complementares, não corresponde à "metade mais um", como se costuma dizer. Na realidade, se a metade resultar em um número fracionário (e é exatamente isso que ocorre tanto no Senado Federal, composto de oitenta e uma cadeiras, como na Câmara dos Deputados, formada por quinhentos e treze parlamentares), a maioria absoluta será o número inteiro imediatamente superior à metade. Assim, a maioria absoluta do Senado será alcançada com o voto de 41 (quarenta e um) senadores; a da Câmara dos Deputados, com 257 (duzentos e cinquenta e sete) deputados federais.

Para encerrarmos esta seção, vale mencionar que, por força do já estudado princípio da simetria, é perfeitamente possível falar-se na edição de lei complementar pelos Estados-membros, pelo Distrito Federal e pelos diversos Municípios do país, desde que referida espécie normativa esteja prevista na respectiva constituição ou lei orgânica, e que ela obser-

---

15. Constituição Federal, artigo 69: "As leis complementares serão aprovadas por maioria absoluta".
16. Constituição Federal, artigo 47: "Salvo disposição constitucional em contrário, as deliberações de cada Casa e de suas Comissões serão tomadas por maioria dos votos, presente a maioria absoluta de seus membros".
17. Há autores, como, por exemplo, Alexandre de Moraes, que incluem a lei complementar entre as normas submetidas a um procedimento legislativo especial, em razão do quórum qualificado exigido para a sua aprovação. A maioria da doutrina, contudo, prefere considerar que a simples previsão do quórum qualificado para sua aprovação não é suficiente para afastar a submissão dessa espécie normativa ao procedimento legislativo comum ou ordinário, uma vez que a lei complementar, com exceção daquela circunstância, segue integralmente o rito ordinário, desde a fase de iniciativa (cujo rol de legitimados é idêntico ao da lei ordinária), passando pela fase constitutiva (de deliberação parlamentar e deliberação executiva) e também na fase complementar.
18. Quórum é o número mínimo de membros que precisam estar presentes em um órgão colegiado, para que uma sessão seja instalada. O artigo 47, da Constituição Federal, exige a presença da maioria absoluta dos membros de cada Casa, para que a sessão seja instalada.

ve, tanto quanto possível, no procedimento destinado à sua edição, as regras gerais fixadas pela Constituição Federal, notadamente a exigência de aprovação do projeto por maioria absoluta da respectiva Casa Legislativa.

A Constituição do Estado de São Paulo, por exemplo, prevê expressamente a lei complementar como uma das espécies normativas que podem ser editadas no âmbito daquele Estado (artigo 21, inciso II). Em seu artigo 23, por sua vez, e de maneira semelhante ao que determina a Constituição Federal, dispõe que "as leis complementares serão aprovadas pela maioria absoluta dos membros da Assembleia Legislativa, observados os demais termos da votação das leis ordinárias".

Muito embora sem denominá-la expressamente de lei complementar, a Lei Orgânica do Município de São Paulo também dispõe, em seu artigo 40, notadamente em seu § 3º, que a aprovação e a alteração das matérias ali relacionadas somente poderão ocorrer através do voto da maioria absoluta de seus vereadores. Essa realidade, aliás, se repete em diversos outros Municípios brasileiros.

DIFERENÇAS ENTRE LEI COMPLEMENTAR E LEI ORDINÁRIA

– Material: as hipóteses de edição da lei complementar são taxativas, ao passo que o campo de incidência da lei ordinária é residual, podendo tratar de qualquer tema que a Constituição Federal não tenha determinado, de maneira expressa, que seja regulamentado por alguma outra espécie normativa.

– Formal: a aprovação dos projetos de lei complementar exige maioria absoluta (calculada sobre o número total de cadeiras existente em cada uma das Casas do Congresso Nacional), ao passo que a lei ordinária exige maioria simples (que leva em conta apenas o número total de parlamentares presentes na sessão).

O procedimento ordinário, já o vimos anteriormente, é composto por 3 (três) fases distintas: *introdutória*, *constitutiva* e *complementar*. A *fase introdutória*, ou *fase de iniciativa*, é aquela em que se dá o ato que inicia o processo legislativo. Só têm poder de iniciativa, como veremos melhor logo em seguida, as pessoas e órgãos expressamente fixados pela Constituição Federal. Se o processo legislativo for iniciado por quem não tenha poder de iniciativa, restará caracterizada uma *inconstitucionalidade formal, por vício de iniciativa*.

A *fase constitutiva*, a seu turno, compreende 2 (duas) etapas: a primeira, denominada *deliberação parlamentar*, consiste na discussão e votação do projeto de lei, em ambas as Casas do Congresso Nacional, para sua aprovação ou rejeição; a segunda, denominada *deliberação executiva*, diz respeito à sanção ou ao veto do projeto, realizado pelo chefe do Poder Executivo.

A *fase complementar*, por fim, compreende a promulgação e a publicação da lei. Aqui, devemos adiantar, não há mais que se falar em projeto de lei, uma vez que a sanção presidencial, ou a derrubada do veto, pelo Congresso Nacional, já o havia transformado em lei efetiva. Vejamos em seguida, de uma forma um pouco mais detida, cada uma das fases que compõem o chamado rito comum ou ordinário.

PROCEDIMENTO LEGISLATIVO COMUM
(LEIS COMPLEMENTARES OU ORDINÁRIAS)

– O procedimento legislativo comum, destinado tanto às leis ordinárias como às leis complementares, é composto por 3 (três) fases distintas: introdutória, constitutiva e complementar.

– A ***fase introdutória***, ou de iniciativa, é aquela em que se dá o ato que inicia o processo legislativo. Só têm poder de iniciativa as pessoas e órgãos expressamente fixados pela Constituição Federal.

– A *fase constitutiva* compreende 2 (duas) etapas: a *deliberação parlamentar*, que consiste na discussão e votação do projeto de lei e a *deliberação executiva*, que diz respeito à sanção ou ao veto do projeto.

– A *fase complementar* compreende a promulgação e a publicação da lei (aqui não há mais que se falar em projeto de lei, que já havia se tornado lei efetiva com a sanção ou a derrubada do veto).

12.6 FASE INTRODUTÓRIA (OU DE INICIATIVA)

Na lição de Ricardo Cunha Chimenti, Fernando Capez, Márcio F. Elias Rosa e Marisa F. Santos,[19] *iniciativa* "é o poder que a Constituição Federal delega a alguém ou a algum órgão de encaminhar uma proposta de emenda à Constituição ou um projeto de lei". Referida definição, como se vê, leva em conta apenas as diversas espécies normativas previstas pela Constituição Federal.

Contudo, como já vimos anteriormente, os Estados, o Distrito Federal e os Municípios também costumam fixar, em suas respectivas constituições e leis orgânicas, regras relativas ao processo de elaboração das normas de sua competência. Assim, em termos mais genéricos, a *fase introdutória* ou *de iniciativa* pode ser definida como a que desencadeia o processo legislativo não só para a edição das diversas espécies normativas previstas na Constituição Federal, como também das normas de competência dos diversos entes da federação, estabelecidas pelas constituições dos respectivos Estados-membros e leis orgânicas do Distrito Federal e dos Municípios.

Tanto na seara federal, como na dos Estados-membros, do Distrito Federal e dos Municípios, só têm poder de iniciativa as pessoas e os órgãos expressamente fixados, respectivamente, pela Constituição Federal e demais diplomas editados pelo poder constituinte derivado decorrente. Se o processo legislativo for iniciado por quem não tenha poder de iniciativa, nunca é demais repetir, estará caracterizada uma *inconstitucionalidade formal subjetiva, por vício de iniciativa*.

Particularmente no que se refere à Constituição Federal, analisando o rol de pessoas e órgãos que têm capacidade para iniciar o procedimento legislativo ordinário, elencado no artigo 61 da Carta Magna,[20] podemos perceber facilmente que há 2 (duas) espécies de iniciativa: a *parlamentar* e a *extraparlamentar*. O poder de *iniciativa parlamentar* é aquele conferido a qualquer membro ou Comissão da Câmara dos Deputados, do Senado Federal ou do Congresso Nacional.

A *iniciativa extraparlamentar*, por sua vez, é concedida ao presidente da República, ao Supremo Tribunal Federal, aos Tribunais Superiores, ao procurador-geral da República e ao cidadão. Muito embora não explicitado naquele dispositivo constitucional, o Tribunal de Contas da União também possui poder de iniciativa, para criação dos cargos subalternos a ele vinculados.

Aqueles dotados de iniciativa parlamentar (membro ou Comissão da Câmara dos Deputados, do Senado Federal ou do Congresso Nacional), juntamente com o presidente da República e os cidadãos, têm o chamado *poder de iniciativa geral*, podendo iniciar o processo

---

19. *Curso de direito constitucional*. 7. ed. Saraiva, 2010, p. 309.
20. Constituição Federal, artigo 61: "A iniciativa das leis complementares e ordinárias cabe a qualquer membro ou Comissão da Câmara dos Deputados, do Senado Federal ou do Congresso Nacional, ao Presidente da República, ao Supremo Tribunal Federal, aos Tribunais Superiores, ao Procurador-Geral da República e aos cidadãos, na forma e nos casos previstos nesta Constituição".

legislativo para a elaboração de lei sobre qualquer tema, com exceção, naturalmente, das matérias de competência reservada, que só podem ser iniciadas pelo respectivo legitimado.[21]

Os demais legitimados (Supremo Tribunal Federal, Tribunais Superiores, procurador-geral da República e Tribunal de Contas da União), ao contrário, possuem apenas o denominado *poder de iniciativa específica*, que somente pode ser exercitado nas hipóteses expressamente previstas no texto constitucional, para iniciar os projetos de lei que tenham por objeto a disciplina de matérias sob sua esfera de atuação, em conformidade com suas respectivas competências.

É por essa razão, por exemplo, que os Tribunais Superiores só podem iniciar os projetos de lei que tenham por tema questões relativas às competências que a Constituição Federal lhes confere, como, por exemplo, aquelas fixadas pelo artigo 96, inciso II, da Carta Magna, a saber: alteração do número de membros dos tribunais inferiores; a criação e a extinção de cargos e a remuneração dos seus serviços auxiliares e dos juízes que lhes forem vinculados, bem como a fixação do subsídio de seus membros e dos juízes, inclusive dos tribunais inferiores, onde houver; criação ou extinção dos tribunais inferiores; e alteração da organização e da divisão judiciárias.

É possível fazer distinção, ademais, entre iniciativa *concorrente* e iniciativa *exclusiva* (também denominada de *reservada* ou *privativa*). O poder de *iniciativa concorrente* é aquele conferido, a um só tempo, a mais de um legitimado (pessoa, órgão ou comissão), permitindo que qualquer um deles inicie, sozinho (sem necessidade de participação de qualquer outro legitimado), o processo legislativo da espécie normativa para a qual lhe foi atribuída tal competência.

No caso específico da Constituição Federal, podemos citar, como exemplo de iniciativa concorrente, aquela conferida a qualquer membro ou Comissão da Câmara dos Deputados, do Senado Federal ou do Congresso Nacional, ao presidente da República, ao Supremo Tribunal Federal, aos Tribunais Superiores, ao procurador-geral da República e aos cidadãos, para edição das leis complementares e leis ordinárias, conforme previsão do artigo 61, da Carta Magna.

Outra hipótese de iniciativa concorrente, expressamente prevista na Lei Maior vigente, nós o temos para a edição das emendas à Constituição, as quais, nos termos do artigo 60, incisos I a III, do texto constitucional, podem ser propostas por: 1/3 (um terço), no mínimo, dos membros da Câmara dos Deputados ou do Senado Federal; pelo presidente da República; ou por mais da metade das Assembleias Legislativas das unidades da Federação, manifestando-se, cada uma delas, pela maioria relativa de seus membros.

Já a *iniciativa exclusiva*, também denominada de privativa ou reservada, é restrita a determinada pessoa ou órgão, não podendo estender-se a outros. Caso um diploma normativo seja iniciado por outrem, desrespeitando norma constitucional que estabeleceu hipótese de iniciativa reservada, estaremos diante de um caso de flagrante inconstitucionalidade formal, por vício de iniciativa.

É o caso, por exemplo, do artigo 61, § 1º, da Constituição Federal, que prevê diversas hipóteses de iniciativa exclusiva do presidente da República. Com efeito, nos termos daquele dispositivo constitucional, são de iniciativa privativa do Chefe do Poder Executivo federal as leis que fixem ou modifiquem os efetivos das Forças Armadas; que disponham sobre cria-

---

21. É o caso, por exemplo, das matérias previstas no artigo 61, § 1º, da Constituição Federal, que são de iniciativa exclusiva do Presidente da República.

ção de cargos, funções ou empregos públicos na Administração Pública direta e autárquica ou aumento de sua remuneração; sobre a organização administrativa e judiciária, matéria tributária e orçamentária, serviços públicos e de pessoal da Administração dos Territórios; e servidores públicos da União e Territórios, seu regime jurídico, provimento de cargos, estabilidade e aposentadoria.

Também são de iniciativa privativa do Chefe do Poder Executivo Federal, nos termos daquela norma constitucional, as leis que disponham sobre: organização do Ministério Público e da Defensoria Pública da União, bem como normas gerais para a organização do Ministério Público e da Defensoria Pública dos Estados, do Distrito Federal e dos Territórios; criação e extinção de Ministérios e órgãos da Administração Pública, observado o disposto no artigo 84, inciso IV, da Carta Magna; e sobre os militares das Forças Armadas, seu regime jurídico, provimento de cargos, promoções, estabilidade, remuneração, reforma e transferência para a reserva.

São de iniciativa exclusiva do presidente da República, ademais, as leis que tenham por objeto o plano plurianual, as diretrizes orçamentárias e os orçamentos anuais. É o que determina expressamente o artigo 165, da Constituição Federal. Sobre o tema, confirmando a competência exclusiva do Poder Executivo federal para iniciar o processo legislativo das leis que tenham por objeto o plano plurianual, as diretrizes orçamentárias e os orçamentos anuais, vide Ação Direta de Inconstitucionalidade (ADI) 1.759-MC, Relator Ministro Néri da Silveira, j. 12.3.1998, *DJ* de 6.4.2001.

Aliás, ainda sobre o tema – iniciativa exclusiva do presidente da República –, é imperioso ressaltar que o princípio da simetria (também conhecido por princípio do paralelismo) exige que igual competência seja conferida aos governadores dos Estados, ao governador do Distrito Federal e também aos Prefeitos, pelas respectivas constituições estaduais e leis orgânicas do Distrito Federal e Municípios, sob pena de ocorrência de inconstitucionalidade formal subjetiva, por vício de iniciativa. Sobre o tema, sugerimos a leitura da Ação Direta de Inconstitucionalidade 637, Relator Ministro Sepúlveda Pertence, j. 25.8.2004, *DJ* de 1.10.2004.

Outras hipóteses de iniciativa exclusiva, expressamente previstas na Constituição de 1988, estão presentes, por exemplo, no artigo 51, inciso IV, que concede à Câmara dos Deputados a iniciativa para a edição de lei que fixe a remuneração dos cargos, empregos e funções de seus serviços;[22] no artigo 93, *caput*, que atribui ao Supremo Tribunal Federal a competência para a edição de lei complementar que disponha sobre o denominado "Estatuto da Magistratura"; e, ainda, no artigo 96, inciso II, que confere ao Pretório Excelso, aos Tribunais Superiores, e aos Tribunais de Justiça, legitimidade para a edição de leis que tratem de matérias de suas respectivas competências e interesses.

Não podemos encerrar esta seção sem tratarmos da denominada *iniciativa conjunta*. Referida modalidade de iniciativa é aquela que deve ser exercitada, a um só tempo, por mais de uma pessoa ou órgão. Em outras palavras, a iniciativa conjunta exige que o projeto de lei seja proposto, necessariamente, por mais de uma pessoa, sob pena de restar configurada uma inconstitucionalidade formal subjetiva, por vício de iniciativa.

É importante que se diga que nossa Constituição de 1988 já previu, *em uma única hipótese*, a necessidade de iniciativa conjunta para iniciar o processo legislativo de uma lei.

---

22. Em termos semelhantes é o que dispõe o artigo 52, inciso XIII, em relação ao Senado Federal, relativamente aos cargos, empregos e funções de seus serviços.

Com efeito, com a edição da Emenda Constitucional 19, de 04 de junho de 1998, a Carta Magna passou a prever que o teto remuneratório do serviço público seria o subsídio mensal dos Ministros do Supremo Tribunal Federal, fixado por meio de lei de iniciativa conjunta dos presidentes da República, da Câmara dos Deputados, do Senado Federal e do próprio Supremo Tribunal Federal.

Entretanto, a verdade é que, durante o curto período em que a Constituição Federal previu aquela hipótese de iniciativa conjunta, a lei em questão jamais foi editada. Desde a edição da Emenda Constitucional 41, de 19 de dezembro de 2003, *aquela hipótese de iniciativa conjunta não mais existe*, sendo certo que, atualmente, a Carta Magna determina que a lei destinada a fixar o subsídio dos Ministros do Supremo Tribunal Federal, e que ainda é teto remuneratório do serviço público, seja editada pelo Congresso Nacional, por iniciativa do presidente do Pretório Excelso (artigo 48, inciso XV, combinado com artigo 96, inciso II, *b*, da Lei Maior).

FASE INTRODUTÓRIA OU DE INICIATIVA

– **Iniciativa parlamentar**: conferida a qualquer membro ou Comissão da Câmara dos Deputados, do Senado Federal ou do Congresso Nacional.

– **Iniciativa extraparlamentar**: concedida ao presidente da República, ao Supremo Tribunal Federal, aos Tribunais Superiores, ao procurador-geral da República, ao cidadão e ao Tribunal de Constas da União.

– **Iniciativa geral**: permite iniciar o processo legislativo para a elaboração de lei sobre qualquer tema, com exceção, naturalmente, das matérias de competência reservada.

– **Iniciativa específica**: somente permite iniciar o projeto de lei que tenha por objeto a disciplina de matérias sob sua esfera de atuação, em conformidade com suas respectivas competências.

– **Iniciativa concorrente**: conferida, a um só tempo, a mais de um legitimado, permitindo que qualquer um deles inicie, sozinho, o processo legislativo da espécie normativa para a qual lhe foi atribuída tal competência.

– **Iniciativa exclusiva (privativa ou reservada)**: restrita a determinada pessoa ou órgão, não podendo estender-se a outros, sob pena de inconstitucionalidade formal, por vício de iniciativa.

– **Iniciativa conjunta**: deve ser exercitada, a um só tempo, por mais de uma pessoa ou órgão, para que o projeto de lei possa ser apresentado ao Poder Legislativo. No momento, sem previsão constitucional.

12.7 ALGUMAS INFORMAÇÕES IMPORTANTES SOBRE A INICIATIVA EXCLUSIVA

Na seção anterior, vimos que a denominada iniciativa exclusiva, também denominada de iniciativa reservada, ou, ainda, privativa (esta última é a expressão comumente encontrada no texto constitucional) é aquela restrita a determinada pessoa ou órgão, não podendo estender-se a outros, sob pena de a lei editada pelo Parlamento ser considerada formalmente inconstitucional, por vício de iniciativa.

Vimos, igualmente, que a Constituição Federal fixou um sem-número de matérias cuja iniciativa é exclusiva do presidente da República, como aquelas fixadas no artigo 61, § 1º, da Carta Magna; outras tantas em que a iniciativa reservada é da Câmara dos Deputados e também do Senado Federal; há também hipóteses de competência privativa do Supremo Tribunal Federal, dos Tribunais Superiores e Tribunais de Segundo Grau e também do Tribunal de Contas da União.

Contudo, é importante esclarecermos, neste ponto, que a previsão de iniciativa privativa ou reservada, para a apresentação de projetos de lei, não retira do Congresso Nacional a competência que a Constituição Federal lhe conferiu de participar ativamente do processo de edição das leis. E sendo assim, é perfeitamente possível ao Poder Legislativo, ao menos como regra geral, apresentar emendas àqueles projetos de lei de iniciativa exclusiva de outras pessoas ou órgãos.[23]

No caso específico de projetos de lei de iniciativa privativa do presidente da República (artigo 61, § 1º, da Carta Magna), o Supremo Tribunal Federal só admite a apresentação de emendas, pelo Congresso Nacional, caso as normas introduzidas ao texto do projeto de lei guardem relação com o tema por ele tratado e também não acarretem, como regra, aumento de despesas ao projeto original. Em outras palavras, o Pretório Excelso exige 2 (dois) requisitos para a viabilidade da emenda parlamentar: pertinência temática e ausência de aumento de despesas.[24]

Nós mencionamos que a emenda parlamentar não poderá, *como regra*, prever aumento de despesa ao projeto original apresentado pelo presidente da República, porque o próprio texto constitucional prevê uma exceção. Com efeito, nos termos do artigo 63, inciso I, da Constituição da República, será possível tal aumento de despesas caso se trate de projeto de lei orçamentária anual ou de lei de diretrizes orçamentárias.[25]

No caso específico do projeto de lei orçamentária anual, o artigo 166, § 3º, de nossa Lei Maior, impõe as seguintes condições para que a emenda parlamentar possa prever o aumento de despesa: que seja compatível com o plano plurianual e com a lei de diretrizes orçamentárias; que indique os recursos necessários; e que seja relacionada com a correção de erros ou omissões ou com os dispositivos do texto do projeto de lei. Para o projeto de lei de diretrizes orçamentárias, o § 4º daquele mesmo artigo 166 exige, por sua vez, que a emenda seja compatível com o plano plurianual.

Ainda sobre esse tema, é imperioso esclarecer que eventual sanção presidencial a projeto de lei de iniciativa exclusiva, que tenha sofrido emenda parlamentar fora das hipóteses permitidas pelo Pretório Excelso (portanto, sem pertinência temática ou com aumento de despesa), não evitará que referido diploma legal esteja inquinado de manifesta e irreparável inconstitucionalidade formal. Sobre o tema, sugerimos a leitura da Ação Direta de Inconstitucionalidade 700, relator ministro Maurício Corrêa, j. 23.5.2001, *DJ* de 24.8.2001.

Outra questão importante no tocante à iniciativa privativa ou reservada diz respeito à existência ou não de obrigatoriedade de o legitimado exclusivo iniciar o processo legislativo. Em outras palavras, é possível que a pessoa ou órgão a que a Carta Magna conferiu competência para iniciar o processo legislativo sobre determinado tema seja compelido a enviar, ao Congresso Nacional, o respectivo projeto de lei? Segundo a doutrina e a jurisprudência pátrias, a resposta é negativa.

---

23. Nesses termos, por exemplo, é a lição de Alexandre de Moraes: "Os projetos de lei enviados pelo Presidente da República à Câmara dos Deputados, quando de sua iniciativa exclusiva, poderão ser alterados, através de emendas apresentadas pelos parlamentares, no exercício constitucional da atividade legiferante, própria do Poder Legislativo". *Op. cit.*, p. 657.
24. Sobre o tema, sugerimos a leitura da Ação Direta de Inconstitucionalidade 816/SC, relator ministro Ilmar Galvão, j. 22.8.1996.
25. Constituição Federal, artigo 63: "Não será admitido aumento da despesa prevista: I – nos projetos de iniciativa exclusiva do Presidente da República, ressalvado o disposto no art. 166, § 3º e § 4º."

Com efeito, como nos lembra Pedro Lenza,[26] o Supremo Tribunal Federal já se manifestou expressamente sobre o tema, asseverando que o legitimado exclusivo não poderá ser forçado a deflagrar o processo legislativo, uma vez que a fixação da competência reservada traz, implicitamente, o traço da *discricionariedade*, que permite ao legitimado decidir-se pelo momento adequado para o encaminhamento do projeto de lei. Sobre o tema, chega a transcrever trecho da Ação Direta de Inconstitucionalidade 546, relator ministro Moreira Alves, j. 11.3.1999, *DJ* de 14.4.2000.

É bem verdade que, em determinados casos, o próprio texto constitucional prevê um prazo para a edição do diploma normativo. E, dentre estes, alguns são de iniciativa exclusiva, como se dá, por exemplo, com a hipótese do artigo 5º, da Emenda Constitucional 42, de 19 de dezembro de 2003, que determina que o Poder Executivo encaminhe ao Congresso Nacional, no prazo de até 60 (sessenta) dias contados da promulgação daquela Emenda, projeto de lei sob regime de urgência constitucional, para tratar de benefícios fiscais para a capacitação de setor de tecnologia da informação.[27]

Contudo, mesmo nesses casos, não será possível a ninguém, nem mesmo ao Poder Judiciário, compelir o legitimado exclusivo a encaminhar o projeto de lei ao Congresso Nacional.[28] Isso porque, como vimos ao estudar o controle de constitucionalidade, tal inércia configuraria uma inconstitucionalidade por omissão, e, neste caso, a decisão que apontou a omissão, *de natureza declaratória*, tem por único objetivo dar ciência ao poder competente da existência daquela omissão, exortando-o a supri-la.

Quer isso dizer, em outras palavras, que o legitimado exclusivo não é obrigado a suprir referida omissão, através do imediato encaminhamento da norma regulamentadora ao Congresso Nacional. Ele mantém sua independência para decidir o momento conveniente e oportuno para fazê-lo. Apenas quando se tratar de órgão administrativo é que o Supremo Tribunal Federal poderá determinar que a omissão seja suprida no prazo de 30 (trinta) dias, sob pena de responsabilidade.

Essa afirmação vale, inclusive, quando se tratar de norma cuja omissão legislativa permita a impetração de mandado de injunção. Com efeito, como vimos no Capítulo 9, mesmo que a sentença conceda prazo razoável para a edição da norma, ainda assim o legitimado exclusivo não estará obrigado fazê-lo.

Tal fato se torna ainda mais induvidoso quando estivermos diante de um caso em que a sentença concessiva da injunção tiver natureza não só declaratória, como também constitutiva (efeitos defendidos pela chamada corrente concretista), uma vez que, neste caso, a sentença viabilizará desde já o exercício do direito pelo impetrante, tornando ainda mais desnecessário falar-se em coerção do legitimado exclusivo, para que este encaminhe o projeto de lei ao Parlamento.

---

26. *Op. cit.*, p. 445.
27. Emenda Constitucional 42/2003, artigo 5º: "O Poder Executivo, em até sessenta dias contados da data da promulgação desta Emenda, encaminhará ao Congresso Nacional projeto de lei, sob o regime de urgência constitucional, que disciplinará os benefícios fiscais para a capacitação do setor de tecnologia da informação, que vigerão até 2019 nas condições que estiverem em vigor no ato da aprovação desta Emenda".
28. Essa, todavia, não é a opinião de Pedro Lenza: "Naturalmente, havendo prazo fixado na Constituição (ex.: art. 35, § 2º, do ADCT), ou em emenda (ex.: art. 5º da EC 42/2003), o legitimado exclusivo poderá ser compelido a encaminhar o projeto de lei". *Op. cit.*, p. 445.

ALGUMAS INFORMAÇÕES IMPORTANTES SOBRE A INICIATIVA EXCLUSIVA

– A previsão de iniciativa privativa não retira do Congresso Nacional a competência que a Constituição Federal lhe conferiu de participar ativamente do processo de edição das leis, podendo, como regra, apresentar emendas aos projetos de lei de iniciativa exclusiva de outras pessoas ou órgãos.

– Entretanto, no caso específico de projetos de lei de iniciativa privativa do presidente da República, o Supremo Tribunal Federal só admite a apresentação de emendas, pelo Congresso Nacional, caso estejam presentes 2 (dois) requisitos: pertinência temática e ausência de aumento de despesas.

– A pessoa ou órgão a que a Carta Magna conferiu competência exclusiva ou privativa para iniciar o processo legislativo sobre determinado tema não pode ser compelido a enviar, ao Congresso Nacional, o respectivo projeto de lei.

12.8 INICIATIVA POPULAR

No Capítulo 4, vimos que o Estado Democrático de Direito é aquele não só submetido ao império da lei, ou seja, a um conjunto de normas que criam seus órgãos e estabelecem suas competências, que preveem a separação de poderes, e que também estabelecem direitos e garantias individuais para a proteção do indivíduo contra eventuais arbitrariedades estatais, mas que também garante o respeito à denominada soberania popular, permitindo que o povo (o titular do poder) participe das decisões políticas do Estado.

Constatamos, naquela oportunidade, que o regime democrático é aquele em que as decisões políticas são tomadas em estreita vinculação com a vontade popular, e que este é o modelo de democracia adotado pelo Brasil, que consagra o denominado princípio da soberania popular não só no artigo 1º, parágrafo único, da Constituição Federal, o qual dispõe expressamente que "todo o poder emana do povo, que o exerce por meio de representantes eleitos ou diretamente, nos termos desta Constituição", como também no artigo 14, do mesmo texto constitucional.[29]

Já no Capítulo 8, ao estudarmos os denominados direitos políticos, vimos que estes compreendem não só o direito de sufrágio, como também outros direitos de participação, como, por exemplo, a ação popular, o direito de organizar e/ou participar de partido político, a ação de impugnação de mandato, e, ainda, a iniciativa popular no processo legislativo. Vê-se, portanto, que a iniciativa popular, no processo de elaboração das leis, é um dos direitos previstos pela Carta Magna justamente para assegurar ao povo, titular do poder constituinte, o exercício da soberania popular.

Foi assim que a Constituição Federal previu expressamente, em seu artigo 61, § 2º, a possibilidade de *iniciativa popular*[30] no processo legislativo. Referido dispositivo da Carta Magna exige, como se pode verificar de sua simples leitura, a assinatura de, pelo menos, 1% (um por cento) do *eleitorado*, dividido em pelo menos 5 (cinco) unidades da Federação (Estados-membros ou o Distrito Federal), com nada menos que 0,3% (três décimos por cento) do eleitorado de cada um deles.

Note que, por exigir que seja 1% (um por cento) do eleitorado, e não de habitantes, torna-se indispensável que as assinaturas venham acompanhadas do número do título de eleitor, e não de outros documentos dos populares que assinarem o projeto de lei. Essa

---

29. Constituição Federal, artigo 14: "A soberania popular será exercida pelo sufrágio universal e pelo voto direto e secreto, com valor igual para todos, e, nos termos da lei, mediante: I – plebiscito; II – referendo; III – iniciativa popular".
30. Constituição Federal, artigo 61, § 2º: "A iniciativa popular pode ser exercida pela apresentação à Câmara dos Deputados de projeto de lei subscrito por, no mínimo, um por cento do eleitorado nacional, distribuído pelo menos por cinco Estados, com não menos de três décimos por cento dos eleitores de cada um deles".

realidade encontra-se explicitada, aliás, no Regimento Interno da Câmara dos Deputados, que determina expressamente, em seu artigo 252, inciso I, que "a assinatura de cada eleitor deverá ser acompanhada de seu nome completo e legível, endereço e dados identificadores de seu título eleitoral".

Como nos lembra Pedro Lenza,[31] a iniciativa popular, que se caracteriza como uma forma direta de exercício do poder, uma vez que exercitado sem o intermédio de representantes, serve apenas para dar início, para deflagrar o processo legislativo, uma vez que o Parlamento poderá não só rejeitar o projeto de lei, ou, pior ainda (no entendimento do autor), emendá-lo, desnaturando a essência do instituto.

A iniciativa popular foi regulamentada pela Lei 9.709, de 18 de novembro de 1998. Nos termos do artigo 13 e parágrafos, daquele diploma legal, o projeto de iniciativa popular deverá circunscrever-se a um só assunto, para facilitar a coleta de assinaturas e a exata compreensão do tema (§ 1º), não podendo ser rejeitado por vício de forma (§ 2º), cabendo à Câmara dos Deputados (a Casa iniciadora), por seu órgão competente, providenciar a correção de eventuais impropriedades de redação ou de técnica legislativa.

Regras parecidas são fixadas pelo artigo 252, do Regimento Interno da Câmara dos Deputados, que trata da iniciativa popular de lei. Com efeito, após consignar, de maneira muito semelhante ao texto constitucional, as principais condições para exercício da iniciativa popular, referido diploma normativo também determina que cada projeto de lei deverá circunscrever-se a um único assunto, podendo, caso contrário, ser desdobrado pela Comissão de Constituição e Justiça e de Cidadania em proposições autônomas, para tramitação em separado (inciso VIII).

O supramencionado artigo 252, do Regimento Interno da Câmara dos Deputados, também dispõe, em seu inciso IX, que não se rejeitará, liminarmente, projeto de lei de iniciativa popular por vícios de linguagem, lapsos ou imperfeições de técnica legislativa, incumbindo à Comissão de Constituição e Justiça e de Cidadania escoimá-lo dos vícios formais para sua regular tramitação.

É importante esclarecermos, neste ponto, que *a iniciativa popular se destina à edição tão somente de leis ordinárias e de leis complementares*, não podendo ser usada para iniciar o processo legislativo de qualquer das outras espécies normativas previstas na Constituição Federal. Para chegar-se a essa conclusão, basta que se realize uma interpretação lógico-sistemática do texto constitucional, notando que a norma que trata da iniciativa popular encontra-se inserida no artigo 61, de nossa Lei Maior, cujo *caput* trata, especificamente, dos legitimados para a edição das leis complementares e das leis ordinárias.

Não podemos deixar de mencionar, contudo, que uma pequena parcela da doutrina pátria, liderada pelo insigne José Afonso da Silva, defende que a iniciativa popular também poderia ser usada para a edição de emendas à Constituição. Referidos autores fundamentam seu entendimento no princípio do Estado Democrático de Direito e também no princípio da soberania popular, invocando, para tanto, o artigo 1º e seu parágrafo único, bem como o artigo 14, inciso III, todos da Constituição Federal.

Com efeito, lembram que o Brasil é um Estado Democrático de Direito, conforme explicitado no artigo 1º, *caput*, de nossa Carta Magna. Que tem no povo, portanto, o titular do poder constituinte originário, como é reconhecido, aliás, pelo parágrafo único do mesmo

---

31. *Op. cit.*, p. 447.

artigo, que também permite àquele (ao povo) exercer diretamente referido poder. Ressaltam, ademais, que o artigo 14, do texto constitucional, expressamente confere ao povo o exercício direto da soberania popular, por meio do plebiscito, do referendo e da iniciativa popular.

Ainda segundo ponderações de José Afonso da Silva,[32] a previsão de iniciativa e referendo populares em matéria de emenda constitucional teria sido excluída do texto constitucional aprovado em Plenário, pelos conservadores, a despeito de ter constado expressamente do artigo 74, § 2º, do Projeto aprovado na Comissão de Sistematização. Contudo, mesmo com aquela supressão, considera ser possível a utilização da iniciativa popular para a propositura de emendas constitucionais.

Em termos semelhantes, e a despeito de reconhecer que o sistema brasileiro não admitiu expressamente a iniciativa popular para propostas de emendas à Constituição, Pedro Lenza[33] considera perfeitamente possível a utilização do instituto para tal mister, com fundamento nos mesmos dispositivos constitucionais mencionados supra (artigo 1º, parágrafo único, e artigo 14, inciso III, todos da Carta Magna de 1988). Lembra-nos, ademais, que 16 (dezesseis) dos Estados da Federação previram, de forma expressa, a possibilidade de utilização da iniciativa popular para o encaminhamento de projeto de emenda à respectiva constituição estadual.

Contudo, a maior parcela da doutrina, na qual o autor desta obra se inclui, considera que a iniciativa popular para a edição de emendas constitucionais não é possível. E a razão parece-nos bem simples: a iniciativa popular não constou expressamente do rol de legitimados para a propositura de emendas à Constituição. Se o constituinte originário efetivamente tivesse desejado incluir o povo dentre aqueles legitimados, seguramente o teria incluído, de maneira explícita e inequívoca, no texto constitucional.

Já em relação às matérias para as quais a Constituição Federal fixou um único legitimado para iniciar o processo legislativo (hipóteses de competência exclusiva ou privativa, portanto), a doutrina é pacífica em afirmar não ser possível, nesse caso, a iniciativa popular. Com efeito, ao estabelecer, taxativamente, as matérias de iniciativa exclusiva, o legislador constituinte foi claro e inequívoco em determinar que, nestas hipóteses, somente aqueles legitimados poderão iniciar o processo legislativo, com exclusão de qualquer outro.

Ainda sobre a iniciativa popular, devemos ressaltar que o artigo 27, § 4º, da Constituição de 1988 *prevê expressamente o poder de iniciativa popular no processo legislativo estadual*.[34] Como se vê, referido dispositivo constitucional não explicitou, como o fez em relação à esfera federal, as regras para a admissão da iniciativa popular no âmbito estadual, ficando a cargo de cada um dos diversos Estados-membros de nossa Federação, portanto, estabelecer, da forma que considerar mais adequada, os requisitos para a iniciativa popular no respectivo processo legislativo.

No caso do Estado de São Paulo, por exemplo, a Constituição estadual previu, em seu artigo 24, § 3º, que a iniciativa popular poderá ser exercida pela apresentação de projeto de lei subscrito por, no mínimo, 0,5% (cinco décimos por cento) do eleitorado do Estado, distribuído em, pelo menos, 5 (cinco) dentre os 15 (quinze) maiores Municípios, com não menos que 0,2% (dois décimos por cento) de eleitores em cada um deles, assegurada a defesa do projeto por representante dos responsáveis, perante as Comissões pelas quais tramitar.

---

32. *Op. cit.*, p. 63.
33. *Op. cit.*, p. 451-453.
34. Constituição Federal, artigo 27, § 4º: "A lei disporá sobre a iniciativa popular no processo legislativo estadual".

Para encerrarmos o tema da participação popular no processo legislativo, faz-se mister mencionar que o artigo 29, inciso XIII, da Carta Magna de 1988 também prevê a iniciativa popular para os projetos de lei de interesse específico do Município. Com efeito, nos termos daquela norma constitucional, será possível a iniciativa popular de projetos de lei de interesse específico do Município, da cidade ou de bairros, através de manifestação de, pelo menos, 5% (cinco por cento) do eleitorado.

INICIATIVA POPULAR

– A Carta Magna previu expressamente a possibilidade da iniciativa popular no processo legislativo, desde que o projeto seja assinado por, pelo menos, 1% (um por cento) do eleitorado, dividido em pelo menos 5 (cinco) unidades da Federação, com nada menos que 0,3% (três décimos por cento) do eleitorado de cada um daqueles entes (artigo 61, § 2º).

– Por exigir que seja 1% (um por cento) do eleitorado, e não de habitantes, torna-se indispensável que as assinaturas venham acompanhadas do número do título de eleitor, e não de outros documentos dos populares que assinarem o projeto de lei.

– A iniciativa popular destina-se à edição tão somente de leis ordinárias e de leis complementares, não podendo ser usada para iniciar o processo legislativo de qualquer das outras espécies normativas previstas na Constituição Federal.

– A Lei Maior também prevê expressamente o poder de iniciativa popular no processo legislativo estadual, sem explicitar, contudo, as regras para a admissão da iniciativa popular no âmbito estadual, ficando a cargo, de cada um dos diversos Estados-membros de nossa Federação, referida tarefa (artigo 27, § 4º).

– A Constituição Federal também prevê a iniciativa popular para os projetos de lei de interesse específico do Município, da cidade ou de bairros, através de manifestação de, pelo menos, 5% (cinco por cento) do eleitorado (artigo 29, inciso XIII).

12.9 INICIATIVA DE LEIS SOBRE O MINISTÉRIO PÚBLICO

Quando tratamos da denominada iniciativa exclusiva, também conhecida como iniciativa privativa ou, ainda, reservada, vimos que, dentre as matérias de iniciativa privativa do presidente da República, encontra-se a de dispor sobre "organização do Ministério Público e da Defensoria Pública da União, bem como normas gerais para a organização do Ministério Público e da Defensoria Pública dos Estados, do Distrito Federal e dos Territórios".

Portanto, nos termos do artigo 61, § 1º, inciso II, *d*, da Constituição de 1988, é de iniciativa privativa ou exclusiva do presidente da República, lei que trate da organização do Ministério Público da União. Contudo, a mesma Carta Magna, em seu artigo 128, § 5º, em aparente contradição (textual) com aquela primeira norma citada, *faculta* ao procurador--geral da União a iniciativa da edição de lei complementar para estabelecer a organização, as atribuições e o estatuto do Ministério Público da União.[35]

Para conciliar aquelas duas normas constitucionais, em aparente antinomia, tanto a doutrina como a jurisprudência pátria afirmam que, no tocante à organização, às atribuições e ao estatuto do Ministério Público da União, a competência para iniciativa daquela lei complementar não é privativa do presidente da República, mas sim *concorrente* entre o Chefe do Poder Executivo da União e o procurador-geral da República.

Ademais, devemos salientar que, por força do princípio da simetria, o qual exige, como vimos, que os Estados, Distrito Federal e Municípios adotem, tanto quanto possível, em suas respectivas constituições e leis orgânicas, os princípios fundamentais e as regras de organização estatal existentes na Constituição Federal, a iniciativa para a edição

---

35. Constituição Federal, artigo 128, § 5º: "Leis complementares da União e dos Estados, cuja iniciativa é facultada aos respectivos procuradores-gerais, estabelecerão a organização, as atribuições e o estatuto de cada Ministério Público".

daquelas leis complementares, no âmbito estadual, também deverá ser concorrente entre o governador e o respectivo Chefe do Ministério Público (procurador-geral de Justiça).

No tocante ao Distrito Federal e Territórios, a competência para a edição da lei complementar que estabeleça a organização, as atribuições e o estatuto dos membros do respectivo Ministério Público é de iniciativa concorrente do presidente da República e do procurador-geral da República. Essa conclusão decorre da simples leitura da regra constante do artigo 21, inciso XIII, da Carta Magna, que concede à União a competência para organizar e manter o Ministério Público do Distrito Federal e dos Territórios, combinada com a do artigo 128, inciso I, do texto constitucional, que esclarece que o Ministério Público do Distrito Federal e Territórios está inserido dentre aqueles que fazem parte do Ministério Público da União.

INICIATIVA DE LEIS SOBRE O MINISTÉRIO PÚBLICO

– No tocante à organização, às atribuições e ao estatuto do Ministério Público da União, a competência para iniciativa de lei complementar é *concorrente* entre o Chefe do Poder Executivo da União e o procurador-geral da República.

– No âmbito do Ministério Público dos Estados, a iniciativa para a edição da respectiva lei complementar deverá ser concorrente entre o governador e o respectivo Chefe do Ministério Público (procurador-geral de Justiça).

– Em relação ao Ministério Público do Distrito Federal e Territórios, a competência para a edição da lei complementar que estabeleça a organização, as atribuições e o estatuto dos membros do respectivo Ministério Público é de iniciativa concorrente do presidente da República e do procurador-geral da República.

12.10 INICIATIVA PARA A EDIÇÃO DE LEIS TRIBUTÁRIAS

Como já vimos anteriormente, as leis que tratem de matéria orçamentária (plano plurianual, diretrizes orçamentárias e orçamentos anuais) são de iniciativa exclusiva do presidente da República (artigo 165, da Carta Magna). E, por força do princípio da simetria, igual competência deve ser conferida aos governadores dos Estados, governador do Distrito Federal e prefeitos, pelas respectivas constituições estaduais e leis orgânicas do Distrito Federal e dos Municípios.

Já no tocante à matéria tributária, não há que se falar em iniciativa exclusiva do Poder Executivo para a edição de leis que tratem do tema. Com efeito, a Constituição Federal consagrou, nesta seara, a iniciativa concorrente, permitindo que os projetos sejam iniciados não só pelo Chefe do Poder Executivo (presidente da República, governadores dos Estados e do Distrito Federal e prefeitos), como também pelo Poder Legislativo da respectiva unidade da Federação. Nesse sentido, por exemplo, é o seguinte acórdão:

"Processo legislativo. Matéria tributária. Inexistência de reserva de iniciativa. Prevalência da regra geral da iniciativa concorrente quanto à instauração do processo de formação das leis. Legitimidade constitucional da iniciativa parlamentar. RE conhecido e provido. Sob a égide da Constituição republicana de 1988, também o membro do Poder Legislativo dispõe de legitimidade ativa para iniciar o processo de formação das leis, quando se tratar de matéria de índole tributária, não mais subsistindo, em consequência, a restrição que prevaleceu ao longo da Carta Federal de 1969" (Recurso Extraordinário 328.896-SP, relator ministro Celso de Mello, j. em 13.10.2009).

Apenas no que se refere às leis tributárias dos Territórios é que a iniciativa será exclusiva do presidente da República. Com efeito, como vimos neste mesmo Capítulo, o artigo 61, § 1°, da Carta Magna, dispõe expressamente ser de iniciativa privativa do presidente da República as leis que disponham sobre a organização administrativa e judiciária, *matéria tributária* e orçamentária, serviços públicos e de pessoal da Administração Pública dos Territórios.

Assim, em conclusão, em se tratando de matéria tributária, a iniciativa será *concorrente* do Poder Executivo da União, dos Estados, do Distrito Federal e dos Municípios, e dos respectivos Poderes Legislativos. A única exceção ocorre no caso de leis tributárias relativas a Territórios, cuja iniciativa é exclusiva do presidente da República, nos expressos termos do artigo 61, § 1º, da Constituição de 1988.

INICIATIVA PARA EDIÇÃO DE LEIS TRIBUTÁRIAS

– No tocante à matéria tributária, a Constituição Federal consagrou a iniciativa concorrente, permitindo que os projetos sejam iniciados não só pelo Chefe do Poder Executivo como também pelo Poder Legislativo da respectiva unidade da Federação. Apenas no que se refere às leis tributárias dos Territórios é que a iniciativa será exclusiva do presidente da República, nos expressos termos do artigo 61, § 1º, da Carta Magna.

12.11 INICIATIVA POR PROPOSTA DA MAIORIA ABSOLUTA DOS MEMBROS DE QUAISQUER DAS CASAS DO CONGRESSO NACIONAL

Como *regra geral*, a Constituição Federal não permite que a matéria constante de um projeto de lei, expressamente rejeitado pelo Congresso Nacional, seja objeto de novo projeto, na mesma sessão legislativa. Para que possa ser novamente apreciado pelo Parlamento, portanto, referido projeto deverá ser apresentado na sessão legislativa seguinte. A sessão legislativa, como já vimos, inicia-se no dia 2 de fevereiro de um determinado ano, e termina no dia 22 de dezembro daquele mesmo ano.[36] Assim, a título de exemplo, a matéria de um projeto de lei rejeitado em agosto de 2020 somente poderá ser objeto de novo projeto apresentado ao Congresso Nacional a partir 2 de fevereiro de 2021.

Contudo, *por exceção*, a mesma Carta Magna permite que um projeto de lei, expressamente rejeitado, seja novamente apresentado ao Congresso Nacional, na mesma sessão legislativa. Para que isso se torne possível, contudo, referido projeto deverá ser proposto pela maioria absoluta dos membros da Câmara dos Deputados ou do Senado Federal, conforme determina expressamente o artigo 67, da Constituição Federal.[37]

Vê-se, portanto, que a Carta Magna previu, naquele artigo, mais uma hipótese de legitimação para se iniciar o processo legislativo. Trata-se da iniciativa *por proposta da maioria absoluta dos membros de quaisquer das casas do Congresso Nacional*, e que somente será utilizada para permitir que eventuais projetos de lei expressamente rejeitados pelo Parlamento Federal possam ser apresentados rapidamente, sem necessidade de aguardar o início da próxima sessão legislativa.

Naturalmente, por força do já estudado princípio da simetria, será perfeitamente possível que os diversos Estados-membros, o Distrito Federal e os Municípios do país estabeleçam, em suas respectivas constituições estaduais e leis orgânicas, uma norma que preveja, como exceção, a possibilidade de que a matéria constante de um projeto de lei expressamente rejeitado pelo respectivo Parlamento seja objeto de novo projeto, na mesma sessão legislativa, desde que respeitada a maioria absoluta estabelecida na Constituição Federal.

Essa iniciativa, a toda evidência, poderá ser exercitada mais de uma vez, na mesma sessão legislativa. Dito em outras palavras, a Carta Magna não impôs qualquer limitação

---

36. Constituição Federal, artigo 57: "O Congresso Nacional reunir-se-á, anualmente, na Capital Federal, de 2 de fevereiro a 17 de julho e de 1º de agosto a 22 de dezembro".
37. Constituição Federal, artigo 67: "A matéria constante de projeto de lei rejeitado somente poderá constituir objeto de novo projeto, na mesma sessão legislativa, mediante proposta da maioria absoluta dos membros de qualquer das Casas do Congresso Nacional".

em relação ao número de vezes que um projeto, expressamente rejeitado pelo Parlamento, possa ser reapresentado na mesma sessão legislativa, desde que atendido o quórum (de maioria absoluta dos membros de quaisquer das Casas do Congresso Nacional), fixado pelo supramencionado artigo 67, de nossa Lei Maior.

É imperioso esclarecer, contudo, que essa hipótese de iniciativa (por maioria absoluta de membros de quaisquer das Casas do Congresso Nacional) não poderá ser utilizada para projetos de lei de iniciativa exclusiva. Com efeito, quando a própria Carta Magna fixou uma determinada pessoa ou órgão para iniciar, em caráter exclusivo, o processo legislativo, essa competência deverá ser respeitada. Assim, um projeto de iniciativa privativa rejeitado pelo Congresso Nacional somente poderá ser reapresentado na próxima sessão legislativa, pelo seu legitimado, não podendo ser utilizada a regra do artigo 67, da Carta Magna.[38]

INICIATIVA POR PROPOSTA DA MAIORIA ABSOLUTA DOS MEMBROS DE QUAISQUER DAS CASAS DO CONGRESSO NACIONAL

– Regra geral: a Constituição Federal não permite que a matéria constante de um projeto de lei, expressamente rejeitado pelo Congresso Nacional, seja objeto de novo projeto, na mesma sessão legislativa.

– Exceção: a Carta Magna permite que um projeto de lei, expressamente rejeitado, seja novamente apresentado ao Congresso Nacional, na mesma sessão legislativa, desde que proposto pela maioria absoluta dos membros da Câmara dos Deputados ou do Senado Federal (artigo 67, da Constituição Federal).

12.12 FASE CONSTITUTIVA E A DELIBERAÇÃO PARLAMENTAR

Como esclarecemos anteriormente, o procedimento legislativo comum, destinado à elaboração das leis ordinárias e leis complementares, é composto por 3 (três) fases distintas: *introdutória*, *constitutiva* e *complementar*. A fase introdutória, também denominada de fase de iniciativa, e que foi objeto de nosso estudo nas sessões anteriores, é aquela em que se dá o ato que inicia o processo legislativo, com a apresentação do projeto de lei ao Parlamento.

Já a fase constitutiva, esta compreende 2 (duas) etapas bem demarcadas: a primeira, denominada *deliberação parlamentar*, consiste na discussão e votação do projeto de lei, em ambas as Casas do Congresso Nacional, para sua aprovação ou rejeição; a segunda, denominada *deliberação executiva*, diz respeito à sanção ou ao veto do projeto, realizado pelo chefe do Poder Executivo. É justamente sobre aquela primeira etapa da fase constitutiva – a fase de deliberação parlamentar – que nos dedicaremos nesta seção.

Com efeito, como vimos no Capítulo 11, quando estudamos a chamada "Organização dos Poderes", o Poder Legislativo da União é *bicameral*, ou seja, composto de 2 (duas) Casas Legislativas, a Câmara dos Deputados e o Senado Federal. É o que se pode depreender da simples leitura do artigo 44, da Constituição Federal, que dispõe expressamente que *"o Poder Legislativo é exercido pelo Congresso Nacional, que se compõe da Câmara dos Deputados e do Senado Federal"*.

---

38. Nesses termos, por exemplo, é a lição de Pedro Lenza: "Em matéria de iniciativa reservada, portanto, o projeto de lei rejeitado só poderá ser reapresentado na sessão legislativa seguinte, pois não se conseguiria o *quórum* qualificado da maioria absoluta, sob pena de se caracterizar vício formal de inconstitucionalidade por violação ao princípio da irrepetibilidade". *Op. cit*., p. 460.

Assim, na fase de deliberação parlamentar, a discussão e votação dos projetos de lei apresentados por quaisquer dos legitimados do artigo 61, da Lei Maior[39], deverão obrigatoriamente ocorrer em ambas as Casas do Congresso Nacional, ou seja, tanto na Câmara dos Deputados como no Senado Federal. A Casa que iniciar os trabalhos de deliberação parlamentar será denominada de Casa *iniciadora*, e a encarregada de revê-lo será a Casa *revisora*.[40]

Nos termos do artigo 64, da Constituição Federal, a discussão e votação dos projetos de lei de iniciativa do presidente da República, do Supremo Tribunal Federal e dos Tribunais Superiores terão início na Câmara dos Deputados. Também se inicia nesta Casa os projetos de lei de iniciativa popular (artigo 61, § 2º, da Carta Magna), os de iniciativa do procurador-geral da República, os de iniciativa do Tribunal de Contas da União (TCU), além daqueles cuja iniciativa tenha sido de membros ou de Comissões da própria Câmara dos Deputados, por razões óbvias.

Portanto, com exceção dos projetos de lei cuja iniciativa tenha sido de algum senador, ou de Comissão do Senado Federal, todos os demais projetos de lei devem começar a fase de deliberação parlamentar na Câmara dos Deputados. Por essa razão, é fácil percebermos que, para a grande maioria dos projetos de lei ordinária e complementar, a Câmara dos Deputados será a Casa iniciadora, ficando o Senado Federal com a função de Casa revisora.

Nas hipóteses em que o projeto de lei inicia-se na Câmara dos Deputados (e que são, insista-se, a imensa maioria), a deliberação daquela Casa será denominada de *deliberação principal*. A do Senado Federal, por sua vez, será chamada de *deliberação revisional*. Se o projeto, contudo, iniciar sua tramitação no Senado Federal (assumindo este a função de Casa iniciadora), será deste a deliberação principal, cabendo à Câmara dos Deputados a função de deliberação revisional.

Antes do processo de discussão e votação do projeto de lei, em ambas as Casas do Congresso Nacional, ele deverá passar por análise prévia de sua constitucionalidade, juridicidade e de técnica legislativa, na Comissão de Constituição, Justiça e de Cidadania, da Câmara dos Deputados, bem como pela Comissão de mesmo nome também existente no Senado Federal. Deverá passar, ainda, pela Comissão Temática encarregada da análise da respectiva matéria, no âmbito de cada uma daquelas Casas Legislativas.

Assim, após passar pelas 2 (duas) Comissões (de análise da constitucionalidade e também do mérito da proposição propriamente dita) da respectiva Casa, os projetos de lei irão à discussão e votação no Plenário, oportunidade em que somente serão aprovadas se atingido o quórum de aprovação exigido para cada espécie normativa, ou seja, maioria simples para o caso das leis ordinárias (artigo 47, da Carta Magna), e maioria absoluta, para as leis complementares (artigo 69, de nossa Lei Maior).

É imperioso ressaltar, contudo, que o artigo 58, § 2º, inciso II, da Constituição Federal[41], acaba permitindo que os projetos de lei possam ser discutidos e definitivamente votados apenas no âmbito das denominadas Comissões Temáticas, com dispensa, portanto,

---

39. Constituição Federal, artigo 61: "A iniciativa das leis complementares e ordinárias cabe a qualquer membro ou Comissão da Câmara dos Deputados, do Senado Federal ou do Congresso Nacional, ao Presidente da República, ao Supremo Tribunal Federal, aos Tribunais Superiores, ao procurador-geral da República e aos cidadãos, na forma e nos casos previstos nesta Constituição".
40. Essa regra, por razões óbvias, vale apenas para o Poder Legislativo federal, que é bicameral; e jamais para os Parlamentos dos diversos Estados, Distrito Federal e Municípios, que são órgãos unicamerais.
41. Constituição Federal, artigo 58, § 2º, I: "Às comissões, em razão da matéria de sua competência, cabe: I – discutir e votar projeto de lei que dispensar, na forma do regimento, a competência do Plenário, salvo se houver recurso de um décimo dos membros da Casa".

de discussão e votação do projeto pelo Plenário. Para que tal seja possível, contudo, deve haver previsão dessa possibilidade no respectivo Regimento da Casa Legislativa. É o que se denomina de *delegação interna corporis*. Nesses casos, a matéria somente ficará sujeita à obrigatória discussão e votação no Plenário caso haja recurso de 1/10 (um décimo) dos membros da respectiva Casa.

Caso não seja aprovado pela Casa onde se iniciou a deliberação parlamentar (geralmente a Câmara dos Deputados), o projeto deverá ser arquivado, não podendo ser novamente examinado e aprovado na mesma sessão legislativa, salvo proposta da maioria absoluta dos membros de qualquer das Casas do Congresso Nacional. É o que determina expressamente, como já vimos anteriormente, o artigo 67, da Constituição Federal.

Aprovado o projeto de lei pela Casa iniciadora (seja pela respectiva Comissão Temática, quando permitido pelo Regimento Interno da Casa; seja pelo Plenário, quando não houver tal permissão ou quando houver recurso de um décimo dos respectivos parlamentares), ele será encaminhado para a Casa revisora, que deverá repetir o mesmo processo de deliberação, com análise daquelas 2 (duas) Comissões Parlamentares já mencionadas, e final discussão e votação pelo Plenário, quando o Regimento da Casa não o dispensar.

Nos termos do artigo 65, de nossa Lei Maior,[42] se o projeto for aprovado pela Casa revisora, deverá ser enviado ao Chefe do Poder Executivo (presidente da República), para sanção ou veto. Referido dispositivo constitucional também esclarece que, no caso de rejeição, o projeto será arquivado. A Casa revisora, portanto, poderá discutir e aprovar o projeto de lei em sua integralidade, ou rejeitá-lo também integralmente, caso em que ele será arquivado, só podendo ser reapresentado na mesma sessão legislativa na hipótese do artigo 67, da Constituição Federal.

Mas não só: o projeto de lei também poderá sofrer emendas pela Casa revisora, conforme prevê expressamente o artigo 65, parágrafo único, do texto constitucional[43]. Nesse caso, referido projeto de lei (com emendas) retornará à Casa de origem, para nova discussão e votação. Devemos adiantar, aqui, que a Casa iniciadora limitar-se-á a discutir e votar a matéria que foi objeto de emenda, não podendo apresentar novas emendas para modificar as emendas inicialmente apresentadas pela Casa revisora. Maiores detalhes sobre as emendas parlamentares serão fornecidos na seção seguinte.

Aprovado em definitivo o projeto de lei, por ambas as Casas do Congresso Nacional, ele será encaminhado para *autógrafo*, ou seja, para a formação do instrumento formal (documento) que será encaminhado ao presidente da República (para início da fase de deliberação executiva), devendo refletir, com total fidelidade, o texto aprovado pelo Parlamento Federal.

Caso o autógrafo não corresponda, de maneira fiel, ao texto efetivamente aprovado pelo Congresso Nacional, estaremos diante de um inequívoco caso de inconstitucionalidade formal objetiva, por vício no processo de formação do diploma normativo, não podendo, portanto, ser sancionado pelo presidente da República, na fase de deliberação executiva. Sobre o assunto, sugerimos a leitura da Ação Direta de Inconstitucionalidade 1393-9/DF, Supremo Tribunal Federal, Pleno, relator ministro Celso de Mello, j. 1.10.1996, *DJ* 9.10.1996, p. 38.138.

---

42. Constituição Federal, artigo 65: "O projeto de lei aprovado por uma Casa será revisto pela outra, em um só turno de discussão e votação, e enviado à sanção ou promulgação, se a Casa revisora o aprovar, ou arquivado, se o rejeitar".
43. Constituição Federal, artigo 65, parágrafo único: "Sendo o projeto emendado, voltará à Casa iniciadora".

DELIBERAÇÃO PARLAMENTAR

– Deliberação parlamentar é a discussão e votação do projeto de lei, em ambas as Casas do Congresso Nacional, para sua aprovação ou rejeição.

– Com exceção dos projetos de iniciativa de algum senador ou de Comissão do Senado Federal, todos os demais projetos de lei devem começar a fase de deliberação parlamentar na Câmara dos Deputados.

– A Casa que iniciar os trabalhos de deliberação parlamentar será denominada de Casa *iniciadora*, e a encarregada de revê-lo será a Casa *revisora*.

– Caso não seja aprovado pela Casa onde se iniciou a deliberação parlamentar (geralmente a Câmara dos Deputados), o projeto deverá ser arquivado.

– Aprovado o projeto de lei pela Casa iniciadora, ele é encaminhado à Casa revisora, que deverá repetir o mesmo processo de deliberação.

– Se o projeto for aprovado pela Casa revisora, deverá ser enviado ao Chefe do Poder Executivo, para sanção ou veto; se rejeitado, será arquivado.

– O projeto de lei também poderá sofrer emendas pela Casa revisora, retornando à Casa de origem, para nova discussão e votação.

12.13 EMENDAS AO PROJETO DE LEI

Como já havíamos adiantado na seção anterior, o projeto de lei ordinária ou complementar, aprovado na Casa Legislativa iniciadora, deve remetido à Casa revisora, que poderá: (a) aprová-lo integralmente (com a consequente remessa à sanção ou veto presidencial); (b) rejeitá-lo *in totum* (hipótese em que deverá ser arquivado); ou (c) emendá-lo, conforme prevê expressamente o artigo 65, parágrafo único, da Carta Magna vigente.

Nessa última hipótese, ou seja, quando há a apresentação de emenda parlamentar, pela Casa revisora, ao projeto de lei aprovado na Casa iniciadora, este deverá retornar à Casa Legislativa de origem para nova discussão e votação. Portanto, a regra[44] é que, havendo emenda ao projeto de lei, pela Casa Legislativa revisora, o projeto emendado retorne obrigatoriamente à Casa Legislativa iniciadora, para nova deliberação.

É importante lembrarmos, contudo, que a Casa iniciadora limitar-se-á a discutir e votar a matéria que foi objeto de emenda, não podendo apresentar subemendas, ou seja, novas emendas para modificar as emendas inicialmente apresentadas pela Casa revisora. Pedimos vênia para transcrever a lição de Alexandre de Moraes[45] sobre e tema, *in verbis*:

"Caso o projeto de lei seja aprovado com alterações, haverá retorno destas alterações à Casa Legislativa inicial para análise e votação em um único turno. Na Casa Inicial, as alterações passarão novamente pela Comissão de Constituição e Justiça, seguindo, posteriormente, à votação. As emendas da Casa Legislativa Revisora ao projeto de lei aprovado na Casa Legislativa Inicial não são suscetíveis de modificações por meio de subemenda, fazendo-se sua discussão e votação, em regra, globalmente, salvo se qualquer comissão manifestar-se favoravelmente a uma e contrariamente a outras, caso em que a votação ser fará em grupos, segundo os pareceres, ou

---

44. Mencionamos que essa é a regra porque o próprio Supremo Tribunal Federal já se manifestou, em algumas oportunidades, que não há necessidade de apreciação, pela Casa Legislativa inicial, das emendas apresentadas ao projeto de lei pela Casa revisora, quando se tratar de simples emendas de redação, as quais, como veremos logo mais, não alteram o conteúdo propriamente dito do projeto de lei. Sobre o tema sugerimos a leitura da Ação Direta de Inconstitucionalidade (ADI) 3.472DF, relator ministro Sepúlveda Pertence (*Informativo STF* 392, p. 3).
45. *Op. cit.*, p. 673.

se for aprovado destaque para a votação de qualquer emenda. As exceções, porém, só se aplicam se a emenda da Casa Revisora for suscetível de divisão".

Se a Casa Legislativa que iniciou a tramitação concordar com as emendas, o projeto será então encaminhado ao presidente da República, para que seja iniciada a fase de deliberação executiva, com a sanção ou veto do projeto. Contudo, se a Casa iniciadora não concordar com as emendas apresentadas pela Casa revisora, prevalecerá a vontade da primeira, caso em que o projeto será remetido ao Executivo sem as emendas. Isso se dá em razão do denominado *princípio da primazia da deliberação principal.*

Faz-se mister ressaltar, contudo, que o princípio da primazia da deliberação principal *não se aplica às emendas constitucionais,* mas apenas aos projetos de lei ordinária e de lei complementar. Quanto às emendas constitucionais, podemos adiantar, o rito especial estabelecido pela Carta Magna exige que o respectivo projeto seja aprovado por ambas as Casas do Congresso Nacional, em 2 (dois) turnos de discussão e votação, com aprovação por 3/5 (três quintos) dos parlamentares das Casas. Aqui, portanto, enquanto as Casas Legislativas não chegarem a um acordo, sobre o conteúdo do projeto, as emendas não poderão ser promulgadas.

Ainda sobre as emendas aos projetos de lei, é imperioso esclarecer que elas só podem ser apresentadas por quem detém a chamada iniciativa parlamentar. Quer isso dizer, em outras palavras, que apenas os parlamentares é que podem apresentar emendas aos projetos de lei. Portanto, na seara federal, as emendas às diversas espécies normativas previstas na Constituição Federal somente podem ser apresentadas por deputados federais, senadores e suas respectivas Comissões, não sendo estendida referida competência aos detentores da denominada iniciativa *extraparlamentar.*

Como regra, é possível aos parlamentares apresentarem qualquer tipo de emenda, desde que, naturalmente, esta respeite a chamada *pertinência temática,* ou seja, que guarde relação com o tema do projeto de lei em tramitação. Contudo, é importante esclarecer que a própria Constituição Federal fixa, por exceção, uma limitação àquela ampla competência dos parlamentares de apresentarem emendas, proibindo, em certas hipóteses, que elas prevejam qualquer aumento de despesa em relação ao projeto original.

Com efeito, nos termos do artigo 63, incisos I e II, da Carta Magna,[46] não será admitido aumento da despesa prevista nos projetos: (a) de iniciativa exclusiva do presidente da República, ressalvado o disposto no artigo 166, § 3º e § 4º, da Lei Maior; (b) sobre organização dos serviços administrativos da Câmara dos Deputados, do Senado Federal, dos Tribunais Federais e do Ministério Público.

Portanto, como regra geral, será possível a apresentação de quaisquer emendas parlamentares aos projetos de lei (desde que respeitada a pertinência temática), inclusive quando contiverem previsão de aumento de despesa. Contudo, por exceção, e exclusivamente nas hipóteses mencionadas no parágrafo anterior, a própria Carta Magna de 1988 não permite que a emenda estabeleça aumento de despesa relativamente ao texto original do projeto de lei.

A doutrina costuma apontar a existência de 6 (seis) espécies ou modalidades de emendas aos projetos de lei: *emenda aditiva, emenda supressiva, emenda modificativa, emenda*

---

46. Constituição Federal, artigo 63: "Não será admitido aumento da despesa prevista: I – nos projetos de iniciativa exclusiva do Presidente da República, ressalvado o disposto no art. 166, § 3º e § 4º; II – nos projetos sobre organização dos serviços administrativos da Câmara dos Deputados, do Senado Federal, dos Tribunais Federais e do Ministério Público".

substitutiva, *emenda aglutinativa*, e, ainda, *emenda de redação*. Vejamos, em seguida, breves definições de cada uma daquelas espécies.

Emenda aditiva é aquela que acrescenta algo ao texto original da lei, ou seja, que tem por objetivo inserir novas normas ao projeto de lei em tramitação. A *emenda supressiva*, ao contrário, é a que tem por escopo reduzir o texto original da lei, suprimindo parte do projeto.

Emenda modificativa, ao seu turno, é a que altera a proposição, sem alterar, contudo, sua essência, sua substância. A *emenda substitutiva*, ao contrário, é aquela que altera justamente a essência da proposição[47]. Assim, por exemplo, uma emenda que aumentar um prazo previsto em um dispositivo legal será uma emenda modificativa; se deixar, contudo, de fixar um prazo, será substitutiva.

Existe uma espécie de emenda modificativa, denominada *emenda de redação*, que tem por objetivo corrigir vício de linguagem ou de técnica legislativa. Nesse caso, é importante esclarecermos, não será necessário que a emenda seja apreciada pela Casa de origem, uma vez que ela não representou qualquer mudança nas normas aprovadas pela Casa iniciadora, destinando-se apenas a corrigir lapsos manifestos existentes no projeto.

Devemos mencionar, para encerrar esse tema, que existe também a denominada *emenda aglutinativa*. Trata-se, esta última, de um recurso utilizado pelo relator do projeto de lei, para fundir várias emendas em uma só, para facilitar o trabalho dos parlamentares na nobre tarefa de discussão e votação do projeto.

DIVERSAS ESPÉCIES DE EMENDAS LEGISLATIVAS

– **Emenda aditiva**: tem por escopo acrescentar normas ao projeto de lei em tramitação.

– **Emenda supressiva**: é aquela que tem por objetivo suprimir parte do projeto.

– **Emenda modificativa**: é a que altera a proposição, sem alterar, contudo, sua essência, substância.

– **Emenda substitutiva**: é aquela que altera justamente a essência da proposição.

– **Emenda de redação**: tem por objetivo corrigir vício de linguagem ou de técnica legislativa.

– **Emenda aglutinativa**: tem por objetivo fundir várias emendas em uma só.

12.14 FASE CONSTITUTIVA E A DELIBERAÇÃO EXECUTIVA (SANÇÃO OU VETO)

A fase constitutiva, como já vimos, compreende as fases de deliberação parlamentar e de deliberação executiva. Na seara federal, também já vimos, a deliberação parlamentar refere-se à discussão e votação do projeto de lei, em ambas as Casas do Congresso Nacional, para sua aprovação ou rejeição. A deliberação executiva, nós o veremos agora, refere-se à sanção ou veto do projeto de lei, por ato exclusivo do presidente da República.

Com efeito, caso seja aprovado por ambas as Casas do Congresso Nacional (Câmara dos Deputados e Senado Federal), o projeto de lei será encaminhado ao Chefe do Poder Executivo da União (presidente da República), que poderá sancioná-lo, caso concorde com seus termos, ou vetá-lo, total ou parcialmente, caso o considere inconstitucional ou contrário ao interesse público.

---

47. A emenda substitutiva pode alterar apenas uma parte da proposição principal, ou pode alterar a proposição integralmente, hipótese em que recebe o nome de *substitutivo*.

Conforme se pode depreender da simples leitura do artigo 66, *caput*, da Constituição Federal,[48] a sanção é a manifestação concordante do presidente da República com o projeto de lei votado e aprovado por ambas as Casas do Congresso Nacional. *Sanção*, portanto, é o mesmo que *aquiescência* (expressão utilizada pelo próprio texto constitucional), manifestada pelo presidente da República, com as proposições constantes do projeto de lei aprovado pelo Congresso Nacional.

Naturalmente, na seara dos Estados-membros, do Distrito Federal e dos diversos Municípios da Federação, graças ao estudado princípio da simetria, a sanção será realizada, em caráter de exclusividade, pelo Chefe do Poder Executivo local (governador do Estado, do Distrito Federal ou Prefeito), após votação e aprovação do projeto de lei pelo respectivo Poder Legislativo (Assembleia Legislativa, Câmara Legislativa ou Câmara Municipal).

A sanção ao projeto de lei poderá ser *expressa* ou *tácita*. Será *sanção expressa* quando o respectivo Chefe do Poder Executivo externar sua aquiescência ao projeto de lei, de forma certa e inequívoca, dentro de um determinado prazo, fixado pela Constituição Federal, constituição do Estado ou lei orgânica do Distrito Federal ou do Município. Será *sanção tácita*, ao contrário, quando deixar passar aquele mesmo prazo, sem qualquer manifestação expressa de concordância com os seus termos. Referido prazo, devemos esclarecer, é de 15 (quinze) dias *úteis*, a contar do recebimento do projeto de lei aprovado pelo Congresso Nacional, conforme disposto no § 3º do artigo 66, da Lei Maior.[49]

A sanção também poderá ser classificada de *total* ou *parcial*. Será *sanção total*, a toda evidência, quando a manifestação concordante do Chefe do Poder Executivo referir-se à integralidade do projeto de lei submetido à deliberação executiva. Será *sanção parcial*, ao contrário, quando a aquiescência não for integral. A existência desta última modalidade de sanção, é importante que esclareçamos, é uma decorrência lógica do que dispõe o artigo 66 §§ 1º e 2º, da Constituição Federal, que trata do chamado veto parcial.

Após a sanção do Chefe do Poder Executivo, o texto da lei é submetido à fase complementar do processo legislativo, para sua promulgação e publicação no *Diário Oficial*. Assim, já podemos adiantar que, *a partir da sanção não há mais projeto de lei, mas sim verdadeira lei*. De qualquer forma, esse assunto será melhor tratado quando estudarmos a fase complementar do processo legislativo.

Questão importante, quando tratamos da sanção, refere-se à análise da possibilidade de a sanção presidencial sanar eventuais vícios formais existentes no processo legislativo. Dito em outras palavras, costuma-se questionar se a aquiescência ao projeto de lei, pelo Chefe do Poder Executivo, seria capaz de convalidar eventuais vícios formais ocorridos no transcorrer do processo legislativo, notadamente o de apresentação do projeto por quem não tinha legitimidade para tanto (vício de iniciativa).

E a resposta, tanto da doutrina como da jurisprudência, é no sentido de que *não é possível tal convalidação*. Com efeito, desde que a Súmula 5, do Supremo Tribunal Federal,[50] deixou de ser aplicada (isso a partir de 1974), todos os tribunais pátrios, inclusive o próprio Pretório Excelso, quando são instados a decidir sobre o assunto, têm se manifestado expressamente pela impossibilidade de a sanção presidencial sanar vícios de iniciativa.

Dessa forma, podemos afirmar que a existência de anteriores vícios formais, não só na fase de iniciativa, como também na de deliberação parlamentar, maculam o processo

---

48. Constituição Federal, artigo 66: "A Casa na qual tenha sido concluída a votação enviará o projeto de lei ao Presidente da República, que, aquiescendo, o sancionará".
49. Constituição Federal, artigo 66, § 3º: "Decorrido o prazo de quinze dias, o silêncio do Presidente da República importará sanção".
50. Supremo Tribunal Federal, Súmula 5: "A sanção do projeto supre a falta de iniciativa do Poder Executivo".

legislativo de forma irremediável, não podendo ser convalidados por eventual sanção presidencial. Nesses casos, estaremos diante de manifesta e inequívoca inconstitucionalidade formal do diploma normativo, a exigir sua declaração de inconstitucionalidade.

Analisada a sanção, passemos a estudar o *veto*. Este último, a toda evidência, é exatamente o oposto da sanção. Trata-se, em termos sintéticos, da não concordância, expressamente manifestada pelo Chefe do Poder Executivo, com o texto discutido e aprovado pelo Poder Legislativo. Nesse sentido, aliás, é o artigo 66, § 1º, da Carta Magna,[51] que dispõe que o presidente da República poderá vetar o projeto de lei, total ou parcialmente, caso o considere inconstitucional ou contrário ao interesse público.

Conforme ressalta a doutrina, o veto tem como características ser *expresso*, *motivado*, *formalizado*, *supressivo* (total ou parcial) e *superável*. Ele é *expresso*, devemos esclarecer, porque o silêncio do Chefe do Executivo (presidente da República, governador do Estado, governador do Distrito Federal ou prefeito) implica sempre sanção tácita. Logo, ao contrário do que se dá com a sanção, *não há hipóteses constitucionais de veto tácito*.

O veto também deverá ser sempre *motivado*, explicitando uma das hipóteses do supramencionado artigo 66, § 1º, da Constituição Federal, a saber: (a) inconstitucionalidade do dispositivo legal; ou (b) contrariedade ao interesse público. No primeiro caso, estaremos diante do denominado *veto jurídico*; no segundo, do *veto político*.

A motivação tem por objetivo permitir que o Parlamento possa avaliar adequadamente as razões que levaram o Chefe do Poder Executivo a vetar o projeto, de modo a lhe permitir decidir, de forma adequada, se é caso de mantê-lo ou derrubá-lo.[52] Segundo lição de Pedro Lenza,[53] "se o presidente da República simplesmente vetar, sem explicar os motivos de seu ato, estaremos diante da inexistência do veto". Ele conclui que a ausência de expressa motivação do veto produzirá os mesmos efeitos da sanção tácita.

Ademais, o veto deverá ser devidamente *formalizado*, com a comunicação de suas razões a quem de direito (com publicação no *Diário Oficial*) sob pena de o projeto de lei receber sanção tácita. Na seara federal, a formalização do veto (comunicação dos motivos do veto) é encaminhada ao presidente do Senado (artigo 66, § 1º, parte final, da Constituição Federal), no prazo de 48 (quarenta e oito) horas, para exame pelo Congresso Nacional.

Outra das características do veto é ser *supressivo*, o que quer dizer que ele só pode retirar (suprimir) normas do texto do projeto de lei, e jamais acrescentá-las. Ademais nos expressos termos da Constituição Federal (artigo 66, § 1º), o veto poderá ser total ou parcial, sendo hipótese de veto parcial, a toda evidência, a supressão apenas de parcela do texto do projeto de lei.

Ainda no tocante ao veto parcial, é importante ressaltarmos que o próprio texto constitucional previu limites à sua utilização. Com efeito, nos expressos termos do § 2º daquele mesmo artigo 66, de nossa Lei Maior,[54] esta modalidade de veto só poderá abranger texto integral de artigo, de parágrafo, de inciso ou alínea. Portanto, o item (que

---

51. Constituição Federal, artigo 66, § 1º: "Se o Presidente da República considerar o projeto, no todo ou em parte, inconstitucional ou contrário ao interesse público, vetá-lo-á total ou parcialmente, no prazo de quinze dias úteis, contados da data do recebimento, e comunicará, dentro de quarenta e oito horas, ao Presidente do Senado Federal os motivos do veto".
52. Nesses termos é a lição de Alexandre de Moraes: "Esta exigência decorre da necessidade do Poder Legislativo, produtor último da lei, de examinar as razões que levaram o Presidente da República ao veto, analisando-as para convencer-se de sua mantença ou de seu afastamento, com a consequente derrubada do veto". *Op. cit.*, p. 667.
53. *Op. cit.*, p. 464.
54. Constituição Federal, artigo 66, § 2º: "O veto parcial somente abrangerá texto integral de artigo, de parágrafo, de inciso ou de alínea".

subdivide a alínea) não poderá ser objeto de veto. Devemos ressaltar, ademais, que o veto parcial resulta em sanção do resto da lei. Se o veto for posteriormente superado, o texto do veto é incorporado àquela lei, só que com data de vigência a partir de sua publicação.

Recebidas as razões do veto, o Congresso Nacional, *em sessão conjunta*, terá 30 (trinta) dias *corridos*, a contar de seu recebimento, para apreciá-las, necessitando dos votos da *maioria absoluta* de seus membros para rejeitá-lo. É o que determina expressamente o artigo 66, § 4°, da Carta Magna,[55] conforme redação que lhe conferiu a Emenda Constitucional 76, de 26 de novembro de 2013. Temos, aqui, a evidência do caráter *superável* do veto.

Contudo, é importante esclarecer que, se o Congresso Nacional não apreciar o veto naquele prazo de 30 (trinta) dias, não haverá que falar em rejeição ou mesmo manutenção do veto. O que ocorrerá, isto sim, é a denominada *obstrução de pauta*, sobrestando a deliberação de todas as demais proposições, até que o veto seja examinado pelo Parlamento. É o que consta do artigo 66, § 6°, da Carta Magna, o qual determina que "esgotado sem deliberação o prazo estabelecido no § 4°, o veto será colocado na ordem do dia da sessão imediata, sobrestadas as demais proposições, até sua votação final".

Se o veto for derrubado pelo Congresso Nacional, será o projeto enviado ao presidente da República, para promulgação e publicação. É o que determina o artigo 66, § 5°, da Constituição Federal. Contudo, se a lei não for promulgada pelo Chefe do Poder Executivo, dentro do prazo de 48 (quarenta e oito) horas, o presidente do Senado a promulgará, e, se este não o fizer em igual prazo, caberá ao vice-presidente do Senado fazê-lo (artigo 66, § 7°, da Carta Magna).

DELIBERAÇÃO EXECUTIVA (SANÇÃO OU VETO)

– **Sanção** é a manifestação concordante do Chefe do Poder Executivo (presidente da República, governador ou prefeito) com o projeto de lei votado e aprovado pelo respectivo Parlamento.

– **Sanção expressa**: o Chefe do Poder Executivo externa sua aquiescência ao projeto de lei, de forma certa e inequívoca, dentro de um determinado prazo, fixado pela constituição ou lei orgânica.

– **Sanção tácita**: o Chefe do Poder Executivo deixa passar o prazo sem qualquer manifestação expressa de concordância com os termos do projeto aprovado pelo Parlamento.

– **Veto** é a não concordância, expressamente manifestada pelo Chefe do Poder Executivo, com o texto discutido e aprovado pelo Poder Legislativo. O veto tem como características ser *expresso, motivado, formalizado, supressivo* (total ou parcial) e *superável*, conforme definições a seguir fornecidas:

– **Expresso**: o silêncio do Chefe do Poder Executivo implica sempre sanção tácita. Logo, ao contrário do que se dá com a sanção, *não há hipóteses constitucionais de veto tácito*.

– **Motivado**: o Chefe do Poder Executivo deverá explicitar uma das hipóteses do artigo 63, § 1°, da Constituição Federal: inconstitucionalidade do dispositivo legal; ou contrariedade ao interesse público.

– **Formalizado**: deve haver a comunicação das razões do veto a quem de direito (com publicação no *Diário Oficial*) sob pena de o projeto de lei receber sanção tácita.

– **Supressivo**: só pode suprimir normas do texto do projeto de lei, e jamais acrescentá-las. Tal supressão poderá ser total ou parcial.

– **Superável**: recebidas as razões do veto, o Congresso Nacional, em sessão conjunta, poderá rejeitá-lo pelo voto da *maioria absoluta* de seus membros em votação aberta (Emenda Constitucional 76/2013).

---

55. Constituição Federal, artigo 66, § 4°: "O veto será apreciado em sessão conjunta, dentro de trinta dias a contar de seu recebimento, só podendo ser rejeitado pelo voto da maioria absoluta dos deputados e senadores".

12.15 FASE COMPLEMENTAR

Ao iniciar nossos estudos sobre o denominado procedimento legislativo comum ou ordinário, vimos que a fase complementar compreende a promulgação e a publicação da lei. Aqui, devemos insistir, não há mais que se falar em projeto de lei, uma vez que a sanção presidencial (expressa ou tácita), ou a derrubada do veto, pelo Congresso Nacional, já o transformara em lei efetiva. Esse fato, aliás, como nos lembra Pedro Lenza,[56] pode ser extraído do próprio texto constitucional, tendo em vista que o artigo 66, § 7°, da Lei Maior, em sua primeira parte, fala expressamente *em promulgação da lei, e não do projeto de lei*.

Promulgação é a autenticação da lei. É o ato que atesta que a ordem jurídica foi alterada, que declara que uma nova lei foi editada e precisa ser cumprida. Trata-se, portanto, do ato que confere eficácia à lei. A partir desse momento, a lei se torna apta a produzir seus efeitos, gerando certeza e validade. Nas palavras de José Afonso da Silva,[57] "o ato de promulgação tem, assim, como conteúdo a presunção de que a lei promulgada é válida, executória e potencialmente obrigatória".

Da leitura do supramencionado artigo 66, § 7°, da Carta Magna,[58] podemos perceber que, na generalidade dos casos, a promulgação da lei cabe ao presidente da República, no prazo de 48 (quarenta e oito) horas, contados da sanção expressa ou tácita, ou da comunicação da rejeição do veto. Caso o Chefe do Poder Executivo não o faça naquele prazo, a lei deverá ser promulgada pelo presidente do Senado, também no prazo de 48 (quarenta e oito) horas. Se este também não o fizer, a promulgação deverá ser feita pelo vice-presidente do Senado.

Devemos ressaltar, contudo, que a própria Constituição Federal determina, em seu artigo 60, § 3°, que o presidente da República (Chefe do Poder Executivo Federal) não promulgará as emendas à Constituição. No que tange a estas, o dever de promulgá-las caberá às Mesas da Câmara dos Deputados e do Senado Federal.

Em se tratado de lei produzida no âmbito dos diversos Estados da Federação, do Distrito Federal ou dos Municípios, a promulgação do diploma legal, levando-se em consideração o já estudado princípio da simetria (ou do paralelismo), caberá ao respectivo governador do Estado ou do Distrito Federal, ou ao Prefeito, em prazo singelo, contado da sanção expressa ou tácita, ou da comunicação da rejeição do veto, pelo Parlamento correlato. E caso o Chefe do Poder Executivo não o promulgue, tal incumbência caberá ao presidente do respectivo Parlamento, em igual prazo.

Após sua promulgação, a lei ainda deverá ser publicada, para que toda a sociedade possa tomar conhecimento de sua promulgação. Dito em outras palavras, a *publicação da lei* é o ato que leva a todos o conhecimento de que a ordem jurídica foi inovada, gerando, assim, a obrigatoriedade de sua observância, a partir do início de sua vigência, por toda a sociedade e também pelo poder público, que não podem mais alegar que a desconhecem.

A obrigação de publicar é de quem promulgou o ato normativo (ordinariamente, o chefe do Poder Executivo). Com a promulgação, a lei vai direto para o *Diário Oficial*, para publicação. A não publicação caracteriza a prática de crime de responsabilidade do presidente da República, na seara federal, do governador ou do prefeito, no âmbito dos demais

---

56. *Op. cit.*, p. 465.
57. *Op. cit.*, p. 529.
58. Constituição Federal, artigo 66, § 7°: "Se a lei não for promulgada dentro de quarenta e oito horas pelo Presidente da República, nos casos dos § 3° e § 5°, o Presidente do Senado a promulgará, e, se este não o fizer em igual prazo, caberá ao Vice-Presidente do Senado fazê-lo".

entes da Federação. Naturalmente, se a promulgação tiver sido realizada pelo presidente do Senado (na hipótese de inércia do presidente da República), será daquele a responsabilidade pela publicação da lei.

A Lei Complementar 95, de 26 de fevereiro de 1998, que dispõe sobre a elaboração, a redação, a alteração e a consolidação das leis, determina expressamente, em seu artigo 8º, que a vigência da lei deverá ser indicada de forma expressa e de modo a contemplar prazo razoável para que dela se tenha amplo conhecimento, reservada a cláusula "entra em vigor na data de sua publicação" para as leis de pequena repercussão. Assim, como regra geral, uma vez publicada, a lei entrará em vigor na data expressamente indicada no diploma normativo.

Contudo, caso a lei publicada seja omissa em relação à data em que entrará em vigor, devem ser aplicadas ao caso as normas existentes na Lei de Introdução às Normas do Direito Brasileiro. Com efeito, nos termos do artigo 1º, *caput*, desta norma de sobredireito, "salvo disposição contrária, a lei começa a vigorar em todo o País quarenta e cinco dias depois de oficialmente publicada". Assim, se a lei não fixar a data do início de sua vigência, começará a viger, no Brasil, 45 (quarenta e cinco) dias depois de publicada.

Já nos Estados estrangeiros, a obrigatoriedade da lei brasileira, quando admitida, iniciar-se-á 3 (três) meses depois de oficialmente publicada, tudo conforme determina expressamente o artigo 1º, § 1º, da Lei de Introdução às Normas do Direito Brasileiro. Referida lei também determina que, se ocorrer nova publicação do texto, destinada à sua correção, antes de a lei entrar em vigor, o prazo de vigência começará a correr da nova publicação (artigo 1º, § 3º). Determina, ademais, que "as correções a texto de lei já em vigor consideram-se lei nova" (artigo 1º, § 4º).

FASE COMPLEMENTAR

– **Promulgação** é a autenticação da lei. É o ato que atesta que a ordem jurídica foi alterada, que declara que uma nova lei foi editada e precisa ser cumprida. Trata-se, portanto, do ato que confere eficácia à lei. A partir desse momento, a lei se torna apta a produzir seus efeitos, gerando certeza e validade.

– Na generalidade dos casos, a promulgação da lei cabe ao Chefe do Poder Executivo, no prazo de 48 (quarenta e oito) horas, contados da sanção expressa ou tácita, ou da comunicação da rejeição do veto. Caso ele não o faça naquele prazo, a lei deverá ser promulgada pelo presidente do Senado (no âmbito federal), ou pelo presidente do respectivo Parlamento, em igual prazo.

– **Publicação** é a inserção do texto da lei promulgada no *Diário Oficial*, para que todos sejam cientificados de sua existência. Com sua publicação, fica estabelecido o momento em que a sociedade tomou conhecimento de a nova lei foi promulgada.

– A obrigação de publicar é de quem promulgou o ato normativo (ordinariamente, o chefe do Poder Executivo). Com a promulgação, a lei vai direto para o *Diário Oficial*, para publicação. A não publicação caracteriza a prática de crime de responsabilidade do presidente da República, governador ou prefeito.

12.16 PROCEDIMENTO LEGISLATIVO SUMÁRIO (REGIME DE URGÊNCIA)

Nesta seção, nos dedicaremos ao estudo do procedimento legislativo sumário. Esse rito, é importante que se diga, encontra-se expressamente previsto no artigo 64, § 1º, da Constituição Federal, o qual dispõe que "o Presidente da República poderá pedir urgência para os projetos de sua iniciativa". É justamente esse regime de urgência, albergado pela Carta Magna, a que a doutrina costuma denominar de rito ou procedimento legislativo sumário.

Como já mencionamos anteriormente, referido rito assemelha-se muito com o procedimento legislativo comum ou ordinário, em todas as suas fases. Difere deste último basicamente por se destinar aos projetos de lei cuja iniciativa tenha sido do presidente da República, quando este expressamente tiver pleiteado que corram em regime de urgência e também por contar com prazos consideravelmente mais curtos, na fase da deliberação parlamentar.

A primeira diferença marcante entre o rito legislativo sumário e o rito legislativo ordinário, portanto, é que este último se destina à produção de leis complementares e leis ordinárias de iniciativa de quaisquer dos legitimados previstos no artigo 61, *caput*, da Carta Magna,[59] ao passo que *o procedimento legislativo sumário destina-se tão somente aos projetos de lei (complementar ou ordinária) iniciados pelo presidente da República, e desde que este solicite que tramitem em regime de urgência*.

Não podemos deixar de esclarecer, nesta oportunidade, que o regime de urgência não se aplica somente aos projetos de lei de iniciativa privativa (também denominada exclusiva ou reservada) do presidente da República. Na realidade, ele poderá ser solicitado pelo Chefe do Poder Executivo em qualquer projeto de lei complementar ou de lei ordinária que tiver sido por ele iniciado, seja hipótese de iniciativa reservada, seja de iniciativa concorrente com outros legitimados.

Os projetos de lei que, a pedido do presidente da República, tramitarem em regime de urgência, devem ser apresentados para discussão e votação na Câmara dos Deputados, tudo conforme determina o artigo 64, *caput*, da Constituição Federal.[60] Portanto, no rito legislativo sumário, a Câmara dos Deputados será sempre a Casa iniciadora, cabendo ao Senado Federal, por consequência, a função de Casa revisora daqueles projetos.

A outra grande diferença do regime de urgência (rito legislativo sumário) em relação ao procedimento legislativo ordinário, nós já adiantamos supra, é que, naquele, os prazos fixados para a tramitação dos projetos de lei, na fase de deliberação parlamentar, são consideravelmente mais curtos.[61] Com efeito, da simples leitura do artigo 64, § 2º, da Lei Maior,[62] podemos perceber que, no rito sumário, tanto a Câmara dos Deputados como o Senado Federal deverão se manifestar sobre o projeto *no prazo máximo de 45 (quarenta e cinco) dias, sob pena de obstrução de pauta*.

Portanto, se o projeto de lei em tramitação sob o regime de urgência não for votado pela Câmara dos Deputados naquele curto prazo de 45 (quarenta e cinco) dias, nada mais poderá ser votado naquela Casa, com exceção, nos termos daquele dispositivo constitucional, dos projetos que tenham prazo constitucional determinado, como é o caso, por exemplo, das medidas provisórias. Deliberado na Câmara dos Deputados, e caso aprovado, o projeto vai para o Senado Federal, que deverá apreciá-lo também no prazo de 45 (quarenta e cinco) dias, sob pena de, aqui também, ocorrer obstrução de pauta.

Se o projeto de lei sofrer emendas no Senado Federal, volta à Câmara dos Deputados, *para exclusiva apreciação das emendas*, no prazo de 10 (dez) dias, tudo conforme determina

---

59. Constituição Federal, artigo 61: "A iniciativa das leis complementares e ordinárias cabe a qualquer membro ou Comissão da Câmara dos Deputados, do Senado Federal ou do Congresso Nacional, ao Presidente da República, ao Supremo Tribunal Federal, aos Tribunais Superiores, ao procurador-geral da República e aos cidadãos, na forma e nos casos previstos nesta Constituição".
60. Constituição Federal, artigo 64: "A discussão e votação dos projetos de lei de iniciativa do Presidente da República, do Supremo Tribunal Federal e dos Tribunais Superiores terão início na Câmara dos Deputados".
61. No rito legislativo ordinário, a bem da verdade, não há qualquer previsão de prazo, o que permite que alguns projetos de lei permaneçam em tramitação indefinidamente, ou, no mínimo, por muito tempo.
62. Constituição Federal, artigo 64, § 2º: "Se, no caso do § 1º, a Câmara dos Deputados e o Senado Federal não se manifestarem sobre a proposição, cada qual sucessivamente, em até quarenta e cinco dias, sobrestar-se-ão todas as demais deliberações legislativas da respectiva Casa, com exceção das que tenham prazo constitucional determinado, até que se ultime a votação".

o artigo 64, § 3º, da Constituição Federal,[63] também sob pena de obstrução de pauta. Se a Câmara dos Deputados não aceitar as emendas, dever-se-á aplicar aqui o *princípio da primazia da deliberação principal,* conforme já estudamos ao tratar das emendas ao projeto de lei no procedimento ordinário.

Ao contarmos os prazos fixados pela Carta Magna – 45 (quarenta e cinco) dias para a deliberação em cada Casa do Congresso Nacional e mais 10 (dez) dias para exame de eventuais emendas apresentadas pelo Senado Federal –, notamos que o regime de urgência foi concebido para ser discutido e votado, idealmente, no prazo máximo de 100 (cem) dias. Contudo, é importante esclarecer que a própria Constituição Federal dispõe que aqueles prazos não correm nos períodos de recesso do Congresso Nacional,[64] o que resulta na possibilidade de o projeto de lei ser discutido e votado em prazo consideravelmente maior que aquele.

A Carta Magna de 1988, em seu artigo 64, § 4º, é expressa e inequívoca em *vedar a utilização do regime de urgência para a discussão e votação, pelo Congresso Nacional, dos projetos de Código.* Com efeito, muito provavelmente em razão da importância dessa espécie de diploma legal, o constituinte originário considerou melhor que eles não sejam submetidos a um rito mais célere, devendo ser amplamente discutidos e votados pelos Parlamentares, por meio do denominado procedimento legislativo comum ou ordinário.

Para encerrarmos este estudo sobre o procedimento legislativo sumário, não podemos deixar de mencionar que, com fundamento no princípio da simetria, é perfeitamente possível que os demais entes que compõem nossa Federação (Estados, Distrito Federal e Municípios) prevejam, em suas respectivas constituições estaduais e leis orgânicas, a faculdade de o Chefe do Poder Executivo correlato solicitar que projetos de leis por eles próprios iniciados tramitem sob o regime de urgência (rito legislativo sumário, portanto).

PROCEDIMENTO LEGISLATIVO SUMÁRIO

– O procedimento legislativo sumário está previsto no artigo 64, § 1º, da Constituição Federal, o qual dispõe que "o presidente da República poderá pedir urgência para os projetos de sua iniciativa". É justamente este regime de urgência a que a doutrina costuma denominar de rito ou procedimento legislativo sumário.

– A primeira diferença entre o rito sumário e o ordinário é que este último se destina à produção de leis de iniciativa de quaisquer dos legitimados do artigo 61, da Carta Magna, ao passo que o sumário destina-se somente aos projetos de lei iniciados pelo presidente da República, e desde que este solicite que eles tramitem em regime de urgência.

– O regime de urgência não se aplica somente aos projetos de lei de iniciativa privativa do presidente da República, mas sim a todos os projetos de lei complementar e ordinária por ele iniciados, sejam os de iniciativa reservada, sejam os de iniciativa concorrente com outros legitimados.

– A outra grande diferença do regime de urgência em relação ao procedimento legislativo ordinário é que os prazos fixados para a tramitação dos projetos de lei, na fase de deliberação parlamentar, são consideravelmente mais curtos no rito legislativo sumário.

– No procedimento legislativo sumário, ambas as Casas do Congresso Nacional deverão se manifestar sobre o projeto no prazo máximo de 45 (quarenta e cinco) dias, sob pena de obstrução de pauta. Se o projeto de lei sofrer emendas no Senado Federal, volta à Câmara dos Deputados, para ser apreciado no prazo de 10 (dez) dias.

– A Carta Magna veda a utilização do regime de urgência para a discussão e votação, pelo Congresso Nacional, dos projetos de Código (artigo 64, § 4º, da Constituição Federal).

---

63. Constituição Federal, artigo 64, § 3º: "A apreciação das emendas do Senado Federal pela Câmara dos Deputados far-se-á no prazo de dez dias, observado quanto ao mais o disposto no parágrafo anterior".
64. Constituição Federal, artigo 64, § 4º: "Os prazos do § 2º não correm nos períodos de recesso do Congresso Nacional, nem se aplicam aos projetos de código".

12.17 PROCEDIMENTOS ESPECIAIS: NOTAS INTRODUTÓRIAS

Nós já vimos anteriormente que as diferentes espécies normativas, previstas tanto no artigo 59 como nos artigos 165 e seguintes, da Constituição Federal, seguem ritos distintos, no processo destinado à sua elaboração, o que nos permitia concluir que a Carta Magna previu diferentes ritos ou procedimentos, para a elaboração das normas ali previstas. Vimos, igualmente, que aqueles ritos podiam ser divididos, para fins didáticos, em três categorias distintas.

O procedimento legislativo comum, destinado às denominadas leis ordinárias e às leis complementares, é composto por 3 (três) fases distintas, e bem demarcadas. A primeira, denominada fase *introdutória*, diz respeito ao ato que desencadeia o processo legislativo. A segunda é a chamada fase *constitutiva*, e que se refere não só à deliberação parlamentar, como também à deliberação executiva do projeto de lei. A terceira fase, por fim, chama-se fase *complementar*, e se destina à promulgação e publicação da lei.

O rito ou procedimento legislativo sumário, a seu turno, assemelha-se muito com o procedimento legislativo comum ou ordinário, em todas as suas fases. Difere daquele, em síntese, porque é destinado apenas a projetos de lei cuja iniciativa tenha sido do presidente da República, quando este expressamente pleitear que corram em regime de urgência e também porque os prazos são consideravelmente mais curtos, na fase da deliberação parlamentar.

Por fim, o rito ou procedimento legislativo especial, e que se destina às demais espécies normativas previstas na Constituição Federal, é assim denominado por apresentar especificidades em relação ao procedimento comum, destinado às leis complementares e às leis ordinárias. É o que acontece com as emendas à Constituição, as leis delegadas, as medidas provisórias, os decretos legislativos, as resoluções e as leis orçamentárias.

Assim, ultimados nosso estudo sobre o rito ordinário e também sobre o rito sumário, passaremos a estudar, a partir de agora, o denominado rito especial, destinado àquelas espécies normativas citadas no parágrafo anterior. Buscaremos demonstrar, nas seções que se seguem, as fases por que passam cada uma daquelas espécies de normas, evidenciando as especificidades que as distinguem das leis complementares e ordinárias, submetidas ao procedimento comum. É o que veremos a partir de agora, iniciando nossos estudos pelas emendas constitucionais.

12.18 EMENDA À CONSTITUIÇÃO

Nós já vimos que as espécies normativas relacionadas na Constituição de 1988, e submetidas ao processo legislativo fixado pelo texto constitucional, são normas primárias (autônomas), que extraem sua legitimidade da própria Carta Magna, não havendo, portanto, qualquer subordinação hierárquica entre elas. A única exceção dá-se em relação às emendas constitucionais, que estão em patamar hierárquico superior a todas as demais normas previstas na Constituição Federal *porque são autênticas normas constitucionais*.

Com efeito, como constatamos no Capítulo 2 deste livro, as emendas constitucionais são editadas pelo denominado poder constituinte derivado reformador, também denominado *poder de emenda*, ou, ainda, *poder de revisão*, e têm por escopo justamente alterar a Constituição Federal vigente. Em outras palavras, o poder constituinte reformador é aquele que, amparado na própria vontade do poder constituinte originário, permite que a Carta Magna sofra modificações, nos termos expressamente fixados no texto constitucional.

Também constatamos, naquela mesma oportunidade, que a denominação de poder constituinte somente é conferida ao poder constituinte derivado reformador porque sua força advém (deriva) do próprio poder constituinte originário, o qual, em razão do caráter permanente que lhe é peculiar, permite (e mesmo exige) constante manifestação, diante da inequívoca necessidade de aperfeiçoamento, por meio de alterações ou complementações, das normas por ele inicialmente fixadas.

Por se tratar de uma modalidade de poder constituinte derivado, trata-se de um poder subordinado e também condicionado ao poder constituinte originário, não podendo desrespeitar os limites impostos por este último, nem desrespeitar as regras procedimentais fixadas pela Constituição Federal, para a reforma de seu texto. Caso haja desrespeito, pelo poder constituinte derivado reformador, aos limites e regras procedimentais fixados pelo constituinte originário, estaremos diante de inequívoca hipótese de inconstitucionalidade da emenda à Constituição, o que a sujeitará ao inevitável controle de constitucionalidade.

Com fundamento no estudado princípio da simetria, é perfeitamente possível que os Estados-membros, o Distrito Federal e os diversos Municípios também prevejam, em suas respectivas constituições estaduais e leis orgânicas, a edição de emendas constitucionais e emendas à lei orgânica. Eles deverão adotar, tanto quanto possível, regras simétricas às fixadas pela Constituição Federal, para a promulgação de emendas, seja no que se refere ao rol de legitimados, seja no tocante às matérias que não podem ser objeto de emenda, seja ainda sobre o rito mais difícil exigido para sua edição.

12.19 LIMITES À ELABORAÇÃO DAS EMENDAS CONSTITUCIONAIS

A Constituição de 1988 fixou, no transcorrer de seu artigo 60, um conjunto de normas que estabelecem não só as matérias que não podem ser objeto de reforma (as denominadas cláusulas pétreas), como também as regras e condicionamentos relativos às matérias que o podem. No primeiro caso, ao relacionar as matérias que não podem ser objeto de emenda constitucional, estabeleceu os denominados *limites materiais* do poder constituinte derivado. E, ao fixar um conjunto de regras para a edição de emendas constitucionais, tratou das chamadas *limitações formais*, *circunstanciais* e *temporais* à edição de emendas.

As *limitações materiais* à edição das emendas constitucionais, já o vimos no Capítulo 2 desta obra, estão previstas no artigo 60, § 4º, da Constituição Federal. Temos, naquele dispositivo constitucional, as chamadas *cláusulas pétreas*, ou seja, as matérias que, trazidas ao corpo da Lei Maior vigente pelo poder constituinte originário, também conhecido como poder constituinte de primeiro grau, não podem, de maneira alguma, ser objeto de emenda constitucional.

Nos termos daquele dispositivo constitucional, não será objeto de deliberação a proposta de emenda *tendente* a abolir (basta a potencialidade, não havendo necessidade de que efetivamente ocorra a hipótese): a forma federativa de Estado (inciso I); o voto direto, secreto, universal e periódico (inciso II); a separação dos Poderes (inciso III); e os direitos e garantias individuais (inciso IV).

A primeira limitação de caráter *formal*, nós a temos no próprio *caput* do artigo 60, da Lei Magna. Segundo o dispositivo, nossa Carta Magna somente poderá ser emendada mediante proposta: (a) de 1/3 (um terço), no mínimo, dos membros da Câmara dos Deputados ou do Senado Federal; (b) do presidente da República; ou (c) de mais da metade das Assembleias Legislativas dos Estados, manifestando-se, cada uma delas, pela maioria relativa de seus membros. Temos, naquele dispositivo constitucional, os únicos legitimados para a propositura de emendas à Constituição.[65]

A segunda limitação de ordem *formal* está consignada no § 2º, do mesmo artigo 60, de nossa Lei Magna. Segundo determinação dele constante, a proposta de emenda à Constituição deverá ser discutida e votada, em cada uma das Casas do Congresso Nacional, em 2 (dois) turnos, e somente será aprovada se obtiver, em ambos os turnos, 3/5 (três quintos) dos votos dos respectivos membros.

Por sua vez, no artigo 60, § 1º, da Constituição Federal, foi fixada uma limitação de caráter *circunstancial*. É que, de acordo com a vontade do poder constituinte originário, a Constituição de 1988 não poderá sofrer modificações (emendas) na vigência de intervenção federal, de estado de defesa ou de estado de sítio. O objetivo do legislador constituinte, ao fixar essa limitação circunstancial à reforma do texto constitucional, foi evitar que as emendas constitucionais fossem aprovadas em momentos de instabilidade política, sem possibilidade de ampla discussão popular sobre o tema da reforma, em razão de possível mitigação de direitos fundamentais, por imposição do Estado, como forma de debelar as crises internas.

A última limitação expressa à edição de emendas constitucionais é de caráter *temporal*, e está prevista no artigo 60, § 5º, da Constituição Federal. Segundo referida norma constitucional, a matéria constante de proposta de emenda rejeitada ou havida por prejudicada não pode ser objeto de nova proposta na mesma sessão legislativa. É importante ressaltar, contudo, que há autores que afirmam, em suas obras, que a limitação fixada pelo § 5º do artigo 60 da Carta Magna, não configuraria uma limitação temporal, e que a Constituição de 1988, portanto, não conteria qualquer hipótese de limitação desta espécie.[66]

Por outro lado, além daquelas matérias expressamente consignadas na Constituição Federal que não podem ser objeto de reforma, e que, por isso mesmo, são denominadas *limitações explícitas*, existem outras matérias que, muito embora não sejam claramente enunciadas pela Lei Maior, também não podem ser objeto de emenda à Constituição, por força dos princípios e do próprio sistema constitucional em vigor. São, por isso, denominadas de *limitações implícitas*.

É assim, por exemplo, que também não podem ser editadas emendas constitucionais para a alteração das normas existentes na Carta Magna relativas à organização do Estado, notadamente as relativas à fixação das competências dos entes que compõem a Federação, à titularidade e ao exercício do poder constituinte, bem como os princípios fundamentais, constantes do Título I, da Constituição de 1988.

Não podem ser objeto de emenda à Constituição, da mesma forma, as regras procedimentais mais rígidas para a alteração do texto constitucional, fixadas no mencionado artigo 60, da Constituição Federal vigente. Com efeito, caso fossem alteradas as regras procedimentais ali estabelecidas, estar-se-ia permitindo que o poder de reforma do texto constitucional fosse exercido de maneira diversa (e, eventualmente, mais fácil) daquela concebida pela vontade popular, e manifestada por meio da Assembleia Nacional Constituinte.

---

65. Contudo, como já mencionamos anteriormente, José Afonso da Silva e Pedro Lenza defendem que as emendas constitucionais também poderiam ser propostas por iniciativa popular, mesmo que tal hipótese não conste expressamente do rol do supramencionado artigo 60, *caput*, da Constituição Federal.
66. Nesses termos, por exemplo, é o entendimento de Alexandre de Moraes: "As limitações circunstanciais não se confundem com as chamadas *limitações temporais*, não consagradas por nossa Constituição Federal e consistentes na vedação, por determinado lapso temporal, de alterabilidade das normas constitucionais". *Op. cit.*, p. 674.

O mesmo raciocínio, aliás, vale também para o próprio rol das cláusulas pétreas, declinado no artigo 60, § 4º, da Carta Magna. Com efeito, não é possível a supressão, por meio de emenda constitucional, de alguma das matérias ali relacionadas (caso, por exemplo, do voto secreto), para, em seguida, por meio de outra emenda, dispor sobre a matéria de maneira diferente (exigindo, ao contrário, que o voto passe a ser declarado).

Consideramos, ademais, não ser possível ao poder constituinte derivado reformador inserir cláusulas pétreas no rol do artigo 60, § 4º, da Constituição Federal, uma vez que tal ocorrência implicaria manifesto desrespeito, por parte de um poder constituído, à vontade expressamente manifestada pelo poder constituinte originário, de relacionar como cláusulas pétreas apenas aquelas hipóteses ali relacionadas.

Na hipótese de uma emenda à Constituição não observar aqueles limites e condicionamentos, tanto materiais, como formais, circunstanciais ou mesmo temporais fixados pela Carta Magna vigente, para a edição de emendas constitucionais, restará caracterizada, no primeiro caso, a inconstitucionalidade material da emenda constitucional, e, nas demais hipóteses, a inconstitucionalidade formal, quer subjetiva, por vício de iniciativa, quer objetiva, por vício de rito, de tramitação.

12.20 PROCEDIMENTO LEGISLATIVO DAS EMENDAS À CONSTITUIÇÃO

As normas relativas ao procedimento legislativo das emendas à Constituição estão consignadas no artigo 60, da Carta Magna. Segundo referido dispositivo constitucional, a Constituição Federal poderá ser emendada mediante proposta: (a) de 1/3 (um terço), no mínimo, dos membros da Câmara ou do Senado; (b) do presidente da República; (c) ou de mais da metade das Assembleias Legislativas dos Estados, manifestando-se cada uma delas pela maioria relativa de seus membros.

Portanto, a iniciativa dos projetos de emenda constitucional somente poderá ser exercitada por algum daqueles legitimados relacionados no *caput* do artigo 60, da Carta Magna, e citados acima. Ademais, como se pode notar facilmente, o poder de iniciativa para a edição das emendas à Constituição é concorrente, uma vez que qualquer um daqueles legitimados poderá dar início, sozinho, ao processo legislativo para a edição daquela espécie normativa.

Como vimos ao tratar da iniciativa popular no processo legislativo, a despeito de a Constituição Federal determinar expressamente que os únicos legitimados (concorrentes, insista-se) para a propositura de emendas à Constituição são aqueles expressamente relacionados nos incisos de seu artigo 60, alguns doutrinadores defendem que as emendas constitucionais também poderiam ser propostas por iniciativa popular.

Eles fundamentam seu entendimento, em apertada síntese, em alguns princípios fundamentais da Constituição de 1988. Citam, por exemplo, o artigo 1º, parágrafo único, da Carta Magna, que estabelece que o poder também deva ser exercido diretamente pelo povo, bem como o artigo 14, incisos I e II, da Lei Maior, que dispõem que a soberania popular será exercida por plebiscito e referendo. Citam, por fim, o artigo 49, inciso XV, do mesmo texto constitucional, que confere ao Congresso Nacional a competência para autorizar o referendo facultativo.

Contudo, com o devido respeito, tal entendimento não nos parece o mais acertado. Consideramos que os legitimados para propor emendas à Constituição são apenas aqueles expressamente consignados no artigo 60, da Carta Magna. Mesmo que tal previsão tenha sido cogitada, nos trabalhos da Assembleia Nacional Constituinte, a verdade é que a vontade expressada pelo constituinte originário, ao final das contas, foi pela não inclusão, na norma constitucional que disciplinou a matéria, da possibilidade de emendas constitucionais serem propostas por meio de iniciativa popular.

O rito para aprovação das emendas constitucionais é bem mais difícil que o fixado para as leis complementares e leis ordinárias (rito legislativo comum ou ordinário). Com efeito, nos termos do § 2º do artigo 60, da Constituição Federal, a proposta de emenda deverá ser discutida e votada em cada Casa do Congresso Nacional, em 2 (dois) turnos, e somente será aprovada ser obtiver, em ambos os turnos, 3/5 (três quintos) dos votos dos respectivos membros.

Como se vê, na fase de deliberação parlamentar, o projeto de emenda constitucional deverá ser submetido 2 (duas) vezes à discussão e votação, em cada Casa do Congresso Nacional, e somente logrará êxito se obtiver, em cada votação, a aprovação de, pelo menos, 3/5 (três quintos) dos membros de respectiva Casa. Portanto, não resta dúvida que, no procedimento legislativo fixado para as emendas à Constituição, a fase de deliberação parlamentar é muito mais rigorosa do que a estabelecida para o rito legislativo comum ou ordinário.

Por outro lado, no rito legislativo das emendas constitucionais, não há a fase de deliberação executiva. Com efeito, da simples leitura da Constituição Federal, percebe-se facilmente que não há a previsão de sanção ou veto do presidente da República, no processo legislativo desta espécie normativa. Assim, aprovada a emenda à Constituição, pelo Congresso Nacional, ela passa diretamente à fase complementar, sem passar previamente pela fase de deliberação executiva.

E como as emendas constitucionais não passam pelo crivo do presidente da República, a promulgação e publicação das emendas à Constituição, na fase complementar, não serão de competência do Chefe do Poder Executivo, como se dá com as leis complementares e leis ordinárias, mas sim das Mesas da Câmara dos Deputados e do Senado Federal, conforme disposto expressamente no artigo 60, § 3º, da nossa Carta Magna.[67]

É imperioso esclarecer que não se aplica, aos projetos de emenda constitucional, a regra do artigo 67, da Constituição Federal, que permite que as matérias constantes de projeto de lei recusados pelo Congresso Nacional sejam apresentadas, ainda na mesma sessão legislativa, desde que por iniciativa da maioria absoluta dos membros da Câmara dos Deputados ou do Senado Federal.

Com efeito, no caso específico das emendas à Constituição, a regra constitucional a ser aplicada é aquela consignada no artigo 60, § 5º, da Carta Magna, a qual determina, de maneira expressa e inequívoca, que a matéria constante de proposta de emenda constitucional rejeitada ou havida por prejudicada[68] não pode ser objeto de nova proposta na mesma sessão legislativa.

Como regra geral, a emenda constitucional entra em vigor na data de sua publicação. Contudo, como nos lembram Ricardo Cunha Chimenti, Fernando Capez, Márcio F. Elias Rosa e Marisa F. Santos,[69] não existe qualquer vedação de que haja a fixação de uma *vacatio*

---

67. Constituição Federal, artigo 60, § 3º: "A emenda à Constituição será promulgada pelas Mesas da Câmara dos Deputados e do Senado Federal, com o respectivo número de ordem".
68. Devemos entender por proposta de emenda constitucional "havida por prejudicada" aquela que sequer foi submetida à votação de sua matéria, pelo plenário da Casa em que estava tramitando. É o caso, por exemplo, de projeto de emenda à Constituição que tenha sido considerado inconstitucional pela Comissão de Constituição e Justiça da Câmara dos Deputados.
69. *Op. cit.*, p. 312.

legis, ou seja, a previsão de um período de tempo entre a publicação e a vigência da emenda à Constituição, como se deu, por exemplo, com a Emenda Constitucional 25, de 14 de fevereiro de 2000.

PROCEDIMENTO LEGISLATIVO DAS EMENDAS À CONSTITUIÇÃO

– **Iniciativa**: a Constituição Federal poderá ser emendada mediante proposta: de 1/3 (um terço), no mínimo, dos membros da Câmara ou do Senado; do presidente da República; ou de mais da metade das Assembleias Legislativas dos Estados, manifestando-se cada uma delas pela maioria relativa de seus membros.

– **Deliberação parlamentar**: a proposta de emenda deverá ser discutida e votada, em cada Casa do Congresso Nacional (Câmara dos Deputados e Senado Federal), em 2 (dois) turnos, e somente será aprovada ser obtiver, em ambos os turnos, 3/5 (três quintos) dos votos dos respectivos membros.

– **Deliberação executiva**: aprovada a emenda à Constituição, pelo Congresso Nacional, ela passa diretamente à fase complementar, sem passar previamente pela fase de deliberação executiva. Não há previsão, portanto, de sanção ou veto do presidente da República, no processo legislativo desta espécie normativa.

– **Fase complementar**: Como não passam pelo crivo do presidente da República (para sanção ou veto), a promulgação e publicação das emendas à Constituição não serão de competência do Chefe do Poder Executivo, mas sim das Mesas da Câmara dos Deputados e do Senado Federal (artigo 60, § 3º, da nossa Carta Magna).

12.21 MEDIDA PROVISÓRIA

A medida provisória está incluída entre as espécies normativas relacionadas no artigo 59, da Carta Magna. Já o artigo 62, também da Lei Maior, destinado especificamente à disciplina da medida provisória, dispõe expressamente que, "em caso de relevância e urgência, o presidente da República poderá adotar medidas provisórias, com força de lei, devendo submetê-las de imediato ao Congresso Nacional".

Parte da doutrina entende que a medida provisória não é lei. Afirmam que somente podem ser consideradas leis os diplomas normativos editados pelo Parlamento, o órgão que tem como uma de suas funções típicas justamente a edição das leis. E como o supramencionado artigo 62, da Carta Magna, fala expressamente que as medidas provisórias são editadas pelo presidente da República, essa parcela da doutrina acaba negando a qualidade de lei a esta espécie de ato normativo. Nesse sentido, por exemplo, é a lição de Pedro Lenza:[70]

> *"Como será demonstrado, a medida provisória, muito embora tenha força de lei, não é verdadeira espécie normativa, já que inexiste processo legislativo para sua formação. A medida provisória é adotada pelo Presidente da República, por ato monocrático, unipessoal, sem a participação do Legislativo, chamado a discuti-la somente em momento posterior, quando já adotada pelo Executivo, com força de lei e produzindo os seus efeitos jurídicos".*

Com o devido respeito, esse não nos parece o entendimento mais acertado. Com efeito, como vimos em mais de uma oportunidade, o princípio da separação de poderes não implica, no campo da especialização funcional, na total cisão entre as diferentes funções típicas desempenhadas pelo Estado. Para que seja respeitada a indispensável harmonia entre os Poderes, a Carta Magna previu, em diversos casos, a possibilidade de os poderes constituídos exercerem funções típicas de outros.

É justamente por essa razão que o texto constitucional permitiu, de maneira expressa e inequívoca, que o Chefe do Poder Executivo Federal possa elaborar as denominadas leis delegadas, até mesmo sem necessidade de ulterior análise pelo Poder Legislativo. E o mesmo

---

70. *Op. cit.*, p. 477.

raciocínio vale também para as medidas provisórias, cuja edição foi conferida ao presidente da República, desde que observados os requisitos constantes do artigo 62, de nossa Lei Maior.

Ademais, a própria Constituição Federal incluiu a medida provisória, de maneira clara e induvidosa, dentre as espécies normativas relacionadas em seu artigo 59. Como consequência disso, por força da vontade expressa do próprio legislador constituinte, *a medida provisória é efetivamente uma espécie normativa, o que lhe confere, portanto, inequívoco caráter de lei em sentido amplo.*

E não há que se falar, como afirmam alguns doutrinadores, que a medida provisória não está sujeita a um processo legislativo. Ora, o simples fato de serem editadas pelo presidente da República, com participação do Poder Legislativo somente em um segundo momento, para a aprovação ou rejeição de seu texto, não descaracteriza a existência de um processo legislativo para a sua edição.

Com efeito, as especificidades no rito da edição da medida provisória apenas evidenciam que ela está sujeita a um procedimento legislativo especial, que afasta a incidência, portanto, do chamado rito legislativo comum ou ordinário, destinado às leis ordinárias e complementares. Ademais, não podemos olvidar que é a própria Carta Magna quem a relaciona, de maneira ostensiva, na seção que trata justamente do processo legislativo, o que a submete, inequivocamente, a um procedimento legislativo ali fixado.

Na excelente lição de Leon Frejda Szklarowsky,[71] "a medida provisória é um ato legislativo complexo – lei sob condição resolutiva –, visto que só se completa com a participação obrigatória do Congresso Nacional, que deve proceder ao exame prévio de sua constitucionalidade quanto ao preenchimento dos requisitos da urgência e da relevância e, posteriormente, deverá deliberar quanto ao mérito". E arremata: *"Eis o casamento indissolúvel e necessário entre os dois Poderes. Um não sobrevive sem o outro".*

Assim, em conclusão, devemos insistir que a medida provisória é efetivamente uma espécie normativa, por força do que determina a própria Constituição Federal, de maneira clara e induvidosa, em seu artigo 59. Ademais, ao contrário do que afirma parte da doutrina, ela está sim submetida a um processo legislativo, já que a simples circunstância de serem editadas pelo presidente da República, com participação do Poder Legislativo somente em um segundo momento, para a aprovação ou rejeição de seu texto, não descaracteriza a existência de um processo legislativo para a sua edição.

12.22 POSSIBILIDADE DE EDIÇÃO DE MEDIDAS PROVISÓRIAS POR ESTADOS, DISTRITO FEDERAL E MUNICÍPIOS

No início deste Capítulo, buscamos esclarecer ao estimado leitor que as normas relativas ao processo legislativo existentes nas constituições estaduais e leis orgânicas do Distrito Federal e dos Municípios, deveriam observar, sempre que possível, as normas gerais fixadas pela Constituição Federal, para a elaboração das normas de competência de cada uma daquelas unidades da Federação.

Essa realidade, como vimos naquela oportunidade, decorre do denominado princípio da simetria, também conhecido como princípio do paralelismo, que exige que os Estados, o Distrito Federal e os Municípios adotem, tanto quanto possível, em suas respectivas

---

71. Medidas provisórias. Ditadura ou democracia? *Jus navigandi*, Teresina, ano 9, n. 721, 26 jun. 2005. Disponível em: <http://jus2.uol.com.br/doutrina/texto.asp?id=6832>.

constituições e leis orgânicas, os princípios fundamentais e as regras de organização estatal existentes na Constituição Federal.

Como consequência disso, naquilo que se mostrar viável, os diversos entes da Federação deverão adotar regras semelhantes (simétricas portanto) às existentes na Lei Maior, relativas ao processo legislativo. E, por esse motivo, consideramos perfeitamente possível falar-se na edição de medidas provisórias, pelos governadores dos Estados e do Distrito Federal, em casos de relevância e urgência, submetidas ao respectivo Poder Legislativo, e desde que observadas, no que se mostrar compatível, as demais normas procedimentais estabelecidas pela Constituição Federal.

É imperioso ressaltar, contudo, que a doutrina não é unânime a respeito desse tema, havendo quem defenda que a medida provisória só pode ser editada pelo presidente da República (pela União, portanto), por se tratar de exceção à previsão constitucional de que a atividade legislativa é uma função típica do Poder Legislativo. Esse é o caso, por exemplo, de Michel Temer,[72] que reviu seu antigo entendimento sobre o tema, como ele esclarece em sua conhecida obra. Eis as suas palavras:

"Finalmente, as medidas provisórias só podem ser editadas pelo Presidente da República. Não podem adotá-las os Estados e os Municípios. É que a medida provisória é exceção ao princípio segundo o qual legislar compete ao Poder Legislativo. Sendo exceção, a sua interpretação há de ser restritiva, nunca ampliativa".

Contudo, com o devido respeito, não concordamos com aquele entendimento. Preferimos considerar, como mencionamos supra, que os diversos Estados-membros podem, sim, editar medidas provisórias, desde que observadas as normas gerais fixadas pela Constituição Federal, para a edição daquela espécie normativa. Essa realidade, aliás, parece-nos ainda mais induvidosa tendo em vista o que dispõe a atual redação do artigo 25, § 2º, da Constituição Federal, conforme redação que lhe conferiu a Emenda Constitucional 5, de 15 de agosto de 1995.

Com efeito, nos termos daquele dispositivo constitucional, "cabe aos Estados explorar diretamente, ou mediante concessão, os serviços locais de gás canalizado, na forma da lei, vedada a edição de medida provisória para a sua regulamentação". Ora, se a própria Lei Maior fala em vedação da edição de medida provisória para a regulamentação daquele tema, é porque, para outras hipóteses, tal espécie normativa mostra-se perfeitamente possível.

Não podemos deixar de mencionar, por fim, que o mesmo princípio da simetria permite que também os Municípios editem medidas provisórias, desde que, naturalmente, respeitadas as normas gerais da Constituição Federal para a edição dessa espécie normativa, como, por exemplo, a existência de relevância e urgência do tema a ser editado, e que haja previsão expressa não só na respectiva lei orgânica, como também na constituição do Estado a que o Município pertença.[73] Sobre o tema, sugerimos a leitura da Ação Direta de Inconstitucionalidade 2.391/SC, relatora ministra Ellen Gracie, j. 16.8.2006 (Informativo 436/STF).

---

72. *Elementos de direito constitucional*. 19. ed. Malheiros, 2004, p. 153.
73. Nesses termos, por exemplo, é a lição de Alexandre de Moraes: "Conforme já estudado em tópico anterior, o Supremo Tribunal Federal considera as regras básicas de processo legislativo previstas na Constituição Federal como modelos obrigatórios às Constituições Estaduais. Tal entendimento, que igualmente se aplica às Leis Orgânicas dos Municípios, acaba por permitir que no âmbito estadual e municipal haja previsão de medidas provisórias a serem editadas, respectivamente, pelo Governador do Estado ou Prefeito Municipal e analisadas pelo Poder Legislativo local, desde que, no primeiro caso, exista previsão expressa na Constituição Estadual e no segundo, previsão nessa e na respectiva Lei Orgânica do Município. Além disso, será obrigatória a observância do modelo básico da Constituição Federal." *Op. cit.*, p. 690.

12.23 ANÁLISE SOBRE A LEGITIMIDADE DAS MEDIDAS PROVISÓRIAS

Diversos autores afirmam que a medida provisória não deveria estar prevista na Constituição Federal, por se tratar de um instrumento com viés autoritário, editado pelo Chefe do Poder Executivo, sem qualquer vinculação com a vontade popular que, por essência, deve ser manifestada pelos membros do Parlamento, eleitos especialmente para essa finalidade (a edição das leis a serem observadas pela sociedade).

O renomado José Afonso da Silva[74] chega mesmo a afirmar, em sua conhecida e festejada obra "Direito constitucional positivo", que a medida provisória teria sido inserida no texto da Constituição Federal, promulgado em 1988, sem que tenha sido objeto de debate e aprovação pela Assembleia Nacional Constituinte. Eis as suas palavras sobre o tema:

> "As medidas provisórias não constavam da enumeração do art. 59 como objeto do processo legislativo, e não tinham mesmo que constar, porque a sua formação não se dá por processo legislativo. São simplesmente editadas pelo Presidente da República. A redação final da Constituição não as trazia nessa enumeração. Um gênio qualquer, de mau gosto, ignorante e abusado, introduziu-as aí, indevidamente, entre a aprovação do texto formal (portanto, depois do dia 22 de setembro de 1988) e a *promulgação-publicação da Constituição no dia 5 de outubro de 1988*".

Contudo, a verdade é que a previsão da edição de medidas provisórias com força de lei, em casos de relevância e urgência, sujeitas a ulterior controle do Congresso Nacional, foi, sim, objeto de ampla discussão, durante a tramitação do texto constitucional. A única particularidade é que foi planejada para existir em um sistema parlamentarista de governo, tendo sido posteriormente adaptada ao sistema que acabou prevalecendo na Carta Magna, ou seja, o sistema presidencialista. Contudo, insista-se, foi efetivamente apreciada e aprovada pela Assembleia Nacional Constituinte, passando a figurar no artigo 62, da Lei Maior.

Como nos lembra Leon Frejda Szklarowsky,[75] "não há que se dizer que este instituto não constava do Projeto em discussão no Congresso Constituinte, uma vez que foi objeto de amplo e acurado debate, e, finalmente aprovado como artigo 62 da Carta em vigor". Em conclusão, referido autor acrescenta que "a inclusão ou não das medidas provisórias, como participantes do processo legislativo, previsto no artigo 59, é mero detalhe que não descaracteriza a vitalidade desse instituto que, como se viu, fez parte da discussão e aprovação nas comissões específicas e no plenário, e constou como artigo em sede adequada".

A inclusão da medida provisória no texto constitucional, portanto, deu-se de forma legítima. Ademais, com todo o respeito às opiniões em sentido contrário, não é um instrumento ditatorial, uma vez que a medida provisória é submetida a controle do Congresso Nacional (órgão ao qual a Constituição Federal conferiu as funções típicas de editar as leis e de fiscalizar os atos do Poder Executivo), e que pode deixar de aprová-la, ou mesmo emendá-la, após amplo debate sobre a matéria, o que não acontecia no tempo do famigerado decreto-lei, este sim um instrumento autoritário.

Na verdade, a despeito de nossa história constitucional revelar que o Brasil já adotou, em 2 (duas) oportunidades – Constituição de 1937 e Constituição de 1964 –, um instrumento inequivocamente marcado por sua feição autoritária, o famoso decreto-lei, o fato é que a medida provisória não foi inspirada neste último, mas sim no ato normativo previsto

---
74. *Op. cit.*, p. 524-525.
75. Gênese das medidas provisórias. *Jus navigandi*, Teresina, ano 9, n. 544, 2 jan. 2005. Disponível em: <http://jus2.uol.com.br/doutrina/texto.asp?id=6214>.

no artigo 77, da Constituição italiana de 1947, que prevê o chamado *decretilegge in casi straordinari di necessita e d'urgenza*.

Referido instrumento democrático permite que o Governo adote, em casos extraordinários de necessidade e urgência, e sob sua responsabilidade (já que previsto para viger sob um sistema parlamentarista de governo), decretos com força de lei, que devem ser apresentados imediatamente ao Parlamento, e que perderão eficácia retroativamente à data de sua edição, caso não sejam convertidos em lei no prazo de 60 (sessenta) dias após a sua publicação, devendo a Câmara regulamentar as relações jurídicas resultantes daquele decreto-lei não convertido em lei.

Portanto, devemos insistir, a medida provisória é efetivamente um instrumento democrático, não só porque submetido a controle do Congresso Nacional, mas também por permitir a célere e eficaz prestação da atividade legislativa do Estado, em situações de grande relevância e premente urgência que não permitam, ou, ao menos, não recomendem, que o tema aguarde a normal tramitação de um projeto de lei, pelo rito ordinário, ou mesmo pelo rito sumário. O que não deve ocorrer, isto sim, é que o presidente da República desnature o instrumento, através da sua utilização irresponsável. Mas, nesse caso, basta que o Poder Legislativo atue com maior vigor, para que tal prática seja coibida.

12.24 PRINCIPAIS DIFERENÇAS ENTRE MEDIDA PROVISÓRIA E DECRETO-LEI

Como vimos na seção anterior, a medida provisória teve por fonte de inspiração o *decretilegge in casi straordinari di necessita e d'urgenza*, previsto no artigo 77, da Constituição italiana, e que permite que o Poder Executivo adote, em casos extraordinários de necessidade e urgência, e sob sua responsabilidade, decretos com força de lei. Trata-se, portanto, de um instrumento inequivocamente democrático.

Já o decreto-lei, que existiu sob a égide de 2 (duas) constituições brasileiras outorgadas (as de 1937 e de 1964, após a edição da Emenda Constitucional 1/1969), este era um ato de feições marcadamente autoritárias, que concedia ao presidente da República o poder de editar um ato normativo primário, que poderia ganhar força permanente até mesmo sem passar pelo crivo expresso do Congresso Nacional.

Com efeito, nos termos fixados pela Constituição de 1988, a medida provisória deve obrigatoriamente passar pela análise do Parlamento, e perderá eficácia, desde a edição, se não for convertida em lei no prazo de 60 (sessenta) dias, prorrogável uma vez, por igual período, tudo como determina o artigo 62, § 3º, da Constituição vigente.[76] Deverá, portanto, ser expressamente aprovada pelo Congresso Nacional. *O decreto-lei, ao contrário, podia ser aprovado até mesmo tacitamente, por "decurso de prazo"*.

Nos expressos termos do artigo 62, *caput*, da Constituição Federal vigente,[77] os pressupostos de admissão da medida provisória (relevância e urgência) devem estar presentes ao mesmo tempo, para que ela possa ser editada. Já no tocante ao decreto-lei, o texto constitucional permitia a sua utilização, pelo Chefe do Poder Executivo, "em

---

76. Constituição Federal, artigo 62, § 3º: "As medidas provisórias, ressalvado o disposto nos §§ 11 e 12 perderão eficácia, desde a edição, se não forem convertidas em lei no prazo de sessenta dias, prorrogável, nos termos do § 7º, uma vez por igual período, devendo o Congresso Nacional disciplinar, por decreto legislativo, as relações jurídicas delas decorrentes".
77. Constituição Federal, artigo 62: "Em caso de relevância e urgência, o Presidente da República poderá adotar medidas provisórias, com força de lei, devendo submetê-las de imediato ao Congresso Nacional".

casos de urgência ou de interesse público relevante". *Vê-se, portanto, que os pressupostos de admissão, na medida provisória, são cumulativos; no decreto-lei, eram alternativos.*

Com exceção das matérias constantes do § 1º do artigo 62, da Carta Magna, acrescentado ao texto constitucional pela Emenda Constitucional 32, de 11 de setembro 2001, a medida provisória poderá ser editada para regular qualquer tema, não havendo, ademais, regra expressa que imponha limitações financeiras para a sua edição. *Já o decreto-lei, este só poderia ser editado para regular matérias específicas, e desde que não houvesse aumento de despesas.*[78]

Nos termos da Constituição Federal vigente, com a recusa expressa ou tácita da medida provisória, a medida provisória perde sua eficácia desde a edição, devendo o Congresso Nacional editar um decreto legislativo, no prazo de 60 (sessenta) dias, regulamentando as relações jurídicas surgidas durante sua vigência (artigo 62, § 3º, da Carta Manga).[79] *Já no tocante ao decreto-lei, mesmo a sua expressa recusa pelo Parlamento não resultava na nulidade dos atos praticados durante a sua vigência.*

A última diferença marcante é que a medida provisória, conforme o rito legislativo que lhe foi estabelecido pela Carta Magna de 1988, pode sofrer emendas do Congresso Nacional, tudo como se pode perceber da simples leitura do artigo 62, § 12, da Constituição Federal,[80] ao passo que *o decreto-lei não admitia tal possibilidade, exigindo que os parlamentares aprovassem ou rejeitassem o projeto em sua totalidade.*

PRINCIPAIS DIFERENÇAS ENTRE MEDIDA PROVISÓRIA E DECRETO-LEI

– A medida provisória deve ser expressamente aprovada pelo Congresso Nacional; o decreto-lei, ao contrário, podia ser aprovado até mesmo tacitamente, por "decurso de prazo".

– Os pressupostos de admissão da medida provisória (relevância e urgência) são cumulativos; os do decreto-lei eram alternativos (urgência ou interesse público relevante).

– Com exceção das matérias constantes do artigo 62, § 1º, a medida provisória poderá ser editada para regular qualquer tema; o decreto-lei só podia ser editado para tratar de matérias específicas.

– No tocante à medida provisória, não há regra expressa que imponha limitações financeiras para a sua edição; o decreto-lei só podia ser editado quando não houvesse aumento de despesas.

– Com a recusa expressa ou tácita da medida provisória, esta perde sua eficácia desde a edição; a recusa expressa do decreto-lei não resultava na nulidade dos atos praticados durante a sua vigência.

– A medida provisória pode sofrer emendas do Congresso Nacional; o decreto-lei não admitia tal possibilidade, exigindo que os parlamentares aprovassem ou rejeitassem o projeto em sua totalidade.

12.25 MATÉRIAS QUE NÃO PODEM SER REGULAMENTADAS POR MEDIDA PROVISÓRIA (LIMITAÇÕES MATERIAIS)

Antes da edição da Emenda Constitucional 32/2001, a Constituição de 1988 não previa, ao menos de maneira expressa, qualquer limitação em relação às matérias que poderiam ou

---

78. Emenda Constitucional 1/1969, artigo 55: "O Presidente da República, em casos de urgência ou de interesse público relevante, e desde que não haja aumento de despesas, poderá expedir decretos-leis sobre as seguintes matérias: I – segurança nacional; II – finanças públicas, inclusive normas tributárias; III – criação de cargos públicos e fixação de vencimentos".
79. Caso, contudo, o Congresso não edite o decreto legislativo, a medida provisória será restabelecida, para regular as relações surgidas entre a data de sua publicação e até o termo final em que o Congresso Nacional deveria tê-la examinado, *vigendo como lei temporária* (artigo 62, § 11, da Constituição Federal).
80. Constituição Federal, artigo 62, § 12: "Aprovado projeto de lei de conversão alterando o texto original da medida provisória, esta manter-se-á integralmente em vigor até que seja sancionado ou vetado o projeto".

não ser disciplinadas por meio de medida provisória. Essa realidade ensejava uma das maiores críticas que a doutrina pátria costumava fazer ao instituto ora em estudo. Agora, contudo, referida objeção se encontra superada, uma vez que o novo regramento constitucional sobre o tema passou a estabelecer, de maneira expressa e inequívoca, um rol de matérias que não podem ser regulamentadas por medida provisória.

Com efeito, nos termos do artigo 62, § 1º, da Lei Maior, acrescentado ao texto da Constituição Federal pela supramencionada Emenda 32/2001, não poderá ser objeto de medida provisória matéria relativa à: nacionalidade, cidadania, direitos políticos, partidos políticos e direito eleitoral; organização do Poder Judiciário e do Ministério Público, a carreira e a garantia de seus membros; planos plurianuais, diretrizes orçamentárias, orçamento e créditos adicionais e suplementares, ressalvado o disposto no artigo 167, § 3º, da Carta Magna.[81]

Algumas dessas limitações materiais, nós o veremos um pouco mais à frente, são muito semelhantes às estabelecidas pela própria Constituição Federal,[82] em seu artigo 68, § 1º, quando trata das chamadas leis delegadas. E essa semelhança faz todo sentido. Com efeito, se o próprio constituinte originário entendeu por bem não permitir que o Congresso Nacional delegasse ao presidente da República algumas matérias, em razão de sua inequívoca importância, com muito maior razão não poderia a mesma Carta Magna permitir que o Chefe do Poder Executivo editasse medidas provisórias sobre os mesmos temas.

Também nos termos daquele mesmo artigo 62, § 1º, da Carta Magna, não poderá ser editada medida provisória que tenha por objeto matéria: reservada à lei complementar; relativa a direito penal, processo penal e processo civil; referente à detenção ou ao sequestro de bens, de poupança popular ou de qualquer outro ativo financeiro. Não poderá ser editada, ainda, quando tiver por objeto matéria já disciplinada em projeto de lei aprovado pelo Congresso Nacional, e apenas pendente de sanção presidencial.

Como nos lembra Alexandre de Moraes,[83] entre as várias e salutares alterações propostas pela Emenda Constitucional 32/2001, está justamente a que veda a edição desta espécie normativa em matéria de direito processual. Nas palavras do renomado autor, referida vedação, "salutar à Democracia e à Separação de Poderes, reiterou a impossibilidade de utilização desse mecanismo para restringir a concessão de medidas cautelares e liminares pelo Poder Público".

Com efeito, antes da previsão expressa de vedação de edição de medidas provisórias sobre matéria relativa a direito processual, era comuníssimo o Estado editar esta espécie normativa em seu próprio favor, não só para restringir ou mesmo vedar completamente a possibilidade de concessão de medidas liminares contra o poder público, como até mesmo para restringir efeitos de provimentos jurisdicionais de mérito contra o Estado.

Exemplo deste último caso, nós o temos na controversa norma do artigo 16, da Lei 7.347, de 24 de julho de 1985 (Lei da Ação Civil Pública), cuja redação atual foi estabelecida pela Medida Provisória 1570-5, de 1997, posteriormente convertida na Lei 9.494, de 10 de

---

81. Constituição Federal, artigo 67, § 3º: "A abertura de crédito extraordinário somente será admitida para atender a despesas imprevisíveis e urgentes, como as decorrentes de guerra, comoção interna ou calamidade pública, observado o disposto no art. 62".
82. Constituição Federal, artigo 68, § 1º: "Não serão objeto de delegação os atos de competência exclusiva do Congresso Nacional, os de competência privativa da Câmara dos Deputados ou do Senado Federal, a matéria reservada a lei complementar, nem a legislação sobre: I – organização do Poder Judiciário e do Ministério Público, a carreira e a garantia de seus membros; II – nacionalidade, cidadania, direitos individuais, políticos e eleitorais; III – planos plurianuais, diretrizes orçamentárias e orçamentos".
83. Op. cit., p. 698.

setembro de 1997, a qual determina que o efeito *erga omnes*, em sede de ação civil pública, seja limitado ao território de competência do órgão prolator da respectiva sentença.[84]

A vedação de edição de medida provisória que vise à detenção ou sequestro de bens, de poupança popular ou de qualquer outro ativo financeiro, por incrível que possa parecer, foi incluída entre as limitações materiais dessa espécie normativa para evitar que voltem a se repetir, no futuro, episódios arbitrários desta natureza, já utilizados no passado, na implantação de planos econômicos, e que lesionaram milhares de brasileiros.

Como vimos supra, a Constituição Federal passou a proibir a edição de medida provisória que tenha por objeto matéria já disciplinada em projeto de lei aprovado pelo Congresso Nacional, e apenas pendente de sanção presidencial. E o motivo é muito simples e lógico: se já há um projeto de lei sobre o mesmo tema, apenas aguardando deliberação executiva (sanção ou veto), é evidente que o Chefe do Poder Executivo não teria motivos para a edição de uma medida provisória sobre a mesma matéria, por ausência do pressuposto da urgência, sob pena inclusive de lesão a princípio da separação de poderes.

Além daquelas hipóteses relacionadas no § 1º do artigo 62, nossa Carta Magna também trata expressamente, em alguns outros dispositivos, de matérias que não podem ser regulamentadas por medida provisória. É o caso, por exemplo, do artigo 25, § 2º, que trata do serviço de gás canalizado, cuja exploração cabe aos Estados, nos termos da lei, e que veda expressamente a edição de medida provisória para a sua regulamentação. Também é o caso da vedação constante do artigo 2º, da Emenda Constitucional 8/1995, que veda a utilização de medida provisória para a regulamentação dos serviços de telecomunicações, cuja lei é de competência da União, nos expressos termos do artigo 21, inciso XI, da Lei Maior.

Na mesma toada é a vedação constante do artigo 3º, da Emenda Constitucional 9/1995, que proíbe a utilização de medida provisória para a regulamentação da matéria previsto no artigo 177, da Constituição Federal, que trata do monopólio da União sobre atividades ligadas à exploração de petróleo, gás natural e outros hidrocarbonetos, e a possibilidade de contratação de empresas estatais ou privadas para a prestação daqueles serviços.

Como nos lembra Pedro Lenza,[85] a despeito de também não estarem expressamente relacionadas no artigo 62, § 1º, da Constituição Federal, na nova redação que lhe conferiu a Emenda Constitucional 32/2001, também não podem ser regulamentadas por medida provisória as matérias que não podem ser objeto de delegação legislativa, bem como as reservadas a resolução e a decreto legislativo, por serem matérias de competência privativa do Congresso Nacional ou de suas Casas.

Vale mencionar, ainda, que o artigo 246, da Constituição Federal, vedava a adoção de medida provisória na regulamentação de artigo da Lei Maior cuja redação tenha sido alterada por emenda à Constituição promulgada, a partir de 1995. Contudo, com a edição da Emenda Constitucional 32/2001, referida proibição foi alterada, perdurando apenas para os artigos da Constituição Federal alterados entre 1º de janeiro de 1995 e a data da promulgação daquela emenda, ou seja, 11 de setembro de 2001.[86]

---

84. Lei 7.347/1985, artigo 16: "A sentença civil fará coisa julgada *erga omnes*, nos limites da competência territorial do órgão prolator, exceto se o pedido for julgado improcedente por insuficiência de provas, hipótese em que qualquer legitimado poderá intentar outra ação com idêntico fundamento, valendo-se de nova prova".
85. *Op. cit.*, p. 488-489.
86. Constituição Federal, artigo 246: "É vedada a adoção de medida provisória na regulamentação de artigo da Constituição cuja redação tenha sido alterada por meio de emenda promulgada entre 1º de janeiro de 1995 até a promulgação desta emenda, inclusive" (redação dada pela Emenda Constitucional 32, de 2001).

Por outro lado, não podemos encerrar esta seção sem mencionar que, por força da Emenda Constitucional 32/2001, agora a Constituição Federal passou a permitir, em caráter expresso, que tributo possa ser instituído ou aumentado por meio de medida provisória. Contudo, nos expressos termos do artigo 62, § 2º, da Constituição Federal, referida medida provisória só produzirá efeitos no exercício financeiro seguinte (princípio da anterioridade tributária), e desde que ela tenha sido convertida em lei até o último dia daquele exercício financeiro em que foi editada.[87]

MATÉRIAS QUE NÃO PODEM SER REGULAMENTADAS POR MEDIDA PROVISÓRA

– Relativa à nacionalidade, cidadania, direitos políticos, partidos políticos e direito eleitoral.

– Relativa a direito penal, processual penal e processual civil.

– Relativa à organização do Poder Judiciário e do Ministério Público, à carreira e à garantia de seus membros.

– Relativa a planos plurianuais, diretrizes orçamentárias, orçamento e créditos adicionais e suplementares.

– Que vise à detenção ou sequestro de bens, de poupança popular ou qualquer outro ativo financeiro.

– Reservada à lei complementar.

– Já disciplinada em projeto de lei aprovado pelo Congresso Nacional e pendente de sanção ou veto do presidente da República.

– Para a regulamentação de artigo da Carta Magna cuja redação tenha sido alterada por emenda à Constituição promulgada entre 1º de janeiro de 1995 e 11 de setembro de 2001 (CF, artigo 246).

12.26 MEDIDA PROVISÓRIA E CONTROLE DE CONSTITUCIONALIDADE

Como já mencionamos antes, a medida provisória, enquanto vigente, tem inequívoca força de lei, estando inclusive relacionada no rol do artigo 59, da Constituição Federal. Assim sendo, a medida provisória está sujeita ao controle de constitucionalidade, tanto no que respeita ao seu conteúdo (constitucionalidade material), quanto à iniciativa e ao rito (constitucionalidade formal). Sobre o tema, sugerimos a leitura da Ação Direta de Inconstitucionalidade 295-3/DF, relator ministro Marco Aurélio, j. 22.6.1990, DJ. 22.08.1997.

Já no tocante aos requisitos da relevância e urgência, exigidos pela Constituição Federal, para a edição da medida provisória, o posicionamento do Supremo Tribunal Federal em relação a este tema é no sentido de que, ao menos como regra, não cabe o controle de constitucionalidade daqueles requisitos, uma vez que tal controle implicaria indesejável invasão na competência de outros Poderes.

Com efeito, a análise da relevância e da urgência deve ser feita, inicialmente, pelo presidente da República, a quem cabe a edição da medida provisória, e, depois, por cada uma das Casas do Congresso Nacional, separadamente, sob pena de não conversão dela em lei. Contudo, é imperioso mencionar que, excepcionalmente, o Pretório Excelso admite o controle de constitucionalidade daqueles requisitos, quando restar configurada a hipótese de *desvio de finalidade ou abuso de poder de legislar*, por manifesta inocorrência de relevância e urgência. É o que podemos verificar na ementa do seguinte julgado, *in verbis*:

---

87. Constituição Federal, artigo 62, § 2º: "Medida provisória que implique instituição ou majoração de impostos, exceto os previstos nos arts. 153, I, II, IV, V, e 154, II, só produzirá efeitos no exercício financeiro seguinte se houver sido convertida em lei até o último dia daquele em que foi editada".

"Os conceitos de relevância e de urgência a que se refere o art. 62 da Constituição, como pressupostos para a edição de Medidas Provisórias, decorrem, em princípio, do juízo discricionário de oportunidade e de valor do Presidente da República, mas admitem o controle judiciário quanto ao excesso do poder de legislar, o que, no caso, não se evidencia de pronto" (Supremo Tribunal Federal, Pleno, Ação Direta de Inconstitucionalidade 162-1/DF, medida liminar, Ministro Moreira Alves, DJ de 19.09.1997).

Portanto, em conclusão, a relevância e a urgência da matéria, conforme determinado pelo supramencionado artigo 62, de nossa Lei Maior, devem ser aferidas pelo juízo discricionário do presidente da República e também através de posterior controle político do Congresso Nacional. Contudo, em alguns casos, por exceção, o Supremo Tribunal Federal tem admitido o controle jurisdicional dos pressupostos da medida provisória, quando houver manifesta ofensa ao princípio da razoabilidade, configurando abuso de poder de legislar do presidente da República.

12.27 PROCEDIMENTO LEGISLATIVO DA MEDIDA PROVISÓRIA

Publicada a medida provisória, ela é levada à deliberação do Parlamento, não mais em sessão conjunta, como se dava antes da Emenda 32/2001, mas sim primeiro à Câmara dos Deputados (artigo 62, § 8º, da Carta Magna) e depois ao Senado Federal. Antes disso, contudo, será elaborado um parecer por Comissão Mista, que analisará os pressupostos de admissibilidade, o mérito e também a adequação orçamentária da medida provisória (artigo 62, § 9º, da Constituição Federal e artigo 5º, da Resolução 1/2002, do Congresso Nacional).

Aprovada por aquela Comissão Mista e também pela Câmara dos Deputados e pelo Senado Federal, a medida provisória converte-se em lei, promulgada pelo presidente da Mesa do Congresso Nacional, sem necessidade, obviamente, de sanção do presidente da República, que a editou (artigo 12, da Resolução 1/2002-CN).

Nos termos da supramencionada Resolução 1/2002, do Congresso Nacional, é perfeitamente possível a apresentação de emendas ao texto da medida provisória (aditivas, supressivas, modificativas, substitutivas ou aglutinativas), desde que respeitada a pertinência temática, ou seja, que guardem relação com a matéria tratada na medida provisória apresentada pelo presidente da República.

A apresentação de emendas parlamentares ao texto da medida provisória, por quaisquer das Casas do Congresso Nacional, deverá observar o prazo máximo de 6 (seis) dias, a contar da publicação da medida provisória no *Diário Oficial da União*, sendo certo, ainda, que referidas emendas deverão ser apresentadas perante a Comissão Mista prevista no artigo 62, § 9º, da Constituição Federal.

Conforme determina o artigo 5º, da Resolução 1/2002-CN, caso a Comissão Mista opine pela aprovação da medida provisória, com os acréscimos ou supressões estabelecidas pelas emendas, serão apresentados, na mesma oportunidade, um projeto de lei de conversão, bem como um projeto de decreto legislativo destinado à regulamentação das relações jurídicas decorrentes da vigência dos textos alterados.

Aprovado projeto de lei de conversão, alterando o texto original da medida provisória, ele deverá ser submetido à deliberação executiva do presidente da República, para sanção ou veto. Caso o sancione, a lei de conversão será promulgada e levada à publicação pelo próprio Chefe do Poder Executivo. O artigo 62, § 12, da Lei Maior determina que o texto original da medida provisória permaneça integralmente em vigor até que seja sancionado ou vetado o projeto de lei de conversão.

Se a medida provisória não for apreciada pelo Congresso Nacional, no prazo de 60 (sessenta) dias, não poderá ser reeditada pelo presidente da República, prorrogando-se, automaticamente, por mais 60 (sessenta) dias. Ademais, a medida provisória que não for votada no prazo de 45 (quarenta e cinco) dias, em cada uma das Casas Legislativas, entrará em *regime de urgência* na Casa em que tal circunstância ocorrer, ficando sobrestadas todas as demais deliberações legislativas até que se ultime a votação relativa àquela medida provisória.

Na hipótese de perda da eficácia da medida provisória (com recusa expressa ou tácita), o Congresso Nacional terá o prazo de 60 (sessenta) dias para editar um decreto legislativo, regulamentando as relações jurídicas surgidas durante a vigência da medida provisória. Se não o fizer, a medida provisória será restabelecida, para regular as relações surgidas entre a data de sua publicação e até o termo final em que o Congresso Nacional deveria tê-la examinado, *vigendo como lei temporária*.

Devemos lembrar que a medida provisória que tiver sido rejeitada, ou que não tiver sido apreciada naquele prazo de 120 (cento e vinte) dias, não poderá ser novamente editada pelo presidente da República, na mesma sessão legislativa. Logo, ao menos em tese, será possível falar-se em reedição da medida provisória rejeitada (expressa ou tacitamente), desde que na próxima sessão legislativa.

Conforme ressalta a doutrina pátria, o presidente da República não pode retirar da apreciação do Congresso Nacional uma medida provisória por ele já editada.[88] Contudo, é imperioso esclarecer que o Supremo Tribunal Federal, a despeito de também já ter se manifestado sobre a impossibilidade de o Chefe do Poder Executivo retirar a medida provisória, permite que o presidente da República edite uma nova, ab-rogando a primeira (revogação total), "valendo tal ato pela simples suspensão dos efeitos da primeira, efeitos esses que, todavia, o Congresso poderá restabelecer, mediante a rejeição da medida ab-rogatória" (Supremo Tribunal Federal, Pleno, ADI/MC 1315-7/DF, relator ministro Ilmar Galvão, *DJ* de 25.8.1995).

Para encerrarmos esta seção, vale mencionar que, publicada a medida provisória (a qual, nunca é demais lembrar, tem força de lei desde a sua edição), todas as demais normas infraconstitucionais com ela incompatíveis terão a eficácia suspensa. Caso a medida provisória seja aprovada, e convertida em lei, as normas serão finalmente revogadas. Caso a medida provisória seja rejeitada ou perca a eficácia, restaurar-se-á a eficácia da norma anterior.

12.28 MEDIDAS PROVISÓRIAS PUBLICADAS ANTES DA EMENDA CONSTITUCIONAL 32/2001

Nos termos do artigo 2º, da Emenda Constitucional 32/2001, "as medidas provisórias editadas em data anterior à da publicação desta emenda continuam em vigor até que medida provisória ulterior as revogue explicitamente ou até deliberação definitiva do Congresso Nacional". Logo, desde que não sejam expressamente revogadas pelo Parlamento Federal, ou revogadas por outra medida provisória editada pelo Poder Executivo, as medidas provisórias anteriores à edição da Emenda Constitucional 32/2001 continuarão em vigor, sem qualquer necessidade de apreciação pelo Congresso Nacional.

---

88. É o que afirma, por exemplo, Pedro Lenza: "A partir do momento que o Presidente da República edita a MP, ele não mais tem controle sobre ela, já que, *de imediato*, deverá submetê-la à análise do Congresso Nacional, não podendo retirá-la de sua apreciação". *Op. cit.*, p. 485.

Essa norma, que acabou concedendo prazo indeterminado de vigência para as medidas provisórias editadas antes da publicação da Emenda Constitucional 32/2001, tem sido muito criticada pela doutrina pátria,[89] a meu ver acertadamente, por resultar em verdadeira aprovação tácita, por decurso de prazo, daquelas medidas provisórias, já que o Congresso Nacional muito provavelmente jamais irá apreciá-las, notadamente tendo em vista que o Poder Legislativo federal não tem conseguido apreciar adequadamente sequer a enxurrada de novas medidas provisórias editadas pelo presidente da República.

O supramencionado artigo 2º, da Emenda Constitucional 32/2001, é expresso e inequívoco em determinar que devem submeter-se àquela norma as medidas provisórias editadas antes da *publicação* (e não da promulgação) daquela Emenda. Dessa forma, devem seguir aquele dispositivo as medidas editadas em data anterior a 12 de setembro de 2001 (data de sua publicação), e não 11 de setembro de 2001 (data de sua promulgação).

Ainda sobre as medidas provisórias editadas antes da publicação da Emenda Constitucional 32/2001, não podemos deixar de mencionar que o regramento a ser seguido pelo Congresso Nacional, para a eventual apreciação daqueles diplomas normativos, é aquele contido na Resolução 1/1989, alterado pela Resolução 2/1989, ambas do Congresso Nacional, tudo conforme determina, em caráter expresso, o artigo 20 da Resolução 1/2002-CN, que atualmente rege o tema perante o Legislativo Federal.

12.29 LEI DELEGADA

Muito embora reconhecendo tratar-se de uma tendência moderna, adotada até mesmo por países de tradição mais liberal, Manoel Gonçalves Ferreira Filho[90] afirma que a delegação da função legislativa ao Poder Executivo, no sistema presidencialista, seria de legitimidade discutível. Pondera o renomado autor que, no sistema parlamentarista, o Gabinete representa inequivocamente a maioria parlamentar, o que justifica perfeitamente a permissão de que possa editar leis, simplificando a tramitação dos projetos de lei.

Já no sistema presidencialista, a situação é diferente, já que o presidente da República não depende do Poder Legislativo, nem exprime, necessariamente, a vontade da maioria do Congresso Nacional. Assim, para aquele renomado autor, a delegação em favor do Chefe do Poder Executivo, no presidencialismo, operaria uma concentração de poderes em sua mão (ficando de fora só o Poder Judiciário), que o fortalece sobremaneira, sem que isso seja de alguma forma compensado pelo desenvolvimento de qualquer controle novo.[91]

Pedimos vênia, contudo, para discordar. Com efeito, ao estudarmos os chamados princípios fundamentais (Capítulo 4), vimos que o denominado princípio da separação ou divisão de poderes está fundamentado em 2 (dois) elementos essenciais: o primeiro é a *especialização funcional*, significando que cada órgão é especializado em uma função estatal típica; o segundo, a *independência orgânica*, que exige que cada um daqueles Poderes possa

---

89. É o caso, por exemplo, de Pedro Lenza: "Não podemos deixar de consignar o nosso repúdio a essa nova regra, que, de certa forma, implica a perpetuação das medidas provisórias em vigor antes da publicação da aludida emenda constitucional". *Op. cit.*, p. 490.
90. *Curso de direito constitucional*. 35. ed. Saraiva, 2009, p. 204.
91. De qualquer forma, o próprio autor também reconhece, no mesmo texto, que existem ponderáveis razões em favor da adoção da delegação legislativa, mesmo no presidencialismo, como o fez a atual Constituição brasileira. Dentre elas, destaca: a necessidade de aceleração da criação de regras jurídicas; a especialização dos dispositivos legais que devem ser enumerados de maneira genérica; e, por fim, impedir que, em determinados casos, que o período de debates no Parlamento propicie, aos mais astutos, manobras tendentes a anular de antemão os efeitos da lei projetada.

exercer sua função especializada de forma verdadeiramente independente, sem qualquer subordinação aos demais.

Particularmente no que se refere à *especialização funcional*, o ordenamento jurídico do Estado, cujas normas principais estão na própria Carta Magna, confere a cada um daqueles poderes estatais uma função principal, a que a doutrina costuma denominar de *função típica*. É por força da especialização funcional que caberá ao Poder Legislativo, em caráter precípuo, a função legislativa, ou seja, de produzir as leis e demais diplomas normativos editados pelo Estado.

Contudo, naquela mesma oportunidade, lembramos também que, tanto a especialização funcional, quanto a independência orgânica, típicas da separação de poderes, não são absolutas, uma vez que, nos termos da própria Constituição Federal (artigo 2º), além de independentes, os Poderes Executivo, Legislativo e Judiciário são também *harmônicos entre si*. E particularmente no que toca à especialização funcional, a harmonia entre os poderes significa que cada um dos órgãos que detêm parcela do poder estatal também pode praticar atos típicos dos outros poderes.

Com efeito, além das funções predominantes, denominadas de funções típicas (justamente em razão desse caráter de predominância), o próprio texto constitucional confere àqueles poderes outras funções, não predominantes, denominadas funções atípicas. É nesse diapasão, por exemplo, que o Poder Judiciário detém o poder de iniciativa nos projetos de lei para criação de seus cargos subordinados, bem como ara aumento da remuneração destes. Na mesma toada, o Poder Executivo também tem competência, por exemplo, para editar medidas provisórias.

E a edição das leis delegadas revela-se como um caso emblemático em que a própria Constituição Federal confere (delega) ao Poder Executivo a competência para editar leis, uma função típica do Poder Legislativo, desde que este último o autorize prévia e expressamente. É o que prevê expressamente o artigo 68, da Carta Magna, o qual dispõe que o presidente da República poderá pedir autorização ao Congresso Nacional para legislar sobre determinadas matérias, por meio de lei delegada.[92]

Na lição de Michel Temer,[93] "delegar atribuições, para o constituinte, significa retirar parcela de atribuições de um Poder para entregá-la a outro Poder". Segue esclarecendo o autor que a delegação de atribuição "se verifica com o deslocamento de parcela de atribuição do Legislativo, por vontade deste, para outro Poder, o que se dá na delegação *externa corporis*".

A principal finalidade de a Constituição Federal ter previsto a possibilidade de o Poder Legislativo (Congresso Nacional) delegar ao Chefe do Poder Executivo (presidente da República) a competência para editar leis, desde que atendidos os requisitos previstos no próprio texto constitucional, é certamente conferir maior rapidez na edição de leis indispensáveis à eficiência do Estado, tendo em vista que o Parlamento Federal, composto por 2 (duas) Casas com muitos membros (órgãos colegiados), tem maiores dificuldades para a edição célere de diplomas legais.[94]

---

92. Constituição Federal, artigo 68: "As leis delegadas serão elaboradas pelo Presidente da República, que deverá solicitar a delegação ao Congresso Nacional".
93. *Op. cit.*, p. 150.
94. Nesse sentido também é a lição de Alexandre de Moraes: "Lei delegada é ato normativo elaborado e editado pelo Presidente da República, em razão de autorização do Poder Legislativo, e nos limites postos por este, constituindo-se verdadeira delegação externa da função legiferante e aceita modernamente, desde que com limitações, como mecanismo necessário para possibilitar a eficiência do Estado e sua necessidade de maior agilidade e celeridade". *Op. cit.*, p. 698.

Por força do princípio da simetria, é perfeitamente possível aos Estados, ao Distrito Federal e aos Municípios também preverem, em suas respectivas constituições e leis orgânicas, a possibilidade da edição de leis delegadas, a pedido do Chefe do Poder Executivo correlato, desde que observadas as normas gerais, fixadas pela Constituição Federal. A título de exemplo, podemos citar o artigo 117, da Constituição do Estado do Rio de Janeiro, que confere ao Chefe do Poder Executivo daquele Estado a competência para pedir delegação legislativa à respectiva Assembleia Legislativa.

LEIS DELEGADAS

– A lei delegada é um caso típico em que a própria Constituição Federal confere (delega) ao Poder Executivo a competência para editar leis, uma função típica do Poder Legislativo, desde que este último o autorize prévia e expressamente.

– A principal finalidade dessa delegação é conferir maior rapidez na edição de leis indispensáveis ao Estado, tendo em vista que o Congresso Nacional, composto por 2 (duas) Casas, com muitos membros, tem maiores dificuldades para a edição célere de diplomas legais.

12.30 NATUREZA JURÍDICA DA LEI DELEGADA

Nós já afirmamos anteriormente que, com exceção das emendas constitucionais (que são autênticas normas constitucionais, editadas pelo constituinte derivado), todas as demais espécies normativas relacionadas na Constituição Federal estão no mesmo patamar hierárquico. Explicamos que referida ausência de hierarquia dá-se pelo fato de que todas elas são normas primárias, dotadas de autonomia, que extraem seu fundamento de validade da própria Carta Magna, sem estarem sujeitas a qualquer outra norma infraconstitucional.

Ocorre que, no caso particular da lei delegada, como veremos melhor um pouco mais à frente, quando estudarmos o rito para sua elaboração, a delegação que o Congresso Nacional confere ao presidente da República, e que especifica o conteúdo e os termos de seu exercício, deve ser formalizada por uma resolução do Parlamento Federal. Esta circunstância faz parecer que a lei delegada estaria subordinada a uma resolução, o que afastaria o caráter autônomo da lei delegada.

Estamos, contudo, com Manoel Gonçalves Ferreira Filho,[95] que nos lembra que, no tocante ao conteúdo e eficácia, a lei delegada é um típico ato primário, cujas normas por ela estabelecidas estão no primeiro nível de eficácia, logo abaixo das constitucionais. Portanto, a necessidade de edição de uma resolução, para estabelecer os limites da delegação, não desnatura a natureza autônoma da lei delegada, que extrai sua validade diretamente da Constituição Federal, com conteúdo de hierarquia idêntico ao das demais espécies de normas previstas na Lei Maior.

Trata-se a lei delegada de um ato legislativo complexo, que necessita da participação tanto do Congresso Nacional, que edita a resolução estabelecendo os termos e prazo da delegação, como também do presidente da República, que a elabora nos exatos termos da delegação, sendo certo, ademais, que, em alguns casos, o Parlamento pode ainda vir a examinar o projeto elaborado pelo Chefe do Poder Executivo, em um só turno de votação e sem direito a emendas, como veremos oportunamente.

---

95. *Op. cit.*, p. 206.

NATUREZA JURÍDICA DA LEI DELEGADA

– No caso particular da lei delegada, a delegação que o Congresso Nacional confere ao Presidente da República deve ser formalizada por uma resolução. Esta circunstância faz parecer que a lei delegada estaria subordinada a uma resolução, o que afastaria o caráter autônomo da lei delegada.

– Contudo, a necessidade de edição de uma resolução, para estabelecer os limites da delegação, não desnatura a natureza autônoma da lei delegada, que extrai sua validade diretamente da Carta Magna, com conteúdo de hierarquia idêntico ao das demais espécies de normas previstas na Lei Maior.

– A lei delegada é um ato legislativo complexo, que necessita da participação tanto do Congresso Nacional, que edita a resolução estabelecendo os termos e prazo da delegação, como também do Presidente da República, que a elabora nos exatos termos da delegação.

12.31 ESPÉCIES DE DELEGAÇÃO

O artigo 68, *caput*, da Constituição Federal, dispõe expressamente que "as leis delegadas serão elaboradas pelo presidente da República, que deverá solicitar a delegação ao Congresso Nacional". Já o § 2º, do mesmo artigo, determina que a delegação ao presidente da República terá a forma de resolução do Congresso Nacional, que especificará seu conteúdo e os termos de seu exercício". Por fim, o § 3º daquele mesmo artigo 68, de nossa Lei Maior, previu a possibilidade de o Congresso Nacional apreciar o projeto de lei delegada, que o fará em votação única, vedada qualquer emenda.

Da simples leitura daqueles dispositivos constitucionais, podemos perceber que a delegação que o Congresso Nacional confere ao presidente da República poderá ser de 2 (duas) naturezas: ampla ou restrita. Na hipótese de *delegação ampla*, também conhecida como *delegação típica*, ou, ainda, *delegação própria*, o Congresso Nacional confere ao Poder Executivo a competência para redigir o texto da lei, sem qualquer necessidade de sua ulterior submissão ao Poder Legislativo, devendo o presidente da República, em seguida, promulgá-la e publicá-la no Diário Oficial.

Já na *delegação restrita*, também conhecida por *delegação atípica*, ou, ainda, *delegação imprópria*, o projeto de lei elaborado pelo presidente da República deverá ser submetido ao Congresso Nacional, que o aprovará ou não, através de uma votação única e unicameral, sem possibilidades de emenda. Nesta última hipótese, como se pode notar, há uma certa inversão do rito legislativo comum ou ordinário, uma vez que será o Chefe do Poder Executivo que elaborará o projeto de lei, submetendo seu texto ao Congresso Nacional, que poderá aprová-lo ou não, do jeito que lhe foi encaminhado, em uma conduta que se assemelha bastante às figuras da sanção e do veto presidenciais, da denominada fase de deliberação executiva.

ESPÉCIES DE DELEGAÇÃO

– **Delegação ampla (típica ou própria):** o Congresso Nacional confere ao Chefe do Poder Executivo a competência para redigir o texto da lei, sem qualquer necessidade de ulterior submissão do mesmo ao Poder Legislativo.

– **Delegação restrita (atípica ou imprópria):** o projeto de lei elaborado pelo presidente da República deverá ser submetido ao Congresso Nacional, que o aprovará ou não, através de uma votação única e unicameral, sem possibilidades de emenda.

12.32 MATÉRIAS QUE NÃO PODEM SER REGULAMENTADAS POR LEI DELEGADA (LIMITAÇÕES MATERIAIS)

Por vontade do próprio legislador constituinte, a Constituição Federal permitiu que o presidente da República elaborasse as denominadas leis delegadas, precedidas apenas de prévia solicitação e aprovação do Congresso Nacional. Contudo, a mesma Carta Magna também entendeu por bem fixar algumas matérias que não podem ser regulamentadas por lei delegada. Dito em outras palavras, a despeito de delegar ao Chefe do Poder Executivo a competência para editar leis, desde que atendidos os requisitos previstos no próprio texto constitucional, nossa Lei Maior também resolveu impor algumas limitações materiais àquela delegação legislativa.

Com efeito, nos expressos termos do § 1º, do artigo 68, da Constituição Federal, não serão objeto de delegação os atos de competência exclusiva do Congresso Nacional, os de competência privativa da Câmara dos Deputados e do Senado Federal, bem como as matérias reservadas à lei complementar. Também não poderão ser objeto de delegação legislativa matérias relativas à: organização do Poder Judiciário e do Ministério Público, à carreira e à garantia de seus membros; nacionalidade, cidadania, direitos individuais, políticos e eleitorais; e planos plurianuais, diretrizes orçamentárias e orçamentos.

MATÉRIAS QUE NÃO PODEM SER OBJETO DE LEI DELEGADA

– Atos de competência exclusiva do Congresso Nacional.

– Atos de competência privativa da Câmara dos Deputados e do Senado Federal.

– Matérias reservadas à lei complementar.

– Legislação relativa à organização do Poder Judiciário e do Ministério Público, à carreira e à garantia de seus membros.

– Leis que tratem de nacionalidade, cidadania, direitos individuais, políticos e eleitorais.

– Leis que tratem dos planos plurianuais, diretrizes orçamentárias e orçamentos anuais.

12.33 POSSIBILIDADE DE POSTERIOR CONTROLE DE CONSTITUCIONALIDADE DA LEI DELEGADA

Ao trazermos uma visão geral do controle de constitucionalidade no Brasil (Capítulo 5), vimos que, dentre as hipóteses de controle de constitucionalidade, do tipo político, existe aquela realizada pelo Poder Legislativo, justamente quando o Poder Executivo exorbitar os limites da delegação legislativa. Essa modalidade de controle político de constitucionalidade, do tipo repressivo, está expressamente prevista no artigo 49, inciso V, da Carta Magna.[96]

Com efeito, caso o presidente da República exorbite os termos da delegação conferida pelo Congresso Nacional, e explicitada na resolução para tal fim editada, poderá o Poder Legislativo, através da edição de um decreto legislativo, efetuar o controle repressivo daquela lei delegada, sustando referido diploma normativo.

Como o próprio dispositivo constitucional esclarece que o decreto legislativo, produzido pelo Congresso Nacional, apenas *susta* os efeitos da lei delegada editada pelo Chefe do Poder Executivo, prevalece o entendimento de que referido decreto legislativo produz efeitos *ex nunc* (a partir da sustação), não havendo que se falar em efeitos *ex tunc* (retroativos), já que não houve declaração de nulidade da lei delegada que exorbitou os termos da delegação.

Naturalmente, só haverá sentido falar-se em controle político repressivo de constitucionalidade, por parte do Congresso Nacional, caso estejamos diante de um caso de delegação

---

96. Constituição Federal, artigo 49, inciso V: "É da competência exclusiva do Congresso Nacional: V – sustar os atos normativos do Poder Executivo que exorbitem do poder regulamentar ou dos limites de delegação legislativa".

ampla ou típica, uma vez que, se já houver previsão de submissão da lei delegada ao crivo do Parlamento (delegação restrita), este último já terá realizado tal controle ao examinar o texto do projeto, podendo recusá-lo, o que importará necessariamente em seu arquivamento.

Não podemos deixar de lembrar, contudo, que aquele controle de constitucionalidade político, realizado pelo Congresso Nacional, não afasta a possibilidade de o Poder Judiciário também realizar o controle de constitucionalidade da lei delegada, seja para a verificação da adequação de seu conteúdo aos preceitos constitucionais (buscando apurar eventual ocorrência de inconstitucionalidade material), seja para a análise do respeito às regras formais para a sua edição (procurando encontrar possível ocorrência de inconstitucionalidade formal).

Caso esse controle judicial de constitucionalidade seja realizado em um determinado caso concreto (no chamado controle difuso de constitucionalidade), a sentença terá eficácia apenas entre as partes litigantes (*inter partes*) e efeitos *ex tunc* (retroativos), a não ser que o Senado Federal suspenda os efeitos do diploma legal, quando passará a ter eficácia *erga omnes* (para todos) e efeitos *ex nunc* (a partir da sustação). Caso se dê através de controle concentrado de constitucionalidade, a sentença terá, de imediato, eficácia *erga omnes* e efeitos retroativos (*ex tunc*).

Vê-se, em conclusão, que a lei delegada admite um duplo controle repressivo de constitucionalidade, uma vez que pode ser realizado não só pelo Congresso Nacional, por meio da edição de decreto legislativo, para sustar os efeitos da lei delegada que exorbite os termos da delegação conferida pelo Parlamento, como também pelo Poder Judiciário, tanto por meio de controle difuso como de controle concentrado de constitucionalidade.

CONTROLE DE CONSTITUCIONALIDADE REPRESSIVO DA LEI DELEGADA

– Caso o presidente da República exorbite os termos da delegação, poderá o Congresso Nacional efetuar o controle político de constitucionalidade da lei delegada, sustando referido diploma normativo, por meio de decreto legislativo (artigo 49, inciso V, da Constituição Federal).

– Contudo, o controle de constitucionalidade realizado pelo Congresso Nacional não afasta a possibilidade de o Poder Judiciário também verificar tanto a adequação do conteúdo da lei delegada aos preceitos constitucionais, como também se ela respeitou as regras formais para sua edição.

12.34 PROCEDIMENTO LEGISLATIVO DA LEI DELEGADA

Nos termos do já mencionado artigo 68, *caput*, da Constituição Federal, as leis delegadas serão elaboradas pelo presidente da República, que deverá solicitar a delegação ao Congresso Nacional. Essa iniciativa do Chefe do Poder Executivo da União, que solicita ao Poder Legislativo competência para editar a lei delegada, é costumeiramente denominada pela doutrina de *iniciativa solicitadora*.

Ainda nos termos da Constituição de 1988 (artigo 68, § 1º), a delegação ao presidente da República será formalizada por meio de resolução do Congresso Nacional, que especificará o conteúdo e os termos de seu exercício. Como nos lembra Manoel Gonçalves Ferreira Filho,[97] a exigência de que conste, de maneira expressa e inequívoca, a matéria a ser regulada, é da substância do ato de delegação, sob pena de inconstitucionalidade.

---

97. *Op. cit.*, p. 207.

A despeito de a delegação dever ser aprovada pelo Congresso Nacional, e, nos termos do artigo 47, da Lei Maior, por maioria de votos[98], presente a maioria absoluta de seus membros, não há a necessidade de que a resolução seja votada em sessão conjunta das duas Casas do Congresso Nacional, sendo possível, portanto, que a Câmara dos Deputados e o Senado Federal aprovem a mesma resolução, em sessões separadas.

A delegação será sempre temporária, uma vez que não será possível ao Parlamento delegar ao Poder Executivo, em caráter permanente, justamente uma das funções típicas que a Carta Magna lhe conferiu: a função legislativa. Assim, referida delegação deverá ter, como prazo máximo, o fim da legislatura. É imperioso ressaltar, contudo, que nada impede que o Poder Legislativo a revogue, antes do prazo fixado na resolução, tendo em vista a independência orgânica que a Lei Maior lhe confere. É o que leciona, por exemplo, Alexandre de Moraes:[99]

> "Ressalte-se, pela importância, o caráter temporário da delegação, que jamais poderá ultrapassar a legislatura, sob pena de importar em abdicação ou renúncia do Poder Legislativo a sua função constitucional, o que não será permitido. Esta característica de irrenunciabilidade da função legiferante permite que, mesmo durante o prazo concedido ao Presidente da República para editar a lei delegada, o Congresso Nacional discipline a matéria por meio de lei ordinária. Além disso, nada impedirá que, antes de encerrado o prazo fixado na resolução, o Legislativo desfaça a delegação".

Por outro lado, como o Poder Executivo é dotado da mesma independência orgânica conferida ao Poder Legislativo, o presidente da República também não está obrigado a editar a lei delegada. Em outras palavras, *o Parlamento não pode obrigar o Chefe do Poder Executivo a legislar*. Apenas se este decidir-se por editá-la é que deverá observar, de maneira vinculada, os termos da delegação, que ficaram estabelecidos na resolução do Congresso Nacional, inclusive no que se refere à eventual estabelecimento expresso de prazo para sua edição.

Compartilhamos do entendimento de Manoel Gonçalves Ferreira Filho,[100] no sentido de que o presidente da República poderá editar mais de uma lei, em decorrência da delegação que lhe foi conferida pelo Congresso Nacional. Com efeito, tendo em vista que a delegação dá-se por tempo determinado, e para tratar de determinada matéria, nada impede que o Chefe do Executivo elabore mais de uma lei delegada, desde que dentro daquele prazo, e desde que também atendidas as demais condições impostas pelo Poder Legislativo.

É imperioso esclarecer, ademais, que a delegação não retira do Congresso Nacional a prerrogativa de elaborar lei sobre a mesma matéria, prevalecendo a que tiver sido promulgada em primeiro lugar, notadamente porque ambas estão no mesmo patamar hierárquico. A possibilidade de o Parlamento editar lei sobre o mesmo assunto, a toda evidência, decorre do fato de que a atividade legislativa é uma das funções típicas que a Constituição Federal lhe conferiu, e que não pode lhe ser retirada de maneira alguma.[101]

Na hipótese de delegação *ampla*, também conhecida como *delegação típica*, ou, ainda, *delegação própria*, o Congresso Nacional confere ao presidente da República a competência para redigir o texto da lei, sem qualquer necessidade de ulterior submissão ao Poder Legislativo, devendo o Chefe do Poder Executivo, em seguida, promulgá-la e publicá-la no

---

98. Constituição Federal, artigo 47: "Salvo disposição constitucional em contrário, as deliberações de cada Casa e de suas Comissões serão tomadas por maioria dos votos, presente a maioria absoluta de seus membros".
99. *Op. cit.*, p. 699.
100. Nas palavras daquele autor: "Se a delegação é por prazo certo, obviamente persiste durante todo ele; desse modo, não há por que não possa o Presidente editar mais de uma lei, enquanto esse prazo estiver em curso". *Op. cit.*, p. 208.
101. Nesses termos, por exemplo, é a lição de Ricardo Cunha Chimenti, Fernando Capez, Márcio F. Elias Rosa e Marisa F. Santos. *Op. cit.*, p. 322.

Diário Oficial. Já na delegação *restrita*, também conhecida como *delegação atípica*, ou, ainda, *delegação imprópria*, o projeto de lei deverá ser submetido ao Congresso Nacional, que o aprovará ou não, através de votação única e unicameral, sem possibilidades de emenda.

Em razão das muitas especificidades de seu rito, o que justifica, aliás, sua inserção dentre as espécies normativas editadas por meio de um rito legislativo especial, não existe a fase de deliberação executiva no processo de edição das leis delegadas. Com efeito, tendo em vista que referido projeto foi elaborado justamente pelo Chefe do Poder Executivo, não haveria sentido falar-se em sanção e, muito menos, em veto ao projeto por ele mesmo elaborado.

Ademais, só haverá deliberação parlamentar quando estivermos diante de uma hipótese de delegação atípica (restrita), e, mesmo assim, ela deverá ser feita por votação única, sem possibilidades de emenda. Aqui, ou o projeto é aprovado, e vai à promulgação e publicação, ou é reprovado, o que resulta forçosamente no seu arquivamento. Portanto, mesmo na hipótese de delegação atípica, não há que se falar em ulterior deliberação executiva, com sanção ou veto pelo presidente da República, uma vez que a vedação às emendas parlamentares não permite alteração do texto do projeto de lei delegada elaborado pelo Chefe do Poder Executivo, o que torna descabida qualquer necessidade de sanção ou veto por este último.[102]

12.35 DECRETO LEGISLATIVO

O decreto legislativo, como vimos, é uma das modalidades de normas expressamente relacionadas na Constituição Federal, em seu artigo 59. Trata-se, portanto, de um ato normativo primário, que extrai seu fundamento de validade da própria Carta Magna, não estando subordinado a quaisquer das outras espécies normativas previstas no texto constitucional, mas apenas à própria Lei Maior.

Por força do princípio da simetria, é perfeitamente possível que as diversas pessoas políticas que compõem a Federação brasileira (Estados-membros, Distrito Federal e Municípios) prevejam, em suas respectivas constituições e leis orgânicas, a viabilidade da edição de decretos legislativos para a disciplina de temas de competência exclusiva dos respectivos parlamentos.

E a verdade é que efetivamente existem Estados e Municípios que preveem, em suas constituições estaduais e leis orgânicas, a possibilidade de edição de decretos legislativos, pelos respectivos parlamentares. É o caso, por exemplo, da Constituição do Estado de São Paulo,[103] que inclui o decreto legislativo no rol de espécies normativas que podem ser elaboradas por meio do processo legislativo ali estabelecido. É o caso, igualmente, da Lei Orgânica do Município de São Paulo, conforme previsto em seu artigo 34, inciso III.

A grande diferença dos decretos legislativos editados no âmbito dos Estados e dos Municípios, se comparados ao decreto legislativo federal, dá-se em relação à fase de deliberação parlamentar, já que o Poder Legislativo da União é bicameral, fato que impõe a aprovação do projeto, necessariamente, por ambas as Casas do Congresso Nacional, ao passo que os Parlamentos dos demais entes da federação são unicamerais.

---

102. Esse entendimento é amplamente aceito na doutrina. Citamos, por exemplo, as ponderações de Pedro Lenza sobre o tema: "Nos dois casos (havendo ou não apreciação do projeto pelo Congresso), entendo *dispensáveis* a sanção e o veto presidenciais, pois seria ilógico o veto de projeto elaborado pelo próprio Presidente". *Op. cit.*, p. 476.
103. Constituição do Estado de São Paulo, artigo 21: "O processo legislativo compreende a elaboração de: I – emenda à Constituição; II – lei complementar; III – lei ordinária; IV – decreto legislativo; V – resolução".

O decreto legislativo é uma espécie normativa de *competência exclusiva do Congresso Nacional*, e que se destina precipuamente (mas não só, como veremos logo em seguida), à regulamentação das matérias enumeradas pelo artigo 49, da Carta Magna. Dentre aquelas matérias relacionadas no artigo 49, destaca-se a constante de seu inciso I, que se refere à solução definitiva sobre tratados, acordos ou atos internacionais.

Também deve ser regulamentada por decreto legislativo a autorização para o presidente da República declarar a guerra, celebrar a paz, permitir que forças estrangeiras transitem pelo território nacional ou nele permaneçam temporariamente, ressalvados os casos previstos em lei complementar, bem como a autorização para o presidente e o vice-presidente da República se ausentarem do País, quando a ausência exceder a 15 (quinze) dias.

Devem, da mesma forma, ser regulamentadas por decreto legislativo: a aprovação do estado de defesa e a intervenção federal, a autorização do estado de sítio, ou a suspensão de qualquer uma dessas medidas; a sustação dos atos normativos do Poder Executivo que exorbitem do poder regulamentar ou dos limites de delegação legislativa; e a fixação de idêntico subsídio para os deputados federais e os senadores, observado o que dispõem os artigos 37, XI, 39, § 4º, 150, II, 153, III, e 153, § 2º, I, todos da Constituição Federal.

São igualmente da competência exclusiva do Congresso Nacional, e devem, portanto, ser regulamentados por decreto legislativo: o julgamento anual das contas prestadas pelo presidente da República e a apreciação dos relatórios sobre a execução dos planos de governo; a fiscalização e o controle, diretamente, ou por qualquer de suas Casas, dos atos do Poder Executivo, incluídos os da Administração Pública indireta; bem como a apreciação dos atos de concessão e renovação de concessão de emissoras de rádio e televisão.

Destacam-se ainda, dentre as competências exclusivas do Congresso Nacional, que devem ser regulamentadas por decreto legislativo: a escolha de 2/3 (dois terços) dos membros do Tribunal de Contas da União; a aprovação das iniciativas do Poder Executivo referentes a atividades nucleares; a autorização de referendo e a convocação de plebiscito; e a autorização, em terras indígenas, da exploração e do aproveitamento de recursos hídricos e a pesquisa e lavra de riquezas minerais.

Como mencionamos supra, o decreto legislativo destina-se precipuamente à regulamentação das matérias de competência exclusiva do Congresso Nacional, relacionadas no artigo 49, da Carta Magna. Mas não só. Com efeito, ao estudarmos as medidas provisórias, vimos que os decretos legislativos também devem regulamentar as matérias tratadas por aquela espécie normativa, quando referida medida provisória for rejeitada ou não apreciada, dentro do prazo conferido ao Congresso Nacional, tudo conforme previsto no artigo 62, § 3º, da Constituição Federal.

Por se tratar de espécie normativa de competência exclusiva do Congresso Nacional, a iniciativa em relação ao decreto legislativo somente pode ser conferida, a toda evidência, aos deputados federais, senadores e respectivas Comissões. Na fase de deliberação parlamentar, o projeto deverá ser obrigatoriamente discutido e votado em ambas as Casas do Congresso Nacional, sendo aprovado se obtiver o voto favorável da maioria simples em cada uma delas, conforme prevê o artigo 47, da Lei Maior.

Também por se tratar de um diploma normativo de competência exclusiva do Congresso Nacional, o projeto de decreto legislativo não é submetido à deliberação executiva, ou seja, não é encaminhado ao presidente da República, para sanção ou veto.[104] Assim, caso seja aprovado, o decreto legislativo será levado imediatamente à promulgação e publicação.

A promulgação do decreto legislativo é da competência do presidente do Senado Federal, o qual, já o mencionamos anteriormente, também é o presidente do Congresso Nacional. Referida competência encontra-se explicitada no artigo 48, inciso XXVIII, do Regimento Interno do Senado Federal, o qual dispõe que "compete ao presidente do Senado Federal promulgar as resoluções do Senado e os Decretos Legislativos".

DECRETO LEGISLATIVO

– O decreto legislativo também é um ato normativo primário, que extrai seu fundamento de validade da própria Carta Magna, não estando subordinado a quaisquer das outras espécies normativas previstas no texto constitucional.

– O decreto legislativo é de competência exclusiva do Congresso Nacional, e se destina precipuamente (mas não só) à regulamentação das matérias enumeradas no artigo 49, da Carta Magna.

– Os decretos legislativos também devem regulamentar as matérias tratadas por medidas provisórias, quando estas forem rejeitadas ou não apreciadas, dentro do prazo conferido ao Congresso Nacional.

– Por se tratar de espécie normativa de competência exclusiva do Congresso Nacional, a iniciativa em relação ao decreto legislativo é exclusiva dos deputados federais, senadores e respectivas Comissões.

– O projeto de decreto legislativo não é submetido à deliberação executiva, para sanção ou veto. Caso seja aprovado, é levado imediatamente à promulgação e publicação.

12.36 RESOLUÇÃO

A resolução é a última das espécies normativas previstas no rol do artigo 59, da Constituição Federal. Portanto, da mesma forma que as demais normas ali previstas, é um ato normativo primário (autônomo), que extrai seu fundamento de validade da própria Carta Magna, não estando subordinado a quaisquer das outras espécies normativas previstas no texto constitucional, com exceção das emendas constitucionais, as quais, como vimos, são verdadeiras normas constitucionais.

Por meio das resoluções, a Câmara dos Deputados e o Senado Federal formalizam as deliberações das matérias de sua própria competência privativa, conforme previsto, respectivamente, nos artigos 51 e 52, da Lei Maior. Ademais, será também cabível a edição de resolução pelo Congresso Nacional (e não apenas pela Câmara ou pelo Senado), quando a matéria não for objeto de decreto legislativo. É o caso, por exemplo, da hipótese prevista no artigo 68, § 2º, da Constituição Federal, que determina que a delegação ao presidente da República terá a forma de resolução do Congresso Nacional.

A Constituição de 1988 não estabeleceu um procedimento legislativo para a edição das resoluções. É por essa razão que coube aos Regimentos Internos da Câmara dos Deputados, do Senado Federal e também do Congresso Nacional estabelecer referido rito. Esse rito, por razões óbvias, é muito semelhante ao dos decretos legislativos.

Dessa forma, por se tratar de um diploma normativo de competência privativa da Câmara dos Deputados ou do Senado Federal, e, em alguns casos, de competência exclusiva do Congresso Nacional, a iniciativa em relação à resolução somente pode ser conferida aos

---

104. Constituição Federal, artigo 48: "Cabe ao Congresso Nacional, com a sanção do Presidente da República, não exigida esta para o especificado nos arts. 49, 51 e 52, dispor sobre todas as matérias de competência da União..."

deputados federais, senadores e respectivas Comissões. Pelas mesmas razões, a resolução não é submetida à deliberação executiva, ou seja, não é encaminhada ao Presidente da República, para sanção ou veto. Assim, caso seja aprovada, a resolução será levada imediatamente à promulgação e publicação.

RESOLUÇÃO

– Por meio das resoluções, a Câmara dos Deputados e o Senado Federal formalizam as deliberações das matérias de sua própria competência privativa, conforme previsto, respectivamente, nos artigos 51 e 52, de nossa Lei Maior.

– Ademais, será também cabível a edição de resolução pelo Congresso Nacional quando a matéria não for objeto de decreto legislativo, como é o caso, por exemplo, da hipótese prevista no artigo 68, § 2º, da Constituição Federal.

– A Constituição de 1988 não estabeleceu um procedimento legislativo para a edição das resoluções, cabendo aos Regimentos Internos da Câmara, do Senado e também do Congresso Nacional estabelecer referido rito.

12.37 LEIS ORÇAMENTÁRIAS

No início deste Capítulo, vimos que não só as espécies normativas relacionadas no artigo 59, da Carta Magna, estão submetidas a um processo legislativo. Também se sujeitam a um procedimento legislativo os tratados internacionais e as diversas espécies de normas relativas às finanças públicas. Estas últimas, denominadas leis orçamentárias, têm por objeto o plano plurianual, as diretrizes orçamentárias, os orçamentos anuais e os créditos adicionais, e possuem rito próprio (procedimento legislativo especial, portanto), cujas regras gerais estão fixadas no artigo 165 e seguintes, da Carta Magna. É sobre esse tema que nos dedicaremos nesta seção.

Conforme artigo 165, § 1º, da Constituição Federal, a lei que fixar o *plano plurianual* estabelecerá, de forma regionalizada, as diretrizes, objetivos e metas da Administração Pública Federal para as despesas de capital e outras delas decorrentes e para as relativas aos programas de duração continuada. Vê-se, portanto, que lei que institui o plano plurianual é o diploma legal que estabelece, em termos básicos, os objetivos e metas da Administração Pública Federal para as despesas de capital e outras afins, *de duração continuada*.

A *lei de diretrizes orçamentárias*, por sua vez, está definida no § 2º daquele mesmo artigo 165, de nossa Lei Maior. Trata-se do diploma normativo que compreenderá as metas e prioridades da Administração Pública federal, incluindo as despesas de capital para o exercício financeiro subsequente, que orientará a elaboração da lei orçamentária anual, que disporá sobre as alterações na legislação tributária e que estabelecerá a política de aplicação das agências financeiras oficiais de fomento.

Já a *lei orçamentária anual*, conforme disposto no artigo 165, § 5º, da Constituição Federal, é aquela que abriga o orçamento fiscal referente aos Poderes da União, seus fundos, órgãos e entidades da Administração Pública direta e indireta, inclusive fundações instituídas e mantidas pelo Estado, além da seguridade social. Referida lei não conterá dispositivo estranho à previsão da receita e à fixação da despesa, não se incluindo na proibição a autorização para abertura de créditos suplementares e contratação de operações de crédito, ainda que por antecipação de receita, nos termos da lei (§ 8º).

Os projetos de lei relativos ao plano plurianual, às diretrizes orçamentárias, ao orçamento anual e aos créditos adicionais são de iniciativa do Poder Executivo (presidente da República), e devem ser apreciados pelas 2 (duas) Casas do Congresso Nacional (Câmara dos Deputados e Senado Federal), na forma do regimento comum. Segundo o artigo 166,

§ 1º, da Constituição Federal, caberá a uma Comissão Mista Permanente (de senadores e deputados federais), examinar e emitir parecer sobre referidos projetos de lei.

As emendas aos projetos de lei serão apreciadas pelo Plenário das 2 (duas) Casas do Congresso Nacional, na forma do regimento comum, e, antes disso, deverão ser apresentadas naquela Comissão Mista Permanente, para emissão de parecer prévio. Ademais, as emendas aos projetos de lei do orçamento anual não poderão, por exemplo, contrariar o plano plurianual e a lei de diretrizes orçamentárias, e as emendas ao projeto de lei de diretrizes orçamentárias não poderão ser incompatíveis com o plano plurianual.

Nos termos da Constituição Federal (artigo 166, § 5º), o presidente da República poderá enviar mensagem ao Congresso Nacional, para propor modificação nos projetos de lei do orçamento anual, de diretrizes orçamentárias e do plano plurianual, enquanto não iniciada a votação, na Comissão Mista Permanente, da parte cuja alteração é proposta.

Da simples leitura do texto constitucional, percebe-se facilmente que os projetos de leis orçamentárias seguem um rito legislativo especial justamente em razão de algumas normas específicas, que o diferenciam do procedimento legislativo ordinário. É o que ocorre, por exemplo, em relação à fase de iniciativa, já que somente o presidente da República, como vimos, tem o poder de iniciar o processo de produção daquelas espécies normativas.

Também conferem o caráter de rito legislativo especial ao processo de edição das leis orçamentárias as normas relativas à fase constitutiva, uma vez que, nos termos da Constituição Federal, deverá haver deliberação conjunta do Congresso Nacional, com parecer prévio da Comissão Mista Permanente, além das regras restritivas às emendas. Em tudo o mais que não contrariar aquelas regras específicas, devem-se aplicar as normas gerais fixadas para o chamado procedimento legislativo ordinário, como, por exemplo, na fase complementar (sanção presidencial, veto, promulgação e publicação).

LEIS ORÇAMENTÁRIAS

– As normas relativas às finanças públicas, denominadas leis orçamentárias, têm por objeto o plano plurianual, as diretrizes orçamentárias, os orçamentos anuais e os créditos adicionais, e possuem rito legislativo próprio, cujas regras gerais estão fixadas a partir do artigo 165, da Carta Magna.

– Os projetos de lei relativos ao plano plurianual, às diretrizes orçamentárias, ao orçamento anual e aos créditos adicionais são de iniciativa do Poder Executivo (presidente da República), e devem ser apreciados pelas 2 (duas) Casas do Congresso Nacional, na forma do regimento comum das mesmas.

– As emendas aos projetos de lei serão apreciadas pelo Plenário das duas Casas do Congresso Nacional, na forma do regimento comum, e, antes disso, deverão ser apresentadas na Comissão Mista Permanente, para emissão de parecer prévio.

– As emendas aos projetos de lei do orçamento anual não poderão contrariar o plano plurianual e a lei de diretrizes orçamentárias, e as emendas ao projeto de lei de diretrizes orçamentárias não poderão ser incompatíveis com o plano plurianual.

– O presidente da República poderá enviar mensagem ao Congresso Nacional, para propor modificação nos projetos de lei do orçamento anual, de diretrizes orçamentárias e do plano plurianual, enquanto não iniciada a votação, na Comissão Mista Permanente, da parte cuja alteração é proposta.

12.38 TRATADOS INTERNACIONAIS

Para encerrarmos nossos estudos sobre o processo legislativo, analisaremos o processo de elaboração dos tratados internacionais. Nos termos do artigo 84, inciso VIII, de nossa Constituição Federal, compete privativamente ao presidente da República "celebrar tratados, convenções e atos internacionais, sujeitos a referendo do Congresso Nacional".

Da simples leitura daquele dispositivo constitucional, percebe-se facilmente que o tratado internacional é um ato normativo complexo, já que depende, necessariamente, da manifestação de vontade tanto do Poder Executivo quanto do Poder Legislativo, para produzir efeitos na ordem jurídica interna.

Em que pese não estar relacionado entre as espécies normativas expressamente relacionadas no artigo 59, da Constituição Federal, não há dúvidas de que o tratado internacional também é um ato normativo primário, que extrai seu fundamento de validade da própria Carta Magna, não estando subordinado a quaisquer das outras espécies normativas previstas no texto constitucional. Para que se torne norma no âmbito interno, referido ato normativo é submetido a um rito especial, que será analisado logo em seguida.

Como nos lembra Francisco Rezek,[105] em que pese o legislador brasileiro, inclusive o próprio constituinte, utilizar-se habitualmente da expressão "tratados e convenções internacionais", o que pode induzir o leitor a pensar que se trata de coisas diversas, na realidade as duas palavras são sinônimas, também podendo ser utilizados, para expressar a mesma coisa, os termos *acordo*, *ajuste*, *arranjo*, *ata*, *ato*, *carta*, *código*, *compromisso*, *constituição*, *contrato*, *convenção*, *convênio*, *declaração*, *estatuto*, *memorando*, *pacto*, *protocolo* e *regulamento*.

Ainda na lição daquele insigne doutrinador,[106] tratado "é todo acordo formal concluído entre pessoas jurídicas de direito internacional público, e destinado a produzir efeitos jurídicos". Trata-se de um acordo *formal*, é importante que se diga, não só porque deve seguir o rito e as formalidades estabelecidas pelo direito internacional, como também porque deve, necessariamente, estar consubstanciado em um instrumento escrito, não podendo, de maneira alguma, ser pactuado oralmente.

O tratado só pode ser celebrado entre pessoas jurídicas com personalidade de direito internacional público. Quer isso dizer, em outras palavras, que os signatários dos tratados internacionais devem obrigatoriamente ser *Estados soberanos* (aqui incluída a Santa Sé) ou *organizações internacionais*, não podendo ser signatários, por exemplo, Estados-membros de uma Federação (estes, já o vimos, são dotados apenas de autonomia, e não de soberania) ou pessoas jurídicas de direito privado, mesmo que sejam multinacionais de grande porte, com atividade em muitos países.[107]

O Estado soberano ou organismo internacional poderá ser um dos signatários do tratado internacional, participando de sua formalização desde as primeiras tratativas, ou aderir aos seus termos, posteriormente. Tal adesão poderá ocorrer *sem reservas* ou *com reservas*, significando esta última que a pessoa jurídica de direito público internacional terá o direito de não acatar ou modificar os efeitos jurídicos de algumas das cláusulas do pacto.

O tratado ou convenção internacional deve ter por objeto a produção de efeitos jurídicos entre as partes, ou seja, deve necessariamente se tratar de um negócio jurídico, consistente em uma declaração de vontade destinada à fixação de direitos e deveres entre as partes signatárias da avença. É da essência do tratado, portanto, o denominado *animus contrahendi*, o desejo de instituir normas que estabeleçam direitos e deveres entre os signatários.

---

105. *Curso elementar de direito internacional público*. 12. ed. Saraiva, 2010, p. 14-16.
106. *Op. cit.*, p 14.
107. No âmbito do direito internacional público, é habitual verificarmos a distinção entre tratado e *gentlemen's agreement*, aquele se referindo aos acordos internacionais formais celebrados entre Estados soberanos, e este aos ajustes pactuados entre estadistas, e que só podem perdurar enquanto os respectivos Chefes de Estados permanecerem no poder.

TRATADOS INTERNACIONAIS

– O tratado internacional é um ato normativo complexo, já que depende, necessariamente, da manifestação de vontade tanto do Poder Executivo quanto do Poder Legislativo, para produzir efeitos na ordem jurídica interna.

– Em que pese o legislador brasileiro, inclusive o próprio constituinte, utilizar-se habitualmente da expressão "tratados e convenções internacionais", o que pode induzir o leitor a pensar que se trata de coisas diversas, na realidade as duas palavras são sinônimas.

– O tratado é acordo *formal* não só porque deve seguir o rito e as formalidades estabelecidas pelo direito internacional, como também porque deve, necessariamente, estar consubstanciado em um instrumento escrito.

– Só pode ser celebrado entre pessoas jurídicas com personalidade de direito internacional público, devendo ser assinados, portanto, por Estados soberanos (aqui incluída a Santa Sé) ou por organizações internacionais.

– O tratado deve ter por objeto a produção de efeitos jurídicos entre as partes, ou seja, deve necessariamente destinar-se à produção de normas que estabeleçam direitos e deveres entre as partes signatárias.

12.39 TRATADO INTERNACIONAL: NORMA CONSTITUCIONAL, NORMA SUPRALEGAL OU NORMA INFRACONSTITUCIONAL?

Ao estudarmos as noções gerais sobre os direitos e garantias fundamentais, no Capítulo 6 desta obra, vimos que a Constituição de 1988 não confere legitimidade apenas a direitos e garantias inseridos em seu corpo, mas também a outros, fora de seu texto, desde que guardem conformidade com o regime e com os princípios por ela adotados, ou com os tratados internacionais de que o Brasil seja signatário. É o que dispõe expressamente o artigo 5º, § 2º, do texto constitucional.[108]

Com fundamento naquele dispositivo constitucional, alguns autores defendiam que os tratados internacionais, sobretudo os que tratassem de direitos humanos, ingressavam no ordenamento jurídico pátrio com força de autêntica norma constitucional.[109] O Pretório Excelso, contudo, jamais aceitou tal entendimento, preferindo considerar que referidos atos normativos ingressavam na ordem jurídica interna *como normas infraconstitucionais*.

Sob a égide da Constituição de 1988, esse entendimento foi externado, pela primeira vez, quando o Supremo Tribunal Federal foi chamado a analisar a constitucionalidade da possibilidade de prisão civil do depositário infiel, prevista no artigo 5º, inciso LXVII, de nossa Lei Maior, em razão da vedação a esse tipo de prisão, existente na Convenção Americana sobre Direitos Humanos, da qual o Brasil é um dos signatários.

Com efeito, o denominado "Pacto de San José da Costa Rica", em seu artigo 7º, autoriza a prisão civil somente por inadimplemento de obrigação alimentícia, afastando, portanto, a possibilidade de prisão civil por dívida do depositário infiel. O Supremo Tribunal Federal, a princípio, preferia entender que tratados internacionais, ainda que versassem sobre direitos humanos, eram incorporados ao direito pátrio com força de simples lei ordinária.

E tal entendimento, a nosso entender, estava efetivamente correto. Como nos lembram Luiz Alberto David Araujo e Vidal Serrano Nunes Júnior,[110] o fato de o tratado entrar na ordem jurídica brasileira não significa obrigatoriamente que ele ingressará no plano constitucional. Segundo a lúcida lição daqueles autores, o artigo 5º, § 2º, de nossa Lei Maior apenas afirma

---

108. Constituição Federal, artigo 5º, § 2º: "Os direitos e garantias expressos nesta Constituição não excluem outros decorrentes do regime e dos princípios por ela adotados, ou dos tratados internacionais em que a República Federativa do Brasil seja parte".
109. É o caso, por exemplo, de Flávia Piovesan. *Direitos humanos e direito constitucional internacional*. Max Limonad, 1996.
110. *Curso de direito constitucional*. 14. ed. Saraiva, 2010, p. 238.

que outros direitos devem ser integrados ao ordenamento jurídico pátrio, não querendo dizer, contudo, "que o devem ser com marca de norma constitucional".

Para que possa ostentar o *caráter de norma constitucional*, o tratado internacional deverá, obrigatoriamente, observar as exigências fixadas pelo artigo 5º § 3º de nossa Carta Magna, o qual dispõe que "os tratados e convenções internacionais sobre direitos humanos que forem aprovados, em cada Casa do Congresso Nacional, em dois turnos, por três quintos dos votos dos respectivos membros, serão equivalentes às emendas constitucionais".

Portanto, mostra-se perfeitamente adequado o entendimento de que o tratado internacional, depois de cumpridas todas as etapas do procedimento legislativo, ingresse em nosso ordenamento jurídico com a força de lei ordinária, revogando a legislação infraconstitucional anterior que seja com ele incompatível, e naturalmente, podendo ser revogado por legislação posterior que disponha de maneira diversa. Apenas se tiver por objeto direitos humanos, e for aprovado com o mesmo rito fixado para as emendas constitucionais, é que terá caráter de norma constitucional.

É imperioso ressaltar, contudo, que o entendimento do Pretório Excelso sobre o assunto não é mais o mesmo. Em julgamentos mais recentes, nossa Corte Suprema passou a entender que tratados internacionais, quando dispuserem especificamente sobre direitos humanos, e caso não sejam incorporados ao ordenamento nacional na forma prevista no artigo 5º, § 3º, da Lei Maior, serão considerados *normas supralegais*, paralisando a eficácia de toda a legislação infraconstitucional com ele conflitante.

De fato, ao julgar dois Recursos Extraordinários (RE 466.343 e RE 349.703, julgados em 3 de dezembro de 2008) que tinham por objeto a análise da constitucionalidade da prisão civil do devedor em contratos de alienação fiduciária em garantia,[111] o Pretório Excelso, por maioria de votos, passou a adotar a tese de que os tratados internacionais sobre direitos humanos, a despeito de continuarem se tratando de normas infraconstitucionais, estariam em um patamar hierárquico superior ao da legislação ordinária, devendo prevalecer sobre esta última.

Dessa forma, a partir daqueles julgamentos, o Supremo Tribunal Federal passou a considerar que os tratados internacionais sobre direitos humanos, quando não aprovados no rito legislativo fixado para as emendas constitucionais, a despeito de estarem hierarquicamente abaixo das normas constitucionais (não podendo, portanto, revogar normas da Constituição Federal), têm o condão de paralisar a eficácia da legislação ordinária com eles conflitantes.

Como consequência disso, o Supremo Tribunal Federal passou a entender que o artigo 5º, inciso LXVII, de nossa Lei Maior, que prevê a possibilidade de prisão civil do depositário infiel, a despeito de não revogado pelo artigo 7º, item 7, da Convenção Americana sobre Direitos Humanos (Pacto de San José da Costa Rica), deixou de ter aplicabilidade diante do efeito paralisante que referido tratado impôs à legislação ordinária com ele conflitante. Tanto assim, que editou a súmula vinculante 25, a qual dispõe expressamente que "é ilícita a prisão civil do depositário infiel, qualquer que seja a modalidade de depósito".

Como já mencionamos anteriormente, tal entendimento, que foge completamente à tradição da doutrina e da jurisprudência nacionais, acabará gerando, como se dá no caso específico da prisão civil do depositário infiel, alguma perplexidade aos estudiosos e pro-

---

111. Decreto-Lei 911/1969, artigo 4º: "Se o bem alienado fiduciariamente não for encontrado ou não se achar na posse do devedor, o credor poderá requerer a conversão do pedido de busca e apreensão, nos mesmos autos, em ação de depósito, na forma prevista no Capítulo II, do Título I, do Livro IV, do Código de Processo Civil".

fissionais do Direito. Com efeito, como é possível falar-se em paralisação da eficácia de uma norma infraconstitucional que prevê a possibilidade daquela modalidade de prisão civil, quando tal norma está em consonância com o próprio texto constitucional?[112]

De todo modo, para efeitos práticos, de acordo com o atual entendimento do Pretório Excelso, os tratados internacionais poderão ingressar no ordenamento jurídico pátrio em 3 (três) categorias distintas. Caso tenham por objeto *direitos humanos*, e se submetam ao rito legislativo fixado no artigo 60, da Carta Magna, serão equivalentes às emendas constitucionais, e, portanto, terão caráter de norma constitucional.

Caso tenham por objeto *direitos humanos*, mas não sejam aprovados com o mesmo rito estabelecido para a edição das emendas à Constituição, ingressarão no ordenamento pátrio com a força de norma supralegal, paralisando a eficácia de quaisquer outras normas infraconstitucionais que sejam incompatíveis com os seus termos. Por fim, se não tiverem por objeto a tutela de direitos humanos, ingressarão no ordenamento pátrio com força de simples lei ordinária.

TRATADO INTERNACIONAL: NORMA CONSTITUCIONAL, NORMA SUPRALEGAL OU NORMA INFRACONSTITUCIONAL?

Norma constitucional	– Caso tenha por objeto direitos humanos, e se submetam ao rito legislativo fixado no artigo 60, da Carta Magna.
Norma supralegal	– Caso tenha por objeto direitos humanos, mas não seja aprovado com o mesmo rito estabelecido para a edição das emendas à Constituição.
Norma ordinária	– Caso não tenha por objeto a tutela de direitos humanos.

12.40 PROCEDIMENTO LEGISLATIVO DO TRATADO INTERNACIONAL

Conforme determina expressamente o artigo 84, inciso VIII, da Constituição Federal, compete privativamente ao presidente da República "celebrar tratados, convenções e atos internacionais, sujeitos a referendo do Congresso Nacional". Já segundo o artigo 49, inciso I, de nossa Lei Maior, é da competência exclusiva do Congresso Nacional resolver definitivamente sobre tratados, acordos ou atos internacionais que acarretem encargos ou compromissos gravosos ao patrimônio nacional.

Portanto, caso o presidente da República, em nome do Estado brasileiro, assine um tratado internacional ou adira aos termos de um já firmado, deverá obrigatoriamente submetê-lo ao Congresso Nacional, órgão que tem a competência exclusiva para referendá-lo. Tal referendo, é importante que se diga, dá-se por meio de decreto legislativo, o ato normativo específico para a regulamentação das matérias enumeradas pelo artigo 49, da Carta Magna, como já vimos anteriormente.

Caso o Congresso Nacional aprove o texto do tratado internacional (e somente nesta hipótese), o presidente da República poderá ratificá-lo, passando a produzir efeitos jurídicos externos para o Brasil. Já no âmbito interno, para que o texto do tratado possa ser fonte

---

112. Em termos semelhantes são as ponderações de Pedro Lenza: "Embora sedutora a tese e, sem dúvida, fortalecedora do princípio da **dignidade da pessoa humana**, o grande problema parece-nos justificar (especialmente diante da nova redação conferida ao § 3º do art. 5º pela EC 45/2004) a possibilidade de 'paralisar' a eficácia das leis contrárias aos tratados e convenções sobre direitos humanos, mas que encontrariam suporte de validade na própria Constituição, que continua estabelecendo, ao lado da prisão do devedor de alimentos, a do depositário infiel". *Op. cit.*, p. 499-500.

de direitos e obrigações, revela-se indispensável que o Chefe do Poder Executivo da União edite um decreto, destinado à sua promulgação, e que será obrigatoriamente publicado, em português, na Imprensa Oficial.

Como se vê, somente a partir da edição do decreto presidencial é que o tratado internacional ingressa na ordem jurídica pátria, com força de norma infraconstitucional. Assim, ao contrário do que se dá em alguns outros países, que adotam a denominada *teoria monista*, na qual o tratado se sobrepõe à ordem interna desde o momento em que o Chefe do Poder Executivo o celebra, o Brasil abraça a chamada *teoria dualista*, exigindo que o texto do pacto seja submetido a referendo do Congresso Nacional, para só então poder produzir efeitos jurídicos também na ordem interna.

Por outro lado, como nos lembra Pedro Lenza,[113] "o sistema constitucional brasileiro não exige, para efeito de executoriedade doméstica dos tratados internacionais, a edição de lei formal distinta (visão dualista extremada ou radical), satisfazendo-se com a adoção de *iter procedimental* complexo, que compreende a aprovação congressional e a promulgação executiva do texto convencional". Referido autor nos lembra, em conclusão, que o Brasil adota o princípio do *dualismo moderado*.

Não podemos deixar de lembrar ao leitor, para encerrar esta seção, que os tratados internacionais, quando tiverem por objeto direitos humanos, também poderão ser aprovados pelo Congresso Nacional sob um rito legislativo semelhante ao da aprovação das emendas constitucionais, tudo conforme prevê expressamente o § 3º, acrescentado ao artigo 5º da Constituição Federal, pela Emenda Constitucional 45/2004. Nesse caso, ingressarão no ordenamento jurídico pátrio com força de norma constitucional.

É evidente que os tratados internacionais sobre direitos humanos não precisam, necessariamente, ser aprovados com observância do rito estabelecido pelo artigo 5º, § 3º, de nossa Lei Maior. Podem, naturalmente, seguir o procedimento legislativo estudado anteriormente. Caso, contudo, sejam aprovados sob o rito mais rigoroso, previsto naquela norma constitucional, serão equivalentes às emendas constitucionais.

Dessa forma, em se tratando de tratado internacional que tenha por objeto direitos humanos, e caso se queira conferir-lhe força de norma constitucional, após a celebração do pacto pelo presidente da República, o seu texto deverá ser discutido e votado, em 2 (dois) turnos, em cada Casa do Congresso Nacional, somente sendo aprovado se obtiver, em ambos os turnos, 3 (três quintos) dos votos dos respectivos membros.

Para finalizar, devemos ressaltar que o referendo do Congresso Nacional, mesmo nessa última hipótese, deverá ser concretizado por meio de decreto legislativo, conforme determina expressamente o artigo 49, inciso I, da Constituição Federal. Com efeito, o artigo 5º, § 3º, de nossa Carta Magna, diz apenas que os tratados internacionais sobre direitos humanos, quando forem aprovados nos termos ali previstos, serão *equivalentes* às emendas constitucionais, não exigindo, de maneira alguma, que o pacto submeta-se integralmente ao rito legislativo fixado para esta espécie normativa.[114]

---

113. *Op. cit.*, p. 493.
114. Esta também é a lição, por exemplo, de Pedro Lenza: "Entendemos que, pela regra do artigo 49, I (que não poderá ser desprezada), continua sendo o decreto legislativo o ato pelo qual o Congresso Nacional, no procedimento de incorporação dos tratados internacionais, resolve definitivamente sobre os tratados e convenções internacionais referentes a direitos humanos. Veja que a nova regra não diz que o procedimento deverá ser o das emendas constitucionais, mas que, cumpridas as formalidades, equivalerão às emendas". *Op. cit.*, p. 497.

13
DEFESA DO ESTADO E DAS INSTITUIÇÕES DEMOCRÁTICAS

13.1 O SISTEMA CONSTITUCIONAL PARA SOLUÇÃO DE CRISES E A DEFESA DO PAÍS E DA SOCIEDADE

No Capítulo 1 deste livro, vimos que a constituição de um determinado Estado é composta, nos tempos atuais, por um conjunto de princípios e regras que fornecem não só a organização fundamental daquele ente estatal, como também relacionam os direitos e garantias fundamentais, destinados à proteção dos indivíduos em face do poder estatal, além de fixar um conjunto de direitos sociais, econômicos e culturais, com vistas à redução das desigualdades sociais e também ao desenvolvimento nacional.

Vimos também, naquela oportunidade, que o conteúdo das constituições sofreu sensível aumento com o passar do tempo, deixando de conter apenas as normas essenciais de regência do Estado e de proteção do indivíduo contra possíveis arbitrariedades do Estado, como se dava à época do liberalismo clássico, passando a conter também um extenso rol de princípios e regras de direito social e econômico, além de disciplinar praticamente todos os ramos do direito.

Aprendemos, ainda, que a generalidade das constituições, sobretudo em sua feição atual, contemporânea, passou a conter normas de conteúdo e finalidade diversos e específicos, destinados a reger diferentes aspectos do Estado e da vida de seus cidadãos, o que nos permite separar as normas constitucionais em grupos específicos, que a doutrina costuma denominar de *elementos da constituição*. E dentre aqueles elementos, temos os denominados *elementos de estabilização constitucional*.

Os supramencionados elementos de estabilização constitucional, em apertada síntese, são aqueles destinados à garantia da normalidade do Estado, da paz social e das instituições democráticas, além da defesa e estabilidade da própria constituição. Na Constituição brasileira de 1988, estão dispostos, por exemplo, no Capítulo VI do Título III, que trata da intervenção, bem como no artigo 60, quando trata dos limites à edição de emendas à Constituição, e que já foram objeto de estudo nesta obra.

Também constituem elementos de estabilização constitucional as normas de nossa Lei Fundamental que disciplinam o chamado controle de constitucionalidade de leis e demais atos normativos editados pelo poder público, como, por exemplo[1], a do artigo 102, inciso I,

---

1. Há outras normas constitucionais que tratam expressamente de controle de constitucionalidade. É o caso do artigo 52, inciso X, que confere competência privativa ao Senado Federal para suspender a execução, no todo ou em parte, de lei declarada inconstitucional, por decisão definitiva do Supremo Tribunal Federal, bem coo do artigo 97, que estabelece a chamada cláusula de reserva de plenário para a declaração de inconstitucionalidade de lei ou ato normativo do Poder Público, em órgãos jurisdicionais colegiados.

alínea *a*, bem como do artigo 103, que trazem regras sobre a ação direta de inconstitucionalidade e ação declaratória de constitucionalidade, e que também já foram objeto de estudo neste livro, no Capítulo 5.

Por fim, também podem ser incluídas entre os elementos de estabilização constitucional as normas do Título V, de nossa Constituição Federal. Referido Título, denominado "Da defesa do Estado e das instituições democráticas", trata do estado de defesa e do estado de sítio, instrumentos destinados a solucionar as chamadas *situações de crise*. Trata, outrossim, das Forças Armadas e da denominada segurança pública, composta das instituições que têm por fim precípuo a defesa do País e da própria sociedade.

Com efeito, como veremos melhor no transcorrer deste Capítulo, o estado de defesa e o estado de sítio são os instrumentos, previstos pela Constituição de 1988, que têm por objetivo preservar ou prontamente restabelecer, *em casos excepcionais*, a ordem pública ou a paz social, seja por motivo de situações de risco ou de efetiva instabilidade institucional, seja pela ocorrência de calamidades de grandes proporções da natureza, seja, ainda, em razão de declaração de estado de guerra ou resposta a agressão armada estrangeira.

Como nos ensinam Luiz Alberto David Araujo e Vidal Serrano Nunes Júnior,[2] o estado de defesa e o estado de sítio "são o conjunto de prerrogativas públicas, constitucionalmente esculpidas, que atribuem ao Poder Executivo Federal poderes excepcionais para a superação de situações de crise institucional". Referidos autores, no mesmo texto, ressaltam a excepcionalidade das medidas adotadas, sobretudo tendo em vista que, não raro, importam até mesmo na momentânea supressão de direitos e garantias fundamentais.

Marcelo Novelino,[3] por sua vez, salienta que referidos instrumentos, destinados a impedir violações do regime constitucional em hipóteses de rompimento da normalidade, e que, por isso, consubstanciam um *estado de legalidade extraordinária*, devem ser informados por dois critérios: (a) *necessidade*, caracterizada pela ocorrência de situações de extrema gravidade que demandem a adoção de medidas excepcionais para a manutenção da estabilidade da ordem constitucional e das instituições democráticas; e (b) *temporariedade*, consubstanciada na duração da medida apenas enquanto perdurar a situação emergencial.[4]

A defesa do País e proteção da sociedade, por sua vez, dá-se por meio da atuação das Forças Armadas, bem como dos órgãos que compõem a chamada segurança pública. Como veremos melhor oportunamente, a Constituição de 1988 conferiu às Forças Armadas a nobre missão de defesa da pátria, da garantia dos poderes constitucionais e, por iniciativa de qualquer destes poderes, da lei e da ordem. Já a segurança pública destina-se à preservação, pelos órgãos que a compõem, e que serão estudados ainda neste Capítulo, da ordem pública e da incolumidade das pessoas e de seus patrimônios.

---

2. *Curso de direito constitucional*. 14. ed. São Paulo: Saraiva, 2010, p. 451.
3. *Direito constitucional*. 4. ed. São Paulo: Método, 2010, p. 751.
4. Parte da doutrina afirma que, para a decretação do estado de defesa e do estado de sítio, também deve ser observado o princípio da proporcionalidade, no sentido de que as medidas adotadas devem ser proporcionais aos fatos que justificaram aquela decretação.

SISTEMA CONSTITUCIONAL PARA SOLUÇÃO DE CRISES E DEFESA DO PAÍS E DA SOCIEDADE

Sistema constitucional para solução de crises	– São os instrumentos, previstos pela Constituição Federal, destinados a preservar ou prontamente restabelecer, *em casos excepcionais*, a ordem pública ou a paz social, seja por motivo de situações de risco ou de efetiva instabilidade institucional, seja pela ocorrência de calamidades de grandes proporções da natureza, seja, ainda, em razão de declaração de estado de guerra ou resposta a agressão armada estrangeira.
Defesa do País e da sociedade	– A Constituição Federal conferiu às Forças Armadas a nobre missão de defesa da pátria, da garantia dos poderes constitucionais e, por iniciativa de qualquer destes, da lei e da ordem. – A Carta Magna conferiu à segurança pública o dever de preservação, pelos órgãos que a compõem, da ordem pública e da incolumidade das pessoas e de seus patrimônios.

13.2 ESTADO DE DEFESA

Conforme artigo 136, da Constituição Federal, o presidente da República poderá, ouvidos o Conselho da República e o Conselho de Defesa Nacional, decretar estado de defesa para preservar ou prontamente restabelecer, em locais restritos e determinados, a ordem pública ou a paz social, ameaçadas por grave e iminente instabilidade institucional ou atingidas por calamidades naturais de grandes proporções.

Da leitura daquele dispositivo constitucional, percebe-se facilmente que, para que possa ser decretado o estado de defesa, é preciso que exista, *em locais restritos e determinados*, uma das seguintes hipóteses: (a) risco ou efetiva ocorrência de grave instabilidade institucional; ou (b) ocorrência de calamidade de grandes proporções da natureza. Estes são os denominados *requisitos ou pressupostos materiais* do estado de defesa.

Os *requisitos ou pressupostos formais*, por sua vez, são os seguintes: a) prévia manifestação do Conselho da República e do Conselho de Defesa Nacional; (b) decretação pelo presidente da República; e (c) submissão posterior do ato, com justificativa, ao Congresso Nacional, para aprovação ou rejeição, neste último caso com cessação imediata da medida.

O Conselho da República, conforme artigo 89, da Constituição Federal, é órgão superior de consulta do presidente da República, e dele participam o vice-presidente da República; o presidente da Câmara dos Deputados; o presidente do Senado Federal; os líderes da maioria e da minoria na Câmara dos Deputados; os líderes da maioria e da minoria no Senado Federal; o ministro da Justiça; e 6 (seis) cidadãos brasileiros natos, com mais de 35 (trinta e cinco) anos de idade, sendo 2 (dois) nomeados pelo presidente da República, 2 (dois) eleitos pelo Senado Federal e 2 (dois) eleitos pela Câmara dos Deputados, todos com mandato de 3 (três) anos, vedada a recondução[5].

Já o Conselho de Defesa Nacional, com previsão no artigo 91, de nossa Lei Maior, é órgão de consulta do presidente da República nos assuntos relacionados com a soberania nacional e a defesa do Estado democrático, e dele participam como membros natos: o vice-presidente da República; o presidente da Câmara dos Deputados; o presidente do Senado Federal; o Ministro da Justiça; o Ministro de Estado da Defesa; o Ministro das Relações Exteriores; o Ministro do Planejamento; e os Comandantes da Marinha, do Exército e da Aeronáutica.

---

5. Nos expressos termos do artigo 89, § 1º, da Carta Magna, o Presidente da República poderá convocar Ministro de Estado para participar da reunião do Conselho da República, quando constar da pauta questão relacionada com o respectivo Ministério.

É imperioso ressaltar, nesta oportunidade, que tanto o Conselho da República como o Conselho de Defesa Nacional são meros órgãos de consulta da presidência da República. Portanto, suas opiniões, inclusive no que toca à análise do estado de defesa, não tem o condão de ser impostas ao Chefe do Poder Executivo Federal, que poderá decretar tais medidas mesmo que haja opinião contrária daqueles órgãos. Em outras palavras, a opinião daqueles Conselhos não é vinculante.

Conforme disposto no artigo 136, § 1º, de nossa Lei Maior, o decreto que instituir o estado de defesa deverá determinar o tempo de sua duração. Deverá, igualmente, especificar as áreas a serem abrangidas. Deverá, por fim, indicar as medidas coercitivas a vigorarem, que poderão ser restritivas de direitos ou de ocupação e uso temporário de bens e serviços públicos, na hipótese de calamidade pública, respondendo a União pelos danos e custos decorrentes.

Ainda nos termos daquele artigo 136, § 1º, da Constituição Federal, as medidas coercitivas que podem ser fixadas são as seguintes: (a) restrição ao direito de reunião, ainda que exercida no seio das associações; (b) restrição ao sigilo de correspondência; (c) restrição ao sigilo de comunicação telegráfica e telefônica.

Como mencionamos anteriormente, o decreto que instaurar o estado de defesa deverá, necessariamente, fixar o tempo de duração da medida. Segundo o texto constitucional (artigo 136, § 2º), o tempo de duração do estado de defesa não será superior a 30 (trinta) dias, *podendo ser prorrogado uma única vez, por igual período* (mais trintas dias, portanto), se persistirem as razões que justificaram a sua decretação.

Decretado o estado de defesa ou a sua prorrogação, o presidente da República, dentro de 24 (vinte e quatro) horas, deverá submeter o ato com a respectiva justificativa ao Congresso Nacional[6], que decidirá por maioria absoluta. Se o Congresso Nacional estiver em recesso, será convocado, extraordinariamente, no prazo de 5 (cinco) dias[7].

O Congresso Nacional apreciará o decreto que estabeleceu o estado de defesa dentro de 10 (dez) dias, contados de seu recebimento, devendo continuar funcionando enquanto vigorar o estado de defesa. Caso rejeite o decreto, o estado de defesa deve cessar imediatamente. Caso seja aprovado, a Mesa do Congresso Nacional, ouvidos os líderes partidários, designará Comissão composta de 5 (cinco) de seus membros para acompanhar e fiscalizar a execução das medidas referentes ao estado de defesa.

Segundo nossa Lei Maior, na vigência do estado de defesa, a prisão por crime contra o Estado, determinada pelo executor da medida, será por este comunicada imediatamente ao juiz competente, que a relaxará, se não for legal, facultado ao preso requerer exame de corpo de delito à autoridade policial. Tal comunicação deverá estar acompanhada de declaração, pela autoridade, do estado físico e mental do detido no momento de sua autuação. Ademais, a prisão ou detenção de qualquer pessoa não poderá ser superior a 10 (dez) dias, salvo quando autorizada pelo Poder Judiciário, sendo certo, ainda, que é vedada, peremptoriamente, a incomunicabilidade do preso.

---

6. Constituição Federal, artigo 49, inciso IV: "É da competência exclusiva do Congresso Nacional aprovar o estado de defesa e a intervenção federal, autorizar o estado de sítio, ou suspender qualquer uma dessas medidas".
7. Constituição Federal, artigo 57, § 6º, inciso I: "A convocação extraordinária do Congresso Nacional far-se-á: I – pelo Presidente do Senado Federal, em caso de decretação de estado de defesa ou de intervenção federal, de pedido de autorização para a decretação de estado de sítio e para o compromisso e a posse do Presidente e do Vice-Presidente- Presidente da República".

Cessado o estado de defesa, cessarão também seus efeitos, sem prejuízo da responsabilidade pelos ilícitos cometidos por seus executores ou agentes. Logo que cesse o estado de defesa, as medidas aplicadas em sua vigência serão relatadas pelo presidente da República, em mensagem ao Congresso Nacional, com especificação e justificação das providências adotadas, com relação nominal dos atingidos e indicação das restrições aplicadas.

Como vimos acima, o controle da execução e eventual prorrogação do estado de defesa é feito, em caráter precípuo, pelo Congresso Nacional (controle político, portanto), que poderá rejeitar o decreto que o instituiu (o que faz com que a medida cesse imediatamente), ou aprová-lo, hipótese em que a Mesa do Congresso Nacional, ouvidos os líderes partidários, designará Comissão para acompanhar e fiscalizar a execução das medidas referentes ao estado de defesa.

Poderá, ademais, realizar um controle político *a posteriori* das medidas adotadas pelo Poder Executivo Federal, em inequívoca manifestação do sistema de freios e contrapesos, quando o presidente da República enviar ao Congresso Nacional relatório das medidas aplicadas na vigência do estado de defesa, com especificação e justificação das providências adotadas, com relação nominal dos atingidos e indicação das restrições aplicadas.

Contudo, da simples leitura das normas constitucionais que tratam da matéria, percebe-se facilmente que também existe, no caso de decretação de estado de defesa, inequívoca possibilidade de controle jurisdicional do ato. Com efeito, como vimos supra, na hipótese de prisão de alguém, determinada pelo executor da medida, por suposta prática de crime contra o Estado, referida prisão deve ser imediatamente comunicada ao juiz competente, que poderá relaxá-la, se não for legal. Ademais, a prisão ou detenção de qualquer pessoa não poderá ser superior a 10 (dez) dias, salvo quando autorizada pelo Poder Judiciário.

Contudo, é imperioso ressaltar que o controle jurisdicional da execução do estado de defesa não se dá apenas naqueles 2 (dois) casos, expressamente tratados no texto constitucional. Com efeito, com fundamento na regra do artigo 5º, inciso XXXV, da Constituição Federal[8], que exterioriza o conhecido princípio da inafastabilidade da tutela jurisdicional, não restam dúvidas de que qualquer ilegalidade cometida no período de duração do estado de defesa, e que extrapolem as restrições às liberdades públicas expressamente permitidas para o caso, permitirá que o lesado se valha do Poder Judiciário, para fazer cessar a ofensa. Nestes termos, por exemplo, é a lição de Pedro Lenza[9]:

"Entendemos, também, que qualquer lesão ou ameaça a direito não poderá deixar de ser apreciada pelo Poder Judiciário, claro, observados os limites constitucionais das permitidas restrições a direitos (art. 136, § 1º). Parece, assim, que o Judiciário poderá reprimir abusos e ilegalidades cometidos durante o estado de crise constitucional por meio, por exemplo, do mandado de segurança, do habeas corpus ou de qualquer outra medida jurisdicional cabível".

Contudo, para encerrarmos o tema, é importante ressaltar que o controle jurisdicional, no tocante à execução do estado de defesa, só pode ser feito em relação ao exame da conformidade da execução das medidas necessárias para fazer cessar a situação de crise constitucional com o ordenamento jurídico. Dito em outros termos, o controle jurisdicional restringe-se à análise da legalidade das medidas tomadas durante a execução do estado de defesa, não sendo permitido ao Poder Judiciário examinar a conveniência e oportunidade

---

8. Constituição Federal, artigo 5º, inciso XXXV: "A lei não excluirá da apreciação do Poder Judiciário lesão ou ameaça a direito".
9. *Direito constitucional esquematizado*. 14. ed. São Paulo: Saraiva, 2010.

da instauração da medida, atribuição discricionária do Chefe do Poder Executivo, sob exclusivo controle político do Poder Legislativo.

ESTADO DE DEFESA

Requisitos Materiais	– Risco ou efetiva ocorrência de grave instabilidade institucional; – Ocorrência de calamidade de grandes proporções da natureza; – Ocorrência em locais restritos e determinados
Requisitos Formais	– Prévia manifestação do Conselho da República e do Conselho de Defesa Nacional; – Decretação pelo presidente da República; e – Submissão posterior do ato, com justificativa, ao Congresso Nacional.

13.3 ESTADO DE SÍTIO

Segundo o artigo 137, da Constituição Federal, o presidente da República poderá, ouvidos o Conselho da República e o Conselho de Defesa Nacional, *solicitar ao Congresso Nacional* autorização para decretar o estado de sítio nos casos de comoção grave de repercussão nacional, de ocorrência de fatos que comprovem a ineficácia de medida tomada durante o estado de defesa, ou de declaração de estado de guerra ou resposta à agressão armada estrangeira.

Da simples leitura daquele dispositivo constitucional, é fácil perceber que os *requisitos ou pressupostos materiais* para a decretação do estado de sítio são os seguintes: (a) comoção grave de repercussão nacional; (b) ocorrência de fatos que comprovem a ineficácia de medida tomada durante o estado de defesa; ou (c) declaração de estado de guerra ou resposta a agressão armada estrangeira.

Por sua vez, o parágrafo único daquele mesmo artigo 137, da Carta Magna, dispõe que, ao solicitar autorização para decretar o estado de sítio ou sua prorrogação, o Chefe do Poder Executivo Federal (presidente da República) deverá relatar os motivos determinantes do pedido, devendo o Congresso Nacional decidir, por maioria absoluta de votos.

Da leitura conjugada das duas normas constitucionais supramencionadas podemos extrair, igualmente sem maiores dificuldades, os chamados *pressupostos ou requisitos formais* do estado de sítio, a saber: (a) manifestação do Conselho da República e do Conselho de Defesa Nacional; (b) autorização prévia pelo Congresso Nacional; e (c) decretação pelo presidente da República.

Também no caso de decretação do estado de sítio, as opiniões do Conselho da República e do Conselho de Defesa não vinculam a decisão do Chefe do Poder Executivo Federal, que poderá prosseguir em seu intento de decretar referida medida, solicitando autorização do Congresso Nacional, mesmo com a opinião em contrário daqueles órgãos de consulta do Chefe do Poder Executivo Federal.

Por outro lado, diferentemente do que ocorre no estado de defesa, em que a análise da medida, pelo Congresso Nacional, se dá após a decretação da medida, no estado de sítio, ao contrário, referido instrumento de prevenção constitucional de crise só poderá ser efetivado pelo presidente da República caso haja prévia autorização do Poder Legislativo Federal.

Solicitada autorização para decretar o estado de sítio durante o recesso parlamentar, o presidente do Senado Federal, de imediato, convocará extraordinariamente o Congresso

Nacional para se reunir dentro de 5 (cinco) dias, a fim de apreciar o ato (artigo 138, § 2º, da Constituição Federal). O Congresso Nacional, ademais, deverá permanecer em funcionamento até o término das medidas coercitivas (artigo 138, § 3º, da Carta Magna).

O decreto do estado de sítio deverá indicar duração da medida. Nos casos de comoção grave de repercussão nacional e de ocorrência de fatos que comprovem a ineficácia de medida tomada durante o estado de defesa, o estado de sítio não poderá ser decretado por mais de 30 (trinta) dias, nem prorrogado, de cada vez, por prazo superior ao fixado inicialmente no decreto. Já no caso de declaração de estado de guerra ou de resposta à agressão armada estrangeira, o estado de sítio perdurará até o fim do evento que legitimou a sua decretação.

Nos expressos termos do artigo 138, *caput*, da Constituição Federal, além da indicação do prazo de duração, deverá constar do decreto do estado de sítio as normas necessárias à sua execução, bem como as garantias constitucionais que ficarão suspensas. Ainda segundo referida norma constitucional, depois de publicado referido decreto, o presidente da República designará o executor das medidas específicas e as áreas abrangidas.

Nos casos de comoção grave de repercussão nacional e de ocorrência de fatos que comprovem a ineficácia de medida tomada durante o estado de defesa, o artigo 139, de nossa Lei Maior, dispõe expressamente que só poderão ser tomadas contra as pessoas as seguintes medidas: (a) obrigação de permanência em localidade determinada; (b) detenção em edifício não destinado a acusados ou condenados por crimes comuns; (c) restrições relativas à inviolabilidade da correspondência, ao sigilo das comunicações, à prestação de informações e à liberdade de imprensa, radiodifusão e televisão, na forma da lei;[10] (d) suspensão da liberdade de reunião; (e) busca e apreensão em domicílio; e (f) intervenção nas empresas de serviços públicos; VII – requisição de bens.

Ainda segundo nossa Carta Magna (artigo 140), a Mesa do Congresso Nacional, ouvidos os líderes partidários, designará Comissão composta de 5 (cinco) de seus membros para acompanhar e fiscalizar a execução das medidas referentes ao estado de sítio. Ademais, cessado o Leanza estado de sítio, cessarão também seus efeitos, sem prejuízo da responsabilidade pelos ilícitos cometidos por seus executores ou agentes (artigo 141, da Constituição Federal).

Logo que cesse o estado de sítio, as medidas aplicadas em sua vigência serão relatadas pelo presidente da República, em mensagem ao Congresso Nacional, com especificação e justificação das providências adotadas, com relação nominal dos atingidos e indicação das restrições aplicadas. É o que determina, em caráter expresso, o artigo 141, parágrafo único, de nossa Lei Maior.

De tudo o que foi mencionado supra, percebe-se facilmente que a decretação do estado de sítio dever estar submetido a amplo controle, tanto de sua decretação, como também de sua execução, pelo Poder Legislativo Federal (Congresso Nacional). Com efeito, por se tratar de uma medida mais extrema que o estado de defesa, o presidente da República só poderá decretar o estado de sítio se houver prévia (e não posterior) autorização do Congresso Nacional.

Ademais, durante todo o período de execução dos atos necessários a fazer cessar a situação constitucional de crise, as condutas do Poder Executivo serão amplamente fiscalizadas pelo Poder Legislativo Federal. Tanto isto é certo, que o próprio texto constitucional

---

10. Nos expressos termos do artigo 139, parágrafo único, da Constituição Federal, não se inclui nas restrições do inciso III a difusão de pronunciamentos de parlamentares efetuados em suas Casas Legislativas, desde que liberada pela respectiva Mesa.

dispõe, em caráter expresso e inequívoco, que o Congresso Nacional deverá permanecer em funcionamento até o término das medidas coercitivas, e que a Mesa do Congresso Nacional, ouvidos os líderes partidários, designará Comissão composta de 5 (cinco) de seus membros para acompanhar e fiscalizar a execução das medidas referentes ao estado de sítio.

O Congresso Nacional poderá, ademais, realizar um controle político *a posteriori* das medidas adotadas pelo Poder Executivo Federal, em inequívoca manifestação do sistema de freios e contrapesos, quando o presidente da República enviar ao Congresso Nacional relatório das medidas aplicadas na vigência do estado de defesa, com especificação e justificação das providências adotadas, com relação nominal dos atingidos e indicação das restrições aplicadas (artigo 141, parágrafo único, da Constituição Federal).

Contudo, da simples leitura das normas constitucionais que tratam da matéria, percebe-se facilmente que também existe, no caso de decretação de estado de defesa, inequívoca possibilidade de controle jurisdicional do ato. Com efeito, o artigo 141, *caput*, de nossa Lei Maior, é expresso e inequívoco em dispor que, cessado o estado de sítio, cessarão também seus efeitos, *sem prejuízo da responsabilidade pelos ilícitos cometidos por seus executores ou agentes*.

A parte final daquela norma constitucional deixa clara a possibilidade de que as pessoas eventualmente lesadas por atos ilícitos cometidos por agentes ou executores do estado de sítio se valham do Poder Judiciário para a devida e necessária reparação dos danos sofridos. Esta norma, aliás, está em perfeita consonância, como vimos, com a norma do artigo 5º, inciso XXXV, da Constituição Federal, que exterioriza o conhecido princípio da inafastabilidade da tutela jurisdicional.

Contudo, vale para o estado de sítio o mesmo que mencionamos em relação ao estado de defesa: o controle jurisdicional só pode ser realizado no tocante ao exame da legalidade da execução das medidas necessárias para fazer cessar a situação de crise constitucional. Não é permitido ao Poder Judiciário, portanto, examinar a conveniência e oportunidade da instauração da medida, atribuição discricionária do Chefe do Poder Executivo e submetida a controle político prévio, concomitante, bem como *a posteriori*, pelo Poder Legislativo.

ESTADO DE SÍTIO

Requisitos Materiais	– Comoção grave de repercussão nacional;
	– Ocorrência de fatos que comprovem a ineficácia de medida tomada durante o estado de defesa; ou
	– Declaração de estado de guerra ou resposta a agressão armada estrangeira.
Requisitos Formais	– Manifestação do Conselho da República e do Conselho de Defesa Nacional;
	– Autorização prévia pelo Congresso Nacional; e
	– Decretação pelo presidente da República.

13.4 FORÇAS ARMADAS

Ao estudarmos as diversas espécies de agentes públicos tratadas pela Carta Maga (Capítulo 10), vimos que os *militares* são as pessoas naturais que prestam serviços às Forças Armadas e às Polícias Militares e Corpos de Bombeiros Militares dos Estados, Distrito Federal e Territórios. Naquela mesma oportunidade vimos que, antes da Emenda Constitucional 18/1998, os militares (então denominados servidores públicos militares) eram considerados espécie do gênero servidor público, sendo certo que agora são denominados apenas *militares*, submetidos a regime próprio.[11]

Segundo o artigo 142, da Lei Maior, as Forças Armadas, constituídas pela Marinha, pelo Exército e pela Aeronáutica, são instituições nacionais permanentes e regulares, organizadas com base na hierarquia e na disciplina, sob a autoridade suprema do presidente da República, e que têm por missão a defesa da pátria, a garantia dos poderes constitucionais e, por iniciativa de qualquer destes, da lei e da ordem.

Nos expressos termos do artigo 142, § 1º, da Constituição Federal, lei complementar[12] estabelecerá as normas gerais a serem adotadas na organização, no preparo e no emprego das Forças Armadas. Ainda segundo nossa Carta Magna, a lei deverá dispor sobre o ingresso em seus quadros, os limites de idade, a estabilidade e outras condições de transferência do militar para a inatividade, os direitos, os deveres, a remuneração, as prerrogativas e outras situações especiais dos militares, consideradas as peculiaridades de suas atividades, inclusive aquelas cumpridas por força de compromissos internacionais e de guerra.

Nossa Lei Fundamental dispõe que as patentes, com prerrogativas, direitos e deveres a elas inerentes, são conferidas aos militares pelo presidente da República, e asseguradas em plenitude aos oficiais da ativa, da reserva ou reformados, sendo-lhes privativos os títulos e postos militares e, juntamente com os demais membros, o uso dos uniformes das Forças Armadas.

Conforme expressamente determinado pelo artigo 142, § 2º, da Constituição de 1988, não caberá *habeas corpus* em relação a punições disciplinares militares. Contudo, como vimos aos estudarmos o *habeas corpus* (Capítulo 9), tal proibição não abrange, como já decidiu o Supremo Tribunal Federal, os chamados *pressupostos de legalidade da sanção disciplinar* – hierarquia, poder disciplinar, ato ligado à função e pena suscetível de ser aplicada (*Habeas Corpus* 70.648/RJ, 1ª Turma, relator ministro Moreira Alves, j. 09.11.1993, *DJ* 4.03.1993 e Recurso Extraordinário 338.840/RS, relatora ministra Ellen Gracie, j. 19.8.2003, *DJ* 12.09.2003).

Ainda nos termos da Constituição Federal, são vedados aos militares os direitos de sindicalização e de greve, sendo certo que eles também não poderão estar filiados a partidos políticos, enquanto em serviço ativo. Por outro lado, os militares têm direito a alguns direitos sociais, conferidos aos trabalhadores urbanos e rurais, fixados pelo artigo 7º, da Carta Magna.[13]

O militar em atividade que tomar posse em cargo ou emprego público civil permanente será transferido para a reserva, nos termos da lei. Ademais, o militar da ativa que, de acordo com a lei, tomar posse em cargo, emprego ou função pública civil temporária, não eletiva, ainda que da Administração Pública indireta, ficará agregado ao respectivo quadro e somente poderá, enquanto permanecer nessa situação, ser promovido por antiguidade, contando-se-lhe o tempo de serviço apenas para aquela promoção e transferência para a reserva, sendo depois de 2 (dois) anos de afastamento, contínuos ou não, transferido para a reserva, nos termos da lei.

O oficial só perderá o posto e a patente se for julgado indigno do oficialato ou com ele incompatível, por decisão de tribunal militar de caráter permanente, em tempo de paz, ou

---

11. As normas constitucionais referentes aos servidores públicos somente lhe são aplicadas quando houver previsão expressa (caso do artigo 37, incisos XI, XIII, XIV e XV, artigo 40, §§ 1º e 2º, e artigo 142, § 3º, VIII e IX, todos da Constituição Federal).
12. Referido diploma legal já foi editado. Trata-se da Lei Complementar 97, de 9 de junho de 1999.
13. São eles: décimo terceiro salário; salário-família; férias anuais remuneradas; licença à gestante; licença paternidade; e assistência gratuita a filhos e dependentes em creches.

de tribunal especial, em tempo de guerra. Condenado na justiça comum ou militar à pena privativa de liberdade superior a 2 (dois) anos, por sentença transitada em julgado, o oficial será submetido a julgamento pelo tribunal militar.

O serviço militar é obrigatório, ficando isentos deste serviço apenas as mulheres e os eclesiásticos, ainda assim em tempos de paz, já que, em estado de guerra, deverão prestar os encargos alternativos previstos em lei. Ainda segundo a Constituição Federal, cabe às Forças Armadas, nos termos da lei, atribuir serviço alternativo aos que, em tempo de paz, após alistados, alegarem imperativo de consciência, entendendo-se como tal o decorrente de crença religiosa e de convicção filosófica ou política, para se eximirem de atividades de caráter essencialmente militar.

Ao estudarmos a liberdade de crença, convicção filosófica ou política e a objeção de consciência (Capítulo 7), vimos que o artigo 5º, inciso VIII, da Constituição de 1988, é expresso em determinar que "ninguém será privado de direitos por motivo de crença religiosa ou de convicção filosófica ou política, salvo se as invocar para eximir-se de obrigação legal a todos imposta e recusar-se a cumprir prestação alternativa, fixada em lei".

Referido dispositivo constitucional, portanto, permite que alguém deixe de prestar o serviço militar obrigatório, invocando a chamada objeção de consciência, por considerar que tal serviço fere sua convicção religiosa, filosófica ou política. Contudo, para se eximir daquela obrigação legal, deve cumprir uma obrigação alternativa, fixada pela Lei 8.239, de 4 de outubro de 1991, sob a pena de perda dos direitos políticos.

FORÇAS ARMADAS

– As Forças Armadas, constituídas pela Marinha, pelo Exército e pela Aeronáutica, são instituições nacionais permanentes e regulares, organizadas com base na hierarquia e na disciplina, sob a autoridade suprema do presidente da República, e se destinam à defesa da pátria, à garantia dos poderes constitucionais e, por iniciativa de qualquer destes, da lei e da ordem.

– Lei complementar estabelecerá as normas gerais a serem adotadas na organização, no preparo e no emprego das Forças Armadas, devendo a lei também dispor sobre o ingresso nas Forças Armadas, os limites de idade, a estabilidade e outras condições de transferência do militar para a inatividade, os direitos, os deveres, a remuneração, as prerrogativas e outras situações especiais dos militares, consideradas as peculiaridades de suas atividades, inclusive aquelas cumpridas por força de compromissos internacionais e de guerra.

– Nossa Lei Fundamental dispõe que as patentes, com prerrogativas, direitos e deveres a elas inerentes, são conferidas pelo presidente da República e asseguradas em plenitude aos oficiais da ativa, da reserva ou reformados, sendo-lhes privativos os títulos e postos militares e, juntamente com os demais membros, o uso dos uniformes das Forças Armadas.

13.5 SEGURANÇA PÚBLICA

Nos expressos termos do artigo 144, de nossa Carta Magna, a segurança pública, dever do Estado, direito e responsabilidade de todos, é exercida para a preservação da ordem pública e da incolumidade das pessoas e do patrimônio, através dos seguintes órgãos: polícia federal; polícia rodoviária federal; polícia ferroviária federal; polícias civis; polícias militares e corpos de bombeiros militares; e, por fim, *polícias penais* federal, estaduais e distrital[14].

Conforme ressalta a doutrina pátria, a atividade policial pode ser repartida em 2 (duas) categorias: (a) *polícia administrativa*,[15] também conhecida como *polícia ostensiva ou polícia*

---

14. As chamadas polícias penais foram acrescentadas ao texto magno pela Emenda Constitucional 104/2019.
15. É imperioso o leitor não confundir esta modalidade de polícia (polícia administrativa, ostensiva ou preventiva), cujos órgãos integram a segurança pública, com o denominado poder de polícia da Administração Pública, que é o poder conferido ao Estado de limitar o exercício de atividades e o uso de bens, pelos particulares, em prol do interesse público.

preventiva, destinada à prevenção do crime, ou seja, para que este seja evitado; e (b) *polícia judiciária*, igualmente conhecida como *polícia de investigação ou polícia repressiva*, a qual tem por objetivo a repressão do crime já praticado, por meio de um procedimento administrativo (inquérito policial), voltado à elucidação da autoria e da materialidade do delito.

Dentre os órgãos de segurança pública previstos na Constituição Federal, podem ser citados, como polícias judiciárias (de investigação), as diversas polícias civis dos Estados e também do Distrito Federal.[16] São, por outro lado, órgãos de polícia administrativa (ostensiva): a polícia rodoviária federal, a polícia ferroviária federal, bem como as polícias militares dos Estados e do Distrito Federal.

Segundo a Carta Magna (artigo 144, § 9º), a remuneração dos servidores policiais, integrantes dos diversos órgãos de segurança pública, deverá ser fixada na forma prevista no artigo 39, § 4º, do mesmo texto constitucional. Quer isso dizer, em outras palavras, que referidos servidores devem ser pagos exclusivamente por *subsídio*, fixado em parcela única, vedado o acréscimo de qualquer gratificação, adicional, abono, prêmio, verba de representação ou outra espécie remuneratória.

Ainda conforme nossa Lei Maior (artigo 144, § 7º), a lei deverá disciplinar a organização e o funcionamento dos órgãos responsáveis pela segurança pública, de maneira a garantir a eficiência de suas atividades. Dentre os diplomas normativos editados com tal finalidade, devemos destacar a Lei 11.473, de 10 de maio de 2007, que dispõe sobre cooperação federativa no âmbito da segurança pública, através de operações conjuntas, transferências de recursos e desenvolvimento de atividades de capacitação e qualificação de profissionais, no âmbito da Força Nacional de Segurança Pública. Destaca-se, ainda, o Decreto 7.413, de 20 de dezembro de 2010, o qual dispõe sobre a estrutura, composição, competências e funcionamento do Conselho Nacional de Segurança Pública (CONASP).

A *Polícia Federal*, instituída por lei como órgão permanente, organizado e mantido pela União e estruturado em carreira, destina-se à apuração de infrações penais contra a ordem política e social ou em detrimento de bens, serviços e interesses da União ou de suas entidades autárquicas e empresas públicas, assim como outras infrações cuja prática tenha repercussão interestadual ou internacional e exija repressão uniforme, segundo se dispuser em lei.

Referido órgão de segurança pública, ainda nos termos da Constituição de 1988, tem também por missão institucional prevenir e reprimir o tráfico ilícito de entorpecentes e drogas afins, o contrabando e o descaminho, sem prejuízo da ação fazendária e de outros órgãos públicos nas respectivas áreas de competência. Cabe-lhe, ainda, exercer as funções de polícia marítima, aeroportuária e de fronteiras, bem como de exercer, com exclusividade, as funções de polícia judiciária da União.

A *Polícia Rodoviária Federal*, por sua vez, tem previsão no § 2º do artigo 144, da Constituição Federal. Segundo nossa Lei Fundamental, a polícia rodoviária federal é órgão permanente, organizado e mantido pela União, estruturado em carreira, e destinado, na forma da lei, ao patrulhamento ostensivo das rodovias federais. Já a polícia ferroviária federal, prevista no artigo 144, § 3º, da Constituição de 1988, é o órgão permanente, organizado e mantido pela União e estruturado em carreira, destinado, na forma da lei, ao patrulhamento ostensivo das ferrovias federais.

---

16. A polícia federal, nós o veremos logo em seguida, exerce tanto funções de polícia preventiva como também de polícia judiciária.

As *Polícias Civis* dos diversos Estados, bem como do Distrito Federal, dirigidas por delegados de polícia de carreira, e ressalvada a competência da União, têm as funções de polícia judiciária e a apuração de infrações penais, exceto as de natureza militar. Já as *Polícias Militares* daqueles mesmos entes da federação têm as funções de polícia ostensiva e de preservação da ordem pública.

As *Polícias Penais*, segundo o artigo 144, § 5º-A, da Constituição Federal, acrescentado pela Emenda Constitucional 104, de 2019, são aquelas vinculadas ao órgão administrador do sistema penal da unidade da Federação a que pertencem, e que tem por atribuição a segurança dos estabelecimentos penais. Segundo o § 4º, daquela emenda à Constituição, o preenchimento do quadro de servidores das polícias penais será feito, exclusivamente, por meio de concurso público e por meio da transformação dos cargos isolados, dos cargos de carreira dos atuais agentes penitenciários e dos cargos públicos equivalentes.

Nos termos da Constituição Federal, os *Corpos de Bombeiros Militares*, além das atribuições definidas em lei, têm a incumbência de executar as atividades de defesa civil. As Polícias Militares e Corpos de Bombeiros Militares são forças auxiliares e reserva do Exército, subordinando-se, juntamente com as polícias civis, aos governadores dos Estados, do Distrito Federal e dos Territórios.

Ainda segundo a Constituição Federal (artigo 144, § 8º), os Municípios poderão constituir *Guardas Municipais*, destinadas à proteção de seus bens, serviços e instalações, conforme dispuser a lei. Como nos lembram Luiz Alberto David Araujo e Vidal Serrano Nunes Júnior,[17] alguns municípios têm promovido verdadeira subversão daquela regra constitucional, ao criar guardas municipais *unicamente* com a finalidade de exercer policiamento ostensivo, relegando a tarefa que lhes foi conferida pelo texto constitucional: a guarda e o zelo dos próprios municípios.

Encerrando o Capítulo destinado à Segurança Pública, a Constituição Federal dispõe, no § 10 de seu artigo 144, que a chamada *segurança viária*, será exercida para a preservação da ordem pública e da incolumidade das pessoas e do seu patrimônio nas vias públicas (incluído pela Emenda Constitucional 82, de 2014).

Ainda segundo a Carta Magna, a segurança viária compreende a educação, engenharia e fiscalização de trânsito, além de outras atividades previstas em lei, que assegurem ao cidadão o direito à mobilidade urbana eficiente, e compete, no âmbito dos Estados, do Distrito Federal e dos Municípios, aos respectivos órgãos ou entidades executivos e seus agentes de trânsito, estruturados em carreira, na forma da lei.

SEGURANÇA PÚBLICA

– A atividade policial pode ser dividida em 2 (duas) categorias: (a) *polícia administrativa*, também conhecida como *polícia ostensiva ou polícia preventiva*, destinada à prevenção do crime; e (b) *polícia judiciária*, igualmente conhecida como *polícia de investigação ou polícia repressiva*, a qual tem por objetivo a repressão do crime já praticado, por meio de um procedimento administrativo (inquérito policial), voltado à elucidação da autoria e da materialidade do delito.

– Nos expressos termos de nossa Carta Magna, a segurança pública, dever do Estado, direito e responsabilidade de todos, é exercida para a preservação da ordem pública e da incolumidade das pessoas e do patrimônio, através dos seguintes órgãos: polícia federal; polícia rodoviária federal; polícia ferroviária federal; polícias civis; polícias militares e corpos de bombeiros militares; e polícias penais federal, estaduais e distrital.

– Ainda segundo a Constituição Federal, a remuneração dos servidores policiais, integrantes dos diversos órgãos de segurança pública, deverá ser paga exclusivamente por subsídios, fixado em parcela única, vedado o acréscimo de qualquer gratificação, adicional, abono, prêmio, verba de representação ou outra espécie remuneratória.

---

17. *Op. cit.*, p. 461.

14
Tributação e Orçamento

14.1 ESCLARECIMENTOS PRELIMINARES

Este livro não tem por objetivo, de maneira alguma, tentar estudar, a fundo, os institutos relativos ao direito financeiro e tributário. Para tal desiderato, sugerimos ao leitor a leitura de livros específicos sobre o tema. Pretendemos, tão somente, analisar as principais normas relativas à tributação e ao orçamento, constantes do texto da Constituição Federal de 1988.

Contudo, para analisarmos os temas financeiros e tributários, inseridos na Carta Magna, notadamente os relativos às diversas espécies tributárias, às limitações ao poder de tributar, bem como à repartição de receitas tributárias, não podemos deixar de fornecer alguns conceitos preliminares, indispensáveis à perfeita compreensão da matéria tratada no texto constitucional.

É por tal razão que, antes de tratarmos daqueles temas expressamente previstos na Constituição Federal, traremos ao estimado leitor, preliminarmente, um breve estudo sobre a definição de tributo, ou relação jurídica tributária, bem como sobre os elementos que compõem referida relação jurídica.

14.2 DEFINIÇÃO DE TRIBUTO

Nos termos do artigo 3º, do Código Tributário Nacional, tributo "é toda prestação pecuniária compulsória, em moeda ou cujo valor nela se possa exprimir, que não constitua sanção de ato ilícito, instituída em lei e cobrada mediante atividade administrativa plenamente vinculada". Dessa definição, podemos depreender facilmente que o *tributo é uma obrigação*, já que o texto legal faz menção expressa a uma *prestação*. Esta última, como sabemos, é o objeto de uma obrigação, de uma relação jurídica obrigacional, que pode consistir em um dar (ou restituir), em um fazer (ou suportar), ou, ainda, em um não fazer.

Consiste a prestação tributária (tributo), nos termos do supramencionado artigo 3º, do Código Tributário Nacional, na *obrigação de dar dinheiro (dare pecuniam)* ou, desde que haja aceitação expressa da Fazenda Pública, de dar algo *"que em moeda se possa exprimir"*. Trata-se o tributo de uma *obrigação legal (ex lege)*, uma vez que deriva diretamente da vontade da lei. Ao contrário da obrigação voluntária (*ex voluntate*), surge da ocorrência do fato gerador, ou seja, do fato previsto em lei que, quando ocorrido, faz surgir a obrigação tributária.

Ademais, o tributo *não constitui sanção por ato ilícito*. Ou seja, não é multa, já que tem por pressuposto a prática de um fato lícito qualquer, pelo devedor da obrigação jurídica tributária. A lei não pode colocar na hipótese de incidência tributária (fato gerador em abstrato) a descrição de um ato ilícito, sob pena de o tributo converter-se em sanção, o que é vedado por nosso direito positivo.

DEFINIÇÃO DE TRIBUTO

– Trata-se o tributo de uma obrigação *ex lege*, uma vez que deriva diretamente da vontade da lei (não é uma obrigação decorrente da vontade das partes).

– Consiste na obrigação de dar dinheiro, ou, desde que haja aceitação da Fazenda Pública, de dar algo "que em moeda se possa exprimir".

– Não constitui sanção por ato ilícito. Não é multa, já que tem por pressuposto a prática de um fato lícito qualquer, pelo devedor do tributo.

14.3 ELEMENTOS QUE COMPÕEM A RELAÇÃO JURÍDICA TRIBUTÁRIA

A relação jurídica tributária (ou tributo) é composta dos seguintes elementos: *sujeito ativo, sujeito passivo, fato gerador, base de cálculo* e *alíquota*. Sujeito ativo da obrigação tributária, conforme disposto no artigo 119, do Código Tributário Nacional, "é a pessoa jurídica de direito público titular da competência para exigir o seu cumprimento". Trata-se, portanto, do credor do tributo, da pessoa que é o titular do crédito tributário, que tem o direito subjetivo de cobrar (exigir) o tributo, que tem *capacidade tributária ativa*.

Normalmente, no polo ativo da obrigação tributária estará uma pessoa política (União, Estados, Distrito Federal ou Municípios), com *competência tributária*, ou seja, com poder de instituir (criar, por meio de lei) o tributo. Todavia, para que um ente possa ser sujeito ativo dessa espécie de relação jurídica, não lhe é indispensável possuir competência tributária, bastando ser dotado de *capacidade tributária ativa*. Vê-se, portanto, que os conceitos de competência e capacidade tributária ativa não se confundem. Enquanto a primeira, como vimos, é o poder de instituir um tributo, por meio de lei, a segunda é o poder, conferido pela lei que criou o tributo, de cobrá-lo do sujeito passivo.

Geralmente, a capacidade tributária ativa é conferida à mesma pessoa política que instituiu o tributo, ou seja, que possui a competência tributária. Contudo, tal capacidade também pode ser delegada a terceiros, caso haja uma expressa permissão da lei que instituiu o tributo. E essa delegação, não podemos deixar de mencionar, comporta 2 (duas) modalidades distintas: a *sujeição ativa auxiliar* e a *parafiscalidade*.

Na primeira modalidade, a terceira pessoa arrecada o tributo em nome e por conta da entidade tributante (pessoa política que instituiu o tributo). O *sujeito ativo auxiliar* é um substituto *ex lege* do sujeito ativo, um mero arrecadador do tributo. Trata-se de hipótese rara, podendo ser mencionado, a título de exemplo, o caso do imposto sobre o ICMS da energia elétrica, que é cobrado pela empresa concessionária do serviço, diretamente na conta encaminhada ao consumidor, e depois repassada à entidade tributante.

A figura da *parafiscalidade*, ao contrário, é muito comum. Trata-se da delegação da capacidade tributária ativa, que a pessoa política, também exclusivamente por meio de lei, faz à terceira pessoa que, por vontade desta mesma lei, passa a dispor do produto arrecadado. A capacidade tributária ativa somente pode ser delegada para pessoas políticas, autarquias e entes paraestatais, estes últimos as pessoas jurídicas de direito privado que auxiliam o Estado na realização do bem comum, como é o caso, por exemplo, do Serviço Nacional de Aprendizagem Industrial – SENAI, do Serviço Social do Comércio – SESC e também do Serviço Nacional de Aprendizagem Comercial – SENAC[1].

---

1. A capacidade tributária ativa não poderá ser delegada, jamais, a empresas privadas, em razão dos princípios da *isonomia* e, sobretudo, da *destinação pública ao dinheiro arrecadado em razão de tributação*.

O *sujeito passivo* da relação jurídica tributária, conforme disposto no artigo 121, do Código Tributário Nacional, "é a pessoa obrigada ao pagamento de tributo ou penalidade pecuniária". Trata-se, portanto, da pessoa física ou jurídica que tem *capacidade tributária passiva*, ou seja, o dever jurídico de efetuar o pagamento do tributo, ou da multa fixada em razão do descumprimento de alguma obrigação tributária principal ou acessória. Cabe à lei que instituir o tributo indicar o sujeito passivo deste, sem, contudo, individualizá-lo completamente, devendo apenas apontar os critérios que permitirão a sua identificação, sob pena de ofensa aos *princípios da abstração e da generalidade das normas* e também ao princípio da *isonomia*.

É costumeira a distinção que se faz entre contribuinte de direito e contribuinte de fato. *Contribuinte de direito* é aquele que realizou o fato gerador *in concreto* e que, portanto, deve figurar no polo passivo da relação jurídica tributária. *Contribuinte de fato*, ao seu turno, é a pessoa que, ao final, acaba suportando a carga econômica do tributo, por estar de alguma forma vinculado àquele que pratica o fato imponível. É o que geralmente se dá com os impostos chamados *indiretos* (caso, por exemplo, do ICMS), cuja obrigação de pagar o tributo é repassada, pelo empresário (contribuinte de direito), ao consumidor (contribuinte de fato).

Devemos mencionar também que qualquer pessoa, em tese, possui capacidade tributária passiva, independentemente de sua capacidade civil ou, no caso de pessoa jurídica, de estar regularmente constituída. Podem ser devedores de tributos, portanto, os incapazes e as sociedades irregulares ou de fato. Ademais, até mesmo as pessoas políticas, autarquias e fundações públicas podem ser sujeitos passivos de relação jurídica tributária (caso, por exemplo, de taxas e contribuição de melhoria), só não o podendo ser em relação aos impostos, em razão da *imunidade tributária* que lhes foi garantida pelo artigo 150, inciso VI, da Constituição Federal[2].

Fato gerador da obrigação principal, conforme definição contida no artigo 114, do Código Tributário Nacional, "é a situação definida em lei como necessária e suficiente à sua ocorrência". Essa definição está em plena consonância com nossa afirmação, anteriormente formulada, no sentido de que o tributo é uma obrigação *ex lege*, ou seja, que decorre da lei (e não de um ato voluntário), que fixa um fato lícito qualquer, como aquele que faz nascer a obrigação tributária.

A doutrina tradicional costuma fazer uma distinção entre fato gerador *em abstrato* e fato gerador *em concreto*. O primeiro é o fato descrito abstratamente na norma que, quando acontecido, faz surgir a relação jurídica tributária. Trata-se, em outras palavras, do chamado tipo tributário. O segundo, por sua vez, é o ato praticado pelo sujeito passivo do tributo, e que se enquadra na previsão legal. Pode ser chamado, em outros termos, de fato típico tributário.

Alguns doutrinadores de grande renome, contudo, não adotam a distinção mencionada no parágrafo anterior, por considerarem pouco científico utilizar-se de uma mesma expressão (no caso, *fato gerador*), para definir dois institutos diversos. Preferem, por isso, valer-se do termo *hipótese de incidência tributária*, quando querem se referir ao fato gerador em abstrato, ou seja, ao tipo tributário, e da expressão *fato imponível*, quando querem fazer menção ao fato gerador em concreto, ou fato típico tributário.

---

2. As empresas públicas e as sociedades de economia mista, entretanto, possuem capacidade tributária passiva em relação a todas as espécies de tributos, até mesmo impostos, não lhes sendo concedidos quaisquer privilégios que não possam ser estendidos à iniciativa privada, conforme disposto no artigo 173, § 2º, da Carta Magna.

A *base de cálculo* e a *alíquota* são os elementos que quantificam o tributo. Ou, em outras palavras, são os elementos que, conjugados, permitem ao Fisco aferir o *quantum debeatur* do tributo, o montante devido em razão do tributo. A base de cálculo é a dimensão legal da materialidade do tributo, que deve guardar uma correlação lógica com o fato gerador em abstrato (hipótese de incidência) do tributo. A alíquota, por sua vez, é o critério apontado na lei (normalmente um percentual) que, conjugado com a base de cálculo, revela o valor do tributo.

ELEMENTOS QUE COMPÕEM A RELAÇÃO JURÍDICA TRIBUTÁRIA

Sujeito ativo	– Trata-se do credor do tributo, da pessoa que é o titular do crédito tributário, que tem o direito subjetivo de cobrar (exigir) o tributo, que tem capacidade tributária ativa.
Sujeito passivo	– É a pessoa física ou jurídica que tem o dever jurídico de efetuar o pagamento do tributo, que tem capacidade tributária passiva.
Fato gerador	– É a situação definida em lei como necessária e suficiente à sua ocorrência (Código Tributário Nacional, artigo 114).
Base de cálculo	– É a dimensão legal da materialidade do tributo, que deve guardar uma correlação lógica com o fato gerador em abstrato (hipótese de incidência) do tributo.
Alíquota	– É o critério apontado na lei (normalmente um percentual) que, conjugado com a base de cálculo, revela o valor do tributo.

14.4 ESPÉCIES DE TRIBUTOS

O artigo 145, da Constituição Federal, dispõe que as pessoas políticas (União, Estados, Distrito Federal e Municípios) poderão instituir os seguintes tributos: *impostos*; *taxas*, em razão do exercício do poder de polícia ou pela utilização, efetiva ou potencial, de serviços públicos específicos e divisíveis, prestados ao contribuinte ou postos a sua disposição; e a *contribuição de melhoria*, decorrente de obras públicas.

Muito embora não relacionados naquele dispositivo constitucional, a doutrina costuma apontar também como espécies tributárias os *empréstimos compulsórios* e as *contribuições especiais ou parafiscais* (neste gênero estão incluídas as *contribuições sociais*, as de *intervenção no domínio econômico* e as *corporativas*), uma vez que todas elas estão, inequivocamente, submetidas ao regime jurídico tributário.

Devemos ressaltar, nesta oportunidade, que a definição dos tributos e de suas espécies, bem como, em relação aos impostos discriminados na própria Constituição Federal, a definição de seus respectivos fatos geradores, base de cálculo e contribuintes, deve ser feita por *lei complementar*[3], conforme determina o artigo 146, inciso III, *a*, da Carta Magna. Atualmente, atende a esse comando constitucional a Lei 5.172, de 25 de outubro de 1996, o denominado Código Tributário Nacional, o qual, muito embora sendo uma lei ordinária, foi recepcionado pela Constituição de 1988 como se fosse uma lei complementar.

Imposto é o tributo cujo fato gerador (hipótese de incidência tributária) não se prende a qualquer atividade específica do Estado, relativamente ao contribuinte. Fundado exclusivamente no poder de império da entidade tributante, não é vinculado à prestação de

---

3. Como vimos no Capítulo 12 desta obra, as leis complementares devem ser aprovadas por maioria absoluta de votos (artigo 69, da Constituição Federal). A maioria absoluta, vale relembrar, é calculada tendo em vista o número total de cadeiras existente em cada uma das Casas do Congresso Nacional.

qualquer atividade estatal em relação àquele que pagou o tributo. É por esta razão, aliás, que é costumeiramente chamado de *tributo não vinculado*, ou *tributo sem causa*.

Particularmente no que se refere a essa espécie tributária (imposto), vale mencionar que o artigo 147, da Constituição de 1988, esclarece que competem à União, em Território Federal, os impostos estaduais e, se o Território não for dividido em Municípios, cumulativamente, os impostos municipais; ao Distrito Federal cabem tanto os impostos de competência estadual como também os impostos municipais.

A *taxa*, por sua vez, é espécie tributária que tem por hipótese de incidência tributária ou o exercício do poder de polícia[4], ou a utilização, efetiva ou potencial, de serviços públicos específicos e divisíveis[5], prestados ao contribuinte ou postos à sua disposição. Vê-se, portanto, que diversamente do que se dá com os impostos, as taxas têm por fato gerador uma atuação estatal diretamente relacionada ao contribuinte. Quando tiver por hipótese de incidência o exercício do poder de polícia, teremos uma *taxa de polícia*; quando for um serviço público, teremos uma *taxa de serviço*.

A *contribuição de melhoria*, de outro lado, é a espécie tributária que tem por hipótese de incidência tributária a valorização (em suma, o aumento do valor de compra e venda) proporcionada a um determinado imóvel, pertencente ao contribuinte, em decorrência de uma obra pública. Além de sua inequívoca função arrecadatória, referido tributo também tem por objetivo evitar que um particular tenha um injusto enriquecimento às custas de toda a sociedade, que custeou a obra pública. Ressaltemos, ademais, que referido tributo somente poderá ser cobrado uma única vez do contribuinte.

O *empréstimo compulsório*, com previsão constitucional no artigo 148, da Carta Magna, é o tributo que pode ser instituído com 2 (dois) objetivos: ou para atender a despesas decorrentes de calamidade pública, guerra externa ou sua iminência; ou para investimento público de caráter urgente e de relevante interesse nacional, aqui observado o princípio da anterioridade.[6] Trata-se de um tributo que somente pode ser criado pela União, e através de lei complementar[7].

É imperioso esclarecer, nesta oportunidade, que a calamidade pública, a guerra externa ou sua iminência, ou o investimento público de caráter urgente e de relevante interesse nacional não são os fatos geradores dos empréstimos compulsórios, mas apenas os pressupostos necessários à sua instituição, à sua criação. O fato gerador para sua imposição poderá ser qualquer ato lícito (por exemplo, a venda de automóveis ou de gasolina, como já ocorreu no passado).

A *contribuição especial ou parafiscal* é a espécie tributária que não tem por escopo propriamente a arrecadação de receitas tributárias para a entidade tributante, mas sim objetivos de natureza extrafiscal, tais como melhor distribuição da riqueza nacional, equilíbrio de

---

4. Poder de polícia, é importante esclarecer, não diz respeito aos órgãos de segurança pública (polícia preventiva e polícia judiciária). Refere-se, isto sim, ao poder-dever conferido à Administração Pública de limitar o uso ou gozo de bens ou o exercício de atividades de particulares, em benefício da própria coletividade.
5. Conforme artigo 79, do Código Tributário Nacional, serviços públicos *específicos* são aqueles que podem ser destacados em unidades autônomas de intervenção, de unidade, ou de necessidades públicas (inciso II) e serviços públicos *divisíveis* são os suscetíveis de utilização, separadamente, por parte de cada um dos seus usuários (inciso III).
6. Como veremos melhor na próxima seção, o princípio da anterioridade, uma das limitações constitucionais ao poder de tributar, é aquele que proíbe a cobrança de tributos no mesmo exercício financeiro em que haja sido publicada a lei que os instituiu ou aumentou.
7. Exige, portanto, para sua aprovação, votos favoráveis da maioria absoluta dos membros de ambas as Casas do Congresso Nacional.

preços, além de outras finalidades econômicas ou sociais. Previstas no artigo 149, de nossa Lei Maior, e instituídas exclusivamente pela União, podem ser de 3 (três) modalidades: (a) *contribuições sociais*; (b) *contribuições de intervenção no domínio econômico* e (c) *contribuições de interesse de categorias profissionais ou econômicas*, também conhecidas como *contribuições corporativas*.

Nos termos do artigo 146, da Carta Magna, cabe à lei complementar dispor sobre conflitos de competência, em matéria tributária, entre a União, os Estados, o Distrito Federal e os Municípios; regular as limitações constitucionais ao poder de tributar; bem como estabelecer normas gerais em matéria de legislação tributária, especialmente sobre: (a) definição de tributos e de suas espécies, bem como, em relação aos impostos discriminados na Constituição Federal, a dos respectivos fatos geradores, bases de cálculo e contribuintes; (b) obrigação, lançamento, crédito, prescrição e decadência tributários; (c) adequado tratamento tributário ao ato cooperativo praticado pelas sociedades cooperativas.

Lei complementar também poderá estabelecer tratamento diferenciado e favorecido para as microempresas e para as empresas de pequeno porte, inclusive regimes especiais ou simplificados no caso do imposto previsto no artigo 155, inciso II, das contribuições previstas no artigo 195, inciso I e §§ 12 e 13, e da contribuição a que se refere o artigo 239, todos da Lei Maior. Nos termos do parágrafo único daquele artigo 146, da Constituição Federal, aquela lei complementar também poderá instituir um regime único de arrecadação dos impostos e contribuições da União, dos Estados, do Distrito Federal e dos Municípios.

Referido diploma legal, contudo, deverá observar as seguintes diretrizes: será opcional para o contribuinte; poderão ser estabelecidas condições de enquadramento diferenciadas por Estado; o recolhimento será unificado e centralizado e a distribuição da parcela de recursos pertencentes aos respectivos entes federados será imediata, vedada qualquer retenção ou condicionamento; e a arrecadação, a fiscalização e a cobrança poderão ser compartilhadas pelos entes federados, adotado cadastro nacional único de contribuintes.

Conforme artigo 146-A, da Constituição Federal, incluído pela Emenda Constitucional 42, de 19 de dezembro de 2003, lei complementar poderá estabelecer critérios especiais de tributação, com o objetivo de prevenir desequilíbrios da concorrência, sem prejuízo da competência de a União, por lei, estabelecer normas de igual objetivo.

ESPÉCIES DE TRIBUTOS

– **Imposto**: o fato gerador em abstrato (hipótese de incidência tributária) não se prende a qualquer atividade específica do Estado, relativamente ao contribuinte (tributo não vinculado ou sem causa).

– **Taxa**: tem por hipótese de incidência tributária ou o exercício do poder de polícia, ou a utilização, efetiva ou potencial, de serviços públicos específicos e divisíveis, prestados ao contribuinte ou postos à sua disposição.

– **Contribuição de melhoria**: tem por hipótese de incidência a valorização imobiliária proporcionada a um determinado imóvel, pertencente ao contribuinte, em decorrência de uma obra pública, podendo ser cobrada do contribuinte uma única vez.

– **Empréstimo compulsório**: cobrado exclusivamente pela União, pode ser instituído com 2 (dois) objetivos: ou para atender a despesas decorrentes de calamidade pública, guerra externa ou sua iminência; ou para investimento público de caráter urgente e de relevante interesse nacional, aqui observado o princípio da anterioridade.

– **Contribuição especial ou parafiscal**: é a espécie tributária que não tem por escopo a arrecadação de receitas tributárias para a entidade tributante, mas sim objetivos de natureza extrafiscal, como melhor distribuição da riqueza nacional, equilíbrio de preços, além de outras finalidades econômicas ou sociais.

14.5 LIMITAÇÕES CONSTITUCIONAIS AO PODER DE TRIBUTAR

A Constituição Federal dispõe sobre as limitações ao poder de tributar, sobretudo na Seção II, artigos 150 e seguintes. Trata-se de uma série de hipóteses em que a União, os Estados, o Distrito Federal e os Municípios veem-se impedidos de exercer suas competências tributárias, por força de limitações impostas pelo próprio texto constitucional. Como mencionamos no Capítulo 6 desta obra, as limitações ao poder de tributar do Estado, previstas em nossa Lei Maior, são também direitos fundamentais, não podendo sofrer quaisquer restrições pelo poder constituinte derivado (reformador), por consistirem em autênticas cláusulas pétreas.

Nos termos do artigo 146, inciso II, da Carta Magna, cabe à lei complementar regular as limitações constitucionais ao poder de tributar, as quais, devemos ressaltar, são apenas explicitadas na Constituição Federal, notadamente em seus artigos 150 e seguintes. Referidas limitações estão reguladas pelo Código Tributário Nacional, a partir de seu artigo 9º.

O artigo 150, inciso I, de nossa Lei Maior trata do *princípio da legalidade tributária*, proibindo às entidades tributantes exigir ou aumentar tributo sem lei que o estabeleça. O inciso II do mesmo artigo, ao seu turno, trata do *princípio da isonomia*, vedando a instituição de tratamento desigual entre contribuintes que se encontrem em situação equivalente.

Por sua vez, o artigo 150, inciso III, alínea *a*, da Constituição Federal, dispõe sobre o *princípio da irretroatividade tributária*. Segundo esse princípio, não é possível às entidades com capacidade tributária ativa cobrar tributos em relação a fatos geradores (fatos imponíveis) ocorridos antes do início da vigência da lei que os instituiu ou aumentou.

Já o inciso III, alínea *b*, do texto constitucional, prevê o denominado *princípio da anterioridade tributária*, que proíbe a cobrança de tributos no mesmo *exercício financeiro*[8] em que tenha sido publicada a lei que os houver instituído ou aumentado. Devemos ressaltar, contudo, que referido princípio não se aplica: (a) aos empréstimos compulsórios previstos no artigo 148, inciso I, de nossa Lei Maior; (b) aos impostos de importação, exportação, sobre propriedade industrial, sobre operações de crédito, câmbio e seguro, ou relativas a títulos ou valores mobiliários (artigo 153, incisos I, II, III e IV, da Carta Magna); e (c) aos impostos extraordinários (Constituição Federal, artigo 154, inciso II).

A Emenda Constitucional 42/2003 trouxe uma nova alínea ao inciso III, do artigo 150, de nossa Carta Magna. Trata-se da alínea *c*, que prevê o chamado *princípio da anterioridade nonagesimal*, que veda a cobrança de tributos antes de decorridos 90 (noventa) dias da data em que haja sido publicada a lei que os instituiu ou aumentou, sem prejuízo da observância do princípio da anterioridade. Portanto, além de não poder ser cobrado no mesmo exercício financeiro em que foi criado ou majorado (princípio da anterioridade tributária), o tributo também só poderá ser cobrado após 90 (noventa) dias da lei que o criou ou aumentou.

Da mesma forma que se dá com o princípio da anterioridade, esta nova vedação também não se aplica: (a) aos empréstimos compulsórios do artigo 148, inciso I, de nossa Lei Maior; (b) aos impostos do artigo 153, incisos I, II, III e IV, da Constituição Federal; e (c) aos impostos extraordinários (artigo 154, inciso II, da Carta Magna). Não se aplica, igualmente, ao imposto sobre propriedade de veículos automotores (de competência dos Estados) e ao imposto sobre propriedade predial e territorial urbana (de competência municipal).

---

8. Exercício financeiro pode ser definido como o lapso temporal em que ocorrem as operações contábeis/financeiras dos diversos entes da Administração Pública, e que, no Brasil, coincide com o chamado ano civil, iniciando-se no dia 1º de janeiro e terminando em 31 de dezembro do mesmo ano.

O artigo 150, inciso IV, da Constituição Federal, trata do *princípio da vedação ao confisco*. Referido princípio, estreitamente relacionado com o *princípio da capacidade contributiva* (artigo 145, § 1º, de nossa Lei Maior), veda que a entidade tributante exija do contribuinte valor superior às possibilidades materiais deste, absorvendo a totalidade, ou mesmo uma grande parte, da propriedade ou da renda do pagador de tributos. Dito em outras palavras, o princípio da vedação ao confisco exige que o valor da cobrança seja razoável, necessariamente com observância da capacidade contributiva do sujeito passivo da relação jurídica tributária.

Por sua vez, o inciso V, do artigo 150, da Carta Magna, consagra o *princípio da imunidade de tráfego*, também conhecido como *princípio da não limitação ao tráfego de bens e pessoas*, que proíbe que a União, os Estados, o Distrito Federal e os Municípios estabeleçam limitações ao tráfego de pessoas ou de bens, por meio de tributos interestaduais ou intermunicipais, ressalvada a cobrança de pedágio pela utilização de vias conservadas pelo poder público.

Já o inciso VI do artigo 150, da Constituição de 1988, trata das chamadas *imunidades tributárias*, ou seja, das hipóteses de não incidência tributária, fixadas pela própria Constituição Federal. Nos termos desse dispositivo, as pessoas políticas não poderão instituir *impostos* sobre: patrimônio, renda ou serviços, uns dos outros; templos de qualquer culto; patrimônio, renda ou serviços dos partidos políticos, inclusive suas fundações, das entidades sindicais dos trabalhadores, das instituições de educação e de assistência social, sem fins lucrativos, atendidos os requisitos da lei; livros, jornais, periódicos e o papel destinado à sua impressão.

Ainda de acordo com aquela norma constitucional, as pessoas políticas não poderão instituir impostos sobre fonogramas e videofonogramas musicais produzidos no Brasil contendo obras musicais ou literomusicais de autores brasileiros e/ou obras em geral interpretadas por artistas brasileiros, bem como os suportes materiais ou arquivos digitais que os contenham, salvo na etapa de replicação industrial de mídias ópticas de leitura a laser (hipótese acrescentada pela Emenda Constitucional 75, de 15 de outubro de 2013).

Conforme expressamente disposto no § 2º, do artigo 150 de nossa Lei Magna, a imunidade relativa ao patrimônio, renda ou serviços das pessoas políticas é extensiva às suas autarquias e fundações instituídas e mantidas pelo Estado, no que se refere ao patrimônio, à renda e aos serviços *vinculados a suas finalidades essenciais ou às delas decorrentes*.

O artigo 151, de nossa Lei Maior, traz algumas vedações à União. Nos termos de seu inciso I, esta pessoa política não poderá instituir tributo que não seja uniforme em todo o território nacional ou que implique distinção ou preferência em relação a Estado, ao Distrito Federal ou a Município, em detrimento de outro, admitida apenas a concessão de incentivos fiscais destinados a promover o equilíbrio do desenvolvimento socioeconômico entre as diferentes regiões do País[9].

O inciso II, de outro lado, veda que a União tribute a renda das obrigações da dívida pública dos Estados, do Distrito Federal e dos Municípios, bem como a remuneração e os proventos dos respectivos agentes públicos, em níveis superiores aos que fixar para suas

---

9. Caso, por exemplo, da chamada "Zona Franca de Manaus". Criada pelo Decreto-Lei 288/1967, trata-se de uma área localizada em Manaus – AM, atualmente administrada pela Superintendência da Zona Franca de Manaus – SUFRAMA, e destinada a impulsionar o desenvolvimento econômico da Amazônia Ocidental. Uma vez instaladas naquela zona industrial, as empresas recebem: a) isenção total dos impostos de importação (II), exportação (IE) e de produtos industrializados (IPI); b) desconto parcial, pelo Estado do Amazonas, do imposto sobre circulação de mercadorias e serviços (ICMS); e c) isenção, por 10 (dez) anos, pelo Município de Manaus, de imposto predial e territorial urbano (IPTU), da taxa de licença para funcionamento e da taxa de serviços de limpeza e conservação pública.

obrigações e para seus agentes. Já o inciso III veda a instituição de isenções de tributos da competência dos Estados, do Distrito Federal ou dos Municípios[10].

O artigo 152, da Constituição Federal, por fim, veda aos Estados, ao Distrito Federal e aos Municípios estabelecer diferença tributária entre bens e serviços, de qualquer natureza, em razão de sua procedência ou destino. Referidas pessoas políticas não poderão, por exemplo, estabelecer bases de cálculo ou alíquotas maiores relativamente aos tributos de suas respectivas competências, simplesmente em razão de o produto ser importado ou mesmo destinado à exportação.

LIMITAÇÕES CONSTITUCIONAIS AO PODER DE TRIBUTAR

– **Princípio da legalidade**: proíbe às entidades tributantes exigir ou aumentar tributo, sem lei que o estabeleça.

– **Princípio da isonomia**: veda a instituição de tratamento desigual entre contribuintes que se encontrem em situação equivalente.

– **Princípio da irretroatividade**: proíbe às entidades com capacidade tributária ativa cobrar tributos em relação a fatos geradores ocorridos antes do início da vigência da lei que os instituiu ou aumentou.

– **Princípio da anterioridade**: veda a cobrança de tributos no mesmo exercício financeiro em que haja sido publicada a lei que os houver instituído ou aumentado.

– **Princípio da anterioridade nonagesimal**: veda a cobrança de tributos antes de decorridos 90 (noventa) dias da data em que haja sido publicada a lei que os instituiu ou aumentou, sem prejuízo da observância do princípio da anterioridade.

– **Princípio da vedação ao confisco**: proíbe que a entidade tributante exija do contribuinte valor superior às possibilidades materiais deste.

– **Princípio da imunidade de tráfego**: veda que a União, os Estados, o Distrito Federal e os Municípios estabeleçam limitações ao tráfego de pessoas ou bens, por meio de tributos interestaduais ou intermunicipais, ressalvada a cobrança de pedágio pela utilização de vias conservadas pelo Estado.

– **Princípio da imunidade tributária**: proíbe que as pessoas políticas instituam *impostos* sobre: (a) patrimônio, renda ou serviços, uns dos outros; (b) templos de qualquer culto; (c) patrimônio, renda ou serviços dos partidos políticos, inclusive suas fundações, das entidades sindicais dos trabalhadores, das instituições de educação e de assistência social, sem fins lucrativos, atendidos os requisitos da lei; (d) livros, jornais, periódicos e o papel destinado a sua impressão (e) fonogramas e videofonogramas musicais produzidos no Brasil contendo obras musicais ou literomusicais de autores brasileiros e/ou obras em geral interpretadas por artistas brasileiros, bem como os suportes materiais ou arquivos digitais que os contenham, salvo na etapa de replicação industrial de mídias ópticas de leitura a *laser* (Emenda Constitucional 75, de 2013).

14.6 COMPETÊNCIAS TRIBUTÁRIAS DA UNIÃO

A própria Constituição Federal esclarece, em seu artigo 146, inciso III, que as normas gerais em matéria de legislação tributária, e especialmente a definição dos fatos geradores, bases de cálculo e contribuinte dos impostos discriminados na Carta Magna, devem ser regulamentados por lei complementar. O diploma legal em referência é o Código Tributário Nacional.

Portanto, não há dúvidas de que a Constituição Federal não instituiu os tributos nela relacionados, mas apenas dispôs sobre a competência tributária de cada pessoa política,

---

10. Trata-se, a toda evidência, de uma decorrência lógica do denominado pacto federativo, que estabelece as competências materiais e legislativas de todas as unidades da Federação, e que confere inequívoca autonomia a cada uma das chamadas unidades parciais, inclusive com a capacidade de criação de receitas próprias, sem a possibilidade de restrições impostas pela União.

fornecendo o que se costuma denominar de *regra-matriz constitucional dos tributos*, inclusive no que respeita aos impostos relacionados em seus artigos 153 e seguintes.

Como mencionamos anteriormente, os *empréstimos compulsórios*, seja para atender a despesas extraordinárias, decorrentes de calamidade pública, de guerra externa ou sua iminência, seja para investimento público de caráter urgente e de relevante interesse nacional, são de competência exclusiva da União, e devem ser instituídos exclusivamente por lei complementar (que exige, para sua aprovação, a maioria absoluta dos votos tanto na Câmara dos Deputados como no Senado Federal).

Aqueles objetivos buscados, quando da edição do empréstimo compulsório, não são os seus fatos geradores, mas apenas os pressupostos necessários à sua instituição. O fato gerador em abstrato (hipótese de incidência tributária), nunca é demais lembrar, poderá ser um ato lícito qualquer, desde que o produto arrecadado seja utilizado para atender a despesas decorrentes de calamidade pública, guerra externa ou sua iminência; ou para investimento público de caráter urgente e de relevante interesse nacional.

Também são de competência da União, nos termos do artigo 149, da Constituição Federal, a instituição das denominadas *contribuições especiais* ou *parafiscais*, gênero do qual são espécies as *contribuições sociais*, as *contribuições de intervenção no domínio econômico* e as *contribuições de interesse de categorias profissionais ou econômicas*, como instrumento de sua atuação nas respectivas áreas.

O artigo 153, de outro lado, determina que compete à União instituir *impostos* sobre: importação de produtos estrangeiros; exportação, para o exterior, de produtos nacionais ou nacionalizados; renda e proventos de qualquer natureza; produtos industrializados; operações de crédito, câmbio e seguro, ou relativas a títulos ou valores mobiliários; propriedade territorial rural; e grandes fortunas, nos termos de lei complementar.

Nos termos do Código Tributário Nacional (artigos 19 a 22), o *imposto de importação* tem como fato gerador a entrada dos produtos estrangeiros no território nacional. O contribuinte do imposto é o importador ou quem a lei a ele equiparar, ou o arrematante de produtos apreendidos ou abandonados. Sua base de cálculo é: a unidade de medida adotada pela lei tributária, quando a alíquota seja específica; o preço normal que o produto, ou seu similar, alcançaria, ao tempo da importação, em uma venda em condições de livre concorrência, para entrega no porto ou lugar de entrada do produto no País, quando a alíquota seja *ad valorem*; e o preço da arrematação, quando se trate de produto apreendido ou abandonado, levado a leilão.

Além de função arrecadatória (fiscal), referido tributo tem também função extrafiscal, podendo o Poder Executivo, nas condições e nos limites estabelecidos em lei, alterar as alíquotas ou as bases de cálculo do imposto, a fim de ajustá-lo aos objetivos da política cambial e do comércio exterior. É o que dispõe, em caráter expresso, o artigo 21, do Código Tributário Nacional[11].

O *imposto de exportação*, por sua vez, tem previsão nos artigos 23 a 28, do Código Tributário. Conforme artigo 23, deste diploma legal, referido tributo tem por fato gerador a

---

11. Isso quer dizer que o imposto de importação poderá, por exemplo, ter sua base de cálculo ou alíquota diminuídos, facilitando o ingresso no País de determinados produtos, aumentando a concorrência e forçando, por consequência, a queda dos preços de produtos similares nacionais. Poderá, por outro lado, ter sua base de cálculo ou alíquota majorados, por exemplo, para evitar eventual concorrência injusta de produtos importados, que ponham em risco a sobrevivência da indústria nacional.

saída do território nacional de produtos nacionais ou nacionalizados. É contribuinte deste imposto o exportador ou quem a lei a ele equiparar. A base de cálculo, a seu turno, será: a unidade de medida adotada pela lei tributária, quando a alíquota seja específica; o preço normal que o produto, ou seu similar, alcançaria, ao tempo da exportação, em uma venda em condições de livre concorrência, quando a alíquota seja *ad valorem*.

Da mesma forma que o imposto de importação, o imposto da União sobre a exportação, para o estrangeiro, de produtos nacionais ou nacionalizados também tem função extrafiscal, sendo possível ao Poder Executivo, nas condições e nos limites estabelecidos em lei, alterar as alíquotas ou as bases de cálculo do imposto, a fim de ajustá-los aos objetivos da política cambial e do comércio exterior. Ademais, conforme o artigo 28, do Código Tributário Nacional, a receita líquida deste imposto destina-se à formação de reservas monetárias, na forma da lei.

O *imposto sobre a renda e proventos de qualquer natureza* tem como fato gerador a aquisição da disponibilidade econômica ou jurídica. Conforme o artigo 43, do Código Tributário Nacional, *renda* deve ser compreendida "como o produto do capital, do trabalho ou da combinação de ambos". Já os *proventos de qualquer natureza* devem ser entendidos como "quaisquer acréscimos patrimoniais não compreendidos na definição de renda".

O contribuinte do imposto de renda[12] é o titular da disponibilidade econômica ou jurídica, sem prejuízo de a lei que o instituir poder atribuir tal condição ao possuidor, a qualquer título, dos bens produtores de renda ou dos proventos tributáveis. A base de cálculo desta espécie tributária é "o montante, real, arbitrado ou presumido, da renda ou dos proventos tributáveis" (artigo 44, do Código Tributário Nacional).

O *imposto sobre produtos industrializados* tem como hipótese de incidência: o seu desembaraço aduaneiro, quando de procedência estrangeira; a sua saída do estabelecimento do importador, do industrial, do comerciante de produtos sujeitos ao imposto e do arrematante; e a sua arrematação, quando se tratar de produto apreendido ou abandonado e levado a leilão. É contribuinte do imposto: o importador ou quem a lei a ele equiparar; o industrial ou quem a lei a ele equiparar; o comerciante de produtos sujeitos ao imposto, que os forneça aos contribuintes; e o arrematante de produtos apreendidos ou abandonados, levados a leilão.

Nos expressos termos da Constituição Federal, referido imposto é seletivo em função da essencialidade dos produtos, sendo também não cumulativo, compensando-se o que for devido em cada operação com o montante cobrado nas anteriores. Não incidirá, ademais, sobre produtos industrializados destinados ao exterior, e deverá ter reduzido seu impacto, ao contribuinte do imposto, sobre a aquisição de bens de capital.

Já o *imposto sobre operações de crédito, câmbio e seguro, e sobre operações relativas a títulos e valores mobiliários*, também conhecido como *imposto sobre operações financeiras* (IOF), tem como fato gerador: a entrega total ou parcial do montante ou do valor que constitua o objeto da obrigação, ou sua colocação à disposição do interessado, quanto às operações de crédito.

Também é fato gerador do imposto sobre operações financeiras a entrega de moeda nacional ou estrangeira, ou de documento que a represente, ou sua colocação à disposição do interessado em montante equivalente à moeda estrangeira ou nacional entregue ou posta à disposição por este, quanto às operações de câmbio.

---

12. Nos expressos termos do artigo 45, parágrafo único, do Código Tributário Nacional, "a lei pode atribuir à fonte pagadora da renda ou dos proventos tributáveis a condição de responsável pelo imposto cuja retenção e recolhimento lhe caibam".

São ainda hipóteses de incidência desta espécie de tributo: a emissão da apólice ou do documento equivalente, ou recebimento do prêmio, na forma da lei aplicável, quanto às operações de seguro; bem como a emissão, transmissão, pagamento ou resgate destes, na forma da lei aplicável, quanto às operações relativas a títulos e valores mobiliários.

O contribuinte desse imposto é qualquer das partes na operação tributada. Sua base de cálculo será: o montante da obrigação, compreendendo o principal e os juros, quanto às operações de crédito; o respectivo montante em moeda nacional, recebido, entregue ou posto à disposição, quanto às operações de câmbio; o montante do prêmio, quanto às operações de seguro; e o valor nominal do ágio (na emissão), o preço ou o valor nominal (na transmissão) ou preço (no pagamento ou resgate), quanto às operações relativas a títulos e valores mobiliários.

Da mesma forma que os impostos de importação e de exportação, o imposto sobre operações de crédito, câmbio e seguro, e sobre operações relativas a títulos e valores mobiliários tem função extrafiscal, podendo o Poder Executivo, nas condições e nos limites estabelecidos em lei, alterar as alíquotas ou as bases de cálculo do imposto, a fim de ajustá-lo aos objetivos da política monetária. Ademais, a receita líquida deste imposto também se destina a formação de reservas monetárias, na forma da lei[13].

O *imposto sobre a propriedade territorial rural* tem como hipótese de incidência tributária a propriedade, o domínio útil ou a posse de imóvel localizado fora da zona urbana do Município (artigo 29, do Código Tributário Nacional). É contribuinte do imposto o proprietário do imóvel, o titular de seu domínio útil, ou o seu possuidor a qualquer título. Sua base de cálculo é o valor fundiário.

Nos expressos termos da Constituição Federal, eu seu artigo 153, § 4º, o imposto sobre a propriedade territorial rural deverá ser progressivo, com alíquotas fixadas de forma a desestimular a manutenção de propriedades improdutivas (tem, portanto, inequívoca função extrafiscal). Não poderá incidir sobre pequenas glebas rurais, definidas em lei, quando as explore o proprietário que não possua outro imóvel. Ademais, será fiscalizado e cobrado pelos Municípios que assim optarem, na forma da lei, desde que não implique redução do imposto ou qualquer outra forma de renúncia fiscal.

O *imposto sobre grandes fortunas*, o nome já o indica, tem por fato gerador a propriedade de grandes fortunas. O próprio dispositivo constitucional, entretanto, ressalta a necessidade de sua regulamentação por lei complementar, o que não foi feito até o presente momento. Por essa razão, referido imposto, cuja competência tributária é exclusiva da União, ainda não pode ser cobrado, por falta de previsão legal que estabeleça precisamente seu fato gerador, sujeito ativo e passivo, base de cálculo e alíquota do tributo.

O artigo 154, inciso I, da Constituição de 1988, prevê a chamada *competência residual* da União, permitindo que esta pessoa política institua impostos não previstos no artigo 153, desde que sejam não cumulativos, que não tenham fato gerador ou base de cálculo próprios dos discriminados na Constituição Federal, e que sejam criados por lei complementar (exigindo, portanto, para sua aprovação, a maioria absoluta dos votos, em ambas as Casas do Congresso Nacional).

---

13. A União costuma, por exemplo, aumentar ou diminuir o valor o imposto sobre operações financeiras (IOF) na compra e venda de moeda estrangeira, para diminuir ou aumentar a circulação de dólares no mercado interno, de modo a manter a cotação desta moeda em patamar que permita, a um só tempo, manter a inflação sob o controle e facilitar a exportação de produtos nacionais ou nacionalizados para o exterior.

Já o artigo 154, inciso II, de nossa Lei Maior, prevê a competência da União para instituir os denominados *impostos extraordinários*. Referidos impostos, instituídos por simples lei ordinária, e que podem estar compreendidos ou não na competência tributária da União, somente podem ser criados na iminência ou no caso de guerra externa, e devem ser suprimidos, de maneira gradativa, à medida que cessarem as causas de sua criação.

Como já mencionamos anteriormente, o artigo 147, primeira parte, da Constituição Federal, confere à União a competência tributária para instituir, em Territórios Federais, os impostos estaduais, e, se o Território não for dividido em Municípios, também os impostos municipais.

Além das espécies tributárias mencionadas anteriormente, a União também poderá instituir *taxas*, que têm por hipótese de incidência tributária ou o exercício do poder de polícia, por aquela pessoa política, ou a utilização, efetiva ou potencial, de serviços públicos específicos e divisíveis, prestados pela União ao contribuinte ou postos à disposição deste. Poderá, ainda, instituir a denominada *contribuição de melhoria*, a espécie tributária que tem por hipótese de incidência a valorização proporcionada a um determinado imóvel, pertencente ao contribuinte, em decorrência de uma obra realizada pelo poder público.

14.7 COMPETÊNCIAS TRIBUTÁRIAS DOS ESTADOS E DO DISTRITO FEDERAL

Conforme preceitua o artigo 155, da Carta Magna, aos Estados e ao Distrito Federal cabem os seguintes *impostos*: imposto sobre transmissão *causa mortis* e doação, de quaisquer bens ou direitos; imposto sobre operações relativas à circulação de mercadorias e sobre prestações de serviços de transporte interestadual e intermunicipal e de comunicação; e imposto sobre propriedade de veículos automotores.

O *imposto sobre a transmissão causa mortis e doação de quaisquer bens ou direitos*, está apenas parcialmente regulamentado pelo Código Tributário Nacional, o qual, em seu artigo 35, trata tão somente do imposto sobre a transmissão *causa mortis* de bens *imóveis*, não fazendo menção, entretanto, aos bens móveis e às doações de quaisquer bens ou direitos, como prevê a regra matriz constitucional desta espécie tributária.

O imposto ora em análise tem como fato gerador: a transmissão de qualquer bem ou direito havido por sucessão legítima ou sucessão testamentária[14], inclusive a sucessão provisória; a transmissão por doação, a qualquer título, de quaisquer bens ou direitos; e a aquisição de bem ou direito em excesso pelo herdeiro ou cônjuge meeiro, na partilha, em sucessão *causa mortis* ou em dissolução de sociedade conjugal. Seu contribuinte, a toda evidência, será aquele para quem foi transmitido o bem ou o direito.

Já o *imposto sobre operações relativas à circulação de mercadorias e sobre prestações de serviços de transporte interestadual, intermunicipal e de comunicação*, encontra-se atualmente regulamentado pela Lei Complementar 87, de 13 de setembro de 1996 (a denominada Lei Kandir), posteriormente alterada pelas Leis Complementares 92/1997, 99/1999 e 102/2000.

Nos termos da atual legislação de regência, referido tributo incide sobre: operações relativas à circulação de mercadorias, inclusive o fornecimento de alimentação e bebidas

---

14. Sucessão legítima, em apertada síntese, é a transmissão dos bens do falecido, aos herdeiros deste, em conformidade com a chamada ordem de vocação hereditária, caso o *de cujus* não tenha deixado testamento. A sucessão testamentária, o próprio nome já indica, é a transmissão do patrimônio deixado pelo falecido, através de disposições de última vontade, constantes de testamento.

em bares, restaurantes e estabelecimentos similares; prestações de serviços de transporte interestadual e intermunicipal, por qualquer via, de pessoas, bens, mercadorias ou valores; prestações onerosas de serviços de comunicação, por qualquer meio, inclusive a geração, a emissão, a recepção, a transmissão, a retransmissão, a repetição e a ampliação de comunicação de qualquer natureza.

Incide, ainda, sobre o fornecimento de mercadorias com prestação de serviços não compreendidos na competência tributária dos Municípios; sobre fornecimento de mercadorias com prestação de serviços sujeitos ao ISS, de competência dos Municípios, quando a lei complementar aplicável expressamente o sujeitar à incidência do imposto estadual, sobre a entrada de mercadoria importada do exterior, por pessoa física ou jurídica, ainda quando se tratar de bem destinado a consumo ou ativo permanente do estabelecimento.

Incide, por fim, sobre o serviço prestado no exterior ou cuja prestação se tenha iniciado no exterior, além da entrada, no território do Estado destinatário, de petróleo, inclusive lubrificantes e combustíveis líquidos e gasosos dele derivados, e de energia elétrica, quando não destinados à comercialização ou à industrialização, decorrentes de operações interestaduais, cabendo o imposto ao Estado onde estiver localizado o adquirente.

Nos expressos termos da Constituição Federal (artigo 155, § 2º, inciso X), este imposto não incide: sobre operações que destinem mercadorias para o exterior, nem sobre serviços prestados a destinatários no exterior, assegurada a manutenção e o aproveitamento do montante do imposto cobrado nas operações e prestações anteriores; sobre operações que destinem, a outros Estados, petróleo, inclusive lubrificantes, combustíveis líquidos e gasosos dele derivados, e energia elétrica; sobre o ouro, nas hipóteses definidas no artigo 153, § 5º, de nossa Lei Maior; e nas prestações de serviço de comunicação nas modalidades de radiodifusão sonora e de sons e imagens de recepção livre e gratuita.

O contribuinte do imposto sobre operações relativas à circulação de mercadorias e sobre prestações de serviços de transporte interestadual, intermunicipal e de comunicação é qualquer pessoa, física ou jurídica, que realize, com habitualidade ou em volume que caracterize intuito comercial, operações de circulação de mercadoria ou prestações de serviços de transporte interestadual e intermunicipal e de comunicação, ainda que as operações e as prestações se iniciem no exterior[15].

É considerado contribuinte desta espécie tributária, ademais, qualquer pessoa física ou jurídica que, mesmo sem habitualidade: importe mercadorias do exterior, ainda que as destine a consumo ou ao ativo permanente do estabelecimento; seja destinatária de serviço prestado no exterior ou cuja prestação se tenha iniciado no exterior; adquira em licitação de mercadorias apreendidas ou abandonadas; e adquira lubrificantes e combustíveis líquidos e gasosos derivados de petróleo e energia elétrica oriundos de outro Estado, quando não destinados à comercialização ou à industrialização.

Ainda segundo a Constituição Federal (artigo 155, § 2º), o imposto sobre operações relativas à circulação de mercadorias e sobre prestações de serviços de transporte interestadual, intermunicipal e de comunicação será não cumulativo, compensando-se o que for devido em cada operação relativa à circulação de mercadorias ou prestação de serviços com

---

15. Contudo, como já mencionamos anteriormente, por se tratar de um imposto indireto, o contribuinte de direito desse imposto (o empresário, que realiza o fato imponível) acaba transferindo a carga econômica do tributo ao chamado contribuinte de fato (o consumidor).

o montante cobrado nas anteriores pelo mesmo ou outro Estado ou pelo Distrito Federal; e poderá ser seletivo, em função da essencialidade das mercadorias e dos serviços.

O *imposto sobre a propriedade de veículos automotores* tem como hipótese de incidência justamente a propriedade do veículo automotor. Conforme já decidiu expressamente o Pretório Excelso, o fato gerador desta espécie tributária é tão somente a propriedade sobre veículos de circulação terrestre, não incidindo sobre veículos de natureza hídrica ou aérea, tais como barcos, navios, aviões etc. Sobre o tema, sugerimos a leitura do Recurso Extraordinário 134.509/AM, relator ministro Marco Aurélio, j. 29.05.2002, DJ 13.09.2002.

O contribuinte do imposto sobre a propriedade de veículos automotores (IPVA) é o proprietário do veículo automotor. A base de cálculo desta espécie tributária é o valor venal do veículo, estabelecido pelo Estado que cobra o imposto. A alíquota cobrada, da mesma forma, é fixada pelo Estado ou pelo Distrito Federal, na respectiva lei que o instituiu.

Os Estados e o Distrito Federal também poderão instituir *taxas*, que têm por hipótese de incidência tributária ou o exercício do poder de polícia, ou a utilização, efetiva ou potencial, de serviços públicos específicos e divisíveis, prestados ao contribuinte ou postos à sua disposição. Poderão também instituir *contribuição de melhoria*, em decorrência de obra pública que tiverem realizado e que tenha proporcionado valorização imobiliária ao contribuinte.

Nos expressos termos do artigo 147, da Constituição Federal, em sua parte final, *também cabem ao Distrito Federal os impostos municipais*.[16] Dessa forma, além dos impostos de competência dos Estados, o Distrito Federal também poderá instituir os seguintes impostos: sobre propriedade predial e territorial urbana; transmissão *inter vivos*, a qualquer título, por ato oneroso, de bens imóveis, por natureza ou acessão física, e de direitos reais sobre imóveis, exceto os de garantia, bem como cessão de direitos a sua aquisição; e de serviços de qualquer natureza, não compreendidos os serviços relativos ao ICMS, e definidos em lei complementar. O estudo sobre estes impostos será feito na próxima seção.

O artigo 149, § 1º, de nossa Carta Magna, com a redação que lhe deu a Emenda Constitucional 41, de 19 de dezembro de 2003, confere aos Estados e ao Distrito Federal a competência para instituir contribuição, cobrada de seus servidores, para o custeio, em benefício destes, do regime previdenciário de que trata o artigo 40, da Constituição Federal, que tem por beneficiários os chamados servidores estatutários, além dos juízes, membros do Ministério Público e também membros da Advocacia Pública da União e dos Estados.

Ademais, o novo artigo 149-A, de nossa Lei Maior, acrescentado ao texto constitucional pela Emenda Constitucional 39, de 19 de dezembro de 2002, passou a permitir que o Distrito Federal (bem como os Municípios) institua, por meio de edição de lei específica, *contribuição para o custeio do serviço de iluminação pública*.

14.8 COMPETÊNCIAS TRIBUTÁRIAS DOS MUNICÍPIOS

O artigo 156, da Carta Magna, confere aos Municípios a competência para instituir impostos sobre propriedade predial e territorial urbana; transmissão *inter vivos*, a qualquer título, por ato oneroso, de bens imóveis, por natureza ou acessão física, e de direitos reais

---

16. Constituição Federal, artigo 147: "Competem à União, em Território Federal, os impostos estaduais e, se o Território não for dividido em Municípios, cumulativamente, os impostos municipais; ao Distrito Federal cabem os impostos municipais".

sobre imóveis, exceto os de garantia, bem como cessão de direitos a sua aquisição; e de serviços de qualquer natureza, não compreendidos os serviços relativos ao ICMS, e definidos em lei complementar.

Nos termos do Código Tributário Nacional, o *imposto sobre a propriedade predial e territorial urbana* tem como fato gerador a propriedade, o domínio útil ou a posse de bem imóvel por natureza ou por acessão física, como definido na lei civil, localizado na zona urbana do Município. Deve-se entender como zona urbana a definida em lei municipal, sendo certo que a lei também poderá considerar como urbanas as áreas urbanizáveis, ou de expansão urbana, constantes de loteamentos aprovados pelos órgãos competentes, destinados à habitação, à indústria ou ao comércio, mesmo que localizados fora das zonas definidas nos termos do parágrafo anterior.

O contribuinte desse imposto é o proprietário do imóvel, o titular do seu domínio útil, ou o seu possuidor a qualquer título. A base de cálculo do imposto predial ou territorial urbano é o valor venal do imóvel, não podendo ser considerado, para tal fim, o valor dos bens móveis mantidos, em caráter permanente ou temporário, no imóvel, para efeito de sua utilização, exploração, aformoseamento ou comodidade.

Já o *imposto sobre a transmissão inter vivos,* a qualquer título, por ato oneroso, de bens imóveis, por natureza ou acessão física, e de direitos reais sobre imóveis, exceto os de garantia, bem como cessão de direitos a sua aquisição tem por fato gerador justamente a transmissão onerosa (em que existe contraprestação em dinheiro) daqueles bens ou a cessão daqueles direitos.

Referido imposto não incide, contudo, sobre direitos reais de garantia. Não incide, ademais, sobre a transmissão de bens ou direitos incorporados ao patrimônio de pessoa jurídica em realização de capital, nem sobre a transmissão de bens ou direitos decorrentes de fusão, incorporação, cisão ou extinção de pessoa jurídica, salvo se, nesses casos, a atividade preponderante do adquirente for a compra e venda desses bens ou direitos, locação de bens imóveis ou arrendamento mercantil (artigo 156, § 2°, da Constituição Federal).

O contribuinte desse imposto é qualquer das partes na operação tributada, conforme dispuser a lei municipal específica que o instituir (artigo 42, do Código Tributário Nacional). Portanto, o contribuinte do imposto poderá ser o alienante ou o comprador. Sua base de cálculo é o valor venal dos bens imóveis transmitidos ou direitos cedidos, conforme se pode depreender da leitura do artigo 156, inciso II, da Carta Magna, combinado com o artigo 38, do Código Tributário.

O *imposto sobre serviços de qualquer natureza* tem por fato gerador a prestação, por empresa ou profissional autônomo, dos serviços descritos na lista de serviços da Lei Complementar 116, de 31 de julho de 2003. Conforme expressa determinação constante da Constituição Federal, referido imposto não incide sobre os serviços de transporte interestadual e intermunicipal e de comunicação, sobre os quais incide apenas o ICMS. Não incide, ainda, sobre a locação de bens imóveis. Ademais, segundo o Supremo Tribunal Federal, também não incide sobre locação de bens móveis.

Os contribuintes do imposto sobre serviços de qualquer natureza são as empresas ou profissionais autônomos que prestam o serviço tributável, podendo, contudo, o Município ou o Distrito Federal (no exercício de sua competência municipal), atribuir às empresas ou indivíduos que tomam os serviços a responsabilidade pelo recolhimento do imposto. A base de cálculo do imposto sobre serviços (ISS) é o preço do serviço prestado.

Conforme expressa redação do artigo 156, § 3º, da Constituição Federal, cabe à lei complementar[17] fixar, relativamente ao imposto sobre serviços, as suas alíquotas máximas e mínimas, bem como excluir da sua incidência exportações de serviços para o exterior, além de regular a forma e as condições como isenções, incentivos e benefícios fiscais serão concedidos e revogados. A União, por meio da supramencionada Lei Complementar 116/2003, fixou *alíquota máxima de 5% (cinco por cento) para todos os serviços*, sendo certo que, nos expressos termos do artigo 88, do Ato das Disposições Constitucionais Transitórias – ADCT, *a alíquota mínima é de 2% (dois por cento)*.

Os Municípios, da mesma forma que a União, os Estados e o Distrito Federal, também poderão instituir *taxas*, que tenham por hipótese de incidência tributária ou o exercício do poder de polícia ou a utilização, efetiva ou potencial, de serviços públicos específicos e divisíveis, prestados ao contribuinte ou postos à disposição deste. Também poderão instituir *contribuição de melhoria* em razão de valorização imobiliária que tenha sido proporcionada ao contribuinte, em razão de obra pública que tenham realizado.

Os Municípios também poderão instituir, da mesma forma que os Estados e o Distrito Federal, contribuição, cobrada de seus próprios servidores estatutários, para o custeio do regime previdenciário destes (artigo 149, § 1º, da Constituição Federal). Poderão criar, ainda, *contribuição para o custeio do serviço de iluminação pública* (artigo 149-A, da Carta Magna).

14.9 REPARTIÇÃO DAS RECEITAS TRIBUTÁRIAS

A Constituição Federal, como vimos anteriormente, estabelece as competências tributárias das diferentes unidades da Federação. Na generalidade dos casos, a própria pessoa política que instituiu o tributo (União, Estado, Distrito Federal ou Município), guarda para si o produto arrecadado por meio da tributação. Contudo, a Carta Magna também prevê, a partir de seu artigo 157, diversas hipóteses em que referidas pessoas políticas têm de repartir suas receitas tributárias com as demais. Vejamos, então, as principais normas, previstas em nossa Lei Maior, acerca deste tema.

Nos termos do artigo 157, da Constituição Federal, pertencem aos Estados e ao Distrito Federal: o produto da arrecadação do imposto da União sobre renda e proventos de qualquer natureza, incidentes na fonte, sobre rendimentos pagos, a qualquer título, por eles, suas autarquias e pelas fundações que instituírem e mantiverem (inciso I); e 20% (vinte por cento) do produto da arrecadação do imposto que a União instituir no exercício da competência residual (inciso II).

O artigo 158, da Carta Magna, a seu turno, determina que pertencem aos Municípios, o produto da arrecadação do imposto da União sobre renda e proventos de qualquer natureza, incidente na fonte, sobre rendimentos pagos, a qualquer título, por eles, suas autarquias e pelas fundações que instituírem e mantiverem (inciso I).

Pertence também aos Municípios 50% (cinquenta por cento) do produto da arrecadação do imposto da União sobre a propriedade territorial rural, relativamente aos imóveis neles situados, cabendo a totalidade (100%) na hipótese da opção a que se refere o artigo 153, § 4º, da Constituição Federal[18] (inciso II).

---

17. Como já vimos em outras oportunidades, lei complementar é aquela que exige maioria absoluta dos votos, em ambas as Casas do Congresso Nacional, para ser aprovada.
18. Constituição Federal, artigo 153, § 4º: "O imposto previsto no inciso VI do *caput*: I – será progressivo e terá suas alíquotas fixadas de forma a desestimular a manutenção de propriedades improdutivas; II – não incidirá sobre pequenas glebas rurais, definidas em lei, quando as explore o proprietário que não possua outro imóvel; III – será fiscalizado e cobrado

Pertencem aos Municípios, ainda, 50% (cinquenta por cento) do produto da arrecadação do imposto do Estado sobre a propriedade de veículos automotores licenciados em seu território (inciso III); e 25% (vinte e cinco por cento) do produto da arrecadação do imposto do Estado sobre operações relativas à circulação de mercadorias e sobre a prestação de serviços de transporte interestadual e intermunicipal e de comunicação (inciso IV).

As parcelas de receita pertencentes aos Municípios, mencionadas no inciso IV, serão creditadas conforme os seguintes critérios: (a) 65% (sessenta e cinco por cento), no mínimo, na proporção do valor adicionado nas operações relativas à circulação de mercadorias e nas prestações de serviços, realizadas em seus territórios; (b) até 35% (trinta e cinco por cento), de acordo com o que dispuser lei estadual, observada, obrigatoriamente, a distribuição de, no mínimo, 10 (dez) pontos percentuais com base em indicadores de melhoria nos resultados de aprendizagem e de aumento da equidade, considerado o nível socioeconômico dos educandos[19].

O artigo 159, inciso I, da Lei Magna, determina que a União entregue 49% (quarenta e nove por cento) do produto de sua arrecadação do Imposto sobre a Renda e Proventos de qualquer Natureza (IR) e do Imposto sobre Produtos Industrializados (IPI), da seguinte forma: (a) 21,5% ao Fundo de Participação dos Estados e do Distrito Federal; (b) 22,5% ao Fundo de Participação dos Municípios; (c) 3% para aplicação em programas de financiamento das Regiões Norte, Nordeste e Centro-Oeste; e (d) 1% para o Fundo de Participação dos Municípios, que será entregue no primeiro decêndio (primeiros dez dias) do mês de dezembro de cada ano; (e) 1% (um por cento) para o Fundo de Participação dos Municípios, que será entregue no primeiro decêndio do mês de julho de cada ano[20].

Por sua vez, o artigo 159, inciso II, da Constituição Federal, determina que a União entregue 10% (dez por cento) do produto da arrecadação sobre produtos industrializados (IPI) aos Estados e ao Distrito Federal, proporcionalmente ao valor das respectivas exportações de produtos industrializados. Já o inciso III daquele mesmo artigo, acrescentado à Lei Maior pela Emenda Constitucional 42/2003, determina que a União entregue 25% (vinte e cinco por cento) do produto da arrecadação da contribuição de intervenção no domínio econômico (CIDE), prevista no artigo 177, § 4º, da Lei Maior, aos Estados e ao Distrito Federal.

Para encerrarmos esta seção, não podemos deixar de mencionar que o artigo 160, da Constituição Federal, veda expressamente a retenção ou qualquer restrição à entrega e ao emprego dos recursos atribuídos aos Estados, ao Distrito Federal e aos Municípios, inclusive adicionais e acréscimos relativos a impostos. O parágrafo único desse mesmo artigo, contudo, permite que a União e os Estados condicionem a entrega de receitas tributárias ao pagamento de seus créditos, inclusive de suas autarquias (inciso I), bem como ao cumprimento do disposto no artigo 198, § 2º, incisos II e III, da Constituição Federal[21].

---

pelos Municípios que assim optarem, na forma da lei, desde que não implique redução do imposto ou qualquer outra forma de renúncia fiscal".
19. Redação dada pela Emenda Constitucional 108, de 2020.
20. Alínea e acrescentada pela Emenda Constitucional 84, de 2014.
21. Constituição Federal, artigo 198, § 2º, incisos II e III: "A União, os Estados, o Distrito Federal e os Municípios aplicarão, anualmente, em ações e serviços públicos de saúde recursos mínimos derivados da aplicação de percentuais calculados sobre: II – no caso dos Estados e do Distrito Federal, o produto da arrecadação dos impostos a que se refere o art. 155 e dos recursos de que tratam os arts. 157 e 159, inciso I, alínea a, e inciso II, deduzidas as parcelas que forem transferidas aos respectivos Municípios; III – no caso dos Municípios e do Distrito Federal, o produto da arrecadação dos impostos a que se refere o art. 156 e dos recursos de que tratam os arts. 158 e 159, inciso I, alínea b e § 3º".

14.10 FINANÇAS PÚBLICAS E SUAS NORMAS GERAIS

O artigo 163, da Constituição Federal, dispõe que lei complementar disporá, dentre outras matérias, sobre finanças públicas e sobre dívida pública externa e interna, incluída a das autarquias, fundações e demais entidades controladas pelo poder público.

Na seara infraconstitucional, as normas gerais de direito financeiro, para elaboração e controle dos orçamentos da União, dos Estados, do Distrito Federal e dos Municípios estão consignadas na Lei 4.320, de 17 de março de 1964, a qual, muito embora editada como uma simples lei ordinária, foi guindada à condição de lei complementar, ao ser recepcionada pela Constituição de 1988. Não podemos deixar de mencionar, ainda, a Lei Complementar 101, de 4 de maio de 2000, a qual, segundo consta de seu próprio preâmbulo, estabelece normas de finanças públicas voltadas para a responsabilidade na gestão fiscal e dá outras providências.

Conforme disposto no artigo 163-A, acrescentado ao texto constitucional pela Emenda Constitucional 108, de 2020, a União, os Estados, o Distrito Federal e os Municípios disponibilizarão suas informações e dados contábeis, orçamentários e fiscais, conforme periodicidade, formato e sistema estabelecidos pelo órgão central de contabilidade da União, de forma a garantir a rastreabilidade, a comparabilidade e a publicidade dos dados coletados, os quais deverão ser divulgados em meio eletrônico de amplo acesso público.

14.11 BANCO CENTRAL

Uma das competências materiais, privativas da União, é a emissão de moeda.[22] E, nos expressos termos do artigo 164, da Constituição Federal, tal competência deverá ser exercida, em caráter exclusivo, pelo Banco Central do Brasil. Trata-se, este último, de uma autarquia federal integrante do Sistema Financeiro Nacional,[23] criada pela Lei 5.495, de 31 de dezembro de 1964, vinculado ao Ministério da Fazenda, com sede em Brasília e atuação em todo o território nacional.

Além da competência constitucional para a emissão de moeda, o artigo 10, da supramencionada Lei 5.495/1964 também lhe confere outras importantes competências, no âmbito do Sistema Financeiro Nacional, dentre as quais podemos destacar, a título de exemplo, o controle do crédito sob todas as suas formas, bem como dos capitais estrangeiros, nos termos daquele diploma legal.

Compete ao Banco Central do Brasil, ademais, ser o depositário das reservas oficiais de ouro, de moeda estrangeira e de direitos especiais de saque e fazer com tais reservas todas e quaisquer operações previstas no convênio constitutivo do Fundo Monetário Internacional (largamente conhecido por sua sigla, FMI); além de exercer a fiscalização das instituições financeiras e aplicar as penalidades previstas.

Sintetizando as múltiplas competências da instituição, o artigo 2º, do Regimento Interno do Banco Central do Brasil, dispõe que referida autarquia tem por finalidade a formulação, a execução, o acompanhamento e o controle das políticas monetária, cambial, de crédito e de relações financeiras com o exterior; a organização, disciplina e fiscalização do Sistema Financeiro Nacional; a gestão do Sistema de Pagamentos Brasileiro e dos serviços do meio circulante.

---

22. Constituição Federal, artigo 21, inciso VII: "Compete à União: emitir moeda".
23. Lei 4.595/1964, artigo 1º: "O Sistema Financeiro Nacional, estruturado e regulado pela presente Lei, será constituído: I – do Conselho Monetário Nacional; II – do Banco Central do Brasil; III – do Banco do Brasil S.A.; IV – do Banco Nacional de Desenvolvimento Econômico e Social; V – das demais instituições financeiras públicas e privadas".

Conforme determina expressamente o artigo 164, § 1º, de nossa Carta Magna, é vedado ao Banco Central conceder, direta ou indiretamente, empréstimos ao Tesouro Nacional e a qualquer órgão ou entidade que não seja instituição financeira. Por outro lado, poderá referida instituição comprar e vender títulos de emissão do Tesouro Nacional, com o objetivo de regular a oferta de moeda ou a taxa de juros (artigo 164, § 2º).

Ainda nos termos da Constituição Federal (artigo 164, § 3º), as disponibilidades de caixa da União serão depositadas no Banco Central do Brasil. Já as disponibilidades de caixa dos Estados, do Distrito Federal, dos Municípios e dos órgãos ou entidades do poder público e das empresas por eles controladas, estas serão depositadas em instituições financeiras oficiais, ressalvados os casos previstos em lei.

14.12 ORÇAMENTOS

Nos termos do artigo 165 da Carta Magna, leis de iniciativa do Poder Executivo estabelecerão: (a) o *plano plurianual*; (b) as *diretrizes orçamentárias*; e (c) *orçamentos anuais*. Segundo o § 1º deste artigo, a lei que fixar o plano plurianual estabelecerá, de forma regionalizada, as diretrizes, os objetivos e as metas da Administração Pública federal para as despesas de capital e outras delas decorrentes e para as relativas aos programas de duração continuada.

Vê-se, portanto, que o plano plurianual (consubstanciado em uma lei de iniciativa do Poder Executivo) é o diploma legal que estabelece, em termos básicos, os objetivos e metas da Administração Pública para as despesas de capital e outras afins, *de duração continuada*.

A lei de diretrizes orçamentárias, por sua vez, está definida no § 2º do mesmo artigo. Trata-se do diploma normativo que compreenderá as metas e prioridades da Administração Pública federal, incluindo as despesas de capital para o exercício financeiro subsequente, que orientará a elaboração da lei orçamentária anual, que disporá sobre as alterações na legislação tributária e que estabelecerá a política de aplicação das agências financeiras oficiais de fomento. O Poder Executivo publicará, até 30 (trinta) dias após o encerramento de cada bimestre, relatório resumido da execução orçamentária.

Já a lei orçamentária anual, conforme disposto no artigo 165, § 5º, da Constituição Federal, é aquela que abriga o orçamento fiscal referente aos Poderes da União, seus fundos, órgãos e entidades da Administração Pública direta e indireta, inclusive fundações instituídas e mantidas pelo Estado, além da seguridade social.

O projeto de lei orçamentária será acompanhado de demonstrativo regionalizado do efeito, sobre as receitas e despesas, decorrente de isenções, anistias, remissões, subsídios e benefícios de natureza financeira, tributária e creditícia. A lei orçamentária anual não conterá dispositivo estranho à previsão de receita e à fixação de despesa, não se incluindo na proibição a autorização para abertura de créditos suplementares e contratação de operações de crédito, ainda que por antecipação de receita, nos termos da lei.

A lei orçamentária anual, ademais, poderá conter previsões de despesas para exercícios seguintes, com a especificação dos investimentos plurianuais e daqueles em andamento. A União organizará e manterá registro centralizado de projetos de investimento contendo, por Estado ou Distrito Federal, pelo menos, análises de viabilidade, estimativas de custos e informações sobre a execução física e financeira[24].

---

24. §§ 14 e 15, acrescentados ao texto da Lei Maior pela Emenda Constitucional 102, de 2019.

Conforme artigo 165, § 9º, de nossa Lei Maior, cabe à lei complementar: dispor sobre o exercício financeiro, a vigência, os prazos, a elaboração e a organização do plano plurianual, da lei de diretrizes orçamentárias e da lei orçamentária anual; estabelecer normas de gestão financeira e patrimonial da administração direta e indireta bem como condições para a instituição e funcionamento de fundos.

Já o § 10 daquele mesmo artigo, acrescentado ao texto constitucional pela Emenda Constitucional 100, de 2019, dispõe que a Administração Pública tem o dever de executar as programações orçamentárias, adotando os meios e as medidas necessários, com o propósito de garantir a efetiva entrega de bens e serviços à sociedade.

Referido dever de executar as programações orçamentárias, nos termos da lei de diretrizes orçamentárias, (a) aplica-se exclusivamente às despesas primárias discricionárias; (b) deve subordinar-se ao cumprimento de dispositivos constitucionais e legais que estabeleçam metas fiscais ou limites de despesas e não impede o cancelamento necessário à abertura de créditos adicionais; (c) não se aplicando nos casos de impedimentos de ordem técnica devidamente justificados (§ 11, acrescentado à Constituição pela Emenda Constitucional 102, de 2019);

III – aplica-se exclusivamente às despesas primárias discricionárias.

Como vimos no Capítulo 12, ao tratarmos do chamado processo legislativo, os projetos de lei relativos ao plano plurianual, às diretrizes orçamentárias, ao orçamento anual e aos créditos adicionais são de iniciativa do Poder Executivo (presidente da República), e devem ser apreciadas, em conjunto, pelas 2 (duas) Casas do Congresso Nacional (Câmara dos Deputados e Senado Federal), na forma do regimento comum das mesmas. Nos termos do artigo 166, § 1º, da Constituição Federal, caberá a uma Comissão Mista Permanente (de senadores e deputados federais), examinar e emitir parecer sobre referidos projetos de lei.

As emendas aos projetos de lei, nos termos do § 2º do artigo 166 da Constituição Federal, serão apreciadas pelo Plenário das 2 (duas) Casas do Congresso Nacional, na forma do regimento comum, e, antes disso, deverão ser apresentadas naquela Comissão Mista Permanente, para emissão de parecer prévio.

As *emendas ao projeto de lei do orçamento anual* ou aos projetos que o modifiquem somente podem ser aprovadas caso: (a) sejam compatíveis com o plano plurianual e com a lei de diretrizes orçamentárias; (b) indiquem os recursos necessários, admitidos apenas os provenientes de anulação de despesa, excluídas as que incidam sobre dotações para pessoal e seus encargos; serviço da dívida; e transferências tributárias constitucionais para Estados, Municípios e Distrito Federal; ou (c) sejam relacionadas com a correção de erros ou omissões; ou com os dispositivos do texto do projeto de lei.

As emendas ao projeto de lei de diretrizes orçamentárias, por sua vez, não poderão ser aprovadas quando incompatíveis com o plano plurianual (artigo 166, § 3º). Ainda segundo nossa Carta Magna (artigo 166, § 5º), o presidente da República poderá enviar mensagem ao Congresso Nacional, para propor modificação nos projetos de lei do orçamento anual, de diretrizes orçamentárias e do plano plurianual, enquanto ainda não iniciada a votação, na Comissão Mista Permanente, da parte cuja alteração é proposta.

Conforme § 9º do artigo em comento[25], as emendas individuais ao *projeto de lei orçamentária* serão aprovadas no limite de 1,2% (um inteiro e dois décimos por cento) da receita

---

25. Incluído pela Emenda Constitucional 86, de 2015.

corrente líquida prevista no projeto encaminhado pelo Poder Executivo, *sendo que a metade deste percentual será destinada a ações e serviços públicos de saúde.*

A execução daquele montante destinado a ações e serviços públicos de saúde, previsto no supramencionado § 9º, será computado para fins do cumprimento do inciso I do § 2º do artigo 198 da Carta Magna (que destina ao menos quinze por cento da receita líquida da União aos serviços de saúde), vedada a destinação para pagamento de pessoal ou encargos sociais.

É importante ressaltar que é *obrigatória* a execução orçamentária e financeira das programações a que se refere aquele § 9º do artigo 166, da Lei Maior, em montante correspondente a 1,2% (um inteiro e dois décimos por cento) da receita corrente líquida realizada no exercício anterior, conforme os critérios para a execução equitativa da programação definidos na lei complementar prevista no § 9º do artigo 165, da Carta Magna (redação dada pela Emenda Constitucional 86, de 2015).

A *obrigatoriedade* da execução orçamentária e financeira também se aplica às programações incluídas por todas *as emendas de iniciativa de bancada de parlamentares de Estado ou do Distrito Federal*. É o que determina o § 12, acrescentado ao artigo 166 da Lei Maior pela Emenda Constitucional 100, de 2019.

Segundo artigo 166-A, acrescentado à Constituição Federal pela Emenda Constitucional 105, de 2019, as *emendas individuais impositivas* apresentadas ao projeto de lei orçamentária anual *poderão alocar recursos a Estados, ao Distrito Federal e a Municípios* por meio de: (a) transferência especial; ou (b) transferência com finalidade definida.

Os recursos transferidos na forma daquele artigo não integrarão a receita do Estado, do Distrito Federal e dos Municípios para fins de repartição e para o cálculo dos limites da despesa com pessoal ativo e inativo e de endividamento do ente federado, vedada, em qualquer caso, a aplicação dos recursos no pagamento de: (a) despesas com pessoal e encargos sociais relativas a ativos e inativos, e com pensionistas; e (b) encargos referentes ao serviço da dívida.

O ente da Federação beneficiado com a chamada *transferência especial* poderá firmar contratos de cooperação técnica para fins de subsidiar o acompanhamento da execução orçamentária na aplicação dos recursos. Já no caso de *transferência com finalidade definida*, os recursos serão: (a) vinculados à programação estabelecida na emenda parlamentar; e (b) aplicados nas áreas de competência constitucional da União.

14.13 REGRAS SOBRE DESPESAS COM PESSOAL DA ADMINISTRAÇÃO PÚBLICA

Conforme expressa determinação constante do artigo 169, da Constituição Federal, as despesas com pessoal ativo e inativo da União, dos Estados, do Distrito Federal e dos Municípios não poderão exceder os limites estabelecidos em lei complementar. O diploma infraconstitucional mencionado pela Carta Magna já foi editado: trata-se da Lei Complementar 101, de 4 de maio de 2000,[26] a qual, nos termos de seu preâmbulo, estabelece normas de finanças públicas voltadas para a responsabilidade na gestão fiscal.

Nos termos do artigo 18, daquela Lei Complementar, devem ser consideradas despesas com pessoal o somatório dos gastos da entidade da Federação com os ativos, os inativos e os pensionistas, relativos a mandatos eletivos, cargos, funções ou empregos, civis, militares e de membros de Poder, com quaisquer espécies remuneratórias, tais como vencimentos

---

26. Trata-se, como já vimos, da denominada Lei de Responsabilidade Fiscal.

e vantagens, fixas e variáveis, subsídios, proventos da aposentadoria, reformas e pensões, inclusive adicionais, gratificações, horas extras e vantagens pessoais de qualquer natureza, bem como encargos sociais e contribuições recolhidas, pelo ente público, às entidades de previdência.

Os limites com despesas totais com pessoal, conforme expressamente determinado pelo artigo 169, de nossa Lei Magna, foram fixados pelo artigo 19, da Lei de Responsabilidade Fiscal. Segundo disposto neste dispositivo legal, a despesa total com pessoal, em cada período de apuração e em cada ente da Federação, não poderá exceder os seguintes percentuais da receita corrente líquida: (a) União: 50% (cinquenta por cento); (b) Estados: 60% (sessenta por cento); e (c) Municípios: 60% (sessenta por cento).

Conforme expressa determinação constante do artigo 169, § 3º, da Constituição Federal, para o cumprimento dos limites fixados por aquela lei complementar, a União, os Estados, o Distrito Federal e os Municípios deverão, se necessário, reduzir em pelo menos 20% (vinte por cento) as despesas com cargos em comissão e funções de confiança, bem como exonerar os servidores não estáveis.

Ainda segundo a Carta Magna, a concessão de qualquer vantagem ou aumento de remuneração, a criação de cargos, empregos e funções ou alteração de estrutura de carreiras, bem como a admissão ou contratação de pessoal, a qualquer título, pelos órgãos e entidades da administração direta ou indireta, inclusive fundações instituídas e mantidas pelo Estado, só poderão ser feitas se houver prévia dotação orçamentária suficiente para atender às projeções de despesa de pessoal e aos acréscimos dela decorrentes, bem como autorização específica na lei de diretrizes orçamentárias, ressalvadas as empresas públicas e as sociedades de economia mista.

Decorrido o prazo estabelecido na Lei de Responsabilidade Fiscal para a adaptação aos parâmetros ali previstos, serão imediatamente suspensos todos os repasses de verbas federais ou estaduais aos Estados, ao Distrito Federal e aos Municípios que não observarem os referidos limites. É o que determina o artigo 169, § 2º, da Constituição Federal.

Se a suspensão de todos os repasses aos Estados, ao Distrito Federal e aos Municípios não for suficiente para assegurar o cumprimento da determinação da Lei de Responsabilidade Fiscal, o servidor estável poderá perder o cargo, desde que ato normativo motivado de cada um dos Poderes especifique a atividade funcional, o órgão ou unidade administrativa objeto da redução de pessoal (artigo 169, § 3º, de nossa Lei Maior).[27]

---

27. Nesse caso, o servidor que perder o cargo fará jus a uma indenização correspondente a um mês de remuneração por ano de serviço. É o que prevê o artigo 169, § 5º, da Carta Magna.

15
ORDEM ECONÔMICA E FINANCEIRA

15.1 ESTADO LIBERAL

A Revolução Francesa é tida como o marco que substituiu o antigo regime absolutista pelo modelo de Estado Liberal. Esse novo modelo tinha por objetivo permitir que a burguesia, a classe então emergente, tivesse condições de ampliar suas atividades, até então francamente obstaculizadas pelas dificuldades de livre circulação de riquezas e aquisição de bens que o antigo regime lhes impunha. Concebeu-se, então, um modelo em que a atuação do Estado fosse reduzida o máximo possível, com ingerências mínimas nas relações privadas.

Com o sucesso da Revolução Francesa, *o Estado passou a ser considerado um mal necessário*, cujas funções foram reduzidas à manutenção da segurança jurídica, garantindo o exercício de direitos e reprimindo suas violações.[1] Àquela época, a separação entre direito público e direito privado era bem pronunciada. Ao primeiro cabia tão somente disciplinar as relações jurídicas em que o Estado figurava como uma das partes, e que tinham por fundamento a supremacia do interesse público, a busca do interesse geral; ao segundo, a regulação das relações entre particulares, cabendo ao Estado intervir nas relações jurídicas apenas para atender aos interesses do próprio indivíduo.[2]

Os ideais da Revolução Francesa, *liberdade, igualdade* e *fraternidade*, notadamente os 2 (dois) primeiros, foram inequivocamente incorporados ao ordenamento jurídico daquela época. O Estado Liberal passou a consagrar que todos eram iguais *perante a lei*, e que também eram livres, tanto em face dos demais cidadãos como do próprio Estado, para celebrar os contratos como melhor lhes aprouvesse, salvo raras exceções, quando houvesse lesão a normas de ordem pública ou aos bons costumes. Nas palavras de Teresa Negreiros,[3]

> "*o liberalismo econômico, também ele uma doutrina desenvolvida no século XVIII, inspira-se na valorização da vontade individual como elemento de garantia do equilíbrio econômico e da prosperidade*". Esclarece a autora, ademais, que, "*na base desta doutrina econômica está a concepção de que a satisfação dos interesses individuais dá lugar, como consequência inexorável, à satisfação do interesse geral, que nada mais é do que a soma dos interesses individuais*".

---

1. Nesse sentido, é a lição de Augusto Geraldo Teizen Júnior: "O surgimento do Estado Liberal está ligado à ascensão ao poder econômico e político da burguesia. Paradoxalmente, é na limitação do poder estatal ao mínimo necessário, que o liberalismo veio a se desenvolver no plano jurídico. A ideia de contrato social, de Rousseau, foi, no plano político, a implantação do ideário burguês que pressupunha a realização da individualidade por meio do contrato. Cabia ao Estado proteger e sancionar os direitos individuais de cada um. Sendo-lhe defeso interferir na livre iniciativa e no espírito de lucro, salvo quando esta atente contra a ordem pública. O Estado não devia interferir nas atividades dos indivíduos, devendo preocupar-se apenas em garantir-lhes o gozo de seus direitos". *A função social no Código Civil*. Revista dos Tribunais, 2004, p. 86.
2. Eliseu Jusefocivz: "Nesse contexto de oposição, as relações entre Direito Privado e Direito Público eram bem definidas. Ao Direito Privado cabia regular o âmbito dos direitos naturais e inatos dos indivíduos, por isso, segundo a fórmula kantiana, a sua fonte residia nos princípios da razão; enquanto o Direito Público era aquele que provinha do Estado, fruto da vontade do legislador, voltado para assegurar objetivos de interesse geral". *Contratos*: proteção contra cláusulas abusivas. Juruá, 2005, p. 34.
3. *Teoria do contrato: novos paradigmas*. Renovar, 2002, p. 25-26.

Vê-se, portanto, que tanto a liberdade como a igualdade eram vistas exclusivamente sob o ponto de vista *formal* (e não substancial), uma vez que a lei tinha por função apenas garantir a liberdade para contratar, por meio da presunção de que todos eram iguais e livres para celebrar seus pactos. Em suma, o Estado não se preocupava, àquela época, com a efetiva liberdade e igualdade dos indivíduos, nas relações jurídicas que encetavam; bastava-lhe apenas garantir a presunção legal de sua ocorrência.[4]

Essa realidade foi sintetizada, de maneira muito clara e objetiva, por Anna Carolina Resende e Azevedo.[5] Com efeito, referida autora nos ensina que, àquela época, "a liberdade era vista na sua concepção formal, isto é, a preocupação era em se garantir, por meio de lei, a simples liberdade de acordar, sem se aferir a sua aplicação na prática". Segue nos lembrando que "o mesmo ocorria com relação à igualdade, bastava a presunção de que todos eram iguais para que se tivesse como presente o princípio da igualdade".

À época do liberalismo clássico, as constituições não tinham por objeto disciplinar as relações jurídicas celebradas entre particulares. Em relação aos indivíduos, disciplinavam apenas os vínculos que eles mantinham com o Estado, quando este atuava com seu poder de império. As normas relativas às relações privadas, estas ficavam a cargo do Código Civil, fundamentado na liberdade e igualdade formais, dando suporte à autonomia da vontade, à propriedade privada e à liberdade contratual (os pilares do liberalismo econômico), e que, por tal razão, era tido como a "Constituição da vida privada".[6]

Como vimos em outras oportunidades, as constituições dos chamados Estados liberais tinham por objeto apenas as normas essenciais de regência do Estado, sobretudo aquelas que tratavam da sua estrutura, forma de Estado e de governo, regime político, modo de aquisição e exercício do poder. Em relação aos particulares, tratavam apenas dos direitos e garantias fundamentais de primeira geração (direitos individuais e políticos), para a proteção dos indivíduos contra eventuais arbitrariedades praticadas pelo Estado, no exercício do seu poder de império. Neste sentido, por exemplo, é a lição de Paulo Luiz Netto Lobo[7]:

> "as primeiras constituições, portanto, nada regularam sobre as relações privadas, cumprindo sua função de delimitação do Estado mínimo". Segue esclarecendo o autor que o papel do Estado, àquela época, limitava-se a "estabelecer as regras do jogo das liberdades privadas, no plano infraconstitucional, de sujeitos de direitos formalmente iguais, abstraídos de suas desigualdades reais".

André Ramos Tavares,[8] por sua vez, nos ensina que, no denominado Estado Liberal, "havia a concepção de que ao Estado cumpriria cuidar da ordem pública, proporcionando um aparato policial, defendendo as instituições (prestando Justiça) e protegendo-se contra agressões internacionais". Já o mercado, nas palavras do ilustre doutrinador, "deveria desenvolver-se livremente, isto é, sem a interferência do Estado, salvo para prestar a necessária segurança e para atuar naqueles setores nos quais não haveria interesse para a iniciativa privada".

---

4. Em termos semelhantes, Fernando Noronha afirma que, em razão da concepção formalista, meramente teórica, da igualdade e das liberdades básicas, os homens eram considerados livres e iguais em direitos, porém sem haver a preocupação, por parte do Estado, em proporcionar as condições concretas necessárias para o exercício daquelas liberdades. *O direito dos contratos e seus princípios fundamentais*: autonomia privada, boa-fé, justiça contratual. Saraiva, 1994, p. 64.
5. A evolução principiológica dos contratos. *Revista CEJ*, Brasília, n. 24, p. 62-66, jan./mar. 2004.
6. É o que nos afirma, por exemplo, Teresa Negreiros: "O paralelismo entre direito civil e direito constitucional fica representado pela existência de duas 'Constituições': ao lado da Constituição dirigida à disciplina da vida pública, o Código Civil era concebido como a 'Constituição da vida privada', baseada na propriedade e no contrato". *Op. cit.*, p. 49.
7. *Constitucionalização do direito civil*. Direito civil: atualidades. Del Rey, 2003, p. 201-202.
8. *Direito constitucional econômico*. Método, 2003, p. 50.

ESTADO LIBERAL

– As constituições dos Estados liberais tinham por objeto apenas as normas essenciais de regência do Estado, sobretudo aquelas que tratavam da sua estrutura, forma de Estado e de governo, regime político, modo de aquisição e exercício do poder.

– Em relação aos particulares, tratavam apenas dos direitos e garantias fundamentais de primeira geração (direitos individuais e políticos), para a proteção dos indivíduos contra eventuais arbitrariedades praticadas pelo Estado, no exercício do seu poder de império.

– As normas relativas às relações privadas, estas ficavam a cargo do Código Civil, fundamentado na liberdade e igualdade formais, dando suporte à autonomia da vontade, à propriedade privada e à liberdade contratual (os pilares do liberalismo econômico).

– Tanto a liberdade como a igualdade eram vistas exclusivamente sob o ponto de vista *formal* (e não substancial). O Estado não se preocupava, àquela época, com a efetiva liberdade e igualdade dos indivíduos, nas relações jurídicas que encetavam; bastava-lhe apenas garantir a presunção legal de sua ocorrência.

15.2 ESTADO SOCIAL

A despeito de seu importantíssimo papel na consagração do Estado moderno, regido por uma constituição, destinada inclusive a proteger o cidadão das arbitrariedades estatais, o modelo liberal clássico, ao invés de promover e distribuir a riqueza entre todos, acabou por acentuar as desigualdades socioeconômicas entre os habitantes de um determinado Estado, com forte concentração de renda na mão de poucos, permanecendo parcela expressiva da população sem acesso a um mínimo de condições que lhe permitissem viver com dignidade. Reforçam essa realidade as ponderações de Paulo Luiz Netto Lôbo:

> "Consumou-se o darwinismo jurídico, com a hegemonia dos economicamente mais fortes, sem qualquer espaço para a justiça social. Como a dura lição da história demonstrou, a codificação liberal e a ausência de constituição econômica serviram de instrumento de exploração dos mais fracos pelos mais fortes, gerando reações e conflitos que redundaram no advento do Estado Social"[9].

E assim, graças aos movimentos sociais do final do século XIX e da primeira metade do século XX, as constituições passaram a prever, de maneira progressiva e cada vez mais intensa, diversas hipóteses de intervenção estatal na vida privada. Ao invés de conter apenas regras de regência do Estado e de proteção dos indivíduos frente ao poder estatal, passaram a conter, igualmente, um conjunto de normas de ordem social e econômica, tanto para a redução das desigualdades sociais, como também para incentivar o desenvolvimento nacional.[10]

Com efeito, como vimos outrora, somadas às denominadas liberdades negativas, ou seja, ao conjunto de direitos conferidos aos cidadãos que os protegiam contra potenciais arbitrariedades do poder estatal, impedindo que este atuasse de maneira a inviabilizar a liberdade de propriedade, de contratação, de manifestação do pensamento etc., passaram a figurar nos textos constitucionais também as denominadas liberdades positivas, o conjunto de direitos que impunham ao Estado a prática de diversas ações, visando à obtenção da igualdade material entre os indivíduos.

---

9. *Op. cit.*, p. 202.
10. Em termos semelhantes são as palavras de Gustavo Tepedino: "A partir do longo processo de industrialização que tem curso na primeira metade do século XX, das doutrinas reivindicacionistas e dos movimentos sociais instigados pelas dificuldades econômicas, que realimentavam a intervenção do legislador, verifica-se a introdução, nas Cartas políticas e nas grandes Constituições do pós-guerra, de princípios e normas que estabelecem deveres sociais no desenvolvimento da atividade econômica privada. Assumem as Constituições compromissos a serem levados a cabo pelo legislador ordinário, demarcando os limites da autonomia privada, da propriedade e do controle de bens. A Constituição brasileira de 1946 é um bom exemplo desta tendência, expressa nitidamente na Constituição italiana de 1948". Premissas metodológicas para a constitucionalização do Direito Civil. *Temas de direito civil*. Renovar, p. 7.

Como nos esclarece Gustavo Tepedino,[11] com aquela nova realidade, passou a ser um dos objetivos da constituição evitar que a iniciativa econômica privada pudesse ser desenvolvida de maneira prejudicial à promoção da dignidade da pessoa humana e à justiça social. Menciona referido autor, ainda, que o legislador constituinte passou a rejeitar "que os espaços privados, como a família, a empresa e a propriedade, possam representar uma espécie de zona franca para a violação do projeto constitucional".

E como consequência disso, os ordenamentos jurídicos passaram a conter, na seara infraconstitucional, um número expressivo de normas de ordem pública, ou, em outras palavras, normas imperativas, que não podiam ser derrogadas pela vontade das partes, e que tinham por objetivo intervir nas relações jurídicas privadas, para que estas atendessem não só aos exclusivos interesses particulares das partes, mas também ao interesse coletivo, para a proteção dos economicamente mais fracos. Deu-se, a partir de então, o fenômeno conhecido como *publicização do direito privado*.

Matérias inteiras deixaram de ser regidas pelo Código Civil. Algumas delas, aliás, chegaram a se tornar disciplinas autônomas, como se deu, por exemplo, com o direito do trabalho e com o direito agrário. No caso do Brasil, ainda durante a vigência do revogado Código Civil de 1916, vimos serem editadas diversas leis extravagantes, com o objetivo de regular contratos com fortes efeitos sociais, como foi o caso da Lei 8.245, de 18 de outubro de 1991 (a Lei do Inquilinato) e da Lei 8.078, de 11 de setembro de 1990 (o Código de Defesa do Consumidor).

Ademais, além da edição crescente daquelas normas infraconstitucionais, dotadas de forte conteúdo intervencionista, tornou-se igualmente comum constar do próprio texto constitucional um grande conjunto de princípios e regras disciplinadoras especificamente das relações privadas. Passou a ser habitual, portanto, que as constituições passassem a conter normas de todos os ramos do direito civil: direito de família, direito das sucessões, direito das obrigações, direitos dos contratos e até mesmo direitos reais.[12]

Cessou, portanto, a antiga concepção que vislumbrava a existência de 2 (duas) constituições: o Código Civil, como a constituição da vida privada, e a Lei Maior, como a disciplinadora das relações entre o Estado e os seus habitantes. A constituição, portanto, passou a ser não só fonte de interpretação, mas também fonte normativa de todo o ordenamento jurídico, inclusive da atividade privada. É o que nos afirma, por exemplo, Gustavo Tepedino:

> "O Código Civil perde, assim, definitivamente, o seu papel de Constituição do direito privado. Os textos constitucionais, paulatinamente, definem princípios relacionados a temas antes reservados exclusivamente ao Código Civil e ao império da vontade: a função social da propriedade, os limites da atividade econômica, a organização da família, matérias típicas do direito privado, passam a integrar uma nova ordem pública constitucional".[13]

A partir dessa nova realidade, portanto, houve uma ampliação do campo de incidência do direito constitucional, o qual não mais ficou adstrito à regência exclusiva das relações jurídicas de direito público, passando a tutelar igualmente as relações de direito privado,

---

11. A constitucionalização do direito civil: perspectivas interpretativas diante do novo Código. In: *Direito civil*: atualidades. Del Rey, 2003, p. 118.
12. Nesses termos são as palavras de Teresa Negreiros: "As relações jurídicas de natureza civil, não importando a sua natureza específica – familiar, obrigacional, real ou sucessória –, passam a disciplinar-se não apenas pelas normas contidas ou derivadas do Código, mas, igualmente, por princípios e regras constitucionais. A hierarquia da normativa constitucional, desde há muito reconhecida sob o ponto de vista teórico, torna-se um objetivo a ser concretizado na prática". *Op. cit.*, p. 50.
13. *Premissas metodológicas para a constitucionalização do Direito Civil*. Temas de direito civil. Renovar, p. 7.

campo que outrora era reservado apenas ao Código Civil, que era tido, por esta razão, e como já mencionamos, como a "Constituição da vida privada".

A constituição dos Estados Democráticos Sociais de Direito tornou-se não só fonte de interpretação, como também fonte normativa, por meio de seus princípios e regras, de aplicação direta a todos os ramos do direito, inclusive das relações privadas. Passou a conter diversas normas de direito social, econômico e cultural, impondo ao Estado a prática de diversas prestações positivas, de modo a se tentar obter a igualdade material entre os indivíduos e o desenvolvimento nacional. Passou, ademais, a possuir em seu corpo um Capítulo (no caso brasileiro, um Título) com normas gerais de regência da atividade econômica, a que a doutrina costuma chamar de "constituição econômica".

ESTADO SOCIAL

– Além das regras de regência do Estado e de proteção dos indivíduos frente ao poder estatal, as constituições dos Estados sociais contêm, ainda, um conjunto de normas de ordem social e econômica, tanto para a redução das desigualdades sociais, como também para incentivar o desenvolvimento nacional.

– Passou a ser um dos objetivos da constituição evitar que a iniciativa econômica privada pudesse ser desenvolvida de maneira prejudicial à promoção da dignidade da pessoa humana e à justiça social.

– Houve, portanto, uma ampliação do campo de incidência do direito constitucional, o qual não mais ficou adstrito à regência exclusiva das relações jurídicas de direito público, passando a tutelar igualmente as relações de direito privado, campo que outrora era reservado apenas ao Código Civil.

– A constituição dos Estados Sociais de Direito é não apenas fonte de interpretação, como também fonte normativa, por meio de seus princípios e regras, de aplicação direta a todos os ramos do direito, inclusive das relações privadas.

15.3 ESTADO NEOLIBERAL (OU ESTADO SOCIAL LIBERAL)

Para vários doutrinadores, o modelo de Estado Social, caracterizado pela forte intervenção estatal na ordem econômica e social, viu-se obrigado a ceder espaço ao denominado Estado Neoliberal, em razão do crescente *déficit* orçamentário que o modelo de Estado Social costuma impor aos países que o adotam, fato que acabou por gerar a impossibilidade de estes entes estatais manterem os elevados gastos exigidos pelo modelo anterior. É o que afirma, por exemplo, Daniel Sarmento:

> "A partir das duas crises do petróleo na década de 70, instaura-se uma crise no Welfare State, que põe em xeque a lógica do dirigismo estatal. O Estado, que havia se expandido de modo desordenado, tornando-se obsoleto e burocrático, tinha dificuldades em assegurar, no mundo dos fatos, as promessas generosas contidas em sua Constituição. A explosão de demandas reprimidas tornara extremamente difícil a obtenção de recursos financeiros necessários ao seu atendimento. Por outro lado, o envelhecimento populacional gerava uma perigosa crise no financiamento da saúde e da previdência social – pilares fundamentais sobre os quais se esteara o Estado Social".[14]

Com essa nova realidade, os valores liberais e individualistas voltaram a ganhar força no cenário mundial. Os Estados fortemente intervencionistas, hipertrofiados e demasiadamente burocráticos, passaram a ser associados à ideia de ineficiência e corrupção. A partir de então, tem-se dado considerável força a normas supranacionais, aplicadas de maneira uniforme a toda a comunidade internacional, e ditadas exclusivamente pelas leis de mercado.[15]

---

14. Constituição e globalização: a crise dos paradigmas do direito constitucional. *Revista de Direito Administrativo*, Renovar, n. 215, p. 23-24, jan/mar. 1999.
15. A respeito desta nova realidade, valemo-nos, uma vez mais, das ponderações de Daniel Sarmento: "Com isso, surge um novo direito comum, que tende a ser universalizado entre os atores econômicos internacionais, produzido não pelo Estado ou por qualquer organização internacional, mas pelo próprio mercado, com base na lógica que lhe é inerente.

Revela-se, nesse quadro, a inequívoca influência do fenômeno da globalização sobre a Teoria do Estado. A globalização, em síntese, é um fenômeno social, econômico e político, que consiste na aproximação das distâncias geográficas, e na homogeneização das expectativas de consumo, de imaginários culturais e de práticas políticas, por disseminar, por meio da célere mídia eletrônica, os valores dos países ditos centrais.[16]

Especificamente na área política, a globalização deslocou as políticas públicas locais, decorrentes da soberania estatal, para palcos supranacionais de discussão e decisão. Os países periféricos, nesta nova realidade, acabam mantendo uma soberania apenas formal (com seu próprio judiciário, seu legislativo, seu poder de polícia interno). Não possuem meios, contudo, de exercer uma soberania material, já que alijados do processo decisório mundial, diante do caráter inexpressivo de suas economias e de seus exércitos.

Referido fenômeno, portanto, conforme diversos doutrinadores que enfrentaram este tema, teria resultado em uma inequívoca mitigação das soberanias nacionais e, na mesma esteira, da força normativa de suas constituições, o que aconteceria de maneira tanto mais intensa quanto fosse o caráter periférico de determinado país. Esta, por exemplo, é a síntese a que chega José Eduardo Faria, que vê, na globalização, o "esvaziamento da soberania e da autonomia dos Estados nacionais". Eis as suas palavras:

> "Por um lado, o Estado já não pode mais almejar regular a sociedade civil nacional por meio de seus instrumentos jurídicos tradicionais, dada a crescente redução de seu poder de intervenção, controle, direção e indução. Por outro lado, ele é obrigado a compartilhar sua soberania com outras forças que transcendem o nível nacional".[17]

Como nos lembra Gustavo Tepedino,[18] a partir dessa nova realidade, imposta pelo fenômeno da globalização, a força propulsora das cartas constitucionais teria entrado em crise, caindo por terra noções como soberania e federalismo. Lembra-nos, referido autor, de que "os princípios contidos nas leis especiais e nas Constituições são substituídos por normas uniformes supranacionais, ditadas pelas leis de mercado, e destinadas a restaurar a autonomia privada".

Graças àquele quadro acima descrito, segundo alguns autores, o modelo de Estado Social (*Welfare State*) entrou em crise, permitindo o surgimento do chamado Estado Neoliberal (ou, para alguns, Estado Social Liberal), que é aquele em que os valores liberais foram retomados, mesmo que de forma mais comedida que no liberalismo clássico, de modo a permitir a diminuição do tamanho do Estado, que passaria apenas a ter a função de regulação do mercado e de atuação na prestação de serviços públicos essenciais.[19]

Esta nova realidade é atemorizante, na medida em que o mercado não tem ética, pois objetiva a expansão do lucro, ainda que à custa do agravamento de problemas sociais e do desrespeito aos direitos humanos. Portanto, o direito estatal, fortemente ancorado na ética comunitária, vai sendo substituído por regras informais de conduta baseadas na exclusiva preocupação com a eficiência econômica." *Op. cit.*, p. 24.

16. Trata-se, nas palavras de Teresa Negreiros, do "processo de ampla integralização, não apenas financeira, mas igualmente midiática, que vem pondo abaixo as fronteiras territoriais, a despeito de uma simultânea fragmentação social e cultural". *Op. cit.*, p. 69.
17. Democracia e governabilidade: os direitos humanos à luz da globalização econômica. *In:* José Eduardo Faria (Org.). *Direito e globalização econômica, implicações e perspectivas*, Malheiros, 1996. p. 11.
18. Editorial: do sujeito de direito à pessoa humana. *Revista Trimestral de Direito Civil*, v. 2, Padma, p. V, abr./jun. 2000.
19. Na excelente lição de André Ramos Tavares, o Estado Neoliberal seria aquele fundado na "revalorização das forças do mercado, na defesa da desestatização e na busca de um Estado financeiramente mais eficiente, probo e equilibrado, reduzindo-se os encargos sociais criados no pós-guerra, ainda que sem afastar totalmente o Estado da prestação de serviços essenciais". *Direito constitucional econômico*. São Paulo: Método. 2003. p. 66.

15.4 PRINCÍPIOS GERAIS DA ATIVIDADE ECONÔMICA

A Constituição de 1988, em seu artigo 170, nos esclarece que a ordem econômica nacional é fundada na *valorização do trabalho humano* e na *livre iniciativa*. Ao defender expressamente a livre iniciativa, nossa ordem constitucional adotou, inequivocamente, uma economia de mercado, do tipo capitalista. A garantia da livre iniciativa, aliás, é reforçada pelo parágrafo único do supramencionado artigo 170, o qual assegura a todos o livre exercício de qualquer atividade econômica, independentemente de autorização de órgãos públicos, salvo nos casos previstos em lei.

Contudo, a despeito de abraçar uma economia do tipo capitalista, fundada na livre iniciativa, nossa ordem econômica também está fundada na valorização do trabalho humano, com o objetivo de assegurar, a todos, uma existência digna, conforme os ditames da justiça social. A harmonização dessa justiça social com a economia de mercado, nós a obteremos com a observância das normas fixadas no Título VII da Carta Magna, relativas à ordem econômica, notadamente dos princípios expressamente consagrados naquele artigo 170, do texto constitucional.

Nos expressos termos do supramencionado artigo 170, de nossa Lei Maior, a ordem econômica deverá observar os seguintes princípios: *soberania nacional; propriedade privada; função social da propriedade; livre concorrência; defesa do consumidor; defesa do meio ambiente; redução das desigualdades regionais e sociais; busca do pleno emprego; e tratamento favorecido às empresas de pequeno porte constituídas sob as leis brasileiras e que tenham sua sede e administração no País*. Trataremos, em seguida, de maneira um pouco mais detalhada, de cada um dos princípios ali consignados. Vejamos.

15.5 SOBERANIA NACIONAL

Além de ser um dos princípios da ordem econômica, a soberania também é considerada um dos fundamentos da República Federativa do Brasil, da qual, aliás, decorrem quase todos os princípios que regem as relações internacionais do Brasil, expressamente relacionados no artigo 4º da Lei Maior, tais como, por exemplo, o da independência nacional, da autodeterminação dos povos, da não intervenção, da igualdade entre os Estados, bem como o da cooperação entre os povos para o progresso da humanidade.

Soberania, em termos sintéticos, pode der definida como o poder do Estado dotado de *supremacia na ordem interna*, não podendo sofrer qualquer limitação por outros poderes daquele mesmo Estado, e de *independência na ordem externa*, não estando sujeito a imposições de quaisquer outros Estados estrangeiros ou organismos internacionais.

Como nos ensina Leo van Holthe,[20] a soberania "denota que o Estado brasileiro não está subjugado por nenhum outro poder, quer na ordem interna, quer na ordem internacional estando em situação de igualdade para com os outros Estados soberanos". Pedro Lenza,[21] por sua vez, lembra-nos de que a soberania, encarada como princípio da ordem econômica, "busca evitar a influência descontrolada de outros países em nossa economia", buscando-se, fundamentalmente, garantir a ideia de independência nacional.

Na mesma toada, Luiz Alberto David Araujo e Vidal Serrano Nunes Júnior[22] afirmam que a Constituição Federal vigente, ao adotar o princípio da soberania nacional como um

---

20. *Direito constitucional*. 6. ed. Juspodivm, 2010, p. 88.
21. *Direito constitucional esquematizado*. 14. ed. Saraiva, 2010, p. 985.
22. *Curso de direito constitucional*. 14. ed. Saraiva, 2010, p. 495.

dos princípios que regem a ordem econômica do País, pretende "que as decisões econômicas fundamentais sejam emitidas com base no interesse nacional, de maneira independente em relação a outros países e a organismos internacionais".

Assim, nos termos do artigo 170, inciso I, de nossa Carta Magna, a ordem econômica brasileira deverá garantir a soberania nacional. Mesmo se tratando de uma economia de natureza ainda periférica, deverá a ordem econômica nacional buscar a ruptura de sua dependência em relação aos centros capitalistas desenvolvidos. Quer isso dizer que a ordem econômica nacional não poderá desenvolver-se de modo a colocar em risco a soberania nacional em face dos múltiplos interesses internacionais.

SOBERANIA NACIONAL

– Além de ser um dos princípios da ordem econômica, a soberania também é considerada um dos fundamentos da República Federativa do Brasil, da qual, aliás, decorrem quase todos os princípios que regem as relações internacionais do Brasil.

– Soberania é poder do Estado dotado de *supremacia na ordem interna*, não podendo sofrer qualquer limitação por outros poderes daquele mesmo Estado, e de *independência na ordem externa*, não estando sujeito a imposições de quaisquer outros entes internacionais.

– A ordem econômica brasileira deverá garantir a soberania nacional, ou seja, não poderá desenvolver-se de modo a colocar em risco os interesses nacionais em face dos múltiplos interesses internacionais.

15.6 PROPRIEDADE PRIVADA

Como já mencionamos antes, a Constituição de 1988 consagrou expressamente a economia de mercado, do tipo capitalista, ao fundamentar a ordem econômica não só na valorização do trabalho humano, mas também na livre iniciativa. Dessa forma, nada mais normal que o texto constitucional fixe expressamente, como um dos princípios da ordem econômica, justamente o direito à *propriedade privada*, o qual, como sabemos, é um dos pilares do livre mercado, ao lado da livre iniciativa e da autonomia da vontade nas relações contratuais.

Aliás, tamanha é a importância do direito de propriedade pela ordem constitucional, que a Constituição de 1988 o relaciona não só entre os princípios da ordem econômica (artigo 170, inciso I), como também o inclui entre os direitos e garantias fundamentais (artigo 5º, inciso XXII). Como nos lembra Manoel Gonçalves Ferreira Filho,[23] ao garantir o direito de propriedade, nossa Carta Magna não se refere à propriedade apenas como um direito real, conforme disposto no Código Civil,[24] mas também como qualquer direito de conteúdo econômico, patrimonial, inclusive os direitos de crédito.

A proteção constitucional à propriedade é reforçada pelo artigo 5º, inciso XXIV, o qual exige que o Estado, como regra geral, indenize o proprietário, *previamente e em dinheiro*, caso desaproprie um bem deste último. Nos expressos termos do dispositivo constitucional em comento, "a lei estabelecerá o procedimento para desapropriação por necessidade ou utilidade pública, ou por interesse social,[25] mediante justa e prévia indenização em dinheiro, ressalvados os casos previstos nesta Constituição".

---

23. *Curso de direito constitucional*. 35. ed. São Paulo: Saraiva, 2009, p. 309.
24. Código Civil, artigo 1.228: "O proprietário tem a faculdade de usar, gozar e dispor da coisa, e o direito de reavê-la do poder de quem quer que injustamente a possua ou detenha".
25. As desapropriações por necessidade e utilidade pública são regulamentadas pelo Decreto-lei 3.365/1941, recepcionado pela Constituição de 1988. A desapropriação por interesse social, ao seu turno, encontra-se disciplinada pela Lei 4.132/1962.

Como vimos, as desapropriações geralmente deverão ser justa e previamente indenizadas, e em dinheiro. Entretanto, o próprio dispositivo constitucional (artigo 5°, XXIV) prevê a existência de exceções àquela regra. É o caso, por exemplo, da desapropriação por interesse social, para fins de reforma agrária, prevista no artigo 184, da Constituição Federal, e regulamentada pela Lei 8.629, de 25 de fevereiro de 1993, bem como pela Lei Complementar 76, de 6 de julho de 1993 (com alterações fixadas pela Lei Complementar 88/1996), cuja indenização será em títulos da dívida agrária, resgatáveis no prazo de até 20 (vinte) anos.

Na mesma toada, a Constituição Federal também prevê a desapropriação por interesse social, referente ao imóvel urbano não edificado, subutilizado ou não utilizado (artigo 182, § 4°, III), cuja indenização será em títulos da dívida pública, com prazo de resgate de até 10 (dez) anos. Existe uma hipótese, ademais, em que a perda da propriedade sequer será indenizada: trata-se do caso de expropriação de propriedade em que forem localizadas culturas ilegais de plantas psicotrópicas.[26]

O direito de propriedade volta a ser reforçado pelo artigo 5°, inciso XXVI, da Carta Magna, quando esta institui o denominado *bem de família*, na área rural, ao dispor que "a pequena propriedade rural, assim definida em lei, desde que trabalhada pela família, não será objeto de penhora para pagamento de débitos decorrentes de sua atividade produtiva, dispondo a lei sobre os meios de financiar o seu desenvolvimento".

Ainda sobre o direito de propriedade, é importante mencionar que a Constituição de 1988 também confere o caráter de direito fundamental à denominada *propriedade intelectual*, ou seja, ao conjunto de criações da mente humana, tanto em relação às obras literárias, artísticas ou científicas, quanto no tocante às criações destinadas à aplicação industrial, tais como invenções, modelos de utilidade, marcas etc. Na primeira categoria, temos os conhecidos *direitos de autor*, ao passo que, na segunda, aquilo que se convencionou chamar de *propriedade industrial*.

Os direitos de autor foram tratados pelo artigo 5°, inciso XXVII, da Constituição Federal. Nos expressos termos daquele dispositivo constitucional, "aos autores pertence o direito exclusivo de utilização, publicação ou reprodução de suas obras, transmissível aos herdeiros pelo tempo que a lei fixar". Destinada, como vimos, a proteger os autores de obras literárias, artísticas ou científicas, a norma constitucional em referência encontra-se atualmente regulamentada pela Lei 9.610, de 19 de fevereiro de 1998.

PROPRIEDADE PRIVADA

– Tendo em vista que a Constituição de 1988 consagrou expressamente a economia de mercado, do tipo capitalista, nada mais normal que o texto constitucional fixe expressamente, como um dos princípios da ordem econômica, justamente o direito à propriedade privada.

– Aliás, tamanha é a importância do direito de propriedade pela ordem constitucional, que nossa Lei Maior reconhece expressamente o direito de propriedade, não só o relacionando entre as garantias fundamentais, como também o incluindo entre os princípios da ordem econômica.

– A Constituição Federal também confere o caráter de direito fundamental à denominada *propriedade intelectual*, ou seja, ao conjunto de criações da mente humana, tanto em relação às obras literárias, artísticas ou científicas, quanto no tocante às criações destinadas à aplicação industrial.

---

26. Constituição Federal, artigo 243: "As glebas de qualquer região do País onde forem localizadas culturas ilegais de plantas psicotrópicas serão imediatamente expropriadas e especificamente destinadas ao assentamento de colonos, para o cultivo de produtos alimentícios e medicamentosos, sem qualquer indenização ao proprietário e sem prejuízo de outras sanções previstas em lei".

15.7 FUNÇÃO SOCIAL DA PROPRIEDADE

O direito de propriedade, como corolário da economia de mercado consagrada pelo Texto Magno, não pode, contudo, ser exercido arbitrariamente pelo seu titular. Com efeito, tendo por escopo alcançar a justiça social (fim expressamente buscado pela Constituição Federal), aquele direito deverá atender à sua função social. Quer isso dizer, em outras palavras, que *o direito de propriedade não é absoluto*.

De fato, o texto constitucional também determina que a propriedade atenda a sua função social (artigo 5º, inciso XXIII, e artigo 170, inciso III). A Constituição de 1988, é importante ressaltar, foi a primeira Lei Fundamental do Brasil a tratar expressamente da chamada *função social da propriedade*. Já o primeiro diploma infraconstitucional a tratar do assunto foi a Lei 4.504, de 30 de novembro de 1964, que dispõe sobre o famoso Estatuto da Terra.[27]

A *função social da propriedade* refere-se ao dever, imposto ao titular do direito de propriedade, de utilizá-lo de maneira que interesse ao bem comum, na forma especificada tanto pela Constituição Federal como pelas leis infraconstitucionais. É possível afirmar-se que a ideia da função social da propriedade surgiu do confronto entre a doutrina liberal (que preconizava o caráter exclusivo, absoluto e perpétuo da propriedade) e a marxista (que defendia o fim da propriedade privada), correspondendo, portanto, a um meio-termo entre elas.

Além de determinar, no supramencionado artigo 5º, inciso XXIII, que a propriedade deverá atender à sua função social, a Constituição de 1988 fornece, em seu artigo 186, os requisitos necessários para que a propriedade rural atenda àquela função. São eles: aproveitamento racional e adequado; utilização adequada dos recursos naturais disponíveis e preservação do meio ambiente; observância das disposições que regulam as relações de trabalho; e exploração que favoreça o bem-estar dos proprietários e dos trabalhadores.

Já no tocante à propriedade urbana, o artigo 182, § 2º, de nossa Lei Maior dispõe que a propriedade urbana cumpre sua função social quando atende às exigências fundamentais de ordenação da cidade, expressas no chamado Plano Diretor. Portanto, ao contrário do que fez em relação aos imóveis rurais, a Constituição de 1988 não explicita os requisitos necessários para que o imóvel urbano cumpra sua função social.

Quem o faz é a Lei 10.257, de 10 de julho de 2001 (conhecida como Estatuto da Cidade), que esclarece, em seu artigo 39, que a função social da propriedade urbana será observada quando assegurar o atendimento das necessidades dos cidadãos quanto à qualidade de vida, à justiça social e ao desenvolvimento das atividades econômicas, sempre com a observância das diretrizes fixadas pelo Plano Diretor, uma lei aprovada pela Câmara Municipal, e obrigatória para cidades com mais de 20.000 (vinte mil) habitantes.

Ao exigir que a propriedade cumpra sua função social, nossa Lei Maior acaba por conferir inequívoco fundamento constitucional para as diversas hipóteses de restrições à propriedade previstas na seara do Direito Administrativo, tais como as limitações administrativas, as ocupações temporárias, as requisições administrativas, as servidões administrativas, o tombamento e as já mencionadas desapropriações.

---

27. Lei 4.504/1964, artigo 2º: "É assegurada a todos a oportunidade de acesso à propriedade da terra, condicionada pela sua função social, na forma prevista nesta Lei. § 1º A propriedade da terra desempenha integralmente a sua função social quando, simultaneamente: a) favorece o bem-estar dos proprietários e dos trabalhadores que nela labutam, assim como de suas famílias; b) mantém níveis satisfatórios de produtividade; c) assegura a conservação dos recursos naturais; d) observa as disposições legais que regulam as justas relações de trabalho entre os que a possuem e a cultivem".

No tocante especificamente ao instituto da requisição administrativa, este conta, inclusive, com expressa previsão no texto constitucional, cujo artigo 5º, inciso XXV, dispõe que, "no caso de iminente perigo público, a autoridade competente poderá usar de propriedade particular, assegurada ao proprietário indenização ulterior, se houver dano". A Constituição de 1988, como vimos, chega mesmo a prever uma hipótese de confisco (expropriação, sem direito à indenização), no caso de glebas em que forem encontradas culturas ilegais de plantas psicotrópicas (artigo 243).

Para encerrarmos esta seção, não podemos deixar de mencionar que a exigência do cumprimento da função social da propriedade também é o fundamento constitucional para o(a) denominado(a) usucapião,[28] permitindo que a propriedade seja adquirida por outrem, independentemente da vontade do antigo titular do domínio, em razão da inércia deste último em exercê-la, por certo período de tempo. A própria Constituição prevê expressamente 2 (duas) espécies dessa modalidade de prescrição aquisitiva: o(a) denominado(a) usucapião constitucional urbano(a) (artigo 183)[29] e o(a) usucapião constitucional rural (artigo 191).[30]

FUNÇÃO SOCIAL DA PROPRIEDADE

– Tendo por objetivo alcançar a justiça social (fim expressamente buscado pela Constituição Federal), o direito de propriedade não pode ser exercido arbitrariamente pelo seu titular, devendo este atender a sua função social.

– A função social da propriedade refere-se ao dever, imposto ao titular do direito de propriedade, de utilizá-lo de maneira que interesse ao bem comum, na forma especificada tanto pela Constituição Federal como pelas leis infraconstitucionais.

– Ao exigir que a propriedade cumpra sua função social, nossa Lei Maior acaba por conferir inequívoco fundamento constitucional para as diversas hipóteses de restrições à propriedade previstas na seara do Direito Administrativo.

15.8 LIVRE CONCORRÊNCIA

Além de a livre concorrência constar como um dos princípios da ordem econômica, o que é natural e mesmo esperado, uma vez que a Constituição de 1988 consagrou a livre iniciativa como um dos fundamentos de sua ordem econômica,[31] o Texto Magno também determina, em seu artigo 173, § 4º, que a lei reprima o abuso do poder econômico que vise à dominação dos mercados, à eliminação da concorrência e ao aumento arbitrário dos lucros.

Vê-se, portanto, que a Constituição Federal não combate o poder econômico em si mesmo, uma vez que a economia capitalista dele depende. Apenas o faz, é importante que se diga, quando tal poder for abusivo, visando à dominação do mercado, à eliminação da concorrência e ao aumento arbitrário dos lucros.

Para regulamentar esse dispositivo constitucional, inicialmente foi editada a Lei 8.884, de 11 de junho de 1994 (a denominada Lei Antitruste), que, dentre outras coisas, conferiu

---

28. Não há unanimidade, entre os operadores do Direito, sobre o gênero da palavra *usucapião*. Com efeito, alguns defendem que se trata de uma palavra masculina (o usucapião). Outros, por sua vez, preferem considerá-la uma palavra feminina (a usucapião). Há, ainda, quem defenda que ambas as grafias estão corretas (o usucapião e a usucapião).
29. Constituição Federal, artigo 283: "Aquele que possuir como sua área de até duzentos e cinquenta metros quadrados, por cinco anos, ininterruptamente e sem oposição, utilizando-a para sua moradia ou de sua família, adquirir-lhe-á o domínio, desde que não seja proprietário de outro imóvel urbano ou rural".
30. Constituição Federal, artigo 191: "Aquele que, não sendo proprietário de imóvel rural ou urbano, possua como seu, por cinco anos ininterruptos, sem oposição, área de terra, em zona rural, não superior a cinquenta hectares, tornando-a produtiva por seu trabalho ou de sua família, tendo nela sua moradia, adquirir-lhe-á a propriedade".
31. Como ressalta a doutrina, a livre concorrência nada mais é que um desdobramento necessário da livre iniciativa. Nestes termos, por exemplo, é a lição de Luiz Alberto David Araujo e Vidal Serrano Nunes Júnior. *Op. cit.*, p. 498. Também é o que nos ensina Pedro Lenza. *Op. cit.*, p. 986.

ao Conselho Administrativo de Direito Econômico (CADE) a função de entidade de controle do mercado, fixou as práticas que implicam dominação dos mercados, eliminação da concorrência e aumento arbitrário dos lucros, e que também fixou as punições correlatas.

Posteriormente, contudo, aquele diploma legal foi revogado pela Lei 12.529, de 30 de novembro de 2011, a qual deu estrutura ao denominado "Sistema Brasileiro de Defesa da Concorrência (SBDC)" e também dispôs sobre a prevenção e a repressão às infrações contra a ordem econômica, orientada pelos ditames constitucionais de liberdade de iniciativa, livre concorrência, função social da propriedade, defesa dos consumidores e repressão ao abuso do poder econômico (artigo 1º).

O Conselho Administrativo de Defesa Econômica (CADE) foi mantido por esta nova lei. Com efeito, nos termos do artigo 4º da Lei 12.529/2011, o CADE é entidade judicante com jurisdição em todo o território nacional, que se constitui em autarquia federal, vinculada ao Ministério da Justiça, com sede e foro no Distrito Federal. Juntamente com a Secretaria de Acompanhamento Econômico do Ministério da Fazenda, forma o Sistema Brasileiro de Defesa da Concorrência (SBDC).

Em conclusão, podemos afirmar que, ao consagrar expressamente tanto a livre iniciativa como também a livre concorrência, a ordem constitucional vigente adota, inequivocamente, uma economia de mercado, do tipo capitalista. A garantia da livre iniciativa, aliás, é reforçada pelo parágrafo único, do supramencionado artigo 170, o qual assegura a todos o livre exercício de qualquer atividade econômica, independentemente de autorização de órgãos públicos, salvo nos casos previstos em lei.

LIVRE CONCORRÊNCIA

– Além de constar como um dos princípios da ordem econômica, a Constituição Federal também determina que a lei reprima o abuso do poder econômico que vise à dominação dos mercados, à eliminação da concorrência e ao aumento arbitrário dos lucros (Constituição Federal, art. 173, § 4º).

– Vê-se, portanto, que a Lei Maior não combate o poder econômico em si mesmo, uma vez que a economia capitalista dele depende. Apenas o faz quando tal poder for abusivo, visando à dominação do mercado, à eliminação da concorrência e ao aumento arbitrário dos lucros.

15.9 DEFESA DO CONSUMIDOR

Além de constar como um dos princípios gerais da atividade econômica, a Constituição Federal também consagra a defesa do consumidor como um dos direitos fundamentais da pessoa, ao dispor, em seu artigo 5º, inciso XXXII, que "o Estado promoverá, na forma da lei, a defesa do consumidor". Vê-se, portanto, que a Carta Magna, mais que permitir, exige que o Estado tome todas as medidas necessárias à garantia da *defesa do consumidor*, diante do inequívoco avanço da economia de escala e da concentração econômica nas mãos dos empresários, fato que favorece toda sorte de práticas abusivas contra o consumidor, o lado mais fraco da relação jurídica consumerista.

Para que uma relação jurídica possa ser considerada de consumo, e, portanto, sujeita aos princípios e às regras disciplinados pelo Código de Defesa do Consumidor (CDC), é imprescindível que ela tenha por sujeitos (elemento subjetivo) as figuras do *consumidor* e do *fornecedor*, e por objeto (elemento objetivo) o fornecimento de *produto* ou *serviço*. Necessita, ainda, conforme ressaltam os doutrinadores, do elemento teleológico (finalístico), o qual impõe que o consumidor adquira ou utilize o produto ou serviço apenas como seu destinatário final.

Em que pese dizer-se desaconselhável que uma lei contenha definições (*omnia definitio periculosa est*), a verdade é que o Código de Defesa do Consumidor considerou oportuno definir tanto os sujeitos (elemento subjetivo) como o objeto (elemento objetivo) da relação jurídica de consumo. Segundo José Geraldo Brito Filomeno, as definições constantes do Código são essenciais, e têm razões didáticas.[32]

A definição de consumidor, nós podemos encontrá-la no artigo 2º, daquele Código. Nos termos do dispositivo legal em comento, "consumidor é toda pessoa física ou jurídica que adquire ou utiliza produto ou serviço como destinatário final". Vê-se, portanto, que a nossa Lei Consumerista, de maneira semelhante a outras legislações estrangeiras mais recentes,[33] preferiu incluir entre os consumidores não somente as pessoas naturais, como também as pessoas jurídicas.

A definição de consumidor, muito provavelmente, é o tema mais polêmico de todo o direito do consumidor. E essa realidade, que, aliás, não é uma particularidade do direito brasileiro, deu origem a uma séria divergência doutrinária e jurisprudencial acerca da interpretação daquele artigo 2º do Código de Defesa do Consumidor. Tal divergência exterioriza-se em 2 (duas) correntes. São elas: a corrente *subjetivista* (também denominada *finalista* ou *minimalista*) e a *objetivista* (também conhecida por corrente *maximalista*).

A doutrina *subjetivista* procura dar uma interpretação mais restritiva àquele dispositivo legal (daí também ser chamada de corrente minimalista), para que a lei seja destinada à tutela apenas dos efetivamente vulneráveis, conforme disposto no artigo 4º, inciso I, do Código de Defesa do Consumidor. E, nos termos dessa corrente, vulnerável é tão somente aquele que retira *definitivamente* o produto ou o serviço do mercado de consumo, não podendo utilizá-lo, de maneira alguma, nem mesmo indiretamente, em qualquer outra atividade econômica, civil ou empresarial (daí a expressão "finalista").

Para os finalistas, a aquisição ou a utilização de produto ou serviço para o desempenho de atividade econômica (empresarial ou mesmo civil) descaracterizam sua destinação final e, portanto, afastam a existência de uma relação de consumo. Dessa forma, caso o adquirente revenda o produto ou serviço a outros consumidores, ou mesmo simplesmente o incorpore à sua atividade econômica, não poderá ser considerado consumidor, uma vez que referido produto ou serviço, mesmo que de maneira indireta, acabará permanecendo inserido na cadeia produtiva.[34]

Também no que se refere à pessoa jurídica, a corrente *minimalista* exige, para que aquela possa ser considerada como consumidora, que o produto ou o serviço adquirido ou utilizado não guarde qualquer relação, mesmo que indireta, com a atividade econômica por ela desenvolvida. Mas não é só: exige, ainda, que a pessoa jurídica comprove sua vulnerabilidade em face do fornecedor. Por outro lado, caso não tenha fim de lucro (caso de associações, fundações e entidades religiosas, por exemplo), a pessoa jurídica será sempre considerada consumidora.

A doutrina *objetivista*, por sua vez, concede ao supramencionado artigo 2º, do Código de Defesa do Consumidor uma interpretação extensiva (por isso também chamada de *ma-*

---

32. *Op. cit.*, p. 17.
33. Caso, por exemplo, da Lei 1.334/1998, artigo 4º, do Paraguai; e Lei 4.898/95, artigo 2º, da Venezuela.
34. Sobre a descaracterização da relação de consumo, para os finalistas, mesmo quando o produto ou serviço é apenas incorporado ao estabelecimento empresarial, trazemos à baila oportuna lição de Roberta Densa: "Assim, por exemplo, os móveis e os utensílios que compõem o estabelecimento ou os programas de computador utilizados em um escritório não caracterizam a destinação ou fruição final do bem, uma vez que, direta ou indiretamente, ingressam na atividade econômica, caracterizando a sua utilização como instrumento do ciclo produtivo de outros bens ou serviços." *Direito do consumidor*. 7. ed. Atlas, p. 11.

ximalista), considerando como consumidor todo aquele que adquirir produto ou serviço, na condição de destinatário final. Essa corrente vale-se, portanto, exclusivamente de um critério objetivo (a retirada do produto ou serviço do mercado de consumo) para definição de consumidor, sem perquirir se o adquirente é profissional ou não.

Para a corrente *maximalista*, portanto, serão consumidores todas as pessoas naturais – e também jurídicas – que, objetivamente, independentemente de terem ou não fim de lucro, retirarem do mercado de consumo o produto ou serviço. Somente deixarão de ser considerados consumidores quando o produto ou serviço participar *diretamente* do processo produtivo, quando se tratar de matéria-prima necessária ao desenvolvimento da atividade produtiva.

Encerrados esses brevíssimos comentários à figura do consumidor, passaremos a uma rápida análise da definição de fornecedor. Nos termos do artigo 3º, *caput*, do Código de Defesa do Consumidor, fornecedor "é toda pessoa física ou jurídica, pública ou privada, nacional ou estrangeira, bem como os entes despersonalizados, que desenvolvem atividades de produção, montagem, criação, construção, transformação, importação, exportação, distribuição ou comercialização de produtos ou prestação de serviços".

O Código de Defesa do Consumidor, como se pode notar, utilizou-se da expressão genérica *fornecedor* para se referir a todas as pessoas, naturais ou jurídicas, e mesmo entes despersonalizados, que ofereçam, no mercado de consumo, os produtos e os serviços contratados pelos consumidores. Na definição de fornecedor, portanto, preferiu o Código descrever as atividades por ele exercidas, sem, contudo, especificar as diversas espécies de fornecedores, como o fez em outros dispositivos da lei.

Já em alguns artigos específicos, o Código de Defesa do Consumidor tratou especialmente de algumas espécies de fornecedor. É o caso, por exemplo, do artigo 12, que trata do fabricante, do produtor, do construtor e do importador; do artigo 13, que dispõe sobre o comerciante; e do artigo 14, § 4º, que trata do profissional liberal. Nesses dispositivos, optou-se pela especificação dos fornecedores não só para definir o tipo de responsabilidade a que estão sujeitos, no caso de danos causados aos consumidores, como também para permitir a responsabilização regressiva dos demais fornecedores que atuaram na cadeia produtiva.

A generalidade dos doutrinadores costuma apontar, como um dos traços indispensáveis à caracterização do fornecedor, a *habitualidade* na oferta de produtos ou serviços. Não poderá ser considerado fornecedor, por exemplo, uma pessoa jurídica que tem por objeto social a fabricação de calçados e que, por pretender renovar o mobiliário do escritório da fábrica, acaba vendendo seus antigos móveis a particulares. Nesse caso, não poderá ser tida por fornecedora dos produtos vendidos, uma vez que a habitualidade está na fabricação de calçados e não na venda de móveis. Como consequência disso, referida venda será regulada pelo Código Civil e não pelo Código de Defesa do Consumidor.

Outro traço indispensável à caracterização do fornecedor é a *onerosidade* da atividade por ele exercida, no mercado de consumo. Com efeito, em que pese poderem ser considerados como fornecedores até mesmo as associações civis, sem fins lucrativos, bem como as entidades filantrópicas,[35] é indispensável, para que estas estejam sujeitas às regras do Código de Defesa do Consumidor, que as atividades por elas desenvolvidas sejam, além de habituais, também onerosas.

---

35. Nesses termos é a lição de Roberta Densa: "No que tange a sociedades civis sem fins lucrativos, de caráter beneficente e filantrópico, estas também podem ser consideradas fornecedoras quando, por exemplo, prestam serviços médicos, hospitalares, odontológicos e jurídicos a seus associados". *Op. cit.*, p. 16.

Nos termos do supramencionado artigo 3°, *caput*, do Código de Proteção e Defesa do Consumidor, podem ser fornecedores tanto as pessoas naturais, ou seja, aquelas que exercem atividades civis ou empresariais, a título singular, como também as pessoas jurídicas, públicas ou privadas, nacionais ou estrangeiras. A nosso entender, as pessoas públicas compreendem não só o Estado, ou seja, as entidades da Administração direta e indireta (autarquias, fundações públicas, empresas públicas e sociedades de economia mista) que exerçam, em caráter habitual e mediante remuneração, atividades de produção ou prestação de serviços públicos, como também as pessoas jurídicas privadas que prestem serviços públicos por delegação.[36]

Conforme artigo 3° do Código do Consumidor, são também fornecedores os *entes despersonalizados*. Trata-se daqueles que, mesmo sem personalidade jurídica, efetivamente exercem atividades de produção de bens ou fornecimentos de serviços, tanto no âmbito civil como no empresarial. Podemos citar, como exemplo de ente despersonalizado sujeito às regras do Código de Defesa do Consumidor, determinada massa falida que, por força de autorização judicial, continua oferecendo seus bens no mercado de consumo, até ultimação do processo de quebra.

Terminados esses breves comentários sobre o elemento subjetivo da relação de consumo, ou seja, sobre as partes que a compõem (consumidor e fornecedor), assaremos a tratar, brevemente, do elemento objetivo daquela espécie de relação jurídica, ou, em outras palavras, do objeto sobre o qual recai uma típica relação de consumo, e que, conforme disposto no Código de Defesa do Consumidor, poderá ser um *produto* ou um *serviço*.

Com efeito, consoante artigo 3°, § 1°, da Lei de Proteção do Consumidor, "produto é qualquer bem, móvel ou imóvel, material ou imaterial". Da simples leitura deste dispositivo legal, percebe-se facilmente que o Código, ao definir produto como qualquer bem, optou por tratar referidas expressões como sinônimas, desprezando o fato de que a primeira é muito menos abrangente que a segunda. Dessa forma, levando em conta a clara intenção do Código de Defesa do Consumidor de conceder ao termo *produto* a maior abrangência possível, podemos defini-lo, ao menos no tocante às relações de consumo, como todo e qualquer bem, corpóreo ou incorpóreo, que possua valor econômico, seja suscetível de apropriação, e que satisfaça a alguma necessidade do consumidor.

A definição de serviço, por sua vez, está consignada no § 2°, do mesmo artigo 3°, do Código de Defesa do Consumidor. Eis os seus termos: "serviço é qualquer atividade fornecida no mercado de consumo, mediante remuneração, inclusive as de natureza bancária, financeira, de crédito e securitária, salvo as decorrentes das relações de caráter trabalhista".

No tocante à expressão *mediante remuneração*, constante do dispositivo em análise, é importante ressaltar que ela não se limita à prestação pecuniária direta. Mais que isso, deve compreender também a remuneração indireta, ou seja, a que se dá naquelas hipóteses em que, mesmo havendo alegada gratuidade do produto ou serviço oferecido, o custo deste acaba sendo embutido em outros pagamentos efetuados pelo consumidor.

Os serviços públicos prestados em decorrência de relação tributária (taxas de serviço e contribuição de melhoria), afastam a caracterização de uma relação de consumo. Para que se possa falar em uma típica relação desta natureza (de consumo), é imperioso que se trate de serviços não compulsórios, instituídos por meio de tarifa ou preço público. Não se

---

36. Este, por exemplo, é o entendimento de José Geraldo Filomeno: "Fala ainda o art. 3° do Código de Proteção ao Consumidor que o fornecedor pode ser *público* ou *privado*, entendendo-se no primeiro caso o próprio Poder Público, por si ou então por suas empresas públicas que desenvolvam atividade de produção, ou ainda as concessionárias de serviços públicos, sobrelevando-se salientar nesse aspecto que um dos direitos dos consumidores expressamente consagrados pelo art. 6°, mais precisamente em seu inc. X, é a adequada e eficaz prestação dos serviços públicos." *Op.* cit., p. 43.

há de confundir, por outro lado, referidos tributos com as '*tarifas*', estas, sim, inseridas no contexto dos '*serviços*' ou, mais particularmente, '*preço público*', pelos '*serviços*' prestados diretamente pela iniciativa privada".

Também estão afastados, por força de expressa previsão legal, os serviços decorrentes de "relações de caráter trabalhista". A esta expressão deveremos emprestar o sentido mais amplo possível, para compreender não só as relações de emprego (em que há vínculo empregatício), como todas as demais relações de trabalho em que exista prestação pessoal de serviços (por pessoa física), mediante remuneração. É o caso, por exemplo, dos trabalhadores avulsos e dos autônomos (estes, sem subordinação jurídica ao seu patrão).

Por outro lado, já não pode mais haver controvérsia acerca da natureza de consumo da relação jurídica celebrada entre as instituições financeiras e seus clientes. Com efeito, referidas instituições vinham sustentando, reiteradamente, que o supramencionado artigo 3º, § 2º, do Código de Defesa do Consumidor, seria inconstitucional na parte que incluiu, no conceito de serviços abrangidos pelas relações de consumo, as atividades de natureza bancária, financeira, de crédito e securitária.

Asseveravam que, por força do artigo 192, da Constituição Federal, que dispõe que o sistema financeiro nacional deve ser regulado por lei complementar, os serviços por ela desempenhados (de natureza bancária, financeira, de crédito e securitária) não poderiam ser submetidos às regras protetoras do Código de Defesa do Consumidor, mas apenas às normas da Lei 4.595, de 31 de dezembro de 1964 (a qual, mesmo se tratando de uma lei ordinária, foi recepcionada pela Constituição e, atualmente, regulamenta o sistema financeiro).

Esse tema provocou considerável controvérsia jurisprudencial, muito embora predominando o entendimento no sentido de que aquelas atividades eram sim reguladas pelo Código Consumerista, no que dizia respeito às relações travadas entre tais instituições e seus clientes. Neste sentido, aliás, foi o entendimento do Superior Tribunal de Justiça, conforme restou disposto em sua Súmula 297, nos seguintes termos: "O Código de Defesa do Consumidor é aplicável às instituições financeiras".

Essa controvérsia acabou chegando ao Supremo Tribunal Federal, por força de Ação Direta de Inconstitucionalidade 2591/DF, proposta em 2002, pela Confederação Nacional das Instituições Financeiras (CONSIF). E, por 9 (nove) votos a 2 (dois), a Corte Suprema julgou improcedente referida ação, restando inequívoco, portanto, que o Código de Defesa do Consumidor efetivamente deve ser aplicado às relações jurídicas celebradas entre as instituições financeiras e seus clientes. Para maiores detalhes, vide ADI 2591/DF, tribunal pleno, relator ministro Carlos Velloso, j. 07.06.2006, DJ 29.09.2006.

DEFESA DO CONSUMIDOR

– Além de constar como um dos princípios gerais da atividade econômica, a Constituição Federal também consagra a defesa do consumidor como um dos direitos fundamentais da pessoa, ao dispor que "o Estado promoverá, na forma da lei, a defesa do consumidor" (Constituição Federal, artigo 5º, inciso XXXII).

– Vê-se, portanto, que a Carta Magna, mais que permitir, exige que o Estado tome todas as medidas necessárias à garantia da defesa do consumidor, diante do inequívoco avanço da economia de escala e da concentração econômica nas mãos dos empresários, fato que favorece toda sorte de práticas abusivas contra o consumidor, o lado mais fraco da relação jurídica consumerista.

– Para que uma relação jurídica possa ser considerada de consumo, é imprescindível que a mesma tenha por sujeitos (elemento subjetivo) as figuras do *consumidor* e do *fornecedor*, e por objeto (elemento objetivo) o fornecimento de *produto* ou *serviço*. Necessita, ainda, do elemento teleológico (elemento finalístico), o qual impõe que o consumidor adquira ou utilize o produto ou serviço apenas como seu destinatário final.

15.10 DEFESA DO MEIO AMBIENTE

A Constituição Federal também consagrou a *defesa do meio ambiente* como um dos princípios gerais da ordem econômica. Essa medida tem por escopo, de maneira inequívoca, condicionar a atividade produtiva ao respeito pelo meio ambiente, possibilitando que o Estado intervenha, sempre que necessário, para que a exploração econômica não o deteriore.

Nossa Lei Magna, em seu artigo 225, dispõe que "todos têm direito ao meio ambiente ecologicamente equilibrado, bem de uso comum do povo e essencial à sadia qualidade de vida, impondo-se ao Poder Público e à coletividade o dever de defendê-lo e preservá-lo para as presentes e futuras gerações".

Ainda nos termos daquele dispositivo constitucional, para assegurar a efetividade daquele direito ao meio ambiente ecologicamente equilibrado, diversas incumbências são impostas ao Estado, a saber: preservar e restaurar os processos ecológicos essenciais e prover o manejo ecológico das espécies e ecossistemas; preservar a diversidade e a integridade do patrimônio genético do País e fiscalizar as entidades dedicadas à pesquisa e manipulação de material genético.

Na mesma toada: definir, em todas as unidades da Federação, espaços territoriais e seus componentes a serem especialmente protegidos, sendo a alteração e a supressão permitidas somente através de lei, vedada qualquer utilização que comprometa a integridade dos atributos que justifiquem sua proteção; exigir, na forma da lei, para instalação de obra ou atividade potencialmente causadora de significativa degradação do meio ambiente, estudo prévio de impacto ambiental, a que se dará publicidade.

Da mesma forma: controlar a produção, a comercialização e o emprego de técnicas, métodos e substâncias que comportem risco para a vida, a qualidade de vida e o meio ambiente; promover a educação ambiental em todos os níveis de ensino e a conscientização pública para a preservação do meio ambiente; e, finalmente, proteger a fauna e a flora, vedadas, na forma da lei, as práticas que coloquem em risco sua função ecológica, provoquem a extinção de espécies ou submetam os animais a crueldade.

O conceito de meio ambiente, devemos mencionar, nos é dado pelo artigo 3º, da Lei 6.983, de 31 de agosto de 1981 (a denominada Lei da Política Nacional do Meio Ambiente, recepcionada pela Carta Magna), que o define como "o conjunto de condições, leis, influências e interações de ordem física, química e biológica, que permite, abriga e rege a vida em todas as suas formas".

O meio ambiente é costumeiramente dividido em 4 (quatro) subespécies: meio ambiente natural, meio ambiente artificial, meio ambiente cultural e meio ambiente do trabalho. O *meio ambiente natural* refere-se ao ar, solo, água, fauna e flora, indispensáveis à subsistência do homem, e que por este não foram criados. Já o *meio ambiente artificial*, este é relativo a tudo que foi erigido pelo ser humano, que constitui obra deste.

O *meio ambiente cultural*, na definição de José Afonso da Silva,[37] "é integrado pelo patrimônio histórico, artístico, arqueológico, paisagístico, turístico, que embora artificial, em regra, como obra do homem, difere do anterior (que também é cultural) pelo sentido de valor especial". O meio ambiente do trabalho, por fim, refere-se ao local em que o ser humano exerce seu labor, seja profissionalmente ou não, e, conforme lição de Celso Anto-

---

37. *Direito constitucional ambiental*. 9. ed. Malheiros, 2011. p. 3.

nio Pacheco Fiorillo,[38] "deve ser salubre, sem agentes que comprometam a incolumidade físico-psíquica dos trabalhadores"[39].

O ordenamento jurídico pátrio prevê 2 (duas) ações que têm, entre seus objetivos, justamente a defesa do meio ambiente: a ação popular e a ação civil pública. Com efeito, nos expressos termos do artigo 5º, inciso LXXIII, da Carta Magna, qualquer cidadão é parte legítima para propor *ação popular* que tenha por objeto anular ato lesivo ao meio ambiente e ao patrimônio histórico e cultural (meio ambiente cultural, portanto). Ademais, a Lei 7.347, de 24 de julho de 1985 prevê a possibilidade de propositura de ação civil pública com objeto semelhante.

Como veremos melhor no Capítulo 16 deste livro, em matéria ambiental, cabe à União Federal *editar* normas gerais de proteção ao meio ambiente, como patamar mínimo de proteção a este, competindo aos Estados, ao Distrito Federal e aos Municípios, com vistas ao atendimento, respectivamente, dos interesses regionais e locais, editar normas que garantam total e efetiva proteção ao meio ambiente.[40] Em termos de competência material, por sua vez, trata-se de objeto comum a todos os entes da Federação brasileira.

DEFESA DO MEIO AMBIENTE

– A defesa do meio ambiente como um dos princípios gerais da ordem econômica tem por objetivo exigir que a atividade produtiva o respeite plenamente, possibilitando que o Estado intervenha, sempre que necessário, para que a exploração econômica não o deteriore.

– O conceito de meio ambiente é dado pelo artigo 3º, da Lei 6.983/1981 (a denominada Lei da Política Nacional do Meio Ambiente), que o define como "o conjunto de condições, leis, influências e interações de ordem física, química e biológica, que permite, abriga e rege a vida em todas as suas formas".

15.11 REDUÇÃO DAS DESIGUALDADES REGIONAIS E SOCIAIS E A BUSCA DO PLENO EMPREGO

Como vimos no Capítulo 4, a *redução das desigualdades sociais e regionais* é um dos chamados objetivos fundamentais da República Federativa do Brasil, expressamente consignados no artigo 3º, inciso III, da Constituição Federal.[41] Ao ser considerado também um dos princípios da ordem econômica, tal fato revela a clara opção do constituinte "de atribuir ao modelo econômico uma finalidade dirigente da realidade econômica, em busca do chamado Estado do Bem-Estar Social".[42]

Como nos lembra Pedro Lenza,[43] o princípio da redução das desigualdades regionais e sociais é posto em prática por diversos instrumentos previstos no próprio texto constitucional, tais como a criação de regiões administrativas (conforme expressa previsão do artigo 43, da Constituição Federal), a edição de lei que institui o chamado plano plurianual (artigo

---

38. *Curso de direito ambiental brasileiro*. 3. ed. Saraiva, 2002. p. 22-23.
39. A própria Constituição Federal, em seu artigo 200, inciso VIII, dispõe expressamente caber ao chamado Sistema Único de Saúde (SUS), além de outras atribuições, "colaborar na proteção do meio ambiente, nele compreendido o do trabalho".
40. Esse é o entendimento, por exemplo, de Celso Antonio Pacheco Fiorillo, ao concluir que "a competência legislativa em matéria ambiental estará sempre privilegiando a maior e mais efetiva preservação do meio ambiente, independentemente do ente político que a realize, porquanto todos receberam da Carta Constitucional aludida competência (arts. 24, V, VI e VII, e 30, II)". *Op. cit.*, p. 60.
41. Constituição Federal, artigo 3º, inciso III: "Constituem objetivos fundamentais da República Federativa do Brasil: erradicar a pobreza e a marginalização e reduzir as desigualdades sociais e regionais".
42. Luiz Alberto David Araujo e Vidal Serrano Nunes Júnior. *Op. cit.*, p. 498.
43. *Op. cit.*, p. 987.

165, § 1º, da Carta Magna), e a possibilidade de concessão de incentivos fiscais, na forma do artigo 151, inciso I, de nossa Lei Maior.

Na mesma toada é o princípio da *busca do pleno emprego*. Com efeito, fundamentado na valorização do trabalho humano, tendo por fim assegurar a todos existência digna, em conformidade com os ditames da justiça social, referido princípio revela a necessidade de que o poder público possa realizar intervenções na ordem econômica, de maneira a garantir o denominado "Estado do Bem-Estar Social".

REDUÇÃO DAS DESIGUALDADES REGIONAIS E SOCIAIS E A BUSCA DO PLENO EMPREGO

– Considerada um dos princípios da ordem econômica, a redução das desigualdades sociais e regionais revela a clara opção do constituinte de atribuir ao modelo econômico uma finalidade dirigente da realidade econômica, em busca do chamado Estado do Bem-Estar Social.

– O princípio da busca do pleno emprego também revela a necessidade de que o poder público possa realizar intervenções na ordem econômica, de maneira a garantir o denominado "Estado do Bem-Estar Social"

15.12 TRATAMENTO FAVORECIDO ÀS EMPRESAS DE PEQUENO PORTE CONSTITUÍDAS SOB AS LEIS BRASILEIRAS E QUE TENHAM SUA SEDE E ADMINISTRAÇÃO NO PAÍS

Também é princípio da ordem econômica o "tratamento favorecido para as empresas de pequeno porte constituídas sob as leis brasileiras e que tenham sua sede e administração no país". Referido princípio, a toda evidência, busca conferir igualdade material (e não apenas formal) às empresas em funcionamento no Brasil, de maneira a garantir que as de menor porte, e que concentram, sem qualquer dúvida, a maioria dos empregos nacionais, possam sobreviver frente à concorrência muitas vezes agressiva e predatória dos grandes grupos econômicos.

Esse também é o objetivo, inequivocamente, da norma constante do artigo 179, de nossa Lei Fundamental, a qual dispõe expressamente que "a União, os Estados, o Distrito Federal e os Municípios dispensarão às microempresas e às empresas de pequeno porte, assim definidas em lei, tratamento jurídico diferenciado, visando a incentivá-las pela simplificação de suas obrigações administrativas, tributárias, previdenciárias e creditícias, ou pela eliminação ou redução destas por meio de lei".

Na seara infraconstitucional, materializa referido princípio, por exemplo, a Lei 9.317, de 5 de dezembro de 1996, que dispõe sobre o regime tributário das microempresas e das empresas de pequeno porte, instituindo o denominado "Sistema Integrado de Pagamento de Impostos e Contribuições das Microempresas e das Empresas de pequeno Porte – SIMPLES", e que, nos termos de seu artigo 1º, regula o tratamento diferenciado, simplificado e favorecido, aplicável às microempresas e as empresas de pequeno porte, relativo aos impostos e às contribuições que menciona, "em conformidade com o disposto no art. 179 da Constituição".

TRATAMENTO FAVORECIDO ÀS EMPRESAS DE PEQUENO PORTE CONSTITUÍDAS SOB AS LEIS BRASILEIRAS E QUE TENHAM SUA SEDE E ADMINISTRAÇÃO NO PAÍS

– Referido princípio busca conferir igualdade material (e não apenas formal) às empresas em funcionamento no Brasil, de maneira a garantir que as de menor porte, e que concentram, sem qualquer dúvida, a maioria dos empregos nacionais, possam sobreviver frente à concorrência muitas vezes agressiva e predatória dos grandes grupos econômicos.

15.13 O ESTADO COMO EXPLORADOR DE ATIVIDADE ECONÔMICA

Como vimos anteriormente, nossa Carta Magna nos esclarece que a ordem econômica nacional é fundada na *valorização do trabalho humano* e na *livre iniciativa* (artigo 170). Ao defender expressamente a livre iniciativa, fica claro que o Brasil abraça a chamada economia de mercado (capitalista). Reforça esse entendimento, aliás, a norma constitucional que assegura a todos o livre exercício de qualquer atividade econômica, independentemente de autorização de órgãos públicos (artigo 170, parágrafo único) e a que inclui, dentre os princípios da ordem econômica, a livre concorrência (artigo 170, inciso III).

E por se tratar de uma economia de mercado, fundada na livre iniciativa, não há dúvidas de que a atividade econômica deve ser exercida, se não exclusivamente, ao menos em caráter precípuo, por pessoas naturais e empresas privadas dispostas a assumir os riscos e a gozar os benefícios de sua exploração. Dito de outro modo, o Estado não deverá, tanto quanto possível, quer causar embaraços ao livre funcionamento do mercado[44], quer explorar atividade econômica ele mesmo. Essa realidade, aliás, é explicitada pela própria Constituição Federal.

Com efeito, nos expressos termos do artigo 173, da Carta Magna[45], o Estado não deverá, como regra geral, explorar diretamente atividade econômica. Somente poderá fazê-lo nas hipóteses expressamente fixadas na Constituição Federal, ou quando tal prática, ainda segundo o texto constitucional, se mostrar "necessária aos imperativos da segurança nacional ou a relevante interesse coletivo, conforme definido em lei".

Dentre as hipóteses expressamente previstas na Carta Magna, em que o Estado poderá, ele próprio, explorar atividade econômica, destaca-se aquela fixada pelo artigo 177, de nossa Lei Maior, que dispõe sobre o *monopólio*, conferido à União, para a exploração econômica de petróleo, gás natural e outros hidrocarbonetos fluidos, bem como de minérios e minerais nucleares e seus derivados.

Com efeito, nos termos do dispositivo constitucional em comento, constituem monopólio da União: (a) a pesquisa e a lavra das jazidas de petróleo e gás natural e outros hidrocarbonetos fluidos; (b) a refinação do petróleo nacional ou estrangeiro; (c) a importação e exportação dos produtos e derivados básicos resultantes das atividades previstas nos casos anteriores; e (d) o transporte marítimo do petróleo bruto de origem nacional ou de derivados básicos de petróleo produzidos no País, bem assim o transporte, por meio de conduto, de petróleo bruto, seus derivados e gás natural de qualquer origem.

Também é monopólio da União, conforme disposto no inciso V do supramencionado artigo 177, de nossa Carta Magna, a pesquisa, a lavra, o enriquecimento, o reprocessamento, a industrialização e o comércio de minérios e minerais nucleares e seus derivados. Agora, contudo, por força da Emenda Constitucional 49/2006, deixam de ser monopólio da União, por exceção, os radioisótopos cuja produção, comercialização e utilização poderão ser autorizadas sob regime de permissão, conforme alíneas *b* e *c* do artigo 21, inciso XXIII, da Constituição Federal.

---

44. Nós veremos um pouco mais à frente, contudo, que a Constituição Federal determina, em seu artigo 174, que o Estado exerça, como agente normativo e regulador da atividade econômica, e sempre com base na lei, as funções de *fiscalização, incentivo* e *planejamento*, sendo este determinante para o setor público e indicativo para o setor privado.
45. Constituição Federal, artigo 173: "Ressalvados os casos previstos nesta Constituição, a exploração direta de atividade econômica pelo Estado só será permitida quando necessária aos imperativos da segurança nacional ou a relevante interesse coletivo, conforme definidos em lei".

No tocante especificamente ao monopólio da União sobre a exploração do petróleo, do gás natural e de outros hidrocarbonetos (artigo 177, incisos I a IV, de nossa Lei Maior), devemos ressaltar que a Emenda Constitucional 9/1995 passou a permitir que a União contrate com empresas estatais ou privadas a realização daquelas atividades. As condições para tais contratações, nos termos do § 1º do artigo 177, devem ser estabelecidas em lei que disponha, dentre outras circunstâncias, sobre a garantia do fornecimento dos derivados de petróleo em todo o território nacional.

O diploma legal mencionado pelo texto constitucional já foi editado. Trata-se da Lei 9.478, de 6 de agosto de 1997, que dispõe sobre a política energética nacional e sobre as atividades relativas ao monopólio do petróleo, e que institui o Conselho Nacional de Política Energética e a Agência Nacional do Petróleo e dá outras providências.

Nos termos do artigo 3º, daquela lei, pertencem à União os depósitos de petróleo, gás natural e outros hidrocarbonetos fluidos existentes no território nacional, nele compreendidos a parte terrestre, o mar territorial, a plataforma continental e a zona econômica exclusiva. O artigo 5º, daquele diploma legal, por sua vez, deixa claro que as atividades previstas no artigo 177, da Constituição Federal, serão reguladas e fiscalizadas pela União e poderão ser exercidas, mediante concessão, autorização ou contratação sob o regime de partilha de produção, por empresas constituídas sob as leis brasileiras, com sede e administração no País.

A criação da Agência Nacional do Petróleo, Gás Natural e Biocombustíveis (ANP) foi estabelecida pelo artigo 7º, da Lei 9.478/1997. Referida agência, submetida ao regime autárquico especial, vinculada ao Ministério de Minas e Energia, com sede e foro no Distrito Federal e escritórios centrais na cidade do Rio de Janeiro, podendo instalar unidades administrativas regionais, tem como principal finalidade promover a regulação, a contratação e a fiscalização das atividades econômicas integrantes da indústria do petróleo, do gás natural e dos biocombustíveis.

Conforme artigo 26, daquele diploma legal, a concessão para a exploração e produção de petróleo ou gás natural implica, para o concessionário, a obrigação de explorar, por sua conta e risco e, em caso de êxito, produzir petróleo ou gás natural em determinado bloco, conferindo-lhe a propriedade desses bens, após extraídos, com os encargos relativos ao pagamento dos tributos incidentes e das participações legais ou contratuais correspondentes.

15.14 A CONSTITUIÇÃO FEDERAL E O ESTATUTO DA EMPRESA PÚBLICA, DA SOCIEDADE DE ECONOMIA MISTA E DE SUAS SUBSIDIÁRIAS

Como vimos na seção anterior, o Estado não deverá, como regra geral, explorar diretamente atividade econômica. Somente poderá fazê-lo, por exceção, seja nas hipóteses expressamente fixadas pela Constituição Federal, como é o caso da exploração do petróleo, do gás natural e de outros hidrocarbonetos fluidos, seja quando tal prática se mostrar necessária aos imperativos da segurança nacional ou a relevante interesse coletivo, conforme definido em lei.

No tocante especificamente às empresas públicas e às sociedades de economia mista exploradoras de atividade econômica, devemos ressaltar que o artigo 173, § 1º, de nossa Lei Maior, prevê a edição de uma lei que estabeleça, dentre outras regras, as formas de sua fiscalização pelo Estado e pela sociedade, bem como sua sujeição ao regime jurídico próprio das empresas privadas, inclusive quanto a direitos e obrigações civis, comerciais, trabalhistas e tributárias, muito embora também sujeitas ao dever de licitação prévia, para obras, serviços, compras e alienações que contratar.

E referida norma já foi editada. Trata-se da *Lei 13.303, de 30 de junho de 2016*, que dispõe sobre o denominado estatuto jurídico da empresa pública, da sociedade de economia mista, e de suas subsidiárias, e que abrange, nos expressos termos de seu artigo 1º, toda e qualquer empresa pública e sociedade de economia mista da União, dos Estados, do Distrito Federal e dos Municípios que explore não só atividade econômica de produção ou comercialização de bens ou de prestação de serviços, como também que tenha por objeto a prestação de serviços públicos.

Como nos esclarece o artigo 2º, daquele diploma legal, a exploração de atividade econômica pelo Estado será exercida somente através de empresa pública, de sociedade de economia mista e de suas subsidiárias. Ademais, a constituição de empresa pública ou de sociedade de economia mista dependerá de prévia autorização legal que indique, de forma clara, relevante interesse coletivo ou imperativo de segurança nacional, nos termos do supramencionado artigo 173, da Constituição Federal[46].

Como vimos no Capítulo 10 desta obra, as empresas públicas e as sociedades de economia mista são entidades que fazem parte da chamada Administração Pública indireta. Muito embora sejam formalmente pessoas jurídicas de direito privado, estão submetidas a um regime jurídico híbrido, ou seja, ao regime privado parcialmente derrogado pelo regime de direito público, uma vez que precisam observar diversas regras de direito público, como, por exemplo, necessidade de concurso público para contratação de empregados e submissão à licitação para suas contratações.

Empresa pública, nos termos da lei de regência, é "a entidade dotada de personalidade jurídica de direito privado, com criação autorizada por lei e com patrimônio próprio, cujo capital social é integralmente detido pela União, pelos Estados, pelo Distrito Federal ou pelos Municípios[47]" (artigo 3º). Sociedade de economia mista, ao seu turno, é "a entidade dotada de personalidade jurídica de direito privado, com criação autorizada por lei, sob a forma de sociedade anônima, cujas ações com direito a voto pertençam em sua maioria à União, aos Estados, ao Distrito Federal, aos Municípios ou a entidade da Administração indireta" (artigo 4º).

Também segundo o Estatuto Jurídica da Empresa Pública e da Sociedade de Economia Mista (artigo 6º), referidas entidades deverão observar regras de governança corporativa, de transparência e de estruturas, práticas de gestão de riscos e de controle interno, composição da administração e, havendo acionistas, mecanismos para sua proteção, tudo em conformidade como normas fixadas pela própria Lei 13.303/2016. Deverão, ademais, ter a função social de realização do interesse coletivo ou de atendimento a imperativo da segurança nacional expressa no instrumento de autorização legal para a sua criação (artigo 27).

Conforme determina expressamente a Lei 13.303/2016, em seu artigo 7º, devem ser aplicadas a todas as empresas públicas, às sociedades de economia mista de capital fechado, e às suas subsidiárias, as disposições da Lei 6.404, de 15 de dezembro de 1976 (que regulamenta

---

46. Referida norma infraconstitucional, como é fácil notar, está em perfeita consonância com o que afirmamos anteriormente, ou seja, que o Estado não poderá, como regra, explorar atividade econômica ele próprio, somente podendo fazê-lo excepcionalmente, seja nas hipóteses expressamente fixadas na Carta Magna, seja quando isso se revelar necessário aos imperativos da segurança nacional ou a relevante interesse coletivo.
47. Ainda segundo aquele diploma legal (artigo 3º, parágrafo único), desde que a maioria do capital votante permaneça em propriedade da União, do Estado, do Distrito Federal ou do Município, será admitida, no capital da empresa pública, a participação de outras pessoas jurídicas de direito público interno, bem como de entidades da administração indireta da União, dos Estados, do Distrito Federal e dos Municípios.

as sociedades por ações), bem como as normas da Comissão de Valores Mobiliários (CVM) sobre escrituração e elaboração de demonstrações financeiras, inclusive a obrigatoriedade de auditoria independente por auditor registrado nesse órgão.

Em decorrência da necessidade de transparência que a lei lhes impõe, as empresas públicas e as sociedades de economia mista deverão elaborar carta anual, subscrita pelos membros do Conselho de Administração, com a explicitação de seus compromissos de consecução de objetivos de políticas públicas, em atendimento ao interesse coletivo ou ao imperativo de segurança nacional que justificou a autorização para suas respectivas criações, com definição clara dos recursos a serem empregados para esse fim, bem como dos impactos econômico-financeiros da consecução desses objetivos, mensuráveis por meio de indicadores objetivos.

As empresas públicas e as sociedades de economia mista deverão criar comitê estatutário para verificar a conformidade do processo de indicação e de avaliação de membros para o Conselho de Administração e para o Conselho Fiscal, com competência para auxiliar o acionista controlador na indicação desses membros. Devem ser divulgadas as atas das reuniões do comitê estatutário com o fim de verificar o cumprimento, pelos membros indicados, dos requisitos definidos na política de indicação, devendo ser registradas as eventuais manifestações divergentes de conselheiros.

No tocante especificamente à escolha dos membros do Conselho de Administração, bem como dos cargos de diretor, inclusive presidente, diretor-geral e diretor-presidente, a Lei 13.303/2016 contém importantes normas para tentar garantir o profissionalismo, a eficiência e a moralidade na condução da empresa estatal. Dentre os requisitos indicados na lei (artigo 17), o candidato deverá necessariamente atender aos seguintes requisitos: (a) ser cidadão de reputação ilibada e de notório conhecimento; (b) ter formação acadêmica compatível com o cargo para o qual foi indicado; e (c) não se enquadrar nas hipóteses de inelegibilidade previstas no artigo 1º, inciso I, da Lei Complementar 64, de 18 de maio de 1990.

Ainda segundo a lei de regência, é vedada a indicação, para o Conselho de Administração e para a diretoria, de representante do órgão regulador ao qual a empresa pública ou a sociedade de economia mista está sujeita, de Ministro de Estado, de Secretário de Estado, de Secretário Municipal, de titular de cargo, sem vínculo permanente com o serviço público, de natureza especial ou de direção e assessoramento superior na Administração Pública, de dirigente estatutário de partido político e de titular de mandato no Poder Legislativo de qualquer ente da federação, ainda que licenciados do cargo.

É também vedada a indicação de pessoa que atuou, nos últimos 36 (trinta e seis) meses, como participante de estrutura decisória de partido político ou em trabalho vinculado a organização, estruturação e realização de campanha eleitoral; de pessoa que exerça cargo em organização sindical; e de pessoa que tenha ou possa ter qualquer forma de conflito de interesse com a pessoa político-administrativa controladora da empresa pública ou da sociedade de economia mista ou com a própria empresa ou sociedade.

Na mesma toada, é vedada a indicação de pessoa que tenha firmado contrato ou parceria, como fornecedor ou comprador, demandante ou ofertante, de bens ou serviços de qualquer natureza, com a pessoa político-administrativa controladora da empresa pública ou da sociedade de economia mista ou com a própria empresa ou sociedade em período inferior a 3 (três) anos antes da data de nomeação.

Os contratos com terceiros destinados à prestação de serviços às empresas públicas e às sociedades de economia mista, inclusive de engenharia e de publicidade, à aquisição e à locação de bens, à alienação de bens e ativos integrantes do respectivo patrimônio ou à execução de obras a serem integradas a esse patrimônio, bem como à implementação de ônus real sobre tais bens, *serão precedidos de licitação*, a qual deverá ser regida pelas normas do próprio Estatuto das Empresas Públicas e das Sociedades de Economia Mista, e não pela Lei 8.666, de 21 de junho de 1993. É o que determina, em caráter expresso, o artigo 26, da Lei 13.303/2016.

Conforme a lei de regência (artigo 31), as licitações realizadas e os contratos celebrados por empresas públicas e sociedades de economia mista destinam-se a assegurar a seleção da proposta mais vantajosa, inclusive no tocante ao ciclo de vida do objeto, bem como a evitar operações em que se caracterize sobrepreço ou superfaturamento, devendo observar os princípios da impessoalidade, da moralidade, da igualdade, da publicidade, da eficiência, da probidade administrativa, da economicidade, do desenvolvimento nacional sustentável, da vinculação ao instrumento convocatório, da obtenção de competitividade e do julgamento objetivo.

Para a aquisição de bens e serviços comuns[48], as empresas públicas, as sociedades de economia mista, bem como suas respectivas subsidiárias deverão adotar, em caráter preferencial, a modalidade de licitação denominada *pregão*, instituída pela Lei 10.520, de 17 de julho de 2002. De maneira semelhante ao que se vê na chamada Lei Geral de Licitações e Contratos, a Lei 13.303/2016 também prevê diversas hipóteses em que a licitação é dispensável (artigo 29), bem como casos em que se faz necessária a contratação direta, quando a competição se mostrar inviável (artigo 30).

15.15 O ESTADO COMO AGENTE NORMATIVO E REGULADOR DA ATIVIDADE ECONÔMICA

Nos termos do artigo 174, da Carta Magna, o Estado exercerá, como agente normativo e regulador da atividade econômica, e sempre com base na lei, as funções de *fiscalização*, *incentivo* e *planejamento*, sendo este determinante para o setor público e indicativo para o setor privado. Já o artigo 173, § 3º, da Constituição Federal, é expresso em determinar que "a lei reprimirá o abuso do poder econômico que vise à dominação dos mercados, à eliminação da concorrência e ao aumento arbitrário dos lucros".

Como vimos anteriormente, o diploma infraconstitucional ali referido, na atualidade, é a Lei 12.529/2011, que deu estrutura ao denominado "Sistema Brasileiro de Defesa da Concorrência (SBDC)" e que também dispôs sobre a prevenção e a repressão às infrações contra a ordem econômica, orientada pelos ditames constitucionais da liberdade de iniciativa, livre concorrência, função social da propriedade, defesa dos consumidores e repressão ao abuso do poder econômico.

Segundo o artigo 4º, da Lei 12.529/2011, o Conselho Administrativo de Defesa Econômica (CADE), mantido por esta nova lei, é entidade judicante com jurisdição em todo o território nacional, que se constitui em autarquia federal, vinculada ao Ministério da Justiça,

---

48. Bens e serviços comuns, nos expressos termos da Lei 13.303/2016, "são assim considerados aqueles cujos padrões de desempenho e qualidade possam ser objetivamente definidos pelo edital, por meio de especificações usuais no mercado" (artigo 32, inciso IV).

com sede e foro no Distrito Federal e que, juntamente com a Secretaria de Acompanhamento Econômico do Ministério da Fazenda, forma o Sistema Brasileiro de Defesa da Concorrência.

A lei em referência, é importante esclarecer, aplica-se às pessoas físicas ou jurídicas de direito público ou privado, bem como a quaisquer associações de entidades ou pessoas, constituídas de fato ou de direito, ainda que temporariamente, com ou sem personalidade jurídica, mesmo que exerçam atividade sob regime de monopólio legal.

Nos termos daquele diploma legal, constituem infração da ordem econômica, independentemente de culpa, os atos sob qualquer forma manifestados, que produzam ou possam produzir os seguintes efeitos, ainda que não sejam alcançados: (a) limitar, falsear ou de qualquer forma prejudicar a livre concorrência ou a livre iniciativa; (b) dominar mercado relevante de bens ou serviços; (c) aumentar arbitrariamente os lucros; e (d) exercer de forma abusiva posição dominante.

Ainda segundo a nova lei, as diversas formas de infração da ordem econômica implicam a responsabilidade da empresa e a responsabilidade individual de seus dirigentes ou administradores, solidariamente (artigo 32). Ressalta referido diploma legal, ademais, que serão solidariamente responsáveis as empresas ou entidades integrantes de grupo econômico, de fato ou de direito, quando pelo menos uma delas praticar infração à ordem econômica (artigo 33).

É importante ressaltar, mais uma vez, que a Constituição Federal não combate o poder econômico em si mesmo, do qual não podemos prescindir, já que o Brasil adotou um modelo de economia capitalista, ao abraçar, como princípios da ordem econômica, a propriedade privada e a livre concorrência (artigo 170, inciso II e IV, de nossa Lei Maior). O que a Carta Magna não permite, isto sim, é a concentração econômica que implique tentativa de dominação dos mercados, eliminação da concorrência ou aumento arbitrário dos lucros, conforme expressamente fixado no artigo 173, § 4º, da Constituição Federal.

Dito em outras palavras, diante do texto constitucional e também da atual Lei Antitruste (Lei 12.529/2011), o fenômeno da integração de empresas, seja por meio de cooperação, seja de concentração de empresas, não é um ato ilícito por si só. Somente o será quando produzir (ou quando tiver a potencialidade de produzir), mesmo que não sendo alcançado o objetivo), os efeitos previstos no artigo 173, § 4º, da Carta Magna.

15.16 O ESTADO E A PRESTAÇÃO DE SERVIÇOS PÚBLICOS

Conforme determina o artigo 175, da Constituição Federal, cabe ao Estado, na forma da lei, diretamente ou sob o regime de concessão ou permissão, sempre através de licitação pública, a prestação de serviços públicos. As concessões e permissões de serviços públicos, previstas naquele dispositivo constitucional, foram regulamentadas pela Lei 8.987, de 13 de fevereiro de 1995,[49] a denominada Lei de Concessões e Permissões de Serviços Públicos.

Concessão de serviço público, conforme definição contida naquele diploma infraconstitucional, é a delegação de sua prestação, feita pelo poder concedente, mediante licitação, na modalidade de concorrência, à pessoa jurídica ou consórcio de empresas que demonstre capacidade para seu desempenho, por sua conta e risco e por prazo determinado.

Portanto, nas concessões de serviços públicos: (a) a licitação deve ser feita obrigatoriamente na modalidade de concorrência; (b) o concessionário do serviço deve necessariamente

---

49. As regras fixadas por aquela lei não se aplicam, é importe ressaltar, às concessões, permissões e autorizações para os serviços de radiodifusão sonora e de sons e imagens (artigo 41, da Lei 8.987/1995).

ser pessoa jurídica ou consórcio de empresas, não podendo, portanto, ser pessoa natural ou física; (c) a concessão deve ser por prazo determinado.

A Lei 8.987/1995 também trata da chamada concessão de serviço público precedida da execução de obra pública. Referida modalidade, nos termos da lei, tem por objeto a construção, total ou parcial, conservação, reforma, ampliação ou melhoramento de quaisquer obras de interesse público. É delegada pelo poder concedente, mediante licitação, na modalidade de concorrência, à pessoa jurídica ou consórcio de empresas que demonstre capacidade para a sua realização, por sua conta e risco.

Logo, a concessão de serviço público precedida da execução de obra pública tem as seguintes características: (a) deve ser feita obrigatoriamente sob a modalidade de concorrência; (b) o concessionário deve ser pessoa jurídica ou consórcio de empresas, não podendo, portanto, ser pessoa física; (c) a concessão deve ser por prazo determinado; e (d) o pagamento ao concessionário se faz mediante a exploração do serviço ou da obra.

A *permissão de serviços públicos*, por sua vez, é a delegação, a título precário, mediante licitação, da prestação daqueles serviços, feita pelo poder concedente à pessoa física ou jurídica que demonstre capacidade para seu desempenho, por sua conta e risco. Trata-se de um contrato de adesão, celebrado por prazo determinado, podendo ser revogado a qualquer tempo.[50]

A permissão de serviços públicos, por conseguinte, possui as seguintes características: (a) pode ser feita sob qualquer modalidade de licitação, não havendo obrigatoriedade da utilização de concorrência; (b) o concessionário pode ser pessoa jurídica ou pessoa física (ao contrário da concessão de serviços públicos, que só pode ser dada à pessoa jurídica ou consórcio de empresas); e (c) é feita a título precário, ou seja, pode ser revogada a qualquer tempo.

Os critérios de licitação, previstos na Lei 8.987/1997, são os seguintes: menor valor da tarifa; maior oferta pela concessão; melhor proposta técnica; menor valor da tarifa c/c melhor técnica; maior oferta pela concessão c/c melhor técnica; maior oferta pela concessão após qualificação técnica.

Ainda segundo a lei, o poder concedente recusará propostas manifestamente inexequíveis ou financeiramente incompatíveis com os objetivos da licitação. Em igualdade de condições, será dada preferência à proposta apresentada por empresa brasileira. Deverá ser desclassificada a proposta que, para sua viabilização, necessite de vantagens ou subsídios que não estejam previamente autorizados em lei e à disposição de todos os concorrentes.

Considerar-se-á também desclassificada a proposta de entidade estatal alheia à esfera político-administrativa do poder concedente que, para sua viabilização, necessite de vantagens ou subsídios do poder público controlador da referida entidade. Inclui-se nas vantagens ou subsídios de entidade estatal que participe da licitação qualquer tipo de tratamento tributário diferenciado, ainda que em consequência da natureza jurídica do licitante, que comprometa a isonomia fiscal que deve prevalecer entre todos os concorrentes.

Dentre os deveres do poder concedente, relativamente à concessão ou permissão de serviços públicos, destacam-se: regulamentar o serviço concedido e fiscalizar permanentemente a sua prestação; aplicar as penalidades regulamentares e contratuais; intervir na

---

50. A doutrina mais tradicional costumava dizer que a permissão (tanto de serviço público como de uso de bem público) se tratava de ato jurídico unilateral. Foi a partir da Constituição de 1988 que as permissões passaram a ser definidas como contratos (portanto, atos jurídicos bilaterais), mesmo que a título precário.

prestação do serviço, nos casos e condições previstos em lei; extinguir a concessão, nos casos previstos na lei e na forma prevista no contrato.

Cabe também ao poder concedente declarar de utilidade pública os bens necessários à execução do serviço ou obra pública, promovendo as desapropriações, diretamente ou mediante outorga de poderes à concessionária, caso em que será desta a responsabilidade pelas indenizações cabíveis.

A concessionária do serviço público, por outro lado, deverá permitir aos encarregados da fiscalização livre acesso, em qualquer época, às obras, aos equipamentos e às instalações integrantes do serviço, bem como a seus registros contábeis. O poder concedente poderá intervir na concessão, com o fim de assegurar a adequação na prestação do serviço, bem como o fiel cumprimento das normas contratuais, regulamentares e legais pertinentes.[51]

Declarada a intervenção, o poder concedente deverá, no prazo de 30 (trinta) dias, instaurar procedimento administrativo para comprovar as causas determinantes da medida e apurar responsabilidades, assegurado o direito de ampla defesa. Cessada a intervenção, se não for extinta a concessão, a administração do serviço será devolvida à concessionária, precedida de prestação de contas pelo interventor, que responderá pelos atos praticados durante a sua gestão.

As contratações, inclusive de mão de obra, feitas pelo concessionário ou permissionário de serviços públicos, serão necessariamente regidas pelas disposições de direito privado e pela legislação trabalhista (Consolidação das Leis do Trabalho), não se estabelecendo qualquer relação entre os terceiros contratados pelo concessionário ou permissionário e o poder concedente.

Extinta a concessão, retornam ao poder concedente todos os bens reversíveis, direitos e privilégios transferidos ao concessionário conforme previsto no edital e estabelecido no contrato. Haverá também a imediata assunção do serviço pelo poder concedente, procedendo-se aos levantamentos, avaliações e liquidações necessárias. A assunção do serviço autoriza a ocupação das instalações e a utilização, pelo poder concedente, de todos os bens reversíveis.

15.17 POLÍTICA URBANA

Nos termos do artigo 182, de nossa Carta Magna, "a política de desenvolvimento urbano, executada pelo poder público municipal, conforme diretrizes gerais fixadas em lei, tem por objetivo ordenar o pleno desenvolvimento das funções sociais da cidade e garantir o bem-estar de seus habitantes".

Para a execução da política de desenvolvimento urbano, foi editada a Lei 10.257, de 10 de julho de 2001, denominada *Estatuto da Cidade*. Além de outras regras, referido diploma legal fixa as diretrizes gerais da política urbana, estabelecendo normas de ordem pública e interesse social que regulam o uso da propriedade urbana em prol do bem coletivo, da segurança e do bem-estar dos cidadãos, bem como do equilíbrio ambiental (artigo 1º e parágrafo único).

O artigo 182, § 1º, da Constituição Federal, esclarece-nos que o instrumento básico da política de desenvolvimento e de expansão urbana é o denominado Plano Diretor, aprovado pela Câmara Municipal, obrigatório para cidades com mais de 20.000 (vinte mil) habitantes.

---

51. A intervenção far-se-á por decreto do poder concedente, que conterá a designação do interventor, o prazo da intervenção e os objetivos e limites da medida.

Conforme disposto no artigo 40 do Estatuto da Cidade, o *Plano Diretor*, que precisa ser aprovado por lei municipal, revista a cada 10 (dez) anos, pelo menos, deve englobar o território do Município como um todo, e as diretrizes e as prioridades nele contidas devem estar incorporadas ao plano plurianual, à lei de diretrizes orçamentárias e ao orçamento municipal.

Já o artigo 41, daquele mesmo diploma legal, fixa a obrigatoriedade do Plano Diretor não só para as cidades com mais de 20.000 (vinte mil) habitantes, como também, dentre outras hipóteses, para os municípios integrantes de regiões metropolitanas e aglomerações urbanas, bem como para os integrantes de áreas de especial interesse turístico.[52]

Conforme dispõe o artigo 182, § 2º, de nossa Lei Magna, a propriedade urbana cumpre sua função social quando atende às exigências fundamentais de ordenação da cidade, expressas naquele Plano Diretor. Por sua vez, o artigo 39, do Estatuto da Cidade, esclarece que referidas exigências devem assegurar o atendimento das necessidades dos cidadãos quanto à qualidade de vida, à justiça social e ao desenvolvimento das atividades econômicas, sempre com a observância das diretrizes fixadas por aquele diploma legal.

O § 4º do artigo 182, da Constituição Federal, ao seu turno, permite ao poder público municipal, mediante lei específica para área incluída no Plano Diretor, exigir do proprietário do solo urbano não edificado, subutilizado ou não utilizado, que promova seu adequado aproveitamento, sob pena de imposição das medidas ali especificadas, a saber: (a) parcelamento ou edificação compulsórios; (b) imposto sobre a propriedade predial e territorial urbana progressivo no tempo; e (c) desapropriação com pagamento mediante títulos da dívida pública, com prazo de resgate de até 10 (dez) anos, em parcelas anuais, iguais e sucessivas, assegurados o valor real da indenização e os juros legais.

Considera-se subutilizado o imóvel cujo aproveitamento seja inferior ao mínimo definido no Plano Diretor ou em legislação dele decorrente. O proprietário será notificado pelo Poder Executivo municipal para o cumprimento da obrigação, devendo a notificação ser averbada no cartório de registro de imóveis.

Os prazos para utilização adequada do imóvel (através de parcelamento, edificação ou utilização) não poderão ser inferiores a: (a) 1 (um) ano, a partir da notificação, para que seja protocolado o projeto no órgão municipal competente; e (b) 2 (dois) anos, a partir da aprovação do projeto, para iniciar as obras do empreendimento. Em empreendimentos de grande porte, em caráter excepcional, lei municipal específica poderá prever a conclusão em etapas, assegurando-se que o projeto aprovado compreenda o empreendimento como um todo.

Em caso de descumprimento das condições e dos prazos para utilização adequada do imóvel, ou não sendo cumpridas as etapas previstas para o caso de empreendimentos de grande porte, o Município procederá à aplicação do imposto sobre a propriedade predial e territorial urbana (IPTU) progressivo no tempo, mediante a majoração da alíquota pelo prazo de 5 (cinco) anos consecutivos.

O valor da alíquota a ser aplicado a cada ano será fixado na lei específica que instituiu o uso adequado do solo urbano (parcelamento, a edificação ou a utilização compulsória), e

---

52. Estatuto da Cidade, artigo 41: "O plano diretor é obrigatório para cidades: I – com mais de vinte mil habitantes; II – integrantes de regiões metropolitanas e aglomerações urbanas; III – onde o Poder Público municipal pretenda utilizar os instrumentos previstos no § 4º do art. 182 da Constituição Federal; IV – integrantes de áreas de especial interesse turístico; V – inseridas na área de influência de empreendimentos ou atividades com significativo impacto ambiental de âmbito regional ou nacional; VI – incluídas no cadastro nacional de Municípios com áreas suscetíveis à ocorrência de deslizamentos de grande impacto, inundações bruscas ou processos geológicos ou hidrológicos correlatos."

não excederá a 2 (duas) vezes o valor referente ao ano anterior, respeitada a alíquota máxima de 15% (quinze por cento). Caso a obrigação de parcelar, edificar ou utilizar não esteja atendida em 5 (cinco) anos, o Município manterá a cobrança pela alíquota máxima, até que se cumpra a referida obrigação, garantida a possibilidade de desapropriação do imóvel, com pagamento em títulos da dívida pública.

Com efeito, decorridos 5 (cinco) anos de cobrança do imposto predial e territorial urbano (IPTU) progressivo no tempo, sem que o proprietário tenha cumprido a obrigação de parcelamento, edificação ou utilização (uso adequado do solo urbano), o Município poderá proceder à desapropriação do imóvel, por interesse social, com pagamento em títulos da dívida pública.

Os títulos da dívida pública terão prévia aprovação pelo Senado Federal e serão resgatados no prazo de até 10 (dez) anos, em prestações anuais, iguais e sucessivas, assegurados: o valor real da indenização; e os juros legais de 6% (seis por cento) ao ano. O valor real da indenização: (a) refletirá o valor da base de cálculo do IPTU, descontado o montante incorporado em função de obras realizadas pelo poder público na área em que este se localiza após a notificação para utilização adequada; e (b) não computará expectativas de ganhos, lucros cessantes e juros compensatórios.

O Município, é importante que se diga, deverá proceder ao adequado aproveitamento do imóvel no prazo máximo de 5 (cinco) anos, contado a partir da sua incorporação ao patrimônio público, sob pena de improbidade administrativa. O aproveitamento do imóvel poderá ser efetivado diretamente pelo Município ou por meio de alienação ou concessão a terceiros, observando-se, nesses casos, o devido procedimento licitatório.

Ainda segundo a Constituição Federal, em seu artigo 182, § 3º, as desapropriações de imóveis urbanos serão feitas com prévia e justa indenização em dinheiro. A exceção dá-se no caso dos imóveis que se enquadrem na hipótese do § 4º do mesmo artigo 182, de nossa Lei Maior (solo urbano não edificado, subutilizado ou não utilizado), uma vez que, neste caso, como vimos, o pagamento será em títulos da dívida pública, com prazo de resgate de até 10 (dez) anos.

15.18 USUCAPIÃO CONSTITUCIONAL URBANO

A Constituição de 1988 instituiu o(a) denominado(a) *usucapião constitucional urbano(a)*.[53] Conforme disposto no *caput* do artigo 183, aquele que possuir como sua área de até 250 (duzentos e cinquenta) metros quadrados, por 5 (cinco) anos, ininterruptamente e sem oposição, utilizando-a para sua moradia ou de sua família, adquirir-lhe-á o domínio, desde que não seja proprietário de outro imóvel urbano ou rural.

Nos termos do § 1º do supramencionado artigo 183, da Carta Magna, o título de domínio e a concessão de uso serão conferidos ao homem ou à mulher, ou a ambos, independentemente do estado civil. Devemos ressaltar, ademais, que referido direito não será reconhecido ao mesmo possuidor mais de uma vez (§ 2º) e não recairá jamais sobre imóveis públicos (§ 3º).

O(a) usucapião constitucional urbano(a) também foi regulamentado(a) pelo Estatuto da Cidade (Lei 10.257/2001). Além de repetir integralmente os termos do artigo 183, *caput*,

---

53. Como já mencionamos anteriormente, não há unanimidade, entre os operadores do Direito, sobre o gênero da palavra *usucapião*.

da Constituição Federal, referido diploma legal traz algumas outras regras relativas ao instituto, ali denominado de *usucapião especial de imóvel urbano*.

Assevera, por exemplo, no artigo 9º, § 3º, que o herdeiro legítimo continua, de pleno direito, a posse de seu antecessor, para efeitos do reconhecimento do(a) usucapião, desde que já resida no imóvel por ocasião da abertura da sucessão. Não podemos deixar de mencionar, contudo, que o Supremo Tribunal Federal já se manifestou expressamente pela impossibilidade de contagem de tempo anterior à promulgação da Constituição de 1988, para fins de reconhecimento do(a) usucapião.

O artigo 11, do Estatuto da Cidade, ao seu turno, determina o sobrestamento de quaisquer ações petitórias ou possessórias que venham a ser propostas relativamente ao imóvel objeto do(a) usucapião, na pendência da ação de usucapião especial urbano. O artigo 13, por sua vez, dispõe expressamente sobre a possibilidade da invocação do(a) usucapião como matéria de defesa, e sobre a validade da sentença que a reconhecer como título para o registro no Cartório de Registro de Imóveis. O artigo 14, por fim, esclarece que a ação judicial do(a) usucapião observará o rito sumário.

O Estatuto da Cidade também prevê o instituto do(a) usucapião especial coletivo(a) de imóvel urbano. Com efeito, nos termos deste diploma legal, as áreas urbanas com mais de 250 (duzentos e cinquenta) metros quadrados, ocupadas por população de baixa renda para sua moradia, por 5 (cinco) anos, ininterruptamente e sem oposição, onde não for possível identificar os terrenos ocupados por cada possuidor, são susceptíveis de serem usucapidas coletivamente, desde que os possuidores não sejam proprietários de outro imóvel urbano ou rural.

Ainda nos termos daquela lei, o(a) usucapião especial coletivo(a) de imóvel urbano será declarado(a) pelo juiz, mediante sentença, a qual servirá de título para registro no cartório de registro de imóveis. Na sentença, o juiz atribuirá igual fração ideal de terreno a cada possuidor, independentemente da dimensão do terreno que cada um ocupe, salvo se houver acordo escrito entre os condôminos, estabelecendo frações ideais diferenciadas.

O Estatuto da Cidade também prevê que o condomínio especial constituído é indivisível, não sendo passível de extinção, salvo deliberação favorável tomada por, no mínimo, 2/3 (dois terços) dos condôminos, no caso de execução de urbanização posterior à constituição do condomínio. Prevê, ademais, que as deliberações relativas à administração do condomínio especial coletiva de imóvel urbano serão tomadas por maioria de votos dos condôminos presentes, obrigando também os demais, discordantes ou ausentes.

Devemos esclarecer que, na ação de usucapião especial urbana (tanto individual como coletiva), é obrigatória a intervenção do Ministério Público. O autor terá os benefícios da justiça gratuita e também da assistência judiciária, inclusive perante o cartório de registro de imóveis. Esclareçamos, por fim, que, também na ação judicial de usucapião especial coletiva de imóvel urbano, o rito processual a ser observado é o sumário.

15.19 USUCAPIÃO CONSTITUCIONAL RURAL

Além do a) usucapião constitucional urbano(a), previsto (a) no artigo 183, a Constituição Federal instituiu também, em seu artigo 191, o(a) denominado(a) *usucapião constitucional rural*. Nos termos desta norma constitucional, "aquele que, não sendo proprietário de imóvel rural ou urbano, possua como seu, por cinco anos ininterruptos, sem oposição, área de terra, em zona rural, não superior a cinquenta hectares, tornando-a produtiva por seu trabalho ou de sua família, tendo nela sua moradia, adquirir-lhe-á a propriedade".

Vê-se, portanto, que a Carta Magna relacionou uma série de requisitos para que alguém possa adquirir a propriedade de uma área de terra rural, por meio desta modalidade de usucapião. São eles: (a) que o autor não seja proprietário de outro imóvel rural ou urbano; (b) que exerça a posse sobre aquela área, por 5 (cinco) anos ininterruptos, sem oposição; (c) que a área não seja superior a 50 (cinquenta) hectares; (d) que o possuidor a torne produtiva por seu trabalho ou de sua família; (e) que tenha nela sua moradia; e (f) que não se trate de um imóvel público (artigo 191, parágrafo único).

15.20 A FUNÇÃO SOCIAL DA PROPRIEDADE E AS DIVERSAS MODALIDADES DE DESAPROPRIAÇÃO

Como vimos anteriormente, neste mesmo Capítulo, o direito de propriedade não pode ser exercido arbitrariamente pelo seu titular, devendo alcançar a justiça social (fim expressamente buscado por nossa Lei Maior), atendendo à sua função social, conforme expressamente previsto no artigo 5º, XXIII, bem como no artigo 170, III, ambos da Constituição de 1988.

A função social da propriedade, nós o vimos naquela oportunidade, pode ser definida como o dever, imposto ao titular do direito de propriedade, de utilizá-lo de maneira que interesse ao bem comum, na forma especificada tanto pela Constituição Federal como pelas leis infraconstitucionais.

E ao exigir que a propriedade cumpra sua função social, nossa Lei Maior acaba por conferir inequívoco fundamento constitucional para as diversas hipóteses de restrições à propriedade previstas na seara do Direito Administrativo, tais como as limitações administrativas, as ocupações temporárias, as requisições administrativas, as servidões administrativas, o tombamento, além das diversas modalidades de desapropriações.

Como nos ensina Maria Sylvia Zanella Di Pietro,[54] desapropriação é "o procedimento administrativo pelo qual o poder público ou seus delegados, mediante prévia declaração de necessidade pública, utilidade pública ou interesse social, impõe ao proprietário a perda de um bem, substituindo-o em seu patrimônio por justa indenização".

A Constituição Federal prevê a possibilidade de desapropriação em 3 (três) hipóteses: necessidade pública, utilidade pública e interesse social. As desapropriações por necessidade e utilidade pública são regulamentadas pelo Decreto-lei 3.365, de 21 de junho de 1941. A desapropriação por interesse social, ao seu turno, encontra-se disciplinada pela Lei 4.132, de 10 de setembro de 1962. Já a desapropriação por interesse social, para fins de reforma agrária, foi regulamentada, como vimos anteriormente, pela Lei 8.629/1993 e também pela Lei Complementar 76/1993.

Como regra geral, as desapropriações deverão ser justa e previamente indenizadas, e em dinheiro. É o que dispõe expressamente o artigo 5º, inciso XXIV, da Constituição de 1988, o qual dispõe que "a lei estabelecerá o procedimento para desapropriação por necessidade ou utilidade pública, ou por interesse social, mediante justa e prévia indenização em dinheiro, ressalvados os casos previstos nesta Constituição".

---

54. *Direito administrativo*. 23. ed. São Paulo: Atlas, 2010, p. 159.

Como se vê, a própria Lei Maior prevê a existência de exceções àquela regra. É o caso, por exemplo, da desapropriação por interesse social, para fins de reforma agrária, cuja indenização será em títulos da dívida agrária, resgatáveis no prazo de até 20 (vinte) anos, bem como a desapropriação por interesse social, referente ao imóvel urbano não edificado, subutilizado ou não utilizado, cuja indenização será em títulos da dívida pública, com prazo de resgate de até 10 (dez) anos. Vejamos em seguida, de forma um pouco mais detida, cada uma das modalidades de desapropriação previstas na Constituição.

15.21 DESAPROPRIAÇÃO POR NECESSIDADE E UTILIDADE PÚBLICA

As desapropriações por utilidade e necessidade pública, como vimos, têm previsão no artigo 5º, inciso XXIV, da Constituição Federal. Na seara infraconstitucional, foram regulamentadas pelo Decreto-Lei 3.365/1941, recepcionado pela Constituição de 1988. Mediante declaração de necessidade ou de utilidade pública, todos os bens poderão ser desapropriados pela União, pelos Estados, Municípios, Distrito Federal e Territórios.

Nos termos do artigo 1º, § 2º, daquele Decreto-lei, os bens do domínio dos Estados, Municípios, Distrito Federal e Territórios poderão ser desapropriados pela União, e os dos Municípios pelos Estados, mas, em qualquer caso, ao ato deverá preceder autorização legislativa. Ainda nos termos daquele diploma legal, os concessionários de serviços públicos e os estabelecimentos de caráter público ou que exerçam funções delegadas do poder público poderão promover desapropriações mediante autorização expressa, constante de lei ou contrato (artigo 3º).

Os casos de desapropriação por necessidade ou de utilidade pública estão no artigo 5º, do Decreto-lei 3.365/1941. *O que distingue as duas modalidades é o caráter de urgência, existente na primeira, e inexistente na segunda, que é apenas conveniente e oportuna para a Administração Pública.* Os casos ali enumerados são meramente exemplificativos, já que a Constituição Federal (artigo 5º, inciso XXIV) diz que a lei estabelecerá apenas o procedimento para desapropriação, e não as hipóteses de sua ocorrência.

Eis algumas das hipóteses de desapropriação por necessidade e por utilidade pública, relacionadas naquele diploma legal: segurança nacional; defesa do Estado; socorro público em caso de calamidade; salubridade pública; criação e melhoramento de centros de população, seu abastecimento regular de meios de subsistência; aproveitamento industrial das minas e das jazidas minerais, das águas e da energia hidráulica.

Também são casos ali descritos: assistência pública; obras de higiene e decoração, casas de saúde, clínicas, estações de clima e fontes medicinais; exploração ou conservação dos serviços públicos; abertura, conservação e melhoramento de vias ou logradouros públicos; execução de planos de urbanização; parcelamento do solo, com ou sem edificação, para sua melhor utilização econômica, higiênica ou estética; construção ou ampliação de distritos industriais.

Na mesma toada: preservação e conservação adequada de arquivos, documentos e outros bens móveis de valor histórico ou artístico; construção de edifícios públicos, monumentos comemorativos e cemitérios; criação de estádios, aeródromos ou campos de pouso para aeronaves; reedição ou divulgação de obra ou invento de natureza científica, artística ou literária; demais casos previstos por leis especiais.

A declaração de necessidade ou de utilidade pública far-se-á por decreto do presidente da República, governador ou prefeito. Declarada a necessidade ou utilidade pública, ficam as autoridades administrativas autorizadas a penetrar nos prédios compreendidos na declaração, podendo recorrer, em caso de oposição, ao auxílio de força policial.

Esse direito de penetração no imóvel, que só é admitida após a expedição do decreto declaratório, ainda não é a imissão provisória na posse, que só pode ser concedida judicialmente, após o pagamento da indenização prévia. Aquele que for molestado por excesso ou abuso de poder poderá pleitear indenização por perdas e danos, sem prejuízo da ação penal.

A desapropriação deverá efetivar-se mediante acordo ou intentar-se judicialmente, *dentro de 5 (cinco) anos, contados da data da expedição do respectivo decreto e findos os quais este caducará.* Neste caso, somente decorrido 1 (um) ano, poderá ser o mesmo bem objeto de nova declaração. Extingue-se em 5 (cinco) anos o direito de propor ação que vise à indenização por restrições decorrentes de atos do poder público.

Se o expropriante alegar urgência e depositar quantia arbitrada, o juiz mandará imiti-lo provisoriamente na posse dos bens. A imissão provisória poderá ser feita independentemente da citação do réu. A alegação de urgência, que não poderá ser renovada, obrigará o expropriante a requerer a imissão provisória dentro do prazo improrrogável de 120 (cento e vinte) dias. Excedido este prazo, não será concedida a imissão provisória na posse.

Feita a citação, a causa seguirá com o rito ordinário. A contestação só poderá versar sobre vício do processo judicial ou impugnação do preço. Qualquer outra questão deverá ser decidida por ação direta. Havendo concordância sobre o preço, o juiz o homologará por sentença no despacho saneador.

O pagamento do preço, conforme, aliás, ressalta a própria Constituição Federal, será prévio e em dinheiro. As dívidas fiscais serão deduzidas dos valores depositados, quando inscritas e ajuizadas. Incluem-se na dedução as multas decorrentes de inadimplemento e de obrigações fiscais. A discussão acerca dos valores inscritos ou executados será realizada em ação própria.

A transmissão da propriedade, decorrente de desapropriação amigável ou judicial, não ficará sujeita ao imposto de lucro imobiliário. Os bens expropriados, uma vez incorporados à Fazenda Pública, não podem ser objeto de reivindicação, ainda que fundada em nulidade do processo de desapropriação. Qualquer ação, julgada procedente, resolver-se-á em perdas e danos.

DESAPROPRIAÇÃO POR NECESSIDADE E UTILIDADE PÚBLICA

– As desapropriações por utilidade e necessidade pública estão regulamentadas pelo Decreto-lei 3.365/1941, recepcionado pela Constituição de 1988.

– Mediante declaração de necessidade ou de utilidade pública, todos os bens poderão ser desapropriados pela União, pelos Estados, Municípios, Distrito Federal e Territórios.

– Necessidade pública: tem por principal característica a urgência na transferência da propriedade particular para o domínio do poder público.

– Utilidade pública: aqui não há a urgência, havendo, contudo, conveniência e oportunidade na transferência da propriedade para a Administração Pública.

– A desapropriação deverá efetivar-se mediante acordo ou intentar-se judicialmente, dentro de 5 (cinco) anos, contados da data da expedição do respectivo decreto e findos os quais este caducará.

– O pagamento do preço será prévio e em dinheiro. As dívidas fiscais serão deduzidas dos valores depositados, quando inscritas e ajuizadas

15.22 DESAPROPRIAÇÃO POR INTERESSE SOCIAL

A desapropriação por interesse social, da mesma forma que as desapropriações por necessidade e utilidade pública, têm previsão no artigo 5º, inciso XXIV, da Constituição Federal. Como vimos anteriormente, esta modalidade de desapropriação está regulamentada pela Lei 4.132/1962, a qual, em seu artigo 1º, dispõe que a desapropriação por interesse social será decretada *para promover a justa distribuição da propriedade ou para condicionar o seu uso ao bem-estar social*.

Considera-se de interesse social, dentre outros exemplos *não taxativos* estabelecidos por aquele diploma legal: o aproveitamento de todo bem improdutivo ou explorado sem correspondência com as necessidades de habitação, trabalho e consumo dos centros de população a que deve ou possa suprir por seu destino econômico, bem como o estabelecimento e a manutenção de colônias ou cooperativas de povoamento e trabalho agrícola.

Também são casos de desapropriação por interesse social: construção de casas populares; terras e águas suscetíveis de valorização extraordinária, pela conclusão de obras e serviços públicos; proteção do solo e a preservação de cursos e mananciais de água e de reservas florestais; utilização de áreas, locais ou bens que, por suas características, sejam apropriados ao desenvolvimento de atividades turísticas.

O expropriante tem o prazo de 2 (dois) anos, a partir da decretação da desapropriação por interesse social, para efetivar a aludida desapropriação e iniciar as providências de aproveitamento do bem expropriado. Ainda segundo a lei, aplicam-se à desapropriação por interesse social, no que for omissa a lei que a regulamenta, as normas legais referentes à desapropriação por utilidade ou necessidade pública, inclusive no tocante ao processo e à justa indenização devida ao proprietário.

Outra hipótese de desapropriação por interesse social, já vimos anteriormente, encontra-se prevista no Estatuto da Cidade. Com efeito, nos termos deste diploma legal, caso tenham decorrido 5 (cinco) anos de cobrança do imposto predial e territorial urbano (IPTU) progressivo no tempo, sem que o proprietário do imóvel urbano tenha cumprido a obrigação de parcelamento, edificação ou utilização compulsórios, o Município poderá proceder à desapropriação daquele imóvel, com pagamento em títulos da dívida pública.

DESAPROPRIAÇÃO POR INTERESSE SOCIAL

– A desapropriação por interesse social, da mesma forma que as desapropriações por necessidade e utilidade pública, têm previsão no artigo 5º, inciso XXIV, da Constituição Federal.

– Esta modalidade de desapropriação está regulamentada pela Lei 4.132/1962, e será decretada *para promover a justa distribuição da propriedade ou para condicionar o seu uso ao bem-estar social* (art. 1º).

15.23 DESAPROPRIAÇÃO POR INTERESSE SOCIAL, PARA FINS DE REFORMA AGRÁRIA

O artigo 184, da Constituição Federal, instituiu a desapropriação por interesse social, para fins de reforma agrária. Nos termos daquele dispositivo constitucional, *compete à União (e apenas a esta)*, realizar referida modalidade de desapropriação. Portanto, não podem realizar desapropriação por interesse social, para fins de reforma agrária, os Estados, o Distrito Federal nem os Municípios.

Tal desapropriação, já vimos anteriormente, só pode ocorrer em imóveis rurais que não estejam cumprindo sua função social, mediante prévia e justa indenização em títulos da dívida agrária, com cláusula de preservação do valor real, resgatáveis no prazo de até 20 (vinte) anos, a partir do segundo ano de sua emissão, cuja utilização será definida em lei.

Os requisitos necessários para que a propriedade rural possa atender à sua função social estão no artigo 186, de nossa Lei Maior. São eles: aproveitamento racional e adequado; utilização adequada dos recursos naturais disponíveis e preservação do meio ambiente; observância das disposições que regulam as relações de trabalho; e exploração que favoreça o bem-estar dos proprietários e dos trabalhadores.

A desapropriação por interesse social, para fins de reforma agrária, é regulamentada pela Lei 8.629/1993, que fornece as definições de propriedade rural, pequena e média propriedade e conceitos correlatos, bem como pela Lei Complementar 76/1993, com as alterações impostas pela Lei Complementar 88/1996, a qual dispõe sobre o procedimento contraditório especial, de rito sumário, para este tipo de processo judicial.

Nos termos do artigo 185, da Carta Magna, não estão sujeitas à desapropriação para fins de reforma agrária: (a) a pequena e média propriedade rural, definida em lei, desde que seu proprietário não possua outra; e (b) a propriedade produtiva. Segundo o artigo 4º, da Lei 8.629/1993, pequena propriedade é o imóvel rural de área compreendida entre 1 (um) e 4 (quatro) módulos fiscais. Média propriedade, por sua vez, é o imóvel rural de área superior a 4 (quatro) e até 15 (quinze) módulos fiscais.

Já a propriedade produtiva, segundo o artigo 6º, daquele mesmo diploma legal, é aquela que, explorada econômica e racionalmente, atinge, simultaneamente, graus de utilização da terra e de eficiência na exploração, segundo índices fixados pelo órgão federal competente. O grau de utilização da terra, para efeito de a propriedade ser considerada produtiva, deverá ser igual ou superior a 80% (oitenta por cento), calculado pela relação percentual entre a área efetivamente utilizada e a área aproveitável total do imóvel.

Nos expressos termos da lei que regulamenta essa modalidade de desapropriação, não perderá a qualificação de propriedade produtiva o imóvel que, por razões de força maior, caso fortuito ou de renovação de pastagens tecnicamente conduzida, devidamente comprovados pelo órgão competente, deixar de apresentar, no ano respectivo, os graus de eficiência na exploração exigidos para a espécie.

Além daquelas hipóteses previstas na Constituição Federal, a Lei 8.629/1993 também prevê outros casos em que o imóvel rural será excluído do Programa de Reforma Agrária do Governo Federal. É o caso, por exemplo, do imóvel rural objeto de esbulho possessório ou invasão motivada por conflito agrário ou fundiário de caráter coletivo, que não será vistoriado, avaliado ou desapropriado nos 2 (dois) anos seguintes à sua desocupação, ou no dobro desse prazo, em caso de reincidência. Também não será passível de desapropriação, para fins de reforma agrária, o imóvel cujo proprietário comprove estar sendo objeto de implantação de projeto técnico.

Na desapropriação por interesse social, para fins de reforma agrária, a União, através do órgão federal competente, fica autorizada a ingressar no imóvel de propriedade particular para levantamento de dados e informações, mediante prévia comunicação escrita ao proprietário, preposto ou seu representante. Na ausência do proprietário, do preposto ou do representante, a comunicação será feita mediante edital, a ser publicado, por 3 (três) vezes consecutivas, em jornal de grande circulação na capital do Estado de localização do imóvel.

Apesar de a Constituição Federal prever que a indenização será em Títulos da Dívida Agrária (TDA), a Lei 8.629/1993 prevê que as benfeitorias úteis e necessárias devem ser indenizadas em dinheiro. Contudo, o proprietário pode aceitar que elas também sejam pagas em TDA, hipótese em que os prazos de resgates dos respectivos títulos serão fixados mantendo-se a mesma proporcionalidade estabelecida para aqueles relativos ao valor da terra e suas acessões naturais.

Ao fixar o valor da indenização, o juiz considerará, além dos laudos periciais, outros meios objetivos de convencimento, inclusive a pesquisa de mercado. O valor da indenização corresponderá ao valor apurado na data da perícia, ou ao consignado pelo juiz, corrigido monetariamente até a data de seu efetivo pagamento. Considera-se justa a indenização que reflita o preço atual de mercado do imóvel em sua totalidade, aí incluídas as terras e acessões naturais, matas e florestas e as benfeitorias indenizáveis.

Verificado o preço atual de mercado da totalidade do imóvel, proceder-se-á à dedução do valor das benfeitorias indenizáveis a serem pagas em dinheiro, obtendo-se o preço da terra a ser indenizado em Títulos da Dívida Pública (TDA). Integram o preço da terra, como já mencionado, as florestas naturais, matas nativas e qualquer outro tipo de vegetação natural, não podendo o preço apurado superar, em qualquer hipótese, o preço de mercado do imóvel.

Nos expressos termos da legislação que regulamenta a desapropriação por interesse social, para fins de reforma agrária, as terras rurais de domínio da União, dos Estados e dos Municípios ficam destinadas, preferencialmente, à execução de planos de reforma agrária. Tanto assim que, excetuando-se as reservas indígenas e os parques, somente se admitirá a existência de imóveis rurais de propriedade pública se o poder público os explorar direta ou indiretamente para pesquisa, experimentação, demonstração e fomento de atividades relativas ao desenvolvimento da agricultura, pecuária, preservação ecológica, áreas de segurança, treinamento militar, educação de todo tipo, readequação social e defesa nacional.

A ação de desapropriação, proposta pela entidade federal executora da reforma agrária (o Instituto Nacional de Colonização e Reforma Agrária – INCRA), será processada e julgada pelo juiz federal competente, inclusive durante as férias forenses. A ação de desapropriação deverá ser proposta dentro do prazo de 2 (dois) anos, contado da publicação do decreto de desapropriação. O Ministério Público Federal intervirá, obrigatoriamente, após a manifestação das partes, antes de cada decisão manifestada no processo, em qualquer instância.

Efetuada a desapropriação, o órgão expropriante, dentro do prazo de 3 (três) anos, contados da data de registro do título translativo de domínio, destinará a respectiva área aos beneficiários da reforma agrária, admitindo-se, para tanto, formas de exploração individual, condominial, cooperativa, associativa ou mista.

O artigo 189, *caput*, da Constituição Federal, assevera que os beneficiários da distribuição de imóveis rurais pela reforma agrária receberão títulos de domínio ou de concessão de uso, *inegociáveis pelo prazo de 10 (dez) anos*. O parágrafo único daquele artigo, por fim, ressalta que o título de domínio e a concessão de uso de imóveis rurais pela reforma agrária serão conferidos ao homem ou à mulher, ou a ambos, independentemente do estado civil, nos termos e condições previstas em lei.

Na implantação do projeto de assentamento, será celebrado com o beneficiário do programa de reforma agrária contrato de concessão de uso, de forma individual ou coletiva, que conterá cláusulas resolutivas, estipulando-se os direitos e as obrigações da entidade concedente e dos concessionários, assegurando-se a estes o direito de adquirir, em definitivo, o título de domínio.

São isentas de impostos federais, estaduais e municipais, inclusive do Distrito Federal, as operações de transferência de imóveis desapropriados para fins de reforma agrária, bem como a transferência ao beneficiário do programa. Não serão cobradas custas ou emolumentos para registro de títulos translativos de domínio de imóveis rurais desapropriados para fins de reforma agrária.

DESAPROPRIAÇÃO POR INTERESSE SOCIAL, PAR FINS DE REFORMA AGRÁRIA

– A desapropriação por interesse social, para fins de reforma agrária *compete à União (e apenas a esta)*, não podendo ser realizada, portanto, pelos Estados, pelo Distrito Federal nem pelos Municípios. Tal modalidade de desapropriação só pode ocorrer em imóveis rurais que não estejam cumprindo sua função social, mediante prévia e justa indenização em títulos da dívida agrária, com cláusula de preservação do valor real, resgatáveis no prazo de até vinte anos, a partir do segundo ano de sua emissão, cuja utilização será definida em lei.

– A desapropriação por interesse social, para fins de reforma agrária, é regulamentada pela Lei 8.629/1993, que fornece as definições de propriedade rural, pequena e média propriedade e conceitos correlatos, bem como pela Lei Complementar 76/1993, com as alterações impostas pela Lei Complementar 88/96, a qual dispõe sobre o procedimento contraditório especial, de rito sumário, para este tipo de processo judicial.

– Nos termos do artigo 185, da Carta Magna, não estão sujeitas à desapropriação para fins de reforma agrária: (a) a pequena e média propriedade rural, definida em lei, desde que seu proprietário não possua outra; e (b) a propriedade produtiva.

15.24 SISTEMA FINANCEIRO NACIONAL

O artigo 192, da Constituição Federal, foi drasticamente alterado pela Emenda Constitucional 40, de 29 de maio de 2003. Com efeito, com a nova redação conferida ao artigo, o texto constitucional deixou de relacionar, como fazia antes, diversas matérias que deveriam ser objeto de edição de lei complementar, para regulamentação do sistema financeiro nacional.

Foram revogados todos os incisos e parágrafos daquele dispositivo constitucional, permanecendo apenas as diretrizes, que já constavam do *caput* do supramencionado artigo 192, de nossas Lei Maior, para a edição das leis complementares de regulamentação do sistema financeiro nacional. São elas:

(a) *necessidade de que o sistema financeiro nacional seja estruturado de forma a promover o desenvolvimento equilibrado do País;*

(b) *dever de servir aos interesses da coletividade;*

(c) *obrigatoriedade de inclusão das cooperativas de crédito na regulamentação do sistema financeiro nacional; e*

(d) *disposição sobre a participação de capital estrangeiro nas instituições que integrarem o sistema financeiro nacional.*

Devemos ressaltar, por fim, que referida Emenda Constitucional 40/2003, ao revogar os parágrafos do artigo 192, da Constituição Federal, alijou do texto constitucional a controvertida regra fixada no antigo § 3º daquele mesmo artigo, que limitava a 12% (doze por cento) ao ano as taxas de juros, determinando, inclusive, a tipificação como crime de usura a cobrança acima daquele patamar.

16
ORDEM SOCIAL

16.1 ESCLARECIMENTOS INICIAIS

Nós já vimos, em mais de uma oportunidade, que os direitos fundamentais surgiram com a necessidade de proteger o homem do poder estatal, a partir dos ideais advindos do Iluminismo. Vimos, igualmente, que referidos direitos também têm, na atualidade, outras importantes funções, dentre as quais a de garantir aos indivíduos as denominadas *liberdades positivas*, ou seja, o conjunto de direitos que impõe ao Estado a prática de diversas *ações*[1], visando à obtenção da igualdade substancial (não mais apenas formal) entre as pessoas.

Com efeito, o simples reconhecimento de direitos fundamentais nem sempre é suficiente para que os indivíduos possam efetivamente gozá-los, tamanha a pobreza que ainda existe no meio social, tornando-se indispensável, portanto, que o Estado também consagre um conjunto de direitos destinados justamente à obtenção, tanto quanto possível, de uma certa igualdade material entre as pessoas, através da redução das desigualdades socioeconômicas. Entre os direitos dessa natureza, destacam-se os chamados direitos sociais.

Os direitos sociais, também já vimos anteriormente, estão fortemente vinculados ao chamado princípio da dignidade humana, apontado pela doutrina como a fonte primordial de todo o ordenamento jurídico, e, sobretudo, dos direitos e garantias fundamentais, notadamente os direitos sociais. Estes direitos têm inequívoco caráter universal, destinando-se à proteção de todo o gênero humano, beneficiando não só os brasileiros, como também os estrangeiros que se encontrem no território nacional.

Contudo, nunca é demais lembrar, apesar de seu caráter universal, destinando-se à tutela de todo o gênero humano, os direitos sociais destinam-se principalmente à *proteção dos mais fracos*, sejam os menores de idade, sejam os maiores considerados hipossuficientes, assim entendidos aqueles que dependem, em maior grau, das prestações materiais promovidas pelo Estado.

Após relacionar os diversos direitos sociais,[2] a Constituição Federal trata, no Capítulo II, de seu Título II, dos direitos mínimos dos trabalhadores urbanos e rurais, da liberdade de associação profissional ou sindical e do direito de greve, assuntos já estudados no Capítulo 8, deste livro. Já no Título VII, nossa Carta Magna contém normas que tratam, dentre outros direitos sociais, da seguridade social, da proteção à maternidade, à infância e aos idosos.

Conforme expressa redação do artigo 193, da Le Maior, a ordem social tem como base o primado do trabalho, e como objetivo o bem-estar e a justiça sociais. O parágrafo único[3]

---

1. Justamente por se tratar de ações (prestações positivas) que devem ser prestadas pelo Estado, esses direitos são também chamados de direitos de promoção ou direitos prestacionais.
2. Constituição Federal, artigo 6º: "São direitos sociais a educação, a saúde, a alimentação, o trabalho, a moradia, o transporte, o lazer, a segurança, a previdência social, a proteção à maternidade e à infância, a assistência aos desamparados, na forma desta Constituição".
3. Parágrafo único incluída pela Emenda Constitucional 108, de 2020.

do mesmo artigo, a seu turno, nos esclarece que o Estado exercerá a função de planejamento das políticas sociais, assegurada, na forma da lei, a participação da sociedade nos processos de formulação, de monitoramento, de controle e de avaliação dessas políticas. Passemos agora a estudar, de forma mais detalhada, o Título VII, da Constituição Federal (denominado "Da ordem social").

16.2 SEGURIDADE SOCIAL

Conforme disposto no artigo 194, da Carta Magna, "a seguridade social compreende um conjunto integrado de ações de iniciativa dos poderes públicos e da sociedade, destinadas a assegurar os direitos relativos à saúde, à previdência e à assistência social". Portanto, nos expressos termos de nossa Lei Maior, a chamada seguridade social engloba as ações, tanto do Estado como da sociedade, relacionadas: (a) à saúde; (b) à previdência social; e (c) à assistência social.

Nos expressos termos do parágrafo único daquele artigo 194, da Constituição da República, o poder público deve organizar a seguridade social, nos termos da lei, com base nos seguintes objetivos:

– *Universalidade da cobertura e do atendimento;*
– *Uniformidade e equivalência dos benefícios e serviços às populações urbanas e rurais;*
– *Seletividade e distributividade na prestação dos benefícios e serviços;*
– *Irredutibilidade do valor dos benefícios;*
– *Equidade na forma de participação no custeio;*
– *Diversidade da base de financiamento, identificando-se, em rubricas contábeis específicas para cada área, as receitas e as despesas vinculadas a ações de saúde, previdência e assistência social, preservado o caráter contributivo da previdência social*[4];
– *Caráter democrático e descentralizado da administração, mediante gestão quadripartite, com participação dos trabalhadores, dos empregadores, dos aposentados e do Governo nos órgãos colegiados*[5].

O artigo 195, da Constituição Federal, ao seu turno, esclarece que a seguridade social será financiada *por toda a sociedade, de forma direta e indireta*, também nos termos de lei ordinária, mediante recursos provenientes dos orçamentos da União, dos Estados, do Distrito Federal e dos Municípios, bem como de recursos obtidos através das seguintes contribuições sociais:

– *Do empregador, da empresa e da entidade a ela equiparada na forma da lei, incidente sobre: (a) a folha de salários e demais rendimentos do trabalho pagos ou creditados, a qualquer título, à pessoa física que lhe preste serviço, mesmo sem vínculo empregatício; (b) receita ou faturamento; e (c) lucro;*
– *Do trabalhador e dos demais segurados da previdência social, podendo ser adotadas alíquotas progressivas de acordo com o valor do salário de contribuição, não incidindo contribuição sobre aposentadoria e pensão concedidas pelo Regime Geral de Previdência Social*[6];
– *Sobre a receita de concursos de prognósticos;*
– *Do importador de bens ou serviços do exterior, ou de quem a lei a ele equiparar.*

As receitas dos Estados, do Distrito Federal e dos Municípios destinadas à seguridade social constarão dos respectivos orçamentos, não integrando o orçamento da União. A proposta de orçamento da seguridade social será elaborada de forma integrada pelos órgãos responsáveis pela saúde, previdência social e assistência social, tendo em vista as metas e

---
4. Redação dada pela Emenda Constitucional 103, de 2019.
5. Redação conferida pela Emenda Constitucional 20, de 1998.
6. Redação dada pela Emenda Constitucional 103, de 2019.

prioridades estabelecidas na lei de diretrizes orçamentárias, assegurada a cada área a gestão de seus recursos.

Conforme expressa determinação da Constituição Federal (artigo 195, § 3º) a pessoa jurídica em débito com o sistema da seguridade social, como estabelecido em lei, não poderá contratar com o poder público nem dele receber benefícios ou incentivos fiscais ou creditícios.

Ainda segundo a Lei Maior (§ 4º do 195), a lei poderá instituir outras fontes destinadas a garantir a manutenção ou expansão da seguridade social, desde que por meio de lei complementar, e com a observância das regras fixadas no artigo 154, inciso I, da Lei Maior.[7] Quer isso dizer que, para tal fim, a União poderá criar impostos, desde que editados por lei complementar, que sejam não cumulativos e que não tenham fato gerador, ou base de cálculo, iguais aos dos impostos já previstos na Constituição Federal.

São isentas de contribuição para a seguridade social as entidades beneficentes de assistência social que atendam às exigências estabelecidas em lei. O produtor, o parceiro, o meeiro e o arrendatário rurais e o pescador artesanal, bem como os respectivos cônjuges, que exerçam suas atividades em regime de economia familiar, sem empregados permanentes, contribuirão para a seguridade social mediante a aplicação de uma alíquota sobre o resultado da comercialização da produção e farão jus aos benefícios nos termos da lei.

As contribuições sociais do empregador, da empresa e da entidade a ela equiparada poderão ter alíquotas diferenciadas em razão da atividade econômica, da utilização intensiva de mão de obra, do porte da empresa ou da condição estrutural do mercado de trabalho, sendo também autorizada a adoção de bases de cálculo diferenciadas apenas sobre a receita ou o faturamento, ou o lucro.

Conforme dispõe o § 10 do artigo 195, da Lei Maior, a lei definirá os critérios de transferência de recursos para o sistema único de saúde e ações de assistência social da União para os Estados, o Distrito Federal e os Municípios, e dos Estados para os Municípios, observada a respectiva contrapartida de recursos.

SEGURIDADE SOCIAL

– A chamada seguridade social compreende um conjunto integrado de ações de iniciativa dos Poderes Públicos e da também da sociedade, e se destina a assegurar a todos os direitos relativos a: (a) saúde, (b) previdência e (c) assistência social.

– A seguridade social será financiada *por toda a sociedade, de forma direta e indireta*, mediante recursos provenientes dos orçamentos da União, dos Estados, do Distrito Federal e dos Municípios, bem como de recursos obtidos através de contribuições sociais.

16.3 SAÚDE

Conforme preceitua o artigo 196, da Constituição da República, "a saúde é direito de todos e dever do Estado, garantido mediante políticas sociais e econômicas que visem à redução do risco de doença e de outros agravos e ao acesso universal e igualitário às ações e serviços para sua promoção, proteção e recuperação".

O artigo 197 de nossa Carta Magna, por sua vez, dispõe serem de relevância pública as ações e serviços de saúde, competindo ao Estado, nos termos da lei, dispor sobre sua regu-

---

7. Constituição Federal, artigo 154, inciso I: "A União poderá instituir: mediante lei complementar, impostos não previstos no artigo anterior, desde que sejam não cumulativos e não tenham fato gerador ou base de cálculo próprios dos discriminados nesta Constituição".

lamentação, fiscalização e controle, devendo sua execução ser feita diretamente ou através de terceiros e, ainda, por pessoa física ou jurídica de direito privado.

Já o artigo 198, da Constituição Federal, após esclarecer que as ações e serviços públicos de saúde integram uma rede regionalizada e hierarquizada, constituindo um sistema único, denominado "Sistema Único de Saúde", fixa as seguintes diretrizes para a organização desse sistema: (a) descentralização, com direção única em cada esfera de governo; (b) atendimento integral, com prioridade para as atividades preventivas, sem prejuízo dos serviços assistenciais; e (c) participação da comunidade.

Quanto ao financiamento do Sistema Único de Saúde – SUS, o mesmo artigo 198, em seu § 1º, nos esclarece que ele será obtido *com recursos do orçamento da seguridade social, bem como da União, dos Estados, do Distrito Federal e dos Municípios, além de outras fontes*, nos termos do artigo 195, da Carta Magna.

As pessoas políticas (União, Estados, Distrito Federal e Municípios) deverão aplicar, anualmente, *percentuais mínimos* em ações e serviços públicos de saúde. No caso específico da União, não pode ser inferior a 15% (quinze por cento) da receita corrente líquida do respectivo exercício financeiro[8].

Já no caso dos Estados e do Distrito Federal, o percentual mínimo, *estabelecido por lei complementar* (revisada a cada cinco anos), deve incidir sobre o produto da arrecadação dos impostos de competência daqueles entes públicos, previstos no artigo 155 da Carta Magna[9]; bem como sobre os impostos que lhe são devidos por força da chamada transferência tributária. deduzidas as parcelas que forem transferidas aos respectivos Municípios.

Por fim, no caso dos Municípios (e do Distrito Federal, no tocante aos impostos municipais sob sua competência tributária), o *percentual mínimo*, também fixado por lei complementar sujeita a revisão a cada 5 (cinco) anos, incidirá sobre os impostos de sua competência, previstos no artigo 156 da Lei Maior[10], bem como os decorrentes de repartição de receitas tributárias.

Segundo nossa Lei Magna, os gestores locais do sistema único de saúde poderão admitir agentes comunitários de saúde e agentes de combate às endemias por meio de processo seletivo público, de acordo com a natureza e complexidade de suas atribuições e requisitos específicos para sua atuação.

Lei federal disporá sobre o regime jurídico, o piso salarial profissional nacional, as diretrizes para os planos de carreira e a regulamentação das atividades de agente comunitário de saúde e agente de combate às endemias, competindo à União, nos termos da lei, prestar assistência financeira complementar aos Estados, ao Distrito Federal e aos Municípios, para o cumprimento do referido piso salarial.

É importante ressaltar que a iniciativa privada também pode participar do Sistema Único de Saúde. Contudo, as instituições privadas participarão de forma *complementar*, tendo pre-

---

8. Conforme redação dada pela Emenda Constitucional 86, de 2015.
9. São impostos de competência dos Estados e do Distrito Federal: imposto sobre transmissão causa mortis e doação, de quaisquer bens ou direitos; imposto sobre operações relativas à circulação de mercadorias e sobre prestações de serviços de transporte interestadual e intermunicipal e de comunicação, ainda que as operações e as prestações se iniciem no exterior; e imposto sobre propriedade de veículos automotores.
10. Constituição Federal, artigo 156: "Compete aos Municípios instituir impostos sobre: I – propriedade predial e territorial urbana; II – transmissão '*inter vivos*', a qualquer título, por ato oneroso, de bens imóveis, por natureza ou acessão física, e de direitos reais sobre imóveis, exceto os de garantia, bem como cessão de direitos a sua aquisição; III – serviços de qualquer natureza, não compreendidos no art. 155, II, definidos em lei complementar".

ferência entidades filantrópicas e sem fins lucrativos. Referidas entidades privadas, ademais, devem sujeitar-se às mesmas diretrizes impostas ao Sistema Único de Saúde, mediante contrato de direito público ou convênio, não podendo receber recursos públicos, caso tenham fins lucrativos. A Carta Magna também veda expressamente a participação de empresas ou de capitais estrangeiros na assistência à saúde no País, salvo nos casos previstos em lei.

SAÚDE

– A saúde é direito de todos e dever do Estado, garantido mediante políticas sociais e econômicas que visem à redução do risco de doença e de outros agravos, bem como ao acesso universal e igualitário às ações e serviços para sua promoção, proteção e recuperação.

– O denominado Sistema Único de Saúde (SUS) será financiado com recursos do orçamento da seguridade social, bem como da União, dos Estados, do Distrito Federal e dos Municípios, além de outras fontes.

– A iniciativa privada também poderá participar do Sistema Único de Saúde (SUS), de forma *complementar*, tendo preferência entidades filantrópicas e sem fins lucrativos.

16.4 PREVIDÊNCIA SOCIAL: ORGANIZAÇÃO DO REGIME GERAL DE PREVIDÊNCIA SOCIAL (RGPS)

Conforme disposto no artigo 201, de nossa a Lei Maior, em consonância com a nova redação que lhe conferiu a Emenda Constitucional 103, de 2019, a previdência social será organizada sob a forma do Regime Geral de Previdência Social (RGPS), de *caráter contributivo* e de *filiação obrigatória*, observados critérios que preservem o equilíbrio financeiro e atuarial.

Referido dispositivo constitucional enumera, em seus incisos, as espécies de benefícios que devem ser garantidos pela previdência social de nosso País, ressaltando, ademais, que eles devem ser regulamentados por lei. Eis os benefícios ali enumerados:

– *Cobertura dos eventos de incapacidade temporária ou permanente para o trabalho e idade avançada;*
– *Proteção à maternidade, especialmente à gestante;*
– *Proteção do trabalhador em situação de desemprego involuntário;*
– *Salário-família e auxílio-reclusão para os dependentes dos segurados de baixa renda;*
– *Pensão por morte do segurado, homem ou mulher, ao cônjuge ou companheiro e dependentes.*

Devemos ressaltar que essa matéria, relativa aos benefícios previdenciários, já se encontra devidamente regulamentada. Destaca-se, nesta seara, a Lei 8.213, de 24 de julho de 1991, que dispõe sobre os Planos de Benefícios da Previdência Social, bem como o Decreto 3.048, de 6 de maio de 1999, conhecido como Regulamento da Previdência Social.

O § 1º inciso I, do artigo 201, da Carta Magna, com a nova redação que lhe deu a Emenda Constitucional 103/2019, veda expressamente a adoção de requisitos ou critérios diferenciados para concessão de benefícios, ressalvada, nos termos de lei complementar, a possibilidade de previsão de idade e tempo de contribuição distintos da regra geral para concessão de aposentadoria exclusivamente *em favor dos segurado com deficiência*, previamente submetidos a avaliação biopsicossocial realizada por equipe multiprofissional e interdisciplinar.

A proibição à adoção de requisitos ou critérios diferenciados para a concessão de benefícios previdenciários também *não se aplica* às atividades que sejam exercidas com *efetiva exposição a agentes químicos, físicos e biológicos prejudiciais* à saúde, ou associação desses agentes, vedada a caracterização por categoria profissional ou ocupação (Constituição Federal, artigo 201, § 1º, inciso II).

O diploma legal destinado a regulamentar a aposentadoria da pessoa com deficiência, vinculada ao Regime Geral de Previdência Social – RGPS, foi editada recentemente. Trata-se da Lei Complementar 142, de 8 de maio de 2013, a qual, em seu artigo 2º, define como pessoa com deficiência "aquela que tem impedimentos de longo prazo de natureza física, mental, intelectual ou sensorial, os quais, em interação com diversas barreiras, podem obstruir sua participação plena e efetiva na sociedade em igualdade de condições com as demais pessoas".

Por sua vez, o § 2º, do artigo 201, da Constituição Federal (na forma que lhe deu a Emenda Constitucional 20, de 1998), veda que qualquer benefício que substitua o salário de contribuição ou o rendimento do trabalho do segurado tenha valor mensal inferior ao salário mínimo. Já o § 3º do artigo 201, de nossa Lei Maior, garante a atualização de todos os salários de contribuição, utilizados para cálculo do benefício. A Carta Magna garante, ainda, o reajustamento dos benefícios, de maneira a preservar-lhes seu real valor, em caráter permanente (§ 4º).

O § 5º do mesmo artigo, de outro lado, veda a filiação ao Regime Geral de Previdência Social, na qualidade de segurado facultativo, de pessoa participante de regime próprio de previdência. É o caso, por exemplo, dos servidores públicos titulares de cargos efetivos da União, dos Estados, do Distrito Federal e dos Municípios, incluídas suas autarquias e fundações públicas, que estão submetidos a Regime Próprio de Previdência Social (RPPS).

PREVIDÊNCIA SOCIAL

– A Previdência Social será organizada sob a forma de Regime Geral de Previdência Social (RGPS), de *caráter contributivo* e de *filiação obrigatória*, observados os critérios que preservem o equilíbrio financeiro e atuarial.

16.5 REGRAS PARA APOSENTADORIA NO REGIME GERAL DE PREVIDÊNCIA SOCIAL

O artigo 201, § 7º, da Constituição de 1988, também alterado pela Emenda Constitucional 103/2019, fixa as condições necessárias para que o beneficiário faça jus à aposentadoria, pelo denominado Regime Geral de Previdência Social (RGPS). São elas:

(a) 65 (sessenta e cinco) anos de idade, se homem, e 62 (sessenta e dois) anos de idade, se mulher, observado tempo mínimo de contribuição; e

(b) 60 (sessenta) anos de idade, se homem, e 55 (cinquenta e cinco) anos de idade, se mulher, para os trabalhadores rurais e para os que exerçam suas atividades em regime de economia familiar, nestes incluídos o produtor rural, o garimpeiro e o pescador artesanal.

Para o professor que comprove tempo de efetivo exercício das funções de magistério na educação infantil e no ensino fundamental e médio fixado em lei complementar, o requisito de idade a que se refere a alínea "a", acima mencionada, será reduzido em 5 (cinco) anos[11].

Para fins de aposentadoria, será assegurada a contagem recíproca do tempo de contribuição entre o Regime Geral de Previdência Social e os Regimes Próprios de Previdência Social, e destes entre si, observada a compensação financeira, de acordo com os critérios estabelecidos em lei (§ 9º, do mesmo artigo 201, da Constituição Federal).

---

11. Regra semelhante é encontrada na própria Constituição Federal, quando esta trata do regime de previdência dos servidores públicos. Com efeito, nos termos do artigo 40, § 5º, da Constituição de 1988, "os requisitos de idade e de tempo de contribuição serão reduzidos em cinco anos, em relação ao disposto no § 1º, III, "a", para o professor que comprove exclusivamente tempo de efetivo exercício das funções de magistério na educação infantil e no ensino fundamental e médio".

Os § 12, do artigo 201, de nossa Lei Maior[12], estabelece que deverá ser editada uma lei que disponha sobre sistema especial de inclusão previdenciária, com alíquotas diferenciadas, para atender aos trabalhadores de baixa renda, inclusive os que se encontram em situação de informalidade, e àqueles sem renda própria que se dediquem exclusivamente ao trabalho doméstico no âmbito de sua residência, desde que pertencentes a famílias de baixa renda. O § 13, do mesmo artigo, a seu turno, prevê que essa modalidade de aposentadoria terá valor de 1 (um) salário-mínimo.

No caso específico do segurado com deficiência física, o artigo 3°, da Lei Complementar 142/2013 prevê que sua aposentadoria será concedida: (a) aos 25 (vinte e cinco) anos de tempo de contribuição, se homem, e 20 (vinte) anos, se mulher, no caso de segurado com deficiência grave; (b) aos 29 (vinte e nove) anos de tempo de contribuição, se homem, e 24 (vinte e quatro) anos, se mulher, no caso de segurado com deficiência moderada; (c) aos 33 (trinta e três) anos de tempo de contribuição, se homem, e 28 (vinte e oito) anos, se mulher, no caso de segurado com deficiência leve.

Ainda segundo aquele artigo 3°, da Lei Complementar 142/2013, a aposentadoria ao segurado com deficiência, vinculado ao Regime Geral de Previdência Social, também poderá ser concedida aos 60 (sessenta) anos de idade, se homem, e 55 (cinquenta e cinco) anos de idade, se mulher, independentemente do grau de deficiência, desde que cumprido tempo mínimo de contribuição de 15 (quinze) anos e comprovada a existência de deficiência durante igual período.

As definições do que vem a ser deficiência grave, moderada e leve, para os fins de concessão dessa modalidade de aposentadoria, deverão ser feitas por Regulamento do Poder Executivo, tudo conforme determina o artigo 3°, parágrafo único, da Lei Complementar 142/2013. Este mesmo diploma legal, ademais, esclarece-nos que a avaliação da deficiência será médica e funcional (artigo 4°) e também que o grau de deficiência será atestado por perícia própria do Instituto Nacional do Seguro Social (INSS), por meio de instrumentos desenvolvidos para tal mister (artigo 5°).

16.6 REGIME DE PREVIDÊNCIA PRIVADA

A Emenda Constitucional 20/1998 trouxe ao corpo da Constituição Federal outra novidade. Trata-se do denominado Regime de Previdência Privada. Com efeito, conforme artigo 202, *caput*, de nossa Carta Magna, "o regime de previdência privada, de caráter complementar e organizado de forma autônoma em relação ao regime geral de previdência social, será facultativo, baseado na constituição de reservas que garantam o benefício contratado, e regulado por lei complementar".

O diploma legal previsto no supramencionado artigo 202, da Constituição Federal, já foi editado. Trata-se da Lei Complementar 109, de 29 de maio de 2001, a qual dispõe que o Regime de Previdência Privada "é operado por entidades de previdência complementar que têm por objetivo principal instituir e executar planos de benefícios de caráter previdenciário" (artigo 2°), podendo ser classificadas em entidades abertas e fechadas de previdência complementar (artigo 4°).

As entidades fechadas de previdência complementar, organizadas sob a forma de fundação ou sociedade civil sem fins lucrativos, são aquelas acessíveis exclusivamente:

---

12. Com a redação que lhe conferiu a Emenda Constitucional 103/2019.

(a) aos empregados de uma empresa ou grupo de empresas e aos servidores da União, dos Estados, do Distrito Federal e dos Municípios, entes denominados patrocinadores; e (b) aos associados ou membros de pessoas jurídicas de caráter profissional, classista ou setorial, denominadas instituidores.

Já as entidades abertas de previdência complementar, constituídas *unicamente sob a forma de sociedades anônimas*, e que têm por objetivo instituir e operar planos de benefícios, de caráter previdenciário, concedidos em forma de renda continuada ou pagamento único, *são acessíveis a quaisquer pessoas físicas*, e não apenas aos empregados de uma empresa, grupos de empresas, ou a servidores públicos, ou, ainda, a associados ou membros de pessoas jurídicas de caráter profissional, classista ou setorial, como se dá com as entidades fechadas.

Segundo o artigo 5º, da Lei Complementar 109/2001, a normatização, coordenação, supervisão, fiscalização e controle das atividades das entidades de previdência complementar serão realizadas por órgão ou órgãos regulador e fiscalizador, conforme disposto em lei, observado o disposto no inciso VI, do artigo 84, da Constituição Federal.

Nos termos da Constituição Federal (artigo 202, § 1º), o regime de previdência privada deverá assegurar ao participante o pleno acesso às informações relativas à gestão de seus respectivos planos. O § 2º do artigo 202, por sua vez, assevera que as contribuições do empregador, os benefícios e condições contratuais previstas nos estatutos, regulamentos e planos de benefícios das entidades de previdência privada não integram o contrato de trabalho dos participantes, assim como, à exceção dos benefícios concedidos, não integram a remuneração dos participantes, nos termos da lei.

A Constituição Federal veda expressamente o aporte de recursos, pela União, pelos Estados, pelo Distrito Federal e pelos Municípios, bem como por suas respectivas autarquias, fundações, empresas públicas, sociedades de economia mista e outras entidades públicas, à entidade de previdência privada, salvo na qualidade de patrocinador, situação na qual, em hipótese alguma, sua contribuição normal poderá exceder à contribuição do segurado.

Ainda segundo a Carta Magna, lei complementar disciplinará a relação entre a União, Estados, Distrito Federal ou Municípios, inclusive suas autarquias, fundações, sociedades de economia mista e empresas controladas direta ou indiretamente, enquanto patrocinadores de planos de benefícios previdenciários, e as entidades de previdência complementar[13].

Referida lei complementar aplicar-se-á, no que couber, às empresas privadas permissionárias ou concessionárias de prestação de serviços públicos, quando patrocinadoras de planos de benefícios em entidades de previdência complementar (§ 5º). Referida lei estabelecerá, ademais, os requisitos para a designação dos membros das diretorias das entidades fechadas de previdência complementar instituídas pelos patrocinadores, e disciplinará a inserção dos participantes nos colegiados e instâncias de decisão em que seus interesses sejam objeto de discussão e deliberação.

16.7 ASSISTÊNCIA SOCIAL

A assistência social será prestada, conforme explicitado no artigo 203, da Constituição Federal, a quem dela necessitar, *independentemente de contribuição à seguridade social*. Vê-se, portanto, que a assistência social, ao contrário do que se dá com o chamado Regime Geral

---

13. Redação dada pela Emenda Constitucional 103, de 2019.

de Previdência Social (RGPS), deve ser prestada a quem dela necessitar, mesmo que jamais tenha contribuído para tanto. Segundo a Carta Magna, a assistência social tem por objetivos:

– A proteção à família, à maternidade, à infância, à adolescência e à velhice;

– O amparo às crianças e aos adolescentes carentes;

– A promoção da integração ao mercado de trabalho;

– A habilitação e a reabilitação das pessoas portadoras de deficiência e a promoção de sua integração à vida comunitária; e

– A garantia de um salário-mínimo de benefício mensal à pessoa portadora de deficiência e ao idoso que comprovem não possuir meios de prover à própria manutenção ou de tê-la provida por sua família, conforme dispuser a lei.

As ações governamentais, destinadas à denominada Assistência Social, serão realizadas com recursos do orçamento da seguridade social, previstos no artigo 195, da Carta Magna, além de outras fontes. Dentre estas, o parágrafo único do artigo 204, de nossa Lei Maior[14], passou a conferir aos Estados e ao Distrito Federal a faculdade de vincular até 0,5% (cinco décimos por cento) de sua receita tributária líquida a programas de apoio à inclusão e à promoção social.

A organização da Assistência Social encontra-se regulamentada pela Lei 8.742, de 7 de dezembro de 1993, a denominada *Lei Orgânica da Assistência Social (LOAS)*. Nos termos do artigo 1º, deste diploma legal, "a assistência social, direito do cidadão e dever do Estado, é Política de Seguridade Social não contributiva, que provê os mínimos sociais, realizada através de um conjunto integrado de ações de iniciativa pública e da sociedade, para garantir o atendimento às necessidades básicas".

O artigo 3º daquela lei, por sua vez, na redação que lhe conferiu a Lei 12.435, de 6 de julho de 2011, esclarece que devem ser consideradas entidades e organizações de Assistência Social aquelas sem fins lucrativos que, isolada ou cumulativamente, prestam atendimento e assessoramento aos beneficiários da Assistência Social, bem como as que atuam na defesa e garantia de direitos.

A gestão das ações na área da Assistência Social, conforme expressa previsão do artigo 6º, *caput*, da Lei 8.742/1993, também na redação que lhe conferiu a Lei 12.345/2011, deve ser organizada sob a forma de um sistema descentralizado e participativo, denominado "Sistema Único de Assistência Social (SUAS)".

Conforme esclarece o diploma legal em comento (artigo 6º-A), a Assistência Social presta 2 (dois) tipos de proteção: (a) proteção social básica e (b) proteção social especial, as quais serão ofertadas pela rede socioassistencial, de forma integrada, diretamente pelos entes públicos e/ou pelas entidades e organizações de assistência social vinculadas ao Sistema Único de Assistência Social, respeitadas as especificidades de cada ação (art. 6º-B).

A *proteção social básica* refere-se ao conjunto de serviços, programas, projetos e benefícios da Assistência Social que visa a prevenir situações de vulnerabilidade e risco social por meio do desenvolvimento de potencialidades e aquisições e do fortalecimento de vínculos familiares e comunitários. Já a *proteção social especial*, esta diz respeito ao conjunto de serviços, programas e projetos que tem por objetivo contribuir para a reconstrução de vínculos familiares e comunitários, a defesa de direito, o fortalecimento das potencialidades e aquisições e a proteção de famílias e indivíduos para o enfrentamento das situações de violação de direitos.

---

14. Acrescentado pela Emenda Constitucional 42, de 19 de dezembro de 2003.

ASSISTÊNCIA SOCIAL

– A chamada Assistência Social será prestada a quem dela necessitar, *independentemente de contribuição à seguridade social* (Constituição Federal, artigo 203).

– Ao contrário do que se dá com o Regime Geral de Previdência Social, deve ser prestada a quem dela necessitar, mesmo que jamais tenha contribuído para tanto.

16.8 EDUCAÇÃO

Nos termos do artigo 205, da Constituição de 1988, a educação é um direito de todos e dever do Estado e da família, devendo ser promovida e incentivada com a colaboração da sociedade, visando ao pleno desenvolvimento da pessoa, seu preparo para o exercício da cidadania e sua qualificação para o trabalho. O artigo 206 da Carta Magna, por sua vez, dispõe que o ensino será ministrado com base nos seguintes princípios:

– *Igualdade de condições para o acesso e permanência na escola;*

– *Liberdade de aprender, ensinar, pesquisar e divulgar o pensamento, a arte e o saber;*

– *Pluralismo de ideias e de concepções pedagógicas, e coexistência de instituições de ensino públicas e privadas de ensino;*

– *Gratuidade do ensino em estabelecimentos oficiais;*

– *Valorização dos profissionais da educação escolar, garantidos, na forma da lei, planos de carreira, com ingresso exclusivamente por concurso público de provas e títulos, aos das redes públicas;*

– *Gestão democrática do ensino público, na forma da lei;*

– *Garantia de padrão de qualidade;*

– *Piso salarial profissional nacional para os profissionais da educação escolar pública, nos termos de lei federal; e*

– *Garantia do direito à educação e à aprendizagem ao longo da vida (incluído pela Emenda Constitucional 108, de 2020).*

Segundo o parágrafo único do artigo 206, de nossa Lei Maior, a lei disporá sobre as categorias de trabalhadores considerados profissionais da educação básica e sobre a fixação de prazo para a elaboração ou adequação de seus planos de carreira, no âmbito da União, dos Estados, do Distrito Federal e dos Municípios.

Particularmente no que respeita ao dever do Estado em relação à educação, o artigo 208, da Carta Magna, enumera alguns preceitos que devem ser observados pelo poder público. São eles:

– *Educação básica[15] obrigatória e gratuita dos 4 (quatro) aos 17 (dezessete) anos de idade, assegurada, inclusive, sua oferta gratuita para todos os que a ele não tiveram acesso na idade própria;*

– *Progressiva universalização do ensino médio gratuito;*

– *Atendimento educacional especializado aos portadores de deficiência, preferencialmente na rede regular de ensino;*

– *Atendimento em creche e pré-escola, às crianças até 5 (cinco) anos de idade;*

– *Acesso aos níveis mais elevados do ensino, da pesquisa e da criação artística, segundo a capacidade de cada um;*

– *Oferta de ensino noturno regular, adequado às condições do educando; e*

– *Atendimento ao educando, em todas as etapas da educação básica, por meio de programas suplementares de material didático-escolar, transporte, alimentação e assistência à saúde.*

Devemos ressaltar, ademais, que o *acesso ao ensino obrigatório e gratuito é direito público subjetivo*, importando em responsabilidade da autoridade competente o não oferecimento do ensino obrigatório pelo Estado, ou sua oferta irregular (artigo 208, §§ 1º e 2º). A Cons-

---

15. A denominada *educação básica*, é importante que se diga, abrange o ensino fundamental, o ensino médio e a educação infantil.

tituição Federal, ademais, permite que o ensino seja prestado pela iniciativa privada (artigo 209). Impõe, contudo, algumas condições, a saber: (a) cumprimento das normas gerais da educação nacional; e (b) autorização e avaliação de qualidade pelo poder público.

Quanto às universidades, a Carta Magna lhes garante *autonomia* didático-científica, administrativa e de gestão financeira e patrimonial, impondo-lhes, de outro lado, a obediência ao princípio da indissociabilidade entre ensino, pesquisa e extensão. Permite-lhes, ademais, admitir professores, técnicos e cientistas estrangeiros, na forma da lei (esta permissão sobreveio por força da edição da Emenda à Constituição 11, de 30 de abril de 1996).

No tocante à organização dos sistemas de ensino, o artigo 211, da Carta Magna, determina que a União, os Estados, o Distrito Federal e os Municípios o farão em regime de colaboração. À União caberá a organização do sistema federal de ensino e dos Territórios, devendo financiar as instituições de ensino públicas federais, e exercer a função redistributiva e supletiva em matéria educacional.

Aos Estados e ao Distrito Federal, por sua vez, caberá atuar prioritariamente no ensino fundamental e médio. Já aos Municípios, tocará a atuação prioritária no ensino fundamental e na educação infantil. É certo também que, na organização de seus sistemas de ensino, a União, os Estados, o Distrito Federal e os Municípios definirão formas de colaboração, de forma a assegurar a universalização, a qualidade e a equidade do ensino obrigatório[16]. Ademais, nos termos do artigo 211, § 5º, de nossa Lei Maior, "a educação básica pública atenderá prioritariamente ao ensino regular".

A Constituição de 1988, em seu artigo 212, determina que a União aplique, anualmente, nunca menos que 18% (dezoito por cento), e os Estados, o Distrito Federal e os Municípios, no mínimo 25% (vinte e cinco por cento) da receita resultante de impostos, compreendida a proveniente de transferências, na manutenção e desenvolvimento do ensino. Ainda segundo aquele artigo (§ 5º), a educação básica terá como fonte adicional de financiamento a contribuição social do salário-educação, recolhida pelas empresas na forma da lei.

O artigo 212-A, acrescentado ao texto da Lei Maior pela Emenda Constitucional 108, de 2020, esclarece que os Estados, o Distrito Federal e os Municípios destinarão parte dos recursos mencionados anteriormente à manutenção e ao desenvolvimento do ensino na educação básica e à remuneração condigna de seus profissionais, respeitadas as seguintes disposições:

Nos expressos termos do artigo 213, de nossa Lei Maior, os recursos públicos deverão ser destinados, em regra, às escolas públicas. Poderão, contudo, ser também dirigidos a escolas comunitárias, confessionais ou filantrópicas, definidas em lei. Para tanto: (a) deverão comprovar finalidade não lucrativa; (b) terão que aplicar seus excedentes financeiros em educação; e, por fim, (c) deverão assegurar destinação de seu patrimônio a outra escola daquela natureza, ou ao Estado, no caso de encerramento de suas atividades.

Os recursos públicos poderão ser destinados a bolsas de estudo para o ensino fundamental e médio, na forma da lei, para os que demonstrarem insuficiência de recursos, quando houver falta de vagas e cursos regulares da rede pública na localidade da residência do educando, ficando o poder público obrigado a investir prioritariamente na expansão de sua rede na localidade. As atividades de pesquisa, de extensão e de estímulo e fomento à inovação realizadas por universidades e/ou por instituições de educação profissional e tecnológica poderão receber apoio financeiro do poder público.

---

16. Conforme redação que lhe conferiu a Emenda Constitucional 108, de 2020.

Segundo a Constituição Federal (artigo 214), a lei estabelecerá o *plano nacional de educação, de duração decenal*, com o objetivo de articular o sistema nacional de educação em regime de colaboração e definir diretrizes, objetivos, metas e estratégias de implementação para assegurar a manutenção e desenvolvimento do ensino em seus diversos níveis, etapas e modalidades por meio de ações integradas dos poderes públicos das diferentes esferas federativas.

Referido plano nacional deverá buscar: (a) a erradicação do analfabetismo; (b) a universalização do atendimento escolar; (c) a melhoria da qualidade do ensino; (d) a formação para o trabalho; (e) a promoção humanística, científica e tecnológica do País; e (f) o estabelecimento de meta de aplicação de recursos públicos em educação como proporção do produto interno bruto.

Para encerrarmos esta seção, não podemos deixar de fazer breve menção ao denominado FUNDEB (Fundo de Manutenção e Desenvolvimento da Educação Básica e de Valorização dos Profissionais da Educação),[17] criado pela Emenda Constitucional 53, de 2006, e renovado pela Emenda Constitucional 108, de 2020, que adicionou ao texto constitucional o artigo 212-A, bem como alterou o artigo 60, do Ato das Disposições Constitucionais Transitórias (ADCT).

Referido Fundo, de natureza contábil, tem como um de seus objetivos a manutenção e o desenvolvimento da educação básica, o que significa que abrange não só o ensino fundamental (como previa o antigo FUNDEF), como também a educação infantil e o ensino médio. Outro objetivo do FUNDEB, como havíamos mencionado supra, é a valorização dos profissionais da educação, inclusive com direito à remuneração digna.

EDUCAÇÃO

– A educação é um direito de todos e dever do Estado e da família, devendo ser promovida e incentivada com a colaboração da sociedade, visando ao pleno desenvolvimento da pessoa, seu preparo para o exercício da cidadania e sua qualificação para o trabalho (Constituição Federal, artigo 205).

– O acesso ao ensino obrigatório e gratuito é direito público subjetivo, importando em responsabilidade da autoridade competente o não oferecimento do ensino obrigatório, ou sua oferta irregular. O ensino poderá ser prestado pela iniciativa privada, desde que observe as seguintes condições: (a) cumprimento das normas gerais da educação nacional e (b) autorização e avaliação de qualidade pelo poder público.

– As universidades são dotadas de autonomia didático-científica, administrativa e de gestão financeira e patrimonial, impondo-lhes, de outro lado, a obediência ao princípio da indissociabilidade entre ensino, pesquisa e extensão.

– A Carta Magna determina que a União aplique, anualmente, nunca menos que 18% (dezoito por cento), e os Estados, o Distrito Federal e os Municípios no mínimo 25% (vinte e cinco por cento) da receita resultante de impostos, compreendida a proveniente de transferências, na manutenção e desenvolvimento do ensino.

16.9 UNIVERSIDADES FEDERAIS E INSTITUIÇÕES FEDERAIS DE ENSINO TÉCNICO E A POLÍTICA DE COTAS

A Arguição de Descumprimento de Preceito Fundamental (ADPF) 186, –proposta pelo Partido Democratas (DEM), e fundamentada em alegada ofensa aos princípios constitucionais da dignidade da pessoa humana, da igualdade, do repúdio ao racismo e da igualdade, bem como da regra que prevê o direito universal à educação, questionou a constitucionalidade de atos normativos editados pelo do Conselho de Ensino, Pesquisa e Extensão da Universi-

---

17. O FUNDEB foi criado em substituição ao antigo FUNDEF (Fundo de Manutenção e Desenvolvimento do Ensino Fundamental e de Valorização do Magistério). O primeiro FUNDEB foi instituído em 2007, para viger até 2020. Neste ano foi renovado através da edição da Emenda Constitucional 108, de 2020.

dade de Brasília (UnB), que determinavam a reserva de um percentual de vagas, oferecidas por aquela universidade pública, a candidatos que se autodenominassem negros ou pardos.

O Plenário do Supremo Tribunal Federal, entretanto, em julgamento realizado em abril de 2012, por unanimidade de votos, considerou plenamente constitucional aquela política de cotas raciais. Segundo o Pretório Excelso, tais políticas, além de estabelecerem um ambiente acadêmico plural e diversificado, e de terem por objetivo superar distorções sociais historicamente consolidadas, também atenderiam perfeitamente aos princípios da razoabilidade e proporcionalidade, por atingirem um pequeno percentual de vagas (vinte por cento) e serem transitórias, com revisão periódica de seus resultados[18].

Mais recentemente, a Lei 12.711, de 29 de agosto de 2012, passou a determinar que as instituições federais de educação superior, vinculadas ao Ministério da Educação, devem reservar, no mínimo, 50% (cinquenta por cento) de suas vagas, em cada concurso seletivo para ingresso nos cursos de graduação, por curso e por turno, para estudantes que tenham cursado integralmente o ensino médio em escolas públicas.

Referido diploma legal também determina que, no preenchimento daquelas vagas destinadas aos egressos do ensino médio em escolas públicas, 50% (cinquenta por cento) sejam reservadas aos estudantes oriundos de famílias com renda igual ou inferior a um salário-mínimo e meio *per capita*, e os outros 50% (cinquenta por cento), aos autodeclarados pretos, pardos e indígenas, em proporção no mínimo igual à de pretos, pardos e indígenas na população da unidade da Federação onde está instalada a instituição, segundo o último censo do Instituto Brasileiro de Geografia e Estatística (IBGE).[19]

Na mesma toada, a Lei 12.711/2012 determina que as instituições federais de ensino técnico de nível médio reservem, no mínimo, 50% (cinquenta por cento) de suas vagas para estudantes que cursaram integralmente o ensino fundamental em escolas públicas, sendo que, de maneira semelhante ao que vimos em relação às instituições federais de ensino superior, 50% (cinquenta por cento) delas devem ser reservadas aos estudantes oriundos de famílias com renda *per capita* igual ou inferior a um salário-mínimo e meio, e as outras 50% (cinquenta por cento) aos autodeclarados pretos, pardos e indígenas, em proporção no mínimo igual à de pretos, pardos e indígenas na população da unidade da Federação onde está instalada a instituição, segundo o último censo do Instituto Brasileiro de Geografia e Estatística – IBGE.

Ainda segundo a Lei 12.711/2012, o Poder Executivo Federal deverá promover, no prazo de 10 (dez) anos, a contar da publicação daquela lei, a revisão do programa especial para o acesso de estudantes pretos, pardos e indígenas, bem como daqueles que tenham cursado integralmente o ensino médio em escolas públicas, às instituições federais de educação superior. Referido diploma legal ressalta, ademais, que tais instituições federais terão o prazo máximo de 4 (quatro) anos, a partir da publicação da lei, para o cumprimento integral das regras nela previstas.

16.10 CULTURA

Conforme expressa disposição do artigo 215, *caput*, da Carta Magna de 1988, o Estado garantirá a todos o pleno exercício dos direitos culturais e o acesso às fontes da cultura nacio-

---

18. Arguição de Descumprimento de Preceito Fundamental (ADPF) 186, Pleno, relator ministro Ricardo Lewandowski, j. 26.04.2012, DJ de 20.10.214.
19. Conforme artigo 3º, parágrafo único, da Lei 12.711/2012, no caso de não preenchimento das vagas destinadas aos autodeclarados negros, pardos e indígenas, as remanescentes deverão ser completadas por estudantes que tenham cursado integralmente o ensino médio em escolas públicas.

nal, sendo certo que também apoiará e incentivará a valorização e a difusão das manifestações culturais. O § 1º daquele artigo, por sua vez, dispõe que o Estado protegerá as manifestações das culturas populares, indígenas e afro-brasileiras, bem como das manifestações de outros grupos participantes do processo civilizatório nacional. Já o § 2º esclarece que a lei disporá sobre a fixação de datas comemorativas de alta significação para os diferentes segmentos étnicos nacionais.

Ainda conforme expressa determinação da Constituição Federal, a lei estabelecerá o Plano Nacional de Cultura, de duração plurianual, visando ao desenvolvimento cultural do Brasil e à integração das ações do Estado que conduzam à defesa e à valorização do patrimônio cultural brasileiro; à produção, promoção e difusão de bens culturais; à formação de pessoal qualificado para a gestão da cultura em suas múltiplas dimensões; bem como à democratização do acesso aos bens de cultura; à valorização da diversidade étnica e regional.

Nos termos do artigo 216, de nossa Lei Fundamental, constituem patrimônio cultural brasileiro os bens de natureza material e imaterial, tomados individualmente ou em conjunto, portadores de referência à identidade, à ação, à memória dos diferentes grupos formadores da sociedade brasileira, nos quais se incluem: as formas de expressão; os modos de criar, fazer e viver; criações científicas, artísticas e tecnológicas; as obras, objetos, documentos, edificações e demais espaços destinados às manifestações artístico-culturais; e, finalmente, os conjuntos urbanos e sítios de valor histórico, paisagístico, artístico, arqueológico, paleontológico, ecológico e científico.

Ficam tombados, conforme norma da Constituição Federal (artigo 216, § 5º), todos os documentos e os sítios detentores de reminiscências históricas dos antigos quilombos. Ainda segundo o texto constitucional, o poder público deverá promover e proteger, com a colaboração da comunidade, o patrimônio cultural brasileiro, por meio de inventários, registros, vigilância, tombamento e desapropriação, e de outras formas de acautelamento e preservação, cabendo à Administração Pública, na forma da lei, a gestão da documentação governamental e as providências para franquear sua consulta a quantos dela necessitem.

A Emenda Constitucional 71, de 29 de novembro de 2012, acrescentou ao texto da Lei Maior o artigo 216-A, que trata do denominado Sistema Nacional de Cultura. Nos termos deste novo dispositivo constitucional, referido Sistema, *"organizado em regime de colaboração, de forma descentralizada e participativa, institui um processo de gestão e promoção conjunta de políticas públicas de cultura, democráticas e permanentes, pactuadas entre os entes da Federação e a sociedade, tendo por objetivo promover o desenvolvimento humano, social e econômico com pleno exercício dos direitos culturais".*

Ainda segundo a Constituição Federal (artigo 216-A, § 1º), o Sistema Nacional de Cultura rege-se pelos seguintes princípios: diversidade das expressões culturais; universalização do acesso aos bens e serviços culturais; fomento à produção, difusão e circulação de conhecimento e bens culturais; cooperação entre os entes federados, os agentes públicos e privados atuantes na área cultural; integração e interação na execução das políticas, programas, projetos e ações desenvolvidas.

Na mesma toada: complementaridade nos papéis dos agentes culturais; transversalidade das políticas culturais; autonomia dos entes federados e das instituições da sociedade civil; transparência e compartilhamento das informações; democratização dos processos decisórios com participação e controle social; descentralização articulada e pactuada da gestão, dos recursos e das ações; e ampliação progressiva dos recursos contidos nos orçamentos públicos para a cultura.

Encerrando a Seção que trata da cultura, nossa Lei Maior faculta aos Estados e ao Distrito Federal vincular a fundo estadual de fomento à cultura até 0,5% (cinco décimos por cento) de sua receita tributária líquida, para o financiamento de programas e de projetos culturais, vedada a aplicação desses recursos no pagamento de: despesas com pessoal e encargos sociais; serviço da dívida; ou qualquer outra despesa corrente não vinculada diretamente aos investimentos ou às ações apoiadas.

CULTURA

– O Estado deve garantir a todos o pleno exercício dos direitos culturais e também o acesso às fontes da cultura nacional, e apoiará e incentivará a valorização e a difusão das manifestações culturais (Lei Maior, artigo 215).

– O Estado protegerá as manifestações das culturas populares, indígenas e afro-brasileiras, bem como as de outros grupos participantes do processo civilizatório nacional (Carta Magna, artigo 215, § 1º).

– A lei deverá dispor sobre a fixação de datas comemorativas de alta significação para os diferentes segmentos étnicos nacionais (Lei Maior, artigo 215, § 2º).

16.11 DESPORTO

Segundo o artigo 217, da Constituição Federal, é dever do Estado fomentar práticas desportivas formais e não formais, como direito de cada um, observados: a autonomia das entidades desportivas dirigentes e associações, quanto a sua organização e funcionamento; a destinação de recursos públicos para a promoção prioritária do desporto educacional e, em casos específicos, para a do desporto de alto rendimento; o tratamento diferenciado para o desporto profissional e o não profissional; e a proteção e o incentivo às manifestações desportivas de criação nacional.

Como vimos no Capítulo 7, a Constituição Federal consagra expressamente, dentre os direitos e deveres individuais e coletivos, o famoso princípio da inafastabilidade da jurisdição, também conhecido como princípio do controle jurisdicional, do livre acesso ao Poder Judiciário, da inafastabilidade da tutela jurisdicional, ou, ainda, princípio da universalidade ou da ubiquidade da jurisdição.[20]

Contudo, como já havíamos mencionado naquela oportunidade, há um único caso, previsto na própria Constituição Federal, em que a tutela jurisdicional não pode ser invocada imediatamente. Trata-se do caso de questões relativas à disciplina e às competições desportivas, que ficam condicionadas ao anterior esgotamento das instâncias da justiça desportiva, conforme regulado em lei. É o que determina, em caráter expresso, o artigo 217, § 1º, da Carta Magna.[21]

Nos termos do § 2º, daquele mesmo artigo 217, de nossa Lei Maior, a chamada justiça desportiva terá o prazo máximo de 60 (sessenta) dias, contados da instauração do processo, para proferir decisão final. Caso referido prazo não seja cumprido pela justiça desportiva, o jurisdicionado poderá pleitear, a toda evidência, uma tutela jurisdicional (prestada pelo Poder Judiciário), por meio do exercício do direito de ação.

---

20. Constituição Federal, artigo 5º, inciso XXXV: "A lei não excluirá da apreciação do Poder Judiciário lesão ou ameaça a direito".
21. Constituição Federal, artigo 217, § 1º: "O Poder Judiciário só admitirá ações relativas à disciplina e às competições desportivas após esgotarem-se as instâncias da justiça desportiva, regulada em lei".

DESPORTO

– O Estado tem o dever de fomentar práticas desportivas formais e não formais, como direito de cada um, observada a autonomia das entidades desportivas dirigentes e associações, quanto a sua organização e funcionamento.

– O Estado deve também observar a destinação de recursos públicos para a promoção prioritária do desporto educacional e, em casos específicos, para a do desporto de alto rendimento.

– O Estado também deve conferir tratamento diferenciado para o desporto profissional e o não profissional, bem como a proteção e o incentivo às manifestações desportivas de criação nacional.

– As questões relativas à disciplina e às competições desportivas só podem ser discutidas junto ao Poder Judiciário após o esgotamento das instâncias da justiça desportiva, conforme regulado em lei (Carta Magna, artigo 217, § 1º).

16.12 CIÊNCIA E TECNOLOGIA

Nos termos do artigo 218, da Carta Magna, o Estado promoverá e incentivará o desenvolvimento científico, a pesquisa e a capacitação tecnológicas. A pesquisa científica básica receberá tratamento prioritário do Estado, tendo em vista o bem público e o progresso das ciências. A pesquisa tecnológica voltar-se-á preponderantemente para a solução dos problemas brasileiros e para o desenvolvimento do sistema produtivo nacional e regional.

Ainda segundo o texto constitucional, o Estado apoiará a formação de recursos humanos nas áreas de ciência, pesquisa e tecnologia, e concederá aos que delas se ocupem meios e condições especiais de trabalho. A Lei Maior também dispõe que a lei apoiará e estimulará as empresas que invistam em pesquisa, criação de tecnologia adequada ao País, formação e aperfeiçoamento de seus recursos humanos e que pratiquem sistemas de remuneração que assegurem ao empregado, desvinculada do salário, participação nos ganhos econômicos resultantes da produtividade de seu trabalho.

A Constituição Federal ainda faculta aos Estados e ao Distrito Federal vincular parcela de sua receita orçamentária a entidades públicas de fomento ao ensino e à pesquisa científica e tecnológica. Encerrando o tema da ciência e da tecnologia, o artigo 219, de nossa Lei Maior, esclarece que o mercado interno integra o patrimônio nacional, determinando, ademais, que ele seja incentivado de modo a viabilizar o desenvolvimento cultural e socioeconômico, o bem-estar da população e a autonomia tecnológica do Brasil, nos termos de lei federal.

CIÊNCIA E TECNOLOGIA

– O Estado promoverá e incentivará o desenvolvimento científico, a pesquisa e a capacitação tecnológicas. A pesquisa científica básica receberá tratamento prioritário do Estado, tendo em vista o bem público e o progresso das ciências.

– A pesquisa tecnológica voltar-se-á preponderantemente para a solução dos problemas brasileiros e para o desenvolvimento do sistema produtivo nacional e regional.

16.13 COMUNICAÇÃO SOCIAL

Como vimos no Capítulo 7, a Constituição Federal garante, no artigo 5º, inciso IX, da Lei Maior[22], a liberdade de expressão da atividade artística, científica e de comunicação, independentemente de censura ou licença. Vimos também, naquela oportunidade, que o direito à liberdade de informação é reforçado pela própria Carta Magna, no artigo 5º, inciso

---

22. Constituição Federal, artigo 5º, IX: "É livre a expressão da atividade intelectual, artística, científica e de comunicação, independentemente de censura ou licença".

XIV, ao assegurar a todos o acesso à informação, inclusive com o sigilo da fonte, quando necessário ao exercício profissional.

Reforçando esse direito, o artigo 220, *caput*, da Carta Magna, declara que "a manifestação do pensamento, a criação, a expressão e a informação, sob qualquer forma, processo ou veículo não sofrerão qualquer restrição, observado o disposto nesta Constituição". Na mesma toada, o § 1º daquele mesmo artigo dispõe que nenhuma lei conterá dispositivo que possa constituir embaraço à plena liberdade de informação jornalística em qualquer veículo de comunicação social.

Já o § 2º, do mesmo artigo 220, de nossa Lei Maior, veda toda e qualquer censura de natureza política, ideológica e artística. *Censura*, em apertada síntese, é a verificação, *anterior* à publicação, da compatibilidade entre um pensamento que se quer exprimir e o ordenamento jurídico vigente. A censura é sempre prévia. Se for posterior, não será censura, mas sim repressão.

Contudo, nos termos da própria Carta Magna (artigo 220, § 3º), será possível ao poder público regular as diversões e os espetáculos públicos, através da edição de lei federal, fornecendo informações sobre a natureza daqueles, as faixas etárias a que não se recomendem, bem como sobre locais e horários em que sua apresentação se mostre inadequada.

Segundo referido dispositivo constitucional, também compete à lei federal estabelecer os meios legais que garantam à pessoa e à família a possibilidade de se defenderem de programas ou programações de rádio e televisão que contrariem o disposto no artigo 221, da Lei Maior, bem como da propaganda de produtos, práticas e serviços que possam ser nocivos à saúde e ao meio ambiente.

A Constituição Federal esclarece que a propaganda comercial de tabaco, de bebidas alcoólicas, de agrotóxicos, de medicamentos e de terapias estará sujeita a restrições legais, e conterá, sempre que necessário, advertência sobre os malefícios decorrentes de seu uso (§ 4º). Esclarece, igualmente, que os meios de comunicação social não podem, direta ou indiretamente, ser objeto de monopólio ou oligopólio (§ 5º), e que a publicação de veículo impresso de comunicação independe de licença de autoridade (§ 6º).

Ainda segundo o texto constitucional (artigo 221), a produção e a programação das emissoras de rádio e televisão atenderão aos seguintes princípios: (a) *preferência* a finalidades educativas, artísticas, culturais e informativas; (b) promoção da cultura nacional e regional e estímulo à produção independente que objetive sua divulgação; (c) regionalização da produção cultural, artística e jornalística, conforme percentuais estabelecidos em lei; e (d) respeito aos valores éticos e sociais da pessoa e da família.

Sobre a propriedade de empresa jornalística e de radiodifusão sonora e de sons e imagens, a Carta Magna exige, em seu artigo 222 (conforme redação que lhe conferiu a Emenda Constitucional 36, de 28 de maio de 2002), que ela seja privativa de brasileiros natos ou naturalizados há mais de 10 (dez) anos, ou de pessoas jurídicas constituídas sob as leis brasileiras e que tenham sede no País.

Exige, ademais, que, na forma disciplinada em lei, pelo menos 70% (setenta por cento) do capital total e do capital votante das empresas jornalísticas e de radiodifusão sonora e de sons e imagens pertença, direta ou indiretamente, a brasileiros natos ou naturalizados há mais de 10 (dez) anos, que devem exercer, obrigatoriamente, a gestão das atividades e também estabelecer o conteúdo da programação.

Exige, ainda, que a responsabilidade editorial e as atividades de seleção e direção da programação veiculada sejam privativas de brasileiros natos ou naturalizados há mais de 10 (dez) anos, em qualquer meio de comunicação social. É o que determina, em caráter expresso, o § 2º do supramencionado artigo 222, na redação dada pela Emenda Constitucional 36/2002.

Conforme expressa redação do § 3º daquele artigo 222, da Constituição de 1988, os meios de comunicação social eletrônica, independentemente da tecnologia utilizada para a prestação do serviço, deverão observar os princípios enunciados no artigo 221, da Carta Magna, na forma de lei específica, que também garantirá a prioridade de profissionais brasileiros na execução de produções nacionais.

A Constituição Federal também contém normas que tratam da outorga e renovação da concessão, permissão e autorização para o serviço de radiodifusão sonora e de sons e imagens. Com efeito, nos termos do artigo 223, do texto constitucional, compete ao Poder Executivo da União conceder a outorga e a renovação daqueles serviços, devendo observar, para tanto, o princípio da complementaridade dos sistemas privado, público e estatal.

A outorga (e a renovação da outorga) daqueles serviços é de competência do Poder Executivo da União, porém com indispensável participação do Poder Legislativo da União. É o que se pode verificar da simples leitura dos parágrafos daquele artigo, que dispõem expressamente que o ato de outorga ou renovação somente produzirá efeitos legais após deliberação do Congresso Nacional (§ 3º); e que a não renovação da concessão ou permissão dependerá de aprovação de, no mínimo, 2/5 (dois quintos) daquele órgão do Poder Legislativo da União, em votação nominal (§ 2º).

Ainda segundo a Constituição Federal, o cancelamento da concessão ou permissão, antes de vencido o prazo, depende de decisão judicial (artigo 223, § 4º, de nossa Lei Maior), sendo certo, ademais, que o prazo da concessão ou permissão será de 10 (dez) anos para as emissoras de rádio e de 15 (quinze) anos para as de televisão (artigo 223, § 5º, da Carta Magna).

COMUNICAÇÃO SOCIAL

– A Constituição Federal garante a liberdade de expressão da atividade artística, científica e de comunicação, independentemente de censura ou licença (artigo 5º, IX,), bem como assegura a todos o acesso à informação, inclusive com o sigilo da fonte, quando necessário ao exercício profissional (artigo 5º, XIV).

– Reforçando esse direito, a Carta Magna ressalta que a manifestação do pensamento, a criação, a expressão e a informação, sob qualquer forma, processo ou veículo, não sofrerão qualquer restrição, observado o disposto no próprio texto constitucional (artigo 220).

– Nenhuma lei conterá dispositivo que possa constituir embaraço à plena liberdade de informação jornalística em qualquer veículo de comunicação social (Lei Maior, artigo 220, § 1º). É vedada toda e qualquer censura de natureza política, ideológica e artística (Carta Magna, artigo 220, § 2º).

– Contudo, nos termos da própria Constituição Federal, será possível ao Estado regular as diversões e os espetáculos públicos, através da edição de lei federal, fornecendo informações sobre a natureza destes, as faixas etárias a que não se recomendem, bem como sobre locais e horários em que sua apresentação se mostre inadequada (Lei Maior, artigo 220, § 3º).

16.14 MEIO AMBIENTE

A Constituição de 1988, em seu artigo 225, dispõe que "todos têm direito ao meio ambiente ecologicamente equilibrado, bem de uso comum do povo e essencial à sadia qualidade de vida, impondo-se ao poder público e à coletividade o dever de defendê-lo e preservá-lo para as presentes e futuras gerações".

O conceito de meio ambiente, já vimos anteriormente, nos é dado pelo artigo 3º, da Lei 6.938, de 31 de agosto de 1981 (a denominada Lei da Política Nacional do Meio Ambiente, recepcionada pela Carta Magna), que o define como "o conjunto de condições, leis, influências e interações de ordem física, química e biológica, que permite, abriga e rege a vida em todas as suas formas".

O meio ambiente, também já estudamos antes, neste mesmo livro, é costumeiramente dividido em 4 (quatro) espécies: *meio ambiente natural, meio ambiente artificial, meio ambiente cultural* e *meio ambiente do trabalho*. O primeiro refere-se ao ar, ao solo, à água, à fauna e à flora, indispensáveis à subsistência do homem, e que por este não foram criados. O segundo, por sua vez, é relativo a tudo que foi erigido pelo ser humano, que constitui obra deste.

O meio ambiente cultural, previsto no artigo 216, da Constituição Federal, conforme definição de José Afonso da Silva,[23] "é integrado pelo patrimônio histórico, artístico, arqueológico, paisagístico, turístico, que embora artificial, em regra, como obra do homem, difere do anterior (que também é cultural) pelo sentido de valor especial".

O meio ambiente do trabalho, por fim, refere-se ao local em que o ser humano exerce seu labor, seja profissionalmente ou não, e, conforme lição de Celso Antonio Pacheco Fiorillo,[24] deverá ser salubre, sem agentes que comprometam a incolumidade físico-psíquica dos trabalhadores.

Para assegurar a efetividade do direito ao meio ambiente ecologicamente equilibrado, a Constituição Federal dispõe que incumbe ao Poder Público: preservar e restaurar os processos ecológicos essenciais e prover o manejo ecológico das espécies e ecossistemas; e *preservar a diversidade e a integridade do patrimônio genético do País* e fiscalizar as entidades dedicadas à pesquisa e manipulação de material genético.

Cabe ao poder público, da mesma forma, definir, em todas as unidades da Federação, espaços territoriais e seus componentes a serem especialmente protegidos, sendo a alteração e a supressão permitidas somente através de lei, vedada qualquer utilização que comprometa a integridade dos atributos que justifiquem sua proteção.

Cabe-lhe, ademais, exigir, na forma da lei, para instalação de *obra ou atividade potencialmente causadora de significativa degradação do meio ambiente, estudo prévio de impacto ambiental*, a que se dará publicidade; e controlar a produção, a comercialização e o emprego de técnicas, métodos e substâncias que comportem risco para a vida, a qualidade de vida e o meio ambiente.

Incumbe ao poder público, ainda, promover a *educação ambiental* em todos os níveis de ensino e a conscientização pública para a preservação do meio ambiente; e *proteger a fauna e a flora*, vedadas, na forma da lei, as práticas que coloquem em risco sua função ecológica, provoquem a extinção de espécies ou submetam os animais a crueldade.

Aquele que explorar recursos minerais *fica obrigado a recuperar o meio ambiente degradado*, de acordo com solução técnica exigida pelo órgão público competente, na forma da lei (artigo 225, § 2º). Ademais, as condutas e atividades consideradas lesivas ao meio ambiente sujeitarão os infratores, pessoas físicas ou jurídicas, a sanções penais e administrativas, independentemente da obrigação de reparar os danos causados (artigo 225, § 3º).

Nos expressos termos do artigo 225, § 4º, da Lei Maior, a Floresta Amazônica brasileira, a Mata Atlântica, a Serra do Mar, o Pantanal Mato-Grossense e a Zona Costeira são *patrimônio nacional*, e sua utilização far-se-á, na forma da lei, dentro de condições que assegurem a preservação do meio ambiente, inclusive quanto ao uso dos recursos naturais.

---

23. *Direito constitucional ambiental*. 9. ed. São Paulo: Malheiros, 2011, p. 3.
24. *Curso de direito ambiental brasileiro*. 3. ed. São Paulo: Saraiva, 2002. p. 22-23.

Ainda segundo nossa Carta Magna, são indisponíveis as terras devolutas ou arrecadadas pelos Estados, por ações discriminatórias, necessárias à proteção dos ecossistemas naturais (§ 4º). As usinas que operem com reator nuclear deverão ter sua localização definida em lei federal, sem o que não poderão ser instaladas (§ 5º).

Para encerrar a seção, não podemos deixar de mencionar que a Emenda Constitucional 96, de 2017, acrescentou um § 7º ao artigo 225 da Carta Magna, para esclarecer que, no tocante ao dever do poder público de proteger a fauna de práticas que submetam os animais a crueldade, não se consideram cruéis *as práticas desportivas que utilizem animais, desde que sejam manifestações culturais, registradas como bem de natureza imaterial integrante do patrimônio cultural brasileiro*, devendo ser regulamentadas por lei específica que assegure o bem-estar dos animais envolvidos.

MEIO AMBIENTE

– Meio ambiente natural: refere-se ao ar, solo, água, fauna e flora, indispensáveis à subsistência do homem, e que por este não foram criados.

– Meio ambiente artificial: é relativo a tudo que foi erigido pelo ser humano, que constitui obra deste.

– Meio ambiente cultural: é integrado pelo patrimônio histórico, artístico, arqueológico, paisagístico, turístico, e que difere do meio ambiente artificial pelo seu sentido de valor especial.

– Meio ambiente do trabalho: refere-se ao local em que o ser humano exerce seu labor, seja profissionalmente ou não.

16.15 COMPETÊNCIAS EM MATÉRIA AMBIENTAL

O artigo 23, inciso VI, de nossa Lei Maior, determina ser competência comum da União, dos Estados, do Distrito Federal e dos Municípios proteger o meio ambiente e combater a poluição em qualquer de suas formas. Já o artigo 24, incisos VI e VII, da Constituição Federal, dispõe sobre a competência concorrente da União, dos Estados e do Distrito Federal para legislar sobre "florestas, caça, pesca, fauna, conservação da natureza, defesa do solo e dos recursos naturais, proteção do meio ambiente e controle de poluição" e "proteção ao patrimônio histórico, cultural, artístico, turístico e paisagístico".

Como vimos no Capítulo 10 desta mesma obra, quando tratamos da organização do Estado brasileiro, a competência legislativa concorrente é aquela que confere à União a possibilidade de legislar sobre normas gerais, cabendo aos Estados e ao Distrito Federal editar normas complementares, inclusive podendo estes entes da Federação exercer a competência legislativa plena, caso haja omissão legislativa da União.

Por fim, o artigo 30, da Constituição Federal, em seu inciso I, é expresso e inequívoco em conferir aos Municípios a competência para legislar sobre assuntos de interesse local. Ademais, o inciso II, do mesmo artigo 30, de nossa Carta Magna, dispõe claramente que cabe às municipalidades suplementar a legislação federal e a estadual, no que couber.

Portanto, não resta dúvida de que, em matéria ambiental, cabe à União *editar* normas gerais de proteção ao meio ambiente, como patamar mínimo de proteção a este, competindo aos Estados, ao Distrito Federal e aos Municípios, com vistas ao atendimento, respectivamente, dos interesses regionais e locais, editar normas que garantam total e efetiva proteção ao meio ambiente.[25]

---

25. Esse é o entendimento, por exemplo, de Celso Antonio Pacheco Fiorillo, ao concluir que "a competência legislativa em matéria ambiental estará sempre privilegiando a maior e mais efetiva preservação do meio ambiente, independentemente do ente político que a realize, porquanto todos receberam da Carta Constitucional aludida competência (arts. 24, V, VI e VII, e 30, II)". *Op. cit.*, p. 60.

COMPETÊNCIAS EM MATÉRIA AMBIENTAL

– É competência comum (material) da União, Estados, Distrito Federal e Municípios proteger o meio ambiente e combater a poluição em qualquer de suas formas.

– É competência concorrente (legislativa) da União, dos Estados e do Distrito Federal legislar sobre "florestas, caça, pesca, fauna, conservação da natureza, defesa do solo e dos recursos naturais, proteção do meio ambiente e controle de poluição" e "proteção ao patrimônio histórico, cultural, artístico, turístico e paisagístico".

– Os Municípios são competentes para legislar sobre assuntos de interesse local. Ademais, cabe às municipalidades suplementar a legislação federal e a estadual no que couber.

16.16 FAMÍLIA

A família, definida como *a base da sociedade, com especial proteção do Estado*, é tutelada pelo artigo 226, e seus parágrafos, da Constituição Federal. Quanto ao casamento, a Carta Magna dispõe que ele será civil, garantida a gratuidade de sua celebração (artigo 226, § 1º). Ressalta, contudo, que o casamento religioso também terá efeito civil, nos termos da lei (artigo 226, § 2º). Trata-se do denominado *casamento religioso com efeitos civis*.

A Lei Maior reconhece a união estável entre homem e mulher como entidade familiar, devendo a lei facilitar sua conversão em casamento (artigo 226, § 3º). O § 4º do mesmo artigo, ao seu turno, reconhece como entidade familiar a comunidade formada por qualquer dos pais e seus descendentes. Este tipo de entidade familiar é costumeiramente chamada de *família monoparental*.

No tocante especificamente aos direitos e deveres referentes à sociedade conjugal, a Constituição Federal é clara e inequívoca em determinar que eles serão exercidos em igualdade de condições pelo homem e pela mulher (artigo 226, § 5º). Por incrível que possa parecer, até recentemente (antes da edição da Lei 6.515, de 26 de dezembro de 1977, que alterou a antiga redação do então vigente Código Civil de 1916), a mulher ainda era considerada, pelo ordenamento jurídico pátrio, pessoa relativamente incapaz, necessitando da autorização marital para celebrar atos jurídicos válidos.

O artigo 226, § 6º, da Constituição Federal, prevê expressamente a possibilidade de dissolução do casamento, pelo divórcio. Em sua redação original, a regra constitucional exigia prévia separação judicial por mais de 1 (um) ano, ou separação de fato do casal há mais de 2 (dois) anos. Agora, contudo, graças à nova redação dada à norma, pela Emenda Constitucional 66, de 13 de julho de 2010, a ruptura do casamento pelo divórcio pode ocorrer imediatamente, sem qualquer requisito temporal prévio.

Por fim, o § 7º, daquele mesmo artigo 226, de nossa Lei Maior, garante ao casal, com fundamento nos princípios da dignidade da pessoa humana e da paternidade responsável, a liberdade no tocante ao planejamento familiar. Fixa, ainda, o dever do Estado de propiciar recursos educacionais e científicos para o exercício daquele direito, vedada qualquer forma coercitiva por parte de instituições oficiais ou privadas.

FAMÍLIA

– A família é a *base da sociedade, com especial proteção do Estado*. O casamento será civil, garantida a gratuidade de sua celebração, sendo certo que o casamento religioso também terá efeito civil, nos termos da lei.

– A Lei Maior reconhece a união estável entre homem e mulher como entidade familiar, devendo a lei facilitar sua conversão em casamento. Também reconhece como entidade familiar a comunidade formada por qualquer dos pais e seus descendentes.

– No tocante especificamente aos direitos e deveres referentes à sociedade conjugal, a Constituição Federal é clara e inequívoca em determinar que eles serão exercidos em igualdade de condições pelo homem e pela mulher.

16.17 O SUPREMO TRIBUNAL FEDERAL E O RECONHECIMENTO DA DENOMINADA UNIÃO HOMOAFETIVA

Como vimos na seção anterior, a Constituição Federal reconhece expressamente, em seu artigo 226, § 3º, a união estável *entre homem e mulher* como entidade familiar. Mas e as uniões estáveis entre pessoas do mesmo sexo? Não têm direito à mesma proteção constitucional? Não têm o direito de serem reconhecidas como entidade familiar? Uma interpretação literal daquele dispositivo constitucional nos faria concluir que esta modalidade de união estável não faria jus à proteção de nossa Lei Maior.

Para reparar essa injustiça, o Supremo Tribunal Federal reconheceu, em recentes decisões proferidas em sede de controle concentrado de constitucionalidade, a proteção constitucional à união estável entre pessoas do mesmo sexo. Tal se deu quando do julgamento conjunto da Ação Direta de Inconstitucionalidade (ADI) 4227, proposta pela Procuradoria-Geral da República, e da Arguição de Descumprimento de Preceito Fundamental (ADPF) 132, de iniciativa do governador do Estado do Rio de Janeiro.

A Ação Direta de Inconstitucionalidade 4277, inicialmente protocolada perante o Pretório Excelso como Arguição de Descumprimento de Preceito Fundamental 178, tinha por objeto justamente a declaração de reconhecimento da união entre pessoas do mesmo sexo como entidade familiar, buscando, com isso, que os mesmos direitos e deveres dos companheiros, nas uniões estáveis formadas por casais (homem e mulher) fossem estendidos aos companheiros das uniões entre pessoas do mesmo sexo.

A Arguição de Descumprimento de Preceito Fundamental (ADPF) 132, por sua vez, teve por pedido a aplicação do regime das uniões estáveis, previsto no artigo 1.723, do Código Civil[26], às chamadas uniões homoafetivas de servidores públicos civis do Estado do Rio de Janeiro. Tal pleito foi fundamentado no argumento de que o não reconhecimento da união homoafetiva ofenderia preceitos fundamentais como a igualdade, a liberdade e o princípio da dignidade da pessoa humana, todos albergados pela Constituição Federal.

O Supremo Tribunal Federal, naquela oportunidade, julgou procedentes ambas as ações constitucionais, de modo a ser dada interpretação conforme a Constituição, ao artigo 1.723, do vigente Código Civil, no sentido de excluir, em sua aplicação, qualquer interpretação que impeça o reconhecimento da união entre pessoas do mesmo sexo como entidade familiar.

Segundo fundamento do ministro relator, Carlos Ayres Britto, acolhido pela Corte Suprema, o artigo 3º, inciso III, da Constituição Federal (princípio da dignidade da pessoa humana) veda qualquer discriminação em virtude de sexo, raça, cor, razão pela qual ninguém pode ser diminuído ou discriminado em função de sua preferência sexual. Como consequência disso, qualquer depreciação a uma união estável homoafetiva colidiria com aquele dispositivo constitucional.

---

26. Código Civil, artigo 1723: "É reconhecida como entidade familiar a união estável entre o homem e a mulher, configurada na convivência pública, contínua e duradoura e estabelecida com o objetivo de constituição de família".

O SUPREMO TRIBUNAL FEDERAL E O RECONHECIMENTO DA DENOMINADA UNIÃO HOMOAFETIVA

– O Supremo Tribunal Federal reconheceu, em recentes decisões proferidas em sede de controle concentrado de constitucionalidade, a proteção constitucional à união estável entre pessoas do mesmo sexo, dando ao artigo 1.723, do Código Civil, interpretação conforme à Constituição, no sentido de excluir, em sua aplicação, qualquer significado que impeça o reconhecimento da união entre pessoas do mesmo sexo como entidade familiar.

– Segundo fundamento do Pretório Excelso, o artigo 3º, inciso III, da Carta Magna (dignidade da pessoa humana) veda qualquer discriminação em virtude de sexo, raça, cor, razão pela qual ninguém pode ser diminuído ou discriminado em função de sua preferência sexual. Como consequência disso, qualquer depreciação a uma união estável homoafetiva colidiria com aquele dispositivo constitucional.

16.18 JOVENS

Nos termos do vigente artigo 227, da Lei Maior, é dever da família, da sociedade e do Estado assegurar à criança, ao adolescente e ao jovem, com absoluta prioridade, o direito à vida, à saúde, à alimentação, à educação, ao lazer, à profissionalização, à cultura, à dignidade, ao respeito, à liberdade e à convivência familiar e comunitária, além de colocá-los a salvo de toda forma de negligência, discriminação, exploração, violência, crueldade e opressão.

A atual redação do artigo foi determinada pela Emenda Constitucional 65, de 13 de julho de 2010, que acrescentou, ao texto constitucional, o dever de proteção integral ao *jovem*. Antes da promulgação daquela emenda, referido dispositivo da Constituição Federal fazia menção expressa apenas à criança e ao adolescente como os titulares da proteção prioritária que deveria ser conferida pela família, pela sociedade e pelo Estado.

E o que vem a ser *jovem*, para fins da proteção prevista pela Carta Magna? Conforme disposto no § 8º de seu artigo 227, caberá à lei estabelecer um "plano nacional de juventude", de duração decenal, visando à articulação das várias esferas do poder público para a execução de políticas públicas, além de regular os direitos dos jovens, por meio de um Estatuto da Juventude. Portanto, nos expressos termos da Constituição Federal, é tarefa de lei ordinária definir o que vem a ser jovem, para fins da proteção integral da família, da sociedade e do Estado.

E referido diploma legal já foi editado. Trata-se da Lei 12.852, de 5 de agosto de 2013, denominada, como mencionamos anteriormente, como *Estatuto da Juventude*, e que regulamentou os direitos específicos dos jovens, estabelecendo os princípios e as diretrizes para elaboração de políticas públicas de juventude, além de criar o chamado Sistema Nacional de Juventude – SINAJUVE.

Nos termos do artigo 1º, § 1º, daquele diploma legal, são considerados jovens as pessoas na faixa etária entre 15 (quinze) e 29 (vinte e nove) anos de idade, sendo que, no tocante especificamente aos adolescentes, com idade entre 15 (quinze) e 18 (dezoito) anos, deve-se aplicar a Lei 8.069/1990 (o Estatuto da Criança e do Adolescente), e, excepcionalmente, o Estatuto da Juventude, quando não conflitar com as normas de proteção integral do adolescente (artigo 1º, § 2º, do Estatuto da Juventude).

Dentre os direitos dos jovens, expressamente relacionados no Estatuto da Juventude, podemos destacar, a título de exemplo, o direito à educação de qualidade, com a garantia de educação básica, obrigatória e gratuita, inclusive para os que a ela não tiveram acesso na idade adequada, ministrada em língua portuguesa, assegurada aos jovens indígenas e de povos e comunidades tradicionais a utilização de suas línguas maternas e de processos próprios de aprendizagem.

Ainda segundo o Estatuto da Juventude, é dever do Estado oferecer aos jovens, que não concluíram a educação básica, programas na modalidade de educação de jovens e adultos, adaptados às necessidades e especificidades da juventude, inclusive no período noturno, ressalvada a legislação educacional específica.

São assegurados aos jovens com surdez o uso e o ensino da Língua Brasileira de Sinais (LIBRAS), em todas as etapas e modalidades educacionais, sendo também assegurada, aos jovens com deficiência, a inclusão no ensino regular em todos os níveis e modalidades educacionais, incluindo o atendimento educacional especializado, observada a acessibilidade a edificações, transportes, espaços, mobiliários, equipamentos, sistemas e meios de comunicação.

Particularmente no que se refere ao ensino superior, o Estatuto da Juventude dispõe que referido direito deve ser assegurado em instituições públicas ou privadas, com variados graus de abrangência do saber ou especialização do conhecimento, observadas as regras de acesso de cada instituição, garantindo, inclusive, aos jovens afrodescendentes, indígenas e alunos oriundos da escola pública, o direito de acesso ao ensino superior por meio de políticas afirmativas (cotas).

Ainda segundo o Estatuto da Juventude, o poder público promoverá programas de expansão da oferta de educação superior nas instituições públicas, de financiamento estudantil e de bolsas de estudos nas instituições privadas, em especial para jovens com deficiência, negros, indígenas e alunos oriundos da escola pública. O jovem também deverá ter direito à educação profissional e tecnológica, articulada com os diferentes níveis e modalidades de educação, ao trabalho, à ciência e à tecnologia, observada a legislação vigente.

Outro direito expressamente tratado pelo Estatuto da Juventude é o direito à diversidade e à igualdade. Nos termos do artigo 17, daquele diploma legal, o jovem tem direito à diversidade e à igualdade de direitos e de oportunidades e não será discriminado por motivo de: (a) etnia, raça, cor da pele, cultura, origem, idade e sexo; (b) orientação sexual, idioma ou religião; (c) opinião, deficiência e condição social ou econômica.

Para a efetivação daquele direito à diversidade e à igualdade, o Estatuto da Juventude impõe ao Estado um conjunto de medidas, tais como a adoção, nos âmbitos federal, estadual, municipal e do Distrito Federal, de programas governamentais destinados a assegurar a igualdade de direitos aos jovens de todas as raças e etnias, independentemente de sua origem, relativamente à educação, à profissionalização, ao trabalho e renda, à cultura, à saúde, à segurança, à cidadania e ao acesso à justiça.

Na mesma toada, a capacitação dos professores dos ensinos fundamental e médio para a aplicação das diretrizes curriculares nacionais no tocante ao enfrentamento de todas as formas de discriminação. Da mesma forma, a inclusão de temas sobre questões étnicas, raciais, de deficiência, de orientação sexual, de gênero e de violência doméstica e sexual praticada contra a mulher na formação dos profissionais de educação, de saúde e de segurança pública e dos operadores do direito[27].

O Estatuto da Juventude também garante aos jovens o direito à cultura, inclusive assegurando, aos jovens de até 29 (vinte e nove) anos pertencentes a famílias de baixa renda e aos estudantes, na forma do regulamento, o acesso a salas de cinema, cineclubes, teatros,

---

27. Deverá o Poder Público, ainda, incluir, nos conteúdos curriculares, informações sobre a discriminação na sociedade brasileira e sobre o direito de todos os grupos e indivíduos a tratamento igualitário perante a lei, além de temas relacionados à sexualidade, respeitando a diversidade de valores e crenças.

espetáculos musicais e circenses, eventos educativos, esportivos, de lazer e entretenimento, em todo o território nacional, promovidos por quaisquer entidades e realizados em estabelecimentos públicos ou particulares, mediante pagamento da metade do preço do ingresso[28] cobrado do público em geral.

Considera-se de baixa renda, para que o jovem tenha direito ao pagamento de metade do preço do ingresso, a família inscrita no Cadastro Único para Programas Sociais do Governo Federal, cuja renda mensal seja de até 2 (dois) salários mínimos. Já no que se refere aos estudantes, estes deverão comprovar sua condição de discente (aluno) mediante apresentação, no momento da aquisição do ingresso e na portaria do local de realização do evento, da Carteira de Identificação Estudantil (CIE).

O Estatuto da Juventude prevê, ainda, o direito do jovem ao território e à mobilidade, incluindo a promoção de políticas públicas de moradia, circulação e equipamentos públicos, no campo e na cidade, garantidas, ao jovem com deficiência, a acessibilidade e as adaptações necessárias. No tocante especificamente ao transporte coletivo interestadual, o jovem de baixa renda terá direito à reserva de 2 (duas) vagas gratuitas por veículo, bem como à reserva de outras duas 2 (duas) vagas, com desconto mínimo de 50% (cinquenta por cento) no valor das passagens, após esgotadas as vagas gratuitas.

Ainda em relação ao direito à mobilidade, o Estatuto da Juventude dispõe, em seu artigo 33, que a União envidará esforços, em articulação com os Estados, com o União: homoafetiva Distrito Federal e com os Municípios, para promover a oferta de transporte público subsidiado para os jovens, com prioridade para os jovens em situação de pobreza e vulnerabilidade, na forma de regulamento instituído para tal mister.

A PROTEÇÃO AO JOVEM

– É dever da família, da sociedade e do Estado assegurar à criança, ao adolescente e ao jovem, com absoluta prioridade, o direito à vida, à saúde, à alimentação, à educação, ao lazer, à profissionalização, à cultura, à dignidade, ao respeito, à liberdade e à convivência familiar e comunitária, além de colocá-los a salvo de toda forma de negligência, discriminação, exploração, violência, crueldade e opressão (Carta Magna, artigo 227, *caput*).

– Nos termos da Constituição Federal, é tarefa de lei ordinária definir o que vem a ser jovem, para fins da proteção integral da família, da sociedade e do Estado. E referido diploma legal já foi editado. Trata-se da Lei 12.852, denominada Estatuto da Juventude, que define como jovem as pessoas com idade entre 15 (quinze) e 29 (vinte e nove) anos de idade.

16.19 CRIANÇAS E ADOLESCENTES

Como vimos anteriormente, o artigo 227, de nossa Lei Maior, dispõe expressamente que é dever da família, da sociedade e do Estado assegurar à criança, ao adolescente e ao jovem, com absoluta prioridade, o direito à vida, à saúde, à alimentação, à educação, ao lazer, à profissionalização, à cultura, à dignidade, ao respeito, à liberdade e à convivência familiar e comunitária, além de colocá-los a salvo de toda forma de negligência, discriminação, exploração, violência, crueldade e opressão.

Estudada, na seção anterior, a proteção constitucional e infraconstitucional ao jovem, passemos a tratar, nesta seção, da proteção à criança e ao adolescente. Esta última, é importante ressaltar de plano, encontra-se regulamentada pela Lei 8.069, de 13 de julho de 1990, costumeiramente chamado de *Estatuto da Criança e do Adolescente (ECA)*. Para

---

28. A concessão do benefício da meia-entrada é limitada a 40% (quarenta por cento) do total de ingressos disponíveis para cada evento.

os efeitos daquele diploma infraconstitucional (artigo 2º, *caput*), criança é a pessoa de até 12 (doze) anos incompletos; adolescente, aquela entre 12 (doze) e 18 (dezoito) anos.

Conforme expressa disposição constante do artigo 227, § 4º, da Constituição Federal, a lei deverá punir severamente o abuso, a violência e a exploração sexual da criança e do adolescente. O § 5º do mesmo artigo, por sua vez, dispõe que a adoção deverá ser assistida pelo poder público, na forma da lei, que estabelecerá casos e condições de sua efetivação por parte de estrangeiros.

A adoção de criança e adolescente é regulamentada, atualmente, pelo Estatuto da Criança e do Adolescente.[29] Conforme dispõe o artigo 39, § 1º, daquele diploma legal, adoção é medida excepcional e irrevogável, à qual se deve recorrer apenas quando esgotados todos os recursos de manutenção da criança ou do adolescente na família natural ou na chamada família extensa ou ampliada.[30]

Por sua vez, o artigo 41, da Lei 8.069/1990, esclarece que a adoção atribui a condição de filho ao adotado, com os mesmos direitos e deveres, inclusive sucessórios, dos demais filhos do adotante, desligando aquele de qualquer vínculo com seus pais biológicos e parentes, salvo os impedimentos matrimoniais. Tal regra, a toda evidência, está em perfeita consonância com a norma prevista no artigo 227, § 6º, da Constituição Federal, que prevê a *irrestrita igualdade entre os filhos*.[31]

Para que a adoção seja permitida, o Estatuto da Criança e do Adolescente exige que o adotando conte, no máximo, com 18 (dezoito) anos de idade à data do pedido, salvo se já estiver sob a guarda ou tutela dos adotantes. O adotante, por sua vez, precisa ser maior de 18 (dezoito) anos, independentemente do estado civil, e deverá ser, pelo menos, 16 (dezesseis) anos mais velho que o adotando.[32]

No que toca especificamente à adoção por estrangeiros, também denominada de *adoção internacional*, o artigo 51, do Estatuto da Criança e do Adolescente, a define como aquela em que a pessoa ou casal postulante é residente ou domiciliado fora do Brasil,[33] conforme previsto no artigo 2º, da Convenção de Haia, de 29 de maio de 1993, relativa à Proteção das Crianças e à Cooperação em Matéria de Adoção Internacional.

Nos expressos termos do § 1º daquele artigo 51, da Lei 8.069/1990, a adoção internacional de criança ou de adolescente brasileiro ou domiciliado no Brasil somente terá lugar quando restar comprovado: (a) que a colocação em família substituta é a solução adequada ao caso concreto; e (b) que foram esgotadas todas as possibilidades de colocação da criança ou adolescente em família substituta brasileira.

No caso específico de adoção internacional de adolescente, o Estatuto da Criança e do Adolescente exige, ainda, a consulta ao menor, por meios adequados ao seu estágio de desenvolvimento e também que o adolescente se encontre preparado para a adoção, me-

---

29. Lei 8.069/1990, artigo 39: "A adoção de criança e de adolescente reger-se-á segundo o disposto nesta Lei".
30. Família extensa ou ampliada, nos expressos termos do artigo 25, parágrafo único, do Estatuto da Criança e do Adolescente, é aquela que se estende para além da unidade pais e filhos ou da unidade do casal, formada por parentes próximos com os quais a criança ou adolescente convive e mantém vínculos de afinidade e afetividade.
31. Nos expressos termos daquela norma constitucional (artigo 227, § 6º), sejam havidos ou não da relação do casamento, ou mesmo por adoção, todos os filhos terão os mesmos direitos e qualificações, proibidas quaisquer designações discriminatórias relativas à filiação.
32. Ainda segundo a Lei 8.069/1990 (artigo 40, § 1º), não podem adotar os ascendentes (caso de avós, bisavós etc.) e irmãos do adotando.
33. Conforme § 2º, do artigo 51, do Estatuto da Criança e do Adolescente, os brasileiros residentes no exterior terão preferência aos estrangeiros, nos casos de adoção internacional de criança ou adolescente brasileiro.

diante parecer elaborado por equipe interprofissional. Em qualquer caso, exige-se também um estágio de convivência de, no mínimo, 30 (trinta) dias, cumprido integralmente em território nacional.[34]

Encerrando o tema relativo à criança e ao adolescente, a Constituição Federal dispõe expressamente, em seu artigo 228, que são *penalmente inimputáveis os menores de 18 (dezoito) anos*, sujeitos às normas da legislação especial. As condutas descritas como crimes ou contravenções, praticadas por adolescentes, são chamadas de *atos infracionais*, e estão regulamentadas pelo Título III (Da Prática de Ato Infracional), do Estatuto da Criança e do Adolescente.

A PROTEÇÃO À CRIANÇA E AO ADOLESCENTE

– No tocante especificamente à proteção integral da criança e do adolescente, esta foi regulamentada pela Lei 8.069/1990 (Estatuto da Criança e do Adolescente – ECA). Para os efeitos daquele diploma infraconstitucional, criança é a pessoa de até 12 (doze) anos incompletos; adolescente, aquela entre 12 (doze) e 18 (dezoito) anos (artigo 2º, *caput*).

– São penalmente inimputáveis os menores de 18 (dezoito) anos, sujeitos às normas da legislação especial (CF, art. 28). As condutas descritas como crimes ou contravenções, praticadas por adolescentes, são chamadas de *atos infracionais*, e estão regulamentadas pelo Estatuto da Criança e do Adolescente.

16.20 IDOSOS

Nos termos do artigo 230, da Carta Magna, tanto a família como a sociedade, além do Estado, têm o dever de amparar as pessoas idosas, assegurando a participação destas na comunidade, defendendo sua dignidade, bem-estar e garantindo-lhes o direito à vida. Ainda segundo o texto constitucional, os programas de amparo aos idosos devem ser executados, em caráter preferencial, em seus próprios lares (§ 1º). A Constituição Federal também garante aos maiores de 65 (sessenta e cinco) anos de idade a gratuidade dos transportes urbanos (§ 2º).

Com o objetivo de regular os direitos assegurados aos idosos, foi editada a Lei 10.741, de 1º de outubro de 2003, denominada *Estatuto do Idoso*. Conforme definição constante daquele diploma legal (artigo 1º), *idoso é a pessoa com idade igual ou superior a 60 (sessenta) anos de idade*. Em termos semelhantes à Constituição Federal, referida lei também dispõe que os direitos dos idosos devem ser assegurados pela família, pela comunidade (localizada próximo ao idoso), pela sociedade e pelo Estado.

Nos expressos termos da Lei 10.741/2003, deverá ser assegurada ao idoso a efetivação do direito à vida, à saúde, à alimentação, à educação, à cultura, ao esporte, ao lazer, ao trabalho, à cidadania, à liberdade, à dignidade, ao respeito e à convivência familiar e comunitária em caráter de *absoluta prioridade*. Referido diploma legal traz diversos exemplos (não taxativos) de condutas que concretizam a prioridade no atendimento aos direitos fundamentais dos idosos.

Segundo expressa redação do artigo 2º, da Lei 10.741/2003, o idoso goza de todos os direitos fundamentais inerentes à pessoa humana, sem prejuízo da proteção integral de que trata o Estatuto do Idoso, devendo ser-lhe asseguradas, por lei ou por outros meios, todas as oportunidades e facilidades, para preservação de sua saúde física e mental e seu aperfeiçoamento moral, intelectual, espiritual e social, em condições de liberdade e dignidade.

Dentre os diversos direitos fundamentais explicitados na Lei 10.741/2003, pode ser destacado o direito do idoso à vida e à saúde. Com efeito, nos expressos termos do artigo 9º,

---

34. Estatuto da Criança e do Adolescente, artigo 46, § 3º: "Em caso de adoção por pessoa ou casal residente ou domiciliado fora do País, o estágio de convivência, cumprido no território nacional, será de, no mínimo, 30 (trinta) dias".

daquele diploma normativo, é obrigação do Estado garantir à pessoa idosa a proteção à vida e à saúde, mediante efetivação de políticas sociais públicas que permitam um envelhecimento saudável e em condições de dignidade.

Conforme lei de regência, é assegurada a atenção integral à saúde do idoso, por intermédio do Sistema Único de Saúde (SUS), garantindo-lhe o acesso universal e igualitário, em conjunto articulado e contínuo das ações e serviços, para a prevenção, promoção, proteção e recuperação da saúde, incluindo a atenção especial às doenças que afetam preferencialmente os idosos.

A prevenção e a manutenção da saúde do idoso serão efetivadas, inclusive, por meio de *atendimento domiciliar*, incluindo a internação, para a população que dele necessitar e esteja impossibilitada de se locomover, inclusive para idosos abrigados e acolhidos por instituições públicas, filantrópicas ou sem fins lucrativos e eventualmente conveniadas com o poder público, nos meios urbano e rural.

A Lei 10.741/2003 também impõe ao Estado o fornecimento gratuito de medicamentos aos idosos, especialmente os de uso continuado, assim como próteses, órteses[35] e outros recursos relativos ao tratamento, habilitação ou reabilitação. Ademais, *veda a discriminação do idoso nos planos de saúde pela cobrança de valores diferenciados em razão da idade*, e assegura ao idoso internado ou em observação o direito a acompanhante, devendo o órgão de saúde proporcionar as condições adequadas para a sua permanência em tempo integral, segundo o critério médico.

O Estatuto do Idoso também garante ao idoso, que esteja no domínio de suas faculdades mentais, o direito de optar pelo tratamento de saúde que lhe for reputado mais favorável. Não estando o idoso em condições de proceder à opção, esta será feita: (a) pelo curador, quando o idoso for interditado; (b) pelos familiares, quando o idoso não tiver curador ou este não puder ser contatado em tempo hábil; (c) pelo médico, quando ocorrer iminente risco de morte e não houver tempo hábil para consulta a curador ou familiar; (d) pelo próprio médico, quando não houver curador ou familiar conhecido, caso em que deverá comunicar o fato ao Ministério Público.

A lei também prevê, em caráter expresso, o *direito a alimentos*, que devem ser prestados ao idoso que não puder garantir a própria subsistência. Tal direito, a toda evidência, está em perfeita consonância com a norma constante do artigo 229, de nossa Lei Maior, em sua parte final, a qual determina que os filhos maiores têm o dever de ajudar e amparar os pais na velhice, carência ou enfermidade.

Conforme artigo 12, do Estatuto do Idoso, a obrigação alimentar tem caráter solidário, o que significa dizer que o idoso poderá exigi-la de um, de alguns ou de todos os devedores, parcial ou totalmente.[36] Ainda nos termos daquele diploma legal, se o idoso ou seus familiares não possuírem condições econômicas de prover o seu sustento, será o Estado quem deverá garanti-lo, através de recursos provenientes da já estudada Assistência Social.

---

35. Segundo a Wikipédia, órtese (português brasileiro) ou ortótese (português europeu), conforme definição ISO, é um apoio ou dispositivo externo aplicado ao corpo para modificar os aspectos funcionais ou estruturais do sistema neuromusculoesquelético para obtenção de alguma vantagem mecânica ou ortopédica. Segue esclarecendo a famosa enciclopédia livre: o aparelho dentário ortodôntico é uma *órtese*, pois corrige a deformidade da arcada dentária (orto = reto, correto), já a dentadura ou um implante dentário é uma *prótese*, já que substitui o órgão ou sua função (substitui os dentes).
36. Código Civil, artigo 275: "O credor tem direito a exigir e receber de um ou de alguns dos devedores, parcial ou totalmente, a dívida comum; se o pagamento tiver sido parcial, todos os demais devedores continuam obrigados solidariamente pelo resto".

O Estatuto do Idoso também prevê o direito à educação, cultura, esporte, lazer, diversões, espetáculos, produtos e serviços que respeitem sua peculiar condição de idade (artigo 20, da Lei 10.741/2003). Em relação especificamente às atividades culturais e de lazer, o Estatuto do Idoso lhes garante, no artigo 23, descontos de pelo menos 50% (cinquenta por cento) nos ingressos para eventos artísticos, culturais, esportivos e de lazer, bem como o acesso preferencial aos respectivos locais.

O Estatuto do Idoso prevê, igualmente, o direito dos idosos à profissionalização e ao trabalho. Nos expressos termos da Lei 10.741/2003, o ancião tem direito ao exercício de atividade profissional, respeitadas suas condições físicas, intelectuais e psíquicas, sendo vedada, ademais, em sua admissão em qualquer trabalho ou emprego, a discriminação e a fixação de limite máximo de idade, inclusive para concursos, ressalvados os casos em que a natureza do cargo o exigir.[37]

Aliás, particularmente no que se refere aos concursos públicos, o Estatuto do Idoso traz outra importante proteção às pessoas por ele tuteladas, ao determinar expressamente, no parágrafo único de seu artigo 27, que o *primeiro critério de desempate nos certames, tanto para a admissão como para os demais casos em que os concursos são exigidos (promoções, remoções etc.), será a idade*, dando-se preferência ao de idade mais elevada.

O Estatuto do Idoso também dispõe sobre o direito do ancião à assistência social. Esta, nos termos da lei, será prestada, de forma articulada, conforme os princípios e diretrizes previstos na Lei Orgânica da Assistência Social, na Política Nacional do Idoso, no Sistema Único de Saúde e demais normas pertinentes. Aos idosos, *a partir de 65 (sessenta e cinco) anos*, que não possuam meios para prover sua subsistência, nem de tê-la provida por sua família, é assegurado o benefício mensal de 1 (um) salário-mínimo, nos termos da Lei Orgânica da Assistência Social (LOAS).

Nos programas habitacionais, públicos ou subsidiados com recursos públicos, o idoso goza de prioridade na aquisição de imóvel para moradia própria, observado o seguinte: (a) reserva de pelo menos 3% (três por cento) das unidades habitacionais residenciais para atendimento aos idosos; (b) implantação de equipamentos urbanos comunitários voltados ao idoso; (c) eliminação de barreiras arquitetônicas e urbanísticas, para garantia de acessibilidade ao idoso; (d) critérios de financiamento compatíveis com os rendimentos de aposentadoria e pensão.

No tocante ao acesso à justiça, a lei prevê que o poder público poderá criar varas especializadas e exclusivas do idoso, assegurando prioridade na tramitação dos processos e na execução dos atos e diligências judiciais em que figure como parte ou interveniente pessoa com idade igual ou superior a 60 (sessenta) anos, em qualquer instância, bastando que o interessado, provando sua idade, requeira o benefício à autoridade judiciária competente para decidir o feito, que determinará as providências a serem cumpridas, anotando-se essa circunstância em local visível nos autos do processo.[38]

---

37. Como exemplo de caso em que a fixação de limite de idade para ingresso no serviço público não é discriminatória, podemos citar os concursos públicos para o cargo inicial de soldado da polícia militar, uma vez que tal função exige do profissional considerável preparo físico, o que é incompatível com as inequívocas limitações físicas e fisiológicas que a idade avançada impõe a todos nós.
38. A prioridade se estende aos processos e aos procedimentos no âmbito da Administração Pública, de empresas prestadoras de serviços públicos e de instituições financeiras, bem como ao atendimento preferencial junto à Defensoria Pública da União, dos Estados e do Distrito Federal em relação aos Serviços de Assistência Judiciária.

Digno de nota, por fim, é o direito conferido pela lei, aos maiores de 65 (sessenta e cinco) anos de idade, à gratuidade dos transportes coletivos públicos urbanos e semiurbanos, exceto nos serviços seletivos e especiais, quando prestados paralelamente aos serviços regulares. Referido direito, previsto no artigo 39 e parágrafos, do Estatuto do Idoso, nada mais é que a regulamentação da norma fixada pelo artigo 230, § 2º, de nossa Lei Maior.

Nos termos do parágrafo único do supramencionado artigo 39, do Estatuto do Idoso, basta que o ancião apresente qualquer documento de identidade para que possa ter acesso gratuito ao transporte coletivo. O § 2º do mesmo artigo 39, por sua vez, determina que sejam reservados aos idosos 10% (dez por cento) dos assentos dos transportes coletivos públicos, devidamente identificados com a placa de reservado preferencialmente para idosos.[39]

No tocante especificamente ao sistema de transporte público interestadual, o artigo 40, do Estatuto do Idoso, determina que sejam reservadas 2 (duas) vagas gratuitas, por veículo, para idosos com renda igual ou inferior a 2 (dois) salários-mínimos, além do desconto mínimo de 50% (cinquenta por cento) no valor das passagens, para os idosos que excederem as vagas gratuitas, desde que situados na mesma faixa salarial.

IDOSOS

– A família, a sociedade e o Estado têm o dever de amparar os idosos, assegurando a participação destes na comunidade, defendendo sua dignidade, bem-estar e garantindo-lhes o direito à vida. Conforme definição constante do artigo 1º, do Estatuto do Idoso (Lei 10.741, de 1º de outubro de 2003), idoso é a pessoa com idade igual ou superior a 60 (sessenta) anos de idade.

– Dentre os direitos fundamentais expressamente conferidos pela lei ao idoso, destacam-se: direito à vida e à saúde; direito a alimentos; direito à educação, cultura, esporte, lazer, diversões, espetáculos, produtos e serviços que respeitem sua peculiar condição de idade; direito à profissionalização e ao trabalho; e direito à gratuidade no serviço de transporte público.

16.21 ÍNDIOS

A Constituição Federal contém diversas normas de proteção aos povos indígenas, no Título relativo à Ordem Social, por também considerá-los especialmente vulneráveis, e, portanto, merecedores da tutela do Estado. Nos termos do artigo 231, da Carta Magna, devem ser reconhecidos aos índios sua organização social, costumes, línguas, crenças e tradições, e os direitos originários sobre as terras que tradicionalmente ocupam, competindo à União demarcá-las, proteger e fazer respeitar todos os seus bens.

As terras tradicionalmente ocupadas pelos índios, segundo a Constituição Federal, destinam-se a sua posse[40] permanente, cabendo-lhes o usufruto exclusivo das riquezas do solo, dos rios e dos lagos nelas existentes. Ainda segundo o texto constitucional, são terras deste tipo: (a) aquelas por eles habitadas em caráter permanente; (b) as utilizadas para suas atividades produtivas; (c) as imprescindíveis à preservação dos recursos ambientais necessários ao seu bem-estar; e (d) as necessárias à sua reprodução física e cultural, segundo seus usos, costumes e tradições.

Buscando proteger os povos indígenas, a Carta Magna determina expressamente que o aproveitamento dos recursos hídricos, incluídos os potenciais energéticos, bem como a

---

39. O artigo 39, § 3º, da Lei 10.741/2003, prevê a possibilidade de previsão, por meio de legislação local, da fixação de condições para o exercício da gratuidade nos transportes públicos para as pessoas compreendidas na faixa etária entre 60 (sessenta) e 65 (sessenta e cinco) anos de idade.
40. É importante lembrarmos que, a despeito de a posse permanente ser conferida aos indígenas, a propriedade da terra é da União, conforme expressa previsão do artigo 20, inciso XI, da Constituição Federal, que inclui entre os bens da União "as terras tradicionalmente ocupadas pelos índios".

pesquisa e a lavra das riquezas minerais, só podem ser efetivados nas terras indígenas, com autorização do Congresso Nacional, depois de ouvidas as comunidades afetadas, sendo certo que devem ser asseguradas a estas a participação nos resultados da lavra, na forma da lei. Ademais, nos termos de nossa Lei Maior, referidas terras são inalienáveis e indisponíveis, e os direitos sobre elas, imprescritíveis.

É vedada a remoção de populações indígenas de suas terras, salvo, *ad referendum* do Congresso Nacional, em caso de catástrofe ou epidemia que ponha em risco sua população, ou no interesse da soberania do Brasil, após deliberação do Congresso Nacional, garantido, em qualquer hipótese, o direito ao retorno imediato dos povos indígenas logo que cesse o risco.

São nulos e extintos, não produzindo efeitos jurídicos, os atos que tenham por objeto a ocupação, o domínio e a posse das terras indígenas, ou a exploração das riquezas naturais do solo, dos rios e dos lagos nelas existentes, ressalvado relevante interesse público da União, segundo o que dispuser lei complementar, não gerando a nulidade e a extinção direito à indenização ou a ações contra a União, salvo, na forma da lei, quanto às benfeitorias derivadas da ocupação de boa-fé.

Encerrando o Capítulo destinado à proteção aos povos indígenas, a Constituição Federal dispõe, em seu artigo 232, que os índios, suas comunidades e suas organizações são partes legítimas para ingressar em juízo em defesa de seus direitos e interesses, intervindo o Ministério Público em todos os atos do processo. A competência conferida ao *Parquet* para defender, em âmbito judicial, os direitos e interesses das populações indígenas também está explicitada no artigo 129, inciso V, de nossa Lei Maior[41].

ÍNDIOS

– A Constituição Federal contém diversas normas de proteção aos povos indígenas, no Título relativo à Ordem Social, por também considerá-los especialmente vulneráveis, e, portanto, merecedores da tutela do Estado.

– Devem ser reconhecidos aos índios sua organização social, costumes, línguas, crenças e tradições, e os direitos originários sobre as terras que tradicionalmente ocupam, competindo à União demarcá-las, proteger e fazer respeitar todos os seus bens (Carta Magna, artigo 231).

– Encerrando o Capítulo destinado à proteção aos povos indígenas, a Lei Maior dispõe que os índios, suas comunidades e suas organizações são partes legítimas para ingressar em juízo em defesa de seus direitos e interesses, intervindo o Ministério Público em todos os atos do processo (artigo 232).

16.22 PESSOAS COM DEFICIÊNCIA

Como já vimos em outras oportunidades, o artigo 5º, § 3º, da Constituição Federal, acrescentado pela Emenda Constitucional 45, de 8 de dezembro de 2004, passou a permitir expressamente que tratados e convenções internacionais, desde que tenham por objeto direitos humanos, e que também observem as formalidades rituais ali previstas, conquistem o *status de normas* constitucionais, ampliando, assim, o rol dos direitos e garantias fundamentais de nossa Carta Magna.

Com efeito, nos termos daquele dispositivo constitucional, os tratados e convenções internacionais sobre direitos humanos, quando aprovados em cada Casa do Congresso Nacional, em 2 (dois) turnos, por 3/5 (três quintos) dos votos dos respectivos membros,

---

41. Constituição Federal, artigo 129, inciso V: "São funções institucionais do Ministério Público: defender judicialmente os direitos e interesses das populações indígenas".

serão equivalentes às emendas constitucionais. Com essa nova realidade, agora se tornou inequívoca a possibilidade de existência de normas materialmente constitucionais fora do corpo de nossa Lei Maior.

Como exemplo de tratado que trata de direitos humanos, e que foi aprovado nos termos do artigo 5º, § 3º, da nossa Lei Maior, conquistando, por consequência, *status* de norma materialmente constitucional, podemos citar a Convenção sobre os Direitos das Pessoas com Deficiência (e seu Protocolo Facultativo), ratificados pelo Congresso Nacional por meio do Decreto Legislativo 186, de 9 de julho de 2008, e promulgados pelo Decreto 6.949, de 25 de agosto de 2009, data de início de sua vigência no plano interno.

E com fundamento naquela Convenção sobre os Direitos das Pessoas com Deficiência (com *status* de norma constitucional, nunca é demais repetir), foi editada a Lei 13.146, de 6 de julho de 2015, a qual instituiu a denominada *Lei Brasileira de Inclusão da Pessoa com Deficiência (Estatuto da Pessoa com Deficiência)*, destinada, nos expressos termos de seu artigo 1º, a assegurar e a promover para a pessoa com deficiência, em condições de igualdade com as demais pessoas, o exercício de seus direitos e liberdades fundamentais, visando à sua inclusão social e cidadania.

A definição de *pessoa com deficiência*, é importante mencionar, encontra-se no artigo 2º, *caput*, daquele diploma legal. Segundo referido dispositivo legal, pessoa com deficiência é "aquela que tem impedimento de longo prazo de natureza física, mental, intelectual ou sensorial, o qual, em interação com uma ou mais barreiras, pode obstruir sua participação plena e efetiva na sociedade em igualdade de condições com as demais pessoas".

Da simples leitura daquela definição legal, podemos perceber facilmente que, para que alguém possa ser considerado pessoa com deficiência, e, portanto, sujeito à tutela da Lei 13.146/2015, é indispensável que o impedimento (físico, mental, intelectual ou sensorial) possua 2 (duas) características: (a) que obstrua a plena e efetiva participação do indivíduo na sociedade, em igualdade de condições com as demais pessoas; e (b) que seja de longa duração, não podendo tratar-se, portanto, de uma limitação de caráter breve.

Por outro lado, aquela mesma definição também nos permite concluir, sem grandes dificuldades, que o impedimento que faz incidir as normas protetoras do Estatuto da Pessoa com Deficiência *não precisa ser de caráter permanente*, bastando que seja de longa duração. Pode ser considerado pessoa com deficiência, portanto, quem puder se recuperar futuramente, desde que sua participação plena na sociedade seja tolhida por impedimento de longo prazo.

Caso haja necessidade de se fazer uma avaliação, para constatação de que se trata efetivamente de pessoa com deficiência, o Estatuto também esclarece que referida avaliação será biopsicossocial, realizada por equipe multiprofissional e interdisciplinar, que deverá levar em conta: (a) os impedimentos nas funções e nas estruturas do corpo; (b) os fatores socioambientais, psicológicos e pessoais; (c) a limitação no desempenho de atividades; e (d) a restrição de participação.

Nos expressos termos da lei de regência, toda pessoa com deficiência tem direito à *igualdade de oportunidades* com as demais pessoas e não sofrerá nenhuma espécie de discriminação (direito de igualdade e de não discriminação). Para a lei, considera-se discriminação, em razão da deficiência, toda forma de distinção, restrição ou exclusão, por ação ou omissão, que tenha o propósito ou o efeito de prejudicar, impedir ou anular o reconhecimento ou o exercício dos direitos e das liberdades fundamentais de pessoa com deficiência, incluindo a recusa de adaptações razoáveis e de fornecimento de tecnologias de assistência.

Segundo o artigo 5º, da Lei 13.146/2015, a pessoa com deficiência será protegida de toda forma de negligência, discriminação, exploração, violência, tortura, crueldade, opressão e tratamento desumano ou degradante. Para os fins dessa proteção garantida pelo Estatuto da Pessoa com Deficiência, são considerados *especialmente vulneráveis* a criança, o adolescente, a mulher e o idoso, quando estes apresentarem deficiência física, mental, intelectual ou sensorial.

O Estatuto da Pessoa com Deficiência também impõe a todos os membros de nossa sociedade o dever de comunicar à autoridade competente qualquer forma de ameaça ou de violação aos direitos da pessoa com deficiência. Impõe também aos juízes e aos tribunais, no exercício de suas funções, o dever de remeter peças ao Ministério Público para as providências cabíveis, sempre que tiverem conhecimento de fatos que caracterizem violações às normas daquele diploma legal.

Ainda segundo a lei, é dever do Estado, da sociedade e da família assegurar à pessoa com deficiência, com prioridade, a efetivação dos direitos referentes à vida, à saúde, à sexualidade, à paternidade e à maternidade, à alimentação, à habitação, à educação, à profissionalização, ao trabalho, à previdência social, à habilitação e à reabilitação, ao transporte, à acessibilidade, à cultura, ao desporto, ao turismo, ao lazer, à informação, à comunicação, aos avanços científicos e tecnológicos, à dignidade, ao respeito, à liberdade, à convivência familiar e comunitária.

Como já vimos no Capítulo 7, o *direito à vida* abrange não só o aspecto biológico, como também o psicossocial, referente ao direito do ser humano de viver com dignidade. É em atenção a esta realidade que o Estatuto da Pessoa com Deficiência impõe ao Estado o dever de garantir a *dignidade da pessoa com deficiência ao longo de toda a vida*, inclusive com a adoção de medidas necessárias à sua proteção e à sua segurança em situações de risco, emergência ou estado de calamidade pública, ocasiões em que será considerada vulnerável.

Ainda no tocante ao *direito à vida digna*, a lei dispõe expressamente que a pessoa com deficiência não poderá ser obrigada a se submeter a intervenção clínica ou cirúrgica, a tratamento ou a institucionalização forçada. Seu consentimento prévio, livre e esclarecido é indispensável para a realização de tratamento, procedimento, hospitalização e pesquisa científica, sendo certo que ela somente será atendida sem seu consentimento em casos de risco de morte e de emergência em saúde, resguardado seu superior interesse e adotadas as salvaguardas legais cabíveis.

O *processo de habilitação e de reabilitação* também é um direito da pessoa com deficiência. Referido processo tem por objetivo o desenvolvimento de potencialidades, talentos, habilidades e aptidões físicas, cognitivas, sensoriais, psicossociais, atitudinais, profissionais e artísticas que contribuam para a conquista da autonomia da pessoa com deficiência e de sua participação social em igualdade de condições e oportunidades com as demais pessoas.

A pessoa com deficiência também deve contar com atenção integral à sua *saúde*, em todos os níveis de complexidade, com acesso universal e igualitário, por intermédio do Sistema Único de Saúde (SUS), a quem compete, nos expressos termos da lei, desenvolver ações destinadas à prevenção de deficiências por causas evitáveis. E quando se tratar de operadoras de planos e seguros privados de saúde, estes serão obrigados a garantir à pessoa com deficiência, no mínimo, todos os serviços e produtos ofertados aos demais clientes.

São vedadas todas as formas de discriminação contra a pessoa com deficiência, inclusive por meio de cobrança de valores diferenciados por planos e seguros privados de saúde, em razão de sua condição. Os espaços dos serviços de saúde, tanto públicos quanto privados, devem assegurar o acesso da pessoa com deficiência, em conformidade com a legislação em vigor, mediante a remoção de barreiras, por meio de projetos arquitetônico, de ambientação de interior e de comunicação que atendam às especificidades das pessoas com deficiência física, sensorial, intelectual e mental.

No tocante à *educação*, devem ser assegurados à pessoa com deficiência um sistema educacional inclusivo em todos os níveis, com aprendizado ao longo de toda a vida, de forma a alcançar o máximo desenvolvimento possível de seus talentos e habilidades físicas, sensoriais, intelectuais e sociais, segundo suas características, interesses e necessidades de aprendizagem. Segundo o Estatuto, é dever do Estado, da família, da comunidade escolar e da sociedade assegurar educação de qualidade à pessoa com deficiência, colocando-a a salvo de toda forma de violência, negligência e discriminação.

A pessoa com deficiência também tem direito à *moradia digna*, seja no seio da família natural ou substituta, seja com seu cônjuge ou companheiro, seja desacompanhada, seja em moradia para uma vida independente, seja, ainda, em residência inclusiva. Nos programas habitacionais, públicos ou subsidiados com recursos públicos, a pessoa com deficiência ou o seu responsável goza de prioridade na aquisição de imóvel para moradia própria, inclusive com a reserva de, no mínimo, 3% (três por cento) das unidades habitacionais para pessoa com deficiência.

Outro direito que deve ser assegurado à pessoa com deficiência é o *direito ao trabalho*, que deve ser de sua livre escolha e aceitação, em ambiente acessível e inclusivo, em igualdade de oportunidades com as demais pessoas, inclusive com igual remuneração por trabalho de igual valor. Ainda nos expressos termos da lei, é vedada restrição ao trabalho da pessoa com deficiência e qualquer discriminação em razão de sua condição, inclusive nas etapas de recrutamento, seleção, contratação, admissão, exames admissional e periódico, permanência no emprego, ascensão profissional e reabilitação profissional, bem como exigência de aptidão plena.

Referências Bibliográficas

ABELHA, Marcelo. *Ação civil pública e meio ambiente*. Rio de Janeiro: Forense Universitária, 2003.

AGRA, Walber de Moura. *Curso de direito constitucional*. 6. ed. revista e atualizada. Rio de Janeiro: Forense, 2010.

ALEXY, Robert. *Epílogo a la teoria de los derechos fundamentales*. Madrid: [s.n.], 2004.

ALEXY, Robert. *Teoría de los derechos fundamentales*. Madrid: Centro de Estudios Constitucionales, 1993.

ALMEIDA, Fernanda Dias Menezes de. *Competências na Constituição de 1988*. São Paulo: Atlas, 1991.

ALVIM, José Eduardo. *Habeas data*. Rio de Janeiro: Forense, 2001.

ANASTÁCIO, Rachel Bueno. *Mandado de injunção*: em busca da efetividade da Constituição. Rio de Janeiro: Lumen Juris, 2003.

ANDRADE, Christiano José de. *O problema dos métodos na interpretação jurídica*. São Paulo: Ed. RT, 1992.

ANDRADE FILHO, Edmar Oliveira. *Controle de constitucionalidade de leis e atos normativos*. São Paulo: Dialética, 1992.

ARAUJO, Luiz Alberto David de; NUNES JÚNIOR, Vidal Serrano. *Curso de direito constitucional*. 21. ed. rev. e atual. até a EC n. 95 de 15 de dezembro de 2016. São Paulo: Verbatim, 2017.

ÁVILA, Humberto Bergmann. *Teoria dos princípios*. São Paulo: Malheiros, 2003.

ÁVILA, Humberto Bergmann. A distinção entre princípios e regras e a redefinição do dever de proporcionalidade. *Revista de Direito Administrativo*, Rio de Janeiro, jan./mar. 1999.

AZEVEDO, Marco Antonio Duarte de. *Súmula vinculante*: o precedente como fonte do direito. São Paulo: Centro de Estudos da Procuradoria Geral do Estado de São Paulo, 2009.

BARROS, Suzana de Toledo. *O princípio da proporcionalidade e o controle de constitucionalidade das leis restritivas de direitos fundamentais*. Brasília: Brasília Jurídica, 1996.

BARROSO, Luís Roberto. *Curso de direito constitucional contemporâneo*: os conceitos fundamentais e a construção do novo modelo. São Paulo: Saraiva, 2009.

BARROSO, Luís Roberto. *Interpretação e aplicação da constituição*. 6. ed. (revista, atualizada e ampliada). São Paulo: Saraiva, 2006.

BARROSO, Luís Roberto. *O controle de constitucionalidade no direito brasileiro*. 5. ed. São Paulo: Saraiva, 2011.

BASTOS, Celso. *Curso de direito constitucional*. 22. ed. São Paulo: Saraiva, 2001.

BASTOS, Celso. *Hermenêutica e interpretação constitucional*. São Paulo: Celso Bastos, 1997.

BASTOS, Celso; BRITO, Carlos Ayres. *Interpretação e acplicabilidade das normas constitucionais*. São Paulo: Saraiva, 1982.

BASTOS, Celso; MARTINS, Ives Gandra da Silva. *Comentários à Constituição do Brasil*. 2. ed. São Paulo: Saraiva, 2000.

BERMUDES, Sérgio. O mandado de injunção. *RT* 642/24.

BONAVIDES, Paulo. *Curso de direito constitucional*. 18. ed. São Paulo: Malheiros, 2006.

BONAVIDES, Paulo. *Teoria do estado*. 5. ed. São Paulo: Malheiros, 2004.

BONIFÁCIO, Artur Cortez. *Direito de petição*: garantia constitucional. São Paulo: Método, 2004.

BUENO, Cássio Scarpinella. *Mandado de segurança*: comentários às Leis 1.533/51, 4.348/64 e 5.021/66. 2. ed. rev. e atual. São Paulo: Saraiva, 2006.

BULOS, Uadi Lammêgo. *Constituição Federal anotada*. 9. ed. São Paulo: Saraiva, 2009.

BULOS, Uadi Lammêgo. *Curso de direito constitucional*. 10. ed., rev. e atual. de acordo com a Emenda Constitucional 95/2016. São Paulo: Saraiva, 2017.

CANOTILHO, J. J. Gomes. *Constituição dirigente e vinculação do legislador*. Coimbra: Coimbra Editora, 1994.

CANOTILHO, J. J. Gomes. *Direito constitucional e teoria da constituição*. 7. ed. Coimbra: Almedina, 2003.

CARVALHO, Kildare Gonçalves. *Direito constitucional. Teoria do Estado e da Constituição*: direito constitucional positivo. 13. ed. Belo Horizonte: Del Rey, 2007.

CHIMENTI, Ricardo Cunha; CAPEZ, Fernando; ROSA, Márcio F. Elias; SANTOS, Marisa F. *Curso de direito constitucional*. 7. ed. São Paulo: Saraiva, 2010.

CHIOVENDA, Giuseppe. *Instituições de direito processual civil*. Campinas: Bookseller, 1998.

CINTRA, Antonio Carlos de Araújo; GRINOVER, Ada Pellegrini; DINAMARCO, Cândido Rangel. *Teoria geral do processo*. 18. ed. São Paulo: Malheiros, 2002.

CLÈVE, Clèmerson Merlin. *A fiscalização abstrata da constitucionalidade no direito brasileiro*. 2. ed. São Paulo: Ed. RT, 2000.

COSTA, Susana Henriques da. *Comentários à lei de ação civil pública e lei de ação popular*. São Paulo: Quartier Latin, 2006.

CRETELLA JR., José. *Os writs na Constituição de 1988*. 2. ed. Rio de Janeiro: Forense Universitária, 1996.

CUNHA JÚNIOR, Dirlei da. *Controle de constitucionalidade. Teoria e prática*. Salvador: Jus Podivm, 2006.

DANTAS, Ivo. *Direito adquirido, emendas constitucionais e controle de constitucionalidade*. Rio de Janeiro: Lumen Juris, 1997.

DANTAS, Ivo. *Direito constitucional comparado*. v. I. Introdução. Teoria e metodologia. 2. ed. Rio de Janeiro: Renovar, 2006.

DANTAS, Ivo. *Mandado de injunção*. 2. ed. Rio de Janeiro: Aide, 1994.

DANTAS, Paulo Roberto de Figueiredo. *A proteção contra as cláusulas abusivas no Código Civil*. São Paulo: Atlas, 2007.

DANTAS, Ivo. *Curso de direito constitucional*. Versão compacta. 10. ed. São Paulo: Atlas, 2015.

DANTAS, Ivo. *Direito processual constitucional*. 10. ed. Indaiatuba: Foco, 2021.

DANTAS, Ivo. *Manual de direito constitucional: especial para concursos. Teoria geral*. Curitiba: Juruá, 2018, v. 1.

DANTAS, Ivo. *Manual de direito constitucional: especial para concursos. Controle de constitucionalidade*. Curitiba: Juruá, 2018, v. 2.

DANTAS, Ivo. *Manual de direito constitucional: especial para concursos. Direitos e garantias fundamentais*. Curitiba: Juruá, 2018, v. 3.

REFERÊNCIAS BIBLIOGRÁFICAS

DANTAS, Ivo. *Manual de direito constitucional: especial para concursos. Organização do Estado e dos poderes.* Curitiba: Juruá, 2018, v. 4.

DANTAS, Ivo. *Manual de direito constitucional: especial para concursos.* Tributação, orçamento, ordem econômica, financeira e social. Curitiba: Juruá, 2018, v. 5.

DENSA, Roberta. *Direito do consumidor.* 9. ed. São Paulo: Atlas, 2014.

DI PIETRO, Maria Sylvia Zanella. *Direito administrativo.* 30. ed. rev., atual. e ampl. Rio de Janeiro: Forense, 2017.

DI PIETRO, Maria Sylvia Zanella. Advocacia Pública. *Revista Jurídica da Procuradoria Geral do Município de São Paulo*, São Paulo, 1995.

DINAMARCO, Cândido Rangel. *Instituições de direito processual civil: volume I.* 9. ed. rev. e atual. segundo o novo Código de Processo Civil. São Paulo: Malheiros, 2017.

DINIZ, Márcio Augusto Vasconcelos. *Constituição e hermenêutica constitucional.* Belo Horizonte: Mandamentos, 1998.

DINIZ, Maria Helena. *Norma constitucional e seus efeitos.* 7. ed. São Paulo: Saraiva, 2006.

DONIZETTI, Elpídio. *Ações constitucionais.* 2. ed. rev., ampl. e atual. até a Lei 12.120, de 15 de dezembro de 2009, bem como pela jurisprudência dos Tribunais Superiores. São Paulo: Atlas, 2010.

DONIZETTI, Elpídio. *Curso didático de direito processual civil.* 8. ed. Rio de Janeiro: Lumen Juris, 2007.

FERNANDES, Bernardo Gonçalves. *Curso de direito constitucional.* 2. ed. Revista, ampliada e atualizada até a EC 66/2010 e em consonância com a jurisprudência do STF. Rio de Janeiro: Lumen Juris, 2010.

FERRAZ, Sérgio. *Mandado de segurança.* 2. ed. São Paulo: Malheiros, 1994.

FERREIRA FILHO, Manoel Gonçalves. *Curso de direito constitucional.* 40. ed. São Paulo: Saraiva, 2015.

FERREIRA FILHO, Manoel Gonçalves. *Direitos humanos fundamentais.* 14. ed. São Paulo: Saraiva, 2012.

FIGUEIREDO, Lúcia Valle. *A autoridade coatora e o sujeito passivo do mandado de segurança.* São Paulo: Ed. RT, 1991.

FIORILLO, Celso Antonio Pacheco. *Curso de direito ambiental brasileiro.* 17. ed. São Paulo: Saraiva, 2017.

GIDI, Antônio. *Coisa julgada e litispendência em ações coletivas.* São Paulo: Saraiva, 1995.

GOMES, Luiz Flávio. Anotações sobre o mandado de injunção. RT 647/43.

GONÇALVES, Marcus Vinicius Rios. *Novo curso de direito processual civil.* 14. ed. São Paulo: Saraiva, 2017, v. 1.

GONÇALVES, Marcus Vinicius Rios. *Novo curso de direito processual civil.* 13. ed. São Paulo: Saraiva, 2017, v. 2.

GRECO FILHO, Vicente. *Direito processual civil brasileiro.* 15. ed. São Paulo: Saraiva, 2000. v. 1.

GRECO FILHO, Vicente. *Tutela constitucional das liberdades.* São Paulo: Saraiva, 1989.

HOLTHE, Leo van. *Direito constitucional.* 6. ed. Salvador: Jus Podivm, 2010.

HORTA, Raul Machado. *Estudos de direito constitucional.* Belo Horizonte: Del Rey, 1995.

JANCZESKI, Célio Armando. *O controle de constitucionalidade das leis municipais.* Florianópolis: Conceito, 2009.

KELSEN, Hans. *Teoria pura do direito.* Trad. de João Baptista Machado. 7. ed. São Paulo: Martins Fontes, 2006.

LASSALLE, Ferdinand. *A essência da constituição*. Rio de Janeiro: Lumen Juris, 2009.

LAZARI, Rafael de. *Manual de direito constitucional*. Belo Horizonte: D'Plácido, 2017.

LENZA, Pedro. *Direito constitucional esquematizado*. 21. ed. São Paulo: Saraiva, 2017.

LENZA, Pedro. *Teoria geral da ação civil pública*. São Paulo: Ed. RT, 2003.

LIMA, Francisco Gérson Marques de. *Fundamentos constitucionais do processo*: sob a perspectiva da eficácia dos direitos e garantias fundamentais. São Paulo: Malheiros, 2002.

LOPES, Maurício Antonio Ribeiro. *Poder constituinte reformador*. São Paulo: RT, 1994.

MACEDO, Rommel. *Advocacia-Geral da União na Constituição de 1988*. São Paulo: LTr, 2008.

MACHADO, Carlos Augusto Alcântara. *Mandado de injunção*. São Paulo: Atlas, 2000.

MACHADO, Hugo de Brito. *Introdução ao estudo do direito*. São Paulo: Atlas, 2004.

MANCUSO, Rodolfo de Camargo. *Recurso extraordinário e recurso especial*. 6. ed. São Paulo: Ed. RT, 2000.

MANDELLI JÚNIOR, Roberto Mendes. *Arguição de descumprimento de preceito fundamental*. São Paulo: Ed. RT, 2003.

MARMELSTEIN, George. *Curso de direitos fundamentais*. 6. ed. rev., atual. e ampl. São Paulo: Atlas, 2016.

MARQUES, José Frederico. As ações populares no direito brasileiro. *RT* 266/11.

MARTINS, Ives Gandra da Silva. *Comentários à constituição do Brasil*. São Paulo: Saraiva, 1989.

MARTINS, Ives Gandra da Silva. *Direito constitucional interpretado*. São Paulo: Ed. RT, 1992.

MARTINS, Ives Gandra da Silva; MENDES, Gilmar Ferreira. *Controle concentrado de constitucionalidade*. Comentários à Lei 9.868, de 10-11-1999. 2. ed. São Paulo: Saraiva, 2005.

MAXIMILIANO, Carlos. *Hermenêutica e aplicação do direito*. São Paulo: Forense, 1996.

MAZZILLI, Hugo Nigro. *A defesa dos interesses difusos em juízo*. 30. ed. São Paulo: Saraiva, 2017.

MEDINA, Paulo Roberto de Gouvêa. *Direito processual constitucional*. 5. ed. rev., atual. e ampl. Rio de Janeiro: Forense, 2012.

MEIRELLES, Hely Lopes. *Mandado de segurança, ação popular, ação civil pública, mandado de injunção, habeas data, ação direta de inconstitucionalidade, ação declaratória de constitucionalidade, arguição de descumprimento de preceito fundamental, o controle incidental de normas no direito brasileiro, a representação interventiva e a reclamação constitucional no STF*. Atualizadores: Arnoldo Wald e Gilmar Ferreira Mendes. 29. ed. São Paulo: Malheiros, 2006.

MELLO, Celso Antônio Bandeira de. *Conteúdo jurídico do princípio da igualdade*. 3. ed. 17. tiragem. São Paulo: Malheiros, 2009.

MELLO, Celso Antônio Bandeira de. *Curso de direito administrativo*. 11. ed. São Paulo: Malheiros, 1999.

MELLO, Celso Antônio Bandeira de. Princípio da isonomia: desequiparações proibidas e permitidas. *Revista Trimestral de Direito Público*, n. 1.

MENDES, Gilmar Ferreira (Coord.). *Ação declaratória de constitucionalidade*. São Paulo: Saraiva, 1995.

MENDES, Gilmar Ferreira. Anteprojeto de lei sobre processo e julgamento da ação direta de inconstitucionalidade e da ação declaratória de constitucionalidade. *Cadernos de Direito Constitucional e Ciência Política*, n. 29. São Paulo: Ed. RT, 1999.

MENDES, Gilmar Ferreira. *Controle de constitucionalidade*: aspectos jurídicos e políticos. São Paulo: Saraiva, 1990.

MENDES, Gilmar Ferreira. *Jurisdição constitucional*: o controle abstrato de normas no Brasil e na Alemanha. 4. ed. São Paulo: Saraiva, 2004.

MENDES, Gilmar Ferreira; COELHO, Inocêncio Mártires; BRANCO, Paulo Gustavo Gonet. *Curso de direito constitucional*. São Paulo: Saraiva, 2007.

MONTENEGRO FILHO, Misael. *Curso de direito processual civil*: de acordo com o novo CPC. 12. ed. reform. e atual. São Paulo: Atlas, 2016.

MORAES, Alexandre de. *Constituição do Brasil interpretada e legislação constitucional*. 9. ed. São Paulo: Atlas, 2013.

MORAES, Alexandre de. *Direito constitucional*. 33. ed. rev. e atual. até a EC n. 95, de 15 de dezembro de 2016. São Paulo: Atlas, 2017.

MORAES, Alexandre de. *Direitos humanos fundamentais*: teoria geral, comentários aos arts. 1º ao 5º da Constituição da República Federativa do Brasil, doutrina e jurisprudência. 11. ed. rev. e atual. São Paulo: Atlas, 2017.

MORAES, Germana de Oliveira. *O controle jurisdicional da constitucionalidade do processo legislativo*. São Paulo: Dialética, 1998.

MORAES, Guilherme Peña. *Curso de direito constitucional*. 3. ed. São Paulo: Atlas, 2010.

MOREIRA, José Carlos Barbosa. O habeas data brasileiro e a sua lei regulamentadora. *Repertório IOB de Jurisprudência* n. 19/91.

MOREIRA NETO, Digo de Figueiredo. As funções essenciais à justiça e as procuraturas constitucionais. *Revista de Direito da Procuradoria Geral do Estado do Rio de Janeiro*, Rio de Janeiro, n. 45, 1992.

NERY JÚNIOR, Nelson. *Princípios do processo na Constituição Federal*. 10. ed. revista, atualizada e ampliada com as novas súmulas do STF (simples e vinculantes) e com análise sobre a relativização da coisa julgada. São Paulo: Ed. RT, 2010.

NISHIYAMA, Adolfo Mamoru. *Remédios constitucionais*. Barueri: Manole, 2004.

NISHIYAMA, Adolfo Mamoru. *Manual de teoria geral do direito constitucional*. São Paulo: Atlas, 2012.

NISHIYAMA, Adolfo Mamoru. *Prática de direito processual constitucional. Para graduação e exame da OAB*. São Paulo: Atlas, 2012.

NISHIYAMA, Adolfo Mamoru. LAZARI, Rafael de. *Manual de processo constitucional*. 2. ed. Belo Horizonte: D'Plácido, 2019.

NOHARA, Irene Patrícia. *Direito administrativo*. 7. ed. rev., atual. e ampl. São Paulo: Atlas, 2017.

NOHARA, Irene Patrícia; MARRARA, Thiago. *Processo administrativo*: Lei 9.784/99 comentada. São Paulo: Atlas, 2009.

NOVELINO, Marcelo. *Curso de direito constitucional*. 12. ed. rev., ampl. e atual. Salvador: Jus Podivm, 2017.

NOVELINO, Marcelo. *Direito constitucional*. 4. ed. rev., atual. e ampl. Rio de Janeiro: Forense. São Paulo: Método, 2010.

NOVELINO, Marcelo. *Manual de direito constitucional*. 8. ed. rev. e atual. Rio de Janeiro: Forense, 2013.

PACHECO, José da Silva. *O mandado de segurança e outras ações constitucionais típicas*. 2. ed. São Paulo: Ed. RT, 1995.

PASSOS, Calmon de. *Mandado de segurança coletivo, mandado de injunção e habeas data*. Rio de Janeiro: Forense, 1991.

PEREIRA, Caio Mário da Silva. *Instituições de direito civil. Volume I. Introdução ao direito civil. Teoria geral de direito civil*. 20. ed. Rio de Janeiro: Forense, 2004.

POLETTI, Ronaldo. *Controle de constitucionalidade das leis*. 2. ed. Rio de Janeiro: Forense, 1997.

QUEIROZ, Cristina. *Direito constitucional*: as instituições do estado democrático e constitucional. São Paulo: Ed. RT; Coimbra: Editora Coimbra, 2009.

RODRIGUES, Sílvio. *Direito civil*: Parte geral. v. 1. São Paulo: Saraiva, 1998.

SANTOS, Moacyr Amaral. Mandado de injunção. *RDP* 17/11.

SIDOU, J. M. Othon. *Habeas data, mandado de injunção, habeas corpus, mandado de segurança e ação popular*. Rio de Janeiro: Forense, 1989.

SILVA, José Afonso da. *Aplicabilidade das normas constitucionais*. 7. ed. São Paulo: Malheiros, 2007.

SILVA, José Afonso da. *Curso de direito constitucional positivo*. 40. ed. São Paulo: Malheiros, 2017.

SILVA, José Afonso da. *Direito ambiental constitucional*. São Paulo: Malheiros, 1994.

SILVA, Paulo Napoleão Nogueira. *Curso de direito constitucional*. São Paulo: Ed. RT, 1996.

SILVA NETO, Manoel Jorge e. *Direito constitucional*. Rio de Janeiro: Lumen Juris, 2006.

SIQUEIRA JR., Paulo Hamilton. *Direito processual constitucional*. 7. ed. São Paulo: Saraiva, 2017.

SLAIB FILHO, Nagib. *Ação declaratória de constitucionalidade*. Rio de Janeiro: Forense, 1994.

SLAIB FILHO, Nagib. *Direito constitucional*. 2. ed. Rio de Janeiro: Forense, 2006.

SMANIO, Gianpaolo Poggio. *Interesses difusos e coletivos*. 3. ed. São Paulo: Atlas, 2000.

TAVARES, André Ramos. *Curso de direito constitucional*. 15. ed. rev. e atual. São Paulo: Saraiva, 2017.

TEMER, Michel. *Elementos de direito constitucional*. 24. ed. 4. tir. São Paulo: Malheiros, 201724. ed. 4. tir. São Paulo: Malheiros, 2017.

THEODORO JÚNIOR, Humberto. *Curso de direito processual civil*. 38 ed. Rio de Janeiro: Forense, 2002.

VARGAS, Denise. *Manual de direito constitucional*. São Paulo: Ed. RT, 2010.

VELOSO, Zeno. *Controle jurisdicional de constitucionalidade*. 2. ed. Belo Horizonte: Del Rey, 2000.

ANOTAÇÕES

ANOTAÇÕES